Alain Pelosato

123 ans de
Cinéma fantastique et de SF
*Essais et données pour une histoire du cinéma fantastique
1895 - 2019*

Plus de 700 pages grand format de jubilation cinématographique

sfm éditions
Les éditions de sfmag

Tous les ouvrages sur le cinéma et la télévision de l'auteur sur son site personnel :
www.alainpelosato.com/Cinema.htm
La table des matières est en fin de livre après l'index des noms

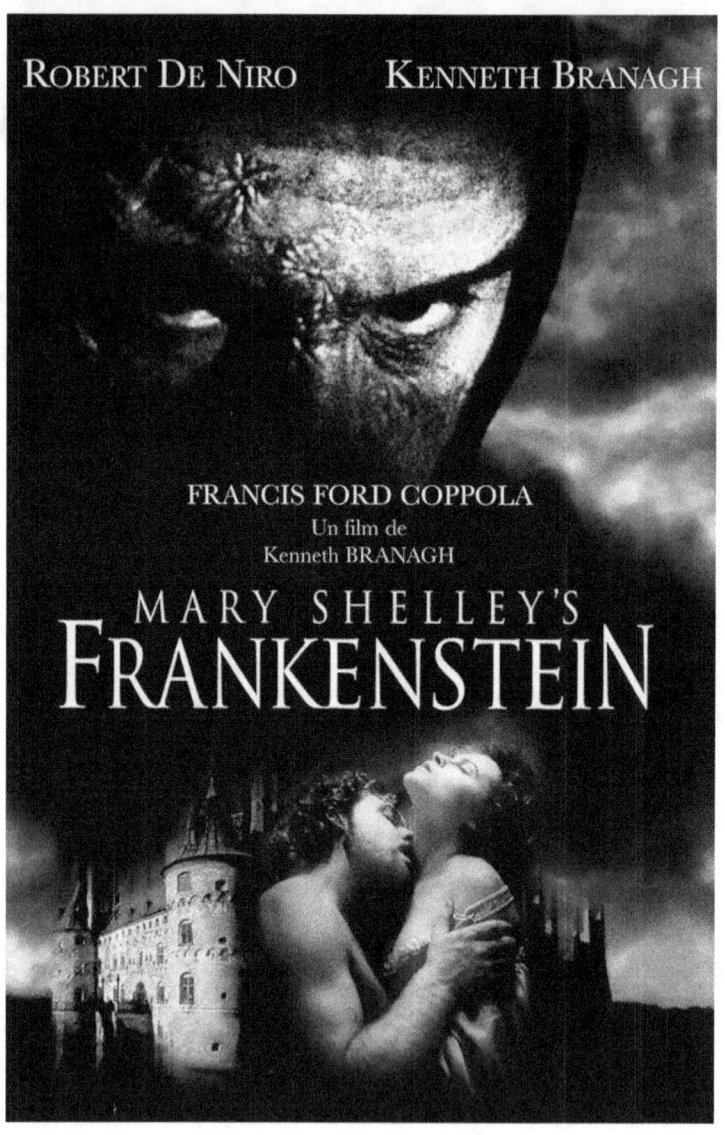

sfm éditions
ISBN 978-2-915512-29-8
9782915512298
Dépôt légal janvier 2019

CHAPITRE 1
Le fantastique et la science fiction au cinéma

Le "fantastique" n'a pas de réalité objective. Il est simplement lié au sujet : une œuvre n'est pas fantastique en soi, mais elle l'est parce qu'elle appréhendée comme telle par le sujet qui en prend connaissance. Nous verrons dans le chapitre 2 que les intellectuels qui ont tenté de définir le "fantastique" ont échoué, car il est indéfinissable, il ne peut être appréhendé que par le sentiment d'étrangeté qu'il produit chez le spectateur. Seul le grand psychanalyste que fut Freud a montré ses effets en parlant d' « inquiétante étrangeté », formule qui réunit deux termes : l'inquiétude et l'étrangeté. Je trouve en fin de compte que c'est la meilleure définition du fantastique. Mais nous y reviendrons plus en détail. Cet aperçu est largement suffisant pour parler du fantastique au cinéma. Quant à la science fiction, nous ne la définirons pas en tant que telle mais plutôt par les sujets qu'elle traite....

Le cinéma est le miroir de notre vie. C'est un miroir fantastique, car notre image semble y avoir pris son autonomie. Ce qui est à la fois inquiétant et étrange, et ce n'est pas parce que nous avons pris l'habitude de cette inquiétante étrangeté qu'elle n'existe plus...

E.T.A. Hoffmann, qui est le créateur du genre, a le mieux développé la fantasmagorie. Chez lui, le fantastique est toujours lié à la vue. Comme dans son roman *L'Homme au sable* que j'analyserai plus loin. Un autre roman de Hoffmann *La Maison déserte* possède plusieurs points communs avec ce dernier, dont le moindre n'est pas *« l'apparition, à une fenêtre, d'une figure de femme, que l'observateur prend pour une femme réelle, et qui devient pour lui l'objet d'un désir lancinant »* (Max Milner : *La Fantasmagorie*). Cette fenêtre n'est-elle pas aussi la fenêtre du cinéma, c'est-à-dire le cadrage, élément fondamental de la photographie et du cinéma. Dreyer insiste beaucoup sur cet aspect avec son film *Vampyr* dans lequel le cinéaste ne se satisfait pas du cadre "naturel" de la pellicule, mais surcadre systématiquement son personnage dans un encadrement de fenêtre et même dans le cadre de la fenêtre du cercueil dans lequel il se voit en rêve et au travers duquel il voit son fossoyeur... Hoffmann ne connaissait évidemment pas le cinéma, mais il connaissait le théâtre, et bien de ses descriptions sont de véritables mises en scène. Eût-il connu le cinéma que ses chefs-d'œuvre en auraient été aussi inspirés. Dans les effets d'optique chers à Hoffmann, il y a bien sûr celui du miroir. Et Max Milner le révèle : *« (Dans "La Maison déserte") l'objet interdit au regard de l'enfant est sa propre image, reflétée dans un miroir. On reconnaît là, à coup sûr, le souvenir de superstitions populaires selon lesquelles l'enfant qui se regarde dans une glace s'expose, lors de sa croissance, à divers dangers, et selon lesquelles, de façon plus générale, le miroir peut refléter, surtout la nuit, au lieu du visage de celui qui s'y mire un visage effrayant : celui du diable, d'une sorcière, de la mort[1].* » Ce petit texte s'appliquant au miroir peut très facilement se transposer au cinéma fantastique. D'ailleurs, Brian de Palma l'a fait dans *Phantom of the Paradise* (1974), puisqu'il y montre le diable comme reflet dans un miroir. Ne disait-on pas aux enfants qu'aller trop au cinéma était mauvais pour la santé, et aujourd'hui regarder trop la télévision et, certains enfants ne prennent-ils pas des crises d'épilepsie en jouant trop longtemps aux jeux vidéo ? Je me souviens, étant petit, d'être allé voir le *Napoléon* de Sacha Guitry au cinéma de mon quartier. Ce film dure trois heures et quart et, comme je le fais encore souvent, je m'étais placé au premier rang pour mieux être plongé dans cet autre monde en deux dimensions que mon imagination traduit automatiquement en trois dimensions. J'éprouvai un tel plaisir que je restai à la séance suivante sans penser que mes parents pouvaient s'inquiéter. C'est au moment où Bonaparte devenait Napoléon, où Daniel Gélin devenait Raymond Pellegrin devant la glace du coiffeur que mon père me tira par le bras dans une colère noire d'inquiétude... Avec cette expérience, ce film qui comprend tant de grands acteurs : en plus des deux cités, Michèle Morgan, Maria Schell, Pierre Brasseur, Danielle Darrieux, Sacha Guitry, Dany Robin, Jean Gabin, Micheline Presle, Erich Von Stroheim et... Orson Welles !ce film représente toujours pour moi l'archétype du cinéma... Il en est de même des premières terreurs cinématographiques qui montrent que l'enfant croit vraiment que l'image mobile et sonore de l'écran fait partie de la vie. Ainsi, en ce qui me concerne, la première image de la mort, terrifiante pour le petit enfant que j'étais, est celle de la pendaison dans le film d'aventures *Barbe-Noire le pirate* (Raoul Walsh – 1952). J'ignorais alors que la mort existait ! J'en pris connaissance avec ma mère, ce samedi soir au cinéma dans un film très banal. Je le vis de nouveau quelque vingt ans plus tard en cherchant la scène qui m'avait terrifiée et je fus très étonné à quel point elle est très brève...

Le cinéma fantastique pourrait être interpellé ainsi par Charles Baudelaire : « *N'êtes-vous pas alors semblables à un roman fantastique qui serait vivant au lieu d'être écrit ?* » Phrase qu'il avait écrite au sujet de la féerie optique due à l'absorption de drogue et citée par Max Milner[2].

Essais en laboratoire : les adaptations cinématographiques des chefs-d'œuvre littéraires

Dans *Anatomie de l'horreur*[*], Stephen King porte une appréciation décisive sur les trois grandes œuvres littéraires qui ont le plus inspiré le cinéma, je veux parler du *Frankenstein* de Mary Shelley, du *Dracula* de Bram Stoker et du *Dr Jekyll et Mr*

---

[1] La Fantsamagorie

[2] Idem

[*] Pour toutes les œuvres citées voir la bibliographie en fin d'ouvrage

Hyde de Robert Louis Stevenson. Il se posa cette simple question : pourquoi ces textes sont-ils ainsi restés dans la postérité grâce au cinéma ? En effet, on n'a jamais autant vendu des romans de Mary Shelley et de Bram Stoker que depuis la sortie du *Dracula*[**] de Coppola et du *Frankenstein* de Branagh. D'autant plus que, pour la première fois dans l'histoire du cinéma, les scénarios du livre ont été très bien respectés, ce qui a donné deux œuvres cinématographiques modernes et très belles. Il est d'ailleurs caractéristique que certains critiques leur ont reproché de ne pas être des films expressionnistes comme le *Nosferatu* de Murnau et le *Frankenstein* de Whale. Heureusement que le cinéma se renouvelle. Mais revenons à l'appréciation de Stephen King que je me permets de citer intégralement : « *Certes, aucun de ces trois romans n'est à la hauteur des chefs-d'œuvre de la littérature du vingtième siècle [...]. Mais aucun roman ne peut survivre à l'épreuve du temps grâce à ses seules idées – ni grâce à son seul style, comme tant d'écrivains et de critiques modernes semblent le croire... à la manière de vendeurs de voitures superbes, mais dénuées de moteur. Bien que Dracula n'arrive pas à la cheville de Jude l'obscur, le roman de Stoker persiste à survivre dans les mémoires longtemps après que Varney the Vampire, une œuvre nettement plus sanguinolente, est tombée définitivement dans l'oubli ; il en va de même pour la Chose sans nom créée par Mary Shelley et pour le Loup-Garou imaginé par Robert Louis Stevenson. [...] Un roman est une machine, au même titre qu'une voiture, une Rolls-Royce sans moteur, ne va pas plus vite qu'un pot de fleurs, et un roman dénué d'intrigue n'est rien de plus qu'une curiosité, un petit jeu intellectuel.* » Puis, Stephen King s'étonne un peu que les autres romans de Stoker et Shelley soient tombés dans l'oubli, ce qui n'est pas le cas pour Stevenson. Ce n'est pas étonnant, car ces trois romans, non seulement ont un bon moteur, mais aussi un carburant inépuisable : les mythes, traditions folkloriques et légendes sur lesquels ils s'appuient et qui ont désormais acquis un caractère universel. C'est ce qui fait la différence entre deux chefs-d'œuvre dont l'action se situe dans les mêmes lieux : *Dracula* de Bram Stoker et *Le Château des Carpates* de Jules Verne. Si le cinéma s'est tant emparé du premier, c'est parce qu'il est le seul à être vraiment fantastique. Le roman de Jules Verne apporte, à la fin, toutes les explications nécessaires aux phénomènes étranges qui se déroulent dans ce château. Quand on ferme le livre, on peut oublier l'histoire. Pourtant le roman de Jules Verne est très riche en thèmes fantastiques, mais d'un fantastique qui s'exprime entièrement par la science-fiction. Un de ces thèmes rejoint le cinéma. Le baron de Gortz[3] a un projet fou, celui de s'emparer de l'image et de la voix d'une cantatrice dont il est amoureux. Ainsi, grâce au phonographe et à la photographie, ce nouveau Dracula se repaît tous les jours de la projection de l'image sonore de sa bien-aimée... Dommage qu'il ne connaissait pas encore le cinéma... Quand on ferme le livre *Dracula*, on n'oublie rien et on peut encore se plonger dans des abîmes de réflexions et d'angoisses. D'ailleurs, les écrivains continuent à exploiter le thème de *Dracula* comme Fred Saberhagen, qui a écrit différentes histoires ayant le comte Dracula comme héros (*Un Vieil ami de la*

[**] Pour tous les films cités voir le chapitre de critiques des films.

[3] Le "méchant" du roman *Le Château des Carpathes*.

famille – *Le Dossier Holmes-Dracula* – *Les Confessions de Dracula*[4]). On voit que le personnage est toujours fécond...

Le cinéma a fait preuve, avec ces mythes, du génie du Créateur en utilisant leurs matériaux, en les façonnant, pour en faire de prodigieuses œuvres nouvelles appelant à d'autres créations.

Le gothique

Le gothique est avant tout une architecture, celle des moines et des seigneurs du Moyen Âge. Cette architecture est rentrée dans la fiction avec le roman gothique anglais dont le premier auteur fut l'écrivain anglais Horace Walpole avec son roman *Le Château d'Otrante* (1764), suivi par nombre d'autres comme (pour ne citer que les plus connus) : Ann Radcliffe avec, notamment, *Les Mystères d'Udolphe* (1794), M.G. Lewis avec *Le Moine* (1796), Sade avec *La Nouvelle Justine...* (1796), E.T.A. Hoffmann avec *Les Elixirs du diable* (1816), Mary Shelley avec *Frankenstein...* (1818), Maturin avec *Melmoth...* (1820), Jules Verne avec *Le Château des Carpates* (1892), Bram Stoker avec *Dracula* (1897) et Gustav Meyrink avec *Le Golem* (1916).

Ce genre littéraire a connu un immense succès et se poursuit d'ailleurs de nos jours puisque l'on parle de *roman gothique sudiste* pour certains écrivains américains. On pourrait citer Anne Rice avec *Entretiens avec un vampire* (1976).

Comment peut-on définir le genre "gothique" au cinéma ?

Pour cela nous allons revenir à la littérature et appeler à notre secours la remarquable étude de Maurice Lévy : *Le roman "gothique" anglais, 1764 – 1824*.

L'architecture gothique imite la forêt. Ce style architectural peut donc apparaître comme naturel. Dans la forêt, on est sous le couvert des arbres, la vue ne porte pas loin, et le symbole phallique de la futaie n'est plus à démontrer. C'est cette architecture qui est la base de l'imaginaire gothique. C'est pourquoi le cinéma gothique se définit d'abord comme mettant en place un décor de lieux fermés dans lesquels l'angoisse naît en partie du fait de l'ignorance de ce qui se cache derrière ces obstacles. Ainsi, un film moderne comme *Alien* de Ridley Scott (1979) s'inscrit bien dans cette classification. Un autre film, comme *Event Horizon...* de Paul Anderson (1997) se déroule dans un vaisseau spatial dont, d'ailleurs, le décorateur a cultivé le style gothique, notamment pour le bloc médical, dans lequel se déroulent les plus atroces événements et qui est conçu comme une crypte d'église.

Si vous avez de l'imagination et que vous la laissez vagabonder, lorsque vous entrez dans une forêt vous avez peur. De quoi ? Vous ne le savez pas. Le lieu couvert, la vue limitée par tous ces obstacles qui peuvent cacher Dieu sait quoi, tout cela entretient la peur.

Dans cette forêt, le chevalier errant poursuit sa quête, essentiellement une quête de son propre personnage, de sa propre nature. C'est ce que fait le héros de *Dark City* d'Alex Proyas, ou celui de *The Crow* du même réalisateur. Dans ces deux films, la forêt est remplacée par la ville, une ville tentaculaire, dont de nombreux aspects rap-

---

[4] Publiés chez Pocket dans la collection *Terreur*

pellent l'architecture gothique, particulièrement dans *Dark City* qui possède la particularité de changer chaque nuit, en même temps que se perd la mémoire de ses habitants, comme celle du personnage du *Château d'Otrante*.

« Le suspense est d'autant plus captivant qu'il est associé à la terreur, principal ressort de l'action. Manifestement, l'intention de l'auteur est de faire peur, et il y réussit souvent, moins par les conséquences morales d'actes répréhensibles, que par les circonstances mystérieuses qui les accompagnent. » Maurice Lévy s'exprime ainsi dans son ouvrage *Le Roman "gothique" anglais* à propos du roman *Le Château d'Otrante*. Cette citation peut être aisément appliquée aux films que je qualifie de gothique. Comme *Event Horizon* de Paul Anderson (1997) : la terreur y est installée dès le début. Une des premières images montre le visage du héros au travers d'un hublot de station spatiale et la caméra s'éloignant brutalement montre l'exiguïté de ce lieu alors que l'espace est immense. Comme la crypte est étroite au regard de la Création.

Le style gothique a des origines médiévales, comme les églises, châteaux et cathédrales de l'architecture du même nom. Un écrivain-réalisateur anglais de terreur, Clive Barker, a particulièrement développé cette ambiance médiévale dans ses films. Ce terrifiant décor de tortures et de mort, est répandu dans *Event Horizon* dont on vient de parler, mais aussi dans *Spawn* de Mark A.Z. Dippé (1997), dont l'action se déroule dans un cadre moderne. Spawn "vit" sur les hauteurs d'une cathédrale pleine de gargouilles. La terreur est aussi particulièrement présente dans ce film.

Ce passé médiéval a une importance fondamentale dans le roman gothique anglais. *Le Château d'Otrante*, cinquante ans avant la Révolution française, avait déjà dit en vers hésitants sa satisfaction de voir son pays libéré de « l'esclavage de la mitre et des chaînes de la papauté »[5]. Ainsi, en Angleterre le baron fut vaincu par la Révolution anglaise de 1688 et le moine par la Réforme. *« L'Angleterre fut le premier pays d'Europe où châteaux forts et abbayes perdirent leur statut féodal et, cessant d'être des architectures fonctionnelles, devinrent des "objets pour la vue".*[6] *»* Le gothique reste donc quand même présent, sous forme de puissantes constructions, pour rappeler cette période. Et, comme toute construction, elle est capable, parce que son style architectural est tout en symboles,[7] de faire travailler notre imagination sur ce passé relativement lointain. Nombre de créations artistiques qui accompagnent ces constructions sont des représentations matérielles, solides, des incarnations du mal. Or n'est-ce pas ce mal, qui mêle plaisir et douleur, qui reste étrangement moderne et qui nous apparaît d'autant plus terrifiant qu'il porte les signes de la violence du Moyen Âge : le feu et l'acier, les vêtements de cuir, les instruments de torture de l'inquisition…

Si on retrouve ce décor dans nombre de films de science-fiction, il faut néanmoins noter que le thème de l'incarnation d'une entité qui veut du mal à l'humanité, et qui s'en nourrit, est le mieux représenté par le vampire, dont le mythe nous vient de cette période même. Toutes ces légendes et ce folklore ont alimenté les terreurs noc-

---

[5] Maurice Lévy dans un article publié par la revue Europe (mars 1984)
[6] Maurice Lévy dans son étude *Le Roman gothique anglais*
[7] Voir à ce propos le symbolisme de l'alchimie dans *Le Mystère des cathédrales* de Fulcanelli.

turnes (réelles celles-là) de nos compatriotes humains tout au long des siècles qui ont connu les grandes pestes. Ces terreurs ont dû laisser des traces dans notre inconscient collectif. C'est pourquoi, malgré l'absence de décor purement gothique, le film *Vampires* de John Carpenter (1998) tient bien de ce genre, puisque les moines représentés par l'Église font encore des ravages et sont à l'origine des phénomènes qu'ils prétendent combattre. Cette histoire a puisé ses ressorts dans trois grands romans gothiques : *Dracula* de Bram Stoker (bien sûr), mais aussi *Le Moine* de Lewis et les *Elixirs du diable* de Hoffmann.

La Chose sans nom de Mary Shelley

On sait que le *Frankenstein* de Mary Shelley est né d'un pari littéraire. Cette phase étonnante de la création est reprise au cinéma par le préambule du film *La Fiancée de Frankenstein* de James Whale, dans lequel la même actrice joue Mary Shelley au début du film et la *Fiancée* à la fin. Le cinéaste tchèque (réfugié aux U. S. A.) Ivan Passer reprend l'histoire de ce pari dans un film de 1988 : *Haunted Summer* et, en 1986, Ken Russel en avait fait un film d'épouvante dont le titre est tout un programme : *Gothic*. Voici comment Mary Shelley elle-même relate cet épisode fondamental de sa vie : « *Au cours de l'été 1816, nous (Mary et son époux) visitâmes la Suisse et devînmes les voisins de Lord Byron (qui) était le seul parmi nous qui couchât ses pensées sur le papier. [...] Mais l'été devint humide, inclément[...] Des volumes d'histoires de fantômes, traduits de l'allemand en français tombèrent dans nos mains. [...]*
— *Nous allons écrire chacun une histoire de fantôme, dit Lord Byron.*
Nous nous ralliâmes à sa suggestion. Nous étions quatre (Mary et Bercy Shelley, le Dr Polidori – qui se rendit célèbre avec son histoire de vampire – et Byron). [...] Je m'occupais à songer à une histoire, une histoire qui rivalisât avec celles qui nous avaient incités à en écrire. Une histoire qui parlerait aux peurs mystérieuses qui hantent notre nature, qui susciterait une horreur profonde, – une histoire telle que le lecteur n'osât point regarder autour de lui, une histoire à glacer le sang, à faire battre le cœur à coups redoublés. Si je n'y parvenais point, mon histoire de fantôme serait indigne de son nom. [...] Je vis, étendue, l'apparence hideuse d'un homme donner des signes de vie, à la mise en marche d'une puissante machine, et remuer d'un mouvement malaisé, à demi vital. [...] L'effort de l'homme pour imiter le stupéfiant mécanisme du Créateur de l'univers, ne pouvait qu'engendrer un effroi suprême. Sa propre réussite terrifiait l'artisan, il fuyait précipitamment, frappé d'horreur, son œuvre affreuse. »
Ainsi, d'une œuvre somme toute mal écrite, est né un mythe qui consacre de nombreuses œuvres cinématographiques. Pour donner une idée du style de Mary Shelley, lisons cet extrait :
« *Ce fut par une lugubre nuit de novembre que je vis enfin mon œuvre terminée. Avec une anxiété mêlée de terreur, je rassemblai autour de moi les instruments qui devaient me permettre d'infuser l'étincelle de vie dans cette chose inerte gisant à mes pieds. Une heure du matin venait de sonner et la pluie frappait lugubrement*

contre les vitres. Ma bougie presque entièrement consumée jetait une lueur vacillante, lorsque tout à coup, je vis s'ouvrir l'œil jaune et vitreux de cet être. »[8]
Contrairement à Dracula, le mythe de cette Créature n'est pas une tradition d'un folklore quelconque. Il est né de l'angoisse de l'espèce humaine devant la Création de la vie, et de la manière dont de futures découvertes (Mary Shelley a écrit son livre en 1818, elle avait dix-neuf ans...) pouvaient faire accéder à cette divinité. À partir donc de cette idée de l'alchimiste qui crée la vie avec la mort, au même titre qu'il chercha à trouver la vie éternelle et créer l'or avec le plomb, l'œuvre débouche sur les problèmes humains qui en sont la conséquence. Différents angles de vue peuvent ainsi être traités, et ils l'ont été par le cinéma. Le point de vue de la Chose d'abord, traité par James Whale dans les fameuses scènes de Boris Karloff et la petite fille dans *Frankenstein* et du joueur de violon aveugle dans *La Fiancée de Frankenstein*. Le point de vue du docteur Frankenstein ensuite qui veut développer la connaissance humaine quelles que soient les conséquences. Ce point de vue, qui se rapproche de Stevenson dans *Dr Jekyll et Mr Hyde*, est largement développé par toute la série des *Frankenstein* de Terence Fisher pour la Hammer (années 1950 et 1960). Dans ces films, le docteur Victor Frankenstein parvient toujours à ses fins et renaît de ses cendres. Et c'est normal, comment peut-il mourir puisqu'il a découvert l'éternité ?
Lovecraft (avait-il lu Mary Shelley ?) a écrit, sur commandes, une série de nouvelles intitulées *Herbert West réanimateur*. Dans ces histoires terrifiantes, Herbert West est un étudiant qui a inventé un produit qu'il suffit d'injecter aux cadavres pour leur redonner la vie. La méthode technique est bien plus simple que dans *Frankenstein*... Le cinéma s'est intéressé à cette nouvelle version de la Chose : Stuart Gordon a réalisé *Re-animator* dans lequel il a rajouté du sexe (dont Lovecraft n'était pas friand) et du gore, beaucoup de gore... Il y a même eu deux suites, avec le même acteur, signées Brian Yuzna (*Re-animator 2* et *Beyond Re-animator*). Enfin, Stevenson lui-même a écrit une nouvelle *Les Pourvoyeurs de cadavres* (1884) que l'écrivain avait écrite dans une période de profonde dépression. Même thème de récupération de cadavres dans les cimetières pour des expériences clandestines. Plusieurs films se sont inspirés de cette histoire dont *Le Récupérateur de cadavres* de Robert Wise (1945) avec Boris Karloff et Bela Lugosi, et *L'impasse aux violences* de John Gilling (1960) avec Peter Cushing, célèbre pour ses interprétations du docteur Frankenstein dans les films de Terence Fisher. Dans le film de Robert Wise, les expériences du médecin lui serviront à guérir une petite fille paralytique. Le thème est donc plus progressiste : les expériences clandestines servent, à un moment ou à un autre, au bien-être de l'humanité. Hélas, à cause de la perversité de Gray, le pourvoyeur de cadavre interprété magistralement par Boris Karloff, le crime devient le matériau (cher au docteur Frankenstein) des expériences interdites. La scène où Gray tue par étouffement entre ses mains l'homme à tout faire qui voulait le faire chanter est très cruelle. C'est Bela Lugosi qui joue le rôle de cet homme dans ce beau film très expressionniste. Lorsque Gray a ramené son cadavre chez le docteur, une scène stupéfiante, reprise de nombreuses fois ensuite, montre le visage du mort dans l'eau (les cadavres sont conser-

---

[8] Mary Shelley dans son introduction à *Frankenstein*

vés dans un bain) et, en gros plan, les mains du docteur qui saisissent la tête pour la ramener à la surface. Ce film est surtout l'histoire d'une hantise, une profonde culpabilité matérialisée par Gray, dont le fantôme, pure création de l'esprit du docteur, le tuera à la fin. Seul le mythe de *Frankenstein* s'est perpétué jusqu'à nous alors que les autres se sont transformés, modernisés, pour une simple raison, c'est que ce mythe était déjà moderne. Dans *Chair pour Frankenstein*, Paul Morrissey insiste surtout sur la chair, car ce film est présenté en trois dimensions. il faut donc faire peur. Sans explication, Morrissey laisse croire que Victor s'est marié avec sa sœur (qui n'est que sa sœur de lait dans l'histoire d'origine) et leur enfant prendra d'ailleurs la relève. Dans ce film grotesque et baroque, les mises à mort (nombreuses) sont très impressionnantes : décapitation avec une grande cisaille, multiples éventrations avec les mains... Au contraire, Kenneth Branagh, dans son *Frankenstein*, film produit par Coppola et dans lequel on voit clairement toute son influence, montre un monstre humain, pétri de contradictions entre sa violence et son amour. La Chose assène clairement ses reproches à son créateur sur la mer de glace où elle l'a entraîné : « *Tu m'as donné des émotions sans me dire comment m'en servir. [...] Et mon âme ? j'en ai une moi ? [...] As-tu jamais songé aux conséquences de tes actes ? Tu m'as donné la vie et tu m'as abandonné à la mort. Qui suis-je ?* » Le monstre, interprété par le puissant acteur Robert de Niro, réclame une femme, une compagne comme lui, ainsi elle ne le haïra pas. Et il rajoute : « *J'ai en moi une puissance d'amour que tu es à cent lieues d'imaginer, et une violence...* »

Ce superbe film développe un rythme fait de longues scènes succédant à de très courtes, ces longues scènes elles-mêmes rythmées par de longs plans-séquences placés entre une succession éblouissante de plans très courts. La couleur des tenues des personnages (rouge et bleu vif) prédit leur destin. Cela fait un film qui ressemble à une partition, une superbe symphonie pour les yeux... Sous l'influence évidente du producteur, le macabre est laissé de côté pour insister sur les sentiments et l'affectivité. C'est une histoire d'hommes, les femmes n'y sont que les objets des sentiments des hommes, Elisabeth portant la tenue rouge au milieu de la foule grise qui fuit l'épidémie de choléra est sacrifiée aux obsessions occultistes de Victor Frankenstein. (Elle subira le même sort, au fond, que la petite fille juive au manteau rouge, dans le film en noir et blanc *La Liste de Schindler* (1993) de Steven Spielberg). Une histoire de père et de fils, monstrueux, mais humain, drame du complexe d'œdipe composé d'une double culpabilité, celle du créateur, du père qui a créé un fils sans en être le géniteur, en volant la chair des autres (« *un simple matériau* », déclare Frankenstein) et celle du fils qui veut la mort de son père et lui voler son épouse comme il lui a arraché son cœur de sa poitrine lors de leur nuit de noces. Alors que l'ensemble du film respecte l'architecture et le scénario du roman, cette dernière scène et celle qui suivra, la "résurrection" d'Elisabeth par une nouvelle expérience de Frankenstein, ont été rajoutées. Elles sont fondamentales dans le projet (réussi) du réalisateur et de son producteur de détourner le sens de cette aventure et d'en faire une histoire macabre du mythe d'Œdipe. Au fond, cet esprit de l'œuvre cinématographique est le prolongement de celui de l'œuvre littéraire puisqu'on peut y lire cette réflexion de Victor Frankenstein : « *L'être que j'avais déchaîné parmi les hommes, ce démon doué de la volonté de détruire et de la puissance de réaliser ses projets horribles, telle la mort qu'il venait de donner, je le considérais comme mon propre vampire, mon propre fantôme sorti de la tombe, et contraint de détruire tous ceux qui m'étaient chers. »*

Avec le film *Le Mort qui marche* dans lequel Boris Karloff fait une interprétation géniale de la souffrance d'un homme simple exécuté à la place d'un autre, les histoires de Lovecraft et de Stevenson prennent un tournant qui aboutit à *La Nuit des morts-vivants* de Romero. En effet, on trouve dans *Le Mort qui marche* (film de Michael Curtiz de 1936), trente-deux ans avant le film de Romero, tous les ingrédients du film d'horreur moderne. Le cadre n'est plus gothique, mais moderne : l'Amérique des gangsters des années trente et les morts reviennent pour consommer les vivants (vengeance dans le film de Curtiz alors que l'action du second film de la trilogie de Romero, *Zombie le crépuscule des morts-vivants*, se déroule dans un vaste centre commercial abandonné).

Mais, il y eut d'autres créatures créées par l'homme dans d'autres chefs-d'œuvre de la littérature et du cinéma. *Le Golem*, légende juive mise en littérature par Gustav Meyrink fit l'objet de nombreux films. Cette créature est réalisée par l'homme grâce à l'assistance du diable avec de la simple argile. Bien sûr, le danger est qu'elle prenne son autonomie. Le thème commun à toutes ces histoires c'est le "moteur" de l'œuvre littéraire dont parlait Stephen King. Du robot de *Metropolis* en passant par l'ordinateur qui se révolte dans *2001 L'odyssée de l'espace* et le robot de *Mondwest*, jusqu'aux répliquants de *Blade Runner*, l'homme réfléchit sur l'autonomie que peut (doit) prendre la créature vis-à-vis de son créateur. L'Homme n'est-il pas la créature de Dieu ?

Enfin, les légendes et pratiques Vaudou ont inspiré nombre de films comme *Vaudou* de Jacques Tourneur, *L'emprise des ténèbres* de Wes Craven, qui traitent des zombies, esclaves produits par des rites qui ressuscitent les morts. En réalité, il semblerait que cette pratique existe réellement : elle consiste à administrer à un vivant un produit qui le jette dans la plus complète léthargie semblable à la mort et, une fois sorti de sa sépulture et remis en activité, ne sait plus qu'obéir à celui qui lui donne des ordres...

Dracula et les vampires

Voici comment le célèbre Eliphas Lévi traite des vampires dans son traité *Histoire de la Magie*, édité en 1859 : « *Les personnes enterrées vivantes ne peuvent [...] avoir sous terre que des réveils rapides et de peu de durée, elles peuvent toutefois y vivre longtemps conservées par la lumière astrale dans un état complet de somnambulisme lucide. Leurs âmes alors sont sur la terre encore enchaînées au corps endormi par une chaîne invisible, alors si ce sont des âmes avides et criminelles, elles peuvent aspirer la quintessence du sang des personnes endormies du sommeil naturel, et transmettre cette sève à leur corps enterré pour le conserver plus longtemps dans l'espérance vague qu'il sera enfin rendu à la vie. C'est cet effrayant phénomène qu'on appelle le vampirisme, phénomène dont la réalité a été constatée par des expériences nombreuses aussi bien attestées que tout ce qu'il y a de plus solennel dans l'histoire.*

« [...] Il existe encore un grand nombre de procès-verbaux sur l'exhumation des vampires. Les chairs étaient dans un état remarquable de conservation, mais elles suintaient le sang, leurs cheveux avaient cru de manière extraordinaire et s'échappaient par touffes entre les fentes du cercueil. La vie n'existait plus dans l'appareil qui sert à la respiration, mais seulement dans le cœur qui d'animal semblait devenir végétal. Pour tuer le vampire, il fallait lui traverser la poitrine avec un pieu, alors un cri terrible annonçait que le somnambule de la tombe se réveillait en sursaut dans une véritable mort.

« Pour rendre cette mort définitive, on entourait la tombe du vampire d'épées plantées en terre la pointe en l'air, car les fantômes de lumière astrale se décomposent par l'action des pointes métalliques qui, en attirant cette lumière vers le réservoir commun, en détruisent les amas coagulés. »

Le prêtre défroqué Alfred Charles Constant, dit Eliphas Lévi fut admiré par André Breton et les surréalistes.

On voit qu'il traite de cas de vampirisme (à partir des théories de l'occultisme) bien avant que Bram Stoker n'en parle. On sait que ce dernier fut membre de la Golden Dawn, société initiatrice au sein de laquelle il put accéder à certaines informations et documentations. D'autres grands de la littérature fantastique furent membres de cette société secrète : Arthur Machen et Algernon Blackwood. L'occultisme ne fut donc pas étranger à la culture et aux pratiques de ces écrivains.

Le mythe du vampire est très ancien. Tournefort, cité par Eliphas Lévi, rapporte dans son *Voyage au Levant* : *« Des peuples du nord les appellent Vampires ; les Grecs les désignent sous le nom de Broucolaques. »*

Ce phénomène a certainement pour origine le fait que l'on enterrait parfois des gens vivants, les croyants morts. Ils se réveillaient enterrés vivants et faisaient alors beaucoup de bruit dans leurs cercueils. Lorsqu'on les déterrait, on les découvrait pleins de sang (des blessures qu'ils se faisaient en tentant de sortir) et très bien conservés par la force des choses. Le phénomène prenait de graves proportions lors des épidémies, car on enterrait alors les gens promptement pour éviter la contamination... Certaines traditions, vécues comme macabres par un spectateur non averti, consistaient à vérifier la vraie mort du défunt. Ainsi, les mariniers du Rhône descendaient dans le trou et frappaient violemment sur le cercueil en poussant des cris effroyables, puis sortaient pain et vin et cassaient la croûte dans la tombe... D'ailleurs, n'est-ce pas étonnant qu'une légende rhodanienne raconte l'histoire du Drac, dragon vivant au fond du fleuve et qui enlève les femmes dont le lait seul peut ressusciter son enfant mort... Or, nous verrons que Drac signifie dragon en... roumain.

À l'origine, il y a les légendes arabes des goules qui ne sont pas vraiment des vampires, mais des êtres surnaturels qui dévorent les cadavres et parfois les vivants. C'est en parlant de ces goules que Lovecraft utilise le mot de vampires dans *Démons et merveilles* : *« Créatures carnivores au visage de chien (et aux) formes affaissées »* (*À la recherche de Kadath*).

Mais les vrais vampires ont été inventés au XVe siècle aux confins de la Hongrie et de la Roumanie. C'est là, en Transylvanie, que les plus grandes épidémies de vampirisme ont été recensées dans le passé... Cette province était dirigée par un voïvode, gouverneur de Hongrie, Jean Hunyadi. Les deux autres provinces, la Valachie et la

Moldavie, constituaient le dernier rempart du christianisme face à l'invasion ottomane. Vladislas III (Vlad), voïvode de Valachie, opposait une résistance farouche à l'envahisseur. Vlad III avait été fait chevalier du dragon : Vlad Dracul (Drac, signifiant dragon en roumain). Emprisonné par les Turcs, c'est son fils, Vlad IV qui lui succéda sur le trône. Vlad Dracula, le suffixe « a » signifiant « fils de ». Ce noble guerrier, juste, mais dur, mena une guerre féroce contre l'envahisseur turc. Il utilisa copieusement une méthode de supplice très répandue en orient à cette époque : le supplice du pal, d'où son surnom de Vlad Tepes, Vlad l'empaleur. Il n'était pas vraiment bien vu par le roi de Hongrie, Mathias Corvin, fils de Jean Hunyadi, qui l'apprécia d'abord pour sa lutte contre l'envahisseur, puis ensuite le vit comme un obstacle à ses vues sur les provinces roumaines. Ce souverain amplifia les légendes servant à dénigrer, pour des raisons politiques, ce personnage fort controversé. *« C'est ainsi que naquit la légende noire, reposant sur les sources germano-hongroises, du monstre sanguinaire festoyant parmi les empalés, imaginant des supplices aussi raffinés que gratuits, torturant et tuant dans le plus bel arbitraire. »* (Jean Gœns, dans *Loups-garous, vampires et autres monstres*)

Cette propagande politique déploya également la légende selon laquelle Vlad Dracula (mort en 1476 dans une embuscade) aurait signé un pacte avec le diable qui en fit un vampyr après sa mort. Le mot Dracul signifie également diable en roumain et vampire en moldave. Et voilà ! La légende a pour origine une affaire politique !

L'écrivain français Huysmans consacre son livre *Là-Bas* (1891) à un terrible personnage, Gilles de Rais, en qui il voit un véritable vampire. Gilles de Rais (1400-1440) fut compagnon d'armes de Jeanne d'Arc, puis, retiré dans ses domaines de Machecoul et Tiffauges, il s'adonna aux sciences occultes et surtout à l'alchimie. Il crut alors trouver dans le sang le secret de la pierre philosophale. Trois cents enfants seront les victimes de ses "recherches", alibis de ses perversités.

Un autre personnage de la même région que celle de Dracula, la Transylvanie, a défrayé la chronique vampirique : la comtesse Erzebeth Bathory (1560 – 1614). Cette femme, d'une famille noble comprenant, aussi bien dans ses aïeux que dans ses contemporains, nombre de dépravés et brutes sanguinaires, a eu une nourrice, Jo Ilona, qui pratiquait sortilèges et magie noire. Elle deviendra son âme damnée. Le blason des Bathory comprenait : trois dents de loup, un croissant de lune, un soleil en forme d'étoile à six pointes, le tout entouré d'un dragon qui se mord la queue. Leur qualité de noble les autorisait au pouvoir de vie et de mort (même dans d'atroces souffrances) sur la piétaille. D'où les messages politiques que certains auteurs mettent dans leurs histoires de vampires. À son mariage, Erzebeth s'installa chez son mari (Férencz Nàdasdy, Héros noir de la Hongrie), au château de Csejthe, pays réputé hanté de fantômes, vampires et loups-garous. Un jour, alors que son guerrier de mari était à la guerre, elle reçut la visite d'un homme pâle habillé de noir. Les habitants des lieux crurent à un vampire… Elle s'absenta en sa compagnie de longues semaines. Elle devient veuve en 1604. Un jour, elle avait frappé violemment une servante au visage. Du sang coula sur son bras. Elle s'aperçut alors que la peau, à cet endroit, avait rafraîchi. Elle se baigna alors le visage avec le sang d'une des victimes de ses orgies sadiques et ce traitement la rajeunit et la vivifia. Ses servantes (de véritables sorcières) ramenaient au château d'innocentes jeunes filles qu'elles sacrifiaient horriblement au sadisme de la comtesse. Ce personnage a dû également inspirer Bram Stoker. La comtesse semblait utiliser la *Vierge de Fer*, automate monstrueux qui enserrait ses victimes entre ses bras acérés en faisant couler le sang. Et Stoker a fait de cet automate, qu'il nomma La Vierge de Nuremberg, le personnage principal d'une de ses nouvelles, *La Squaw*. La comtesse finit par être arrêtée, jugée (les minutes du procès montrent les sévices subis par ses victimes) et condamnée à être recluse dans ses appartements. Ses servantes furent décapitées. À sa mort, quatre ans plus tard, elle était restée d'une étonnante beauté...

Au XVIIIe siècle, l'abbé bénédictin Dom Augustin Calmet rassemble de nombreux témoignages dans son *Traité sur les apparitions des anges, des démons et des esprits et sur les revenants et vampires de Hongrie, de Bohême, de Moravie et de Silésie* (1746—1751). Ensuite, le docteur Van Swieten, rédigea, à la demande de l'impératrice Marie-Thérèse d'Autriche, un rapport médical sur les vampires (1755) ce qui montre à quel point ce problème préoccupait les autorités. Il y conteste l'existence de ces morts-vivants, montrant que les terreurs nocturnes des témoins étaient dues à leurs angoisses et hallucinations. Il conteste les rapports des commissions d'Olmütz qui ne comprenaient pas d'autorités médicales aptes à apprécier l'état des corps. D'autre part, la conservation des corps peut être un phénomène naturel dans certains sols ou dans des périodes de grands froids.

Avec les légendes de Vlad Tepes, Bram Stoker s'est inspiré de trois fictions littéraires pour écrire son *Dracula* : *Le Vampire* de John William Polidori (1819), *Varney le Vampire* de James Malcom Rymer (1840) et le superbe *Carmilla* de Joseph Sheridan Le Fanu ((1872). Le XIXe siècle fut fort influencé par les histoires de vampires.

Polidori était le secrétaire de Lord Byron qu'il quitta d'ailleurs en 1817, ne pouvant plus le supporter. Sa nouvelle a été rédigée dans le cadre du pari qui avait conduit également Mary Shelley à écrire *Frankenstein*. Lord Ruthwen, le vampire libertin et débauché devait être une caricature de Lord Byron lui-même. Le vampire n'est plus alors le monstre hideux et malfaisant, mais un beau séducteur fascinant, même s'il est foncièrement mauvais. Polidori, qui inspirera Charles Nodier et Alexandre Dumas avec son vampire, aura fait entrer le romantisme dans la légende.

Varney est un feuilleton énorme dont le sous-titre, *La Fête du sang*, exprime bien le contenu. *Carmilla*, dans une nouvelle, met en scène une femme vampire qui aime sa victime (une femme) dans une grande passion. Théophile Gautier avait déjà mis en scène une femme vampire dans sa nouvelle *La Morte amoureuse* (1836) : la belle Clarimonde, morte, mais amante, vampirise le prêtre Romuald.

D'autres écrivains ont été fascinés par les vampires. Prosper Mérimée traite de la question dans *Lokis* (1869) ; Goethe, déjà, dans *La Fiancée de Corinthe* (1797) ; le grand Ernst-Théodor-Amadeus Hoffmann avec *La Vampire* (1828) ; Charles Nodier dans *Le Vampire de bien* (1831) ; Edgar-Allan Poe dans *Berenice* (1835) ; Gogol dans *Vij, le Roi des Gnomes* (1835) ; Tolstoï dans *La Famille du Vourdalak* (1847) ; Alexandre Dumas dans *Les Mille et un fantômes* (1849) ; Robert Louis Stevenson dans *Ollala* (1855) ; Fritz-James O'Brien dans *Qu'était-ce ?* (1859) ; Lautréamont dans *Ton ami le vampire* (1868) ; Marcel Schwob dans *Les Striges* (1891). Un autre genre de vampire, psychique celui-là, est traité avec grand talent par Guy de Maupassant dans *Le Horla* (1885) et par Kipling, en plus terrifiant avec *Dans la Cité des morts* (1885). Le thème sera encore copieusement traité par les écrivains du début de notre siècle, comme Gustave Le Rouge dans *La Guerre des vampires* (1909) et Rosny Ainé dans *La Jeune vampire* (1920), jusqu'à nos jours. Lovecraft traite du vampirisme avec originalité dans sa très belle nouvelle *La Maison maudite* (1924) et dans son court roman *L'affaire Charles Dexter Ward* (1927).

Les contes populaires parlent aussi beaucoup de vampires sans les nommer : l'ogre du petit Poucet, par exemple, et surtout Barbe Bleue, magnifique allégorie, basée sur la curiosité des enfants envers les relations sexuelles de leurs parents. La tache de sang sur la clé ressemble étonnamment à la goutte de sang qui coule de la lance dans le château du roi Pêcheur de la légende du Graal.

D'ailleurs, les nombreux textes de la légende arthurienne sur la quête du Graal constituent les premières œuvres littéraires connues sur le vampirisme. Cette quête n'est-elle pas une quête du sang ? La scène célèbre du bol de sang (le Graal) et de la lance qui saigne dans le château du roi Pêcheur, alors que Perceval n'ose pas poser de question, est une scène d'offrande du sang pour accéder à l'éternité. Si Perceval ne pose pas de question, c'est qu'il se souvient des conseils de son maître en chevalerie : « *Il faut se garder de trop parler* »... Hélas ! Parler, questionner aurait sauvé de la malédiction le roi Pêcheur et son royaume, redonné du sang neuf au roi qui se saigne lentement. Un roman de ce cycle, *L'âtre périlleux*, montre une scène de vampirisme. Le chevalier Gauvain, neveu du roi Arthur, passe la nuit dans le Cimetière du Grand Péril. Assis sur une tombe, la pierre se met à bouger sous lui. Une belle jeune fille, très pâle, apparaît dans son cercueil. Dans le passé, le diable l'avait guérie d'un mal mystérieux et depuis, en échange : « *Il prenait de moi son plaisir chaque nuit, et chaque jour, je gisais seule dans ce tombeau* ». Voilà, (avant l'heure ?) une histoire qui ressemble diablement à une histoire de vampire.

Que contient le Graal ? Le sang du Christ que Joseph d'Arimathie a recueilli lors de la descente du corps de la croix... Or, le Christ a ressuscité. Donc, boire de ce sang rend éternel.

Voilà donc la question. La légende part des morts-vivants qui viennent hanter leurs proches, parfois les dévorer. D'abord, ce sont simplement des monstres. Puis, ces non-morts étant éternels, il faut bien y trouver une explication merveilleuse. La quête du Graal l'apporte : le sang rend éternel. Ce sang est dans un chaudron (la féminité) et coule de la lance (la masculinité) ; le sexe entre également dans la légende du vampire grâce à la légende arthurienne. Puis, une sombre affaire politique développe ces thèmes à propos d'un chef de guerre et seigneur de Valachie. Nous arrivons ainsi à Dracula.

Terreur de la mort, christianisme et légende du Graal, personnages historiques terrifiants, tous ces ingrédients mélangés par l'écrivain dans le vaste chaudron de la création, donnent le mythe merveilleux du vampire. La fascination qu'il exerce a produit le mot « vamp », tiré de vampire, et qui désigne une femme dont l'attrait est irrésistible.

Voilà pourquoi on ne s'en lasse jamais : le mythe prend sa source au fond même de notre culture. Et c'est pourquoi le cinéma s'en est bien vite emparé.

Le premier film de vampires a été réalisé par Georges Méliès en 1896. Ce film s'appelait *Le Manoir du diable*. Puis, l'honneur viendrait aux Américains avec *The Vampire Dancer* d'Ingvald C. Oes en 1912 et *The Vampire* de Robert Vignola en 1913. Les Français ont également commencé tôt, en 1916, avec le feuilleton cinématographique de Louis Feuillade : *Les Vampires*, dans lequel, d'ailleurs, il n'y a pas à proprement parler de vampires. Voyons ce qu'en dit Louis Aragon dans *Projet d'histoire littéraire contemporaine* : *« Tout ce qui touchait proprement à la guerre, tout ce côté « Illustration », cet exhibitionnisme de l'horreur, nous répugnait si fortement que je ne crois pas mentir en disant que jamais la guerre ne fut loin des cœurs des jeunes gens qu'en ces jours qu'elle dominait les adultes. Ce qui nous attirait, c'était ce dont nous privait une morale imposée, le luxe, les fêtes, le grand orchestre des vices, l'image de la femme aussi, mais héroïsée, sacrée aventurière. Il y a un document précis de cet état d'esprit, c'est à lui que je veux en venir. L'idée que toute une génération se fit du monde se forma au cinéma, et c'est un film qui la résume, un feuilleton. Une jeunesse tomba toute entière amoureuse de Musidora, dans "Les Vampires".*
« C'était l'œuvre d'un piètre metteur en scène, Louis Feuillade, qui s'est depuis cette époque signalé par la nullité de sa production. [...] Mais d'admirables acteurs, et le choix d'un sujet qui tombait par hasard à pic, à cette époque, firent de ce qui aurait pu être une platitude, l'une des épopées qui marquèrent, plus vivement que la Marne ou Verdun, l'esprit de quelques hommes. [...]... voilà qui posait pour la première fois d'une façon grandiloquente et manifeste le problème intellectuel de la vie qu'on a voulu depuis réduire à quelques petits cas littéraires : Leibniz, Rimbaud ou Barrès. Il était facile de généraliser du cas de Moreno ou Irma Vep[9] à celui de toute créature humaine : l'impossibilité d'éviter la catastrophe terminale. [...] Et pour rendre plus exaltante cette constatation, cet enthousiasme défendu, les journaux dénonçaient le cinéma "école du crime".
« À cette magie, à cette attraction, s'ajoutait le charme d'une grande révélation sexuelle »...
Cette longue citation d'un écrivain que l'on n'a pas l'habitude de voir écrire sur ce thème constitue une très bonne introduction à cette réflexion sur le cinéma et les vampires. Car que traite le film de vampire, sinon de sexe et de mort ?
Après quelques autres films moins connus, Murnau réalisa en 1922 son *Nosferatu*, film qui fait l'objet d'une étude au chapitre *Zoom sur des chefs-d'oeuvre*.
C'est en 1931 que commence la très grande carrière de vampire du comédien Bela Lugosi, désormais irremplaçable dans le rôle de Dracula. Le superbe réalisateur Tod Browning voulait tourner *Dracula* avec son acteur préféré Lon Chaney, interprète célèbre du *Fantôme de l'opéra* et de nombreux autres films de Browning. Hélas pour lui, Lon tomba malade d'un cancer des bronches, et, heureusement pour lui, ce fut Bela Lugosi qui fut choisi. Bon début de carrière pour un vampire ! D'autant plus que ce Dracula-là fit une grande carrière commerciale, débuts prometteurs du personnage. Il fut adapté de la pièce d'Hamilton Deane, d'après le roman de Bram Stoker. Tod Browning réalisa ensuite son fameux *Freaks* (*La monstrueuse parade*), un des

---

[9] L'actrice Marguerite Moreno, épouse de Marcel Schwob – Irma Vep, anagramme de vampire.

meilleurs films fantastiques que j'aie jamais vu (voir également au chapitre *Zoom sur des chefs-d'oeuvre*)...

Au début du parlant, Bela Lugosi, très bavard d'autant qu'il jouait déjà ce rôle au théâtre, interprète un vampire dandy et séducteur de ces dames. On connaît bien cette image du Dracula élégant et séducteur, d'une séduction mortelle (cela se lisait dans ses yeux...). Ce film de Browning est décevant, malgré le succès qu'il obtint auprès du public, contrairement à *Freaks*. L'histoire du roman de Stoker a été modifiée, car c'est Reinfield qui revient avec Dracula (Jonathan n'y va pas) et le comte est tué, le cœur percé, à Carfax Abbey : il n'y a donc pas de poursuite jusqu'en Transylvanie, le film de Murnau est passé par là... Avec ce rôle qu'il interpréta de nombreuses fois, Lugosi devint un mythe vivant. Si bien qu'on dit qu'à la fin de sa vie, il s'y crut et dormait seul dans un cercueil... Mais ce n'est qu'une légende. Revers de la médaille, ce grand acteur ne put se réaliser vraiment dans un autre rôle... Lugosi joua encore le vampire dans *La Marque du vampire* de Browning ; *The Devil Bat* ; Le retour du vampire ; etc. jusqu'à son dernier film en 1956 : *The Black Sleep*. Il meurt lors du tournage du film *Plan 9 from outer space* (1959) d'Ed Wood, film qualifié *« de plus mauvais film de l'histoire du cinéma »*. (Voir le film de Tim Burton : *Ed Wood* – 1994).

Dans ses débuts en Europe, il tourna dans *Der Januskopf* (1920), une adaptation par Murnau, du *Dr Jekyll et Mr Hyde* de Stevenson. On se souvient également de lui dans le rôle du docteur Mirakle dans *Double assassinat dans la rue Morgue* de Robert Florey (1932). Ce film, très librement adapté de la nouvelle d'Edgar Allan Poe, traite également de problèmes de sang. L'abominable professeur Mirakle enlève les charmantes jeunes filles pour leur transformer le sang afin qu'elles puissent s'accoupler avec un grand singe intelligent et faire des petits. À la fin du film, après la mort de l'affreux professeur, le singe emporte la jeune fille sur les toits. Introduction au célèbre *King Kong*, réalisé en 1933 par Cooper et Schœdsacki ?

Désormais, le comte Dracula commence une carrière grandiose. Mais, il n'est pas le seul vampire à posséder les écrans et l'esprit des spectateurs.

Dès l'année suivante, le *Vampyr* de Carl Dreyer (*Der Traum des Allan Gray* : *le rêve d'Allan Gray*) se place à la hauteur du *Nosferatu* de Murnau. Gray découvre le vampirisme dans un vieux château où l'a emmené un vieil homme mourant. *Vampyr* se regarde comme un cauchemar éveillé. Notons d'abord que le prénom du personnage principal varie : dans les versions anglaise et française, Gray se prénomme David, dans les versions allemandes et danoises, il se prénomme Allan, alors que dans le scénario, son prénom était Nikolas. C'est le premier film parlant de Dreyer qui en attribue le scénario à deux nouvelles de Sheridan Le Fanu. Or, quand on connaît ces deux textes de l'écrivain irlandais, on ne trouve pratiquement aucun rapport avec le film ! Il ne fait aucun doute que ce film est une totale création de Dreyer et de lui seul. Alors pourquoi n'ose-t-il pas avouer que c'est lui-même qui a inventé cette histoire ? Le cinéaste répondra lui-même, plus tard dans son autobiographie : *« Avec Vampyr, je voulais créer sur l'écran un rêve éveillé et montrer que l'effroyable ne se trouve pas dans les choses autour de nous, mais dans notre propre subconscient. Si un événement quelconque a provoqué en nous un état de surexcitation, il n'y a plus aucune limite aux inventions de notre imagination ni aux interprétations insolites que nous conférons aux choses réelles qui nous entourent.* » D'ailleurs l'affirmation brutale de la censure de son surmoi sur son inconscient a conduit Dreyer, un an après la sortie de son film, à une grave crise psychologique nécessitant une hospitalisation psychiatrique. Cette analyse de l'œuvre lui donne incontestablement le statut de fantastique, même si ce film d'épouvante ne nous épouvante guère, mais nous dérange au plus profond. Le flou qui met encore mieux en valeur le noir et le blanc, flou provenant d'un mauvais tirage de la pellicule que Dreyer a voulu néanmoins conserver, la bande-son qui ne produit pas de rupture avec les films muets précédents, l'ambiance onirique en fait un film d'avant-garde selon la revue Film-Kurier de l'époque qui ajoute : « *Dans le monde réel du récit, Dreyer fait entrer le sentiment de l'irréel, qui dissout l'espace et le temps. Il bat tous les surréalistes français.* » Cette incursion des images dans l'inconscient du spectateur le conduit, dans certains cas à une réaction violente de rejet, ce qui n'a pas manqué de se produire à la première sortie du film à Berlin en 1932.

En 1935, Tod Browning récidive avec *La Marque du vampire*. Des images très fortes dans un cadre très gothique font croire jusqu'au bout à l'existence du vampire qui hante les lieux avec sa fille, vampire elle aussi. Mais, tout cela n'était qu'un coup monté pour découvrir un assassin ! Quelle déception à la fin où l'on découvre que Bela Lugosi joue son propre rôle de... comédien qui joue le vampire. On sent que cette fin a été rajoutée, le scénario modifié au dernier moment. D'ailleurs, remarquez que la tempe du vampire porte une plaie sanglante. Le film n'explique pas que cette plaie est le résultat du suicide d'un père qui venait de tuer sa fille après l'avoir violée ! Ce père est devenu un vampire et sa fille aussi. Pourquoi cet épisode terrifiant du scénario n'a pas été retenu alors que le maquillage de l'acteur subsiste ?

Le cinéma américain a poursuivi sa production de films de vampires pendant la guerre, à raison de sept films. Le mort-vivant aux dents acérées continue à envahir les écrans sans laisser de grands souvenirs jusqu'à la très productive période anglaise de la Hammer Films qui consacra un autre interprète célèbre de Dracula : Christopher Lee. Cette société de production fut fondée en 1950 par James Carreras et Anthony Hines, au départ pour la télévision. Leur premier film *Le Monstre*, très lovecraftien, raconte la mésaventure d'un astronaute revenu sur terre, seul survivant de l'expédition et se transformant petit à petit en monstre en absorbant toute matière vivante située à sa portée. Devant le succès du téléfilm, ils en firent un film pour le cinéma appelé : *X l'inconnu*, D'où l'idée d'occuper le terrain du fantastique dans le cinéma...

Terence Fisher réalisa en 1958 : *Dracula* (*Le Cauchemar de Dracula* en Français ; pourquoi le cauchemar ?) avec notre inimitable Christopher Lee. Suivi en 1961 des *Maîtresses de Dracula* toujours par T. Fisher et avec C. Lee, puis, en 1964, *Dracula prince des ténèbres*, toujours par le même et avec le même.

Ce dernier film commence par la fin de *Dracula* : il meurt lorsque son bourreau ouvre les rideaux du château pour laisser entrer la lumière (décidément, Murnau fut bien plus imité que Stoker en ce qui concerne la fin du vampire...) Puis, Van Helsing (ici un moine...) raconte comment les gens de la contrée combattent les vampires. Une jeune vampire est exorcisée par le pieu. Des voyageurs innocents passent par là. Une voiture vide les incite à y monter à la tombée de la nuit. Ils sont amenés au château de Dracula. Il est mort, soit ! Mais il suffit d'un peu de sang (beaucoup) versé dans son cercueil pour qu'il reprenne forme et... vie (si l'on peut dire !) Pour obtenir ce résultat, le domestique assomme un voyageur, le pend par les pieds au-dessus du cercueil et le saigne. On entend le sang couler à flots. Une forme se dessine et une main émerge de la caisse... Les aventures commencent. Reinfield, oublié dans le premier film (Christopher Lee le regrettait) fut introduit dans le scénario. C'est lui, recueilli dans un monastère, qui fera entrer le vampire et la jeune voyageuse vampirisée... Bref, le comte mourra, cette fois, ni par le pieu, ni par les rayons du soleil, mais par l'eau, car les balles tirées par le moine casseront la glace sur laquelle le vampire se tient ; il s'enfoncera dans l'eau claire des douves du château, ce qui, paraît-il, fait mourir les vampires. Tous les *Dracula* de la Hammer commencent par la fin du précédent, la mort du vampire, puis, ce dernier renaît...

Le Masque du démon (1960) de Mario Bava utilise une histoire de vampires comme prétexte à une angoissante péripétie gothique. (Voir au chapitre des chefs-d'œuvre)
En 1964, un film reprend l'idée du roman de Richard Matheson, *Je suis une légende* (*The last man on earth*) de S. Salkow. Le héros est le seul être humain restant sur la terre où tous les autres sont devenus des vampires. Puis, Roman Polanski semble tenter de clore définitivement la fiction du vampire au cinéma en le ridiculisant avec son *Bal des vampires* (1967). Ce projet (que je lui prête) est raté, mais le film est superbe !

Ensuite, nous entrons dans une période nouvelle avec le *Dracula* de John Badham, en 1979, avec Franck Langella dans le rôle du vampire charmant et séducteur. Cette fois, le bateau qui transportait son cercueil fait naufrage aux abords de Whitby. Dracula est sauvé par Mina qui le découvre, échoué sur la plage... l'histoire recommence. Les personnages sont tout inversés par rapport au roman : Lucy, la fiancée de Jonathan Harker, est la fille du docteur Seward et, Mina, première à être vampirisée (et exorcisée dans un souterrain du cimetière) est la fille de Van Helsing, personnage un peu ridicule. Le réalisateur semble vouloir jouer sur le complexe d'Œdipe pour mieux déranger. Frank Langella n'est pas très crédible en Dracula... Cette année-là, Werner Herzog réalise son *Nosferatu*.

Francis Ford Coppola, lui, déclare respecter le scénario du roman de Stoker avec son *Dracula* (1993). Il fait perdre tout mystère au mythe en apportant en début de film une explication sur l'état de vampire du comte dont il fait une victime, un amoureux vivant son éternel amour en non-mort éternel. Et, s'il s'intéresse à Mina, c'est qu'elle est la réincarnation d'Elisabeth, son premier amour (Coppola a-t-il choisi volontairement le même prénom que celui de la fiancée du docteur Frankenstein ?). Le romantisme y gagne, mais le fantastique y perd. On voit bien, dans ce film, l'influence d'un écrivain comme Fred Saberhagen qui a fait de Dracula un personnage positif, une victime et un justicier (*Un vieil ami de la famille*).

Le comte Dracula n'est pas le seul représentant de la gent vampire au cinéma. Nous avons déjà parlé de *Vampyr* et de *La Marque du vampire*, *Entretien avec un vampire*, en essayant de renouveler le genre, ne fait que l'affadir en un banal film d'action, enlevant tout mystère au vampire. Je préfère nettement un film plus ancien, le très beau *Aux Frontières de l'aube* (1981) de Kathryn Bigelow. Le jeune Caleb, par une chaude soirée de fin d'été, drague une belle jeune fille. Cédant à son insistance, elle

l'embrasse et lui mord le cou (« *Quel baiser !* » s'exclame-t-il subjugué...). Il deviendra donc un vampire, enlevé par une bande de vampires, horde sauvage qui tue pour vivre éternellement. Mais Caleb ne veut pas tuer. Il refuse son état de vampire. Dans une des premières scènes, inspirée du *Dracula* de Stoker, quand le comte dit à Jonathan : « *Vous les entendez ? Ce sont les enfants de la nuit...* », la jeune vampire admire la nuit :
— *La nuit, elle est noire et elle brille... Elle va t'aveugler...*
— *Je ne vois rien, répond Caleb.*
— *Écoute ! Tu entends !*
— *Non, je n'entends rien du tout.*
— *Écoute bien ! Tu entends la nuit, c'est assourdissant !*

Très beau dialogue dont la noire poésie annonce la nature monstrueuse de la fille. À propos de ce film, on parle souvent du trucage de la scène de la combustion du jeune vampire. Je préfère mettre en avant la scène dans le bar qui devrait être inscrite dans l'anthologie du cinéma. Elle reprend le rock et la violence de *Graine de violence* (Richard Brooks – 1955) pour exacerber l'idée que ces vampires sont, comme certains délinquants, de véritables parasites qui se nourrissent de nous. Dans ce lieu clos, ce qui fait horreur, c'est que les victimes sont immédiatement averties de leur sort, inéluctable malgré leur volonté de lutter. Le remplissage du verre avec le sang de la serveuse égorgée, remplissage qui se fait pour une part hors-champ, place bien le thème des vampires à notre époque moderne au cours de laquelle on boit dans un verre, même du sang. On peut être un tueur sauvage, mais être civilisé. Sévéren, le vampire en blouson noir, tee-shirt taché de sang et lunettes noires, avant de mordre le cou d'un consommateur du bar, déclare : « *Ah ! ça me dégoûte ces mecs qui sont pas rasés* », puis croque la veine jugulaire, absorbe le sang et rote bruyamment. Cette scène du bar, composée de plusieurs plans-séquences, qui commence par un rythme lent pulsé par le rock des Comets, est une scène de pure terreur. Plus tard, une autre scène frappe les esprits. Les vampires craignent la lumière du soleil. Dans leur bungalow ils sont encerclés par la police qui tire, mitraille vers eux. Dans la chambre rendue obscure par les rideaux, les trous des balles lancent de multiples traits de lumière qui blessent cruellement les vampires alors qu'ils ne craignent pas les balles. Ce magnifique film est gâché par la fin un peu niaise... Happy end oblige ? *Vampires* de John Carpenter est de la même qualité. Je vous renvoie à ma critique dans le chapitre sur les films. Enfin en fin de siècle et début du troisième millénaire c'est le chasseur de vampires qui devient le héros du cinéma. Dans la série des *Blade*, le chasseur est lui-même demi-vampire et s'attaque à des races de vampires de plus en plus évoluées. Dans tous ces films, comme *Underworld* aussi, les combats sont très violents et très acrobatiques. E

Les femmes vampires ont aussi enchanté les amateurs. D'abord, l'héroïne de Joseph Sheridan Le Fanu : *Carmilla* a été portée de nombreuses fois à l'écran, notamment par Roger Vadim dans : *Et Mourir de plaisir* en 1960 ; je n'ai pas vu le film n'étant pas spécialement attiré par ce cinéaste, même quand il traite du problème des vampires. Mais il y a aussi (de loin) *Vampyr* de Dreyer, *The Vampire Lovers* de R. W. Baker, etc. Rappelons que *Carmilla* fut une des sources d'inspiration de Stoker pour son *Dracula*.

Si le saphisme vampire peut exciter notre imagination, les horribles manies de la comtesse Erzébeth Bathory, véritable vampire humain qui a existé en... Transylvanie ont aussi inspiré le cinéma. En 1970, le cinéaste belge Harry Kumel s'inspira de la sanglante comtesse interprétée par la grande Delphine Seyrig, dans son film *Les Lèvres rouges*. Ce réalisateur a créé également un superbe film à partir du chef-d'œuvre de Jean Ray : *Malpertuis* (1972). *Les lèvres rouges* conte les exploits vampiriques de la comtesse. Il commence par une superbe scène d'amour dans un train-couchette et finit par la mort définitive de la comtesse, éjectée de sa voiture (cela se passe à notre époque, la comtesse étant parvenue jusqu'à nous grâce à son vampirisme) elle s'empale sur le piquet d'une clôture du bord de la route. Le réalisateur Borowczyk narre également ses aventures dans ses *Contes immoraux*.

Enfin, dans le domaine du vampire femme, ici irremplaçable avec sa beauté glaciale, Catherine Deneuve, dans *Les Prédateurs* de Tony Scott, joue plutôt avec David Bowie le rôle d'une "sérial killer" qui boit leur sang et mange ses victimes. (1983) Seule la fin est véritablement vampirique lorsqu'on s'aperçoit que tous les compagnons de la vampire, depuis des siècles et des siècles, ne cessent de mourir, infiniment, dans de nombreux cercueils empilés dans le grenier. David Bowie y était déjà installé lorsque la nouvelle compagne de la vampire (Sarah, médecin qui lutte, justement, contre le vieillissement...) le rejoindra dans l'agonie éternelle. Les premières images du film montrent deux singes qui se dévorent vivants... *Innocent Blood* présente une gentille vampire (interprétée par Anne Parillaud) en lutte contre une bande de gangsters-vampires et leur chef qu'elle a elle-même vampirisé (1992).

Werner Herzog a fait des émules dans l'allégorie politique à partir de l'action du vampire. En 1972, l'allemand H. W. Geissendorfer réalise : *Jonathan (le dernier combat contre les vampires)*. Là, Dracula est carrément assimilé à Hitler. Les premières scènes montrent la perquisition grossière des agents du vampire chez un opposant, manières assimilables à celles de la Gestapo. Le nazisme n'avait-il pas fasciné certains par son sadomasochisme (voir le film *Portier de nuit*) ? Le film de Paul Morrissey, *Du Sang pour Dracula* (1974), lance également un message politique. Le comte Dracula, fatigué et usé, ne peut survivre qu'en suçant le sang des vierges. Il se rend en Italie (où il croit qu'elles sont plus nombreuses) et s'installe dans une famille dont la mère veut lui offrir une de ses filles en mariage. Hélas ! le domestique de la maison, un beau jeune homme (d'opinion nettement communiste), les a toutes déflorées... Et, finalement il exécutera Dracula, mettant ainsi fin au règne du saigneur...

Le cinéaste canadien David Cronenberg renouvelle complètement le mythe avec son film *Rage* (1976) dans lequel une jeune femme qui a subi une greffe de la peau et une transfusion sanguine se transforme physiquement et ne peut que se nourrir de sang à l'aide d'un appendice nouveau qui lui a poussé sous le bras et qui ressemble à un phallus... Elle pompe le sang de ses victimes en les serrant dans ses bras... En le faisant, elle leur transmet une rage contagieuse. En parlant de son film, David Cronenberg a déclaré : « *Je me souviens avoir vu le Dracula de la Hammer quand j'étais gosse. Ils avaient accentué à fond les éléments sexuels... J'étais très ému par cette découverte.* »

L'actualité politique, dans la fin des années quatre-vingt, se chargea de remettre sur scène le pays des vampires. Les évènements de Roumanie de l'hiver

1989 : l'effondrement d'un régime épouvantable, les scènes (aujourd'hui nous savons qu'il s'agissait, justement, de mise en scène) des cadavres de Timisoara, l'exécution médiatisée des époux Ceausescu, tout cela, par l'intermédiaire du petit écran de la télévision, a remis au goût du jour les histoires de vampires, car ces images étaient vues au travers de l'inconscient collectif porteur du Dracula, "autorité" (un comte, un seigneur, un saigneur) qui pompe notre énergie psychique, Ombre Jungienne du Moi. Cela me rappelle une pitoyable tentative allant dans ce sens avec un film télé réalisé par Stuart Gordon, *La Légende des ténèbres* (1989), dans lequel joue Anthony Perkins. L'action se passe en Roumanie, sous le régime de Ceaucescu. Les vampires sont installés dans les caves d'immeubles de Bucarest. Ils ne sucent pas le sang en perçant les veines avec leurs dents, mais avec l'extrémité de leur langue... La peste brune est devenue rouge.

Puis, il nous faut bien aussi en parler, nous avons du mauvais : en 1986, Tobe Hooper réalise *Les vampires de Salem* d'après un roman de Stephen King (le vampire est carrément copié sur Nosferatu...) ; du bien meilleur avec, en 1987, *Vampire vous avez dit vampire ?* de Tom Holland et sa suite réalisée en 1988.

The Addiction (1996) d'Abel Ferrara, mets le discours philosophique au service du vampirisme dans un film en noir et blanc, mais pas un noir et blanc contrasté comme dans les films expressionnistes, un noir et blanc tout en grisailles comme *Vampyr* (1932) de Carl Th. Dreyer.

Enfin, nous avons pu nous régaler avec *Vampires* (1997) de John Carpenter, *Blade* (1998) de Stephen Norrington (et ses suites), *Underworld* (2003) de Len Wiseman, *Van Kelsing* (2004) de Stephen Sommers.

Le vampire est un mort-vivant, il y a donc toutes les histoires de morts-vivants... Aucune n'a encore égalé le fameux film (aujourd'hui mythique) de George Romero : *La Nuit des morts-vivants*, réalisé en 1968 (voir chapitre des chefs-d'œuvre). On s'éloigne des vampires, mais c'est un très grand film en noir et blanc. Lors de la séance au CNP de Lyon où je suis allé le voir à sa sortie, j'y ai vu un vampire parmi les spectateurs : un homme, les yeux exorbités, voyait ce film pour la septième fois ! Alors qu'à moi, il était apparu comme insoutenable la seule fois où je l'ai vu. (Je me suis endurci depuis...)

Enfin, il y a les films dans lesquels on parle de vampires ou de quelque chose d'approchant comme dans *Histoires de fantômes chinois,* très beau film chinois. Dans *Predator*, le monstre invisible qui extermine les soldats dans la jungle n'est-il pas un peu vampire ? Et le psychiatre cannibale du *Silence des agneaux*, magistralement interprété par Anthony Hopkins (qui interprétera Van Helsing dans le Dracula de Coppola), n'est-il pas également un vampire ?

Le monstre de Stevenson

Le Cas étrange du Dr Jekyll et Mr Hyde, le très court roman de Stevenson connaît aussi une certaine gloire cinématographique. Cette histoire de double méchant, créé à partir des expériences d'un savant fou, n'a pas eu la même carrière que cet autre monstre, produit de la science et de la mort : la créature du docteur Frankenstein. Pourquoi ? D'abord parce que la base scientifique n'est même pas ébauchée, contrairement à *Frankenstein* – on n'a aucune indication sur le "produit" composé par le docteur Jekyll – ensuite, parce que *Frankenstein* nous renvoie à la Mort, et donc à notre avenir, plus ou moins lointain. De plus, l'histoire de Stevenson est une fable sur la lutte des classes : le Bien, interprété par le docteur Jekyll, habite les nobles quartiers, est un homme érudit, cultivé et bien élevé, mister Hyde, son double, est horrible, méchant, pervers et fréquente assidûment les quartiers populaires de Londres. Cette allégorie n'est évidemment pas affichée, mais réellement présente et certainement perceptible par nombre de spectateurs... La dernière version de ce mythe : *Mary Reilly* (1995) de Stephen Frears, tente d'inverser ces propos, puisque le docteur Jekyll tombe amoureux de sa servante. Néanmoins, la terreur est bien fade dans tous ces films, y compris dans celui de Terence Fisher (Deux visages du Dr Jekyll). D'autres écrivains ont fait beaucoup mieux sur le thème du double, comme Allan Edgar Allan Poe ou Guy de Maupassant. Si certains se sont essayés à quelques adaptations cinématographiques du premier, personne encore n'a réussi à rendre cette atmosphère terrifiante des textes du second...

Ce mythe du monstre qui est en nous tient trop des traditions de la morale chrétienne pour fasciner autant que les deux autres grands : *Dracula* et *Frankenstein*. Un autre mythe de la même orientation est bien plus fascinant, c'est celui du *Loup-Garou*. C'est qu'il présente une morale inversée de celui du *Dr Jekyll*. Il ne s'agit pas du Mal qui est en nous, mais de la Bête ! Et qui osera affirmer qu'il n'a jamais été fasciné par cette bestialité que nous devons refréner ? Quel plaisir de pouvoir courir dans la forêt et chasser, dévorer à pleines dents...

Howard Philip Lovecraft, Edgar Allan Poe :

le cinéma maintient la porte entrouverte, au-delà, il y a le monstre...

Les adaptations de ces deux écrivains sont rares, car il est extrêmement difficile de rendre l'atmosphère de lente montée de la terreur que leurs textes produisent sur le lecteur. Roger Corman l'a tenté et parfois bien réussi, mais en produisant une distance entre l'histoire et le spectateur grâce aux couleurs et au jeu très froid de l'acteur fétiche Vincent Price. D'autres l'ont fait avec bien moins de bonheur, et même un grand cinéaste comme Federico Fellini ne l'a pas vraiment réussi dans *Histoires extraordinaires* (1968), de même pour Roger Vadim et Louis Malle auteurs des deux autres sketches. Les monstres de Lovecraft, quant à eux sont difficilement filmables.

L'œuvre de Lovecraft est complexe. Sa mythologie forme un tout fascinant qu'on ne peut reconstituer qu'en lisant l'ensemble de ses textes. C'est une des raisons qui explique que le cinéma ne s'est intéressé à ses thèmes qu'assez tard, après la Deuxième Guerre mondiale. Ceci dit, on peut déjà retrouver la noirceur et le pessimisme profond de l'écrivain dans le cinéma expressionniste allemand qui ignorait son œuvre. Ainsi, l'univers non euclidien des décors du film *Le Cabinet du docteur Caligari* (1920 – Robert Wiene) ressemble beaucoup à ces mondes de l'au-delà décrits maintes fois par l'écrivain.

Avec la transformation de l'espace, Lovecraft[10] affectionne aussi les transformations physiques. Ce qui est terrifiant chez lui, c'est qu'il base toute sa mythologie sur un matérialisme affiché. Ainsi, je rappelais dans un précédent article[11] : « *Lovecraft s'est mis lui-même en scène avec son personnage d'Herbert West, le réanimateur de cadavre. Dans cette œuvre, il affiche donc ses convictions philosophiques : "West était matérialiste. Il ne croyait pas à l'existence de l'âme et attribuait tous les effets de la conscience à des phénomènes physiques".* » Cette transformation physique n'est pas réservée à un pécheur ou à quelqu'un qui l'a bien cherché. Non ! Cela pourrait arriver à n'importe qui, car c'est dans la nature même que se cachent les plus indicibles horreurs...

Le premier film fondamentalement lovecraftien est sans conteste : *Le Monstre* (1955 – Val Guest), qui raconte comment une expédition spatiale rencontre une entité qui détruit deux spationautes et transforme petit à petit le survivant revenu sur Terre en monstre. Dans sa nouvelle *Arthur Jermyn*, HPL déclare : « *La science, dont les terribles révélations déjà nous accablent, sera peut-être l'exterminatrice définitive de l'espèce humaine – en admettant que les êtres appartiennent à des espèces différentes – et si elle se répandait sur la terre, nul cerveau n'aurait la force de supporter les horreurs insoupçonnées qu'elle tient en réserve.* » Voilà une peur qui sied bien aux terreurs des années cinquante, après la bombe atomique et au début de la conquête de l'espace... Une époque charnière dans laquelle les craintes de l'espèce humaine rencontrent celles qui ont été exprimées par un écrivain quelques dizaines d'années plus tôt alors qu'il était le seul à les ressentir.

La science et ses découvertes sont mises en cause dans la série de films des *Quatermass*, série qui a débuté par *Le Monstre*, film qui assura le succès de la Hammer, cette compagnie anglaise qui poursuivit sa quête du fantastique en adaptant de nombreuses versions de Dracula et Frankenstein (mais ceci est une autre histoire...) Quatermass est un scientifique sans peur et sans reproche, impitoyable en ce qui concerne les éventuelles conséquences de ses découvertes. Dans *La Marque* (1957 – Val Guest), les êtres humains soumis aux monstruosités du cosmos présentent tous la même marque. C'est le moins lovrecraftien des films de la série. Par contre, le suivant, encore plus terrifiant (*Les Monstres de l'espace* (1967) de Roy Ward) met en scène une découverte archéologique dans les travaux du métro : un engin spatial habité de vieilles entités qui sont alors réveillées et menacent l'intégrité de notre monde ! Ça c'est de la science-fiction !

Il fallut d'autres cinéastes indépendants des valeurs hollywoodiennes pour continuer à adapter les œuvres de cet écrivain maudit, dont les thèmes se situaient à l'époque tout à fait en dehors des normes du cinéma officiel. On en trouvera un du côté italien avec *Caltiki, monstre immortel* (1959 – Riccardo Freda). Certains insinuent que Freda abandonna le tournage en cours et que ce fut Mario Bava qui prit la relève. Quoiqu'il en soit, l'auteur du *Masque du démon* (1960) n'est pas crédité au générique. Il est facile de reconnaître dans Caltiki une ressemblance avec le dieu immortel de Love-

---

[10] J'utiliserai souvent les initiales HPL...

[11] « Lovecraft et la nature » dans « Fantastique, des auteurs et des thèmes », éditions Naturellement 1998.

craft, le grand Cthulhu... L'histoire raconte la découverte au fond des eaux d'un monstre qui, irradié ensuite, se développe et met la Terre en danger. Le scénariste rassemble ainsi la mythologie lovecraftienne avec la terreur moderne de l'atome. On retrouve bien le peur de la science et de la découverte. Pour figurer Caltiki, le Cinéaste a acheté une panse de vache chez le charcutier du coin (on reconnaît bien l'organe dans le film, et non pas des « *tripes à l'italienne* » comme je l'ai lu quelque part : encore un critique qui parle d'un film sans l'avoir vu !)...

Tous les films adaptant les œuvres de Lovecraft auront cette caractéristique commune à ces quatre films précédents : ils seront réalisés et produits par des cinéastes et des producteurs indépendants et libres de l'influence des majors.

On ne peut pas trouver plus libre et indépendant que Roger Corman. C'est lui le premier qui adaptera directement une œuvre d'HPL, son seul court roman : *L'affaire Charles Dexter Ward* (1928) auquel il rajoutera quelques éléments d'autres histoires pour en faire un film dont l'affiche mêlera les noms de Lovecraft et Poe, bien que ce dernier n'ait vraiment rien à voir avec l'histoire. Mais à l'époque, Lovecraft était un inconnu... Ce film s'appelle tout simplement : *La Malédiction d'Arkham* (1963).

Ce fut alors le signal pour d'autres adaptations. Jesus Franco (dit Jess Franco) adapta le premier plusieurs nouvelles dans *Necronomicon* (1967). Plus récemment, Brian Yuzna, Shushuke Kaneko et Christophe Gans firent de même avec un autre *Necronomicon* (1993) composé de trois nouvelles terrifiantes : *Celui qui chuchotait dans les ténèbres, Air froid,* et *Les Rats dans les murs.*

Un autre cinéaste indépendant, Stuart Gordon, venu du théâtre, adapta deux œuvres d'HPL : la série des *Herbert West, réanimateur* (1922) avec le film *Re-animator* (1985), la nouvelle *De l'au-delà* (1920) avec le film *Aux Portes de l'au-delà* (1986). Puis, imitant en cela James Whale avec sa Fiancée de Frankenstein (1935) le plus qu'excessif Brian Yuzna inventa une fiancée au réanimé avec *Re-animator 2*, puis une réalisa une autre suite *Beyond re-animator* (2003) dans laquelle Herbert West sévit dans la prison où il a été enfermé...

J'ai trouvé d'autres films dont l'histoire est directement tirée de l'œuvre d'HPL, mais non diffusés en France : *House of the End of the World* (1965) de Daniel Haller, qui ne semble pas tiré du magnifique roman de Hogdson, mais de la nouvelle *La Couleur tombée du ciel* ; *La Malédiction des Watheley* (1966) de David Greene d'après *La Chambre condamnée*; *The Dunwich Horror* (1969) de Daniel Haller; *The Resurrected* (1991) de Dan O'Bannon d'après *L'affaire Charles Dexter Ward*.

Ensuite, de nombreux films fantastiques de terreur ont été influencés par l'œuvre de l'écrivain sans y faire strictement référence. John Carpenter, le cinéaste mal aimé de l'Amérique en a réalisé deux. *Prince des ténèbres* (1988) qui met en œuvre une très vieille entité maléfique cachée dans la cave d'une église et qui, réveillée, transforme les êtres humains et ouvre un passage vers d'autres espaces terrifiants. *L'antre de la folie* (1994) met en scène l'écrivain lui-même avec ses monstres, mais jamais il n'est nommé. Sam Raimi reconstitue l'ambiance des histoires d'HPL dans *Evil Dead* (1982) film qu'il a voulu parodique, mais qui est (malgré lui ?) terrifiant. Les monstres nés dans la poitrine de spationautes – depuis *Alien* (1979) de Ridley Scott jusqu'à *Alien la résurrection* (1997) de Jean-Pierre Jeunet – sont directement inspirés de ceux d'HPL. (Et plus tard *Alien contre Predator*)

Lucio Fulci, le spécialiste de l'horreur mort-vivante est certainement très influencé par HPL. Ainsi, dans son film *Frayeurs* (1980), l'histoire se passe dans la bonne ville de Dunwich bien connue des héros de Lovecraft... Fulci poursuit cette inspiration lovecraftienne avec les deux films suivants de sa trilogie : *La Maison près du cimetière* (1981) et *L'au-delà* (1981).

Enfin, ne retrouve pas les hommes-poisson d'HPL dans le personnage de *L'étrange créature du lac noir* (1954) de Jack Arnold ?

Le cinéma fantastique tout récent n'échappe pas à l'influence du grand HPL. Même si l'ambiance est plus moderne. Ainsi les monstruosités terrifiantes venues de l'au-delà dans *Event Horizon* (1997) de Paul Anderson sont plus lovecraftiennes que diaboliques. La mythologie d'HPL n'emprunte en aucun cas ses thèmes et ses personnages aux mythes judéo-chrétiens, car Lovecraft est matérialiste. C'est pourquoi on classe souvent son œuvre dans la catégorie de la science-fiction. Enfin, *Un Cri dans l'océan* (1997) de Stephen Sommers, reprend directement le mythe de Cthulhu, monstre terrifiant remonté des profondeurs.

La télévision est bien plus prudente vis-à-vis d'HPL, l'écrivain reclus de Providence. C'est qu'il faut respecter un nivellement qui puisse plaire au maximum de téléspectateurs. Ce que peut se permettre le cinéma indépendant, la télévision ne le peut pas. Néanmoins, les scénaristes ont certainement lu les œuvres du grand maître d'Arkham et en subissent aussi les influences. J'ai trouvé cette dernière dans *Babylon 5, la cinquième dimension* de Jesus Trevino, film TV dans lequel "La Porte va s'ouvrir" ...

On retrouve aussi les ingrédients du chaudron de l'imaginaire lovecraftien dans certains épisodes de *Au-delà du réel*, bien que ce titre ne soit pas très lovecraftien...

L'œuvre marginale d'un reclus matérialiste (et aussi raciste) est devenue aujourd'hui une référence et ses livres se vendent toujours comme des petits pains. Ce ne fut pas toujours le cas... Le cinéma officiel a toujours refusé de s'emparer de ses récits. Pas assez grand public, certainement. Il a fallu des cinéastes indépendants pour le faire. Aujourd'hui, un film demande un investissement énorme. Mais les effets spéciaux permettent mieux qu'autrefois de reconstituer les mondes et les monstres de Lovecraft

De la suggestion, nous passons à l'apparition du monstre. La porte de Stephen King est-elle ouverte ?

Stephen King, Clive Barker et d'autres ouvrent la porte...

Grâce aux effets spéciaux, Stephen King peut "ouvrir la porte" à l'écran. Une des meilleures adaptations de son œuvre reste *Shining* (1980) de Stanley Kubrick et peut-être aussi *Carrie* (1976) de Brian de Palma. Ces deux films ne comprennent aucun monstre derrière aucune porte que personne n'ouvre. La plupart des romans de King ont donné lieu à des adaptations cinématographiques ou télévisuelles parmi lesquelles on trouve le pire et le meilleur. J'ai déjà cité les deux meilleurs, il y a aussi *Creepshow* (1982) de Romero et *Creepshow 2* (1987) de Michael Gornick, films dans lesquels on a le plaisir de voir jouer Stephen King lui-même... Romero a également adapté *La Part des ténèbres* (1993). Le problème avec Stephen King c'est qu'il est très long. Avant d'arriver aux faits qui devraient intéresser le lecteur, il raconte en détail les personnages, leur vie et leur entourage, les décors. C'est ce qui fait le charme de ses romans pour de nombreux lecteurs. Reproduire cela au cinéma est très ennuyeux à moins d'ajouter la patte d'un grand artiste...

Quant à Clive Barker, il a constitué son succès par l'horreur profonde de ses romans et nouvelles. Il a tenté de reproduire cela dans ses films. Pour cela, il utilise essentiellement des effets spéciaux. Il applique catégoriquement la théorie de Stephen King sur la "porte ouverte". Les monstres sont montrés en gros plan et ces films perdent un attribut essentiel du cinéma, qu'il partage avec la littérature d'ailleurs, c'est de susciter l'imagination, c'est-à-dire montrer une image incomplète qui suggère, ce qui peut se passer hors-champ ou même carrément ailleurs grâce au montage et au cadrage. Clive Barker ne sait pas du tout faire cela et de merveilleuses histoires comme *Hellraiser* (1987) ou *Cabale* (1990) ne sont plus que des collages d'effets spéciaux. Un vrai cinéaste fera-t-il mieux un jour si Barker consent à céder ses droits ?

Pour une histoire du cinéma fantastique

Comme l'a souligné Alfred Hitchcock : « *Après tout, le cinéma est la seule forme d'art nouvelle créée au XXe siècle. Il n'y en a pas eu d'autre !* » et il ajouta : « *Le langage de la caméra est le même que celui de l'écrivain. (Ce dernier) utilise des mots, vous utilisez des images.* » Et il faisait la remarque suivante qui nous intéresse particulièrement en ce qui concerne le cinéma fantastique : « *Le macabre vous donne la possibilité d'aborder la violence sans en avoir l'air : c'est un détournement du mélodrame.* »[12]

Cet apéritif nous met en appétit pour aborder l'histoire du cinéma et, à l'intérieur de celle-ci, ce qui nous intéresse le plus, l'évolution du fantastique.

Il y a eu deux inventions du cinéma : une invention technique et une invention artistique.

Techniquement, le cinéma prend sa source dans le théâtre d'ombres chinois qui date de plusieurs milliers d'années. Depuis l'antiquité, les physiciens connaissent cette particularité physiologique de l'homme : la persistance rétinienne. Cette trace fugace de la vision qui persiste sur notre rétine amène l'invention du Thaumatrope par Pairs en 1825, du Phénakistiscope de Plateau en 1833, du Zootrope d'Horner en 1835 et du Parxinoscope de Raynaud en 1877. Puis, les améliorations considérables de la sensibilité de la photographie autorisèrent de prendre des photos en une fraction de seconde et permit la mise bout à bout de milliers d'images donnant l'illusion du mouvement. Mais il fallait des progrès purement technologiques pour maîtriser optiquement la projection d'images. En 1891, Edison fit franchir une grande étape à ce progrès en inventant le Kinétoscope (1891), mais le film défile dans une boîte et ne peut être regardé que par une personne à la fois. Ce sont les frères Lumière qui vont apporter la découverte technologique décisive. À partir de la machine à coudre, Louis

---
[12] *Hitchcock-Chabrol* par E. Rohmer Ramsay 1993

Lumière pense au mécanisme qui fait défiler une à une les images d'un film en les projetant à grande vitesse. Le cinéma est né. Le brevet est déposé le 13 février 1895...

Très rapidement et dès le début de notre siècle, la plupart des découvertes technologiques connues aujourd'hui étaient réalisées : en 1900, on constatait des tentatives de cinéma sonore, colorié, stéréoscopique, sur grand écran... Un procédé couleur est mis au point en 1908 et, en 1935, Louis Lumière présente un procédé de cinéma en relief. Les dernières innovations concernent la sensibilité des pellicules (Stanley Kubrick filme les personnages éclairés à la bougie dans *Barry Lindon*, 1975), les techniques comme le zoom (1962) et les caméras gyroscopiques permettant de filmer en marchant tout en assurant une grande stabilité de l'image, procédé rendu célèbre par le film de John Carpenter : *Halloween* (1978). Enfin, il y a les effets spéciaux et les images de synthèse qui restent encore des innovations technologiques, en dehors de l'art cinématographique lui-même, utilisés par lui, mais qui devront encore accéder au statut artistique. Le premier film parlant fut *Le Chanteur de jazz* d'Alan Grosland, présenté pour la première fois à New York, le 6 octobre 1927, un an après la projection du premier film sonorisé par un accompagnement musical synchronisé, *Don Juan*, dirigé par le même. Désormais, à part Charlie Chaplin qui résistera longtemps, tous les cinéastes abandonneront le muet pour le parlant. Même des films contemporains comme *Le Bal* d'Ettore Scola, dans lequel pas une parole n'est prononcée, appuie tout son scénario sur la musique de l'orchestre du bal... Comme le souligne Jean-Louis Leutrat, « L'absence de son ne doit pas être considérée comme une infirmité : "De la même façon qu'il rêvait et entendait en lui les voix des acteurs, (le spectateur) entendait en lui tous les sons que pouvait suggérer le film [...] Le cinéma muet bruissait donc du vacarme des sons sous-entendus. (M. Chion, Le Son, p. 26-27) » Le même auteur cite S. Daney à propos du zoom : « *Le zoom n'est plus un art de l'approche, mais une gymnastique comparable à celle du boxeur qui danse pour ne pas rencontrer l'adversaire. Le travelling véhiculait du désir, le zoom diffuse de la phobie. Le zoom n'a rien à voir avec le regard, c'est une façon de toucher avec l'œil. Toute une scénographie, faite de jeux entre la figure et le fond, devient incompréhensible.* »

Les premiers cinéastes filmaient avec dans leur cerveau le cadre de la scène de théâtre dont ils ne pouvaient se défaire. Le cinéma n'était alors qu'une copie d'un autre art, le théâtre. Alors que les frères Lumière développaient le documentaire, George Méliès se passionnait pour la fiction, et donc inventait déjà les effets spéciaux. À ce propos, le mieux est de citer l'auteur lui-même : « *Un blocage de l'appareil dont je me servais au début (appareil rudimentaire dans lequel la pellicule se déchirait ou s'accrochait souvent et refusait d'avancer) produisit un effet inattendu un jour que je photographiais prosaïquement la place de l'opéra : une minute fut nécessaire pour débloquer la pellicule et remettre l'appareil en marche. Pendant cette minute, les passants, omnibus, voitures, avaient changé de place, bien entendu. En projetant la bande, ressoudée au point où s'était produite la rupture, je vis subitement un omnibus Madeleine-Bastille changé en corbillard et les hommes changés en femmes. Le truc par substitution, dit truc d'arrêt, était trouvé...* » Et, si le cadre habituel dans lequel les cinéastes filmaient était celui de la scène de théâtre, Méliès l'avait élargi à celui du cirque : *«... Je jouais les principaux rôles. Les gens employés dans* Le Voyage dans la lune *étaient uniquement des acrobates, girls et chanteurs du music-hall, les acteurs de théâtre n'ayant pas encore accepté de jouer dans des films de cinéma, car ils considéraient les films comme bien au-dessous du théâtre.* »

La technique étant placée sur les rails de la découverte, il restait au cinéma à acquérir son statut d'art en s'émancipant du théâtre. David Wark Griffith sut affranchir le cinéma de l'espace étroit créé par le point de vue du spectateur au théâtre. Il ouvrit donc la voie à cette véritable création par la multiplicité des points de vue et des plans, et, surtout, par cette particularité de créer l'illusion qu'est le montage, illusion créatrice de sentiments, dont la peur et l'angoisse en est le principal. Cela se produisit dans les tout débuts d'Hollywood, alors que le cinéma américain était passé de la côte est à la côte ouest, un peu avant 1910. Puis, de grands créateurs comme Raoul Walsh, King Vidor, John Ford exploitèrent et développèrent cet acquis qui fut accompli avec le sonore et le parlant. Cette forme cinématographique se munit d'un certain nombre de règles, de signifiants et signifiés, et devint le langage cinématographique, une institution dont il deviendrait difficile de se défaire. Ce cinéma hollywoodien tira sa force dans l'apport énorme de cinéastes européens qui vinrent le rejoindre et apporter un sang nouveau, d'abord Erich von Stroheim, Ernst Lubitsch, Rex Ingram, Maurice Tourneur et, ensuite, W. F. Murnau, Victor Sjöström, Karl Freund... Ce mode de représentation institutionnel, appelé par Jean-Louis Leutrat *« La Grande forme »*, traverse toute l'histoire du cinéma. *« Certains l'ont identifié au « classicisme » alors que ce dernier n'en est qu'un moment. (... .) (Mais ne lui accordons pas trop d'importance, car) les œuvres ne deviennent vraiment dignes d'intérêt que lorsqu'elles ne relèvent plus d'aucune catégorie*[13]. » Ailleurs, en Russie, le grand Eisenstein sut utiliser toutes les ressources du montage et en développer les conséquences artistiques.

Après ce bref résumé de la naissance de cet immense art de notre siècle qu'est le cinéma, il faut maintenant tenter de cerner l'évolution de sa façon d'exprimer le fantastique.

Le premier cinéaste fantastique fut George Méliès, nous l'avons vu, dont la passion était de montrer des histoires invraisemblables grâce au cinéma. Mais, la véritable naissance du cinéma fantastique eut lieu à quelques centaines de kilomètres de là, en Allemagne. Ce cinéma fantastique s'est immédiatement appuyé sur les grands thèmes littéraires du genre, eux-mêmes, comme nous l'avons indiqué, inspirés à la fois des terreurs de nos angoisses et des traditions folkloriques.

---

[13] *Le Cinéma en perspective : une histoire* de Jean-Louis Leutrat Nathan Université

Terreur expressionniste (1918 – 1929)

Le Cabinet du docteur Caligari

L'expressionnisme au cinéma est né en Allemagne après la guerre de 1914-18, dans les affres contradictoires de la république de Weimar qui, après avoir écrasé la révolution spartakiste et exécuté ses dirigeants, ne résista pas à la pression du nazisme qui s'appuyait sur la crise économique et l'humiliation des Allemands après la défaite. Jean-Michel Palmier, dans sa préface à *Expressionnisme et cinéma* de Rudolf Kurtz, indique que « *le cinéma expressionniste fut pour la génération des années vingt le miroir même de ce malaise par rapport au réel, qu'on y voit l'expression d'une hantise ancestrale des objets et de l'espace ou la réaction à une situation concrète – le traumatisme de la guerre et d'une révolution assassinée, la misère, le chômage, les désordres politiques – qui firent du cinéma allemand de cette époque, un monde encore plus angoissant que la réalité elle-même.* » L'esthétique profonde de ce mouvement a marqué de nombreux cinéastes parmi les plus grands jusqu'à nos jours. L'expressionnisme rejette le réalisme, la réalité, le naturel et le surnaturel. Seule compte la vision subjective du monde, l'intériorité. Il durera jusqu'en 1926, jusqu'au cinéma parlant qui assurera de manière irréversible la victoire d'Hollywood et de la "Grande forme". Un film parlant comme *Vampyr* de Dreyer (1931) peut être encore classé parmi les films expressionnistes dont il reprend les thèmes de l'ombre et de la lumière, de la distorsion de l'espace, et tout cela dans des décors naturels, faisant ainsi faire un pas nouveau à l'art cinématographique grâce au montage, à la lumière et aux mouvements de caméra. Rudolf Kurtz, dans son ouvrage célèbre sur l'expressionnisme, souligne que « *l'expressionnisme refuse catégoriquement de copier le spectacle de la réalité. [...] Il est question, pour lui, d'un niveau fondamentalement différent de l'existence.* » Lotte H. Eisner qui s'est inspirée de cette œuvre pour son livre *L'écran démoniaque*, cite Wilhelm Worringer à propos de l'expressionnisme : « *Cette angoisse primordiale de l'homme en face d'un espace illimité suscite en lui le désir d'arracher les objets du monde extérieur à leur contexte naturel, ou, mieux encore, de délivrer l'objet de ses liens avec (peut-être) d'autres objets, bref de le rendre "absolu".* »

Ce mouvement artistique est le mieux représenté par le merveilleux film de Robert Wiene : *Le Cabinet du docteur Caligari* (1920). Ce film, l'un des plus étranges de l'histoire du cinéma, présente un monde aux perspectives faussées, aux angles bizarres et biscornus, des personnages extravagants aux mouvements hystériques. Comme ce sont les décors qui produisent cet effet de distorsion de l'espace, il fallut tourner toutes les scènes en plan fixe, exiger des maquillages et des costumes extraordinaires, des jeux d'acteur aux expressions exagérées, distendues. La création d'un autre univers et d'un autre temps. Le cinéaste voulait ainsi en rester là, mais un début et une fin rationnels lui furent imposés. Ainsi, on voit au début le narrateur raconter son histoire dans un décor naturel et à la fin, ce même narrateur est montré fou, ce qui fait supposer que cet autre univers vécu par le spectateur pendant la narration était le fruit de l'imagination d'un fou. C'est Fritz Lang qui aurait conseillé aux deux scénaristes (Carl Mayer et Hans Janowitz) de faire de cette histoire fantastique l'invention d'un fou.

Pour référence, citons quelques films expressionnistes : *Golem* (1921) de Henrik Galeen ; *Nosferatu* (1921) de Murnau ; *Les Trois lumières* et *Dr Mabuse* (1922) de Fritz Lang ; *Le Montreur d'ombres* » (1923) de Robinson ; *Le Cabinet des figures de cire* (1924) de Paul Leni, *La Mort de Siegfried*, *La Vengeance* de Kriemhild (1923—1925) et *Metropolis* (1927) de Fritz Lang.

Mais la lumière de l'expressionnisme a porté son ombre bien plus loin, avec les films noirs américains, des sombres joyaux comme *La Nuit du chasseur* de Charles Laughton (1955) et surtout, l'expressionnisme de la couleur des cinéastes italiens spécialistes du « giallo » comme Mario Bava et Dario Argento. On retrouve également cette géométrie non euclidienne des villes tentaculaires de *Metropolis* dans *Blade Runner* (1982) de Ridley Scott, *New York 1997* (1981) de John Carpenter, dans le monde baroque et fou d' *Alien 3* de David Fincher (1992) et dans la ville de *Dark City* (1998°) d'Alex Proyas.

Terreur fantastique et bavarde ou la victoire d'Hollywood (1930 – 1955)

Mais, nous l'avons vu, la plupart des cinéastes expressionnistes allemands rejoignirent les États-Unis. Ils apportèrent là-bas à Hollywood leur génie de l'ombre et de la lumière que l'on retrouve dans tous les films fantastiques de l'Universal et de RKO. C'est alors une deuxième période de l'histoire du cinéma fantastique qui commence : la victoire d'Hollywood.

Nous sommes alors dans les années trente et le système hollywoodien s'est stabilisé en deux grandes catégories de compagnies : les majors qui comprennent la MGM, la Paramount, la 20th Century fox et RKO et les minors qui comprennent l'Universal, la Columbia et United Artist. Cette dernière compagnie fut fondée le 20 février 1919 par les quatre grands cinéastes de Hollywood qui choisirent l'indépendance pour lutter contre l'exploitation des patrons des majors studios. Ces Big Four étaient Charlie Chaplin, D. W. Griffith, Mary Pickford et Douglas Fairbanks.

C'est l'Universal qui se spécialise la première dans le film d'horreur hollywoodien. Dans les années 30, c'est elle qui produira *Dracula* (Tod Browning), les *Frankenstein* (James Whale), *La Momie* (Karl Freund)... En réaction aux énormes succès remportés par ces films dits d'horreur produits par une minor, la RKO crée dans les années quarante une unité de production de films fantastiques dirigée par Val Lewton après avoir produit le fameux *L,es chasses du comte Zaroff* (1932) et *King Kong* (1933) de Cooper et Schœdsack. Cette compagnie produira une énorme quantité de séries B tournées en quatre semaines avec peu de moyens, mais aussi des chefs-d'œuvre de Jacques Tourneur (le fils de Maurice) : *La Féline* (1942) – *Vaudou* (1943) – *Angoisse* (1944) et de Robert Wise : *La Malédiction des hommes-chats* (1944) – *Le Récupérateur de cadavres* (1945). C'est ce studio qui produira après la guerre *La Chose d'un autre monde* (1951) de Christian Nyby et *L'invasion des profanateurs de sépulture* (1955) de Don Siegel.

Alors que les films de l'Universal jouaient sur la terreur de l'image en utilisant les procédés de l'expressionnisme, RKO jouait sur la suggestion avec, notamment, un cinéaste génial comme Jacques Tourneur qui savait faire imaginer au spectateur tout ce qui se passait hors-champ. Ce sont les films de l'Universal qui ont rendu célèbres des acteurs comme Bela Lugosi et Boris Karloff. La RKO a déposé son bilan en 1957...

Cette période classique du fantastique est marquée par le Code Hays constitué par la liste des commandements que doivent respecter les réalisateurs, code officialisé le 31 mars 1930. Il faudra attendre les années cinquante pour qu'il tombe en désuétude. Mais il sera trop tard pour le cinéma fantastique hollywoodien qui sera déjà complètement mort. Selon ce code, par exemple en ce qui concerne les sujets repoussants, il faut suivre les règles du bon goût et respecter la sensibilité du public (!) On voit ce que ce code peut donner dans le genre film d'horreur. Ainsi, on ne voit pas une goutte de sang couler dans le *Dracula* de Browning... C'est l'ère du cinéma fantastique bavard qui se termine. Ainsi, un film comme *Masques de cire* (1933) de Michael Curtiz, en couleurs, comprend une tonne de dialogues inutiles.

Terreur fantastique en couleur (1950-1970)

Dracula prince des ténèbres

En Europe, le fascisme étend ses griffes partout et le cinéma s'en ressent. Seuls quelques films féeriques sont autorisés par la censure comme le fameux *Aventures du baron de Münchhausen* en Allemagne en 1943 (Joseph von Baky), en France : *Les Visiteurs du soir* en 1942 (Marcel Carné) et *La Main du diable* en 1943 (Maurice Tourneur), produits par La Continental, société de production dirigée par un Allemand.
Le renouveau du fantastique d'après-guerre viendra d'Angleterre. Ce sont les studios de la Hammer qui développeront ce genre avec les films de Terence Fisher qui reprendront les trois grands thèmes classiques de la littérature fantastique et d'autres : de nombreux *Dracula*, de nombreux *Frankenstein*, des *Loups-garou*s, etc. Cette fois, pas de code de production : la sexualité est mise en évidence, les canines de Christopher Lee sont apparentes et le sang coule à flots. Les films connaissent un énorme succès. Ils jouent sur la terreur du réalisme de l'image et du coup de poing obtenu grâce à un habile montage (vous savez, la scène où le héros entre dans une pièce déserte et se retournant se trouve brusquement nez à nez avec un serviteur effrayant...) Dracula n'est plus un simple séducteur, mais un être qui suscite le désir charnel. Le docteur Frankenstein n'est plus le savant culpabilisé de sa découverte, mais un scientifique cynique qui renaît toujours de ses cendres pour poursuivre ses horribles recherches. Puis on osa mélanger tous ces monstres dans des films qui réunissaient Dracula, la créature de Frankenstein et le loup-garou. La Hammer débuta avec le fameux *Le Monstre* (1955) de Val Guest.
Aux États-Unis, un audacieux cinéaste, Roger Corman, reprenait tout à zéro et réalisait de nombreux films d'épouvante avec très peu de moyens. Puis il fit sa gloire en réalisant de géniales adaptations des œuvres d'Edgar Allan Poe et même de Lovecraft. Lui aussi jouait sur la couleur, comme les expressionnistes utilisaient l'ombre et la lumière. Le manque de moyens lui avait fait adopter une méthode infaillible pour cacher la misère de ses décors : le brouillard artificiel.

Ces deux cinéastes avaient leurs acteurs fétiches : Christopher Lee et Peter Cushing pour Terence Fisher, Vincent Price pour Roger Corman. Ce fut ainsi le départ d'une nouvelle forme de cinéma fantastique qui persiste encore de nos jours.

Terreur horrifique (1960 à nos jours)

Evil Dead

Dans les années soixante, alors que se tournaient les films de l'ère précédente marquée par des décors fantastiques, dit gothiques, une nouvelle forme de terreur prend forme, celle de l'horreur qui réussit à nous saisir dans les décors de notre vie quotidienne. Un film d'avant-guerre constituait déjà les prémisses de ce genre : *Le Mort qui marche* (1936) de Michael Curtiz, dans lequel l'action se passe à l'époque moderne, et le mort-vivant est le produit d'une découverte scientifique.
Trois genres illustrent cette période.
Le film gore apparaît dans les années soixante et se développe avec de plus en plus d'effets spéciaux, il se heurte au départ à une dure censure. C'est le cas par exemple des films de l'américain Gordon H. Lewis (*Blood Feast* en 1963 – *Maniac* en 1964 etc.). Le plus illustre d'entre eux reste *La Nuit des morts-vivants* (1968) de George Romero, film culte qui montre impitoyablement la déchéance corporelle de cadavres rendus à la vie, et, par la même occasion, la déchéance morale de la société américaine. Ce genre sera suivi de nombreux autres films, Romero lui-même en réalisant plusieurs. Le gore représente, dès les années soixante, une violente dérision exprimée au travers d'un mépris pour le corps qui représente les contingences matérielles – en quelque sorte... – un humour macabre extrême pour choquer le bourgeois.
Zombie (1978) de Romero, produit par Dario Argento, critique ouvertement la société de consommation puisque les morts-vivants assiègent et occupent un centre commercial dans lequel se sont réfugiés les survivants, devenus eux-mêmes objets de consommation.
Pourquoi viennent-ils ici ? questionne la jeune femme.
Une vieille habitude... répond un autre personnage...
Le film d'action est représenté par *Massacre à la tronçonneuse* (1974) de Tobe Hooper, longtemps censuré en invoquant la violence, alors que le film comporte peu de scènes gore, mais il donne une image exécrable de la société rurale américaine, et

Halloween (1978) de John Carpenter. Dans chacun de ses films, Hooper se fera une spécialité dans le dénigrement de la société américaine. Quant à John Carpenter, on lui a reproché son puritanisme dans le fait que le meurtrier de *Halloween* punit de jeunes adolescentes livrées au plaisir (thème repris par la série des films *Vendredi 13* – ne pas confondre avec la série de télévision du même nom – et *Freddy*), mais n'est-ce pas justement une critique du puritanisme en le présentant utilisant de telles méthodes ? Michel, le tueur fou masqué, ne représente-t-il pas la société répressive qui tue aveuglément en cachant son visage ? Dans ce genre, il y a aussi les "gialli" italiens, pleins de couleurs et de sang, de morts et de drames, films de Mario Bava – *Six Femmes pour l'assassin* (1964) – et Dario Argento – *Suspiria* (1977) et *Inferno* (1978) – qui ont repris les décors biscornus, l'ombre et la lumière expressionnistes pour les traduire en couleurs violentes et en décors fantastiques.

Le troisième genre est le film de science fiction, expression contemporaine du fantastique, comme *2001 l'odyssée de l'espace* (1968) de Stanley Kubrick et surtout *Alien* (1979) de Ridley Scott, mais aussi les œuvres de Cronenberg, comme *Rage* (1976).

La grande mode est au retour des grands monstres du fantastique avec les nouvelles adaptations (plus fidèles) de *Dracula* (Francis Ford Coppola en 1992) et de *Frankenstein* (Kenneth Branagh en 1994), les tentatives de renouvellement de ces mythes et d'autres comme *Entretien avec un vampire* (Neil Jordan en 1994), *Wolf* sur le thème du loup-garou (Nichols en 1994), et aussi des remakes de John Carpenter comme *The Thing* (1982) reprise de *La Chose d'un autre monde* (Christian Nyby en 1951) et *Le Village des damnés* (1995) reprise du film de même titre de Wolf Rilla (1960). Enfin, il y a eu le remake génial de *Godzilla* par Roland Emmerich (1998). Certains ont voulu donner le nom de néo-fantastique à cette mode... Curieux !

Et puis se développe un excellent cinéma fantastique asiatique (Sud Coréen, Japonais, Thaïlandais...) qui a su vraiment renouveler le genre du film de hantise : *Deux Sœurs – Ring – Bangkok Haunted...*(Voir les critiques de ces films dans la partie chroniques)

Terreur humoristique (1960 à nos jours)

SOS Fantômes

Cette période d'intense terreur du cinéma fantastique est aussi marquée par le développement d'un fantastique comique que nous illustrerons en citant le *Corbeau* (1963) de Roger Corman, *Le Bal des Vampires* (1967) de Roman Polanski, *Frankenstein junior* (1974) et *Dracula mort et heureux de l'être* (1996) de Mel Brooks, des films de Tim Burton comme *Beetlejuice* (1988), *SOS Fantômes* (1984) d'Ivan Reitman et même un fantastique gentil, tels de nombreux films de Steven Spielberg comme *E. T* et d'autres.

L'un ne semble pas aller sans l'autre : plus la terreur de certains films est horrible, plus on en produit, à côté, d'humoristiques et de gentils. Ce n'est pas si mal, car cela met le fantastique à la portée de tous.

Terreur des effets spéciaux (jeu vidéo, mangas et comics au cinéma) (1980 à nos jours)

Terminator 2

Malgré les tentatives de renouvellement des grands classiques de l'horreur, le sujet commençait à s'épuiser. La littérature ne produisant plus de nouveaux monstres cinématographiques les producteurs se tournèrent vers d'autres créations : le jeu vidéo, le manga, les comics américains et la BD.

Après quelques échecs, l'adaptation du jeu vidéo connut le succès par la violence et l'horreur avec l'adaptation au cinéma de *Resident Evil* par Paul Anderson suivi d'une séquelle *Resident Evil apocalypse* qu'il a produite. Ce jeu vidéo a bénéficié de la collaboration de George Romero.

Des personnages de comics américains réapparaissent. Le premier à ouvrir le bal fut *Superman (1978 avec trois suites)*, incarné par le regretté Christopher Reeve. Le succès de ce film fut essentiellement dû à la réussite des effets spéciaux, car Superman avait vraiment l'air de voler. Mais il faudra attendre encore dix ans pour que ces derniers soient suffisamment crédibles et mettent en scène le thème de ces super héros. Tim Burton commença la série des *Batman* en 1989. Ces deux héros furent suivis par bien d'autres jusqu'au *Spiderman* de Sam Raimi, *Hellboy* de Guillermo del Toro, en passant par *Dardevil*, etc.

Les adaptations BD ne furent pas en reste avec *La Ligue des gentlemen extraordinaire*, d'autres comics plus récents avec *Alien contre Predator*, et ce n'est pas fini, beaucoup de héros et de monstres dorment encore dans les comics, BD, jeux vidéo...

Les effets spéciaux ont permis à Peter Jackson de réaliser son chef-d'œuvre en trois parties : *Le Seigneur des anneaux* (2001).

Aujourd'hui, le fantastique rencontre un grand succès, car il est de plus en plus difficile d'intéresser le spectateur à des histoires nouvelles et l'on est loin d'avoir épuisé le genre contrairement au western par exemple. Les effets spéciaux jouent un rôle de plus en plus important. Regretter ce fait équivaudrait à rouler en automobile et avoir la nostalgie de la voiture à cheval. Le condamner rejoindrait l'attitude des comédiens de théâtre qui méprisaient le cinéma au début de son existence. La technologie est arrivée à un niveau de haute sophistication. L'image de synthèse permet de créer n'importe quelle illusion. C'est elle qui a produit le charme de films comme *Jurassic Park* (1993) de Steven Spielberg, histoire très moderne qui pose à la fois le problème des manipulations génétiques (la création du vivant...) et la gestion de systèmes complexes de sécurité d'ensembles technologiques à risque majeur. Mais aussi les effets sensationnels de *Terminator 2* (1991) de James Cameron, et de *Jumanji* (1996) où l'image de synthèse permet de mettre les décors et les personnages dans des situations impossibles à reproduire en réalité, comme la charge d'un troupeau d'éléphants et de rhinocéros dans une petite ville américaine. L'image de synthèse est-elle le départ d'une nouvelle ère du cinéma ? Après l'invention technologique, doit-on attendre l'utilisation artistique de cette technique de l'ordinateur ? N'en est-on pas encore, dans ce domaine, à une utilisation informatique de cette technique, bien loin de l'art ? Qui sera le nouveau Griffith de l'image de synthèse ?

Une autre question se pose. Si la technologie de l'électronique a permis de mettre à la disposition du grand public des appareils sophistiqués comme le caméscope, elle conduit à un coût extrêmement élevé de l'image de synthèse qui ne peut être à la disposition que d'un cinéaste qui possède un budget énorme. La période des chefs-d'œuvre à petits budgets, genre *La Nuit des morts-vivants*, est-elle révolue ? J'espère que non, et cet espoir n'est pas contradictoire avec le plaisir et l'autre espoir de voir l'image de synthèse faire accéder le cinéma à une autre phase de son histoire. Pour qu'elle accède au statut d'art, il faut qu'elle acquière l'élément primordial qui constitue la création plastique : l'humanité... Hironobu Sakaguchi l'a tenté avec son film *Final Fantasy* (2001) réalisé entièrement en images de synthèse sans acteur. Ce film est également une adaptation d'un jeu vidéo.

Essai de typologie des thèmes du cinéma fantastique

Si Tzvetan Todorov est connu pour sa tentative de définition du fantastique basée sur le doute du réel, il l'est moins pour son essai de typologie des thèmes de la littérature fantastique, également abordés dans son ouvrage *Introduction à la littérature fantastique*. Dans cet essai il distingue deux groupes de thèmes : ceux du *je* et ceux

du *tu*. Pour essayer de comprendre en peu de mots, tentons l'exercice de quelques citations : « *On a vu que les thèmes du je se fondaient sur une rupture de la limite entre psychique et physique [...] Dans l'autre registre [...] ces actes "excessifs" liés au désir sexuel, que nous avons rencontrés quand nous faisions l'inventaire des thèmes du tu.* » Et encore : « *Le je signifie le relatif isolement de l'homme dans son rapport avec le monde qu'il construit, l'accent placé sur cet affrontement sans qu'un intermédiaire ait à être nommé. Le tu, en revanche, renvoie précisément à cet intermédiaire, et c'est la relation tierce qui se trouve à la base du réseau. Cette opposition est asymétrique, le je est présent dans le tu, mais non l'inverse* ».
Voilà deux citations intéressantes. Elles montrent à l'évidence que cette typologie ne s'appuie que sur le sujet et ses rapports avec l'objet, c'est-à-dire le monde extérieur, mais sans s'inquiéter de celui-ci. Et Todorov le confirme quand il dit : « *On comprend mieux cet autre couple de termes que nous avions introduits, en partant de thèmes du regard et de thèmes du discours.* » Et il ajoute : « *(Encore doit-on manier ces mots avec prudence).* » Il faut remarquer que Todorov parle de « *discours* », et non de dialogue avec d'autres sujets. Ce qui confirme que le créateur, l'écrivain, n'est pour lui qu'un individu psychologique et non pas social. Penzoldt avait tenté de résoudre cette question, mais, hélas, en restant sur le plan psychologique. Todorov a tôt fait d'écarter facilement ses arguments d'un revers de main : « *Penzoldt suggère [...] de les* (thèmes du fantastique) *grouper en fonction de leur origine psychologique. Cette origine aurait un double lieu : l'inconscient collectif et l'inconscient individuel.* » Todorov refuse cette typologie, car il la croit basée sur « *la biographie des auteurs.* » Et il ajoute : « *Notre refus a encore un autre motif. Pour qu'une distinction soit valable en littérature, il faut qu'elle soit fondée sur des critères littéraires, et non sur l'existence d'écoles psychologiques à chacune desquelles on voudrait réserver un champ (il s'agit chez Penzoldt d'un effort pour réconcilier Freud et Jung).* » C'est un peu léger comme critique, car elle confine au procès d'intention plutôt qu'à la véritable analyse.
D'autres critiques se sont essayés à une classification plus classique du genre : histoires de vampires, de fantômes, de possession, etc. classification plutôt utile à un éditeur pour faire connaître le contenu de ses anthologies à ses lecteurs.
Comme nous avons vu que les thèmes du fantastique au cinéma sont les mêmes que ceux de la littérature, du moins qu'ils proviennent du même vivier de l'imagination humaine, à partir de la typologie de Todorov et de celle de Penzoldt, poussons leurs idées un peu plus loin. Reprenons complètement l'idée du thème du je de Todorov, que j'appellerais plutôt fantastique psychologique, auquel j'intégrerais son thème du tu, j'en rajouterai un autre, celui du fantastique social, qui reprendra quelques thèmes du je et quelques autres du tu...
Le fantastique psychologique concerne la plupart des histoires de **diableries et hantises**, celles qui renvoient à la possession de notre conscient par notre inconscient. Le fantastique social concerne toutes les histoires de créatures et de mondes inconnus, même si elles sont traitées sur le mode psychologique, ce qui est souvent le cas des histoires de créatures.
Car, ce qui hante l'humanité et qui produit le fantastique c'est à la fois soi-même, son individu qui parfois nous terrifie, notamment dans nos rêves, mais aussi les

autres, « *l'enfer c'est les autres* », qui sont liés ensemble, entre eux et avec soi-même par un système social. Todorov avait pressenti cette typologie quand il écrivait :
« *Il est possible, par exemple, de trouver une analogie entre certaines structures sociales (ou même certains régimes politiques) et les deux réseaux de thèmes* ».
Ou encore : « *L'opposition que fait Mauss entre religion et magie est très proche de celle que nous avons établie entre thèmes du je et du tu.* » Enfin, il faut rappeler que le psychanalyste Bruno Bettelheim classait les contes de fées en deux grandes catégories : ceux qui expriment le besoin d'une intégration intérieure et ceux qui aident à résoudre le conflit œdipien. Ce dernier n'est-il pas la première expérience sociale du petit humain ?
Sans reprendre tous les thèmes et sous thèmes définis par Dorothy Scarborough, Roger Caillois, P. Penzoldt ou L. Vax, pour valider cette hypothèse contentons-nous d'utiliser les fameux thèmes de l'éditeur, et voyons s'ils se placent correctement dans notre typologie avec les films qui les traitent. Utilisons les thèmes de l'anthologie du fantastique chez Marabout, y compris les thèmes de science-fiction qui sont aussi une forme de fantastique.
Le film qui exprime le mieux le thème du **délire** est sans conteste *Eraserhead* (1977) de David Lynch, et d'autres films de ce génial réalisateur. De quoi parle ce film ? De la famille, du mariage, du paysage industriel, mais sur un mode de délire absolu, avec notamment, la scène de la fille dans le radiateur. Délire également dans *Twin Peaks* (1992). Nous classerons donc ces films dans la catégorie du fantastique social. C'est un thème cher à P. K. Dick, dont on a, finalement, beaucoup porté les œuvres à l'écran, avec *Confessions d'un Barjo* qui n'est pas un film fantastique, *Blade Runner* (1982), *Total Recall* (1990), *Planète hurlante* (1995), *Impostor* (2001), *Minority Report* (2002) et *Paycheck* (2004). *Total Recall* est un vrai délire puisque le héros ne sait jamais qui il est vraiment, problématique chère à E.T.A. Hoffmann, notamment dans *Princesse Brimbilla*. Dans le film, le héros interprété par Schwarzenegger, vit plusieurs personnalités tout au long de l'histoire pour s'apercevoir que tout cela n'est pas un hasard, mais inscrit dans une stratégie politique bien précise...
Les histoires d'*aberration*, spécialité du grand Lovecraft, sont bien représentées par les films qui ont tenté de reprendre les œuvres de cet écrivain. Par exemple, *Aux Portes de l'au-delà* (1986) de Stuart Gordon, *Prince des ténèbres* (1988) et *L'antre de la folie* (1995) de John Carpenter. Tous trois font appel à des mondes parallèles habités par des monstruosités sans nom. Pourtant, ils ne se classent pas de la même manière. Le film de Stuart Gordon participe à la catégorie du fantastique psychologique, car les expériences du professeur n'impliquent que lui-même, son assistant et la psychiatre, jouets des entités de l'au-delà. Il en est de même de *Prince des ténèbres*, dans lequel il s'agit de faire venir de l'au-delà une entité dévastatrice, celle-ci n'est que la représentation des hantises personnelles et cauchemardesques des individus, même si l'histoire est habillée d'un jargon scientifique. Nous sommes bien près d'une diablerie qui renvoie à la possession de notre conscient par notre inconscient. Les nonnes qui faisaient des rêves érotiques ne se croyaient-elles pas elles-mêmes possédées par le diable ? Par contre, *L'antre de la folie* traite du même thème, mais

sur un mode social, car il s'agit de déstabiliser et détruire la société humaine grâce au roman fantastique d'un écrivain inquiétant.

Le thème du **double** a été largement utilisé en littérature. Il ne permet pas au cinéma de produire des scènes spectaculaires. Le film qui présente ce sujet de la manière la plus angoissante est sans conteste *L'invasion des profanateurs de sépulture* (1956) de Don Siegel qui a été suivi de deux remakes, l'un du même titre français (1978) de Philip Kaufman, et l'autre, film d'Abel Ferrara (1993) qui a repris le titre anglais de l'œuvre de Jack Finney, *Body Snatchers*, roman qui ressemble d'ailleurs étrangement à une nouvelle de P. K. Dick *Le Père truqué*. Ces doubles de nous-mêmes sont des extraterrestres qui profitent de notre sommeil pour fabriquer la duplication exacte de notre corps et voler notre âme. Il s'agit bien d'un fantastique social puisque ces extraterrestres volent notre corps et notre âme pour occuper la planète et notre société à la place des humains. Stephen King, dans *Pages noires*, rappelle que « *Don Siegel a déclaré que le sujet de son film était en fait la menace rouge.* » Jack Finney s'en est défendu à propos de son roman qui a inspiré le film. « *Je trouve risible qu'on puisse écrire un livre à la seule fin d'affirmer que l'individualisme est chose précieuse, qu'il n'est pas bon pour nous de nous ressembler les uns les autres* », écrit-il dans une lettre adressée à Stephen King le 24 décembre 1979. Mais, bon Dieu ! de quoi donc a voulu parler Jack Finney dans son bouquin ? Une autre histoire traite bien le thème du double, c'est celle du *Dr Jekyll et Mr Hyde* et, qui se classe aussi parfaitement dans le fantastique psychologique. Tout le monde connaît ce grand classique de Stevenson souvent adapté à l'écran. Le monstre qui est en nous, sauvage, instinctif et vicieux a été mis au jour par la potion magique du Dr Jekyll. Dans d'autres cas, nous nous transformons en d'autres doubles monstrueux comme le loup-garou, et de nombreux films ont traité du sujet, ou en autre animal comme dans *La Féline* (1942) de Jacques Tourneur. Ces histoires sont tirées de légendes issues d'une société médiévale plongée dans une nature hostile constituée de vastes forêts impénétrables peuplées de loups affamés. La situation inverse est traitée avec les adaptations de *L'île du docteur Moreau* de H. G. Wells par Erle C. Kenton en 1932, Don Taylor en 1977 et John Frankenheimer en 1997. Il s'agit de faire accéder au statut d'humain des bêtes sauvages grâce à la science. Hélas, chassez le naturel, il revient au galop...

Tous les films qui traitent du double renvoient notre être social à notre image intérieure. Et cette image n'est pas vraiment belle... Il y a d'abord le reflet dans le miroir, reflet qui nous appartient, sauf quand nous le vendons au diable, comme *L'étudiant de Prague* l'a fait dans le film de Stellen Rye (1913). L'autonomie que peut prendre notre image dans des circonstances fantastiques a été peu traitée au cinéma. Nous le voyons dans un sketch du film *Frissons d'outre-tombe* (1973) de Kevin Connor, mais aussi dans *Les Frissons de l'angoisse* (1975) de Dario Argento, film qui débute par la vision du reflet de l'assassin dans le miroir par le personnage principal qui croit voir alors l'image d'un des nombreux tableaux du couloir et dans *Phantom of the Paradise* (1974) de Brian de Palma où le reflet de Swan est le diable. *Le Portrait de Dorian Gray* (1944), adapté du roman d'Oscar Wilde par Albert Lewin, reprend l'idée du portrait maudit qui devient effrayant de laideur au fur et à mesure de la débauche de son modèle. Et, lorsque ce dernier détruit le tableau, il se tue en même temps lui-même. Ce thème du tableau a également été traité par Edgar Allan Poe et repris par le chef-d'œuvre du cinéaste Jean Epstein *La Chute de la maison Usher* (1928, sonorisé en 1929), mais ici, le portrait ne transforme pas toute la laideur intérieure du modèle en horreur visuelle, il vampirise toute sa substance vitale. C'est le thème du double vampire, celui qui nous épuise dans sa volonté impitoyable d'être nous-mêmes. Cette idée est reprise par David Cronenberg dans son film *Faux-semblants* (1988), en s'appuyant sur son obsession favorite, l'horreur intérieure exprimée par une terreur proprement viscérale. Ainsi, les deux jumeaux n'auront plus que le choix de la mort pour être enfin éternellement ensemble, ou plutôt l'un et l'autre à la fois. Il y a aussi des doubles qui appellent le modèle dans un passé terrifiant pour lui. C'est le cas dans Le *Masque du démon* (1960) de Mario Bava, où Barbara Steele interprète à la fois une vampire exécutée autrefois par une "vierge de Nuremberg" et la jeune fille, son double vivant à l'époque des événements relatés. À la fin, l'ambiguïté persiste pour le spectateur, car, si la vampire est détruite, n'a-t-elle pas pris la place de la belle jeune fille ? Même terreur de l'éternel retour du mal dans le court roman de Lovecraft *L'affaire Charles Dexter Ward* adapté à l'écran par Roger Corman dans *La Malédiction d'Arkham* (1963) : l'identité, la nature exacte du châtelain maudit reste une question entière à la fin du film. « *Que sommes-nous ?* » semblent interroger ces films terrifiants, de cette terreur intérieure de nos cauchemars... L'écrivain est également obsédé par son double créateur, car sa fiction, sa création semble venir d'un autre que lui-même. Stephen King l'a si bien exprimé dans son roman *La Part des ténèbres* adapté au cinéma par George Romero (1993) : un écrivain de romans d'épouvante voit son double créateur se matérialiser et mettre en actes réels les péripéties terrifiantes de ses fictions. Tous les doubles que nous venons d'entrevoir sont des êtres maléfiques que nous craignons. Dans quelques rares cas, un double apparaît comme satisfaction d'un désir. Ce n'est pas un fantôme venu hanter le personnage, mais réellement un être de chair et de sang, double d'une personne disparue. C'est le cas dans le film *Solaris* (1972) d'Andreï Tarkovski (et son remake de 2001 réalisé par Steven Soderbergh) où un scientifique retrouve, dans une station orbitale d'étude d'une planète vivante constituée d'un unique océan, le double vivant de son épouse morte depuis des années. Il finit par en être terrorisé et essaie de l'exécuter par des moyens barbares, mais n'y parvient jamais... Cette planète, en satisfaisant les désirs cachés des humains, joue le rôle de l'inconscient dans nos rêves. Il s'agit bien là de fantastique psychologique. Le double de *Lost Highway* (1997) de David Lynch est aussi ambigu. Et le réalisateur ne recule pas devant le problème et utilise un procédé difficile, et inverse de celui qui est souvent utilisé dans ce genre d'histoire : deux acteurs différents jouent chacun un des deux doubles... Enfin, il y a les faux doubles, ceux qui se cachent derrière une autre personnalité, comme ceux de *Sueurs froides* ou de *Psychose* (1960) d'Alfred Hitchcock. Doubles trompeurs, faits pour déstabiliser notre perception de la réalité, car, le monde que nous voyons est-il bien réel ?

Nous avons parlé des **monstres** créés par notre subconscient, des monstres de l'intérieur en quelque sorte, notre double monstrueux. Mais il y a aussi le monstre d'ailleurs, l'être monstrueux d'une autre espèce, l'étranger... *Le Monstre* (1955) de Val Guest tient lieu de trait d'union entre les deux, car c'est un homme, un cosmonaute infecté par une horreur spatiale, qui se transforme lentement et inexorablement en monstre absorbant toute vitalité extérieure. On voit que Ridley Scott n'a rien inventé avec *Alien* (1979), histoire et monstre inspiré de Lovecraft, comme le film précédent. Il s'agit bien de fantastique social puisque les monstres en question ne sont pas simplement des entités qui ébranlent l'équilibre psychique des personnages, mais bien des créatures qui déstabilisent la civilisation humaine, à tel point que le monstre d'Alien, grâce à son impitoyable technique pour tuer, devrait pouvoir être utilisé par les autorités pour faire la guerre. Dans *La Chose d'un autre monde* (1951) de Christian Nyby, le monstre extraterrestre endormi dans les glaces du pôle, est réveillé par des explorateurs inconscients.

La terreur vient de l'existence de ce tueur, si différent qu'il est de nature végétale[14], dans un lieu clos et isolé de tout. Les êtres humains présents ne pourront compter que sur eux-mêmes pour s'en débarrasser grâce à la fée électricité. Ce film est compris dans un ensemble d'œuvres des années cinquante qui expriment la hantise de la guerre froide et de l'invasion d'une idéologie venue d'ailleurs : le communisme. Le remake de John Carpenter ne partage plus cette hantise. La chose, *The Thing* (1982), est ici encore plus terrifiante, car elle occupe notre corps, elle prend ainsi notre apparence pour mieux détruire la civilisation humaine. Même angoisse du lieu clos et de voir que l'avenir de notre espèce est entre les mains de quelques scientifiques dans une base polaire. C'est un chien qui introduit le monstre dans la base. Même idée reprise dans *Alien 3* (1992) de David Fincher qui réalisera le terrible *Seven* (1995). Le chien, cet ami de l'homme, et le chat, dans *Alien* (1979) jouent le rôle de messager de l'angoisse. Tous ces monstres ont de monstrueux le physique et l'esprit, car, dans ces films, l'un ne va pas sans l'autre. C'est en quoi ils sont déstabilisateurs de notre civilisation humaine. Dans *Rage* (1976), David Cronenberg montre l'horrible transformation d'une jeune fille en vampire dévastateur, après qu'elle a subi une greffe de la peau. Elle absorbe le sang de ses victimes grâce à un appendice qui lui a poussé sous le bras et leur transmet, sans le savoir, la rage. Cette épidémie bouleverse complètement la société et l'autodestruction envahit les rues. Seule la mort de la jeune fille permettra de stopper l'enfer. Son cadavre sera jeté aux ordures. Bien que Cronenberg se défende d'avoir développé un thème social, c'est bien de cela qu'il s'agit, même contre sa volonté... Au lieu de rage, il s'agit de frénésie sexuelle, dans son film *Frissons* (1974) qui raconte les effets d'un parasite qui développe chez la personne infestée une faim sexuelle inextinguible qui produit un effet dévastateur digne des *Gremlins* (1984) de Joe Dante, ces petits monstres dévastateurs, perturbateurs et destructeurs de la civilisation. Obsédé par ce thème, Cronenberg le traite sous un autre angle, plus intimiste, mais néanmoins encore social, dans *Chromosome 3* (1979) qui met en scène une femme souffrant de troubles psychologiques et parvenant, grâce à un traitement psychiatrique révolutionnaire à "enfanter" des petits êtres éphémères et tueurs qui régleront ses comptes psychanalytiques avec sa famille. La sexualité souterraine, celle que l'on n'ose pas exprimer à cause des lois morales (comme celles imposées aux animaux humanisés de *L'île du docteur*

---

[14] Nature inspirée de celle des "Grands Anciens" dans le très court roman de Lovecraft *Les Montagnes hallucinées*, dans lequel, justement des explorateurs retrouvent des corps de ces entités dans la glace de l'antarctique.

Moreau), est parfaitement traitée par *King Kong* (1933) d'Ernest B. Schœdsack et Merian C. Cooper. Le rapt de la jeune fille par le monstre amoureux d'elle, l'œil immense du monstre qui regarde dans sa chambre, sa grande main qui possède littéralement son corps sont de merveilleux symboles d'un désir impossible à assouvir. Et que dire des petits monstres du *Village des damnés* (1960) de Wolf Rilla (magnifique remake de John Carpenter en 1995), enfants nés de femmes fécondées par une entité venue d'ailleurs ? Cruels et sans pitié ils iraient jusqu'à la destruction complète des humains pour préserver l'existence de leur espèce. Nous avons vu des monstres du fantastique social. Il y a aussi ceux du fantastique psychologique. C'est le cas du film *La Mouche* (1986) de David Cronenberg, où un savant expérimentant une désagrégation de la matière vivante pour la transporter dans un câble sous forme électronique et reconstitution à l'autre bout, se fait désagréger en même temps qu'une mouche et la reconstitution se réalise avec le mélange génétique des deux créatures. Transformation individuelle qui ne concerne que l'intéressé et dont il est le seul responsable. Enfin, il y a la monstruosité simplement humaine produite par la société, entièrement sociale. Un accident ou un attentat peuvent la produire comme dans *Darkman* (1990) de Sam Raimi, ou une maladie et cette monstruosité engendre le mépris, la crainte ou même l'exploitation des autres comme dans le chef-d'œuvre de Tod Browning *Freaks – la monstrueuse parade* (1932), film dans lequel il utilise de vrais monstres humains comme acteurs ce qui avait scandalisé la critique de l'époque et créé de grandes difficultés au cinéaste. D'ailleurs ce thème d'utilisation de vrais personnages est entré dans la légende puisqu'on racontait que les fous de *Vol au-dessus d'un nid de coucou* (1975) de Milos Forman étaient de vrais malades mentaux, c'est dire à quel point les acteurs étaient bons. *Elephant man* (1980) de David Lynch traite du même problème et va plus loin encore dans *Blue Velvet* (1987), car le monstre a la même apparence que quiconque sauf qu'il pousse la domination jusqu'au bout par la possession physique totale ; « Je baise tout ce qui passe » déclame-t-il. Chez David Lynch, la domination crée une certaine fascination masochiste chez le dominé et produit chez le spectateur l'angoisse de se laisser prendre un jour (qui n'a pas peur de ses propres faiblesses ? et celui qui n'en a pas peur est le plus vulnérable...). Enfin, terminons ce survol du thème des monstres avec ceux de *Massacre à la tronçonneuse* (1974) de Tobe Hooper qui met en scène une famille psychopathe de l'Amérique profonde dont les membres assassinent sauvagement les touristes pour en faire (au sens propre) de la chair à saucisse. Est-ce par inadvertance que Tobe Hooper produit ainsi une critique cruelle de l'Amérique inhospitalière et qui n'accepte les visiteurs que pour les consommer ? C'est là la raison essentielle de la longue censure dont le film a été victime... Au fait, je n'ai pas parlé de la créature du docteur Frankenstein, car il en a été longuement question précédemment...

Les **morts-vivants** sont aussi des monstres, mais la tradition fantastique veut qu'on les classe à part. Le premier grand classique qui met en scène l'une de ces entités est le superbe *Mort qui marche* (1936) de Michael Curtis. Des gangsters font condamner à mort à leur place un pauvre homme interprété par Boris Karloff. Un savant ayant inventé un produit qui ressuscite les morts (produit certainement inspiré de *Herbert West, réanimateur* de Lovecraft) tente l'expérience sur son cadavre. Elle réussit à le ramener à la vie et il consacrera son existence (!) à se venger. Thème moderne du mort-vivant, dont l'action se situe dans le monde d'aujourd'hui et qui sera repris par les nombreux films qui ont suivi et dont *La Nuit des morts-vivants* de George Romero constituera une nouvelle étape. La plupart de ces films sont à classer dans le fantastique social. George Romero utilise ses morts-vivants pour une dénonciation de la société de consommation, cette dernière allant de pair avec la violence, donc une condamnation des militaires qui en font leur profession. Les morts-vivants consomment les vivants. Cet acte épouvantable est accentué par le fait que ces créatures sont notre avenir, puisque nous sommes tous condamnés à mourir un jour ! L'action du film *La Nuit des morts-vivants* (1968) se déroule à notre époque, et la date de sa sortie montre bien les préoccupations de la société exprimée par les événements de mai 68. D'autre part, la télévision joue un rôle idéologique important dans le scénario. Dans la maison isolée et assiégée par les morts-vivants, les gens regardent les informations télévisées, seul lien avec l'extérieur, la société bien ordonnée. La télévision est aussi l'outil moderne qui apporte l'explication de l'horreur. Elle joue ici le rôle des vieux grimoires du fantastique gothique. Dans le remake de Tom Savini (1993) – le génial maquilleur du film : *Le Jour des morts-vivants* (1985) de George A. Romero – les débats de société qui se déroulent à propos de l'humanité ou non des morts-vivants apparaissent pitoyables, au spectateur qui voit des êtres humains consommés par ces créatures. Mais, à la fin du film, on prendrait pitié pour ces êtres irresponsables massacrés par des milices aux discours fascistes, alors que finalement, un chasseur tue le seul survivant en le prenant pour un mort-vivant. Le problème de la société de consommation sera ouvertement traité dans *Zombie le crépuscule des morts-vivants* (1978) où les héros se sont réfugiés dans un centre commercial assiégé par les zombies. Avec *Le Jour des morts-vivants* (1985), le cinéaste propose une vision terrifiante de la fin du monde. Cette trilogie sera reprise avec un sens de l'humour plus ou moins évident avec *Le Retour des morts-vivants* (1984) de Dan O'Bannon, *Le Retour des morts-vivants 2* (1987) de Ken Wiederhorn et *Le Retour des morts-vivants 3* (1993) de Brian Yuzna. Mais les Anglo-saxons ne sont pas les seuls à avoir traité de ce thème avec bonheur. Les Italiens s'y sont essayés dans un autre style, toujours très violent, certes, mais parfois tenant encore plus du fantastique social. Il y a, bien sûr, *L'enfer des zombies* (1979) et *La Maison près du cimetière* (1981) de Lucio Fulci, et, dans un film alliant modernisme et baroque, *Dellamorte Dellamore* (1993), Michele Soavi a repris les thèmes de Fulci et Romero pour les articuler autour de l'idée qu'il est très difficile, sinon impossible pour le gardien du cimetière de faire la différence entre la vie et la mort. Les œuvres de Lovecraft comprennent également des histoires de morts-vivants avec *Herbert West, réanimateur*, adaptées à l'écran par Stuart Gordon dans son film *Reanimator* (1985) qui ne restitue pas vraiment l'atmosphère de l'écrivain de Providence qui avait écrit ces nouvelles sur commande : quand on est poursuivi par de méchants personnages, il est particulièrement pénible de les voir resurgir réanimés par le produit miracle de l'étudiant West. Toujours dans la catégorie du fantastique social, les films sur la malédiction subie après la violation de sépultures anciennes et qui en fait revenir les morts, expriment le principe de respect d'une autre culture. C'est le cas avec des films comme *La Momie* (1932) de Karl Freund, avec Boris Karloff et *La Malédiction des pharaons* (1959) de Terence Fisher avec Christopher

Lee dans le rôle de la momie et Peter Cushing. Pour terminer sur ce thème, je rappelle pour mémoire celui des vampires, le plus riche de tous, que j'ai largement traité précédemment dans ce chapitre.

L'écrivain qui a le mieux traité du **cauchemar** est sans conteste Lovecraft et le cinéaste, Wes Craven avec son *Les Griffes de la nuit* (1984). Mais, y a-t-il un lien entre les deux ? Wes Craven répond oui dans son dernier, *Freddy sort de la nuit* (1994). L'intrigue s'y déroule alors que des tremblements de terre se produisent à répétition. Or, tous les lecteurs de Lovecraft savent que le grand Cthulhu reviendra lors de tels séismes. Simple coïncidence dirions-nous. . Et non ! car Wes Craven lui-même, qui joue son propre rôle dans ce film, cite ses sources lors d'une conversation avec l'actrice Heather Langenkamp qui joue également son propre rôle.

Wes Craven :

— *J'y vois une... une entité. Elle est vieille, très très vieille. Elle a traversé l'histoire sous différentes formes. Il y a une chose qui ne change pas dans tout ça, c'est sa raison d'être.*

Heather Langenkamp :

— *C'est-à-dire ?*
— *Le meurtre de l'innocence [...] Elle peut, dans certains cas être capturée.*
— *Capturée ?*
— *Par les auteurs de toutes ces histoires. Quand ils tiennent une bonne histoire, ils en capturent l'essence même et ensuite, ils la retiennent prisonnière dans le récit. [...] Les problèmes viennent quand l'histoire s'arrête [...] sa mort libère le mal.*
— *Conclusion : Freddy serait cette entité ?*
— *Ouais, nouvelle version.*

Certains verront le diable dans cette entité. Le cinéaste cite le conte *Hansel et Gretel* et, comme la sorcière de ce conte, la fin de Freddy dans un four où on le voit reprendre l'apparence de Satan, semblerait le confirmer. Mais Wes Craven a bien pris soin de ne parler que d'entité... Donc laisse la porte ouverte à toutes les interprétations. Les films de Freddy sont vraiment terrifiants, car le monstre sanguinaire apparaît grâce aux cauchemars des personnages, rêves se matérialisant de manière épouvantable. Dans le film *Vampyr* (1932), Carl Th. Dreyer traite également du cauchemar. Tourné en France, ce premier film parlant du grand cinéaste met en scène une vieille femme vampire et un touriste pêcheur qui passe là par hasard, s'étant arrêté à l'auberge du Dragon volant. Ce touriste Allan Gray (il porte ce nom dans la version allemande) s'endort un moment et fait un cauchemar : il rêve de sa propre mort et la scène de sa mise en bière quand il voit le vampire apparaître au travers de la petite fenêtre du couvercle du cercueil dans lequel il est allongé, a inspiré Wes Craven dans son film *L'emprise des ténèbres* (1988). Le héros de ce film, transformé en zombie, se voit enterrer vivant et, juste avant, son persécuteur, le chef de la police adepte du vaudou, entre dans le champ cadré par la petite fenêtre du couvercle de son cercueil... L'entrée dans le champ au cinéma inspire bien le rêve au spectateur, surtout quand ce champ est rendu étroit par le cadrage. Ainsi, par exemple, dans *Freddy sort de la nuit*, l'actrice discute avec un ami sur un banc dans un parc public. Ils sont filmés de dos. Un moment, un enfant roulant à bicyclette entre dans le champ, par la gauche, devant eux et en ressort. Puis il entre de nouveau par la droite, mais derrière eux, donc au premier plan et ressort en une seconde par la gauche. Cet enfant porte le même pull que Freddy ! Le danger est ainsi annoncé par l'entrée dans le champ, le cinéaste utilisant l'entrée et la sortie du champ pour développer l'inquiétude subconsciente du spectateur... Les histoires de cauchemar se partagent souvent entre les deux catégories de fantastique. Le cauchemar tient évidemment de la pure psychologie. Cela, c'est dans la vie. Mais dans le cinéma fantastique, c'est tout autre chose... Regardons le film *Les Griffes de la nuit* (1984) de Wes Craven et toutes les séquelles *Freddy* qui ont suivi. Ce monstrueux assassin, défiguré par les brûlures atroces infligées autrefois par les mères de ses victimes, revient tuer à partir des rêves des adolescentes, ainsi punies du plaisir sexuel qu'elles prennent en cachette. Mais si le thème s'appuie sur la psychologie, c'est pour traiter du fantastique social, car c'est de la société américaine qu'il s'agit, et des peurs qu'elle produit sur elle-même à partir des monstruosités qu'elle engendre en son sein. Il en est de même des autres films du même genre comme *Halloween* (1978) de John Carpenter et *Vendredi 13* (1980) de Sean Cunningham. Et pourtant, ces films participent également du fantastique psychologique, car ils reprennent la punition du Surmoi pour en faire une histoire d'épouvante.

Dans le domaine de l'**occultisme**, le cinéma fantastique est bien plus pauvre. Il est vrai que ce sujet n'est pas facile à traiter. Il y a eu d'abord tous les films sur la Mandragore, cette femme artificielle créée à partir de la plante du même nom arrosée par le sperme d'un pendu. Cette créature n'a pas dépassé 1952 au cinéma. Pourquoi ? Certainement parce qu'elle apparaît par trop invraisemblable, la science-fiction ayant habitué les spectateurs à des explications plus rationnelles ; il en est de même d'ailleurs du Golem qui disparut encore plus tôt des écrans pour les mêmes raisons. Il faut dire également que ces créatures pourraient être également classées dans la catégorie des monstres au cinéma. Mais il s'agit bien d'occultisme, car les procédés utilisés pour les créer sont issus de la magie noire. Toutes ces histoires peuvent être incluses dans le fantastique social, car ces êtres permettent à leur créateur d'accéder à la richesse et à la notoriété. Comme c'est le cas dans *Rendez-vous avec la peur* (1957) de Jacques Tourneur. Il est une pratique de magie noire qui a survécu dans notre cinéma contemporain, c'est le Vaudou. Le film qui a vraiment entamé un cycle sur ce thème est *White Zombie* (1932) de Victor Halperin, dans lequel Bela Lugosi joue le rôle d'un terrifiant maître des zombies qui a jeté son dévolu sur la charmante héroïne. Puis, en 1943, Jacques Tourneur lui emboîta le pas avec *Vaudou*, magnifique film dont on ne sort pas indemne. Wes Craven récidive en 1988 avec *L'emprise des ténèbres*, film dans lequel il pousse la logique vaudou jusqu'au bout, car on sait que cette magie noire sert avant tout à prendre et garder le pouvoir. Film terrifiant par les images qu'il montre ou suggère, mais aussi par l'actualité de ses conséquences... On ne peut pas faire mieux dans le domaine du fantastique social.

Le **diable** serait toujours parmi nous, mais, ce qui est sûr par contre, c'est qu'il reste peu présent sur les écrans, jusqu'à la fin du siècle où, Millennium oblige nous avons eu droit à plein de films diaboliques . Autrefois, la légende de Faust, immortalisée par Goethe, fut très fréquentée par les cinéastes. Ce qui nous valut *Les Visiteurs du soir* (1942) de Marcel Carné, *La Main du diable* (1943) de Maurice Tourneur, et *La Beauté du diable* (1949) de René Clair, une trilogie française de cinéma fantastique à laquelle nous sommes peu habitués. À chaque fois, le diable en est le héros, ou plutôt le prétexte à une grande leçon de morale chrétienne rendue fantastique par la présence de l'ange déchu joué par des acteurs formidables comme Michel Simon dans *La Beauté du diable*. Le chef-d'œuvre dans le domaine des diableries est sans conteste *Rosemary's Baby* (1968) de Roman Polanski dans lequel le malin est aussi prétexte à traiter du problème de la trahison et du complot, puis, en finale, de l'amour maternel qui conduira – et le démon le sait – la mère à élever son diabolique enfant... Voilà donc plusieurs histoires de diableries qui tiennent du fantastique social. Mais, à partir de 1968, les diableries reviennent à la mode sur des sujets beaucoup plus fantastiquement psychologiques. C'est le cas avec *L'exorciste* (1973) de William Friedkin, *La Malédiction* (1976) de Richard Donner et leurs séquelles, films dans lesquels les héros diaboliques sont des enfants devenus terrifiants à cause d'une possession. L'histoire atteint le spectateur au plus profond de sa censure morale, en général solidement implantée par une éducation – ou même seulement une tradition – religieuse, ce qui rend d'autant plus crédibles ces histoires dans notre subconscient de judéo-chrétien. Il y a donc bien quelque part le résultat d'un éventuel inconscient collectif dans l'effet produit, mais surtout, celui de notre inconscient individuel qui nous renvoie à un fantastique psychologique. Enfin, à la limite du fantastique, on trouve des films traitant du diable et de ses adeptes, comme *La Sorcellerie à travers les âges (Häxan)* (1921) de Benjamin Christensen, chef-d'œuvre d'anthologie du fantastique dans ce domaine et *Les Diables* (1970) de Ken Russel qui a dû s'inspirer un peu de ce dernier film. Ces histoires sont à ranger dans la catégorie du fantastique social, car, justement, elles analysent comment des phénomènes de société, voire de civilisation, peuvent produire des effets fantastiques sur des esprits envahis par le rationalisme surnaturel de la religion. Ainsi, des nonnes amoureuses malgré elles, et amenées ainsi à faire des rêves érotiques, se croient-elles sincèrement possédées par le Malin et acceptent même d'être conduites au bûcher par Rédemption. On observe le même fait dans des scènes très dures du film d'Ingmar Bergman *Le Septième sceau* (1956).

Dans *Suspiria* (1977) et *Inferno* (1978) de Dario Argento, les protagonistes sont les victimes de **maléfices** terrifiants. Dans le premier film, la première scène de meurtre est particulièrement angoissante, unique dans l'histoire du cinéma. Lors d'une nuit pluvieuse, une jeune fille rentre à son hôtel aux décors de couleurs criardes. Ce décor inhabituel produit déjà une inquiétude chez le spectateur qui assistera à la pendaison du cadavre de la belle au centre de la cage d'escalier aux couleurs vives expressionnistes. Mais revenons au début de la scène. Entrée dans sa chambre, elle est prise d'inquiétude et regarde au travers de la fenêtre vers l'obscurité pour tenter de voir quelque chose. Elle colle son visage contre la vitre... Qui n'a jamais tenté le même regard sur le néant extérieur de la nuit ? Et, horreur ! elle aperçoit au fond de l'obscurité deux yeux maléfiques qui la regardent et un bras armé d'un couteau jailli des ténèbres la frappe à mort à plusieurs reprises dans un décor de couleurs vives. Jamais le spectateur ne verra le propriétaire du bras armé toujours filmé en gros plan, suggérant ainsi le surnaturel de ce meurtre... Dans *Inferno*, un immeuble new-yorkais possède dans ses murs toute l'horreur de maléfices mortels. Le thème des maléfices présente toujours de pauvres innocents soumis à des forces du mal, inconnues, qui les manipulent dans un projet incompréhensible. Sam Raimi l'a particulièrement réussi dans son premier film *Evil Dead* (1982) qu'il a voulu caricatural, mais cet aspect n'a pas toujours été perçu par les spectateurs qui sont, la plupart du temps, sortis terrifiés de ce film. Ces histoires renvoient à l'inconscient personnel du spectateur, à ses terreurs inconscientes issues de la petite enfance, ce que les Américains appellent le croque-mitaine, personnage si bien utilisé par Stephen King dans son œuvre. Nous sommes donc plongés ici dans un fantastique essentiellement psychologique. Il en est de même, d'ailleurs, d'histoires comme *La Charrette fantôme* (1939), film de Julien Duvivier qui adapte une nouvelle de Selma Lagerlöf (*La Charrette de la mort* – 1900) dans laquelle la mort se fait annoncer par le bruit des roues d'une charrette sur les pavés, charrette conduite par celui qui est mort le dernier de l'année précédente. Celui qui l'entend, ce sera alors à son tour. La faute à « pas de chance » !

Le plus spectaculaire (au cinéma) dans les histoires de **fantômes** est le son. Car, au fond, il n'y a pas grand-chose à voir. C'est ce qu'a génialement réussi à faire Robert Wise dans *La Maison du diable* (1963). Ce film a réussi à produire une terreur intense chez le spectateur grâce au son. Et, puisque le personnage le plus touché par la hantise est Eleanor, la jeune femme qui souffre d'un grave complexe de culpabilité, on ne peut que classer ce film dans la catégorie du fantastique psychologique. Ce qui est aussi le cas de la plupart des films de hantise. D'ailleurs, souvent, un psychiatre est le héros négatif de l'histoire, jouant le rôle du scientifique rationnel qui nie les phénomènes surnaturels, comme d'ailleurs, dans nombre de films de diableries et possessions. Au contraire, certains cinéastes ont inversé totalement le rôle du psychiatre dans leur histoire en en faisant le porteur de la terreur et du mal. C'est le cas, par exemple, dans *Le Silence des agneaux* (1990) de Jonathan Demme et de *Cabale* (1990) de Clive Barker qui a confié le rôle du psychiatre tueur à David Cronenberg. La vraie nouveauté apportée au genre a consisté à ajouter une critique de société à l'analyse psychologique de la hantise. C'est ce que fit Tobe Hooper avec *Poltergeist* (1982) où est dénoncé le manque de scrupule des promoteurs immobiliers. Hooper est coutumier du genre qui fait des films fantastiques pour analyser la société américaine et critiquer ses travers. Ce n'est pas bien méchant, mais cela lui a coûté des années de censure pour *Massacre à la tronçonneuse* (1974). À quelque chose malheur est bon, car cette interdiction lui a, en fin de compte, apporté la célébrité. Mais, dans certains films, les fantômes prennent une existence matérielle pour venir hanter les vivants. C'est le cas dans *La Bête aux cinq doigts* (1947) de Robert Florey où la main de la victime revient le hanter, en jouant, notamment du piano... Dans *Fog* (1979) de John Carpenter, des marins reviennent se venger des naufrageurs d'une petite ville côtière. Si ces fantômes sont terrifiants et tuent des gens, il en est qui prennent une existence matérielle bien plus séduisante, comme le Hollandais volant de *Pandora* (1951), film d'Albert Lewin. Tous ces films qui traitent d'un intense sentiment de culpabilité (qu'il soit individuel ou collectif), seraient à classer dans la catégorie du fantastique psychologique... Enfin, Tim Burton se plaît à montrer les fantômes comme des personnages farfelus et amusants, ce qui a apporté une nouveauté au genre, avec des films comme *Beetlejuice* (1988) qui traite surtout de la mort sur un mode léger et insouciant, seuls les vivants étant responsables de la terreur que peuvent produire les revenants. Japonais, Sud-Coréens et Thaïlandais ont réalisé d'excellents films de fantômes : le très connu *Ring* (1998), ses séquelles et ses remakes américains, mais aussi *Deux Sœurs* (2003) et *Bangkok Haunted* (2003). Une vraie révolution dans le genre !

Le fantastique dans le cinéma de science-fiction

La science-fiction, dont certains films ont déjà été analysés ci-dessus, est, par excellence, le moyen le plus fantastique de traiter des problèmes de société et d'éthique, des questions liées à l'avenir de la civilisation, de l'évolution des sciences et des technologies. Il est curieux de noter ce qu'affirme Stanley Kubrick, interrogé par Michel Ciment, à propos des rapports entre le psychologique et le social : « *L'hypocrisie de l'homme l'aveugle sur sa propre nature et se trouve à l'origine de la plupart des problèmes sociaux. L'idée que la crise de notre société a pour cause les structures sociales plutôt que l'homme lui-même est à mon avis dangereuse. L'homme doit être conscient de sa dualité et de sa propre faiblesse pour éviter les pires problèmes personnels et sociaux.* » Précisons que le thème de cette interview était le film *Shining* (1980) qui traite de fantastique psychologique. Ce n'est pas une raison pour ne pas voir le fantastique social dans des films comme *2001 L'odyssée de l'espace* (1968) et *Dr Folamour* (1963)... Des films comme *Orange mécanique* (1971) de Stanley Kubrick, *1984* (1984) de Michael Radford, adaptation du célèbre roman de George Orwell, *Brazil* (1985) de Terry Gilliam sonnent l'alarme d'une société totalitaire qui guette notre pauvre monde. L'avenir plus lointain est aussi effrayant dans *Zardoz* (1973) de John Boorman, *Soleil vert* (1973) de Richard Fleischer et *Planète hurlante* (1996) de Christian Duguay. Ces films font évidemment partie de la catégorie du fantastique social. D'autres, qui semblent traiter du même type de problèmes, s'attachent plutôt à l'étude intimiste de la psychologie humaine qui s'exprime dans des circonstances particulières comme celles qui suivent l'holocauste nucléaire ne laissant que quelques survivants sur la planète. Celui qui apporte le plus de profondeur dans cette réflexion est le magnifique *Le Monde, la chair et le diable* (1959) de Ronald Mac Dougall. Sur le même thème, mais dans un autre registre, *Le Jour des morts-vivants* (1985) de George A. Romero est terrifiant par l'horreur de la disparition de l'espèce humaine. Notre époque vit à l'époque des mondes virtuels.
La fiction rejoint ainsi la réalité. De nombreux films se sont employés à utiliser ce thème pour traiter des problèmes de société, d'inadaptation à la société, comme *Nirvana* (1997) de Gabriele Salvatores, dans lequel, à cause d'un virus informatique, le personnage d'un jeu devient réel, et les personnages du monde matériel sont en quête de leur personnalité et de leur existence même dans une société où la différence entre le virtuel et le réel est difficile à appréhender. Encore un thème cher à Philip K. Dick...

Terreur, nature et SF

Certaines terreurs sont suscitées par la nature elle-même. Il en est ainsi des insectes. Nous sommes là encore dans le fantastique social le plus pur.

Les insectes, par leur morphologie et leur mode de vie, ont toujours évoqué dans l'esprit humain une horreur liée au fait d'être considéré par eux, soit comme un hôte pour un parasite, soit comme une nourriture, et, particulièrement, le fait que notre corps mort finisse par être dévoré par eux ajoute à la construction de cette terreur qu'ils suscitent dans notre esprit.

Mais tous les insectes n'ont pas cette réputation. Le cricket de Pinocchio représente la morale, l'influence de la religion et de la société. La coccinelle, pourtant carnivore (mais elle mange des pucerons...) est appelée bête à bon Dieu... Quant aux autres, ils sont tous terrifiants avec leurs yeux à facettes, leurs multiples pattes (six pour les insectes, mais plus pour d'autres, par exemple huit pour les araignées qui ne sont pas des insectes, mais tant pis, j'appellerai insecte toute petite bête monstrueuse avec plein de pattes).

Ainsi, le cinéma fantastique a tenté d'utiliser cette horreur. Mais il n'a pu le faire que relativement tard, car l'utilisation de ces "sales" bestioles demandait des truquages cinématographiques élaborés. Aujourd'hui, la tendance inverse se manifeste. On produit des films gentils sur les insectes, avec *Fourmiz* et *1001 Pattes*, films d'animation d'images de synthèse dans lesquelles, (influence de Walt Dysney oblige) les insectes sont humanisés : ils n'ont que quatre membres, une bouche avec des dents et non pas des mandibules ou des trompes, et des mains... Voilà : pour devenir acceptables, les insectes sont donc en quelque sorte désinsectisés... Un film comme *Microcosmos* a pris le parti contraire, et a parfaitement réussi dans la réhabilitation de ces magnifiques petites bestioles fascinantes... Suivi par d'autres documentaires.

Il y a eu – dans la littérature fantastique de science-fiction – l'idée que certains extraterrestres pouvaient être des insectes, avec une intelligence humaine, mais aussi la "cruauté" propre à ces petites bêtes. Voilà qui est terrifiant... Ainsi, le dernier film de Paul Verhœven *Starship Troopers* (1998) reprend les insectes tueurs abominables de l'écrivain américain réactionnaire Robert Heinlein, contre lesquels les humains, vivant désormais dans une société nazifiée, vont faire une guerre sanglante et horrible... Le réalisateur d'origine hollandaise a retourné l'argument de l'écrivain et a fait un film contre la guerre.

Dans *Alien* (1979) de Ridley Scott, le monstre, plutôt inspiré de ceux de l'écrivain américain Lovecraft, possède un moyen de reproduction emprunté à certaines guêpes qui pondent leurs œufs dans le corps vivant de leurs victimes qui sont dévorées de l'intérieur par la larve... Ce thème avait déjà été largement exploité dans les romans de SF des années cinquante. Le film est d'ailleurs inspiré d'un autre de Mario Bava : *La Planète des vampires* (1965). Dans *L'invasion des profanateurs de sépulture*[15] (1956) de Don Siegel, les méchants extraterrestres ont un développement lar-

---
[15] Il y a eu deux remakes à ce film : « L'invasion des profanateurs » (1978) de Philip Kaufman et « Body Snatchers » (1993) d'Abel Ferrara. « Body Snatchers » est le vrai titre du livre de Jack Finney, livre qui ressemble d'ailleurs étrangement à l'histoire de « Le père truqué » (1955) de Philip K. Dick...

vaire identique aux insectes, car ils deviennent adultes dans une chrysalide, appelée « cosse » ce qui tendrait à représenter plutôt un végétal, sales petits aliens qui prennent carrément la place des humains. Don Siegel s'était inspiré d'un roman de Jack Finney (1955), mais avait détourné le propos de l'écrivain pour faire une allégorie anticommuniste... On aperçoit aussi d'horribles araignées extraterrestres dans *Perdus dans l'espace* (1998) de Stephen Hopkins.

Ensuite, il y a les insectes mutants. La radioactivité d'abord, puis les mutations génétiques en ont fabriqué beaucoup au cinéma et à la télévision. Nous avons eu toute une série de films de ce genre depuis *Des Monstres attaquent la ville* (1953) de Gordon Douglas à *Mimic* (1997) de Guillermo Del Toro. Mais le plus passionnant de tous est *La Mouche noire* (1958) de Kurt Newman, inspiré du livre *La Mouche* de George Langelaan, et surtout de son magnifique remake de David Cronenberg, *La Mouche* (1986), qui pose bien le problème de la création de nouvelles espèces.

En effet, un savant a inventé la translation des corps au travers d'un câble grâce à un ordinateur puissant qui permet de déstructurer les molécules dans une cabine, de les transférer dans une autre cabine et de les y restructurer pour reconstituer le corps. Le problème, c'est qu'une mouche s'est trouvée là, et que l'ordinateur a restructuré un nouveau corps avec une combinaison génétique... Quelle horreur ! Ça c'est de la science-fiction...

Enfin, il y a les histoires où les insectes tels qu'ils sont sèment la terreur. Dans ce domaine les scénaristes utilisent surtout les abeilles africaines qui sont, paraît-il, terribles.

Ce petit tour d'horizon sur les insectes montre, par un autre exemple, comment les histoires d'horreur savent s'inspirer de la nature. Mais, bien souvent, elles s'appuient sur une terreur dont on parle souvent, enfouie dans l'inconscient collectif (ou plutôt culturel, mythologique ?) de l'humanité, la terreur de la faute de Prométhée qui a voulu montrer aux humains comment être un dieu. Cette faute est toujours punie comme dans le *Frankenstein* de Mary Shelley.

Si le progrès modifie la nature, celle-ci ne finit-elle pas toujours par se venger ? Cela n'est-il pas d'actualité de nos jours ?

Ainsi, le problème des Organismes Génétiquement Modifiés (OGM) se pose à notre époque de manière cruciale. Mais ce problème n'est pas nouveau. Il a été largement traité par la science-fiction au cinéma et à la télévision.

C'est la découverte de l'énergie atomique qui a produit le plus cette terreur des mutations génétiques, car les rayonnements des réactions nucléaires en produisent réellement. Ce sont ces monstres mutants qui d'abord terrifièrent les spectateurs et téléspectateurs autour de séries télévisées comme *Au-delà du réel* ou même, *La Quatrième dimension*. Le plus célèbre de ces monstres "nucléaires" est bien *Godzilla* (1954) qui a fait l'objet de nombreuses suites dans lesquelles il détruit Tokyo à chaque fois et finit pas affronter d'autres monstres. Le premier *Godzilla* a été réalisé par Inoshiro Honda. Il raconte l'apparition de ce monstre après les explosions nucléaires américaines sur le Japon en 1945. Les Américains ont d'ailleurs distribué le film aux États-Unis, mais comme il ne comportait que des personnages nippons, ils ont rajouté des scènes avec un journaliste américain (!) C'est à cela que fait allusion

Emmerich dans son excellent remake de 1997 avec le journaliste français joué par Jean Reno.
Honda a également réalisé un film terrifiant sur une mutation due aux rayons atomiques avec *L'Homme H* (1958)...
Des mutants on en a vu beaucoup d'autres au cinéma. Par exemple, les morts-vivants du chef-d'œuvre de Romero *La Nuit des morts-vivants* (1968), car une explication est donnée dans le film par la télévision regardée par les personnages assiégés dans la maison : un satellite est retombé sur Terre et a répandu un produit chimique qui réveille les morts ! D'ailleurs, Romero franchit carrément le pas avec son dernier film de la trilogie des morts-vivants : *Le Jour des morts-vivants* (1986) dans lequel un savant fou essaie de redonner une conscience sociale aux morts-vivants...
Mais l'histoire d'OGM par excellence est bien *L'île du docteur Moreau* écrit par H.G. Wells en 1896. Wells avait déjà évoqué les mutations humaines dans un futur lointain dans son roman *La Machine à explorer le temps*. Il est intéressant de noter l'évolution du traitement de *L'île du docteur Moreau* par le cinéma. Évidemment Wells ne connaissait pas la génétique, car elle n'existait pas à son époque. Son histoire raconte comment un docteur fait évoluer les animaux vers une humanité physique. Mais il échoue, car il manquait la base sociale à ses individus créés par mutation. Le cinéma en est resté là jusqu'à *L'île du docteur Moreau* (1997) de Frankenheimer, dans lequel le docteur Moreau utilise la manipulation génétique pour arriver au même résultat. D'ailleurs, le docteur joué par Marlon Brando remarque à un moment que le diable, il le voit dans son microscope !
Il semble que le cinéma de science-fiction ne s'est vraiment attaché qu'aux *HGM*, c'est-à-dire aux Hommes Génétiquement Modifiés... et à quelques autres monstres.
Ainsi, dans *Tarantula* (1955) de Jack Arnold, une araignée est génétiquement modifiée et devient géante, et dans *L'homme qui rétrécit* (1957) du même, un pauvre diable croise un drôle de nuage en mer et rétrécit jusqu'à devenir microscopique...
Personne n'a jamais envisagé ce qui arrive aujourd'hui : rendre les plantes encore plus faciles à cultiver grâce aux manipulations génétiques. Mais tous ces films, toutes ces histoires ont joué un rôle important dans l'inconscient collectif pour développer la terreur du progrès scientifique. C'est aussi une conséquence, n'en déplaise aux ardents défenseurs du « science » dans science-fiction, des histoires de science-fiction...
Dans les temps primitifs, la nature se présentait comme très mystérieuse à l'homme et parfois terrifiante, car l'être humain peut être une proie pour le prédateur, mais aussi par des phénomènes d'autant plus effrayants qu'inexpliqués, comme le tonnerre, la foudre, l'éruption volcanique, le tremblement de terre, le soleil et la lune, astres qui semblaient doués d'une vie autonome.
Tous ces mystères ont nourri des mythologies qui faisaient de ces phénomènes le résultat de l'activité des dieux. Ces mythologies, traitées par l'immense chaudron de l'imagination humaine ont produit des œuvres littéraires immortelles.
À la base, il y a celles qui remettent en cause la prétention – considérée au Moyen Âge par les ecclésiastiques comme inqualifiable – de maîtriser la nature, et ainsi, de remplacer Dieu. On voit là apparaître la volonté de l'Église de maîtriser les idéologies en rationalisant les croyances et légendes des paysans incultes. Ce phénomène a

mené les prêtres assez loin, jusqu'à des enquêtes sur des phénomènes surnaturels comme le fameux *Traité sur les apparitions des esprits et sur les vampires* (1751) du R. P. Dom Augustin Calmet et *De masticatione mortuorum in tumulis* (1728) de Michaël Ranft, enquêtes commandées par les autorités pour faire la lumière sur des phénomènes qui terrifiaient certaines contrées, même si, aujourd'hui, on peut en sourire.

La première légende à remettre en cause la maîtrise de l'homme sur la nature fut celle de Faust. Ce n'est pas Goethe qui a inventé cette histoire. Elle était déjà présente dans une lettre datée de 1507, où l'on trouve mention des tribulations d'un certain *Faust*. Ensuite, en 1587, il y aura un livre qui raconte l'histoire de ce pacte avec le diable dont s'est inspiré le poète allemand. Le diable prendra ensuite différentes formes, avec lui certains font des pactes pour mieux s'échapper des contingences naturelles, donc dépasser la nature. Avant le diable, ange déchu, ce fut Prométhée qui, pour se venger de Zeus, donna aux hommes la connaissance du feu. Plus près de nous, c'est la science elle-même qui donne à Victor Frankenstein l'audace de créer un être vivant avec de la chair morte. D'ailleurs, la jeune Mary Shelley rédigea son roman à partir des expériences scientifiques de réanimation menées en 1802 – 1803 à Londres par Giovanni Aldini. D'autre part, l'utilisation par Frankenstein de l'énergie de la foudre a certainement été inspirée par la réelle passion du mari de l'écrivain, et ses expériences pour mener à bien *son* idée de recueillir l'électricité de la foudre. « *Le monde était pour moi un secret que j'avais à découvrir* », déclare Victor Frankenstein dans le roman de Mary Shelley. Cette volonté, ne la trouvons-nous pas déjà chez les alchimistes, comme Paracelse qui donnait la recette de la « *génération des homonculus [...] possibilité que, par nature ou par art, un homme pût être reproduit en dehors d'un corps de femme et d'une mère naturelle.* » ? Cette phrase n'est-elle pas d'étrange actualité ? Comme celle du Golem, sur le front duquel est inscrit « EMET », constitué de trois lettres qui forment le mot de « Vérité », et, qui, si l'on enlève la première, devient « Mort »... Car, quelle impudence aurait l'homme de rechercher la Vérité ?[**]

Ces terreurs nous ont accompagnés aujourd'hui. Elles constituent toujours un enjeu idéologique et politique fondamental, notamment en ce qui concerne l'écologie. Aux États-Unis, dans les années soixante, puis chez nous, on comparait le destin de Faust à celui du physicien Robert Oppenheimer (1904 – 1967), l'organisateur du *laboratoire-caserne de Los Alamos*, le créateur de la bombe atomique. Cette terreur, que l'on retrouve dans nombre d'œuvres fantastiques littéraires ou cinématographiques, motive certainement ce que l'on appelle la "diabolisation" du nucléaire civil. Car, qui n'est pas mieux le *Prométhée moderne* – sous-titre du roman de Mary Shelley – que celui qui produit de l'énergie (le feu offert par Prométhée à l'espèce humaine) à partir de la structure profonde de la matière ?

Il y a aussi celle du vivant... C'est pourquoi, à partir des années soixante-dix, à la terreur de la physique atomique s'est ajoutée celle des manipulations génétiques.

[**] Pour ce paragraphe, j'ai utilisé des citations de l'excellent essai du philosophe Dominique Lecourt : « Prométhée, Faust, Frankenstein, Fondements imaginaires de l'éthique ». 1997

Arès avoir épuisé ces mythes, en en faisant des versions diverses, par exemple, en présentant le docteur Frankenstein sous des aspects moraux différents, le cinéma revient à une nature plus directement terrifiante.

L'apparition de monstres produits par les radiations atomiques ne fait plus que sourire. Ce qui semble être vraiment terrifiant, c'est la forme réelle que peut prendre la nature, lorsqu'elle produit des monstres. Le plus simple est d'en faire des extra-terrestres comme *Alien* (1979 – déjà !) de Ridley Scott, dont la reproduction, aux dépens de la vie humaine, est copiée sur la reproduction de certains insectes et dont la férocité n'a d'égal que celle de ces derniers. On a aussi rendu les végétaux terrifiants, lorsqu'ils viennent d'ailleurs comme avec *La Chose d'un autre monde* (1951) de Christian Nyby, film qui met en scène une créature végétale animée de mauvaises intentions dans un lieu clos (une station polaire) et qui préfigure déjà l'anticommunisme de guerre froide de certains films fantastiques des années cinquante, comme *L'invasion des profanateurs de sépulture* (1956). Bien qu'*Alien* ait toujours du succès avec *Alien 4* réalisé par notre Jean-Pierre Jeunet national, *Alien contre Predator* (Anderson) et les projets d'*Alien 5, 6*…, la mode revient aux prédateurs naturels. Le cinéma nous avait déjà habitués à cela, avec, notamment, *Les Oiseaux* (1963) d'Hitchcock que j'avais d'ailleurs soupçonné à l'époque d'avoir fait un film de guerre froide en récidivant après *L'étau* (1969). Aujourd'hui, le cinéma produit cette nouvelle terreur, avec *Anaconda, le prédateur* (1997) de Luis Llosa, qui met en scène le fameux et énorme serpent, la terreur étant ici possible grâce aux merveilleux effets spéciaux qui nous montrent avec délectation la méthode de chasse du prédateur et sa manière d'étouffer et gober ses victimes.

C'est donc la nature elle-même qui devient terrifiante, comme avec le film *L'ombre et la proie* (1996) de Stephen Hopkins, dont les héros sont deux lions de légende en Afrique, appelés Fantôme et Ténèbre. Tout un programme. Le cinéma est riche, surtout dans la dernière période, grâce aux effets spéciaux, de films sur la terreur engendrée par la férocité d'animaux petits ou grands : un requin avec *Les Dents de la mer* (1975) de Steven Spielberg et ses nombreuses séquelles (trois…), les *Piranhas* (1978) de Joe Dante, un sanglier chasseur de chasseurs avec *Razorback* (1984) de Russel Mulcahy, et de nombreux films sur la terreur engendrée par les insectes. *Un Cri dans l'océan* (1997) de Stephen Sommers s'inscrit dans la même veine.

Doit-on déceler une nouvelle crainte en l'avenir dans cette catégorie de films ? Je ne crois pas. Du moins, pas fondamentalement différente de celle du passé, cette crainte profonde que l'espèce humaine ne soit plus dominante, développée surtout par les invasions d'extra-terrestres et plus affichée en montrant l'existence sur notre planète de terribles prédateurs grâce à l'efficacité des effets spéciaux.

En conclusion, on peut dire que la terreur profonde des humains, composée de deux éléments apparemment contradictoires, le premier étant la crainte de remplacer Dieu par sa connaissance des lois de la nature, et l'autre, la crainte de ne plus être l'espèce dominante, existe toujours de nos jours. Elle n'est pas seulement réservée à des œuvres de fiction, qui seules, savent l'exprimer ouvertement, elle devient un véritable enjeu de société, soubassement des débats idéologiques sur l'avenir de l'espèce humaine sur notre planète…

Les quatre grands principes qui rendent la SF fantastique au cinéma

1) Le Cosmos

Le cosmos – concept scientifique éminemment fantastique, car plein d'inconnues déstabilisant la conception du monde de l'espèce humaine à tous les moments de son histoire – a toujours fasciné les cinéastes.
Du *Voyage dans la Lune* de George Méliès (1902) à *2001 L'odyssée de l'espace* du regretté Stanley Kubrick, jusqu'à *Event Horizon* de Paul Anderson (1997), le traitement du sujet a considérablement évolué. Cette évolution tient à plusieurs choses. D'abord, l'évolution technique du cinéma permet de traiter ce thème de manière différente. De l'aventure pure – avec George Méliès, mais aussi *Star Wars* et *Perdus dans l'espace* – on passe rapidement à l'angoisse de l'inconnu qui peut être parfaitement monstrueux avec, notamment les créatures rencontrées « là-haut ». Le cosmos n'a pratiquement pas été traité au cinéma avant la Deuxième Guerre mondiale, si ce n'est par le cinéma européen avec Méliès, mais aussi le cinéma soviétique avec *Aelita* de Jakov Protazanov (1924). Cette angoisse prend vraiment son essor avec les débuts de la conquête de l'espace qui coïncide avec la guerre froide et la peur supplémentaire de l'avance soviétique avec le lancement de Spoutnik.
C'est alors que se développe un autre principe, en liaison avec celui du cosmos.

2) Créatures

Ce principe débute dans l'histoire littéraire avec une créature de la mort, de la chirurgie et de l'électricité : *Frankenstein* de James Whale (1931). J'ai longuement traité de ce personnage plus haut. La deuxième phase de développement de ce principe a été la créature venue du cosmos, d'abord avec la Hammer qui a produit les films mettant en scène le professeur Quatermass[16], ensuite avec Mario Bava qui a réalisé *La Planète des vampires* (1965) qui inspira *Alien* de Ridley Scott (1979) et toutes ses nombreuses suites. Enfin, l'approche de la fin du millénaire et surtout l'immense succès de *X-Files* a remis à la mode les différentes versions d'invasion d'extraterrestres qui avaient déjà été largement traitées dans les années cinquante et soixante par des séries comme *Au-delà du réel*...
Puis, la SF a créé d'autres catégories de créatures : celles qui sont nées de l'activité de l'homme. Monstres de la radioactivité comme *Godzilla* de Honda (1954) et ses nombreuses séquelles, monstres de manipulations génétiques comme celui de *Relic* de Peter Hyams (1997) ou ceux de *Mimic* de Guillermo del Toro (1997).
Là aussi, le cinéma a évolué. On peut facilement constater cette évolution en regardant les trois versions cinématographiques de *L'île du docteur Moreau*. Le premier film, celui d'Erle C. Kenton (1932, respectait la technique présentée par l'écrivain – H. G. Wells – qui a publié son roman en 1896 : la chirurgie. Cela paraît invraisem-

---

[16] *Le Monstre* de Val Guest (1955) – *La Marque* de Val Guest (1957) – *Les Monstres de l'espace* de Roy Ward (1967)

blable scientifiquement aujourd'hui – mais pourtant repris par le film de Don Taylor en 1977 – et donc complètement abandonné dans le film de Frankenheimer (1996) et remplacé par les manipulations génétiques. Le même type d'évolution est constaté avec le film *La Mouche noire* de Kurt Neumann (1958) où les anatomies du savant et de la mouche se mélangent par morceaux – comme l'avait prévu le roman dont est tiré le film, roman de Georges Langelaan – alors que dans *La Mouche* de David Cronenberg (1986) le mélange se fait au niveau génétique même.
Par contre, en ce qui concerne *Frankenstein*, on n'a jamais assisté à cette même évolution...

3) Mondes extérieurs

Par « mondes », j'entends société, humaine ou non. Ce principe a été mis en scène par Fritz Lang dans *Metropolis* (1927), par Terry Gilliam, dans *Brazil* (1984), par Michael Radford, dans *1984* (1984) et par Alex Proyas dans le génial *Dark City* (1998). Tous ces films décrivent des sociétés différentes, et terrifiantes...
Enfin, ce principe est aussi décliné dans tous les films de fin du monde et d'après fin du monde, où les êtres humains reconstituent une société à leur image, cette image variant selon la conception qu'en a le scénariste (Voir à la fin de l'ouvrage la liste des films Fin du monde).
Quant aux sociétés d'extraterrestres, le cinéma a toujours eu du mal à en expérimenter de véritablement réalistes, sauf à ne pas tenir compte du réalisme comme le faisait Edgar Rice Burroughs, dont plusieurs œuvres ont été adaptées au cinéma.

4) Mondes intérieurs

Par « mondes intérieurs », j'entends la psychologie des personnages, leur âme. Un film comme *Blade Runner* de Ridley Scott (1981) traite de manière approfondie de cette question (les répliquants ont-ils une âme ?), mais en la replaçant dans la société humaine du futur.
Le principe des « mondes intérieurs » est le mieux traité par l'œuvre de Stevenson adaptée au cinéma : *Le Cas étrange du docteur Jekyll et de mister Hyde* (1886), la chimie ne servant de prétexte qu'à la réalisation du produit qui permettra de séparer en l'être humain le bon du méchant. Il y a eu aussi différentes adaptations de ce roman (Voir les listes de film à la fin de l'ouvrage).
La lenteur des films du cinéaste soviétique Tarkovski se prête bien à la prospection de ces « Mondes intérieurs ». Ainsi en est-il des deux superbes films de science-fiction : *Solaris* (1972) et *Stalker* (1979).

Certains films cumulent ces quatre principes, c'est ce qui fait leur succès, par exemple la série des *Star Wars* et *Le Cinquième élément*...

Et la science alors, quel rôle joue-t-elle dans la science-fiction ? Elle ne joue finalement qu'un rôle secondaire, le rôle de la matière qui sert à donner la forme science-fiction au fantastique véhiculé par ces quatre principes.
Pourtant le scientifique (il fut un temps où c'était toujours un homme, aujourd'hui, c'est fréquemment une femme...) joue souvent un rôle important dans les histoires

de SF. Cela a commencé avec le docteur Frankenstein, bien sûr, et le docteur Moreau, ce qui a produit le genre qu'on appelle *Les savants fous*, mais s'est particulièrement développé avec la série des *Professeur Quatermass*. Aujourd'hui, la plupart des films catastrophe qui mettent en jeu des catastrophes naturelles ont pour héros principal le scientifique qui a toujours raison devant la folie des hommes, notamment, des hommes politiques. Ces films catastrophe – *Twister* (1996) ; *Le Pic de Dante* (1997) ; *Volcano* (1998) – sont de véritables films de science-fiction qui mettent en œuvre un héros scientifique compétent. Les temps ont changé, depuis que les films fantastiques mettaient systématiquement en scène un psychiatre ou un psychanalyste complètement idiot refusant de croire en la *réalité* du phénomène fantastique. On a revu cela encore dernièrement avec le très beau film *Prémonitions* de Neil Jordan (1999). Le nouveau rôle positif du scientifique n'est-il pas apparu de manière forte pour la première fois avec le film *Les Aventuriers de l'arche perdue* de Steven Spielberg (1981) ?

Ce tour d'horizon du cinéma fantastique depuis le début du siècle montre que le fantastique peut prendre toutes les formes, dans tous les genres du cinéma : terreur et épouvante, comédie, drame, science-fiction, western, aventures, etc. Mais il reste toujours le fantastique.
Voyons maintenant comment il peut se décliner dans certains thèmes précis, sans avoir la prétention d'être exhaustif. J'ai choisi les thèmes les plus intéressants pour montrer comment le fantastique est toujours présent. Au chapitre suivant je traiterai de la notion de *fantastique* telle qu'elle a été inventée par la littérature, notion qui constitue la trame de ce livre.

Thèmes adaptés au cinéma

Docteurs de l'horreur !

Autrefois on appelait cela un « savant ». La plupart du temps un homme qui « savait » beaucoup de choses. Au Moyen Âge, ce personnage était personnifié par l'alchimiste. Quelqu'un qui recherchait les secrets de la Nature contre vents et marées, contre l'Église et ses lois ; c'était le cas aussi du magicien qui pensait que la nature était de nature magique. L'alchimiste se considérait comme un être supérieur dont l'adage était : « *Lege, lege, relege, ora, labora et invenies* ».[17] Mais l'église finit par craindre l'alchimie, ainsi le pape Jean XXII (souverain pontife de 1316 à 1334) lança une Bulle d'excommunication contre tous ceux qui cultivaient l'art transmutatoire et l'Inquisition brûla un certain nombre d'alchimistes.[18]

L'alchimiste expérimentait sur son athanor, ce fourneau diabolique. Chercheur inlassable il ne cédait qu'à la mort, et encore, léguait-il ses recherches à ses successeurs. Jusque dans les années soixante, l'image du *laboratoire*, et notamment, du laboratoire de chimiste avec ses cornues, ses réfrigérants et ses liquides colorés, restera lié dans la fiction, aux secrets de la vie, secrets que seul Dieu pouvait détenir.

Puis vint Lavoisier[19] qui remit de l'ordre dans tout cela et affirma que *« rien ne se perd et rien ne se crée, tout se transforme »*. Du coup, la science devint elle-même une composante fantastique dans l'imaginaire populaire. Le scientifique était donc capable de *transformer*. Voilà qui était pire que *créer*. Aujourd'hui, le savant sait transmuter la matière grâce à la science de l'atome. Les alchimistes n'avaient-ils pas raison ?

---

[17] Lis, lis, relis, prie, travaille et tu trouveras.

[18] « L'alchimie », Serge Hutin, PUF Que sais-je ?

[19] Antoine Laurent de Lavoisier (1743 – 1794), chimiste, a mis au point la nomenclature des éléments dont l'étude avait été commencée par d'autres, a découvert la réalité du rôle de l'oxygène dans la combustion, et l'énoncé des lois de conservation de la masse et de l'énergie. Il fut, hélas, guillotiné par les révolutionnaires, car il exerçait la fonction de Fermier général.

Le premier scientifique de la mort : le docteur Frankenstein...

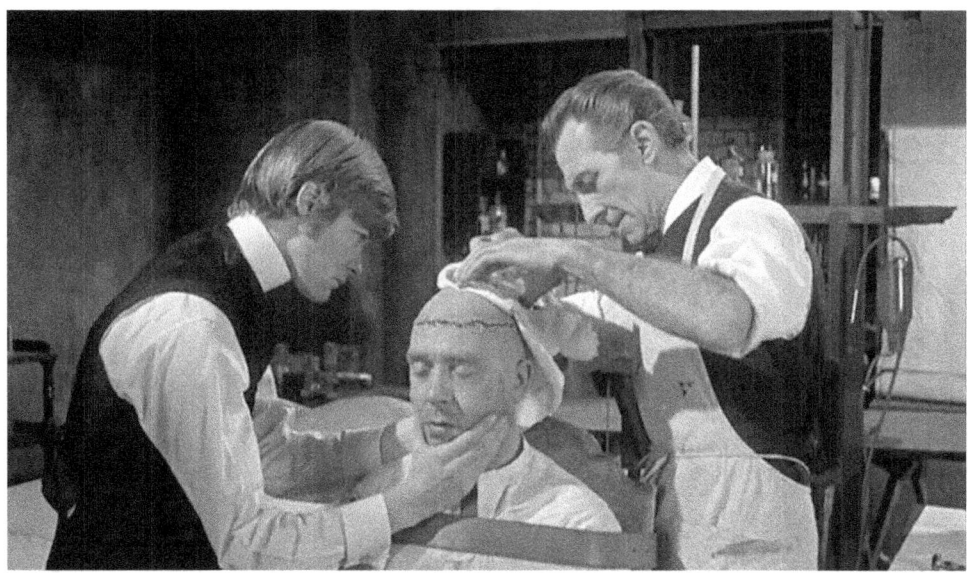

Le premier grand personnage de fiction, un vrai savant, fut le docteur Frankenstein. Ce personnage du roman de Mary Shelley est devenu réellement célèbre, grâce, notamment au cinéma. Comme personne ne donna de nom à la créature créée par Frankenstein, on lui prêta le nom de son créateur.

Mary Shelley, qui écrivit son roman à l'âge de dix-neuf ans, utilisa les expériences scientifiques de l'époque pour écrire son livre. D'une part, son mari rêvait d'utiliser l'énergie de la foudre et d'autre part, Giovani Aldini réalisa des expériences de réanimation à Londres en 1802 – 1803.

Cet intéressant personnage de Frankenstein fut rapidement éclipsé par le personnage de sa créature. Cette éclipse est surtout due au film de James Whale *Frankenstein* (1931) dans lequel le docteur est une pâle figure victime de ses recherches et le monstre, magistralement interprété par Boris Karlofff, occupe ainsi le devant de la scène. Cette image du pauvre jeune docteur dépassé par ses propres recherches est radicalement changée dans la série des *Frankenstein* de la Hammer, société anglaise de production qui réalisa des films d'horreur après la Deuxième Guerre mondiale. Ces films ont été pour la plupart réalisés par Terence Fisher. C'est Peter Cushing (1913 – 1994) qui interpréta ce rôle dans tous ces films, homme de science cynique qui poursuit un seul but : la réalisation de ses expériences infernales sans aucune considération morale ou éthique. Un personnage réellement subversif, car se fichant complètement de la société et des conséquences de ses expériences. Dans un de ces films – je crois qu'il s'agit de *Frankenstein créa la femme* (1967) – le docteur infernal viole son assistante !

Le professeur Quatermass, et la terreur venue du cosmos

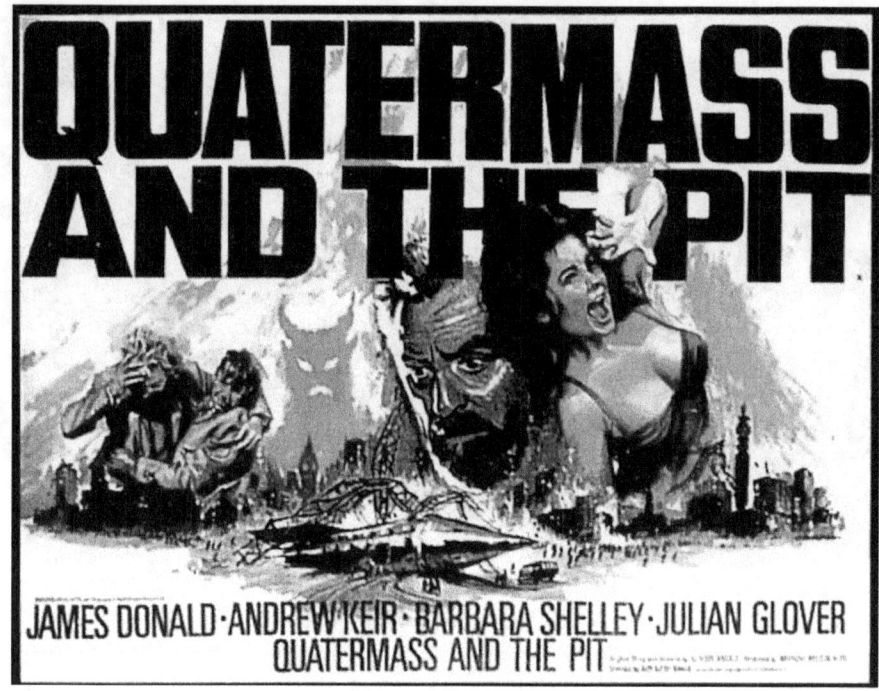

Quatermass 3

Il faut dire que la Hammer avait déjà contribué largement à changer l'image un peu niaise du scientifique avec sa série des *Professeur Quatermass*. Ce dernier, dans le premier film de la série : *Le Monstre* (1955) de Val Guest, envoie une fusée dans l'espace. Mal lui en a pris, car cet engin rencontre une entité (lovecraftienne) qui tue les passagers sauf l'un d'entre eux qui revient avec en lui toutes les données de sa future transformation en monstre. Ici, le professeur joue un personnage impitoyable, seulement motivé par ses recherches et totalement dénué de tout scrupule dans la mesure où ses recherches sont en jeu. Ce trait de caractère se poursuit dans les deux films suivants : *La Marque* (1957) de Val Guest, dans lequel les extraterrestres (toujours aussi lovecraftiens) installent des bases sur Terre, et *Les Monstres de l'espace* (1967) de Roy Ward Baker, dans lequel on trouve un vaisseau spatial enterré lors du creusement du tunnel de Londres ; et devinez ce qu'on trouve à l'intérieur de cet artefact ?... Un monstre lovecraftien bien sûr !

C'est que l'influence de Lovecraft dans ces films ne se limite pas à la présence de monstres. N'oublions pas que cet écrivain américain était un matérialiste convaincu, et que la science joue un rôle déterminant dans son œuvre. Sa mythologie est basée sur l'existence matérielle d'êtres incroyables. Cette matérialité, il la pousse jusqu'à décrire une autopsie d'un « Grand Ancien » dans sa nouvelle *Les Montagnes hallucinées* !

Ce thème de la terreur venue du cosmos est magistralement traité dans le film *Event Horizon* (1997) de Paul Anderson, dans lequel le scientifique créateur du fabuleux vaisseau spatial sera le vecteur de la folie destructrice des monstres de l'au-delà. On ne triture pas dame Nature impunément !

D'autres scientifiques de la mort...

Herbert West en pleine action

Lovecraft a aussi mis en scène un scientifique maudit : Herbert West, réanimateur. On peut aisément voir Lovecraft lui-même dans ce personnage lorsqu'il le décrit de la manière suivante : « *West était matérialiste. Il ne croyait pas à l'existence de l'âme et attribuait tous les effets de la conscience à des phénomènes physiques.* » Ce personnage, un étudiant en médecine qui découvre un produit qui réanime les morts, a été mis en scène par Stuart Gordon dans son film *Re-animator* (1985), film délirant mêlant sexe et gore (alors que Lovecraft détestait le sexe...). Le même Stuart Gordon a produit la suite de Brian Yuzna : *Re-animator 2* dont le titre anglais, *Bride of re-animator*, rend hommage au film *La fiancée de Frankenstein*. Dans ces deux films, c'est Jeffrey Combs qui joue le rôle d'Herbert West de même que dans *Beyond Re-animator* également réalisé par Brian Yuzna.

Restons dans le domaine de la boucherie avec *Le Jour des morts-vivants* (1985) de George A. Romero. Il y met en scène le docteur Logan, dit *« docteur Frankenstein »*. On le surnomme ainsi, car il faisait des expériences sur les morts-vivants. Ces expériences étaient indispensables, car l'espèce humaine avait quasiment disparu, et le « bon » docteur tentait de redonner humanité à ces monstres affamés de chair humaine.

Enfin, dans le domaine de la mort, ou plutôt de la non-mort, comment ne pas citer le professeur Van Helsing du roman de Bram Stoker *Dracula* (1897) ? Ce professeur est à la fois un détective de l'étrange et un « scientifique de l'irrationnel », un érudit qui connaît les vampires, leur nature et la manière de s'en débarrasser. Et quand on observe bien le personnage du scientifique en général dans les fictions fantastiques et de science-fiction, c'est souvent quand il est irrationnel qu'il est positif, et au contraire négatif quand il est rationnel... Cet érudit de l'irrationnel est présent systématiquement dans les œuvres de Graham Masterton, basées sur un mythe ou une légende qui donnent « *un maximum de crédibilité à des scénarios parfois improbables* ».[20] Ne voit-on pas là une revanche de *ceux qui ne savent pas* contre *ceux qui savent* ?

Docteurs de la vie

Le thème de donner humanité à ce qui n'en a pas, est traité par le chef-d'œuvre de H. G. Wells : *L'Île du docteur Moreau.* (Première édition française en 1901)
On se souvient de l'histoire : retiré sur une île, le docteur Moreau tente des expériences qui transforment les animaux en êtres humains.
Mais la nature, une fois chassée, revient au galop. La bestialité reprend le dessus, malgré la tentative du docteur d'instituer de nouvelles lois qui interdisent tout acte bestial. Il est intéressant de noter l'évolution du personnage au cinéma depuis la première version (D'Erle C. Kenton en 1932) dans laquelle (comme dans le roman de Wells) la seule chirurgie est évoquée comme technique de transformation, jusqu'à celle de John Frankenheimer en 1996, dans laquelle le docteur joué par Richard Burton utilise les manipulations génétiques. On voit là que la technique importe peu (donc la vraisemblance scientifique a peu d'importance...), seule l'histoire est intéressante.
Les manipulations génétiques conduisent à de sombres aberrations. Dans *Tarantula* (1955) de Jack Arnold, les expériences du savant fou conduisent à la création d'une araignée géante ; mais la science sera victorieuse contre elle-même, puisque cette araignée sera détruite par le... napalm, nouvelle arme découverte alors récemment.
Cette terreur des manipulations génétiques n'a pas fini d'inspirer nos fantastiqueurs. *Mimic* (1997) de Guillermo Del Toro met en scène des insectes mutants qui imitent l'apparence des hommes pour mieux les dévorer. Mais cette fois, le scientifique responsable de cette catastrophe est une femme, un grand tournant dans l'histoire des scientifiques dans la fiction fantastique, car jusqu'à présent on avait affaire à un homme ! Cette nouvelle mode avait déjà été inaugurée dans *Relic* (1997) de Peter Hyams. On a vu aussi une scientifique féminine dans *Peur bleue* (1999) où elle transforme un requin dans le but de chercher des solutions médicales.
Mais autrefois, c'était une autre terreur scientifique qui dominait les histoires de science-fiction. C'était celle de l'atome. Citons deux raretés cinématographiques : *Dr Cyclops* (1940) d'Ernest B. Schœdsack, film dans lequel ce docteur à la très mauvaise vue réduit en miniature les êtres vivants grâce aux radiations atomiques, et, surtout, le très méconnu *L'horrible cas du docteur X* (1963) de Roger Corman, dans lequel ce docteur acquiert la capacité d'une vue très spéciale aux rayons X ! Le pauvre...

---

[20] Citation de Graham Masterton dans sa préface au roman « L'orgue de Leonardo » de Christophe Corthouts, éditions Naturellement, collection 2000.com.

Ce dernier cas correspond à celui du scientifique qui fait une découverte sensationnelle, et qui l'expérimente sur lui-même avec de terribles conséquences.
Le plus fantastique dans ce domaine est bien *La Mouche*, nouvelle de George Langelaan, adaptée deux fois au cinéma, la première fois par Kurt Neumann en 1958 et par David Cronenberg en 1986. Dans le film de David Cronenberg, la présence de l'ordinateur et les découvertes génétiques rendent l'histoire encore plus crédible, car les deux êtres ne se rassemblent pas par morceaux comme dans la première histoire, mais ont leurs gènes complètement imbriqués...

Le cinéma et la littérature ont réussi à nous terrifier avec les « docteurs »... Cette terreur vient de loin. De l'époque moyenâgeuse où l'apparition du docteur en médecine signifiait l'approche de la mort. Lors des grandes épidémies de peste, leur tenue terrifiante ne pouvait que contribuer à cette terreur.
L'évolution des sciences et des techniques n'a pas apaisé cette dernière. Au contraire. Elle a donné encore plus d'ampleur aux moyens humains de transformer la nature, en général, et celle de l'homme en particulier. Sacrés docteurs !

Assassins en série sur grand écran

Le premier *serial killer* à être présenté au cinéma fut Jack l'éventreur. Et pas par n'importe qui, par Alfred Hitchcock s'il vous plaît ! Ce film muet s'appelle *The Lodger* (le locataire...). Il date de 1926. Un petit chef-d'œuvre méconnu... L'arrivée du locataire (qui sera soupçonné d'être Jack l'éventreur) dans la maison renvoie à *Nosferatu* (1922) de Murnau, film qui a dû influencer le jeune Hitchcock, mais à l'envers, car c'est le monstre qui arrive. Le film fait penser aussi à *Vampyr* (1929) de Carl Th. Dreyer avec les mouvements des personnages dans la maison, les portes qui s'ouvrent et se ferment. Malgré la lourdeur des caméras de l'époque Hitchcok donne du mouvement aux plans en filmant au travers du pare-brise d'une camionnette de presse. Il utilise aussi la surimpression pour faire défiler les éléments du soupçon au travers des pas du locataire, imaginés au plafond par les personnages. Enfin, il a utilisé un procédé désormais devenu classique, celui de filmer le personnage par en dessous alors qu'il marche sur une plaque de verre. Un remake a été réalisé par John Brahm en 1944, tout aussi expressionniste. Ce film insiste plus sur le côté social de l'histoire en montrant le quartier populaire de Whitechapel où ont lieu les meurtres.
Hitchcock aimera les assassins en série, car il les mettra encore beaucoup en scène. Dans *Frenzy* (1972) par exemple, dans *La Corde* (1948) il montrera en détail leurs motivations ou plutôt il y montrera leur manque de motivation. Le cinéaste créera le personnage de *serial killer* le plus célèbre dans *Psychose* (1960), une adaptation d'un roman de Richard Matheson, qui connaîtra deux séquelles cinématographiques et une télévisuelle. Il montrera aussi dans *L'Ombre d'un doute* (1943) que l'assassin peut faire partie de la famille !
Un autre chef-d'œuvre réalisé par un autre grand maître met en scène un assassin d'enfant : *M le maudit* (1931) de Fritz Lang, film qui est une allégorie du plus grand *serial killer* de tous les temps : le nazisme... Le personnage est interprété par le grand Peter Lorre (1904-1964) qui fuira le nazisme en se réfugiant aux États-Unis.

Le giallo

Les trois visages de la peur de Mario Bava

Après la guerre, ce sont les Italiens qui ont maîtrisé la terreur du *serial killer* et ont ainsi créé un genre nouveau : le *giallo* ! Le grand précurseur fut, évidemment, le *grandissimo* Mario Bava, qui inaugura le genre avec son film *La Fille qui en savait trop* (1962), suivi par *Six femmes pour l'assassin* (1964). *Giallo* veut dire " jaune ", de la couleur des collections de livres policiers. Bava passe de l'expressionnisme en noir et blanc de son premier film *Le Masque du démon* (1960, un film *gothique*) et de celui qui nous intéresse *La Fille qui en savait trop,* à l'expressionnisme de couleurs avec *Six femmes pour l'assassin.* Le titre *La Femme qui en savait trop* est un hommage direct à Alfred Hitchcock et son film *L'Homme qui en savait trop* (1934 et 1956, dans celui de 1934, on retrouve justement Peter Lorre). L'héritage artistique de Mario Bava fut repris par Dario Argento qui se spécialisa dans le *giallo* et la mise en scène expressionniste de couleurs des *serial killer*... De *L'Oiseau au plumage de cristal* (1969) au *Fantôme de l'Opéra* (1999) tous les films de Dario Argento cultivent l'horreur d'une série de meurtres dont les coups de couteau sont filmés en gros plan. C'est vraiment lui qui a inventé le *slasher*, même si on attribue cette création cinématographique au grand John Carpenter avec son chef-d'œuvre *Halloween* (1978) qui montre l'assassinat vu avec les yeux de l'assassin. Cette nouvelle manière de voyeurisme avait déjà été *terriblement* mise en scène par Michael Powell dans son film qui s'appelle justement *Le Voyeur* (1959) dans lequel le " héros " assassine des femmes en filmant leur agonie. La caméra elle-même porte l'instrument de mort : le couteau !
Les séries de tueurs en série...
Michael, le serial killer masqué connut la gloire avec plusieurs suites jusqu'à *Halloween vingt ans après il revient* (1999 : le cinquième du nom) de Steve Miner, et, ensuite, encore ! *Halloween resurrection* le sixième du nom. Cette manière de pré-

senter l'horreur par de nombreuses séquelles fera également les choux gras des producteurs des nombreuses suites des aventures d'un autre *serial killer* célèbre, Jason dans *Vendredi 13* (1980 de Sean S. Cunnigham) qui connaîtra neuf séquelles ! dont la septième est amusante puisqu'on y voit des hommages à plusieurs films d'horreur. La neuvième met en scène *Jason contre Freddy* ! Dans le style des personnages récurrents, je mettrai à part un monstre terrifiant, l'horrible Freddy, assassin d'enfants qui hante le rêve des adolescents, qui a commencé sa carrière sous la direction de Wes Craven avec *Les Griffes de la nuit* (1984), l'a poursuivie dans six séquelles (pas moins, mais elles sont toutes intéressantes !) réalisées par d'autres, dont la cinquième est réalisée par Wes Craven dans *Freddy sort de la nuit* (1994). D'ailleurs, ce réalisateur a continué à exploiter avec beaucoup de talent le filon de l'assassin en série avec *Scream* (1997), dont le héros au masque ridicule sévira trois fois en tout, ce que Craven avait prévu dès le départ. Le masque est toujours le même, mais pas l'assassin....

Les *serial killer* sont des prédateurs. Certains se déplacent pour exécuter leurs victimes, d'autres, comme l'araignée qui tisse sa toile, les attendent chez eux. Ce dernier cas est assez rare, mais terrifiant, car, ces gens n'ont aucun sens de l'hospitalité ! Ainsi en est-il des tueurs de *Massacre à la tronçonneuse* (1975) de Tobe Hooper. Ces gens qui travaillent dans un abattoir vous transforment en saucisses... Bel accueil, vous dis-je ! Là aussi il y a eu des séquelles, même la deuxième est de Tobe Hooper lui-même et un remake en 2003.

L'aristocratie des serial killer

Tous ces *serial killer* sont des grosses brutes. Mais certains sont des intellectuels brillants ! Ce fut le cas de ceux de *La Corde* d'Hitchcock. Car ils tuent gratuitement. C'est une forme d'idéologie de la bourgeoisie oisive : le crime gratuit.

Le fin du fin, c'est le psychiatre *serial killer.* Ah ! allez-vous me dire, c'est Hannibal le cannibale du film *Le Silence des agneaux* (1990) de Jonathan Demme, excellent film... Mais il y en a eu d'autres. Par exemple, dans *Cabale* (1990) de Clive Barker, psychiatre tueur joué par David Cronenberg, et, un petit chef-d'œuvre de Brian de Palma : *Pulsions* (1981). Parfois aussi, le tueur en série est l'écrivain, celui-là même qui met en scène les meurtres dans ses romans. Stephen King n'avait rien inventé avec son *La Part des ténèbres* (1993) mis en scène par George A. Romero puisque Dario Argento avait déjà surpris (et terrifié) le spectateur avec son écrivain tueur de *Ténèbres* (1982).

Le tueur théologien, comme dans *Seven* (1995) de David Fincher tue pour la morale ! Un comble... On avait déjà vu un peu ce genre théologique dans le film de Larry Cohen *Démon*, dans lequel le tueur en série fait faire ses meurtres par d'autres qui déclarent : " Dieu me l'a ordonné ". Et quand le tueur est un curé lui-même qui veut rencontrer le diable afin d'éviter l'apocalypse ? C'est dans *Le Jour de la bête* (1995) de Julio De La Iglesia. Mais ce curé est un peu maladroit...

Le cinéma a toujours été très préoccupé d'étudier les tueurs en série. En cela, il n'a fait que traduire en images une obsession qui existe déjà chez de nombreux écrivains. Le cinéma a-t-il fait le tour de la question ? Je ne crois pas. En tous les cas, nous voilà avec un autre tueur masqué sur grand écran : *Cut* !
Brrrh ! Slash ! Aïe ! Je me suis coupé le doigt avec ma feuille de papier ! Merde ! Une goutte de sang !

L'effet de serre et la science-fiction

L'effet de serre n'a pas vraiment inspiré les écrivains et les scénaristes de science-fiction. Le froid les a toujours beaucoup plus fascinés. Il est vrai que, jusqu'aux années quatre-vingt-dix la prévision de l'aggravation de l'effet de serre était difficile à faire étant donné la complexité de la chose et des faibles connaissances dans le domaine de la météorologie.
Néanmoins, ce problème d'actualité a inspiré deux films de science-fiction excellents : *The Arrival* (Ils arrivent !) et *The Arrival 2*. J'y reviendrai de suite.
Avant, je voudrais citer un film qui montre les effets graves des diverses pollutions sur notre pauvre planète et son humanité : *Soleil vert* (1973) de Richard Fleischer. À l'époque de sa sortie, on ricanait beaucoup, maintenant on le passe et on le repasse (!) à la télévision... L'histoire raconte comment les pollutions ont rendu la vie très dure par manque de nourriture et d'eau potable. Le climat lui-même a été dégradé et une société de classes sans pitié règne sur le monde et réserve à une élite les bienfaits de ce qui nous paraît normal à nous autres : l'eau fraîche et potable, la viande de bœuf... Même les femmes ne sont plus que des objets de plaisir pour les hommes. Dans ce film, l'effet de serre est sous-jacent, mais l'histoire montre bien les effets sociaux de tels problèmes d'environnement.
Un autre film plus récent, mais hélas pas très réussi, montre notre brave Terre envahie par les eaux : *Waterworld* (1995) de Kevin Reynolds. Ce qui est amusant dans ce film, c'est d'abord le générique, car on voit les continents de la planète bleue du sigle de la compagnie Universal progressivement envahis par la mer, et, ensuite, le fait que les pirates se soient installés dans les cuves d'un pétrolier géant qui finit aussi par couler. Quel symbole ! On peut aussi se reporter au merveilleux roman de l'écrivain anglais J.G. Ballard, *Le monde englouti* (1962, déjà !). On se souvient également que cet écrivain est l'auteur du terrifiant *Crash* dont David Cronenberg a fait un film controversé en 1996, et qui montre les méfaits psychologiques de l'automobile...
Mais revenons à *The Arrival* (1996) de David Twohy. C'est une histoire d'extraterrestres assez originale.
Les astrophysiciens étudient un problème complexe : comment modifier le climat d'une planète pour la rendre habitable ? On envisage, par exemple pour Mars, de faire évaporer d'énormes quantités d'eau qui seraient présentes sur la planète rouge pour « encombrer » son atmosphère de vapeur d'eau et ainsi créer l'effet de serre pour augmenter la température moyenne. Cela est théoriquement tout à fait possible. Ce n'est qu'une question de technologie.
Le scénariste de *The Arrival* a, lui, imaginé que des extraterrestres avaient implanté des installations pour augmenter l'effet de serre sur notre planète afin de la rendre

vivable pour eux... Et pourquoi pas ? D'ailleurs ceux-ci (reconnaissables à leurs... genoux !) déclarent logiquement qu'ils ne font qu'accélérer un processus que les humains développent de toute façon....

Il faut aussi rendre à César ce qui est à César, puisque ce thème de science-fiction était déjà développé dans un vieux film de la Hammer : *La Nuit de la grande chaleur* (1967) du grand Terence Fisher, dans lequel des extraterrestres font monter la température de notre bonne vieille planète !

Et attention, ne confondez pas ces films qui ont pressenti un grave problème d'environnement avec ceux qui ont essayé de terrifier le spectateur avec un soleil qui se rapproche de la Terre : *Le Choc des mondes* (1953) de Byron Haskin, *Le Jour où la Terre prit feu* (1961) de Val Guest...

Enfin, nous avons eu le plaisir de voir un excellent film : *Le Jour d'après* (2004) de Roland Emmerich, qui traite de ce problème avec une volonté scientifique, sans oublier, bien sûr, que c'est un film de fiction. Mais c'est vraiment la première fois que ce problème est traité dans un souci d'anticipation scientifique. Bravo !

Nouvelles planètes et vision de l'univers

L'homme primitif croyait que la Lune était plate. Puis, les astronomes comprirent que c'était un astre qui tournait autour de la Terre qu'ils voyaient également plate. Enfin, tous ces astres devinrent sphériques dans l'imaginaire collectif. Mais la Bible avait dit que Dieu a créé l'Homme à son image. L'évidence semblait montrer que le Soleil tournait autour de la Terre comme son compère la Lune. Donc, la Terre était le centre du monde.

Sur Terre, on ne connaissait pas tout. Pas tout le monde... Quand on découvrit l'Amérique et les Indiens, il fallut un véritable procès théologique pour savoir si ces derniers étaient bien humains. De justesse on décréta que oui. Certains encore aujourd'hui, comme les nazis par exemple, estiment que seuls les blancs sont humains. On appelle cela des racistes. Mais, en fin de compte, idéologiquement, et non sans mal, non sans souffrances et non sans violences, on admit que la Terre est sphérique, qu'elle tourne autour du soleil. Mais l'anthropocentrisme a la vie dure. On a cru jusqu'à peu de temps que Dieu avait créé dans l'Univers un seul système planétaire. D'ailleurs, voyez les sourires entendus des gens quand vous leur parlez d'extraterrestres...

Voilà donc une des dernières certitudes de l'anthropocentrisme qui s'effondre : on a découvert d'autres planètes, autour d'autres soleils ! Pour le moment celles qu'on a découvertes sont géantes et gazeuses, genre Jupiter.! Parce que les moyens d'investigation actuels ne permettent de voir que les très grosses planètes proches de leur soleil. Mais il ne fait aucun doute qu'on en découvrira d'autres, et que de toute façon d'autres existent... Ce qui est important, c'est qu'on vient d'atteindre une autre étape dans la représentation collective de l'univers. Cette représentation qu'a développée les écrivains de science-fiction : si Jupiter n'est pas seule dans l'univers, pourquoi la Terre le serait ?

Les dates importantes de la représentation de l'univers :

Au deuxième siècle, Ptolémée, astronome grec, fit le point de toutes les connaissances astronomiques des anciens et élabora une vision de l'univers avec la Terre plate au centre. Il réalisa le tour de force d'imaginer des mouvements circulaires capables de rendre compte parfaitement des mouvements des astres dans le ciel. Comme quoi l'illusion et l'idéologie qui la justifie peut rendre compte de tout !

Au seizième siècle, Copernic, au terme de longues études, détermina comment fonctionnait le système solaire. Mais cette nouvelle conception ne convenait pas à l'Église qui voyait dans la Terre, œuvre de Dieu, le centre de l'univers. Ce n'est qu'avec l'invention de la lunette au dix-septième siècle que cette conception fut validée.

En 1609, Galilée, grâce à sa lunette, découvrit le relief de la Lune, les principaux satellites de Jupiter, les phases de Vénus, et la... présence d'étoiles dans la Voie lactée. En 1633, il a dû se rétracter devant l'Inquisition... Mais heureusement, les faits sont têtus !

En 1930 Clyde Tombaugh découvre la dernière planète du système solaire Pluton, dont on découvre un satellite seulement en 1978 !

À partir des années 1950 l'humanité envoie des appareils (qui seront ensuite habités) dans l'espace. Des sondes vont aller voir les autres planètes du système solaire.

À la fin du vingtième siècle, les astronomes commencent à découvrir d'autres planètes et d'autres systèmes solaires. Des artistes s'inspirent de ces découvertes et réalisent des représentations époustouflantes. Après quatre siècles de conviction de l'existence unique de la Terre, cette nouvelle révolution, après la révolution copernicienne, ouvre la voie vers de nouveaux horizons qui seront à coup sûr ensuite également repoussés.... Notre regard porte ainsi encore plus loin, grâce à notre imagination....

Désormais nous nous posons la question de la *forme* de l'univers, de ce qu'il y avait avant sa naissance, car maintenant nous sommes pratiquement sûrs qu'il est né avec le *Big Bang*. Nous envoyons des satellites pour mesurer le rayonnement diffus qui nous rejoint depuis le moment où l'univers a créé la lumière. Cette mesure permettra aux astrophysiciens de déterminer la forme de l'univers. La cosmologie a largement dépassé les auteurs de science fiction !

CHAPITRE 2
Les origines du fantastique

Le fantastique et le merveilleux prennent leur source dans la société de l'homme primitif qui ignorait tout du monde dans lequel il vivait et dont nombre de manifestations pouvaient être terrifiantes. Le fantastique est né à partir de la sensualité humaine, particulièrement de la vue. La terreur de l'inconnu est à l'origine des traditions païennes, des mythes et légendes. On comprend ainsi cette nouvelle et moderne appellation du fantastique : la terreur, car notre inconscient s'est formé au début de notre vie au cours de laquelle notre âme primitive a engrangé les mêmes peurs. Puis, des religions ont réussi à proposer une explication cohérente et globale du monde. La terreur s'est rationalisée et mise au service d'une idéologie et d'un certain type de société. Mais, comme le paganisme fut coriace, cet imaginaire primitif se perpétua dans la tradition orale des contes, tradition qui fut, à la fois une lutte contre le christianisme et sa perpétuation...
Le roman de la quête du Graal, les textes de Chrétien de Troyes, Robert de Boron, Païen de Maisières, Raoul de Houdenc, Jean Froissart et beaucoup d'autres restés anonymes, ces contes de la légende arthurienne se situent au Moyen Âge, longue période où, en occident, réapparaît le triptyque fonctionnel de cette société défini par Georges Dumézil : « *Ceux qui prient, ceux qui se battent, ceux qui travaillent* ». Ils s'appuient sur un support parfaitement défini : l'imaginaire médiéval qui a toujours lutté, dans un premier temps, contre le carcan des dogmes religieux de l'Église et, ensuite, contre celui, tout aussi contraignant, du rationalisme des lumières. L'imagination ne voulait pas se trouver mutilée par un utilitarisme idéologique, religieux, voire même scientifique. Les traditions populaires ont éprouvé les mêmes difficultés, elles ont mené cette même lutte avec les contes de cette tradition de l'imaginaire. Il fallait donc se libérer des restrictions du christianisme triomphant tout en conservant de ses enseignements les thèmes les plus féconds pour l'imaginaire, comme celui de la lutte du Bien contre le Mal. Pour cela, quoi de plus simple que de s'inspirer des grands textes classiques d'aventures épiques : la Bible, l'Odyssée, les Mille et Une Nuits... textes dont la légende arthurienne est bien une synthèse. Danielle Régnier-Bohler rappelle dans sa préface à l'édition *Bouquins* de la légende arthurienne que Jean Bodel affirmait qu'il existait trois « *matières* (à cette légende) *: celle de France, de Bretagne et de Rome la Grande* ». Et, elle ajoute, un peu plus loin : « *Le mythe du Graal* (est) *le vestige d'un monde archaïque peu à peu christianisé.* »
D'ailleurs, le mot « merveilleux » appartient au vocabulaire médiéval, comme le souligne Jacques Le Goff dans son ouvrage *L'imaginaire médiéval*. Ce merveilleux moyenâgeux est chrétien, et en tant que tel se cristallise dans le miracle qui, en fait, le restreint. Pour trois raisons définies par Jacques Le Goff : d'abord, parce que l'Église ramène le merveilleux à un seul auteur : Dieu ; ensuite, parce qu'elle le réglemente

par le contrôle et la critique du miracle ; enfin, parce qu'elle le rationalise : à l'imprévisibilité, fonction essentielle du merveilleux, elle substitue une orthodoxie du surnaturel. Mais l'imaginaire, même transmis par une tradition orale, reste tenace. Ainsi, les récits chrétiens de voyages dans l'au-delà sont enracinés dans trois traditions : « 1) Une tradition antique de récits de descente aux enfers dont les deux bornes sont d'une part les récits du jugement d'un héros égyptien par le roi des Enfers, Nergal, et surtout les voyages infernaux de héros assyro-babyloniens, Our-Nammou, prince d'Our, puis Enkidou, dans l'épopée de Gilgamesh, et d'autre part la célèbre descente aux enfers d'Enée dans l'Hadés au VIème livre de l'enéide de Virgile. 2) Les récits de voyage dans l'au-delà de l'apocalyptique judéo-chrétienne, entre le deuxième siècle avant l'ère chrétienne et le troisième siècle après (production prolongée par des versions grecques et latines de textes hébreux, syriaques, coptes, éthiopiens, arabes). 3) Des récits « barbares » – surtout celtes, et plus particulièrement irlandais – de voyages dans l'autre monde. » (Jacques Le Goff)

Danielle Régnier-Bohler le rappelle : « *La société médiévale a tiré parti d'un fonds ancien, en l'imprégnant de ses propres structures mentales et imaginaires ; [...] les instances ecclésiastiques ont réussi à entraîner un mouvement de christianisation des héritages païens. [...] Le conte merveilleux médiéval, dans sa brièveté, peut éclairer l'agencement tantôt savant, tantôt abrupt qui en est fait dans les récits (de la légende arthurienne).* »

Le conte de fées est également constitutif de l'imaginaire médiéval. De nombreux auteurs ont cherché à déterminer une morphologie du conte populaire. Ainsi le folkloriste russe Vladimir Propp, dans son ouvrage *Les racines historiques des contes merveilleux*, considère ces derniers comme une superstructure dans laquelle on peut retrouver les régimes sociaux qui les ont produits. Il affirme ainsi que le conte transforme le terrible et le sacré en grotesque héroï-comique. Un exorcisme des terreurs de l'inconnu... Propp, en publiant ensuite *Morphologie du conte*, inaugure le vaste champ des recherches structurales définissant les motifs décomposables des contes merveilleux en espérant les classer selon leur structure. Il propose alors une liste de fonctions et de personnages du conte. D'autres spécialistes poursuivront ou contrarieront son analyse. Le folkloriste américain Alan Dundes, dans son *ouvrage North American Indian Folktales*, a essayé d'appliquer l'analyse de Propp aux contes amérindiens, dont le merveilleux a fortement influencé les auteurs de Fantasy américains. Ensuite, le Français Claude Bremond, dans ses ouvrages *Logique du récit* et *Les bons récompensés et les méchants punis. Morphologie du conte merveilleux français*, tente de proposer un modèle permettant d'analyser et de classer les contes selon des critères formels. Puis, la théorie psychanalytique de Freud permet de lister les fantasmes mis en scène dans les contes populaires : fantasmes de retour au sein maternel, de destruction du sein maternel, de sevrage, de naissance, de la « scène primitive », du « roman familial », de séduction, de castration... L'interprétation du rêve permet de monter la mise en scène des contes qui utilise les mêmes systèmes que produit l'inconscient : dramatisation, déplacement, condensation, représentation par symbole dont Freud reprend une liste et les relie à des principes ou organes physiques de la sexualité. Nombre de ses disciples ont ensuite poursuivi son œuvre. Jung, avec son analyse de l'inconscient collectif et des archétypes qui en découlent, a apporté une contribution très importante dans ce domaine. J'insisterai un peu sur Bruno Bettelheim qui avec son ouvrage *Psychanalyse des contes de fées*, prend ardemment la défense des contes de fées en montrant que ceux-ci apportent à l'enfant un enseignement fondamental sur le psychisme. Michèle Simoson le souligne dans son *Que sais-je ?* sur *Le conte populaire français* : « *Loin de traumatiser les enfants comme on le croit communément, ils les rassurent au contraire, en leur montrant que leurs propres fantasmes, de loin aussi violents, ne sont ni uniques ni monstrueux.* » C'est le même mécanisme que la séduction produite par une personne affichant des manifestations sympathiques (et solidaires...) de névrose... Bettelheim rend compte de certains épisodes, personnages et motifs récurrents dans les contes : départ du héros, l'adversaire (le loup, l'ogre, la sorcière...), le cadet simplet, la fiancée substituée, le donateur, mariage et montée sur le trône. Ainsi, l'auteur analyse les contes des *Mille et une nuits*. Il annonce d'emblée : « *Le cycle des Mille et une nuits commence [...] par une histoire où quelqu'un échappe à la mort en racontant des contes de fées* » et « *Il faut près de trois ans de récits ininterrompus pour que le roi se libère de sa profonde dépression, pour qu'il achève sa cure (souligné par moi...)* ». Voilà clairement exprimée la fonction de catharsis des contes merveilleux. Schéhérazade est donc sauvée de la mort, annoncée par le roi qui déteste les femmes, en lui racontant « *une histoire si captivante qu'il voudra en écouter la suite et, pour cette raison, épargnera la vie de la jeune femme* ». Ainsi, selon Bettelheim, les contes de fées se classent en deux grandes catégories : ceux qui expriment le besoin d'une intégration intérieure (*Les Mille et une nuits*) et ceux qui aident à résoudre le conflit œdipien. Et quoi de meilleur pour la solution de ce dernier problème que « *le chevalier en armure étincelante et la demoiselle en détresse* » ? Et, oh bonheur ! Bruno Bettelheim cite plusieurs fois Tolkien. Voici l'une de ces citations qui peut constituer une conclusion de cette analyse des contes de fées : « *Je ne désirais pas du tout avoir les mêmes rêves et les mêmes aventures qu'Alice, et quand on me les racontait, j'étais amusé, c'est tout. Je n'avais guère envie de chercher des trésors enfouis et de me battre avec des pirates, et L'île aux trésors me laissait froid. Mais le pays de Merlin et du roi Arthur valaient beaucoup mieux que cela, et, par-dessus tout, le Nord indéterminé de Sigurd et du prince de tous les dragons. Ces contrées étaient éminemment désirables. Je n'ai jamais imaginé que le dragon pût appartenir à la même espèce que le cheval. Le dragon portait visiblement le label "Conte de Fées". Le pays où il vivait appartenait à "l'autre monde"... J'avais un désir très profond de dragons. Évidemment, dans ma peau d'enfant timide, je n'avais pas la moindre envie d'en avoir dans le voisinage ni de les voir envahir mon petit monde où je me sentais plus ou moins en sécurité.* »

Le fantastique existe parce que certains créateurs ont voulu lutter contre la dictature du rationnel, dictature ennemie du rationnel lui-même, particulièrement au dix-neuvième siècle qui fut celui de l'essor de l'industrie, essor basé sur le développement des sciences et des techniques, qui fut, en conséquence, celui de la bourgeoisie triomphante. D'où le renouveau du fantastique et du merveilleux.

Et qu'en est-il de la violence ?

Les romans du Graal en sont pleins : combats dont on profite de la description détaillée des mutilations et du sang, véritable ordre des choses du Moyen Âge, comme de la mort qui côtoyait quotidiennement les vivants. Les contes enfantins en sont pleins également : meurtres, cannibalisme, épouvante. Cette violence et la mort qui en est la conséquence apparaissent crûment au cinéma dans les années soixante. Le film culte *La Nuit des morts-vivants* (1968) en est l'expression la plus pure, en même temps que le genre *gore*. Un autre genre, le *western spaghetti,* qui naquit également dans la même période sans être vraiment fantastique, fait partie de la bande en quelque sorte, par les thèmes utilisés, la quête décrite et la lutte entre le bien et le mal. Après s'être essayé dans le péplum (*Le Colosse de Rhodes*, 1960), Sergio Leone a poursuivi sa quête de l'imaginaire dans une nouvelle vision parodique du western : très violent, des héros complètement typés, une quête déterminée dès le début de l'action et la lutte entre le bien et le mal. La tentative du cinéaste n'est-elle pas de constituer l'équivalent des légendes médiévales pour l'Amérique qui ne possède pas de Moyen Âge dans son histoire ? N'est-il pas caractéristique que tous ces films ne parlent jamais des Indiens ? Le premier western *Pour une poignée de dollars* (1964), signé dans un premier temps avec un pseudonyme, Bob Robertson (il était difficile de commercialiser un western dont l'auteur est Italien...), est carrément inspiré du *Roméo et Juliette* de Shakespeare ; puis la suite *Et pour quelques dollars de plus* (1965), est une histoire de vengeance et, enfin : *Le bon, la brute et le truand* (1966), représente la trilogie parfaite du genre *Fantasy* en littérature, synthèse de tous les thèmes de l'aventure et de la terreur, héritier des contes populaires européens, que seul un Européen pouvait intégrer dans son œuvre, car, ne l'oublions pas, Sergio était Italien... Cette œuvre géniale comprend tous les ingrédients de la *Fantasy* : chevaliers modernes armés de revolver, aventuriers qui se déplacent dans le cadre d'une guerre meurtrière ; quête d'un trésor enfoui dans un cimetière, aventures frisant le fantastique (et, du moins traité comme tel), combats singuliers, chevauchées, etc. Puis, sans doute complètement en accord avec lui-même sur cette intégration dans le western de la *Fantasy* inspirée des contes merveilleux, tous ses titres suivants comprennent l'expression, *Il était une fois...* : *... dans l'Ouest* (1968), bien sûr, *... la Révolution* (1970) et *... en Amérique* (1983) ensuite. Dommage, notre cher Sergio est mort avant d'avoir pu terminer son œuvre... Toujours dans le domaine du western spaghetti ; le terrible film *Le Grand silence* (1968), réalisé par Sergio Corbucci, avec Klaus Kinski et Jean Louis Trintignant, est l'aboutissement de cette recherche de l'adaptation du western à la *Fantasy*, en la retournant sur elle-même, car dans ce film, le mal triomphe du début à la fin... Nous avons vu que le premier film de Sergio Leone était inspiré de Shakespeare. Or, le roman gothique, mise en scène de l'abolition de la dictature des « Barons » et des « Moines », est directement inspiré des œuvres de ce grand dramaturge. Tout cela nous amène au débat qui commença entre Voltaire et Walpole, auteur du premier roman gothique : *Le Château d'Otrante* (1794), débat qui se poursuivit lors de la rupture entre Huysmans et Zola, le premier abandonnant le naturalisme cher au second, naturalisme qui équivaut, au cinéma, au néoréalisme. Ainsi, dans sa préface au roman d'Huysmans *Là-Bas*, Yves Hersant récuse à la fois *« ceux qui s'obstinent à nier le mystère comme les naturalistes à la Zola »* [...] et *« ceux qui le récupèrent et le régentent comme les occultistes européens »*. Cela nous renvoie également aux débuts du cinéma lorsque Lumière et Melies tracèrent les deux voies, celles de la fiction et celle du documentaire... Dans son ouvrage *Le Roman gothique anglais*, Maurice Lévy souligne avec pertinence que ce genre littéraire « *relève de cette faculté tant décriée pendant l'âge classique : l'imagination. (…) Tout gothique relève d'une imagination fantastique ou grotesque, toute œuvre d'imagination est plus ou moins gothique [...] à l'image des gargouilles fantastiques, grylles multicéphales, dragons ailés de l'art médiéval* ». Et on pourrait également montrer comment les guerres de la chrétienté contre le monde arabe engendrèrent ces récits fantastiques que sont les romans médiévaux. Le roman gothique est toujours lié à l'architecture du même nom, comme le souligne M. Lévy à propos du roman *Le Château d'Otrante* : « *Œuvre d'un aristocrate érudit [...] (elle) est d'abord la transcription, sur le mode littéraire, d'un thème architectural.* » D'autre part, le même auteur affirme : « *L'histoire du roman gothique sera celle d'un progressif retour à la mentalité bourgeoise, pour ne pas dire populaire, comme aussi à une certaine sensibilité féminine.* » Pour clore ce débat, citons Paul Eluard qui s'exprimait ainsi dans sa préface au roman de Walpole : « *Seuls immortels, les désirs vont leur chemin, malgré d'extraordinaires obstacles, malgré les rideaux du sang et les miroirs vides, la nature exclue, l'existence approximative, la vue inutile, les ancêtres vomis par l'enfer, malgré la peur, l'héroïsme, la férocité, malgré le marbre des tombeaux et des squelettes, les désirs sans cesse au fil de la mort, cherchent à briser avec l'imaginaire.* »

Quand, comment, et qui est passé d'une manière subtile du roman gothique au roman fantastique contemporain (qu'il soit du genre fantasy ou non), et, d'une manière générale, à la terreur moderne ? Il est évidemment difficile de répondre de manière exhaustive à cette question cruciale. Mais, je voudrais tenter au moins de l'illustrer par un exemple.

E.T.A. Hoffmann avait été fasciné par le roman de Lewis *Le Moine* (1797). Il s'en inspira pour écrire son *Les Élixirs du diable* (1816) et ne s'en cacha pas, car une héroïne de son livre, la tendre Aurélie, tombe par hasard sur ce livre, *Le Moine*, et le lit... Et voici la critique qu'elle en fait : « *Il me semblait que ce livre renfermait la clé de mon destin. Je le pris avec moi, je me mis à le lire, me laissant emporter par cette merveilleuse histoire ; mais quand, après son premier forfait l'horrible moine se livre à des sacrilèges de plus en plus infâmes et qu'enfin, il conclut un pacte avec le Malin, je fus saisie d'une indicible terreur.* » Hoffmann indique donc clairement au lecteur des *Élixirs du diable* la source de son inspiration. Mais, si ces deux romans mettent en scène un moine, il y a dans celui d'Hoffmann une fantasmagorie, une quête d'identité que l'on ne trouve pas chez Lewis. Cette quête, cette épopée d'un homme et de son double, cette lutte à mort avec le Mal suprême : la folie, entraîne l'imaginaire vers les contrées de la terreur. Comme le souligne Alain Faure dans son article de la revue Europe sur ces deux romans : « *L'univers en noir et blanc de Lewis devient avec Hoffmann une fantasmagorie chatoyante, une plongée dans l'inconscient et une étude de la folie. Les "Elixirs du diable", c'est le roman noir enrichi de tous les sortilèges du romantisme allemand.* » Entre les classiques allemands et les romantiques se situe Achim von Arnim, qui voulait être classé nulle part et qui dédicaça son œuvre majeure aux frères Grimm. Dans sa préface à "Isabelle d'Égypte" (1812) il affirmait que la distinction entre « chrétiens » et « païens », « hellénisme » et « romantisme » était pernicieuse. Voilà un homme qui voulut se dégager des contraintes de son époque, sans y parvenir vraiment dans sa vie, mais réussissant partiellement dans son œuvre à faire franchir le pas au roman, du Gothique à la *Fantasy*, grâce à son roman *Isabelle d'Égypte*, histoire d'une quête vers le bonheur avec le Golem et la Mandragore, outils d'accession au pouvoir et à la richesse. Sans trop pouvoir m'étendre sur cette œuvre et cet écrivain, je me contenterais de rappeler la ressemblance de l'épisode dans lequel Charles-Quint passe une nuit dans le château hanté par Isabelle (enfin, elle fait semblant...), avec le conte des frères Grimm *De celui qui partit en quête de la peur* (1812—1815) et avec le court roman arthurien *L'âtre périlleux*» (anonyme du milieu du treizième siècle).

Les tentatives de définition du fantastique

Les critiques modernes ont tenté de définir le fantastique. Bien peu y ont réussi. D'autres, qui ont critiqué ces tentatives, en sont restés à la critique sans rien proposer de vraiment nouveau.
Pierre-Georges Castex, dans son ouvrage *Le conte fantastique en France de Nodier à Maupassant*, caractérise le fantastique comme « *une intrusion brutale du mystère dans le cadre de la vie réelle* ». Voilà donc une première définition simple et cohérente. Ainsi, comme je le soulignais au début de ce chapitre, pour un homme primitif, le parcours du soleil dans le ciel, le disque ou le croissant changeant de la Lune qui apparaît la nuit, tenaient du fantastique.
Roger Caillois, dans sa préface à *Fantastique, soixante récits de terreur* définit le fantastique par sa manifestation *(d') un scandale, une déchirure, une irruption insolite, presque insupportable dans le monde réel*, alors que *le féerique est un univers merveilleux qui s'ajoute au monde réel sans lui porter atteinte ni en détruire la cohérence*, ajoute-t-il dans l'article qu'il a rédigé pour l'encyclopédia Universalis. On note avec intérêt que cette irruption provient d'un ailleurs que le monde réel. Mais lequel ? Ainsi, la guerre, avec son horreur insupportable, son irruption insolite tiendrait du fantastique. Mais, elle provient du monde politique, donc du réel...
Plus récemment, Tzvetan Todorov dans *Introduction à la littérature fantastique* définit le fantastique par la manière dont il est reçu, *ainsi il faut que le texte oblige le lecteur à considérer le monde des personnages comme un monde de personnes vivantes et à hésiter entre une explication naturelle et une explication surnaturelle des événements évoqués*. C'est la lutte éternelle entre le rationnel et l'irrationnel. Donc, le fantastique se réduirait à cette lutte. Mais Todorov n'est pas le premier, loin de là, à formuler cette définition. Sigmund Freud cite E. Jentsch à plusieurs reprises, dans son texte *Das Unheimliche* (1919), dont je reprends ici la citation principale : « *L'un des stratagèmes les plus sûrs pour provoquer aisément par des récits des effets d'inquiétante étrangeté, consiste [...] à laisser le lecteur dans le flou quant à savoir s'il a affaire, à propos d'un personnage déterminé, à une personne ou par exemple à un automate, et ce de telle sorte que cette incertitude ne s'inscrive pas directement au foyer de son attention, afin qu'il ne soit pas amené à examiner et à tirer la chose aussitôt au clair, vu que, [...] cela peut aisément compromettre l'effet affectif spéci-*

fique. Dans ses pièces fantastiques, E.T.A. Hoffmann a plusieurs fois réussi à tirer parti de cette manœuvre psychologique. »

Jean-Paul Sartre, dans son article : *Aminabad, ou du fantastique considéré comme un langage*, au-delà d'une définition, présente une « vision » du fantastique qui offre l'image inversée de l'union de l'âme et du corps : « *l'âme y prend la place du corps, et le corps celle de l'âme, et pour penser cette image nous ne pouvons user d'idées claires et distinctes ; il nous faut recourir à des pensées brouillées, elles-mêmes fantastiques, en un mot, nous laisser aller en pleine veille, en pleine maturité, en pleine civilisation, à la "mentalité" magique du rêveur, du primitif, de l'enfant...* »

Enfin, Louis Vax, dans *La Séduction de l'étrange*, pousse plus loin cette réflexion en écrivant que le fantastique repose sur un type spécifique de conscience : « *le sentiment de l'étrange* ». Je rapprocherais cette réflexion d'une citation de l'écrivain anglais William Hope Hodgson dans une de ses histoires du recueil *Carnacki et les fantômes*, dans laquelle il donne une explication rationnelle des manifestations de hantise (C'est Carnacki, le détective des maisons hantées qui essaie d'expliquer pourquoi certaines personnes ont vu le fantôme d'une femme, et d'autres non) : « *J'ai beaucoup réfléchi à cet aspect du problème, et je ne peux émettre que la supposition suivante : dans chaque cas, la peur était la clé qui, si je puis m'exprimer ainsi, ouvrait les sens, rendant ainsi perceptible la présence de la femme. Le policier était un homme nerveux, excessivement tendu et il était terrifié. Lorsqu'il prit peur, il fut alors à même de voir la femme. Le même raisonnement s'applique à tous les autres. Moi-même, je n'ai rien vu avant de devenir réellement effrayé. et c'est à ce moment, à ce moment seulement, que j'ai vu, non pas la femme, mais un enfant qui courait pour fuir quelque chose ou quelqu'un. [...] En un mot, il fallait que la personne atteigne un très fort degré de peur pour qu'elle puisse être affectée par la force qui se manifeste sous l'apparence d'une femme.* » Dans un autre conte, Carnacki parle de « l'Induction de Pensée » et qu'une personne peut provoquer une « Hantise induite ». Hogdson développe là, il me semble, une bonne définition du fantastique dans un but romanesque. Le fantastique n'existerait pas en lui-même, mais uniquement par l'effet qu'il produit sur nous, les êtres humains. N'est-ce pas là une caractéristique de l'art en général ? D'ailleurs, l'art n'est-il pas indépendant de tout, même du rationnel et de l'irrationnel ?

Alors, quel est l'effet du fantastique sur l'être humain ? Un effet déstabilisant. Or, qu'est-ce qui déstabilise le plus notre esprit que la Peur ? On associera donc fantastique et terreur. Et qu'est-ce qui est le plus terrifiant pour nous, pauvres mortels ?

Dans le film de Roger Corman *Le Masque de la mort rouge*, tiré d'une nouvelle d'Edgar A. Poe, le cinéaste tente de donner la définition suivante de la terreur, à travers le personnage principal, le terrible prince Prospero. La scène se déroule dans le château en présence des courtisans. Prospero ordonne : « *Silence !* » Et le silence règne. On entend alors, très fort, le tic tac d'une pendule. Prospero déclare : « *Ecoutez : est-ce la sensation que l'on éprouve en observant le temps qui passe ? Ou l'horreur d'entendre battre un cœur qui s'éteint ? Ou le vertige épouvantable que l'on ressent lorsqu'on ferme la porte sur un inconnu et qu'on écoute s'éloigner ses pas... Mais il est inutile de parler plus longtemps de la terreur, la connaissance de ses charmes est réservée à de rares particuliers.* »

En regardant cette scène, l'amateur de fantastique s'identifie au personnage cruel qui lui montre si bien sa terreur de la mort.

Voilà donc le mot prononcé. Mais avant de développer sur ce thème, faisons une brève synthèse d'une possible définition du fantastique. Il ne tient ni du rationnel, ni de l'irrationnel. Il fait partie d'un autre monde, duquel surgit le chaos dans notre monde réel. Le fantastique n'a donc rien d'objectif, il n'est que subjectif ; il ne tient que du sujet. On ne peut pas le définir en soi, car il n'existe pas en dehors de notre subjectivité. Il ne tente pas d'expliquer le monde, mais il est le produit de sa destruction par la révolte de notre esprit qui est séduit par cette idée d'envisager autre chose que le rationnel et l'irrationnel, quelque chose de très humain, qui surgit de notre subjectivité fondamentale.

La mort est donc le personnage principal du fantastique. Elle va nous aider à mieux comprendre...

La mort a d'abord quelque chose de rationnel. C'est la fin de la vie, la cessation d'un fonctionnement, la décomposition en parties recomposables. C'est une phase d'un cycle harmonieux de la nature.

Mais la mort nous est vécue. Nous ne la supportons pas et nous voulons y voir la main de Dieu et, si elle est la fin de la vie ici-bas, certains croient qu'elle est le début d'une autre dans un autre monde. Nous sommes dans un surnaturel rationnel.

Enfin, on peut présenter la mort sur le mode fantastique : oui, il est possible qu'il existe un autre état que la vie ou la mort. C'est alors, l'état de mort-vivant (*La Nuit des morts-vivants*), de fantôme (*Poltergeist*) ou de non-mort (*Dracula*). Sur ce dernier point, il est intéressant de noter la définition qu'en donne Bram Stoker par la voix du professeur Van Helsing dans *Dracula*, lorsqu'il se trouve à côté du cercueil où gît le corps de Lucy transformée en vampire :

« *Les personnes qui deviennent non-mortes subissent la malédiction de l'immortalité : elles ne peuvent mourir, mais bien au contraire, doivent franchir les siècles, les époques, pervertir de nouvelles victimes, multiplier le mal sur terre. Car tout ce qui meurt victime d'un non-mort devient non-mort à son tour et fait des autres sa proie. Ainsi s'élargit le cercle maudit comme s'élargissent les cercles concentriques à la surface de l'eau troublée par un jet de pierre. Mon ami Arthur, si vous aviez reçu le baiser de Lucy, un peu avant sa mort, ou si vous aviez subi son baiser la nuit passée, quand elle vous ouvrait les bras et quand vous lui ouvriez les vôtres, vous seriez devenu, après la mort, un nosferatu comme on le dit en Europe orientale...* » Ce passage du roman est celui qui est le plus fructueux pour l'imagination des créateurs qui ont suivi : c'est de lui que Murnau développa sa version de Dracula dans *Nosferatu* (notamment, l'épidémie de peste qui n'existe pas dans le roman de Stoker), version dont s'inspirèrent d'autres cinéastes comme Fisher et Herzog et aussi Stephen King dans *Salem* dont Tobe Hooper tira un film (assez mauvais d'ailleurs). Ce n'est donc pas l'intrigue qui a fasciné ces créateurs, mais le mythe qui n'a pas été inventé par l'écrivain Stoker, mais qu'il a repris dans le folklore. Comme l'écrit Maurice Lévy dans un article de la revue Europe (mars 1980) : « *Les gothiques ayant assez vite épuisé le mythe médiéval, les fantastiqueurs qui en Angleterre les ont succédé, se sont tournés vers d'autres mythes, d'autres légendes, vers le folklore d'autres régions ou d'autres pays. Ainsi, Bulwer Lytton explore-t-il d'un pas audacieux les avenues se-*

mées d'embûches de l'ésotérisme dans Zanoni (1842), ainsi Sheridan Le Fanu dans Carmilla (1871), comme plus tard Bram Stoker dans Dracula (1897) se tournent-ils vers le folklore d'Europe centrale pour y puiser leur inspiration. On pourrait multiplier les exemples de cet élargissement progressif du champ fantastique, citer les cas de John Buchan qui, après Walter Scott, fit appel au vieux fonds spécifique de légendes écossaises, celui d'Arthur Machen qui ranima dans ses récits les antiques superstitions du pays de Galles, sans oublier Lord Dunsany qui utilisa dans certaines nouvelles les mythes irlandais, ni bien sûr Lovecraft qui sonde dans ses contes le passé de la Nouvelle-Angleterre et dont les sorcières et les alchimistes, les mutants et les dégénérés illustrent les aspects nocturnes de l'âme américaine. » Et, je citerai un grand écrivain anglais contemporain, Graham Masterton, qui appuie ses récits de terreur sur des légendes du monde entier, et ses romans sur les légendes indiennes d'Amérique sont les plus passionnants (La série des Manitou notamment).
Toutes ces hypothèses fantastiques ont été envisagées, élaborées par le folklore, les contes populaires. Nous verrons plus loin que ces créations fantastiques ne sont pas tombées du ciel, mais de la psychologie humaine la plus profonde.
Le cinéma, lui aussi, s'intéresse à la mort.
D'abord, par la suggestion. Le cinéma expressionniste le faisait excellemment grâce à ses images contrastées et au jeu dramatique des acteurs. D'ailleurs, c'est ce style qui en a le plus traité. Nous sommes ici en plein dans le fantastique, car cette suggestion permet à chaque spectateur toutes les créations possibles en fonction de ses angoisses. Ensuite, il y a la mort du western, mort irrationnelle par excellence puisque le tué tombe de cheval en semblant s'endormir pour l'éternité. Mort rassurante qui plus est, car, souvent c'est le méchant qui meurt. Toujours dans le même genre, mais le western dit « spaghetti » (ou les films de Sam Peckinpah), nous arrivons aux portes du fantastique, puisque la mort y est déjà plus terrifiante : violence des images, sang qui gicle, et nous renvoie donc à notre propre mort puisque les méchants y règnent en maître. Il y a tous les cas de non-mort totale ou partielle, du monstre du docteur Frankenstein en passant par les morts-vivants, qu'ils soient créés par Romero ou Herbert West réanimateur, les fantômes et jusqu'aux vampires. Enfin, le cinéma étant un art de voyeur, il y a la mort en direct, les chairs arrachées, les viscères étalés du genre gore. Le film Le Voyeur, sans violence de l'image, traite de cette question de manière éloquente et... angoissante. Voilà donc différentes visions de la mort qui toujours est liée à une punition : le méchant est puni par la mort dans un cas et par la non-mort dans l'autre.
La mort fantastique c'est donc l'horreur du gore (du corps... déchiqueté), l'horreur de la transformation, la terreur du temps qui passe, la terreur de la damnation, la terreur de l'éternité...
Pour nous résumer, le fantastique est l'irruption d'un irréel déstabilisant le réel dans l'édifice culturel du lecteur, du spectateur, de l'auditeur, bref de l'être humain qui s'enrichit de la création artistique (peinture, musique, littérature, cinéma) qui le produit. L'objet du fantastique est donc le mystère, mystère qui produit un effet de chaos déstructurant chez le sujet, et non pas un sentiment rassurant de rationalité qu'apporte le surnaturel. Le fantastique est donc le mouvement d'idées qui se dé-

tache de la lutte entre le rationnel et l'irrationnel, qui tente de le dépasser. En cela, il porte en lui une marque historique profonde.

Cette définition trouve écho dans notre esprit avec la découverte de la psychanalyse qui a dépassé la vision organique et la vision occultiste de la folie parce qu'elle n'a pas traité la folie comme objet particulier, mais comme effet d'une déstabilisation de la psyché du sujet... Ainsi, le fantastique peut être envisagé comme une sorte de folie du monde des arts...

Charles Dickens (1812—1870) constatait dans sa nouvelle, *Un Procès criminel*, que « *les hommes même les plus intelligents et les plus cultivés manquent d'audace lorsqu'il s'agit de faire part de leurs expériences psychologiques personnelles, pour peu qu'elles sortent de l'ordinaire. Presque tous, ils craignent que des récits de ce genre n'éveillent nul écho, ne suggèrent nulle analogie dans la vie intérieure de leur interlocuteur, ne soient mis en doute ou tournés en ridicule.* » En quelque sorte, le fantastique permet au créateur de faire preuve de cette audace.

Ainsi, les découvertes de Charcot sur la folie (dont l'analyse de l'hystérie permit à Freud d'accéder à l'étude de l'inconscient...), associées parfois aux expériences sur le magnétisme de Messmer, ont produit, au siècle dernier, toute une génération d'écrivains de littérature fantastique de chaque côté de l'atlantique. Gwenhaël Ponnau, dans son ouvrage *La Folie dans la littérature fantastique* consacre un chapitre à ce grand savant qu'était Jean Martin Charcot (1825—1893). « *On se doit, en effet, de souligner combien la personnalité de Charcot, le caractère spectaculaire de ses expériences, le succès, à la fois médical et mondain, des leçons publiques du mardi ont favorisé le développement d'une sorte de légende particulièrement apte à suggérer une interprétation fantastique des faits neurologiques étudiés à la Salpêtrière.* » De nombreuses histoires traitées aujourd'hui dans le cinéma fantastique héritent de cette période. Du giallo d'Argento en passant par *Halloween*, les *Vendredi 13* et *Freddy*, les histoires psychiatriques de Cronenberg et toutes les hantises où le psychiatre est toujours présent (*L'Exorciste – Mr Frost – Cabale*). John Carpenter, dans un de ses films très lovecraftien, *L'antre de la folie*, n'y va pas par quatre chemins et montre comment la folie est le résultat quasi matériel d'un écrivain dont l'œuvre suffisamment puissante est capable d'exercer une pression considérable sur le psychisme des hommes. Voilà du fantastique pur.

Jean-Luc Steinmetz, dans son ouvrage *La Littérature fantastique* rappelle l'analyse de l'Unheimliche (expression traduite par « Étrange ») que Freud développe à partir de l'admirable œuvre d'Hoffman *L'Homme au sable* : « *Freud constate que le sentiment d'Unheimlich, se rattachant à tout ce qui provoque l'angoisse, renvoie à notre intimité foncière, donc à ce refoulé individuel qui constitue l'inconscient : le plus étrange vaut comme le plus familier. Il réapproprie magistralement ce qui appartenait à l'inexplicable. On se tromperait, toutefois, si on voyait dans son étude une tentative pour réduire l'irrationnel. Mais bon nombre de problèmes irrésolus reçoivent par lui une explication globale qui les recycle dans le courant de la vie psychique et de ses secrets. Le fantastique pour être ainsi éclairci, ne gagne pas moins en authenticité.* »

Et de citer Freud : « *L'inquiétante familiarité prend naissance dans la vie réelle lorsque les complexes infantiles refoulés sont ranimés par quelque impression extérieure, ou bien lorsque ces primitives convictions surmontées semblent de nouveau être confirmées.* » Ainsi, le fantastique prend une légitimité dans toute création artistique, celle de la légitimité culturelle qui prend sa source dans les relations humaines. C'est pourquoi, plus haut, j'ai proposé deux genres de cinéma fantastique : le genre fantastique social et le genre fantastique intérieur. D'ailleurs, certaines hostilités à priori contre le fantastique doivent être recherchées dans la peur de retrouver ce refoulement. Pour bien comprendre, voici la citation résumée par Steinmetz du texte de Freud sur *L'homme au sable*.

« *L'étudiant Nathanaël rappelle l'un de ses souvenirs d'enfance lié aux approches du sommeil. Sa mère lui parlait alors de l'homme au sable et une vieille servante lui avait même dit que celui-ci prenait les yeux des enfants qui ne veulent pas s'endormir pour les donner à manger à ses petits. Or certains soirs – rapporte Nathanaël – il entendait les pas d'un visiteur, dont tout laissait penser qu'il s'agissait du cruel personnage. Un jour, il prit la décision de se dissimuler dans le cabinet de travail de son père. Il reconnut alors dans le visiteur nocturne l'avocat Coppélius, objet, depuis toujours, de sa profonde aversion. Les deux hommes se livraient à des recherches d'alchimie ; impressionné par leur conduite il ne put s'empêcher de pousser un cri, si bien qu'on découvrit sa présence. Coppélius voulut lui arracher les yeux, mais son père s'interposa. Plus tard – et c'est toujours Nathanaël qui raconte – son père mourut au cours d'une expérience. Dès lors, Coppélius arrêta là ses visites. La suite du récit présente l'étudiant poursuivant ses études à l'université. Récemment, le jeune homme a eu affaire à un marchand de baromètres, un certain Coppola, dans lequel il a cru reconnaître Coppélius. Il lui a acheté une lorgnette. De la fenêtre de sa chambre donnant sur la maison du docteur Spalanzani (dont il suit les cours), il peut voir la merveilleuse Olympia, la fille du professeur ; il en tombe amoureux. Or il s'agit d'un automate. Se rendant un jour chez Spalanzani pour lui demander la main d'Olympia, Nathanaël arrive au moment où une dispute met aux prises Coppola et le professeur. Le marchand s'empare du corps de l'automate. Seuls en restent les yeux tombés sur le sol, et que ramasse Spalanzani pour les jeter violemment au visage de Nathanaël. Une crise de démence terrasse l'étudiant. La dernière partie du récit le montre rasséréné et se promenant avec Clara, sa fiancée qu'il doit épouser. Les jeunes gens montent en haut de la tour de l'hôtel de ville. C'est alors que Clara fait remarquer à son compagnon un curieux buisson gris qui avance dans la campagne. Nathanaël l'observe avec la lunette de Coppola ; bientôt devenu fou furieux, il veut précipiter Clara dans le vide. Celle-ci est sauvée à temps par son frère.*
Nathanaël, quant à lui, continue de présenter tous les signes d'une folie frénétique. Au sein des spectateurs massés au pied de l'édifice, il voit brusquement Coppélius. Il se jette alors du haut de la tour et tombe au pied de l'avocat qui, encore une fois, va disparaître dans la foule. » Autre précision que Steinmetz n'apporte pas, mais que Freud précisa : au moment où le jeune homme est fou furieux, « *on veut monter pour (le) maîtriser, mais Coppélius dit en riant : "Attendez un peu, il va descendre de lui-même". Nathanaël s'immobilise soudain, aperçoit Coppélius, et en criant d'une voix perçante : "Oui ! Zoli z'yeux – Zoli z'yeux", il se jette par-dessus la balustrade. Il n'est pas plus tôt étendu sur le pavé, la tête fracassée, que l'Homme au sable a déjà disparu dans la cohue.* » Freud précise dans une note : « *À propos de la dérivation de "Coppélius" : coppela = coupelle (CF. les opérations chimiques au cours des-*

quelles le père est victime d'un accident) ; coppo == orbite de l'œil (d'après une remarque de Mme Rank). »

Cette longue citation (pour ceux qui ne connaissent pas le chef-d'œuvre de Hoffmann) m'a paru nécessaire pour deux raisons. La première c'est que cette histoire a l'air de ressembler au conte *Barbe Bleue*. Pourquoi ? Parce que dans ce conte, il est aussi question d'un interdit de « voir », les yeux jouant donc un rôle déterminant. Et l'analyse freudienne s'applique aux deux histoires : complexe de castration lié à l'impossibilité de posséder sexuellement un de ses parents (l'interdit de « regarder » ce qui se passe dans leur chambre pour *Barbe bleue*). La deuxième raison découle de cette première, c'est que cette histoire inspire une comparaison évidente avec le cinéma, qui nous montre une illusion à laquelle nous croyons, ou nous voulons bien croire. Le cinéma, c'est la lorgnette vendue par Coppola (homonymie étrange !) à Nathanaël...

Si nous revenons à notre tentative de définition, nous pouvons ici observer que le meilleur créateur de chaos est bien notre inconscient qui ne tient compte d'aucune loi et d'aucun principe. C'est le *ça* de Freud et l'écrivain Stephen King l'a bien compris en titrant un de ses (volumineux) roman : *ça*. Or, le chaos c'est comme la mort : décomposition en éléments simples pour se recomposer en ordre nouveau. C'est cela la peur du cauchemar de nos rêves.

Le fantastique et la peur

Dans son essai *Anatomie de l'horreur* (titre de l'édition française – 1995 – le titre de l'édition américaine est *Danse macabre* – 1981) Stephen King développe deux idées : la première, c'est que nous sommes seuls devant le sentiment d'horreur et la deuxième c'est que la terreur moderne doit montrer l'horreur telle qu'elle est, et non pas se contenter de la suggérer (c'est sa théorie de « la porte ouverte »).

« *Dans la vie réelle, l'horreur est une émotion que l'on doit affronter en solitaire [...]. C'est un combat que l'on livre au plus profond de son cœur.* »

Et puis : « *L'horreur, la terreur, la panique : ces émotions-là élèvent des barrières entre nous, nous séparent de notre prochain, font de nous des êtres isolés. Il est paradoxal que des sentiments et des émotions que nous associons avec "l'instinct de foule" exercent un tel effet, mais on se sent bien solitaire dans une foule, paraît-il : une foule n'est qu'une masse de gens sans amour pour les réunir. Les mélodies de l'horreur sont simples et répétitives, et ce sont des mélodies de la déstabilisation, de la désintégration... mais, autre paradoxe, l'expression rituelle de ces émotions semble ramener les choses à un état plus stable et plus constructif. Demandez à un psychiatre ce qui se passe lorsque son patient s'étend sur le divan et lui parle de ce qui l'empêche de dormir et de ce qu'il voit dans ses rêves. Que vois-tu quand tu éteins la lumière ? demandent les Beatles dans "With A Little Help From My Friends" ; réponse : Je ne peux pas te le dire, mais je sais que c'est à moi.* »

Et enfin, il le dit carrément : « *peut-être bien que le rêve d'horreur est en lui-même un défoulement et une thérapie... et peut-être bien que le rêve d'horreur reconverti en mass media est parfois en mesure de devenir un divan à l'échelle nationale.* »

Stephen King essaie-t-il de justifier le choix littéraire qu'il a fait (celui de la terreur) en lui trouvant une utilité sociale ? C'est étonnant pour un créateur qui, sous peine de voir son art ramené à un tract utilitaire, ne peut que tenter de créer en dehors de toute nécessité sociale. Bien sûr, cela est impossible objectivement, mais cela se passe sur le plan subjectif.

À ce propos, je poserai une question stupide : comment représenter l'inconscient (le *ça* de Freud) au cinéma ? Personne ne l'a jamais vu, personne ne peut le décrire, mais on peut en parler puisque, paraît-il, il se manifeste. On peut donc faire un film réaliste montrant les actes manqués, les angoisses, les travers d'une personne qui souffre de manifestations de son *ça*. À moins d'expliquer le pourquoi du comment, et alors on aura affaire à un film ennuyeux, beaucoup de gens ne verront que des difficultés de comportement traitées dans ce film. Seul le fantastique permettra de traiter de la terreur produite, dans nos cauchemars, par la remontée des refoulements du ça vers notre conscient et la culpabilisation qui l'accompagne. Autre exemple : l'effet de deuil que Freud a si bien expliqué. On peut montrer une veuve qui pleure. Banal et pas très profond. Mais on peut aussi montrer *La Nuit des morts-vivants* (G. A. Romero), *Re-animator* (Stuart Gordon), tous les films de morts-vivants, de fantômes et de vampires. Ces histoires nous touchent au plus profond de l'effet de deuil ce qui est un élément constitutif de la peur qu'ils produisent sur nous, et, effectivement, ce sentiment ne peut être que solitaire. L'œuvre a ceci de concret qu'elle rencontre chez nous un écho au plus profond de nous-mêmes.

L'œuvre fantastique est productrice d'inquiétude, d'angoisse. Trois grands philosophes ont traité du problème de l'angoisse, et la manière dont ils l'ont fait nous renvoie au fantastique. Pour Hegel, c'est dans la lutte pour la reconnaissance que la conscience éprouve l'angoisse devant la mort, celle-ci étant à l'origine du chemin qui mène au savoir philosophique conçu comme savoir de la mort. Selon Kierkegaard, l'angoisse s'exprime par l'attirance ambivalente de désir et de crainte, d'entraînement et d'oppression. Vers le « *non-ordinaire* », par une inquiétude préalable même à la faute. L'angoisse morale est la peur de mourir. Chez Heidegger, l'angoisse nous fait découvrir notre « *situation originelle* » : celle d'un existant jeté dans le monde et qui découvre sa propre mort comme l'horizon dernier de ses projets. Il s'agit de l'angoisse d'une précarité inhérente à l'homme qui est temporaire ou temporel. Nous rejoignons ici la définition de la terreur donnée par le film de Corman *Le Masque de la mort rouge*, et de nombreux films fantastiques qui produisent cette angoisse. Enfin, Sartre rejoint encore mieux notre sujet, car selon sa philosophie, l'angoisse se manifeste devant la liberté. Le fantastique n'est-il pas une évasion, à la fois du rationnel et de son double inversé, l'irrationnel, et donc une mise en liberté vis-à-vis de ces deux systèmes de pensées qui dominent le monde matériel et spirituel ?

Deuxième idée de Stephen King, développée dans *Danse macabre* (je préfère le titre américain qui a été repris en France pour un recueil de nouvelles de cet auteur) :

« *Ce qui est tapi derrière la porte ou en haut de l'escalier n'est jamais aussi terrifiant que la porte ou l'escalier. Et là est le paradoxe : l'œuvre d'horreur s'avère presque toujours décevante. [...] Comme au poker, on est tôt ou tard obligé d'abattre ses cartes. D'ouvrir la porte et de montrer au public ce qu'il y a derrière. [...] Il existe et il a toujours existé certains écrivains d'horreur (je ne suis pas du nombre) pour penser que la meilleure façon de résoudre le problème est de ne jamais ouvrir la porte. »* Ainsi, ce problème s'est posé concrètement à Jacques Tourneur pour son film *Rendez-vous avec la peur* dans lequel il ne voulait pas montrer le monstre et les producteurs l'ont voulu.

Stephen King choisit d'ouvrir la porte. Il ne partage pas le style de Lovecraft consistant à toujours laisser la porte entrouverte. Soit ! Mais il faut bien le dire, quand Stephen King ouvre la porte, ses monstres ne sont guère convaincants : une araignée ridicule pour *ça*, des extraterrestres même pas étonnants dans *Les Tommyknockers*, un chien dans *Cujo*, une bande d'oiseaux dans *La Part des ténèbres*, etc. En plus, Stephen King ne sait pas jouer au poker s'il croit qu'on *« est, tôt ou tard obligé d'abattre ses cartes »*. C'est faux, car à ce jeu, pour obliger son adversaire à abattre ses cartes, il faut payer. C'est la base même du jeu : si on se « couche » (c'est-à-dire qu'on ne paie plus par peur de perdre encore plus), on n'a pas le droit de voir le jeu de l'adversaire... Ce peut être le résultat d'un éventuel bluff de sa part. Et c'est la même chose pour le fantastique : si vous n'ouvrez pas la porte, vous serez toujours terrifié par ce qu'il peut y avoir derrière. Parce que vous l'imaginez, sans jamais pouvoir le voir...

Malgré tout, cette nouvelle approche de l'horreur est partagée par presque tous les écrivains modernes de terreur, mais finalement, ils ne réussissent vraiment à nous terrifier, une fois la porte ouverte, qu'avec des scènes bien décrites de mutilations cruelles et épouvantables. C'est devenu la spécialité d'écrivains anglais comme Graham Masterton et Clive Barker. À la limite, nous quittons alors le fantastique pour une espèce de néoréalisme de l'horreur...

Le cinéma dans les œuvres littéraires

Nous avons traité de l'adaptation des œuvres littéraires au cinéma. Maintenant, voyons comment les écrivains utilisent le cinéma pour mieux se faire comprendre...

Stephen King : *La Tour sombre* et *Insomnie*
Nombre d'œuvres littéraires de Stephen King ont été adaptées au cinéma. L'écrivain lui-même a façonné son imaginaire devant le grand et le petit écran et leurs images sonorisées. Il l'a clairement montré dans son ouvrage : *Anatomie de l'horreur*.
La place du cinéma est donc importante dans son œuvre écrite. C'est ce que nous allons essayer de déterminer.
Nous allons d'abord suivre le Pistolero dans sa quête de La Tour sombre.

La Tour Sombre : l'influence cinématographique.
Lorsque Stephen King a vu le film *Le Bon, la brute et le truand*[21], il devait être âgé d'une vingtaine d'années. Ce film semble l'avoir marqué et influencé particulièrement son œuvre *La Tour sombre*, dont le héros est le Pistolero. Dans le troisième volet,

---

[21] De Sergio Leone (1968)

Terres perdues, page[22] 245, Jake, le petit garçon mort deux fois, s'arrête pour contempler la devanture du cinéma dont l'enseigne affiche :
2 CLASSIQUES DE SERGIO LEONE
POUR UNE POIGNÉE DE DOLLARS
ET LE BON LA BRUTE ET LE TRUAND
« *Une affiche représentant Clint Eastwood était collée au mur. [...] Eastwood portait un poncho mexicain. Un cigarillo était planté entre ses dents. Il avait relevé le poncho sur son épaule pour dégager son revolver. Ses yeux étaient d'un bleu pâle et fané. Des yeux de bombardier.*
« *Ce n'est pas lui, pensa Jake, mais c'est presque lui. C'est surtout les yeux... il a presque les mêmes yeux.* »
Voilà qui est clairement affiché (c'est le cas de le dire) de la part de l'écrivain qui a décidé de dévoiler au lecteur sa source d'inspiration pour le personnage du Pistolero. On pourrait trouver confirmation de cette interprétation dans cette autre citation, tirée du livre *Anatomie de l'horreur* dans lequel Stephen King décortique le cinéma d'horreur : « *Le Bon, la brute et le truand* [...] *est une exploitation hénaurme et merveilleusement vulgaire des archétypes déjà flamboyants du western.* »[23]. Nous verrons plus loin, comment l'écrivain affichera également le western en général comme source d'inspiration.
Stephen King confirme ses influences cinématographiques dans le cinquième volume de *La Tour Sombre Les Loups de la Calla*. Dans une note en fin de volume il cite : « *Je tiens à crier haut et fort la dette que j'ai auprès du western américain dans la composition du cycle de la* Tour Sombre. (...) *Il faut cependant souligner qu'au moins deux de mes sources d'inspiration ne sont pas du tout d'origine américaine. Sergio Leone* (Pour une poignée de dollars, Le Bon la Brute et le Truand) *était italien. Quant à Akira Kurosawa* (Les Sept samouraïs) *il était bien entendu japonais.* »
Un autre personnage du cycle de *La Tour sombre* se réfère à la télévision cette fois pour présenter Roland, le pistolero. C'est dans le volume *Terres Perdues*, page 346 : « *Susannah n'avait vu Roland que sous l'aspect d'un personnage de ces feuilletons télé qu'elle regardait rarement :* Cheyenne, Le Fusilier*, et, il va sans dire, l'archétype de tous,* Gunsmoke. » Enfin, Eddie, déclare dans *Magie et Cristal* (Page 102) : « *À l'image de ma vie avant que Gary Cooper ici présent ne me tire à travers la Grande Faille Temporelle.* » Il veut parler, bien sûr, de Roland...
Autre base du récit : une quête, comme la quête du Graal (ici la Tour Sombre), qui se déroule dans un monde moyenâgeux, mais qui est retombé dans le Moyen Âge par un cataclysme que l'on ne peut comprendre, car, parfois, on le devine nucléaire par les mutations produites chez les êtres vivants, mais aussi biologique, car, l'auteur va jusqu'à se citer lui-même dans un papier perdu sur lequel un personnage peut lire : « *La vieille femme des rêves se trouve dans le Nebraska. Son nom est Mère Abigaël* ». On reconnaît aisément une citation du *Fléau*. La description de ce

---

[22] J'utilise toujours l'édition « J'ai lu » pour les trois premiers tomes et l'édition (luxueuse) « Editions 84 » pour le tome 4.
[23] Page 69 Editions du Rocher

monde s'inspire par ailleurs du film *Le Magicien d'Oz*[24] qui sera de nombreuses fois cité.
Enfin, la science-fiction est omniprésente. Le monde abandonné avec toutes ses machines du film *Planète interdite*[25] ressemble beaucoup à celui des récits du Pistolero et le train automatique Blaine à l'ordinateur de *2001 L'odyssée de l'espace*[26].
On voit que tous ces films sont de la période de l'enfance et de la jeunesse de Stephen King.
Enfin, sur le plan littéraire – je ne développerais pas, car là n'est pas mon propos – je rappellerais seulement que *Les Grands anciens* sont présents, et que donc, Lovecraft n'est jamais bien loin...

Les citations cinématographiques.

Stephen King semble avoir décidé de montrer ouvertement que le monde et les événements qu'il décrit dans le cycle *La Tour sombre*, il l'a puisé dans le merveilleux chaudron de l'imaginaire mis en image par le cinéma et la télévision. Il est surprenant qu'il a semblé le faire seulement à partir du deuxième volume.
La première citation cinématographique n'apparaît que dans le tome deux *Les Trois cartes* à la page 46 : « *La sensation d'être* habité *comme la petite fille dans* L'Exorciste », décrit la manière dont Eddie est "habité" par l'esprit du Pistolero grâce à une "porte" qui lui permet d'accéder au monde du jeune homme. Puis, il faut encore attendre la page 102 pour lire : « *Ce qui ne vient pas de* Deux flics à Miami, *je l'ai trouvé dans le Readers Digest* ». C'est ce que dit Eddie au douanier pour expliquer ses connaissances sur la « *dope* ». Il s'agit ici d'une série télévisée, et pas vraiment d'une citation utile à l'écrivain pour mieux décrire son monde, issu de tous ces films qu'il a vus depuis des années. Un peu plus loin, quelqu'un mange « *deux doubles hot dogs (des Godzilla*[27]*-dogs comme les appelait Henry)* ». Henry, c'était le frère d'Eddie... Deux petites citations au passage, comme les premières hirondelles qui annoncent le printemps.
Il faudra attendre la page 246 pour entrer dans le vif de ce sujet (le cinéma et la télévision), et ceci d'une manière superbe. Le Pistolero passe une « *Porte* » et Eddie (qui en a déjà passé une dans l'autre sens, mais n'avait pas eu l'occasion de bien « *voir* ») assiste au phénomène qu'il associe immédiatement aux techniques cinématographiques :
« *Eddie, lui, avait vu des milliers de films, et ce qu'il avait sous les yeux était l'un des travellings avant comme on en faisait dans* Halloween[28] *ou dans* Shining[29]. *Il con-*

---

[24] De Victor Fleming (1939)
[25] De Fred M. Wilcox (1956)
[26] De Stanley Kubrick (1968)
[27] Monstre du film homonyme (1956) d'Inoshiro Honda de nombreuses fois repris ensuite.
[28] De John Carpenter (1978)
[29] De Stanley Kubrick (1980), une adaptation de l'œuvre de Stephen King...

naissait même le nom du gadget dont on se servait pour faire ça : une Steadi-Cam. [...] "Et aussi dans La Guerre des étoiles[30]", murmura-t-il. »

Un peu plus loin (page suivante), il insiste : « *D'un écran de cinéma dans lequel on pouvait entrer, pour peu que certaines conditions fussent respectées, comme le type dans La Rose pourpre du Caire[31] sortait de cet écran pour entrer dans le monde réel.* » Et pour traduire l'ambiance (page 248) : « *Parce que c'était un peu comme de voir un film tourné dans les années 60, quelque chose du genre Dans la chaleur de la nuit[32] avec Sydney Steiger et Rod Poitier.* » (L'inversion des noms et prénoms des acteurs est plaisante...)

On ne peut pas insister plus lourdement dans les références cinématographiques.

Pour ce volume, les lourdes citations s'arrêtent là. Elles ne sont pas gratuites, car elles montrent un tournant dans cette œuvre majeure de l'écrivain : le moment où il a décidé de se laisser aller, de donner tout son cœur à l'ouvrage. « *Ce livre a mis trop longtemps à venir [...]. La raison en est parfaitement résumée par ce que pense Susannah, se préparant à poser la première devinette à Blaine dans le concours qui les oppose : c'est dur de commencer.* » Écrit Stephen King dans la postface au tome quatre *Magie et cristal*. Et il conclut cette postface ainsi : « *Au final, le ka-tet de Roland parviendra dans cette contrée nocturne qui a pour nom Tonnefoudre... et à ce qui se trouve au-delà. Tous ses membres n'atteindront peut-être pas la Tour vivants, mais je crois que ceux qui réussiront le feront debout et loyalement.* » Quelles sont les parties enfouies dans l'inconscient de l'écrivain qui mourront dans cette quête de la Tour ? Et les citations cinématographiques ne jouent-elles pas le rôle de la mise en scène du rêve ?

Jusqu'à la fin du tome deux, nous aurons encore les références cinématographiques suivantes :

On ne comprend pas très bien en quoi l'envie de boire se compare à « *Spencer Tracy dans Dr Jekyll et Mr Hyde* »[33] alors qu'Eddie poursuit ses citations cinématographiques, ici pour mieux transmettre ce qu'il comprend de la schizophrénie « *savoir glaner dans des films tel Les Trois visages d'Eve[34]* ». Stephen King utilisera plusieurs fois l'allusion à un acteur pour décrire l'accent de Detta, comme page 326 : « *La façon dont Butterfly Mc Queen s'exprime dans Autant en emporte le vent[35]* ». Enfin, voici comment il utilise une comparaison cinématographique pour expliquer les manières d'un type « habité » par Roland : « *Entre l'homme en bleu qui les avait abordés ce jour-là dans leur voiture pour leur parler de son portefeuille et la vedette du film, pas de ressemblance, mais le même débit mort des mots, la même grâce implacable des mouvements.* »

---

[30] De George Lucas (1977)
[31] De Woody Allen (1984)
[32] De Norman Jewison (1967)
[33] De Victor Fleming (1941), la version avec l'acteur.
[34] De Nunnaly Johnson (1957)
[35] De Victor Fleming (1939)

« *Ce film, bien sûr, s'appelait Terminator[36]* ». Et alors tant pis pour ceux qui n'ont pas vu le film et qui ne peuvent donc pas apprécier le style de l'écrivain en comparant ce qu'il écrit avec l'image du personnage du film...

Au début du troisième volume *Terres perdues*, il y a un ours géant, un cyborg chargé en d'autres temps de garder les lieux. Stephen King le compare avec « *King Kong[37]* », « *Godzilla[38]* » et, pour expliquer ce qu'est un cyborg : « *Eh bien, ce film s'appelait Robocop[39] et son héros ressemblait un peu à l'ours que Susannah a tué.* »

Et c'est un peu plus loin que nous avons le plaisir de lire la première citation du *Magicien d'Oz* :

— *Roland, le boy-scout du pays d'Oz, dit Eddie en gloussant [...]*
— *Qu'est-ce que c'est ce pays d'Oz ?*
— *Un endroit imaginaire dans un film, dit Susannah.*

Cette citation prépare toute la fin du volume suivant *Magie et cristal*...

On attendra la page 215 du volume trois pour une citation incomplète : « *Eddie repensa au dialogue d'un vieux film de Paul Newman :*
Eh oui madame – j'ai mangé du chien et j'ai eu une vie de chien ».

Stephen King ne semble pas se souvenir du titre du film qui doit être le western *Hombre*[40].

Dans sa postface au volume *Magie et Cristal*, Stephen King écrit : « *Je commence à comprendre que le monde (ou les mondes, plutôt) de Roland contient (ou contiennent) l'ensemble de ceux que j'ai créés.* » Ainsi en est-il de la maison maléfique (tellement présente au cinéma) qu'il décrit page 257 de *Terres Perdues* : « *Dès que Jake vit la maison, il comprit deux choses : premièrement il l'avait déjà vue*[41], *dans des rêves si horribles que son esprit en avait refoulé le souvenir ; deuxièmement, c'était un lieu de mort, de meurtre et de folie.* »

Dans le volume *Terres Perdues*, les citations cinématographiques s'accumulent désormais.

Page 457 : « *... il se rappela un film qu'il avait vu à la télé : Voyage au centre de la Terre*[42] », alors que les personnages s'enfoncent dans les entrailles de la ville en ruines.

Encore une référence pour décrire la voix du petit roitelet des « *Gris* » dans les entrailles de la ville (page 459) : « *Jake eut l'impression d'entendre Jerry Reed, l'acteur qui interprétait le rôle du copain de Burt Reynolds dans le film Cours après moi, Shé-*

---

[36] De James Cameron (1984)

[37] Monstre du film homonyme (1933) de Merian C. Cooper et Ernest B. Schœdsack qui fut de nombreuses fois utilisé ensuite.

[38] Monstre du film homonyme (1956) d'Inoshiro Honda de nombreuses fois repris ensuite.

[39] De Paul Verhœven (1987)

[40] De Martin Ritt (1967) avec Paul Newman. S. King parle comme le grand public : il dit un film *d'*untel pour parler d'un film dans lequel joue untel...

[41] Au cinéma sûrement...

[42] Il s'agit certainement de la version réalisée par Henry Levin (1959)

rif. » Ce type est surnommé « Tic Tac »[43] : « *Il songea au crocodile de Peter Pan, qui passait son temps à pourchasser le capitaine Crochet.* » (Page 477)

À la fin de ce volume, on fait la connaissance de Blaine, ordinateur fou qui gère un train automatique ultra rapide. Pour sa description, ce sera la dernière citation de ce volume (page 496) : « *Bonjour la version fantasy de Vol au-dessus d'un nid de coucou* »

Au début de *Magie et Cristal*, on peut lire : « *POSEZ-MOI UNE DEVINETTE, les convia Blaine.* »

Ce jeu des devinettes attisera un suspense, car il met en jeu la vie des héros de notre histoire. Or, dans la mythologie, quels sont les personnages qui sont soumis à ce jeu terrifiant de la devinette ? Il s'agit d'Œdipe et du Sphynx. Il est curieux de noter au passage cette information pour le début du volume qui racontera l'histoire de Roland... Nous verrons certainement cela dans les prochains volumes. D'ailleurs, l'écrivain ne manque pas de parler des fantasmes sexuels apportés par des stars : « *[...] AIMERAIS-TU AVOIR TON PREMIER RAPPORT INTIME AVEC UNE CÉLÈBRE BOMBE SEXUELLE DE TON NIVEAU DE LA TOUR, JAKE DE NEW YORK ? MARILYN MONROE, RAQUEL WELCH À MOINS QUE TU NE PREFERES JESSICA FLETCHER [...] ? – Jessica Fletcher n'existe pas, dit-il. C'est le nom d'une série télé. L'actrice s'appelle, hum, Angela Lansbury.* » (Page 47)

Stephen King aime les devinettes. Il en parle d'ailleurs dans *Anatomie de l'horreur*. Alors qu'il va expliquer : « *... pourquoi les meilleurs films d'horreur, comme les meilleurs contes de fées, réussissent à être simultanément réactionnaires, anarchistes et révolutionnaires.* », il illustre son propos avec une « *plaisanterie morbide du genre : "Quelle est la différence entre un camion plein de boules de bowling et un camion plein de bébés morts ?" (Réponse : on ne peut pas décharger le premier avec une fourche...)* ». Stephen King reprend cette devinette dans *Magie et Cristal*, mais se croit obligé d'atténuer son horreur en remplaçant les bébés par des rats ! (Page 70)

Donc, Blaine, l'ordinateur fou qui lance nos héros dans son train à une vitesse folle, aime les devinettes. Il s'exprime souvent en imitant les accents de John Wayne ou en récitant des citations cinématographiques.

« *MEUCE ALEUR, dit Blaine avec l'accent de John Wayne* » (Page 46, et aussi, page 62 où « *Jake trouva carrément insupportable cette nouvelle imitation de John Wayne, vu les circonstances.* »)

Après qu'ils furent sauvés de la folie de Blaine, Roland raconte son histoire. Un scénario ressemblant étrangement à *Pour une poignée de dollars* (1964) de Sergio Leone, qui a lui-même une lointaine parenté avec le *Romeo et Juliette* de Shakespeare. C'est pour préparer cette histoire que Stephen King insiste beaucoup sur le Western. « *C'est un western ? Demanda Jake soudain.* » Et avant que Roland ne raconte son Western personnel, une dernière citation : « *... sur la palissade, il y avait des affiches [...] une affiche du film Dangereuse alliance*[44] ».

---

[43] Il faut noter que Koontz a adopté dans deux de ses œuvres ce surnom pour désigner un personnage terrifiant : dans « Les Larmes du dragon » et dans « Tic Tac », justement. Il faut croire que le dessin animé « Peter Pan » a marqué l'imagination de nos auteurs américains...

[44] D'Andrew Fleming (1996)

Ensuite, les références cinématographiques seront absentes jusqu'à la fin de ce volume, après le récit de l'histoire de Roland, page 620 : « ... *comme des zombies d'un film d'horreur de série B* », mais surtout, comme je l'ai indiqué plus haut, toute la fin de ce volume s'exprime au travers du film *Le Magicien d'Oz* (1939) de Victor Fleming, tiré lui-même de l'œuvre de L. Frank Baum. Sans pouvoir multiplier les citations, j'en propose une seule au lecteur, page 639 : « ... *la reproduction exacte du couloir du film, se dit Jake, celui dans lequel le Lion Peureux a tellement la frousse qu'il se marche sur la queue.* »
Étonnant non ? Puis-je rapprocher cette citation, d'une autre (qui n'a rien à voir avec le cinéma) au début de *Les Trois cartes*, quand Roland se réveille mutilé de la main droite : « *Je me suis toujours branlé de la main gauche, pensa-t-il. C'est déjà ça.* »
Les films fantastiques et de science fiction sont largement cités dans le volume 5 (*Les Loups de la Calla*). Je citerai simplement sans être exhaustif : *Fantasmes* (le traducteur ne connaît pas le film puisque même en français son titre s'écrit *Phantasm*...), *un film de zombies de George Romero, Un jour sans fin, Clint Eastwood, Paul Newman, Robert Redford, Lee Van Cleef, La Nuit des morts-vivants, UXB* (je ne connais pas ce film), *La Guerre des étoiles,* et les agresseurs (les Loups) utilisent les sabres laser de *Star Wars et les boules explosives de Harry Potter.* Dans ce volume Stephen King est beaucoup plus explicite sur l'utilisation qu'il fait de sa propre œuvre et des personnages pour les développer. Il est ainsi du père Callahan personnage secondaire de son roman *Salem* à qui il donne ici (c'est le cas de le dire !) une seconde vie. D'ailleurs on peut noter que jamais l'auteur ne cite les films qui ont été tirés de ses œuvres, il ne le fera pas non plus pour l'adaptation *Les Vampires de Salem* réalisé par Tobe Hooper qui n'était certainement pas en forme à ce moment-là...

Ce tour d'horizon cinématographique d'une œuvre magistrale de Stephen King est terminé. J'ai comparé cette oeuvre, dans un autre de mes écrits, avec *La Légende des siècles* de Victor Hugo... Pas moins.
Elle est extraordinairement intéressante et moderne, car elle s'appuie volontairement sur la plus moderne de notre culture, la culture cinématographique !
« Insomnie »

Dans son superbe roman *Insomnie*, Stephen King utilise également abondamment les citations cinématographiques. D'abord le héros, Ralph, un vieillard qui devient insomniaque (pour une raison tout à fait fantastique...), regarde beaucoup de films à la télévision et loue des cassettes. C'est l'occasion pour l'auteur de citer des films, d'étaler en quelque sorte sa culture cinématographique. Mais c'est aussi un procédé narratif. Il veut montrer que dans la vie c'est comme au cinéma.
Stephen King lui-même se cite à la fin de ce livre, et, une fois de plus, il faut être imprégné de son œuvre pour comprendre. L'enfant Patrick a fait un dessin :
« *Au milieu s'élevait une tour sombre[45] couleur de suie. [...] Sur un côté se tenait un homme en jean délavé, portant autour des hanches deux ceinturons d'où pendaient deux étuis à revolver. [...]*

---

[45] Rappel : la "Tour sombre" est un cycle de romans de Stephen King que j'ai analysé ci-dessus.

« Lui son nom c'est Roland, maman. Je rêve de lui, des fois. Lui, c'est un roi aussi. »
En anglais, roi se dit « King » !
Ralph est veuf. *« Deux jours avant de mourir, elle avait découvert le billet de cinéma qui servait de signet au roman laissé sur la table de nuit de l'hôpital par Ralph et elle avait tenu à savoir quel film il avait été voir. Il s'agissait de A Few Good Men.[46] »* Enfin, on aura connaissance des films sur cassettes que loue Ralph pour faire face à ses insomnies. *« Il n'arrivait pas à choisir entre un policier, une comédie ou quelques vieux épisodes de Star Trek. »[47]* Quant à la télé, le programme n'y est pas formidable : *« C'était un vieux navet dans lequel Audy Murphy, aurait-on dit, gagnait la guerre du Pacifique à lui tout seul. »* Bien plus loin dans l'histoire, un malade à l'hôpital *« regardait Kirk Douglas et Lana Turner dans Les Ensorcelés. »[48]*

Ceci étant posé, Stephen King utilise des scènes de film pour mieux s'exprimer, en tant qu'écrivain, et, aussi, pour placer ses personnages dans le monde culturel du cinéma, monde moderne du vingtième siècle. L'écrivain utilise la culture cinématographique comme un manifeste culturel moderne.

« Ce n'était pas à un superméchant de bande dessinée qu'il avait affaire là, pas à Norman Bates, ni au capitaine Achab. » Déclare-t-il pour se rassurer. Et tant pis pour le lecteur dont la culture cinématographique n'est pas suffisante pour reconnaître les personnages.[49] Parfois, il reste plus dans le vague : *« On en reparlera plus tard ! Fit le jeune chimiste du coin des lèvres, comme un détenu dans un film qui se passe en prison. »[50]*

Car le chimiste en question pose des problèmes : *« Ralph pensa à tous ces psychopathes charmants qu'il avait vus au cinéma – George Sanders était particulièrement bon dans ce genre de rôle – et se demanda si un brillant chimiste ne serait pas capable de donner le change à un petit détective de province, lequel paraissait ne pas avoir entièrement digéré le syndrome de la Fièvre du samedi soir. »[51]* Et lorsque la question se pose de savoir ce qu'il va faire : *« Que croyez-vous qu'il va chercher à faire ? Demanda Ralph. Agression à main armée, comme dans un film de Chuck Norris ? »[52]* Voilà pour le méchant. Quant au héros : *« Tu m'as impressionné, aujourd'hui, quand tu as remonté la rue, bien droit, comme Gary Cooper dans Le Train sifflera trois fois. »[53]*

Le cinéma reste encore bien utile pour décrire deux personnages fantastiques de l'histoire (et tant pis aussi pour les lecteurs qui n'ont pas vu ces films) : (Les deux « Docs chauves ») *« Ils portaient des blouses blanches identiques, qui rappelaient à Ralph celles des comédiens dans les vieilles séries télé comme Ben Casey ou Dr Kildare. [...] ... les deux hommes avaient l'air d'extraterrestres sortis tout droit d'un*

---

[46] Toutes les citations sont tirées de l'édition France Loisirs. Page 53.
[47] Page 61.
[48] Page 411.
[49] Page 83.
[50] Page 88.
[51] Page 89.
[52] Page 190.
[53] Page 104.

film sur les enlèvements par des soucoupes volantes – Communion, ou encore A Fire in the Sky. »[54] L'écrivain revient encore sur ces deux personnages : « *Ils portaient des blouses blanches comme les toubibs des séries télévisées des années cinquante ou soixante.* »[55] Ou encore, plus loin : « *Le vieux Dor avait tout du chat du Cheshire dans Alice au pays des merveilles : davantage de sourire que de substance.* »[56]

Chaque personnage du roman a donc droit à une comparaison cinématographique : « *... vrais laissés-pour-compte du casting d'un film de série B* ».[57] – « *Comme un gosse qui se prend pour Chuck Norris ou Steven Seagal.* »[58] – « *Non, pas Clint Eastwood. Ni Sylvester Stallone, ni Arnold Schwarzenegger. Ni même John Wayne. Il n'avait rien d'un grand aventurier ou d'un héros de Hollywood.* » (À propos de Ralph lui-même).[59] – Pour imager le fait que Ralph serait un vampire, Stephen King écrit : « *Ralph Lugosi, en cape et smoking à l'ancienne.* »[60] Et si on ne connaît pas l'acteur Bela Lugosi et ses rôles de Dracula ?

Enfin, Stephen King utilise les effets spéciaux du cinéma pour être plus suggestif. « *Il s'éleva dans le ciel comme un effet spécial dans un film à la Cécil B. De Mille.* »[61] - « *Il avait vu beaucoup de films et savait comment effectuer une sortie spectaculaire sur une réplique définitive.* »[62] (Dans la vie ça se passe comme au cinéma...) – « *On dirait qu'on regarde un film sur une bulle de savon !* »[63] – « *Cette absence fit penser à Ralph aux films d'aventures qu'il avait vus dans sa jeunesse...* »[64] – « *Je devais penser à ce film, The honeymooners...* »[65]

Et, enfin ! l'auteur cite un film français !

« *Il s'agissait du fameux plastic qu'utilisent toujours les terroristes dans les films d'arts martiaux avec Chuck Norris et Steven Seagal. Un explosif en principe tout à fait stable – rien à voir avec la nitroglycérine du Salaire de la peur de Clouzot.* »[66]

Ce nouveau voyage cinématographique dans une œuvre de Stephen King montre que sa culture cinématographique n'est pas si étendue, ou, tout du moins, pour chaque livre, les références inspiratrices sont limitées. Mais tout de même bien plus vaste que d'autres...

---

[54] Page 230.
[55] Page 370.
[56] Page 295.

[57] Page 231.
[58] Page 351.
[59] Page 533.
[60] Page 447.
[61] Page 373.
[62] Page 420.
[63] Page 433.
[64] Page 464.
[65] Page 465.
[66] Page 658.

Pour comparer, voyons les références cinématographiques d'autres auteurs anglo-saxons.

Tanith Lee, Robert Mac Cammon, Graham Masterton

Dans *Le Festin des ténèbres*[67], Tanith Lee utilise plusieurs fois le procédé suivant sans citer de titre précis : « *Elle ressemble à un joli vampire dans un de ces vieux films d'horreur. Un film où la violence est seulement suggérée.* »[68] Ou, encore : « *On dirait un film, quand l'espionne arrive avec le secret qui sauvera le monde.* »[69]
« *C'est dans un vieux film que j'ai vu* ».[70] Et on reste encore sur sa faim... Puis : « *... pour voir ce film. Un vieux film de Griffith, Intolérances, tourné en 1916.* »[71] Et l'auteur décrit le film un peu plus loin page 244.
Tanith Lee citera encore : « *Bienvenue au Motel des Bates* »[72]...
On voit que sa culture cinématographique n'est pas très étendue, et qu'elle compte sur celle de ses lecteurs pour attirer le client.
Dans *Soif de Sang*[73], Mac Cammon est plus précis, et sa culture bien plus vaste. Mais il n'utilise les citations cinématographiques que tard dans l'histoire, seulement lorsque le personnage de l'enfant Tommy apparaît, comme si l'image était réservée à l'enfance...
« *...il regardait derrière lui, il voyait l'ombre qui le suivait, ses longs bras tendus comme l'orang-outang de Double Assassinat dans la Rue Morgue.* » – « *... au milieu du couloir qui se mit à changer, à s'allonger, comme dans une scène de Les Cent doigts du Docteur T.* »[74] – « *Il se souvint de ce gosse terrifié dans Les Envahisseurs de Mars* »[75] – « *...lui faisait penser au film Them dans lequel des fourmis géantes faisaient leur nid dans les égouts de Los Angeles.* »[76]
Il y a même un « *vieux cinéma qui annonçait : LES DEUX CHEFS-D'ŒUVRE DE L'HORREUR : LE RETOUR DE DRACULA avec Christopher Lee et COMTESSE DRACULA avec Ingrid Pitt.* »[77]
Enfin, l'enfant décrit les choses comme il peut grâce au cinéma : « *Ils sont courageux dans ces films, se dit-il... [...] Il n'y avait pas de Peter Cushing brave et courageux.* »[78] Et il décrit le méchant ainsi : « *Un Peter Pan démoniaque...* »[79]

---

[67] J'utilise l'édition Pocket collection Terreur.
[68] Page 222.
[69] Page 385.
[70] Page 234.
[71] Page 241.
[72] Page 329.
[73] J'utilise l'édition Lefrancq.
[74] Page 437.
[75] Page 453.
[76] Page 509.
[77] Page 527.
[78] Page 549.

Graham Masterton aime le cinéma fantastique. Il cite souvent des films dans ses récits. Il bat tous les records de citations dans *Sang Impur* et il y utilise des scènes de certains films pour mieux décrire les siennes. Ainsi sont cités : *Zombie* (1978) de George Romero, *Scanners* (1980) de David Cronenberg, *La Guerre des mondes* (1953) de Byron Haskin, *Jurassik Park* (1993) de Steven Spielberg, *Indiana Jones et le temple maudit* (1984) de Steven Spielberg, *Des monstres attaquent la ville* (*Them !* En anglais) (1953) de Gordon Douglas, *La Chose d'un autre monde* (1951) de Christian Nyby, *Les Dents de la mer* (1975) de Steven Spielberg. Vous constaterez que Spielberg est cité trois fois ! Masterton cite également d'autres films comme *Les Tortues Ninja* et *Autant en emporte le vent*... Par ailleurs, l'écrivain cite souvent *L'inspecteur Harry*** comme antithèse de son héros, Luke le shérif.

Et dans *Walhalla*, il nous parle de quatre films fantastiques : *La Guerre des étoiles* (George Lucas 1977) ; *La Quatrième dimension* (Série télévisée créée par Rod Sterling des années 1959 à 1964 – il y a aussi un film à sketches de 1983) ; *Les Survivants de l'infini* (Joseph Newman 1954) et *SOS Fantômes* (Ivan Reitman 1984). On comprend qu'il est connaisseur dans le domaine du cinéma fantastique. On sait aussi qu'il s'inspire des œuvres de Lovecraft. Il est donc vraisemblable qu'il a vu le film de Roger Corman *La Malédiction d'Arkham* (1963) et qu'il s'en est inspiré pour son roman *Walhalla*, car son histoire ressemble beaucoup à cette adaptation cinématographique de *L'affaire Charles Dexter Ward* (1928) de Lovecraft. C'est Charles Beaumont qui écrivit le scénario de ce film. Bel hommage ![80]

Dans son livre *L'ombre du Manitou*[81] (troisième volume de la trilogie du *Manitou*), Masterton cite également de nombreux films. Il utilise des images de films pour éviter des descriptions comme : « *une silhouette qui lui rappela Elephant Man* » ; « *ces hôtels borgnes [...] que l'on voit dans les films de Robert De Niro* » ; « *on aurait dit une scène de l'un de ces films de science-fiction des années cinquante* » ; « *comme l'asile de fous dans Dracula* » ou pour rendre ses phénomènes paranormaux plus crédibles, il cite les films qui en parlent : *Carrie* pour la télékinésie, ou « *les films de Steven Spielberg* » ; un « *orage magnétique dans Superman* » ; *Amityville* ; « *vous avez vu ces films où des gens ne peuvent pas sortir d'une maison parce que les portes se sont verrouillées toutes seules [...] eh bien, c'est ça la cléidomancie* » ; sa tête tourna « *comme Linda Blair dans L'exorciste* ». Par contre, on ne peut pas savoir ce qui est arrivé aux Indiens dans « *les films de John Wayne [...] ou de Kevin Costner* ». Il décrit une cuisine : « *cela semblait sorti tout droit d'un épisode de Ma sorcière bien-aimée* » ou « *cela me fit penser au film Angel Heart* ». « *Le chorégraphe de West Side Story* » aurait pu régler les réactions sexuelles des partenaires du hé-

---

[79] Page 558.

** Ce personnage de flic violent et sans scrupules (mais c'est pour que la justice règne...) est interprété par Clint Eastwood dans une série de films...

[80] Voir l'interview de Graham Masterton en fin de ce chapitre.

Sur Graham Masterton voir aussi mon livre « Fantastique des auteurs et des thèmes », éditions Naturellement 1998.

[81] Edition Pocket collection Terreur.

ros. « *Les seuls Peaux-Rouges que j'ai vus, c'était dans les films de Jeff Chandler* » ; il cite aussi *Little Big Man* avec Dustin Hoffman. Etc. J'arrête ici ces citations, car il y en a encore une dizaine dans ce livre écrit en 1997...

Dean Koontz

Bien d'autres auteurs de roman fantastique et d'horreur utilisent les citations cinématographiques pour mieux s'exprimer. C'est le cas aussi, par exemple, de Dean Koontz dont les citations cinématographiques sont listées par Denis Labbé dans le numéro 38 de Phénix page 143 : pas moins de trente-huit films cités dans le roman *Mr Murder* par exemple...
Mais Koontz fait une erreur dans *Une porte sur l'hiver* roman dans lequel il attribue le film *Poltergeist* à... Spielberg[82], alors que c'est Tobe Hooper qui le réalisa...

---

[82] Page 170 de l'édition Pocket Terreur

CHAPITRE 3
Zoom sur huit chefs-d'œuvre du cinéma fantastique

Ces huit films que je vous présente en détail constituent le fondement de l'histoire du cinéma fantastique et de science fiction. Vous observerez vous-même que leur thème, leur traitement cinématographique ont marqué des jalons importants dans cette histoire.
D'abord trois manières différentes de traiter du vampire :
– *Nosferatu* : une manière très classique d'adaptation d'un roman filmée selon les règles de l'expressionnisme, et son remake moderne.
– *Vampyr* : le premier film de vampire sonorisé, mais quasiment sans parole. Une analyse psychanalytique du vampirisme.
– *Le Masque du démon* : le premier film véritablement horrifique sur le vampirisme. Le fondement même de tous les films modernes sur ce thème.
L'archétype du film de monstres : *Freaks*
Le premier film d'horreur "néoréaliste" filmé comme un reportage : *La Nuit des morts-vivants*
Le premier film de Frankenstein qui montre l'humanité de la Chose : *La Fiancée de Frankenstein*
Le chef-d'œuvre du film de terreur sur la magie noire : *Rendez-vous avec la peur*. Ou l'art de faire peur en ne montrant pas ce qui est terrifiant.
Le chef-d'œuvre (et son remake) sur la rencontre extraterrestre : *Solaris*.
Il y a donc parmi ces chefs-d'œuvre quatre films de science fiction : *La fiancée de Frankenstein* (car la fabrication du monstre tient de la méthode scientifique), *Freaks* (car la monstruosité tient d'une manifestation de la nature), *La Nuit des morts-vivants* (car les morts "revivent" sous l'effet d'une catastrophe scientifique) *et Solaris* (car il s'agit d'une anticipation sur une rencontre extraterrestre). Même *Nosferatu* peut être traité de film de science fiction car le vampirisme y est présenté comme une manifestation de la nature, présentation illustrée par les passages des cours de science naturelle du professeur Bulwer.

Nosferatu

Nosferatu est un mot employé par le professeur Van Helsing dans le roman de Bram Stoker pour désigner un non-mort *(« Car tout ce qui meurt victime d'un non-mort devient non-mort à son tour et fait des autres sa proie »).* Dans le tombeau, au pied du cercueil où gît Lucy transformée en vampire par Dracula, il fait un exposé sur la « *malédiction de l'immortalité* ». « *Nosferatu* » est un mot roumain qui désigne un mort-vivant, un revenant, un vampire.
Friedrich Wilhelm Murnau, né en 1888 et mort en 1931, était un réalisateur allemand. Son vrai nom était Plumpe. C'était un grand cinéaste expressionniste. Voici ce qu'en disait Werner Herzog qui réalisa un remake du Nosferatu de Murnau en 1979 : *« Je me sens très proche de Murnau. C'est mon metteur en scène préféré. Je le place bien au-dessus de Fritz Lang, par exemple : Fritz Lang voit les choses de façon trop géométrique. Nosferatu de Murnau, réalisé en 1922, est le plus visionnaire de tous les films allemands. Un film prémonitoire, qui a prophétisé l'arrivée du nazisme en montrant l'invasion de l'Allemagne par Dracula et ses rats porteurs de peste. Il a donné une légitimité au cinéma allemand qui fut perdue à l'époque de Hitler. C'est en cela que ce film revêt, pour moi, une telle importance »*
Murnau tourna également en 1920 : *Der Januskopf*, adaptation du *Dr Jekyll et Mr Hyde* au cinéma, puis, après *Nosferatu*, *Phantom* en 1922 et un superbe *Faust* en 1926.
Un des plus grands cinéastes de notre siècle.
Il est mis en scène dans le film *L'ombre du vampire* consacré au tournage du film *Nosferatu*. *L'ombre du vampire* est un film assez effrayant – voir plus loin ma critique de ce film réalisé par Elias Mehrige (2000) –, dans lequel le réalisateur développe la thèse que l'acteur (Max Schreck) qui a joué le rôle d'Orlok était un vrai vampire… Le ralistauer Murnau est montré comme un homme sans scrupule prêt à sacrifier la vie de ses collaborateurs pour parvenir à tourner ce film.

Dans la copie actuellement disponible de *Nosferatu*, Murnau annonce la couleur en inscrivant dans le générique de son film : « *D'après le roman "Dracula" de Bram Stoker* ». Mais, on va le voir, si le scénario s'est inspiré de la trame du récit, en utilisant surtout les voyages, l'histoire elle-même et les personnages ont été complètement changés. D'ailleurs, il ne s'agit même pas du comte Dracula, ni de l'Angleterre (mais de l'Allemagne). Murnau, qui n'a jamais caché ses sources d'inspiration, ne prit pas la précaution d'acheter les droits de l'œuvre aux héritiers. Ainsi, Florence Stoker, veuve de Bram Stoker, traîna le cinéaste en justice et gagna. En juillet 1925, la Compagnie Varna fut condamnée à détruire toutes les copies existantes du film ! Néanmoins, en 1930, on peut constater l'existence de quatre copies plus ou moins différentes de l'original : une française datant de 1928, une anglaise intitulée « Dracula » et dans laquelle on a repris les noms des personnages du roman de Bram Stoker (!), une version américaine et un film allemand intitulé *La Douzième heure* dont le visa de censure est daté du 14 novembre 1930. On ne peut que se réjouir que la loi ne fût pas respectée dans ce cas, car un pur chef-d'œuvre cinématographique aurait disparu !

Mais regardons-le. Il s'agit ici de la copie reconstituée par Enno Patalas, conservateur du Filmmuseum du Münchner Stadtmuseum, la plus récente et la plus fidèle à l'original.

Son titre : « *Nosferatu, eine Symphonie des Grauens* ».

Nosferatu, une symphonie de l'horreur.

Le film commence par l'image d'un livre sur lequel est écrit : « Description de la grande épidémie à Wisborg en l'an 1838. » Les textes sont en allemand, nous vous en offrons la traduction. La page est tournée et voici à l'écran la page suivante :

« Nosferatu ! Ce nom résonne comme le cri d'un rapace nocturne qu'on ne prononce jamais à haute voix sinon les images de la vie rejoindraient le monde des ombres. Tu ferais des rêves étranges qui se nourriraient de ton sang. »

Page suivante : « J'ai étudié l'origine et la propagation foudroyante de l'épidémie qui s'est abattue sur ma ville natale de Wisborg. En voici l'histoire.

« Hutter et sa jeune épouse, Ellen, vivaient à Wisborg. »

Voilà tracés le cadre historique et les décors, par un texte dense et très suggestif. Toute l'histoire est une histoire de mort, de deux mondes : celui de la lumière et celui des ombres, celui de la vie et celui de la mort.

Ellen et Hutter vivaient très heureux à Wisborg. Le jeune Hutter cueille des fleurs à Ellen qui lui reproche : « Pourquoi as-tu laissé mourir... les jolies fleurs ? »

Hutter se rend à son travail. Il est employé chez un étrange marchand de biens appelé Knock. Il est étrange, mais il paie bien. Sur le chemin, le jeune homme rencontre une personne qui lui dit : « Pas si vite mon jeune ami ! Personne n'échappe à son destin. »

L'inquiétant Knock vient de recevoir une lettre du comte Orlok, de Transylvanie (ce qui signifie : « Au-delà de la forêt »). Il appelle Hutter : « Le comte Orlok souhaite acheter une jolie maison dans notre petite ville. Vous pourriez en tirer un bon pécule. Cela ne vous coûtera qu'un peu d'effort, un peu de sueur et peut-être... un peu de sang. »

Knock éclate de rire. Hutter s'approche d'une carte de l'Europe affichée au mur pour regarder où se trouve la Transylvanie.
Et Knock poursuit : « Il souhaite une très belle maison isolée. » Et l'on voit une hideuse maison presque en ruines, comportant quatre pignons et cinq étages. « Cette maison, celle qui est juste en face de la vôtre. Proposez-lui donc ! Partez vite vers le pays des esprits ! » Knock rit très fort, d'un rire de fou...
Malgré le chagrin d'Ellen, Hutter s'en va. Ellen n'était pas la seule à avoir du chagrin. Il y avait aussi l'ami, le riche armateur Harding et Ruth, sa sœur.
Le cavalier approche des Carpates dont les fiers et sombres sommets sont montrés à l'écran. Arrivé dans une auberge, il presse le service en criant : « Le dîner, vite ! Je devrais déjà être au château du comte Orlok ! » À entendre cela, les personnes présentes dans la salle sont effrayées. Un vieux monsieur s'approche de Hutter et lui dit : « Vous ne pouvez aller plus loin maintenant, la bête gronde dans les bois. »
Dehors, les chevaux s'affolent dans les prés. On voit rôder la bête, moitié hyène et moitié loup... Des vieilles effrayées font le signe de croix. Hutter a pris une chambre. Il s'installe après avoir bien ri des superstitions des villageois.
(Cette scène est inspirée d'un passage de « Dracula » que Bram Stoker n'a pas laissé dans le roman et qui a été publié plus tard sous forme de nouvelle avec le titre : « L'invité de Dracula ». Jonathan s'est perdu la nuit dans un cimetière sous la neige et a failli être dévoré par un grand loup (la « bête »). C'est un message de Dracula aux gens du pays qui les a conduits vers lui pour le sauver...)
Hutter trouve un livre dans sa chambre. Son titre : « Des vampires, esprits maléfiques et sortilèges et des sept péchés capitaux. »
On lit à l'écran ce que raconte ce livre : « De la semence d'un démon naquit le vampire Nosferatu qui se nourrit du sang des hommes. Comme une âme errante, il habite d'affreuses grottes, des caveaux et des cercueils remplis de terre maudite par les serviteurs de l'ange des ténèbres. »
Mais Hutter rit : il ne prend pas ce texte au sérieux...
Le lendemain, il se lève au soleil et en faisant sa toilette, il retrouve le livre. Il éclate de rire et le jette à terre. Le voyage reprend. Il est long : on voit bientôt Hutter demander aux cochers d'accélérer l'allure, car il va faire bientôt nuit. Mais, ceux-ci s'arrêtent et refusent de continuer. Hutter poursuit sa route à pieds.
On le voit passer un pont et un carton montre l'intertitre suivant : « Kaum hatte Hutter die Brücke überschritten, da ergriffen ihn die unheimlichen Gesichte », texte désormais célèbre qui, sous la traduction suivante plut énormément aux surréalistes : « Quand Hutter fut de l'autre côté du pont, les fantômes vinrent à sa rencontre », et que l'on traduit littéralement par : « Quand Hutter eut traversé le pont, des visions inquiétantes le saisirent ».
Un sinistre château l'attend sur un éperon rocheux. Une voiture noire tirée par des chevaux noirs descend le chemin. Un cocher au visage caché par un vêtement la conduit et lui fait signe de monter. Il monte. Les scènes du parcours de la voiture sont montrées en négatif, donnant un contenu fantastique à ce court voyage qui le mène jusqu'à l'entrée du château où l'attend le comte Orlok. Un homme maigre, voûté et pâle, le crâne aux longues oreilles pointues semble chauve sous la coiffe.

« Vous m'avez fait attendre pendant longtemps, il est presque minuit. Mes serviteurs dorment. » Un repas est servi dans la grande salle du château. Hutter mange, Orlok lit une lettre. L'horloge (un cadran surmonté d'un squelette qui sonne les heures) sonne les douze coups de minuit. Cette sonnerie surprend fort Hutter. Il se coupait du pain et se taille alors un peu le pouce ! Le sang coule... Orlok se lève, fasciné : « Vous vous êtes fait mal... le précieux sang ! « Et Orlok avance son visage livide vers le doigt et lui suce le sang ! Hutter retire sa main et se recule, terrifié. Mais Orlok ne désarme pas : « Voulez-vous que nous restions un peu ensemble mon cher ? Il reste encore quelques heures jusqu'à l'aube et le jour, je dors d'un profond sommeil, très profond sommeil. » Hutter, toujours terrifié, s'assoit alors dans un fauteuil.

Lorsque le soleil se lève, Hutter se sent libéré des ombres de la nuit. Il se réveille seul dans le château. Le comte a disparu. En se regardant dans la glace, le jeune homme voit deux petits trous à son cou. Il n'en fait pas cas et fait ripaille avec le somptueux petit déjeuner servi avant son réveil. Il n'y a personne, pas un serviteur dans la maison. Puis, il écrit à son épouse : « Ma chérie, ma bien-aimée. Ne désespère pas, même si ton amour est loin de toi. Les moustiques sont une véritable plaie. J'ai déjà deux piqûres au cou, très proches l'une de l'autre. On fait des rêves oppressants dans ce château sinistre, mais ne t'inquiète pas pour moi. » Hutter confie sa lettre à un cavalier passant à proximité.

Mais la nuit tombe. La lumière fantomatique du crépuscule semble réveiller les ombres du château. Dans la grande salle, Orlok et Hutter sont affairés avec des papiers. Le comte aperçoit sur la table le portrait d'Ellen. Il le prend et le regarde : « Votre femme a un joli cou... » et rend le portrait à Hutter. « J'achète la maison, la jolie maison isolée à côté de la vôtre. » Orlok signe l'acte d'une plume d'oie. Hutter embrasse le portrait de sa femme (la remerciant d'avoir ainsi contribué à la conclusion de l'affaire...) Il trouve le livre sur les vampires dans ses bagages. Pourtant, il l'avait jeté au sol dans la chambre de l'auberge... Voici ce qu'il lit : « À la nuit, Nosferatu s'empare de sa victime et suce le sang nécessaire à sa propre existence. Prends garde à ce que son ombre ne t'oppresse pas par des cauchemars. »

Le squelette de l'horloge sonne les douze coups de minuit. Nosferatu apparaît au bout du couloir, visage livide allongé avec deux dents pointues sur le devant de la mâchoire supérieure, crâne chauve sans la coiffe, longs doigts griffus. En approchant, il grandit lentement, très lentement dans le champ. Le monstre entre dans la chambre de Hutter qui tente de se protéger en plaçant son avant-bras devant son front. Au même moment, à Wisborg, Ellen dort dans son lit. Sans se réveiller, elle se lève et se dirige vers la porte-fenêtre. Elle manque de tomber en bas du balcon à cause de son somnambulisme ; heureusement, elle est sauvée par Harding.

Mais l'ombre du vampire glisse sur le corps de Hutter, allongé sur le lit, les yeux fermés.

Ellen, que ses protecteurs ont couchée sur son lit, s'assoit en criant : « Hutter ! » Nosferatu s'arrête et tourne la tête. Il semble voir les bras tendus d'Ellen suppliante. Il renonce alors à sa proie et s'en va... Ellen, soulagée, s'endort. Le docteur Sievers déclare : « Ce n'est qu'une légère congestion sanguine. »

Le narrateur déclare alors : « Je sais maintenant que cette nuit-là, le rapace nocturne s'était emparé de son âme. Déjà, Nosferatu avait déployé ses ailes. »

Le lendemain, Hutter parcourt le sinistre château et découvre Orlok dormant dans son cercueil plein de terre. Il fuit. Le soir, il voit par la fenêtre, dans la cour du château, Orlok charger de nombreux cercueils remplis de terre sur un chariot. Il se couche dans le dernier et referme le couvercle sur lui. Toute cette scène est tournée en accéléré. Puis, Hutter fuit grâce à une corde fabriquée avec des draps. Les cercueils poursuivent leur voyage sur un radeau qui descend le fleuve vers la mer (« le fleuve ne sait pas quel horrible fardeau il descend dans la vallée »), puis sont chargés au port sur un navire : le deux mâts « Empusa ». Hutter est recueilli dans un hôpital.

En alternance, on voit des scènes de l'embarquement, du voyage des cercueils pleins de terre et de rats et un enseignement du professeur Bulwer qui étudie les secrets de la nature et leurs surprenantes analogies dans la vie humaine. Notamment, le professeur Bulwer, relate à ses élèves l'existence d'une plante carnivore particulièrement cruelle. C'est avec des frissons d'horreur que les élèves observent les mystères de la nature.

La plante carnivore se referme sur une pauvre mouche dont on voit l'agonie au travers des longs cils. « Comme un vampire n'est-ce pas ? »

L'approche de l'égorgeur Nosferatu plonge le marchand de biens Knock dans les ténèbres. Le patient est enfermé à l'asile du docteur Sievers. Dans sa cellule, Knock attrape les mouches et les gobe vivantes ! « Le sang c'est la vie ! « Crie-t-il en se jetant au cou du docteur pour l'étrangler. Le gardien les sépare.

Ellen attend (qui ? Hutter ou Nosferatu ?) au milieu des dunes parsemées de croix, face à la mer. Harding et Ruth lui apportent la lettre de Hutter (qu'il avait écrite au château après sa première nuit avec le comte Orlok). Ellen est habillée en noir, tache de deuil au milieu des dunes claires. Scène très symbolique : les croix représentent les marins morts en mer (ou les victimes de Nosferatu) comme l'indique le journal de Mina dans le roman de Stoker...

Là-bas, Hutter, malgré sa grande fatigue, se lève de son lit d'hôpital et entame un nouveau voyage pour rejoindre sa jeune épouse.

Le voilier maudit vogue vers Wisborg. Un montage extraordinaire et de magnifiques plans suggèrent (rappelons que c'est un film muet !) la monstruosité que transporte ce bateau : parfois, le voilier traverse le champ de droite à gauche, d'autres fois, la caméra s'approche lentement et le voilier sort du champ lorsqu'il est en gros plan ; souvent, la caméra filme l'avant du navire à partir du pont avec un tangage extraordinaire... Ces vues alternent avec des images de Hutter en voyage...

Un moment, nous sommes dans la cellule de Knock. Le gardien balaie le local. Knock lui vole un journal qui dépasse de sa poche. Il lit : « En Transylvanie et dans certains ports de la mer Noire comme Warna et Gala, s'est déclarée une épidémie de peste. Les jeunes gens sont fauchés par centaines. Chez toutes les victimes, on retrouve les mêmes étranges blessures au cou dont l'origine est une énigme pour les médecins. Les Dardanelles ont été interdites à tous les navires susceptibles de véhiculer la maladie. »

Retour au bateau, ensuite à Hutter traversant un torrent à cheval, de nouveau au bateau. Un à un les matelots meurent de la peste. Nosferatu s'est occupé d'eux. Bien-

tôt, il ne reste que le capitaine et le premier maître. Les deux hommes cousent le dernier cadavre dans un drap avant de le jeter à la mer. Le premier maître descend dans la cale. Il brise le couvercle d'un cercueil avec sa hache. Des rats sortent de partout. Il ouvre le cercueil d'Orlok. Celui-ci, dans une scène célèbre, se place lentement à la verticale, ses grands doigts griffus croisés sur son corps tout raide, ses talons restant dans le cercueil. Le marin est terrorisé. Il remonte sur le pont et se jette à la mer. Seul le capitaine reste à bord. Il s'attache à la barre. Nosferatu monte lentement de la cale et s'approche de lui, effrayant.
« Le navire de la mort avait un nouveau capitaine ! » S'exclame le narrateur.
Le navire s'approche de Wisborg et Hutter aussi.
Le navire accoste, Knock jubile (« le Maître approche... »), Hutter arrive...
Ellen se précipite. Knock assomme son gardien et s'enfuit. Nosferatu sort du bateau, un cercueil sous le bras. Hutter rentre chez lui et embrasse Ellen. Nosferatu passe devant chez eux. Il rejoint sa « maison » en face de celle d'Ellen...
Le narrateur : « J'ai longtemps cherché à comprendre pourquoi Nosferatu était venu avec des cercueils pleins de terre. Et j'ai découvert que les vampires ne pouvaient tirer leur pouvoir diabolique que de la terre maudite dans laquelle ils ont été ensevelis. »
Les autorités visitent le navire et trouvent le cadavre du capitaine attaché à la barre. Ils prennent connaissance du drame par le journal de bord et surtout du danger qu'ils courent tous : la peste !
C'est l'épidémie !
On marque d'une croix blanche tracée à la craie les portes des maisons où la maladie a frappé. Des hommes portant des cercueils circulent continuellement dans les rues.
Ellen lit le livre sur les vampires ramené par Hutter : « Il n'y a aucun moyen d'échapper au vampire. À moins qu'une femme pure de tout péché n'offre son sang au vampire et lui fasse oublier le premier chant du coq. »
À la lecture de ce texte, Ellen semble prendre une décision... Hutter arrive. Elle se jette dans ses bras et montre la maison de Nosferatu en face, de l'autre côté du canal. « Je le vois là, chaque soir... ! » Hutter regarde, Ellen pleure.
Un homme allume les lampes à gaz dans la rue : la nuit tombe.
« La peur rôdait dans toutes les rues de la ville. Qui était encore sain ? Qui était déjà malade ? »
Hutter va chercher le docteur Sievers. Ellen reste seule. La bonne, profondément endormie ne répond pas à ses appels. Dans la rue, des hommes nombreux portent des cercueils.
« La ville terrorisée cherchait une victime expiatoire. Ce fut Knock. » Une folle course-poursuite s'engage entre les gens et Knock, d'abord dans les rues de la ville et ensuite dans la campagne. Les gens croient voir Knock dans un épouvantail...
Ellen brode une inscription sur une nappe : « Ich liebe dich « (je t'aime...)
Plusieurs plans alternent : Nosferatu, presque pitoyable dans sa lividité malfaisante, est vu de l'extérieur à sa fenêtre ; la poursuite de Knock ; Ellen se lève de son lit et va à sa fenêtre ; elle l'ouvre en invitant ainsi Orlok... Nosferatu sort de sa maison maudite. Hutter est réveillé par Ellen qui lui dit : « Va chercher Bulwer ! « Hutter sort. Ellen s'approche de la fenêtre. Nosferatu s'approche. Son ombre glisse sur les

murs de l'escalier, s'approche de la porte de la chambre d'Ellen. Hutter réveille Bulwer. Knock a été repris.
Plan fixe sur le lit d'Ellen. De l'autre côté, accroupi, sa tête monstrueuse dépassant de celle d'Ellen qu'il tient de sa grande serre griffue, Nosferatu suce le sang de la jeune femme. Le chant du coq retentit. Nosferatu relève la tête, inquiet...
Knock s'agrippe à la fenêtre de sa cellule, terrorisé : « Le maître ! Le maître ! »
Hutter et Bulwer se rendent chez Ellen. Au travers de la fenêtre de celle-ci, alors que Nosferatu suce toujours son sang, le soleil éclaire le haut de la maison du comte Orlok.
Plan général de la chambre : Nosferatu, sa main toujours posée sur la tête d'Ellen lève son regard vers la fenêtre ouverte au travers de laquelle on voit le pignon de la maison maudite éclairé par le soleil. Nosferatu se lève (on voit son reflet dans le miroir placé à côté du lit). L'astre du jour éclaire de plus en plus la maison d'en face. Nosferatu pose la main gauche sur son cœur. Il passe devant la fenêtre : un rayon de soleil l'atteint ; son corps se dissout dans l'air. Il ne reste plus qu'une fumée au-dessus de la flaque lumineuse sur le plancher.
Knock, ligoté sur le lit de sa cellule : « Le maître est mort ! »
Ellen reprend connaissance dans les bras de Hutter juste arrivé et retombe. Bulwer reste dans le couloir (il n'a servi à rien, contrairement à Van Helsing...)
Le narrateur : « Et, en vérité, à ce moment même, la grande épidémie s'éteignit et l'ombre de l'oiseau de mort s'évanouit avec les premiers rayons victorieux de l'astre du jour. »
Plan sur le château d'Orlok en ruines.
Fin.

Voilà toute l'histoire de Nosferatu. Elle diffère sur bien des points de l'histoire de Dracula racontée par Stoker. Il n'y a pas les trois vampires femmes constituant le harem de Dracula ; pas de séduction de Hutter ; pas de vampirisation de l'amie d'Ellen-Mina (Lucy). Le comte est une créature du diable et non pas un mort-vivant. Sa morsure ne transforme pas sa victime en vampire, mais lui donne la peste (sauf à Hutter, nous l'avons vu ; mais Werner Herzog mettra bon ordre à cette faille du scénario...). Henrik Galeen, le scénariste, n'a pas inventé le phénomène de la peste amenée par le vampire. Ce phénomène était relaté par les chroniques de l'époque. Ainsi, Michaël Ranft, auteur en 1728 d'un rapport sur *La Mastication des morts dans leur tombeau* cite le récit suivant : « *En l'an 1572, la peste se répand dans toute la Pologne. Le cadavre d'une femme est transporté depuis le village de Rhezur jusqu'aux faubourgs de Leopoldstadt pour y être enseveli près du sanctuaire de l'exaltation de la Croix. La peste ne tarde pas à sévir dans les maisons voisines. Les gens chargés des funérailles soupçonnent que la femme était une sorcière. Le cadavre est exhumé ; on le trouve complètement nu. On en déduit que la femme a dévoré ses vêtements. On lui coupe la tête avec une bêche et on l'enterre à nouveau. La peste cesse ipso facto.* »
La seule motivation d'Orlok est de semer la mort sur son passage... Il ne meurt pas par un pieu enfoncé dans le cœur ou la tête tranchée, mais parce qu'une pure jeune femme le retient jusqu'au lever du jour. Murnau développe l'idée des deux mondes : celui du bien et celui du mal, de l'ombre et de la lumière. Pitoyable est Nosferatu,

être du monde des ténèbres condamné, pour vivre, à semer la mort. Alors, la non-mort est-elle éternelle ? C'est la nouvelle question que pose Werner Herzog dans son *Nosferatu, Phantom der Nacht*,

Nosferatu, fantôme de la nuit.

Herzog, qui réalisa ce remake en 1979, en hommage au film de Murnau, a vu dans cette œuvre une prémonition de l'œuvre de mort du nazisme. Peut-être... À chacun d'y voir ce qu'il veut bien y voir. C'est en tout cas une œuvre puissante, effrayante. Comme c'est un film muet, les textes et l'image prennent toute leur importance. Ce film eut une légende : on a dit et raconté que l'acteur qui joua Nosferatu n'existait pas... Heureusement, Max Schrek, un grand acteur existait bien. Ce film eut un grand succès en France (les Allemands étaient alors occupés par leur histoire...) Les surréalistes furent enthousiasmés. Pour rendre hommage à Murnau, Herzog a presque parfaitement respecté le scénario de Henrik Galeen. Il a même, en hommage, purement reproduit certaines scènes. Klaus Kinski est remarquable dans le rôle de Nosferatu (ici, il s'agit du comte Dracula), pitoyable dans sa quête de la mort. Le maquillage a respecté l'apparence du comte Orlok : longs doigts griffus, crâne chauve livide surmontant un visage cadavérique, de la petite bouche rouge duquel dépassent les deux petites dents pointues serrées sur le devant. La jeune femme (Lucy Harker dans ce film) qui viendra à bout du monstre en y perdant la vie est interprétée par Isabelle Adjani. L'horreur, c'est l'épidémie de peste. L'approche de la mort rend les gens hystériques : « *Approchez. Voulez-vous boire avec nous ? Nous avons la peste. Ainsi chaque jour qui nous reste à vivre est une fête.* »

Images magnifiques du château du comte (Jonathan parcourt à pied la distance entre l'auberge et le château de Dracula, contrairement à Hutter dans le film de Murnau), images somptueuses des quais et du bateau fantôme, images terribles de la peste. Herzog insiste beaucoup plus sur l'épidémie, car il y voit, bien sûr, nous l'avons noté, une symbolique politique. Lucy retiendra Nosferatu jusqu'au chant du coq, jusqu'à la vraie mort du vampire, sa disparition. Son jeune époux, attaché dans la pièce du bas prendra alors la relève, car vampirisé par Nosferatu, épargné par la peste, il est lui-même devenu Nosferatu, la mort éternelle... « *Il est toujours fécond le ventre qui engendra la bête immonde...* » Le professeur, jusque-là sceptique, contrairement au Van Helsing de Stoker, finit par être convaincu et monte dans la chambre où gît Dracula, terrassé par le chant du coq et lui enfonce un pieu dans le cœur. Du moins, on entend le « *TOC* » de la pièce de bois sur le plancher alors que la caméra nous montre Jonathan, prisonnier, enfermé dans un cercle d'ail. Geste inutile qui tue un mort et lui coûtera la vie. Lorsque le professeur descend avec le pieu ensanglanté à la main, Jonathan le dénonce aux autorités arrivées entre temps, comme l'assassin du comte Dracula. Ils l'arrêtent alors comme un criminel. Allégorie de celui qui entre trop tard dans la lutte alors que le rapport des forces n'est plus favorable... Échappé de la vie, échappé de la mort, le jeune vampire quitte la ville en chevauchant : « *J'ai beaucoup de travail à faire désormais...* »

Certaines critiques ont très mal accueilli cette belle œuvre, hommage à un chef-d'œuvre du cinéma. Je comprends que le point de vue de Werner Herzog puisse agacer. Mais c'est ainsi. Lisons une de ses déclarations : « *Nous appartenons à une génération orpheline de cinéastes privés de tout recours et ne pouvant s'appuyer sur aucune tradition. (Dans les autres pays)... une continuité culturelle a pu être assurée. En Allemagne, au contraire, il s'est produit un hiatus, un vide que rien ne viendra jamais combler. Mais il existe une certaine affinité entre notre cinéma actuel et celui des années vingt. Il ne s'agit pas tant d'une similitude de style que d'une attitude semblable en face de la réalisation, une façon commune d'envisager le cinéma comme un art, un moyen d'expression sérieux. »*

Nosferatu, eine Symphonie des Grauens (1922) Film allemand de Friedrich Wilhelm Murnau. Muet, noir et blanc. Durée 110 minutes. Prod. Varna Films. Sc. Henrik Galeen ; déc. et cost. : Albin Grau. Dir. Ph. Fritz Arno Wagner. Avec Max Schreck (Nosferatu, comte Orlok) ; Alexander Granach (Knock) ; Gustav von Wangenheim (Hutter) ; Greta Schrœder (Ellen) et G. H. Schnell, Ruth Landshoff, Gustav Botz, John Gottowt...

Nosferatu, Phantom der Nacht (1978) Film franco-allemand de Werner Herzog. Couleur. Durée 105 minutes. Interdit au moins de treize ans. Sc. Werner Herzog ; photographie : Jörg Schmidt-Reitwein. Déc. Henning von Gierke ; cost. Gisela Storch. Montage : Beate Mainka-Jellinghaus ; son : Harald Maury. Eff. sp. Cornelius Siegel. Mus Popol Vuh, Florian Fricke, Richard Wagner, Charles Gounod, Vok Ansambl Gordela. Prod. Werner Herzog et Filmproduktion Gaumont. Avec Klaus Kinski (comte Dracula) ; Isabelle Adjani (Lucy Harker) ; Bruno Ganz (Jonathan), Roland Topor (Renfield), et Jacques Dufilho, Walter Landengast, Dan Van Husen, Jan Groth, Cartsen Bodinus.

Vampyr

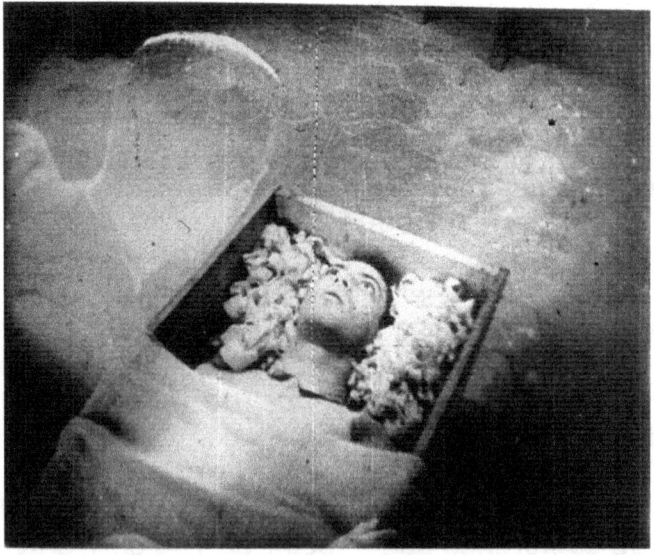

Ce film de Dreyer occupe une place fondamentale dans l'histoire du cinéma. Il fait le lien entre l'expressionnisme pur du *Cabinet du docteur Caligari*, expressionnisme des décors que Murnau a voulu dépasser avec *Nosferatu* et que Dreyer a développé avec ses cadrages et ses mouvements de caméra et le *Kammerspiel*[83]. Premier film parlant de Dreyer, les dialogues en sont presque inexistants et seule la musique joue un rôle dramatique qu'elle savait d'ailleurs déjà jouer dans le cinéma muet. Le cinéaste utilise des intertitres et, surtout, les pages d'un livre pour guider à la fois son héros et le spectateur dans le dédale de la quête de David Gray.

Carl Theodor Dreyer (1889—1968) est un grand réalisateur danois à la carrière internationale. Grand artiste à l'idéologie réactionnaire – son deuxième film *Pages arrachées au livre de Satan* est un pamphlet contre la Révolution française et le bolchevisme – il tourne en France ses deux chefs-d'œuvre : *La Passion de Jeanne d'Arc* et *Vampyr*, le premier étant considéré comme un des meilleurs films de l'histoire du cinéma. *Vampyr*, très controversé, y compris par les amateurs de fantastique, fut un échec et marqua une interruption dans la carrière de Dreyer.

Vampyr, à sa sortie à Berlin le 6 mai 1932, produisit de violentes discussions entre les spectateurs, les uns utilisant le quolibet et les autres manifestant un très grand enthousiasme. Voyons quelques critiques. Par le journal de gauche *Welt am Abend* qui développe sa critique sur l'angle politique, et non pas cinématographique : « *Le ratage est incontestable. Un travail sans intérêt, superficiel. Dreyer en tirera-t-il la leçon ? Une modification de sa position idéologique en serait la condition.* » Par contre, le quotidien spécialisé *Film-Kurier* présente une autre appréciation : « *Le film de Dreyer est [...] une œuvre d'avant-garde, discutable dans ses détails, mais qui dans l'ensemble reste une tentative audacieuse et novatrice, à savoir, l'ambiguïté mélodramatique juxtaposée au plus pur expressionnisme cinématographique.* » Et, le même journal affirme que « *Dans le monde réel du récit, Dreyer fait entrer le sentiment de l'irréel, qui dissout l'espace et le temps. Il bat tous les surréalistes français.* » À sa sortie en France, le 23 septembre 1932, Francois Mazeline, dans *L'ami du peuple du soir*, écrit : « *Le criminel de Lang relevait de l'asile. Celui de Carl Dreyer entre en enfer.* » Bel hommage, non ?

Enfin, pour compléter cette présentation du film et de son réalisateur, je voudrais citer Dreyer lui-même, citations rapportées par Philippe Parrain (Études cinématographiques N° 53/56). « *Imaginez que nous soyons assis dans une pièce ordinaire. Tout à coup, l'on nous dit qu'il y a un cadavre derrière la porte. En un instant, la pièce où nous sommes assis est totalement modifiée ; tout ce qui s'y trouve a pris un autre aspect ; la lumière, l'atmosphère ont changé, quoiqu'elles soient physiquement les mêmes. C'est que nous avons changé, et les objets sont comme nous les concevons. C'est l'effet que j'ai voulu obtenir dans mon film...* » Et « *dans une telle atmosphère, l'effet maximum est atteint avec un objet banal : la faux, au début du film ; le cigare*

---

[83] Le *Kammerspiel* est une école cinématographique allemande des débuts du cinéma, école qui s'opposa à l'*expressionisme*. La première manifestation du *Kammerspiel* fut de supprimer tous les sous-titres, le spectateur devant deviner la psychologie des personnages par le moindre de leurs petits gestes. Le *Kammerspiele* est « *intimiste, psychologique [...] Il comporte de préférence un nombre limité de personnages se mouvant dans une ambiance quotidienne.* ». (D'après *L'écran démoniaque de Lotte H. Eisner* – Ramsay). *Kammer* en allemand signifie "chambre" et *spiel* "jeu".

que le docteur allume en face de la bière où repose David Gray, plus macabre que tout autre dispositif de mise en scène. »

Bien que plein d'admiration pour la prodigieuse étude de Philippe Parrain sur Dreyer, je ne partage pas l'affirmation suivante concernant le film : « *Vampyr est bâti à partir du plan général. S'il y a de nombreux plans (notamment les intérieurs) moins larges, il n'en est pas moins vrai que l'image-clé du film est celle de David marchant dans la campagne dans sa quête obscure : sur cette route, les scènes d'intérieur ne constituent que des étapes.* » Non ! Parmi ces dernières, il y a celles qui constituent au contraire la deuxième image-clé du film, celle de la porte qui s'ouvre sur David (ou un autre personnage) qui tente ainsi d'accéder à la compréhension intérieure de sa quête... L'un ne va pas sans l'autre, et le cadrage de l'image par les portes et fenêtres est le pendant du plan général, d'ailleurs souvent très flou...

En effet, ce qui caractérise le film de Dreyer, ce sont d'abord les décors naturels – il est ainsi la continuité du *Nosferatu* de Murnau – et ensuite le cadrage qui prend une importance considérable. Dreyer ne semble pas vouloir se contenter du cadre « naturel » de la pellicule, il en rajoute : Gray est toujours surcadré par une ouverture : porte-fenêtre, fenêtre, regard du couvercle du cercueil... Le récit est littéralement ponctué par l'ouverture et la fermeture de portes qu'utilisent tous les personnages, mais le plus souvent Gray. Ce rythme soutenu (près de soixante-dix plans comportent une ouverture ou fermeture de porte) est brusquement brisé par le passage du cercueil de Gray par la porte de la maison du docteur. Ce plan n'est suivi que par quatre plans de portes. La dernière que l'on voit, est une porte grillagée qui enferme le docteur étouffé par la farine qui tombe sur lui.

Toute l'action se déroule en une nuit, mais elle est tournée en plein jour, les nombreuses chandelles allumées par les personnages ne changeant absolument rien à l'éclairage, effet certainement voulu pour montrer que rien ne les éclaire sur leur situation. Un seul plan est traité différemment, celui du docteur passant une porte, une bougie à la main, l'éclairage étant calculé pour que l'environnement soit obscur et que seul le personnage soit éclairé par la bougie... Dans ce film d'ombres et de lumières, les ombres et les reflets dans l'eau prennent leur autonomie. Et c'est après eux que se déroule la quête de David.

Pourquoi cette orthographe curieuse de *Vampyr* ? Lorsqu'on lui a posé la question, Dreyer a simplement répondu qu'il avait écrit vampire avec un « y » pour faire plus étrange.

Le film a été financé par le Baron Nicolas de Gunzburg, qui joue le rôle de Gray sous le pseudonyme de Julian West.

La version de *Vampyr* que je présente ici est allemande. Le personnage principal s'y appelle Allan Gray. Au générique, l'orthographe de son nom est une fois *Grey*. Nous nous en tiendrons à *Gray*.

Vampyr
Der Traum un Allan Grey
(Le rêve d'Allan Grey)

Le film commence par un intertitre : « L'aventure d'un jeune homme passionné par l'étude des superstitions et la légende des vampires (orthographié Vampyr en allemand). Ses occupations l'entraînaient dans un monde où le réel et le surnaturel se côtoient. Un soir, le hasard le conduisit dans une auberge isolée près du village de Courtempierre. »

Au bord du fleuve, un filet sèche sur un poteau. Allan Gray entre dans le champ par la droite. Il porte des instruments de pêche sur l'épaule. Léger travelling arrière.

Gros plan de l'enseigne de l'auberge vue à contre-jour : un dragon volant... (Le film est vaguement inspiré de la nouvelle de Sheridan Le Fanu : « La chambre de l'auberge du dragon volant »)

À l'intérieur de l'auberge, le bar est désert. On aperçoit, au fond, une porte vitrée qui cadre l'arrivée de Gray. Il essaie d'ouvrir : c'est fermé ! Il se penche vers la caméra et frappe à la vitre de la main droite. Il recule, regarde en l'air et sort du cadre de la porte par la droite.

Travelling extérieur sur le toit et plongée sur une autre porte-fenêtre éclairée de l'intérieur. Le voyageur entre dans le champ par la droite, de dos, toujours avec son matériel de pêche. Léger travelling arrière montrant une échelle posée à côté de la porte-fenêtre. Gray s'approche et s'apprête à frapper aux vitres lorsque la lumière s'éteint. Gray s'écarte à reculons et regarde en l'air.

Vue sur le toit, entre deux cheminées, une lucarne s'ouvre, le bras et la tête d'une femme apparaissent. Elle dit : « Faites le tour ». La lucarne se referme.

Nous sommes de nouveau à l'intérieur du bar, mais à un autre endroit, on voit la porte vitrée sous un autre angle. Gray entre par la droite dans le cadre constitué par la vitre. Il est flou... Il attend et regarde sur la gauche.

Vu de dos, un homme avec un grand chapeau tient une énorme faux. Il s'éloigne pour rejoindre la berge du fleuve.

Gray, toujours vu de l'intérieur, tourne la tête pour regarder vers nous. Vue de dos, une femme entre dans le champ par la gauche, rejoint la porte et ouvre.

L'homme à la faux qu'il tient sur l'épaule, en plan rapproché, agite une cloche que l'on entend tinter.

Gray marche, vu de profil à l'intérieur de l'auberge. Il tient son matériel de pêche de la main gauche et passe devant un fusil pendu au mur, passe une porte, tournant le dos à la caméra qui reste en deçà de la porte, le montrant enlevant son chapeau. La caméra entre et le suit.

Le moissonneur (la Mort ?) agite la cloche au bord du fleuve.

Vue de dessous une échelle, l'image présente un mur nu. Gray y entre par la droite émergeant d'une porte vue de profil. Il tient ses cannes à pêche de la main gauche et son chapeau de la droite. Il regarde en haut de l'échelle alors qu'une femme tenant une bougie le suit, émergeant de la même porte.

Le bac accoste à l'embarcadère à côté de la cloche. Le moissonneur (avec sa faux) monte à bord.

Précédé de la femme qui sort immédiatement du champ, filmé de face, Gray entre dans une nouvelle pièce en franchissant une porte dont on voit le battant ouvert. Mouvement tournant de la caméra qui balaie le dos de la femme, puis suit Gray de profil lorsqu'il passe devant l'armoire de la chambre, pose ses affaires et se tourne vers les spectateurs. À sa droite, une grande fenêtre, des rideaux et une lampe de chevet. Il allume une bougie.

La femme tenant sa bougie se tient dans l'encadrement de la porte : « Bonne nuit », dit-elle et ferme la porte devant la caméra.
Gray, de profil devant la fenêtre allumant la bougie répond : « Bonne nuit ! » et se dirige vers la fenêtre.
Le moissonneur est vu de face, assis dans le bac, appuyant son bras sur la poignée horizontale de la faux tenue verticale. On distingue mal son visage encadré par la lame courbe de la faux.
Gray, de dos, regarde par la fenêtre.
Le moissonneur cadré différemment : la tête en bas à gauche et la lame de la faux en haut à droite.
Gray, filmé de dos, baisse les rideaux et fait le tour de la pièce. Il voit un tableau.
Gros plan sur ce tableau avec la bougie en premier plan : une femme pleure et s'essuie le visage avec un mouchoir ; un prêtre donne l'absolution à un mourant ; la mort (représentée par un squelette) se tient derrière le lit.
Gray entend parler fort.
Il écoute en tournant la tête et pose la bougie devant lui, s'approche de la porte, l'ouvre. La caméra le suit de dos lorsqu'il va dans le couloir et monte un escalier.
Magnifique plan-séquence : gros plan en plongée sur le haut d'une porte qui s'ouvre et sur un vieillard qui sort. Gray, vu de face cette fois, fuit en descendant l'escalier, retourne fébrilement dans sa chambre, referme la porte et sort du champ par la gauche. Travelling avant sur la serrure. La main de Gray entre dans le champ et tourne la clé à double tour.
Intertitre : « Un étrange clair de lune donnait aux ombres une apparence irréelle. Allan Gray sentit l'angoisse l'envahir. La peur le poursuivait dans ses rêves. »
Une séquence de plans alternés montrant l'enseigne de l'auberge à contre-jour, Gray couché et la clé de la serrure de sa chambre, puis la porte qui s'ouvre laissant entrer un vieil homme. Gray, éveillé, interroge : « Qui êtes-vous ? » L'homme qui n'est qu'une ombre va ouvrir le rideau. Debout, au milieu de la pièce, en plan américain, il lève la main, s'approche du chevet et dit : « Il ne faut pas qu'elle meure, vous entendez ? » Plans alternés de Gray et du vieux.
Il s'approche de la table et se penche pour écrire sur une enveloppe ficelée : "Ouvrir après ma mort".
En ombre chinoise, il quitte la chambre. Gray, toujours couché allume une bougie, et se lève. Il va lire l'inscription sur le paquet.
Intertitre : « Quel terrifiant secret lui était-il confié ? Il sentit qu'une âme en péril l'appelait à son secours. Il ne put résister à cet appel. »
La caméra suit Gray qui sort de sa chambre, puis de l'auberge en empruntant la porte vitrée du bar. La caméra reste à l'intérieur lorsqu'il referme derrière lui et sort du cadre de la vitre par la gauche.
L'enseigne.
À la surface de la rivière court un reflet, tête en bas, sur l'autre rive. Sur cette berge, Gray entre dans le champ par la gauche et observe le reflet. (Un reflet sans original reflété...)
L'enseigne.

Une ouverture rectangulaire dans un mur d'enceinte avec la rivière en second plan. Gray entre dans ce cadre par la gauche.

Plusieurs plans alternent : l'ombre d'un fossoyeur qui creuse, mais l'image se déroule à l'envers, des ombres fuient le long des murs, travelling sur la bâtisse aux vitres cassées, Gray entre (toujours cadré par une porte) et aperçoit l'ombre d'un homme à la jambe de bois. Elle s'éloigne, monte une échelle, Gray à sa poursuite, une vieille femme entre dans le champ (un couloir en enfilade) par la droite, l'ombre de Gray s'éloigne à sa vue.

L'ombre du fossoyeur avec le temps qui se déroule à l'envers.

Magnifique plan-séquence : cadrage par une ouverture étroite dans un mur blanc, au travers duquel on aperçoit Gray baissé qui regarde par une autre lucarne. Il se lève et quitte ainsi ce cadre. Léger pivotement de la caméra qui se cadre sur une deuxième ouverture, Gray y est montré après qu'il a passé une porte en se baissant, monte quelques marches et regarde au travers de cette ouverture.

Plans alternés : un garde-chasse dort sur un banc, l'ombre à la jambe de bois s'approche et pose un fusil – Gray regardant au travers de l'ouverture.

Plan-séquence : On entend un appel et le garde-chasse se lève en prenant son fusil (ce n'était donc pas seulement une ombre ?) suivi par l'ombre à la jambe de bois qui est donc redevenue son ombre et sort du champ. La caméra s'attarde sur une ouverture de laquelle émerge la tête de la vieille. Le garde-chasse entre de nouveau dans le champ et la vieille lui parle sans que l'on comprenne le sens de ses paroles.

Plusieurs plans montrent Gray regardant, la vieille dans la maison du docteur au mur de laquelle sont accrochées des roues. Image sur l'ombre du fossoyeur.

Deux plans-séquences montrent d'une part Gray qui découvre un atelier où l'on fabrique un cercueil et où il voit une pancarte avec l'inscription : Docteur, et d'autre part, il entre dans un local où se trouvent des crânes, fioles, squelettes miniatures et livres anciens. Ces séquences comprennent, à chaque fois, le passage d'une porte.

Puis, plusieurs plans montrent l'arrivée du docteur (annoncée par un gros plan de sa main sur une rampe) et de la vieille femme dans cette pièce. La vieille donne au médecin un petit flacon dont l'étiquette comprend une tête de mort. Gray observe la scène.

Puis, il sort et court après des ombres dans les prés.

Intertitre : « Il se lança sur les traces de l'ombre fuyante et arriva à un château entouré d'un grand parc. L'homme qu'il avait vu à l'auberge habitait là, à l'écart du monde avec ses deux filles et quelques domestiques. »

Un plan-séquence nous montre un domestique passant une porte et la tête d'une jeune fille, en bas du cadre, le haut montrant une tapisserie. La jeune fille est couchée dans un lit.

Plans alternés : Leone est très souffrante bien que l'infirmière ait dit au domestique : « Les plaies sont presque guéries » – Gray arrive en courant – vu de l'intérieur au travers des fenêtres.

Très beau plan-séquence expressionniste : un rai de lumière au plafond, l'ombre d'une main qui ouvre la porte produisant cette lumière, cette ombre grandit et devient m'ombre d'un homme et d'un fusil qui est alors mis en joue, en bordure de la lumière une lanterne entre dans le champ.

Gray est vu de l'intérieur à travers la fenêtre et on entend un coup de feu.
Nombreux plans très brefs donnant un rythme élevé à l'action : Gray courant à l'extérieur, un domestique lui ouvrant la porte, ils courent vers le lieu où le coup de feu a été entendu, le corps bloque la porte, ils en empruntent une autre, un autre domestique descend l'escalier, l'infirmière arrive, Gray donne à boire au blessé avec une petite cuillère, une domestique entre, Gisèle (la sœur de Leone) descend l'escalier, les deux hommes transportent le corps, la vieille domestique demande à Gray de rester avec eux, on allume des chandeliers, passe des portes et on voit Leone fuir à l'extérieur !
Gray sort le paquet de sa poche et l'ouvre. Il s'agit du paquet sur lequel le vieil homme (qui vient de mourir) avait inscrit : « À ouvrir après ma mort ». Il contient un livre.
Vue sur la couverture du livre : « DIE SELTSAME GESCHICHTE DER VampyrE »
(L'étrange histoire des vampires)
Le livre s'ouvre sur la première page imprimée : « De tout temps, on a parlé de ces horribles démons nommés vampyrs. Des êtres malfaisants ne trouvant dans la tombe ni paix ni repos surgissent les nuits de pleine lune pour s'abreuver du sang des enfants et des adolescents afin de prolonger leur ignoble existence. Le Prince des Ténèbres est leur allié et leur octroie des forces surnaturelles. »
Plusieurs plans montrent que Leone a disparu.
Retour au livre : « Ces monstres de l'abîme recherchent les vivants et répandent parmi eux la souffrance et la mort. On n'échappe pas à leur emprise. Une morsure au cou comme celle d'un rat est le signe de la malédiction. »
Gray lit, Gisèle regarde par la fenêtre et voit Leone. Ils partent à sa poursuite. Plusieurs plans montrent la course des jeunes gens et l'attente des autres.
Plan général : au pied de deux arbres, Leone est allongée sur un banc, un bras pendant. La vieille femme est penchée sur elle, la bouche sur son cou. Elle relève la tête dans un geste animal. Plans alternés de Gray et Gisèle accourant et de la vampire s'éloignant. Elle sort du champ par la gauche.
Le vieux domestique et l'infirmière emmènent le corps de Leone à l'intérieur.
Un magnifique plan-séquence à partir de la caméra installée dans le salon montre l'arrivée des personnages et leur disposition dans les lieux, la montée de l'escalier vers les chambres et la peine éprouvée.
Page du livre : « L'innocent devient vampyr à son tour. »
Plans où l'on voit l'infirmière désinfecter les plaies sur le cou de Leone qui réclame la mort, puis rit avec un air mauvais.
Après de nombreux plans montrant l'attente des personnages, une voiture arrive, dont le cocher est saigné à mort...
Alors que Gisèle s'est assoupie, Gray poursuit la lecture du livre : « La puissance satanique des vampyrs règne sur les fantômes des condamnés à mort. Même des vivants peuvent tomber sous leur domination. En Hongrie, le médecin d'un village devint complice d'un vampyr et l'aida à perpétrer de multiples méfaits. »
Comme Leone va de plus en plus mal, on appelle le médecin... Plusieurs plans, portes ouvertes et fermées, montée d'escaliers montrent son arrivée, et il ausculte la

malade. Il prescrit une transfusion sanguine et demande à Gray, s'il est volontaire. Le docteur pratique la transfusion.

En attendant, le vieux serviteur s'est mis à lire le livre : « Dès que le vampyr a terrassé sa proie il essaie de la pousser au suicide pour livrer son âme au Malin. Car qui attente à ses jours est perdu à jamais. Les portes dorées du ciel lui sont fermées. »

Plans qui montrent le docteur et l'infirmière en activité.

Lecture du livre : « Qui pourra sonder les profonds mystères du monde des ténèbres ? Aussi étrange que soit l'existence du vampyr, plus étrange est encore sa destruction. Ces trépassés à la recherche de la paix éternelle doivent être tués pour que l'humanité soit délivrée.

Plans montrant la faiblesse de Gray après sa transfusion.

Lecture : « Comment les rendre inoffensifs ? Dans le village de Vrisilova où un vampyr sévissait sous l'apparence d'une vieille femme, on opéra de la manière suivante : on ouvrit la tombe à l'aube et on transperça son cœur d'un pieu pour fixer son âme odieuse au sol. Elle mourut pour de bon et le mauvais sort fut écarté. Au siècle dernier, une épidémie meurtrière fit onze victimes au village de Courtempierre. Les médecins lui trouvèrent un nom scientifique, mais la rumeur l'attribua à un vampyr. Beaucoup de gens croient que Marguerite Chopin enterrée à Courtempierre serait ce vampyr. Elle fut, toute sa vie durant, un monstre. À sa mort, l'Église lui refusa les sacrements. »

Plans montrant le vieux serviteur qui se lève et sort avec sa lampe, le médecin qui monte l'escalier, la tête de Gray qui dort.

Une main de squelette entre dans le champ par la gauche. Elle tient un flacon dont l'étiquette montre une tête de mort.

Une main entre dans le champ et secoue l'épaule de Gray qui se réveille.

Succession de plans : Leone prend le flacon de poison, le médecin entre et assiste à la scène, Gray entre et arrache le poison des mains de la jeune fille, il sort ensuite à la poursuite des ombres.

Après que Leone s'est plainte : « J'ai peur de mourir. Je suis damnée. Mon Dieu... » Le serviteur se lève et sort.

Dehors Gray court après les ombres. Il s'assoit sur un banc et s'endort. Il se dédouble, son corps restant assis endormi et son double court la campagne.

Le serviteur va chercher des outils.

Le double de Gray arrive à la maison du docteur dans laquelle il voit un cercueil et une inscription sur le couvercle : « Tu es poussière et tu retourneras en poussière ». Dans le cercueil, allongé les yeux exorbités, il reconnaît son propre corps ! Il s'approche d'une porte vitrée derrière laquelle il aperçoit Gisèle les mains liées au montant d'un lit... Il voit le médecin entrer et prendre une clé dans une pendule pour ouvrir la porte derrière laquelle est enfermée Gisèle.

Plusieurs autres plans montrent l'arrivée du garde-chasse avec des outils de charpentier

Le docteur allume un cigare devant le cercueil de Gray. Le garde-chasse saisit le couvercle avec l'inscription.

Plan-séquence terrifiant : la caméra filme la planche tenue par l'homme et qui se tient derrière et se dresse pour regarder à travers l'ouverture aménagée sur ce couvercle pour laisser voir la tête du mort. On aperçoit ainsi la sienne. Il penche la planche pour la poser, l'ouverture cadre ainsi son visage et le spectateur comprend qu'il voit la scène avec les yeux du mort dans le cercueil !

Tous les plans qui suivent sont filmés selon le point de vue du mort. Le croque-mort (le garde-chasse) fixe le couvercle dont l'ouverture sert de cadre.

Plan-séquence : l'image est toujours cadrée par l'ouverture du cercueil selon le point de vue du mort ; le croque-mort pose une bougie allumée sur le couvercle et sort du cadre. Une main avec de la dentelle au poignet entre dans le cadre et saisit la bougie, un visage entre dans le cadre : celui de la vampire. Elle scrute à travers la vitre.

Puis, toujours selon le point de vue du mort, succession de plans montrant le transport du cercueil vers le cimetière avec de longs travellings en contre-plongée du mur de la maison, du ciel et des arbres, de l'Église.

Le point de vue change, car on voit le banc avec Gray assoupi dessus et les quatre hommes portant le cercueil passant derrière. Leur image se dissout et Gray se matérialise en se réveillant.

Une succession de plans brefs montre le serviteur avec des outils sur la tombe de Marguerite Chopin, l'ouvrir, aidé ensuite par Gray, et enfoncer un pieu dans le cœur de la vieille femme qui devient un squelette.

Leone se redresse alors en souriant dans son lit. Elle expire ensuite l'âme en paix.

Vue du ciel avec rayons de soleil.

Vue plongeante sur la tombe que referme le serviteur. Inscription (en français) sur la pierre tombale : Marguerite CHOPIN – Dieu de bonté – donnez-lui le repos éternel.

Successions de plans montrant le médecin et son acolyte, effrayés par des éclairs et un monstrueux visage apparaissant à la fenêtre. Ils fuient. L'homme à la jambe de bois tombe mort dans l'escalier pendant que le docteur fuit à l'extérieur. Gray entre et délivre Gisèle.

Le docteur court vers la rivière et son moulin.

Il sera enfermé et étouffé par la farine que le vieux serviteur fera couler sur lui. Les plans de la mise à mort alternent avec ceux des rouages du moulin et du serviteur.

Pendant ce temps, Allan (ou David...) et Gisèle prendront le bac pour rejoindre le château.

Les cinq derniers plans : le docteur est étouffé sous la farine, seuls le haut de sa tête et son bras dépassent – Allan et Gisèle se promènent dans le parc – le docteur est dans la farine – les deux jeunes gens se promènent entre les arbres sous le soleil – les rouages du moulin s'arrêtent.

Vampyr. Der Traum des Allan Grey. (L'étrange aventure de David Gray) de Carl Th. Dreyer. Prod. Carl-Th. Dreyer, baron Nicolas de Gunzburg pour Tobis-Klangfilm-France. D'après le roman *In A Glass Darkly* de Sheridan Le Fanu. Sc. Carl-Th. Dreyer et Christen Jul. Déc. Hermann Warm, Hans Bittmann, Cesare Silvani. Phot. Rudolph Maté, Louis Née. Son : Dr Hans Bittman – Synch. Paul Falkenberg. Enr. Tobis-Klangfilm – Mus. Wolfgang Zeller. Julian West/baron Nicolas de Gunzburg (David Gray). Maurice Schutz (le châtelain), Sybille Schnitz (Leone), Rena Mandel (Gisèle), Henriette Gérard (Marguerite Chopin), Jean Hieronimko (le docteur), Albert Bras (le domestique), N. Babanini (sa femme), Jane Mora (la garde-malade).

La Monstrueuse parade (1932)

(Freaks)

La Monstrueuse parade est le chef-d'œuvre qui faillit coûter sa carrière à Tod Browning. On lui a reproché (plutôt, on l'a accusé) d'avoir utilisé comme comédiens de véritables "monstres" de foire. Les employés du studio étaient très gênés par les étranges créatures du film. Pourtant, rarement on aura vu un film aussi humain, car, en fin de compte, les vrais monstres, ce sont les deux personnes "normales" du cirque : les amants qui trompent et veulent tuer le nain qui est amoureux de la jeune fille qui sera cruellement punie... Tod Browning, surnommé l'Edgar Allan Poe du cinéma, connaissait bien le cirque pour y avoir travaillé longtemps avant de rentrer à Hollywood en 1914 pour être assistant de Griffith pour *Intolérance* (1916). Nous avons vu que Browning avait lancé Bela Lugosi dans le rôle de *Dracula* (1931), rôle initialement destiné à l'acteur fétiche de Tod Browning, Lon Chaney qui avait des ennuis de santé. L'acteur hongrois rejouera le rôle du vampire dans un autre film de Browning, *La Marque du vampire* (1935). Pour ce chapitre sur les chefs-d'œuvre, le choix ne manquait pas en ce qui concerne Tod Browning. Avec *L'inconnu* (1927) qui raconte comment un faux manchot (joué par Lon Chaney) décide de le devenir pour de bon afin de plaire à une belle écuyère (encore le monde du cirque...) qui finit par convoler avec quelqu'un d'autre, *Le Talion* (1928) et *Freaks* (1932), Browning est entré dans le Panthéon du cinéma.

La monstrueuse parade

« Nous ne vous avons pas menti, nous vous avons annoncé des monstres et vous avez eu des monstres. Ils vous ont fait rire... et trembler. Pourtant si le hasard l'avait voulu, vous pourriez être l'un d'eux. Ils n'ont pas demandé à naître, mais ils sont nés et ils vivent. Ils ont leur code, leurs lois. Offenser l'un d'eux, c'est les offenser tous. »

Le film débute par ce discours du montreur de monstres. Il emmène son public voir un autre monstre. Les personnes entourent un enclos. Le montreur de monstres est éclairé par le bas : « La plus extraordinaire, la plus monstrueuse créature de tous les temps. On l'appelait Oiseau de Paradis »...

La scène se déroule dans un cirque. Hans, le nain, fiancé à Frieda, est tombé amoureux de Cléopâtre, la trapéziste. D'entrée de jeu, une scène montre le mépris avec lequel cette belle femme traite le nain qui ne s'en rend pas suffisamment compte. Elle fait tomber sa cape, Hans la ramasse et elle se retourne en tendant ses épaules. Elle rit devant l'impuissance de Hans, de trop petite taille pour lui poser sa cape sur ses jolies épaules.

Hans : – Je vous fais rire ?
Cléo : – Non, monsieur (en français)
Hans : – J'en suis heureux.
Cléo : – Pourquoi rirais-je de vous ?
Hans : – Les grands rient de moi... Les petits n'éprouvent rien, selon eux.

Cléo s'accroupit, dos tourné devant Hans qui peut ainsi lui glisser sa cape sur les épaules. Frieda, la naine écuyère, assise sur son cheval a assisté à la scène. Elle est très malheureuse.

Deux promeneurs discutent de la présence des monstres dans les parages. L'un d'eux est très véhément ; il déclare notamment : « Il devrait y avoir une loi contre ces gens. On devrait les enfermer. » Ils voient alors les monstres jouer, heureux dans la nature. (Une des scènes célèbres dans l'histoire du cinéma...) Ils les chassent, mais madame Tetrallini leur explique qu'ils sont comme des enfants. Les deux hommes, propriétaires des lieux acceptent la présence des monstres.

Plusieurs scènes continuent à mettre en place les protagonistes : Cléo emprunte de l'argent à Hans, on voit passer Joséphine Joseph, mi-femme, mi-homme, Vénus abandonne son amant Hercule et retourne dans sa roulotte, Phroso le clown parle avec elle, les sœurs siamoises, Daisy et Violet, dont l'une va se marier avec le bègue Rosco (on verra plus tard, l'autre se fiancer avec Vajda).

Hercule qui passe devant la roulotte de Cléo se fait inviter par la jeune femme. Elle lui offre à boire et lui fait une omelette de six œufs... Ils s'embrassent fougueusement et Joséphine les regarde. Furieux, Hercule la frappe très durement.

Hans et Frieda se disputent...

Hans se ridiculise dans ses attentions pour Cléo. Il est la risée de tout le monde et, lorsqu'il se met en colère, il parle en allemand.

Diverses anecdotes : Rosco sermonne sa belle-sœur (une des sœurs siamoises) et lui reproche de trop boire le soir : « Je ne veux pas que ma femme se réveille avec ta gueule de bois. » L'homme-tronc s'allume une cigarette sans l'aide de personne.

Phroso le clown et Vénus s'embrassent : une idylle commence.

Frieda essaie de convaincre Hans qu'il se fourvoie : « Pour moi tu es un homme, pour elle tu es un jouet. » Hans a hérité une fortune et c'est Frieda, par maladresse qui l'apprend à Cléo. Celle-ci décide de se faire épouser par Hans et, ensuite, le tuera par empoisonnement.

Et là, héritage du muet, le seul intertitre du film : « Le repas de noces ».

Cléo verse du poison dans une bouteille de champagne millésimée en 1914. Chaque participant montre ses talents : avaleur de sabre, cracheur de feu... Cléo est ivre et ne sait plus se tenir. Hans subit de graves humiliations. Cléo embrasse Hercule devant lui...

Les monstres veulent faire de Cléo une des leurs. Pour cela, ils versent du vin dans une grande coupe et le font boire à chacun. Cléo reçoit la coupe des mains d'un nain. Elle semble étonnée et, soudain, s'écrie : Sales monstres ! Sales monstres ! Sales monstres ! Allez-vous en ! »

Elle continue à humilier Hans et Hercule le met sur ses épaules pour jouer au « cheval ». Dans la roulotte, Hans montre qu'il comprend tout, parle de divorcer et s'écroule inanimé. Les monstres ont tout observé...

Le médecin est appelé au chevet de Hans et diagnostique un empoisonnement à la ptomaïne. Il est donc sauvé de justesse.

Dehors, la caméra montre un extraordinaire tableau de famille des monstres qui observent Hercule. Vénus s'approche de lui et le menace de le dénoncer à la police.

C'est la nuit, et chaque monstre est posté de manière à pouvoir observer tout ce qui se passe. Cléo continue de « soigner » Hans avec du poison. Lorsqu'elle a donné à boire le poison avec une cuillère au nain et qu'elle tourne le dos, un vif mouvement de caméra montre Hans qui recrache le liquide dans un mouchoir... Il fait semblant d'être réconcilié avec Cléo. La caméra devient alors très mobile et le montage nerveux.

Un orage éclate dans la nuit : les monstres sont rassemblés et attendent.

Le cirque part, le convoi de roulottes roule sous la pluie. Dans celle de Cléo, où se trouvent quelques monstres amis de Hans, le nain réclame à la jeune femme la fiole noire, celle qui contient le poison. Hercule est sorti de sa roulotte et pénètre dans celle de Vénus en détruisant la fenêtre. Il est immédiatement suivi par Phroso qui vient au secours de la jeune femme. Il y a combat à mort entre les deux hommes. Très cruel, Hercule, bien plus fort que le clown, maintient le visage de ce dernier contre les flammes de la cuisinière. La roulotte de Hans bascule sur une grosse pierre. Le convoi s'arrête. Cléo s'enfuit et les deux hommes, tout en se battant, se retrouvent sous leur roulotte. Les nains volent au secours de Phroso et l'un d'eux lance un couteau contre Hercule qui lâche alors prise. Ils s'approchent et s'occupent de lui. Dans la forêt, sous la pluie battante, Cléo est poursuivie par d'autres monstres...

Retour au montreur de monstres du début : « Comment elle est devenue ainsi, mystère. Vengeance d'un amant jaloux ? Code des monstres ? La tempête ? Quoi qu'il en soit, la voici : » La caméra filme en plongée une créature, poule monstrueuse au visage humain qui pousse des cris de volaille...

Hans et Frieda se retrouvent ainsi que Phroso et Vénus...

Fin.

La Monstrueuse parade – Freaks (1932). Un film de Tod Browning. Inspiré de l'histoire de Tod Robbins *SPURS*. Sc. Willis Goldbeck, Leon Gordon – Dir. Ph. Merritt B. Gerstad Décors : Cedric Gibbsons, Merrill Pye – Mont. Basil Wrangell. Avec, Wallace Ford (Phroso), Leila Hyams (Vénus), Olga Baclanova (Cléopâtre), Rosco Ates (Rosco), Henry Victor (Hercule), Harry Earles (Hans), Daisy Earles (Frieda), Rose Dione (madame Tetrallini) et Daisy et Violet Hilton, Schlitze, Joséphine Joseph, Johnny Eck,

Frances O'Connor, Peter Robinson, Olga Roderick, Koo Koo, Randion, Marthe Morris, Zip et pip, Elizabeth Green, Angelo Rossitti, Edward Brophy et Mat Mc Hugh. Film en noir et blanc

La Fiancée de Frankenstein (1935)

James Whale a créé, pour le cinéma, le monstre le plus célèbre, la créature de Frankenstein, dans le film *Frankenstein* (1931) pour lequel il avait sollicité Bela Lugosi, celui-ci ayant refusé, ne voulant pas jouer le rôle d'un monstre. Ce fut donc Boris Karloff qui obtint le rôle et qui interpréta une inoubliable créature, jamais égalée. Le mythe de Frankenstein au cinéma a été traité dans un chapitre précédent, je n'y reviendrai donc pas. Dans le domaine du fantastique, James Whale a aussi réalisé *L'homme invisible* (1933) d'après l'œuvre de H. G. Wells. Le film qui nous intéresse ici, *La Fiancée de Frankenstein*, est le meilleur de Whale, bien supérieur au *Frankenstein*. C'est pourtant ce dernier qui fit la célébrité du cinéaste. Plusieurs scènes de cette suite de *Frankenstein* marquent l'histoire du cinéma, notamment, les homoncules de l'horrible Pretorius, la scène de la rencontre de la créature avec le joueur de violon aveugle et la rencontre de la créature avec sa "fiancée". La coiffure de cette dernière a beaucoup inspiré les parodies comme celle de Mels Brook. Enfin, Brian Yuzna a repris l'idée de la fiancée du monstre dans *Re-animator 2* qui se veut la suite de *Re-animator* (1985) de Stuart Gordon. Cette idée de fiancée pour le monstre est complètement absente du roman de Mary Shelley. Elle a pourtant été reprise souvent au cinéma, y compris avec un sens inversé dans *Frankenstein* de Banagh. Hitchcock rend hommage à ce film dans *Saboteur* (1942) avec la scène de l'hôte aveugle.

La Fiancée de Frankenstein

Le générique commence évidemment avec l'image de l'Universal : un avion (poussif) qui tourne autour du globe terrestre...

Une nuit d'orage : la caméra avance lentement vers un manoir isolé à peine aperçu dans l'obscurité. Changement de plan : vu de l'extérieur, un homme se tient debout devant une baie vitrée et regarde vers le ciel.

Chaude lumière, ambiance confortable avec feu dans la cheminée changent l'ambiance en même temps que la musique. Le même personnage déclare : « Voilà la splendeur du romantisme : au-dehors, les éléments sont déchaînés, et d'ici, nous les contemplons paisiblement. » Il marche vers la gauche et la caméra, en pivotant, fait entrer deux autres personnages dans le champ : une jeune femme qui fait de la broderie et un homme qui écrit. Le premier personnage se nomme lui-même : lord Byron, « le grand pécheur d'Angleterre » et présente M. Shelley, l'homme qui écrit, et ce dernier cite Mary (« qui est un ange » répond Byron). Il ajoute : « Vous qui craignez l'orage, vous avez écrit un conte qui m'a glacé le sang ». Mary : « La punition d'un mortel qui ose défier Dieu ».

Byron raconte alors l'histoire, et c'est l'occasion de présenter des extraits de « Frankenstein » (1931) avec les commentaires de Byron en voix off.

La scène du cimetière montre l'enterrement d'un mort et ensuite, la nuit, Frankenstein volant le cadavre dans sa tombe fraîche, détachant le pendu du gibet où il se balançait, Frankenstein l'alchimiste dans sa retraite où, à l'aide de cadavres, il crée un monstre si effrayant que seul un cerveau détraqué a pu le concevoir. Et tous ces meurtres : ce petit enfant noyé, Frankenstein précipité dans les flammes par le monstre qu'il a créé...

Retour au manoir, Mary s'est piqué le doigt avec son aiguille. Shelley trouve dommage qu'il n'y ait pas de suite au roman de la jeune femme. Si ! Il y en a une !

Mary raconte... Byron : « Ouvrez les vannes de l'enfer ! »

Près du moulin en ruines (à la fin de « Frankenstein »), le feu a fait son œuvre, la foule acclame l'effondrement du bâtiment en flammes.

Une vieille bigote (que l'on reverra souvent dans la suite) : « Ça bouge encore ! Il n'est pas complètement consumé ! » Une autre : « Le monstre n'est pas mort ? »

Henry Frankenstein est emmené inanimé au château. Le père de la petite fille assassinée par le monstre déclare : « Quand j'aurai vu ses os calcinés, je pourrai enfin dormir ! » Il s'approche des restes de l'incendie, une passerelle s'effondre et il tombe dans l'eau. Au fond, le monstre sort de l'ombre... et noie le pauvre père, puis remonte et jette la femme dans le trou. L'image montre la vieille bigote en plan américain, derrière elle, le monstre entre dans le champ par la droite. Elle se retourne, le voit et fuit en hurlant. Le monstre ne sait pas parler, il ne fait que pousser des grognements. (Toutes ces images sont très expressionnistes).

Frankenstein est ramené au château et Elisabeth l'accueille. La vieille bigote vient annoncer la nouvelle : « Il vit ! Le monstre vit ! » Frankenstein est allongé sur la table. Cette scène est montrée par un lent travelling qui suit la civière portée par des hommes, dans un plan général qui se rapproche. Il n'est pas mort : c'est encore la vieille bigote qui l'annonce en le voyant bouger.

Dans la chambre du blessé, Elisabeth s'inquiète auprès de Frankenstein de ses expériences. Elle a très peur. Un homme frappe à la porte du château. Minnie la servante lui ouvre. Il s'annonce comme le docteur Pretorius, que Frankenstein a connu lors de ses études. Il vient proposer une collaboration à Frankenstein et l'invite à venir voir le fruit de ses travaux.
Les deux hommes arrivés chez lui, il sert à boire et porte un toast « à un monde de dieux et de monstres ! » Il va chercher une longue boîte, ressemblant à un cercueil miniature. Il en sort des bocaux recouverts de tissus qu'il enlève pour dévoiler des « créatures charmantes ». En effet, ils contiennent chacun un être humain vivant miniature. Il y a le roi amoureux de la reine qu'il ne peut rencontrer dans son autre bocal, l'évêque, la danseuse et la sirène... Frankenstein : « Ce n'est pas de la science ! C'est de la magie noire ! » (Les effets spéciaux sont excellents). Pretorius : « Quittez les ossuaires. Suivez la voie de la nature ou de Dieu, si vous croyez la bible : il créa l'homme et la femme. » Frankenstein refuse, même quand Pretorius lui propose de créer une compagne au monstre.

Le monstre marche dans la forêt ; il boit dans une rivière alimentée par une belle cascade et voit son image terrifiante reflétée par la surface de l'eau. Il en est effrayé ! Il fait peur à une jeune bergère qui en tombe à l'eau du haut de son rocher. Il plonge pour la sauver, mais elle hurle de terreur. Deux chasseurs arrivent et tirent. Ils le blessent à l'épaule. Dans la ville, c'est la mobilisation générale sous la direction du Bourgmestre (l'équivalent du maire). La foule poursuit le monstre dans une futaie surréaliste, le rattrape et le fait prisonnier. Il est attaché comme une bête à un poteau et jeté dans une charrette. On l'enchaîne dans une cellule. Mais, il descelle facilement les anneaux auxquels sont fixées ses chaînes et démolit la porte. Il terrorise la population dans la ville.
C'est la nuit au camp de Tziganes, une femme a peur du monstre. Elle envoie son mari chercher du sel et du poivre. Après son départ, le monstre surgit, bouscule tout le monde et s'empare de la viande qui rôtit sur le feu. Mais il se brûle ! Il s'éloigne et entend une musique douce.
Un ermite joue du violon dans sa cabane. Le monstre s'approche. L'ermite entend son grognement de plaisir et sort en demandant : « Qui est là ? » Comme personne ne répond, il rentre et continue à jouer du violon. L'image le montre assis, de profil, le feu de cheminée projette son ombre sur le mur. À droite, une fenêtre au travers de laquelle on voit bouger le monstre qui regarde à l'intérieur. Il entre et l'ermite lui souhaite la bienvenue. Il est aveugle et s'en excuse ! Il le fait entrer, le soigne, lui donne à manger. Il est très heureux d'avoir un nouvel ami, alors qu'il ne rencontre personne depuis longtemps. Le vieillard comprend que le monstre ne sait pas parler. Ce handicap le rend solidaire avec lui : « Je ne peux voir et vous ne pouvez pas parler ! » L'ermite invite le monstre à se reposer. Il remercie Dieu. Alors que tous deux pleurent, le monstre allongé et l'ermite le visage posé sur sa poitrine, la main du monstre sur la nuque, en arrière-plan, le crucifix accroché au mur s'illumine. Le lendemain, l'ermite apprend au monstre à parler alors qu'il mange de bon cœur. Les chasseurs surviennent, voient le monstre et le charme est rompu. Il s'échappe et la maison de l'ermite brûle.

Il se réfugie dans une crypte et voit le cadavre d'une jolie femme. « Ami », dit-il en lui passant la main devant les yeux... Quelqu'un arrive... Il se cache dans un coin sombre. Pretorius et deux aides viennent chercher la morte, une jeune fille de dix-neuf ans. Après leur travail, les aides repartent et laissent Pretorius seul dans la crypte. Il s'installe avec un bon repas en compagnie d'un crâne et des ossements. Il rit aux éclats alors que le monstre sort de l'ombre. Pretorius offre au monstre le boire et le manger et lui annonce qu'il va faire une femme pour lui et l'invite, par allusion, à faire pression sur Frankenstein pour parvenir à cette fin. Le monstre rappelle qu'il a été créé avec des cadavres et ajoute : « Moi, aimer cadavres... Haïr vivants ! »
Pretorius se rend chez Frankenstein qui vient de se marier avec Elisabeth. Ce dernier refuse de reprendre ses expériences. Le monstre est venu pour faire pression. Il finit par enlever Elisabeth afin d'obliger Frankenstein à reprendre l'expérience.
Scènes de laboratoire, d'expériences. Le cœur à greffer est faible, il faut un autre cœur. Pretorius fait tuer une innocente passante. Il drogue le monstre pour avoir la paix. Le cœur est greffé alors que l'orage approche. Les cerfs-volants qui doivent attirer la foudre sont lancés et le « diffuseur cosmique » descendu (une espèce de montage d'anneaux...) C'est le même décor, le même escalier que dans « Frankenstein ». Après quelques péripéties, l'expérience réussit. La fiancée est habillée de blanc, sa grande chevelure possède une mèche claire en forme d'éclair de chaque côté. Le problème, c'est que lorsqu'elle voit le monstre, elle hurle de terreur ! Cela le désespère complètement. Il veut tout détruire et s'approche du levier qui peut tout faire exploser. Elisabeth qui s'est échappée appelle Frankenstein. Le monstre lui dit : « Pars ! Toi... vivre... » Et à Pretorius : « Toi, rester ! Nous... appartenir à la mort... » Et il baisse le levier. La tour explose. Elisabeth et Frankenstein sont sauvés !
Fin

La Fiancée de Frankenstein (1935). (Bride of Frankenstein). Un film de James Whale. Prod. Carl Lamemmle Jr. D'après le roman de May Shelley, adapté par Wiiliam Hurlbut et John Balderston. Déc. Charles D. Hall – Dir. Ph. John J. Mescall. Eff. Sp. John P. Fulton, Mus. Franz Waxman conduite par Bakaleinikoff. Mont. Ted Kent. Avec, Boris Karloff (le monstre), Colin Clive (Henry Frankenstein), Valerie Hobson (Elisabeth), Ernest Thesiger (Dr Pretorius), Elsa Lanchester (Mary Shelley), Gavin Gordon (Lord Byron), Douglas Walton (Percy Bysshe Shelley) et Una O'Connor, E. E. Clive, Lucien Prival, O. P. Heggie, Dwight Frye, Reginald Barlow, Mary Gordon, Ann Darling, Ted Billings. Film noir et blanc
 Et, pour parodier le générique du film *Frankenstein* qui posait la question au début : qui joue le monstre ? , ici, une autre question est posée : qui joue la fiancée du monstre ? Tout le monde aura reconnu Elsa Lanchester qui joue également Mary Shelley...

Rendez-vous avec la peur

Lorsque paraît *Rendez-vous avec la peur*, le réalisateur français Jacques Tourneur a déjà réalisé deux chefs-d'œuvre de cinéma fantastique : *La Féline* (1942), *Vaudou* (1943). Le titre anglais de *Rendez-vous avec la peur* est *Curse of the demon* ; il est tiré d'une nouvelle de Montague Rhodes James : *Sortilège* (1905). C'est un film particulier dans l'histoire du cinéma fantastique, car il n'est pas tiré d'une de ces machines littéraires de fiction comme *Dracula* ou *Frankenstein*. Jacques Tourneur est le spécialiste de la terreur issue de l'hors-champ. Il suggère ce qui se passe en dehors de l'image en jouant magnifiquement avec l'imagination du spectateur. Il a également parfaitement fait fonctionner son art dans *Rendez-vous avec la peur*. Si l'on voit le monstre (le démon) dans le film, c'est parce que la production l'a ajouté, contre la volonté du cinéaste. Ce qui affaiblit considérablement son propos...

Rendez-vous avec la peur

Prologue commençant avant le générique et se poursuivant pendant, dit par une voix off alors que l'image montre un champ de monolithes, dolmens et menhirs :
« Depuis l'aube des temps, il est écrit, et ces vieilles pierres (plan rapproché en contre-plongée sur un menhir) en témoignent, qu'il est des êtres mauvais vivant dans l'ombre surnaturelle. » Autre plan en contre-plongée sur deux dolmens.
« La tradition dit : l'homme utilisant le pouvoir des caractères runiques peut évoquer les noires puissances... » Autre plan : vue de l'intérieur du champ de dolmens.

«... Que sont les démons de l'enfer. » Vue générale du champ de monolithes.
« À travers les âges, l'homme a craint et vénéré ces créatures. Il a pratiqué la sorcellerie. Le culte du diable existe encore de nos jours. »

Une voiture fonce dans la nuit. Ses phares éclairent la route de la forêt et les branches des arbres... Le conducteur affiche un air très préoccupé. La voiture arrive devant un portail monumental ouvert. Elle s'arrête et le conducteur regarde aux alentours, inquiet. Puis, il redémarre, entre dans la propriété et s'arrête devant une grande maison. Il frappe, on lui ouvre : « Je dois parler au docteur Karswell » dit-il. Mais le domestique prétend qu'il n'est pas là. Or, l'image a montré deux personnes, un homme et une vieille dame assis à une table dans une grande salle. Karswell s'approche, accompagné de sa mère. Le visiteur lui demande d'arrêter ses opérations et il avouera qu'il avait raison.
« Comment arrêter un torrent ? » Répond-il. Le nouveau venu déclare qu'il a laissé brûler un parchemin runique. Karswell a l'air satisfait... Il raccompagne le nouveau venu en lui disant qu'il ferait ce qu'il pourrait. La voiture retraverse le bois. À son arrivée, après qu'il a rangé l'auto dans son garage, le personnage, inquiet, voit au loin une forme fumeuse se constituer. Il remonte dans sa voiture, affolé et recule trop précipitamment en enfonçant un pylône électrique. Les fils tombent à terre. Il sort de sa voiture et tombe sur les fils. Gros plan sur le démon : un monstre ailé aux lourdes mâchoires pleines de dents pointues. Le monstre le déchiquette.
Retour à la maison de Karswell qui jette un journal dans la cheminée. Avant qu'il brûle, on peut lire le titre de l'article de la une : « Le culte satanique de Karswell sera dénoncé au congrès scientifique. »
Dans la cabine des passagers d'un avion, un homme (on comprend que c'est un psychologue qui se rend au congrès grâce au journal qu'il s'est mis sur le visage pour dormir à l'abri de la lumière, journal qui affiche sa photo). Derrière lui une jeune femme travaille. La lumière qui l'éclaire empêche l'homme de dormir...
À l'aéroport, le psychologue, le docteur Holden, est accueilli par Williamson, l'assistant du professeur Harrington. Les journalistes questionnent le docteur Holden sur les revenants... Dans une cabine téléphonique, la jeune fille de l'avion téléphone au... professeur Harrington, qui est absent... Holden apprend la mort d'Harrington par Williamson.
À l'hôtel, un homme, Mark O' Brien, regarde des gravures représentant des démons. Ces dessins ressemblent au monstre qui a tué le professeur Harrington. Mark O' Brien enquête sur Karswell et son culte et explique les difficultés de l'enquête. Ces gravures ont été dessinées par le meurtrier d'un témoin, un dénommé Hobart, auteur des dessins. Un Indien, le docteur Kumar, arrivé entre temps, déclare qu'il croit aux démons. Holden reçoit un coup de fil de Karswell qui lui demande d'abandonner son projet de faire un exposé sur ses activités.
Au British Museum. Vue plongeante sur la salle de lecture, puis Holden apprend que le livre « La vérité sur les démons », vieux de quatre cents ans a disparu. Karswell survient alors et lui propose d'en consulter un exemplaire ! Chez lui. Il l'invite en lui tendant sa carte et fait tomber les papiers d'Holden par maladresse. Il les ramasse et les lui rend. Il s'en va. Sa carte contient une menace inscrite : « Quatre jours de sur-

sis ». Le bibliothécaire revient et Holden lui demande s'il a vu Karswell. Il répond que non et ne voit rien d'inscrit sur la carte que lui présente Holden ! Effectivement, quand Holden reprend le carton, il n'y a plus d'inscription ! Il va faire analyser la carte dans un laboratoire, espérant que l'encre sympathique a laissé des traces chimiques... Puis, il se rend chez Harrington pour ses obsèques et y rencontre la jeune femme de l'avion. Elle s'appelle Joanna. Elle est la nièce d'Harrington. Elle veut parler à Holden et celui-ci lui propose de venir le voir à son hôtel.

Elle a trouvé le journal intime de son oncle. Il parle d'un parchemin runique qui a sauté de lui-même dans le feu. On lui a jeté un sort. Holden est sceptique ! Il traite la jeune femme avec condescendance. Elle, elle veut savoir la vérité. Le laboratoire téléphone à Holden qu'il n'y a aucune trace de produit chimique sur la carte de Karswell.

Ils décident de se rendre tous le deux chez ce dernier. Dans le parc, Karswell déguisé en clown fait des tours de magie à un public d'enfants. Chaque veille de Toussaint, il invite les enfants à une fête. Il dit aux visiteurs que c'était son ancien métier et il s'appelait « Bobo le magnifique ». Dans le parc, alors qu'Holden et Karswell parlent du livre « La vérité sur les démons », surgit une tête de mort au détour d'un tronc d'arbre : c'est un enfant maquillé ! Karswell essaie de convaincre Holden de la réalité de la magie blanche et noire. Pour le lui prouver, il déclenche une très violente tempête rien qu'en se concentrant un peu... Un éclair tombe sur un arbre proche et en fait tomber une branche. Tout le monde se réfugie à l'intérieur où Karswell prédit à Holden son décès pour le 28 à dix heures. Il lui reste trois jours à vivre ! Holden reste sceptique. Karswell : « Dommage que vous soyez si sceptique. Votre mental se désintégrera lentement. L'incertitude fera place à la crainte de la « chose » derrière vous ! La « chose » vous suit docteur Holden depuis le British Museum. » Holden reste sceptique. Ils rejoignent Joanna et la mère de Karswell qui regardent le livre des démons et Karswell renvoie ses visiteurs. Puis, il explique à sa mère : « On n'a rien sans rien ». Tout ce qu'il possède, ce sont ses disciples qui « paient, poussés par la peur ». Il affirme que la voie dans laquelle il est engagé est irréversible.

Holden rentre à l'hôtel. Arrivé dans son couloir, il s'arrête... et se retourne. Se sent-il suivi ? Magnifique plan sur le couloir inquiétant à la Caligari. Kumar et O'Brien le surprennent en ouvrant une porte à côté de lui. O'Brien annonce que les autorités font des difficultés pour l'expérience projetée sur le témoin Hobart. Holden dit de laisser tomber ! Il parle de Karswell comme d'un « charlatan inoffensif ». (!) Ils vont boire un verre. Holden évoque un air qui lui trotte dans la tête et le chantonne. O'Brien reconnaît une chanson irlandaise qui parle du diable et Kumar une mélodie d'envoûtement utilisée en Inde... Dans l'agenda d'Holden, les pages sont arrachées après le 28...

Soir de tempête : Joanna et Holden dînent aux chandelles. Lui a chaud, elle, froid ! Joanna demande à Holden s'il connaît le Lai du Vieux Marin... elle en a trouvé un exemplaire dans lequel son oncle a souligné un passage : « Comme celui qui sur la route solitaire, marche plein de frayeur, parce qu'il sait le démon derrière lui. » En outre, elle a trouvé les pages du calendrier de son oncle arrachées après le 22 octobre. Or, il a été assassiné le 22 ! Son oncle n'est pas mort électrocuté, mais horriblement mutilé. La police a parlé d'une BÊTE ! Holden est toujours sceptique et a réponse à tout. Néanmoins, il se rappelle que Karswell avait ramassé ses papiers au British Museum. Il va les chercher dans son sac et trouve, parmi eux, le parchemin. Joanna : « Il vous a passé le parchemin ! » Ce dernier s'envole vers la cheminée dans laquelle un feu est allumé. Il est arrêté par la grille pare-feu et se tortille pour atteindre le feu. Joanna crie : « Il essaie de sauter dans le feu ! » Mais Holden est sceptique : « C'est le tirage de la cheminée ! » Affirme-t-il sans s'occuper du parchemin. Le suspens est très dense grâce au montage serré de plans montrant le parchemin se tortillant sur la grille et les deux personnages : Joanna très inquiète (mais pourquoi ne fait-elle rien ?) et Holden (faussement ?) impassible qui allume une bougie après avoir fermé la fenêtre. Finalement, le parchemin tombe au sol. « Qu'est-ce qui l'a retenu ? » Demande Joanna. « Je ne sais pas ! » Répond Holden en le ramassant et le rangeant dans son portefeuille.

Il se rend à la ferme d'Hobart. Mal accueilli, il finit par être introduit dans la salle commune où toute la famille se réunit face à lui, huit personnes avec les deux parents. Holden demande l'autorisation d'examiner son fils par hypnose pour savoir ce qu'il a vu au moment du meurtre. Il apprend alors que la victime était le frère de l'assassin. La mère signe l'autorisation. Au moment de partir, debout devant la porte, il ouvre son portefeuille pour ranger le papier. Le manuscrit runique s'envole. Il le rattrape au vol. Toutes les personnes assises se lèvent et la vieille femme le montre du doigt : « Il a été choisi ! » Lorsque la porte se referme, on y voit des signes étranges inscrits à la craie. Le plan suivant montre la portière de la voiture entrouverte. Panoramique sur le champ de monolithes. Holden s'y promène ; ils sont énormes. Il compare l'inscription runique du manuscrit avec la même gravée sur la roche d'un monolithe.

La nuit. Gros plan en plongée sur un chat debout sur une corniche d'un bâtiment. Dessous, la rue. Une voiture entre dans le champ par la droite. C'est un taxi qui vient déposer Holden. Joanna l'attend dans sa décapotable garée dans la rue. Elle lui apprend que madame Karswell veut le voir. C'est pour une séance de spiritisme à laquelle ils assistent. Mais Holden est toujours sceptique et s'en va en colère ! (C'est dommage, cette mise en scène était certainement préparée pour lui donner d'importantes informations). Dans la voiture de Joanna, en roulant, ils décident d'aller voler le livre des démons chez Karswell.

Finalement, Holden y va tout seul Il emprunte le bois pour entrer en secret dans le bâtiment. Après escalade du mur, pénétration par le grenier, Holden descend lentement un magnifique escalier. Il est filmé de dos, en contre-plongée. Au premier plan, une main entre dans le champ et se pose sur la rampe. Puis, il passe devant une table sur laquelle il voit un chat. Il détourne le regard un instant, et quand il regarde de nouveau, il n'y est plus. Entré dans la bibliothèque, il commence à lire un livre de notes de Karswell qui donne la clé du livre des démons. Soudain, les portes se ferment toutes seules et le chat, de nouveau présent se transforme en léopard ! Combat entre l'homme et la bête, Holden saisit un tisonnier qu'il lâche aussitôt. La lumière s'allume et Karswell entre dans la pièce :
— Pourquoi avoir lâché le tisonnier ?

— Il est brûlant !
— Pas du tout, répond Karswell en tenant le tisonnier à deux mains, mais vous êtes tout pâle.
Le léopard ? « Un démon mineur, simple gardien... » D'ailleurs, il est redevenu un chat. Holden repart à travers le bois malgré l'avertissement de Karswell. Il marche dans le bois inquiétant et des traces fumantes s'inscrivent dans le sol derrière lui. Une boule de fumée se forme dans le ciel et poursuit Holden qui finit par fuir, effrayé. À la sortie du bois, l'entité fumeuse arrête de le poursuivre. Le couple va faire une déposition à la police qui ne croit pas un mot de ce qu'ils disent... Très beau plan : la caméra filme une fenêtre en gros plan à partir de l'extérieur. À l'intérieur, assis tout contre le mur, accoudés à l'ouverture de la fenêtre dont un battant est ouvert ; l'homme et la femme se font face, alors qu'en arrière-plan, on voit la salle de police avec un homme en civil qui travaille à un bureau et, un moment, un policier en tenue entre. Le cadrage de l'ouverture et la prise de vue de l'extérieur tendent à isoler le couple du monde réel qui les entoure, mais les place dans le décor d'un poste de police. Holden explique à Joanna comment il a toujours lutté contre les superstitions. Finalement, il comprend l'inutilité de sa démarche à la police, se lève et sort de la pièce (on le voit se lever au travers de la fenêtre et se diriger vers la porte au fond de la salle).

Une ambulance amène Hobart. Holden est plus sceptique que jamais. Il croit fermement que tout cela est une mise en scène de Karswell. (Le spectateur ne le croit pas, car il a vu le démon, c'est dommage, car si cela n'avait pas été le cas, il douterait encore, et qu'y a-t-il de plus fantastique que le doute ?) Madame Karswell essaie de le joindre par téléphone, mais il refuse de la prendre. Elle appelle Joanna et lui dit qu'Hobart connaît le secret du parchemin. Pendant qu'elle téléphone, Karswell descend les escaliers derrière elle... elle raccroche.

Joanna sort et s'installe dans sa décapotable. Un homme vu de dos (une ombre en gros plan qui occupe une grande partie de l'écran) entre dans le champ et enlève la clé de contact. Les yeux exorbités de Joanna se voient au-dessus de l'ombre de son bras.

On amène Hobart au congrès. Rand Hobart, en catalepsie depuis les évènements terribles qu'il a vécus, subit une injection de penthotal et, ensuite, de méthylamphétamine. Cela lui rend sa lucidité et il se met à hurler et tente de fuir. On le rattrape et Holden l'hypnotise. Il dit qu'il était un adepte de la Vraie Foi. Hobart dit que la mort survient lorsque l'on reçoit le parchemin runique sans le savoir. Pour être sauvé, il faut le rendre. C'est ce qu'Hobart avait fait avec sa victime. Holden lui montre son parchemin et Hobart devient complètement hystérique, échappe à ses gardiens et se jette par la fenêtre... Du coup, Holden est moins sceptique : il a quelque chose à rendre à Karswell. Kumar arrive alors et annonce que madame Karswell a téléphoné pour avertir que Karswell prendra le train pour Southampton à 9 H 45 ! « Savez-vous pourquoi ? » Interroge-t-il. Holden fonce à la gare, prend un billet et saute dans le train alors qu'il démarre. Il est suivi par un policier. Dans un compartiment, Karswell est installé face à Joanna hypnotisée. Karswell la réveille.

Le suspens est très intense, car, lors de toute la scène qui suit, le spectateur sait qu'Holden tente de rendre le parchemin runique à Karswell qui le sait et qui doit éviter de le recevoir. Surtout qu'il est dix heures moins six, et la mort d'Holden doit intervenir à dix heures ! Holden dit à Joanna qu'il regrette amèrement de ne pas lui avoir fait confiance. Il remercie Karswell de lui avoir fait connaître ce monde qu'il ne soupçonnait pas. Il offre des cigarettes à Karswell qui a d'abord le réflexe d'en prendre une, puis refuse poliment. Holden demande du feu. Karswell lui tend une boîte d'allumettes. Quand, il la rend, le sataniste la laisse tomber au sol. C'est à qui sera le meilleur prestidigitateur. Alors que le train ralentit, Karswell se lève pour descendre. Mais Holden l'oblige à rester quand la porte du compartiment s'ouvre sur deux policiers en civil. L'un d'eux déclare qu'Holden souffre du délire de la persécution. Après quelques discussions sur l'intérêt de quitter le train alors qu'on a son billet pour Southampton (« J'ai le droit de descendre quand je veux ! ») Karswell prend sa valise et Holden lui passe chapeau et manteau. Il les prend (il est alors dans le couloir) et, immédiatement, marque un temps d'arrêt et comprend. En cherchant dans sa poche, il dit, effrayé : « Vous me les avez passés... » Il sort le parchemin qui s'envole immédiatement. (Je n'ai pas regardé l'heure à ce moment, mais il me semble que les six minutes sont déjà passées...) Karswell part à sa poursuite, dans le couloir du train, sur les quais et sur les voies. Au moment où il va l'attraper, coincé contre un rail, il s'enflamme spontanément. Au loin, le nuage de fumée prend la forme du démon monstrueux qui s'approche. Un train défile alors au premier plan, cachant Karswell, mais, le démon est bien plus grand et on le voit déchiqueter le (pauvre ?) Karswell.

Holden s'approche ; Joanna le retient : « Il vaut mieux ne pas savoir ! » Néanmoins, il y va. Un policier lui dit :
— Le train l'a traîné avec lui.
— N'était-il pas de l'autre côté ?
— Mais regardez-le donc Simmons ! Le train l'a sûrement touché !
Holden revient vers Joanna sur le quai : « Vous avez raison, mieux vaut ne pas savoir. »
Un train passe au premier plan, cachant le quai sur lequel se trouvent nos deux héros. Quand il est passé, ils n'y sont déjà plus...
Fin

Rendez-vous avec la peur (1957). (*Curse of the demon* en Grande Bretagne, *Night of the demon* aux États-Unis). Un film de Jacques Tourneur. Prod. Hale Chester. Sc. de Charles Bennett et Hal E. Chester, d'après la nouvelle de Montague Rhode James *Casting the runes* (*Sortilège* –1905). Mus. Clifton Parker, cond. par Muir Mathieson. Dir. Ph. Ted Scaife B. S. C. Prod. Dél. Ken Adam. Prod. Ex. R. L. M. Davidson. Mont. Michael Gordon. Ass. Réal. Basil Keys. Ing. son : Arthur Bradsum. Arr. son. Charles Crafford. Script girl : Pamela Gayler. Cost. Betty Lee. Déc. Peter Glazier. Eff. Sp. George Blackwell, Wallt Veevers. Eff. Ph. S. D. ONIONS B. S. C. Cast. Robert Lennard. Avec Dana Andrews (John Holden), Peggy Cummins (Joanna Harrington), Nial Mc Ginnis (Dr Karswell), Maurice Denham (Pr Harrington), Athene Seyler (Mme Karswell), Liam Redmond (Mark O'Brien), Reginald Beckwith (Mr Meek), Evan Roberts (Lloyd Williamson), Peter Elliot (Kumar), Rosamund Greenwood (Mme Meek),

Brian Wilde (Rand Hobart) et Richard Luch, Lloyd Lamble, Peter Hobbes, Charles Lloyd Pack, John Salew, Janet Barrow, Percy Herbert, Lynn Tracy. Film noir et blanc.

Le Masque du démon (1960)

Le Masque du démon est le premier film de Mario Bava. Il dispose de moyens importants pour le réaliser et y exprime tous les thèmes qui lui sont chers. Le film est une histoire de vampires, mais d'une catégorie à part, sans crocs proéminents, sans volonté de conquête et de pouvoir, une histoire d'inceste comme le cinéaste le rappelle dans la dernière interview qu'il a donnée au journal Libération le 7 mai 1980. Mario Bava a laissé un fils spirituel, Dario Argento, dont les films *Suspiria* et *Inferno* sont traités plus loin. Dans un de ses Gialli, Dario Argento rend un hommage appuyé au thème le plus cher de Bava : le regard. Le titre du film est déjà cet hommage : *Quatre mouches de velours gris*, puisque ces insectes constituent l'image imprimée sur la rétine d'une victime assassinée dont on a extrait l'œil pour essayer de découvrir le coupable. L'œil, tel est l'image obsessionnelle de ce film *Le Masque du démon*. L'œil, cet organe qui sert à regarder, est à comparer, bien sûr, avec la caméra qui est un autre œil du spectateur, avec la différence essentielle que ce n'est pas lui qui le dirige, mais le cinéaste. Il est particulièrement curieux de constater qu'un autre film consacré à cet organe et à son double, la caméra, date de la même année que *Le Masque du démon*, il s'agit du film de Michael Powell, *Le Voyeur* (1960), dans lequel le tueur mêle dans son action de tuer, trois regards, celui de la victime se regardant mourir d'une mort atroce, celui du tueur, et celui de la caméra avec laquelle il filme la victime. Le spectateur peut rajouter deux autres regards : le sien et celui de la caméra qui filme tout cela, c'est-à-dire celui du cinéaste.

Le Masque du démon (1960)
(La mascheria del demonio)

Prologue qui se poursuit jusqu'à la fin du générique :
Le grand Inquisiteur de Moldavie condamne deux vampires : une femme, Asa Vajda et un homme, Igor Iavutich. La lettre « S » (comme Satan) est gravée au fer rouge sur la peau de la vampire. La jeune fille maudit l'Inquisiteur qui n'est autre que son frère, et toute la lignée des Vajda. Le visage de la jeune fille est recouvert du Masque du démon (un masque métallique avec des pointes à l'intérieur) et un bourreau l'enfonce violemment d'un coup de massue. (La violence de cette scène a gêné la censure en son temps...) On tente de brûler son corps sur un bûcher, mais une pluie violente éteint le feu. Le corps du vampire Igor est enterré et celui d'Asa inhumé dans la crypte de ses ancêtres.
Le générique se termine.
Un professeur, le docteur Kruvajan, et son assistant, Andreï Gorobec, voyagent en diligence. Ils se rendent à Moscou pour assister à un congrès et sont en retard. Pour gagner du temps, Kruvajan paie le cocher afin qu'il aille au plus court à travers la forêt. Ce dernier a peur de rencontrer la sorcière dans ce lieu maléfique.
La voiture perd une roue. Les deux voyageurs entrent dans une construction en ruines et descendent dans une crypte. Un mouvement de caméra suggère qu'une mission particulière attend ces voyageurs curieux. Ils trouvent le tombeau de la sorcière. Une vitre avec une croix laisse voir le Masque du démon qui recouvre le visage de la sorcière. Andreï sort. Le professeur reste seul. Il est attaqué par une chauve-souris et tire dessus avec son pistolet ; une pierre tombe sur la vitre de la tombe et la casse. Kruvajan, curieux, enlève le masque et se coupe à la vitre cassée : une goutte de sang tombe sur le visage de la sorcière. Ce dernier est resté intact, sauf ses yeux absents qui ne laissent que des orbites vides.
Dehors, Kruvajan et Gorobec rencontrent une belle jeune fille avec des chiens. Katia, la fille du prince Vajda qui ressemble étonnamment à Asa... Les deux hommes emmènent une icône de la crypte. La caméra retourne dans le tombeau pour un gros plan sur les orbites vides de la morte qui grouillent de vers.
Au château, Katia joue du piano, le prince Vajda médite, sombre devant le feu, en présence du jeune frère Costantino. Deux tableaux au mur, dont l'un est celui d'Iavutich (ce qui semble indiquer qu'il faisait partie de la famille). Un tableau a changé : désormais, un dragon (un griffon) est mort. C'est la Saint George : il y a deux siècles que la malédiction est lancée. Le prince Vajda raconte comment, il y a un siècle, la princesse Macha, qui ressemblait également à la sorcière, a été tuée par elle. Dans l'alcool de son verre, il voit le Masque du démon !
La caméra retourne au tombeau : des yeux poussent à la sorcière.
Kruvajan et Gorobec sont à l'auberge. Une adolescente doit aller traire les vaches à l'étable près du cimetière (qui n'a pas eu peur, enfant, quand un parent a ordonné d'aller chercher quelque chose en pleine nuit à la cave ?). Elle a très peur d'y aller. Longue scène au cours de laquelle la fille effrayée rejoint l'étable dans la nuit. Kruvajan se promène en fumant sa pipe et lance un caillou dans l'eau. L'eau fait des ronds dans lesquels s'incruste le visage de la sorcière qui parle : « Iavutich : lève-toi ! lève-toi ! »

Retour à l'étable. Des coups de tonnerre éclatent. De l'intérieur de l'étable, la caméra filme le vieux cimetière au travers du cadre que forme la fenêtre : la terre d'une tombe remue, une main émerge, une autre et le Masque du démon apparaît. L'homme fait quelques pas et arrache son masque.

Au château, le prince se réveille, un courant d'air secoue tout dans la grande pièce... et la porte de sa chambre s'ouvre sur Iavutich, un dragon en forme de S brodé sur sa poitrine (il y a le même au fond de la cheminée). Il s'approche menaçant, mais le prince le repousse en lui montrant une croix.

Le sorcier se rend à l'auberge chercher le docteur Kruvajan en lui faisant croire que le prince avait besoin de lui. Il l'emmène en carrosse au château où ils empruntent le passage secret qui mène à la crypte. Ce passage se trouve au fond de la cheminée derrière le dragon en forme de « S ». Kruvajan est laissé seul. Asa est toujours dans son tombeau, mais, cette fois, elle a retrouvé ses yeux. Le docteur, effrayé, tente de fuir. Le tombeau se disloque et la vampire s'exclame : « Je t'attendais ! » elle l'hypnotise (toujours le pouvoir des yeux...) et le vampirise par un baiser. Elle a besoin de tout son sang pour vivre...

Le professeur Kruvajan apparaît à la famille Vajda réunie au complet au château. Il hypnotise le prince bien qu'ayant peur du crucifix. Dans la crypte, le vampire Iavutich explique à Asa qu'il faut tuer Katia. Au château, Katia restée seule avec le docteur vampirisé et son père le prince va se coucher...

Toutes les portes grincent...

Au petit jour, le prince est mort... Kruvajan, devenu vampire, a disparu. Les gens du village trouvent un cadavre au bord de la rivière. Andreï Gorobec se lève et ne voit plus le professeur Kruvajan. Il se rend au château pour aller aux nouvelles. Le cadavre découvert au bord de la rivière s'avère être celui de Boris, le cocher du château.

Au château, Katia s'évanouit et Andreï la porte sur son lit et la soigne. Il dégrafe son corsage...

L'adolescente qui s'était rendue à l'étable a vu la voiture, non pas conduite par Boris, mais par le vampire Iavutich, exécuté il y a deux siècles.

Andreï qui est également docteur constate, en examinant les corps, qu'ils ont été saignés à blanc. Au pope présent, il explique l'affaire du tableau.

À minuit, le passage secret au griffon (le dragon au fond de la cheminée) s'ouvre pour laisser passer le professeur Kruvajan et le vampire Iavutich. Ce dernier ordonne : « Va ! »

Chambre de Katia : elle se déshabille et, derrière elle, les rideaux bougent.

Chambre d'Andreï : l'icône tombe au sol.

Chambre de Katia : elle enlève la croix qu'elle portait et une main sort de derrière les rideaux ; elle crie et appelle les jeunes hommes au secours. Andreï va alors chercher un calmant et rencontre Kruvajan à qui il montre l'icône qui le fait fuir. Les chiens ont été saignés. Le pope essaie de comprendre ce que signifie l'icône. Scène romantique entre Katia et Andreï devant une fontaine.

Un cierge enflamme un rideau. Un domestique tente d'éteindre ce début d'incendie et crève le portrait d'Iavutich : il y a un passage secret derrière ! Costantino (le frère de Katia) actionne un levier qui fait s'ouvrir le passage derrière la cheminée. Andreï et

lui l'empruntent et la porte se referme derrière eux laissant seul le domestique qui se fait étrangler avec une cordelette. Andreï et Costantino arrivent dans la crypte et voient Asa, la vampire. Costantino rebrousse chemin, mais se heurte à la porte fermée du passage de la cheminée. Iavutich apparaît et Costantino disparaît dans une oubliette. Andreï et le pope vont au cimetière et trouvent la terre de la tombe d'Iavutich retournée et le Masque du démon. Dans le cercueil se trouve le corps de Kruvajan. Le pope pose la croix sur son front qui brûle. Le religieux a compris l'icône : pour sauver l'âme du vampire, il faut lui traverser le crâne par l'œil gauche. Katia erre dans le château et appelle : « Ivan ! (le domestique) Costantino ! » Elle trouve Ivan pendu et crie : « Au secours ! Au secours ! » Elle pleure sur le corps de son père dans son cercueil. Le prince ouvre les yeux et lui dit qu'il n'est plus son père. Elle s'évanouit. Le prince essaie de la mordre au cou, mais Iavutich l'en empêche et le jette dans la cheminée où son corps brûle. Le vampire emmène Katia vers Asa la vampire... Andreï, revenu, trouve le cercueil du prince vide. Asa prend le bras de Katia. Iavutich empêche Andreï de passer ; ils se battent au bord de l'oubliette. Les plans alternent entre le combat des deux hommes et la scène entre Katia et Asa. Celle-ci tente de mordre son sosie, mais elle porte une croix. Andreï est vainqueur et on retrouve Costantino.
Andreï accourt et retrouve Katia. Mais, non ! c'est Asa ! Il va crever l'œil gauche de Katia ! mais il voit la croix... et comprend sa méprise. Il la pose sur le front de la jeune fille et rien ne se produit. En écartant la cape d'Asa, il voit que son corps n'est qu'un squelette. Asa essaie de l'hypnotiser. Le pope arrive avec la population en colère et ils brûlent la sorcière. Quand elle meurt, Katia revit... Dernier plan sur le bûcher.
Asa revit-elle dans le corps de Katia ?
Fin.

Le Masque du démon (1960) (La Mascheria del demonio). Réal. Mario Bava. Ass. Réal. Vana Caruso. Sujet d'Ennio De Concini et Marcello Coscia d'après la nouvelle de Nicolas Gogol : *Vij*. Sc. Ennio De Concini, Mario Serandrei, Mario Bava et Marcello Coscia. Dir. Ph. Mario Bava. Op. Ubaldo Terzano. Script Girl : Bona Magrini. Mont. Mario Serandrei. Dir art. Giorgio Giovannini et Mario Bava. Cost. Tina Loriedo Grani. Mus. Roberto Nicolosi. Prod. Galatea et Jolly Film. Prod. Dél. Massimo De Rita pour Galatea. Premier ass. Prod. Paolo Mercuri, second ass. Prod. Amando Govoni. Filmé aux studios Titanus. Avec Barbara Steele (Asa et Katia), John Richardson (Andreï Gorobec), Andrea Checchi (le docteur Kruvajan), Ivo Garrani (prince Vajda), Arturo Dominici (Iavutich), Enrico Olivieri (Costantino Vajda) et Antonio Pierferderici, Tino Bianchi, Clara Bindi, Mario Passante, Germania Dominici, Renato Terra. Film noir et blanc.

La Nuit des morts-vivants (1969)

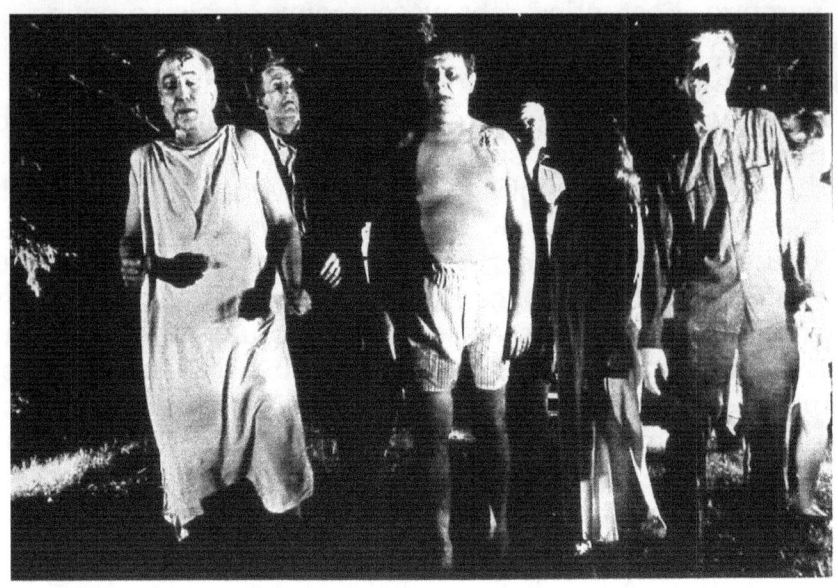

Il y avait déjà eu *White Zombie – les morts-vivants* (1932) de Victor Halperin, avec Bela Lugosi.

La Nuit des morts-vivants (1968) est le film qui donna sa célébrité à George Romero qui sut magnifiquement puiser dans ce nouveau mythe pour en faire une vraie trilogie : *Zombie* (1978) – produit par Dario Argento – et *Le Jour des morts-vivants* (1985). *La Nuit des morts-vivants* pourrait être défini comme le néoréalisme au service du fantastique, ce qui ne manque pas de contradiction, mais apparente seulement. En effet, Romero a tourné avec peu de moyens, sur le mode du reportage, dans un décor naturel absolument réaliste. C'est l'opposé du film gothique, car l'horreur ne vient pas du décor, mais de la situation. Il rend ainsi crédible cette histoire de morts-vivants. L'originalité, à l'époque, réside aussi dans le fait que le personnage principal, héros positif, seul maître de lui-même, est un noir. À l'époque où le film sortit en salle, on en sortait bouleversé et terrorisé. Les deux suites sont en couleurs et encore plus terribles, car, la fin reste totalement ouverte. Ce thème a fait la fortune d'autres cinéastes. Le scénariste Dan O'Bannon réalise en 1984 *Le Retour des morts-vivants*, parodie terrifiante du thème cher à Romero, dans laquelle seul le cerveau des vivants est consommé et surtout, au fur et à mesure que l'action se déroule, le mal s'étend et aucune solution n'apparaît, au contraire, la situation s'aggrave de minute en minute jusqu'à la catastrophe finale. Le responsable de tous les maux est bien sûr l'armée américaine. Tant qu'on peut se défouler sur elle dans des films... *Le Retour des morts-vivants 2* (1987) de Ken Wiederhorn et *Le Retour des morts-vivants 3* de Brian Yuzna participent de la même terreur, avec de moins en moins de parodie. Enfin, les Italiens reprennent le thème pour en faire des films assez originaux comme Lucio Fulci dans les années soixante-dix et Michele Soavi, plus récemment. George Romero, décidément insatiable sur ce sujet, a produit un remake en couleurs avec quelques variantes de scénario : *La Nuit des morts-vivants* (1990) de Tom Savini.

La Nuit des morts-vivants semble exaucer un souhait du grand cinéaste français, Jacques Tourneur, qui avait dit : « *Le véritable film de terreur n'a jamais été fait. J'ai un projet qui n'a jamais été tourné : la guerre entre les morts et les vivants. Nous sommes combien sur Terre aujourd'hui ? Quatre milliards. Et combien y a-t-il de morts ? Nous, les vivants, sommes une minorité. Pour moi, il y a trois mondes parallèles. Tous ces mondes sont enchevêtrés les uns et les autres et se développent parallèlement. J'en suis persuadé !* » Et puisque nous sommes dans les citations, voici celle de Stephen King dans son essai *Pages noires*, édité en 1981 aux États-Unis : « *Les histoires de goules et de cannibales nous entraînent au cœur d'un territoire authentiquement tabou – voir les réactions suscitées par* La Nuit des morts-vivants *et* Zombie *de George Romero.* »

Il est vrai qu'aujourd'hui, pratiquement plus personne ne conteste le statut de chef-d'œuvre à ce film. Mais il n'en était pas question à l'époque de sa sortie. C'est que dans le domaine du cinéma, il en est de même (moins aujourd'hui) que dans le domaine de la littérature : la critique s'intéresse peu au fantastique, sauf pour le dénigrer. Je ne suis pas le seul à le penser, Stephen King le dit également, avec beaucoup plus de talent : « *... Maints critiques [...] se conduisent avec notre genre d'élection (le fantastique) à la façon de ces riches dames yankees qui visitaient les enfants dans les usines de Nouvelle-Angleterre pour leur apporter des paniers de victuailles, de la dinde à Thanksgiving et des œufs en chocolat à Pâques. Ces critiques-là, qui sont aussi inconscients de leur élitisme arrogant que de leur ignorance des ressources et des qualités de la littérature populaire, perçoivent parfaitement le caractère ridicule des chaudrons de sorcières, des chapeaux pointus et autres clichés du surnaturel, mais ils ne peuvent pas – ou ne veulent pas – reconnaître les archétypes universels présents dans les meilleures œuvres du genre.* »[84]

Avant de regarder le film, savourons la bande-annonce.

Les extraits les plus terrifiants du film sont commentés par une voix off dramatique dans une ambiance musicale dramatique : « *La nuit des morts-vivants. Les morts qui se nourrissent de la chair des vivants. Les âmes mortes qui viennent traquer les vivants. Les vivants, la seule nourriture de ces créatures du diable. La nuit des morts-vivants. Un voyage au bout de la peur. Une aventure plus terrifiante que vos cauchemars les plus horribles. La nuit des morts-vivants.* »

La Nuit des morts-vivants

Sous une musique étrange et lancinante, plan général qui montre une route dont on voit loin les virages. Nous sommes en automne, car les arbres ont perdu leurs feuilles. Le temps est gris. L'image reste fixe longtemps jusqu'à ce que le spectateur aperçoive la voiture qui arrive sur la route. Elle passe devant la caméra et l'image change pour la montrer qui s'éloigne. Le générique démarre par le titre. Les plans alterneront ainsi pendant tout le générique, suivant le parcours de la voiture. En pre-

---

[84] Pages noires

nant son temps, il n'y a pas le feu ! (Ce type de prologue qui signifie : « ils vont vers un destin horrible ! » a, depuis, souvent été utilisé dans les films d'horreur ; je pense notamment à « Evil dead » de Sam Raimi). Juste avant la fin du générique, la caméra pivote, car la voiture tourne pour s'engager dans un chemin de traverse en côte. Quand elle entre dans le cimetière, le drapeau américain flotte au premier plan. Divers plans du parcours automobile dans les allées du cimetière. Les passagers sont frère et sœur qui viennent sur la tombe de leur mère pour la Toussaint. (C'est Halloween). Il est huit heures du soir et les deux jeunes gens se disputent un peu. Quelques reproches... Il plante une gerbe alors que le tonnerre gronde. Il y a des éclairs. Le frère aperçoit, au loin, un homme de grande taille qui marche dans une allée. Puis, filmé en plan rapproché, le frère dialogue avec sa sœur, située hors-champ, et dont on entend les réponses. Il se souvient, quand ils étaient enfants, qu'il faisait peur à sa sœur en ces lieux. Puis, alors que la jeune femme traverse le champ, il s'aperçoit qu'elle a toujours peur. Et il s'amuse de cette peur :
— Ils viennent te chercher Barbara !
— Arrête ! Tu ne sais pas ce que tu dis...
— Ils viennent te chercher Barbara !
L'image montre une stèle au premier plan. Barbara entre dans le champ par la droite au-delà de la stèle (à l'extérieur de l'espace sépulcral), elle est de face. Le frère entre dans le champ, filmé de dos, devant la stèle et s'appuie sur elle. Au fond, le même type déambule...
...
— Regarde, dit-il, en voilà un qui vient !
Toujours le même type qui déambule au milieu des stèles.
— Il va t'entendre, s'inquiète Barbara.
— Moi, je me tire ! Réplique son frère.
Au premier plan, sur la partie gauche de l'image, le type de dos regarde la scène en s'avançant. Le frère court et traverse le champ vers la droite, Barbara est de face...
Le type l'attrape ! Son frère, Johnny (elle l'appelle au secours) revient à la rescousse. Ils se battent, et Barbara assiste à la scène. Johnny tombe et sa tête heurte une pierre tombale.
L'action commence !
Poursuivie, Barbara fuit, tombe, se relève, échappe à son poursuivant acharné ! Elle entre dans la voiture : pas de clé de contact ! Elle ferme les portes. L'agresseur frappe sur les vitres de ses mains (filmé au grand-angle). Puis, il ramasse une grosse pierre et brise la vitre avant droite. Il tente d'attraper la fille par l'ouverture. Elle a l'idée de desserrer le frein à main et de laisser rouler la voiture en roue libre dans la pente. Mais le volant se bloque et la voiture se coince contre un arbre. L'agresseur continue sa poursuite d'une démarche maladroite. Elle court, court, complètement terrorisée. Une maison au loin ; elle passe devant une pompe à essence. Elle atteint la maison, toujours en courant. La porte est fermée, elle fait le tour et trouve une porte ouverte. Elle entre. La visite de toutes les pièces lui montre que la maison est déserte. (Il y a toujours le tonnerre) Le téléphone ne marche pas. Elle regarde dehors : il fait nuit et l'agresseur est arrivé près de la maison. D'autres personnes bizarres marchent vers la maison, d'une démarche raide et lente... En haut de l'esca-

lier, elle trouve un cadavre dont le visage semble avoir été dévoré. Terrifiée, elle fuit et sort. Éblouie par des phares. Un homme de couleur (Ben) sort de la voiture... Elle doute un moment de ses intentions (et de sa nature) et voit qu'il est dans la même situation qu'elle. Il cherche de quoi manger pour fuir.
— Que se passe-t-il ? Demande Barbara.
— Je n'en sais rien...
Les agresseurs cassent les phares de la voiture. Barbara pique une crise... Ben tue l'un d'eux à coup de clé de monteur en charpente métallique (une clé d'un côté et une pointe de l'autre). À l'intérieur, un agresseur, du sang sur la bouche (celui qui a dévoré le visage de la personne du deuxième étage ?) s'approche de Barbara effondrée dans un fauteuil. Il gémit. Ben survient et l'empêche d'aller plus loin, le plaque au sol et lui plante sa clé dans le crâne (du moins, le devine-t-on, car cela se passe hors-champ, le spectateur ne voit, au bas de l'image, que la clé plantée par Ben). L'homme repousse encore un autre agresseur. Maintenant, ils sont nombreux dehors. Ben et Barbara doivent s'enfermer, il est difficile de partir... Barbara fixe, hallucinée, la tête du mort au crâne percé montrée en gros plan et qui se met à glisser alors que Ben lui dit : « Ne regardez pas ! » en tirant le corps par les pieds. Il sort le corps, l'arrose de pétrole et enflamme.
(Ce film a quelque chose d'expressionniste dans les ombres et la lumière)
Les préparatifs de défense du siège sont soigneusement montrés : outils, clous, planches pour barricader les fenêtres. Les protagonistes sont désormais enfermés dans un lieu clos. Ben a remarqué qu'ils avaient peur du feu. Il raconte un accident qu'il a vu et comment il a échappé aux créatures. Barbara raconte son aventure et veut aller chercher son frère, « là dehors ».
« Là dehors, c'est l'enfer ! » Rétorque Ben. Il a allumé la radio qui donne des informations : des meurtres nombreux ont été perpétrés par des assassins inconnus ; certains parlent de monstres difformes. Les forces de police sont débordées. Les autorités envisagent de faire appel à l'armée. Elles conseillent aux gens de rester chez eux... Mais c'est l'affolement général et les gens fuient par les routes... Ben déplace un fauteuil devant la maison et y met le feu pour éloigner les créatures qui les assiègent. Le journaliste de la radio annonce une réunion gouvernementale avec le FBI, la CIA et des scientifiques de la NASA. On entend toujours la radio, telle une voix off, alors que l'on voit Ben continuer ses travaux de protection. Barbara s'est allongée. La radio parle de massacres. La caméra montre la porte de la cave dans un plan très court...
La radio : « Pour certains, les meurtriers ont l'air de gens normaux, pour d'autres, ce sont des monstres. Ils ressemblent à des humains et agissent comme des bêtes ». Ben trouve une carabine et des cartouches. Son travail de protection est terminé : « Nous sommes en sécurité ici, les secours finiront bien par arriver, » dit Ben. Mais Barbara est hébétée. La radio : « Les victimes ont été en partie dévorées. » Ben va cacher dans une pièce le cadavre du premier étage. On voit que c'est une femme. La radio : « Les tueurs mangent la chair de leur victime. » Soudain, des gens sortent de la cave ! Un homme d'âge mûr (Harry Cooper) et un jeune (Tom). Ben leur reproche de l'avoir laissé faire le travail de barricade tout seul, mais ils se sentaient plus en sécurité dans la cave. Harry Cooper veut y redescendre rejoindre sa femme et sa fille

qui est malade. Débat tactique entre Ben et Harry : l'un veut fuir et l'autre s'enfermer dans la cave. Tom est d'accord avec Ben qui veut essayer de fuir. Les créatures qui assiègent la maison sont de plus en plus nombreuses. Certaines parviennent à passer leurs bras au travers d'une fenêtre. Ben tire sur l'une d'entre elles, par deux fois, mais elle ne meurt pas ! Il lui tire une balle dans la tête et elle meurt. Un grand nombre de créatures avancent lentement vers la maison. Certaines sont monstrueuses. Une vieille mange un insecte. Nouvelle dispute entre Ben et Cooper. Cooper refuse de donner un coup de main. « Pauvre gamine, dit Ben, avoir un père aussi idiot. » La fiancée de Tom, Judy, arrive également de la cave. Finalement, Cooper descend dans la cave et s'y barricade avec sa femme, Helen, et leur fille malade qui est allongée sur un établi. Le dialogue entre les époux montre clairement le peu d'estime que la femme porte à son mari. « C'est cela qui compte, être le seul à avoir raison. » Lui dit-elle. Helen veut rejoindre les autres. Cooper va ouvrir et Helen monte alors que Judy descend garder la petite fille.

Ils trouvent une télé alors que Cooper refuse toujours de faire quoi que ce soit. Ils allument la télé. Les informations : « Les premiers témoins n'étaient pas crus. » [...] Le journaliste donne connaissance d'un communiqué de la défense civile à Washington : « On a établi que ces crimes sont le fait d'individus morts récemment et revenus à la vie. Une enquête auprès des morgues et des hôpitaux a conclu que les cadavres qui n'ont pas été enterrés reviennent à la vie pour tuer. » Il ajoute ensuite : « La situation a évolué. Il y a de nouvelles instructions. La défense civile a établi des refuges où vous trouverez de la nourriture, des soins et la protection des soldats. » Une liste de refuges avec adresses défile sur l'écran. Cette information encourage le camp de ceux qui veulent fuir. Ils décident donc de tenter une sortie avec la camionnette de la maison pour prendre de l'essence et s'en aller, alors que la télévision poursuit ses informations : « Pourquoi consulte-t-on des experts de l'espace ? On pense généralement qu'il y a un rapport avec l'explosion de la sonde spatiale envoyée vers Vénus. Cette sonde aurait disparu pendant son retour sur terre. La sonde avait fait le tour de Vénus et fut détruite par la NASA en raison de ses radiations très élevées. Ces radiations sont-elles la cause de cette vague de meurtres ? ... « Reportage en direct à la sortie de la réunion gouvernementale : confirmation est donnée (non officiellement) par les experts de la relation entre le phénomène des morts-vivants et la sonde spatiale (« C'est la seule explication logique ! » regrette l'un d'eux.) Ben et les autres continuent à discuter sur la possibilité ou non de partir. Helen veut trouver le moyen de soigner sa fille... La télévision montre l'interview d'un médecin : « Nous ignorons l'évolution de ces blessures. » Ben demande à Helen de redescendre auprès de la petite fille et de faire remonter Judy. À la télévision, le médecin poursuit : « À la morgue de l'université, nous avions un cadavre amputé des quatre membres. Ce matin, il a ouvert les yeux et commencé à bouger. » Helen est descendue dans la cave, elle s'assoit au chevet de sa fille et Judy remonte. La petite fille gémit et dit qu'elle a mal... Le médecin de la télévision : « Il faut se débarrasser du corps en le brûlant.

— À quel moment intervient la réaction ?
— Deux minutes après la mort (!)
[...]

— Arrosez-les d'essence et brûlez-les. [...] C'est de la viande morte et dangereuse. »

Ben organise la préparation de cocktails Molotov. Tom a trouvé les clés de la pompe à essence. Ben va accompagner Tom. Ce dernier conduira la camionnette. Tom va voir Judy qui découpe des lanières de drap pour confectionner les cocktails Molotov. Une discussion s'engage entre eux sur la nécessité de partir. Judy doute que ce soit la solution de sortir.

Barbara et Judy descendent à la cave. Cooper monte à l'étage avec un carton de cocktails Molotov, Ben et Tom tentent la sortie. « Bonne chance » et ils déclouent les planches qui barricadent la porte. Cooper jette les cocktails Molotov qui effraient les morts-vivants par leurs flammes. Certains brûlent. Ben et Tom sortent. Judy les rejoint... Ben tient une torche pour éloigner les morts-vivants ; il monte sur la plate-forme de la camionnette pendant que les deux jeunes gens montent dans la cabine. Ils sont constamment agressés par des morts-vivants. Le camion s'éloigne au milieu des morts-vivants et arrive devant la pompe à essence. Tom descend et essaie d'ouvrir avec la clé. Ce n'est pas la bonne clé ! Ben pose sa torche et tire sur la serrure. Tom décroche le tuyau et d'un geste ample pour se tourner vers la camionnette, envoie un cercle d'essence autour de lui, essence qui touche la torche posée par Ben et qui s'enflamme ! Tom remonte dans la camionnette pour l'éloigner, mais le feu a déjà pris à l'arrière, vers le réservoir de carburant. Le véhicule éloigné, il fait le geste de descendre, mais le blouson de Judy est coincé... et l'explosion les tue tous les deux ! Ben maintient les morts-vivants éloignés avec sa torche pour rejoindre la maison. Il est toujours entouré d'une bande de monstres très agressifs, quoique lents. Il réussit à atteindre la porte, mais elle est fermée à clé ! Il hurle, mais Cooper n'ouvre pas ! Ben défonce la porte, entre et casse la gueule au lâche ! Dehors, les morts-vivants s'approchent de la camionnette maintenant éteinte et se jettent sur les restes de Tom et Judy qu'ils dévorent : quartiers de viande, tripes, mains... Ben n'a pas abandonné l'idée de partir. Il se demande s'ils ne peuvent pas utiliser la voiture de Barbara, mais elle est trop loin. À la télévision, un reportage montre une opération de destruction de ces monstres par une équipe dirigée par le shérif de Butler. Très rassurant : on peut tuer un monstre en détruisant son cerveau... Le shérif : « On en a tué dix-neuf ce matin, plus trois autres. » Il ne sait pas quand ça sera fini...

Soudain, les lumières s'éteignent dans la maison. Plus d'électricité ! Cooper a encore plus peur. Il pense à récupérer la carabine. Les morts-vivants ne sont plus effrayés par la lumière et deviennent plus agressifs encore et essaient de démolir portes et fenêtres, leurs bras dépassent les ouvertures mal barricadées. « Venez m'aider ! » Hurle Ben à Cooper. Il hésite et s'approche d'un coup pour... subtiliser la carabine ! Il y a confusion, ce qui permet à Ben de lui sauter dessus et de lui reprendre l'arme à feu et à tirer sur lui. En attendant, les morts-vivants commencent à réussir à démolir les portes et fenêtres. Cooper, blessé, descend dans la cave. Helen est attrapée par les mains qui dépassent d'une fenêtre. Elle ne parvient pas à se dégager ! Barbara, dans un éclair de lucidité, vient à son secours, lui permet de se dégager et de descendre dans la cave. Lorsqu'elle arrive en bas, elle voit sa fille en train de dévorer le bras de son père ! La bouche pleine de sang, le regard mauvais, elle s'approche de sa mère, mains aux doigts crochus en avant. « Oh ! Baby ! » Gémit-elle, désespérée, en reculant devant le monstre qu'est devenue sa petite fille. L'enfant prend une truelle pointue et assène de nombreux coups mortels à sa mère paralysée par la terreur. Le sang gicle contre le mur. En haut, Barbara est emportée par la marée des morts-vivants parmi lesquels elle reconnaît son frère. La petite fille est remontée et agresse Ben qui s'en débarrasse. Il descend dans la cave et barricade la porte. Les morts-vivants envahissent la maison.

Dans la cave, le cadavre de Cooper se met à bouger ; Ben lui loge une balle dans la tête. Il jette un coup d'œil sur Helen : elle ouvre les yeux ! Son cadavre subit le même sort. Ben s'installe dans la cave.

Le jour se lève, gris. Un hélicoptère montre, vus du ciel, les morts-vivants qui fuient dans un champ. L'équipe de destruction approche. Les morts-vivants sont abattus comme des lapins. (On prendrait presque pitié) Ben entend des bruits. Il sort de la cave. Les hommes préparent un bûcher. Ben regarde par la fenêtre, prudemment.

Le shérif (celui du reportage à la télévision) : « Vince, tire-lui entre les deux yeux ! » Il tire et tue Ben ! « Bien visé, il est mort ! »

Générique de fin sur des photos : gros plans sur un crochet de boucher utilisé comme une gaffe, la tête de Ben, les cadavres brûlés, le crochet planté dans la poitrine de Ben...

Dernières images : ils emmènent Ben au bûcher, au milieu des morts-vivants (on en reconnaît certains).

Ultime image, mobile cette fois : le bûcher brûle...
Fin

La Nuit des morts-vivants (1968) (Night of the living dead). Un film de George Romero. Prod. Russel W. Streiner et Karl Hardman. Sc.: John Russo et George Romero. Dir. Prod. Vincent Survinski. Prod. Ex. George Kosana. Ph. The Latent image inc. Ing. son Gary R. Streiner et Marshall Booth. Eff. Sp. Regis Survinski et Tony Pantanello. Mix. Hardman Assoc. inc. Props Charles O'Dato. Tittle sequence The Animators. Script coord. Jacqueline Streiner, Script girl Betty Ellen Hanghey. Coif. Bruce Capristo, Ecl. Joseph Unitas. Avec Duane Jones (Ben), Judith O'Dea (Barbra), Karl Hardman (Harry), Marilyn Eastman (Helen), Keith Wayne (Tom), Judith Ridley (Judy) et Kyra Schon, Charles Graig, Bill Heinzman, George Kosana, Frank Doak, Bill « Chilly Billy » Cardille, A. C. Mc Donald, Samuel R. Solito, Mark Ricci, Paula Richards, John Simpson, Herbert Summer, Richard Ricci, William Burchinal, Ross Harris, Al Croft, Jason Richards, Dave James, Sharon Carrol, William Moggush, Steve Hutsko, Joann Michaels, Phillip Smith, Ella Mae Smith, Randy Burr. Tourné à Pittsburg. Noir et blanc.

Solaris !

Roman (1961) de Stanislaw Lem - film (1972) d'Andrei Tarkovski - autre film (2002) de Steven Soderbergh

Solaris est un roman de Stanislas Lem, auteur de science-fiction polonais, et un film d'Andrei Tarkovski, réalisateur soviétique (mort en 1986, hélas). Steven Soderbergh a réalisé un magnifique remake en 2002. Ces œuvres ont été offertes au public en dehors de toutes les règles cinématographiques et littéraires hollywoodiennes.

Encore que Lem ait toujours écrit dans le but de se faire publier en « occident » comme on disait à l'époque là-bas, et il y réussit parfaitement, notamment avec sa série des *Ijon Tichy*, courts récits satiriques. Avant d'en venir à *Solaris,* je voudrais manifester mon énorme admiration pour un des plus géniaux romans de SF de tous les temps, un roman de Lem justement : *Mémoires trouvées dans une baignoire* (1961). Sans faire d'autopublicité, je rends hommage à ce texte dans une de mes nouvelles, intitulée *Manuscrit trouvé dans une baignoire de l'hôtel Rossia à Moscou* (tout un programme). Et admiration sans bornes aussi pour un autre film SF de Tarkovski, *Stalker,* tiré d'un roman des deux frères Strougaski (des Soviétiques ceux-là). Ce roman s'appelait à l'origine : *Pique-nique au bord du chemin* (1972). Ces écrivains de l'est sont géniaux, tellement géniaux qu'ils ont réussi à survivre en tant qu'artistes dans une société qui ne les aimait guère. (L'un des deux frères Strougaski est mort il y a quelque temps...)

Solaris est le nom d'une planète constituée uniquement d'un océan. Au fur et à mesure de sa prospection, on finit par déduire que cet « océan » est un gigantesque organisme unique intelligent. Lorsque Solaris fut découverte, « *La théorie de Gamow-*

Shapley affirmant que la vie était impossible, sur les planètes satellites de deux corps solaires » fut démentie dans les faits : Solaris était capable de réguler son orbite autour de ses deux soleils ! Et le problème se posa donc de communiquer avec cet extraterrestre ; mais « *comment voulez-vous communiquer avec l'océan alors que vous-mêmes n'arrivez plus à vous comprendre ?* », questionne un scientifique. Et l'on retrouve le dialogue suivant aussi bien dans le film que dans le livre : « *Dans cette situation, sont impuissants aussi bien la médiocrité que le génie.* » Lem fait de Solaris son personnage principal. L'auteur est un scientifique de haut niveau, à la fois de par sa formation initiale, mais aussi en autodidacte. C'est la raison pour laquelle, en plus talent, les réflexions scientifiques sur Solaris sont passionnantes dans le livre. Dans les films *Alien*, l'extraterrestre pond des œufs dans notre corps pour se reproduire. Dans *Solaris,* l'extraterrestre entre dans notre esprit pour y trouver la culpabilité et la matérialise. C'est encore plus horrible ! Le roman vous prend dès le départ par les questions que se pose le visiteur de la station qui plane au-dessus de Solaris. Un vrai suspense à la Hitchcock. Tarkovski ne joue pas sur ce registre dans son film ; il prend son temps (le film dure deux heures trente !) comme à son habitude et traite l'image, utilise les mouvements de la caméra pour déclencher chez le spectateur une réflexion sur la psychologie des personnages.
La situation devient compliquée, car les créatures de Solaris souffrent de leur inhumanité, et cherchent à devenir humaines... Cela ne vous dit rien ? *Blade Runner*, bien sûr ! On voit là encore que Dick n'avait rien inventé... Car, comme le dit Kelvin, le psychologue, à sa « créature » : « *Tu m'es plus chère que toutes les vérités scientifiques* ».
Cette histoire est très complexe, d'une complexité que j'adore. La manière de filmer de Tarkovski est bien adaptée à cette complexité. Il faut un effort intellectuel pour regarder le film. L'image de fin vous offrira bien plus qu'une récompense de votre effort ; à condition d'avoir vu le film avant. Soderbergh a plutôt simplifié la trame du récit (le père de Kelvin est absent) et joue plutôt sur la plasticité du film.
Quand on sait que Lem ne laissait rien au hasard, on sourit au nom de Kelvin attribué à son personnage principal. Sir Williams Thomson, lord *Kelvin (1824-1907)*, était un grand scientifique dont les études géophysiques sur les *marées terrestres* sont restées fondamentales. (C'est de lui que vient le degré Kelvin, dont le 0 °K est le zéro absolu).
Voilà de la science-fiction !

CHAPITRE 4
Des acteurs fantastiques

Lon Chaney – Bela Lugosi – Boris Karloff – Conrad Veidt – Peter Lorre – John Carradine – Vincent Price – Peter Cushning – Christopher Lee – Jack Nicholson – Barbara Steele – Anthony Hopkins – Arnold Schwarzenegger.
Les articles sont classés par ordre chronologique.

Lon Chaney (1883 – 1930). Il fut l'acteur par excellence, l'homme aux mille visages, capable de jouer n'importe quel rôle et de se grimer pour se transformer radicalement. Il joua le rôle d'un cul de jatte dans *The Penalty* (1920) de Wallace Worsley, le rôle du *Fantôme de l'opéra* (1925) de Rupert Julian, celui de Quasimodo dans *Notre Dame de Paris* (1923) de Worsley. Fils de parents sourds-muets, il apprit très jeune à s'exprimer par la pantomime ce qui lui donna naturellement une formation pour être le magnifique acteur de cinéma muet qu'il était. Acteur fétiche de Tod Browning, il interpréta des rôles dans nombre de ses films. Il meurt du cancer des bronches à l'âge de quarante-sept ans, laissant ainsi la place à Bela Lugosi qui joua Dracula dans le film de Tod Browning. Lon Chaney était réellement un acteur stupéfiant, et ses rôles dans *L'inconnu*, dramatique faux manchot qui se fait amputer des mains pour la femme qu'il aime et dans *À l'est de Zanzibar* sont bouleversants. Son fils, Lon Chaney Jr interpréta de nombreux films d'épouvante sans jamais pouvoir sortir de l'ombre de son père.
Quelques films où il joua :
L'île au trésor (1920) de Maurice Tourneur – Notre Dame de Paris (1923) de Wallace Worsley – Le fantôme de l'opéra (1925) de Rupert Julian – Docteur X (1925) de Roland West – Le club des trois (1925) de Tod Browning – L'oiseau noir (1926) de Tod Browning – La route de Mandalay (1926) de Tod Browning – L'inconnu (1927) de Tod Browning – Londres après minuit (1927) de Tod Browning – Le loup de soie noire (1928) de Tod Browning – Le Talion (1928) de Tod Browning – Loin vers l'est (1929)
Bela Lugosi (1882 – 1955). Sa naissance fut marquée par le destin. En effet, comme par prémonition, il naquit à Lugos en Hongrie, non loin de la demeure de Dracula ! De son vrai nom Bela Blasko, il fut acteur de théâtre dès 1902 et tourna son premier film en 1917 en Allemagne avant d'émigrer aux États-Unis. Il devint célèbre en interprétant le rôle de Dracula dans le film de Tod Browning (1931). Cette chance (rappelons que Browning lui confia le rôle parce que Chaney qui devait l'interpréter était mort...) n'en fut pas vraiment une, car Bela Lugosi fut littéralement enfermé dans ce rôle du vampire et souffrit des rôles médiocres qui lui furent systématiquement confiés dans des films de série B. Le sort s'acharnait contre lui, car il refusa le rôle de Frankenstein dans le film de James Whale, sous prétexte que c'était un rôle de monstre ! Il permit ainsi à Boris Karloff d'entrer dans la légende du cinéma fantastique. La rumeur disait qu'il était tellement imprégné de son personnage de vampire qu'il dormait la nuit dans un cercueil ! Mais ce n'était qu'une légende... Son meilleur rôle est celui du vampire dans *La Marque du vampire* de Tod Browning

(1935). Souffrant de douleurs à la colonne vertébrale, il devait prendre des drogues et s'accoutuma aux stupéfiants... Il mourut pendant le tournage de *Plan 9 from outer space* (1959) d'Edward D. Wood Jr, le film le plus mauvais de l'histoire du cinéma. On le remplaça par une doublure bien plus grande que lui et qui cachait son visage derrière son bras pour ne pas être reconnu ! Wood Jr a inspiré à Tim Burton un film de biographie... Lugosi n'a joué que dans un seul film non fantastique, dans *Ninotchka* (1939) d'Ernst Lubitsch. Comme il n'est pas mon acteur préféré et qu'il fait l'objet d'un véritable culte par certains, je cite, en conclusion, Claude Beylie qui a écrit un article sur cet acteur dans *l'Avant-Scène* : «... *il exauce à merveille le rêve d'André Gide, sortant du* Nosferatu *de Murnau, d'un Dracula charmeur, capable de séduire ses victimes. Ainsi était-il tout désigné pour entrer dans l'univers d'Edgar Allan Poe ; comme celui-ci, il pouvait dire : "Je me fais l'effet d'un ange qui veut s'asseoir à un banquet de monstres". Lugosi, bel ange noir de nos nuits blanches, n'a eu que le tort d'appliquer au pied de la lettre le précepte romantique : récusant un art fondé sur la convention, il a – dirons-nous, en paraphrasant Lamartine – doté la Muse cinéma des "fibres mêmes du cœur de l'homme, touchées et émues par les innombrables frissons de l'âme te de la nature".* »

Quelques films :
Dracula (1931) de Tod Browning – Double assassinat dans la rue Morgue (1932) de Robert Florey – White Zombie – les morts-vivants (1932) de Victor Halperin – L'île du docteur Moreau (1933) d'Erle C. Kenton – Le Chat noir (1934) d'Edgar George Ulmer – La marque du vampire (1935) de Tod Browning – Le Corbeau (1935) de Louis Friedlander – Le rayon invisible (1936) de Lambert Hillyer – Le Fils de Frankenstein (1939) de Rowland V. Lee – Le loup-garou ((1942) de George Waggner – Frankenstein rencontre le loup-garou (1943) de Roy William Neill – Le retour du vampire (1945) de Lew Landers – Le Récupérateur de cadavres (1945) de Robert Wise – Deux nigauds contre Frankenstein (1948) de Charles T. Barton...

Boris Karloff (1887 – 1969). L'acteur qui interpréta la créature dans *Frankenstein* (1931) de James Whale. Aujourd'hui, quiconque veut s'imaginer le visage de cette créature, ne peut que voir la figure superbement maquillée de Boris Karloff. Ce maquillage fut l'œuvre de Jack Pierce. Non seulement, le travail du maquilleur fut fantastique, bien que très difficile à supporter pour l'acteur, mais le jeu de ce dernier, tout en finesse, exprime la douleur physique, mentale et morale d'une créature qui n'a pas de nom ni de père ni de mère... Patrick Brion cite James Whale, dans son livre *Le Cinéma fantastique* : « *J'ai été fasciné par le visage de Karloff. Je fis des dessins de sa tête agrémentés de longues saillies osseuses aux endroits où j'imaginais les soudures du crâne. Il n'avait pas un physique aussi puissant que je l'aurais souhaité. Pourtant, sa personnalité étrange et pénétrante comptait plus, je le sentais, que l'apparence physique qui pourrait être modifiée aisément.* » Dans le *Frankenstein* (1995) de Branagh, Robert De Niro n'est pas mauvais non plus dans le rôle de la créature, mais Boris Karloff restera, malgré tout, seul dans la mémoire collective.

Il s'appelait, en vérité, William Henry Pratt. Il est né à côté de Londres, à Dunwich. Il émigre au Canada puis aux États-Unis. Sa carrière démarra de manière fulgurante grâce au refus de Bela Lugosi d'interpréter la créature de Frankenstein dans le film de James Whale. Il ne fut pas l'acteur d'un seul cinéaste, mais tourna avec de nom-

breux réalisateurs de talent. Roger Corman relança sa carrière dans les années soixante, notamment dans *Le Corbeau* (1963) avec Peter Lorre, Vincent Price et Jack Nicholson, excellent film parodique du fantastique. Il joue également dans le premier film précurseur de la terreur moderne : *Le Mort qui marche* (1936) de Michael Curtiz.
Quelques films :
Scarface (1932) de Howard Hawks – Frankenstein (1932) de James Whale – La Momie (1932) de Karl Freund – Le masque d'or (1932) de Charles Brabin – Le Chat noir 1934) d'Edgar George Ulmer – Le Corbeau (1935) de Louis Friedlander – La Fiancée de Frankenstein (1935) de James Whale – Le rayon invisible (1936) de Lambert Hillyer – Le Mort qui marche (1936) de Michael Curtiz – Cerveaux de rechange (1936) de Robert Stevenson – Mr Wong détective (1939) de William Nigh – Le Fils de Frankenstein (1939) de Rowland V. Lee – La Tour de Londres (1939) de Rowland V. Lee – Vendredi 13 (1940) d'Arthur Lubin – La Maison de Frankenstein (1944) d'Erla C. Kenton – Le Récupérateur de cadavres (1945) de Robert Wise – L'île des morts (1945) de Mark Robson – Des filles disparaissent (1947) de Douglas Sirk – Deux nigauds chez les tueurs (1948) de Charles T. Barton – Le Château de la terreur (1951) de Joseph Pevney – Le Mystère du château noir (1952) de Nathan Juran – Deux nigauds contre Dr Jekyll et Mr Hyde (1953) de Charles Lamont – Frankenstein 70 (1958) de Howard W. Koch – Le Corbeau (1963) de Roger Corman – Les Trois visages de la peur (1964) de Mario Bava – La Maison ensorcelée (1968) de Vernon Sewel...

Conrad Veidt (1893 – 1943). J'espère que ce très grand acteur n'est pas tombé dans l'oubli. Il fut membre de la troupe de Max Reinhardt. On se souvient encore de lui dans *Le Cabinet du docteur Caligari* interprétant le somnambule qui assassine les gens dans leur lit. Acteur du cinéma muet allemand, il devra aussi fuir le nazisme comme tant d'autres (en 1934). Il poursuivra sa carrière aux États-Unis (où il joua souvent le rôle d'Allemands nazis) jusqu'au film *Casablanca*, après lequel il s'éteindra... J'ai aussi le souvenir de son rôle de peintre aveugle (!) dans le superbe film de Murnau *Der Gang in die Nacht.*
Quelques films :
Histoires extraordinaires (1919) de Richard Oswald – Le Cabinet du docteur Caligari (1920) de Robert Wiene – Der Januskopf (1920) Wilhelm F. Murnau – Le Cabinet des figures de cire (1924) de Paul Leni – Les Mains d'Orlac (1924) de Robert Wiene – L'étudiant de Prague (1926) de Henrik Galeen.
Comme réalisateur : Paganini, Lord Byron (1923).

Peter Lorre (1904 – 1964). De son vrai nom Lazlo Lowenstein, il doit sa gloire au rôle que lui a donné Fritz Lang dans *M. le maudit* (1931). Mais il fuira le nazisme pour se réfugier aux États-Unis où il jouera dans quelques grands films hollywoodiens. Quelques chefs-d'œuvre où on peut le voir : *Le Faucon Maltais* de John Huston, *Arsenic et vieille dentelle* de Frank Capra et *L'homme qui en savait trop* d'Alfred Hitchcock. Il joua le rôle de Mr Moto dans de nombreux films. Son visage rond et ses yeux exorbités exprimant une détresse insondable le prédestinaient au cinéma fantastique. Sa prestation dans *La Bête aux cinq doigts* rend ce film crédible...
Quelques films :

Les Mains d'Orlac (1935) de Karl Freund – La Bête aux cinq doigts (1946) de Robert Florey – 20 000 Lieues sous les mers (1954) de Richard Fleischer – Le Corbeau (1963) de Roger Corman.
Comme réalisateur : L'homme perdu (1951).
Peter Lorre était revenu en Allemagne pour tourner ce film et suite à son échec commercial, il retourna à Hollywood.

John Carradine (Né en 1906). D'abord peintre et sculpteur, il finit par être acteur de théâtre puis de cinéma pour lequel il se spécialisa dans les films d'horreur de série B.
Quelques films :
L'homme invisible (1933) de James Whale – Le chien des Baskerville (1939) de Sidney Lanfield – Le fantôme de la momie (1944) de Reginald Le Borg – La Maison de Dracula (1945) d'Erle C. Kenton – La Maison de Frankenstein (1945) d'Erle C. Kenton – Le commando des morts-vivants (1977) de Weiderhern – Hurlements (1980) de Joe Dante.

Vincent Price (1911 – 1993). Acteur du cinéma d'épouvante qui saisit le spectateur d'effroi par son austère jeu imperturbable devant l'horreur. La série des films Poe – Lovecraft de Roger Corman le plaça au-devant de la scène cinématographique. Son jeu d'acteur pince-sans-rire produit encore plus de terreur, car, lui, son personnage n'a pas peur !
Quelques films :
La tour de Londres (1939) de Rowland V. Lee – Le retour de l'homme invisible (1940) de Joe May – L'homme au masque de cire (1953) d'André De Toth – La Mouche noire (1958) de Kurt Neumann – La nuit de tous les mystères (1959) de William Castle – Le désosseur (1959) de William Castle – La chambre des tortures (1961) de Roger Corman – L'empire de la terreur (1962) de Roger Corman – La chute de la maison Usher (1962) de Roger Corman – Le Corbeau (1963) de Roger Corman – La malédiction d'Arkham (1963) de Roger Corman – La tour de Londres (1964) de Roger Corman – La tombe de Ligeia (1964) de Roger Corman – Le masque de la mort rouge (1964) de Roger Corman – Le cercueil vivant (1969) de Gordon Hessler – Lâchez les monstres (1969) de Gordon Hessler – L'abominable Dr Phibes (1971) de Robert Fuest – Le retour de l'abominable Dr Phibes (1972) de Robert Fuest – Théâtre de sang (1973) de Douglas Hickox – Le voyage de la peur (1976) de Daniel Mann – Edward aux mains d'argent (1991) de Tim Burton.

Peter Cushing (1913 – 1994). Acteur fétiche de Terence Fisher qui fit sa gloire avec le rôle du docteur Frankenstein dans lequel il excelle avec son air très flegmatique et néanmoins impitoyablement horrible. Il peut tout jouer comme tout excellent acteur. Ce sont les films d'horreur qui ont fait sa renommée, surtout ceux qu'il joua avec Christopher Lee. On l'a même vu dans *La Guerre des étoiles* de Lucas...
Quelques films :
Frankenstein s'est échappé ! (1957) de Terence Fisher – Le cauchemar de Dracula (1958) de Terence Fisher – La revanche de Frankenstein (1958) de Terence Fisher – L'impasse aux violences (1959) de John Gilling – Le chien des Baskerville (1959) de Terence Fisher – La malédiction des pharaons (1959) de Terence Fisher – Les maîtresses de Dracula (1960) de Terence Fisher – Les chevaliers du démon (1960) de

Roy Ward Baker – Le train des épouvantes (1964) de Freddie Francis – Les Daleks envahissent la Terre (1965) de Gordon Flemyng – Le crâne maléfique (1965) de Freddie Francis – Frankenstein créa la femme (1967) de Terence Fisher – Le retour de Frankenstein (1969) de Terence Fisher – Histoires d'outre-tombe (1972) de Freddie Francis – La Chair du diable de Freddie Francis (1972) – Dracula vit toujours à Londres (1973) d'Alan Gibson – Frankenstein et le monstre de l'enfer (1973) de Terence Fisher – La Légende du loup-garou (1974) de Freddie Francis – Le Commando des morts-vivants (1977) de Weiderhern – La Guerre des étoiles de George Lucas (1977).

Christopher Lee (né en 1922). D'abord acteur de théâtre puis de cinéma (*Moby Dick* (1955) de John Huston, par exemple) Christopher Lee fut sollicité par Terence Fisher, cinéaste préféré de la Hammer Films, pour interpréter le rôle de Dracula. Ce rôle le rendit célèbre, car il l'interpréta d'une manière nouvelle avec virilité, séduction et monstruosité. La sexualité et le sang deviennent alors les ingrédients principaux de ses films et son interprétation va bien dans ce sens. À notre époque, c'est lui qui personnifie le personnage de Dracula. Mais il ne se contenta pas de jouer seulement le rôle de ce monstre, il joua celui de la créature de Frankenstein, de Fu Manchu, de la Momie, de Raspoutine et de l'horrible Kurt, dans *Le Corps et le fouet* de Mario Bava. C'est le rôle de Dracula qui reste dans toutes les mémoires et ce n'est pas le moindre de ses exploits que d'avoir détrôné Bela Lugosi pour cette interprétation. Quelques films (parmi les innombrables de sa filmographie) :
Frankenstein s'est échappé ! (1957) de Terence Fisher – Le cauchemar de Dracula (1958) de Terence Fisher – Le chien des Baskerville (1958) de Terence Fisher – La malédiction des pharaons (1959) de Terence Fisher – L'homme qui trompait la mort (1959) de Terence Fisher – Les deux visages du Dr Jekyll (1959) de Terence Fisher – Les Mains d'Orlac (1960) d'Edmond T. Greville – Hurler de peur (1961) de Seth Holt – Les temps sont durs pour les vampires (1961) de Stefano Vanzina Steno – Hercule contre les vampires (1961) de Mario Bava – La vierge de Nuremberg (1962) d'Antonio Margheriti sous le pseudonyme d'Anthony Dawson – Le corps et le fouet (1962) de Mario Bava – Dracula prince des ténèbres (1965) de Terence Fisher -
Les vierges de Satan (1968) de Terence Fisher – Les cicatrices de Dracula (1970) de Roy Ward Baker – La Chair du diable de Freddie Francis (1972) – Dracula père et fils (1976) d'Édouard Molinaro – Sleepy Hollow de Tim Burton (1999) – La malédiction de la momie de Russel Mulcahy (2000) – Le Seigneur des anneaux, trilogie de Peter Jackson (2001)

Jack Nicholson (Né en 1937). Dans *Profession reporter* (1975) de Michelangelo Antonioni, le personnage joué par Jack Nicholson meurt dans une chambre d'hôtel pendant que se déroule le plus fameux plan-séquence de l'histoire du cinéma, un plan-séquence de six minutes quinze qui valent leur pesant de spectacle pour tout cinéphile qui se respecte. Dans ce film, le jeu de Nicholson est constamment maintenu par le réalisateur ce qui donne au film son angoisse intrinsèque exprimée par le regard contrarié du comédien. Mais, c'est un autre film de la même année qui rendit célèbre Jack Nicholson, *Vol au-dessus d'un nid de coucou* (1975) de Milos Forman, dans lequel il a pu donner libre cours à son jeu presque excessif qui ne pouvait que correspondre à certains rôles du cinéma fantastique qu'il interprétera par la suite.

Jack Nicholson débuta avec Roger Corman. Certains se souviennent encore de son personnage de *La Petite boutique des horreurs* (1960) et du *Corbeau* (1963). Notre mémoire le revoit encore dans *Le retour des anges de l'enfer* (1967), mais le film dans lequel il persiste dans nos souvenirs est bien *Chinatown* (1974) de Roman Polanski. Puis, ce sera donc la gloire avec *Vol au-dessus d'un nid de coucou*. Après les séries B de Roger Corman, son jeu excessif le conduira à jouer l'écrivain hanté dans *Shining* (1980) de Stanley Kubrick. Seul cet acteur a pu développer chez le spectateur l'angoisse de la hantise d'un grand hôtel isolé pendant l'hiver et qui a connu autrefois d'horribles meurtres. Nicholson y est stupéfiant ! Il jouera le diable mieux que personne dans *Les Sorcières d'Eastwick* (1987) puis l'affreux Joker dans *Batman* (1988), film dans lequel il pourra donner libre cours à son jeu excessif et fantastique. Enfin, on le verra interpréter le loup-garou dans *Wolf* (1994) qu'il contribue à sauver de la banalité. Dans *Mars Attacks* de Tim Burton il joue excellemment deux rôles !

Ses films fantastiques ont marqué l'histoire de ce cinéma :
La petite boutique des horreurs (1958) de Roger Corman – The Terror (1963) de Roger Corman (et F. F. Coppola...) – Le Corbeau (1963) de Roger Corman – Shining (1980) de Stanley Kubrick – Les sorcières d'Eastwick (1987) de George Miller – Batman (1988) de Tim Burton – Wolf (1994) de Mike Nichols – Mars Attacks ! (1998) de Tim Burton.

Comme réalisateur, il a tourné :
Vas-y fonce (1970) – En route vers le sud (1978) – Piège pour un privé (1991), la suite de Chinatown.

Barbara Steele (Née en 1938). Cette belle et inquiétante Irlandaise est devenue célèbre grâce au réalisateur italien Mario Bava qui la révéla dans un double rôle du *Masque du démon.* Elle poursuivra donc sa carrière dans des films d'horreur italiens de Freda, Margheriti, Caiano et Pupillo. On la voit dans *Huit et demi* de Fellini.

Quelques films :
Le Masque du démon (1960) de Mario Bava – La Chambre des tortures (1961) de Roger Corman – L'effroyable secret du docteur Hichcock (1962) de Riccardo Freda – Huit et demi (1963) de Federico Fellini – Le Spectre du docteur Hichcock (1963) de Riccardo Freda – La Danse macabre (1963) d'Antonio Margheriti sous le pseudonyme d'Anthony Dawson – La Sorcière sanglante (1964) d'Antonio Margheriti sous le même pseudonyme – Les Amants d'outre-tombe (1965) de Mario Caiano sous le pseudonyme de Grunenwald – Le Cimetière des morts-vivants (1965) de Massimo Pupillo – La Maison ensorcelée (1968) de Vernon Sewell – Frissons (1974) de David Cronenberg – Piranhas (1978) de Joe Dante.

Anthony Hopkins, né en 1939. Acteur anglais formé à la Royal Academy of Dramatic Art. Son interprétation du psychiatre cannibale dans *Le Silence des agneaux* a fait frémir plus d'un spectateur ». Il campe ensuite un docteur Van Helsing très particulier dans le *Dracula* de Coppola. Il a beaucoup joué à la télévision.

Quelques films :
Audrey Rose (1977) de Robert Wise – Magic (1978) de Richard Attenborough – Elephant man (1980) de David Lynch – Dracula (1992) de Francis Ford Coppola – Le silence des agneaux (1992) de Jonathan Demme.

Arnold Schwarzenegger, né en 1947. D'origine autrichienne, sa superbe musculature lui a valu d'être monsieur Univers à quatre reprises. Contrairement à une idée répandue par les gens jaloux, qui dit muscle ne dit pas obligatoirement petite intelligence. Ce n'est en tout cas pas le cas de Schwarzenegger qui est un très bon acteur, sachant, à l'occasion ne pas se prendre au sérieux, voire même s'autoparodier comme dans *Last Action Hero*. Il a joué dans plusieurs films fantastiques et a laissé sa marque dans le rôle de *Conan*, le personnage de Howard mis à l'écran, et surtout dans celui des rôles des robots venus du futur, l'un gentil et l'autre méchant, des *Terminator*.

Quelques films :
Conan le barbare (1981) de John Milius – Conan le destructeur (1983) de Richard Fleischer – Terminator (1985) de James Cameron – Kalidor, la légende du talisman (1985) de Richard Fleischer – Predator (1987) de John MacTiernan – Total Recall (1990) Paul Verhœven – Terminator 2 : le jugement dernier de James Cameron (1991) – Last Action Hero (1993) de John MacTiernan – Batman et Robin (1997) de Jœl Schumacher – La Fin des temps de Peter Hyams (1999) – À l'aube du 6e jour de Roger Spottiswoode (200) – Terminator 3 : le soulèvement des machines de Jonathan Mostow (2003)...

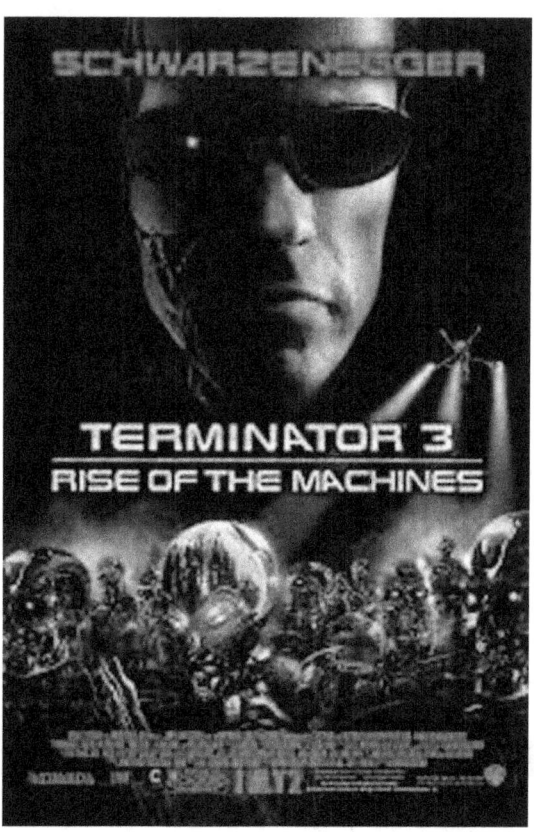

CHAPITRE 5
Fantastiqueurs

Roger Corman – Stanley Kubrick – Antonio Margheriti – Roman Polanski – Paul Verhœven – Larry Cohen – Ridley Scott – Kevin Connor – Terry Gilliam – Brian de Palma – Dario Argento – Les autres Italiens – Joël Schumacher – Peter Hyams – David Cronenberg – George Miller – George Lucas – Tobe Hooper – Stuart Gordon – David Lynch – Steven Spielberg – James Cameron – John Carpenter – Joe Dante – Robert Zemeckis – Wes Craven – Clive Barker – Roland Emmerich – Tim Burton – Sam Raimi – Jean-Pierre Jeunet.
Et aussi : Stephen King, Kathryn Bigelow, Christian Duguay, Christophe Gans, Luc Besson, Jean Rollin et Jésus Franco... .
Et encore : Guillermo del Toro, Peter Jackson, Brian Yzna, Paul Anderson, David Twohy, Stephen Sommers, Chuck Russel, Jack Sholder, René Manzor, Rob Bowman, Hideo Nakata...

Nous n'indiquons ici que les réalisateurs contemporains, encore vivants à la fin du XXe siècle, spécialistes du cinéma fantastique, qui ont contribué à explorer le genre (quelle que soit leur motivation...) et qui apporteront encore certainement d'autres créations. Nous ne citons pas de très grands cinéastes qui ont réalisé un ou deux films fantastiques dans une œuvre d'ensemble qui montre bien que le but recherché n'est pas celui d'explorer ce genre. Il ne s'agit donc pas de réaliser un panorama exhaustif de cinéastes. Seuls les films fantastiques et de SF sont cités.
Les articles sont classés par ordre chronologique.

Roger Corman, né en 1926. C'est Francis Ford Coppola qui conclut le film de son épouse, *Au Cœur des ténèbres*, titre repris de l'œuvre de Joseph Conrad dont s'est inspiré le cinéaste, film consacré au tournage d'*Apocalypse Now*. Voici ce qu'il dit : « *Mon espoir, c'est qu'avec ces nouvelles petites caméras vidéo huit millimètres, des gens qui n'auraient pas pensé à faire du cinéma s'y mettent... Une petite fille boulotte de l'Ohio deviendra le nouveau Mozart et tournera un chef-d'œuvre avec la petite caméra de son père. Le "professionnalisme" du cinéma en sera détruit à jamais, et le cinéma deviendra un art.* » Dans ces phrases, on peut comprendre un deuxième sens, celui de la culpabilité d'avoir la chance de bénéficier de monstrueux budgets pour ses films. Ce n'était pas le cas de Roger Corman, qui s'est rendu célèbre justement par la qualité de ses films malgré ses budgets ridiculement petits. Coppola a d'ailleurs débuté avec Corman, puisqu'il a réalisé la moitié du film *The Terror* (1963). Très connu pour ses films de terreur, notamment ses adaptations de Poe, il a également réalisé les films "moto" avec Peter Fonda (*Les Anges sauvages*), des films de gangsters dans lesquels il ne leur trouve aucune excuse ni aucun romantisme comme *Bloody mama*. Pour ses films gothiques, genre dans lequel il excelle, inspirés de Poe et Lovecraft, il s'est entouré du scénariste Richard Matheson, grand écrivain de science fiction (*Je suis une légende*, *Danse macabre*) et Charles Beaumont, tous deux scénaristes de plusieurs épisodes de la série télévisée La Quatrième dimension). Tous ces films sont traités selon la théorie de Marie Bonaparte, célèbre freudienne, qui voit en l'œuvre de Poe une description des rêves. Tournés en studio, grâce au jeu des couleurs et son art cinématographique, il développe une atmosphère étouffante. Il utilise peu les effets "coups de poing" des cinéastes de la Hammer, mais crée une tension continue. Seul le film La Tombe de Ligeia sort de ce dispositif. « *Au début, j'étais persuadé que le monde dans lequel évoluaient nos personnages était une pure création de l'esprit, celui d'Edgar Allan Poe. C'est pour cela que je ne tournais jamais en extérieur. Je croyais que le moindre plan réaliste ne pourrait que révéler l'artifice du monde que je mettais en scène. Pour* Ligea *au contraire, j'ai utilisé pour la première fois dans la série Poe des décors naturels. J'en avais assez de ces décors brumeux et j'avais un peu peur de me répéter. Avec* Ligea, *j'ai recherché une approche typiquement gothique. J'ai trouvé une abbaye près de Nortfolk et nous y avons tourné nos extérieurs.* » (R. Corman dans Midi-Minuit fantastique n° 10—11, hiver 64—65 ; cité par Stephane Bourgoin.)

Corman avait rassemblé autour de lui un clan cinématographique que l'on retrouve dans presque tous les génériques de ses films : les acteurs Dick Miller, Susan Cabot, Jonathan Haze, Bruno Ve Sota, Barboura Morris, Richard Devon, Leo Gordon ; le chef opérateur Floyd Crosby ; pour les décors : Daniel Haller ; le musicien Ronald Stein et le scénariste Charles B. Griffith. Roger Corman joue également un rôle dans nombre de ses films.

La plupart des films de R. Corman sont produits par lui-même, sauf *L'invasion secrète* (Gene Corman) et *De Sade* (S. Z. Arkoff et J. H. Nicholson). En 1970, il fonda la New World Pictures et ne réalisa plus de films.

De la foisonnante œuvre de Corman, nous ne retenons ici que les films que nous considérons comme fantastiques. Sauf indication du contraire, les scénarios des films sont de Charles B. Griffith.

It conquered the world. (1956) Avec Lee Van Cleef... Les monstres de l'espace envahissent la terre.

Attack of the crab monsters. (1956) Des crabes géants produits par la radioactivité attaquent des scientifiques après un essai nucléaire.

Not of this earth. (1956) Un extraterrestre vole notre sang pour essayer de sauver son espèce. Scène mémorable : un représentant en aspirateur essaie de lui vendre sa marchandise ; devinez ce qu'il lui arrive ?

The Undead. (1956) Sorcellerie au Moyen Âge. Ce film débute l'intense utilisation du brouillard dans les films de Corman.

War of the satellites. (1958) Scénario de Lawrence Louis Goldman d'après une histoire de Jack Rabin et Irving Block. Invasion ratée d'extraterrestres.

The Viking women an the sea serpent. (1957) Scénario de Louis Goldman d'après Irving Block. Des Vikings, de la magie et des monstres.

Teenage caveman. (1958) Scénario de R. W. Campbell. Lointains survivants de l'holocauste nucléaire.

Un Baquet de sang (1959). Un artiste utilise des cadavres pour ses sculptures.

The Wasp woman. (1959) Scénario de Leo Gordon d'après Kinta Zertuche. Une femme se transforme en guêpe tueuse.

La Petite boutique des horreurs (1960) Une plante vampire...
Creature from the haunted sea. (1960) Un monstre marin décime une expédition.
La Chute de la maison Usher. (1960) Couleurs. Scénario de Richard Matheson d'après E. A. Poe.
La Chambre des tortures (The pit and the pendulum). (1961) Couleurs. Scénario de Richard Matheson d'après E. A. Poe. Avec Vincent Price. Lointain rapport avec Poe, Matheson ayant complètement raté le scénario. Très beau film quand même.
L'Enterré vivant (1962) Scénario de C. Beaumont et Ray Russel d'après Poe.
L'Empire de la terreur. (1962) Scénario de Richard Matheson d'après Poe. Avec Vincent Price et Peter Lorre. Trois sketches : Morella, The black cat et The facts in the case of Mr. Valdemar.
La Tour de Londres (1962) Scénario de Leo Gordon, Amos Powell et James B. Gordon. Avec Vincent Price. Historique horrifiant. Remake du film de Rowland W. Lee de 1939, avec Basil Rathbone, Boris Karloff et Vincent Price.
Le Corbeau (1963). Scénario de Richard Matheson d'après Poe.
Avec Vincent Price, Peter Lorre et Boris Karloff. Fantastique parodique.
L'Halluciné (1963)
The Terror. (1963) Scénario de Leo Gordon et Jack Hill. Francis Ford Coppola a réalisé la moitié du film. Avec Boris Karloff, Jack Nicholson. Tourné dans le décor du château du « Corbeau ». Jack Nicholson se promène beaucoup dans les couloirs. Film culte aux États-Unis. Fantastique gothique.
L'Horrible cas du Dr X. (1963)
La Malédiction d'Arkham. (1963) Scénario de Charles Beaumont d'après Lovecraft et E.A. Poe (?) Avec Vincent Price, Lon Chaney Jr. Fantastique tiré de l'affaire Charles Dexter Ward de Lovecraft.
L'Invasion secrète (1963) Scénario de R. W. Campbell. Guerre. Un commando de détenus libérés pour les besoins de la cause. Quelques scènes fantastiques.
Le Masque de la mort rouge (1964) Scénario de R. W. Campbell et C. Beaumont d'après Poe. Avec Vincent Price.
La Tombe de Ligeia (1964) Scénario d'après Poe. Avec Vincent Price. Fantastique le meilleur de Corman.
The Trip. (1967) Scénario de Jack Nicholson. Peter Fonda se drogue au LSD.
De Sade (1969) Scénario de Richard Matheson et Peter Berg.
Film sur la vie de Sade, réalisé par différents cinéastes. Roger Corman tourna quelques scènes...
Bloody mama (Bloody mama). (1970) Couleurs. Scénario de Robert Thom d'après lui et Donald A. Peters. Avec Robert De Niro. Policier noir et sanglant. Une Mama chef de gang sanglant et incestueux.
Gas-s-s-s ! (1970) Scénario de George Armitage. Fantastique comique. Tous les gens de plus de vingt-cinq ans meurent sous l'effet d'un gaz de l'armée !
La Résurrection de Frankenstein (1990) Adapté d'un roman de Brian Aldiss.
Puis Corman produira de nombreux films fantastiques, notamment : « Avalanche » (1978) de Corey Allen, « Alien » (1978) de Ridley Scott, « Piranhas » de Joe Dante (1978)...

Stanley Kubrick, né en 1928 (hélas décédé en 1999). Kubrick débuta au cinéma par la photographie... Puis, son pessimisme fondamental basé sur l'idée que la nature de l'homme est mauvaise en soi (mais comment changer cela ?) le porte à réaliser des films noirs comme *Le Baiser du tueur* (1955) avec la scène célèbre des mannequins et *Ultime razzia* où il filme en premier plan les personnages secondaires du hold-up en montrant leur point de vue personnel. Le prodigieux *Les Sentiers de la gloire* (1957), longtemps interdit en France met en scène la guerre de 1914 – 18 et montre le cynisme des états-majors. Là encore, la société n'est pas responsable, selon Kubrick, mais les individus... Les censeurs français auraient dû mieux voir cela... Son pessimisme noir met en scène *Docteur Folamour* (1964) où la guerre mondiale nucléaire éclate à la fin, inéluctablement, la « connerie » humaine étant sans limite ! « *L'horreur est un de ses sujets de prédilection* » affirme Jean-Marc Bouineau dans son ouvrage sur le cinéaste, bien que Stanley Kubrick affirme quelques pages plus loin : « *En réalité, je ne me suis jamais préoccupé du genre de film que j'allais faire.* » Mais est-ce vraiment une contradiction ? N'est-ce pas plutôt renforcer l'affirmation de Bouineau en montrant ainsi que l'horreur de ses films lui vient naturellement ? Malgré tout, si Kubrick pose de grands problèmes de société dans ses films – la technologie et la conquête de l'espace dans *2001*, la violence urbaine dans *Orange mécanique*, la guerre dans *Dr Folamour* et *Full metall jacket* – il le fait au travers d'une réalité complètement individuelle. Voyons ce qu'il dit à propos de la fin de *2001* : « *David Bowman, après avoir livré un combat sans merci contre la technologie (Carl, l'ordinateur), part à la découverte de la vérité ; non pas la sienne, mais la vérité universelle. Évoluant dans un univers à peine imaginable, ses yeux lui décrivent ce qu'aucune parole ne pourrait expliquer ; il fait comme à rebours le voyage inverse vers le centre de la Terre. Dans quel but ? Il est l'élu, celui qui a tout sacrifié, qui détient désormais le pouvoir. Écrasé par le terrible voyage auquel il est soumis, sa pupille réflectrice de la vision des hommes se rétracte, enregistre pour la postérité l'invisible, parce que trop grand, la divinité faite homme. Lorsque Bowman touche le fond, le cartésianisme qui l'illumine n'est autre que l'imaginaire débordé, pris d'assaut par tant de visions qu'il lui faut une représentation, un point de repère. Sa vie est terminée avant même qu'il ait commencé son voyage ? Son inconscient œuvre pour l'inconscient collectif. Il pénètre Dieu comme Dieu a pénétré les hommes ; il enfante un nouveau soi, une nouvelle croyance que les hommes s'efforceront de déchiffrer. [...] Le jour où la pensée humaine sera conforme, le cinéma n'existera plus* » Ce n'est pas du fantastique social cela ?

Stanley Kubrick a vraiment exprimé le fond de sa pensée dans *Shining*, l'histoire de la hantise d'un individu prédisposé à l'intérieur de lui-même à ce phénomène provenant de l'extérieur. À voir ce film, j'y ai vu de la couleur expressionniste, notamment le rouge. Eh bien, une fois de plus, Kubrick dément – mais, à force de démentir ce genre de chose, n'arrive-t-il pas à l'effet contraire à celui escompté ? : « *À cause de l'aspect surnaturel de l'histoire, nous ne voulions pas un décor expressionniste* ». Et les toilettes alors, des toilettes complètement rouges ! On n'a jamais vu cela. Si ! « *Les toilettes rouges où Jack rencontre Grady, [...] sont inspirées de toilettes créées par Frank Lloyd Wright pour un hôtel de l'Arizona.* » Bon, d'accord, mais il fallait aller les chercher des toilettes comme cela ! Ce qui est intéressant également, c'est l'opinion qu'il donne sur le cinéma muet : « *J'aimerais faire un film construit comme l'étaient les films muets. Cela a coûté cher au cinéma de devenir parlant : il a fallu, en particulier écrire comme au théâtre même les scènes courtes, tandis que dans un film muet on pouvait écrire simplement :* L'oncle de Billy *et illustrer ce titre avec un plan de l'oncle Billy occupé à réparer un vélo derrière la maison, et on passait à autre chose. On avait un choix beaucoup plus grand de procédés narratifs au temps du muet. Ce qui est sûr, c'est que j'aimerais beaucoup faire un film où l'histoire serait racontée avec des procédés différents de ceux auxquels le cinéma parlant nous a habitués (c'est-à-dire une série de scènes qui pourraient aussi bien être jouées au théâtre). On a tendance à employer le dialogue comme principal moyen de communication, mais je pense qu'il y a sans doute une manière plus cinématographique de communiquer, plus proche du cinéma muet.* »

Les films fantastiques de Stanley Kubrick sont tous des chefs-d'œuvre :

Docteur Folamour (1963) Noir et blanc. Un général psychopathe entraîne inexorablement le monde vers la guerre nucléaire.

2001 L'odyssée de l'espace (1968) Combat contre un ordinateur paranoïaque, quête de l'absolu à la recherche des extraterrestres.

Orange mécanique (1971). Violence d'adolescents dans une société décadente.

Shining (1980) Tiré du roman de Stephen King. Un écrivain subit la hantise d'un hôtel dont il a la garde avec sa famille pendant un long hiver de montagne.

Jess Franco (né en 1930). Jess Franco manquait tellement de moyens qu'il a utilisé des quantités énormes des mêmes plans dans plusieurs films (par exemple entre les deux films *L'horrible docteur Orloff* et *Le Diabolique docteur Z*). Ce cinéaste courageux est un exemple d'artiste qui ne se laisse pas arrêter par quoi que ce soit pour continuer à créer. Ainsi on peut estimer qu'il a réalisé quelques chefs-d'œuvre même si on trouve chez lui le pire et le meilleur. Je respecte beaucoup ces artistes qui n'ont jamais eu la chance de disposer de moyens suffisants pour créer, mais qui l'ont fait quand même, et avec du talent. Rappelons que Jess fut assistant d'Orson Welles.

Quelques films de Jesus Franco.

L'horrible docteur Orloff (1961) Excellent film en noir et blanc !

Le Sadique baron von Klaus (1963) Jess Franco a été le meilleur avec le noir et blanc qui permet de bien filmer sans gros moyens...

Le Diabolique docteur Z (1965) Excellent film expressionniste. On retrouve la moitié des plans de cet excellent film dans *L'horrible docteur Orloff*

Necronomicon (1967)

Les Nuits de Dracula (1969) Klaus Kinski joue le rôle de Renfield. La langueur du cinéma de Jess se met au service du roman de Bram Stoker auquel il reste très fidèle. Christopher Lee joue le rôle de Dracula.

Vampyros Lesbos de Jess Franco (1970) Ce film est typique de Jess Franco (ici sous un pseudonyme : Franco Manera) : rythme lent, cadrages audacieux, couleurs symptomatiques, et puis soudain, pan ! un coup de zoom agaçant au possible. On rajoute du sexe pas vraiment conformiste (si vous aimez Lesbos) et puis voilà !

La version originale est en allemand, ce qui accentue l'impression d'étrangeté du film.

Le y de Vampyros n'est-il pas un hommage à "Vampyr" de Dreyer à qui on avait posé la question :
– *Pourquoi ce y dans vampyr ?*
– *Pour faire plus étrange, a-t-il répondu...*
Les Cauchemars naissent la nuit (1970) Toujours lent, filles nues et érotisme de pacotille.
Des Frissons sur la peau (1973) Un peu mieux que la moyenne de ce genre de films : érotisme un peu moins niais, mise en scène un peu mieux et jeu des acteurs inégal. Scénario inepte !
Exorcism (1974) Fausses messes noires et vrai tueur en série joué par... Jess Franco lui-même. Très mauvais acteur.
L'abîme des Zombies (1983) Jess a trouvé une technique simple pour contourner le coût très élevé des effets spéciaux : il se débrouille pour qu'on ne voie rien la plupart du temps ! Quand on voit quelque chose, ce sont des visages en gros plan avec des mottes de terre collées dessus et il en sort un ver de terre. Les acteurs sont archi nuls.
Une Vierge chez les morts-vivants (1981) Jess avait donné un autre titre à ce film (dit-il) : *La Nuit des étoiles filantes.* C'est le distributeur qui a donné ce titre. Il est vrai que le spectateur aurait eu du mal à détecter cette "nuit des étoiles filantes" qui est simplement citée un moment dans le film. Le film mérite d'être vu pour de merveilleuses images : du véritable Rembrandt parfois, souvent de l'expressionnisme de couleurs. La scène devant la chapelle de Sainte Cécile est excellente ! Et celle de la disparition du père : du vrai Cocteau !!! Eh bien, autrement, il y a les longueurs et les zooms inhérents à Jess Franco. Ce film ressemble beaucoup à *Lisa et le diable* de Mario Bava (1972) !
La Chute de la maison Usher (1982)
La Comtesse noire. Jess a utilisé le pseudo de « J.P. Johnson » pour ce film. *La comtesse noire,* autrement dit « Lilith ». La fille a de très beaux seins, est bien filmée et joue pas trop mal. Ses fellations sont mortelles...
Les Prédateurs de la nuit (1988) Avec la belle Brigitte Lahaie (rassurez-vous, ce n'est pas un porno), Stéphane Audran et Helmut Berger. Un beau casting pour un film médiocre.
Killer barbys (1996) Faut avoir de la patience pour tout regarder.

Antonio Margheriti, (1930 – 2002, Pseudonyme : Anthony Dawson). Surnommé le « Corman italien », spécialiste de la série B, il réalise, entre autres, quelques films fantastiques avec ce sens du baroque spécifique aux réalisateurs italiens. C'est lui qui supervisa les excellents *Chair pour Frankenstein* (1973) et *Du Sang pour Dracula* (1974) de Paul Morrissey.
L'année 1964 a été particulièrement faste pour le cinéma fantastique.
La Danse macabre (1964) Noir et blanc. Sous le pseudonyme de Dawson. Pari tenu par un journaliste de passer une nuit dans une maison hantée. Il va y voir de drôles de drames. (Inspiré semble-t-il d'une nouvelle d'Ambrose Bierce, dont le thème a été repris plusieurs fois au cinéma).

La Vierge de Nuremberg (1964) Noir et blanc. Sous le pseudonyme de Dawson. Un horrible appareil qui vous transperce de toutes ses pointes.
La Sorcière sanglante (1964) Noir et blanc. Sous le pseudonyme de Dawson. Délicieuse ambiance gothique dans cette histoire de vengeance terrible.
Quant à *Alien la créature des abysses* (1989) il vaut mieux ne pas en parler...

Roman Polanski, né en 1933. Ce n'est évidemment pas un spécialiste du fantastique, mais il a réalisé deux chefs-d'œuvre dans ce domaine, films qui feront date dans l'histoire du cinéma fantastique.
Répulsion (1965) Noir et blanc. La folie dans laquelle s'enfonce une jeune femme psychopathe...
Le Bal des vampires (1967) Humour et terreur dans un film à l'humour très noir bousculant le mythe du vampire.
Rosemary's Baby (1968) Une jeune femme est vendue au diable par son mari. Elle accouchera du démon lui-même.
Le Locataire (1976) Un immeuble qui garde le « souvenir » des horreurs passées.
La Neuvième porte (1999) Trois livres et neuf dessins tracés par Lucifer lui-même.

Paul Verhœven, né en 1938. Voilà un cinéaste qui étonne à chaque film qu'il fait ! D'origine hollandaise, il vient aux États-Unis pour tourner deux chefs-d'œuvre de science-fiction : *Robocop* et *Total Recall*, ce dernier étant adapté d'une histoire de Philip K. Dick, ce qui n'est pas simple en soi, et ici, parfaitement réussi avec un Schwarzenegger décalé. Il a également réalisé un superbe *La Chair et le sang* (1985) qui tire sur le fantastique, procédé efficace pour rendre terriblement réelle cette violence moyenâgeuse.
Enfin, le film des films de science-fiction, *Starship Troopers*, dans lequel il réussit à retourner l'idéologie militariste de Heinlein qui avait écrit le roman dont est tiré le film...
Avec ses autres films, Paul Verhœven est devenu le cinéaste sulfureux qu'il mérite !
Robocop (1987) Le premier flic cyborg qui tient la route au cinéma.
Total Recall (1990), Mais où se cache donc la réalité ? Questionne P.K. Dick...
Starship Troopers (1997) Saletés d'insectes ! M'en direz-vous autant ?
The Hollow Man (2000) Excellente version de *L'homme invisible*.

Larry Cohen (Lawrence G. Cohen), né en 1938. Je me souviens de son premier film de terreur : *Le Monstre est vivant*. Absolument terrifiant. Ça marchait formidablement bien. Son film *L'ambulance* est un monument de grand guignol. C'est lui qui a inventé la série de télévision *Les Envahisseurs* (1967—1968).
Le Monstre est vivant (1975). Un bébé naît en maternité. À peine sorti du ventre maternel, il égorge les médecins et s'enfuit !
Meurtres sous contrôle (1976). « Dieu me l'a ordonné » s'exclament les nombreux criminels juste après le meurtre qu'ils ont commis !
Les Monstres sont toujours vivants (1978).
Épouvante sur New York (1982).
La Vengeance des monstres (1987). Troisième volet du « Monstre est vivant ».

Les Enfants de Salem (1987). Vampires qui aiment le sang des vaches. La suite des *Vampires de Salem*
L'ambulance (1991). Gare à l'ambulance quand elle vient vous chercher.
La Vengeance des monstres (?) (Le monstre est vivant 4)

Ridley Scott, né en 1939. Même remarque que pour Polanski.
Alien (1979) Un monstre, véritable machine à tuer, est introduit dans un vaisseau spatial. Gare à la bête !
Blade Runner (1982). Les répliquants ne sont autorisés à vivre que quatre ans. Ils exigent plus. Au blade runner d'exterminer les récalcitrants. Mais, n'est-il pas un répliquant lui-même ?
Legend (1985). Conte médiéval à la mode héroïc Fantasy.
Hannibal (2002)
Prometheus (2012) La préquelle d'*Alien le 8e passager* ?
Seul sur Mars (2015) Robinson Crusoë sur Mars.
Alien : Covenant (2017) Une suite de *Prometheus*.
À quand *Blade Runner 2* ?

Kevin Connor, né en 1940. Fasciné par l'œuvre d'Edgar Rice Burroughs, Kevin Connor en a adapté plusieurs romans dans de délicieux films d'aventures fantastiques. Il débuta avec le grand acteur d'épouvante Peter Cushing dans *Frissons d'outre-tombe* (1973). Il poursuivra plus tard avec un film comme *Nuits de cauchemar* (1980).
Frissons d'outre-tombe (1973) Un marchand d'antiquités vend (ou se fait voler) des objets maléfiques.
Le Sixième continent (1974) Des soldats anglais investissent un sous-marin allemand pendant la première guerre mondiale et se retrouvent dans un monde préhistorique peuplé de dinosaures.
Centre Terre 7e continent (1976) Voyage au centre de la Terre ou vivent des primitifs opprimés et des créatures monstrueuses.
Le Continent oublié (1977) La suite du « Sixième continent ».
Les Sept cités d'Atlantis (1978) Un drôle de sous-marin permet d'accéder à un monde incroyable.
Nuits de cauchemar (1980) Drôle de méthode pour engraisser les touristes de l'hôtel d'un grand spécialiste en charcuterie... humaine.
Fantômes à louer (1982)

George Andrew Romero (1940 – 2017)
Voici des extraits de ce qu'il a dit lors de ses interviews dans Sfmag.
Interview par **Marc Sessego** en 2004 :
Q : Comment tout a commencé pour vous ?
R : Tout est venu de Richard Matheson et de son livre "Je suis une légende " (I am a legend), sur le thème du dernier homme sur la terre et où le monde est pris d'assaut par des vampires. D'ailleurs une des plus fidèles adaptations qui ait été portée à l'écran est celle avec Vincent Price qui s'appelle " le dernier homme sur terre "…. J'ai vu à travers ce livre et les thèmes qu'il dégageait quelque chose sur la révolution et

c'est comme ça qu'est "né" "la nuit des morts-vivants" qui en fait se découpait en trois thèmes: La première nuit, puis un mois après et un an après…….. Dans mon esprit ça a toujours été autour du thème de la révolution et je dois dire que je ne les ai jamais appelés " zombies ", car dans " la nuit " pour moi ce sont des " goules " , des mangeurs de chair, et le titre original était " la nuit des mangeurs de chair " (Night of the flesh eater : ndlr) les écrivains et autres ont commencé à les présenter en tant que "zombies ", pour moi les zombies font partie de ces troupes de déjantés appartenant à un vaudou dans les îles des Caraïbes, donc s'il y a eu une re-invention ça n'était absolument pas mon but.
(…)

Q : Il y a une véritable évolution des zombies dans vos films…
R : Tout à fait, si vous regardez depuis " Dawn of the Dead " et " Day of the Dead " il y a une véritable évolution au niveau des armes. J'ai toujours essayé d'ouvrir le champ d'une certaine manière et ici j'ai senti que j'en avais la possibilité sans aller bien sûr trop loin, ces types arrivent en ville et vous pouvez voir immédiatement les imitations ou plutôt le comportement imitatif qu'ils entreprennent, "big daddy" reconnaît qu'il a un fusil dans sa main, mais ne sait pas ce qu'il peut faire avec, et quand il voit le camion il devient tellement coléreux qu'il déclenche la détente sans le vouloir, et après il se souvient. J'ai essayé d'approcher la question avec une certaine logique, et ne pas faire de " la planète des singes" où vous voyez tous les singes débouler sur des chevaux. (Il éclate de rire…).
Interview par **Stéphane Thiellement** en 2017

Je me souviens avoir vu un reportage sur vous en bonus d'un DVD Collector qui regroupait « Season of the witch » et « The crazies » où vous disiez que vous étiez dans une drôle de période, où on ne vous proposait rien, où vous vous sentiez un peu étranger au cinéma Fantastique, vous qui lui avez pourtant tant donné. Vous espériez faire « Land of the dead », mais rien ne se débouclait. Et soudain, très rapidement, le film est mis en chantier, en plus par une major. Que s'est-il passé ?
C'était vrai, j'ai été dans une sale période, j'écrivais, on me payait, mais rien ne se concrétisait au-delà. Je n'ai jamais été un « Hollywood guy », j'ai toujours voulu faire ce que j'avais envie, ça m'a porté préjudice. Mes films étaient trop noirs. Et je savais que si je revenais au cinéma, ce serait avec les zombies. Je les ai toujours aimés, et ça m'a réussi. Avant le 9 septembre, j'avais un script très porté sur les luttes sociales, de classes, tous ces éléments qui rebutaient les exécutifs qui voulaient des choses agréables, parodiques. Après le 9 septembre, c'était pire. Alors j'ai attendu, j'ai observé l'Amérique d'alors et j'ai eu d'autres idées. Curieusement, cela a intéressé quelques studios dont la Fox. Mais ses dirigeants faisaient traîner les choses. Et puis il y a eu le remake de « Dawn of the dead « (« L'armée des morts ») et « Shaun of the dead » qui ont véritablement cartonné. J'ai rencontré Mark Canton qui a lu mon script, qui l'a aimé au point de dire qu'il pouvait le produire pour Universal et qu'on pouvait tourner dans 15 jours si j'étais d'accord. Je ne le croyais pas. Mais c'est arrivé, et en plus, j'ai vraiment eu carte blanche et surtout on m'a laissé tranquille tout le temps du tournage.
(…)

Dans la trilogie, mon préféré est « Day of the dead » or, quand on voit « Land of the dead », on pourrait croire que ces deux films ont été faits quasiment en même temps, un peu comme si vous l'aviez écrit en continuité directe avec le troisième volet.
Oui, je comprend, mais si vous regardez bien, il y a dans « Land of the dead » des éléments des autres films, de « Dawn of the dead » surtout avec ces zombies qui reviennent au centre commercial parce que ça leur rappelle quelque chose de leur passé. Big Daddy est quant à lui une version améliorée de Bub, le zombie apprivoisé de « Day of the dead ». Ce qui m'intéressait, c'était de développer le comportement des zombies, leur faire retrouver une certaine humanité perdue alors que les hommes dits normaux, eux, versent dans la barbarie et la sauvagerie. Ce que j'ai voulu faire aussi, c'est de créer une sorte de « Chroniques des morts-vivants », où on voit leur évolution...

On a effectivement l'impression que vous les rendez plus humains que les humains...
Non, je montre juste ce que je vois autour de moi. Ce que je voudrais aujourd'hui, et que je ferai peut-être un jour, si je suis toujours vivant aussi, c'est un « Land of the dead 2 » qui montrerait une nouvelle évolution des morts-vivants. C'est ça qui m'intéresse plus que des effets gores. L'aspect social, politique, associé tout de même à un style qui m'est propre et qui ne dénigre pas les effets sanglants. Créer l'histoire de leur société, et de la nôtre suite à cette catastrophe. Cet aspect « chronique » me passionne beaucoup.

Les films de zombies de Romero : *La Nuit des morts-vivants (1968) – Zombie le crépuscule des morts vivants (1978) – Le Jour des morts-vivants (1985) – Land of th Dead (2004) (Le Territoire des morts) - Diary of the Dead (2008) - Survival of the Dead (2009)*
Les remakes :
La Nuit des morts-vivants (1990) de Tom Savini – L'armée des morts(2004) de Zack Snyder – Le Jour des morts-vivants 2 (2005) d'Anna Clavell – Le Jour des morts-vivants (2008) de Steve Miner.
Bien sûr il serait impossible de citer tous les films d'horreur inspirés de ceux de Romero tant il y en a. Je citerai les films de Lucio Fulci : *L'enfer des zombies (Zombi 2) (1979) – Frayeurs (1980) – la Maison près du cimetière (1981) – L'au-delà (1981)*
Enfin, il faut citer la trilogie plus ou moins parodique : *Le Retour des morts-vivants de Dan O'Bannon (1984) – Le Retour des morts-vivants 2 de Ken Wiederhorn (1987) – Le Retour des morts-vivants 3 de Brian Yuzna (1993)*
Autres films de Romero : Martin (1978) - Creepshow (1982) (avec Stephen King) - *Incidents de parcours (Monkey shines) (1988) - La Part des ténèbres (1993) - Bruiser (2000) -*

Terry Gilliam, né en 1940. Coréalisateur des célèbres *Monthy Pithon*, Terry Gilliam fait cavalier seul en réalisant *Jabberwocky* (1976). Son film *Brazil* est devenu un film culte, et son *Les Aventures de Münchausen* (1988) est un véritable délire visuel après celui de son prédécesseur Josef von Baky en 1943. Enfin, *L'armée des 12 singes* a connu un grand succès.

Bandits, bandits (1982) Parodie de voyage dans le temps. (Monthy Pithon)
*Brazi*l (1985) Un monde kafkaïen en plus délirant.
Les Aventures du baron de Münchhausen (1988)
Fisher King (1991) Quête du Graal chez les clochards.
L'armée des 12 singes (1996) Voyages dans le temps pour sauver les derniers survivants d'un holocauste viral.
Las Vegas parano (1998). La seule vraie scène fantastique de ce film est celle de la chauve-souris (au début) et aussi, un peu, celle des hallucinations dues à la drogue dans le bar...

Brian de Palma, né en 1940. C'est le réalisateur du film culte *Phantom of the Paradise*. Accusé de piller Hitchcock dont il est l'admirateur, de Palma n'a jamais nié être très influencé par le réalisateur de *Psychose* (1960). Chez Brian de Palma, le fantastique n'a d'intérêt que lorsqu'il lui permet de développer violence, terreur et voyeurisme.
Phantom of the Paradise (1974). Adaptation du « Fantôme de l'opéra » de Gaston Leroux. Film culte.
Carrie au bal du diable (1976) Adaptation du roman de Stephen King. Brian de Palma dénonce le puritanisme de certains films de terreur. Ici, c'est le puritanisme, qui est coupable de crimes monstrueux. Si vous avez aimé, vous pouvez y revenir avec la séquelle : *Carrie 2 la haine* de Katt Shea (1998).
Furie (1978) Un jeune garçon aux pouvoirs paranormaux est enlevé. Son père, ancien agent secret se lance à son secours.
Pulsions (1981) Plein de références à l'œuvre d'Hitchcock. Terreur, dédoublement et psychanalyse.
Mission to Mars (2000) Certains ont trouvé ce film pas très réussi, moi il m'a plus avec cette utilisation de Cydonia, le visage sculpté dans une montagne de Mars dont la photographie a été ramenée par une sonde spatiale et que l'on n'a plus jamais revue depuis...
Mission impossible (1998) Belle adaptation de la série télé.
Les Frères Grimm (2005)
Zero Theorem (2014)
Tideland (2005)

Dario Argento, né en 1940. Disciple de Mario Bava (*Le Masque du démon* (1960) – *Hercule contre les vampires* (1961) – Le Corps et le fouet (1963, sous le pseudonyme de John Old) – *Les Trois visages de la peur* (1963) – *Six femmes pour l'assassin* (1964) —...), Argento a développé le thriller italien appelé *giallo*, en référence à la couleur jaune des livres policiers des années soixante. Pour lui, l'expressionnisme n'est pas mort, il l'a développé à partir du regard et de l'oreille, du regard par la succession de plans si rapprochés que l'image reste souvent partielle et des couleurs vives qui marquent toujours l'approche de la mort, notamment la couleur jaune ; et la musique, toujours lancinante, angoissante, voire énervante. Son œuvre est surtout policière, mais ses chefs-d'œuvre sont du pur fantastique, comme *Suspiria* et *Inferno*. Certaines situations ou actions sont totalement invraisemblables, mais contribuent à l'angoisse de départ, comme la scène de la plongée dans l'eau claire des étages inférieurs de la maison, inondés (par une fuite d'eau) et renfermant un cadavre... Dans *Quatre mouches de velours gris*, en dehors d'une invraisemblable exposition de cercueils qui sert de cadre à l'entrevue de deux personnages, l'œil d'une victime joue un rôle déterminant. L'image de l'assassin que restitue la rétine de la morte ne donne que quatre mouches de velours gris ! Le regard... le regard, comme celui du détective joué par Jean-Pierre Marielle qui voit son assassin resté hors-champ, sourit avant de mourir et dit : « J'avais raison, j'ai réussi enfin... » C'est qu'il avait échoué dans toutes ses enquêtes précédentes, la seule qu'il réussit le conduit à la mort. Le regard dans *Les Frissons de l'angoisse* qui confond un reflet dans le miroir avec un tableau, le regard de la jeune anorexique de *Trauma* qui croit (sous la pluie qui est toujours présente dans les films d'Argento) voir la tête coupée de sa mère alors que c'est une mise en scène de cette dernière. Couteaux vrais ou faux, cordes à piano qui décapitent, lames qui pénètrent dans les chairs, décapitation par ascenseur... avec sa caméra, Dario Argento braque notre regard sur le gros plan de ces blessures mortelles infligées par l'assassin. Avec Mario Bava, Dario Argento est le véritable inventeur de ces films d'assassins en série, thème à la mode depuis avec *Halloween* (1978) de John Carpenter et la série des *Vendredi 13* (1980) de Sean S. Cunningham.

Dario Argento est également producteur, il a notamment produit le terrible *Zombie le crépuscule des morts-vivants* (1978) de George Romero avec qui il réalisera *Deux yeux maléfiques* en 1990. Son père Salvatore Argento a produit plusieurs de ses films.

Inferno

L'Oiseau au plumage de cristal (1969) Enquête d'un écrivain sur une série de meurtres. Là aussi le regard a toute son importance.
Le Chat à neuf queues (1970)
Quatre mouches de velours gris (1971) Attention ! Le meurtrier est parfois à côté de vous...

Les Frissons de l'angoisse (1975), Mais c'est bien sûr ! Ce n'est pas un tableau que j'ai vu reflété dans le miroir au début du film juste après le premier meurtre...
Suspiria (1977) Affreuse sorcière qui tue d'innocentes jeunes filles et un pauvre aveugle.
Inferno (1979) Infernal immeuble et pauvre voleur de chats. (Les chats ont toujours beaucoup d'importance dans l'œuvre d'Argento)
Ténèbres (1982) Meurtres atroces et très saignants. Grâce au *Chien des Baskerville* de Conan Doyle, le policier trouvera le coupable. Enfin... un coupable. Il y a Lamberto Bava et Michele Soavi au générique. (Voir ci-dessous)
Phenomena (1984) Insectes nécrophages.
Deux yeux maléfiques (1990) Réalisé avec Romero.
Trauma (1993) Décapitations en série avec une arme surprenante, mais moderne.
Le Syndrome de Stendhal (1996) La victime tue son bourreau et finit par se confondre avec lui. Cauchemar quand tu nous tiens...
Le Fantôme de l'Opéra (1999) Une adaptation étonnante du fameux roman.
Le Sang des innocents (2002) Un remake du film *Les Frissons de l'angoisse* ? Presque...
Il Cartaio (2004) Un assassin en série qui joue aux carets.
La Troisième mère (2007) Le troisième opus de la trilogie de la sorcière avec *Suspiria* et *Inferno*
Giallo (2009) Un beau clin d'œil au genre de ses films !
Dracula 3D (2012) Le seigneur des vampires par le seigneur du cinéma d'horreur.

Les autres Italiens : Avec Mario Bava, qui amorce un courant italien contrariant le néoréalisme, de nombreux cinéastes se sont spécialisés dans le fantastique, particulièrement le gore, manifestation idéologique du mépris de la matière et du corps au profit de l'esprit (mais lequel ?), grand guignol duquel il faut être capable de prendre ses distances pour en comprendre tout l'humour (macabre, voire sadique) au second degré. Certains se sont saisis des thèmes inventés par les Américains pour leur donner ce style grand-guignolesque qui a un air de famille avec la Comedia del Arte. À propos de néoréalisme, un très grand artiste comme Federico Fellini (1920 – 1993) a commencé sa carrière avec un chef-d'œuvre du genre comme *La Strada* (1954), véritable manifeste du néoréalisme, et qui, plus tard, a placé nombre de ses films dans un climat fantastique. Citons pour mémoire : *Huit et Demi* (1963) qui marque justement les doutes du cinéaste au sujet de son art, *Juliette des Esprits* (1965), *Histoires extraordinaires* – troisième sketch (1968) qui est une adaptation de nouvelles d'Edgar Allan Poe, *Satyricon* (1969), *Roma* (1971) avec, notamment, la superbe scène de dissolution dans l'air des fresques romaines souterraines découvertes lors de la construction du métro à Rome, *La Cité des femmes* (1980) cauchemar éveillé. *Et vogue le navire* (1983)... .
Nous avons déjà parlé de Margheriti et Argento.
Le plus ancien est **Riccardo Freda** (1909-1999), grand maître du cinéma populaire, spécialiste des adaptations des aventures de Coplan, qui résista héroïquement au néoréalisme et réalisa quelques films fantastiques célèbres. Citons : *Les Vampires* (1956), *Caltiki, monstre immortel* (1959) qu'il aurait abandonné en cours de

tournage, Mario Bava ayant pris la relève pour cette histoire inspirée du mythe de Cthulhu de Lovecraft, une panse de vache ayant été utilisée comme effet spécial pour représenter Caltiki (Cthulhu), la guerre froide avec son danger atomique étant sous-jacente. Et surtout, deux chefs-d'œuvre du fantastique : *L'effroyable secret du docteur Hichcock* (1962), sous le pseudonyme de Robert Hampton, et sa suite : *Le Spectre du docteur Hichcock* (1962 – 1963).

Lucio Fulci (né en 1927) est un grand spécialiste du gore qui ne craint pas de montrer les plus horribles détails viscéraux et sanglants. Il reprend les films américains et y ajoute sa patte personnelle, ou plutôt son gore personnel. Un grand maître. *La Longue nuit de l'exorcisme* (1972), *L' emmurée vivante* (1977), *L'enfer des zombies* (1979), *Frayeurs* (1980), *L'au-delà* (1981), *Le Chat noir* (1981), *La Maison près du cimetière* (1981), *L'éventreur de New York* (1982), *Manhattan Baby* (1983), *2072, les mercenaires du futur* (1984), *Zombi III* (1988).

Giuseppe Avati, dit **Pupi** (né en 1938) a réalisé quelques films fantastiques dans lesquels il développe une atmosphère particulière dans des décors qui y contribuent par leur ambiance, comme dans *La Porte de l'enfer* (*La casa dalle finestre che ridono* : La Maison aux fenêtres qui rient), histoire de meurtres rituels tournée dans des décors naturels de marais fantastiques en eux-mêmes. *La Porte de l'enfer* (1976), *L'étrange visite* (1978), *La Ballade inoubliable* (1983), *Une Saison italienne* (1984).

Michele Soavi qui fut l'assistant de Terry Gilliam pour son « Münchausen » a réalisé un petit chef-d'œuvre avec *Dellamorte Dellamore* (1994). Autres films : *Bloody Bird* (1990), *Sanctuaire* (1990) et *La Secte* (1991).

Joe D'Amato, pseudonyme d'Aristide Massaccessi, qui a réalisé des pornos soft, une suite interminable et ennuyeuse d'*Emmanuelle*, s'est lancé alors dans le gore le plus délirant notamment avec *L'anthropophage* (1980) dans lequel on voit le dit mangeur d'hommes arracher le fœtus d'une femme enceinte pour le dévorer et qui finit par se manger les tripes... *Blue holocauste* (1979), *La Nuit fantastique des morts-vivants* (1980), *Horrible* (1981) sous le pseudonyme de Peter Newton... .

Lamberto Bava (né en 1944), fils de Mario Bava a tourné des films d'épouvante sous le pseudonyme de John Old Jr (d'après celui de son père), mais sans réussir à créer de véritables chefs-d'œuvre.

Baiser macabre (1980), *La Maison de la terreur* (1983), *Apocalypse dans l'océan rouge* (1984), *Démons* (1985).

Il tourne beaucoup pour la télévision et a réalisé une adaptation de la *Vénus d'Ille* (1978) avec son père, Mario Bava. Il est le réalisateur de l'interminable série d'Héroïc Fantasy de *La caverne de la Rose d'Or* et *Desideria et le prince rebelle* qui connaît beaucoup de succès auprès des amateurs. Il y en a eu d'autres ensuite... J'ai vu de lui un téléfilm *Le Maître de la terreur* dans lequel il semble régler ses comptes avec son père...

Enfin, n'ayons pas peur de citer le spécialiste du western dit « Spaghetti » :

Sergio Corbucci (1927 – 1990) qui a réalisé un véritable western fantastique (1968) dans lequel l'intrigue s'enfonce inexorablement vers la victoire du mal dans un décor de neige inhabituel dans ce genre de film. Le titre *Le Grand silence*» indique le paysage enneigé et la mort qui est la principale héroïne du film. Il en est de même dans *Django* (1966) dans lequel le héros traîne derrière lui un cercueil. Très bon film qui a appelé de nombreuses suites réalisées par d'autres.

Jœl Schumacher, né en 1942. C'est le réalisateur de *Batman forever* que les producteurs ont enlevé à Tim Burton, car ils trouvaient ses *Batman* trop noirs.
Génération perdue (1987) Vampires loubards de nos banlieues.
L'expérience interdite (1989)   Qu'y a-t-il après la mort ? Un banal sentiment de culpabilité qui vous poursuit...
Batman forever (1994)
Batman et Robin (1997) Bien mieux que le précédent..
Le Fantôme de l'opéra (2004)
Le Nombre 23 (2007) Superbe histoire de paranoïa !

Peter Hyams, né en 1943. Il a commencé sa carrière cinématographique comme cameraman pendant la guerre du Vietnam. Après quelques polars, une hésitation avec le bon *Capricorn One*, il se met enfin au fantastique. *Relic* met en œuvre de très bons effets spéciaux pour une histoire de monstre...
Capricorn One (1978). La NASA reconstitue un débarquement sur Mars en studio et fait croire au monde entier qu'il a vraiment eu lieu. Une idée de scénario géniale très bien mise en scène. Bien que ce ne soit pas un film fantastique, il pose le problème de l'illusion parfaite de la réalité donnée par l'image. Fantastique non ?
Outland (Loin de la terre) (1981). « Le train sifflera trois fois » transposé sur la planète Jupiter.
2010 odyssée 2 (1985). La suite de *2001*.
Timecop (1994)   Idée reprise de la *Patrouille du temps* avec Jean-Claude Van Damme toujours aussi souple et athlétique.
Relic (1996) Un monstre terrifiant, produit par manipulation génétique avec un explorateur sème la terreur dans un musée. Mélange des « Dents de la mer » et d'« Alien ».
La Fin des temps (1999)
Un coup de tonnerre (2005)

David Cronenberg, né en 1943. Cronenberg qui se spécialisa tout de suite dans le fantastique n'a pas la cote dans son pays. Pourtant, je le considère comme un grand cinéaste de ce siècle. Il a fait des films d'horreur, et, le mieux pour le comprendre, est de lire ce qu'il dit lui-même à propos de son film *Frissons*, mais qui reste valable pour l'ensemble de son œuvre et, particulièrement pour son film *Crash* qui divise tant la critique (extrait de son interview par William Beard, Piers Handling et Pierre Véronneau en 1983) : *« Il y a beaucoup de films d'horreur explicite qui ne m'intéressent pas du tout parce que je n'ai pas envie d'aller voir un abattoir. Je ne pense jamais que mes films ressemblent à ça, même si pour certains, évidemment, c'est une distinction plutôt mince. [...] Pour moi, tous les arguments au sujet d'une violence qui pourrait s'étendre à l'extérieur de l'écran étaient sans fondements. Le but véritable était de montrer l'immontrable, de dire l'indicible. Je ne pouvais pas proposer ces parasites hors champ parce que personne n'aurait su ce qui se passait. C'est une* *chose que de voir un personnage qui lève son couteau au-dessus de la poitrine d'un autre et d'entendre ensuite un "swouch" hors champ ; vous savez ce qui va arriver, vous le comprenez. Je créais des éléments qui ne pouvaient pas être suggérés parce que difficilement imaginables pour le spectateur. On ne peut pas avoir quelqu'un qui regarde hors champ en disant : "Mon dieu, des parasites sortent de sa bouche !" En vérité, il est assez naturel d'agir comme je l'ai fait. Et aux gens qui pensent que Hitchcock est le maître de la retenue, je leur dit d'étudier le contexte de sa personnalité et de son époque et aussi de bien regarder « Frenzy » (1972) qui contient des scènes vraiment vicieuses. Il les a créées : il les voulait, personne ne l'y a forcé. L'époque était telle qu'il pouvait le faire et je dis que tout ça ne relève pas simplement du manichéisme, même chez Hitchcock. [...] Je pense que l'on doit s'immiscer (entre le conscient et l'inconscient) malgré les conséquences qui sont parfois terrifiantes. On doit vivre une vie équilibrée, entre la confiance et le désastre. Je ne pense pas que le but de la vie soit de trouver une niche totalement tranquille et sécuritaire ; je pense que cela représenterait une véritable mort. Par ailleurs et pour ma part, je ne veux pas d'une vie qui se déroule au milieu du chaos et du désastre. Je ne souhaite aucun des deux pôles, ce qui veut dire que je dois constamment me rééquilibrer »*

On discerne bien la volonté d'équilibre dans ces déclarations. Mais, l'évolution de Cronenberg, va toujours plus vers une rupture de cet équilibre vers le chaos, jusqu'à *Crash !* qui voit la course frénétique des personnages à la recherche de la jouissance de leur propre mort violente par accident de voiture. C'est que le cinéaste est fasciné par la transformation physique, la transformation finale étant la mort. De l'évolution frénétique des personnages infectés de parasites dans *Frissons*, en passant par la transformation de la jeune fille en vampire qui transmet la rage dans *Rage*, la jeune femme qui crée ses petits à partir de son propre corps dans *Chromosome 3*, double de chair et inversion des caractères des jumeaux dans *Faux-semblants*, transformation horrible du corps dans *La Mouche*, jusqu'aux cicatrices des blessés de la route dans *Crash*, David Cronenberg ne cesse de prospecter ce lien entre le conscient et l'inconscient, la part de lumière (le corps) et d'ombre (la psyché) qui ne peuvent que jouer l'un sur l'autre de manière terrifiante bien qu'inconsciente.

Cronenberg joue un rôle important dans le film de Clive Barker *Cabale*.

Frissons (1975) Un parasite (une invention d'un scientifique qui l'a transmis à sa maîtresse) se répand dans un immeuble bourgeois et produit une vraie frénésie sexuelle chez les gens infectés.

Rage (1976) Après un accident de moto, une jeune fille se transforme en vampire. La morsure de son nouvel appendice transmet la rage.

Chromosome 3 (1979) Une malade mentale engendre des créatures qui règlent ses comptes psychanalytiques avec sa famille.

Scanners (1980) Ils ont un étrange pouvoir, celui de vous tuer à distance. (Il y a des séquelles...)

Videodrome (1982) Trop regarder la télé nuit à la santé...

Dead Zone (1983) Adaptation d'un roman de Stephen King. Un homme devient voyant après un accident de voiture. Sa situation n'est pas enviable.

La Mouche (1986)   Remake du film de Kurt Neumann La Mouche noire (1958) tiré lui-même du roman de George Langelaan. Un savant invente un système de translation et mélange malencontreusement la génétique d'une mouche à la sienne.
Faux-semblants (1988)   Descente aux enfers de deux jumeaux gynécologues.

Videodrome

Le Festin nu (1991)   Une adaptation de William Burroughs (ne pas confondre avec Edgar Rice...)
Crash ! (1996).   Sexe et mort violente de l'accident de la route. Fascinant !
ExistenZ (1999) Superbe film sur les jeux vidéo et comment on peut « y entrer »...
Spider (2002)

George Miller, né en 1943. C'est le cinéaste de *Mad Max*...
Mad Max (1979)   Mad Max affronte différentes bandes armées pour quelques litres d'essence, substance devenue précieuse dans ce futur de fin du monde.
Mad Max 2 (1982) et Mad Max au-delà du dôme du tonnerre (1985)   Les suites du précédent.
La Quatrième dimension (1983)   Miller est auteur d'un sketch.
Les Sorcières d'Eastwick (1987)   Humour et Jack Nicholson.
Mad Max : Fury Road (2015) Superbe suite !
Mad Max The Wasteland et *Mad Max VI* (2017 pour les deux)

George Lucas, né en 1945. Il n'a pas réalisé beaucoup de films, mais est devenu un producteur comblé. Il s'est fait connaître (et a fait fortune) avec *La Guerre des étoiles*. Ce film et les deux suivants qui constituent la trilogie de *Star Wars* sont devenus de véritables mythes, une vraie légende à la hauteur de celle de la quête du Graal et du roi Arthur. Cette trilogie a été rééditée en 1997 avec de nouveaux effets spéciaux. Son succès s'est encore développé... Le premier film de Lucas est un remarquable film de science-fiction. Entre-temps, Lucas a réalisé le film culte *American*

graffiti (1973) qui raconte la vie des adolescents du début des années soixante, âge d'or de l'Amérique.
THX 1138 (1971). Les êtres humains THX 1138 et LUH 3417 tentent de retrouver l'amour dans un monde dominé par les machines.
La Guerre des étoiles (1977). Grande saga, à la fois space-opéra, héroïc-fantasy.
Star Wars Épisode 1 la menace fantôme (1999) Le premier épisode où on fait la connaissance d'un petit garçon blond nommé Skywalker, futur Dark Vador... Formidable ! Les deux autres épisodes suivent...
Star Wars Episode 2 : la guerre des clones (2003) (Le 3 suit)
Star Wars Episode 3 : la revanche des Sith (2005)

Tobe Hooper, né en 1946. Tobe Hooper doit sa célébrité à la censure dont a souffert (bénéficié ?) son film *Massacre à la tronçonneuse*. Il faut dire que l'annonce de cette censure, en début de film, contribue à lui donner une atmosphère particulière. Pour ceux qui ne l'ont pas vu, il est facile de n'y voir que des effets gore. Eh bien, pas du tout. Il n'y a pas de scènes gore, seule notre imagination les crée à partir des images et des actions souvent suggérées. Pourquoi ce film a-t-il été censuré ? Parce qu'il montre une image détestable de l'Amérique, surtout de l'inhospitalité violente de ses habitants. Un groupe de psychopathes tue les innocents touristes pour en faire de la chair à saucisse. Cette nouvelle forme de néonazisme commence par la profanation d'un cimetière dont semblent s'être inspirés les skinheads français au cimetière juif de Carpentras en 1990. Hooper aime cadrer ses films dans une violente critique sociale de son pays, les États-Unis, comme dans *Poltergeist* et dans *Spontaneous combustion*. Il est vrai que ses films ne sont pas des chefs-d'œuvre, mais son fantastique à l'humour macabre grinçant a beaucoup apporté au genre. Il exprime bien cet humour avec son acolyte John Carpenter dans *Body Bags*, film à sketches dont il en signe deux. Il tourne aussi pour la télévision, et j'ai particulièrement aimé *Robe de sang* (1990), film inspiré d'une nouvelle de William Irish. Il est le réalisateur du pilote de la série télévisée *L'homme de nulle part*.
Massacre à la tronçonneuse (1975) Une bande de psychopathes qui travaillent dans un abattoir prennent les passants pour des bêtes de boucherie. Histoire vraie, paraît-il...
Le Crocodile de la mort (1977) Des dents pires que des couteaux !
Les Vampires de Salem (1980) Tiré d'un roman de Stephen King qui n'est déjà pas génial.
Lifeforce (1985) Vampires extraterrestres.
L'invasion vient de Mars (1986) Sans commentaires.
Massacre à la tronçonneuse 2 (1987) Sans commentaires.
Spontaneous combustion (1990) Des gens soumis à des expériences au cours desquelles ils ont été exposés à des radiations engendrent des enfants qui sont soumis à la combustion spontanée.
Body Bags (1993) John Carpenter a réalisé le premier sketch. Les deux autres l'ont été par Tobe Hooper. Le deuxième montre une possession du corps par des horribles extraterrestres qui utilisent... les cheveux. Le dernier montre le cas de greffe d'un eil. L'eil appartenait à un dangereux criminel. Cela ne vous rappelle rien ?

The Mangler (1994)   Une horrible machine industrielle complètement démente et hantée tue les gens. Baroque, grotesque et plein d'humour noir. Tiré d'une nouvelle de Stephen King.
Crocodile (2000)
Shadows Realm (2002)
The Toolbox Murder (2004)
Mortuary (2005) Excellent humour macabre un peu lovecraftien.
Djinn (2013)

Stuart Gordon, né en 1946. Il fut metteur en scène de théâtre avant de réaliser *Re-animator*. Il a réalisé les deux plus terribles adaptations de Lovecraft, avant le *Necronomicon* (1993 – Brian Yuzna, Christophe Gans et Shushuke Kaneko), bien sûr ! Il travaille avec Brian Yuzna qui a créé sa propre maison de production en Espagne.
Re-animator (1985). Adaptation des nouvelles *Herbert West* de Lovecraft. Brrr...
Aux Portes de l'au-delà (1986). Adaptation d'une autre nouvelle de Lovecraft. Re-brrrr...
Les Poupées (1987). Sales petites poupées sanguinaires.
Fortress (1991). Gordon passe à la science-fiction.
Dagon (2002) Inspiré de la nouvelle de Lovecraft *Le Cauchemar d'Innsmouth*.
Stuck (2007)
House of Re-Animator (2010)

David Lynch, né en 1946. Voici quelques citations de David Lynch que j'ai reprises dans le livre de Michel Chion des *Cahiers du cinéma* (qu'il a lui-même reprises ailleurs, mais reportez-vous au livre...) : « *Ce que je pourrais dire sur ce que j'ai voulu raconter dans mes films n'aurait aucune importance. C'est comme si vous déterriez un type mort depuis quatre cents ans et que vous lui demandiez de vous parler de son livre.* » Et encore : « *Le cinéma, pour moi, c'est un désir très fort de marier l'image au son. Lorsque j'y parviens, j'en éprouve un véritable frisson. En vérité, je ne suis pas sûr de chercher autre chose que ce frisson.* »
Si vous n'avez pas vu *Eraserhead*, il faut absolument le voir, d'abord parce qu'il est impossible de le raconter et ensuite, parce que c'est le meilleur film que j'aie vu sur la condition humaine, personnelle et sociale à la fois. Seul Lynch était capable de le faire... David Lynch est le spécialiste de l'angoisse de la domination. Dès notre naissance nous sommes dominés par nos parents, et la sexualité est basée, pour une part, sur cette domination. Deux films particulièrement angoissants traitent de ce problème : *Blue Velvet*, dans lequel un véritable monstre humain profite d'une belle jeune femme et assassine les gens selon son bon plaisir, et le pire c'est que la fille aime cela ; *Twin Peaks* dans lequel un père assassine les jeunes filles qu'il rend responsables du désir qu'il a pour sa fille qu'il finit aussi par tuer. Cette angoisse est particulièrement exacerbée par l'art de filmer de David Lynch et sa manière de mêler des faits aberrants à l'intrigue, comme de trouver une oreille dans un terrain vague (*Blue Velvet*) et Lil la danseuse dans *Twin Peaks*. Domination, il y a aussi dans *Elephant man*, celle d'un montreur de foire sur un monstre physique, qui possède, lui, toutes les qualités de tendresse et d'intelligence, être humain monstrueux qu'il

montre dans son stand. Un très grand hommage à Tod Browning et son *Freaks – la monstrueuse parade*. Enfin, David Lynch a commis *Dune*, l'adaptation de l'interminable roman de Frank Herbert, histoire mystique d'une autre domination, celle d'un peuple d'une planète désertique qui contient un fabuleux produit donnant l'éternité : l'épice.

Lost Highway

Eraserhead (1977) Noir et blanc. Paysage industriel déprimant, un homme rejoint son épouse qui vient d'accoucher d'un monstre hideux, mais pitoyable. Les plans sont rythmés par un grand type avec de grandes rouflaquettes qui agite une grande manette (un aiguilleur ?). Il y a des scènes dans le radiateur et les poulets rôtis bougent dans les assiettes et saignent...
Elephant man (1980) Noir et blanc. Un homme monstrueux exhibé dans les foires est recueilli par un chercheur.
Dune (1984) Adaptation de l'interminable roman de Frank Herbert. Suite de magnifiques tableaux.
Blue Velvet (1986) Un abominable monstre (sur le plan moral) tue et baise comme il l'entend. Quand « papa veut entrer à la maison » , Frank respire de l'oxygène.
Sailor et Lula (1990) Film noir tiré du roman de Barry Gifford. Il y a une fée à la fin du film.
Twin Peaks (1992) Lynch a réalisé ce film à partir de la série télévisée dont il a été l'auteur du film pilote et de quelques épisodes. Les sept derniers jours de Laura Palmer. Très angoissant.
Lost Highway (1997) Génial !
Mulholland Drive (1998) Époustouflant.
Une Histoire vraie (1999) Presque fantastique comme film...
Mullholand Drive (2001)
42 One Dream Rush (2009)
Il a produit en 2018 une suite de sa série : *Twin Peaks The Return*

Steven Spielberg, né en 1947. Le premier film qu'il tourna pour la télévision devint un film culte qui fut projeté sur grand écran : *Duel*. Il a inventé beaucoup de choses dans le domaine du fantastique. D'abord la terreur provenant d'un monstre naturel : un requin ! Puis des extraterrestres bien plus sympathiques que précédemment avec *Rencontres du troisième type* et *ET*. La BD filmée avec les aventures d'*Indiana Jones*, le renouveau du capitaine Crochet et d'autres monstres naturels, venus d'un lointain passé avec *Jurassic Park*. Spielberg renoue avec ses obsessions extraterrestres en produisant *Disparitions*, série télé en dix épisodes d'une heure trente (!)

Duel (1971). Duel sur la route avec un terrifiant camion.
Les Dents de la mer (1975). Un monstrueux requin sème la terreur sur la plage.
Rencontres du troisième type (1977). Les extraterrestres arrivent. Ils sont très gentils. (Édition spéciale en 1980)
Les Aventuriers de l'arche perdue (1981). Aventures trépidantes d'Indiana Jones.
E. T. (1982). Un gentil extraterrestre trouve refuge dans une famille américaine. Certains se contentent d'un caniche...
La Quatrième dimension (1983). Spielberg a réalisé un sketch de cette adaptation de la célèbre série télé.
Indiana Jones et le temple maudit 1984). Toujours à la poursuite des nazis et vice versa.
Histoires fantastiques (1987).
Indiana Jones et la dernière croisade (1989). Avec le papa d'Indiana.
Hook (1991). Nouvelles aventures de Peter Pan.
Jurassic Park (1993). Manipulations génétiques et risque technologique majeur.
Le Monde perdu (1997). Encore mieux que le précédent...
A.I.(2000) Pinocchio en robot à l'eau de rose...
Minority report (2002) P. K. Dick est trahi.
La Guerre des mondes (2005)
Indiana Jones et le royaume du crâne de cristal (2008)

James Cameron, né en 1947. De *Terminator* à *True Lies* », et *Titanic* (1998), James Cameron ne lésine pas sur les effets spéciaux qui font de ses films des étapes technologiques dans l'histoire du cinéma fantastique. Ne gâchons pas notre plaisir avec des refus un peu trop intellectualistes.

Piranha 2 (1983) La suite de *Piranha* (1978) de Joe Dante. (Cameron a vraiment honte de ce film)
Terminator (1984) Un robot presque indestructible vient du futur pour tuer une pauvre femme innocente qui devra enfanter le futur résistant contre les futures machines qui domineront le monde.
Aliens, le retour, le retour (1986) La suite d' Alien le huitième passager (1979) de Ridley Scott. Un commando de marines se rend sur une planète envahie par les monstres.
Abyss (1989) Des gentils extraterrestres sous-marins sauvent des prospecteurs d'une base de grande profondeur.
Terminator 2 (1991) Cette fois deux robots arrivent du futur.
Avatar (2009)

De nombreuses suites d'Avatar sont prévues...

John Carpenter, né en 1948. Rythmes endiablés et musiques rythmées marquent les films de Carpenter. On ne s'ennuie jamais ! John Carpenter est également musicien, et sa musique joue un rôle important dans *Prince des ténèbres*. Formidable fantastiqueur, il sait utiliser toutes les ressources du cinéma pour tenir en haleine le spectateur. L'humour est souvent présent. Le sketch qui met en scène une jeune étudiante la nuit dans une station-service aux prises avec un psychopathe meurtrier est un chef-d'œuvre qui éclipse un peu les deux autres sketches de Tobe Hooper dans *Body Bags*, bien que Carpenter rende hommage à ce dernier avant le générique en se présentant avec une tronçonneuse qui tombe en panne. Humour délirant dans *Invasion de Los Angeles* et *Les Aventures d'un homme invisible*. John Carpenter aime rendre hommage aux auteurs de vraies inventions de fiction, comme l'invasion par des extraterrestres, l'homme invisible, le vaisseau fantôme et la bande dessinée. Il sait réaliser des remakes en ajoutant sa patte comme *The Thing* et *Le Village des damnés*. Enfin, comme beaucoup d'autres, il adapte un roman de Stephen King : *Christine*, un sujet extrêmement difficile pour un cinéaste, car il s'agit d'une voiture hantée. Très réussi ! D'ailleurs, il met en scène un écrivain de terreur dans *L'antre de la folie*, écrivain mélange de Stephen King et H. P. Lovecraft. Ce film met en scène le thème de la fiction et de son effet sur le réel, tel que notre esprit peut le transformer en l'appréhendant. La fiction devient réalité si le créateur de cette fiction est habile et démoniaque, surtout s'il réussit à obtenir l'appui du grand Cthulhu, dieu maudit inventé par Lovecraft et qui est le héros principal du film. Encore un thème extrêmement difficile que Carpenter réussit à mettre en un film excellent. *Prince des ténèbres* était déjà un film très lovecraftien. Mais ce n'est pas tout, Carpenter reprend des thèmes classiques pour en faire des films fantastiques, comme celui du siège de *Rio Bravo* (1959 – de Robert Hawks) transposé dans *Assaut*, libération d'un prisonnier dans *New York 1997*. Il reprend d'ailleurs plusieurs effets de ces films dans *Prince des ténèbres*. John Carpenter est sous-estimé parce qu'il s'est cantonné (à part un film sur la vie d'Elvis Presley) dans le genre fantastique. Mais il est celui qui l'a le plus renouvelé, modernisé. À suivre avec intérêt.

Dark Star (1974) Humour et dérision des films de space opera. Des cosmonautes chevelus font sauter quelques planètes pour voir si elles ne se transforment pas en super novae.

Assaut (1976) Il y a des taches sur le soleil. Attention ! Qu'est-ce qui leur prend à ces loubards de tuer tout le monde et de faire le siège d'un commissariat qui vient d'être déménagé parce qu'un type qui a tué l'un d'eux est réfugié à l'intérieur avec quelques flics ? Et cela ne vous rappelle pas quelque part *La Nuit des morts-vivants* de George A Romero ?

La Nuit des masques – Halloween (1978) Michel, un jeune garçon tue sa sœur aînée qui couchait avec un garçon dans sa maison. Il est interné dans un asile psychiatrique et ne dit plus un mot depuis. À l'âge adulte, le soir de la nuit d'Halloween, il s'évade et revient dans sa petite ville. Masqué et toujours muet, il exécute les jeunes filles qui font trop facilement l'amour. Film misogyne ou, au contraire, dénonçant le puritanisme représenté par le tueur masqué ?

Fog (1979) Des marins fantômes reviennent pour se venger de la population d'un petit village côtier qui faisaient les naufrageurs il y a un siècle. Ils se font annoncer par un épais brouillard.

New York 1997 (1980) Un condamné à mort se voit proposer la vie sauve s'il réussit à délivrer le président des États-Unis prisonnier dans Manhattan qui est devenue une vaste île prison infestée de dangereux loubards, gangsters et psychopathes. Avec l'irremplaçable Lee Van Cleef.

The Thing (1982) Remake de « La chose d'un autre monde » (1951) de Christian Nyby, tiré d'une nouvelle de John W. Campbell *La Bête d'un autre monde* (1938). Lieu clos, une station polaire. Un chien amène la chose qui investit les corps et prend leur forme. Quels imbéciles ces scientifiques de croire le chien et pas le scientifique norvégien qui le poursuit ! C'est ce dernier qu'ils ont tué ! On ne quitte pas l'écran des yeux une seule seconde...

Christine (1983) D'après Stephen King. Une voiture hantée prend possession de l'âme de son nouveau propriétaire.

Starman (1985) Un extraterrestre prend la forme du mari mort.

Les aventures de Jack Burton dans les griffes du mandarin (1986) Aventures style bande dessinée avec le rythme de John Carpenter. On ne s'ennuie pas.

Prince des ténèbres (1987) Une équipe de scientifiques étudient une entité démoniaque qui repose dans les caves d'une église. La science ne pourra rien contre les maléfices de cette vieille entité de plusieurs millions d'années. Citations de la bible, occultisme et science amènent petit à petit à la compréhension de ce qu'est la chose. Une hache résoudra tout !

Invasion de Los Angeles (1989) On est envahi par des extraterrestres qui ont la même apparence que nous. Mais des lunettes spéciales permettent de voir la réalité horrible de leur visage. Certainement inspiré d'un épisode de la série télévisée américaine créée par Richard Matheson : *The Night stalker* (1974) jamais diffusé en France.

Les Aventures d'un homme invisible (1992) Le moins que l'on puisse dire c'est que Carpenter ne craint pas de (et réussit à) reprendre un thème aussi difficile à renouveler.

Body Bags (1993) Film à sketches réalisé avec Tobe Hooper. Carpenter joue le rôle du raconteur d'histoires qui se trouve à la morgue, et est un mort lui-même.

L'antre de la folie (1994) Un écrivain démoniaque sème la folie dans le monde avec ses livres de terreur. La fiction devient réalité. Là aussi, les haches ont toute leur importance.

Le Village des damnés (1995) Remake du film de Wolf Rilla (1960). Après l'engourdissement général d'un village sans aucune raison apparente, plusieurs femmes sont enceintes de ce jour, même une jeune fille vierge... Des enfants aux pouvoirs terrifiants naîtront.

Los Angeles 2013 (1996) Une fin inhabituelle : le héros parle aux spectateurs !

Vampires (1998). Des chasseurs de vampires constituent une nouvelle *Horde sauvage*...

Ghosts of Mars (2001) Carpenter a enfin tourné son western... sur Mars ! Il y a même le cheval de fer...

Fangland (2007)

The Ward (2011)

Joe Dante, né en 1948. Son producteur est Roger Corman, c'est tout dire. Il a réalisé quelques chefs-d'œuvre du genre en renouvelant certains thèmes, comme celui du loup-garou, des monstres aquatiques et du grand guignol. Un humour délirant est le support de l'épouvante dans ses films. Le mieux est de citer ces nombreux chefs-d'œuvre connus de tous :

Piranhas (1978) Des jeunes imprudents vidangent un bassin dans un ancien centre de recherches de l'armée. Ce bassin contenait des piranhas mutants qui se déversent dans un lac touristique...

Hurlements (1980). Un génial renouvellement du thème du loup-garou. Le générique, les noms des protagonistes rendent hommage aux maîtres de l'épouvante de l'Universal et, surtout, surtout, restez jusqu'à la fin du générique de fin où vous attend une surprise...

La Quatrième dimension (1983) Il est l'auteur d'un sketch dans ce film qui rend hommage à la fameuse série télévisée.

Gremlins (1984) Il fallait inventer de nouveaux monstres ! C'est fait. Et c'est encore mieux dans :

Gremlins 2 (1990) Avec Christopher Lee en savant fou. Un chef-d'œuvre.

L'aventure intérieure (1987) Être injecté dans le corps d'un individu qui tombe amoureux de votre femme, c'est dur non ?

Panique sur Florida Beach (1993)

Small Soldiers (1998). Quand les jouets deviennent dangereux.

The Hole (2009)

Robert Zemeckis, né en 1952. Il connaît le succès avec son film *À la poursuite du diamant vert* en 1984, puis avec le film très habile *Qui veut la peau de Roger Rabbit ?* en 1987. C'est le réalisateur de la série *Retour vers le futur*, une réhabilitation comique du voyage dans le temps. Il aime l'humour fantastique qu'il développe éga-

lement dans *La Mort vous va si bien*. Il est un des producteurs de la série *Les Contes de la crypte* dont il a réalisé un très bon épisode : *Nuit de Noël pour femme adultère*.
Retour vers le futur (1985). Un adolescent se fait des parents à sa mesure en retournant dans le passé.
Histoires fantastiques (1987) avec Spielberg.
Retour vers le futur 2 (1989). Suite.
Retour vers le futur 3 (1990). Suite.
La Mort vous va si bien (1992). Deux femmes rivales ne meurent jamais grâce à un élixir vendu par une sorcière. Mais leur corps, lui continue à mourir…
Contact (1997). Adaptation de l'ennuyeux roman de Carl Sagan.
Apparences (2000). Fantôme vengeur.
La légende de Beowulf (2007)
Les contes de la crypte en projet…

Wes Craven, (1949-1015). Il est l'inventeur d'un nouveau monstre « Freddy », et ce n'est pas si facile d'en créer de nouveaux de nos jours. Est-il politiquement réactionnaire ? Ceux qui l'ont affirmé après ses premiers films à très petits budgets comme *Dernière maison sur la gauche* et *La Colline a des yeux* ont dû revenir sur leur appréciation avec *L'emprise des ténèbres*, très beau film qui utilise le thème fantastique du vaudou et des zombies pour dénoncer la dictature de Bébé Doc à Haïti.

L'emprise des ténèbres

Dernière maison sur la gauche (1974) Très très violent et saignant. Inspiré par le film *La Source de Bergmann* (1959)
La Colline a des yeux (1977) Massacre de campeurs.
L'été de la peur (1978)

La Ferme de la terreur (1981) .
La Créature du marais (1982) Un petit film de sériez Z adapté d'un comic. (Il y a eu une séquelle : *La créature du Lagon* (1989) de Jim Wynorski, assez agréable également...)
Les Griffes de la nuit (1984) Voilà Freddy ! Création géniale d'un homme monstrueux qui sort vivant, terrifiant et massacreur, des cauchemars des personnages. De nombreuses suites et aléas et même une série télévisée ont suivi.
La Colline a des yeux 2 (1984)
L'amie mortelle (1986)
L'emprise des ténèbres (1987) Vaudou et zombies au service de la dictature de Duvalier à Haïti. Quelques références à « Vampyr » (1932) de Dreyer. Vivre la mort, ou plutôt la voir dans les yeux des autres lors de son enterrement...
Shocker (1989) Regarder trop la télé nuit à la santé...
Le Sous-sol de la peur (1991) Conte de fées (Hansel et Gretel...) moderne, urbain et terrifiant.
Freddy sort de la nuit (1994) Le septième et dernier ? Lovecraft, le film dans le film, les acteurs du premier avec le réalisateur lui-même sont les personnages de ce film assez intéressant dans la mesure où il exploite ouvertement les thèmes classiques du fantastique en le disant.
Scream (1997) Prodigieux film qui reprend, décortique et utilise avec efficacité les thèmes du film d'horreur. Parfaitement réussi !
Scream 2 (1998) La suite ; presque aussi bien...
Sceam 3 (2000) là ça devient lassant...
Scream 4 (2011) en fait on s'y remet !
Il a produit une série télé *Scream* et est décédé en cours de tournage.

Clive Barker, né en 1952, Grand poète de l'horreur sadomasochiste, il a réalisé quelques perles noires parfois éprouvantes.
Le Pacte – Hellraiser (1987)   Attention quand vous trouvez un cube bizarre il pourrait vous arriver de sales histoires si vous le tripotez...
Transmutations (1988).
Cabale (1990) La vie et la mort, ce sont si peu de choses à comparaison des monstres qui vivent sous le cimetière.
Le Prince des illusions (1995) Un type à ne pas fréquenter ce « prince »...

Roland Emmerich, né en 1957. D'origine allemande, ce cinéaste est passionné de science-fiction. Il a, dit-on, redonné ses lettres de noblesse à cette dernière avec *Stargate*. Ensuite, il attire sympathie pour les uns et haine pour les autres avec *Independence Day*... Réalisateur intéressant à suivre, notamment avec son *Godzilla*.
Joey (1985)
Moon 44 (1990)
Universal Soldier (1991) Une histoire de morts-vivants très science-fiction.
Stargate (1994) La porte des étoiles mène vers le royaume des dieux égyptiens. Très science-fiction aussi et Heroïc Fantasy.

Independence Day (1996) Les méchants extraterrestres arrivent. Le monde sera sauf grâce à la nation américaine.
Godzilla (1998). Il fallait le faire ! Génial !
Le Jour d'après (2004) Ce que pourra produire l'effet de serre sur la planète.
2012 (2009)
Emergence (2013)
Independence Day : Resurgence (2016)

Tim Burton, né en 1959. Jeune réalisateur de talent, à l'origine plutôt amateur d'animation, il a su mettre de l'humour et des sentiments dans des films macabres. En reprenant le thème de Frankenstein, il a composé une créature pleine de sensibilité et victime de la bêtise populaire d'un lotissement américain (comme celui de *Poltergeist* de Tobe Hooper). Quant aux fantômes, ils sont touchants de naïveté dans *Beetlejuice*. Enfin, Burton a remis habilement en écran un vieux héros de BD : *Batman*.
Tim Burton a réalisé un film magnifique racontant la vie du plus mauvais réalisateur de cinéma : *Ed Wood* (1994).
Beetlejuice (1988) Deux jeunes mariés meurent dans un accident de voiture et finissent par comprendre leur situation de fantômes quand arrivent les nouveaux habitants de leur maison. Ils feront connaissance avec l'horrible Beetlejuice, loubard de la banlieue des fantômes.
Batman (1988) Remise en scène du justicier chauve-souris. Avec le grand Jack Nicholson.
Edward aux mains d'argent (1991) À côté d'un lotissement moderne aux États-Unis, un vieux château abrite un vieux savant qui fabrique un homme appelé Edward. Mais il meurt avant d'avoir terminé et Edward n'a pas de mains, mais, à la place, des espèces de ciseaux. Même l'amour ne pourra pas finir Edward...
Batman le défi (1992) Batman affronte le Pingouin, nouvelle race de grand bandit.
Mars Attacks ! (1997) Une parodie géniale des films d'extraterrestres envahisseurs. *Independence day* n'a qu'a bien se tenir...
Sleepy Hollow (2000) Prodigieux la légende du cavalier sans tête avec un Johnny Deep toujours aussi excellent !
La Planète des singes (2002) Pas terrible... mais pas si mal !
Charlie et la chocolaterie (2005)
Alice au pays des merveilles (2010)
Dark Shadows (2012)

Sam(uel) Raimi, né en 1959. Le film qui rendit célèbre Sam Raimi est *Evil Dead* film mythique de l'épouvante auquel il donna deux suites grand-guignolesques *Evil Dead 2* et *Evil Dead 3 – l'armée des ténèbres*. Il a produit une série télé fantastique *American gothic* dans laquelle le shérif est le diable lui-même.
Evil Dead
Evil Dead (1982) Des jeunes gens ont loué une vieille cabane dans la forêt pour passer un week-end. Dans la cave, ils trouvent un grimoire de magie noire et un magnétophone qu'ils mettent en marche. Horreur, l'appareil contient un enregistrement

d'incantations qui font venir d'horribles entités qui prennent possession des pauvres jeunes. Beaucoup de sang et d'horreur, de membres coupés, de tripes à l'air. Il fallait oser non ?

Evil Dead 2 (1987)

La suite, beaucoup plus humoristique. Au fait, Raimi n'a-t-il pas voulu montrer que le premier film aussi l'était ?
Darkman (1990) Variation sur le monstre. Un savant est brûlé vif dans son laboratoire par des gangsters. Mais il avait inventé une peau artificielle qui a le seul défaut de ne pas supporter la lumière du jour. Alors, il change de visage souvent pour mieux se venger. Très beau film sur la monstruosité. (Il y a des séquelles)
Evil Dead 3 – l'armée des ténèbres (1993) Troisième suite, avec plus d'humour et plus d'ennui.
Mort ou vif (1995) Western plus ou moins fantastique.
Intuitions (2000) Un très beau film sur un meurtre et une médium pas ordinaire. Et même un fantôme !
Spider-man (2002) Excellente adaptation du comics !
Spider-man 2 (2004) Encore mieux.
Spider-man 3 (2007)
Jusqu'en enfer (2009)
Le Monde fantastique d'Oz (2013)
Evil Dead 4 (en projet)

Jean-Pierre Jeunet réalise des courts métrages et des clips pour chanteurs. Puis, avec *Delicatessen*, son premier long métrage réalisé avec Marc Caro, c'est la consécration. Avec le même il réalisera ensuite le génial *La Cité des enfants perdus* que le jury du festival de Cannes n'a pas récompensé (à tort). Ensuite, c'est lui qui a été

choisi par Hollywood pour réaliser *Alien la résurrection*. Depuis il s'est recyclé dans l'eau de rose.
Delicatessen (1990) Un boucher nourrit les pensionnaires d'un hôtel en transformant les nouveaux arrivants en chair à saucisse. Mais l'amour triomphera. Réalisé avec Marc Caro.
La Cité des enfants perdus (1995) Merveilleux film fantastique sur l'enfance et ses rêves. Réalisé avec Marc Caro.
Alien la résurrection (1997) Le quatrième *Alien*. À ne pas rater !

J.J. Abrams (1966)
A commencé comme scénariste puis s'est lancé dans les séries télé avec *Alias* et *Lost*. Ce serait Tom Cruise qui est venu le chercher pour la réalisation de *MI3* (*Mission impossible 3*). À partir de ce moment, il va développer une carrière incroyable dans le domaine de la SF. Il va aussi lancer une série télé de légende : *Fringe*.
Star Trek (2009) Excellent film en hommage à la série télé.
Super 8 (2011) Excellent film sur la création cinématographique!
Star Trek Into Darkness (2013) Toujorus aussi bon, mais un peu exagéré.
Star Wars le réveil de la Force (2015) Faut aimer la série.

Et d'autres cinéastes encore :
Ils ont réalisé au moins un film fantastique qui compte, mais il n'est pas sûr qu'ils poursuivent une démarche fantastique dans leur œuvre : **Kathryn Bigelow**, née en 1953, avec le formidable *Aux Frontières de l'aube* (1987) et *Strange Days* (1995) ; **Christian Duguay**, né en 1939, qui, après beaucoup de télévision et la suite « Scanners II » (1990), a réalisé le somptueux *Planète hurlante* (1996) ; **Christophe Gans** qui a réalisé un sketch du terrible *Necronomicon* (1993) et le très beau *Crying Freeman* (1995) ; **Luc Besson** qui a réalisé *Le Cinquième élément* (1997)...
Il faut aussi citer **Jean Rollin**, qui a tourné de nombreux films de vampires dominés (les films) par l'érotisme.
À suivre particulièrement les films de:
Guillermo del Toro : *Cronos – Mimic – L'échine du diable – Blade 2 – Hellboy – The Wind of the willows – Crimson Peaks – La forme de l'eau – Les montagnes hallucinées (en projet)*...
Peter Jackson : *Bad Taste – Les Feebles – Braindead – Créatures célestes – Fantômes contre fantômes – Le Seigneur des anneaux (en trois parties)- Le Hobbit (en trois parties) -*...
Brian Yuzna le cinéaste le plus décalé le plus horrifique avec énormément de talent : *Necronomicon – Le Dentiste 1 et 2 – Douce nuit sanglante nuit l'initiation – Douce nuit... les jouets de la mort – Faust – Progeny – Re-animator 2 – Beyond re-animator – Le Retour des morts-vivants 3 – Society* -...
Paul Anderson lui aussi poursuit son chemin d'artiste sans écouter aboyer les chacals : *Event Horizon – Mortal Kombat – Soldier – Resident Evil – Alien contre Predator –Resident Evil : Afterlife 3D – Retribution – Resident Evil : Chapitre final* ...
David Twohy débute sa carrière comme scénariste. Après *Critters 2: The Main Course*, son premier script écrit en 1988, il co-signe notamment les scénarios de *Wa-*

terworld (1996) et *Les Chroniques de Riddick : Dark fury* (court métrage d'animation). Il réalise : *Timescape, le passager du futur* (téléfilm) – *The Arrival* – *Pitch Black* - *Abîme* – *Les Chroniques de Riddick* – *Riddick* - ...

Stephen Sommers : *Les Aventures d'Huckleberry Finn* – *Le Livre de la jungle* – *Un Cri dans l'océan* – *La Momie* – *Le Retour de la momie* – *Van Helsing* – *Flash Gordon* – *GI Joe le réceil du cobra*. Il produit et scénarise *Le Roi scorpion* réalisé par Chuck Russel.

Chuck Russel : *Freddy 3, les griffes du cauchemar* – *Le Blob* – *The Mask* – *L'Effaceur* – *L'Élue* – *Le Roi Scorpion* – *Collatéral* – *Way of the rat* – ...

Jack Sholder a déclaré qu'il n'aimait pas le fantastique ! : *Dément* – *La revanche de Freddy* – *Hidden* – *Wishmaster 2* – *Arachnid* – ...

René Manzor : *Le Passage* – *3615 Code Père Noël* – *Un amour de sorcière* – *Dédales* – ...

Rob Bowman : *série X-files : 31 épisodes au total* – *The X Files, le film* – *Le Règne du feu* – *Elektra* – ...

Hideo Nakata : *Ghosts Actress* – *Ring* – *Ring 2* – *Chaos* – *Dark Water* – *Le cercle- The Ring 2* - *Emprise*

À suivre...

À signaler les réalisateurs de la série
« *Les maîtres de l'Horreur* » :

John Landis – Dario Argento – Tobe Hooper – John Carpenter – Ernest Dickerson – Stuart Gordon – Mick Garris – Tom Holland – Brad Anderson - Joe Dante – Rob Schmidt – Peter Medak – Norio Tsuruta

CHAPITRE 6
Études thématiques

Aliens : généalogie cinématographique

Le concept de PROMETHEUS a commencé par une silhouette que l'on apercevait brièvement dans ALIEN, LE 8ᵉ PASSAGER, et qui semblait tomber dans l'oubli dès le moment où le xénomorphe qui donne son titre au film surgissait – littéralement – dans l'histoire. Mais cet être mystérieux, cette créature géante fossilisée au thorax ouvert surnommée le Space Jockey – était restée bien ancrée dans la mémoire de l'homme qui lui avait donné la vie. Ridley Scott raconte : "Depuis ALIEN, LE 8ᵉ PASSAGER, une idée n'avait pas cessé de me tourner dans la tête : quel était le mystère derrière tout cela ? Qui était cette créature ? D'où venait-elle ? Quelle était sa mission ? Quelles technologies son espèce maîtrisait-elle ? Ces questions me semblaient constituer un tremplin intéressant pour des idées plus fascinantes encore."

Il est exact que PROMETHEUS a commencé il y a quelques années comme un projet de préquelle d'ALIEN, LE 8ᵉ PASSAGER, avant d'évoluer vers autre chose, "vers un nouvel univers", comme l'explique Ridley Scott. » Extrait du dossier de presse du film Prometheus.

La terreur vient de l'espace, du cosmos ! Toute l'œuvre de Lovecraft est basée sur cette peur. Le sous-titre du film de Ridley Scott *Alien, le 8ᵉ passager* était : « Dans l'espace, on ne vous entend pas crier. »
Tout le monde connaît le monstre du film *Alien, le 8ᵉ passager* qui a continué à hanter les salles de cinéma jusqu'en 2007.
La naissance de ce monstre est bien antérieure au film de Ridley Scott.
Son histoire cinématographique remonte à 1951 et littéraire à 1932...
Les ancêtres littéraires sont d'abord le court roman de Lovecraft, *Les Montagnes hallucinées* (1932) et également la nouvelle de Campbell, *La Bête d'un autre monde* (1938) qui semble d'ailleurs inspirée de celle du reclus de Providence.
Donc l'aïeul de la Saga Alien est bien le film de Christian Nyby *La Chose d'un autre monde* (1951).
Allez ! Construisons l'arbre généalogique de la famille. Pour consulter les chroniques de ces films, se reporter au chapitre des chroniques intitulé : « *Films fantastiques et de science fiction* ».
La Chose d'un autre monde de Christian Nyby (1951),
La préquelle de ce *The Thing* sortira en salles en 2011 (voir plus loin)
Le Monstre de Val Guest (1955),
La Planète des vampires de Mario Bava (1965).

Alien, le 8ᵉ passager de Ridley Scott (1979),
The Thing
Aliens, le retour de James Cameron (1986)
Alien ³ de David Fincher (1992)
Alien la résurrection de Jean-Pierre Jeunet (1997)
Alien Vs Predator de Paul Anderson (2004)
Aliens Vs Predator : Requiem de Colin Strause, Greg Strause (2007)
The Thing de Matthijs Van Heijningen Jr. (2011)
Prometheus de Ridley Scott (2012)

Enfin, un pastiche italien :
Alien la créature des abysses d'Antonio Margheriti (1989) Sous le pseudonyme d'Anthony Dawson II...

Voilà !
La saga est-elle terminée ?
Y aura-t-il une autre filiation cinématographique ???
L'avenir nous le dira...

Philip K. Dick et la schizophrénie

Un auteur prétend avoir vu Dieu, mais ne peut expliquer ce qu'il a vu.[85]

Dick a habité longtemps à Berkeley dans la région de San Francisco. Berkeley avait la réputation d'une ville " rouge ", dans le sens politique du terme. Il est curieux de faire le rapprochement avec un philosophe du 18ème siècle, l'évêque Berkeley justement et qui avait rédigé un texte paru en 1710 dans lequel il affirmait que la réalité n'existe pas, seuls nous existons nous les humains à travers l'idée que nous nous faisons de cette réalité. Cet évêque est fort connu, justement, par les militants communistes qui ont lu le livre de Lénine " Matérialisme et empiriocriticisme " publié aux éditions de Moscou, livre philosophique dans lequel le révolutionnaire utilise les arguments de l'évêque Berkeley pour mieux les contrer. Ne croirait-on pas se trouver dans un de ces livres de Dick où la réalité dépasse la fiction ?
Dans *En attendant l'année dernière*, une machine-taxi déclare : " La vie se compose de configurations de réalité[86] ainsi configurées ". Voilà donc une prise de parti philosophique exprimée par une machine, mais chez Dick, on confond souvent la machine et l'homme. Cette prise de parti n'est pas nouvelle, car, en dehors de l'évêque Berkeley, elle fut exprimée par de grands philosophes comme Kant ou Hegel.
Parano et de bonnes raisons de l'être !

---

[85] Citation de Dick dans son fameux discours de Metz : Si vous trouvez ce monde mauvais vous devriez en voir quelques autres.
[86] Il faut bien noter que réalité est au singulier...

Nous ne savons pas encore si Dick était schizophrène, car, si nous disions que le fait de croire que la réalité n'existe pas ou qu'il en existe plusieurs implique la schizophrénie, nous devrions en conclure que Kant ou Hegel l'étaient.

Par contre, Dick avait de très bonnes raisons d'être paranoïaque, comme tous ceux qui le sont. Et n'oublions pas que la paranoïa n'existe pas sans la culpabilité...

Dick perd sa sœur jumelle Jane[87] lorsqu'il était tout bébé. Ses parents se séparent alors qu'il était encore tout petit. Sa tante était schizophrène et sa mère Dorothy n'était pas bien nette pour avoir laissé mourir la sœur jumelle de l'écrivain. Son père le terrifia un jour en mettant son casque lourd et son masque à gaz qu'il avait conservés depuis la Première Guerre mondiale à laquelle il avait participé. Sans doute cette anecdote a-t-elle inspiré à Phil sa nouvelle *Le père truqué*.

À l'âge adulte, Dick a épousé une gauchiste, Klea. Celle-ci ayant été repérée par le FBI, le couple recevait régulièrement la visite de deux de ses agents qui leur faisait remplir des questionnaires. D'autre part, alors que ses revenus étaient très faibles, il subit un contrôle fiscal ! Était-il dû au fait qu'il avait signé une pétition appelant à refuser de payer les impôts en signe de protestation contre la guerre du Vietnam ?

L'écrivain, qui décida très tôt de consacrer uniquement son temps à l'écriture, connut les psychiatres tout enfant. Il en avait une telle pratique qu'il se vantait de rouler dans la farine n'importe lequel d'entre eux. Après Klea, il épousa Anne, à qui il fit quatre enfants et qui se fit avorter du cinquième sans l'accord du papa. Ce dernier finit par faire enfermer sa femme pour schizophrénie, ce qui est le comble de la réussite pour un paranoïaque, mais qui aggrava sa santé mentale par le développement d'une profonde et durable culpabilité .

Médicaments et drogues

Dick prenait beaucoup de médicaments, toujours pour faciliter son existence (comme tout le monde d'ailleurs...) Comme ses oeuvres rapportaient peu, il devait écrire beaucoup et prenait donc des amphétamines à hautes doses ce qui produisait une profonde anxiété qu'il soignait avec des tranquillisants. Il se procurait ses médicaments auprès de dealers dans la rue. Il eut un passage de consommation de drogues dures après le départ de sa deuxième femme Anne. Mais jamais (sauf peut-être, dans *Substance rêve* qu'il compensa ensuite avec *Substance mort*) il n'en a fait un manifeste littéraire.

Le monde existe-t-il ?

Le schizophrène (le vrai ?) ne se pose jamais cette question. Comme le dit Dick dans *Glissement de temps sur Mars* : " Un schizophrène a accès au futur, car plongé dans un éternel présent. " Dans la mesure où Dick se la pose, il n'est pas schizophrène. D'ailleurs n'est-il pas légitime de se poser la question de savoir si le monde est bien tel que nos sens nous le transmettent ? En effet, si nous en restions à ce que nous disent nos sens, sans se poser aucune question, nous croirions toujours que la Lune est un disque plat, de même que la Terre, nous ignorerions l'existence du monde microscopique et de l'infiniment petit, nous ignorerions même l'existence de l'air ! etc.

Tout simplement, Dick faisait partie de ces gens " qui cherchent une signification à ce qui n'en a peut-être pas, une réponse à ce qu'il est déjà hasardeux de considérer

---

[87] D'où la personnalité scindée dont Dick s'affuble lui-même.

comme une question. "[88] Comme il ne trouvait pratiquement aucune réponse à ses questions malgré sa grande culture, il en vint à utiliser le Yi-King, livre des transformations chinois, jeu " philosophique " qu'il utilisa pour progresser dans l'intrigue lorsqu'il écrivit " Le Maître du Haut château ", puis, plus tard... la religion.

Schizophrène ou schizoïde ?
Le grand psychanalyste Jacques Lacan avait une définition bien à lui de la schizophrénie, définition que n'aurait pas reniée Phil Dick : " (pour le schizophrène) tout le symbolique est réel " Ainsi dans *La transmigration de Timothy Archer*, Phil raconte un dialogue entre un évêque (certainement l'évêque Pike que Dick a bien connu) et un schizophrène. Constamment l'évêque tente de ramener la conversation à l'abstrait (conversation qui porte sur l'automobile) et constamment le schizo la ramène à une automobile concrète. Pour ce dernier l'abstraction n'existe pas. Comme le souligne Phil lui-même : " Rien n'existe en général ! Il n'existe que des choses particulières... " Voilà qui aurait plu à Marx lui-même qui expliquait dans *La Sainte famille* que la " construction spéculative " (il veut parler ici de la philosophie de Hegel) explique que le monde réel est créé à partir du " Mystère " de " l'idée "... enfin, tous des trucs comme ça... Et ça c'est du Dick, comme il l'écrit dans sa meilleure nouvelle *La Fourmi électronique* : " La réalité objective est une construction de synthèse, qui part d'une généralisation hypothétique fondée sur une multitude de réalités subjectives ". Ou dans son discours de Metz : " L'écrivain n'a pas inventé la chose (NDLA : l'idée), mais au contraire, elle l'a inventé lui. "
Manifestement, notre Maître était schizoïde et ne s'en cachait d'ailleurs pas, puisqu'il avait écrit dans une œuvre jamais publiée : " En fin de compte, il n'est pas vraiment schizophrène, mais pour ainsi dire *à moitié* schizophrène : à demi scindé. Son œuvre le rattache encore à la réalité. "[89] Eh oui ! Seule son œuvre a empêché Dick de sombrer dans la schizophrénie.

Une œuvre schizophrène
Car, il a transféré sa schizophrénie dans son œuvre. Comme il a pu la transférer à sa femme Anne. Ainsi, l'a-t-il lui-même en quelque sorte avoué au psychiatre de l'hôpital où sa femme a été hospitalisée : " M. Dick estime que des deux époux, c'est lui le malade mental, et qu'il faudrait l'hospitaliser, car il est peut-être schizophrène.[90] " *Le Dieu venu du Centaure* est bien qualifié par son auteur lui-même de " grand roman de l'acide "... Mais quand il l'avait écrit, il n'en avait jamais pris ! Or, comme certains psychiatres l'avaient affirmé, le LSD25 permet de savoir de l'intérieur ce qu'était la folie, qu'il est le " simulateur de schizophrénie ". Dick ne manqua pas de l'essayer sur lui-même ce qui ne lui fit pas que du bien.
La créature proprement schizoïde dans son œuvre est bien l'androïde. Il dit lui-même que la personnalité androïde est une personnalité schizoïde. Il définit son roman

---

[88] *Je suis vivant et vous êtes mort.* Page 55

[89] Fawn, Look Back, œuvre inachevée 1980 citée par Lawrence Sutin dans sa biographie de Dick *Invasions divines.*

[90] Recueilli dans le dossier médical d'Anne Dick avec son autorisation.

Blade runner[91] comme un " traité de théologie cybernétique ". Dans *La fourmi électronique*, l'androïde (qui apprend qu'il l'est suite à un accident), essaie de rompre avec la réalité en trafiquant son " ruban de réalité ". À la fin de l'histoire, le lecteur de la nouvelle comprend que ce n'est pas l'androïde qui rompt avec la réalité, mais la réalité elle-même qui disparaît ! Lorsqu'il ne put plus utiliser sa femme comme réceptacle de sa schizophrénie latente, lorsque son œuvre commença à se tarir, et ne joua plus ce rôle, il trouva un autre moyen de transfert de sa folie : la religion. Dans sa préface de *Au Bout du labyrinthe* il explique qu'il a inventé dans ce livre une nouvelle théologie. Il finit même par se prendre pour un prophète et attribua une origine divine aux rafales d'informations qui mitraillaient son cerveau depuis 1974.[92]

L'œuvre de Philip Kindred Dick, n'est pas l'œuvre d'un schizophrène, mais c'est une œuvre schizophrénique qui a permis à son auteur de ne jamais vraiment le devenir... Phil Dick n'a jamais voulu se laisser aller à être comme le commun des mortels. Il a cherché tous les moyens de connaître le monde. Mais sa paranoïa le conduisait à lui rendre ce monde invivable et à le refuser...

C'est la souffrance de ce refus qu'exprime son œuvre.

Confessions d'un barjo

Et les romans mainstream de Dick...
Le seul film français qui a adapté une œuvre de Dick, l'a fait à partir d'un roman mainstream (comme on dit là-bas, ou un roman de littérature générale, comme certains disent ici...)
Disons tout de suite que chez Dick, la différence est minime, voire inexistante. Ainsi, voici ce qu'il écrivait concernant la « différence » entre le fantastique et la SF : Le fantastique implique des choses généralement considérées comme impossibles, et la science-fiction des choses généralement considérées comme possibles sous certaines conditions. Autant dire qu'à la base, la différence est purement subjective. Dans sa lettre à John Betancourt (14 mai 1981) il dit même carrément : Et maintenant, comment distinguer la science-fiction du fantastique ? C'est impossible (...) Voir également plus bas dans cet article l'appréciation de Dick sur ses romans mainstream, qu'il qualifie de surréalistes ! Chez Dick toutes ces considérations de classification sont vaines. Dans son essai « Comment construire un univers qui ne s'effondre pas deux jours plus tard », Dick explique comment les personnages et les événements de son roman « Coulez mes larmes dit le policier » se sont avérés exister réellement. L'auteur y retrouve même a posteriori des passages de la bible qu'il n'avait jamais lus ! Il est extrêmement complexe et certainement fastidieux d'essayer de résumer ce que dit Dick de ce phénomène.

Voici ce qu'il utilise de chez Héraclite, en guise d'explication : La structure latente domine la structure évidente.

Des œuvres largement méconnues
Le seul problème qu'il a rencontré fut que les éditeurs refusèrent longtemps de publier ces œuvres mainstream, car eux faisaient la différence. Ainsi l'écrivain put vivre

---
[91] Le titre d'origine est Les Androïdes rêvent-ils de moutons électriques ?
[92] Cité dans Je suis vivant et vous êtes morts.

de sa plume uniquement grâce à ses écrits de SF. Pourtant, il fut aussi productif dans les deux genres. De 1952 à 1958 il écrivit huit romans réalistes : « Voices from the street (1952-53), Mary and the giant (1953-55, paru aux USA en 1987 (!) et en France en 1994 sous le titre "Pacific park"), A time for George Travos (1955, perdu), Pilgrim of the Hill (1956, perdu), The broken bubble of Thisbe hotel (1956, paru aux USA en 1987 sous le tire "The broken bubble" et en 1993 en France sous le titre "La bulle cassée"), Puttering about in A small land (1957, paru aux USA en 1985 et en France en 1993 sous le titre "Mon royaume pour un mouchoir"), Nicholas and the Higs (1957, perdu) et In Milton Lumky territory (1958, paru aux USA en 1985 et en France en 1993 sous le titre Aux pays de Milton Lumky). Ouf ! Cela en fait non ? Avez-vous noté que parmi ces huit œuvres, trois sont PERDUES !!! et une n'a pas encore été publiée ? Et toutes celles qui ont été publiées l'ont été après la mort de l'écrivain. Les sources proviennent de Paul Williams, l'exécuteur testamentaire littéraire de Dick qui a classé ses œuvres en fonction de leur date de réception à l'Agence littéraire Scott Meredith.

On a donc accès à la fiche résumé de ces œuvres et la note donnée par l'agence, même quand ces œuvres ont été perdues.
Il faut savoir également qu'en 1974, Dick se sentant mourant fit don de ses manuscrits à la bibliothèque universitaire de Fullerton en Californie. Et voici ce qu'écrit Marcel Thaon dans le « Livre d'or de la SF » consacré à Dick : (…) la bibliothèque est gardée par des êtres étranges qui pensent que les livres sont faits pour rester cachés à la vue du public, le regard usant le papier. Et de citer deux autres titres de Dick : « The man whoseteeth were all alike – Gather yourselves together »

Confessions d'un barjo
Revenons donc à « Confessions d'un barjo ».
Dick était le frère jumeau de Jane, sa sœur morte peu après sa naissance. On sait que chez les jumeaux, l'un d'eux est toujours « écrasé » par l'autre au sein de la maman. Ce fut le cas de Jane et Philip en fut toujours culpabilisé.
Ce roman met donc en scène un jumeau avec sa sœur…
Il a été refusé par l'éditeur Harcourt Brace. Pourtant Lawrence Sutin le juge comme meilleur roman hors genre que Dick ait jamais écrit (.) L'éditeur Knopf l'aurait édité à condition que Dick le récrive. Ce qu'il refusa de faire. Non pas que je refuse, mais j'en suis tout bonnement incapable. Écrivit Dick dans une lettre à sa troisième femme Anne.
C'est Entwhistle Books qui le publia en 1975.
Permettez-moi de citer encore Lawrence Sutin : « Confessions » est le premier roman de Dick à appliquer dans toute sa démesure le principe des points de vue narratifs multiples. Lui-même avait défini devant Anne ses œuvres réalistes antérieures comme « confinant au surréalisme. »
Ce roman est très biographique. D'ailleurs Dick a fait des annotations dans ce sens sur l'exemplaire qu'il a dédicacé à Chris Arena.
Et voici comment le dictionnaire « Ciné guide 20 000 » résume le film : Un « barjo » provoque des catastrophes en chaîne dans le ménage de sa sœur jumelle. Est-il besoin d'en dire plus, une fois le contexte éclairé ?

Quelques romans à découvrir ou impossible de le faire
Au pays de Milton Lumky
UGE 10/18 1992.
Terriblement noir. Un vrai polar dans lequel trois personnages essaient de savoir qui ils sont.
Ils échoueront.
Bulle cassée
UGE 10/18 19993
Éternels problèmes de couples. Les êtres humains sont imparfaits physiquement et mentalement. Donc, il y a des problèmes.
Dick : J'y prends le parti des individus les plus malheureux, les plus vulnérables et les plus faibles de la société : les adolescents.
Mon royaume pour un mouchoir
UGE 10/18 1993.
Pacifik park
UGE 10/18 1994
Un roman grevé de défauts, mais qui reste fascinant. Un personnage féminin qui lutte pour sa dignité malgré les violences subies.
Au tour de George Stravos
Un roman perdu. Mais une lectrice (J.B.) de l'agence littéraire en a rédigé un synopsis :
Ça ne me plaisait pas la première fois, et ça ne me plaît toujours pas. Roman interminable, morne et plein de digressions contant l'histoire d'un immigrant grec de soixante-cinq ans doté d'un fils poule mouillée et d'un autre qui lui est indifférent, plus une épouse qui ne l'aime pas (elle le trompe d'ailleurs).
Voici ce qu'en dit Dick lui-même : Il n'existe pas de mauvais tour que les méchants puissent jouer aux bons et qui ait un jour une chance de réussir ; les bons sont protégés par Dieu, ou au moins par leur vertu. (1960)
L'homme dont les dents étaient toutes exactement semblables
Joëlle Losfeld 2000.
L'histoire de deux couples malheureux en mariage. (Dick en sait quelque chose).
L'auteur était d'accord sur la nécessité de remanier ce texte publié en France en 1989.
Humpy dumpy à Oakland
Joëlle Losfeld 2001.
Dick : (ce livre) visite le prolétariat de l'intérieur. La plupart des romans traitant de ce sujet sont en réalité écrits par des représentants de la classe moyenne.
La fille aux cheveux noirs
Gallimard Folio/sf 2002
Un recueil des textes de Dick qui mettent en scène la fameuse fille aux cheveux noirs que l'on retrouve partout dans son œuvre.

Chronique d'un recueil de nouvelles de P. K. Dick
Paycheck - Le voyage gelé
Philip K. Dick Nouvelles

Ces deux volumes regroupent plusieurs nouvelles de Dick dont "Paycheck" (*La clause de salaire*, en français) qui a été adaptée au cinéma par John Woo. Il est intéressant de comparer la nouvelle et le film : ce dernier rend l'histoire plus complexe et développe une histoire d'amour, alors que Dick ne parle que très rarement de ce sujet (l'amour...)

Toutes les obsessions de Dick sont développées dans ces nouvelles : l'illusion du réel, le complot, le pouvoir, la guerre, la société de consommation et la schizophrénie.

Son style n'est pas toujours recherché, mais ses histoires sont la plupart du temps époustouflantes d'imagination.

Dans "Nanny", on démolit ce qui a été construit pour reconstruire et revendre...

Dans "Le Monde de Jon", on voyage dans le temps et on retourne dans le monde terrifiant d'une autre nouvelle de Dick : "Nouveau modèle", adaptée au cinéma avec le film "Planète hurlante". On y retrouve des « femmes (...) avec des cheveux et des yeux noirs » (voir à ce propos le livre "La fille aux cheveux noirs" chez Folio SF qui regroupe « toutes les lettres que Dick a adressées à cette mystérieuse muse »)

Dans "Une petite ville", le héros reconstruit sa ville dans sa cave et cela a des répercussions sur la vraie ville bien sûr... car « la réalité est une construction de l'esprit » !

Et la pépite de ce recueil est "Le père truqué", un petit chef-d'œuvre de terreur psychanalytique. Cette histoire aurait-elle inspiré le "Body snatcher" de Jack Finney ?

Deux histoires post apocalyptiques : "Au temps de Poupée Pat" et "Autofab", dans lesquelles l'être humain n'est pas, mais pas du tout, maître de son destin.

Dans "Un p'tit quelque chose pour nous les temponautes", des voyageurs dans le temps sont pris dans un cercle temporel dont ils ne peuvent plus sortir.

L'autre volume "Le Voyage gelé" est peut-être moins passionnant, mais intéressant tout de même, notamment, par son humour très noir et par le premier texte qui nous parle de Theodore Sturgeon.

"Que faire de Ragland Park ?", est la suite de la nouvelle "Le suppléant" contenue dans le volume "Paycheck" : de la politique-fiction excellente.

Dans "Numéro inédit", Dick affiche son mépris profond de la politique...

Et enfin, la nouvelle titre "Le voyage gelé" est une explication plutôt rationnelle de la schizophrénie : on ne sait plus si on rêve ou si on vit.

Deux volumes à ne pas manquer comme l'ensemble de l'œuvre de Dick.

Paycheck - Le voyage gelé - Philip K. Dick – Nouvelles – traduction par Hélène Collon et traductions par Emmanuel Jouanne revues et corrigées par Hélène Collon – Folio Sf – 488 pages et 220 pages.

Chronique d'un livre sur Dick
Philip K. Dick - Dick le zappeur des mondes

Évelyne Pieillier

Ce livre est un recueil de textes de Dick choisis par Evelyne Pieillier qu'elle commente en faisant la transition entre eux. Les textes sont soit des extraits de nouvelles, de romans ou de déclarations de l'auteur de SF.

Ce qui est nouveau dans cet ouvrage c'est évidemment les choix d'Evelyne Pieillier. Ils sont ce qu'ils sont et il est difficile de se prononcer, car l'œuvre de Dick est si énorme que tout choix est valable. Par contre il me déplaît de voir ainsi rassemblés des extraits de ses œuvres. N'y a-t-il pas danger à trahir un auteur en extrayant ainsi des parties de ses textes ? Il est vrai qu'il s'agit d'une collection intitulée « Voyager avec… » Bon ! Admettons. Mais voyager avec Dick n'est pas seulement une affaire littéraire. Cela va bien plus loin.

Evelyne Pieillier est chroniqueuse au journal L'Humanité. Étant un ancien lecteur assidu de ce journal je dois dire que je n'ai jamais apprécié ses articles lorsqu'il s'agissait de science-fiction[93]. Il est de coutume chez les littéraires de traiter de la science-fiction sans la connaître vraiment…

Ainsi, l'auteure nous donne à lire la liste des films adaptés de l'œuvre de Dick et il en manque deux : *Impostor* et *Planète hurlante*… Elle aurait pu aussi évoquer la série télévisée *Total Recall 2070*…

Elle ose un petit lexique dickien dans lequel elle met "Le Chat de Schrödinger" ou le Y-King, qui n'ont rien de dickien mais que Dick a beaucoup utilisés…

Ceci dit, cet ouvrage peut être une bonne introduction à l'œuvre de Dick et donc ne nous plaignons pas…

Philip K. Dick - Dick le zappeur des mondes - Evelyne Pieillier – La Quinzaine littéraire – 232 pages – 24 euros

Films inspirés des œuvres de Dick
Pour consulter les chroniques de ces films, se reporter au chapitre des chroniques intitulé : « *Films fantastiques et de science fiction* ».
Blade Runner de Ridley Scott (1982)
Total Recall de Paul Verhœven (1990)
Planète hurlante de Christian Duguay (1996)
Nirvana de Gabriele Salvatores (1997)
Men in Black de Barry Sonnenfeld (1997)
Dark City de Alex Proyas (1998)
Pitch Black de David Twohy (2000)
Avalon de Mamoru Oshii (2000)
Impostor de Gary Fleder (2001)
Minority report de Steven Spielberg (2002
Cypher de Vicenzo Natali (2002)
2009 Lost Memories de Si-Myung Lee (2002)
Paycheck de John Woo (2003)
Next de Lee Tamahori (2007)
À Scanner Darkly de Richard Linklater (2006)
Altered d'Eduardo Sanchez (2006)
The Invisible de David S. Goyer (2006)
Invasion d'Oliver Hirschbiegel (2007)

---

[93] Traiter les œuvres de Howard de "Pantalonnades" ou Graham Masterton d'écrivain américain…

Tolkien* et l'idéologie

John Ronald Reuel Tolkien ne s'est jamais occupé de politique. Il ne semble d'ailleurs pas aimer les discours comme il l'indique dans « Bilbo le Hobbit » : « C'était le style de Thorïn, nain important (souligné par moi). Si on lui en avait laissé la liberté, il aurait sans doute continué ainsi tant qu'il aurait eu du souffle, sans rien dire qui ne fût déjà connu de tous. » Autrement dit, les gens importants qui prononcent des discours, donc, des hommes (ou des nains) politiques, parlent pour ne rien dire. Et Tolkien précise bien tout au long de son œuvre de quelle politique il s'agit quand elle ne lui plaît pas. Toujours, dans « Bilbo », il parle de cette « rage des gens riches qui, possédant bien plus que ce dont ils peuvent jouir, perdent soudain ce qu'ils avaient depuis longtemps sans jamais s'en servir ou sans en avoir jamais eu besoin. » C'est clair non ? Même les porte-monnaie des Trolls (car ils en ont un...) ont de la malice... Le Vieux Maître des Hommes de la cité du lac, « étant de l'espèce qui est sujette à pareille maladie (...) avait attrapé le mal du dragon : il avait pris pour lui la plus grande partie de l'or, s'était enfui avec et était mort d'inanition dans le désert, abandonné de ses compagnons. » Enfin, ce qui causera la perte de la Comté, c'est le développement de l'esprit de lucre (d'aucuns disent capitaliste...) sous l'effet du pouvoir des ténèbres. Ainsi, ce La Pustule, « il semble qu'il voulait tout posséder en personne, et puis faire marcher les autres. » La Pustule, par qui tout avait commencé, s'est donc rapidement enrichie, et, pour asseoir son pouvoir, le Seigneur Ténébreux de Mordor envoya des Hommes pour exercer la violence inhérente à tout pouvoir imposé de force. Et non seulement la violence et l'immoralité s'installent, mais aussi, horreur !, une véritable industrie : « Ils sont toujours à marteler et à émettre de la fumée et de la puanteur, et il n'y a plus de paix à Hobbitbourg, même la nuit. Et ils déversent des ordures exprès ; ils ont pollué toute l'Eau inférieure (...) » Voilà donc qui est clair et le parti écologique bien pris. Mais nous développerons cet aspect dans l'article suivant.
Avant les événements rapportés ci-dessus, et dus à l'emprise du Pouvoir Ténébreux, l'organisation politique de la Comté, pays des Hobbits, ces Semi-Hommes, est très simple : « La Comté, n'avait guère à cette époque de "gouvernement". Les familles géraient pour la plus grande part leurs propres affaires. Faire pousser la nourriture et la consommer occupaient la majeure partie de leur temps. Pour le reste, ils étaient à l'ordinaire généreux et peu avides, et comme ils se contentaient de peu, les domaines, les fermes, les ateliers et les petits métiers avaient tendance à demeurer les mêmes durant des générations. » Une société agricole de propriété privée, mais répartie entre tous ses membres. Mais son équilibre est fragile et la moindre tentative d'appropriation de biens en plus des simples besoins quotidiens entraîne violence et pollution. Pour être complet, voyons ce que sont les Hobbits.
« Les Hobbits sont un peuple effacé, mais très ancien, qui fut plus nombreux dans l'ancien temps que de nos jours ; car ils aiment la paix, la tranquillité et une terre bien cultivée : une campagne bien ordonnée et bien mise en valeur était leur retraite

---

* J.R.R. Tolkien (1892–1973)

favorite. Ils ne comprennent ni ne comprenaient, et ils n'aiment pas davantage les machines dont la complication dépasse celle d'un soufflet de forge, d'un moulin à eau ou d'un métier à tisser manuel, encore qu'ils fussent habiles au maniement des outils. » Et encore : « Le goût du savoir (autre que la généalogie) était peu prononcé parmi eux (...) »

Interrogeons Tolkien pour savoir ce qu'il en pensait, lui. Voici ce qu'il répond : « En fait, je suis un Hobbit (...) en tout sauf en taille. J'aime les jardins, les arbres, les cultures non mécanisées ; je fume la pipe, j'aime la bonne nourriture simple (pas congelée) et je déteste la cuisine française (...) » D'ailleurs, Tolkien appelle la maison du Hobbit « Bag's End » (Cul de Sac) le nom de la ferme de sa tante Jane dans le Worcestershire. Et, il ajoute : « Les Hobbits sont simplement des Anglais de la campagne rapetissés pour indiquer l'étroitesse habituelle de leur imagination. »

Nous connaissons donc l'utopie de Tolkien : il rêve d'une société agraire non mécanisée, un système de production du type du Moyen Âge sans le pouvoir autoritaire de la féodalité. Il veut le beurre et l'argent du beurre.

Son œuvre « Bilbo le Hobbit » est la description de cette société qui cohabite avec d'autres espèces intelligentes qui possèdent d'autres organisations : les Nains et les Elfes éternels qui ont un roi, comme les Hommes d'ailleurs. Chaque espèce a sa langue, mais le créateur a bien fait les choses puisqu'il a prévu un Langage Commun, ce qui n'existe pas dans notre monde... « Le seigneur des anneaux » est l'histoire d'une grande bataille politique pour le pouvoir symbolisé par l'anneau : la coalition des Nains, des Elfes et des Hommes réussira-t-elle à mettre en échec le pouvoir de Sauron, le Seigneur Ténébreux de Mordor ? Guerres et batailles, courses et quêtes ne serviront à rien : seule la générosité de Sam qui n'exécutera pas Gollum permettra à la cupidité de celui-ci de sauver le monde de l'emprise du Pouvoir Ténébreux. Selon Tolkien, rien ne sert donc de lutter, seul le destin est maître de toutes choses... C'est que, à l'image de la vie de Tolkien, son histoire est tout entière imprégnée des valeurs sociales du catholicisme. Cela explique son succès auprès des peuples chrétiens de la vieille Europe par la combinaison de cette idéologie avec le magnifique socle des mythes et légendes païens de ces mêmes peuples. Nous retrouvons là la dualité du personnage Tolkien : l'idéologie chrétienne de son œuvre, mise en forme par des légendes païennes, prend souche sur les deux fonds de notre culture : celui, archaïque, de notre enracinement à la terre nourricière, nourri de toutes ses croyances païennes, et celui du christianisme qui a combattu, et souvent composé avec l'autre.

Sam est le serviteur de Frodon. Les serviteurs existent donc dans la société « idéale » de Tolkien. Il faut bien justifier cette existence. Alors, tout au long du « Seigneur des anneaux », Sam emploie un langage « populaire » et simpliste par rapport à son maître. C'est donc normal qu'il y ait un maître et un valet, non ? Sam, donc, épargna la vie de Gollum (nous verrons ce que symbolise cette créature du point de vue de la psychanalyse). Pourquoi ? Parce qu'il a eu pitié, mais aussi parce qu'il a suivi les préceptes de Gandalf, le magicien qui répondit à Frodon affirmant que Gollum méritait la mort : « Nombreux sont ceux qui vivent et qui méritent la mort. Et certains qui meurent méritent la vie. Pouvez-vous la leur donner ? Alors, ne soyez pas trop prompt à dispenser la mort en jugement. Car même les très sages ne peuvent voir toutes les fins. » Tolkien, lui, prévoyait déjà la fin de son œuvre au début de son premier tome. Les Hobbits sont pacifistes. « Jamais les Hobbits d'aucune sorte n'avaient été belliqueux et ils ne s'étaient jamais battus entre eux. » Ils ne tuent pas, même pour manger. Bilbo ne blesse ni ne tue qui que ce soit. Il joue les entremetteurs pour éviter la guerre, mais cela ne marche pas et, de toute façon, il ne participe pas à la bataille. Ce n'est pas lui qui tue le dragon, mais un Homme du village lacustre attaqué par la bête maléfique... Frodon déclare à la fin du « Seigneur des anneaux » : « Aucun Hobbit n'en a jamais tué un autre exprès dans la Comté, et cela ne doit pas recommencer maintenant. » Enfin, le roi Théodon déclare avant la bataille : « Je devrais aussi m'attrister, car, quelle que soit la fortune de la guerre, ne se terminera-t-elle pas de telle sorte qu'une grande partie de ce qui était beau et merveilleux disparaîtra à jamais de la Terre du Milieu ? » Tolkien n'aimait pas la guerre et il savait de quoi il parlait parce qu'il l'avait faite. Elle lui apporta une grande souffrance physique et psychologique. Avant même de la faire, au régiment en Angleterre, il écrivait à sa future épouse Édith : « Parmi mes supérieurs, les gentlemen sont inexistants, et même les êtres humains sont rares. » Il débarqua à Calais le mardi 6 juin 1916. Il connaîtra les tranchées et l'attaque sous le feu de l'ennemi, l'horreur de la première boucherie mondiale. Le vendredi 27 octobre, il eut la chance d'attraper la fièvre des tranchées et fut rapatrié à l'arrière pour se faire soigner. Cette horreur de la guerre se retrouve dans son œuvre.

Tolkien est Anglais, il aime donc la reine, c'est pourquoi il munit toutes les sociétés autres que celle des Hobbits de rois ou de seigneurs. Le Seigneur des Ténèbres a des esclaves, ce que n'approuve pas le créateur des sociétés du « Seigneur des anneaux » qui aime aussi la démocratie — toujours cette dualité. Toutes ses histoires sont donc émaillées de réunions et de débats organisés pour prendre des décisions. Dans « Bilbo », pour le pouvoir, le Maître affronte Barde l'Archer dans une joute oratoire digne de la Chambre des Communes. Le Conseil des Elfes, Nains, Hommes et Hobbits doit « trouver une ligne de conduite pour répondre au péril du monde », car, comme le déclare le méchant magicien Saroumane à Gandalf : « Le temps des Elfes est fini, mais le nôtre est proche : le monde des Hommes, que nous devons gouverner. Mais il nous faut le pouvoir, le pouvoir de tout ordonner comme nous l'entendons. » Le temps des Hommes, nous le vivons aujourd'hui, mais qui a le pouvoir de tout ordonner ? « Un nouveau pouvoir se lève (poursuit Saroumane). Contre lui, les anciens alliés et les anciennes politiques ne nous serviront de rien. » Même les Ents, ces êtres bizarres ressemblant à des arbres et gardiens de ces derniers, possèdent une Assemblée démocratique : la Chambre des Ents dont les débats et délibérations sont très longs. Cette instance finira par décider de participer à la lutte contre le Pouvoir Ténébreux. Et plus tard, presque à la fin, le Prince Imrahil, Eomer, Gandalf, Aragorn et les fils d'Elrond tinrent conseil...

Contrairement à « Bilbo » qui raconte une histoire de reconquête, par les Nains, de leur trésor gardé par le dragon, « Le seigneur des anneaux » raconte une longue bataille pour le pouvoir. Le symbole du pouvoir ténébreux est l'anneau volé et perdu par Gollum, anneau que Bilbo a trouvé et transmis à Frodon. Cet anneau rend éternel, mais exerce une influence maléfique sur son détenteur. Il faut trouver le moyen de le détruire pour défaire le pouvoir du Seigneur Ténébreux Sauron. Plus la quête de

ce moyen avance et plus le pouvoir des ténèbres s'étend. Le salut viendra de celui qui a apporté l'anneau : Gollum. Ainsi, le cercle est bouclé, le destin a fait son œuvre. Mais que sont les hommes dans ce vaste univers ?
« Vous n'êtes, après tout, qu'un minuscule individu dans le vaste monde... Dit Gandalf.
— Dieu merci ! » Dit Bilbo en riant.
Et il lui tendit le pot à tabac.

Toutes les citations sont tirées de « Bilbo le Hobbit » et du « Seigneur des anneaux » de Tolkien et de « J.R.R. Tolkien, une biographie » de Humprey Carpenter.

Tolkien et l'écologie

Nous avons vu dans l'article « Tolkien et l'idéologie » que l'écrivain avait une conception précise de la société idéale : une société agricole autosuffisante, basée sur la propriété privée, mais répartie avec justice pour satisfaire les besoins vitaux de chacun. Pour que cette société reste stable, sa production ne doit jamais augmenter, ce qui permet d'atteindre deux buts : celui de ne pas évoluer vers la société capitaliste industrielle (espérance un peu naïve...) et celui de ne pas épuiser les ressources de la nature et donc de respecter celle-ci. Voilà donc une vision sociale et une idéologie bien connue de nos jours et traduite en programmes électoraux par les partis dits « écologistes ». Bien sûr, cette société, celle des Hobbits, est constamment en danger à cause des pouvoirs de l'Anneau, le Pouvoir Ténébreux du Prince Noir de Mordor. Et il faut de nombreuses batailles guerrières pour s'en débarrasser, mais ce n'est pas cette solution que le destin a choisie pour résoudre ce grave problème. Encore qu'au retour, nos sympathiques Hobbits auront à remettre de l'ordre dans la Comté par la violence. Tout cela explique l'attirance de ces textes chez nos contemporains. Tolkien a le mérite de présenter une telle société à une époque où l'écologisme n'était pas à la mode, encore inexistant.
Cette première citation du « Seigneur des anneaux » nous mettra tout de suite dans l'ambiance : « Contemplant (la vallée), je vis qu'alors qu'autrefois elle était verte et belle, elle était à présent remplie de puits et de forges ». Cette industrie (que Tolkien n'aime pas) est bien sûr au service du mal, au service du Prince Noir de Mordor. De même Sylverbarbe (nous y viendrons plus loin) en parlant de Saroumane, déclare : « Il a un esprit de métal et de rouages ; et il ne se soucie pas des choses qui poussent.(...) Et il est clair maintenant que c'est un traître noir. » Et La Pustule (avec un nom pareil, il ne saurait être sympathique) a fait venir les Hommes de Sharcoux dans la Comté, « Et ils déversent des ordures exprès ; ils ont pollué toute l'Eau inférieure, et ça descend jusque dans le Brandevin. S'ils veulent faire de la Comté un désert, ils prennent le chemin le plus court. » Et voilà, ce sont bien les Hommes, envoyés par le Pouvoir des Ténèbres qui apportent la pollution qui détruit la nature.

L'écologie chez Tolkien est donc plus une vision sociale que scientifique. D'ailleurs, s'il se donne le mal de citer quelques espèces de la faune et de la flore de la forêt, il ne montre jamais une véritable connaissance de cette science de l'écologie.

Les végétaux sont le plus souvent nommés, et les arbres sont l'objet de toute son attention, à tel point qu'il en fait de véritables personnages. Il y a des bûcherons dans « Bilbo », non pas de grossiers assassins d'arbres, mais de véritables jardiniers de la forêt.

La forêt de pins est la première rencontrée, puis, de grands et vieux chênes, une futaie de hêtres (futaie qui montre la présence de bûcherons). Dans « Le seigneur des anneaux », les essences sont plus nombreuses : les ormes, les sapins, les saules, les vieux cèdres (sont-ils toujours vieux ?). Puis, que ce soit dans l'un ou dans l'autre, les arbustes sont plus souvent nommés pour leurs baies : mûre, noix, aubépine, sorbier. Les arbres ont leurs gardiens : les Ents, dont l'un d'entre eux se nomme Sylverbarbe. Voici comment Tolkien décrit ce dernier : « Sa forme était semblable à celle d'un Homme, presque d'un Troll, de haute taille, quatorze pieds au moins, très robuste, avec une haute tête et presque pas de cou. Il était difficile de dire s'il était vêtu d'une matière ressemblant à une écorce verte et grise ou si c'était sa propre peau. En tout cas, les bras, à une certaine distance du tronc n'étaient pas ridés, mais recouverts d'une peau lisse et brune. Les grands pieds avaient sept doigts chacun. La partie inférieure de la longue figure était couverte d'une vaste barbe grise, broussailleuse, presque rameuse à la racine, ténue et mousseuse à l'extrémité. Mais sur le moment, les Hobbits ne remarquèrent que les yeux. Ces yeux profonds les examinaient à présent, lents et solennels, mais très pénétrants. Ils étaient bruns, traversés d'une lueur verte. » Et Pippin, rapporte l'impression qu'il ressentit : « On aurait dit qu'il y avait derrière, un énorme puits rempli de siècles de souvenirs et d'une longue, lente et solide réflexion ; mais la surface scintillait du présent : comme le soleil qui miroite sur les feuilles extérieures d'un vaste arbre ou sur les ondulations d'un lac très profond. » N'est-ce pas là une magnifique description de l'idée que nous pouvons avoir (mais que, peut-être, nous avons beaucoup plus de mal à exprimer) d'un très vieil arbre. Et ces Ents, en devenant vieux, finissent par devenir des Huorns, presque des arbres. Tolkien ne manque jamais une occasion de réprouver l'abattage anarchique des arbres. Il le fait par la bouche de Sylverbarbe : « Aux lisières, ils (les gens de Saroumane) abattent des arbres — de bons arbres (...) Bon nombre de ces arbres étaient mes amis. » Puis, dans « Le retour du roi », « La perte et le dommage principaux étaient les arbres, car sur l'ordre de Sharcoux (Saroumane) ils avaient été férocement coupés dans la Comté. » D'autres végétaux sont cités, sans érudition particulière : l'oseille, la fraise des bois, le thym, la sauge, la marjolaine et le soleil jaune, les fougères, le trèfle, le sainfoin, l'incarnat, le mélilot blanc, l'iris, le laurier. Bien sûr, il est question d'herbes aromatiques (elles sont citées ici), notamment pour faire un ragoût de lapin dont nous ne connaîtrons pas la recette, et d'une herbe médicinale cicatrisante appelée Athelas.

Puis, il y a la faune. Les vertébrés d'abord : loups appelés Wargs, alliés des terribles gobelins, des aigles qui sauvent nos héros (ils sont bien obligés de leur donner de la viande à manger, ce qui ne semble pas trop déranger les principes des Hobbits), des lapins et des lièvres, des ours, des cerfs, des écureuils (immangeables !), des poissons, des chauves-souris, une biche et des faons, une grive (qui servira de messager), des étourneaux et des pinsons, des « charognards », des corbeaux et des corneilles, des blaireaux, une loutre, des cygnes et... un dragon qui est lui-même une catastrophe écologique ! Les invertébrés ensuite : les abeilles et leurs faux-bourdons, les mouches et les araignées, des papillons, dont le « mars-pourpre » « qui recherche les cimes des forêts », des escargots.

Une liste à la Prévert qui montre le soin que prend Tolkien à bien montrer l'intérêt écologique qu'il porte à sa société, le même souci qui le conduit à produire de magnifiques cartes géographiques du pays, support des sociétés qu'il a inventées.

Ce qui est le plus merveilleusement écologique chez Tolkien, c'est la présence d'un réseau serré de cours d'eau, fleuves et rivières que nos héros doivent traverser ou suivre leur cours en suivant la berge ou par la navigation. Un passage de « Bilbo » montre la connaissance qu'avait l'écrivain de la morphologie des fleuves et des conflits d'usage de leur cours. Étant passionné de cours d'eau, je ne peux résister au plaisir de cette longue citation : « La conversation roulait entièrement sur le trafic qui allait et venait sur le cours d'eau et sur l'accroissement de la circulation sur la rivière, à mesure que les routes de l'est à Mirkwood disparaissaient ou étaient à l'abandon ; et sur les querelles entre les Hommes du lac et les Elfes de la Forêt au sujet de l'entretien de la Rivière et de la Forêt et des soins à apporter aux berges. Ces régions avaient beaucoup changé dans les années récentes et depuis les dernières nouvelles qu'avait eues Gandalf. De grandes crues et des pluies diluviennes avaient gonflé les eaux qui coulaient vers l'est ; il y avait eu aussi un ou deux tremblements de terre (que d'aucuns attribuèrent au dragon — accompagnant leur évocation d'une malédiction et d'un sinistre signe de tête en direction de la Montagne). Les marais et les fondrières s'étaient étendus de plus en plus largement de part et d'autre. Les sentiers avaient disparu, de même que maints cavaliers et voyageurs qui avaient tenté de trouver les chemins pour traverser. La route des elfes à travers la forêt, que les nains avaient suivie sur les conseils de Beorn, arrivait maintenant à une fin incertaine et peu fréquentée à l'orée orientale de la forêt ; seule la rivière offrait encore un moyen sûr pour se rendre au nord, des lisières de Mirkwood aux plaines dominées par la Montagne qui s'étendaient au-delà, et la rivière était gardée par le roi des Elfes de la Forêt. » Voilà la conversation qu'entend Bilbo, caché dans un des tonneaux assemblés en un grand radeau pour descendre la rivière vers le lac des Hommes...

Tolkien évoque également quelques niveaux trophiques. Les Hobbits sont plus ou moins végétariens, les voyageurs mangent le lembas, pain de voyage des Elfes qui nourrissait et donnait grande endurance, les Trolls mangent les hommes, Gollum mange des poissons et des gobelins, les loups mangent tout, les aigles mangent des lapins et des lièvres, les papillons et les abeilles butinent les fleurs, les araignées mangent les mouches (sauf les géantes qui mangent les Hobbits), les écureuils sont immangeables aux Hommes, Elfes, Nains et Hobbits, la grive mange des escargots.

Enfin, dans une scène centrale de l'histoire du « Seigneur des anneaux », la belle Galadriel fait des cadeaux aux membres de la Communauté de l'Anneau, cadeaux qui s'avéreront décisifs pour leur avenir. Le plus étonnant est celui qui est offert au serviteur de Frodon, Sam : « Il y a dans cette boîte de la terre de mon verger, et elle est sous l'influence de la bénédiction que Galadriel est encore en état de conférer. (...)

Reverriez-vous tout stérile et devenu désert, il y aura peu de jardins en Terre du Milieu dont la floraison puisse rivaliser avec celle du vôtre, si vous y répandez cette terre. »

Tolkien est plus écologiste sur le plan idéologique que sur le plan scientifique. L'écologie scientifique n'est pas un domaine où il montre la même érudition que dans celui de la philologie qui était sa spécialité. Son écologie tiendrait plutôt de la biogéographie du XIXème siècle, qui donnera naissance plus tard à l'écologie, et de la philosophie d'Aristote : pour chaque espèce « une seule et même fin se trouve réalisée à chaque fois, mais de façon différente, selon les moyens plus ou moins adéquats dont elle dispose. »(Dictionnaire des philosophes PUF)

Tolkien et la psychanalyse

Bilbo sort du ventre de sa mère (son trou de Hobbit qu'il regrette tout au long du voyage) pour aller tuer le dragon qui possède désormais l'or des Nains. Il était bien au chaud dans son trou, mais à cause de ce maudit Gandalf, il lui a fallu traverser la forêt pleine de dangers, de Trolls mangeurs d'hommes, de loups affamés et de gobelins féroces. Lors de cette quête vers l'âge adulte, il connaîtra le pouvoir grâce à l'anneau qui rend invisible.

Tolkien affirmait qu'il était un Hobbit. Il n'a jamais dit qu'il était Bilbo, mais on peut aisément le croire en constatant que ce dernier transmet l'anneau à Frodon dans « Le seigneur des anneaux » et tente d'écrire un livre qui rapporte ses aventures. Comme Tolkien, il a du mal à le terminer et finira par le laisser faire à son deuxième lui-même, Frodon. Mais que cherchait donc Tolkien ?

Tout jeune enfant, il perdit son père et, comme pour compenser cette absence, la religion joua un rôle de plus en plus important dans la vie de Mabel, sa mère. Elle entraîna son fils Ronald dans cette foi. Mais la vie continua à être cruelle pour l'écrivain qui perdit sa mère et qui fut élevé par un prêtre, le père François. La religion, qui le tint jusqu'à la fin de ses jours avait remplacé son père. Le jeune homme Ronald est amoureux d'Édith, plus âgée que lui, et ils se voient en cachette. Quand le père François l'apprend, il le leur interdit. Après leur mariage qui finira par survenir, Ronald apprendra qu'Édith est fille illégitime ; elle n'a donc pas de père. Il aimait beaucoup Édith qu'il mit en scène dans le « Silmarillion » à travers le personnage de Luthien dans le conte « Beren et Luthien ».

Bien des années plus tard, à la mort de son épouse, il écrivit à son fils : « La tristesse et la souffrance de notre enfance, dont nous avons trouvé l'un par l'autre notre délivrance sans jamais vraiment guérir des blessures qui se révélèrent plus tard comme des infirmités : les souffrances que nous avons endurées dès la naissance de notre amour.(...) »

Mais Tolkien avait deux vies, la fameuse dualité de sa personnalité. Il y avait le père de famille, l'amoureux de sa femme, et, le compagnon d'autres hommes dans les débats intellectuels et spirituels, « une société mâle, universitaire et turbulente », comme le souligne Humphrey Carpenter, qui rajoute : « Il maintint toujours une barrière entre les deux versants de sa vie (...) S'il (...) avait mieux montré (à Édith) son côté "rat de bibliothèque", s'il lui avait fait connaître ses amis, elle aurait mieux supporté la place que tout cela prit dans son mariage. » Plus loin dans sa biographie, Carpenter précise : « Elle (Édith) voyait bien qu'une part de lui-même ne devenait vivante qu'en compagnie des hommes de son genre. Plus précisément, elle remarqua son affection pour Jack Lewis et lui en voulut. »

Tout cela est très net dans l'œuvre de Tolkien, faite d'aventures exclusivement masculines, de combats virils d'où les femmes sont quasiment absentes. Les rares femmes présentes jouent un rôle fondamental dans la psychologie de l'histoire sans être des partenaires sexuels des protagonistes. Cela n'est pas étonnant non plus quand on sait le rôle central joué dans la psychologie de l'écrivain par la religion et sa mère. Une fois de plus, Carpenter l'évoque dans la biographie : « À un certain niveau, on ne peut expliquer sa foi catholique que comme une question spirituelle ; à un autre, elle était liée de près à son amour pour sa mère qui avait fait de lui un catholique et qui était morte (croyait-il) pour sa religion. Et, de fait, on peut voir son amour pour elle comme une des lignes directrices de sa vie et de son œuvre. »

Les grands symboles psychanalytiques du rêve sont constamment présents dans les aventures de Bilbo et celles de Frodon. Cavernes et grands arbres, eau stagnante et courante, miroir de l'âme et aigles qui sauvent les héros des loups, passages de fleuves et de rivières, dragon qui dort dans une caverne. À l'instar de Lovecraft, mais sur un tout autre registre, Tolkien a dû utiliser ses rêves pour inventer ses merveilleuses histoires.

À la lumière de la psychanalyse, deux personnages jouent un rôle déterminant dans la construction et la mise en scène de l'œuvre, tel un rêve réalisé (au sens strict du réalisateur de cinéma) par l'inconscient. Il s'agit de Gollum, personnage qui fait la liaison entre « Bilbo » et le « Seigneur des anneaux », et de Galadriel, femme jouant le rôle de révélateur.

Dans « Bilbo », l'affreux Gollum possédait l'anneau. Mais il l'avait perdu, ou plutôt, ce dernier s'était séparé de lui. C'est Bilbo qui le ramassa dans l'horrible tunnel des gobelins. « Même dans les tunnels et les cavernes que les gobelins ont faits pour leur propre compte vivent d'autres créatures inconnues d'eux, qui se sont faufilées de l'extérieur afin de séjourner dans les ténèbres. » C'est le cas du vieux Gollum, « une créature petite et visqueuse ». Cette créature fut autrefois un homme. Quelle déchéance ! C'est l'Anneau qui en fut responsable. Gollum vécut près de l'eau noire d'un lac souterrain. Il se nourrissait des poissons aveugles du lac et ne dédaignait pas de déguster un gobelin par-ci par-là en le surprenant par-derrière après s'être rendu invisible grâce à l'Anneau. Ce Gollum « se parlait toujours à lui-même, n'ayant pas d'autre interlocuteur ». Bilbo rencontra cette créature qui l'aurait bien croqué, mais il tenait en main une épée. Alors ils se lancèrent dans le jeu des énigmes, jeu sacré. Bilbo réussira à fuir grâce à l'Anneau. Gollum jouera un rôle décisif dans la fin du « Seigneur des anneaux ». Il est curieux qu'entre les deux œuvres, Tolkien fît ainsi de Gollum un maillon décisif dans la chaîne de la trame de son récit. En racontant à Frodon l'histoire de l'Anneau, Gandalf lui apprit que Gollum y avait joué un rôle décisif. L'Anneau fut perdu dans les sombres étangs parmi les Champs d'Iris. Sméagol et Déagol étaient amis. Sméagol ne s'intéressait qu'à ce qu'il se passait en bas :

sous la terre et sous l'eau. Il était donc prédestiné à devenir Gollum. En pêchant, Déagol trouva l'Anneau au fond de l'étang. Sméagol le réclama et n'obtenant pas satisfaction, il tua son ami pour lui voler l'objet. Il profita des pouvoirs de l'Anneau et se fit chasser de chez lui. Détestant le soleil, il se réfugia sous terre : « Il monta donc de nuit jusqu'aux hautes terres, et il trouva une petite caverne d'où coulait la sombre rivière ; et il se glissa comme un ver dans le cœur des montagnes et disparut de la connaissance de quiconque. L'Anneau descendit avec lui dans les ombres, et même celui qui l'avait fabriqué, quand son pouvoir eut commencé de décliner, ne put rien en savoir. » Mais, tout de même ! Gollum n'est pas un Hobbit ! Si ! Rétorque Gandalf, et d'expliquer : « Il y avait bien des choses très semblables dans le fond de leurs pensées et de leurs souvenirs. Ils se comprirent remarquablement bien (...) (Gollum et Bilbo). Pensez aux énigmes qu'ils connaissaient l'un et l'autre (...) »

Voilà donc bien un personnage qui joue remarquablement bien le rôle du complexe inconscient qui maintient oublié longtemps quelque chose de néfaste, ici l'Anneau, qui l'a corrompu lui-même et qui remonte à la surface. Une fois l'objet retourné à la surface, l'inconscient Gollum, ce glouglouteur, ne lâchera plus les protagonistes jusqu'au moment où il retrouvera l'Anneau et se détruira avec lui. Voilà donc la cause de la névrose : le Pouvoir Ténébreux de l'Anneau, son effet sur l'inconscient : Gollum. Il ne manque plus que le psychanalyste.

Ce rôle est joué par Galadriel. Une femme, et quelle femme ! Gollum apparaît déjà dans « Bilbo », la Dame Galadriel seulement dans le livre II du « Seigneur des anneaux ». Galadriel, la Dame de Lorien vivait à Caras Galadhon avec le Seigneur Celeborn. Ce sont des Elfes éternels. Pour les atteindre, il fallait monter un interminable escalier... « C'est une longue ascension pour qui n'est pas accoutumé à pareils escaliers, mais vous pourrez vous reposer en chemin. » Annonça Haldir à ses compagnons. Lorsque la Dame parla, les compagnons de la Communauté de l'Anneau constatèrent que « Sa voix était claire et harmonieuse, mais plus profonde qu'il n'est habituel aux femmes. » Cette femme est si impressionnante que Sam a rougi sous son regard et Pippin, l'ayant remarqué, se moqua de lui. Sam lui expliqua : « J'avais l'impression de ne rien avoir sur moi, et je n'aimais pas ça. Elle semblait regarder à l'intérieur de moi et me demander ce que je ferais si elle me donnait la chance de m'envoler vers chez nous dans la Comté. » Cette femme (déesse ?) extraordinaire fabriqua un miroir de l'âme en remplissant une vasque de l'eau du ruisseau et en soufflant dessus : « Voici le miroir de Galadriel (...) » Dit-elle. Regarder ce miroir ou s'allonger sur le divan, ça se ressemble... Sam y vit Ted Rouquin qui coupait des arbres ! Voici ce qu'y vit Frodon, entre autres : « L'obscurité tomba. La mer se souleva et une grande tempête fit rage. Puis il vit, détachée sur le soleil qui descendait, rouge sang, dans des nuages fuyants, la silhouette noire d'un grand vaisseau aux voiles lacérées montant de l'ouest. Puis une large rivière, coulant à travers une ville populeuse. Puis une forteresse blanche avec sept tours. Puis derechef un navire aux voiles noires. (...) Mais soudain, le Miroir devint totalement noir (...) Dans l'abîme noir apparut un Œil Unique qui grandit lentement, jusqu'à occuper presque tout le miroir. » Quel rêve !

Lorsque la Communauté repartit, Dame Galadriel offrit des cadeaux à tout le monde. Deux d'entre eux seront décisifs dans l'avenir, sans parler des bijoux et fanfreluches.

Sam reçut une boîte de terre qui aura permis, avec la graine qu'elle contenait de replanter l'arbre du Champ de la Fête et bien d'autres. Elle offrit à Frodon une fiole de la lumière de l'étoile d'Eärendil fixée dans des eaux de sa source. Elle saura apporter la lumière dans les ténèbres.

Ceci dit, si Galadriel fait rougir Sam par son regard perçant, les symboles de la fécondité sont nombreux dans l'œuvre de Tolkien. Ainsi, les Ents-femmes, (les Ents sont les gardiens des arbres) étaient de merveilleux jardiniers. Hélas, les Ents ont perdu les Ents-femmes. Mais on ne saura jamais pourquoi ni comment.

L'eau est source de vie bien sûr, mais aussi souvent source de mort, particulièrement, l'eau morte des Marais des Morts sur lesquels des chandelles invisibles, les chandelles des cadavres, éclairaient ce lieu sinistre. « Il y a dans l'eau des choses mortes, des faces mortes, dit-il avec horreur. Des faces mortes. » De même les obsèques de Boromir se sont déroulées sur la rivière à laquelle son corps fut confié sur une embarcation qui l'emmena jusqu'à l'océan.

Il faut attendre le livre VI du « Seigneur des anneaux », pour que des idylles amoureuses se nouent. Faramir et Eowyn de Rohan se marièrent, de même que Sam et Rosie. Frodon lui, se contenta de terminer le livre de Bilbon. Pourtant, dès le début du livre II, « soudain il parut à Frodon qu'Arwen se tournait de son côté, et la lumière des yeux de la jeune fille tomba de loin sur lui et lui perça le cœur. Il resta immobile sous le charme (...) » Désolé, cela n'eut pas de suite...

Finalement toute l'histoire, tous ces contes de la quête de l'Anneau ne constituent-ils pas un rêve, un gigantesque, fantastique rêve interminable et complexe que Tolkien a mis douze années à faire pour nous le transmettre dans de merveilleux livres ?

N'est-ce pas Eomer qui dit, dans le livre III du « Seigneur des anneaux » que « Les rêves et les légendes surgissent à la vie, de l'herbe même ».

Clive Barker au cinéma

Tout le monde connaît Clive Barker. Cet auteur anglais s'est fait connaître par sa série « Les Livres de sang » (1984), dont plusieurs histoires ont été adaptées au cinéma...

Il a poursuivi son œuvre littéraire originale et authentique avec d'autres histoires d'horreur et aussi de somptueuses œuvres de fantasy.

Son premier film fut *Hellraiser Le Pacte*.

Hellraiser de Clive Barker (1987), très puritain, Clive Barker impose d'atroces punitions aux pécheurs. Seuls les vrais puritains savent être aussi pervers. Boucherie sado-maso et scénario copié sur Stoker et Masterton. Il faut du sang pour reconstituer le corps de Frank, jadis dépecé par les Cénobites (quel drôle de nom, pourquoi pas...) Julia attirera beaucoup de victimes dans le grenier. Il faudra la peau du frère de Frank pour redonner à ce dernier apparence humaine. Mais sa nièce Kristy veille... Elle le reconnaîtra sous la peau de son père, et grâce à la boîte-puzzle, elle renverra les Cénobites en enfer. Entre temps, ces derniers auront infligé une nouvelle torture immonde à Frank-Larry qui déclare, la peau tendue, prête à l'écorchement : « *Jésus a pleuré, lui...* » et il se lèche les lèvres de plaisir.

Malgré tout, cette histoire de cube maudit qui, si vous en trouvez la bonne combinaison, vous mène droit en enfer, a inspiré ensuite de nombreuses variations qui sont toutes intéressantes :

La série des *Hellraiser* :

Le Pacte – Hellraiser de Clive Barker (1987)

Hellraiser II, les écorchés (Tony Randel) 1988 – *Hellraiser III, enfer sur la terre* (Anthony Hickox) 1993 – *Hellraiser IV, bloodline* (Alan Smithee, c'est le pseudonyme « officiel » d'Hollywood pour les réalisateurs qui ne veulent pas afficher leur nom au générique, en réalité, le réalisateur est Kevin Yagher) 1997 – *Hellraiser inferno* de Scott Derrickson (2000)

Ces films, contrairement aux apparences, sont très puritains : les Cénobites tels les grands inquisiteurs, infligent d'atroces souffrances aux pécheurs...

Il y a également des films sortie vidéo : *Hellraiser : Seeker* de Rick Bota (2001), *Hellraiser : Deader* de Rick Bota (2003), *Hellraiser : Hellworld* de Rick Bota (2003) de Rick Bota et *Hellraiser Revelations* de Victor Garcia (2010)... à suivre peut-être ?

Cette terrifiante saga nous emmène du 17e siècle au futur d'une station spatiale, dans des enquêtes de détectives privés dépressifs, dans des maisons hantées et toujours l'horreur nous attend, car les protagonistes paient cher, dans chaque film, leurs ignobles péchés...

Un remake de *Hellraiser* est en préparation. Pascal Laugier a été sollicité, mais n'a pas donné suite. Voici ce qu'il en dit dans une interview publiée dans sfmag N° 78, réalisée par Marc Sessego à l'occasion de la sortie du film *The Secret* du réalisateur :

« (...) un metteur en scène c'est comme un acteur, vous avez dix conférence call, vous avez dix réunions, voilà... j'ai donc essayé deux développements là-bas (*à Hollywood NDLR*), un pour « Hellraiser », un autre pour un film de « Paramount » et j'ai vite compris que nous n'avions pas du tout la même idée en tête concernant le film que l'on voulait développer et... je suis parti.

SFMAG : Je crois que « Bustillo » et « Maury » se sont aussi « cassé la figure » sur Hellraiser ?

PL : Oui, juste avant moi. Il y avait déjà, pour eux, le studio sur « Hellraiser » et un problème de droits. Je crois qu'ils voulaient faire un « slasher » avec « Pinhead » qui tue les adolescents en balançant des punch lines. Ce n'est pas du tout « Hellraiser ». Dans mon draft ils ont enlevé toutes les allusions à l'homosexualité, à la sexualité « SM » qui est le fondement même d'Hellraiser. Hellraiser parle de la sexualité « cuir » de Clive Barker, ça ne parle que de ça et si vous enlevez cela ce n'est plus « Hellraiser ». C'est juste un mauvais slasher pour adolescents, donc pour moi ils ne voulaient pas faire Hellraiser. J'ai même reçu un email du manager de Clive Barker me disant que Clive avait adoré mon traitement, mais que jamais Hollywood ne me laisserait faire ce film-là. (...) »

Intéressant...

Ce remake est annoncé avec Patrick Lussier comme réalisateur...

Pour terminer, et avant une petite liste de films adaptés de l'œuvre de Clive Barker, voici la chronique du 9ᵉ film de la série : *Revelations*.
Hellraiser : revelations de Victor Garcia (2010)
Ça commence mal avec des prises de vues en vidéo amateur. On ne va pas au cinéma pour voir de mauvais films d'amateur...
Ah ! on est sauvé : en fait c'est un film amateur que regarde une fille sur une caméra qu'elle a trouvée dans les affaires de son frère. Dans ce film, Nico, le fiancé de cette fille trouve le « cube » maudit qui ouvre la porte aux enfers des Cénobites.
Les deux garçons sont saouls, Nico, le fiancé est un salaud.
Ce jeune et son ami ont disparu. Pinhead, lui, espionne toute la famille. Dans le sac que fouille la jeune fille, il y a aussi le « cube ». Elle est fascinée par cet objet.
Elle trouve à faire fonctionner le mécanisme et libère ainsi son frère (Steven le copain de Nico) des Cénobites... Enfin, c'est ce que veut faire croire le scénariste au spectateur...
La jeune fille et ses parents, les parents de Nico qui dînaient ensemble, se retrouvent coupés du monde dans leur maison isolée.
Pinhead enfonce des clous dans la tête de Steven écorché...
Le sang ramène à la vie, comme dans le premier film... Nico a besoin de sang pour reconstituer son corps et, pour se terminer, de la peau d'un humain...
Le sado-masochisme homosexuel esthétique et baroque de Barker est ici un peu grand-guignol. Il y a aussi de l'inceste.
L'heure des révélations viendra et chacun devra payer cher ses péchés.
Malgré tout, on frissonne quand même.
Tous ces films « Hellraiser » laissent des traces. On est fasciné malgré la banalité de la réalisation et du jeu des acteurs. C'est l'effet Barker !

Clive Barker, né en 1952, Grand poète de l'horreur sadomasochiste, il a réalisé quelques perles noires parfois éprouvantes.

Films de Clive Barker et films inspirés par lui.
Pour consulter les chroniques de ces films, se reporter au chapitre des chroniques intitulé : « *Films fantastiques et de science fiction* ».
Le Pacte – Hellraiser (1987)
Transmutations (1988).
Cabale (1990)
Le Prince des illusions (1995)

Films d'autres réalisateurs adaptés des œuvres de Barker ou simplement influencés par ces œuvres :
La Secte de Michele Soavi (1991)
Candyman de Bernard Rose (1992)
Cronos de Guillermo del Toro (1992
Event Horizon, le vaisseau de l'au-delà de Paul Anderson (1997
Dark City de Alex Proyas (1998
Jeepers Creepers le chant du diable de Victor Salva (2002

Le Peuple des ténèbres de Robert Harmon (2003
Les Amants d'outre-tombe de John Mac Maughton, "présenté" par George A. Romero.
Creep de Christopher Smith (2004)
Livre de sang (Book of Blood) de John Harrison (2008)
Colour from the Dark d'Yvan Zuccon (2008)
The Presence de Tom Provost (2009)
The Midnight Meat Train de Ryunei Kitamura (2009)
Terreur (Dread) d'Anthony DiBlasi (2009)

CHAPITRE 7
Films fantastiques et de science fiction (chroniques)

Je n'ai pris que les titres de la distribution française, mais, parfois, le titre anglais est entré dans les mœurs. Il y a également quelques films pour la télévision, mais seulement lorsqu'ils présentent un intérêt particulier en ce qui concerne le réalisateur. Les films de télévision sur le fantastique devraient faire l'objet d'un ouvrage à part. Par souci de concision, seule l'année de diffusion est indiquée, ainsi que le nom du réalisateur.
Les films sont listés par ordre chronologique.

Le Voyage dans la lune de Georges Méliès (1902), Méliès a tout inventé dans ce film magique devenu célèbre par l'image de la lune avec la fusée plantée dans son œil qui pleure !
L'étudiant de Prague de Stellen Rye (1913), un étudiant vend son image à un magicien. D'après le grand H. H. Ewers. Voici comment Max Milner raconte la scène pivot du film dans son ouvrage *La Fantasmagorie* : « Lorsque Balduin signe avec le sinistre Scapinelli le pacte qui doit l'enrichir, il ne sait pas ce que ce vieillard va lui demander. Il s'est seulement engagé à permettre à son visiteur d'emporter de la chambre ce qui lui plaira. Il est si pauvre, la pièce est si nue, qu'il signe sans inquiétude. L'effet de surprise est total lorsqu'on voit le vieillard se tourner vers la glace et en extraire le reflet. » Et l'auteur note : « L'apport propre du cinéma est d'insister sur la duplication de l'image, en inscrivant dans un espace homogène deux formes absolument identiques, soit par un procédé de truquage, soit par une habile alternance de plans, alors que dans les textes littéraires, c'est presque toujours le personnage lui-même qui voit son double, de sorte que le phénomène d'autoscopie conserve un caractère plus subjectif. Cet effet cinématographique atteint une intensité géniale dans « L'autre » de Robert Mulligan. »
Autres versions : *Der Student von Prag* (Henrik Galeen et H. H. Ewers) en 1926 et sa version sonorisée en 1929 et en 1935 (Arthur Robison).
Homunculus d'Otto Ripert (1916), série de six épisodes. Homunculus, homme artificiel créé par un savant va exercer une vengeance terrible sur son créateur. Seul le quatrième épisode : *La vengeance d'Homunculus* a survécu et un morceau du cinquième. Pouvoir et capital, violence des foules, font de « Homunculus » un film prémonitoire dont certaines scènes ne sont pas sans rappeler le *Metropolis* (1927) de Fritz Lang.
Cauchemars et hallucinations de Richard Oswald, d'Orstein de son vrai nom (1919) Un très long film tout en noir et blanc (avec peu de gris), des effets spéciaux très réussis et le superbe Conrad Veidt comme acteur. Quelques plans expressionnistes inoubliables.

Au début, chez un antiquaire, le Diable, la Mort et la Servante prennent vie dans leur tableau, en sortent et lisent cinq livres que nous raconte le film : *L'apparition* d'après Anselma Heine, La *Main* d'après Robert Lieman, *Le Chat noir* d'après Edgar Allan Poe, *Le Club des suicidés* d'après Robert Stevenson et *Le Spectre* d'après Richard Oswald lui-même.

On ne s'ennuie pas une minute !

Le Cabinet du docteur Caligari de Robert Wiene (1919), film expressionniste, espace non euclidien rendu par la torsion de l'image et le cadrage, film générique du cinéma fantastique. Un homme contrôle un somnambule par hypnotisme et en fait un meurtrier. Mais tout cela est-il réel ? L'expressionnisme s'exprime puissamment par les décors. Jean-Michel Palmier, dans sa préface à l'essai de Rudolf Kurtz, « Expressionnisme et cinéma », affirme : « (ce film) *restera dans l'histoire du cinéma comme un film expérimental au niveau des décors. [...] C'est l'atmosphère des décors qui donne son empreinte à l'ensemble du film* (alors qu'il n'y a) *aucune émotion sur le plan purement cinématographique.* » Ce film a été salué par les surréalistes.

Remake en 1962 par Roger Kay.

Le Golem de Paul Wegener et Carl Bœse (1920), la légende du Golem. La créature artificielle refuse sa condition inhumaine... Décors et maquettes créent une atmosphère fantastique dans l'harmonie et l'élégance. Étrange, non ?

Sur le même thème, d'après Gustav Meyrink : *Le Golem* de Julien Duvivier (1935).

Les Trois lumières, un chant populaire à six strophes de Fritz Lang (1921), un voyageur las et déçu : la Mort. Elle accepte de laisser une chance à l'amante qui vient de perdre son amant. Elle pourrait éventuellement le retrouver, à la condition de sauver trois vies, c'est-à-dire d'empêcher trois cierges de s'éteindre dans la cathédrale de la Mort. Trois épisodes successifs se termineront par l'image de la flamme d'un cierge soufflée par une bouche invisible.

La Sorcellerie à travers les âges de Benjamin Christensen (1921), pamphlet fantastique contre le totalitarisme... On n'a jamais fait mieux sur ce thème depuis. Ce n'est pas un film de fiction, mais un traité historique sur la sorcellerie et comment elle fut le prétexte au martyr de milliers de femmes.

Nosferatu de Friedrich Wilhelm Murnau (1922), la version expressionniste du Dracula de Bram Stoker. On n'a pas fait mieux depuis. Voir le chapitre sur les chefs-d'œuvre. Voici ce qu'en disait Rudol Kurtz, dans son essai *Expressionnisme et cinéma* : « Murnau [...] tente dans son film de créer l'impression inquiétante de l'atmosphère qui règne sur les esprits à l'aide d'éléments qui ne sont peut-être pas encore de l'expressionnisme en toute connaissance de cause, mais qui apparaissent semblables à ses formes. Cette aventure effrayante que Henrik Galeen avait transcrite de façon magistrale dans son manuscrit, et au cours de laquelle des visions superposées de rats, de bateaux pestiférés, de vampires, de voûtes obscures, de charrettes noires tirées par des chevaux à la vitesse de l'éclair, s'interpénètrent et s'entremêlent de manière démoniaque, échappait d'emblée à une interprétation naturaliste. Murnau en souligna le caractère irréel, sa mise en scène dépendait de visions élaborées avec art, et il réussit à traduire cette horreur que ne peuvent rendre des formes naturelles. » Voilà le mot lâché : des formes naturelles. Ce qui fait hésiter Kurtz à qualifier ce film d'expressionniste (car pourtant, il l'est) c'est qu'il a été entièrement tourné en décors naturels. Ainsi, le Carfax du roman de Stoker, est, dans Nosferatu, le grenier à sel de Lübeck. Ce qui caractérise ce chef-d'œuvre de l'expressionnisme, c'est que ce courant artistique se traduit dans la manière de filmer, (et particulièrement de la lumière, du montage et du cadrage) et non pas des décors naturels, qui sont rendus irréels, justement par l'art de filmer du cinéaste....

Le Docteur Mabuse, le joueur et **Inferno** de Fritz Lang (1922), film expressionniste prémonitoire du grand cinéaste allemand. Un très très long film en deux parties, avec des décors gothiques, des maquillages pour rendre vivant le regard e Mabuse. Ce film verra de nombreuses suites jusqu'après la guerre, mais bien souvent le côté fantastique de l'art de Fritz Lang dans ce film sera laissé de côté. On peut aussi reprocher à ce film son côté géométrique.

Les Mains d'Orlac de Robert Wiene (1924), les mains d'un assassin greffées sur un pianiste qui a perdu les siennes dans un accident de train. Orlac est interprété par Conrad Veidt qui joua le somnambule du Dr Caligari (1919). Autres versions : par Karl Freund en 1935 – Edmond T. Greville en 1961. Tobe Hooper développe le même thème, mais avec un œil au lieu des mains, dans le dernier sketch de *Body Bags* (1993).

Le Cabinet des figures de cire de Paul Leni (1924), un chef-d'œuvre de l'expressionnisme qui raconte trois histoires.

Aelita de Jakov Protazanov (1924), film soviétique (ou antisoviétique ?) qui présente les fantasmes du cinéaste au travers d'une planète Mars fantastique. Il fait partie de ces films de conquête spatiale dans lesquels le voyage n'a aucune importance, mais le lieu d'arrivée en a beaucoup. Dans ce cas chacun peut y aller de son interprétation : critique ou apologie du régime soviétique ? Ce dernier l'a compris comme une apologie.

Le Fantôme de l'Opéra de Rupert Julian (1925), un film avec Lon Chaney, c'est tout dire s'il est fascinant et extravagant. Curiosité due à une scène en couleurs...

The Lodger d'Alfred Hitchcock (1926). L'histoire de Jack l'éventreur est fantastique en soi, car on y trouve les deux ingrédients essentiels du genre : le mystère et la peur. Ce personnage réel a peu inspiré les cinéastes. C'est dommage. Ici, Hitchcock montre déjà tout son talent dans un film muet expressionniste. Il utilise avec brio le contre-jour et la profondeur de champ. La lourdeur de la caméra ne l'empêche pas d'offrir une mobilité à l'image en la plaçant dans une camionnette de presse pour filmer au travers du pare-brise. Plus loin, la surimpression permettra aux éléments du soupçon de défiler au travers de la trace de pas du suspect.

L'arrivée du locataire dans la maison renvoie immédiatement au *Nosferatu* (1922) de Murnau, mais à l'envers, car c'est le monstre (ou du moins supposé tel) qui arrive en cette demeure et non pas l'inverse. D'ailleurs, il y même une pendule comme dans le château du vampire. Certaines scènes du *Lodger* me font penser à un autre film : *Vampyr* (1929) de Carl Th. Dreyer, surtout celles des mouvements des personnes dans la maison, les montées et descentes d'escalier... Dans une très fameuse scène, la caméra filme le personnage par en dessous, au travers d'une vitre pour montrer ce que s'imaginent les personnages qui regardent le plafond (avec son lustre) qui se trouve être le plancher du locataire... Le lustre a son importance, car les plans qui le montrent évoquent irrésistiblement le soupçon chez le spectateur. Le sexe est très présent (comme l'exige une histoire de Jack l'éventreur ?) et on voit même l'héroïne se déshabiller ou remonter ses bas. Quand elle est dans son bain, on ne voit que ses pieds dans l'eau claire.

Ce film est tiré du roman de Marie Belloc-Lowndes. Ici, le tueur exécute les blondes et les découpe proprement. Pour éviter à l'acteur principal le rôle de méchant, la fin a été transformée en Happy end. Mais Hitchcock ne s'en laisse pas conter si facilement : il place un carton indiquant qu'il faut bien une fin, et alors que l'on voit le couple s'embrasser (le locataire innocent et la jeune danseuse) en arrière-plan clignote l'enseigne lumineuse inquiétante (on l'avait déjà vue au début) qui indique : « *To night – golden curls* »...

Il y a aussi des menottes dans ce film comme dans *Les 39 marches* (1935).

Il y a eu un remake :

Jack l'éventreur (The Lodger) de John Brahm (1944)
L'ambiance est aussi expressionniste avec le brouillard de Londres (en studio : ça se voit...), les pavés humides et les murs en briques suintantes... Ici, le locataire s'avère être sûrement Jack l'éventreur (bien qu'un léger doute subsiste...). La visite du musée du crime à Scotland Yard organisée par l'inspecteur pour séduire la magnifique danseuse est assez amusante. Par ailleurs, la description du quartier plus que populaire de Whitechapel est un peu plus appuyée, Hitchcock ayant plus accentué sur les personnages de la pension de famille.

Le locataire finit dans la Tamise où, comme il l'avait déclaré lui-même : « *L'eau profonde est douce et apaisante.* »

Metropolis de Fritz Lang (1927), dans l'univers géométrique (cher au cinéaste) de Metropolis, un robot prend la place d'une syndicaliste pour rétablir la paix sociale. Un chef-d'œuvre qui a le défaut de prôner la collaboration de classes quelques années avant la prise de pouvoir du nazisme. Cela ennuyait Fritz Lang lui-même.

La Mandragore de Henrik Galeen (1927), la Mandragore se dit Alraune en Allemand, d'où le nom donné à la merveilleuse jeune fille produite grâce à la fécondation par le sperme d'un pendu.

On connaît d'autres versions qui s'appellent toutes *Alraune* : Eugen Illes (1918) – Michael Curtiz (d'origine hongroise et qui s'appelait alors Mihaly Kertesz) (1918) – Richard Oswald (1930) – Arthur Maria Rabenalt (1952).

La Volonté du mort de Paul Leni (1927), premier film américain du réalisateur allemand. Ce film est le précurseur des films fantastiques américains. On pourrait résumer ainsi le fondement de ces derniers : expressionnisme allemand mélangé avec polar américain donnent *Dracula* de Tod Browning.

Le Dernier avertissement de Paul Leni (1928), expressionnisme au service de la terreur et de l'humour. Leni, ancien peintre, cultive particulièrement l'effet des décors, ici, complètement au service de l'intrigue.

La Chute de la maison Usher de Jean Epstein (1928 – 1929 pour la version sonorisée), avec ce film « *d'après les motifs d'Edgar Allan Poe* », comme l'annonce le générique, le cinéaste français répond à l'expressionnisme allemand. Grâce aux recherches sur les décors et la lumière, aux mouvements de caméra et aux rythmes nouveaux apportés, notamment par le ralenti, ce chef-d'œuvre marque l'histoire du cinéma. La scène du transport du cercueil en barque renvoie à *Vampyr* de Carl Th. Dreyer... qui sera tourné quelques années plus tard.

Dracula de Tod Browning (1931), le moins bon de Browning qui tente de nous effrayer en éclairant les yeux de Bela Lugosi très bavard. Quelques scènes célèbres à noter : celle de la toile d'araignée, de l'escalier et de l'exécution de Dracula...

Frankenstein de James Whale (1931), prodigieux avec Boris Karloff ! De nombreux critiques comparent la scène célèbre et très émouvante du monstre avec la petite fille au bord de l'eau avec une scène du *Golem* de Paul Wegener (1920) où on voit une petite fille tendre un fruit au monstre. Film américain qui donnera une impulsion expressionniste au cinéma fantastique d'outre-Atlantique.

Freaks (La Monstrueuse parade) de Tod Browning (1932), chef-d'œuvre du cinéma qui met en scène de véritables « monstres » de cirque pour une fantastique histoire d'amour entre un nain et une trapéziste. La censure a interdit le film. Le fait que Browning ait embauché de véritables monstres a fait scandale à l'époque et a interrompu gravement la carrière du cinéaste. Cette légende est si tenace, qu'elle a été reprise à propos du film *Vol au-dessus d'un nid de coucou* (Milos Forman 1975) qui se déroule dans un asile psychiatrique : on racontait que le cinéaste avait utilisé de véritables aliénés tellement les vrais comédiens qui jouaient ce rôle étaient bons... Il faut dire que l'un d'entre eux y ressemble fortement à un des "monstres" de *Freaks*... Voir au chapitre des chefs-d'œuvre.

Alfred Hitchcock rend hommage à ce film dans *Saboteur* (1942) avec la scène des "monstres" du cirque.

Docteur X de Michael Curtiz (1932 – version couleur)
Comme on s'ennuie ! Que de bavardages, de dialogues niais... Le maquillage est consternant... Michael Curtiz tente piteusement l'expressionnisme. On dirait de l'Abbot et Costello...

Double assassinat dans la rue Morgue de Robert Florey (1932), inspiré de la nouvelle d'Edgar Allan Poe, l'action se déroule à Paris où l'abominable docteur Mirakle (joué par Bela Lugosi) enlève de charmantes jeunes filles pour transformer leur sang afin qu'elles puissent assurer la reproduction d'un gorille intelligent. Avec la poursuite du gorille qui a enlevé la belle héroïne, la fin est une répétition générale de *King Kong* et aussi un hommage au *Cabinet du docteur Caligari*.
Autre version : *Murders in the rue Morgue* (Gordon Hessler) 1971.

La Momie de Karl Freund (1932), Boris Karloff effrayant en momie vengeresse dans un film expressionniste.

Vampyr de Carl Th. Dreyer (1932), les cauchemars de Dreyer emprisonnent le spectateur dans ses propres fantasmes grâce à ce film inquiétant et envoûtant dans lequel le mécène joue le rôle principal de David (ou Allan, ou Nikolas) Gray (ou Grey...). Une vieille femme vampire qui ne craint ni l'ail, ni la croix, ni la lumière du jour... Mais quand sait-on que c'est le jour ou la nuit ? Premier film sonore de Carl T. Dreyer, dans lequel il n'utilise pratiquement pas le son et les dialogues sont presque inexistants. Le regard des personnages, plus particulièrement celui de Gray, sert de langage cinématographique. Véritable itinéraire, la recherche de la vérité par le héros passe par l'ouverture et la fermeture de nombreuses portes de la maison. Le cadrage de l'image ne suffit pas à Dreyer qui en ajoute toujours : cadrage des innombrables portes et fenêtres de la bâtisse, cadrage de la fenêtre du couvercle du cercueil qui permet de voir le visage du mort. Les scènes les plus marquantes du film : le moissonneur avec sa faux sur l'épaule (la Mort ?) filmé de dos, qui agite la cloche au bord du fleuve pour appeler le passeur (des âmes ?), la main squelettique qui tend le flacon de poison et, dans le rêve de Gray, le visage du rêveur mort dans son cercueil. Voir au chapitre des chefs-d'œuvre.

White Zombie de Victor Halperin (1932), Bela Lugosi est maître des zombies...

L'île du docteur Moreau d'Erle C. Kenton (1932), une panthère transformée en magnifique jeune fille... Mais, hélas, chassez le naturel, il revient au galop ! ... Un remake en 1977 par Don Taylor avec Burt Lancaster et en 1996 par Frankenheimer avec Richard Burton... Une adaptation du livre de H. G. Wells.

La Chasse du comte Zaroff d'Ernest Beaumont Schœdsack et Irving Pichel (1932), film culte dont les décors serviront à la même équipe pour tourner King Kong.
Des remakes : *À Game of dead* de Robert Wise (1946) et *La Course au soleil* de Roy Boulting (1956). Beaucoup d'autres films s'en sont inspirés... comme *La Dixième victime* d'Elio Petri (1966) et *Chasse à l'homme* de John Woo (1993) avec Jean-Claude Van Damme.

King Kong d'Ernest B. Schœdsack – Merian C. Cooper (1933), un grand singe ramené à New York s'évade et enlève la belle jeune fille dont il est amoureux. Célèbre scène de King Kong sur l'Empire State Building entouré d'avions qui lui tirent dessus. Il y eut ensuite : *Le Fils de King Kong* (1933) d'Ernest B. Schœdsack – *Monsieur Joe* (1943) d'Ernest B. Schœdsack – *King Kong contre Godzilla* (quelle idée !) (1963) d'Inoshiro Honda – *La Revanche de King Kong* (1967) d'Inoshiro Honda – *King Kong* (1976) de John Guillermin – *King Kong revient* (1977) de Paul Leder – *Le Colosse de Hong Kong* (1977) de Ho Meng-Hua – *King Kong II* (1986) de John Guillermin, etc.

Masques de cire de Michael Curtiz (1933), Le créateur d'un musée de cire disparu dans un incendie vole des cadavres pour le reconstituer. Beaucoup de bavardages...
Remake : *L'Homme au masque de cire* (André De Toth) 1953, premier film couleurs en trois dimensions...

Le Fantôme vivant (The Ghoul) de T. Hayes Hunter (1933)
On croyait ce film disparu, mais on a trouvé une copie à Prague. Elle a été restaurée et elle à peu près lisible. Boris Karloff joue le rôle d'un mort-vivant (mais on apprend ensuite que ce n'était que de la catalepsie...) comme seul il savait le faire. Autrement ce film est monté comme un film muet sur plans fixes sauf qu'il manque les cartons d'explication, car on s'y perd facilement.

L'homme invisible de James Whale (1933), le célèbre héros de H. G. Wells est de plus en plus de mauvaise humeur à cause de son état. Superbes images expressionnistes.
Le personnage de Wells a donné lieu à de nombreuses adaptations, une suite d'abord : *Le Retour de l'homme invisible* (1940) de Joe May (une première suite *La Revanche de l'homme invisible* n'a jamais été diffusée en France), le feuilleton télévision de la fin des années cinquante et, une fois n'est pas coutume, une vision comique du personnage par John Carpenter dans *Les Aventures d'un homme invisible* (1992). Enfin, Paul Verhœven a réalisé *The Hollow Man* (2000)

Le Chat noir d'Edgar G. Ulmer (1934), adaptation d'Edgar Allan Poe avec Boris Karloff et Bela Lugosi.

Le Corbeau de Louis Friedlander (1935), autre adaptation d'Edgar Allan Poe avec Boris Karloff et Bela Lugosi. Autres versions en 1912, en 1915 (Charles J. Brabin), en 1954 (Lewis Jacobs), en 1963 (Roger Corman) voir plus loin.

La Fiancée de Frankenstein de James Whale (1935), le meilleur de tous les *Frankenstein*. Scène sublime d'humanité avec le violoniste aveugle et fabuleuse coiffure de la fiancée, coiffure reprise dans *Frankenstein junior* de Mel Brooks (1974). Voir au chapitre des chefs-d'œuvre.

Les Mains d'Orlac de Karl Freund (1935), thème repris de nombreuses fois par le cinéma fantastique : deux mains greffées rendent un homme criminel, car elles appartenaient à un assassin. Avec le grand Peter Lorre dans le rôle du Dr Gogol, interprétation qui arracha cette exclamation à Charlie Chaplin quand il eut vu le film : « Lorre est le plus grand acteur vivant » ! John Huston présente un extrait des *Mains d'Orlac* dans son film *Au-dessous du volcan* (1984).

La Marque du vampire de Tod Browning (1935), Bela Lugosi officie de nouveau dans le rôle du vampire. Démonstration magistrale de l'effet fantastique produit par le cinéma avec une chute surprenante.

Le Retour du Docteur X de Vincent Sherman (1939). Vaut d'être vu pour la composition étonnante de Humphrey Bogart en mort-vivant.

Le Mort qui marche de Michael Curtiz (1936), Boris Karloff interprète un génial et très humain « Mort qui marche » vengeur. (Il avait déjà interprété ce genre de rôle dans *Le Fantôme vivant* (voir ci-dessus).

La Charrette fantôme de Julien Duvivier) (1939), quand la mort s'approche de vous, vous entendez la charrette fantôme... gare à vous si vous mourez le dernier de l'année, car vous la conduirez toute l'année qui suit ! Autres versions, celle de Victor Sjöström (1921) et *Le Charretier de la mort* d'Arne Mattsson (1958).

Le Fils de Frankenstein de Rowland V. Lee (1939). Décors tordus et ombres expressionnistes comme dans *Le Cabinet du docteur Caligari* (1919 – Robert Wiene)

Dr Cyclops de'Ernest B. Schœdsack (1940), un docteur à la très mauvaise vue réduit les êtres vivants en miniatures... On commence là à parler de radio-activité.

La Nuit fantastique de Marcel L'Herbier (1941). Plus un conte de fées qu'un film fantastique. Sympathique et gentil, car la censure veillait !

Le Fantôme de l'Opéra d'Arthur Lubin (1941).Version à l'eau de rose. J'ai bien aimé les décors à la *Cabinet du docteur Caligari* de la chambre du violoniste et ceux des rues glissantes de Paris, ainsi que ses égouts.
Voir ci-dessous la liste des films du *Fantôme de l'Opéra* à la chronique de ce film réalisé par T. Fisher en 1962.

Le Loup-garou de George Waggner (1941), belle scène avec un télescope qui m'a fait penser à Hoffmann et au roman *La Nuit de Walpurgis* de Meyrink. La forêt est somptueusement fantastique. Et, bien sûr, il y a Bela Lugosi dans un petit rôle!

Ma Femme est une sorcière de René Clair (1942). Cette comédie américaine de René Clair est à la source de la célèbre série télévisée : *Ma Sorcière bien-aimée*.

Le Spectre de Frankenstein d'Erle C. Kenton (1942) Sorti en France en 1951 Avec Bela Lugosi et Lon Chaney Junior.
La malédiction de Frankenstein plane encore sur le village.
Le Monstre n'est pas mort, « il a survécu à la mine de soufre ».
Ygor le gardien emmène le monstre voir un des deux fils du docteur Frankenstein. Ce fils est psychiatre, il soigne les "fous". Ygor pense que ce docteur peut maîtriser la foudre qui pourrait guérir le Monstre. Une version fantastique de l'électrochoc. Enfin la solution sera cherchée dans la greffe d'un nouveau cerveau.
D'autre part, le Monstre s'intéresse à la jolie fille du docteur, qui est fiancée au procureur.
Comme d'habitude Lon Chaney Jr (qui n'est jamais arrivé à la cheville de son père) est très emprunté et Bela Lugosi cabotine.
Ah ! la fée électricité !
Scénario tiré par les cheveux, mauvais acteurs... mais ces vieux films de l'Universal ont gardé tout leur charme.
La Féline de Jacques Tourneur (1942), c'est ce film qui rend le mieux l'épouvante de ce qui se passe hors-champ... Le spectateur est terrifié par des ombres et sa propre imagination.
Une suite par Robert Wise en 1944 : *La Malédiction des hommes-chats*. Il y a un remake en 1982 réalisé par Paul Schrader.
Les Visiteurs du soir de Marcel Carné (1942), long, un peu ennuyeux, mais célèbre grâce à Arletty et surtout à ce diable de Jules Berry... Scénario de Jacques Prévert.
Son of Dracula de Robert Siodmak (1943). Un scénario assez original sur les vampires, un film tout en expressionnisme avec un délicieux noir et blanc, mais un Lon Chaney Jr pas vraiment à sa place en Dracula...
Frankenstein rencontre le loup-garou de Roy William Neill (1943). Malgré son titre racoleur, ce film n'est pas si mal. Il renvoie bien sûr au *Frankenstein* de James Whale, ou plutôt à sa suite *La Fiancée de Frankenstein* (1935) avec le prologue dans le cimetière et aussi au *Loup-garou* de Waggner (1941). Il y a tous les ingrédients des films d'horreur modernes : une explication "scientifique" ("c'est un lycanthrope") qui permet de rendre l'histoire rationnelle donc plus vraisemblable donc plus horrible... Il y a la Gitane qui *sait*. Le monstre est pris dans la glace et Bela Lugosi a enfin rencontré le rôle qu'il avait refusé pour le *Frankenstein* de Whale et accepté alors par Boris Karloff. Le docteur n'a pas besoin de la foudre, il utilise l'énergie hydraulique et tous les instruments de la science moderne de l'époque, même la radiographie !
C'est arrivé demain de René Clair (1943), film américain de René Clair dans lequel un journaliste de la fin du XIXe siècle parvient à connaître l'avenir grâce à un fantôme.
Obsessions de Julien Duvivier (1943), sketches avec prédictions, rêves, masque, mort et meurtre.
Vaudou de Jacques Tourneur (1943), être zombie, même quand on est une jolie femme, ne peut être guéri que par la mort. Noir et blanc somptueux dans de merveilleux cadrages. Un film qui reste gravé en vous jusqu'à la mort...

L'Homme-léopard de Jacques Tourneur (1943), la bête rôde et tue, mais on ne la voit pas.

La Main du diable de Maurice Tourneur) 1943, un chef-d'œuvre du cinéma fantastique français avec le grand Pierre Fresnay, d'autant plus qu'on y voit nettement la patte de l'expressionnisme allemand.

Münchhausen (les aventures fantastiques du baron de...) de Joseph von Baky (1943), mauvais goût des décors, trucages naïfs et procédé surprenant de départ en font un film charmant datant de l'Allemagne nazie...
Un remake de Terry Gilliam en 1988.

Le Médaillon fatal de Bernard Knowles (1944). Ce film n'a pas un grand intérêt...
Citations :
« *Laissons dire les gens de bon sens. Il y a un autre monde...* »
« *Les maisons [...] ont leur caractère à elles...* »

La Fille du loup-garou de Henry Levin (1944), au musée des horreurs, sur l'occultisme et le surnaturel, on raconte la fabuleuse histoire de Marie Latour, la fille loup-garou qui avait tué son mari et avait disparu. Le fils, lui, ne croit pas aux loups-garous... Discours du guide au musée : « *Vous allez voir et entendre des choses incroyables et votre imagination fera le reste...* »

Le Portrait de Dorian Gray d'Albert Lewin (1944), réussit à effrayer le spectateur en suggérant ce qui se passe dans l'esprit et la conscience de Dorian Gray. Dans ce film en noir et blanc, la couleur est utilisée pour montrer les deux tableaux : le portrait de Dorian jeune et beau et celui qui le montre horrible...
Autres versions : *Le Dépravé* de Massimo Dellemona (1970) et *Le Portrait de Dorian Gray* de Pierre Boultron (1977).

Le Récupérateur de cadavres de Robert Wise (1945), un médecin paie un homme mystérieux pour obtenir des cadavres afin de réaliser des expériences. Magnifique interprétation de Boris Karloff. Ombres et lumière, mort et vie : doit-on tuer pour les progrès de la science ?
Une autre adaptation de la nouvelle de Stevenson : *L'impasse aux violences* de John Gilling (1960).

La Belle et la Bête de Jean Cocteau (1946), tout le monde connaît l'histoire, mais il faut voir le film. C'est un grand chef-d'œuvre du fantastique avec une interprétation magistrale de l'argent fétiche de Cocteau : Jean Marais.

La Bête aux cinq doigts de Robert Florey) 1947, Peter Lorre est toujours formidable en distillant la terreur avec son jeu d'acteur et ses mimiques subtiles. La main d'un mort revient le venger. Mais, n'était-ce qu'un stratagème ? On retrouve souvent cette "Bête" dans de nombreux films humoristiques qui ont suivi... *La famille Addams*, par exemple.

La Beauté du diable de René Clair (1949), le diable est joué par Michel Simon et Faust par Gérard Philipe. Sublimes !

Un Pacte avec le diable de John Villiers Farrow (1949). Un juge (politicien) honnête cède à la tentation du diable. Mais il finira par s'en tirer grâce à la bible !

Juliette ou la clé des songes de Marcel Carné (1950). D'après la pièce de Georges Neveux. Un film en noir et blanc plein de couleurs comme sait le faire Marcel Carné !

Le rêve est un refuge face à la réalité. « *Il dort, lui. Il est libre !* » Déclare un prisonnier en parlant de son compagnon endormi. Et notre héros fait comme ce dernier et se retrouve dans un village aux personnages bien empruntés à part le garde champêtre, village au nom inconnu de ses habitants (même le notaire !), aux horloges sans aiguilles, dont les gens ne se connaissent pas et ne savent quel jour il est. Un joueur d'accordéon, un bossu boiteux avec une béquille, un cimetière envahi par les herbes folles et dont les stèles ne portent pas de nom. Où est le mensonge et où est la vérité ? Parfois, il vaut mieux vivre sans souvenirs ou plutôt se les inventer ! Le problème de la curiosité (sexuelle) est abordé comme dans le conte de *Barbe Bleue* et il y a du sang sur les robes dans les six placards. Pas encore sur celle du septième. De l'excellent fantastique français !

Orphée de Jean Cocteau (1950), traversée des miroirs, poursuite de la Mort dans le monde intermédiaire dans lequel errent éternellement ceux qui ne l'ont pas trouvée. Féerie fantastique !

Deuxième volet d'une trilogie : *Le Sang d'un poète* 1930, *Orphée* 1950 et *Le testament d'Orphée* 1960.

Ce thème du poète qui doit mourir un peu pour créer a été repris par Marcel Camus dans le film *Orfeu Negro* (1959) et Jacques Demy dans *Parking* (1985).

Two Lost Worlds de Boris Petroff (1950)

L'histoire d'amour (presque impossible) est du même genre que dans *The Beast of Hollow Moutain*. Mais ça se passe en Australie.

Bataille navale, pirates et naufragés qui abordent sur une île après 39 minutes de film sur 58 minutes en tout...

Les "dinosaures" sont des crocodiles déguisés et des salamandres.

Il y a une éruption volcanique à la fin qui règle tous les problèmes...

24 H chez les Martiens (Rocketship XM) de Kurt Neumann (1950)

Assez amusant. Très plaisant.

16 minutes avant le décollage les cosmonautes font une conférence de presse.

Film très kitsch. Le voyage est très ringard, le vaisseau dirigé avec de grosses manettes.

À l'image de John Carter (héros du cycle de Mars d'ER Burroughs, bientôt au cinéma), ils devaient aller sur la Lune, mais vont sur Mars où une guerre nucléaire a détruit la civilisation. Superbe !

La pellicule est teinte en rouge sur la partie relatant le séjour sur Mars.

Ce film avait été vu à la télé en France. À l'époque on m'avait raconté l'histoire de cette façon (le film était en anglais non sous-titré...) : « Ils sont allés sur la Lune et comme les Terriens avaient bombardé la Lune avec des bombes atomiques, les gens de là-haut étaient tout rongés par la radioactivité... »

Lost Continent de Sam Newfield (1951)

Une fusée expérimentale s'écrase quelque part sur Terre.

Une expédition part la récupérer. Ils sont obligés de gravir une montagne (maudite par les autochtones) et trouvent au sommet une jungle préhistorique et des dinosaures. Le discours "scientifique" n'a ni queue ni tête et l'intrigue est sans intérêt.

Les monstres sont très bien pour l'époque.

Ce film reste bien implanté dans le souvenir...

Flight to Mars de Lesley Selander (1951)
La première partie ressemble comme deux gouttes d'eau au film précédent.
Toujours très kitsch avec les mouvements du corps simulant un changement de direction de la fusée.
Puis l'autre moitié du film se déroule sur Mars où la tenue des filles très très courte constitue l'aspect le plus intéressant, car l'histoire est très convenue. Mais pour l'époque...
Il y a deux histoires d'amour. La fin est dramatique.
On se régale.

Les Contes d'Hoffmann de Michael Powelll et Émeric Pressburger (1951). L'opéra d'Offenbach est une trahison de l'œuvre d'Hoffmann, qui fut le père fondateur du conte fantastique, toujours imité jamais égalé... Ce qui n'enlève rien à l'immensité de l'œuvre musicale. Mais alors ici, on a affaire à un vrai chef-d'œuvre de cinéma ! Ce Powell quel cinéaste !!!!

Le Boulanger de l'Empereur de Martin Fric (1951)
L'Empereur du Boulanger de Martin Fric (1951). DVD Artus Films publié en 2005.
Le deuxième film est la suite du premier. Ce dernier comprend 16 pièces et le second 12 pièces.
Ce film tchécoslovaque met en scène de manière théâtrale, en deux films, les nombreux caprices de l'empereur *Rodolphe 2* (1552-1612). C'était l'empereur des Romains, mais aussi le roi de Bohême et de Hongrie. Il est devenu fou à la fin de sa vie. C'est à cette période qu'est consacré le film. L'empereur est joué par le superbe Jan Werich, qui joue aussi le rôle du Boulanger, car, ce dernier est le sosie de l'empereur plus jeune. Les faits se déroulent à Prague où siégeait l'empereur, ville du Golem par excellence.
Le comédien qui joue l'empereur est bien maquillé tel qu'il se présentait réellement dans un portrait connu. D'autre part, de nombreuses références historiques sont présentes, par exemple, le fait que Rodolphe 2 avait accueilli à Prague et rémunéré, le grand astronome Tycho Brahe sur la fin de sa vie, en tant qu'astrologue, car, à cette époque, les astronomes étaient avant tout des astrologues....
Donc l'empereur fait de nombreux caprices, et, pour les satisfaire s'entoure de nombreux charlatans : alchimiste, magicien et astrologue, en rappelant qu'en aucun cas Tycho Brahe n'était un charlatan, l'astrologue présenté dans le film n'est pas Tycho Brahe.
Au début du film, le boulanger (prénommé Matej) raconte : « À Prague se trouvait un rabbin qui s'est aperçu qu'une énergie immense se trouvait dans la matière. Même dans l'argile tout ordinaire. (...) Rabbi en a donc fait un pantin géant et l'a appelé Golem. Et avec un drôle de mécanisme... Comment ça s'appelait ?... Le Shem. Et avec ce Shem il a animé le Golem(...) et avec lui sa force colossale. »
Matej continue : « Une fois il est arrivé que le Rabbi Löw l'a oublié, et ce géant se mit à tout casser. (...) Le rabbin lui a donc ôté la vie et l'a enterré quelque part... »
Le boulanger a fait des croissants, mais il n'y a rien pour le peuple, car tout est pour l'empereur.
Le premier film se déroule avec les caprices insensés de l'empereur. Il demande l'eau de jouvence à l'alchimiste, de belles apparitions féminines au magicien et le *Golem* !

Le film (tourné sous le régime communiste) dénigre systématiquement ces « professions » ésotériques, dont les représentants sont terrifiés par l'empereur.
Finalement le Shem (une bille qui s'encastre dans le front du Golem) sera trouvé après le Golem.
Matej est emprisonné (car il a donné les croissants au peuple), mais va tomber dans des souterrains où le Golem sera trouvé...
Dans le deuxième film, un concours de circonstances fera qu'il sera pris pour l'empereur rajeuni, car ce dernier a consommé l'eau de jouvence préparée par l'alchimiste, mais qui, en fait, n'en est pas une...
La bataille pour la possession du Shem sera terrible et le Golem sera domestiqué pour fournir de l'énergie aux fours du boulanger... et autres.
Le DVD comprend les deux films, mais aussi de très intéressants suppléments.
Ainsi, Blazena Urgosikova nous explique comment le Golem a été traité au cinéma. La légende du Golem au cinéma n'est pas l'ancienne légende. Elle date du 19e siècle. C'est l'expressionnisme allemand qui a donné l'impulsion au cinéma. En ce qui concerne le Golem, c'est, bien sûr, le film de Paul Wegener (voir ci-dessus) qui présentait trois versions. Ce film a donc donné l'impulsion de la série de films sur Frankenstein. Par exemple, comme je l'ai fait, on compare la scène dans Frankenstein de la petite fille qui donne une pomme au « monstre » à la même scène du Golem. Elle nous parle aussi du film de Julien Duvivier. Elle explique que si les films de Martin Fric sont des films comiques, celui de Julien Duvivier est un vrai film de terreur.
Le film de Fric était tributaire du régime communiste. Ainsi, le Golem devient, à la fin, la base du socialisme et du bonheur pour le peuple. Mais ce film est antérieur au réalisme socialiste. Il n'a rien à voir avec le réalisme socialiste.
Il y a deux autres films tchèques : *Slecna Golem* et *Posledni Golem*.

Pandora d'Albert Lewin (1951), chef-d'œuvre inspiré de la légende du « Hollandais volant ». « *La mort a dix mille portes de sortie. Leurs gonds sont géométriques, elles ouvrent dans les deux sens* », déclare le désespéré Reggie qui vient d'avaler un poison mortel pour se suicider par amour pour Pandora. Scène fantastique : on voit, loin en bas, le remous de la voiture de course que Stephen vient de pousser à la mer du haut de la falaise pour satisfaire Pandora qu'il veut épouser. Quel sacrifice de la part d'un coureur automobile ! Au premier plan, à gauche, à contre-jour (il fait nuit...), la tête de la jeune femme qui regarde. Elle se retourne alors, couchée sur le dos au bord de la falaise, son beau visage éclairé dirigé vers le ciel. Une intense satisfaction brille dans ses yeux.
Le personnage de Pandora est joué par la merveilleuse Ava Gardner. On aimerait voir sa nudité lorsqu'elle nage vers le vaisseau fantôme. On devra se contenter de l'imagination du hors-champ. Puis, on peut encore rêver ce magnifique corps alors emballé dans une voile du navire. Superbe ! Il y a toujours un peintre dans les films de Lewin. Ici, c'est Hendrick Van der Zee, le Hollandais volant lui-même !
F. F. Coppola a repris (involontairement ?) le scénario de *Pandora* dans son film *Dracula* pour faire de cette histoire de vampire une histoire romantique.

Le Choc des mondes de Rudolph Maté (1951), la planète Terre doit être détruite par une collision interplanétaire. Quels seront les élus qui pourront s'échapper de cet enfer grâce à une fusée construite spécialement à cet effet ?

La Chose d'un autre monde de Christian Nyby (1951), avec quel mépris certains critiques parlent de la « *carotte extraterrestre* » pour parler de l'alien de ce film qui m'avait terrifié dans mon enfance. Beaucoup de critiques attribuent sa réalisation à Howard Hawks qui en fut le producteur, mais, pitié laissons à Nyby la paternité de son chef-d'œuvre ! Cette histoire est adaptée d'une nouvelle de John W. Campbell *La Bête d'un autre monde* (1938). Campbel qui s'est visiblement largement inspiré d'un petit roman de Lovecraft *Les Montagnes hallucinées.* C'est le chef-d'œuvre des films d'épouvante des années cinquante. La scène au cours de laquelle les savants ont planté les graines du monstre et se sont aperçus qu'elles ont germé n'a jamais été égalée.

John Carpenter a réalisé en 1982 un remarquable remake. Un autre remake de la période faste du cinéma fantastique espagnol, avec Peter Cushing et Christopher Lee : *Terreur dans le Shangaï express* (1972) par Eugenio Martin, reprend tous les ingrédients de Dracula, Frankenstein, DrJekyll et les morts-vivants...

Le Jour où la Terre s'arrêta de Robert Wise (1951), ce film inaugure un autre état d'esprit de la science-fiction : les extraterrestres peuvent être gentils. Celui de ce film, Klaatu, est un messager de paix. Il vient dire au monde d'arrêter les guerres. Mais ce n'est pas facile.

Il est assez curieux de faire un rapprochement avec l'année 1982 au cours de laquelle sont sortis *The Thing* de John Carpenter, remake de *La Chose venue d'un autre monde* et *E.T.* de Steven Spielberg. Ces deux films mettent en scène l'un un extraterrestre terrifiant et l'autre un extraterrestre gentil. Rappelons que le film de Carpenter fut descendu par la critique, car ce film d'horreur jurait avec l'ET à l'eau de rose de Spielberg, et The Thing fut un échec commercial.. En cette année 1951 nous avons eu également deux films l'un avec un alien gentil (*Le Jour où la Terre s'arrêta*) et un alien terrifiant *(La chose venue d'un autre monde).* Quelle coïncidence !

Le Mystère du château noir de Nathan Hertz Juran (1952), film gothique par excellence. Recherche de disparus dans un vieux château.

Red Planet Mars de Harry Horner (1952)

Film ésotérique de propagande religieuse et idéologique comme on n'en fait plus maintenant.

Ils croyaient encore aux canaux sur Mars.

Il y a peu de personnages et beaucoup de dialogues.

Un scientifique prend contact avec Mars et ce contact et les informations reçues changent les mentalités sur Terre...

On se demande comment il est possible que l'humanité puisse croire au message religieux des Martiens.

Mais c'est comme ça. Du coup l'URSS s'effondre (cela se produira d'ailleurs quarante ans plus tard...), ils parlent de l' « écroulement de l'édifice soviétique ».

Il y a un vrai suspens et un coup de théâtre très malin à la fin.

Un régal.

Project Moonbase de Richard Talmadge (1953)

On est en pleine guerre froide. Une station spatiale est construite. C'est une étape pour se rendre sur la Lune. Pour défendre le monde libre.

Les méchants ont l'air bien méchants (c'est pas si facile que c'en a l'air...) et tout le monde fume beaucoup.
Un réseau clandestin de terroristes (enfin, sans doute les services secrets soviétiques, mais ce n'est pas dit dans le film...) enlève un prof qui doit participer au voyage et le remplace par un sosie qui a pour mission de détruire la station spatiale.
Très amusant. La guerre froide a alimenté de délicieux films de science-fiction. On lui doit beaucoup pour ça.

Tempête sous la mer de Robert D. Webb (1953)
Un merveilleux cinémascope en technicolor !
Pêcheurs d'éponge dans le golfe du Mexique... Vente à la criée... Concurrence entre pêcheurs... La vie est dure, le pêcheur endetté.
Et puis il y a le silence sous la mer.
Une dure bataille est menée entre Grecs et Anglais pour la pêche des éponges. Chacun a sa chasse gardée.
C'est un western sous la mer (et dessus)...
Il y a aussi Roméo et Juliette. L'amour ne connaît pas les clans !
Cette histoire de conflit entre pêcheurs d'éponges est intéressante, bien que ça tire un peu en longueur...
Superbes vues sous-marines, jolie histoire d'amour et terribles tentacules...
Un régal !

Les Envahisseurs de la planète rouge de William Cameron Menzies (1953). Un film au style baroque avec une pointe des décors expressionnistes du *Cabinet du Dr Caligari* (notamment le chemin qui mène au piège des extraterrestres) et toutes les idées SF de la guerre froide : les gens asservis aux E.T., l'armée US qui vient sauver le monde de l'invasion, la jolie fille enlevée, etc. Très plaisant. Dommage que le réalisateur utilise trop souvent les mêmes images pour des scènes différentes.

Le Monstre des temps perdus d'Eugène Lourie (1953).
Ce film est sorti un an avant « Godzilla » d'Inoshiro Honda, bien plus célèbre pourtant... Il raconte une histoire identique et eut également beaucoup de succès. Un monstre est libéré par une explosion atomique expérimentale dans l'arctique. On apprendra plus tard qu'il s'agit d'un redhosaure. Un type l'a vu. Personne ne le croit. Le psychiatre, lui, parle d'hallucinations. Les psychiatres n'ont jamais la cote dans les histoires fantastiques. Mais alors ce monstre est doublement dangereux : par sa taille (gigantesque !) et aussi parce que son sang est contaminé. Pas question d'éclabousser la ville de son sang. L'armée est désemparée ! Mais le type qu'on ne croyait pas a une idée : utiliser l'isotope radioactif. Ça désinfecte ! Voilà un film qui doit énerver les écolos ! Vive l'armée américaine et les scientifiques ! (quand ils croient aux monstres...)

Godzilla d'Inoshiro Honda (1954).
Rappelons que Honda voulait faire un film contre la bombe atomique. Mais, à cause de la censure, il ne pouvait pas. Alors, il a inventé ce monstre issu de la mer et des radiations de la bombe. Ce premier *Godzilla* (en noir et blanc) est un très bon film, saisissant. Contrairement à tous ceux qui ont suivi. Hollywood ne pouvait pas se priver de ce film. Mais, à la sortie de la guerre avec le Japon, il était difficile d'accepter de montrer un film joué uniquement par des Japonais. Ils ont donc rajouté des

scènes avec un acteur américain (Raymond Burr). Il vaut mieux voir la version originale.
Voir toutes les versions de Godzilla dans le chapitre des films à thèmes.
Le Météore de la nuit de Jack Arnold (1953), nous n'étions pas préparés à les rencontrer, mais ils reviendront. Une séquelle de R. Duchowny : *Le Météore de la nuit II* (1995), film TV.
La Guerre des mondes de Byron Haskin) (1953), les Martiens ont trois doigts et ils tuent des Américains par milliers. Une banale épidémie de chez nous aura raison d'eux... Les débuts de l'exploration de l'espace et la guerre froide produisent les nouvelles terreurs des années cinquante.
Steven Spielberg a réalisé un remake en 2005.
20 000 Lieues sous les mers de Richard Fleischer (1954), quand Jules Verne avait inventé le sous-marin. Le calmar géant n'est pas trop mal rendu. Autres versions : celle de George Méliès en 1907 et celle de Stuart Paton en 1916. Il paraît que Christophe Gans en préparait une autre version en 1997. On retrouve un hommage répété à cette œuvre de Jules Verne dans le film *Sphere* de Barry Levinson (1997).
Les Survivants de l'infini de Joseph Newman et Jack Arnold, ce dernier est non crédité (1954), Exeter, un habitant de Métaluna qui est en guerre contre les Zahgons, s'est introduit sur terre pour y trouver de l'énergie... Le monstre au gros cerveau de ce film est entré dans la postérité.
L'étrange créature du lac noir de Jack Arnold (1954), il faut respecter ce qui n'est pas comme nous, même une créature mi-homme, mi-poisson. Effet fantastique de la projection en trois dimensions.
Une suite sans grand intérêt par le même : *La Revanche de la créature* (1955).
Tarantula de Jack Arnold (1955), une araignée dont la monstruosité est le produit des recherches d'un savant sème la terreur. Heureusement qu'il y a l'armée et une nouvelle arme : le napalm !
Les Diaboliques de Henri-Georges Clouzot (1955), le cinéaste hésite tout le long du film : fantastique ou non ? La dernière réplique semble opter pour le fantastique. Mais n'est-ce pas trop tard ?
La Nuit du chasseur de Charles Laughton (1955), unique film de l'acteur Laugthon, ce chef-d'œuvre rassemble tous les films en un seul. Le jeu prodigieux de l'acteur Mitchum qui en fait trop sans que cela se voie, les images, le cadrage, la lumière, la mise en scène et le montage créent une ambiance fantastique pour un combat du bien et du mal. Quelques scènes fabuleuses : le meurtre de la femme dans la chambre, le pêcheur qui découvre son cadavre dans la vieille voiture au fond de la rivière (ses cheveux flottant dans le courant comme les algues), la fuite des enfants en barque sur cette même rivière (les animaux de la nuit filmés en premier plan), le cadrage de la fenêtre de la grange où les enfants se sont réfugiés pour la nuit et au travers de laquelle ils voient passer, à contre-jour de la lumière lunaire, le beau-père meurtrier à cheval (« mais il ne dort donc jamais ! » dit le garçon, ce qui insinue qu'il n'est pas humain...), la grand-mère assise sur la terrasse la nuit avec son fusil et, au second plan, le pasteur maudit qui chante, attendant son heure... Il y a également de l'expressionnisme dans ce film en blanc et en noir purs...
La Revanche de la créature de Jack Arnold) (1955).

La suite de *L'étrange créature du lac noir* (1954) du même réalisateur.

Le Monstre de Val Guest (1955), ce film sut aussi me terroriser lorsque j'étais enfant. Le cosmonaute revenu de l'espace se transforme petit à petit en monstre qui absorbe toute matière vivante, même les cactus. Terreur de l'immensité du cosmos, toujours... Et terreur de la transformation physique comme Lovecraft l'a bien exprimée dans le *Cauchemar d'Innsmouth*, nouvelle qui semble avoir inspiré ce film, le premier de la Hammer.

Suites, toujours avec le professeur Quatermass : en 1957 *La Marque* de Val Guest, et en 1967 : *Les Monstres de l'espace* par Roy Ward Baker. Dans tous ces films on rencontre l'ambiance de l'œuvre de Lovecraft.

King Dinosaure de Bert I Gordon (1955). Deux couples sont lancés dans l'espace en direction d'une planète inconnue qui apparaît subitement dans le système solaire.

Le langage scientifique de ce film est totalement faux, mais cela n'a pas d'importance...

Le voyage dans la fusée n'est pas filmé.

Puis on s'ennuie. Il y a bien un "combat" entre un explorateur et un crocodile empaillé.

Comme le dit l'un des explorateurs : "On a amené la civilisation sur la planète Nova". En Guise de dinosaure on a droit à des lézards géants et un crocodile.

The Beast of Hollow Mountain d'Edward *Nassour Edward* et Ismael Rodriguez (1956)

Une belle histoire de cow-boys au Mexique, un amour impossible, mais, à la fin, le dinosaure arrangera tout !

Le Septième sceau d'Ingmar Bergman (1956), la mort, toujours la mort... Le chevalier Antonius Block, qui revient d'inutiles croisades, veut connaître les secrets de Dieu. Il interroge la Mort avec qui il joue une partie d'échecs. Mais la Mort ne sait rien... sinon la peste noire et l'épouvante dans les yeux de la sorcière que l'on va brûler vive. Un des grands films du monde.

Marguerite de la nuit de Claude Autant-Lara (1956), la vieille légende de Faust revue par Claude Autant-Lara. Film néo-expressionniste, selon Francis Courtade.

Planète interdite de Fred M. Wilcox (1956), le robot Robby construit par le génial professeur Morbius, et ce dernier, tiennent compagnie à la belle Altaira sur la planète Altair 4. Tous les membres d'une précédente expédition y sont morts. Seuls survivants Morbius et sa fille Altaira. Cette planète accueillit autrefois une civilisation aujourd'hui perdue, celle des Krells. Une nouvelle expédition atterrit à la recherche des disparus... Ils découvriront que le monstre qui a tué les explorateurs précédents est l'œuvre de l'esprit de Morbius, créé grâce à la haute technologie laissée par les Krells. .

Le Satellite mystérieux de Koji Shima (1956). Un film à contre-courant pour l'époque : les extraterrestres sont moches, mais gentils et la recherche nucléaire va sauver la Terre !

L'invasion des profanateurs de sépulture de Don Siegel (1956), cette fois, les monstres de l'espace sont parmi nous, ils prennent même notre place ! On ne voit pas ce que la sépulture vient faire dans le titre français ! Plusieurs remakes de cette histoire terrifiante : *L'invasion des profanateurs* de Philip Kaufman en 1978 avec l'inquiétant Donald Sutherland et le très beau *Body Snatchers* (le vrai titre anglais du roman et du premier film) d'Abel Ferrara en 1993. On peut parler de films du même genre avec *The Thing* de John Carpenter (1982) et *The Faculty* de Robert Rodriguez (1999).

Le Géant de la steppe d'Alexandre Ptouchko (1956), film soviétique d'Héroïc Fantasy avec des batailles, des diables, des dragons. En couleurs et CinémaScope... Un des grands films de ce genre, hélas méconnu.

Rodan d'Inoshiro Honda (1957). D'abord un ver géant mis à jour lors de fouilles. Ensuite le ver est mangé par des créatures volantes préhistoriques nées d'un œuf gigantesque (toujours sous terre...) Honda continue avec ses monstres nés de l'obsession de la bombe atomique.

Kronos de Kurt Neumann (1957) Le Conquérant de l'univers
Une soucoupe volante, une voiture dans la nuit... ça ne vous dit rien ?
Un simple éclairage peut faire un bel effet spécial.
Mais la « construction » extraterrestre est balourde.
L'ordinateur Susie comporte des cadrans et des bandes magnétiques. SF un peu ringarde.
De toute façon, à la fin, tout dépendra de la direction du vent !

Prisonnières des Martiens d'Inoshiro Honda (1957).
Les Martiens utilisent un robot géant pour enlever toutes les femmes de la Terre. Peut-être peut-on y voir une allégorie en remplaçant les Martiens par les Américains et leur sale bombe ? (Bon sang ! Quand passeront-ils *L'Homme H* (1958), le plus terrifiant des Honda ?)

Rendez-vous avec la peur de Jacques Tourneur (1957), l'objet maléfique à transmettre à tout prix. Et tel sera pris qui croyait prendre... Une ambiance de terreur sourde. Voir au chapitre des chefs-d'œuvre.

Not of htis Earth de Roger Corman (1957)
Un film de Corman que je n'avais pas encore vu ! C'est fait !
La planète Davana envoie un agent sur Terre pour préparer le terrain.
Corman filme des personnages qui font des choses étranges... mystère...
Mais le scénario est très prévisible !

Le Cauchemar de Dracula de Terence Fisher (1958)
Jonathan arrive au château de Dracula. Il entre. Personne. La table est mise, le feu dans la cheminée. Un mot du comte qui s'excuse et lui demande de se restaurer. Il fait tomber un plat avec fracas et une belle brune au joli décolleté survient et lui demande de l'aider pour fuir. Dracula surgit et conduit le jeune-homme à sa chambre. Il y a beaucoup d'escaliers... Harker est venu pour classer la bibliothèque de Dracula (et non pas pour faire signer des actes d'achat comme dans le roman). La fiancée de Jonathan est Lucy et non pas Mina. Il écrit son journal : il est venu pour « arrêter » cette terreur. Et non pas pour classer la bibliothèque... Il se fait assommer par Dracula et se réveille enfermé dans sa chambre avec des morsures au cou. Il réussit à rejoindre la crypte des vampires et enfonce un pieu dans le cœur de la vampire, mais ne peut pas le faire à Dracula, car le soleil s'est couché ! Que n'a-t-il pas commencé par le vampire ?

À l'auberge du village, Van Helsing fait une halte. Il cherche Harker. Il va au château, trouve Harker en vampire dans la crypte. Il lui enfonce un pieu dans le cœur. En arrivant, il a croisé le carrosse de Dracula qui se rend auprès de Lucy.
Dracula va vampiriser Lucy malgré les mises en garde de Van Helsing.
Après avoir sauvé mina de l'infestation vampirique avec une transfusion de sang, Van Helsing aura raison de Dracula qui renaîtra au début du prochain film, bien meilleur que celui-ci, je veux parler de **Dracula prince des ténèbres (1965)**...

From the Earth to the Moon (De la Terre à la Lune) de Byron Haskin (1958)
D'après l'œuvre de Jules Verne. Film en très belles couleurs.
Barbicane découvre une source d'énergie, la puissance X qui permettra d'envoyer un projectile sur la Lune !
Le film développe le projet industriel, les problèmes économiques et politiques. C'est une gloire à l'industrie, l'industrie lourde ! Les temps ont changé...
Le laboratoire est rudimentaire, comme souvent dans les films de science-fiction de l'époque.
Il y a une petite histoire d'amour.
La vraisemblance scientifique est nulle, mais c'est normal, c'est du Jules Verne...
Ensuite on nous montre le voyage qui se déroule malgré le sabotage.
Sur le plan politique, il est question d'utiliser la puissance X comme force de dissuasion en la donnant ç tout le monde ! Si tout le monde l'a personne n'osera l'utiliser.
Puis le projectile habité se met en orbite autour de la Lune sur laquelle, croyaient-ils, il y aurait une atmosphère !

Missile to the Moon de Richard Cunha (1958)
Deux évadés de prison se réfugient... dans une fusée destinée à se rendre sur la Lune. Le constructeur de la fusée les enrôle pour la piloter (!). Parce que le gouvernement voulait l'empêcher de partir.
Marrant, hein ?
Et ce n'est pas tout !
Ils emmènent par erreur deux passagers clandestins : l'associé de l'inventeur et sa fiancée.
La fusée s'envole vers la Lune. Elle rencontre l'inévitable et cruel nuage de météorites. L'un des deux évadés est très méchant. Il convoite la fiancée et réussit à l'embrasser. Elle n'a pas l'air de dire non dites donc ! Souvent les femmes sont cucul dans ces films américains des années 50...
Ils arrivent sur la Lune où ils sont accueillis par des monstres de pierre et plein de belles filles. Toutes ces filles sont jouées par des miss France et d'autres pays, nous apprend-on au générique...
C'est dommage qu'on voie de l'herbe et des buissons sur la Lune à l'extérieur (car dans la caverne il y a de l'air produit par les Amazones)... D'autre part, comme il n'y a pas d'atmosphère sur la Lune, on ne devrait pas y entendre les coups de feu...
Toujours très amusants ces films. À voir absolument pour comprendre l'histoire du cinéma.

Le Sang du vampire de Henry Cass (1958)

C'est le retour de la Hammer dans les salles. Donc Artus Films profite de ce regain d'intérêt pour éditer des films de ce superbe studio relativement oubliés. Et c'est formidable.

Ce film contient donc tous les ingrédients du film d'horreur british des années 50 : l'assistant du vampire difforme, les belles serveuses aux profonds décolletés à la taverne, le chirurgien genre Frankenstein, et les couleurs, superbes couleurs ! Et aussi les chevauchées dans la forêt, l'arrivée au sinistre château qui est une prison et le laboratoire dans les sous-sols gothiques du château.

Tout cela relève des canons du roman Dracula et il y a même le portrait du fiancé du jeune homme qui attire le vampire. Enfin, ici c'est plutôt l'assistant monstrueux qui est attiré par la fille...

Chienne de vie ! Ou plutôt de mort !

Ce film est la version « continentale » avec des scènes érotiques « osées », la version anglaise étant plus soft...

Regarder le supplément qui apprend bien des choses sur ce film.

Par exemple, que le scénariste est aussi celui d'autres films de la Hammer : *Le Cauchemar de Dracula, Dracula prince des ténèbres, Les Horreurs de Frankenstein*, etc.

Le Blob d'Irvin S. Yeaworth Jr) 1958, film culte. Un astéroïde tombe du ciel. Il en sort une infâme masse gélatineuse qui absorbe tout sur son passage... Remake en 1988 par Chuck Russel : scène célèbre du jeune homme avec sa fiancée dans la voiture. Il est tout excité par le décolleté pigeonnant de la fille (le spectateur aussi), et au moment où il tente de découvrir ce qu'il contient, il en sort les infâmes tentacules du Blob. Il y avait eu aussi : *Attention au Blob* (1971) de Larry Hagman.

Le Septième voyage de Sindbad de Nathan Juran (1958), aventures extraordinaires tirées d'un conte des Mille et Une Nuits. Formidable. Il y avait déjà eu en 1947 : *Sindbad le marin* de Richard Wallace. En couleurs s'il vous plaît !

L'homme H d'Inoshiro Honda (1958), des hommes sont liquéfiés et absorbent tous les gens normaux sur leur passage. Terrifiant ! Tout cela à cause de la bombe atomique.

La Revanche de Frankenstein de Terence Fisher (1958), le meilleur des Frankenstein de Fisher interprété par Peter Cushing, tous produits par la Hammer. C'est vraiment un très bon film. Le docteur Frankenstein utilise son hôpital comme « gisement » de pièces de rechange humaines.

Attack of the 50FT woman de Nathan Juran sous le pseudonyme de Nathan Hertz (1959). Avant de voir ce film, j'en avais vu le remake réalisé par Christopher Guest (1993) qui ne m'avait pas paru suffisamment intéressant pour que je le cite. Or, ce film de Juran (un spécialiste de séries B et de nanars) présente un certain charme. Le sens de la culpabilité est bien rendu, à tel point qu'il m'a fait penser au roman gothique *Le Château d'Otrante* (1764) d'Horace Walpole, dans lequel la culpabilité s'exprime aussi par l'apparition d'un être humain géant... Une énorme sphère blanche atterrit sur la célèbre route 66 en Californie devant la voiture d'une femme trompée par son mari. Une main géante entre dans le champ... On se demande ensuite comment le mari peut tromper une si belle femme (riche de surcroît...) avec une grue d'hôtel. La scène la meilleure est celle de la "visite" du satellite extraterrestre par des humains, quand le shérif et le serviteur de la dame sont filmés au travers de sphères de cristal... Magnifique traitement humoristique du film d'horreur et de ses effets spéciaux.

Hideous Sun Demon de Robert Clarke (1959)
Un scientifique exposé à des radiations réagit bizarrement aux rayons du soleil ! Il devient donc une créature de la nuit...
Comme dans *Nosferatu*, une femme le retiendra jusqu'au lever du jour...
Il y a aussi deux femmes dans sa vie, comme dans *Dracula* et une scène entre une petite fille et le monstre comme dans *Frankenstein.* Que de références !
Le monstre est un peu nul et les bagarres mal foutues, mais c'est rigolo.
Un ancêtre de Hulk ?

The Cosmic Man d'Herbert S. Greene (1959). Un OVNI est repéré au radar par les militaires. On retrouve une sphère en suspension dans l'air dans la montagne.
L'armée est mobilisée. Un scientifique aussi. La culpabilité de la bombe A traîne tout le long du film. C'est la guerre froide...
Donc ils cherchent et une entité rôde...
Les effets spéciaux sont efficaces. La fille crie stupidement.
Un film intéressant. Et vive l'amitié entre les peuples !

Histoire de fantômes japonais de Nobuo Nakagawa (1959). Superbe photo couleur ! Un sale assassin samouraï est hanté par ses victimes.

Voyage au centre de la Terre de Henry Levin (1959), adaptation de Jules Verne. Plus de l'aventure que du fantastique.

Le Monde, la chair et le diable de Ronald MacDougall (1959), après l'holocauste nucléaire, dans New York déserte, seuls deux hommes (un blanc et un noir) et une femme sont rescapés. Ils se rencontrent... Le meilleur film sur les rescapés de guerre atomique. Un des meilleurs films sur les rapports humains.

L'amante del vampiro de Renato Polselli (1959) est une tentative du néoréalisme italien de faire du fantastique et de l'horreur. Pas très réussi à part l'érotisme assez réussi. Faut dire que ce film manque de moyens à un tel point que cela en devient son atout et son charme. Un peu du Jean Rollin italien...

La Malédiction des Pharaons de Terence Fisher (1959), Peter Cushing est le gentil égyptologue et Christopher Lee la méchante momie.

Le Testament du docteur Cordelier de Jean Renoir (1959), le meilleur film adapté du *Dr Jekyll et Mr Hyde*. C'est un film pour la télévision. Le grand Renoir, bien sûr... Les autres sont un peu ennuyeux... sauf *Mary Reilly*.
Citons : *Der Januskopf* de Murnau (1920) – *Dr Jekyll et Mr Hyde* de Rouben Mamoulian (1932) et de Victor Fleming (1941) – *Les Deux visages du Dr Jekyll* de Terence Fisher (1960) – *Dr Jerry et Mr Love* de Jerry Lewis (1963) – *Dr Jekyll and Sister Hyde* de Ward Baker (1971) et, sur le même thème, *La Machine* de François Dupeyron (1994) – *Mary Reilly* de Stephen Frears (1995).

Le Voyeur de Michael Powell (1959), film d'horreur mythique. Un film où le tueur psychopathe tue ses victimes qui se voient mourir dans une glace et qui les filme tout en les exécutant. Un très grand film sur le voyeurisme, qualité indispensable du cinéphile chez qui un monstre sommeille toujours....

Le Dernier rivage de Stanley Kramer (1959), film noir et nostalgique sur les faux espoirs des derniers survivants de la guerre nucléaire.

Attack of the 50FT woman de Nathan Juran sous le pseudonyme de Nathan Hertz (1959). Avant de voir ce film, j'en avais vu le remake réalisé par Christopher Guest (1993) qui ne m'avait pas paru suffisamment intéressant pour que je le cite. Or, ce film de Juran (un spécialiste de séries B et de nanars) présente un certain charme. Le sens de la culpabilité est bien rendu, à tel point qu'il m'a fait penser au roman gothique *Le Château d'Otrante* (1764) d'Horace Walpole, dans lequel la culpabilité s'exprime aussi par l'apparition d'un être humain géant... Une énorme sphère blanche atterrit sur la célèbre route 66 en Californie devant la voiture d'une femme trompée par son mari. Une main géante entre dans le champ... On se demande ensuite comment le mari peut tromper une si belle femme (riche de surcroît...) avec une grue d'hôtel. La scène la meilleure est celle de la "visite" du satellite extraterrestre par des humains, quand le shérif et le serviteur de la dame sont filmés au travers de sphères de cristal... Magnifique traitement humoristique du film d'horreur et de ses effets spéciaux.

Le Village des damnés de Wolf Rilla (1960), douze enfants naissent de femmes dont certaines sont vierges après que le village fut isolé du reste du monde. Ces enfants terrifiants veulent la perte de l'humanité. Une suite de Anton M. Leader *Children of the damned* en 1964 et, en 1995, un magnifique remake, *Le Village des damnés* de John Carpenter, où la même histoire est traitée à sa manière : ironiquement terrifiante.

Les Yeux sans visage de Georges Franju (1960), un chirurgien enlève et opère d'innocentes jeunes filles auxquelles il prélève leur visage pour reconstituer le visage détruit de sa fille bien aimée. Brrr... Un vrai film d'horreur comme on en voit peu hélas dans le cinéma français.

La Petite boutique des horreurs de Roger Corman (1960), un employé minable d'un magasin de fleurs a trouvé des graines dans une poubelle. Une fois plantées, elles donnent une plante qui parle et qui mange les êtres humains. Film culte ! Une séquelle plutôt comédie musicale (1986) par Franck Oz. Le look de la plante a été souvent repris, particulièrement dans *Gremlins 2* (1990).

Psychose d'Alfred Hitchcock (1960), la scène célèbre de l'assassinat de la belle fille dans la douche. Qui est qui ? La fin, où l'image de la voiture contenant le cadavre de la jeune fille qui sort de l'eau succède à l'image ricanante de la tête de mort de la mère momifiée se superposant à celle de Perkins, est proprement fantastique. Nombreuses suites : *Psychose II* de Richard Franklin (1982) – *Psychose III* d'Anthony Perkins (1985) qui ne sut pas s'arrêter et réalisa d'autres suites dont il ne vaut pas la peine de parler. Enfin, Gus Van Sant a réalisé un magnifique remake, une reconstitution en couleurs plan par plan en 1998 : *Psycho*.

La Machine à explorer le temps de George Pale (1960), c'est dans ce film que l'on voit les Morlock, monstres de caoutchouc dont l'image est encore toujours utilisée pour illustrer le film fantastique. Une très belle adaptation du roman de H.G. Wells.

Le Moulin des supplices de Giorgio Ferroni (1960), est un film d'horreur baroque, mais un baroque bien rangé, qui joue sur la contradiction entre le décor naturel plat et froid des canaux à l'extérieur et le labyrinthe non euclidien et très coloré de l'intérieur du moulin. Ce film est le chef-d'œuvre de Ferroni qui a réalisé quelques péplums, deux ou trois westerns spaghettis. Un petit bijou de film d'horreur...

Le Masque du démon de Mario Bava (1960), chef-d'œuvre du gothique, début du gore, ce film eut des ennuis avec la censure, car la première scène montre une violente exécution par une "vierge de Nuremberg" (un masque avec des pointes à l'intérieur appliqué sur le visage à coups de massue). Deux vampires exécutés autrefois par ce procédé cruel reviennent à la vie grâce à quelques gouttes de sang d'un voyageur. Formidables mouvements de caméra. Avec l'actrice fétiche de Bava : Barbara Steele. Extrait de *Vie des fantômes* de Jean Louis Leutrat : « *L'histoire se déroule au sein d'une même famille. Elle relie deux femmes de cette famille à deux siècles d'intervalle. Un mouvement de caméra allant de la fille au père insiste sur l'idée de lignée. Le père est celui qui a assuré la descendance, la filiation satanique. Lorsque la caméra filme son fauteuil de dos, tout en s'en approchant, il est difficile de ne pas penser à* Psychose *qui est la même année. Mais au lieu de révéler la momie d'une mère, ce mouvement aboutit à la figure d'un père catatonique.* » Voir au chapitre des chefs-d'œuvre.

Le Cirque des horreurs de Sydney Hayers (1960) Un assassin assassine dans un crique. Rien de spécial à signaler.

Gorgo d'Eugène Lourié (1960). La grosse bébête vous fera rire, mais les décors et la lumière sont superbes. À la fin, la maman s'en va au fond des mers avec son petit...

La Cité des morts de John Moxey (1960)
Ce film est intéressant à plus d'un titre. Son scénario semblerait avoir inspiré ou s'être inspiré de plusieurs films : *L'Antre de la folie* (1994) de John Carpenter (avec le village maudit), *Rendez-vous avec la peur* (1957) de Jacques Tourneur (avec le sorcier et la malédiction), Le *Masque du démon* (1960) de Mario Bava (le retour de la sorcière)...
Le film est ultra fauché et remplace les décors par le brouillard cher à Roger Corman. Christopher Lee est bon comme à son habitude et, de par l'intertextualité de ce film, on prend un certain plaisir à le regarder.

Maciste contre le fantôme de Sergio Corbucci et Giacomo Gentilomo (1961). Dé-li-ci-eux. Ah ! Il y en a eu des Maciste, du pire et du meilleur... Celui-ci fait partie de la seconde catégorie ! On ne pouvait faire mieux que Corbucci.

L'horrible docteur Orloff de Jess Franco (1961). Excellent film en noir et blanc ! Le meilleur de Franco qui s'est donné un peu de mal pour réussir un bon petit film d'horreur.

La Nuit du loup-garou de Terence Fisher (1961) célèbre pour le maquillage du loup, dont la photo est souvent utilisée pour illustrer le genre.

Hercule contre les vampires de Mario Bava (1961), péplum vampirique un peu long. On note la prestation de Christopher Lee.

Les Damnés de Joseph Losey (1961), enfants mutants créés par les militaires...

Les Innocents de Jack Clayton (1961), une maison hantée, des enfants sous la hantise et leur gouvernante.
Autre adaptation de Henri James : *Le Tour d'écrou* de Rusty Lemorande (1992)

Le Jour où la Terre prit feu de Val Guest) 1961.« *Ils ont traficoté dame Nature !* » – « *Ils vont bien faire quelque chose !* » – « *C'est de la science-fiction.* » Telles sont quelques paroles collectées ici ou là pendant le film. Bombes atomiques (US et soviétiques), taches et éclipses solaires, brume soudaine en plein été suivie d'un cyclone.

Bizarre non ? Avec leurs bombes... Il fait de plus en plus chaud à Londres et Val Guest filme les cartes postales. Ce film bavard aux dialogues "bateau" a dû rester dans la mémoire des "bonnes femmes" qui accusent la bombe de détraquer la météo...

La Révolte des Triffides de Steve Sekely et Freddy Francis (1962). Je me souviens très bien de ce roman de John Wyndham publié si mes souvenirs sont bons chez Fleuve Noir. Assez terrifiant. Le film lui est un peu vieillot, mais possède ce charme irrésistible des vieux beaux...

Le Fantôme de l'Opéra de Terence Fisher (1962). Un pendu sur la scène, une voix qui traverse les murs... un chasseur de rats, un fantôme borgne masqué, une espèce de Quasimodo tueur, une partition sur un paravent, un incendie dans une imprimerie, un producteur qui s'approprie l'œuvre musicale d'un disparu et... la vengeance de ce dernier. Il y a le fleuve aussi... Terence Fisher filme tout cela sans imagination... Autres films tirés du roman de Gaston Leroux : *Le Fantôme de l'Opéra* de Rupert Julian (1925) – *Le Fantôme de l'Opéra* d'Arthur Lubin (1941) – *Phantom of the Paradise* de Brian de Palma (1975) – *Terreur à l'Opéra* de Dario Argento (1987) – *Le Fantôme de l'Opéra* de Dwight H. Little (1990) – *Le Fantôme de l'Opéra* de Dario Argento en 1999...

La Tour de Londres de Roger Corman (1962). Remake du film de Rowland W. Lee (1939) avec Boris Karloff. Cette fois c'est avec Vincent Price toujours aussi bon. Les scénaristes (Leo Gordon, Amos Powell et James B. Gordon) ont rajouté les fantômes.

Brûle, sorcière brûle de Sydney Hayers (1962). Un petit film en noir et blanc pas trop mauvais...

Le Baron de Crac de Karel Zeman (1962)
Film tchèque.
Quelques images d'animation délicieuses pour montrer l'évolution de la civilisation jusqu'au voyage dans la Lune.
Le cosmonaute met en route un phonographe, mais ils ne savent pas que le son ne se transmet pas sur la Lune qui n'a pas d'atmosphère. Puis ce sont les personnages de l'œuvre de Jules Verne qui partent. Puis même Cyrano de Bergerac.
Le baron de Crac prenant le cosmonaute pour un sélénite le ramène sur Terre avec son « vaisseau ». Ils atterrissent aux pieds du Palais du Sultan de Turquie.
Puis, ils vont libérer la belle captive du méchant Sultan.
Oui, tout cela est un peu niais...
Une espèce de Baron de Münchhausen, en moins bien.

L'effroyable secret du Docteur Hichcock de Robert Hampton (1962)
Ce film est de Riccardo Freda qui utilise son habituel pseudonyme anglo-saxon.
Il faut savoir que les réalisateurs italiens de fantastique des années 60 ont tous utilisé ce procédé pour faire croire à un film anglais, car ils voulaient surfer sur le succès des films de La Hammer (Dracula, Frankenstein, etc.), mais aussi, jusqu'aux années 70, sur des films d'horreur américains, comme Lucio Fulci avec ses deux films de Zombies.
L'éditeur du DVD de ce film (Artus Films) le classe dans sa collection « Gothique ». Je veux bien si on se réfère au fait que ce film est construit comme les films de Terence Fisher avec les couleurs et les plans habituels des films de La Hammer. Mais en fait,

tout cela n'est qu'un camouflage artistique pour raconter une histoire très rare au cinéma, celle d'un nécrophile. C'est cela le « secret effroyable » : la nécrophilie. Mais ne vous inquiétez pas, pas question de scènes nécro/pornos... Non, tout est suggéré, c'est ce qui fait la beauté de ce film.

Il a un autre atout : la présence de Barbara Steele comme actrice principale. Tout film avec cette actrice mérite d'être appelé un bon, voire un grand film.

Le générique est en noir et blanc, mais le film est en couleurs. L'intrigue se déroule à la fin du XIXe siècle comme tous ces films de La Hammer inspirés de près ou de loin des œuvres littéraires que sont le *Dracula* de Bram Stoker et le *Frankenstein* de Mary Shelley.

Contrairement à ce que j'ai lu quelque part, le nom du docteur « Hichcock » n'est pas ressemblant par hasard au nom du grand réalisateur Hitchcock. Ce serait bien prendre Freda pour un imbécile de le croire. C'est, bien sûr, un hommage et sans doute Freda a-t-il enlevé le « T » pour se protéger juridiquement d'une accusation d'utilisation du nom d'un autre réalisateur. D'ailleurs plusieurs scènes sont un hommage à l'œuvre d'Hitchcock. Et il va sans dire que l'on sent nettement l'influence du film *Psychose* (1960) dans le scénario du film de Freda...

Plus tard, en 1965, Roger Corman reprendra le thème de l'épouse d'un veuf hantée par la conjointe disparue, mais sans la nécrophilie. C'est dans le film *La Tombe de Ligeia* (1965) inspiré d'une œuvre d'Edgar Poe (*Ligeia* 1838).

Une suite : *Le Spectre du professeur Hichcock* (1963)

La Planète des hommes perdus d'Antonio Marghereti (Anthony Dawson) 1962

C'est le deuxième film de Marghereti. Une curiosité cinématographique.

Musique pompier, dialogues bateau, décors bon marché, effets spéciaux simplistes et jargon scientifique à côté de la plaque. Une bataille spatiale très ringarde.

Un délice ! Très niais. Un film fait avec des bouts de ficelle.

L'histoire : tout indique une attaque extraterrestre... Un astéroïde a pénétré dans le système solaire et menace la Terre. Ils envoient un astronef pour étudier le « corps étranger ».

Un scientifique acariâtre présente une théorie seul contre tous !

Ce n'est pas sans rappeler une série SF très célèbre, celle du professeur Quatermass. Je parierais que ce scénario s'en est inspiré.

Voici les trois films de la série (films de La Hammer) : Le Monstre de Val Guest (1955) – La Marque de Val Guest (1957) – Les Monstres de l'espace de Roy Ward Baker (1967)

On le voit, les deux premiers sont antérieurs au film de Marghereti, dont le scénario ressemble à celui de *La Marque*...

En supplément le délicieux exposé d'Alain Petit sur la SF dans le cinéma italien...

La Planète des tempêtes de Pavel Klushantsev (1962)

Six cosmonautes et un robot parviennent sur Vénus avec deux vaisseaux (le troisième est détruit par un astéroïde dès le début du film). Ils y trouvent diverses créatures genre dinosaures et des habitants qu'ils entendent, mais qu'ils ne voient jamais...

Ce film est une curiosité cinématographique des films soviétiques de propagande à très petits budgets. On sait aujourd'hui ce qu'est la planète Vénus et ce film est rendu ridicule par ce savoir, ce qui amène le producteur à carrément s'excuser au début avec un panneau explicatif...

Cette histoire est sans doute inspirée du célèbre film *Planète Interdite* de Fred M. Wilcox (1956). Les Soviétiques n'ayant jamais vu ce film, le scénariste ne s'est pas gêné, d'autant plus que le robot dans le film soviétique est un robot anglo-saxon ! Et, cerise sur le gâteau, *Planète interdite* est inspiré de *La Tempête* de Shakespeare !

En supplément, comme toujours dans le DVD d'Artus Films, le superbe exposé d'Alain Petit, qui ne connaît pas le cinéma soviétique aussi bien que le cinéma italien. En effet, s'il cite bien *Solaris* (1972) le chef-d'œuvre d'Andreï Tarkovski, il oublie le *Stalker* (1979) du même, et aussi l'adaptation du roman ennuyeux de l'écrivain officiel soviétique Efremov, *La Nébuleuse d'Andromède*... Film homonyme d'Evgueni Cherstobitov (1967)

L'étrange histoire du juge Cordier de Reginald Le Borg (1962). La moins mauvaise adaptation de la nouvelle de Maupassant *Le Horla*. Avec le grand Vincent Price qui tourne beaucoup cette année-là. La culpabilité est la base de la hantise. Même celle du *Horla* ! Corbillard, chevaux noirs, brume dans le cimetière, portes et fenêtres qui s'ouvrent toutes seules, lueur verte dans les yeux. Le possédé dialogue avec l'invisible comme le schizophrène.

L'empire de la terreur de Roger Corman (1962), une adaptation de nouvelles d'Edgar A. Poe. Du Corman avec chevauchées, château et brume.

Carnival of souls de Harold "Herk" Harvey (1962), film culte qui a inspiré de nombreux cinéastes dont le moindre n'est pas Tim Burton avec la voiture qui tombe dans la rivière dans *Beetlejuice*.. Par contre, Peter Staub a (honteusement ?) copié le scénario pour son roman *Ghost story* dont est tiré le film *Le Fantôme de Milburn* (1982) de John Irvin. Je ne dévoile pas le thème du film pour ne pas déflorer le sujet. Ce film est un chef-d'œuvre.

La Fille qui en savait trop de Mario Bava (1962), le premier giallo (cela veut dire jaune, comme les couvertures de la collection de livres policiers). On ne connaît le meurtrier qu'à la fin. La dernière scène est savoureuse : un curé passant par là ramasse le paquet de cigarettes jeté par l'héroïne et le met dans sa poche... Tout se passe au centre de Rome.

Le Manoir maudit d'Antonio Bocacci (1963)
Le réalisateur a signé ce film du pseudonyme d'Anthony Krystie.
Un film en noir et blanc d'assez mauvaise qualité.
Un château en plan fixe qu'on voit souvent dans les films fantastiques italiens.
Deux jeunes filles qui y ont pénétré sont enlevées par un homme au visage difforme qui les torture à mort. Une autre jeune fille venue avec son père se retrouve dans la salle des tortures du château. Le pauvre spectateur a droit à un défilé de monstres en carton-pâte.
Les plans sont répétitifs. Avec la déambulation des personnages dans le château au travers de multiples portes, le réalisateur veut faire du Dreyer comme dans *Vampyr*, mais c'est raté.
Supplément du DVD de chez Artus films : « **la tombe des tortures** », par Alain Petit.

Bocacci n'a réalisé qu'un seul film, celui-ci. Mais l'année 1963 fut une belle année pour le gothique italien, avec deux Mario Bava (Le Corps et le fouet & Les Trois visages de la peur) et des Margheriti (La Danse macabre & La Vierge de Nuremberg) et... La Crypte du vampire, etc., et quelques petits films « clandestins ».

À côté de ces géants : ce petit film. Un film ou un roman-photo ? Un film ! Le plus mauvais des films gothiques italiens ! Pourtant il a bien été diffusé à la télévision américaine.

La dernière demi-heure est intéressante, le monstre aussi... C'est Alain Petit qui le dit...

The Blood Feast de Herschell Gordon Lewis (1963), premier vrai film gore dont Lewis se fera la spécialité. Ses films si violents seront longtemps interdits dans de nombreux pays.

L'horrible cas du Dr X de Roger Corman (1963). Un pauvre docteur voit le monde comme au travers des rayons X. Il en deviendra fou. Seul Roger Corman est capable de traiter un sujet aussi difficile pour en faire un film attachant.

Les Oiseaux d'Alfred Hitchcock (1963), les oiseaux attaquent et tuent, on ne sait pas pourquoi et on ne le saura jamais. Scène célèbre de l'incendie de la station-service produite par trois ingrédients : les horribles oiseaux, un automobiliste ivre qui fume et de l'essence qui coule. Les effets spéciaux sont stupéfiants et le suspens insoutenable.

Trois visages de la peur de Mario Bava (1963), trois sketches expressionnistes de terreur : *Le Téléphone*, *Les Wourdalaks* et *La Goutte d'eau*. Le chef-d'œuvre de Mario bava. Le sketch sur le téléphone a inspiré tous les films d'horreur contemporains. N'est-ce pas Wes Craven ? Celui sur les vampires (*Les Wourdalaks*) crée une ambiance de terreur avec les éclairages en couleurs expressionnistes le cadrage des fenêtres : petit à petit tout le monde sera contaminé. Et *La Goutte d'eau* est une histoire de hantise surprenante.

Docteur Folamour de Stanley Kubrick (1963), film terrifiant sur l'implacable machine militaire qui conduit inexorablement à la guerre nucléaire. Chef-d'œuvre souvent imité et jamais égalé. Scène où Peter Sellers (qui joue plusieurs rôles) n'a pas de pièce de monnaie pour téléphoner afin de sauver le monde, et il ordonne à un militaire de détruire un distributeur de Coca Cola pour en récupérer et ce dernier déclare : « *Vous en répondrez devant la société Coca Cola* »....

La Jetée de Chris Marker (1963), voyages dans le temps de rescapés de la troisième guerre mondiale. Photographies (immobiles par définition) et mouvement des paupières d'une femme qui ouvre les yeux, une profonde réflexion sur le temps qui nous atteint en profondeur. Les films de Chris Marker ne sont pas faciles, mais l'effort fait pour les regarder est récompensé par un souvenir ineffaçable.

La Maison du diable de Robert Wise (1963), une maison hantée, un film effrayant sans aucun effet spécial où le son est toujours vecteur de la terreur, en association avec l'image, bien sûr. Un escalier métallique en spirale qui mène à la mort et que l'on emprunte poussé par son angoisse... Un chef-d'œuvre qui touche le spectateur au fond de cette culpabilité qui existe en chacun de nous. Remake : *Hantises* (Jan De Bont) 1999. Ces films sont des adaptations du roman de Shirley Jackson *La Maison hantée*. Shirley Jackson se définissait elle-même comme une vraie sorcière.

La Malédiction d'Arkham de Roger Corman (1963), Charles Dexter Ward renaît une fois de plus pour la malédiction de la petite ville d'Arkham. Bonne adaptation de Lovecraft. On annonce A. E. Poe au générique, mais c'était parce que Lovecraft n'était pas connu, et Corman était célèbre pour ses adaptations de Poe qui n'a rien à voir avec ce film.

Le Manoir de la terreur de Martin Herbert (Alberto de Martino) (1963)
Le titre de ce film a été aussi « Horror », et parfois daté en 1962. Autres titres : « Demoniac », « The Blancheville Monster »...
Le scénario est de Sergio Corbucci, pas moins !
Artus Film qui a édité ce film en DVD annonce une adaptation de La Chute de la maison Usher... Très tiré par les cheveux.
Nous sommes en Angleterre en 1884. Une jeune fille retrouve son frère en revenant dans le manoir familial avec une amie et le frère de celle-ci, qui est aussi l'amoureux de la jeune fille. Leur père est décédé. Un mystère terrifiant plane dans ce manoir. Une hantise ? Une malédiction ?
Il devait faire très froid pendant le tournage du film à voir la vapeur qui sort de la bouche des acteurs quand ils parlent.
Quant à l'histoire, elle ne tient pas ses promesses. Le film est en noir et blanc et la photo n'est pas terrible. On sent une volonté de s'inspirer du style des films de la Hammer, mais ça manque d'inspiration !
Comme dans « Vampyr » de Dreyer (1932), il y a un cercueil avec une petite fenêtre sur le couvercle pour voir le visage du mort. Ce fut le cas aussi dans le film « L'effroyable secret du docteur Hichcock » de Riccardo Freda (1962, sous le pseudonyme de Robert Hampton)..
Le château est une maquette au début du film et le tournage a eu lieu en Espagne dans le château de « L'horrible docteur Orloff » de Jess Franco (1961).
Le plus grand talent d'Alberto de Martino a été d'être un très bon imitateur...
Dans les suppléments du DVD, on apprécie une interview d'Alain Petit, comme toujours très intéressante. « Le film est contemporain de l'âge d'or » du gothique italien, dit-il.

Venus in Furs de Jess Franco (1963)
Ce film est publié en DVD en 2012 par Artus Films dans un coffret comprenant quatre films de Jess Franco dont deux sont des films porno soft. Je traiterai donc ces trois films parce qu'ils forment un tout dans l'oeuvre de Franco.
Revenons à **Venus in Furs**.
Dans les bonus du DVD il y a une interview d'Alain Petit très intéressante. Il nous explique que ce film a été tourné en Turquie, qu'il est un chef-d'œuvre dans la carrière du cinéaste, chef-d'œuvre dans lequel tous ses univers sont regroupés. Il rappelle également que Jess franco partait tourner un film avec l'argent du producteur pour ce film et revenait souvent avec deux films ou trois ! Il savait très bien recycler les images et les rushes...
Nous sommes donc à Istanbul. Un homme déterre sa trompette. Il ne sait plus pourquoi il l'avait enterrée dans le sable sur la plage. Il trouve le cadavre d'une jolie fille apporté par la mer. Elle avait été assassinée sous ses yeux auparavant.
À Rio, il se remet à la trompette et dès qu'il en joue la femme réapparaît.

Jess utilise des images de reportages d'actualité sur le Carnaval de Rio et il filme les tableaux fixés au mur quand apparaissent les méchants.

Il est question de musique (jazz), de peinture et gravure, de photos.

Superbe film d'amour et de mort...

Avec Klaus Kinski.

Le même thème a été traité dans le film culte *Carnival of Soul* de Harold Herk Harvey (1962)

La Vénus à la fourrure est un roman masochiste de l'auteur *Leopold von Sacher-Masoch,* paru en 1870. D'ailleurs le terme de *masochisme* provient du nom de l'auteur !

Roman Polanski a réalisé une adaptation de ce roman dans son film homonyme ayant concouru au Festival de Cannes 2013.

Twice-Told Tales de Sidney Salkow (1963). Salkow a réalisé l'année suivante "Je suis une légende" adapté du roman de Matheson. Twice-Told Tales, jamais projeté en France à ma connaissance (sauf à la télé) est un petit bijou de film d'horreur qui adapte trois contes de Nathaniel Hawthorne (donc, trois contes puritains...), ce qui est suffisamment rare, car c'est un auteur difficile à adapter à l'écran :

L'Expérience du docteur Heidegger : De l'eau de jouvence trouvée qui sourd dans le caveau où repose le corps de Sylvia. Les deux frères retrouvent la jeunesse grâce à cette eau et redonnent vie à Sylvia. Mais cela va faire ressortir les cadavres des placards et la malédiction règne, car elle est la mère de la culpabilité.

La fille de Rappaccini : Une très belle jeune fille dans un si beau jardin à Padoue. Mais cette jeune fille est empoisonnée ! C'est la punition de son père qui veut la préserver du péché et la garder pour lui seul... Ah ! La culpabilité !

La Maison aux sept pignons : Cette maison est le siège d'une malédiction. Et (donc) elle est hantée. Toujours la culpabilité. Et un amour interdit.

L'esprit puritain et le sentiment de culpabilité de Hawthorne dont un ancêtre fit brûler les sorcières de Salem sont vraiment bien rendus.

Le Sadique baron von Klaus de Jess Franco (1963). Jess Franco a été le meilleur avec le noir et blanc qui permet de bien filmer sans gros moyens... Et c'était sa période où il se donnait un peu de mal pour travailler ses plans sans effet de zoom laborieux.

La Poupée diabolique de Lindsay Shonteff (1964)

DVD Artus Films

Excellent film en noir et blanc.

Un ventriloque roule en voiture avec sa poupée... Il veut rester le maître et le dit à la poupée. La complice du ventriloque qui est aussi hypnotiseur ne veut plus participer au spectacle. Elle a peur de lui. Il s'appelle Vorelli.

On assiste au spectacle de Vorelli. On constate qu'il y a de nombreux spectateurs qui fument !

Puis c'est la représentation avec Hugo, la poupée. Même l'assistante fume derrière le rideau de la scène.

Marianne qui avait participé à un sketch avec Vorelli reste sous son emprise. L'hypnotiseur est invité à une fête au château de la tante de Marianne. Cette dernière accepte un verre de vin de la part de Vorelli et se fait brièvement hypnotiser. Elle est très jolie cette Marianne.

Il y a une discussion entre le mannequin/poupée et l'hypnotiseur. Et voilà que la marionnette se lève et marche. Comme elle l'avait déjà fait lors du spectacle. Le mannequin saisit un couteau et menace son maître qui continue à l'humilier. Vorelli hypnotise Marianne pendant que Marc, son fiancé, inspecte clandestinement la poupée pour s'apercevoir que ce n'est qu'une poupée... Vorelli oblige Marianne à venir dans sa chambre. Alors que Marc est visité par le mannequin qui l'appelle au secours et lui parle de Berlin en 1948.

Marianne va mal. « Un état de semi-coma avec des poussées de délire ». Elle appelle son fiancé au secours : « Fais-le cesser Marc ! »... Le jeune homme fait le bon diagnostic : c'est Vorelli !

L'assistante de ce dernier est jalouse. Il prend un couteau pour menacer la marionnette ? Non ! En fait, la poupée sort de sa cage avec le couteau et va tuer l'assistante.

Marc embauche un autre journaliste pour enquêter sur Vorelli. Leur enquête les amène à découvrir que l'âme d'un jeune assistant a été transférée dans le pantin par Vorelli. Mais personne ne croit Marc sur ce sujet. Classique.

Marianne est complètement soumise à Vorelli qui lui rend visite.

La jeune femme annonce à Marc qu'elle aime Vorelli et qu'elle le quitte...

Mais la marionnette va tout arranger !

Quand la Terre s'entrouvrira d'Andrew Marton (1964)

Une idée « géniale » : creuser un puits profond jusqu'au magma afin de trouver une source d'énergie « inépuisable »... Mais cette « source » serait protégée par une couche impossible à percer.

Alors, autre idée « géniale » : utiliser la bombe atomique pour y parvenir !

L'initiateur du projet est marié avec une superbe blonde qui est l'attrait essentiel du film...

Évidemment, certains ne sont pas d'accord avec ce projet.

Tous les personnages sont « propres sur eux », bien coiffés, bien maquillés, les vêtements portés à peine repassés.

En fait, le lecteur se pose la question : « ont-ils vraiment bombardé le sous-sol avec la bombe atomique ? »

Ouiiii ! Et alors c'est la catastrophe. D'autant plus que la croûte terrestre avait été déjà fissurée par les précédents essais nucléaires souterrains.

Une superproduction cataclysmique !

Les Maléfices de la momie de Michael Carreras (1964). Oui, comme les histoires de momies ne m'ont jamais emballé, je n'en dirais pas plus. Et comme j'aime ce que fait La Hammer...

Le Masque de la mort rouge de Roger Corman (1964), cette fois, la Mort rouge est inspirée de Poe. Une épidémie hideuse met fin aux atrocités d'un seigneur sans pitié, serviteur du démon... La couleur, amie de toujours de Corman qu'il sait si bien utiliser, règne en maître dans ce film.

Mothra contre Godzilla d'Inoshiro Honda (1964), une énorme mite, puis ses deux larves, viendront à bout de Godzilla.

Onibaba (Les Tueuses) de Kaneto Shindo (1964), on ne sort pas indemne de la vision de ce film terrible. Paysage de roseaux agités par le vent, piège mortel et cruel au milieu du chemin, femmes avides de sexe et de mort, plus fortes que les Samouraïs, plus fortes que la guerre, mais si faibles devant l'amour, masque effrayant que la belle-mère ne pourra plus quitter. Terrible !

La Sorcière sanglante d'Antonio Margheriti sous le pseudonyme d'Anthony Dawson (1964), film gothique dans lequel Barbara Steel, comédienne fétiche de Mario Bava, tient de nouveau le double rôle de victime et de spectre (comme dans *Le Masque du démon* de Mario Bava et *La Chambre des tortures* de Corman).

Les Premiers hommes sur la Lune de Nathan H. Juran (1964), un savant invente une substance qui inverse la gravité. Il l'utilise pour aller dans la lune où les voyageurs font connaissance avec le peuple de là-haut. Ces « gens » ressemblent à des insectes.

Six Femmes pour l'assassin de Mario Bava (1964), du pur giallo, l'épouvante mise en scène à l'Italienne. Les couleurs vives jouent ici le même rôle que le noir et blanc de l'expressionnisme du cinéma allemand des années vingt. Une maison de couture (lieu de la création pour le corps), des jeunes femmes mannequins assassinées par un mystérieux assassin masqué. La fin sera surprenante, vraiment...

Dracula prince des ténèbres de Terence Fisher (1964), la suite du *Cauchemar de Dracula* de Fisher et avec Chritopher Lee. Dracula est reconstitué avec le sang d'un pauvre voyageur qui s'est perdu dans la région.

Ce film est suivi d'autres produits par la Hammer et qui commencent par la fin du précédent suivie de la résurrection du vampire : *Dracula et les Femmes* de Freddie Francis (1969) – *Une Messe pour Dracula* de Peter Sasdy (1970) – *Dracula 73* d'Alan Gibson (1972). Avant *Dracula prince des ténèbres*, la Hammer avait produit un film dans lequel Christopher Lee avait refusé de jouer le rôle de Dracula, craignant d'être trop catalogué. Ce fut *Les Maîtresses de Dracula* de Terence Fisher en 1960. Contrairement à ce que suggère le titre, Dracula n'est pas présent, mais Van Helsing si, sous les traits de Peter Cushing.

L'empreinte de Frankenstein de Freddie Francis (1964)

Film de La Hammer au Titre original : *The Evil of Frankenstein.*

Les prologues des films de La Hammer sont toujours très denses. Ici on assiste à l'enlèvement du corps d'un défunt par un individu peu recommandable d'apparence, ceci sous les yeux d'une innocente jeune fille. Le laboratoire du baron Frankenstein est très coloré et très animé avec moult vapeurs (produites par l'azote liquide du responsable des effets spéciaux). Les opérations post mortem, bien que seulement suggérées, sont terrifiantes. Peter Cushing en docteur de l'horreur est toujours aussi bon. « Le travail du diable » affirme le prêtre de la paroisse. Le château du baron ressemble à celui du comte Dracula. Quant à l'étincelle de vie elle provient de la fée électricité comme l'avait indiqué Mary Shelley.

Dans un film de Frankenstein tout est dans la créature. Ici elle est plutôt ratée.

Nouveauté : cette créature aime la chair fraîche, du moins dans la première partie du film.

Une histoire à dormir debout, mais il y a Peter Cushing.

La Crypte du vampire de Camillo Mastrocinque (1964). Un joli noir et blanc avec Christopher Lee qui ne joue pas le vampire.
Le même château que dans *Le Cimetière des Morts vivants* et *Vierges pour le bourreau*.
Il y a trois jolies filles pas moins.
Un jeune restaurateur d'œuvres d'art arrive au château du comte Karlstein. Ce dernier veut enquêter sur une de ses ancêtres, exécutée autrefois pour sorcellerie. Il confie l'enquête au jeune homme, car il doit y avoir un tableau dans la maison qui montre le portrait de cette jeune femme ancêtre du comte.
Voilà une bonne idée de scénario.
La fille de Karlstein et sa gouvernante tentent de faire un cérémonial nécromancien pour découvrir si la jeune-fille n'est pas la réincarnation de la sorcière... Il semble que la jeune fille sorte possédée de cette cérémonie.
La fiche technique du film indique que le scénario est inspiré de la nouvelle *Carmilla* de Le Fanu. Soit. Mais il est aussi nettement inspiré du film *Le Masque du démon* de Mario Bava (1960).
Ce film comporte quelques magnifiques plans : quand Laura (la fille du châtelain) dort dans l'obscurité son visage éclairé... La scène où les deux jeunes filles trouvent le clochard pendu à la cloche de la chapelle abandonnée...
Mais qui est le vampire ?
Le mystère vous tient jusqu'au bout.
Ce film est très bon. Le scénario est excellent.

L'orgie des vampires de Renato Polselli (1964)
Artus films s'est fait la spécialité d'exhumer des films complètement oubliés même si leur qualité peut laisser à désirer. Mais cela est un grand plaisir de cinéphile de voir ces réalisations et de les analyser.
Le titre italien du film est « Il monstro dell opera ». Traduction : « Le monstre de l'opéra »
En fait, s'il y a bien un vampire et son harem de vampires il n'y a pas vraiment d'orgie.
C'est un film en noir et blanc.
En prologue, une fille en chemise de nuit fuit dans la nuit... poursuivie par un homme en smoking qui ricane. On devine que l'homme en smoking est le vampire. Le smoking est une influence du film *Dracula* de Tod Browning (1931).
Une troupe de spectacles composée essentiellement de jolies filles s'installe dans un théâtre abandonné. Hanté par un vampire.
Les changements de perspective sont intéressants.
Lily ressemble à Laura la fiancée du vampire (cf Mina dans Dracula...)
Beaucoup de bavardages et d'explications (ah ces Italiens !)
La maîtresse de Stéphane est mariée...
Vivement que le film soit fini !
La copie du film en version française n'étant pas complète elle a été complétée par les passages manquants qu'on trouve en version originale et qui ont été sous-titrés par Artus films.
Ce film fait partie de la collection « Gothique » D'Artus Films.

Le Manuscrit trouvé à Saragosse de Wojciech J. Has (1964), des histoires qui s'emboîtent comme des poupées gigognes, des pendus, des fantômes, l'inquisition, la religion et l'amour, et beaucoup de profonds décolletés. Mais est-ce un rêve ou la réalité ? Merveilleux.

Je suis une légende de S. Salkow et U. Ragona (1964). Un beau petit film en noir et blanc dans lequel Vincent Price est excellent. Cette adaptation du roman de Matheson a certainement bien inspiré d'autres films comme, par exemple, *La Nuit des morts-vivants* (1968) de George Romero. Un seul être humain a survécu sur notre Terre peuplée de vampires.

Deux mille maniaques de Herschell Gordon Lewis (1964). Il est très bon ce film ! On peut sourire de la terreur qu'il a produite à sa sortie, car le gore n'est pas si terrible que cela. On ne voit pas la mort du chat noir étranglé par un enfant ni l'écartèlement du Yankee par les quatre chevaux. Les pécheurs adultères sont bien punis. Faites attention, n'acceptez jamais n'importe quelle invitation d'un inconnu. Ce film a dû en inspirer pas mal d'autres, comme *Massacre à la tronçonneuse* par exemple...

Le Corps et le fouet de Mario Bava sous le pseudonyme de John M. Old (1965), terreur dans un château dans lequel deux frères s'affrontent pour l'héritage. Fantôme ou illusion ? Le sadisme est-il le produit de l'imagination du masochiste ?

Le Diabolique docteur Z de Jesus Franco (1965). En noir et blanc expressionniste. Un laboratoire avec des cornues qui glougloutent et laissent tomber des vapeurs, des animaux dans des cages... deux belles assistantes, une brune et l'autre blonde (la fille du docteur.) « *L'origine du bien et du mal est purement physiologique* », déclare le docteur Z. Sa fille est capable de pratiquer sur elle-même une délicate opération de chirurgie esthétique et le flic a des triplés... On retrouve la moitié de cet excellent film dans *L'horrible docteur Orloff*. C'est pourquoi les deux sont bons.

La Planète des vampires de Mario Bava (1965). Mario Bava réalise ce film avec son fils Lamberto en utilisant les décors de *Hercule contre les vampires* (1961). Avec un budget de misère Mario Bava réalise une œuvre qui est à la source d'autres grands films de science-fiction comme *Alien* (1979) de Ridley Scott et *The Thing* (1982) de John Carpenter, lui-même, remake de *La Chose d'un autre monde* (1951) de Christian Nyby.

Autre titre traduit directement de l'italien : Terreur dans l'espace.

Ce film est un grand classique. On en a beaucoup parlé en disant que c'est lui qui avait inspiré le scénariste O'Bannon pour le film Alien, le 8ᵉ passager...

Il a évidemment son côté ringard, daté, mais c'est vraiment accessoire : un poste de pilotage extrêmement spacieux, des cosmonautes dans des combinaisons très inconfortables avec de gros gants.

Un signal de détresse provenant d'une planète isolée parvient au vaisseau spatial qui effectue un atterrissage forcé sur un monde étrange. Plusieurs membres d'équipage semblent passagèrement possédés, agressifs, puis ne se souviennent de rien...

Ils sont victimes d'un vampirisme psychique. Leurs corps sont « habités », psychiquement, mais aussi physiquement, même après leur mort !

Ils trouvent un très ancien vaisseau extraterrestre échoué là depuis des siècles.

Les extraterrestres de la planète ne peuvent survivre que grâce aux corps des humains.

Bava réalise un exploit, comme toujours, en obtenant des effets spéciaux superbes avec quasiment aucun moyen ! Il utilise les reflets dans les miroirs, les cadrages étroits avec un objet, les peintures sur vitre et… la polenta ! Un très grand ce Mario Bava !

Évidemment, on reconnaît là le scénario du film *Alien*.

Mais pas seulement, on reconnaît aussi le thème du roman et des films *Body Snatchers*.

Alphaville de Jean Luc Godard (1965), Lemmy Caution, joué par Eddie Constantine, est envoyé sur la planète Alpha pour rechercher le savant Von Braun qui a conçu l'alpha 60, ordinateur-dictateur qui dirige Alphaville. Jean Luc Godard s'exprime ainsi dans *Introduction à une véritable histoire du cinéma* : « *Alphaville*, c'est un film complètement de fiction et en même temps, effectivement, ça se termine par « je t'aime » [...] On n'a rien caché, on a tourné dans Paris à l'époque où c'était, etc. [...] Quel était le fleuve dont moi j'étais une goutte d'eau, comment allait le fleuve… Et moi, étant une goutte d'eau, j'ai des raisons d'en parler de ce fleuve. » Il indique les films qui lui ont inspiré son *Alphaville* : *Faust* de F. W. Murnau, *Rancho Notorious* de F. Lang, *La Belle et la Bête* de J. Cocteau et *L'année dernière à Marienbad* d'A. Resnais.

L'invasion des profanateurs de sépultures de Don Siegel (1956) et L'invasion des profanateurs de Philip Kaufman (1978) ainsi que Body Snatchers d'Abel Ferrara (1993). Ces trois films sont tirés du roman *Body Snatchers* de Jack Finney (1954), qui avait été accusé d'anticommunisme, car on faisait le rapprochement entre les extraterrestres qui envahissent l'esprit et le corps des humains avec l'idéologie communiste… Il est possible que le scénariste américain du film de Mario Bava se soit inspiré de ce roman de Finney…

Le supplément avec Alain Petit qui nous régale comme toujours avec son érudition sur le cinéma Bis populaire…

Vierges pour le bourreau de Max Hunter (1965)

En fait, Max Hunter est le pseudonyme de Massimo Pupillo.

En prologue on assiste à l'exécution du bourreau (très théâtral) dans une « vierge de Nuremberg » qui est scellée avec le corps dedans dans les caves d'un grand château (qu'on revoit dans *Le Cimetière des Morts vivants* du même Pupillo, tourné dans la foulée…)

Après le générique, une équipe arrive pour trouver une ambiance gothique afin de faire des photos d'illustrations de livres d'horreur… (en référence à un comics)

Et devinez ? Ils vont réveiller le bourreau !

Ils font des photos d'horreur, mais la réalité va les rattraper. Les séances photo sont longuettes et les séances de torture sont désopilantes.

Il y a beaucoup d'explications, de morts et des bagarres.

« Il ne faut pas exagérer avec la mort, car souvent elle se venge cruellement… » sont les paroles de ce petit film délicieux.

Mais où sont les vierges ?

Les suppléments du DVD sont particulièrement intéressants avec un exposé d'Alain Petit sur ce film, ses producteurs, son réalisateur et les acteurs. Superbe !

Ce film représente « une fin de course » du cinéma d'horreur italien, qui reprendra vie avec le Giallo en 1970. Alain Petit qualifie ce film d'ancêtre des tortures movies, si à la mode de notre temps...

Les Amants d'outre-tombe de Mario Caiano (Allan Grünewald) (1966)

Un film gothique avec son château, sa crypte et ses fantômes. Mais aussi le docteur de l'horreur qui tue pour le sang des victimes qui permet à sa maîtresse de rajeunir... Rien de bien original dans ce scénario de Caiano lui-même, sauf que, pour l'époque, les scènes de torture sont directes.

Dans ce château donc, un « scientifique » fait des recherches. Il y habite avec son épouse, une belle brune (Barbara Steele), l'homme à tout faire et aussi la vieille gouvernante qui va pouvoir rajeunir...

Le mari surprend les deux amants dans la serre, les torture et les tue. Il utilise le sang de la belle pour rajeunir sa maîtresse.

Le noir et blanc est superbe, les personnages entrent et sortent des pièces, ouvrent et ferment des portes... Il y a un peu du *Vampyr* (1932) de Dreyer dans ce film...

« Ce n'est pas mon cerveau qui vous intéresse ! » Déclare la (jeune) gouvernante au châtelain...

À l'affiche de ce film deux grands du cinéma : Barbara Steele et Ennio Morricone !

Artus Films offre deux suppléments au DVD : Alain Petit nous parle du « gothique italien » avec un peu de lassitude et, ô bonheur, Caiano lui-même est interviewé ! Il déclare par exemple : « Nous étions des artisans sans ambition. On inventait des choses. On faisait ce que l'on pouvait avec ce que l'on avait. »

Alain Petit quant à lui, s'il explique l'utilisation du noir et blanc par les mesures d'économie nécessaires à ce film sans budget, il lui donne un rôle réel dans la création artistique, puisqu'il renvoie aux films muets allemands expressionnistes...

Le Cimetière des Morts vivants de Ralph Zucker (1965)

En fait c'est Massimo Pupillo qui a réalisé ce film. Ralph Zucker en est l'un des producteurs qui a tourné quelques scènes pour une version américaine. Pupillo n'a pas voulu le faire et a laissé tomber laissant même la signature du film à Zucker qui a également joué un petit rôle dans *Vierges pour le bourreau* réalisé par le même Pupillo au même endroit et la même année...

Là nous avons un superbe noir et blanc.

Et, oh ! quel plaisir, avec Barbara Steele en châtelaine mystérieuse...

Le titre original du film est *5 tombes pour un médium*.

Un notaire reçoit une lettre étrange pour enregistrer un testament auprès d'un reclus isolé dans un château.

En son absence, son associé s'y rend. Ce n'est pas sans rappeler le début de *Dracula*...

L'expéditeur de la lettre se nomme Jeronimus Hauff, nécromancien redouté de la région.

Comme souvent dans ces films, il y a un étrange domestique qui rôde par-ci par-là...

Ce lieu fut le théâtre, autrefois, d'une terrible épidémie de peste. Les cadavres avaient pollué l'eau. L'eau joue un rôle très important dans l'histoire, mais c'est un peu tiré par les cheveux.
Il en est question dans une comptine chantée par une apparition près du bassin.
Pas le moindre mort-vivant jusqu'à la fin ! Et encore on ne les voit pas.
Ces films d'épouvante italiens des années 60 sont délicieux.
Les bonus du DVD sont très intéressants : les scènes tournées pour la version américaine et l'interview d'Alain Petit qui apporte une mine d'informations sur ce film et aussi sur *Vierges pour le bourreau* (et vice versa...)

Mutiny in outer Space de Hugo Grimaldi (1965)
Ce film commence par aborder le problème des déchets spatiaux. Quelle plaie !
Il y a, comme toujours, une belle fille, même deux belles filles.
Un vaisseau revient de la Lune avec des échantillons de glace. Il rejoint la station spatiale. Le copilote a des démangeaisons. Il a une espèce de mycose à la jambe.
Il y a une mycose mortelle dans les échantillons de glace provenant de la Lune. Le commandant de la station spatiale devient fou (mal de l'espace !) et l'épidémie se répand dans la station.
Quelle catastrophe !
Très chouette film ! Dommage que les monstrueuses mycoses soient très nulles.

The Curse of the Fly de Don Sharp (1965)
La suite de *La Mouche noire* de Kurt Neumann (1958).
La famille Delambre poursuit des expériences de téléportation qui, évidemment, ne réussissent pas du premier coup.
Un joli film noir et blanc en cinémascope qui vaut rien que par le prologue : l'évasion de l'héroïne d'un asile d'aliénés...

Die Monster Die de Daniel Haller (1965). Daniel Haller fut décorateur de Roger Corman. Dans ses films (il en a peu réalisé) on reconnaît les brumes, les cimetières et les maisons des films de Corman, et pour cause ! Ce film se veut une adaptation de la nouvelle de Lovecraft « *La Couleur tombée du ciel* ». L'histoire au cinéma n'a gardé que l'idée centrale (une météorite tombée du ciel...) et tente de reconstituer l'ambiance lovecraftienne. C'était l'époque où les rythmes étaient lents et l'ambiance primait. Le film est assez agréable à regarder... Avec le grand Boris Karloff.

Kriminal d'Umberto Lenzi (1966)
En supplément dans ce DVD d'Artus Films : une interview du réalisateur et une analyse du film par David Duculot.
Une pâle imitation de Fantomas malgré l'innovation que devait être pour l'époque l'utilisation de vignettes BD.
Le scénario est nunuche, les combats ridicules, l'intrigue bateau, l'acteur est un bellâtre insipide Lenzi lui-même semble le penser.
Il y a un tournoi de bridge !
Même la fin surprend par sa béatitude
Lenzi fait un certain nombre de déclarations dans son interview qui sont assez intéressantes.
Il voulait faire l'adaptation de la BD « Satanik », mais l'éditeur n'a pas voulu. Finalement il lui restait Kriminal dont l'auteur était... stupide dit-il

Fernando Cerchio a écrit le scénario en suivant la voie de Lenzi : pas de sexe, pas de violence. Et il était intéressé parce qu'une actrice jouait le rôle de deux jumelles.
« Un film à cheval entre l'espionnage et le Giallo » dit-il
« Pourquoi faire tant de zoom ? » c'est la question qu'il se pose lui-même. « C'était l'époque ! » Répond-il...
David et Aline Didelot nous parlent du réalisateur : « Un vieux briscard du cinéma 40 ans au service du cinéma populaire. » Le Giallo est le meilleur de Lenzi, et c'est lui qui a lancé le genre *cannibale* ».

La Reine des neiges de Gennadi Kazanski (1966) Une adaptation (soviétique) du conte d'Andersen pleine d'humour noir avec des effets spéciaux très kitsch. Délicieux...

Opération peur de Mario Bava (1966), une petite fille hante un village et les gens se tuent, parfois de manière atroce. Même s'il abuse un peu du zoom, Mario Bava exploite divinement les couleurs et les éclairages dans des mouvements de caméra virtuoses.

La Guerre des monstres d'Inoshiro Honda (1966), de plus en plus de monstres ! Avec *Les Envahisseurs attaquent* (1968) d'Inoshiro Honda on atteindra le maximum, l'overdose de monstres. Ici, on se contente de deux monstres ... Pour la liste des films avec Godzilla, voir ci-dessous *Godzilla* de Roland Emmerich (1998) et la liste des films à thème.

Le Voyage fantastique de Richard Fleischer (1966), voyage à l'intérieur du corps d'un transfuge de l'est pour sauver les secrets qu'il détient. Impressionnant à l'époque pour les effets spéciaux. L'histoire se passe en 1995 ; le scénariste n'avait pas prévu que l'URSS n'existerait plus à cette date.

Fahrenheit 451 de François Truffaut (1966), une société où les livres sont interdits et dans laquelle les pompiers sont chargés de les brûler. Le papier s'enflamme à la température de 451 degrés Fahrenheit.

Destination planète Hydra de Pietro Francisci (1967)
Un paysan à cheval (avec un fusil en bandoulière) assiste à l'atterrissage d'un engin spatial à Molino. La scène est excellente ! Il y a quelques scènes à Rome.
Une équipe dirigée par un scientifique (et sa jolie fille) enquête sur le terrain où a atterri l'engin spatial. Les acteurs ne sont pas empruntés comme ils le sont habituellement dans ces films de série B.
La chef des extraterrestres est une belle rouquine accompagnée de deux beaux hommes. Du Grand Guignol très kitsch.
Les scènes d'apesanteur sont très nulles, ratées. On ne constate aucun effort pour les rendre crédibles. On est loin du très grand Mario Bava. Les bagarres sont des matchs de catch. Et il est même question d'une « tempête photonique » !!! Les filles ont des tenues très sexy. Les étoiles sont des ronds de papier métallisé suspendus à un fil...
J'ai compris : c'est un film comique.
Dans le supplément du DVD d'Artus Films, Alain Petit nous parle de la SF italienne au cinéma. Le doublage en français aurait accentué le comique du film. Ce film marque la disparition du cinéma bis : arrivée du cinéma de Hong Kong, mauvais doublage, développement du cinéma porno, etc. Madre Mia !

Le Retour de Kriminal de Fernando Cerchio (1967)
Dans le DVD d'Artus Films, il y a un supplément de Curd Ridel sur la BD dont s'inspire le film, sur le film, les acteurs, le réalisateur.
Kriminal assassine des petites vieilles dans une maison de retraite. il y a parvient juste en leur faisant peur.
La dernière défunte laisse un papier annonçant l'existence de deux tableaux de maîtres. Il faut partir à la recherche de trois statuettes de Bouddha qui contiennent des indications : un jeu de piste.
Tous les clichés du film policier humoristique !

Superargo contre Diabolikus de Nick Nostro (1967)
Superbe générique.
Superargo, catcheur, tue son adversaire sans le vouloir.
Il est embauché par les services secrets pour une mission : déjouer les plans de Diabolikus.
« Un agent seul passera inaperçu » argumente un dirigeant. En combinaison rouge et masque noir, il passera inaperçu, c'est sûr ! Et il est muni d'autant de gadgets que James Bond.
La bagarre sous-marine, très chouette et très surréaliste.
Ce film est très naïf, genre BD pour enfants. Très frais !
Dans le supplément du DVD d'Artus films, Ferruccio Castronuovo, assistant-réalisateur, nous fait ses commentaires. « Nick Nostro est un artisan du cinéma »…
Et il nous raconte plein d'anecdotes du tournage avec les problèmes de l'acteur Ken Wood (qui joue Superargo).
Il y a également une prestation de Curd Ridel, très ironique, très amusante. « Ce sont des films de divertissement pur ! » Dit-il…

La Malédiction des Watheley de David Greene (1967)
Suzanne Watheley revient sur l'île de Dunwich accompagnée de son mari. Elle compte prendre possession de son héritage (un moulin abandonné) et retrouver sa famille…
Inspiré de *La Chambre condamnée* d'August Derleth (et Lovecraft) complètement épurée du fantastique. Ce film pourrait s'intituler : « Graine de violence à Dunwich »
On s'ennuie ferme devant les exactions des loubards de l'île de Dunwich. C'en devient même agaçant.

Je t'aime je t'aime d'Alain Resnais (1967), voyage dans le passé, inutile pour retrouver un amour perdu.
Le Bal des vampires de Roman Polanski (1967), superbe satire du genre. Un rire qui réussit à effrayer. La neige ne refroidit pas les ardeurs, la « non-mort » ne les refroidit pas non plus. Un vampire juif ne craint pas le crucifix….

L'Oiseau au plumage de cristal de Dario Argento (1967). Dario a pondu une très belle esquisse pour *Les Frissons de l'angoisse* (voir plus loin).

Un Soir, un train d'André Delvaux (1968), un homme (interprété par Yves Montand) rencontre un autre monde (son monde intérieur ?) au moment d'un accident de train dont le spectateur (et le personnage) ne prennent conscience qu'à la fin du film. Certains ont vu dans cette schizophrénie du personnage le problème de la cohabitation des deux cultures wallonne et flamande en Belgique (le réalisateur est belge). Très bon film qui sait piéger le spectateur jusqu'à la révélation finale.

2001 L'odyssée de l'espace, un chef-d'œuvre (il y en a d'autres) de Stanley Kubrick réalisé en 1968. Pourquoi est-on en vie ? Où va l'univers ? Enchaînement célèbre de l'os servant d'arme à l'homme préhistorique jeté en l'air et devenant navette spatiale. Merveilleuse utilisation des valses de Johann Strauss pour montrer le ballet glacial des engins spatiaux. Les philosophes Nietzsche et Hegel sont mis à contribution pour la réflexion du spectateur avec l'ouverture de l'œuvre du musicien Richard Strauss : *Ainsi parlait Zarathoustra*. Le Space Opera au service de l'angoisse existentielle : vieillard sur son lit de mort et fœtus dans l'espace, isolement complet de l'homme dans son scaphandre à l'écoute de sa respiration, preuve angoissante de sa vie organique. Jupiter attend Discovery débarrassée de ses êtres humains inutiles pour l'ordinateur de bord qui, pourtant, a été créé par eux... Dieu aime-t-il encore les Hommes ?

La Planète des singes de Franklin J. Schaffner (1968), un vaisseau spatial américain perdu atterrit sur une planète dont l'espèce dominante intelligente est le singe. Aventures, guerres et amour pour découvrir que cette planète est la Terre après la guerre nucléaire. Scène finale fabuleuse où Charlton Heston découvre les restes de la statue de la Liberté au bord de la plage. « *Ils les ont fait sauter leurs bombes !* » Hurle-t-il...
Nombreuses suites : *Le Secret de la planète des singes* de Ted Post (1970) – *Les Évadés de la planète des singes* de Don Taylor (1971) – *La Conquête de la planète des singes* (1972) et *La Bataille de la planète des singes* (1973) de J. L. Thomson – Une série de télévision : *La Planète des singes* (1974).

La Nuit des morts-vivants de George A. Romero (1968), film culte, chef-d'œuvre qui ouvre la voie à une nouvelle ère du cinéma fantastique. L'action ne se déroule plus dans de vieux châteaux, mais dans nos espaces quotidiens... Voir au chapitre des chefs-d'œuvre. Les autres films de morts-vivants de Romero : *Martin* en 1977 – *Zombie le crépuscule des morts-vivants* en 1978 – *Le Jour des morts-vivants* en 1985. Tous terrifiants...

Le Peuple des abîmes de Michael Carreras (1968). Je me souviens très bien d'avoir vu autrefois au cinéma la bande-annonce de ce film. Je n'ai jamais oublié la scène qui montre la chaloupe de sauvetage sur une mer d'huile avancer lentement dans le brouillard au milieu d'horribles et gigantesques algues, monstrueuses. Hélas je n'ai jamais eu l'occasion de voir ce film jusqu'à récemment. Et je n'ai pas été déçu par rapport à l'effet qu'avait produit sur moi la bande-annonce. Un très bon petit film sur la mer, les horreurs qu'elle cache ; des aventures fabuleuses... Ces thèmes ont été repris par *Virus* et *Un cri dans l'océan*.

Rosemary's Baby de Roman Polanski (1968), horreur et damnation. Quand Rosemary a été vendue au diable par son époux, de quelle progéniture accouchera-t-elle ?

Les Vampires du Dr Dracula d'Enrique Lopez Eguiluz (1968)
Titre original : *La Marca del Hombre Lobo*.

Comme vous pouvez le comprendre sans être un spécialiste de la langue espagnole, le titre original parle de loup-garou alors que le titre en français parle de Dracula. Alors qu'il n'y a pas de Dracula dans le film !

Éclairages à la Mario Bava, fantastiques couleurs, superbes images, de vrais tableaux de Rembrandt...

« Je suis devenu une créature de Dracula ! » s'exclame Valdemar après être redevenu un homme, car il s'était transformé en loup-garou. D'où le titre français sans doute...

L'héroïne est filmée plusieurs fois au travers d'une grille en fer. Paul Naschy qui joue le rôle principal n'est pas très bon... Pour sauver Valdemar, ils font venir un vieil érudit et son assistante qui sont en réalité des vampires...

On se pose des questions logiques. Par exemple : pourquoi, mordu, Valdemar se transforme en loup-garou et pas les autres mordus...

La Maison ensorcelée de Vernon Sewell (1968)
Curse of the Crimson Altar
Crimson Cult ou *Reincarnation* ou *Spirit of the Dead* ou *Witch House*
Une adaptation de *La Maison de la sorcière* de Lovecraft.

Il reste peu de choses de la nouvelle du reclus de Providence, si ce n'est la sorcière (mais ici elle est bien plus classique que chez Lovecraft) et la pièce secrète dans le grenier.

Il manque surtout le rat Brown Jenkin !

Ne vaut que pour la participation de Barbara Steele, Boris Karloff et Cristopher Lee.

Les Nuits de Dracula de Jess Franco (1969). Klaus Kinski joue le rôle de Renfield.

La langueur du cinéma de Jess se met au service du roman de Bram Stoker auquel il reste très fidèle. Christopher Lee joue le rôle de Dracula.

Contronatura d'Antonio Margheriti (1969)

Le film est signé sous le pseudonyme d'Anthony Dawson.

Dès le début du film (l'arrivée d'un protagoniste dans une salle de jeu) on sent la classe du réalisateur : les plans, le montage, le cadrage, les mouvements des personnages et de la caméra, tout cela met immédiatement une ambiance gothique avec un soupçon de suspense.

Transition de plans, jeux de miroirs, angles de vue bizarres : l'influence de l'expressionnisme allemand se met au service de cette histoire de vengeance et de sexe.

Une histoire noire, très noire...

Supplément du DVD de chez Artus films : « **des cris dans la nuit** », par Alain Petit.

Ce film n'a pas sa place dans un courant.

Le gothique italien a vu sa fin en 1966 et Contronatura, qui date de 1969, est vrai film gothique qui aurait sa place à l'époque de l'âge d'or.

Contronatura est un grand film gothique !

Les Inassouvies de Jess Franco (1969)

Une adaptation de la « Philosophie dans le boudoir » de Sade.

Avec Christopher Lee, s'il vous plaît ! Il joue le grand ordonnateur des cérémonies sado-maso... D'après Alain Petit (toujours aussi intéressant dans les suppléments du DVD d'Artus Films) l'acteur anglais a toujours regretté d'avoir participé à ce film.

On le comprend un peu.
Des disciples du marquis de Sade initient une jeune fille pas trop mal foutue.
Bof...
La Malédiction de Dunwich (*L'abomination de Dunwich – The Dunwich Horror*) de Daniel Haller (1969)
Une adaptation de la nouvelle de Lovecraft, « *L'Abomination de Dunwich* ».
Roger Corman est producteur exécutif de ce film. On reconnaît bien là sa méthode : avec quelques acteurs, des décors naturels, une soufflante et de la fumée (et quelques traitements de pellicule) il fait un petit film délicieusement désuet.
Un descendant de la famille maudite des Watheley, dont une femme avait copulé avec Yog-sogoth pour engendrer un monstre cherche à s'emparer du Necronomicon pour ouvrir la porte aux Anciens.
Il y a même les engoulevents qui crient pour enlever l'âme des gens qui meurent.
Danger planète inconnue de Robert Parrish (1969), une expédition spatiale échoue et retombe sur la terre. Surprenant ! Mais ce n'est pas la terre... Roy Thinnes qui joue le rôle principal nous avait habitués à celui de David Vincent dans le feuilleton télé *Les Envahisseurs*.
Quand les dinosaures dominaient le monde de Val Guest (1969), par le réalisateur du *Monstre* (1955). Dinosaures délicieux en carton-pâte et belles jeunes filles en bikini. Du rétro très agréable...
Jonathan le dernier combat contre les vampires de Hans W. Geissendorfer (1969), très belle allégorie politique : les gens se mobilisent pour éliminer les vampires. Le comte Dracula ressemble à Hitler.
Dracula contre Frankenstein de Tulio Demichelli et Hugo Fregonese (1969)
Pour envahir la Terre, des extraterrestres récupèrent les cadavres pour emprunter leur corps et ils tentent de libérer des monstres qui seront leurs troupes de choc. Scénario emberlificoté.
D'ailleurs, le film est très bavard au début pour expliquer le scénario.
« Les femmes très belles sont de très puissants aimants ». On aime ou on n'aime pas le jeu de mots avec « aimants »...
Un vampire renaît quand on enlève le pieu planté dans sa poitrine. Voilà déjà Dracula.
Les extraterrestres enlèvent une belle blonde pour en faire une esclave. Un policier enquête, car il y a eu un meurtre. Il est question d'un livre maudit aussi.
« Ça prend l'allure d'un très mauvais roman », déclare le policier. On ne le lui fait pas dire !
Vampire – loup-garou – momie – Frankenstein...
Le scénario est de Paul Naschi qui joue également le loup-garou.
Personne dans le film, ne s'appelle Dracula, ni Frankenstein... Mais c'est racoleur dans le titre.
Dans le DVD d'Artus Films, Alain Petit commente ce film avec toute son érudition sur les films de série B. Il nous raconte la carrière de tous les participants : acteurs, réalisateurs, scénaristes. Le scénario est très inspiré du film *Plan 9 from outher Space* et de *Plan X*.

Les Cicatrices de Dracula de Ray Ward Baker (1970). Ce film constitue la suite d'*Une Messe pour Dracula*, sa suite sera *Dracula 73*.
Travelling avant sur le château puis gros plan sur une cape pourpre étalée sur un autel de pierre. Une chauve-souris crache du sang qui fait renaître Dracula. Toujours la même méthode : le sang !
Résultat, quelque temps après on retrouve une belle jeune fille vidée de son sang.
Les villageois organisent une expédition punitive vers le château.
On retrouve les thèmes classiques des « Dracula » de la Hammer : l'auberge, le sexe et l'horreur. Et dans ce film, en plus, c'est très dévergondé.
Une autre révision du *Dracula* de Bram Stoker.
Le jeune Harker (Paul) fiancé (plus ou moins ici) se rend (par hasard ici) au château de Dracula où il est séduit par la maîtresse de ce dernier. Les scènes classiques de la découverte de Dracula dans son cercueil et de la photo de la « fiancée » de Paul (oui, ici il s'appelle Paul), Dracula qui rampe le long des murs...
On ne voit rien de la scène du dépeçage d'un corps, mais le procédé cinématographique nous le fait bien deviner.
Ici c'est l'inverse : ce n'est pas Dracula qui ira à elle, mais elle qui ira à Dracula.
Le Frisson des vampires de Jean Rollin (1970). Décidément je n'arrive pas à trouver de l'intérêt à ce film. « *On croirait un film d'amateur* » m'a déclaré une jeune téléspectatrice. Jean Rollin filme beaucoup les murs et objets du château, use et abuse du panoramique dans les pièces – sa caméra est constamment en rotation – le scénario est simpliste, les acteurs particulièrement mauvais. Les éclairages tentent de rappeler Mario Bava... mais sans vraiment y parvenir. On a aussi pu voir *La Morte vivante* (1982) de Jean Rollin...
Le Mystère Andromède de Robert Wise (1970), Wise réalise ce film dix ans après West Side Story. Un virus venu de l'espace (transporté par un satellite américain qui s'écrase sur la terre) tue les êtres humains. La nature fait bien les choses : ce virus sera exterminé grâce au gaz carbonique. Cela ne vous rappelle pas quelque chose ?
Les Lèvres rouges de Harry Kumel (1970), vie (et mort) de la cruelle comtesse de Transylvanie, Erzébeth Bathory, mise en scène ici en vampire sous les traits de Delphine Seyrig.
Le Signe rouge de la folie de Mario Bava (1970), le rouge, le bleu, le jaune (giallo en italien), les trois couleurs de Bava, reprises par son élève Argento. Jean-Louis Leutrat[94] : « *Outre le rouge, deux couleurs semblent dominer dans l'œuvre du cinéaste italien, le bleu et le jaune. La lumière vue à travers un milieu trouble donne le jaune, les ténèbres vues à travers un milieu éclairé donnent le bleu. Ce qui trouble la lumière et donne le jaune, c'est la peur.* » D'où l'appellation giallo pour ce genre de film...
Les Diables de Ken Russel (1970), mauvais goût et excès de Russel font de ce drame historique un vrai film fantastique... Richelieu réussit à faire torturer à mort (scènes dignes du gore) et brûler vif le prêtre qui défend la ville de Loudun. En effet, la mère Jeanne (et d'autres) est amoureuse de lui, ce qui produit chez les religieuses

---

[94] *Mario Bava*. Coordonné par J. L. Leutrat. Céfal. 1994

une crise d'hystérie. (Voir *La Sorcellerie à travers les âges* 1921). Le prêtre Grandier est donc accusé de sorcellerie.

Conan le barbare de John Milius (1970) Violence médiévale, sorcellerie et magie noire, aventures fabuleuses de Conan (joué par le sculptural Schwarzenegger qui sait ne pas se prendre au sérieux), personnage inventé par l'écrivain américain R. E. Howard.

Une suite de Richard Fleischer : *Conan le destructeur* (1983) et un autre Fantasy du même réalisateur avec Arnold Schwarzenegger : *Kalidor, la légende du talisman* (1985), et il y en a d'autres, voir plus loin.

Lâchez les monstres de Gordon Hessler (1970) avec le trio infernal : Vincent Price, Peter Cushing et Christopher Lee. Une histoire de savant fou qui crée une espèce nouvelle. Pas trop mal ficelé.

Vampyros Lesbos de Jess Franco (1970). Ce film est typique de Jess Franco (ici sous un pseudonyme : Franco Manera) : rythme lent, cadrages audacieux, couleurs symptomatiques, et puis soudain, pan ! un coup de zoom agaçant au possible. On rajoute du sexe pas vraiment conformiste (si vous aimez Lesbos) et puis voilà ! La version originale est en allemand, ce qui accentue l'impression d'étrangeté du film. Le "y" de Vampyros n'est-il pas un hommage à *Vampyr* de Dreyer à qui on avait posé la question :
– *Pourquoi ce "y" dans vampyr ?*
– *Pour faire plus étrange,* a-t-il répondu…

The Vampire lovers de Roy Ward Baker (1970). J'adore ces films de La Hammer. Celui-ci est un petit bijou du genre. Le générique annonce qu'il est inspiré du *Carmilla* de Le Fanu (avec quelques ingrédients de *Dracula*). Cette Carmilla se nomme d'abord Mircalla, puis Marcilla et enfin Carmilla. Avec les grands Peter Cushing (qui finit par tuer son vampire) et Ingrid Pitt qui joue merveilleusement et érotiquement Carmilla. Ah ! percer un si beau sein !

« *Il y a trop de contes de fées dans cette région* » déclare la gouvernante française. Oui, une fois de plus le rationnel sert à cacher l'irrationnel, à lui permettre de sévir sans être reconnu… Mais bon sang, pourquoi elles ne ferment pas leur fenêtre ! Le petit travelling arrière sur le trou de serrure devrait entrer dans l'histoire du cinéma !

Une petite suite :

La Mariée sanglante de Vicente Aranda (1970)
D'après « Carmilla » de Sheridan Le Fanu.
De jeunes mariés arrivent à l'hôtel. La jeune femme est encore en robe de mariée. Elle se fait agresser en l'absence du mari et ne veut pas rester à l'hôtel. Ils vont donc s'installer dans le manoir de la famille du mari.
Lors de la nuit de noces, la jeune femme n'acceptera pas certaines pratiques sexuelles de la part de son mari. Elle trouve le portrait (sans visage) de Mircala dans la cave. Mircala Karstein.
Avec des citations de Platon et de Jung (sur les rêves) et le complexe de « Judith ».
« Carmilla » est une histoire de vampirisme lesbien.
Et la fin est grossièrement machiste. Normal pour un film espagnol ?

Les Crocs de Satan (Cry of the Banshee) de Gordon Hessler (1970). Attention ne pas confondre ce film avec *Brûle, sorcière brûle* de Sydney Nayers (1962)

Avec Vincent Price, ça fait le film !
Il y a d'abord un joli générique animé et amusant.
Une histoire de sorcières et de malédiction.
Alors que le seigneur de la contrée martyrise les sorcières, ou présumées telles, un grand chien enragé terrorise les villageois. La famille du seigneur a été maudite autrefois.
Mais le spectateur s'ennuie, c'est décousu, ça manque de transition et les effets sont faciles.
Quant au scénario, il est très léger.
Si le film traîne en longueur, la fin est intéressante. Donc patientez !
Gordon Hessler a réalisé beaucoup de films de série B, notamment l'excellent *Lâchez les monstres* (1970) avec Vincent Price, Peter Cushing et Christopher Lee, pas moins !

Les Sévices de Dracula de John Hough (1971)
Cette fois Mercalla apparaît juste pour vampiriser le comte Krstein et ensuite on n'a plus aucune nouvelle d'elle dans le film ! (Il n'y pas de Dracula dans le film qui s'appelle *Twins of Evil* en VO). Un film assez étonnant, du pur Hammer avec l'immoralité qui lui va si bien (mais la fin est très morale). « Je n'aime pas les hommes honnêtes », déclare Frida l'une des belles jumelles. Mélange de vampirisme et de sorcellerie, les décolletés féminins y sont plus profonds que jamais. On retrouve avec plaisir toujours la même forêt présente dans les films de la Hammer. Le personnage joué par Peter Cushing est plus ambigu que jamais...

Les Nuits de Dracula de Jesse Franco (1971)
Le titre est racoleur, je ne sais pas si c'est Franco qui l'a choisi.
Avec Christopher Lee dans le rôle de Dracula et Klaus Kinski dans le rôle de Reinfield. Vues du château en hiver (sans doute piquée sur un autre film) avec musique pompeuse. À Burgos, on ne voit presque rien, car il y a du brouillard. C'est pourtant la scène où Dracula vient chercher Harker en calèche.
Le face-à-face Dracula Harker est très ampoulé. Christopher Lee semble dormir debout. La musique tonitruante est embarrassante. La scène du corbillard avec les quatre chevaux noirs qui entre dans le champ est superbe. La meilleure scène du film, mais elle ne dure pas longtemps.
Les raisons de la folie de Reinfield ont été changées par rapport au roman de Stoker. De même qu'il y a une simplification des lieux pour des raisons évidentes d'économie : tout se déroule à l'asile d'aliénés à Budapest en Hongrie après le retour de Harker du château de Dracula ! Franco a également modifié les personnages : Van Helsing est le directeur de l'asile et Seward (le directeur de l'asile dans le roman) est son assistant.
Jesse franco a dû recycler pas mal de métrage provenant d'ailleurs pour ce film. Mais malgré cela il a dû en manquer, car une scène comprend de multiples plans sur des animaux empaillés, ce qui lui a économisé des décors et des heures de comédiens. Et tout cela avec une sono épouvantable !
Franco était comme ça : il savait faire des films avec des bouts de ficelle et des raccords au rabais. Quand il partait tourner un film sur commande, il en profitait pour

tourner des scènes d'un autre film qu'il avait en projet. Il ne se gênait pas de reprendre plusieurs fois certaines scènes ou plans d'un film pour d'autres films...
C'est pourtant un cinéaste important. Il a rendu quelques chefs-d'œuvre et réalisé un nombre incalculable de films.
C'est un modèle de création artistique qui ne se laisse pas arrêter par des contingences matérielles, y compris les fautes de frappe et les coquilles, celles du cinéma, bien sûr, qui existent tout autant.
NB. C'est écrit "Jesse" Franco au générique du film...

Les Soleils de l'île de Pâques de Pierre Kast (1971).
Un très beau film de SF sur l'île de Pâques, si fascinante... L'île est magnifiquement mise en scène.

La Nuit des maléfices de Piers Haggard (1971)
On est toujours chez la Hammer grâce à Artus Films.
Sorcellerie, bouquets d'aubépine : Belzébuth n'est pas loin !
Il est toujours fécond le ventre qui engendra la bête immonde !
Les ruines d'une ancienne église au cœur de la forêt. L'empreinte de Satan est une touffe de poils qui pousse sur le corps.
« Cette paroisse est contaminée ! Quels sont les effets du mal ? » Questionne le juge.
Tout cela est très emberlificoté. Quel ennui.
Dans le supplément Alain Petit fait un historique des films de sorcellerie. Il explique aussi que Pers Haggard, qui est le petit-fils de l'écrivain Henry Rider Haggard (*Les Mines du roi Salomon*) est aussi le réalisateur du quatrième opus de la série des *Professeur Quatermass*.

Je suis un monstre de Stephen Weeks (1971). Une adaptation pas terrible du *Dr Jekyll et Mr Hyde* avec Christopher Lee et Peter Cushing. Le Dr Marlowe se transforme en Mr Blake le méchant. Freud est appelé à la rescousse pour rendre ce thème un peu plus actuel. (Le produit inventé par le Dr Marlowe supprime le *surmoi*). Christopher Lee a remis un dentier et les effets spéciaux sont nuls.

L'abominable Dr Phibes de Robert Fuest (1971). Oui, un film grotesque, mais d'un grotesque qui se veut élégant, mais n'y réussit pas. Les monologues de Phibes sont assommants ! On s'ennuie... à mourir.
La suite :
Le retour de l'abominable Dr Phibes de Robert Fuest (1972) ne vaut pas mieux.

Le Survivant de Boris Sagal (1971). Un film au style très ampoulé, parfois lourd, inspiré de l'histoire de *Je suis une légende* (roman de R. Matheson et film de S. Salkow et U. Ragona (1964) avec Vincent Price) : un survivant après une guerre bactériologique lutte contre des rescapés, mais malades physiquement et idéologiquement... Il va finir par sauver le monde grâce à son sang.

Duel de Steven Spielberg (1971), un pauvre automobiliste représentant de commerce est poursuivi et persécuté par un énorme camion-citerne. On ne voit jamais le chauffeur ; on se pose même la question : *« Ce chauffeur est-il un être humain ? »* La réponse dans une des dernières images de la fin où on voit sa main changer désespérément les vitesses... Ce film fut tourné pour la télévision puis projeté au cinéma.

Orange mécanique de Stanley Kubrick (1971), violences et manipulation psychologique dans un monde futur pas si éloigné que cela du nôtre. L'Hymne à la joie de la 9e symphonie de Beethoven mise au service de l'horreur. Kubrick sait utiliser au mieux les grands classiques de la musique. Ce film très dérangeant est devenu un film culte qui dérange toujours autant. L'histoire se passe dans un futur proche que l'on peut reconnaître dans notre époque…
Abattoir 5 de George Roy Hill (1971), un traumatisme de la guerre 39-45 projette un patient sur les lieux et à l'époque du drame qu'il a vécu : le bombardement de Dresde qui fit 130 000 morts.
La Révolte des morts-vivants d'Armando De Ossorio (1971), il n'est pas toujours facile de voir des films fantastiques espagnols, qui, pour la plupart de ceux que j'ai vus, ne cassent pas des barres. Celui-ci ne brille pas plus que les autres…
Au Rendez-vous de la mort joyeuse de Juan Bunuel (1972), les démons de l'adolescence.
Asylum de Roy Ward Baker (1972). Quatre sketches fantastiques : n'est pas fou qui l'on croit et ce qu'on raconte paraît incroyable, mais vrai ! Pas piqué des hannetons, mais intéressant…
Capitaine Kronos contre les vampires de Brian Clemens (1972), *« Il y a autant d'espèces de vampires que d'animaux de proie »,* dit le docteur Grost. On s'attend donc a des vampires un peu spéciaux. Mais, on n'est pas très étonné… sauf par la méthode de chasse avec des crapauds morts ! On sent l'influence du western spaghetti et il y a quelques arrêts sur image étonnants. C'est le seul long métrage de l'auteur du feuilleton *Chapeau melon et bottes de cuir*.
La Maison des damnés de John Hough (1972), histoire de maison hantée tirée d'un roman de Richard Matheson.
Solaris de Andreï Tarkovski (1972), le film fantastique par excellence. La démonstration par un maître du cinéma que la science-fiction est un mode d'existence du fantastique. La planète-océan Solaris crée matériellement les désirs et les angoisses des hommes qui l'étudient à bord d'une station orbitale. Le savant Kris appréciera d'abord le double vivant de son épouse morte, puis le haïra et ne parviendra pas à s'en débarrasser. Celle-ci souffre autant de cette existence et tentera de se suicider en buvant de l'azote liquide. Grâce à Solaris, il comprendra et revivra les rapports psychologiques qu'il noue avec son père. La lenteur est le mode d'expression cinématographique de Tarkovski. C'est le choix de la difficulté. Seul le très grand talent de Tarkovski peut faire de cette lenteur des chefs-d'œuvre, comme *Andreï Roublev* (1969) ou *Stalker* (Voir ci-dessous).
L'autre de Robert Mulligan (1972). Le cinéaste met tout son talent au service d'une histoire qui ne casse pas une patte à un canard. Avant de voir le film, j'avais tenté de lire *Le Visage de l'autre* de Thomas Tryon dont est tiré ce film, mais je ne suis jamais parvenu jusqu'à la fin. Peut-être étais-je fatigué… Donc cet auteur a produit le film et a adapté lui-même le scénario à son roman. Le cinéaste joue parfaitement bien des clairs-obscurs expressionnistes et d'un montage précis pour amener le spectateur lui-même à tirer sa propre conclusion.
Lisa et le diable de Mario Bava (1972) et **La Maison de l'exorcisme** de Mario Bava (1974)

Bava a tourné *Lisa et le diable* sorti en 1972, un film "intellectuel", un peu ennuyeux au début, mais on y voit très bien la patte du grand cinéaste de l'expressionnisme de couleurs. Quelques mois plus tard, on lui a demandé de "rentabiliser" ce film pour le grand public et il en a fait *La Maison de l'exorcisme*. Il est vrai qu'entre temps il y avait eu le grand succès du film *L'Exorciste*... Enfin, bref, Bava a repris presque tout le film *Lisa...*, sauf quelques scènes à la fin et a intercalé des scènes de possession démoniaque et d'exorcisme qui, d'ailleurs, permettent de "rationaliser" l'histoire.

Le Bossu de la morgue de Javier Aguirre (1972)

Le scénariste (Paul Naschy) semble parfois perdre le fil.

Un bossu amoureux fou d'une jeune fille pète un câble quand elle meurt. Il va conclure un pacte avec une espèce de docteur Frankenstein et péter un deuxième câble ! Le labo se trouve dans les souterrains qui servent de refuge au bossu.

Tout cela ne tient pas très bien la route, on rigole et on a des haut-le-cœur...

Ils n'ont pas lésiné sur les effets spéciaux : ils ont brûlé vif des rats vivants !

Comme supplément au DVD chez Artus film, Alain Petit le spécialiste de ces films de série B analyse celui-ci et fait un petit historique de l'âge d'or du film d'horreur espagnol. Il date le départ de ce genre avec le film « Les Vampires du Dr Dracula » en 1968, cet âge d'or se terminant en 1975-76...

Baron vampire de Mario Bava (1972)

Le château est magnifique.

Le style emprunté de Mario Bava ainsi que le jeu des acteurs donne un certain style à ce film, bien qu'il le date également.

Comme toujours dans ses films, le spectateur est ébloui par certains plans d'expressionnisme de couleurs, spécifique de ce courant italien des films dits Giallo, repris et développé par Dario Argento. C'est le cas notamment pour la scène de l'arrivée au château et celle de l'incantation.

Bien qu'il y ait le mot « vampire » dans le titre, il ne s'agit pas d'un vampire, mais d'un revenant. Néanmoins, le scénario mélange les thèmes de Dracula, Bathory et l'affaire Charles Dexter Ward de Lovecraft...

Le Miroir obscène de Jess Franco (1973)

Attention il y a deux versions du film.

Commençons par la version française.

Une fille va se marier et ça ne plaît pas à sa sœur qui, du coup, se suicide !

Donc Annette ne veut plus épouser Arthur... Elle va exercer ses talents comme pianiste et chanteuse de cabaret.

Un soir le miroir lui donne des ordres avec la voix de sa sœur.

Des ordres stupéfiants auxquels elle doit obéir malgré elle.

Et Annette tue tous les amants qu'elle risque d'avoir ! Sans le vouloir, sans le savoir même...

Franco utilise force zoom comme c'est son habitude et ce n'est pas très bien foutu, par exemple dans la scène au cabaret le son n'est pas synchronisé avec l'image, car, en fait la musique a été faite après la sortie du film original pour cette version française...

Ce film est pervers et incestueux...

Donc, dans les suppléments, Alain Petit nous explique que la version française a été modifiée par le producteur et ils ont tourné de nouvelles scènes, dont plusieurs scènes érotiques avec la sœur d'Annette, personnage qui n'existe même pas dans le film original... La musique du film est différente de la version originale et l'histoire d'inceste se situe entre l'héroïne et la sœur (ce qui nous vaut quelques scènes de saphisme) alors que dans la version originale c'est entre le père et la fille.
J'ai donc regardé l'original et j'ai changé d'avis ! Ce film est excellent. La question sexuelle est traitée avec une certaine pudeur et la musique bien meilleure.
Voilà encore un exemple de trahison d'un artiste par le producteur...
Titre du film original : Al Otro Lado Del Espejo.
Artus Films propose les deux versions dans son DVD. Un épisode intéressant de l'histoire du cinéma...

Horror Hospital d'Anthony Balch (1973)
(L'hôpital de l'horreur) à la Hammer chez Artus Films.
Un château perdu dans la campagne. Un docteur de l'horreur servi par un nain. Des « patients « zombiesques ». Belle ambiance gothique.
On reconnaît bien les seventies : pantalons patte d'éléphant, cheveux longs et idées courtes, libres mœurs...
Les deux gardiens ont la tête protégée par un casque intégral. Pour accentuer sans doute l'étrangeté et la modernité du lieu...
Que de mystères. Une vieille tante assiste à l'enfouissement de corps ficelés dans des draps ensanglantés.
À part ça les bagarres sont nulles, c'est mal joué, et les effets spéciaux sont rudimentaires... enfin, le nain est excellent et Dennis Price aussi.
Quant au scénario : bof...
Et, dans le supplément, la science historique cinématographique d'Alain Petit est un peu vaine...

Les Vierges de la pleine lune de Paolo Solvay (Luigi Batzella) (1973)
Une fille court dans les bois en chemise de nuit : ultra classique !
À la recherche d'un anneau maléfique au pays des vampires. Au château de Dracula ! Ce château a été vu dans de nombreux films de même catégorie...
Le réalisateur tente quelques plans expressionnistes. Et des plans osés : les promenades solitaires dans le château sont filmées en contre-plongées au plafond.
Les scènes d'amour sont ennuyeuses.
À la photographie c'est Aristide Massaccesi, qui est un des nombreux pseudonymes de Joe D'Amato.

La Comtesse perverse de Jess Franco (1973)
Une variation de La Chasse du comte Zaroff. Ici le comte est remplacé par une charmante fille toute nue qui chasse de belles filles à dévorer... Ça sert à ça, non ? La chasse, à se nourrir ?

Wicker Man de Robin Hardy (1973). Délicieux film avec Cristopher Lee sur un scénario d'Anthony Shaffer. Les cultes celtiques, entièrement assis sur la nature, contre le christianisme. Le "Wicker Man" – gigantesque homme en osier dans lequel on sacrifie un être humain en allumant l'osier avec l'être humain à l'intérieur – clôt le film avec ce génial brin d'épouvante sans effet spécial. Excellent film qui n'a pas rencontré suffisamment de public...

L'Homme à la tête coupée de Juan (John) Fortuny (1973). J'adore ces petits films sans prétention. Celui-ci (franco-espagnol) est filmé comme un roman-photo, avec des dialogues de romans-photos... Il se ficherait pas un peu de la figure (je l'ai fait exprès !) de *Les yeux sans visage* ?...

Le Maître et Marguerite d'Aleksandar Petrovic (1973), le diable à Moscou (interprété par le génial Alain Cuny) sème la perturbation dans la censure soviétique et le matérialisme dialectique. Deux citations : « *Tout pouvoir est une violence exercée sur les gens* » (ça c'est Jésus Christ qui le dit dans la pièce soumise à la censure) et : « *la justice n'existe pas ! il n'y a que des lois* »....

Frissons d'outre-tombe de Kevin Connor (1973), l'antiquaire, joué par l'imperturbable Peter Cushing, vend des objets qui développent le mauvais côté de la personnalité des acheteurs. Thème repris par la série télévisée *Vendredi 13* et par Stephen King dans *Bazaar*.

Mondwest de Michael Crichton (1973), dans un village de vacances du futur, de nombreux services sont rendus par des robots à l'apparence parfaitement humaine. Mais l'un d'entre eux, qui porte le visage inquiétant de Yul Brinner, se révolte et devient méchant. L'image montre parfois ce que voit le robot, procédé repris souvent ensuite (*Terminator, Predator*)...

Rouslan et Ludmilla d'Alexandre Poutchko (1973). Film soviétique traité avec un texte en vers et des images très colorées. Un conte de fées traité de manière très classique, comme les défilés sur la place Rouge...

Zardoz de John Boorman (1973), dans le futur, en 2293, les êtres humains, après destruction de notre civilisation actuelle, ont inventé une nouvelle société médiévale dominée par le dieu Zardoz. Cette société sera détruite par le beau Zed (Sean Connery).

Soleil vert de Richard Fleischer (1973), la pollution a détruit toutes les ressources alimentaires de la planète. Seule une société de classes sans pitié permet à une caste privilégiée de survivre. Pour nourrir la populace, on utilise les cadavres des hommes pour produire le nouvel aliment : Soleil vert ! Magnifique et émouvante scène de la mort volontaire du vieillard devant de belles images écologiques (du passé)...

L'Exorciste de William Friedkin (1973), diablerie effrayante. Une petite fille possédée par le démon impressionne toujours. Premier film fantastique inaugurant la période des budgets importants.
Variantes : *L'Exorciste II : l'hérétique* de John Boorman (1977) très bon film, *L'Exorciste III* (1990), *Exorcist the beginning* de Renny Harlin (2003), etc.

Le Monstre est vivant de Larry Cohen (1973), le film commence sur les chapeaux de roue : un accouchement se termine très mal, infirmières et médecins sont égorgés par le nouveau-né qui prend la fuite. Le monstre est bien vivant, produit par l'action d'un nouveau contraceptif. Il sèmera mort et terreur sur son passage. L'horreur se terminera dans les égouts. Original non ? Suites : *Les Monstres sont toujours vivants*, du même en 1978, *La Vengeance des monstres* (1987) et *La Vengeance des monstres* de Larry Cohen (?) et un remake (voir plus loin)

La Femme aux bottes rouges de Juan Bunuel (1974). Comme c'est bizarre, ce film commence de la même manière que *Le Syndrome de Stendhal* (1996) : une personne amateur d'art perd connaissance devant un tableau ! Un type reçoit des lettres et des savons, sa femme est jalouse, la bonne casse les assiettes au lieu de les laver. Ce film ne manque pas de défauts : tout le mystère est basé sur le montage et le cadrage. Les effets spéciaux sont nuls (par exemple, le sculpteur qui se suicide : on se demande s'il se rase ou s'il se coupe la gorge). Catherine Deneuve, elle, comme d'habitude, joue le rôle de ... Catherine Deneuve. Malgré tout, ce film est aussi attachant qu'*Au Rendez-vous de la mort joyeuse* (1972) du même Bunuel, fils du grand Luis.

Phantom of the Paradise de Brian de Palma (1974), pacte avec le diable et fantôme de l'opéra, euh... du Paradise. Scène de la douche de *Psychose* légèrement adaptée. Il y a du Hitchcock, du Goethe et du Proust (sans oublier Gaston Leroux).

Dark Star de John Carpenter (1974), des cosmonautes détruisent les planètes. Film à faible budget. À l'époque, le comique fantastique de Carpenter n'était pas très bien compris. Film de fin d'études de John…

Frissons de David Cronenberg (1974), *« Le but véritable était de montrer l'immontrable, de dire l'indicible. Je ne pouvais pas proposer ces parasites hors-champ parce que personne n'aurait su ce qui se passait. »* David Cronenberg interviewé par William Beard, Piers Handling et Pierre Véronneau. Ce film raconte le développement et la transmission de parasites qui transforment leurs hôtes en furieux maniaques sexuels. Les parasites croissent dans le ventre de leur victime et s'échangent par le bouche-à-bouche... Avec la merveilleuse Barbara Steele, actrice fétiche de Mario Bava.

Frankenstein junior de Mel Brooks (1974), merveilleuse parodie des *Frankenstein* de James Whale. La scène la plus délirante est celle où la gouvernante se présente avec la même coiffure que la fiancée de Frankenstein.

Chair pour Frankenstein de Paul Morrissey (1974), Victor Frankenstein vit avec son épouse (sa sœur de lait...) Elisabeth et leurs enfants dans son château. Il veut créer un homme viril qui pourra être le géniteur d'une espèce nouvelle. Il décapite un pauvre homme en se trompant sur la "marchandise". Horreur gore en trois dimensions : les organes s'écoulent des ventres ouverts, le sang gicle des corps décapités. À la fin, le fils Frankenstein prendra la relève en brandissant fièrement un bistouri...

Massacre à la tronçonneuse de Tobe Hooper (1974), film culte longtemps interdit, car il donne une image terrifiante de l'hospitalité des campagnes américaines. Une famille de détraqués, nécrophiles et obsédés par la mort, car, tous, ils ont travaillé aux abattoirs, massacrent de jeunes touristes de passage. Seule une jeune femme en réchappera. Scènes à retenir : le monstre au masque de cuir (Leatherface) suspend une jeune fille vivante à un crochet de boucher alors qu'il officie avec sa tronçonneuse dans son antre parsemé de débris humains en décomposition ; la seule rescapée doit être exécutée par le vieux père moribond, selon la technique ancienne des abattoirs : la tête de la victime est tenue au-dessus d'une cuvette et le vieillard lui donne des coups de marteau, mais il est si pourri qu'il n'a plus de force... Le générique est particulièrement suggestif et demande une grande attention. L'écran est noir et on entend parler et des bruits de gens qui s'affairent, puis des éclairs de flash très brefs montrent un cadavre pourrissant. Le premier plan en plein jour montre le cadavre décomposé empalé au-dessus de sa tombe profanée... Tobe Hooper s'est laissé construire une légende avec ce film éprouvant longtemps interdit. La terreur n'est pas produite par des effets gore, mais par des mises en situation horribles des personnages ayant affaire à des humains devenus des monstres, situations filmées, comme de l'extérieur, avec la même froideur affichée par les assassins. L'horreur produite par l'imagination du spectateur fertilisée par les images atteint ainsi un paroxysme qui dure tout au long du film, au cours duquel on se dit que seule la mort permet de fuir cet enfer. Même la dernière image montrant Leatherface brandir sa tronçonneuse sur la route alors que la jeune fille sauvée s'éloigne dans une camionnette ne nous soulage pas, nous pauvres spectateurs. Seul le mot fin et le monde rassurant qui nous entoure peuvent calmer notre fièvre...

Suite : *Massacre à la tronçonneuse 2* du même en 1982 – *Leatherface – Massacre à la tronçonneuse 3* de Jeff Burr (1990). Remake en 2003 par Marcus Nispel.

Du Sang pour Dracula de Paul Morrissey (1974), merveilleux film baroque et parodique qui montre un Dracula au bord de la mort. Seul le sang d'une vierge pourra le sauver, car il ne peut plus en consommer d'autres. Pour trouver des vierges, il se rend en Italie, son cercueil posé sur le toit. Là, invité dans une grande maison, il pense trouver ce dont il a besoin, car il y a trois jeunes filles. Mais, elles ne sont pas vierges, car le jeune serviteur – certainement communiste – les aura toutes déflorées, condamnant Dracula à lécher le sang du dépucelage sur le sol. Ce diable de serviteur débitera son corps en morceaux... Décadence et fin d'une société d'exploitation ?

Nuits rouges de Georges Franju (1974). Nous vivons dans un monde où règne l'illusion d'être en sécurité : voyez tout ce qu'il se passe ! Du vrai feuilleton à la française : coffre caché derrière un tableau, passages secrets, homme déguisé en vieille fille, maquillages... Chirurgien fou (une petite obsession de Franju ?) et zombies qu'il fabrique, décors sombres de béton, de métal et de verre, portes coulissantes... Société secrète en robes (les Templiers), couple de concierges mal réveillés, voiture téléguidée, caméra vidéo et mannequin, micro émetteur dans les vases, femme masquée en combinaison noire sur les toits de Paris, une bande très organisée, égouts et souterrains, balade sur le toit d'un train... et les méchants ne sont pas punis ! Tout cela filmé en maître dans des couleurs à la Mario Bava. On n'a pas fait mieux depuis !

Dracula et ses femmes vampires de Dan Curtis (1974)
Scénario de Richard Matheson (décidément, on le retrouve partout...)
Les scènes classiques : meute de loups, château, Dracula tout en noir, le col de Borgo...
Ici ce n'est pas Mina que convoite Dracula, mais Lucy.
Harker est un peu porté sur la bouteille et Dracula est toujours amoureux de sa bien-aimée morte depuis des siècles, mais qui semble réincarnée en Lucy.
Matheson a simplifié l'intrigue du roman de Bram Stoker. Le film est correct.
Mais il l'a respectée jusqu'à la moitié du film où l'on reconnaît sa superbe imagination pour finir avec la course-poursuite de Dracula retourné en son château des Carpates. Par contre, le château de Carfax n'est pas aussi inquiétant que celui du film *Nosferatu* de Murnau.

Van Helsing se promène sans se séparer de sa sacoche qui contient le pieu et le maillet.

Jack Palance n'est pas terrible en Dracula... Christophe Lee en avait assez ? Pourtant il reviendra dans la parodie *Dracula père et fils* d'Édouard Molinaro (1976)

Le Massacre des Morts-vivants de Jorge Grau (1974). Ce film a été tourné 6 ans après la sortie du film *La Nuit des Morts-vivant* de George A. Romero. Plusieurs scènes de ce *Massacre des Morts-vivants* sont tournées de manière à montrer au spectateur que le réalisateur rend hommage à Romero. Il reprend les thèmes de Romero : les morts reviennent à la vie à cause d'une pollution, à cause d'une activité humaine néfaste...

Jorge Grau est espagnol. Le film est une coproduction italo-espagnole-anglaise... très vampirisée par les Italiens. Il est sorti en salles dans de nombreux pays et donc affublé de nombreux titres aussi divers que variés.

Venons-en au film.

Le premier plan est très joli avec un beau mouvement de la caméra. Mais le reste ne sera pas toujours du même niveau.

Et puis alors, dès le début, il y a, ah ! Horreur ! une MACHINE qui envoie des ONDES...

Dès le début un petit hommage à Romero avec une jeune femme dans une voiture attaquée par un mort-vivant. Zombie que l'on retrouvera presque tout au long du film.

En général les acteurs ne sont pas bons à part le jeune homme, personnage principal du film, et dans une moindre mesure la jeune femme.

Comme il y a des morts violentes, la police s'en mêle avec un « commissaire » très borné. Ils l'appellent « commissaire »... Est-ce ainsi qu'on appelle ce genre de flic en Angleterre où se situe l'action du film ?

De fait, le scénario est très malin et habile (mais peut-être un peu lourd quand même) et fait en sorte que jamais le flic en question n'aperçoit le moindre mort-vivant, et persiste donc à croire que c'est le jeune le responsable de tous ces morts, victimes des zombies...

L'hôpital a l'air d'un château hanté alors qu'à l'intérieur il est très moderne. On ressent trop bien le tournage en deux lieux différents. Les zombies sont un peu ridicules. Le responsable des effets spéciaux utilise beaucoup les abats d'animaux, et tout cela est plus dégoûtant qu'effrayant. Enfin, les zombies s'enflamment comme de la paille. La fin est trop facile.

Je sais j'entends dire : « mais à cette époque ». Soit ! Le film mérite d'être vu, car c'est le précurseur du genre en Europe... Il sera suivi plus tard des chefs-d'œuvre de Lucio Fulci, qui n'ont, je crois, rien à devoir à ce film. À part, peut-être, *Zombi 3* sorti en 1988 (qui a aussi d'autres titres) dans lequel des produits chimiques zombifient les gens sur une île avec de méchants militaires comme dans *Le Jour des Morts-vivants* de Romero, sorti trois ans plus tôt. Un des plus mauvais films de Fulci... On ne peut pas toujours être bon.

Comme toujours aux éditions Artus films (ici en compagnie de Studiocanal) le supplément est particulièrement intéressant, avec David Didelot, qui récite sans erreur et sans jeter un œil sur un papier son savoir immense sur ce film, le réalisateur et ses acteurs, et sur l'histoire du cinéma bis. C'est excellent ! C'est donc notre ami David qui dit que ce film est le précurseur des films de zombies... En n'oubliant, comme il l'a dit lui-même, qu'il y a eu avant *La Nuit des morts-vivants*. En fait ce n'est que le deuxième précurseur.

Il y a une scène dans le film (pas très bien tournée) dans laquelle des bébés, semble-t-il contaminés par les radiations de la MACHINE, sont devenus agressifs et mordent le héros... C'est assez original à cette époque. Et c'est la même année, en 1974 que Larry Cohen sort son film *Le Monstre est vivant*, dans lequel une femme enfante d'un bébé monstre qui tue tout le personnel médical dans la salle d'accouchement. Prélude très saisissant, bien au-dessus de ce *Massacre des Morts-vivants*. Ce film de Larry Cohen sera suivi de deux suites et d'un remake bien des années plus tard. Ce thème du bébé monstre va se répandre dans le cinéma de genre comme la peste noire au Moyen-Âge...

David fait également un parallèle avec le film ultra ennuyeux de Jean Rollin *Les Raisins de la mort* tourné en 1978... Là ce sont les produits de traitement de la vigne qui zombifient les morts...

Enfin, bref, revenons à notre film *Le Massacre des Morts-vivants* : il est à voir comme un monument à la gloire du cinéma bis de morts-vivants qui a réussi le tour de force à faire des histoires de zombies, celles qui sont aujourd'hui les plus répandues et les plus regardées dans le genre fantastique...

Célestine bonne à tout faire et **Plaisir à trois** de Jess Franco (1974). Jess franco tournait plusieurs films dans le même décor avec des acteurs communs à ces films, notamment, pour ce genre de film, avec son actrice fétiche, sa compagne, Lina Romay.

Jean-Pierre Bouxou qui est interviewé dans les bonus de ces DVD s'exprime à propos du film Célestine... : « C'est un vaudeville. Un portrait de Lina. Un film leste et grivois. Un petit film sympathique (...) fonctionnel et bis en diable. » Il donne quelques anecdotes sur le « cinéma de débrouille, de bout de ficelle de Jess. En cela il est proche de Jean Rollin. »

Pseudo de Jess franco pour ce film : Clifford Brown

Le film ?

Eh bien c'est tout simple : deux prostituées s'échappent d'un bordel juste avant une descente de police et se font embaucher comme servantes dans un château dans lequel elles donnent tous les plaisirs sexuels possibles aux hommes et femmes qui y habitent. C'est vrai, c'est très plaisant et très frais. Le DVD donne la version soft, mais on a les extraits hard dans le bonus...

Le Château des messes noires de Joseph W. Sarno (1974)

Film érotique allemand.

Prologue : de jeunes filles dénudées se font masser les seins par une « prêtresse » et même un peu plus que les seins... mais ça ce n'est que suggéré.

Un couple (le frère et la sœur...) se réfugie au château après une panne de voiture.

Il y a plusieurs centaines d'années, la baronne du château était une vampire. Elle fut brûlée et elle promit de se réincarner dans une descendante. Il lui faudra pour cela un médium...

Cette histoire de vampire n'est qu'un prétexte pour montrer de jeunes filles dénudées dont certaines simulent assez bien l'orgasme, ce qui est la seule chose réussie du film.

Le Monde des morts-vivants d'Amando De Ossorio (1975)
J'avais déjà vu du même *La Révolte des morts-vivants* (1971).
Les ingrédients sont toujours les mêmes : belles filles plus ou moins dénudées (mais pas trop), brouillard parfois réalisé par traitement de la pellicule, et templiers morts-vivants.
Ici nous sommes dans un vaisseau fantôme, représenté par une maquette en carton-pâte, ou même parfois par un simple dessin et quelques gros plans en studio dans des décors sommaires. Des scènes interminables de filles qui crient, le recyclage de mêmes plans plusieurs fois, le couvercle des coffres s'ouvre d'une lenteur interminable en grinçant.
Vraiment le film fantastique Z espagnol des années 70 dans toute sa splendeur. Il reste donc une curiosité si vous voulez vous marrer.
Heureusement les Espagnols ont fait bien mieux depuis. Ils ont même donné au cinéma de grands chefs-d'œuvre du fantastique et de l'horreur…

Leonor de Juan Bunuel (1975). Attention film dangereux : on peut mourir d'ennui ! Piccoli ne va pas du tout pour ce rôle ni Liv Ullmann. Seule Ornela Mutti correspond. On se demande d'ailleurs comment on peut ne pas préférer Ornela à Liv. Enfin, question de goût. Je ne peux pas m'empêcher de rêver à ce qu'aurait fait Roger Corman de cette histoire tirée de la nouvelle de Ludwig Tieck. Avec Vincent Price et Barbara Steele, bien sûr !

Les Sept vampires d'or de Roy Ward Baker (1975), il y a eu le chef-d'œuvre d'Akira Kurosawa *Les Sept samouraïs* (1954), son remake westernien *Les Sept mercenaires* (1960) de John Sturges, et ce petit navet vampirique inspiré de la même histoire, ce qui lui vaut d'être cité ici.

Les Dents de la mer de Steven Spielberg (1975), un énorme requin sème la panique sur la plage. Scènes fantastiques dans le petit bateau du chasseur de requins au cours de la nuit : on a peur du lendemain… Suites : *Les Dents de la mer 2* de Jeannot Szwarc 1978 – *3* de Joe Alves 1983 – *4 : La Revanche* de Joseph Sargent 1987, et bien d'autres avatars encore…

Rollerball de Norman Jewison (1975), une histoire de jeux de cirque dans le futur pour calmer l'agressivité des foules. Remake de J. McTiernan (2002). Voir plus loin.

Black Moon de Louis Malle (1975). Quand Lily dégraphait son corsa-a-ge… Quelques cafards, un rat, des serpents et une licorne (ici, une mule avec une fausse corne) ne font pas un film fantastique…

Le Sixième continent de Kevin Connor (1975), marins anglais et allemands de la Première Guerre mondiale apprendront à vivre ensemble dans ce monde oublié où vivent les dinosaures (en carton-pâte). D'après E. R. Burroughs, le scénario est écrit par le grand écrivain de Fantasy, Michael Moorcock. Une suite à ce film : *Le Continent oublié* (1977) réalisé par Connor qui a adapté un autre cycle de Burroughs dans le film : *Centre Terre 7e continent* (1976)

Les Frissons de l'angoisse de Dario Argento (1975), le disciple de Bava prend son autonomie artistique avec ce film. Son style fait d'expressionnisme de couleurs, zooms et plans très brefs, gros plans créant véritablement dans l'esprit du spectateur l'image de ce qui se passe hors-champ, son style prendra toute son ampleur dans ses deux films plus fantastiques *Suspiria* et *Inferno*. Une comptine glaciale s'entend alors que l'image montre un tourne-disque en gros plan, musique obsédante qui jalonnera des meurtres sanglants. Avec ce film, l'enfance de chaque spectateur risque de le prendre à la gorge. Effet de miroir qui crée l'illusion chez le principal personnage. Un meurtre a été commis dans un appartement. Ce personnage arrive sur les lieux le premier. Les murs sont couverts de tableaux aux images terrifiantes. Plus tard, il aura le sentiment qu'un tableau manque. Mais, à la fin du film seulement, il s'apercevra que ce n'était pas un tableau, mais le reflet de l'assassin dans un miroir. Il connaissait donc l'assassin dès le début, sans le savoir.

Le Locataire de Roman Polanski (1976), paranoïa entretenue par des lieux qui ont vu se produire une mort violente dans le passé.

Demain les mômes, de Jean Pourtalé (1976), après l'holocauste nucléaire un survivant affronte une bande de gosses bien organisés, cruels et indifférents. Ils domineront le monde...

Rage de David Cronenberg (1976), une jeune femme ayant subi une greffe de peau s'aperçoit qu'elle a désormais besoin de se nourrir de sang, utilisant un appendice qui lui sort sous le bras. Elle vampirise donc les gens en les embrassant et leur transmet la rage. C'est une épidémie, la loi martiale est décrétée... L'angoisse ne se base pas sur des effets spéciaux, mais sur les mises en situation et la couleur rouge de la plupart des scènes. Cronenberg en parlant de son film, refuse de considérer le désordre qui y règne comme un chaos social : « *Mon expérience personnelle de la vie en société ne ressemble pas à celle de* Rabid *(Rage) où les gens se déchaînent dans les rues. Je n'ai jamais vécu cela. C'est donc vraiment un exemple d'un désordre intérieur plutôt qu'extérieur.* » Pourtant... Un film terrifiant.

Le Commando des morts-vivants (Shock Wave) de Ken Wiederhorn (1976)
Avec Peter Cushing qui joue le rôle de l'officier des SS morts-vivants.
Deux procédés sont utilisés pour donner l'impression d'être un documentaire : prologue "historique" et recueil d'un témoignage.
L'inquiétude règne dans un bateau affrété par des touristes. Il se passe des choses sous l'eau.
La nuit ils croisent un cargo tous feux éteints. Ils le retrouvent échoué au petit jour ainsi que le corps du capitaine noyé. Il y a un ancien palace sur l'île. De l'épave sortent des soldats SS allemands qui marchent sous l'eau sans se noyer. On s'ennuie ferme jusqu'à la quarantième minute. Les morts-vivants portent des lunettes de soudeur et ils ont caché des nazis dans un four !
Très ennuyeux ce film culte.

Carrie au bal du diable de Brian de Palma (1976), à bas le puritanisme. Film fantastique qui prend à rebours la mode puritaine des films de terreur de l'époque. La jeune Carrie se voit munie de pouvoirs surnaturels. Gare ! La dernière image secoua les spectateurs de l'époque. On a vu plus terrible depuis. Cette scène finale a été reprise dans *Les Valeurs de la famille Addams*. La suite : *Carrie 2 la haine* de Katt Shea (1999)

La Malédiction de Richard Donner (1976), un bébé est mort-né. Son père accepte de l'échanger avec un autre. Nouveau péché originel qui introduira le diable dans notre monde par l'intermédiaire d'un charmant enfant. L'enfant et sa gouvernante sont tous deux diaboliques. Suites : *Damien la malédiction II* de Don Taylor (1978) – *La Malédiction finale* de Graham Baker (1981).

Providence d'Alain Resnais (1977), fin de vie pour un vieil écrivain malade qui échafaude des scénarios en utilisant ses connaissances et sa famille comme personnages. Promenade entre la création littéraire et la mort... Au départ ce devait être un film sur Lovecraft, puis...

Rencontres du troisième type de Steven Spielberg (1977), le rendez-vous est prévu, l'endroit fixé, mais les invités ne le savent pas encore. Suspens. Vers quel terrifiant secret se dirigent les élus de cette invitation stellaire ? Allons, rassurons-nous. Tout va bien ! Les pouvoirs publics sont formidables de si bien organiser l'accueil de ces gentils extraterrestres.

La Guerre des étoiles de George Lucas (1977), début de la fameuse trilogie qui a fait l'objet en 1997 d'une nouvelle édition, avec de nouveaux effets spéciaux, et qui connut encore un énorme succès. Les héros de cette saga sont devenus quasiment légendaires : Luke Skywalker, Dark Vador, princesse Laia, Han Solo, et les deux robots, C3P0 et R2D2. Une histoire de rébellion, de lutte contre le mal pour la liberté. Lucas a « *adapté la forme antique du voyage initiatique à l'imaginaire du vol dans l'espace* », déclare le commissaire de l'exposition « *Star Wars : magie du mythe* » organisée par le musée de l'air et de l'espace de Washington ! Les thèmes du film sont puisés dans l'Odyssée, les chevaliers du Moyen Âge et les bandes dessinées actuelles. Mais, on ne peut pas s'empêcher de faire une relation avec l'œuvre d'Isaac Asimov. Ce dernier n'a-t-il pas écrit, dans un article intitulé *Du Plagiat* : «... *Il y a aussi des histoires qui se veulent sciemment proches de mon univers, sans que je puisse en prendre ombrage. Les films de la série* La Guerre des étoiles *rappellent vaguement mon cycle de Fondation, mais, que voulez-vous ? Je me vois mal faire du scandale pour ça...* » Pour réaliser les trucages et effets spéciaux, Lucas a créé son propre studio : Industrial Light and Magic (ILM) ouvrant la voie du numérique et de l'image virtuelle avec une avance importante sur les autres.

Les deux autres volets de la trilogie :

L'empire contre-attaque d'Irvin Kershner (1980), et Le **retour du Jedi** de Richard Marquand (1983), produits par George Lucas. (Voir plus loin les autres épisodes)

Eraserhead de David Lynch (1977), ce film culte, dérangeant comme (presque) tous les films de Lynch, fit d'emblée le succès du cinéaste. Un monde industriel étrange, des volailles qui bougent encore dans les assiettes, un mystérieux aiguilleur (du moins, l'ai-je pris pour tel) qui ponctue le film, un jeune homme et sa femme avec leur progéniture monstrueuse, espèce de fœtus-lézard qui couine et saigne facilement. La jeune femme qui ne supporte pas l'horreur laisse tomber mari et "enfant"... Ce film peut se dérouler à l'infini. Il faut le voir, rien ne sert d'en parler, car, en parler trop s'est s'exposer à montrer un peu de son inconscient.

Tentacules d'Oliver Hellman (1977)
Producteur : Ovidio G. Assonitès... Avec Henry Fonda !
Il existe un Tentacules de Yassi Wain (2001)

Des êtres humains, dont un bébé, sont retrouvés dans l'océan atrocement mutilés. (Je sais on utilise souvent ces mots dans les chroniques de ce genre de films, mais comment faire autrement ?)
Un flic et un journaliste enquêtent et se posent des questions sur d'importants travaux menés par une multinationale au fond de la mer.
Deux plongeurs vont inspecter les profondeurs et ne reviennent pas vivants ;
Ce film ne respecte aucune règle habituelle : le journaliste est un vieillard barbu, le flic un gros balourd.
Il y a beaucoup de vues sous-marines, de gros plans sur un poulpe qui évitent de mettre en œuvre de coûteux effets spéciaux.
La mer a des dents, mais aussi des tentacules.
Suspiria de Dario Argento (1977), une jeune fille arrive dans une école de danse. Il pleut, c'est la nuit. Au moment où elle arrive, une autre jeune fille sort terrifiée. La scène suivante montre cette dernière arrivant dans un hôtel aux couleurs rutilantes, décor expressionniste de couleurs cher à Argento. Elle sera exécutée froidement méthodiquement. La scène est unique, faite de gros plans : sur la vitre sur laquelle la fille colle son visage pour tenter de voir à l'extérieur, et elle y voit deux yeux maléfiques, sur l'avant-bras et la main tenant le couteau qui la tue sans jamais voir le corps de l'assassin (mais en a-t-il un ?). À la mort de la jeune fille, pendue en haut de la cage d'escalier, la caméra s'éloigne du sujet...
Audrey Rose de Robert Wise (1977), est-ce un film fantastique ? Pas à mon idée : un film qui développe cette théorie bien connue que la schizophrénie a pour origine le fait qu'une personne réincarnée n'accepte pas cette réincarnation. Plutôt un film de propagande sur la réincarnation.
L'emmurée vivante de Lucio Fulci (1977), un excellent film de l'ami Lucio avec un bon scénario et quelques scènes extraordinaires dans la dernière demi-heure du film. Dommage que le réalisateur utilise trop le zoom, le même défaut que Jess Franco, toujours pressés de finir leurs films...
Holocauste 2000 d'Alberto De Martino (1977). Les Italiens se sont spécialisés dans le pillage des scénarios des films d'horreur américains en leur donnant d'ailleurs une belle originalité. C'est le cas ici avec une séquelle de *Damien, la malédiction*. On apprend dans ce film que 2v231 est le reflet dans un miroir du mot IESVS (Soit Jesus en latin, en sachant que le « U » est un « V » dans cette langue). Autrement on s'ennuie un peu, mais c'est pas si mal comme histoire d'antéchrist et d'armageddon...
Inferno de Dario Argento (1978), une belle maison en plein centre de New York renferme des secrets terrifiants. Une femme fait tomber son trousseau de clés dans une trappe de la cave sous laquelle de grandes pièces d'habitation sont plongées dans l'eau claire. Son trousseau est resté accroché à un lustre du plafond qui se trouve être le plancher sur lequel elle se trouve. L'eau affleure la trappe. Elle se penche pour attraper l'objet et tombe à l'eau... Les clés tombent aussi. Comme elle est déjà dans l'eau, elle nage pour les récupérer quand soudain un cadavre tournoyant la prend dans ses bras... Terrifiée, elle remonte dans une nage effrénée... Un vieux voisin n'aime pas les chats. Il est paralytique et marche avec des cannes. Il réussit à attraper les chats et les met dans un sac. Il va, péniblement, les noyer dans un rejet d'égout situé à proximité. Il passe devant un camion pizza éclairé. Au moment de je-

ter le sac dans l'eau sale, il titube et tombe. Les rats sortent du tuyau d'égout par milliers et commencent à le dévorer vivant. Il hurle au secours. Le vendeur de pizzas accourt, un revolver à la main et tire sur... le vieillard ! La mort rôde partout, cruelle, car la Mort habite cette maison. Terrifiant... Du Argento flamboyant avec les couleurs expressionnistes, les gros plans qui suggèrent tant de choses hors-champ, les rythmes et mouvements de caméra.

Superman de Richard Donner (1978), l'enfant de la planète Krypton devient superman sur terre. Formidable adaptation de la célèbre bande dessinée. Suites : *Superman II* de Donner 1980 – *Superman III* de Richard Lester 1983 – *Superman IV* de Sidney J. Furie 1987. Et bien d'autres encore, voir plus loin.

Ces Garçons qui venaient du Brésil de Franklin J. Schaffner (1978)
Un film culte. Mais mérite-t-il vraiment ce titre ?
Avec de grands acteurs vieillissants : James Mason, Gregory Peck et Lilli Palmer, par exemple.
Cette histoire de clonage par des nazis est inspirée d'une nouvelle d'Ira Levin, l'auteur qui a été rendu célèbre par une autre adaptation cinématographique d'une de ses œuvres : *Un bébé pour Rosemary*, film réalisé par Roman Polanski (1968).
Autres adaptations de Levin :
1956 : ***Baiser mortel*** (A Kiss Before Dying), de Gerd Oswald
1975 : ***Les Femmes de Stepford*** (The Stepford Wives), de Bryan Forbes
1982 : ***Piège mortel*** (Deathtrap), de Sidney Lumet
1991 : ***Un baiser avant de mourir*** (A Kiss Before Dying), de James Dearden
1993 : ***Sliver***, **de** Phillip Noyce
2004 : ***Et l'homme créa la femme*** (The Stepford Wives), de Frank Oz
Revenons à nos garçons du Brésil.
Je pense que tout le monde connaît l'histoire : un chasseur juif de nazis mène une enquête sur un assassinat programmé par d'anciens nazis réfugiés au Paraguay de 94 hommes de 65 ans dans plusieurs pays du monde... Le IVe Reich est en marche !
Le début du film est traité comme un mauvais James Bond avec une musique tonitruante. Cela frise la parodie. L'accent allemand de Lieberman est comique. On ne peut pas le prendre au sérieux (ça c'est pour l'adaptation française)...
Le spectateur a droit à un exposé très scientifique des expériences de clonage de l'époque.
La dernière partie est excellente, avec le combat entre le vieux chasseur de nazi et sa proie.

La Vénus d'Ille de Mario et Lamberto Bava (1978), une adaptation pour la télévision par le père et le fils d'une nouvelle célèbre de Mérimée. Extrait de *Vie des fantômes* de Jean-Louis Leutrat : « *Pour la statue du film (contrairement à celle de l'œuvre littéraire), Bava a préféré un geste qui rappelle celui de Diane sortant une flèche de son carquois. De fait, Vénus semble tenir l'attache de son vêtement qu'elle a dégrafé : son sein gauche est dénudé, le droit est encore couvert d'un voile, elle se dévêt dans un geste semblable à celui de Diane chasseresse ; l'équivalent « sur terre » de cette attache dégrafée est la jarretière de la mariée ôtée au cours du repas par un jeune garçon. Bava a bien su utiliser l'ambiguïté du style néoclassique, sa froideur et sa sensualité résumés dans un rêve de pierre...* »

Halloween, la nuit des masques de John Carpenter (1978), ne pourrait être qu'un banal film policier sans le traitement que Carpenter donne au sujet, contraste voulu entre la nervosité du film et le calme impitoyable du tueur fou. Caméra remplaçant le regard de l'assassin, silence complet de ce dernier qui ne prononce jamais une parole, mystère de ses motivations qui l'ont conduit à l'asile après le meurtre de sa sœur lorsqu'il était enfant. Châtiment incarné des adolescentes aux prises avec le plaisir de la chair, Michel porte toujours un masque pour tuer. « *La chose est un monstre* » déclare le psychiatre de Michel. On l'appelle bien la "chose" comme *La Chose d'un autre monde* que des enfants regardent à la télé dans le film, ou le monstre de *Planète interdite* également regardé à la télé par des enfants. Le croquemitaine de la nuit d'Halloween est bien vivant et il tue. À la fin, le spectateur tente en vain de trouver un soulagement quand la jeune fille arrache le masque de Michel. Va-t-il parler ? Aura-t-il un sentiment humain de peur ? Non ! Il reste hagard et remet son masque sans un mot... Pourquoi cet être est-il comme il est ?
Suites : *Halloween II* de Rick Rosenthal (1981) – *Halloween III, le sang du sorcier* (qui n'est pas du tout une suite de *Halloween*) de Tommy Lee Wallace (1982) – *Halloween IV* de Dwight H. Little (1988) – *Halloween : vingt ans après, il revient* (1998) de Steve Miner – *Halloween resurrection* de Rick Rosenthal (2002), et deux remakes de Rob Zombie (voir plus loin).
Furie de Brian de Palma (1978), un jeune voyant enlevé pour ses dons est recherché par son père, Kirk Douglas, vieil aventurier séducteur qui s'agite beaucoup sans grande souplesse.
La Grande menace de Jack Gold (1978), un écrivain tue ceux qui le contrarient rien qu'en le voulant. Lui, même assassiné, il ne meurt pas.
Phantasm de Don Coscarelli (1978). Très jeune, le réalisateur s'est taillé un succès avec ce film dans lequel les zombies sont indestructibles, la meilleure invention restant les sphères brillantes et munies de plein d'instruments pires qu'un couteau suisse. Don Coscarelli a continué : *Phantasm II* (1988) *Phantasm III* (1993) et *Phantasm IV* (1998)
Piranhas de Joe Dante (1978), des jeunes inconscients et trop curieux ouvrent une vanne dans un laboratoire militaire abandonné et, catastrophe ! les piranhas mutants passent dans le lac situé à proximité. Gare ! Séquelles : *Piranhas 2 : les tueurs volants* (1981) de James Cameron et *L'invasion des Piranhas* (1984) d'Anthony Dawson (pseudonyme d'Antonio Margheriti), etc. Dont un remake d'Alexandre Aja (voir plus loin)..
Zombie le crépuscule des morts-vivants de George A. Romero (1978), « *Quand il n'y a plus de place en enfer, les morts reviennent sur terre pour se venger* » (Prophétie vaudou). Quatre personnes enfermées dans un vaste centre commercial assiégé par les morts-vivants. Si vous avez peur, fermez les yeux. Romero a dû supprimer certaines scènes jugées trop violentes.
— *Qui sont-ils ?* Demande la jeune femme en parlant des morts-vivants.
— *Ils sont nous, c'est tout ! L'enfer n'a plus de place !*
L'enfer des zombies de Lucio Fulci (1979). Sorti la même année que le *Zombie* de George Romero, ce film avec son titre original de *Zombi 2* veut se présenter comme sa suite... D'ailleurs, Fulci – le maître italien de l'horreur – réalisera *Zombi III* ... Le

prologue du film est le même que celui de *Zombie* : quelqu'un tire une balle dans la tête d'un cadavre ficelé dans son drap mortuaire et qui semble reprendre vie. Puis, on voit plusieurs plans qui rappellent ceux du *Nosferatu* de Murnau : un voilier sans équipage s'approche d'un port. Ici, c'est New York. D'ailleurs, le scénario ressemble à celui de *Nosferatu* : avec ce voilier arrive une terrible épidémie... Le plaisir de la chair est poussé à son comble par la consommation des êtres vivants par les morts. Le monstre (qu'on ne voit pas, mais le cinéaste nous fait entrevoir au loin des silhouettes titubantes...) est derrière la porte. Et il y a même un mort-vivant sous-marin qui mange un requin vivant ! Une scène unique dans les films de ce genre... La dernière scène (les morts-vivants sur le pont de Brooklyn) annonce le film de Romero, et surtout, le dernier de la trilogie du réalisateur américain : *Le Jour des morts-vivants* (1985 – voir ci-dessous) et surtout *Zombi 3* de Fulci. *L'Enfer des zombies* passé à la télé a été amputé de quelques scènes certainement jugées trop gores (si mes souvenirs sont bons...) Les maquillages sont loin de valoir ceux de Tom Savini... mais le film est excellent ! Contrairement aux films de Romero qui suscitent une réflexion métaphysique sur l'avenir de l'espèce humaine, ceux de Fulci traitent notre chère humanité en dérision avec le style du Grand-Guignol...

Mad Max de George Miller (1979), un futur désertique et une bataille d'enfer pour se procurer un bien devenu très rare : l'essence. Poursuites, batailles, tenues bizarres et violence motorisée. Suites : *Mad Max II* (1982) et *III* (1985), tous deux de George Miller, etc.

La Mort en direct de Bertrand Tavernier (1979), des yeux-caméras qui filment la mort d'une femme. Pas aussi bien que *Le Voyeur*...

Le Trou noir de Gary Nelson (1979)
C'est une production Walt Disney.
Un vaisseau spatial arrive aux "environs" d'un trou noir et oh ! Stupéfaction, ils découvrent un vaisseau à proximité du monstre gravifique, un vaisseau qui semble résister à son attraction pourtant réputée comme irrésistible.
Délicieusement kitch. Avec Anthony Perkins.
Dans ce vaisseau il y a un savant fou qui a pour objectif d'entrer dans le trou noir.
Tous les faits scientifiques et techniques de ce film sont faux.

Dracula de John Badham (1979), Frank Langella ne parvient vraiment pas à imiter Lugosi. Scénario du Dracula de Browning remanié (non seulement Dracula séduit la fiancée de Jonathan, mais aussi la fille de Van Helsing et celle du docteur Seward). Quelques scènes intéressantes : l'arrivée du bateau qui transporte Dracula et qui fait naufrage (le vampire se transforme en loup quand les marins russes veulent passer son cercueil par-dessus bord) ; le test du cheval vierge pour trouver le tombeau du vampire ; la fille de Van Helsing transformée en vampire et retrouvée dans d'anciennes galeries de mines sous le cimetière ; la poursuite de Dracula en voiture...

Stalker d'Andreï Tarkovski (1979), la lenteur du cinéaste au service d'une quête d'un nouveau Graal. Tiré du roman des frères Strougatski, géniaux écrivains soviétiques de science-fiction, ce film prodigieux nous entraîne avec le Stalker dans la *zone*, interdite, car très dangereuse, étendue laissée stérile par des extraterrestres descendus là autrefois et repartis sans autre forme de procès. Le guide, le *Stalker*, se fait payer cher pour emmener les "touristes" dans cet endroit fabuleux. Leur but : la chambre des désirs, qu'ils atteindront, mais qui ne pourra satisfaire aucun désir... Un chien passe alors que le Stalker dort sur un îlot au milieu d'une mare croupissante. Débris de véhicules militaires, ruines de maisons, nature luxuriante, temps gris ; le Stalker vérifie si le chemin est sans embûche en lançant devant lui de longues ficelles attachées à des boulons. En voyant ce film aujourd'hui, cette zone délabrée, abandonnée et dangereuse, ne préfigurait-elle pas la société soviétique décadente ? Le Stalker doit payer cher ses séjours répétés dans la zone. Son enfant est mutant : la dernière image du film, alors que le bruit du train qui passe est assourdissant, montre la petite fille faisant déplacer un verre avec le regard. Aller dans la zone débouche sur la création d'une autre humanité....

Nosferatu de Werner Herzog (1979), le réalisateur d' *Aguirre* rend hommage à Murnau avec ce remake. Quelques légères modifications du scénario donnent une autre orientation à ce film pourtant très proche du précédent. Jonathan (le Hutter de Murnau) ne prend pas une voiture à l'auberge pour se rendre au col de Borvo, il y va à pied. Ce qui permet à Herzog de filmer une nature sauvage et inhospitalière. À la fin, si Dracula (Orlock chez Murnau) meurt, comme dans le premier film, à cause du chant du coq, le professeur, sceptique jusque là, mais désormais convaincu, lui plante quand même un pieu dans le cœur (méthode jamais utilisée par Murnau) ce qui permet aux autorités de l'arrêter pour assassinat du comte, car il tient dans sa main l'arme du "crime" ensanglantée. Jonathan, vampirisé, prend la place du vampire. « *Il est toujours fécond le ventre qui engendra la bête immonde.* »

Chromosome 3 de David Cronenberg (1979), de mystérieux meurtres sont perpétrés par des nains. Ce sont les membres de la même famille qui sont assassinés. Une femme engendre ces créatures en les faisant pousser sur son corps et les envoie pour une vengeance psychotique. C'est qu'elle est soignée par un psychiatre qui incite ses patients à donner une expression physique à leur rage. Nola Carveth le prend strictement au mot. « *En tant que pures créatures de la rage, les enfants de la progéniture sont idiots, asexués, inarticulés, ne voient qu'en noir et blanc et [...] ne vivent pas longtemps.* » [95]

Fog de John Carpenter (1979), action, suspense, horreur et fantastique dans ce film où la terreur vient de la mer sous forme d'un vaisseau fantôme et de ses marins qui se vengent d'un naufrage provoqué autrefois par les gens du village. Comme dans *Prince des ténèbres*, les personnages sont assiégés dans un lieu clos : une église.

Alien de Ridley Scott (1979), ce monstre est devenu une célébrité. Un cargo spatial sur le retour vers sa base reçoit un signal d'alarme provenant d'une petite planète. Une expédition y est envoyée. On y trouve l'épave d'un vaisseau extraterrestre. Dans la soute des œufs attendent, tel le fourmi-lion, qu'un être passe à proximité. Un des cosmonautes sera attaqué par une larve sortie de l'œuf. Cette larve a introduit un rostre dans son estomac et y a pondu un œuf. Le biologiste du bord qui a fait ostensiblement l'erreur de laisser entrer un passager contaminé soigne le malade. Celui-ci

---

[95] William Beard, dans son article *L'esprit viscéral : les films majeurs de Cronenberg* recueilli dans *L'horreur intérieure...*

reprend vie, mais un petit monstre sort de son corps lui infligeant une atroce et mortelle blessure. Désormais, c'est une guerre sans merci entre ce monstre et l'équipage qui sera décimé. Seule Ripley, la jeune femme magistralement interprétée par Sigourney Weaver saura terrasser le monstre. Ce film a plusieurs importances : il rompt avec la science-fiction héritière de *2001*, tout axée sur le développement technologique et ses répercussions, et renoue avec le style de l'écrivain Lovecraft qui a su, justement, allier la science et les techniques à de profondes et archaïques pulsions de la vie. Ainsi, le monstre d'Alien est-il proprement lovecraftien, et son créateur, Carlo Rambaldi, semble bien s'être inspiré des monstres de l'écrivain américain. Enfin, l'action prend toute son importance et sert à montrer du doigt les horreurs que l'on ne voit pas, mais que l'on nous fait deviner hors-champ, comme cette scène de recherche du chat dans les soutes du vaisseau spatial. Le scénario développe une argumentation serrée : si ce monstre a été introduit dans notre univers, c'est de la faute aux dirigeants de la compagnie et de la société des hommes qui ont organisé cette introduction par l'intermédiaire du biologiste médecin qui n'est qu'un robot à leurs ordres. Quatre suites à ce jour : *Aliens, le retour* de James Cameron (1986), *Alien 3* de David Fincher (1992), , *Alien la résurrection* (1997) de Jean-Pierre Jeunet et *Alien contre Predator* de Paul Anderson (2004). Jusqu'à Alien 4, les films sont interprétés par Sigourney Weaver, etc.

Star Trek de Robert Wise (1979), reprise en film des histoires du vaisseau Enterprise et du mythique vulcain Spock aux oreilles pointues. Plusieurs suites : *Star Trek II : la colère de Khan* par Nicholas Meyer (1982) et *Star Trek III : à la recherche de Spock* de Leonard Nimoy (1984) – *Star Trek IV : retour sur Terre* de Leonard Limoy (1987) – *Star Trek V : l'ultime frontière* de William Shatner (1989) – *Star Trek VI : Terre inconnue* de Nicholas Meyer (1991) – *Star Trek generations* de David Carson (Picard prend le relais...) (1994) – *Star Trek premier contact* de Jonathan Frakes (1997) et *Star Trek insurrection* de Jonathan Frakes (1998) (voir ma critique à ces années pour ces deux derniers films).

Prophecy de John Frankenheimer (1979)
Poursuite dans la nuit avec trois types en tenue de spéléologue avec casque, lampes de poche et chiens. En fait, ce sont des bûcherons... Ils meurent tous, mais le film prend bien soin de ne pas révéler comment. Mais à entendre le cri du dernier tué ça doit être horrible.
Puis un orchestre symphonique. Manif d'Indiens, misère dans le ghetto noir.
Les Indiens ne veulent pas qu'une papeterie exploite leur forêt du Maine. Un médecin est chargé de faire le négociateur. Il y va avec sa femme qui est enceinte, mais qui ne la sait pas. Elle joue du violoncelle. Ils apprennent que les Indiens croient qu'un être mythique appelé Katahdin enlève les gens qui ont disparu.
Le conflit se présente comme une contradiction d'intérêts Indiens contre bûcherons.
Une famille fait de la randonnée et du camping (« *Délivrance* » ?)
« Ici tout devient gros, très gros », déclare le vieil Indien.
Des problèmes d'environnement sont évoqués (pollution ?)
De fait, il y a effectivement une gigantesque usine de pâte à papier. Matériau de base : les arbres ! On fait une petite visite...

Le problème d'environnement ? C'est tout simplement le mercure (Hg). On évoque même Minamata au Japon et l'intoxication des pêcheurs de la baie ainsi nommée par le mercure.
À quoi sert le mercure dans une papeterie ? À fabriquer le chlore (Cl2) qui est utilisé pour le blanchiment du papier.
Le mercure s'accumule le long de la chaîne alimentaire et produit des malformations du fœtus chez la femme. On a en mémoire cette image de la Japonaise de Minamata qui lave son enfant monstrueux dans une bassine...
Dans ce film, le scénariste développe cette idée archi utilisée dans la SF de la pollution qui engendre des monstres. C'est donc la cas et, de plus, la femme du héros est enceinte !
Le film disserte bêtement sur l'évolution du fœtus...
Les campeurs se font attaquer par les monstres. La police accuse les Indiens...
Un film très idéologique sur le génocide indien et la pollution industrielle.

Terreur extra-terrestre de Greydon Clark (1979)
La participation des acteurs Jack Palance et Martin Landau met tout de suite l'ambiance ! Mais ne garantit aucunement la qualité du film.
Un père et son fils campent dans la nature dans un camping-car. Le père est un type assez con. Visiblement les scénaristes n'aiment pas les chasseurs. Ce personnage est donc la première victime de sangsues volantes.
C'est très mal joué et très mal doublé.
Une bande de jeunes partent en vacances dans la nature... Ah ! Cette nature inhospitalière, dangereuse.
Jack Palance joue le rôle du tenancier de la station-service. Il s'appelle Taylor. C'est un chasseur. « Vous n'avez jamais été à la chasse ? » Demande-t-il. Il ne veut pas que les jeunes aillent au lac...
Un des jeunes couples part à la recherche des autres qui ont disparu. La jeune fille tombe dans un piège constitué par un grand trou dans le sol. Elle en sort. Le couple découvre une cabane pleine de cadavres, dont leurs amis. Une sangsue volante pleine de dents se colle au pare-brise du camping-car avec lequel ils espéraient fuir. Ils se réfugient dans un bar plein de beaufs tenu par une barmaid. La jeune fille s'enfuit du camping-car à l'arrivée d'un extraterrestre à grosse tête.
Dans le bar il y a Martin Landau qui joue le rôle du paranoïaque qui voit des E.T. partout et qui a raison pourtant, alors que personne ne le croit. Il s'appelle Dobbs. Les autres l'appellent « sergent ».
Mais que c'est mal joué ! Beaucoup de dialogues inutiles.
Taylor arrive avec la jeune fille. Le bar est assiégé en pleine nuit, électricité coupée...
Le sergent tire sur le shérif par erreur ! Ensuite, il menace le jeune homme, guidé par sa paranoïa.
Taylor a récupéré une sangsue et la conserve dans un bocal de formol.
Il déclare au couple de jeunes qu'il veut chasser tout seul les extraterrestres et les tuer. Il se fait de nouveau attaquer par un de ces sangsues volantes en forme d'étoile avec plein de dents. Il l'arrache de sa cuisse avec un couteau. Le couple de jeunes s'enfuit et fait de l'autostop. Ils montent dans une voiture de police et s'aperçoivent qu'elle est conduite par sergent !

Taylor transporte des explosifs vers la cabane. Sergent croit que les deux jeunes sont des extraterrestres. Ils s'échappent et se réfugient dans une maison isolée et déserte. Ils entrent par effraction et s'installent. Quelque chose rôde dans la nuit. Une ombre menaçante se déplace. Le robinet d'eau s'ouvre tout seul. La lumière du placard s'allume spontanément.

Tout cela tire en longueur...

Une sangsue volante se colle au visage du garçon et le « martien » au gros crâne apparaît... Il poursuit la jeune fille... Taylor la sauve.

Dernière bataille à la cabane où sont entreposés les morts. Le garde-manger de l'E.T. Taylor a miné la cabane avec de la dynamite !

Mais voilà ce fou de sergent qui voit des aliens partout et surtout là où ils ne sont pas.

Et voici le « martien » à grosse tête !

Le réalisateur Greydon Clark raconte :

Il avait acheté un script à un scénariste qu'il avait beaucoup modifié pour ce film.

Le script raconte donc l'histoire d'un extraterrestre qui débarque sur Terre pour traquer les humains par pur divertissement. « C'était bien avant Predator » Dit-il.

Schwarzenegger aurait dit lors du tournage du film Predator : « *Avez-vous vu ce petit film intitulé Terreur Extraterrestre ? Notre film Predator reprend la même idée : un extraterrestre venu sur Terre pour chasser les hommes.* »

Bon... Admettons. Mais cela n'est pas très évident dans ce film. Ce n'est en tous les cas pas présenté comme ça... Néanmoins, ça y est : souvent ce film est désormais présenté comme celui qui aurait inspiré Predator...

Ce film a été tourné en décembre 1979 en trois semaines.

Le DVD propose un documentaire sur les extraterrestres au cinéma ; d'abord ils furent un prétexte à l'anticommunisme paranoïaque et le grand tournant fut, bien sûr, la sortie du film *Alien, le 8ᵉ passager*.

Je remarque que *Alien* est sorti un an avant *Terreur Extraterrestre*...

Il y aurait selon ce documentaire trois grandes familles de films sur les extraterrestres : 1) les attaques bourrin 2) le genre plus feutré genre X-files et 3) le genre intimiste, enlèvements, expériences médicales comme *la Quatrième Nuit*...

Autre connexion entre les deux films *Predator* et *Terreur extraterrestre* : c'est le même acteur qui joue le rôle du « martien » à grosse tête de ce dernier et celui qui joue Predator dans le film du même nom !

Amityville, la maison du diable de Stuart Rosenberg (1979), une maison hantée. Suites et autres : *Amityville 2, le possédé* de Damiano Damiani (1982) et *Amityville 3* de Richard Fleischer (1983). Il y a même un téléfilm *Amityville 4*, dans lequel la hantise arrive avec une vieille lampe !

Anthopophagous de Joe D'Amato (1980)

Un horrible anthropophage (joué par le terrible George Eastman, que l'on a vu aussi dans Horrible du même cinéaste) dévore de jolies jeunes filles et jeunes hommes sur une île pour finir pas se dévorer lui-même !

Scanners de David Cronenberg (1980), lutte entre des télépathes capables de transmettre une énergie considérable dans un autre corps humain jusqu'à le détruire. Le héros découvrira que le scanner qu'il poursuit est son frère et que le savant qui l'envoie leur père, véritable créateur de l'espèce des scanners grâce à un nouveau produit. Une suite : *Scanners II* (1990) de Chistian Duguay et encore quelques autres.

Baiser macabre de Lamberto Bava (1980). Ambiance : une femme adultère, son amant mort accidentellement, son petit garçon noyé par sa sœur...
Son logeur est un jeune homme aveugle très troublé par les cris de plaisir de la belle. La sœur, enfant meurtrier du frère complote.
Tout cela est un peu tiré par les cheveux, mais il fallait oser.
Pour le scénario, ils s'y sont mis à plusieurs et pas des moindres : *Pupi Avati, Robert Gandus, Lamberto Bava, Antonio Avati*.

Quelque part dans le temps de Jeannot Szwarc (1980). Très belle histoire d'amour tirée du roman de Richard Matheson *Le Jeune homme la mort et le temps*. Qui a commencé : est-ce l'amour qui a conduit le jeune homme à voyager dans le temps pour retrouver sa bien-aimée ou le temps qui a conduit le jeune homme à l'amour ? Richard Matheson fait une apparition dans le film.

Shining de Stanley Kubrick (1980), adapté du roman de Stephen King. Kubrick a créé un magnifique conte de terreur. Un écrivain est hanté par une construction maléfique (un hôtel de montagne). La terreur monte lentement en même temps que la folie envahit le personnage principal. Magistrale interprétation de Jack Nicholson qui campe un alcoolique jubilant devant un bar muni de bouteilles pleines et d'un barman qui est un fantôme utilisant son amour de la boisson pour le pousser au crime. La célèbre scène de l'énorme vague de sang qui sort de l'ascenseur a été reprise par d'autres cinéastes. Il y a une version longue américaine.

Hurlements de Joe Dante (1980), un petit village tranquille où rôdent les loups-garous. Ce film fut célèbre pour sa scène de transformation d'un homme en loup-garou. Les rares spectateurs qui restent jusqu'au bout du générique de fin sont récompensés par un extrait du *Loup-garou* de Georges Waggner (1941). Très nombreuses suites qu'il serait lassant d'énumérer. Seul *Hurlements 2* est sorti en France, mais ne casse pas trois pattes à un canard...

Vendredi 13 de Sean S. Cunningham) (1980), Jason (enfin, plutôt sa mère...) extermine les moniteurs d'un camp de vacances par vengeance de sa noyade vingt ans plus tôt. Nombreuses mises à mort astucieuses, mais Dario Argento avait déjà fait mieux. Nombreuses suites : *Le Tueur du vendredi* de Steve Miner (1981) – *Meurtres en trois dimensions* de Steve Miner en 1982 – *Vendredi 13, chapitre final* de Joseph Zito (1984) – *Vendredi 13, une nouvelle terreur* de Danny Steinmann (1985) – *Jason, le mort-vivant* de Tom Mc Loughlin (1986) – *Vendredi 13, chapitre 7, un nouveau défi* de John Carl Buechler (1988) – *Vendredi 13, Jason en enfer* d'Adam Marcus (produit par Sean S. Cunningham – 1993) est une parodie des films d'horreur puisqu'on y retrouve les thèmes de *House, Hidden, Evil Dead, Freddy*, etc. Enfin *Jason X* de James Isaac (2002) et, ce n'est pas fini voici : *Freddy contre Jason* de Ronny Yu (2003). Voir la liste à la fin de ce livre.

Nimitz, retour vers l'enfer de Don Taylor (1980), un porte-avions de la marine U.S. de notre époque se retrouve en pleine bataille de Pearl Harbor. Doit-il intervenir pour changer le cours de l'histoire ?

Le Survivant d'un monde parallèle de David Hemmings (1980). Film tiré d'une nouvelle de James Herbert qui essaie de jouer sur la terreur de l'accident d'avion.
Saturn 3 de Stanley Donnen (1980), un homme et une femme dérangés dans leur bonheur qu'ils vivent dans une station spatiale par l'arrivée d'un méchant qui construit un robot aussi méchant que lui. Seule la belle jeune femme survivra (son gars était vieux (Kirk Douglas) et l'autre méchant...)
Réincarnations de Gary Sherman (1980), horreur ! Tous les gens de la ville sont des morts-vivants ! ... Mais on ne le sait pas tout de suite...
Wolfen de Michael Wadleigh (1980), à New York, les Indiens se transforment en loup pour venger le génocide.
Frayeurs de Lucio Fulci (1980), il faut avoir les nerfs solides pour regarder un film de Fulci sans jamais tourner le regard... Un film de morts-vivants avec une scène célèbre : celle du percement de la tête d'un homme vivant par une perceuse. Hitchcock n'avait pas osé le montrer en gros plan... L'action se passe à Dunwich, ville qui fut également le théâtre de l'abomination de Lovecraft...
Le Lac des morts-vivants de J. Lazer (1980). Un film français sur les morts-vivants ! Les premières images sont superbes et le film vaut d'être vu rien que pour cela : une magnifique jeune fille se baigne nue dans le lac et un mort-vivant monte du fond vers la surface... Bien sûr on pense immédiatement aux premières images de *L'enfer des zombies* de Lucio Fulci qui a été tourné en 1983 ! Fulci s'en est-il inspiré ? Et Jess Franco dans *Une vierge chez les morts-vivants* ? Le reste est de série Z...
L'avion de l'apocalypse d'Umberto Lenzi (1980)
Titre original pompeux : « Incubo »
Mauvais acteurs, mauvais film, maquillages nuls, scénario lourdingue. Rien ne tient debout. Les victimes se laissent faire... N'est-ce pas tout cela qui fait le charme de ce film resté célèbre ?
Des fous furieux assoiffés de sang sortent d'un avion de transport de troupes qui atterrit sans autorisation. La pire de toutes les scènes est celle de l'ascenseur. (Ça vous obligera à regarder le film pour savoir)
Nous avons droit à un petit discours écolo.
Les « zombies parlent, courent, tirent à la mitraillette...
Quant à la fin...
Horrible de Joe D'Amato (1981)
DVD Bach Films Titre original *Rosso Sangue*.
Un film très sadique... éprouvant.
Un homme en jeans et chemise ouverte est poursuivi par un autre en imperméable. Ne nous laissons pas tromper : sans doute que le poursuivi est le méchant et le poursuivant le gentil.
Dans une maison, un enfant et sa nourrice ; le chien aboie devant la porte que le petit garçon ouvre. L'homme poursuivi qui fait de gros yeux est là ! Il est éventré ! Ses boyaux pendent entre ses doigts.
Hôpital, salle d'opération où on opéré le blessé [Les chirurgiens semblent remuer une omelette plutôt que d'opérer...]
L'homme se réveille en pleine opération. Les docteurs lui objectent un supplément d'anesthésiant.

Ensuite on voit un vieil homme ivre persécuté par des jeunes en moto. Dans les films d'horreur, ce genre de scène désigne de prochaines victimes.
La police arrive et engueule l'ivrogne alors que les motards sont partis. Les policiers sont appelés pour l'arrivée du blessé à l'hôpital.
Salle d'opération : « Je ne pense pas qu'il s'en sortira ! Adrénaline ! »
Les battements de cœur repartent.
« Une capacité de récupérer si vite n'existe pas ! » S'exclame le chirurgien. « Ce qui m'a frappé c'est la coagulation si rapide du sang ! » Poursuit-il.
[Qu'est-ce qu'ils fument dans ces films à cette époque !]
Dehors (il fait nuit) les policiers interpellent le poursuivant du blessé. Il montre son passeport.
[C'est assez mal joué. Parfois les images sont mal cadrées.]
Le blessé n'a aucun papier sur lui. Ils trouvent des pièces de monnaie grecque. Or l'homme rencontré la nuit par les policiers est grec. Le blessé se réveille à l'hôpital sous le regard de ce dernier. Le policier expulse ce dernier. L'inspecteur sort de la chambre d'hôpital, appelé au téléphone.
Le blessé se réveille, se lève et... tue l'infirmière en lui perçant le crâne avec une perceuse de chirurgie. La police arrive trop tard.
Le monstre s'est rhabillé et fuit dans la nuit. C'est un géant bien baraqué.
Le Grec collabore avec la police pour traquer ce monstre.
« Le cerveau de ce monstre a grossi après l'opération. Il est immortel et peut régénérer ses cellules facilement. » Explique le chirurgien.
Le Grec est un prêtre. « Quelle est la raison qui le pousse à tuer ? » « Il est possédé par le démon. » Répond le prêtre qui explique qu'il faut détruire le cerveau de cette machine à tuer pour le tuer.
Le monstre tue un employé du nettoyage malgré les balles qui lui transpercent la poitrine. Il le fait en passant son crâne à la scie sauteuse.
L'inspecteur et le prêtre traquent le tueur.
Un des motards –voir plus haut) tombe en panne à proximité : le monstre le tue après avoir été renversé par une voiture.
(...)
Il reconnaît la voiture qui l'a accidenté et qui était conduite par le père du petit garçon du début et va pénétrer dans l'appartement.
Ce petit garçon et sa sœur handicapée sont gardés par une jeune fille qui va bêtement ouvrir la porte, car le chien pleure... Elle prend un coup de pic de terrassier sur la tête...
La nourrice qui prend la relève arrive.
[Au centre de l'intrigue, il y a un match de foot américain.]
Chassé-croisé dans la maison entre le monstre, le petit garçon et la nourrice. Suspense !
Le tueur fait cuire la nourrice en la maintenant la tête dans le four de la cuisine...
La petite handicapée réussit à se lever et, pour se défendre, crève les yeux du monstre avec des ciseaux.
[C'est l'affiche du film : le monstre aux yeux crevés.]
La fin est superbe : l'affrontement entre la jeune handicapée et le monstre aveugle.

Le curé chasseur de monstre arrive. Affrontement.
Tout sera résolu par la hache !
Superbe scène finale !
Bonus.
Christophe Lemaire journaliste présente Joe D'Amato qui a tourné *Horrible* après une flopée de films pornos, dont le fameux *Tarzan X.* Le scénario de ce film a été pompé sur celui d'*Halloween* de Carpenter. Ce film, dit-il, comme beaucoup de films d'horreur, est un prétexte pour des scènes gore. On ne le regarde que pour les scènes gore comme on ne regarde que les scènes de cul dans les films porno.
Le film a une ambiance américaine. Plusieurs éléments tendent à faire croire au spectateur que nous sommes aux USA. Le comédien qui joue le monstre est George Eastman, de son vrai nom, Luigi Montefiori. Il était également le monstre dans le film Anthropophagous de Joe D'Amato (1980)...
La Ferme de la terreur de Wes Craven (1981)
Avec la superbe Sharon Stone.
Une bande de (belles) filles sème la pagaille parmi un clan de puritains arriérés dans une campagne perdue.
Oui, mais un tueur rôde et regarde par la fenêtre les filles se déshabiller.
Et un serpent dans la baignoire, une araignée dans la grange ?
Le fils du grand prêtre des puritains, frère d'un des assassins, tombe amoureux d'une des filles...
Et c'est dur de résister à l'appel de la chair !
Une histoire d'incube. Pas le meilleur de Wes Craven.
Le Chat noir de Lucio Fulci (1981)
J'avais écrit que Fulci était capable du pire et du meilleur. Ce film ne tient ni de l'un ni de l'autre.
Pas terrible quoi... Inspiré (librement comme le dit le générique) de la nouvelle homonyme d'Edgar Poe.
Un chat noir sème la mort, élimine les témoins... Un nécromancien parle avec les morts. Ils se rencontrent...
Un couple de jeunes à la recherche d'un coin tranquille se retrouve enfermé et ils meurent étouffés. Grâce à l'intervention du chat, bien sûr !
Une photographe, jolie blonde interprétée par Mimsy Farmer, aide l'inspecteur de Scotland Yard. Quelle saloperie ce chat. Ils n'utilisent que des bougies, à croire qu'ils n'ont pas de lampe de poche.
C'est assez ennuyeux. Fulci filme à la va-vite, ne prend pas la peine de travailler son film. Il est comme ça, parfois on sent bien qu'il s'ennuie à tourner un film.
Il filme longuement les yeux des protagonistes en gros plan ce qui ennuie profondément le spectateur. Sans parler de ses coups de zoom intempestifs et surprenants...
Peut se regarder pour reconnaître son Lucio Fulci et pour admirer la belle Mimsy Farmer.
La Maison près du cimetière de Lucio Fulci (1981), Lucio Fulci poursuit son œuvre à base de morts-vivants. Ici, le monstre est dans la cave. N'avez-vous jamais eu peur d'y descendre étant enfant ? « *Personne ne saura jamais si les enfants sont des monstres ou si les monstres sont des enfants* ». Cette citation d'Henry James clôt le

film dont la fin, comme toutes celles des films de Fulci, n'est pas très heureuse... Ce film semblerait avoir inspiré *Evil Dead* (1982) de Sam Raimi... Mais aussi *Hellraiser* (1987) de Clive Barker...

L'au-delà de Lucio Fulci (1981), avec une fin superbe (le reste l'est moins) et une visible source d'inspiration venant de Lovecraft... Lucio Fulci termine ainsi sa trilogie lovecraftienne. D'ailleurs les trois films (et aussi *L'Enfer des zombies*) ont été tournés dans les mêmes décors (la maison surtout...)

Le Loup-garou de Londres de John Landis (1981), le mythe transposé en pleine ville de Londres. Ce film est devenu un film culte. Il traite le thème du loup-garou comme détaché du sujet, sur un mode comique, mais comme si le cinéaste ne l'avait pas voulu. Cela donne un effet intéressant. Une suite a été tournée à Paris et au Luxembourg (*Le Loup-garou de Paris* d'Anthony Waller (1997).

Au-delà du réel de Ken Russel (1981), grâce à l'absorption de substances extraites de champignons et au sommeil profond, un chercheur retourne à l'animalité et même avant... Une très belle variation moderne du loup-garou !

Excalibur de John Boorman (1981), l'enchanteur Merlin, les chevaliers de la Table Ronde, Perceval...

L'autre enfer de Claudio Fragasso (1981)
Premières scènes : on ne voit pas grand-chose, à part des ossements humains et des appels au secours d'une nonne qui tient une lampe de poche. Ensuite on voit un « laboratoire » de pacotille dans un couvent et on assiste à des assassinats. On voit des dépouilles mortelles.
Le diable a pris possession des lieux. Le père Valerio qui est chargé de l'enquête est un prêtre hors normes. Être face à face avec le malin c'est quelque chose ! Un autre prêtre explique que seule la foi pourra le détruire. Classique ! Il y a quelques (petits) plans-séquences ainsi que des mannequins et poupées. Les exécutions sont atroces lors d'une nuit des « longs couteaux »...
Le charme macabre de ces films des années 80 réalisés avec les moyens du bord.

Possession d'Andrzej Zulawski (1981). Le mur de Berlin (le diable est-il présent de l'autre côté ?) est omniprésent. « *Le bien n'est rien d'autre qu'une sorte de réflexion sur le mal* », déclare la "possédée" Anna interprétée par la géniale et sublime Isabelle Adjani. « *Peut-être as-tu vu Dieu en personne ?* » lui demande son mari Marc. « *Dieu est toujours sur l'escalier où le chien est mort !* » ajoute-t-il plus tard... Cette superbe histoire d'horreur ressemble, au fond, à celle du terrible film de Ken Russel *Les Diables*... Marc est interprété par Sam Neill, pas encore aussi bon qu'il l'est devenu, notamment dans *Event Horizon*».

La Guerre du feu de Jean-Jacques Annaud (1981), une fabuleuse adaptation du roman de Rosny Ainé. Pas un seul mot n'est prononcé durant tout le film. Très surprenant à l'époque. Certains ont cherché des poux dans la tête du réalisateur parce qu'il n'aurait pas respecté la réalité de l'époque préhistorique. Mais, chers critiques, il n'a jamais voulu faire un film documentaire... !

New York 1997 de John Carpenter (1981), l'île de Manhattan est devenue une vaste métropole pénitencière. Hélas, l'avion du président s'y écrase. Un condamné à mort est envoyé pour le libérer, car il a survécu. Carpenter a tourné une séquelle : *Los Angeles 2013*.

Litan de Jean-Pierre Mocky (1981). Un *Halloween* français qui commence par un cauchemar. Ça promet ! Hélas, le film ne tient pas ses promesses. La mort ne se résume pas à un sommeil sans rêves... Il y a du brouillard et des masques, des enseignes en anglais, des uniformes de carabiniers italiens... Comme on s'ennuie vite on a du mal à suivre. C'est très loin de valoir Argento ou Cocteau.
Une Vierge chez les morts-vivants de Jess Franco (1981). Jess avait donné un autre titre à ce film (dit-il) : *La Nuit des étoiles filantes*. C'est le distributeur qui n'a pas aimé et a choisi *Une vierge...* Il est vrai que le spectateur aurait eu du mal à détecter cette "nuit des étoiles filantes" qui est simplement citée un moment. Le film mérite d'être vu pour de merveilleuses images : du véritable Rembrandt parfois, souvent de l'expressionnisme de couleurs. La scène devant la chapelle de Sainte Cécile est excellente ! Et celle de la disparition du père : du vrai Cocteau !!! Eh bien, autrement, il y a les longueurs et les zooms inhérents à Jess Franco. Ce film ressemble beaucoup à *Lisa et le diable* de Mario Bava (1972) !
Les Entrailles de l'enfer de Philippe Mora (1982). Histoire de goule qui compile l'œuvre de Lovecraft... Mal joué, filmé médiocrement... Technique : on ne montre rien, la musique suffit...
La Féline de Paul Schrader (1982). Remake de *La Féline* (1942) de Jacques Tourneur. Un peu gore, mais il était difficile de réussir après Jacques Tourneur...
Ténèbres de Dario Argento (1982), meurtres en série inspirés du roman qu'un écrivain vient présenter à Rome. Comment un objet de trucage de cinéma sert à tromper un policier, ce qui le conduira à la mort. (On devrait interdire la vente des haches...)
Videodrome de David Cronenberg (1982), attention à la télé ! Par abus de télévision, une chaîne dispensant une drogue hallucinogène qui déforme le cerveau, Max Renn est transformé en magnétoscope de chair programmable.
Poltergeist de Tobe Hooper (1982), une famille américaine bien tranquille, une maison dans un lotissement moderne, mais hantée. La hantise se manifeste d'abord par la télévision... Effets spéciaux impressionnants. Un vrai renouvellement du thème de la maison hantée qui a su sortir de l'ambiance gothique. Suites : *Poltergeist II* de Brian Gilson 1986 et *III* de Gary Sherman 1988. Il y a un remake.
Creepshow de George A. Romero (1982), sketches fantastiques élaborés avec Stephen King. Devant le succès de ce film, un *Creepshow 2* a été réalisé par Michael Gornick en 1987. Le sketch *L'autostoppeur*, en hommage à un sketch du même titre de l'émission télé *La Quatrième dimension* est un chef-d'œuvre de gore au service du fantastique quotidien.
Blade Runner de Ridley Scott (1982), les répliquants, nouvelles créatures produites par l'homme ne peuvent vivre que quelques années. Ils sont utilisés comme main-d'œuvre dans les mines des autres planètes. Certains s'évadent et réclament le droit de vivre, car ils sont vraiment humains. Le blade-runner est l'agent qui est chargé de les poursuivre et de les éliminer. Dans le Los Angeles du futur, la chasse au répliquant est sans pitié. À la fin un répliquant sauvera la vie du blade-runner qui se demandera encore plus, du coup, s'il en est un lui aussi (de répliquant). Il y a deux versions. Dans la première, cette question ne se pose pas et le blade-runner file le parfait amour avec le répliquant femelle... Harrison Ford joue le rôle du blade-runner et

Rutger Hauer interprète le fameux Batty, répliquant charismatique. Où est le bien et le mal ? Qui ose donner et prendre la vie ?

Evil Dead de Samuel Raimi (1982), une bande de jeunes passent le week-end dans une cabane isolée dans la forêt, séjour loué dans une agence. Dans la cave, ils trouvent un manuscrit de peau et un magnétophone. Ils écoutent de mystérieuses incantations psalmodiées sur la bande. Elles appellent d'horribles démons invisibles qui possèdent les corps et les esprits. « Viens avec nous... » Entendent-ils murmurer dans leur crâne. Ce film que Sam Raimi a réalisé à vingt-deux ans avec un très faible budget est devenu un film culte. Gore et terreur grandiloquente produisent deux effets : la terreur ou le rire devant les exagérations du film. C'est en tirant parti de ce deuxième effet que Sam Raimi a réalisé deux suites de plus en plus extravagantes : *Evil Dead 2* en 1987 et *L'armée des ténèbres* en 1993. Et une série télé.

Tron de Steven Lisberger (1982), voyages d'un jeune passionné d'informatique transformé en électrons, mais toujours vivant, dans les circuits d'un ordinateur. Lutte à mort entre le bien et le mal.

The Thing de John Carpenter (1982), remarquable remake plein d'action, d'horreur et de suspense de *La Chose d'un autre monde* (1951). L'idée du chien qui transporte la Chose dans son corps a été reprise dans *Alien 3* et *Hidden*. Carpenter, très influencé par Lovecraft, reprend le thème de l'horreur interne qui débouche sur la transformation physique. D'ailleurs le roman de Campbel dont est tiré ce film doit vraisemblablement son inspiration au petit roman de Lovecraft : *Les Montagnes hallucinées* dans lequel des archéologues découvrent sur le continent antarctique les corps gelés d'Anciens qui reviennent à la vie après avoir été décongelés....

E.T. l'extra-terrestre de Steven Spielberg (1982), émotion dans les chaumières : un petit E.T., si moche qu'il en est touchant, est adopté par une famille modèle américaine. Mais, à l'instar du petit oiseau malade recueilli par les enfants, il veut retourner dans son nid. « *Maisooon ! ...* » Pleure-t-il constamment. Il y a quelques cris de terreur au début, la magnifique scène romantique (un peu dysnéenne) de l'envol des bicyclettes et l'arrivée de l'OVNI. Aimons-nous les uns les autres... même au-delà des étoiles. Spielberg semble refuser de réaliser un E.T. 2.

Les Entrailles de l'enfer de Philippe Mora (1982).
Histoire de goule qui compile l'œuvre de Lovecraft... Mal joué, filmé médiocrement... Technique : on ne montre rien, la musique suffit...

Ogroff (Mad Mutilator) de Norbert Moutier (1983)
Quel film ! Un beau film amateur en super 8. L'introduction explique les origines de la monstruosité d'Ogroff (un enfant de la guerre).
Quelle aventure. Un film réalisé sans aucun moyen, avec des bouts de ficelle, mais réalisé quand même/ J'aime ces gens qui ne se laissent pas arrêter par le manque de moyens. C'est le cas ici.
« Un film de copains » dit Alain Petit dans les suppléments.
Un film quasiment muet sans cartons. « Le premier slasher français qui a existé » et « un horrible type qui mange la chair humaine » Déclare Norbert Moutier, le réalisateur.
Le film demande un effort, mais faites-le ça vaut le coup. Il est devenu un film culte.

De plus les suppléments sont passionnants : des témoignages de gens qui ont participé au film et du réalisateur, 30 ans après !

La Foire des ténèbres de Jack Clayton (1983). Un scénario de Ray Bardbury dans une production Dysney ça ne pouvait donner que du fantastique à la guimauve. Jack Clayton qui réalisa un chef-d'œuvre avec *Les Innocents* (1961) se perd ici dans les banalités bradburiennes. Avec les clichés les plus éculés sur les vœux exaucés que l'on paie très cher ensuite…

Cujo de Lewis Teague (1983), un brave chien possédé par un démon devient enragé. (D'après Stephen King)

Christine de John Carpenter (1983), une voiture hantée qui tue. Faites attention quand vous montez dans la vôtre. Du King efficacement mis en scène.

War Games de John Badham (1983), version molle à la Badham du *Dr Folamour* de Kubrick…

La Forteresse noire de Michael Mann (1983). Un très bon film au rythme langoureux, au montage délicieusement chaotique. L'histoire est adaptée du roman homonyme de F. Paul Wilson. Une seule chose est ratée et c'est dommage, c'est le monstre dont le design a été concocté par Enki Bilal. Ils auraient dû demander à quelqu'un d'autre. Ce monstre est ridicule. Des soldats allemands en 1941 sont envoyés occuper un poste avancé sur un col des Carpates. Ils élisent domicile dans une grande forteresse inquiétante. Des soldats cupides ouvrent la porte à une entité enfermée dans cette forteresse qui, une fois libérée, se nourrit du mal dont sont porteurs les nazis et grâce à cette énergie maléfique prend forme. Elle cherche à sortir de cette forteresse.

La Quatrième dimension de George Miller et d'autres… (1983), film à sketches reprenant l'idée de la fameuse série télévisée du même nom.

Les Prédateurs de Tony Scott (1983), un couple de vampires se nourrit des êtres humains. Mais l'homme ne sait pas que le compagnon de la vampire ne peut que connaître l'agonie éternelle. Il ne sied pas très bien à la glaciale Catherine Deneuve de jouer les vampires.

Dead Zone de David Cronenberg (1983), scène fantastique du kiosque en hiver. Smith, qui voit l'avenir, assiste au meurtre d'une jeune fille, impuissant… « *J'étais là et je n'ai rien fait !* » Dira-t-il. Autre dialogue entre Smith et son psychiatre :
— *Si vous étiez à même de remonter le temps, de revenir en Allemagne avant que Hitler n'arrive au pouvoir, et sachant ce que vous savez, que feriez-vous, est-ce que vous le tueriez ?*
—*… Moi, je le tuerais !*
D'après le roman de Stephen King.
En 2004, est sortie une série télévisée de Michaël Piller adaptée de ce roman de Stephen King dont le pilote est réalisé par Robert Lieberman (2003). Très bien faites, les scènes de visions prémonitoires sont parfaitement réalisées.

L'abîme des Zombies de Jess Franco (1983). Jess a trouvé une technique simple pour contourner le coût très élevé des effets spéciaux : il se débrouille pour qu'on ne voie rien la plupart du temps ! Quand on voit quelque chose, ce sont des visages en gros plan avec des mottes de terre collées dessus et il en sort un ver de terre. Les acteurs sont archi nuls.

Hurlements 2 de Philippe Mora (1984). Nous avons déjà vu *Les Entrailles de l'enfer* du même. Mêmes remarques que précédemment, mais finalement ce mec ne se prend pas très au sérieux. La fille a de beaux seins et il nous les montre à répétition. Cette séquelle a été suivie de plusieurs *Hurlements* jusqu'au numéro 7.

La Comtesse noire de Jess Franco (?). Jess a utilisé le pseudo de J.P. Johnson pour ce film. La comtesse noire est Lilith. La fille a de très beaux seins, est bien filmée et joue pas trop mal. En fin de compte Jess s'est laissé séduire puisqu'il a fait sa vie avec cette actrice. Les fellations de cette Lilith sont mortelles...

1984 de Michael Radford (1984), la date est bien choisie avouez-le pour sortir cette deuxième adaptation du *Big Brothers* de George Orwell. La première sortit en 1956, réalisée par Michael Anderson.

Razorback de Russel Mulcahy (1984), lutte à mort entre un sanglier monstrueux et un chasseur. Clins d'œil à *Massacre à la tronçonneuse*...

Gremlins de Joe Dante (1984), la pagaille la plus complète semée par d'horribles petits êtres produits par un charmant petit animal quand on ne sait pas s'y prendre avec lui. C'est alors la catastrophe, l'horreur. L'essence même du fantastique ! Quelle bande d'anars ces Gremlins ! Quels « fouteurs de merde » ! Bonsoir, qu'on n'aimerait pas que ça arrive chez nous, mais comme on rigole quand cela grippe (c'est le moins qu'on puisse dire !) les rouages d'une société bien policée. Suite : *Gremlins 2* du même.

Ladyhawke, la femme de la nuit de Richard Donner (1984), elle se transforme en aigle le jour, il se transforme en loup la nuit... comment les amants vont-ils se retrouver ? Superbe histoire.

La Compagnie des loups de Neil Jordan (1984), loups-garous et psychanalyse des contes de fées de Bruno Bettelheim. Ennuyeux comme la plupart des films de Neil Jordan.

Terminator de James Cameron (1984), venu du futur, un robot exterminateur cherche à tuer une charmante jeune fille qui doit enfanter le chef des résistants à la dictature des machines que connaît son époque. Il est suivi par un résistant qui doit, lui, protéger la jeune femme. Il lui fera un enfant (devinez qui ce sera ?) et ils élimineront le robot magistralement joué par Schwarzenegger. Formidables scènes d'actions ponctuées de surprises.

La suite, réalisée par le même, est encore mieux : *Terminator 2, le jugement dernier* (1991). Deux robots viennent du futur, l'un pour tuer le jeune garçon qu'est devenu le fils du résistant, l'autre pour le défendre. La surprise, c'est que le gentil robot est Schwarzenegger. Fabuleux effets spéciaux du robot en métal liquide qui peut prendre toutes les formes et reste indestructible. Ils changeront l'avenir, car c'est le futur revenu à notre époque qui a produit cet avenir. Bon ! C'est un paradoxe des voyages dans le temps. On n'a pas fini de prendre des migraines avec ces paradoxes avec *Terminator 3 : le soulèvement des machines* de Jonathan Mostow (2003), etc. Voir plus loin..

SOS Fantômes d'Ivan Reitman (1984), des farfelus fondent une agence spécialisée dans le débarras des greniers et autres caves. Ils débarrassent les gens des fantômes. Lointain rapport avec les détectives chasseurs de fantômes comme Carnacki de l'anglais W. H. Hodgson. Traitement très amusant du thème de la hantise et des chasseurs de fantômes. Signal de départ d'une foison de films qui font de la terreur comique grâce aux effets spéciaux dont la haute technicité permet de prendre ces films au sérieux... Il y a une suite : *SOS Fantômes 2* du même en 1989.

Brazil de Terry Gilliam (1984), « *Hors du temps, hors de tout et de tous, ce croisement bâtard entre Capra et Kafka mêle jeu d'illusions, parodie féroce, délires ébouriffés et trouvailles jubilatoires. Prestidigitateur de l'impossible, Terry Gilliam a englouti le 1984 d'Orwell [...] renégocié avec adresse les virages en pente douce amorcée avec le cirque volant des Monty Pithon et rêvé d'un monde aux confins de nos angoisses et de nos humeurs les plus paradoxales* ». Ainsi s'exprime Christophe Goffette dans *Films Cultes*. Que rajouter de mieux, sinon que l'on voit dans ce film une jolie camionneuse, un courageux plombier et un bel hommage au *Cuirassier Potemkine* d'Eisenstein ?

C.H.U.D. de Douglas Cheek (1984), attention dans le métro on rencontre d'horribles mutants issus de l'effet de déchets sur les clochards. Ce film serait bien si les monstres n'étaient pas aussi nuls.

Les Griffes de la nuit, (Freddy) de Wes Craven (1984), le fantôme de Freddy Krueger, psychopathe meurtrier brûlé vif autrefois par les parents de ses victimes, possède la particularité de revenir en chair et en os avec ses griffes d'acier coupantes comme des lames de rasoir pour tuer les adolescent(e)s, surtout les filles qui ont une vie sexuelle débridée (influence d'*Halloween* de Carpenter). Ce qui est génial, et qui explique les nombreuses suites, c'est que ce monstre revient, appelé par les RÊVES des adolescents. Attention : le sommeil est cruellement mortel... Idée géniale. Un nouveau monstre est né ! Et croyez-moi, ce n'est pas facile d'en créer de nouveaux. Pour s'empêcher de dormir, Nancy regard'*Evil Dead* (1982) de Sam Raimi. Nombreuses suites : *La Revanche de Freddy* de Jack Sholder (1985) – *Les Griffes du cauchemar* de Chuck Russel (1987) – *Le Cauchemar de Freddy* de Renny Harlin (1988) – *L'Enfant du Cauchemar* de Stephen Hopkins (1989) – *La Mort de Freddy* de Rachel Talalay (1991)...

Enfin, Wes Craven a réalisé ce qui devait être l'ultime Freddy avec *Freddy sort de la nuit* (1994) dans lequel il se met en scène lui-même ainsi que les acteurs de son film *Les Griffes de la nuit* qui jouent leur propre rôle.

Et puis nous avons eu le plaisir de revoir Freddy dans *Freddy contre Jason* de Ronny Yu (2003). Et un remake aussi, voir plus loin.

Il y a une série de télévision, intitulée *Freddy, le cauchemar de vos nuits*, avec des téléfilms de Tobe Hooper, Tom Mac Loughlin, Mick Garris et Ken Wiederhorn.

Vampire vous avez dit vampire ? de Tom Holland (1985). Scénario simpliste, dentiers grotesques et effets spéciaux limités... La suite :

Vampire vous avez dit vampire ? 2 de Tommy Lee Wallace (1988)

Est nettement mieux !

Life Force (L'Étoile du mal) de Tobe Hooper (1985)

Le scénario est de Dan O'Bannon et Don Jakoby. Tiré d'un roman de Colin Wilson.

Ce film n'est pas terrible et il semble être un remake du film de Val Guest **Le Monstre.**

Son côté lovecraftien ne fait aucun doute : le mal vient de l'espace, il ne faut pas le réveiller... On sent aussi une influence de la série des films **Alien**.

Un vaisseau spatial terrien se trouve dans les parages de la comète Halley. Il rencontre un vaisseau spatial qui était caché sur la tête de la comète. Ils sont coupés de la Terre à cause des émanations de la comète. Les effets spéciaux sont rudimentaires. Une navette est envoyée explorer ce vaisseau extraterrestre. Les membres de l'expédition y trouvent des milliers de cadavres desséchés qui ont la forme de chauves-souris géantes. Ils en emmènent une dans la navette. Quelle bêtise ! Ils ont trouvé aussi trois corps humains endormis. Plus tard la navette terrienne ne répond plus. Le vaisseau mère envoie une navette de secours qui constate qu'un incendie a détruit la navette. Les passagers sont morts sauf les trois corps humains ramenés du vaisseau ET qui sont restés intacts. Ils ne se méfient toujours pas et ramènent ces trois corps sur Terre.

La fille extraterrestre vampirise un scientifique et s'enfuit. Les deux corps masculins se réveillent aussi, mais sont tués par des soldats. Mais l'épidémie vampirique se répand.

Le vaisseau spatial extraterrestre se dirige vers la Terre : il y collecte l'énergie vitale au-dessus de Londres. Que faire ? Il faut éviter la « stérilisation thermonucléaire »...

La fin tourne au film de zombies. La solution finale contre les vampires est très classique : le pieu en plein cœur !

Cocoon de Ron Howard (1985), oui ! Grâce aux extraterrestres, les vieux retrouvent une pleine forme, celle de leur jeunesse. Comment s'en passer quand on a connu cela ? Une suite : *Cocoon 2, le retour* de Daniel Petrie (1988).

Legend de Ridley Scott (1985), conte médiéval qui a consacré le début de la grande carrière de Tom Cruise. Pour combattre l'emprise du mal sur le monde, ce qui a été rendu possible par l'assassinat de la Licorne, deux très jeunes adolescents sauront mobiliser les forces du bien. Superbes images, décors fabuleux.

La Rose pourpre du Caire de Woody Allen (1985), un héros de cinéma sort de l'écran pour démontrer l'angoisse de la satisfaction du désir.

Peur bleue de D. Attis (1985), variation sur le loup-garou par Stephen King. (Ne pas confondre avec le film homonyme qui met en scène des requins mutants ; voir plus loin)

Démons 1 et 2 de Lamberto Bava (1985)

Des gens réfugiés dans un cinéma se transforment les uns après les autres en démons...

Lamberto est le fils du grand Mario Bava. On attendait de lui quelque chose de génial. D'ailleurs ces deux films sont produits par Dario Argento (pas moins !) et c'est Sergio Stivaletti qui est aux effets spéciaux. Ces derniers sont très rudimentaires... Par manque de moyens sans doute.

Cela faisait longtemps que je voulais voir ces films et ils m'ont déçu.

Le pire des années 80...

Dommage pour Mario...

2010 Odyssée 2 de Peter Hyams (1985), suite de "*2001*" : Soviétiques et Américains collaborent et se lancent à la recherche de la navette Discovery aux alentours de Jupiter. Ils sont concurrencés par les Chinois qui se perdront sur Io, un des satellites de la monstrueuse planète. Ils prendront contact avec le cosmonaute disparu David Bowman et Jupiter se transformera en soleil pour constituer avec ses satellites un nouveau système solaire. C'est l'œuvre de l'intelligence supérieure matérialisée par le monolithe, intelligence capable de génie cosmique.

Dune de David Lynch (1985), je ne reconnais pas « mon » David Lynch dans ce film. Mondes de sables et messie sauveur, Lynch empile de somptueux tableaux qui constituent un film.

Retour vers le futur de Robert Zemeckis (1985), un jeune adolescent est envoyé par son vieil ami inventeur dans un passé proche où il pourra transformer son présent pour changer sa vie en mieux. Le bon vieux rock de ma jeunesse... Très divertissant. Une réussite de l'adaptation cinématographique du thème du voyage dans le temps. Ce n'était pas si facile que cela à trouver... Changer son avenir en retournant dans le passé, voilà qui est sympathique. Et tant pis pour tous ces pisse-vinaigre de la science fiction qui ont tenté de faire croire que ce serait dramatique... Deux suites par le même réalisateur : *Retour vers le futur 2* (1989) et *3* (1990).

Re-animator de Stuart Gordon (1985), délirante adaptation des nouvelles de Lovecraft *Herbert West, réanimateur*. Mettez des images choc du genre : une tête coupée qui parle et qui voit le magnifique corps nu d'une jeune fille, son père transformé en mort-vivant et vous serez terrifiés par ce jeune étudiant qui a découvert un produit qui redonne la vie aux cadavres lorsqu'on le leur injecte. Une suite (très gore...) avec le même acteur (Jeffrey Combs) : *Re-animator 2* par Brian Yuzna qui a poursuivi avec *Beyond re-animator* (2003).

House de Steve Miner (1985), un ancien compagnon de combat de la guerre du Vietnam vient hanter la maison du héros et enlève son enfant. Il l'emmène dans un monde parallèle. Truffé d'effets spéciaux, de monstres délirants. Suites : *House 2* d'Ethan Wiley (1986), *House 3* de James Isaac et David Blyth (1989) et *House 4* d'Abernathy Lewis (1991). Tous ces films ont été produits par Sean S. Cunningham, le réalisateur de *Vendredi 13*.

Enemy de Wolfgang Petersen (1985). Amusante histoire d'extraterrestres. Pendant la guerre contre les Dracs, un humain et un Drac se trouvent isolés sur une planète désertique. Puis, le Drac accouche d'un petit et en meurt... Il faut accepter les différences ! "Drac" est le nom de plusieurs monstres de légendes, le mot a pour origine "dragon" comme d'ailleurs "Dracula".

Le Jour des morts-vivants de George A. Romero (1985). Ce film magnifique (et terrifiant !) rassemble tous les genres : horreur et terreur, science-fiction, fantastique et métaphysique, etc. Seule la PEUR est le véritable héros de ce film. Sarah, la seule femme du groupe, est également la seule courageuse. Le monde inventé par Romero descend à toute vitesse la pente savonneuse de la disparition de l'espèce humaine. Sans rémission. Terrifiant ! Il donne une vision atroce de la MORT, telle qu'elle doit être en réalité... « *Ils apprennent... ils apprennent la méfiance.* » Déclare Sarah à propos des morts-vivants. « *Ils marchent à l'instinct* ». Ajoute le docteur Logan « Frankenstein », le dépeceur de morts-vivants. « *Mais qui sont-ils ?* » Questionnait la fille dans *Zombie*. Logan essaie de le savoir au prix de scènes gore qui sont une anthologie. L'espèce qui va supplanter l'espèce humaine dont elle est issue ? « *Eux, c'est nous. [...] La seule différence est qu'ils fonctionnent moins bien.* » Répond Logan. Voilà une belle analyse de la folie. Le docteur fait des expériences sur

un mort-vivant. Il lui offre des objets, car il veut donner à ces créatures le comportement social. *« La civilité mérite bien une récompense... »*
Les tensions internes du groupe de survivants sont le moteur du processus de sa propre destruction. C'est l'image de l'espèce humaine... *« C'est là qu'est le problème dans le monde, chérie... »* Déclare le Noir à Sarah. Belle lucidité pour le seul personnage masculin positif. Le capitaine, lui, est un salaud : le seul moment où il est humain, il prend de mauvaises décisions. *« Je sais maintenant quel visage avait le diable ! »*. Ce film est l'essence même du fantastique : il montre une déstructuration du réel que même la science (représentée par Logan) ne peut comprendre.
Biggles de John Hough (1986). Avec le grand Peter Cushing. Une histoire de voyage dans le temps pas très passionnante.
Gothic de Ken Russel (1986), Mary Shelley, son épouse et lord Byron dans un château sous les éclairs...
Les Vampires de Salem de Tobe Hooper (1986), adaptation molle du roman de Stephen King qui a tenté de rénover le mythe du vampire.
La Mouche de David Cronenberg (1986), un savant découvre un procédé de translation des corps. Il entre dans une cabine, sa structure se désagrège en atomes qui sont transportés par un câble dans une autre cabine. Là, un ordinateur perfectionné qui a parfaitement enregistré la structure intime de la matière du corps translaté le reconstitue. Et cela marche ! Un jour, une mouche s'est introduite dans la cabine de départ. L'ordinateur combine les deux patrimoines génétiques, celui de l'homme et de l'insecte. La transformation physique et psychique sera terrible. Du pur Cronenberg qui ne pouvait être que fasciné par cette histoire de transformation... Suite : *La Mouche 2* par Chris Walas 1992, la vie de l'enfant dont le père fut La Mouche1... Remake de *La Mouche noire* de Kurt Neumann (1958) tiré lui-même du roman de George Langelaan
Highlander de Russel Mulcahy (1986), Héroïc Fantasy. Christophe Lambert en guerrier immortel... Comme le ridicule ne peut tuer que les mortels... Deux suites nous seront infligées : *Highlander II* et *III* avec le même C. Lambert. (Il y a aussi un *IV*...). Il paraît que la série de télévision est bien mieux.
Critters de Stephen Herek (1986), Tout ce que fait la nature n'est pas obligatoirement bon, la preuve : les Critters. Terreur comique qui critique les défenseurs des animaux. De petites bestioles poilues et munies de fortes dents pointues sautent sur les humains et les dévorent. Suites : *Critters II* de Nick Garris 1988 – *III* de Kristine Peterson 1991 – *IV* de Rupert Harvey 1992. Commentaire à la fin de ce dernier film : *« Aucun Critters n'a été tué ou blessé au cours du tournage de ce film »*.
La Malédiction céleste de David Keith (1986)
Une adaptation de la nouvelle de Lovecraft *La couleur tombée du ciel* (1927).
Un fermier n'arrive pas à joindre les deux bouts et un homme riche antipathique (bien sûr, puisqu'il est riche) veut lui acheter sa ferme. La météorite tombe (les effets spéciaux sont nuls) et l'infection extraterrestre s'étend.
Il y a aussi un agent immobilier qui veut spéculer sur les terrains, y compris sur celui où est tombée la météorite qui empoisonne l'eau du puits.
Ce film est insupportable.

Le Nom de la Rose de Jean-Jacques Annaud (1986), une très belle adaptation du roman d'Umberto Eco, les dialogues théologiques (passionnants) en latin en moins. Le film traite le sujet (une enquête policière dans un monastère du XIe siècle) sur le mode fantastique. La vie au monastère, les tortures de l'inquisition, la sexualité, les débats théologiques de l'époque et la bibliothèque, surtout la bibliothèque, sont fantastiques ! De toute façon, le Moyen Âge est toujours fantastique.

Aux Portes de l'au-delà de Stuart Gordon (1986), Gordon adore adapter Lovecraft. Un film terrifiant qui suggère que la folie est la possession de notre esprit par des entités de l'au-delà. Un scientifique a inventé une machine pour passer dans la sphère des Grands Anciens. Cela aura des conséquences incalculables sur lui-même et son assistant (joué par Jeffrey Combs). Les efforts de la jolie psychiatre pour comprendre la situation ne pourront la mener qu'à la folie.

Epidemic de Lars von Trier (1987). Images mal cadrées, surexposées, on distingue mal... il paraît que c'est de la recherche... Le réalisateur (avec son éternel air fat) joue son propre rôle. Il met même son nœud papillon à la fin ! Le comble de l'horreur consiste à décrire le pus d'un furoncle et de le comparer à un dentifrice à rayures d'une marque connue. D'ailleurs, plus loin dans le film, on assistera à l'autopsie d'un tube de ce dentifrice. Lars von Trier filme surtout une succession de monologues (c'est plus facile !) Il n'échappe pas à ses obsessions : il filme un hôpital et une autopsie. Original, non ? À la fin ils crèvent le furoncle. Beurk... Et certains parlent de gore en parlant de ce film !

Labyrinthe de Jim Henson (1987). David Bowie chante des chansons dans un monde inspiré de J.R.R. Tolkien.

Hidden de Jack Sholder (1987), un extraterrestre genre langouste s'introduit dans le corps des humains en entrant par la bouche et en prend le contrôle. Ces humains deviennent de froids meurtriers. Une des nombreuses variations du thème des *Marionnettes humaines* de l'écrivain Robert A. Heinlein. Il y a une suite : *Hidden 2* de Seth Pinsker (1995).

Hello Mary Lou de Bruce Pittman (1987), une jeune fille brûlée vive lors d'un bal du lycée en 1957 revient hanter ce même bal vingt ans plus tard. Les années cinquante à l'honneur, avec le rock, les films d'horreur et la guerre froide ! Excellent film.

Blue Velvet de David Lynch (1987), *Blue Velvet* est la chanson interprétée par Dorothy au « Slow Club ». Cette belle jeune femme est martyrisée par un monstre (Frank) et elle aime cela. David Lynch sait aller chercher l'angoisse du spectateur jusqu'au fond de son inconscient même chez celui qui croit qu'il n'en a pas (d'angoisse).

Angoisse de Bigas Luna (1987)
Effectivement, ce film mérite bien son nom, car il est très angoissant.
Ne soyez pas aveugle : regardez et vous comprendrez...
Il est question d'un tueur qui assassine ses victimes pour leur voler leurs yeux.
Le film du film dans le film...
Ce qu'on voit au cinéma peut-il s'avérer être vrai et se produire dans la salle ?
Voilà un thème très largement utilisé depuis la sortie de ce film (notamment avec la série des *Scream*)

Ce film est l'essence même du cinéma d'horreur : tout est dans la vue, dans l'illusion, alors il ne faut pas se laisser influencer...

The Evil clergyman de Charles Band (1987 je crois...)

Adapté de la courte nouvelle homonyme de Lovecraft écrite en 1933 et aussi de *La Maison de la sorcière* écrite en 1932.

Avec Jeffrey Combs et Barbara Crampton.

Une belle blonde revient dans la chambre où elle avait connu une intense passion charnelle avec un clergyman.

Petit film assez court, très noir, très sombre, du pur Lovecraft (sauf l'histoire d'amour, il n'y a jamais d'histoire d'amour chez Lovecraft).

Des plans qui apportent le fantastique au film. Avec la participation du rat *de La Maison de la sorcière* Brown Jenkin.

Il y a même du Clive Barker dans ce film.

Bloody Bird de Michele Soavi (1987)

On passe d'une salle de théâtre en répétition à un asile psychiatrique, pour tracer le chemin du tueur de l'asile au théâtre.

Ce film est aussi mal joué et mal filmé que la pièce qui y est jouée.

Un tueur psychopathe décime les membres de la troupe dans le théâtre même. Les mises à mort sont très variées.

Un vrai navet, mais la scène de la douche est superbe. Sans doute grâce à l'inspiration d'Hitchcock...

The Testimony of Randolph Carter d'Andrew Leman (1987)

D'après *Le Témoignage de Randolph Carter* (1919) de Lovecraft.

Angel Heart – Aux Portes de l'enfer d'Alan Parker (1987)

Je me suis finalement forcé à voir ce film qui ne me disait rien qui vaille. Et mon intuition s'est avérée juste. Il y a beaucoup de ventilateurs filmés à contre-jour et aussi un ascenseur pour descendre en enfer.

Ce film est vaseux. Mickey Rourke en détective privé est mauvais. Robert de Niro est absolument cabotin, et le scénario est ... vaseux. Oui, le jeu de mots est faible, ok, puisque la moitié du film s'enlise dans les vases des bayous de la Nouvelle-Orléans.

Mais quel ennui avec cette histoire de pacte – oublié - avec le diable, pacte que ce dernier va faire revenir à la mémoire de l'intéressé avec ses méthodes des plus cruelles.

Une petite citation : *"Il y a assez de religions pour se haïr, pas assez pour s'aimer"*. Une petite déclaration de Louis Cyphre... (En anglais ça se prononce comme Lucifer...)

Les Clowns tueurs venus d'ailleurs de Stephen Chiodo (1987)

"Killer Klowns from Outerspace"

On rigole un bon coup avec ce film typique des années 80. Bien sûr ce n'est pas un chef-d'œuvre, mais un agréable film de série B bien foutu qui ne se prend pas au sérieux.

Toujours classique : dans une ville de l'Amérique profonde, de jeunes délurés, voire débauchés et un flic acariâtre... Jaloux, sans doute de ne pas en avoir fait autant dans sa jeunesse. Autre classique : le fermier un peu con confronté aux extraterrestres. Ces derniers sont très originaux et leur vaisseau aussi.

Ces clowns en ont l'air, mais n'en sont pas. Et ils sont destroy, sans foi ni loi, sans pitié, terribles. Et les mises à mort sont très recherchées.
Bon, tout cela serait presque amusant.

Histoire de fantômes chinois de Ching Siu Tung (1987), la difficulté pour un jeune homme d'épouser une belle jeune fille quand elle est un fantôme qui attire les voyageurs dans des pièges terrifiants. Un très bon film. Deux suites par le même réalisateur : *Histoires de fantômes chinois 2* (1990) et *3* (1991).

Robocop (Paul Verhœven (198)7, un flic justicier, quasiment invincible, combat pour la justice. C'est une combinaison entre un être humain et un robot dont la profonde humanité émeut le spectateur, particulièrement quand lui reviennent ses souvenirs de sa vie antérieure d'être humain. Suites : *Robocop 2* d'Irvin Kershner 1990 – *Robocop 3* de Fred Dekker 1992. (Et une série télé du même nom.) Remake aussi.

Hellraiser de Clive Barker (1987), très puritain, Clive Barker impose d'atroces punitions aux pêcheurs. Seuls les vrais puritains savent être aussi pervers. Boucherie sado-maso et scénario copié sur Stoker et Masterton. Il faut du sang pour reconstituer le corps de Frank, jadis dépecé par les Cénobites (quel drôle de nom, pourquoi pas...) Julia attirera beaucoup de victimes dans le grenier. Il faudra la peau du frère de Frank pour redonner à ce dernier apparence humaine. Mais sa nièce Kristy veille... Elle le reconnaîtra sous la peau de son père, et grâce à la boîte-puzzle, elle renverra les Cénobites en enfer. Entre temps, ces derniers auront infligé une nouvelle torture immonde à Frank-Larry qui déclare, la peau tendue, prête à l'écorchement : « *Jésus a pleuré, lui...* » et il se lèche les lèvres de plaisir. Il y a des suites : *Hellraiser II, les écorchés* (Tony Randel) 1988 – *Hellraiser III, enfer sur la terre* (Anthony Hickox) 1993 – *Hellraiser IV, bloodline* (Alan Smithee, c'est le pseudonyme « officiel » d'Hollywood pour les réalisateurs qui ne veulent pas afficher leur nom au générique, en réalité, le réalisateur est Kevin Yagher) 1997 – *Hellraiser inferno* de Scott Derrickson (2000) - Hellraiser: Seeker de Rick Bota (2001) - Hellraiser: Deader de Rick Bota (2003) - Hellraiser : Hellword de Rick Bota (2003) - Hellraiser Revelations de Victor Garcia (2010).

Hellraiser II : Hellbound de Tony Randel (1988)
Ce deuxième opus est la suite du premier.
Une vieille radio de la dernière guerre. Des uniformes de l'armée anglaise.
Un militaire assis en tailleur sur le sol tient entre ses mains... le cube terrifiant, celui qui ouvre la porte des enfers si on trouve la solution au puzzle. Il la trouve, le cube s'ouvre et des chaînes munies de crochets en sortent et torturent cruellement le soldat. Pinhead apparaît ! En voix off « La souffrance, cette délicieuse souffrance... »
(Nous apprendrons dans le film suivant que ce soldat n'est autre que Pinhead quand il était humain...)
Kirsty, une jolie petite brune se réveille dans un hôpital psychiatrique. C'est un peu comme dans *Par-delà le mur du sommeil* de Lovecraft. Cette jeune femme est la nièce/fille de son oncle/père Frank (voir le premier épisode...)
La police découvre des cadavres momifiés dans une très vieille maison. Et un matelas avec une grande tache de sang où sont accrochées des chaînes avec des crochets...

Le docteur Channard, directeur de l'hôpital psychiatrique, retient en détention illégale des malades dans des cellules dans la cave de sa très grande maison. Il s'y fait livrer le matelas. Visiblement il sait de quoi il retourne...

Kyle, l'associé de Channard, chirurgien du cerveau, sympathise avec Kirsty. Dans la chambre d'à côté, Tiffany, une très jeune fille, assemble des éléments en bois qui forment un cube.

Kirsty fait des cauchemars : elle voit un homme écorché qui lui fait signe en montrant une inscription faite avec du sang sur le mur : « Je suis en enfer : aidez-moi ! » Kirsty raconte à Channard ce qui s'est passé dans le film précédent : la boîte, un casse-tête que Frank a résolu. Le film nous montre des extraits du film.

Dans sa vaste maison-laboratoire, où se trouvent plusieurs cubes cénobites, Channard fait sortir un malade de sa cellule, le couche sur le matelas et lui donne un rasoir avec lequel il se taillade le corps, car il croit qu'il est recouvert d'asticots. Le sang coule et fait revivre la Julia du premier film. Elle « absorbe » les chairs du malade, se reconstitue, mais pas suffisamment, elle reste écorchée, et, dit-elle à Channard lors d'un « dégoûtant » baiser avec lui : « Il nous faut de la peau en quantité ! »

Les fous de l'asile fournissent de la matière première. Kirsty continue à chercher son père, qui avait fourni sa peau à son frère Frank dans le film précédent.

Le début est excellent... Ensuite, cela tire en longueur et certaines scènes frisent la médiocrité... En résumé, Julia va retrouver sa peau, Kirsty va retrouver son oncle, tout va finir très mal dans l'horreur avec l'arrivée des cénobites et de Pinhead à qui il va arriver aussi des horreurs... Cela n'en fait pas trop peut-être ? Finalement c'est Tiffany qui va sauver tout ça. Elle va montrer aux cénobites qu'ils furent humains autrefois. Mais la scène ultime annonce une suite !

Predator de Mac Tiernam (1987), un extraterrestre chasseur a choisi notre planète pour une affreuse chasse à l'homme. Un commando de marines est exterminé dans la jungle. Il y a une suite : *Predator 2* dans la jungle des villes. Et une séquelle : *Alien contre Predator* de Paul Anderson (2003)

Prince des ténèbres de John Carpenter (1988), le grand Cthulhu attend depuis des millions d'années, enfermé dans un gigantesque cylindre de verre. Une équipe de scientifiques s'attaque à la tâche de l'étudier lorsqu'il est découvert dans les caves d'une église. Ils vont déclencher l'horreur. Ils ne connaissent pas le nom de l'entité qu'ils vont réveiller, car ils semblent ne pas avoir lu Lovecraft. Carpenter l'a lu, lui... Quelques scènes rappelant son film *Assaut*. Un chef-d'œuvre de l'épouvante rythmé par la musique composée par le réalisateur, comme dans tous ses films.

Les Prédateurs de la nuit de Jess Franco (1988). Avec la belle Brigitte Lahaie (rassurez-vous, ce n'est pas un porno), Stéphane Audran et Helmut Berger. Un beau casting pour un film médiocre.

Le Repaire du ver blanc de Ken Russel (1988). Voilà, voilà... On se demande constamment s'il faut en rire ou en pleurer. J'ai décidé qu'il fallait en rire ! Adaptation du roman homonyme de Bram Stoker.

Les Fantômes d'Halloween de Frank Laloggia (1988). Un film hommage à Stephen King, donc, très ennuyeux et trop lent au début et à la fin on pleure. Du King tout craché vous dis-je !

L'Emprise des ténèbres de Wes Craven (1988), le rite vaudou au service du pouvoir en Haïti. L'horreur de devenir une marionnette zombie au service de « Bébé Doc » et de ses « Tontons Macoutes ». Réalisé par l'auteur de *Freddy*. La scène de l'enterrement du héros transformé en zombie rappelle celle du film *Vampyr* de Carl Th. Dreyer. Dans ce dernier, ce n'était qu'un cauchemar (qui sait ?), mais dans celui de Craven, c'est la réalité des effets de cette poudre blanche, la tétrodoxine...

Faux-semblants de David Cronenberg (1988), avec le jeu sublime de l'acteur Jeremy Irons qui joue le rôle des jumeaux. Ce chef-d'œuvre d'humanisme montre que le fantastique seul peut montrer parfaitement des sentiments humains d'une telle intensité. Dialogue entre Beverly, qui est en train d'exécuter son frère, après l'avoir anesthésié, et son frère Elliot :
Elliot : *« Tu pleures ? Pourquoi ? »*
Bev : *« Une séparation peut-être... terrifiante. »*
Elliot : *« Ne t'en fais pas petit frère, nous serons toujours ensemble... »*

Invasion de Los Angeles de John Carpenter (1988), les extraterrestres sont parmi nous, mais nous ne le savons pas, sauf quand on porte des lunettes spéciales. On s'aperçoit alors qu'ils ont une sale tête ! Succulente parodie de John Carpenter avec humour noir.

Aux Frontières de l'aube de Kathryn Bigelow (1988), un superbe film qui renouvelle vraiment le thème des vampires. Bagarres dans les bars et vampires loubards : le sang demande la mort. Il faut tuer pour vivre éternellement. C'est ce que le nouveau vampire Caleb a du mal à accepter.

Génération perdue de Joël Schumacher (1988), la même année, un autre film qui renouvelle le genre vampire au cinéma. Pas aussi bon que le précédent...

Willow de Ron Howard (1988), vague imitation des merveilleuses histoires de Tolkien.

Beetlejuice de Tim Burton (1988), aventures grotesques de gentils fantômes. Les fantômes n'ont jamais été aussi drôles ! Génial ! Le macabre à la portée des enfants. Oui ! Il y a une vie après la mort. Et les agissements maladroits de nos deux sympathiques fantômes risquent de le révéler. Les transformations physiques, terrifiantes en d'autres lieux, sont ici hilarantes. Sauf la scène de l'exorcisme qui est particulièrement effrayante. Il fallait bien prendre la Mort un peu au sérieux. Le film *La Nuit des morts-vivants* est cité. Une série de dessins animés s'est inspirée du personnage.

Simetierre de Mary Lambert (1989), quelquefois la mort est préférable. Pas aussi bien que le roman de Stephen King. La suite : *Simetierre 2* de la même en 1992.

Sanctuaire de Michele Soavi (1989). Un film gothique pas si mal malgré le mauvais jeu des acteurs et le montage chaotique. Dario Argento a participé au scénario et l'Église en ruines de la fin a été filmée à Dresde, juste après (ou juste avant ?) l'effondrement du mur de Berlin...

La Sorcière du glacier de Gudny Halldorsdottir (1989). Film islandais délirant sur une légende de ce rude pays Viking. Basé essentiellement sur les dialogues. Peut-être pas toujours accessible au commun des mortels qui n'est pas islandais, mais assez intéressant.

Batman de Tim Burton (1989), les aventures du justicier masqué. Magistrale interprétation de Jack Nicholson. Un monde noir et pessimiste... Une suite : *Batman le défi* (1993) par Tim Burton. Un monde délicieusement gothique.
Joël Schumacher a ensuite pris la relève, les producteurs s'étant aperçu que *Batman le défi* pouvait faire peur aux enfants de moins de dix ans. *Batman forever* (1995) et *Batman et Robin* (1997), ce dernier beaucoup moins ennuyeux que le précédent. Il y avait déjà eu : *Batman* (1943) de Lambert Hillyer (un film en quinze épisodes !) et *Batman* (1966) de Leslie H. Martinson. Puis *Batman Begins* de Christopher Nolan (2005), etc. Voir plus loin.
Baby Blood d'Alain Robak (1989). Un joli petit film français gore dont le seul défaut est le simplisme (volontaire ?) du scénario. Alain Chabat y joue un petit rôle de même que Jacques Audiard ! Ce qui est bien c'est que toutes les victimes (des hommes) sont très cons !
Abyss de James Cameron (1989), ce film relance l'intérêt des films sous-marins. Une base sous-marine aux prises avec de méchants militaires qui veulent détruire de magnifiques extraterrestres qui ont choisi les abysses marins pour s'installer sur Terre. Les gentils seront sauvés grâce à eux. *Abyss* est inspiré de *M.A.L.* (1988) autrement dit *Mutant aquatique en liberté* de Sean Cunningham.
Metamorphosis de G.L. Eastman (1989)
Le docteur Peter Houseman (!) cherche à obtenir des subventions pour ses recherches génétiques. Elles consistent à trouver un remède à... la mort !
Le film utilise un jargon scientifique et des expériences de laboratoire grotesques. Pour éviter que ses découvertes ne tombent dans d'autres mains, le docteur expérimente le sérum sur lui-même.
« Au début tout a semblé très bien marcher, et puis, peu à peu, un changement s'est produit. »
Le monstre, puisque monstre il y a, est raté. Les filles poussent des cris grotesques (ils devaient bien se marrer pendant le tournage).
Il y a un peu de suspense à la fin.
Total Recall de Paul Verhœven (1990), toute l'atmosphère de P. K. Dick dans ce beau film qui mélange rêve et réalité.... Très bons effets spéciaux et gentils mutants luttant pour la liberté (pour une fois que ce n'est pas le contraire !) sur Mars.
Darkman de Sam Raimi (1990), un chercheur brûlé vif dans son labo par des vilains méchants. Il en réchappe, défiguré, mais se refait tous les visages qu'il veut grâce à son invention : une peau artificielle, qui, hélas, ne dure pas longtemps... Génial le labo bricolé dans l'usine abandonnée ! Mon rêve d'adolescent ! Il existe deux suites : *Darkman II* (1994) et *Darkman III* (1996) toutes deux réalisées par Bradford May.
Braindead d'Adam Simon (1990), une belle collection de cerveaux !
Le Silence des agneaux de Jonathan Demme (1990), ce qui est fantastique c'est la personnalité des deux personnages principaux : le sérial killer qui enlève les belles femmes dodues pour utiliser leur peau et le psychiatre cannibale. Le suspens se développe jusqu'à l'horreur. Pauvres flics... L'histoire ressemble à celle du film *Le Testament du docteur Mabuse* de Fritz Lang

Mr Frost de Philippe Setbon (1990), affrontement entre une jeune femme psychiatre et son malade à la personnalité très très forte. C'est normal, il est le diable ! Glaciale interprétation du diable par Jeff Goldblum.

Cabale de Clive Barker (1990), waltdisniaiserie qui se veut terrifiante. On se demande ce que Cronenberg vient faire dans cette galère ! Pour le scénario, c'est du pillage de Stoker (encore !), Romero, Hooper, Masterton.... Les effets spéciaux à hautes doses ne suffisent pas pour faire un film. Sur le thème du psychiatre tueur, d'autres ont fait beaucoup mieux, comme Brian de Palma, par exemple, avec *Pulsions* (1981) et Jonathan Demme avec *Le Silence des agneaux* (1990)...

La Nurse de William Friedkin (1990). Auprès de mon arbre je vivais z'heureux... On ne s'ennuie pas avec ce petit film du réalisateur de *L'Exorcisme*. Y a-t-il d'autres films avec des arbres fantastiques et vicieux ? Je me souviens évidemment de *Sleepy Hollow* de Tim Burton... et puis j'ai de vagues souvenirs de films avec Hercule ou Maciste. Mais ça va me revenir !

La Créature du cimetière de Ralph S. Singleton (1990). Une adaptation de Stephen King. Une vision assez terrible de la classe ouvrière américaine : on se demande si ce n'est pas le contremaître le vrai monstre ! Une horreur crade et glauque dans les sous-sols d'un cimetière.

Hiruko de Shinya Tsukamoto (1990). Il ne s'agit pas vraiment d'araignées, mais de démons avec de sales pattes qui décapitent leurs victimes pour n'en faire qu'à leur tête. En quelque sorte, une espèce de *S.O.S. fantômes japonais*... Un film délirant comme seuls savent le faire les Japonais !

Arachnophobie de Frank Marshall (1990), une monstrueuse araignée est amenée dans le cercueil d'un photographe qu'elle avait piqué. Gare !

Delicatessen de Jean-Pierre Jeunet et Marc Caro (1991), humour cannibale. Ce boucher tue les locataires de l'hôtel pour nourrir tous les autres. Seul l'amour sauvera le dernier arrivant. Célèbre scène de l'explosion qui fait effondrer la maison et ne laisse en l'air, fixé aux tuyauteries, que la cuvette des WC et la baignoire... Comme a dit certain personnage, on meurt toujours par où on a vécu...

Xangadix de Rudolf Van Den Berg (1991). Un film d'horreur dont l'action se déroule en Hollande, c'est pas fréquent ! Et pas si mal que ça... Un médecin crée sept créatures qui doivent servir un démon apporté d'Amazonie et qui a la forme d'un fœtus.... Des septuplés psychopathes, les septuplés de l'horreur à la recherche d'une petite sœur qui ignore tout de l'affaire, la pauvre. Juste avant un massacre horrible, les futures victimes regardent un extrait de *Laurel et Hardy*... Une histoire de légende à la Masterton, inspirée d'une histoire de Ray Frumkes...

La Secte de Michele Soavi (1991). Terreur des insectes, puits de l'enfer, sadisme barkérien, lente évolution vers l'horreur. Pas mal du tout. Une influence de Lovecraft avec l'immense puits ? Et Masterton et Barker ?

La Famille Addams de Barry Sonnenfeld (1991), humour sur tous les thèmes du cinéma fantastique. Une suite : *Les Valeurs de la famille Addams*.

Warlock de Steve Miner (1991), le diable, toujours le diable ! Sur le mode gore. Il y a une suite : *Warlock 2 (The Armageddon)* d'Anthony Hickox (1993), etc.

Hook de Steven Spielberg (1991), Peter Banning a oublié qu'il était Peter Pan, mais le capitaine Crochet va le lui rappeler.

Simple Mortel de Pierre Jolivet (1991). Voilà un bon film fantastique français ! Une belle histoire pleine de mystères non résolus et d'angoisse. Un pacte avec le « diable » ou ce qui en tient lieu dans cette histoire. Un « simple mortel » face à un contrat aux conséquences incommensurables. Il n'est pas bon être spécialiste en gaélique ancien... Enfin, autre morale de cette histoire : ceux qui font des méchancetés le font parfois par amour de l'humanité...

Edward aux mains d'argent de Tim Burton (1991), merveilleuse adaptation du thème de Frankenstein. La créature, inachevée est touchante de naïveté dans ce lotissement américain. Critique des manies made in USA. Avec quelle habileté et avec quel art Tim Burton a su renouveler le genre ! Ici, comme dans les films de James Whale, le héros est bien la « chose », mais le cinéaste lui donne un nom : Edward. Le savant qui l'a créé, joué par Vincent Price, meurt dès le début. Grâce à ces modifications du scénario, Burton traite d'un tout autre sujet que celui traité par les autres films de Frankenstein. Le pauvre Edward n'est pas fini, ce qui lui donne des qualités (celles de bien tailler les haies et les cheveux), mais aussi une différence qui finira par le faire persécuter par les gens normaux. Ces persécuteurs sont clairement désignés comme des Américains moyens, puisque toute l'action se déroule dans un lotissement. Il est aussi question des rêves d'adolescents qui cherchent l'absolu dans un monde bassement matérialiste.

Puppet Master 1 – 2 – 3, etc. de David Schmoeller – David Allen – David DeCoteau (1989 – 1990)

L'excellent éditeur de DVD Artus Films a publié la trilogie des *Puppet Master*, qui a été suivie par tout un tas de films de la franchise jusqu'au No 10 ! Voir ci-dessous la liste exhaustive... Tous ces films sont sortis directement en vidéo, même si, au début, ils ont été filmés sur pellicule.

Je n'ai jamais été personnellement attiré par les films d'horreur utilisant les marionnettes et les poupées, seuls les *Chucky* ont trouvé grâce à mes yeux. C'est pourquoi je n'avais jamais pris le temps de regarder cette série pourtant reconnue comme une référence du genre. *Mea Culpa !*

Grâce donc à Artus Films, j'ai regardé cette trilogie fondatrice de la franchise.

Pupper Master 1 (1989)

Superbe générique avec les gros plans sur les visages des marionnettes (attention, ce ne sont pas des poupées !).

Un vieux « Gepetto » fabrique des marionnettes. Certaines sont vivantes. Comme Pinocchio. D'ailleurs, le scénariste du film utilise un pseudo : Joseph G. Collodi, Carlo Collodi, étant lui-même le pseudo de Carlo Lorenzini, l'auteur du chef-d'œuvre de la littérature enfantine *Pinocchio*... de plus, le scénariste est en fait le réalisateur lui-même, David Schmoeller, bien que le producteur Charles Band s'en attribue lui-même la paternité.

Une équipe de gens aux pouvoirs spéciaux investissent l'hôtel où ont été cachées les marionnettes. Ils en seront les victimes. Il est également beaucoup question de sexe, comme, d'ailleurs dans les deux autres films de la trilogie.

Mais pourquoi ces marionnettes font tout ça ? Elles sont très cruelles...

On retrouve l'ambiance du film *La Maison du diable* de Robert Wise (1963)

Comme toujours dans les DVD d'Artus Films, le supplément est superbe. Ici, c'est Francis Barbier qui nous raconte tout sur le film. Il apprend à ceux qui ne le savent pas (et ils sont nombreux) les liens entre Stuart Gordon et le producteur de cette franchise, Charles Band qui, après une faillite, va créer la maison Full Moon qui va sortir une flopée de films de série B. D'ailleurs cette série des *Puppet*, trouve son origine, nous dit Francis Barbier, dans le film de Stuart Gordon, *Dolls*, produit par Brian Yuzna. Bien que fan inconditionnel de ces deux messieurs, rebuté par les histoires de poupées maléfiques, je n'ai pas vu le film... Sorry !

Pour les fans de ce milieu des séries B, le directeur de la photo de ce premier Puppet n'est autre que Sergio Salvati, qui fut directeur de la photo des meilleurs films de Lucio Fulci !

Puppet Master 2 (1990)

Le réalisateur, David Allen, de ce Puppet 2 est le spécialiste des effets spéciaux du premier.

Travelling dans un cimetière la nuit avec éclairs et tonnerre. On lit nettement les noms de certains défunts sur les stèles : John Bocca, et dans une autre scène dans le cimetière, on lit : Zake Kern et Amylu et Ezra Kern... Quelle est la signification de l'apparition de ces noms ? Un petit hommage à Richard Kern, le pornographe ?

Les Puppets ressuscitent Toulon, leur créateur, grâce à un liquide de la nécromancie égyptienne...

Une équipe d'enquêteurs paranormaux investit l'hôtel où les Puppets séjournent toujours. On revient toujours à la référence de *La Maison du diable*... L'un d'entre eux arrive dans une voiture qui ressemble à celle des frères Winchester dans la série *Supernatural*.

Apparaît un personnage inquiétant au visage bandé et aux grosses lunettes noires, référence à la *Momie* et à *l'Homme invisible*...

Mais plus subtilement, je vois une influence de *Shining* de Stanley Kubrick (adapté du roman de Stephen King) et je trouve que le scénario est quasiment pompé sur celui de *Dracula* : le monstre encore amoureux de sa dulcinée morte il y a longtemps, mais elle réapparaît sous les trais d'un sosie...

Magie noire de J.P. Simon (1990)

La Mansion de Los Cthulhu ou *Cthulhu Mansion*,

Quel film nul ! Le scénariste a mis Lovecrfat au générique on se demande pourquoi et a donné comme titre à un livre de magie : Cthulhu. À part ça, tout est nul : le scénario n'a ni queue ni tête, les acteurs sont archi mauvais, les effets spéciaux stupéfiants de médiocrité. Parfois regarder un film de série Z est attrayant, on rigole. Là on s'ennuie à mourir devant ces multiples scènes répétitives et ces dialogues bateaux.

Une équipe de gangsters enlèvent un magicien et sa fille et les oblige à les emmener dans leur maison où se trouve la porte qui mène aux enfers Cthulhiens...

Puppet Master 3 (1990)

Sous-titre de ce film : *la revanche de Toulon* (le créateur des Puppets, The Master...)
C'est la préquelle des deux épisodes précédents.

Elle raconte comment Toulon a créé ses créatures. Ça se passe à Berlin en 1941...

Et toujours la même idée : réanimer les soldats morts pour continuer la guerre ! Et, donc, Toulon peut peut-être donner un coup de main ?

D'après Francis Barbier (dans les suppléments), cet opus No 3 est le meilleur de la maison de production Full Moon. Je n'ai pas vu les 7 ou 8 autres, mais je veux bien le croire...
D'ailleurs finalement, je ne regrette pas d'avoir regardé ces trois films de série B. Ils tiennent la route !
Voilà la liste de la franchise :
Puppet Master (Puppet Master) 1989 de David Schmoeller
Puppet Master II (Puppet Master II) 1991 de David Allen
Puppet Master III : La revanche de Toulon (Puppet Master III : Toulon's Revenge) 1991 de David DeCoteau
Puppet Master IV 1993 de Jeff Burr
Puppet Master V : the final chapter 1994 de Jeff Burr
Puppet Master VI : Le Retour des Puppet Master (Puppet Master VI : Curse Of The Puppet Master) 1998 de David DeCoteau
Puppet Master VII : Retro Puppet Master (Puppet Master VII : Retro Puppet Master) 1999 de David DeCoteau
Puppet Master VIII : The legacy(Puppet Master VIII : The legacy) 2004 de Charles Band
Puppet Master : Axis of Evil 2010 de David DeCoteau
Puppet Master X: Axis Rising 2012 de Charles Band
Un film TV :
Puppet Master Vs Demonic Toys (Puppet Master Vs Demonic Toys) 2004 de Ted Nicolaou
J'espère ne pas en avoir oublié!

Hardware de Richard Stanley (1990)
Un type trouve des débris de robot dans le désert. Il les ramène chez sa copine. Ambiance très décadente. On s'ennuie à mourir pendant les 40 premières minutes jusqu'à ce que le robot s'auto répare. On se demande comment c'est possible, mais enfin...
Le réalisateur filme beaucoup les gens qui dorment. On ne voit pas toujours très bien ce qui se passe.
Les acteurs sont nuls le film est un navet. Dommage.

Voix profondes de Lucio Fulci (1991)
C'est le dernier film de Lucio Fulci.
Curieusement, il utilise deux « cartons » pour guider le spectateur.
D'abord « Prologue » : scène dans laquelle un couple fait l'amour dans un lit et un enfant pleure en appelant sa mère. L'homme exaspéré se lève et va tuer l'enfant à coups de couteau. Cette scène a beaucoup de signification dans la suite du film.
Deuxième carton : « L'histoire ».
L'homme du prologue est allongé sur un lit d'hôpital et vomit du sang. Quatre infirmières s'occupent de lui ! Il meurt. La famille refuse l'autopsie, mais elle doit avoir lieu quand même. Le spectateur y assiste et c'est d'ailleurs Lucio Fulci lui-même qui joue le médecin légiste. Il connaît un peu le boulot puisqu'il a fait des études de médecine. Ce sont sans doute ses connaissances en anatomie qui l'ont beaucoup inspiré dans ses films gore.

Le défunt a beaucoup d'ennemis et le film montre pourquoi lors des obsèques pour chacun des personnages de son entourage et de sa famille.
Son fantôme demande à sa fille de découvrir les causes de sa mort. Comment ? Ne le sait-il pas ?
Un film très onirique. Les scènes sont rythmées par des vues du cadavre pourrissant à l'intérieur de son cercueil, sans oublier les asticots, et le bourdonnement des mouches... Une démonstration de l'implacable décomposition des corps après la mort. Fulci était malade et s'attendait à mourir peu de temps après. Il a voulu montrer sa lucidité envers la mort.
On pressent les coupables dès le début et l'arme du crime au milieu du film.
L'idée du scénario (qui a été écrit par Fulci) est excellente. Mais hélas assez maltraitée : les scènes oniriques ne sont pas réussies, parfois trop répétitives, et poussives... On a l'impression de remplissage.
Le bonus du DVD est intéressant avec la bio et la filmo de Fulci, un court-métrage intitulé « Carte postale... » de Patrick Chamare (2003) assez téléphoné. Ce qui est intéressant c'est le documentaire sur Lucio Fulci.
Dracula de Francis Ford Coppola (1992), la plus fidèle version du roman de Bram Stoker. Sauf dans l'esprit, car Coppola en a fait une histoire d'amour entre Dracula et Mina. Le film est entièrement tourné en décors artificiels. Le scénario développe une partie cachée dans le roman de Bram Stoker : l'attirance amoureuse (sexuelle) de Mina pour le comte Dracula. Pour mieux l'expliquer (ou peut-être, par un certain puritanisme : pour mieux excuser la jeune femme...), le scénariste invente la blessure amoureuse de Vlad Tepes qui a perdu sa fiancée bien-aimée et qui, parce qu'il maudit Dieu, est condamné à la non-mort éternelle. Il reprend (involontairement ?) le scénario du film *Pandora* (1951) d'Albert Lewin. L'amour est donc à la base de tout. Et Dracula, sous la forme d'une énorme chauve-souris, ne dit-il pas à ses adversaires, alors qu'il vient de vampiriser Mina : « *Vous avez vu ce que votre Dieu a fait de moi ?* » Il y a d'autres différences avec le roman : il manque le cimetière de Whitby et Dracula vampirise Mina en l'absence de Jonathan, alors que dans le roman, ce dernier est "endormi" par le vampire dans un coin de la pièce. On a beaucoup insisté, à propos de ce film, sur la contamination du sang. Or cette question est profondément présente déjà dans le roman, puisque c'est le sang du vampire qui contamine les êtres humains pour en faire aussi des vampires. Dans le film, le passage qui présente Van Helsing en cours devant ses élèves, le montre disant : « *La civilisation et la syphilisation ont progressé de concert.* »
Histoire d'amour, histoire macabre. Lucy, présentée dans ce film comme une femme grivoise, "allume" ses prétendants. Elle paiera cher son attirance pour le sexe : elle en deviendra vampire elle-même, pour être ensuite exorcisée par Van Helsing. Ce passage de l'histoire donne les plus belles scènes au film. « *Lucy est la concubine du démon.* » Déclare Van Helsing. Enfin, c'est l'amour de Mina qui sauvera Dracula de la damnation éternelle. Car, le doute subsiste, s'agit-il bien de Mina ou d'Elisabeta, la fiancée de Vlad, quatre siècles plus tôt ? On peut se poser la question, car Dracula dit à Mina : « *Vous décrivez mon pays comme si vous l'aviez vu de vos propres yeux.* »
Les couleurs jouent un rôle fondamental dans l'évocation des sentiments des gens : le rouge du sang ou des vêtements annonçant le plaisir de la chair et du sang... Le

personnage de Van Helsing est différent également : vieux scientifique paillard et aimant la bonne chère, il réussira moins, ici, à être l'adversaire impitoyable de Dracula, car celui-ci conservera Mina comme alliée sur le territoire de l'adversaire jusqu'au bout... Peut-être que le romantisme plaît au grand public, mais il étouffe un peu le fantastique.

Somptueuse image de la croix qui tombe et qui est remplacée par le croissant musulman. Le film est décomposé en trois grandes parties, chacune d'entre elles étant signalée par une belle transition. Transition entre l'œil de la plume de paon et la sortie du tunnel pour le voyage vers Dracula. Transition entre les deux trous, plaies de la morsure du vampire dans le cou de Lucy, et les yeux du loup pour l'idylle entre Dracula et Mina. Transition entre le cercle de feu qui protège Van Helsing et Mina, et le soleil levant qui annonce la fin de Dracula. Le cinéaste emprunte la vague de sang du film *Shining* de Kubrick, il rend hommage au *Nosferatu* (1922) de Murnau en évoquant quelques images célèbres de ce film : la main du cocher (Dracula) qui s'avance exagérément vers l'épaule de Jonathan au col de Borgo, les ombres qui glissent sur les murs du château du comte, le corps du vampire qui se dresse tout droit... Coppola rend aussi hommage à Dreyer, car le titre du livre qu'ouvre Van Helsing est : Vampyre.... Il rend d'ailleurs hommage au cinéma en filmant la première scène de Dracula à Londres avec une caméra de l'époque des débuts du cinéma et il montre Dracula emmenant Mina au cinématographe.

Leprechaun de Mark Jones (1992)
Un père et sa (jolie) fille emménagent dans une maison inhabitée depuis dix ans. Dans la cave, le Leprechaun est resté enfermé depuis tout ce temps.
« Cette maison, tu l'as reprise au comte Dracula ? » Demande la fille écœurée.
Cette jeune fille est jouée par la comédienne Jennifer Allison. Elle porte une petite robe qui donne juste envie de la lui enlever, c'est vrai quoi... qu'est-ce qu'elle a à nous montrer qu'elle cache un si joli corps ?
Ah ! La revoilà ! Elle a changé de tenue : elle porte un débardeur moulant et un short. Il ne faut pas trop en cacher.
Donc, ils réveillent le Leprechaun, bien sûr. Le farfadet cordonnier !
Nous assistons tout au long du film à la lutte incessante, et sans vraiment d'intérêt, entre le Leprechaun et... tout le monde, car il veut récupérer son or !
Un peu lassant...
« *Le Leprechaun (...) le cordonnier du Petit Peuple* », écrit Arthur Machen dans *Le Petit Peuple* (1927).
Il y a plusieurs suites qui font une série...

Hellraiser III : L'enfer sur Terre d'Anthony Hickoks (1992)
Nous passons aux USA. Néanmoins, Clive Barker est toujours aux commandes, et l'histoire originale est de Peter Atkins, comme pour le précédent avec Tony Randel, qui était le réalisateur du précédent. Donc, contrairement à certaines affirmations surfaites, la continuité est assurée.
Un jeune homme, patron de cabaret, entre dans une salle d'exposition d'œuvres d'art et achète une sculpture terrifiante qui semble sortir tout droit de l'enfer cénobite. On appellera ce jeune homme par son prénom : JP.

Une journaliste, Joey, rate son reportage aux urgences où il ne se passe curieusement rien. Des plans resserrés montrent des bras qui déposent des instruments de chirurgie sur des serviettes immaculées. Soudain arrive une ambulance avec un type très gravement blessé qui traîne derrière lui des chaînes accrochées à son corps. Il saigne beaucoup. Joey est intriguée par cette arrivée et va mener l'enquête. Le blessé est accompagné d'une jeune fille brune appelée Perri.

Au cabaret, dans la chambre du patron, trône la sculpture. La jeune fille brune vient du cabaret. Elle sort de son sac un cube de cénobite. Elle se réfugie chez Joey et lui parle de la sculpture. Elles vont ensemble voir la galerie d'art où elle a été achetée et elle est fermée. Un passant leur dit que c'est fermé depuis très longtemps. Étrange.

Dans la chambre de JP qui vient de se faire sa blonde quotidienne, la sculpture se réveille, écorche vive la belle blonde en lui lançant des chaînes avec crochets et l'engloutit. Le visage de la fille s'ajoute aux autres visages qui composent la sculpture. JP devient l'esclave de la sculpture vivante. Le visage de Pinhead plein d'aiguilles est apparu sur la sculpture et il parle.

Joey fait un rêve récurrent sur la guerre au Vietnam où est mort son père.

Elle téléphone pour recevoir une vidéo de l'institut Channard (voir film précédent, c'est un asile psychiatrique). Elle visionne la vidéo qui montre Kirsty (voir film précédent). Elle parle de la « boîte » (le cube des cénobites). Elle dit : « Elle fait mal ! Elle s'ouvre d'elle-même. Vos doigts bougent et vous apprenez. Alors ils sortent... les démons. »

Terri, trompée par les apparences, accepte de se rendre chez JP qui veut l'offrir à « manger » à la sculpture. Elle réussit à se défaire de son ex-amant et l'offre en pâture à la sculpture qui l'avale et il en sort Pinhead.

Joey trouve chez elle une vieille radio de la guerre qu'on avait déjà entendue en prologue. La radio lui dit d'aller à la fenêtre. Elle voit un soldat jouer avec un cube, elle passe de l'autre côté. Elle passe une porte et se trouve dans une tranchée de la Première Guerre mondiale où elle retrouve un officier qui n'est autre que Pinhead quand il était humain...

Il est désormais son fantôme, puisque Pinhead l'a remplacé. Il veut renvoyer Pinhead en enfer.

Massacre généralisé, abominable tuerie au cabaret. Pinhead crée de nouveaux cénobites à partir de ses victimes.

De nombreuses péripéties nous font espérer, puis désespérer... Ça se répète longuement.

Finalement Joey réussit à ouvrir la boîte qui aspire tous les cénobites. Mais... elle se retrouve à la guerre du Vietnam où elle rencontre son père. Elle ne voit pas qu'elle est grugée puisqu'il l'appelle par son nom alors qu'il ne l'avait pas connue avant sa mort (facile, non ?). En fait c'est Pinhead qui a pris l'apparence du père.

Il y a beaucoup trop de rebondissements dans cette fin sans fin...

Joye s'en sort, enferme les cénobites dans la boîte et elle va l'enfouir dans du béton pas encore durci. Et à la fin on voit l'immeuble construit décoré à la manière des cénobites...

L'œil qui ment de Raoul Ruiz (1992). Ne vous fiez pas à ce que vous voyez ! Tout n'est qu'illusion... Une petite claque aux films fantastiques, notamment aux films de Dracula dont il est fait référence quand le héros part en voyage au... Portugal!

Dr Rictus de Manny Coto (1992), l'image de synthèse au service du gore. Un horrible docteur massacreur à la poursuite d'une tendre adolescente cardiaque... Très bonne musique rock !

Universal Soldier de Roland Emmerich (1992), dans un futur assez proche on saura faire revivre les morts pour en faire des soldats invincibles. Mais c'est sans compter sur l'amour... La suite : *Universal Soldier : le combat absolu* (1999) de Mic Rodgers avec Jean-Claude Vandamme et aussi *Universal Soldier 2* et *Universal Soldier 3* (1998) de Jeff Woolnought sans Jean-Claude (films télé)...

Innocent Blood de John Landis (1992), jolie femme vampire (Anne Parillaud) qui ne vampirise et ne tue que les voyous. Une jolie vampire utile à la société. Sauf, une fois, elle ne peut pas achever sont travail et le chef de la mafia devint vampire lui-même...

Twin Peaks, les 7 derniers jours de Laura Palmer de David Lynch (1992), après l'interminable feuilleton télé, le grand David Lynch n'a pas peur d'en faire un film. Angoissant, déroutant, terrifiant, effroyable. Du pur David Lynch.

La Mort vous va si bien de Robert Zemeckis (1992), parodie comique du mort-vivant avec effets spéciaux géniaux. Une scène constitue une belle référence au film de Milos Forman, *Vol au-dessus d'un nid de coucou*.

Tale of a vampire de Shimako Sato (1992). Mortellement ennuyeuse cette histoire de vampire souffreteux pourchassé par le mari cocufié par lui autrefois et devenu aussi un vampire. Il y a la scène du doigt coupé comme référence au Nosferatu de Murnau. C'est tout !

Candyman de Bernard Rose (1992), d'après Clive Barker, c'est tout dire. Un Noir autrefois injustement exécuté de manière atroce par des racistes revient hanter une banlieue déshéritée. À la place de la main, il a un crochet particulièrement cruel... Ne prononcez jamais cinq fois son nom devant un miroir. Avez-vous essayé ? Moi, je n'ai pas osé... Ce film, en produisant de la terreur à partir de la rumeur publique, allie le *gothique sudiste* au fantastique urbain. « *Je suis les graffitis qui recouvrent les murs...* » Susurre Candyman, et aussi : « *Je suis une rumeur* ».
Suites : *Candyman 2* de Bill Condon (1995) : attention à vos ventres, le fantôme au crochet est de retour ! – *Candyman 3* de Turi Meyer (1999).

Troll 2 de Joe D'Amato et Claudio Fragasso (1992). Je n'ai pas vu le *Troll 1* de John Buechler (1985). Ce *Troll 2* est un film de série ultra Z, mal filmé, mal joué, la musique est ringarde. D'Amato a quitté Emmanuelle... Le scénario a quelque intérêt : il semble vaguement inspiré d'Arthur Machen (si ! si !) et de *The Stuff* de Larry Cohen (1985) (une histoire de parasite pas piquée des vers...). De plus il se moque des végétariens ! Le pseudo du réalisateur annoncé au générique est Drake Floyd...

Cronos de Guillermo del Toro (1992). Le *Cronos* du vieil alchimiste du XVIe siècle est retrouvé dans une statue. Une petite machine d'horlogerie en or que n'aurait pas reniée Clive Barker... Il lèche la tache de sang par terre. Il s'appelle Jesus Gris (!) Il ne veut pas l'éternité, car il ne veut pas tuer. Le prologue est formidable ! Anne Rice n'avait rien inventé...

Fortress de Stuart Gordon (1992), après ses adaptations de Lovecraft, Stuart Gordon se lance dans la science-fiction. Un univers concentrationnaire dans une société autoritaire dans lequel on utilise un système physiologique pour punir les prisonniers par une terrible souffrance physique. On retrouvera le même système en 1996 dans le film de Frankenheimer *L'île du docteur Moreau*.

La Créature des ténèbres de Jean-Paul Ouelette (1992)
Le nom du réalisateur est très lovecraftien.
Un drôle de film très ringard. Les acteurs sont mauvais, le réalisateur est mauvais et le montage est nul.
Enfin, l'intérêt réside dans l'adaptation de Lovecrfat.
Ici ils annoncent une inspiration de deux œuvres : *Le Témoignage de Randolph Carter* (1919) et *L'indicible* (1925). D'ailleurs le titre en anglais de ce film est *The Unnamable Returns*, une séquelle du film *The Unanamable* de William Johns (Jean-Paul Ouelette) (1988) que je n'ai pas vu. Le titre du film reprend le titre de l'œuvre de Lovecraft qui a été traduite par *L'indicible*.
« C'est de la physique quantique, mais vous, vous devez connaître ça sous le nom de magie ». Déclare Carter à la belle Alyba Winthrop qui est issue du monstre. Bien sûr il y a le Necrornomicon et beaucoup de morts atroces, mais on reste blasé devant la nullité des effets spéciaux...

Dark Waters de Mariano Baino (1993)
Faut suivre. Pas évident, mais on est envoûté.
Une révision du *Cauchemar d'Inssmouth* (ce n'est pas précisé dans le générique) : une jeune femme arrive sur une île où vit une congrégation de religieuses qui ont pour le moins des coutumes bizarres.
Petit à petit elle va découvrir d'où elle vient.

La Part des ténèbres de George A. Romero (1993), on a vu mieux de la part de ce cinéaste. Assassin en série qui n'est que le double maudit d'un écrivain. Le monstre de la fin est une bande d'oiseaux qui dévorent le « serial killer » écrivain... Un monstre à la Stephen King...

Last Action Hero de John Mc Tiernan (1993), superbe super production qui met en scène le cinéma lui-même. Un enfant se voit offrir un billet de cinéma magique qui lui permet d'entrer dans le monde magique qui est montré sur l'écran.

Supermariobross de Rocky Morton et Annabel Jankel (1993), le héros des jeux vidéo Nintendo mis en scène dans de délirantes aventures. Un plombier dans un monde parallèle. Pas aussi passionnant, hélas, que le jeu. Essai raté de mise en cinéma de jeux vidéo. Dommage !

Body Bags de John Carpenter et Tobe Hooper (1993), dans ce film pour la télévision, en tête de générique, Carpenter brandit une tronçonneuse qui cafouille et cale... Le meilleur des trois sketches est sans conteste celui de *La Station service*, réalisé par John Carpenter, véritable petit bijou d'hommage au giallo... John Carpenter joue à la marionnette de la série *Les contes de la Crypte* entre les différents sketches.

Demolition Man de Marco Brambilla (1993), un flic de 1996 est mis en hibernation. Heureusement, car, dans le futur, on le réveillera et sa violence servira à rétablir l'ordre dans une société complètement paisible, mais elle devra soudain affronter la violence d'un redoutable psychopathe, ancien adversaire de ce flic. Le fantastique au service de l'idéologie de la violence. Le flic est joué par Sylvester Stallone qui se prend très au sérieux... La fille s'appelle Huxley...

Jurassic Park de Steven Spielberg (1993), que les dinosaures sont terrifiants, même en image de synthèse. Film qui pose deux problèmes de société : celui des manipulations génétiques et celui du risque technologique majeur. Grâce aux cellules du sang d'un dinosaure contenu dans un moustique préhistorique conservé dans la résine fossile, des scientifiques reconstituent de vrais dinosaures. Un groupe financier crée un parc d'attractions. L'informaticien responsable des mesures de sécurité du parc les désamorce le temps de fuir avec un échantillon génétique des bestiaux. Il se fera dévorer en cours de route. Ce qui est formidable dans ce film, c'est que les effets spéciaux se sont mis au service d'une vraie histoire, d'un vrai suspense. C'est de la vraie science fiction. D'autre part, l'appui de paléontologistes a permis de respecter rigoureusement les connaissances actuelles dans la reconstitution des corps et des mœurs des différentes espèces. Comme d'habitude, Spielberg centre son histoire autour des enfants ce qui a certainement pour but de mieux attendrir le spectateur.
Ne pas rater la suite : *Le Monde perdu* (1997) dans laquelle les effets spéciaux ont été encore perfectionnés (on voyait les trucages avec une vidéo au ralenti dans le premier), notamment, on passe d'une technologie robotique à l'image numérique sans coupe, dans le même plan. Une troisième séquelle : *Jurassic Park 3* de Joe Johnston (2001), etc.

Necronomicon de Brian Yuzna, Christophe Gans, Shushuke Kaneko (1993), attention, si vous retenez votre souffle, n'oubliez pas de le reprendre au cours de ce film à sketches qui adapte trois nouvelles terrifiantes de Lovecraft. Film éprouvant, surtout le sketch de Yuzna, toujours égal à lui-même. (On se demande d'ailleurs comment il a pu réaliser une niaiserie comme la série de télévision : *Les Aventures fantastiques de Tarzan*. Cher Brian, revient à l'horreur ! (Il l'a fait depuis avec *Le Dentiste* (1997)

Hocus Pocus : les trois sorcières de Kenny Ortega (1993). Waltdysniaiserie amusante...

Action mutante d'Alex De La Iglesia (1993). De La Iglesia s'est fait connaître et apprécier avec son film *Le Jour de la bête*. Là, euh... il aurait quand même pu faire un effort : dialogues à la con et interminables, photo nulle même pas glauque, aucune mise en scène, aucune réflexion sur les plans et le cadrage. Il a peut-être voulu faire un vrai film de série Z. Mais un vrai..

Body Snatchers d'Abel Ferrara (1993). Superbe adaptation du roman homonyme de Jack Finney (1954) par un réalisateur hors norme. Il est curieux que les précédentes adaptations de ce roman aient eu pour titre en français : *L'invasion des profanateurs de sépulture* (!) (1956 de Don Siegel) et *L'invasion des profanateurs* (1978 de Philip Kauffman)...

Le Cri de la lavande dans le champ de sauterelles de Marcello Cesena (1994). Le titre original est : *Peggio di cosi si muore*, soit, en français : *Pire que ça on meurt*. Une femme est terrorisée par les sauterelles (même si c'est un grillon qui se pose sur son pied). Au fait, qu'est-ce que ça à voir avec l'histoire ? (Peut-être qu'elle n'est pas si trouillarde que cela...) Excellemment filmé ! L'orage éclate quand elle découvre sa valise dans le cadeau que les inconnus lui ont amené lorsqu'elle pend la crémaillère

de son appartement acheté avec l'argent de la valise emportée par erreur… au lieu de la sienne, justement ! Voilà une excellente histoire policière traitée avec tous les ingrédients du fantastique qui accentuent le comique des situations. Avec beaucoup d'humour noir et même un peu de gore.
De toute façon tout est écrit et les fantômes déclarent :
— *On a longtemps pour les tourmenter ?*
— *Toute la vie !*
— *Ah ! ah ! ah ! ah !*

The Shadow de Russel Mulcahy (1994). Un justicier pas très convaincant et une illusion qui surprend le spectateur à la fin. On croit côtoyer un immeuble anodin et puis finalement…

Frankenstein de Kenneth Branagh (1994), dernière et merveilleuse adaptation du roman de Mary Shelley. Branagh revient aux sources : Victor Frankenstein n'est pas ce savant démoniaque qui renaît toujours de ses cendres, image développée par les films de la Hammer, et qui est véhiculée dans l'esprit de presque tous les spectateurs d'aujourd'hui. Non ! C'est un vrai scientifique, *« Prométhée moderne »* comme l'indique le sous-titre de Mary Shelley, personnage mythique qui veut le bien de l'humanité. Comme le roman, le film commence au Pôle Nord, alors que Victor y achève sa poursuite du *« monstre »*, de la *« chose sans nom »*, et c'est Victor qui raconte ses aventures au capitaine du navire bloqué dans les glaces, en quelque sorte son homologue, puisqu'il est parti aussi à la découverte de connaissances nouvelles. Le film insiste sur l'humanité du savant, son humanisme même, sa fébrilité dans ses recherches, fébrilité rendue cinématographiquement par le montage des scènes de la fabrication du monstre. Il développe un thème sous-jacent dans le roman de Mary Shelley, celui du complexe d'Œdipe. Victor a créé un monstre. C'est donc son enfant. Mais, comme le souligne ce dernier à la fin du film, lui son père, ne *« lui a même pas donné de nom… »* Et, comme Victor n'a pas voulu lui donner de femme, le monstre a tué la sienne en lui arrachant le cœur ! Victor n'a pas supporté cette mort et a fait de sa femme un monstre également… Scène cruelle et horrible où elle se voit monstrueuse et se fait brûler vive ! Scène terrible de souffrance humaine quand, à la fin, le monstre se plaint de l'abandon de son père… C'est le film le plus proche du roman de Mary Shelley, bien que certaines scènes ajoutées n'existent pas dans le roman. Ce film, produit par Francis Ford Coppola, est dans la même veine que le *Dracula* de ce dernier. Il reprend les thèmes humains de l'amour et de la sexualité, seulement sous-entendus dans l'œuvre littéraire.

Star Trek : generations de David Carson (1994)
Le capitaine Kirk meurt, renaît et renaît…
Le lien de tout cela est un homme qui a trouvé le Nirvana en détruisant un système solaire au moment où passe un « ruban » spatiotemporel qui vous envoie dans le « Nexus ».
Bof…

Lurking Fear de C. Courtney Joyner (1994)
Basé sur la nouvelle de Lovecraft « La Peur qui rôde ». L'intrigue se déroule dans un cimetière où un trésor (en billets) a été enfoui avec un mort par un croque-mort. Pa-

rallèlement ce cimetière est la cache de goules qui massacrent tous les gens qui passent.

Donc tout ce petit monde se retrouve là, les uns pour faire fortune (mais ils ignorent la présence des goules) les autres pour tuer les goules egt détruire leur nid (mais ils ignorent ce que cherchent les autres.

Donc bagarres, plein de retournements de situations et des goules pas terribles.

Tout va rentrer dans le doré à la fin. Contrairement à la nouvelle de Lovecraft...

L'antre de la folie de John Carpenter (1994), un écrivain écrit des romans de terreur à succès, les lecteurs lisent et créent le monde inventé ; la fiction devient réalité, la folie saisit le monde d'ici-bas et la porte est ouverte au grand Cthulhu et autres dieux de l'au-delà... On ne devrait pas vendre des haches dans les grands magasins où on vend ces livres. Je trouve ce film superbe !

Entretien avec un vampire de Neil Jordan (1994), les aventures de Louis et Lestat les vampires, racontées par Louis à un jeune journaliste qui enregistre la conversation au magnétophone, constitue un événement cinématographique vampirique. Louis devint vampire en 1791 grâce aux bons soins de ce sacré Lestat. Une scène vraiment gothique, celle des évènements au théâtre parisien des vampires et un plan éminemment fantastique, celui du Nosferatu de Murnau que Louis voit au cinéma du quartier. La chanson de générique de fin, *Sympathy for the devil* n'est pas interprétée par les Rolling Stones, mais par les Gun's Roses. Ce film est par certains côtés décevant. Pourquoi ? Ce n'est pas lié à la création cinématographique elle-même, mais au scénario d'Anne Rice, scénario qui part du postulat (beaucoup mieux développé par d'autres, comme Robert Bloch) que parfois, un vampire souffre de son état. En effet, quels sont les problèmes que rencontrent les vampires ? Ils doivent tuer – ce qui est contraire à la religion chrétienne... -, leur corps ne change plus alors que le monde change, et, donc, ils sont immortels. Ils ont un reflet dans les miroirs et, parfois, ils pleurent... On entre donc dans la psychologie du vampire, et, du coup, celui-ci perd tout son mystère, et tout son attrait. C'est dommage, car Neil Jordan n'avait déjà pas réussi à renouveler le mythe du loup-garou avec son film *La Compagnie des loups* (1984)...

Wolf de Mike Nichols (1994), avec Jack Nicholson qui joue le loup-garou, on en a pour son argent.

Les Maîtres du monde de Stuart Orme (1994), des extraterrestres montent sur le dos des gens, pénètrent leur cerveau pour en faire des *Marionnettes humaines* (Titre du roman de R. A. Heinlein dont est tiré le film). Coktail de reprises d'autres films : l'œuf d'*Alien*, l'acteur (Donald Sutherland) et les zombies de *L'invasion des profanateurs de sépulture,* etc.

Stargate, la porte des étoiles de Roland Emmerich (1994), de la science-fiction, de l'Égypte ancienne et le monde sera sauvé grâce à... l'armée américaine et sa bombe atomique. Très bon cinéma réalisé par un formidable artisan. Ce qui est novateur dans ce film c'est l'alliance entre la fascinante mythologie égyptienne et la science fiction : cette mythologie n'est pas une invention des hommes, elle est réelle, elle a été inventée par un extraterrestre tout puissant qui vit dans un autre univers et qui, grâce à la *« porte des étoiles »*, enlève des êtres humains pour le servir. Un commando de Marines parviendra à l'éliminer. Roland Emmerich a-t-il redonné ses lettres de noblesse au cinéma de science-fiction avec ce film ? Le début du film commence comme tant d'autres par des fouilles archéologiques en Égypte. « *Qui a bâti les pyramides ?* » Pas ceux que l'on croit... Il y a aussi le jeune savant de tant de films de SF, celui qui finit par avoir raison, tel le docteur Quatermass. C'est effectivement de la vraie science-fiction, avec une théorie scientifique qui sous-tend l'histoire, de vrais appareils technologiques. Il y a aussi une autre planète, des animaux bizarres (un peu copiés sur *Starwars*), un peuple à la langue bizarre et des extraterrestres. C'est une réflexion politique sur le pouvoir. Le film se termine par ces paroles : « Nous ne vivrons plus en esclaves ! » Finalement, c'est un bon film ! On a du mal à y reconnaître Kurt Russel, l'acteur fétiche de John Carpenter, sans son bandeau à l'œil et sans ses cheveux longs...

La Machine de François Dupeyron (1994), grâce à la Machine, l'esprit d'un tueur psychopathe prend la place de celui de son psychiatre et vice versa.

Castle freak de Stuart Gordon (1995). Une vague adaptation de *L'abomination de Dunwich* de Lovecraft. Œuvre mainte fois adaptée au cinéma en lui enlevant toute l'horreur fantastique du mythe de l'écrivain. Un monstre est caché dans un château...

Ghost in the Shell de Mamoru Oshii (1995). Est un film extraordinaire ! Il traite du même thème que *Blade Runner* (1981) de Ridley Scott : un cyborg a-t-il le droit d'être un humain ? L'animation est fantastique ; elle utilise des cadrages, fausses perspectives et mouvements surprenants qui créent véritablement un nouvel univers dans l'esprit du spectateur et donnent de la chair (c'est le cas de le dire...) aux personnages. Une suite en 2004 : *Ghost in the Shell Innocence* du même réalisateur.

Les Contes de la crypte. Devant le succès de la série de télévision, deux films reprenant son esprit grand-guignolesque ont été produits :

La Reine des vampires de Gilbert Adler (1994). Érotisme vulgaire et Lilith un peu décalée. On essaie de rigoler. Enfin, on ne s'ennuie presque pas. Je préfère le titre anglais *Bordello of blood*, autrement dit, *Bordel de sang* !

Le Cavalier du diable d'Ernest Dickerson (1996). Le diable et ses monstres dans une maison isolée. Respecte bien mieux l'esprit de la série avec, malgré le grand guignol, un peu d'intrigue...

La Mutante de Roger Donaldson (1995), un monstre qui prend l'apparence d'une belle jeune fille. Gare aux mecs ! Avec la belle Natasha Henstridge. Suite : La *Mutante 2* de Peter Medak avec la même belle.

Judge Dredd de Danny Cannon (1995), en 2139, après l'apocalypse, les flics et les juges sont fondus en un seul corps d'élite à la justice expéditive. Le plus facho d'entre eux est le Juge Dredd... Pas très bonne adaptation d'une pas très bonne BD...

Le Village des damnés de John Carpenter (1995), voir le même titre en 1960. Excellent remake ! John Carpenter réussit à ajouter de l'horreur à l'horreur...

Jumanji de Joe Johnston (1995), il faudrait pas s'aventurer à jouer à ce jeu qui vous envoie Dieu sait où ! Magnifiques effets spéciaux : les fauves et autres bêtes d'Afrique envahissent la pauvre maison du petit joueur de Jumanji... Très divertissant !

Le Jour de la bête d'Alex De La Iglesia (1995), comment on finit par croire en ce que l'on veut croire parce qu'on en voit toutes sortes de signes dans la réalité concrète. Ici, en l'occurrence, un brave curé a décrypté l'apocalypse de saint Jean et croit avoir compris qu'il annonce la prise du pouvoir par le diable (l'antéchrist) la nuit de Noël 1995 (heureusement que la date est passée !). Pour l'empêcher, il doit absolument prendre contact avec le démon et donc faire un pacte avec lui en devenant lui-même apôtre du Mal. La religion est ici bien utile pour justifier des actes horribles. La religion, ou la notoriété à la télévision, ou même, simplement, l'argent. Hard rock et Heavy metal, massacre des SDF par des commandos fascistes, télévision à la Berlusconi (comment la télé peut faire croire ce qu'elle veut à celui – le curé – qui la regarde pour la première fois), hold-up sanglant : le diable est à tous les coins de rue, il n'attend pas une date précise, il a déjà pris le pouvoir !

Waterworld de Kevin Reynolds (1995), semblerait inspiré du roman de Ballard, *Le Monde englouti*, mais bien loin du romantisme nostalgique de ce grand écrivain... Film au plus gros budget de l'histoire du cinéma à la date de sa sortie. Mais on a fait encore mieux depuis. Denis Hopper est toujours aussi bon en méchant. Le tout début est surprenant : soudain la caméra s'approche de la Terre que l'on voit dans le générique de l'Universal jusqu'à être filmée en gros plan alors que les continents disparaissent dans l'océan. Superbe raccourci cinématographique qui explique tout sans une parole ! Autrement, on a affaire au héros solitaire type western, différent des autres (celui-ci est un mutant), à des batailles médiévales avec des engins à moteurs sur la mer, à une cité engloutie (une station de ski avec les télésièges, c'est dire si la mer est montée haut...), un antre de pirates constitué d'un vieux pétrolier (il faut bien du carburant pour leurs engins). Tout cela est une histoire biblique avec une terre promise, un enfant qui montre le chemin, enfant qui fut trouvé bébé dans un panier à la dérive. Cela ne vous rappelle rien ?

La Cité des enfants perdus de Jean-Pierre Jeunet et Marc Caro (1995), conte de fées moderne et génial ! Qui ne comprend l'horreur de la vie pour celui qui ne peut pas rêver ? Deux méchantes sœurs siamoises, une puce savante et un orgue de barbarie, un ancien marin costaud de foire et une petite miette gangster, six clones (ah ! ah !) et trois monstres, un scaphandrier et un sous-marin, tout cela dans un décor de port rouillé avec une mer verte... C'est fou ce que peut produire une larme de petite fille qui allait mourir ! Une parfaite harmonie entre la caméra et les effets spéciaux. Un film formidable !

Haunted de Lewis Gilbert (1995), un universitaire qui déjoue les illusions des soi-disant médiums est invité dans un château pour démontrer à la gouvernante que le fantôme n'existe pas. Il faut dire que ce prof a perdu sa petite sœur jumelle quand ils étaient enfants : elle s'est noyée devant lui. Ce film est adapté du roman homonyme de Frank Herbert (titre en français : *Dis-moi qui tu hantes* publié dans la collection Terreur de chez Pocket). La fille est superbe et on comprend que le jeune professeur n'y résistera pas. Le rôle est joué par la très belle Kate Beckinsale.

Crying Freeman de Christophe Gans (1995), fantastique épopée d'un tueur qui pleure. Ce film ne laisse personne indifférent : on l'aime ou on le hait... mais comment ne pas aimer cet hommage à John Woo et Dario Argento ?

Mary Reilly de Stephen Frears (1995), une version originale du *Dr Jekyll et Mr Hyde*. L'histoire vue par Mary Reilly, la servante du Dr Jekyll. La violence, elle l'a déjà connue de la part de son père qui la martyrisait. Ces terribles souvenirs sont inscrits dans sa chair sous forme de profondes cicatrices que le Dr Jekyll n'a pas manqué de remarquer. Alors que Mary raconte comment son père l'enfermait sous l'escalier avec un rat qui la mordait cruellement, le docteur s'exclame : « *C'est une histoire terrifiante, Mary !* » Il y a aussi l'enfer de la vie des domestiques chez un riche lord en cette époque puritaine de l'histoire de l'Angleterre. C'est le Dr Jekyll qui annonce l'arrivée de Mr Hyde aux domestiques. Mais, au fond, le plus terrible des Mr Hyde n'était-il pas le père de Mary ? « *C'était comme s'il portait un autre homme en lui, et que l'alcool le faisait ressortir.* » Déclara Mary au docteur qui répondit : « *Peut-être lui rendait-il sa liberté...* » Mr Hyde, lui, « *a surgi de l'ombre comme si l'ombre l'avait englouti.* » Le sang des abattoirs était déversé dans la rue (il n'y avait pas d'égout...) et comme le déclare Hyde : « *Cet hôpital et les abattoirs partagent les mêmes caniveaux, c'est plus commode...* » Tout est dans la suggestion dans ce magnifique film (sauf les très bons effets spéciaux de la fin), la monstruosité n'est pas physique, mais morale ! Hyde, est, en quelque sorte, l'exécuteur des basses œuvres de Jekyll. Et il y a le désir... Les tentations physiques de Mary prennent le visage de Hyde... Car, déclare Hyde : « *Je suis le contrebandier. Il (Jekyll) n'est rien de plus que la cachette où j'ai trouvé refuge.* » À la fin, Mary s'éloigne seule dans le brouillard. Ah ! Le brouillard de Londres !

Dellamorte Dellamore de Michele Soavi (1995), merveilleux film qui reprend les thèmes des morts-vivants pour en faire un conte philosophique baroque : où est la différence entre la vie et la mort ? La mort interpelle Francesco Dellamorte, le gardien du cimetière, en lui ordonnant d'arrêter de tuer les morts (vivants), car c'est son travail à elle... Scène d'amour sur une pierre tombale unique ! Où aller quand le monde réel n'existe pas ?

Mortal Kombat de Paul Anderson (1995), Christophe Lambert se fait des cheveux gris pour sauver le monde dans un Mortel Kombat. Film tiré du célèbre jeu vidéo. Il y a une suite : *Mortal Kombat : destruction finale* (1997) de John R. Leonetti.

Darkly Noon de Philip Ridley (1995), dans une forêt mythique, un personnage mystique et le châtiment du péché.

Le Maître des illusions de Clive Barker (1995), sorti en salles en Angleterre, n'a obtenu que la diffusion vidéo en France. Scott Bakula – le fabuleux acteur de la série *Code Quantum* – en détective du paranormal, affronte diverses épreuves terrifiantes. Sado-masochisme habituel de l'écrivain-cinéaste anglais. Mais il réussit toujours à créer une ambiance qui séduit le spectateur, et quelque part, le culpabilise d'être séduit...

Leprechaun 3 : Leprechaun à Las Vegas de Brian Trenchard-Smith) 1995.
« *Le Leprechaun [...] est le cordonnier du Petit Peuple* » écrit Arthur Machen dans sa nouvelle *Le Petit Peuple* (1927). Ce film, comme son titre l'indique est la troisième séquelle du petit gnome cruel qui adore l'or. Je n'ai pas vu les deux autres. Celui-là se tient. (voir plus loin)

The Prophecy de Gregory Widen (1995)
C'est la guerre entre les Anges dans les cieux. C'est écrit dans le chapitre 23 de Jean, chapitre qui n'existe pas dans les Évangiles connus. Ce chapitre est présent dans une bible du 2ème siècle trouvée sur le cadavre d'Uziel, l'Ange au service de Gabriel. Ce dernier est à la recherche d'une âme d'un défunt. Car, comme le dira Lucifer plus

tard dans le film, les âmes des défunts ne peuvent accéder au ciel tant que la guerre y fera rage. Elles restent donc sur Terre.

Le flic Thomas qui a failli être prêtre (et qui connaît donc parfaitement les Écritures) est sur ses traces, au départ sans savoir de qui il s'agit. Il y a aussi une jolie institutrice, il faut toujours insérer une histoire d'amour sinon le film ne plaît pas.

L'âme appartient au colonel défunt Arnold Hawthorne, militaire psychotique et hanté par le Mal. C'est une âme ignoble !

Dans notre vie réelle, pas celle du film, « Hawthorne » c'est le nom du juge qui a condamné à mort les sorcières de Salem. Dont le descendant est l'écrivain Nathaniel Hawthorne, dont les œuvres sont imprégnées de la culpabilité de l'action de son ancêtre...

Gabriel fait renaître un mort pour se faire un serviteur. Il est donc toujours accompagné d'un zombie.

Cet Ange Gabriel est ignoble, car il n'aime pas les humains, il en est jaloux et les appelle les singes parlant. Mais les desseins de Dieu sont impénétrables...

Il y a une belle brochette de bons acteurs : Christopher Walken, Viggo Mortensen, Eric Stolz...

Un film très chouette.

Il va avoir de nombreuses suites jusqu'au numéro 5 !

The Prophecy 2 de Greg Spence (1997)

Gabriel revient des enfers appelé par Lucifer. Fallait bien trouver un moyen de le faire revenir.

Thomas, le détective du film précédent, devenu moine, est cramé par l'archange.

Daniel séduit Valérie et lui fait l'amour à la demande de Michael (l'archange, il y a une de ces hiérarchies chez les Anges !) pour engendrer le Nephelem, enfant de l'Ange et de la femme, c'est lui qui mettra fin à la guerre entre les Anges. Mais Gabriel ne l'entend pas ainsi.

Et toujours la tristesse du zombie qui n'aspire qu'à mourir.

Il y a le même médecin légiste que dans Prophecy 1 et la fille joue très mal.

Le paradis ressemble à une raffinerie désaffectée. Gabriel joue avec un talkie-walkie, mais il ne sait pas à quoi ça sert. Pourtant il le saint des transmissions ! Joli clin d'oeil non ?

Tout cela est tiré par les cheveux.

The Prophecy 3 de Patrick Lussier (1999)

Ça commence comme dans un épisode de X-files, d'ailleurs avec un acteur qu'on a vu dans cette série... Le personnage en question assassine un très jeune prédicateur qui fustige... Dieu lui-même !

Le corps arrive à la morgue où se trouve toujours le même médecin légiste.

C'est Daniel, l'enfant de Valérie et de l'Ange Daniel qui a été assassiné.

Pendant le générique (il faut bien suivre, car les scènes sont très courtes...) on a vu Valérie brûlée vive.

Ah ! Ce Gabriel (L'Ange, bien sûr) toujours aussi impressionnant, superbement interprété par Christopher Walken. Même en clochard ! Et il a passé le permis de conduire.

Les anges rebelles recherchent le cœur de Daniel qui va, bien sûr, ressusciter.

Dans cet épisode ils l'appellent Nephalim...
Tout cela tourne en eau de boudin, c'est complètement invraisemblable, mais on se dit que les desseins de Dieu sont impénétrables. Alors...
Donc ça se regarde.
The Prophecy 4 : Uprising de Joël Soisson (2004)
Dans un ancien pays communiste (on saura que c'est en Roumanie) : corruption et église orthodoxe.
Course-poursuite sous la pluie. Et brusquement on est sous la neige (faute de raccord ?) Un flic pourri pique l'argent d'un dealer. Il est contacté par un agent d'Interpol.
Pendant ce temps-là, dans un parc public, Belial se réincarne dans le corps d'une jeune fille bigote. Mais il changera de corps par la suite. On verra aussi Satan et Simon (qui conduit Allisson)
Un livre... le lexicon, est en train de s'écrire en lettre de feu pendant que le pope qui le lisait meurt d'une crise cardiaque. C'est un nouveau chapitre dicté par Dieu !
Sortir du communisme, ce n'est pas facile.
Ainsi, on apprend que le flic avait dénoncé ses parents à la Securitate (l'espèce de Gestapo des communistes roumains) parce qu'on lui avait dit à l'école que c'était bien de faire ça.
Allison, la sœur du flic (on la reconnaît à sa cicatrice) détient le lexicon...
Elle doit se rendre à la maison de l'horreur (à laquelle il ne manque que Jeffrey Combs) : l'ancien siège de la Gestapo, euh, pardon, du parti communiste et de la securitate. Cette *Maison de m'horreur* est une référence au film du même nom.
Ce film est une bonne série B. De celles qui sont tournées en Roumanie.
Il y a encore **The Prophecy 5 : Forsaken** de Joël Soisson (2005) que je n'ai pas vu...
Hellraiser IV : Bloodline d'Alan Smithee (1996)
Le film commence toujours par « Clive Barker présente »... On le retrouve aussi comme producteur exécutif. Le film est aussi écrit par Peter Atkins.
Quant à Alan Smithee, c'est le pseudo que prend le réalisateur quand il n'est pas content de son film...
Il paraît que cette coutume a commencé en 1955 avec un film pour la télévision, et le premier film de cinéma signé Alan Smithee est *Une poignée de plombs* (*Death of a Gunfighter*) réalisé en 1967 par Don Siegel et Robert Totten. Il paraît qu'Alan Smithee est l'anagramme de *The Alias Men* (« les hommes au nom d'emprunt »). Voilà pour le contexte de la création. Notre Alan Smithee pour ce film est Kevin Yagher. Venons-en au film lui-même. Il traite de la création des cubes qui donnent accès à l'enfer.
Il commence dans une station spatiale désertée. Un seul homme y est encore présent : le dernier descendant de la lignée française des Lemarchand... Un vaisseau spatial s'approche, des soldats débarquent. L'homme enfile des gants qui actionnent un robot à distance. Il fait des gestes avec ses doigts que le robot imite en manipulant un cube de cénobites et réussit à l'ouvrir. Visiblement l'homme veut faire venir Pinhead dans la station... Deux soldats entrent, le menacent avec leur arme et la fille déclare : « Vous êtes relevé de vos fonctions... »

Il raconte la création du premier cube des enfers. « J'ai l'intention d'emprisonner l'enfer ! » dit-il aux soldats.

Au 18ᵉ siècle un magicien doué a demandé à un horloger nommé Lemarchand de créer un cube infernal, ce qu'il réussit à faire.

Il donne le cube au magicien qui fait venir Pinhead et les cénobites, qui transforment Angélique, une jolie jeune fille, en accessoire de Pinhead. Ce qui nous vaut les deuxièmes scènes gore du film… « Celui qui convoque la magie commande la magie ! » Affirme Pinhead.

Ce pauvre Lemarchand prend conscience qu'il a ouvert les portes de l'enfer. Il revient chez le magicien, le retrouve mort alors que son assistant fornique avec Angélique. Ce dernier dira à Lemarchand : « Tu arrives trop tard, tout est joué, les démons vont venir sur Terre. » Et lui dit que toute sa lignée sera maudite.

« Pardonne-moi, je t'en supplie, je ne savais pas ce que je faisais. » Se lamente Lemarchand. Ce qui résonne comme une déclaration biblique.

Nous voici à Paris en 1996. Angélique veut aller aux USA contacter un descendant des Lemarchand, mais son assistant ne veut pas. Elle le tue dans d'horribles souffrances. Elle va aux USA retrouver John Merchant, ce descendant. Selon ce dernier, Leonard de Vinci aurait dit : « Une œuvre d'art n'est jamais terminée, elle est juste abandonnée… »

Angélique déclenche tout le processus avec un cube qu'elle a extrait d'un mur de la cave de l'immeuble (voir l'épisode précédent, quand l'héroïne a enfoui le cube dans du béton encore liquide).

L'occasion de scènes gore et atroces. « La boîte (c'est comme ça qu'elle appelle le cube) est reliée au sang de John. » Ce dernier fait des rêves érotiques avec Angélique. Pinhead transforme deux policiers en cénobite en les reliant entre eux par leur chair…

Pinhead veut que John réalise l'ultime cube celui qui ouvrira la porte de l'enfer de manière continue. Donc il y a bataille, chantage de Pinhead qui prend en otage le petit garçon de John, etc. « John doit finir son travail, donner la version définitive de la boîte. » Plein de péripéties sanglantes. Au final, Pinhead décapite John et la boîte manipulée par son épouse aspire Pinhead et Angélique. La lignée sera continuée puisque le fils de John a survécu !

Retour à la station spatiale.

Après quelques scènes de massacres de pauvres soldats, puisque le descendant de Merchant a fait revenir Pinhead, la station spatiale sera détruite avec Pinhead et ses deux nouveaux cénobites dedans…

C'est la fin de la série ? Non ! Il va y avoir encore cinq films !

Tykho Moon d'Enki Bilal (1996). N'ayons pas peur de le dire : le cinéma fantastique français a parfois du mal à convaincre…

Hantises de Michel Ferry (1996). Je retire ce que je viens d'écrire ci-dessus. Une sensation de déjà vu… serait ce le Horla ? *« On ne voit pas la plupart des choses qui existent. Le vent, par exemple. »* Tant qu'il y a de l'eau dans la carafe sur la table de nuit… C'est lent et peut paraître ennuyeux, mais ce film distille l'angoisse, goutte à goutte, comme du très bon Calvados… Il y a des citations de Sénèque.

Killer barbys de Jess Franco (1996). Faut avoir de la patience pour tout regarder.

Scarabée de William Mesa (1996). Pas grand-chose ne m'avait échappé au fond dans le fait que j'ignorais la sortie de ce film : Alien + Predator, à Borneo = ennui (sauf la fille qui est très belle).

The Arrival de David Twohy (1996). Ils arrivent les extraterrestres. D'abord, ils veulent détruire l'espèce humaine en développant l'effet de serre. Ah ? On ne savait pas que c'était eux... Eux, ils disent qu'ils vont simplement accélérer ce que les humains de toute façon étaient en train de faire, mais plus lentement. Ne soyons pas méchants : l'idée n'est pas mauvaise et le film est excellent. Les extraterrestres de ce film sont reconnaissables à leurs... genoux. Une suite : *The Second Arrival* de Kevin S. Tenney (1998)

Journal intime d'un vampire de Ted Nicolaou (1996). Un critique trouve ce film nul, le qualifie de série Z. Je ne suis pas d'accord, bien que pour moi être de série Z n'est pas obligatoirement péjoratif. Ce film est pas mal, il y a une ambiance gothique et le scénario est bien meilleur que celui d'*Entretien avec un vampire*...

Le Masque de cire de Sergio Stivaletti (1996). Le sang qui gicle sur le 78 tours qui tourne en crachant sa musique – le masque de travail sur le ventre de la belle jeune fille nue – les filles ont de beaux seins... *« Ils voulaient toujours de la violence, de l'horreur... et alors je les ai contentés. »* Déclare l'horrible Boris qui crée des statues de cire vivantes et souffrantes... C'est normal, il est tombé autrefois dans une cuve de cire liquide. Un film sur la souffrance en silence... un silence de mort. Ce Boris est, en quelque sorte, le metteur en scène de l'horreur, comme, par exemple, le cinéaste Dario Argento... Car ce film dédié à Lucio Fulci (car, au départ, c'est lui qui devait réaliser le film, mais il est mort avant le début du tournage) est produit par Dario Argento qui est aussi coscénariste, avec, notamment, Fulci, justement. Les allégories au cinéma d'horreur sont donc nombreuses, avec, y compris, la présence d'une aveugle. L'histoire est du pur Argento : une extrême terreur enfantine (d'une petite fille, toujours...) qui poursuit l'héroïne jusque dans l'horreur en son âge adulte. Robert Hossein est excellent !

Le Syndrome de Stendhal de Dario Argento (1996). Comme d'habitude Argento dérange et angoisse. La couleur est ici utilisée comme par un peintre qui copie des tableaux. Les autres films s'arrêtent au moment où le tueur en série meurt. Ici, à ce moment-là, c'est un autre film qui commence. Alors que l'angoisse s'apaise au milieu du film, elle reprend de plus belle et remonte dans le cœur du spectateur jusqu'à la surprise finale. Du grand Argento, du grand expressionnisme de couleurs !

L'armée des 12 singes de Terry Gilliam (1996), le réalisateur de *Brazil* a réalisé ce film de voyages dans les temps de fin du monde. James Cole ne sait plus où il en est... Quel est ce rêve ? Qui est cet enfant qui assiste à la mort violente d'un homme dans le hall d'un aéroport ? ... Film inspiré de *La Jetée* de Chris Marker. Après le virus qui a tué cinq milliards d'êtres humains, la société des rescapés est un mélange de barbarie et de technologie avancée. James Cole est envoyé dans le passé, avec une mission relativement obscure, et ses envoyeurs font des erreurs de destination. Il passe facilement pour un fou à l'époque où il atterrit. Il se retrouve enfermé dans un asile psychiatrique : un tunnel aux murs blanchis à la chaux. À la télé, placée très haut, inaccessible, on passe Tex Avery et les Max Brothers... Les scènes d'agitation de Jeffrey, magistralement interprété par Brad Pitt, sont saisissantes. Un clochard effrayant prononce des avertissements de schizophrène qui sonnent pourtant juste aux oreilles de James Cole (interprété par Bruce Willis). La psychiatre finirait presque par convaincre James qu'il est fou, puis il fait semblant de l'être pour ne plus retourner dans le futur... Or, c'est le psychiatre qui décide de ce qui est vrai ou de ce qui est faux. Comment savoir ? De toute façon, il vaut mieux être fou que de supporter la réalité. Il y a aussi des extraits des films *Vertigo* (*Sueurs froides*) et *Les Oiseaux* d'Hitchcock...

Dracula mort et heureux de l'être de Mel Brooks (1996), parodie et surtout hommage des grands films de ce thème. *Nosferatu* (le livre reçu par le Dr Seward, le vampire qui se dresse de son cercueil, la coupure du doigt...), *Vampyr* (la victime allongée sur un banc dans le parc et le vampire), *Dracula* de Browning (le scénario du film, la toile d'araignée traversée, l'escalier), *Le Cauchemar de Dracula* (la lutte contre le vampire avec la croix et son exposition à la lumière, le sexe), *Le Bal des vampires* (le bal et l'absence de reflet), *Dracula* de Badham (la lutte contre le vampire et sa transformation en chauve-souris dans la chapelle au bord de la mer), *Dracula* de Coppola (la coiffure de Dracula, son ombre autonome). Le scénario est emprunté au *Dracula* de Browning puisque c'est Reinfield qui se rend dans le château du comte.

The Addiction d'Abel Ferrara (1996), une étudiante en philosophie devient vampire et désire mourir. Film en noir et blanc. « *Mon héroïne est héroïnomane [...] Après son initiation au vampirisme, elle prend du sang au dîner comme un bon verre de vin rouge [...] Le vampirisme se trouve dans chaque civilisation au monde.* »[*]

Powder de Victor Salva (1996), de l'eau de rose très sentimentale pour un ange tout blanc. Un homme qui sait attirer les éclairs et qui est haï par les autres parce qu'il est différent. Pamphlet symbolique contre le racisme ou l'homophobie.

Un Vampire à Brooklyn de Wes Craven (1996), un vampire black débarque à New York. Il semblerait qu'Eddy Murphy, producteur de ce film, ait eu envie de jouer un rôle de vampire et qu'il ait demandé à Craven de le mettre en scène... Reinfield s'appelle ici Julius. Un bateau entre dans le port sans capitaine et sans matelots qui sont tous morts. Un loup s'en échappe... Les scénaristes (ils se sont mis à plusieurs...) reprennent l'idée de Saberhagen : que s'est-il passé après l'histoire racontée par Bram Stoker ? On sait que Mina portait alors un enfant... Julius se décompose petit à petit. Il y a, malgré tout, plusieurs choses intéressantes dans ce film : le sang qui coule du trou de la serrure, une citation du *Cid*, la parodie de la religion et de ses ouailles, et l'humour gore. Enfin, heureusement qu'il y a aussi le savoir-faire de Craven.

Crash ! de David Cronenberg (1996), James G. Ballard (en hommage à Jim G. Ballard, l'écrivain auteur du roman dont s'est inspiré Cronenberg pour ce film) est entraîné, au travers de la "petite mort", vers la mort violente de l'accident de voiture. Il a du mal à y parvenir. « *Le remodelage du corps humain par l'application d'une nouvelle technologie* » ment le grand prêtre de cette nouvelle religion, en réalité

---

[*] Abel Ferrara interviewé par Marcus Rothe dans le journal *L'Humanité* du 10 avril 1996.

« *l'accident de la route est fécondateur d'une énergie sexuelle* », corrige-t-il plus loin dans le film. L'accident de voiture est « *une œuvre d'art* », jusqu'à la mort. « *Ce sera pour la prochaine fois...* » dit Jim à sa femme juste après l'accident auquel, hélas, elle a survécu.

Dangereuse alliance d'Andrew Fleming (1996), quatre belles jeunes filles font une alliance avec le diable. Grâce à l'occultisme, elles réussiront à obtenir ce qu'elles veulent. Le mythe de Faust revisité à l'époque moderne. Lorsque les filles descendent du car et que le chauffeur les met en garde contre les « *barjos* » qui traînent dans la campagne, elles répondent : « *C'est nous les barjes* ». Ces filles font peur à tout le monde, car elles ne vivent pas comme tout le monde. Elles cultivent trop leur différence jusqu'à une *Dangereuse alliance...*

Planète hurlante de Christian Duguay (1996), la nouvelle espèce créée par l'homme et qu'il ne domine plus, les « *Épées mobiles autonomes* » (EMA) citent Shakespeare en tuant. « *On ne peut plus se fier aux apparences* » déclare le héros du film. Les pierres ne sont pas des pierres, mais des animaux ; les enfants ne sont pas des enfants (rapprochement avec *Le Village des damnés* et *La Nuit des morts-vivants*) ; les soldats ne sont pas des soldats ; la fille n'est pas une fille... ce sont des modèles 3 et 2 des EMA. L'obsession de Philip K. Dick que la réalité n'est pas ce qu'elle est, obsession qui parcourt toute son œuvre et notamment la nouvelle qui a inspiré ce film (*Second Variety*) est parfaitement rendue. La guerre entre le Nouveau Bloc Économique et l'alliance a enfanté une espèce cruelle qui ne manque pas d'humour noir...

Independence Day, de Roland Emmerich (1996), les effets spéciaux sont excellents. Le film mérite d'être vu rien que pour eux. Il y a également quelques scènes clin d'œil. Notamment celle de la découverte, par le président des États-Unis, du centre de recherches sur l'extraterrestre de Roswell, ou du moins sur son engin spatial qui a été conservé et réparé. C'est lui qui servira aux deux héros pour s'introduire dans le vaisseau mère des extraterrestres. Le scientifique responsable de ce centre de recherche a plutôt l'allure d'un farfelu... mais ses recherches s'avèreront donc bien utiles. Une petite parodie de la série *Aux frontières du réel*. Cela fait toujours du bien de se faire plaisir. Le petit moment de terreur psychologique avec la scène de l'extraterrestre alterne avec l'humour des scènes de sa capture par un vaillant soldat américain. Roland Emmerich, cinéaste d'origine allemande sait très bien filmer. On en a pour son argent. Ce film est, en quelque sorte, en dehors des films parodiques, l'aboutissement de tous les films d'invasion extraterrestre. On se demande ce que le cinéma pourra inventer de nouveau dans ce domaine.

Il ne faut pas se laisser gâcher son plaisir par l'idéologie américaine qui constitue le support du scénario : le président est un héros (il fallait bien revenir sur cette question après *Docteur Folamour* de Kubrick – mais Tim Burton le reprendra avec *Mars Attacks !*) et sa famille est charmante ; les Américains sont le peuple-guide du monde, puisque le jour de la contre-offensive terrienne est le jour anniversaire de l'indépendance des États-Unis ; les *étrangers* sont féroces et destructeurs, d'ailleurs ils ont des tentacules ; le reste du monde n'attend que l'appel de l'Amérique pour se joindre à l'ultime bataille. Par ailleurs, bien que les effets spéciaux soient terriblement efficaces, le film évite à tout prix de choquer le spectateur : il y a évidemment

des milliards de morts, mais on n'en montre pratiquement aucun... Certaines mauvaises langues soutiennent que les producteurs ont eu vent du projet de Tim Burton avec *Mars Attacks* et ont voulu le devancer. Il paraît que c'est devenu une pratique courante dans le monde (commercial) du cinéma...
Une Nuit en enfer de Robert Rodriguez (1996), lutte à mort avec des vampires dans un bar perdu de la frontière mexicaine. Cela ne vous dit rien ? Produit et joué par Quentin Tarantino... Il y a deux suites... *Une Nuit en enfer 2 : le prix du sang* de Scott Spiegel (1999) et *Une Nuit en enfer 3 : la fille du bourreau* de P.J. Psce (2000)
Los Angeles 2013, de John Carpenter (1996), le héros de *New York 1997* remet ça, cette fois à Los Angeles. Très savoureuse critique de la société américaine, ce qui peut expliquer le manque de succès du film aux États-Unis. La fin est tout à fait audacieuse : le héros regarde le spectateur dans les yeux, ce qui ne s'était jamais fait au cinéma, et leur dit : « *Salut l'humanité !* » On sait que Carpenter aime le western, et particulièrement le film *Rio Bravo*. Il y a de nombreux clins d'œil – comme dans tous ses films – au genre western. Il y a même la monture, puisque le cheval est remplacé par la moto. Une scène particulièrement intéressante parodie ouvertement (mais il faut le prendre comme un sacré hommage) les films de Sergio Leone : le héros se trouve face à plusieurs adversaires et leur propose de tirer lorsque l'objet qu'il a lancé en l'air touchera le sol. Il le lance, mais n'attend pas le signal qu'il s'est fixé lui-même et tire immédiatement et tue plusieurs adversaires. John Carpenter ne valorise pas les présidents des États-Unis dans ses films. Il respecte sa propre tradition dans celui-ci après *New York 1997* : le président est un politicien véreux et sa fille ne le supporte plus...
Volte-Face de John Woo (1997). J'adore John Woo. Ce type a su renouveler l'art de filmer les bagarres et les fusillades. Ici, une histoire de science-fiction sert de prétexte pour un thème éminemment fantastique : que faire quand on vous prend pour un autre ? Les deux acteurs (Nicolas Cage et John Travolta) sont époustouflants !
Les Deux orphelines vampires de Jean Rollin (1997), Jean Rollin, qui fut brièvement directeur de collection chez *Fleuve Noir* y publia son roman dont il a fait ce film. Toujours fidèle à lui-même : c'est surtout l'érotisme qui l'intéresse chez le vampire, comme dans tous ses précédents films. Il a donc embauché de très belles actrices du genre comme Brigitte Lahaie. Il y a aussi Tina Aumont.
Lost highway, de David Lynch (1997), attachez votre ceinture, et cramponnez-vous au tableau de bord, le bolide cinématograhique de David Lynch vous emmène sous un rythme diabolique de Hard rock dans le labyrinthe du psychisme humain. Du vrai fantastique, celui des « *films (qui) peuvent être comme des rêves ou bien rêveurs* » (Interview de David Lynch dans *l'Humanité* du 18 janvier 1997). « *Mais ils ont jeté une ancre : il y a toujours quelqu'un qui vous y introduit* ».Superbe film qui va chercher l'angoisse du spectateur là où elle se trouve et quelle qu'elle soit. Lynch travaille l'ombre et la lumière, à la source de l'expressionnisme allemand : l'ombre est à l'intérieur de la maison, d'une sobriété psychique digne du ça de Freud et la lumière est dehors. Le personnage reçoit une cassette vidéo dans laquelle il voit cette maison, sa maison, d'abord à l'extérieur, puis à l'intérieur. Il s'y voit lui-même. Mais bon sang ! Qui a filmé ? Y a-t-il quelqu'un dans la maison ? La police est sollicitée. Lors de l'entrevue avec les deux inspecteurs dans la chambre du couple, l'ombre est du

côté du couple, la lumière du côté de la police... Le personnage, lui, n'aime pas les caméras vidéo, car, dit-il, « *Ce qui compte c'est la façon dont je me souviens des choses. Pas nécessairement ce qui s'est vraiment passé* ». Voilà la phrase clé du film, prononcée dès le début. Les mouvements de caméra dans la maison renvoient au premier film de David Lynch, le film culte *Eraserhead*, car ils introduisent l'image du labyrinthe. Cette image est renforcée par le son qui joue un rôle fondamental dans *Lost Highway*, comme le son des voix qu'entend le schizophrène, mis magnifiquement en musique. « *Tu voulais me demander pourquoi, hein ?* » Interroge l'image de Patricia Arquette, en brune, lorsque le héros ouvre la porte de la salle de bain, salle de l'intimité du corps et de l'esprit. Volontairement ou non, Lynch présente des références directes avec d'autres films, d'autres réalisateurs. D'abord, on ne peut s'empêcher de penser à *Crash !* (1996) de David Cronenberg – chef-d'œuvre de ces dix dernières années – à cause de l'importance de l'automobile et du sexe, le "cabossage" du *moi* par la violence de l'accident. Comme la voiture de Marylin Monroe dans *Les Désaxés* (*The Misfits* – 1961, de John Huston), toute bosselée parce que « *les hommes la tamponnent pour engager la conversation* ». Il y a aussi une histoire de gangster dans *Lost Highway* ; c'est la même que celle du deuxième long métrage de Stanley Kubrick *Le Baiser du tueur* (1955). Enfin, la route qui mène nulle part, ou plutôt à la folie, est la même route que celle du film *L'antre de la folie* (1994) de John Carpenter.

L'île du docteur Moreau, de John Frankenheimer (1997), après trois autres versions de la fameuse histoire de H. G. Wells – l'écrivain anglais de science-fiction – John Frankenheimer s'est attaqué audacieusement à une nouvelle adaptation de cette œuvre. Il fallait certainement le faire avec les moyens modernes de maquillages et effets spéciaux qui sont, effectivement, très bien utilisés. Ici, le film est en deux parties : une première avec un Marlon Brando très kitsch, véritable autodérision de l'acteur – particulièrement pour son rôle dans *Apocalypse Now* (1979), de F.F. Coppola – et une deuxième, après la mort du docteur Moreau, personnage qu'il interprète, quand les bêtes *humanisées* deviennent les personnages principaux. Bien sûr, ce n'est pas un chef-d'œuvre et Frankenheimer n'est pas un très grand maître. Mais pourquoi renâcler devant un film bien fait qui ose l'autodérision et qui adapte correctement une œuvre littéraire aux dernières découvertes scientifiques ? « *Le diable est un ramassis de gènes. Je l'ai coincé dans mon microscope* », déclare le docteur Moreau.

The Crow la cité des anges de Tim Pope (1997), la mort est devenue populaire au cinéma depuis le merveilleux *Beetlejuice* (1988) de Tim Burton. *The Crow* numéro un, beaucoup plus gothique, était assez décevant (Alex Proyas – 1993 – l'acteur Brandon Lee est tué lors du tournage par une balle oubliée dans un revolver normalement chargé à blanc)... Cette séquelle semblait bien plus prometteuse... mais, hélas, *The Crow la cité des anges* enfonce beaucoup de portes ouvertes et reprend un thème cher à un genre qui est passé de mode : le western. Tous ses ingrédients sont réunis : la cité sans foi ni loi, la vengeance, le vengeur solitaire venu de nulle part et y retournant à la fin du film. Le héros est invincible, comme tous ceux des westerns de Sergio Leone. Ici, il s'agit d'un fantôme. Si vous avez vu *L'homme des hautes plaines* (1972) de Clint Eastwood, vous connaissez l'histoire de *The Crow* (que ce soit le numéro un ou le numéro deux). Une remarque à propos de ce western : la version française est légèrement différente de la version américaine. Dans cette dernière, à la fin du film, le héros, debout devant la tombe du shérif tué autrefois dans la ville sous les yeux des habitants indifférents, avoue en être le fantôme. La version française n'a pas accepté le fantastique de la chose (cartésianisme oblige !) et le type ne dit plus qu'il est le fantôme, mais le frère du shérif ! Il y a d'ailleurs une pendaison dans The Crow, elle renvoie à un autre western avec Clint Eastwood : *Pendez-les haut et court* (1967) de Ted Post. Que dire de plus sur *The Crow 2* qui semble connaître un grand succès auprès de la jeunesse ? Le préambule est superbement filmé selon un rythme et des plans rappelant la bande dessinée (il est inspiré d'une BD de James O' Barr). Ensuite, on a affaire à un western avec une fin qui ressemble à *La Part des ténèbres* (1993) film de G. A. Romero tiré d'un roman de Stephen King. En ce qui concerne la ville (béton, ordures et tags), John Carpenter a fait beaucoup mieux avec son *Los Angeles 2013* (1996). Ce dernier est un fan de western, et il rend hommage à ce genre dans ce film en reprenant le thème du *Jardin du diable* (1954) d'Henry Hathaway. Par contre, *The Crow la cité des anges* attire l'œil comme une verroterie sans valeur... Mais il y a la musique. De superbes chansons de rock, avec notamment les White Zombie, chanteurs de Heavy Metall qui ont pris comme nom de scène un chef-d'œuvre du cinéma. Le Heavy Metall aux chansons très dures exprime une révolte violente et profonde, inguérissable, qui méprise la société et ses pouvoirs. Il trouve à exprimer cette révolte par le macabre et le fantastique. Il est dommage qu'une minorité de ses représentants, ayant senti à quel point leurs aînés détestaient les symboles nazis, trouvent particulièrement provocant d'en afficher quelques-uns. Troisième du même nom : *The Crow Salvation* (1999) de Bharat Nalluri.

Fantômes contre fantômes, de Peter Jackson (1997), traite aussi de la mort, sur un mode comique. Le réalisateur Peter Jackson qui avait déjà commis l'épouvantable film gore *Braindead* (1992) tombe ici dans la waltdysniaiserie. Il le dit d'ailleurs lui-même, lorsqu'il déclare que son film est comme « *Une attraction dans un parc à thèmes.* » Quant à son scénariste, il pille toutes les histoires du genre et en gomme le mystère, le fantastique. Sur le plan littéraire, on y trouve *Démences* (1989) de l'écrivain anglais Graham Masterton – les déments criminels d'un ancien asile d'aliénés hantent encore les murs -, *Dis-moi qui tu hantes* (1988) de l'anglais James Herbert, *Cœurs perdus* de l'anglais Montague Rhodes James (18621936), sans compter les différentes hantises racontées par l'américain Henri James (1843 – 1916)... Sur le plan cinématographique, cela ne vaut pas *La Maison du diable* (1963) de Robert Wise, le comique est bien plus mauvais que dans *Beetlejuice* de Tim Burton, la réflexion philosophique (quelle est la différence entre la mort et la vie ?) ne possède pas la poésie de *Dellamorte Dellamore* (1995) de l'Italien Michele Soavi, et, enfin le pillage des thèmes de *Dead Zone* (1983) de David Cronenberg ou *SOS Fantômes* (1984) d'Ivan Reitman n'arrangent pas vraiment le scénario... Bien sûr, comme l'a souligné Peter Jackson en qualifiant son film d'« attraction », ce sont les effets spéciaux qui valent le coup. Et ne faisons pas la fine bouche, car, quand ils sont aussi spectaculaires, le spectacle est bon. On ne rigole peut-être pas autant que dans *La Mort vous va si bien* (1992) de Robert Zemeckis, mais Michael J. Fox, son acteur fétiche dans les *Retour vers le futur* N° 1 – 1985, N° 2 – 1989, N° 3 – 1990, est toujours aussi sympathique. Quant à Jeffrey Combs, l'horrible Herbert West de *Reanimator* (1985), adaptation de nouvelles de Lovecraft, (et ses suites, *Re-animator 2 et 3*, dans lesquelles Brian Yuzna, à son habitude, pousse tout à l'extrême), il est toujours un acteur formidable dans le rôle du paranoïaque imbécile inspecteur du FBI Milton Dammers (une manière comme une autre de se moquer de la série *Aux frontières du réel*...). La traversée du désert qu'il vient de vivre ces dix dernières années n'était pas vraiment méritée...

Relic de Peter Hyams (1997), est une histoire de monstre. Qui n'adore pas les histoires de monstre, dragons et ogres des contes de fées de notre enfance ? *Relic* voudrait nous montrer un monstre moderne. Comment le scénariste et le créateur de la créature ont-il procédé ? Tel le docteur Frankenstein, ils ont mis tous les membres et organes des monstres de l'histoire du cinéma et de la littérature dans leur chaudron intellectuel et en ont créé un nouveau. Enfin, du moins le croient-ils. On pourrait s'imaginer que l'histoire est tirée de : *L'horreur dans le musée* (1933) d'Hazel Heald, nouvelle révisée par Lovecraft. Mais pas du tout, rien à voir. Effets spéciaux obligent. Alors, prenez *Alien* (1979) de Ridley Scott, ajoutez une pointe du *Retour des morts-vivants* (1984) de Dan O' Bannon, une pincée de *Gremlins* (1984) de Joe Dante, un bon kilo de *Jurassic Park* (1993) de Steven Spielberg, une petite ironie du *Blob* (1988, de Chuck Russel, un remake d'un film de série B, *The Blob* (1958) d'Irvin S. Yeaworth Jr.), une petite goutte de *La Chose d'un autre monde* (1951) de Christian Nyby, et surtout de son remake (1982), *The Thing* de John Carpenter, et, pour finir, ne pas oublier un zeste de *Planète interdite* (1956) de Fred M. Wilcox. *The Relic* est aussi un roman homonyme de Douglas Preston et Lincoln Child.

Mars Attacks ! de Tim Burton (1997), voilà un film délicieusement subversif !
Il s'attaque à la plus importante mythologie de notre siècle, celle de l'invasion par des extraterrestres. Cette mythologie a été mise en place par le grand écrivain anglais H. G. Wells dans son roman *La Guerre des mondes* (1898). Wells aurait été très étonné (il est mort en 1946) de voir comment le cinéma américain des années cinquante utilisa son roman et développa cette mythologie. Nous étions alors en pleine guerre froide et les films d'invasion étaient montrés pour rendre le monde du communisme terrifiant en faisant faire au spectateur le parallèle entre les extraterrestres et cette idéologie venue d'ailleurs. C'est d'abord ce thème que Burton démolit dans son film, car il ironise fortement sur l'invasion et sur les extraterrestres eux-mêmes. Il choisit bien de montrer les Martiens, des petits hommes verts au gros cerveau, car, tout le monde sait aujourd'hui que Mars n'est pas habitée, ce qui n'était pas le cas dans les années cinquante, le choix de Burton est donc clair. Deux films de cette époque sont devenus des archétypes de la science-fiction anticommuniste : *La Chose d'un autre monde* (1951) de Christian Nyby, film supervisé par Howard Hawks et dans lequel on reconnaît le thème de l'enfermement cher au réalisateur de *Rio Bravo* (1959) et *L'invasion des profanateurs de sépulture* (1956) de Don Siegel, tiré d'un roman de Jack Finney (*Body Snatchers* – 1954). Dans le premier, un monstre végétal sème la terreur dans une station polaire en tuant les êtres humains et en buvant leur sang. Dans le deuxième, des graines venues de l'espace, poussent et prennent notre

apparence et notre place pendant notre sommeil. Pensez donc, ils ressemblent aux Américains, comme les communistes ressemblent à tout un chacun !
D'ailleurs en ce qui concerne ce dernier film, Don Siegel n'a pas caché ses objectifs idéologiques en déclarant que son film parlait en fait « *de la menace rouge* » (cité par Stephen King dans *Pages noires*). Ce petit détour politico-culturel étant fait, j'en reviens à Tim Burton qui a fait son film pour une dérision explicite de cette idéologie au travers d'une satire de ces deux films et de bien d'autres aussi. Ainsi, les illusions du scientifique qui croit dur comme fer aux sentiments pacifiques des Martiens qui sont terrifiés par une colombe ce qui les amène à exterminer les humains. La confiance aveugle en la technologie amène à croire sur parole un appareil traducteur du langage des Martiens. La stupéfiante créature féminine créée par les Martiens pour s'introduire chez le Président est la transcription parfaite au cinéma des femmes des comics books américains des années cinquante. Contrairement aux films de Roland Emmerich – *Stargate* (1994) et *Independence Day* (1996) – la bombe atomique est inefficace, et sert juste aux Martiens à fumer un joint ; le discours humaniste et politicien non plus, puisque la main tendue de l'ambassadeur martien devient mortelle pour le président (référence à *La Bête aux cinq doigts* (1947) de Robert Florey). D'ailleurs, les références à d'autres œuvres cinématographiques fantastiques fourmillent dans ce film ; ainsi, le directeur du casino s'appelle Bava, du nom du fameux réalisateur italien du *Masque du démon* (1960). Il n'y a rien à faire, les Martiens sont donc sans pitié insensibles aux douleurs humaines, les humains sont cons, sauf le petit peuple blanc, les Noirs et les Indiens. C'est la grand-mère de l'un d'eux qui sauve le monde, et lors de sa décoration officielle sur les ruines du Capitole, c'est un orchestre mexicain qui joue la musique... Tim Burton démolit aussi un film pacifiste comme *Le Jour où la Terre s'arrêta* (1951) de Robert Wise, puisque les Martiens sont irrémédiablement guerriers. Le cinéaste va aussi au bout de l'horreur, mais cette horreur il sait la rendre comique. Il en est ainsi des affreuses expériences réalisées par les Martiens sur les humains... C'est une nouvelle étape du cinéma fantastique que Burton n'a pas inaugurée, mais qui avait été commencée avec les films gore (c'est-à-dire des films très sanglants...) des années soixante jusqu'à nos jours, mais qui n'avaient pas toujours réussi à montrer le second degré de leur dérision... Il fallait bien le grand art de Burton pour réussir à rendre un film gore visible par tous public... Enfin, ce film nous montre le jeu d'un acteur, Jack Nicholson, que je tiens pour l'un des plus grands de notre siècle et qui y joue deux rôles.

Star Trek premier contact de Jonathan Frakes (1997), bon ! bon ! je l'avoue : je n'ai jamais été emballé par la série des Star Trek, ni par leurs longs métrages. Je suis allé voir celui-là par obligation professionnelle, et alors là : surprise ! J'ai été emballé ! Ce film est formidable !

Un Amour de sorcière de René Manzor (1997), Jeanne Moreau en vieille sorcière a su rester charmante et Vanessa Paradis n'est pas trop mauvaise pour ce premier grand rôle. L'amour a toujours raison du mal...

Le Cinquième élément de Luc Besson (1997), aventures fantastiques du futur : une entité maléfique menace de faire disparaître le monde. Le seul moyen de l'en empêcher est de réunir cinq éléments dans un tombeau égyptien. Quatre d'entre eux avaient été apportés sur Terre par des extraterrestres en 1913. Le cinquième ? Ce sera une extraterrestre... mais quelle extraterrestre ! Les méchants sont rigolos avant d'être méchants. Les monstres sont bêtes et les héros charmants. Une pointe de sexe sans trop en montrer et beaucoup d'effets spéciaux. Ce film a beaucoup plu à la jeunesse. Quand on demande à un jeune de parler de cinéma, il répond : *Le Cinquième élément* ! Il est vrai que nous avons l'habitude des effets spéciaux. Ils ne nous impressionnent plus. L'histoire plaît beaucoup : une histoire de conquête de la liberté grâce à l'amour. Les décors ont été volontairement rendus ringards pour mieux rendre l'ambiance des bandes dessinées des années cinquante : taxis volants en forme de voiture des années soixante (ce qui était de l'anticipation dans les années cinquante), appartements exigus et aménagés comme des cabines de sous-marins, vaisseaux spatiaux en forme de navire du temps de la découverte de l'Amérique. Le film commence comme un *Indiana Jones*, mais cette ressemblance tourne court, car, immédiatement, les extraterrestres arrivent. Ils ont vraiment une gueule nouvelle ces extraterrestres. Ils sont moches, mais gentils... D'autres extraterrestres seront au service du Mal, mais plus par bêtise qu'autre chose... On ne peut s'empêcher la comparaison avec *Stargate* (1994) de Roland Emmerich, où l'action justifie l'usage de la violence, film dans lequel l'extraterrestre est foncièrement mauvais. Alors qu'ici, l'extraterrestre est ce qu'il est, car il y en a des bons et des mauvais, mais ce qui est dangereux c'est le Mal lui-même. C'est lui qu'il faut vaincre en écartant ceux (ils sont rares...) qui le servent. Il s'agit ici d'un conte de fées moderne, des aventures chevaleresques de l'avenir, de l'histoire d'un combat du bien contre le mal dans un décor futuriste, mais qui n'est pas sans rappeler celui de notre époque. La quête du Graal du XXIe siècle ! Je trouve ce film bien mieux que *La Guerre des étoiles*.

Nirvana de Gabriele Salvatores (1997), les cinéastes italiens se sont fait une solide réputation dans la reprise des thèmes du cinéma américain, thèmes qu'ils ont parfois enrichis et développés avec beaucoup d'originalité. Ce fut le cas du western dit "spaghetti" et des films d'horreur, notamment des histoires gore et de morts-vivants. Dans le domaine de l'horreur, ils ont su, avec des cinéastes comme Dario Argento, notamment, prendre une voie originale. Cela n'a jamais été le cas pour le cinéma de science-fiction. Dans ce domaine-là, les Américains semblaient imbattables. Eh bien non ! Avec *Nirvana*, les Italiens semblent vouloir suivre la même voie que pour les films d'horreur : le dépassement du système américain de traitement cinématographique du thème. L'Italien Gabriele Salvatores s'inspire ouvertement du grand écrivain américain de science-fiction, Philip K. Dick et s'appuie sur les images et le scénario du film *Blade Runner* (1982), de Ridley Scott, adaptation de la nouvelle de Philip K. Dick *Les Androïdes rêvent-ils de moutons électriques ?* Et ce diable d'Italien invente vraiment quelque chose de nouveau ! Dick s'est toujours demandé si le monde dans lequel nous vivions était bien réel ! Et c'est de cette question que traite toute son œuvre. Mais chez lui, c'est plus une question psychiatrique que philosophique. Il exprime ainsi dans ses écrits un profond humanisme. De monde virtuel, il en est question dans *Nirvana*. Ici, ce n'est pas le Los Angeles de *Blade Runner*, mais peut-être Milan, une vaste métropole, véritable tour de Babel dans laquelle les hommes cherchent à se comprendre. Pour cela, ils essaient de se *connecter*, au sens informatique du terme. Drogues diverses (et P. K. Dick en avait essayées beaucoup...), interface entre la chair et la machine (un des personnages a vendu ses yeux pour vivre et s'est fait greffer des objectifs en noir et blanc...) entre l'électronique et le système nerveux, virtuel vivant et réel mort : les personnages ne savent plus s'ils sont réels ou inventés par le monstrueux système de domination des multinationales de l'informatique. Les gros plans alternent avec des cadrages et des perspectives qui donnent à penser à l'image virtuelle des jeux vidéo. Lorsque les personnages vivants sont ceux du jeu, les couleurs changent sans cesse : surtout le rouge à lèvres de Maria qui devient vert et sa robe moulante qui passe du jaune au violet, etc. La maladie mentale devient une partie de plaisir et la fille aux cheveux bleus veut « *Changer le monde* » ! Mais ne vous y trompez pas, il ne s'agit pas d'un changement politique ou économique. Il s'agit d'un changement *intérieur,* car le monde existe-t-il réellement en dehors de nous ? D'ailleurs cette fille a perdu tous ses souvenirs. Elle pourra assimiler ceux de Lisa, morte depuis longtemps, grâce à un système greffé à son cerveau.... « *Les morts aiment regarder les vivants les pleurer* », déclare Solo, le personnage du jeu qui est devenu réel à cause d'un virus informatique... Ici, dans le monde réel, il neige, nous sommes en décembre, là-bas, dans *Nirvana*, il tombe des confettis....

Anaconda, le prédateur de Luis Llosa (1997), un serpent géant qui avale ses proies humaines comme vous gobez un œuf ! Ce film pourrait être classé dans la catégorie des films sur la nature terrifiante. Cette catégorie a été inaugurée par *King Kong* (Schœdsack et Cooper – 1933), le gorille monstrueux, le seul monstre de la nature qui fut à plaindre. Bien plus tard, Steven Spielberg relance le mythe avec *Les Dents de la mer* (1975), et puis Stephen Hopkins nous offre des lions avec *L'ombre et la proie* (1996). Il y a eu aussi *Razorback* (Russel Mulcahy – 1984) qui met en scène un sanglier chasseurs de chasseurs. Que ce soit des requins ou des lions, on a affaire à un prédateur sans pitié comme savent l'être ces êtres instinctifs. Longtemps, ce qui était fantastique c'est que de tels monstres pouvaient avoir une origine humaine. Ce fut le cas dernièrement encore avec *Relic* (Peter Hyams – 1997). Mais *Anaconda* s'inscrit bien dans cette tradition du monstre "naturel", d'une monstruosité de la nature qui n'est dangereuse que parce que l'homme y met son grain de sel. D'ailleurs, les hommes font un dieu de tels prédateurs. Et ce n'est pas chez le monstre qu'on trouve le démon, « *mais en chacun de nous* » comme le déclare le méchant chasseur de serpents. Ce film est intéressant à bien des égards. D'abord pour la perfection de ses effets spéciaux : un vrai cours magistral sur la méthode de chasse de tels serpents. Effrayant ! Ensuite pour l'étude minutieuse de la nature et de ses dangers présents dans un système fluvial puissant comme celui de l'Amazone. L'homme lui, ne doit pas se laisser aller à ses instincts. La scène des lucioles et de leurs appels lumineux pour la reproduction sert de cours didactique sur ce sujet.

Dobermannn de Jan Kounen (1997), un film qui fera date ! Un jeu de caméra(s) agressif, dynamique, un montage rythmé, des effets spéciaux au service de l'art cinématographique, en font un vrai film fantastique, car, cette histoire d'une bande de gangsters déjantés face à une bande de flics tout aussi dingues, inventée par l'écrivain de science-fiction Joël Houssin, nous détache du réel, fait envoler notre imagination vers d'autres mondes intérieurs, car sinon, la violence est insupportable. À voir donc aussi les courts-métrages sortis en cassette : *Vibroboy*.

Scream de Wes Craven (1997), un grand film dans lequel le cinéaste confirme ses talents. Quelles sont les règles pour rester vivant dans un film d'horreur ? 1) Jamais de sexe. 2) Ne jamais picoler ni se shooter 3) Ne jamais dire en sortant : « *Je reviens tout de suite ».* D'autres prescriptions sont avancées, notamment par l'assassin lui-même, comme : « *Il ne faut jamais demander : qui est là ? »* C'est un film qui utilise tous les ingrédients du film d'horreur, offerts de manière pédagogique au spectateur, mais qui, grâce au talent de Craven, opère quand même avec la magie de la peur. J'adore les mouvements de caméra au-dessus des véhicules, la musique terrifiante quand il ne se passe rien, la scène du meurtre du proviseur au terme de laquelle on s'attend à ce que l'assassin soit derrière la porte, non pas grâce à notre perspicacité, mais grâce à l'adresse du cinéaste. Le scénario est très malin, puisqu'il s'appuie justement sur le goût de l'assassin pour les films d'horreur.
Mais cette idée avait été déjà développée par Dario Argento dans son film *Ténèbres* (1982), ainsi que la fausse mort de l'assassin. Ici, il cite le sang de porc de *Carrie* (1976) de Brian de Palma, dommage qu'il n'ait pas cité *Ténèbres*. Peut-être que le scénariste Kevin Williamson ne l'a pas vu ? Le film commence par deux meurtres atroces. Il joue sur l'effet bien connu de ces films : le spectateur se dit : « *Ils ne vont pas oser ! Cette fille et ce jeune homme sont trop sympas ! »* Si ! Ils osent ! ! ! On voit des couteaux de cuisine au premier plan, mais ils ne suffiront pas à sauver la jeune fille... Craven cite de nombreux films, tous américains (dommage !), et se cite lui-même, en faisant nommer ses œuvres (les *Freddy*, la jeune fille dit à leur propos : « *Le premier, oui. Les autres étaient craignos. »)* mais aussi par une citation purement cinématographique, comme ce cycliste qui passe au premier plan quand les jeunes gens discutent dans le parc, allusion à une scène identique de « *Freddy sort de la nuit ».* Les films cités : d'abord, *Halloween* (1978) de John Carpenter, film central de l'intrigue que regardent les jeunes dans la maison du crime. Le premier meurtre commence par un questionnaire du tueur au téléphone à propos du nom du meurtrier dans *Halloween* et dans *Vendredi 13* (1980) de Sean S. Cunningham. Puis, *Candyman* (1992) de Bernard Rose, dans le magasin de films vidéo on voit une scène du *Frankenstein* (1931) de James Whale (celle où Victor Frankenstein hurle de joie : « *Il est vivant ! »),* et c'est le tour de *Hurlements* (1980) de Joe Dante, de *La Ville qui redoutait le crépuscule,* de *Dracula* (permettez-moi de ne pas citer toutes les versions...), du *Train de la terreur,* du *Silence des agneaux* (1990) de Jonathan Demme, de *Psychose* (1960) d'Alfred Hitchcock et de *Carrie* . J'ai même pensé à *Twin Peaks* (1992) de David Lynch quand le père est soupçonné, mais ni le film ni la série télé ne sont cités. « La vie est un grand film », déclare un protagoniste. Brrr..... . !
Les Mille merveilles de l'univers de Jean-Michel Roux (1997), un film qui mélange les genres, humour et sexe, science-fiction et fantastique.
Men in Black de Barry Sonnenfeld (1997), est tiré d'un comic book (BD bon marché...) Marvel signé Lowel Cunningham dont Sonnenfeld a retiré le côté sombre et violent – dommage. La scène de la libellule du générique qui s'écrase sur le pare-brise de la voiture des immigrés clandestins est formidable. Le film accumule les types d'extraterrestres dont je tente ici de donner une liste : un gros monstre genre gastéropode, un autre qui grimpe aux murs (mais on ne voit que son apparence humaine, on l'appelle le céphalopoïde), un qui a la tête qui repousse quand on lui a ar-

rachée, des espèces de sauterelles-grenouilles qui boivent du café, une espèce d'anémone de mer avec plein de doigts pour pianoter sur un tableau de commande et un œil, un calamar nouveau-né, une « bestiole » (un monstrueux cafard), un chien, un petit extraterrestre au crâne disproportionné qui pilote un faux corps humain dans la tête de ce dernier, et... Michael Jackson (« *pas très réussi* », dit l'héroïne)... Autrement, quelques références cinématographiques comme celle de la série *Les Envahisseurs* par cette phrase d'un protagoniste : « *Un jeune type qui cherchait une route et que jamais il ne trouva* », et littéraire *Le Père truqué* de Philip K. Dick (encore lui !) ou, si vous préférez, *La Couleur tombée du ciel* de Lovecraft, toujours imitée... Évidemment, seule une élite peut « *savoir* », il faut laisser croire aux gens qu'ils ont de « *l'emprise sur les choses* » puisque le service des Men in Black a le devoir de « *mentir au peuple si on veut qu'il vive heureux...* » C'est pas un peu fasciste ça ? D'ailleurs notre univers ne vaut pas une chique ! Oh ! Pardon, pas une bille ! ... Le chanteur de rap Will Smith (que nous avons déjà vu dans *Independence Day*) est assez mauvais acteur, je le préfère chanteur dans son clip sur le film...

Mimic de Guillermo del Toro (1997), une manipulation génétique (croisement de termite et de mante) détruit les cafards, mais produit une nouvelle espèce géante qui a la particularité de mimétisme avec les humains. Diabolique non ? Toute l'action se passe dans les « *tripes de la ville* ». C'est ainsi que le technicien de la station d'épuration désigne les égouts. Mais surtout dans le métro, et non plus dans un vaisseau spatial ou une station polaire. Magnifique scène de l'enlèvement de la belle par la bête. Le bruit des rames de métro ressemble à celui des insectes. Il y a de superbes scènes d'horreur.
Une séquelle : Mimic 2 de Jean De Segonsac (2003) et même un Mimic 3 !

Alien la résurrection de Jean-Pierre Jeunet (1997), dans une station spatiale, un médecin fait renaître Ripley et son monstre grâce aux manipulations génétiques (encore !). Contrairement à ce que dit J.P. Jeunet dans ses nombreuses interviews, je trouve que l'influence d'Hollywood est manifeste. Une fois de plus la Terre est menacée par les monstres. L'ambiguïté de la nature de Ripley (monstre ou être humain ?) n'est pas très bien rendue : il est dommage que la dernière scène qui suggère un accouplement avec le monstre ait été édulcorée, ne signifiant pratiquement plus rien... Quant aux yeux du nouveau-né, il faut avoir lu un article sur le film pour voir que ce sont ceux de Ripley...
Il y a quand même un peu de Jeunet dans ce film grâce aux acteurs et au directeur de la photo. Humour noir : le soldat attaqué par-derrière par un monstre sourit niaisement et ramène de derrière sa tête avec ses doigts un morceau de sa cervelle. Le pirate de l'espace descend un alien et sursaute devant une petite araignée... « *Tu es programmée pour être une conne ?* » Questionne Ripley en s'adressant à Call, la jolie robot. C'est dans ce film que l'alien est le plus lovecraftien, dès les images du générique qui montrent en gros plan les parties des corps des sept autres mutants ratés avant Ripley. Un scénario faible, beaucoup d'action et la bête a perdu tout son mystère, car on en voit les moindres détails...

Spawn de Mark A.Z. Dippé (1997), personnage inspiré du Comic book dont le dessinateur Tod Mac Farlane a su tracer les ambiguïtés propres au genre fantastique. Le dessin animé qui a été réalisé auparavant est un chef-d'œuvre (il est disponible en

DVD). Le film, lui ne fait pas l'unanimité, loin de là. Après Faust, le pacte avec le diable peut-il encore gêner quelques puritains ? On a affaire ici à une superbe fresque gothique au cœur des quartiers abandonnés de New York qui sert de décor à une monstrueuse machination politique qui a pour but de livrer la terre à l'armageddon (on voit que Luc Besson n'a rien inventé...). Bon. Cela peut agacer, comme les superbes effets spéciaux des combats en enfer... Mais ce qui me paraît intéressant, c'est ce que l'on retrouve du dessin animé : une manière de filmer décalée, des plongées et contre-plongées et, surtout, la nature du personnage. C'est un justicier qui a fait un mauvais choix dans un but de bonheur personnel (comme Faust...), mais qui peut se racheter en faisant d'autres choix ultérieurs. Mais, l'affaire n'est jamais réglée, il faudra toujours passer d'un choix à l'autre : c'est dur la vie !

La Cité des anges de Brad Siberling (1998)
Remake du film *Les Ailes du désir* de Wim Wenders (1986).
Un ange a envie de toucher une belle blonde. C'est tout !

Une Nuit en enfer 2 : le prix du sang de Scott Spiegel (1998)
Dialogues sur un ton ampoulé (excellent !)
Une attaque de chauves-souris dans un ascenseur : mais c'est un film à la télé !
Un type s'évade et téléphone à un copain pour récupérer du fric volé à la « frontière ». Des types caricaturaux qui recrutent des caricatures de gangsters. J'oubliais : il y a aussi une caricature de shérif.
Avec Robert Patrick (qui joua dans *X-Files* 8 et 9e saison et dans *Stargate Atlantis* au début avant de se faire dévorer...)
Autrement sur le plan du tournage on a droit à plein de contre-plongées biscornues...
Enfin le chef arrive dans la boîte de nuit qui se trouve en plein désert (voir l'épisode précédent...).
En fait, il y a une banque à cambrioler à la « frontière », mais il y a des vampires qui ont peur de la croix (heureusement !). D'autre part, à peine mordu on devient sans délai un vampire.
Les vampires sont donc aussi très caricaturaux.
Film très con, mais amusant. Il est fait pour ça d'ailleurs, sans prétention aucune...

Soldier de Paul W. S. Anderson (1998)
Un soldat d'élite est jeté à la poubelle sur une planète qui sert de décharge. Il y retrouve un peuple qui survit dans cette décharge comme on le voit couramment sur notre propre planète. Le soldat saura se venger et rassembler les damnés de cette planète !
Pas désagréable ce film. Du pur Anderson.
Faut aimer ce genre d'histoire. Un petit film de série B regardable avec Kurt Russel.

In the Woods de Lynn Drzick (1998)
Ça commence avec une scène d'intervention de pompiers. Curieux non ? Puis on s'emmerde un peu. Mais on continue à regarder. La scène de ménage ensuite est très mal jouée. Ça donne pas envie de continuer, mais on continue quand même. Après dix-huit minutes de film, deux personnages font une virée dans la forêt avec chacun un fusil. Pour chasser quoi ? Ils trouvent dans une clairière une espèce de tombe de bric et de broc. Comme des gens ont disparu dans le coin, ils creusent pour savoir ce qui est enterré là. Ils trouvent un crâne avec trois cornes et de grosses

dents. Ils ont peur. Après, ils retournent au bar... Le pauvre Alex, il a des problèmes alors il boit et Hélène ne comprend pas. On s'ennuie toujours à la trentième minute ! Alex trouve des restes humains en sortant de son garage, mais l'ennui persiste. C'est incroyable ce que c'est mal joué. Ne parlons pas des dialogues bâclés. Tout cela me fait penser aux films... d'Ed Wood Junior. Bon... le jeu de mots était trop tentant... Et quand les "effets spéciaux" arrivent, le jeu de mots se confirme !

Starship Troopers de Paul Verhœven (1998), si seulement Robert Heinlein avait vu cela : une adaptation de son livre qui porte le même titre en anglais (*Étoiles, garde-à-vous !* en français) publié en 1959. Le film prend exactement le contre-pied du roman ouvertement fasciste. Les insectes géants contre qui les humains – de véritables petits nazis – font la guerre sont presque plus sympas. Dans la littérature SF, il y a d'autres histoires de guerre contre des insectes, comme *La Stratégie Ender* (1977) d'Orson Scott Card qui avait sûrement lu le roman d'Heinlein, ce vieux réactionnaire qui avait soutenu l'intervention américaine au Vietnam. Le cinéma ne possédait pas les moyens techniques pour traiter un sujet aussi difficile.

Même la série de télévision *Space 2063* (1995) ne montrait qu'occasionnellement l'ennemi. Cette fois, Paul Verhœven a franchi le pas et a fait d'un roman réactionnaire un film de guerre contre la guerre. On retrouve des scènes de films de guerre fabuleux, notamment les films de guerre contre les Japonais, mais aussi les westerns (non ! je ne compare pas les Japonais et les Indiens avec des insectes...). Mais ici la guerre est montrée dans toute son horreur, et l'idéologie qui mène à la boucherie cette chair à canon constituée par l'infanterie est clairement désignée par les uniformes identiques à ceux de la Gestapo. C'est vrai qu'il n'est pas facile de décrypter cela. Mais le traitement infligé à la fin du film à la reine des insectes montre sans ambiguïté que la barbarie est aussi du côté des humains. Contrairement à Heinlein, Verhœven ne défend pas l'idéologie américaine. Il la critique violemment au travers, notamment, des démonstrations du « *Net* » (cette vaste *toile* d'information) d'une manière qui renvoie à CNN pendant la guerre du Golfe, mais aussi dans l'utilisation d'acteurs qui jouent volontairement mal et du style de la mise en scène parodiée des sitcoms. Le réalisateur a aussi choisi des comédiens aux traits réguliers pour reprendre, dit-il, le style des bandes dessinées. Lors de leur première attaque de la planète des « *arachnides* », l'armée humaine subit des pertes énormes : cent mille morts ! Ce film est de la même veine que les grands films de guerre pacifistes comme *Les Sentiers de la gloire* (1957) et *Full metal jacket* (1987) de Stanley Kubrick, ou *Les Hommes contre* (1970) de Francesco Rosi. Ces films montrent comment l'infanterie sert de masse de manœuvres pour les ambitions personnelles des généraux. Et les insectes ? Un ennemi tout trouvé en ces temps où plus rien n'est clair et où l'Amérique ne se sent plus d'adversaire à sa taille... Les effets spéciaux sont superbes ; ils sont, ici, contrairement à d'autres films au service de l'histoire et du vrai artiste qu'est Paul Verhœven. *Starship Troopers* est un grand film politique !

Une séquelle : Starship Troopers 2 de Phil Tippett (2003) et d'autres aussi.

Postman de Kevin Costner (1997). Une histoire d'après apocalypse, meilleur champ de bataille pour la lutte entre le bien et le mal. C'est le facteur qui adoucit les mœurs, car il relie les êtres humains entre eux.

Le Témoin du mal de Gregory Hoblit (1997). Le héros principal de ce film est le groupe des Rolling Stones puisque le film commence avec leur chanson *Time Is on my side* et se termine par *Sympathy for the devil*... Ce film brode sur la terreur de la possession qui se transmet par simple attouchement... La scène du commissariat dans laquelle tous les flics se transmettent le démon en fredonnant la chanson des Stones est stupéfiante. Le film policier est un genre qui s'essouffle. Il appelle le genre fantastique à la rescousse. Cela a déjà donné des chefs-d'œuvre comme *Seven* (1995) de David Fincher et surtout, *Le Silence des agneaux* (1990) de Jonathan Demme. Comme quoi, non seulement le fantastique n'est pas mort, mais il vole à la rescousse d'autres genres. *Le Témoin du mal* ne s'en cache pas puisqu'il se réfère explicitement à *La Maison du diable* (1963) de Robert Wise et à *Freaks* (1932) de Tod Browning, films dont on aperçoit des extraits à la télévision que regarde le jeune neveu du flic. Ces références sont explicites, car *La Maison du diable* inspire la terreur par le son, et *Freaks* par l'image. Or Hoblit utilise bien ces deux composantes essentielles du cinéma : les voix des personnes possédées interpellent le spectateur sur l'apparence qui contrarie la réalité de même que les instructions laissées par le tueur sur les lieux du crime notent la nécessité de regarder pour comprendre : « *Look in mirror* » et « *Look !* » (« *Regarde dans le miroir* » et « *regarde* »). Un film bien plus intéressant que certains critiques ne l'ont perçu, car ils n'ont pas réussi à le comprendre... D'autant plus intéressant que le démon y déstabilise complètement la société et la fin, qui enfonce le clou de la tromperie de la voix (donc du son) et de l'image, dérange le spectateur. Quant aux soi-disant débats théologiques, se pourrait-il qu'ils ennuient certains critiques d'une revue de télévision bien connue ?

Sphere de Barry Levinson (1997). Avec Sharon Stone qui est toujours aussi formidable ! Quant au reste... une histoire d'extraterrestre perdu au fond des mers dans un vaisseau spatial américain venu du futur et échoué là depuis trois cents ans. Un petit suspens dû aux paradoxes des voyages dans le temps et un hommage appuyé à *Vingt mille lieues sous les mers* de Jules Verne. Michael Crichton semble avoir usé ses capacités d'imagination... Le genre de film où l'on s'y croit quand on le regarde, parce qu'il est bien fait, et on est déçu ensuite.

Vampires de John Carpenter (1997). Imaginez le réalisateur faisant un remake de *Rio Bravo* (1959, Howard Hawks), ou du *Train sifflera trois fois* (1952, Fred Zinnemann), ou de *Règlement de comptes à O.K. corral* (1957, John Sturges), en reprenant la violence stylisée de Sam Peckinpah, les décors et les paysages dépouillés de Sergio Leone... Cela risquerait d'ennuyer tout le monde. Il l'a fait quand même, en l'appelant *Vampires* et en s'inspirant d'un roman du même nom de John Steakley (1990).

On remplace les gangsters par des vampires, l'autorité fédérale par le Vatican et le tour est joué... et vous avez un chef-d'œuvre.

« *J'ai voulu y mettre mon grain de sel, car je n'aimais pas la tournure chochotte et névrosée que prenaient les vampires ces derniers temps. Les vampires n'ont pas d'état d'âme, ils doivent tuer pour vivre.* » Déclare John Carpenter.

Une belle critique des vampires un peu niais d'Anne Rice *(Entretien avec un vampire* (1994) de Neil Jordan, est adapté du roman de l'écrivain). John Carpenter n'a jamais eu la cote chez lui aux États-Unis. Ici, en France, on sait le juger à sa véritable valeur : un grand cinéaste qui sait faire de grands films avec peu de moyens. Si cela fait sourire certains d'entre vous, figurez-vous que la cinémathèque française a réalisé une rétrospective complète sur l'œuvre du cinéaste (eh oui !) et que (oui vous ne rêvez pas) les Cahiers du cinéma ont consacré un dossier sur lui. Enfin ! Tout arrive ! Le réalisateur de *Halloween* (1978) le mérite bien. « *Il était temps de donner à John Carpenter la place qu'il mérite dans ces colonnes* » écrit le gardien du temple du cinéma. Cet événement considérable (un dossier Carpenter dans les Cahiers du cinéma, je n'en ai pas cru mes yeux !) mérite quelques citations de John Carpenter qui permettront d'ailleurs de mieux comprendre le film *Vampires* : « *Dans le film, c'est cette synthèse étrange de l'Église catholique et des croyances indiennes primitives qui crée les vampires. Dans le Sud-ouest américain, l'arrivée des Espagnols a entraîné la construction de missions catholiques. Il s'y est fait une rencontre étonnante entre le rite catholique et le mysticisme indien. [...] Je trouvais très fascinant le mélange entre cette spiritualité propre au nouveau Mexique et le mythe des vampires.* » – « *J'ai [...] filmé avec plusieurs caméras, ce que je n'avais jamais fait auparavant. Sam Peckinpah travaillait aussi de cette manière ; en plaçant des caméras selon six ou douze angles différents, y compris les scènes dialoguées. [...] Puis il trouvait le rythme au montage.* » – « *Ce qui me rend marginal à Hollywood, c'est que je me sens incapable de tourner des films destinés au grand public.* » – « *Jacques Tourneur est un très grand metteur en scène. J'ai une passion pour* Curse of the demon *(Rendez-vous avec la peur – 1957) C'est un film merveilleux.* » (Voir ce film au chapitre chefs-d'œuvre.) – « *J'ai énormément d'admiration pour le travail de Dario Argento. Je pense qu'il a tourné des films extrêmement dérangeants. Quand on va aussi loin, on s'expose à la critique. Je suis d'accord avec vous : je n'ai jamais compris pourquoi Dario Argento n'a pas eu la reconnaissance qu'il mérite.* » Bon, mais je vous ennuie avec ces références cinématographiques. Revenons à *Vampires*.

Le personnage le plus intéressant du film est celui de Tony Montoya, joué par Daniel Baldwyn, le seul personnage véritablement humain. Il tombe amoureux de la fille vampirisée et ne craint pas de se sacrifier pour elle. Cette prostituée, Katrina, jouée par la superbe Sheryl Lee dont tout le monde se rappelle la prestation dans *Twin Peaks* de David Lynch (le feuilleton et le film) se fait vampiriser par le maître des vampires. Ce qui est nouveau n'est pas le fait qu'il la morde – cela est normal pour un vampire –, mais plutôt *où* il la mord. D'habitude c'est dans le cou. Là non, c'est plus bas, bien plus bas... et selon Valek, le vampire, « *elle ne devrait jamais oublier ce moment* »... Toute l'action se déroule de nos jours dans un décor moderne. Pas d'ambiance gothique (mais l'histoire l'est vraiment...) Cela ressemble au très beau film *Aux Frontières de l'aube* (1987) de Kathryn Bigelow. Il y a donc tous les ingrédients du western : l'amitié, la trahison, l'amour, le duel... À la fin, tout n'est pas réglé, car l'ami de toujours va rejoindre malgré lui le camp ennemi... Revenons à Carpenter, cette fois dans la revue Mad Movies : « *Mon intention dans* Vampires *était d'arriver à un western dans lequel se confondent les mauvais et les bons* ».

Et pour finir : « *Si vous prenez la tragédie trop au sérieux, vous emmerdez le monde. Le bon drame se compose notamment d'humour. C'est ce qui dérange, fait peur...* » Bon vent John !

Bienvenue à Gattaca d'Andew Niccol (1997). Ce sont les paroles qu'entend le héros du film à chaque fois qu'il entre dans cet endroit qu'il veut conquérir à tout prix. Et c'est là que se situe la faiblesse fondamentale de l'histoire : Vincent, l'être humain sorti du ventre de sa mère, qui possède une mauvaise vue, n'est pas vraiment mécontent de la société que lui offre Gattaca. Cela serait même plutôt le contraire : il veut la tromper pour mieux s'y intégrer afin d'atteindre un objectif individuel égoïste : partir dans l'espace. Il réussira avec la complicité finale de Gattaca par l'intermédiaire du flic généticien qui le laissera quand même passer bien qu'ayant découvert sa supercherie... Les moyens utilisés pour la substitution de personnalité sont grotesques : pourquoi laisse-t-on Vincent aspirer régulièrement le clavier de son ordinateur afin de ne pas y laisser des débris de son corps (morceaux de peau, d'ongle...) ? Comment un médecin dans une société aussi totalitaire et policée peut-il être assez con (excusez le terme...) pour laisser un suspect intervertir un flacon de sang ? Comment le flic n'a-t-il pas eu l'idée de demander à Jérôme de se lever ? Etc. À la fin, tout le monde est content, le héros s'envole, l'autre se brûle vif dans l'incinérateur et Gattaca continue à sévir, imperturbable, *« en ayant fait de la discrimination une science »*... Vincent s'en fout, il est parti sur Titan ! La démerde, y a que ça de vrai ! Et ce n'est pas tout : les voitures électriques font un bruit assourdissant ! Un pianiste a douze doigts (et pourquoi donc se sont-ils arrêtés à douze ?) Voilà un film génétiquement ennuyeux.
Dans le genre histoires d'in vitro, il y a deux tendances : celle qui en fait des êtres supérieurs, façonnés pour posséder toutes les qualités, comme dans *Bienvenue à Gattaca* et celle, inverse, où ils sont des parias, des êtres inférieurs artificiels, comme dans la série télévisée *Space 2063*. C'est comme on veut : l'histoire décidera d'elle-même !

Rewind de Sergio Gobbi (1997). Le monde virtuel au service de l'enquête policière...

Event Horizon, le vaisseau de l'au-delà de Paul Anderson (1997). Clive Barker a fait des adeptes. C'est l'atmosphère terrifiante de l'écrivain anglais de l'horreur que l'on retrouve dans ce film : du gothique à l'état pur, avec son architecture, ses grosses ferrailles, et ses instruments de torture. Cette ambiance est mêlée à de très belles images de science-fiction : planètes, vaisseaux spatiaux qui défilent. Ils ne sont pas si modernes que cela d'ailleurs, car les images transmises restent à deux dimensions. On retrouve l'atmosphère gothique partout : l'Event Horizon est un immense vaisseau en forme de croix, les décors sont sombres *(« Cet endroit est une tombe »* déclare le capitaine). L'Event Horizon n'était pas revenu après être passé *« de l'autre côté »*. Il a réapparu quelques années plus tard. Tout l'équipage est mort. Il ne reste d'eux que des débris affreux, témoignant d'une horreur sans nom (me voilà influencé par Lovecraft, c'est l'ambiance...) Le bloc médical ressemble à une crypte. On retrouve le même thème que dans *Solaris* (1972) d'Andreï Tarkovski, car, dans le vaisseau, les êtres humains développent leurs angoisses à partir de leur psyché et des névroses qu'ils ont contractées. Mais ici on a affaire à un film d'horreur. L'entité maléfique n'est jamais connue, donc jamais nommée, jamais vue. Seul l'homme qui avait construit le vaisseau la représente par son visage aux yeux crevés et à la peau découpée. Sam Neill est toujours aussi bon dans ce genre de rôle. Il y a les classiques débats entre le rationnel et l'irrationnel. C'est toujours ce dernier

qui a raison, car les faits sont têtus, et même le rationnel ne peut pas les contourner. Nous sommes donc vraiment dans une sombre histoire du gothique le plus classique, les combinaisons spatiales remplaçant les armures. Voyons ce que dit Maurice Lévy, spécialiste du Roman Gothique[96] : « *Roman médiéval et art gothique relèvent au même titre, en effet, de cette faculté tant décriée pendant l'âge classique : l'imagination.* » Et encore : « *Selon Blair* (ne pas confondre avec le Premier ministre anglais, il s'agit ici d'un critique littéraire du dix-huitième siècle NDLA) *à mesure que le monde progresse, l'entendement gagne du terrain sur l'imagination ; l'homme s'applique à mieux connaître la cause des choses, et s'en émerveille de moins en moins [...] Ce vieillissement de l'imagination explique qu'il faille se tourner vers les premiers âges des civilisations pour trouver une poésie authentique, toute poésie étant "fille de l'imagination"* ». Et enfin : « *La nuit accroît nos craintes par l'incertitude où elle nous plonge. C'est parce qu'elle est terrible en soi qu'on l'associe aux fantômes et non pas, comme le prétendait Locke, parce qu'elle est associée aux fantômes qu'elle est terrible.* »
Ces citations montrent parfaitement la démarche du film, car là où s'est rendu l'Event Horizon est « *une dimension de pur chaos* ».
Le Loup-garou de Paris d'Anthony Waller (1997). On attendait depuis longtemps ce remake du *Loup-garou de Londres* (1981) de John Landis. Pas mal réussi : toutes les idées ont été reprises (notamment les zombies en charpie, anciennes victimes du loup-garou), l'humour se mêle à l'horreur et au macabre. Ici la fin est heureuse contrairement à celle du film de John Landis. Ce qui change vraiment, ce sont les effets spéciaux, car les loups-garous sont en image numérique, ce qui n'est pas mal, ne soyons pas nostalgiques des bons vieux maquillages et maquettes en plastique s'il vous plaît. Un générique puissant qui vous donne envie d'en savoir plus, une fille qui perd sa chaussure comme Cendrillon (après avoir été sauvée du suicide par un saut en élastique d'un jeune Américain du haut de la tour Eiffel). On croit à un moment donné que cette fille est infirmière comme celle du film *Le Loup-garou de Londres*, mais on se trompe, car elle s'était déguisée pour venir voler un cœur (anatomique) dans la salle d'opération de l'hôpital... Comme dans le film précédent, l'humour amplifie la terreur. Il y a un autre conte de fées puisqu'on parle aussi du Petit Chaperon Rouge... Et puis un thème qui a été repris de *Full Eclipse* film de télévision d'Anthony Hickox dans lequel un sérum permet de se transformer en loup-garou quand on le veut pour mieux débarrasser le monde des êtres inférieurs qui l'encombrent... La scène de la fête et des gens qui se transforment en loups-garous n'est pas sans rappeler *Une Nuit en enfer* (1995) de Robert Rodriguez.
Phantoms de Joe Chappelle (1998). Un film pas très bien filmé et pas très bien joué adapté d'un très intéressant roman de Koontz par l'écrivain lui-même. Dommage !
Dark City d'Alex Proyas (1998). Le réalisateur de *The Crow* (1993) nous offre de nouveau de très belles images. Cette fois, le scénario est à la hauteur de son art. C'est vraiment du cinéma du troisième millénaire. Les effets spéciaux sont entièrement au service de l'histoire et font de la ville le personnage principal du film, comme

---

[96] In *Le Roman gothique anglais*.

personne ne l'avait réalisé auparavant. Dark City : une ville dont les composantes semblent dater d'époques différentes, une New York mélangée avec Gotham City. Personne n'y voit jamais le jour. La nuit est sans étoiles et la mémoire des hommes est vide bien qu'ils croient en avoir une. Mais questionnez-les précisément : ils seront incapables de vous raconter quelque chose de précis. Dans *La Cité des enfants perdus* (1994) de Caro et Jeunet c'était les rêves qui manquaient. Ici, les *Étrangers*, êtres carapacés de cuir ressemblant à des fourmis ne savent pas ce que c'est qu'être un individu.

Alors, avec leur pensée collective, ils étudient les hommes et chaque nuit (mais n'oublions pas qu'il n'y a pas de jour) ils changent la ville par « *Synthonisation* » (je ne sais pas si c'est la bonne orthographe). En faisant cela, ils construisent eux-mêmes la route qui les conduira à leur perte en expérimentant la recherche de « *Shell Beach* » au travers du héros de l'histoire. Ils vont contribuer à lui donner le même pouvoir qu'eux, et en plus, ils n'aiment pas l'eau (allez savoir pourquoi...) John donc, est un petit surdoué qui possède les mêmes pouvoirs que les « *Étrangers* ». Il résistera au suicide contrairement à ce pauvre inspecteur Walinski qui ne supporte plus cette folie, car il est un de ceux qui ont assisté aux transformations de la ville. Dark City est un grand centre spatial d'expérimentation. La réalité y est devenue insaisissable. Le grand écrivain américain P. K. Dick se serait certainement volontiers reconnu dans cette histoire, car le réel n'y est que le fruit de la pensée collective des *Étrangers*. Là aussi, Clive Barker a laissé son influence avec ses tenues de cuir, ses grandes machineries médiévales. Ainsi que les décors sombres de Gotham City du *Batman* (1989) de Tim Burton. À la fin, Dark City est remodelée par John Murdock en un monde plat que les êtres humains du Moyen Âge croyaient comme le réel... Et au-delà de la mer ?...

Nous avons affaire à une science-fiction hautement philosophique qui pose la question de la réalité. Existe-t-elle vraiment en dehors de notre conscience ? La réponse est non en ce qui concerne Dark City. La ville n'est que le fruit de la pensée des « *Étrangers* », pensée mutée en énergie de transformation par leurs machines "souterraines". Mais, alors, ces machines sont-elles également réelles ? À partir de quelle pensée sont-elles créées ? Voilà qui est bien hégélien (de la pensée de Hegel, grand philosophe allemand) : la matière n'est que la négation de l'Idée, qui est elle-même la négation de la matière... Pour toutes ces raisons, ce très beau film méritait une fin plus ouverte, plus philosophique justement, à la manière de *2001 L'odyssée de l'espace* (1968) de Stanley Kubrick, par exemple.

En salle j'ai eu une expérience étonnante en regardant ce film : à la moitié de la séance, soudain, les paroles devinrent incompréhensibles et les personnages se tenaient tous la tête en bas !!! Le mystère jusque là assez épais devenait alors incroyable ! Finalement le film s'arrêta, les lumières s'allumèrent et on nous annonça que la deuxième bobine avait été raccordée à l'envers... Ouf...

Les Ensorceleuses de Griffin Dunne (1998). Ce film vaut par le charme des deux actrices. Au début on s'ennuie puis on se prend de passion pour les problèmes des deux charmantes sorcières...

Razor Blade smile de Jake West (1998) ne tient pas ses promesses. Le prologue en noir et blanc est superbe. Vraiment fantastique. Et ensuite, le réalisateur rate son essai de faire du cinéma hors norme. Enfin, ça se laisse voir.

Au-delà de nos rêves de Vincent Ward (1998) mérite d'être vu pour ses superbes effets spéciaux. Sinon, la démonstration est un peu lourde : l'amour est plus fort que la mort. Ils auraient choisi un autre acteur que Robert Williams, le film aurait été moins mielleux...

Moi zombie, chronique de la douleur d'Andrew Parkinson (1998). Un film bricolé peut-être, mais j'adore ce genre de bricolage. À partir d'un incident relativement bénin, le héros de cette histoire s'enfonce inéluctablement dans l'horreur. Alors que sa famille continue à vivre dans le monde normal et se demande où il est passé. La vision de l'intérieur d'une transformation atroce. Et comprendre l'affreuse solitude de la monstruosité.

Deep Impact de Mimi Leder (1998). N'avez-vous jamais regardé le ciel étoilé d'une claire nuit d'été ? Et, parfois, n'avez vous jamais ressenti une sourde terreur en imaginant les espaces infinis ? Parfois, la terreur vient du ciel ! Lorsque je vais voir un film, je prends des notes. Pour celui-ci, je vais conserver la chronologie de celles-ci que je vous offre intégralement : les Américains dévorent toujours des pizzas quand ils pianotent sur l'ordinateur. Suspens informatique de réseau : la connexion ne se fait pas ! Faut y aller en voiture... Les camionneurs américains boivent toujours des canettes en conduisant et le pauvre astronome téléphone avec son portable, le volant d'une main, le téléphone de l'autre. Alors, cela n'a pas manqué : canette + cigarette + téléphone portable = accident ! La mini catastrophe avant la vraie. Il faut faire durer un film, alors les préliminaires s'éternisent. Il y a un gros secret d'État dans l'histoire (une comète va heurter la Terre !), mais il est facile de découvrir la vérité sur Internet... (C'est bateau, non ?) Que cela manque de rythme ! Ah ? Un président américain noir. Pas mal !

Incroyable : le spécialiste du nucléaire dans l'équipe spatiale est Russe ! Quels sont les problèmes économiques et sociaux qui se produiraient après l'annonce de la fin du monde ? Ce problème devait être trop difficile à traiter... La gloire de l'astronome amateur fait plaisir, mais le montage du film ennuie. Il y a le vieux sage de l'équipage et les petits cons... Enfin de belles images de science-fiction avec station orbitale et vaisseaux spatiaux. Mais un peu courtes. On se demande pourquoi le vaisseau spatial passe par le chemin le plus difficile : par la queue de la comète ! Alors qu'il était si facile de passer à côté ! Superbe l'atterrissage sur le sol de la comète ! Formidables scènes sur cet immense caillou qui file dans le ciel ! Ah, mais... Il y a toujours un problème. Il y a des Gremlins partout. Qui sera tiré au sort pour survivre ? Loi martiale et couvre-feu : l'autorité de l'État sera-t-elle suffisante ? Comme d'habitude le président des États-Unis croit en Dieu.

Et pourquoi donc ont-ils sélectionné cette conne de journaliste ? On voit l'anarchie se développer... à la télé. Poignant la lecture de Moby Dick à l'astronaute aveugle ? Ce ciel étoilé est vraiment plein de menaces ! Le sacrifice individuel, la courte paille, l'embouteillage : l'horreur ! On comprend pourquoi la journaliste a été sélectionnée : pour qu'elle puisse se sacrifier. Quelle grandeur d'âme ! Elle pourra ainsi retrouver son vieux père et ils se feront de petits aveux pas chers. Superbes effets spéciaux de

la catastrophe. Vive la montagne et à bas la mer ! Heureusement qu'il y a la bombe atomique ! Une pluie d'étoiles filantes et une saisissante image finale.
Voilà.
À l'approche du troisième millénaire, il est de bon ton de raconter des histoires de fin du monde. Visiblement, celle-ci n'a pas vraiment enthousiasmé la réalisatrice...

Le Mystère des fées (Une histoire vraie) de Charles Sturridge (1998). Les fées existent-elles ? Deux petites filles y croient et les ont photographiées. Elles ressemblent un peu trop à celles de Walt Disney, mais enfin... On aurait pu avoir une merveilleuse histoire avec un sujet pareil. Hélas, ce n'est pas le cas. Malgré la présence d'Arthur Conan Doyle (joué par Peter O'Toole) et Harry Houdini (joué par Harvey Keitel). Cela sera peut-être pour la prochaine fois. Si Arthur Conan Doyle a été convaincu par les photographies de ces fées ce ne fut pas le cas d'Arthur Machen[97].
Cette histoire a été également traitée par le film *Forever* de Nick Willing (1997)

Les Ailes de la nuit de Mark Pavia (1997) d'après Stephen King. Ici pas de vampire chochotte, mais un véritable monstre qui tue et dépèce ses victimes. Il utilise un avion privé et vole ainsi d'aéroport en aéroport. Il est poursuivi par un journaliste très véreux qui veut faire un scoop pour son journal spécialisé dans le paranormal. Excellent film sauf le dentier du vampire...

Wishmaster de Robert Kurtzman (1997). Robert Kurtzman a fondé l'atelier KNB avec Greg Nicoreto et Howard Berger. Il a réalisé les effets spéciaux d'*Evil Dead 2* (1987) de Sam Raimi et *Les Griffes de la nuit (Freddy 3)* (1987) de Chuck Russel, puis KNB sera dans le coup de *L'antre de la folie* (1994) de John Carpenter, *L'armée des ténèbres* (1993) de Sam Raimi, *Une Nuit en enfer* (1996) de Robert Rodriguez et *Vampires* (1997) de John Carpenter.
Il n'est donc pas étonnant que ce film (*Wishmaster*) soit truffé d'effets spéciaux de très grande qualité qui en font une œuvre intéressante. Un tel film est toujours vu par nombre de critiques avec des yeux de pisse-vinaigre. C'est dommage. Ainsi, lors de sa sortie en 1968, *La Nuit des morts-vivants* (George Romero) était classé dans le fin fond des séries B. Aujourd'hui, personne n'ose nier que c'est un chef-d'œuvre. Autre exemple. Voici ce qu'écrivait Aurélien Ferenczi dans Télérama à propos de *L'antre de la folie* (1994) de John Carpenter : « ... *le scénario se prend vite les pieds dans des complications inutiles... Une fois de plus Carpenter ne tient pas ses promesses.* » Le film n'a même pas droit à un seul T de cotation ! En juin 1998, une autre chaîne de télé diffuse le même film. Entre temps, la cinémathèque a rendu hommage à John Carpenter (voir ci-dessus la critique du film *Vampires*), alors... Télérama a bien pris la précaution de ne pas reprendre la même critique comme elle le fait souvent. C'est donc Jacques Morice qui écrit : « *On ne dira jamais assez combien Carpenter sait faire rimer fantastique et poésie visuelle.* » Et le film est coté avec deux T ! Je pourrais répéter à l'infini ce type de citation avec la manière dont les critiques traitent, autre exemple, un cinéaste comme Dario Argento...

---

[97] Arthur Machen (1863 – 1947) écrivit plusieurs histoires sur ce qu'il appelait « Le petit peuple ». Il est également l'auteur du récit : « Le Grand dieu Pan » (1894). Lovecraft était plein d'admiration pour cet écrivain anglais de « La science des fées »

Alors, fort de cette petite leçon de modestie pour les critiques, ne faites pas confiance à ceux qui critiquent un film fantastique, car souvent, ce film les dérange. Allez le voir pour juger vous-même ! *Wishmaster* est intéressant à plus d'un titre, en mettant de côté les quelques maladresses de mise en scène et de montage. D'abord, le thème traité : celui du djinn. Les incarnations du mal prennent différentes formes dans le folklore des peuples. Cette forme, ils la leur donnent en fonction de leur histoire, de leur religion, de leurs peurs intimes. Le djinn est un esprit de l'air inventé par les Arabes. Il est parfois malfaisant, mais aussi parfois bienfaisant. Souvent (et c'est le cas dans ce film) on confond les djinns avec les shayâtîn qui sont les démons de l'islam. Comme eux, les djinns ont été créés à partir du feu par Allah. Ils ont le don d'être partout, d'« *écouter aux portes du ciel* » (Coran XV, 18). Voilà donc un diable original chez nous et que bien peu d'auteurs ou de cinéastes ont mis en scène en occident, contrairement aux pays arabes, telle l'Égypte. « *Les contes anciens sont bien plus noirs* », déclare le djinn qui a pris l'apparence de l'héroïne du film.

Un grand écrivain anglais (et non pas américain comme beaucoup le croient, car il met toujours en scène ses histoires aux États-Unis...) l'a fait : Graham Masterton avec *Le Djinn* (19977). Cet auteur génial écrit des histoires inspirées des mythes et légendes. Et, justement, je trouve que le film *Wishmaster* emprunte beaucoup à son œuvre.

En m'excusant de me citer, voici ce que j'écrivais dans le numéro 38 de la revue Phénix : « *Les romans de Masterton sont tous construits de la même manière, basés sur un thème éminemment fantastique, celui de l'apparition de créatures, d'entités, de démons venus d'ailleurs [...] Ainsi, un objet [...] devient le siège d'un démon qui peut ouvrir les portes de l'au-delà.* » Ici, c'est bien le thème central du film *Wishmaster*. Et ce n'est pas tout. Chez Masterton, devant les manifestations inexplicables du démon, le héros rencontre un érudit qui lui donne des pistes et une bibliographie pour comprendre. C'est le cas aussi dans le film. Le scénariste Peter Atkins avait-il lu les œuvres complètes de Masterton ?

Wes Craven, qui avait su apprécier les dons d'artiste maquilleur de Kurtzman a produit son film. Ce dernier, en hommage aux films fantastiques a embauché une série d'acteurs ayant joué le rôle principal dans un film mythique : Robert Englund d'abord, le comédien qui a joué *Freddy*, Tony Todd dans *Candyman* (1992) de Bernard Rose, Reggie Banister pour *Phantasm* (1979) de Don Coscarelli et Kane Hodder pour *Vendredi 13* (1980) de Sean S. Cunningham.

Comme dans les romans de Masterton, le film commence sur les chapeaux de roues avec une scène terrifiante en Perse au douzième siècle. Il y a un laboratoire ce qui mêle dans l'esprit du spectateur science et occultisme et le djinn est délivré par un laser utilisé pour tenter d'analyser l'objet qui le tient prisonnier (une énorme pierre précieuse...) Le djinn est une créature qui se nourrit des vœux des humains. Il les satisfait à sa manière qui est très cruelle. Le débat entre la rationalité et l'irrationalité, classique dans ce genre d'histoire, est vite clos aux dépens de la première, car, de nos jours, « *Il n'y a plus de charmes, plus d'espoirs, plus de magie...* » Le djinn, lui, représente le désespoir. Et alors, les statues se mettent en marche et Jack l'éventreur sort de son tableau. Gare !

La suite : *Wishmaster 2* de Jack Sholder (1998) est encore mieux ! Ce qui n'est pas le cas de *Wishmaster 3* de Chris Angel (2001) qui se laisse néanmoins regarder... Et il y a aussi un *Wishmaster 4* de Chris Angel également ! Ces séquelles sont un peu plus portées sur le sexe...

The Kingdom II de Lars von Trier et Morten Anfred (1997). Vous êtes capable, vous, d'aller au cinéma voir un film qui dure 4 heures 46 ? Moi non plus ! En attendant, vous pourrez toujours lire ci-dessous ma critique de *L'Hôpital et ses fantômes*», série télévisée passée sur Arte et regroupant *Kingdom I et II*. Lars von Trier adore les hôpitaux, mais je ne sais pas s'il adore le spectateur...

Cube de Vincenzo Natali (1997). Petit budget et chef-d'œuvre. Oui ! Oui ! Ça arrive de temps en temps. Formidable. Ce film que nous avons vu en France en 1999 m'a fait penser à *Stalker* de Tarkovski. Dans les deux films, les personnages parcourent un labyrinthe mortel et doivent utiliser des méthodes ingénieuses pour déjouer les pièges. On ne s'ennuie pas une minute. L'évolution des personnages est extrêmement intéressante, et le jeu des acteurs évolue dans ce sens. Une microsociété est reconstituée dans ce cube, et les meilleurs ne sont pas toujours ceux que l'on croit au début, lorsqu'on fait connaissance. Il faut une mathématicienne pour trouver une issue. C'est simple. Mais il fallait y penser. On passe des nombres premiers aux coordonnées cartésiennes. Ben, finalement, c'était évident lorsqu'on est dans un cube composé de plusieurs cubes... Pour savoir dans quel cube on est, il faut déterminer le numéro du cube dans un axe horizontal, un autre axe perpendiculaire à celui-ci, et un troisième axe vertical. C'est ce qu'on appelle les coordonnées cartésiennes. La violence du « cube » produit le développement de la violence chez les êtres humains dans leur microsociété. Le demeuré est un génie et le flic un salaud. *« Il n'y a rien qui me donne envie d'aller dehors... (Il y a) une bêtise humaine illimitée. »* Déclare un personnage, le plus introverti. Un film génial vous dis-je ! Une suite : *Cube^2 : hypercube* d'Andrzej Sekula (2003)

Un Cri dans l'océan de Stephen Sommers (1997). *« Qu'est-ce qu'il y a encore ? »* Telles sont les dernières paroles du film alors que le spectateur croit les héros tirés d'affaire sur une île et que l'on entend des grognements terrifiants. La caméra qui s'élève dans le ciel montre un volcan en éruption et des arbres démolis par une énorme créature que l'on ne voit pas, mais dont on aperçoit les effets. Ils ne sont pas sortis de l'auberge comme dirait l'autre. Le cinéaste est bon, les effets spéciaux excellents. Que demander de plus pour un tel film d'horreur ? Les premières sombres images des profondeurs avec leurs épaves sont saisissantes. Ici, la mer n'est pas accueillante : elle est noire, il pleut tout le temps et la vedette qui transporte les héros vers leurs destins est toute rouillée... Quant au paquebot « *L'argonautica* », les passagers devaient pouvoir y réaliser tous leurs rêves, mais il découvriront l'horreur des profondeurs. Le scénario ressemble beaucoup à celui d'*Alien la résurrection* (1997) de Jean-Pierre Jeunet, avec un peu de *Titanic* (1997) de James Cameron, mais c'est dû à "l'air du temps des scénaristes" car Sommers ne peut pas avoir vu ces films avant de réaliser le sien ! Par contre on se demande si Stephen Sommers a lu Lovecraft. Car son monstre semble directement inspiré des œuvres de cet écrivain qui a beaucoup écrit sur la terreur provenant des profondeurs maritimes, car, selon lui, dans ces abîmes, dorment des monstres. Le monstre d'U*n Cri dans l'océan* semble tout droit sorti des descriptions du grand Cthulhu de Lovecraft...

Scream 2 de Wes Craven (1998). Au Rialto, ils passent « *Stab* ». C'est le film adapté de l'œuvre de la journaliste de *Scream* dans laquelle elle raconte l'histoire. Un couple de blacks va voir le film. La fille n'est pas contente : « *Je déteste les films d'horreur !* » S'exclame-t-elle. De plus, elle remarque (justement, hélas...) : « *les films gore sont un genre où les blacks sont absents.* » Ce n'est donc pas le cas de *Scream 2*. La scène de l'entrée dans la salle de cinéma est formidable. Elle signifie ouvertement (vulgairement ?) que lorsque le spectateur entre dans cette salle, il va y rencontrer la peur. Nous, les spectateurs de *Scream 2*, nous regardons un film qui montre des gens qui regardent un film d'horreur. Le premier meurtre – qui se déroule aux toilettes – est rendu possible par la curiosité de la victime qui approche son oreille pour entendre un bruit dans la cabine voisine. Une manière de montrer que le son, la musique ont une importance primordiale dans le film d'horreur. Alors, imaginez-vous regarder un film dans lequel des spectateurs regardent un film d'horreur (que vous avez, vous, déjà vu) et qui se font assassiner ! Le cinéaste mélange le film et le réel... le film que regarde le spectateur, enfin, le spectateur réel... Bon, la fille est tuée devant tout le monde qui croit à une mise en scène. Nous, nous savons que c'est vrai (enfin, que c'est vrai dans le film que nous regardons...) Bon ! De toute façon, c'est bien fait pour la fille, ça lui apprendra à ne pas croire aux films d'horreur !

Voilà donc la pédagogie cinématographique qu'utilise le scénariste (le même que celui du premier « Scream » : Kevin Williamson) pour mieux expliquer le film d'horreur. Vous remarquerez que certains n'ont pas compris. Tant pis pour eux... Ensuite, on traite la question des « suites » de films qui ont eu du succès. « *Par définition, les suites sont toujours un sous-produit* », déclare un protagoniste. Seul Wes Craven possède la force d'une telle autodérision. Ce même personnage cite pourtant des cas où la suite est mieux que l'original (ce n'est pas moi qui le dis, mais ce personnage) : *Alien 2*, *T 2*, *House 2*, *Le Parrain 2* [*]. Donc, les allusions cinématographiques sont multiples. Ainsi on entend dire : « *Le multiplex est devenu un véritable coupe-gorge* », affirmation qui devrait faire frémir de joie les adversaires de ce type de grande surface du cinéma... Il y a aussi de rares extraits de films. Dans la maison « *ΩBZ* », la jeune fille regarde la télévision, vecteur habituel des cinéastes pour des citations cinématographiques – depuis *Halloween* de John Carpenter (1978). Je n'ai pas eu le temps de tout saisir, mais il m'a semblé reconnaître *Les Sept samouraïs* (1954) d'Akira Kurosawa. Je n'ai pas pu décrypter les images de western, mais on voit à plusieurs reprises des images du *Nosferatu* de Murnau (1922). D'abord, la scène où Ellen se réveille en hurlant alors qu'elle semble subir l'influence à distance du comte Orlock (Nosferatu), et, ensuite, lorsque la jeune fille est poursuivie par le tueur, celle où l'ombre d'Orlock glisse dans les escaliers. Autrement on retrouve les clichés habituels : le faux assassin qui entre dans le champ, ces p... de téléphones qui ne marchent pas quand on a besoin d'eux, la future victime qui s'enferme avec l'assassin croyant se mettre à l'abri, le hard rock.

---

[*] *Alien 2* de James Cameron (1986) dont le véritable titre est *Aliens, le retour* – *T 2* signifie *Terminator 2* aussi de James Cameron (1991) qui avait déjà réalisé le *T 1* (*Terminator* 1984) – *House 2* d'Ethan Wiley (1986) est la suite de *House* de Steve Miner (1985) – *Le Parrain 2* de Francis Frod Coppola (1974) qui avait déjà réalisé le *1* en 1972.

Wes Craven utilise plusieurs fois le même procédé cinématographique pour annoncer la mort (ou la confirmer) : il filme sur le site de la mort en plongée, de très haut, grâce à la grue, soit les véhicules de police et les ambulances arrivés après le meurtre, soit la future victime (un homme, car dans ce film, les hommes aussi sont des victimes) isolée dans un parc avec un téléphone portable à l'oreille... Ou de légers et très lents travellings pour inquiéter quand il montre une conversation. Par contre, il filme le fiancé en contre-plongée pour le désigner comme suspect. D'autant plus que dans *Scream* c'était le fiancé le coupable. Ne parlons pas de la scène ridicule de la déclaration d'amour à la cafétéria. L'utilisation d'une scène de théâtre pour augmenter la confusion des différents niveaux de dramaturgie du film est excellente. Et la fin s'y déroule en mettant en scène le coupable qui se déclare dément en invoquant un prétexte : « *Le cinéma est responsable de mon état* ».
Quant à la fin, elle est (involontairement ?) copiée sur celle de *Vendredi 13* de Sean S. Cunningham (1980).
« *Ils reviennent toujours* », déclare un personnage à la fin du film à propos des assassins en série. Allusion à *Halloween* ou ouverture pour *Scream 3* ? « *Ça fera un putain de film* », déclare le faux coupable à la fin du film. C'est clair non ? (Voir ma critique de *Scream 3* plus loin...)

Armageddon de Michael Bay (1998). On pourrait changer le titre du film et l'appeler : *Les Pieds Nickelés sauvent le monde*. Au départ, c'est intéressant. On apprend (pour ceux qui ne le savaient pas...) qu'un météorite s'est écrasé sur la Terre il y a soixante-cinq millions d'années (il est tombé sur ce qui est la Sibérie aujourd'hui, mais le film ne le dit pas et on a du mal à reconnaître le coin sur la vue satellitale qui nous est présentée – une image de synthèse, rassurez-vous...) Le film reprend une explication aujourd'hui remise en cause par les scientifiques : c'est cet impact qui serait responsable de la disparition des dinosaures. Puis, ça démarre sur les chapeaux de roue : New York est bombardée. Carrément ! Le chauffeur de taxi croit que c'est Saddam Hussein. Mais il se trompe : ce sont des météorites. Il y a aussi l'astronome, comme dans *Deep Impact*, mais il ne fait qu'une apparition type étoile filante. On apprend alors que la fin de l'humanité est proche. Les larmes nous monteraient presque aux yeux, dites donc ! « *On peut faire quelque chose demande le président ?* » (Ah ! ah ! ah !) Oui, voilà ce qu'ils vont faire : ils vont recruter une bande de Pieds Nickelés spécialistes du forage et du bricolage et avec l'aide de la toute puissante technologie américaine, ils vont détruire cette putain de météorite qui menace le monde. Et vive les États-Unis ! À part cela, ceux qui ont fait le film ne semblent pas savoir non plus (comme ceux de *Star Wars*) qu'on n'entend pas de bruit dans l'espace. Mais vous connaissez un spectateur qui serait heureux de voir des images sans son, vous ? Si la technologie US est magnifique, il n'en est pas de même de la pauvre technique du défunt empire soviétique. Le cosmonaute (du nom d'Andropov, le même nom que l'ancien directeur du KGB, qui fut secrétaire général du PCUS un court moment...) est un merveilleux bricoleur. « *Il y a quelqu'un ?* » Questionne le cosmonaute américain en débarquant sur MIR. « *Touchez surtout à rien !* » Ordonnera, plus tard, Andropov. Bon, ils vont toucher et tout va exploser. Sacrés soviétiques va ! Il y a de l'émotion, il y a de bons effets spéciaux, les acteurs ne sont pas mauvais (mais pourquoi ils ont mis cette voix niaise pour doubler Bruce Willis ?), mais on en a un peu assez de cette idéologie, non ? Le monde se réduit à quelques Indiens qui prient dans un temple et à des Français représentés comme bergers coiffés d'un béret basque, avec les moutons et le Mont-Saint-Michel en arrière-plan ! Il y a bien une citation du *Dr Folamour* (1963) de Stanley Kubrick, mais c'est pour prendre complètement le contre-pied de ce chef-d'œuvre...

La Mutante 2 de Peter Medack (1998). Cette suite ne vaut même pas le premier... Pourtant, l'histoire qui ressemble à celle de Dracula (il part en voyage et revient infesté – il y a même un fou qui sait tout dans l'asile...) aurait pu avoir un certain attrait. Mais les effets spéciaux ne tiennent pas leur promesse (sauf l'autopsie et la reconstitution de la tête) et l'érotisme non plus. La fin nous promet une Mutante 3 ! On verra la très belle Natasha dans le *Ghosts of Mars* de Carpenter.

Chapeau melon et bottes de cuir de Jeremiah Chechik (1998). Je demande pardon aux fans, mais je n'ai jamais vraiment apprécié la série qui porte le même nom que le film. Je ne sais pas s'ils retrouvent l'ambiance de ce feuilleton dans le film, mais pas moi. La stupéfiante Uma Thurman qui joue Emma Peel fait tout le film (avec les effets spéciaux). Quant au pâle Ralph Flennes qui joue John Steed, c'est certainement un bon acteur, mais il aurait dû refuser ce rôle... Autrement que dire ? Il y a un (joli) clone, un homme invisible, de magnifiques frelons en acier, des aberrations spatiales (on descend un escalier et quand on a fait le tour, on se retrouve de nouveau en haut : énervant, non ?) et des extraits de *Twister* (enfin on pourrait le croire) et de *Mars Attacks !* (enfin, on pourrait le croire)...

Godzilla de Roland Emmerich (1998). Fallait-il le faire ? Telle est la question que je me posai avant d'aller voir le film. En effet, je n'ai jamais été vraiment attiré par les monstres du cinéma japonais. Après le *Godzilla* de Honda qui est un bon film, on a assisté à une floraison de monstres qui détruisaient Tokyo à chaque film. Comment toute cette aventure a-t-elle commencé ? Honda voulait faire un film contre les bombardements atomiques de Nagasaki et Hiroshima. Mais la censure américaine veillant, il ne pouvait se permettre de traiter le sujet de manière réaliste. Alors il inventa le monstre né des explosions nucléaires américaines, sans que cela soit dit (mais cela se comprend très bien dans le film). Devant son succès phénoménal, Hollywood ne put se résoudre à laisser échapper une telle manne. Alors le film fut distribué aux États-Unis, mais... modifié ! En effet, la guerre contre le Japon étant encore très récente, il était difficile de montrer un film où il n'y avait que des Japonais... Alors on ajouta des scènes avec un journaliste américain joué par Raymond Burr. Incroyable ! La version originale japonaise est disponible en vidéo.

Bien, revenons au film de Roland Emmerich. Je disais qu'il avait fallu le faire. Effectivement, ce film a donné une vraie nouvelle vie au monstre grâce aux stupéfiants effets spéciaux. N'en déplaise aux ringards, les effets spéciaux avec les images de synthèse sont une nouvelle étape dans l'histoire du cinéma, après le son et la couleur... Et il faut bien admettre qu'ils apportent une capacité inouïe de donner vie à l'imagination au travers de l'image. Ni le « réalisme socialiste », ni le « néoréalisme », ni la « nouvelle vague » n'y peuvent changer quelque chose !

Le film commence par la Marseillaise et des images d'explosions nucléaires dans le pacifique, explosions dans l'atmosphère qui n'ont pas eu lieu en réalité depuis de nombreuses années, les derniers essais ayant eu lieu en souterrain. Puis, le début

respecte le scénario du film de Honda : un cargo de pêche japonais est coulé mystérieusement... Il y a aussi un survivant recueilli par les Français et qui répond à la question posée par l'agent secret :
— *Dis-moi ce que tu as vu grand-père ?*
— *Godzilla ! Godzilla !*
Des chalutiers américains seront coulés en étant aspirés vers le fond. La bête est passée du Pacifique à l'atlantique en traversant Panama... Pour rester dans le nucléaire (à croire que les Américains n'ont pas d'armement nucléaire), on va chercher un scientifique qui étudie la mutation des vers de terre à Tchernobyl. Méthode classique d'un scénario : les différents personnages sont filmés dans les différents coins du monde où ils ont leur activité.
Une magnifique transition : la caméra en hélicoptère filme une voiture qui roule sur une route au Panama, avec, de chaque côté de la voie, les traces géantes de la bestiole. Au plan suivant, la caméra filme de la même manière une rue de Manhattan, « La ville qui ne dort jamais ».
Ici, contrairement à *Independence Day*, du même réalisateur, l'armée américaine manque d'efficacité. Elle accumule même les maladresses. Il faudra la compétence et l'acharnement de l'agent secret français (joué par Jean Reno, toujours aussi superbe) pour permettre aux militaires US de régler le problème. D'ailleurs les maladresses militaires démolissent beaucoup plus New York (dont la population a été évacuée) que la grosse bête. Une très grosse bestiole très dure à tuer. Le film critique aussi les politiciens (le maire...), la télévision... C'est donc l'anti *Indepedence Day*. Pourquoi Hollywood a-t-elle fait ce choix, disons... idéologique ? Eh bien, Hollywood se fout de l'idéologie, sauf quand elle intéresse le marché, les dollars, sonnants et trébuchants. Si l'idéologie d'*Independence Day* a agacé plus d'un spectateur, il était simple de les contenter cette fois avec un aussi gros budget. Et ça marche ! À part ça, on ne s'ennuie pas une minute. Le monstre est magnifique. L'humour est grinçant et la musique formidable. C'est filmé par un grand professionnel. À la fin il reste un œuf de Godzilla. À bientôt donc pour *Godzilla 2*...
Il faut enfin noter qu'Emmerich rend hommage au film *King Kong* dans plusieurs scènes et, notamment, celle de la fin avec les battements de cœur du monstre...
The X-Files de Rob Bowman (1998). Dans ce film, on n'a rien inventé dans le domaine de la mythologie du fantastique. C'est même du pillage – ouvertement avoué d'ailleurs – de films comme *La Chose d'un autre monde* et *The Thing*, *Alien* et *L'Invasion des profanateurs de sépulture*.
On y retrouve donc bien ses petits. Tout est fait pour réunir devant l'écran des millions d'initiés à la série télé. Le plaisir vient de là : on peut avoir l'impression d'une certaine communion devant toutes les références à l'ensemble de la série depuis le premier épisode... Cette complicité ironique passe par exemple par la scène où Mulder urine contre une affiche d'*Independence Day*... celle où Scully autopsie, celle où ils devaient s'embrasser, mais une abeille mutante a interrompu l'action en piquant la jeune femme, celle où le garçon ne croit pas que Fox soit du FBI, car il a « *un look de voyageur de commerce* », celle où Mulder parle du complot et où, quand son interlocuteur (joué par le magnifique Martin Landau) lui demande ce qu'il a vu, il répond : « *On a vu des abeilles et des champs de maïs* », celle de la fausse mort de

Mulder... Cette complicité passe aussi par les affaires de famille de Mulder (et Scully ? Pour le prochain film peut-être...). Autrement, il y a de très beaux effets spéciaux, et, comme la mode le veut, le vaisseau spatial est très... gothique.

Small Soldiers de Joe Dante (1998). Certains critiques ont fait grand cas de l'imperfection des effets spéciaux de représentation des jouets en affirmant que Dante (le réalisateur des *Gremlins*) critique ainsi ces effets tout en les utilisant. Ne pourrait-on pas penser au contraire qu'il les a voulus si parfaits qu'ils montrent l'inévitable imperfection de tels jouets s'ils étaient soudain animés d'une vie artificielle ? On avait vu des batailles rangées de jouets dans *Toys* (1992) de Barry Levinson, mais sans l'apport artistique essentiel de ces effets spéciaux. *Small soldiers* est bourré de citations cinématographiques. Surtout des films de guerre. J'en ai noté quelques-uns. Il y a bien sûr le film de Tod Browning *Les Poupées du diable*, celui de Stuart Gordon *Les Poupées*, et puis, *2001 L'odyssée de l'espace*, *E.T.*, *X-Files*, *Frankenstein*, *Terminator* ainsi que bien d'autres films avec Schwarzenegger, *La Nuit des morts-vivants*, *La Poursuite infernale*, *Alamo*, tous les films d'extraterrestres qui ne peuvent être détruits que par la bombe atomique, *Apocalypse Now*, (« *J'adore l'odeur du polyuréthane dans le matin* »), *À l'ouest rien de nouveau*, *Les Sept samouraïs* (ou *Les Sept mercenaires*), et, enfin, la dernière phrase prononcée par un Gorgonite : « *J'espère qu'on percutera pas un iceberg* »... Ça ne vous dit rien ?

Blade de Stephen Norrington (1998). De la techno et du sang... Le scénariste, David S. Goyer, déclare avoir découvert le personnage de Blade dans un comics : *Tomb of Dracula*... À partir de là un nouveau personnage est né.
Les chasseurs de vampires plaisent aux producteurs. Dans ce film, fort bien réalisé, avec des effets spéciaux au service de l'histoire, on donne des explications "scientifiques" au phénomène du vampirisme. Il y a beaucoup de bagarres (il faut donc aimer cela au cinéma...) et le scénario ressemble un peu à celui du *Cinquième élément* de Luc Besson... À part cela, on passe un bon moment sans s'ennuyer, et on retrouve bien notre plaisir d'adolescent en train de lire une bonne vieille BD ! Si on a vieilli trop vite, tant pis !

Perdus dans l'espace de Stephen Hopkins (1998). Famille – Patrie (la Terre) – Voyage spatial. Superbes engins spatiaux. J'adore ça ! Avec l'acteur Matt Le Blanc qui joue Joey dans *Friends* (pour les fans, et il y en a beaucoup...). Gary Oldman, lui, qui a joué Dracula, se spécialise dans les rôles de méchant, ici, après *Le Cinquième élément*. Son personnage déclare d'ailleurs dans le film : « *La traîtrise n'est pas un trait de caractère, mais un choix philosophique.* » Un traître presque sympathique quoi... Un bon vieux film de science fiction qui n'a pas grand-chose de nouveau à raconter. Au fait : c'est tiré d'une série de télévision des années soixante.

Halloween : 20 ans après de Steve Miner (1998). Il revient ! Le père de tous les *slashers* ! Ceux qui ont vu *Halloween 2* (1981) de Rick Rosenthal ont appris que Laurie Strode était la sœur du tueur fou masqué Michael Myers. Ce dernier vient la retrouver. Il DOIT la tuer. On le sait. Depuis *Halloween 2*, justement. Jamie Lee Curtis, l'actrice qui interpréta le rôle de Laura dans le chef-d'œuvre de John Carpenter, remet cela dans ce film que ce dernier n'a pas réalisé. Il n'a pas pu (ou pas voulu ?) faire comme Wes Craven avec son Freddy... Si cela vous tente d'y revenir... *SLASH ! ! !*

Le Fantôme de l'Opéra de Dario Argento (1998). « *Je ne suis pas un fantôme, je suis un rat !* » affirme le fantôme à sa victime... Un rat de l'Opéra alors ? Voilà l'ambiguïté de ce film : parodie ou pas parodie ? Argento a abandonné l'expressionnisme pour le baroque. Son film ressemble au film *Le Masque de cire* (1996) de Sergio Stivaletti (voir ci-dessus). Argento avait déjà mis les rats en scène dans *Inferno*. Mais là les rats prennent forme humaine. Il y a même la grosse italienne des films de Fellini (un hommage ?), des vers, des araignées et des chauves-souris. Les scènes gore sont plutôt du genre comique, pleines de sens (il lui mange la langue, il est coupé en deux, il est empalé phalliquement), gros plan sur la plaie et... sur la luette de la Diva... Les queues de rat sont dans des bocaux et un type construit une balayeuse à rats. Enfin, tout le monde sait qu'un rat est dur à tuer. Mais il suffisait d'utiliser de la mort-aux-rats ! Alors, satire ou pas ?
De toute façon une manière nouvelle de traiter une histoire somme toute pas vraiment fantastique...

Virus de John Bruno (1998). Les cyborgs sont de retour ! Un merveilleux film d'horreur de science-fiction. Le must du fantastique. Un film où on ne s'ennuie pas une minute, à base de problèmes scientifiques, dans un lieu clos, ici, un bateau abandonné... Avec le grand Donald Sutherland qui n'a jamais craint de jouer les méchants. Un spectacle bien filmé, bien monté, avec d'excellents effets spéciaux, d'excellents acteurs. Les images de tempête dans l'océan sont magnifiques et parfois plus terrifiantes que les monstres. Ces derniers sont également magnifiques dans leur horreur. L'équipe traditionnelle d'aventuriers est au complet : le trouillard, celui qui ne croit pas aux petits hommes verts, le traître, celui qui devient fou... Cette équipe à la recherche d'un trésor dans un milieu ultra hostile (le navire abandonné) me fait songer au magnifique western *Le Jardin du diable* (1954) d'Henry Hathaway. Là le milieu hostile était la montagne et le danger les Indiens... Tout le monde sait qu'aujourd'hui, ce sont les extraterrestres qui ont remplacé les Indiens dans le cinéma moderne américain. La station spatiale Mir est investie par une entité extraterrestre énergétique et transmet son signal au navire russe qui est un relais spatial sur l'océan. Quelques citations : « *On est des pièces pour lui.* » – « *La chose venue de Mir a besoin de courant...* » Les deux composantes de la terreur prométhéenne des écologistes sont la source de l'horreur présente sur le navire : l'énergie électrique et l'informatique... Ainsi, l'atelier de montage des cyborgs est proprement stupéfiant, car il renvoie, dans l'esprit du spectateur aux lignes de montage robotisées de l'industrie automobile... Le film finit par un cauchemar, mais les dernières paroles sont : « *On s'en est sorti !* »

Pleasantville de Gary Ross (1998). Que préférez-vous ? Le noir et blanc ou la couleur ? La couleur, bien sûr. Pauvre Georges Franju...

Star Trek insurrection de Jonathan Frakes (1998). Data a pété un plomb ! Bon, il va retrouver toute sa raison. À part cela, on a affaire à une presque niaiserie hippie, ou écolo-thibétaine, comme on veut. Une planète qui fait rajeunir et des gens qui ne veulent pas quitter leur village... Ne parlons pas du charabia scientifique comme du « *gaz très volatil* » dans l'espace ! Excusez-moi, les fans...

Ni Dieux ni Démons de Bill Condon (1998). Ce n'est pas un film fantastique, mais il parle de fantastique, car il raconte les derniers jours du réalisateur James Whale. Superbe film ! Hélas il n'eut même pas droit à une sortie en salles. Heureusement qu'il y a la télé. C'est là que je l'ai vu. Le réalisateur, Bill Condon, accompagne Clive Barker qui est un des producteurs.

La Fiancée de Chucky de Ronny Yu (1998).Tous les objets des films d'horreur sont présents dans cet entrepôt des objets criminels. Un policier va voler les restes de Chucky... L'idée de départ n'est pas mauvaise. On se rappelle qu'à la fin de *Chucky 3* l'horrible poupée possédée par l'esprit maléfique de l'étrangleur a été déchiquetée par des pales de ventilateur. Elle sera recousue et on lui trouvera une fiancée... Ce film pour adolescent est vraiment bien, contrairement à ses trois épisodes précédents, car il cultive les références aux autres thèmes des films d'horreur (*La Fiancée de Frankenstein* (1935) de James Whale dont on voit des extraits...) et aussi à la sexualité... Le poste de télévision montrant l'image de la fiancée de Frankenstein hurlant de terreur tombe dans la baignoire et électrocute ainsi la pauvre fille (bien grassouillette avec de gros seins...) qui a réanimé Chucky. La poupée qui prend sa place s'exclame après maquillage : « *Barbie, elle peut se rhabiller !* » Les dernières scènes dans le cimetière sont superbes et la dernière image suggère le film *Le Monstre est vivant* (1973) de Larry Cohen. Du coup, je me dois de vous citer les trois premiers *Chucky* : *Jeu d'enfant* (1988) de Tom Holland – *Chucky la poupée de sang 2* (1990) de John Lafia – *Chucky 3* (1991) de Jack Bender...

Comportements Troublants de David Nutter (1998). David Nutter a réalisé certains des meilleurs épisodes de *X-Files* et aussi dans bien d'autres séries comme *Space 2063*. Il reprend le thème d'*Orange Mécanique*, c'est-à-dire faire de bons élèves intelligents avec de mauvais garçons. Mais que voulez-vous, depuis le docteur Frankenstein, tout le monde sait qu'il ne faut pas brutaliser la nature...

Prémonitions de Neil Jordan (1998).Une ville engloutie par la construction d'un barrage. « *Il y a encore des contes de fées...* » C'est la conviction profonde de Neil Jordan. C'est ce qui est un peu ennuyeux dans ses films précédents : ils restent un peu trop... enfantins. D'ailleurs, l'héroïne de *Prémonitions* a illustré les contes de Grimm ! Ici, c'est un peu mieux. Mais il prend toujours son temps, et la niaiserie n'est pas absente, notamment avec la pièce jouée par les enfants (Blanche Neige...) à l'école. Mais Neil Jordan est un très grand cinéaste, il filme avec grande classe. La scène de l'accident est superbe ainsi que celle de la plongée de la voiture avec l'émergence du corps de la fillette. L'héroïne fait des « *rêves hyperréalistes* » dans la journée. Le psychiatre est à côté de la vérité : il veut tout interpréter au lieu de simplement écouter. « *Ce qu'il y a de bien avec les rêves : tout est vrai et tout est faux.* » Il y a aussi des scènes d'horreur, comme celle où le chien dévore le visage de son maître mort. Les fous ne sont donc pas si fous que cela ; ils voient peut-être simplement ce que l'on ne voit pas, nous, les gens "normaux". Ceci dit, il y a un vrai fou (ne le seriez-vous pas devenu avec une mère comme la sienne ?) et une fausse folle. Le personnage le plus important, après l'héroïne, est le barrage. Dommage que le cinéaste n'ait pas plus exploité les superbes images de la ville engloutie

La Main qui tue de Rodman Flender (1998). Il y a eu *Les Mains d'Orlac* (plusieurs versions – voir ci-dessus) tiré du roman de Maurice Renard, *La Bête aux cinq doigts* avec le génial Peter Lorre, la "chose" de *La Famille Addams* et la main du martien dans *Mars Attacks !*.Cette fois, c'est *la main qui tue*, une autre variété de films d'horreur avec des adolescents... Ah oui ! J'oubliais, il y a eu aussi la main dans *Evil Dead 2*. En fallait-il une de plus ? Car ici on fait de la morale : une main c'est fait pour travailler, pas seulement pour se branler, fumer des joints et appuyer sur les boutons de la télécommande. Sinon le diable s'en mêle ! Et la musique de Rob Zombie...

eXistenZ de David Cronenberg (1999). La chair, le sang, les organes, et, surtout, les orifices du corps, les appendices ; tout cela obsède Cronenberg. Il annonce la couleur avec un générique fait de planches anatomiques. Un nouveau jeu a été inventé. La console est un être vivant artificiel que l'on se branche sur le corps grâce à un cordon ombilical. La "prise" sur le corps s'appelle un « *bioport* », une interface informatique – organique ; le cordon un « *ombilicâble* »... On assiste d'ailleurs à la pose d'un bioport dans un centre clandestin constitué par un vieux garage. Le "chirurgien" qui fait cela est un mécano plein de cambouis. C'est vraiment trop irréel pour être vrai, non ? Au spectateur de décider. Le bioport se trouve dans le dos, à la hauteur des reins. C'est pas pratique pour le branchement... Ce dernier se vit comme une pénétration. « *Les bioports neufs sont souvent étroits* », déclare Allegre Geller. Ah ! Au fait, la console vivante s'appelle un « *gamepode* » et il est né d'un œuf amphibien. Cronenberg utilise les procédés cinématographiques de manière ostensible pour montrer les différentes formes de transition d'un monde à l'autre du "jeu" : montage, fondu enchaîné, etc. Certaines scènes montrent la "chaîne de montage" des jeux, atelier plein des organes des amphibiens mutants utilisés pour fabriquer des « *Pode* ». Quant à l'arme, réalisée avec les os des animaux mangés par le héros, elle crache des dents à la place des balles... Alors, où se trouve le jeu et où se trouve la réalité ? Cher spectateur, le sauras-tu à la fin ?

Beowulf de Graham Baker (1998). Une légende nordique racontée avec de très bons effets spéciaux et l'inévitable héros de fantasy qu'est devenu Christophe Lambert.

Ring de Hideo Nakata (1998). Il a fallu attendre avril 2001 pour voir ce film en France. Comment dire ? Peut-être *Blair Witch* filmé comme aurait filmé Chris Marker ? Autre originalité : les deux objets maléfiques sont la télévision et le téléphone. Pour le téléphone on avait déjà eu beaucoup de développements après le sketch *Le Téléphone* dans *Les Trois visages de la peur* de Mario Bava. Pour la télévision, David Cronenberg avait inauguré avec *Videodrome*, mais peu ont suivi. Ainsi, on peut dire (surtout que *Ring* a eu deux séquelles) que ces deux objets deviennent les deux objets de la terreur moderne. Quant au film lui-même, si Télérama dit que c'est bien, France-Info aussi, et là je me méfie. Mais, je l'ai trouvé pas mal. Loin d'être le chef-d'œuvre que certains ont dit. C'est vrai qu'il inspire une certaine crainte sans grands effets spéciaux. Mais de là à l'interdire aux moins de douze ans... Si vous voulez avoir vraiment peur, allez voir *L'exorciste* ! Deux séquelles : *Ring 2* de Hideo Nakata et *Ring 0* de Norio Tsuruta (2000).

The Faculty de Robert Rodriguez (1998). Robert Rodriguez m'avait franchement plus dans *Une Nuit en enfer* (1995). Là aussi il me plaît en tant que cinéaste non complexé de ne pas faire de chef-d'œuvre. Ce qui me déplaît franchement c'est le scénario. Là, je trouve que Kevin Williamson se fiche du spectateur. Il a tellement honte, qu'il fait dire à une "spécialiste" de science-fiction (une étudiante qui en lit) que ce qui se passe c'est comme dans *Body Snatchers*, ou, si vous préférez,

L'invasion des profanateurs de sépulture. Mais là il ne montre pas vraiment sa culture dans ce domaine quand il fait dire à ce même personnage que Jack Finney, l'auteur du livre *Body Snatchers* a copié sur *Les Maîtres du monde* de Robert Heinlein. D'abord, ce dernier titre est le titre du film adapté, le titre français du livre est *Marionnettes humaines*. D'autre part, il ne sait même pas que Jack Finney a plutôt copié Philip K. Dick avec sa nouvelle *Le Père truqué*. Tout est pompé et pillé. Je ne vous ferais pas la liste des pillages cinématographiques, mais cela va jusqu'à la plus célèbre scène de *Blue Velvet* de David Lynch. Le procédé de *Scream*, qui consiste à bourrer le film de références ne fonctionne pas ici, car la culture de Kevin est ici nulle !

Le Phare de l'angoisse de Simon Hunter (1998). Lieu clos : un phare, et meurtres en série. Avec quelques hommages au cinéma de Dario Argento.

Supernova de Thomas Lee (1999). Un film de fin du monde (avortée par le producteur). On s'ennuie un peu avec tous ces personnages éclairés de bleu. Dommage qu'ils n'ont pas gardé la seconde fin visible sur le DVD…

Matrix (La Matrice) de Larry & Andy Wachowski (1999). Ce film est une anthologie des trucages cinématographiques. Superbe ! Une photo magnifique également (Bill Pope). Il y a aussi des plans gothiques, notamment sur la hauteur et la vétusté des immeubles, l'obscurité. C'est grâce à l'informatique, aux pirates informatiques, que certains vont découvrir la nature exacte de notre civilisation… Qu'est-ce que la Matrice ? Si tu veux le savoir suit le lapin blanc comme Alice qui l'a suivi et a trouvé le pays des merveilles… Rêve, cauchemar, réalité ? Qu'est-ce que le réel, quelle est la définition du réel ? Ainsi, le spectateur peut voir le monde sur l'écran d'un vétuste poste de télévision Radiola ! En réalité nous ne sommes plus que des légumes pour nourrir les Machines ! Les êtres humains sont des piles ! et la Matrice crée l'illusion de notre monde. Stefan Wul avait déjà inventé cela dans *Oms en série* dont on a d'ailleurs fait un dessin animé. Ensuite, il y a quelques leçons de maîtrise de soi : « *On n'est pas le meilleur quand on le croit, mais quand on le sait.* » C'est très bon aussi la scène avec la prédiction : « *L'auriez-vous fait si je ne vous en avais pas parlé ?* » dit le médium au héros après l'avoir averti qu'il allait casser un vase… Ce médium est un oracle sous la forme d'une charmante vieille dame séduisante au possible. Une vision technologique de l'Ancien Testament déjà vue avec *Terminator* : les humains sont la peste et les Machines sont l'antidote. Les combats forment de magnifiques chorégraphies. Le contrechamp avec les douilles qui tombent est vraiment novateur. Le feu au ralenti, comment ils évitent les balles… John Woo n'a qu'à bien se tenir ! *Mission impossible* est mille fois battu ! Et puis il y a les chansons de Rob Zombie et Marilyn Manson ! (Voir plus loin les suites de la trilogie)

Peur Bleue de Renny Harlin (1999)

Ce film n'est pas un film de série B encore moins de série Z. C'est un film réalisé avec de gros moyens, des effets spéciaux inventifs et une belle réalisation.

Il a néanmoins sa place dans cette étude, qui ne comprend pas seulement des nanars.

Il s'agit d'un thème « scientifique » : le requin contre Alzheimer ! D'où son lien de parenté avec le film ci-dessous *SharkMan*.

Bien sûr, il y a bien d'autres films de requins-tueurs, les descendants du film de Spielberg *Les Dents de la mer*. Mais ils n'entrent pas dans le concept qui réunit les films de ce livre. Par contre, nous y avons mis des films comme *Piranhas* de Joe Dante et autres suites... par exemple.
La chercheuse Susan combine des ADN de requins, alors elle crée... des monstres.
Carter, le plongeur qui n'a jamais été à l'école, est un dur de dur. Aucun requin ne lui résiste. Le prologue de film est saisissant sur ce point et le scénariste excellent.
Aucun requin ?
Il en endort un en vue de son opération. Suspense. Extraction du liquide cervical. Un complexe de protéines pour rendre sains des neurones humains malades : ça marche !
Mais le requin se réveille et sectionne le bras du scientifique présent à ses côtés. Carter veut tuer l'animal, mais Carter/Frankenstein le sauve !
Ils sont en pleine tempête dans leur vaste centre de recherche situé en pleine mer. L'hélicoptère de secours appelé a du mal à atterrir sur la plateforme, donc ils halent le blessé. Le câble est coincé. Et le blessé tombe vers le bassin du requin qui saute hors de l'eau pour le happer et tire ainsi sur l'hélicoptère qui s'écrase ainsi sur le bâtiment principal en explosant. L'explosion s'étend aux cuves de carburant de la station marine. Je ne vous explique pas la catastrophe.
Le requin se jette sur la vitre de la salle de contrôle qui est brisée !
CA-TA-STRO-PHE !
Quel suspense.
Le requin continue son offensive, les humains tentent de s'en sortir.
« Qu'est-ce que vous avez fait à ce requin ? » Demande le patron à Susan/Frankenstein...
« Leur cerveau n'était pas assez grand pour qu'on ait des complexes protéinés en quantité suffisante, alors nous avons violé le code de Harvard ».
Ils ont augmenté le volume de leur cerveau, donc ils sont devenus plus intelligents ?
« Elle a voulu baiser les requins et maintenant les requins veulent nous baiser », ironise le technicien. Et il ne faudrait pas que ces requins s'échappent dans l'océan ?
« Ça craint rien les clôtures sont en Titane. » Mais, du coup, s'il le dit on a un doute quand on connaît les intrigues de films d'horreur.
Scènes de survie du cuistot et de son perroquet.
Ils comptaient sur le sous-marin pour se tirer, mais il est hors d'usage.
« Le cuistot meurt dans son propre four ? » Où il s'est réfugié... « Mais j'ai d'autres projets se répond-il à lui-même... Et il réussit à tuer un requin avec son... briquet ! Le patron s'est fait bouffer par un requin, donc c'est Carter qui commande.
Ça y est, la caméra subjective nous montre ce que voit le requin. Les poteaux en béton de la station marine commencent à céder.
Une autre victime : mise à mort stupéfiante. Encore une autre : idem.
Bien la mise à mort d'un requin par Susan.
Il y a trois survivants : Susan, Carter et le cuistot qui est très sympa.
Il reste encore un requin !
Superbe bagarre entre le cuistot et le requin.
Dernière bataille contre le requin qu'il faut tuer avant qu'il ne prenne le large.

Deux survivants...
Excellent film !
« Tu es sûr qu'il n'y avait que trois requins ? » Demande le cuistot...
Ne pas confondre ce film de requins avec le film homonyme qui est une adaptation du roman de Stephen King sur les loups-garous. **Peur bleue** de D. Attis (1985)

Wing Commander de Chris Roberts (1999). Pour ceux qui aiment le jeu et les autres aussi, du moins ceux qui aiment les guerres spatiales... Les extraterrestres sont félins...

La Momie de Stephen Sommers (1999). Que ne nous a-t-on pas annoncé ce film. Comédie burlesque et film fantastique d'horreur, c'est le style de Sommers. Avec hommage à Indiana Jones...

Le Projet Blair Witch d'Eduardo Sanchez et Daniel Myrick (1999). Ah ! Voilà un film de génie ! Un procédé cinématographique pour raconter une histoire en dehors de toutes les normes vues jusqu'ici, en dehors, complètement en dehors de la "grande forme" et des codes hollywoodiens. Le film commence par un carton. Ça n'a l'air de rien, mais cela commence déjà à développer chez le spectateur une petite angoisse. Beaucoup d'ailleurs croient, à la fin du film, que c'est une histoire vraie ! On a affaire à des images en vidéo « amateur » et en film seize millimètres noir et blanc. Des personnes du cru nous parlent de forêt hantée d'un ermite qui a tué sept enfants... Et notre équipe part à la recherche de la sorcière de Blair en forêt. « *Et pourquoi tu filmes tout, les conversations comprises ?* » demande l'un des deux garçons à la fille. Le spectateur se le demande aussi. Une allusion au film *Délivrance*, des "messages" étranges laissés par on ne sait qui (tas de pierres, simulacres de corps pendus...) et ils se perdent dans la forêt... Petit à petit, ils sont saisis par l'horreur, surtout la nuit, car les sons (des cris humains, d'enfants et de leur compagnon disparu) sont entendus en *off* alors que l'image est complètement noire, car l'obscurité est complète dans la forêt. N'avez-vous jamais été vous promener la nuit dans la forêt ? Cela peut être terrifiant. Cela dépend de votre imagination... Soudain, le spectateur prend peur. Il ne sait pas pourquoi, la peur des personnages est partagée. Le gros plan sur une partie du visage de la jeune fille qui dit (entre autres) : « *J'ai peur de fermer les yeux et j'ai peur de les ouvrir...* » est stupéfiant ! À la fin, ils retrouvent la maison abandonnée, dont les murs portent les marques de petites mains d'enfants (voir le début...) et aussi la mort, puisque le carton du début nous apprend qu'ils ont disparu et que l'on a juste retrouvé le film que vous venez de voir... Un film étonnant et génial !

Wild Wild West de Barry Sonnenfeld (1999), avec les personnages de la série de télévision *Les Mystères de l'ouest*. Je ne sais pas si les fans de cette série s'y retrouvent, mais pas moi... Un film carrément ennuyeux ! Will Smith est égal à lui-même et l'histoire genre *Steampunk* est un peu avariée. Seule l'araignée géante en métal vaut le coup, mais on la voit dans la bande-annonce. Ils n'ont peut-être pas fait exprès de faire allusion à un aussi bon film que *Il était une fois dans l'Ouest* !

La Neuvième porte de Roman Polanski (1999). Le film débute avec un superbe générique qui rappelle les jeux vidéo, par son graphisme et par le mouvement de la "caméra". D'ailleurs, tout le film est construit comme tel. Première question : a-t-on affaire à un nouveau détective de l'étrange ? Oui, d'abord, non, ensuite, oui de nouveau... Deuxième question : ces livres sont-ils réellement sataniques ? Mêmes réponses, mais ça commence par « non ». Troisième question : la fille étrange est-elle l'ange gardien du "détective" ? Mêmes réponses et ça commence par « oui »... Etc. Certains critiques ont fait la fine bouche et râlent de s'être ainsi laissés trimballer tout au long de ce scénario. Dean Corso (joué par le grand acteur Johnny Depp) joue aux morpions en utilisant des « AT » et des « LCF » au lieu des ronds et des croix. On sait tout de suite que, pour faire venir le diable, il faut trouver les neuf bons dessins signés « LCF ». Mais, bien sûr, on n'y croit pas, comme Corso n'y croit pas, lui... Alors ? D'ailleurs, cette recherche des erreurs dans deux dessins quasiment identiques fait penser aux jeux dans les livres d'enfants. Il y a une allusion au film *Chinatown* de Polanski, et deux Dupont et Dupond libraires espagnols. D'ailleurs ils m'ont fait penser à l'expression de ma jeunesse : « *une valise espagnole à poignée intérieure* ». (Pourquoi espagnole ?) Mais pas si cons que ça les deux jumeaux libraires... Après le *Necronomicon* nous avons les *Neuf portes*, et, comme le dit le satanique Boris Balkan (et comment faire croire au hasard d'avoir choisi un nom pareil ?) : « *Certains livres sont dangereux. À ne pas ouvrir impunément.* » Quant aux adeptes de sectes sataniques, « *de pauvres clowns* » comme le leur dit Boris, ils sont tout simplement des pleutres ! Ah que voilà un beau film sur les jeux d'enfants, les jeux vidéo, les jeux de rôle, les BD de Tintin, et les films de Dracula ! Sacré Polanski !

Passé Virtuel de Josef Rusnak (1999). Très bon film. Si vous avez réussi à le voir, vous avez de la chance, car il a été rarement distribué ! Du vrai virtuel, comme celui qu'on a dans la tête. Un vrai nouveau film avec de très bons acteurs même s'ils ne sont pas très connus, et pas d'explication didactique comme, celle, par exemple, de *Dark City* à la fin. Une très bonne reconstitution de l'année 1937. Surveillez les ventes ou locations vidéo et les programmes télé !

Star Wars Episode 1 : la menace fantôme de George Lucas (1999). Ah quel plaisir, quel spectacle ! Ne boudons pas s'il vous plaît ! La course de modules : haletant ! (La plupart de ceux qui sont allés voir le film n'ont pas vu *Ben Hur*...) la bataille spatiale : aussi passionnante ! Ah ces effets spéciaux, cette qualité de la mise en images de l'imaginaire... Bravo ! Bien mieux que les trois épisodes précédents sur ce plan. Voilà une autre génération de Star Wars qui commence. Que la force soit avec toi !

Hantise de Jan De Bont (1999). Une moderne adaptation du livre de Shirley Jackson *Maison hantée*. Ce livre commence par ces phrases et finit par les mêmes : « *Et Hill House se dressait toute seule, malsaine, adossée à ses collines. [...] Le silence s'étalait hermétiquement le long des boiseries et des pierres de Hill House. Et ce qui y déambulait y déambulait tout seul.* » Voilà l'ambiance qu'avait bien réussi à montrer Robert Wise dans sa première adaptation *La Maison du diable*. Ici nous avons un film hollywoodien. Le réalisateur mise toutes ses images sur la maison. Ces images et les effets spéciaux sont exceptionnels. Ils montrent une bâtisse mêlant tous les styles (gothique, renaissance, baroque...), une construction vivante qui tente de phagocyter ses habitants. « *La déco ! J'hallucine ! C'est géant* ». S'exclame Theo lorsqu'elle entre pour la première fois dans le château. Ce qui est bien rendu avec les effets spéciaux, c'est la manière dont l'insomniaque donne vie à sa chambre lors de ses nuits blanches. L'escalier métallique est superbe. C'est l'album photo animé lorsqu'on en tourne les pages qui donne la solution. La hantise est une affaire personnelle, mais on finit par la partager avec les autres. Bien sûr on ne peut pas comparer les deux films. Dans *La Maison du diable,* tout est dans la suggestion grâce au *son.* Ici, on voit et le réalisateur en rajoute. D'ailleurs la fin ne respecte absolument pas la lettre et l'esprit du roman, contrairement au film de Robert Wise. On a parlé aussi du film *La Maison des damnés* comme une autre adaptation du roman de Shirley Jackson. Ce film a été adapté par Richard Matheson à partir de son roman Hill House, que l'on peut considérer comme une parodie de celui de Shirley Jackson...

Peut-être de Cédric Klapisch (1999). Une histoire de voyage dans le temps à la française. On s'ennuie...

La Fin des temps de Peter Hyams (1999). Peter Hyams est directeur de la photo de son propre film. Ça vaut le regard : la photo est superbe ! Voilà bien des aventures théologiques : le sang du serpent, une jeune femme appelée Christine. Bravo la poursuite ! Il y a aussi « *une crise de foi* »(!), un type qui tombe en morceaux, et il faut lire l'apocalypse : chapitre 20, verset 7. Ah ! mais quel fouteur de merde ce diable ! Il fait l'amour à la mère et à la fille en même temps (quel fantasme assouvi !) « *Un vrai publicitaire !* » déclare un personnage... L'enquête est très bien filmée, l'intrigue très bien présentée. Le doute subsiste longtemps de savoir qui sont les bons et qui sont les méchants... Ma foi, Christine a été choisie. C'est pourquoi elle voit les damnés dans la pomme qu'elle a mordue : « *Moi aussi je l'ai vu !* » s'exclame le bon Schwarzy... Ce dernier serait-il un ange ? Un prêtre déclare : « *La foi est un concept intéressant.* »

Dans la Peau de John Malkovitch de Spike Jonze (1999). Un film génial !
« *La conscience c'est une malédiction !* » déclare le marionnettiste. « *Faire mon travail ça m'est défendu parce que je suis dérangeant.* » Des locaux curieux dans lesquels on ne peut pas se mettre debout (Gare au mal de reins !). Une fille superbe (Maxine, j'aime beaucoup moins Lotte...) avec des dialogues exceptionnels. Ah ! satisfaire le meilleur des fantasmes : être à la fois homme et femme ! Et, Maxine justifie son action en déclarant « *La féminité de John Malkovitch* », ce dernier jouant son propre rôle. Et, « *Tu ne vois pas que tout cela doit avoir une signification ?* » Oui ! mais laquelle ? Se demande le spectateur... Mais finalement, il s'agit de bien autre chose que de satisfaire un fantasme, il s'agit tout simplement de la nature humaine. En quoi consiste-t-elle ? Une seule faiblesse dans le film : le subconscient de Malkovitch est un peu trop emprunté...

Sixième sens de M. Night Shyamalan (1999). Une mise en scène de la mort époustouflante ! Un scénario ingénieux (écrit par le réalisateur). Incroyable film. J'ai pleuré tout le temps. Le gamin est pathétique ; il joue à la perfection. C'est filmé en maître : l'escalier en hélice en hommage à *Quand passent les cigognes* (Mikhaïl Kalatozov – 1957), la mise en valeur du hors champ par les gros plans (le dialogue entre le psychologue et l'enfant quand ce dernier a vu les pendus ; l'écoute de l'enregistrement au magnétophone ; etc.), le surcadrage, le lent travelling avant vers les deux personnages déjà en gros plan... Le meilleur film que j'aie vu sur les terreurs enfantines. Il nous renvoie à notre propre enfance. La première scène est significative : une belle jeune femme est descendue dans la cave pour prendre une bouteille, et, soudain, elle prend peur. D'ailleurs, ensuite, la cave sera toujours fermée à clé. « *Je voudrais ne plus avoir peur...* » Dit l'enfant. La plus belle histoire de fantôme que j'aie jamais vue... Une terrible histoire sur la mort et le deuil. Lorsque je suis allé le voir, un silence de mort régnait dans la salle. « *Aider quelqu'un à vaincre la peur.* » Mais on s'habitue à tout, même à la mort ! Comment un enfant peut-il survivre avec une responsabilité aussi écrasante ? Tout le monde est évidemment surpris par la fin. Mais d'autres avaient fait de même avant, comme dans *Réincarnations* (1980) de Gary Sherman, et surtout, le thème du film (et donc, la surprise de la fin qu'il ne faut pas dévoiler) a déjà été traité dans le film culte : *Carnival of Souls* (1962) d'Harold "Herk" Harvey...

Stigmata de Rupert Wainwright (1999). Ah la belle Patricia Arquette ! « *Brise un morceau de bois et Je suis là* » – « *Soulève un caillou et tu Me trouveras* », lit-on dans l'évangile selon Saint Thomas. Ces textes sont classés par Wainwright comme « *les plus belles choses* » qu'il a pu lire dans sa vie...[98]

La Maison de l'horreur de William Malone (1999). Je n'avais pas jusqu'ici traité le film *La Nuit de tous les mystères* (1959) de William Castle, car je pense que ce n'est pas un film fantastique, car de mystère, finalement, il n'y en a point... Ce qui n'est pas le cas de ce remake, ma foi, pas si mal réussi...

Peur bleue de Renny Harlin (1999). Un gros méchant requin remplace le monstre sans nom du docteur Frankenstein...

Dogma de Kevin Smith (1999). Deux anges renégats nous font bien rire. Décidément la théologie est à la mode en cette fin de siècle (ou début du suivant... c'est selon !) Et en plus, Dieu est une femme !

Sleepy Hollow de Tim Burton (1999). Je me suis précipité pour voir ce film de Tim Burton qui adapte la légende tirée d'une nouvelle de Washinton Irving *La Légende de Sleepy Hollow*. Pensez donc, il y a le sublime Johnny Depp, mais aussi les grands du fantastique : Martin Landau (très vite décapité), Christopher Lee (en juge arrogant), Christopher Walken aux dents très pointues ! L'hommage aux films dans lesquels ils ont joué est très clair. Les images et les décors expressionnistes ont ravivé mes souvenirs de cinéphile : *Le Loup-garou* (1941) de George Waggner – *L'homme invisible* (1933) de James Whale – la forêt des films de Dracula de la Hammer, etc. Le voyage vers l'horreur du début renvoie à *Dracula* et ses diverses versions. Johnny Depp, un acteur qui ne cherche pas à soigner son image, mais seulement à faire correctement son travail, campe magistralement un détective de l'étrange qui représente le rationnel dans une histoire qui ne l'est pas du tout ! Il est d'ailleurs ridicule avec ses instruments d'investigation scientifique. S'il finit par avoir raison, c'est aussi l'irrationnel qui l'emportera à la fin. Mais son problème, c'est le jeune garçon qui le définit en lui disant : « *Vous êtes possédé par la raison.* » « *Les apparences sont trompeuses* », dit-il en faisant tourner son image qui crée l'illusion d'optique d'un oiseau en cage. Et, puis, reviennent ses rêves terrifiants, plutôt des souvenirs de l'horrible assassinat de sa mère par son père, avec une "vierge de Nuremberg". La terreur qui monte de notre inconscient est-elle si irrationnelle que cela ? Il y a aussi une sorcière excellente, la sœur de la marâtre, inévitable belle-mère des contes de fées, un arbre qui saigne, « *passage, porte entre deux mondes* ». Un seul défaut : l'explication labo-

---

[98] Interview dans Mad Movies N° 123

rieuse enlève tout le mystère bien avant la fin, qui devient tout simplement et brutalement une affaire d'enquête policière.
La Ligne Verte de Frank Darabont (1999). Ce Stephen King fera toujours mon admiration. Quelle histoire ! Rien à dire sur le film : même très long, on ne s'ennuie pas. Quelle leçon pour l'espèce humaine. Le Bien et le Mal ? C'est où ?
La Nuit des chauves-souris de Louis Morneau (1999). Bon, il manquait cette petite bestiole pour l'invasion terrifiante. Ici on n'a pas trop peur…
Hypnose de David Kœpp (1999). Tiré d'un roman de Richard Matheson, le scénario concocté par le réalisateur David Kœpp ne pouvait être que bon. La vie est dure… le boulot, l'amour, les enfants…. quelle banalité ! On se fait chier ! Heureusement qu'il y a les fantômes ! *« Faut pas en avoir peur »*, dit l'enfant à son père. On pense un peu à *Shining* de Stephen King (adapté par Kubrick au cinéma) et à tout un tas d'autres histoires de fantômes… C'est vrai qu'il est difficile d'innover dans ce domaine. Les chiffres ont beaucoup d'importance. Lors de mes nuits d'insomnie, je parie sur les chiffres qu'aligne ma montre digitale. Ici, c'est la même chose : il est 11 : 11 ou, 2 : 26 (deux, plus deux, deux fois, on a bien cité trois fois deux, donc cela fait 6 ?), l'appartement a le numéro 1619… (faites le calcul vous-même !). De toute façon, les fantômes ont leur raison que la raison ignore. C'est toujours comme ça ! *« Le cimetière est drôlement cool ! »* s'exclame l'enfant. Il regarde *La Malédiction des pharaons* (1959) de Terence Fisher à la télévision et le fantôme lui fait voir des scènes de *La Nuit des morts-vivants* (1968) de Romero, même quand la télé est débranchée ! Pendant le meurtre on entend *Paint in black* des Rolling Stones… Toujours mis à contribution les papys !
Mission to Mars de Brian de Palma (1999). Le manque de communication est mortel ! Qu'est-ce qui fait que ce film a tant déplu à certains ? Moi, il m'a bien plu. Je l'ai pris comme un sacré hommage aux fans de science-fiction ! C'est vrai que le scénario n'apporte rien de nouveau. Et alors ? Le film est excellent… Ça commence par la fête du départ. Mais dans la fête il y a une tristesse. Les filles sont d'une beauté… Les débats techniques sont intéressants et la scène de danse en apesanteur aussi. Parfois, en voyant ce film, j'ai pensé à *Solaris* (1972) de Takovski… que d'aucuns trouvèrent également « chiant », mais pas moi… « *L'univers, c'est pas le chaos, c'est un réseau* » a déclaré Maggy, l'épouse défunte du cosmonaute. Toutes les scènes de l'accident avec la pluie de micrométéorites sont superbes. Rien que pour cela, le film vaut le coup d'œil ! Et pour voir certaines scènes (au cinéma bien sûr, ce ne sera pas pareil à la télé) il ne faut pas avoir le vertige.
Faust de Brian Yuzna (1999). Il fallait Brian Yuzna pour oser adapter ce *« comic obscène et gore »* – « *J'ai essayé de rester fidèle à l'œuvre de David Quinn et Tim Vigil dans ce qu'elle a de plus radical.* » répond Brian Yuzna[99]… Le réalisateur a dû aller en Espagne pour créer sa maison de production et tourner son film… On y retrouve bien le grand guignol comme seul Yuzna est capable de le traiter.
Possessed d'Anders Ronnow-Klarlund (1999). Encore une histoire de fin de millénaire, allez-vous dire. Eh oui, mais… Lars von Triers m'a toujours agacé, mais là, son

---

[99] Mad Movies N° 124

école "danoise" fait mouche. Cela s'appelle filmer ! Les gros plans, le clair-obscur (cette *« obscure clarté »),* le montage. Formidable ! L'histoire n'a rien inventé, mais le cinéaste si !

Scream 3 de Wes Craven (1999). On commence à être lassé, là… Le film du film dans le film : ça va ! Les pistolets sont toujours vides au mauvais moment… et le tueur a une de ces chances, sauf à la fin où on n'est même pas surpris !

Cut de Kimble Rendall (1999).
C'est quoi cette connerie ?
La magie du cinéma !
Voilà ce que répond le slasher au policier… Il y a les scènes de douche (ça vous rappelle quelque chose ?) et les réalisatrices qui crient : *« Coupez ! »* Amusant, non ? Le film (Il s'appelle *Hot Blooded*) dans le film est maudit. Et on entend citer : *Halloween* ; *Vendredi 13* ; *Massacre à la tronçonneuse* ; et… *Gorge profonde*… La fiction produit donc sa propre horreur. Dans cette maison fantastique, le film propose une réflexion sur les effets des films d'horreur, sans se prendre au sérieux. Il fait référence aux classiques du genre y compris dans l'autodérision en choisissant ce masque ridicule. Ces films joueraient le rôle de catharsis contre l'angoisse de la mort. *« Tous ces films d'horreur ne sont pas si mauvais que ça »*, déclare un personnage. *« Mais qu'est-ce que tu veux ? »*, demande, terrifiée, une victime au monstre masqué… Voilà la question…

Fortress 2 Réincarcération de Geoff Murphy (2000). Bon ! La suite du déjà pas très bon film de Stuart Gordon…

Promenons-nous dans les bois de Lionel Delplanque (2000). Superbe prologue et générique. Ça commence un peu comme *Massacre à la tronçonneuse*. Les comédiens (pas ceux qui jouent dans le film, mais les personnages qui sont comédiens) sont un peu cons ! Une forêt superbe qui renvoie aux contes de fées, bien sûr, mais aussi à d'autres films, comme *Le Projet Blair Witch*, *La Nuit du loup-garou* et… *Evil Dead*. Il y a d'ailleurs plein de références aux contes : Wielfried lit *Le Roi des aulnes*, le prologue montre une femme qui raconte *Le Petit chaperon rouge* à un enfant alité, les trous de serrure renvoient à *Barbe bleue*, et puis qui vous empêche de penser à Cocteau ou Franju ? Le scénario ressemble beaucoup à l'histoire de *Dix petits nègres* d'Agatha Christie. Le réalisateur tourne de manière "intellectuelle" jusqu'à l'exacerbation. Il rend hommage à Dario Argento, tout le long du film avec cet expressionnisme des couleurs, mais avec des scènes comme celle du gros plan sur les mains gantées qui saisissent un instrument tranchant ! Il nous fait sursauter avec le son (comme dans *La Maison du diable* de Robert Wise) : le bruit de la flamme du briquet (suivi par un gros plan), le déclic de l'appareil photo fait autant de bruit qu'un battement de tambour. Au début on est un peu agacé par ce style un peu prétentieux, mais on finit par succomber au charme macabre de ces images et de ces plans d'ombre et de lumières de couleurs…

Komodo de Michael Lantieri (2000). Grosses bébêtes par un spécialiste des effets spéciaux (*Jurassik Park, Matrs Attacks ! Deep Impact*)

Destination finale de James Wong (2000). Voilà le premier long métrage de James Wong, bien connu des fans de l'excellente série *X Files* et d'autres, comme *Space 2063*. On s'est donc précipité pour voir… Encore des adolescents ! Pas très origi-

nal... Mais le réalisateur réussit très bien à nous ficher la trouille de prendre l'avion. L'accident est franchement bien filmé. Le thème du film est la Mort. On ne la voit pas, mais on voit ses effets. Comme un personnage du célèbre roman de Jack Williamson *Plus Noir que vous ne pensez* (1940), la Mort maîtrise les probabilités : elle est capable de rassembler une énormité de coïncidences pour arriver à ses fins ! Comme on parle de la mort, on montre le temps qui passe, car c'est lui qui déroule le plan de la Mort que notre héros tente de déjouer : « *Le plan sadique qui mène au cimetière* ». L'occasion donc de filmer d'atroces morts violentes, mais aussi de les suggérer simplement. Certains accidents domestiques sont stupéfiants. Sacré James Wong : faudra le suivre le bonhomme...
Suite : *Destination finale 2 de* David R. Ellis (2002)

Pitch Black de David Twohy (2000). N'avez-vous jamais eu peur dans le noir ? Cette peur qui vous prend à cause de votre imagination, parce que vous imaginez être agressé et sans défense. Voilà le thème central du film qui présente un superbe système solaire avec trois soleils, donc il fait toujours jour... Mais, la nuit survient tous les vingt-deux ans, car il se produit alors une éclipse des trois soleils... Ce qui a produit une niche écologique particulière qui a fini par détruire toute vie sur la planète ! Les naufragés qui y atterrissent par accident (très bien filmé l'accident !) vont vite s'en rendre compte... Le scénario ressemble aussi à *Cube* : il faut aux personnages beaucoup d'intelligence pour comprendre, et l'évolution de l'intrigue montre la vraie nature des personnages qui n'était pas évidente au vu de leur attitude et de leur situation au début du film. « *Je vous l'avais dit : ce n'est pas de moi qu'il faut avoir peur* », déclare ainsi le personnage principal... Il y a donc un peu de Dick aussi, car, il ne faut pas se fier aux apparences... On a droit à un magnifique spectacle : celui de l'éclipse. Voir plus loin la suite.

Shining film TV de Mick Garris (2000). Stephen King lui-même a adapté ce long film TV de son roman Shining. Fallait-il le faire après le chef-d'œuvre de Stanley Kubrick ? Stephen King pense que oui, car Kubrick a trahi dans son œuvre le thème principal du livre : l'amour conjugal – véritable obsession de Stephen King – et l'amour paternel et filial – idem. D'autre part, ce film TV a rétabli le scénario original, bien plus fantastique et psychologique que celui de Kubrick. Enfin, le personnage principal reprend ses droits : l'enfant lumière Danny. Des passages importants du roman, abandonnés par Kubrick, sont repris ici. Les animaux sculptés dans les haies, le nid de guêpes, la chaudière vétuste et la cave, le maillet de Crocket redevient l'arme du père comme dans le roman. « *Ça fait du bien d'avoir un peu peur* », déclare un personnage du film. C'est ce qui va vous arriver quand vous allez le regarder. En évitant la comparaison cinématographique avec le chef-d'œuvre de Kubrick.

X-Men de Bryan Singer (2000). Saisissant prologue dans le camp de concentration nazi d'Auschwitz en Pologne en 1944... Ce film est excitant ! Ça doit être dû au fait que j'ai gardé mes yeux émerveillés d'enfant. D'autre part, j'aime les marginaux (sauf quand ils me volent mon autoradio...). La controverse de Valladolid (Espagne) avait eu comme objet le fait de savoir si les Indiens d'Amérique étaient bien des êtres humains... De justesse, l'Église a décrété que oui tout en espérant de pas arriver à la même conclusion avec les Noirs d'Afrique... Ici, les Indiens sont des mutants. Mais le problème reste le même et la question posée identique... Ce film est donc

(comme la BD) éminemment politique : il traite de pouvoir, de révolution, de réformisme, de Mac Carthysme (vous savez ce sénateur qui chassait les communistes...). En quelque sorte un nouveau western pour les Amériques ! *« Fous-moi le camp, sale monstre ! »*, menace l'aubergiste à notre héros mutant... Dans une scène digne d'un western de Sergio Leone... Il y a même une paria parmi les parias, et elle s'appelle Malicia ! Politique disais-je, illustré notamment par le dialogue suivant :
— *T'as choisi le bon camp, t'es sûre ?*
— *J'en ai au moins choisi un !*
Excellent ! Ce film reproduit parfaitement la complexité du réel et ses luttes à travers une fable : la différence fait peur, chacun a une qualité qu'il peut faire fructifier et la jalousie règne... La chorégraphie des combats est superbe et la fin un très bel hommage (involontaire ? ça m'étonnerait) à Hitchcock avec la scène de combat sur la statue de la liberté. Une seule ombre au tableau : ce sont les révolutionnaires qui sont les méchants...
La suite : X-Men 2 de Bryan Singer (2003). Rien à rajouter : aussi bien ! Et puis bien d'autres encore voir plus loin.

La Sagesse des crocodiles de Po-Chih Leong (2000). Encore une histoire de vampires ! Direz-vous... Mais le thème est inépuisable...

La Secte sans nom de Jaume Ballaguero (2000). Le fantastique espagnol revient. Formidable ! Film tiré d'un roman de Ramsay Campbel que je n'ai pas lu, mais qui n'a pas eu bonne critique de la rédaction de ma revue préférée Science-Fiction magazine : *« Pour une fois que l'adaptation cinématographique est cent fois supérieure au roman. »*[100] Excellent, même si l'histoire de Campbel est un peu tirée par les cheveux. Le réalisateur sait très bien filmer l'angoisse de la mère, et suggérer les horribles mutilations subies par les victimes de la Secte sans nom...

Mimic 2 de Jean de Segonsac (2000)
Le deuxième opus de la franchise de Guillermo del Toro (1997)
Pas terrible. Amusant.
La fille est intéressante : elle n'a jamais pu s'attacher à un homme, mais son destin était de devenir reine des insectes.

Hollow Man de Paul Verhœven (2000). Ah qu'il est bon ce Paul Verhœven ! Le thème de fond de l'histoire de l'homme invisible traité par l'ouvrage de H.G. Wells est le même que celui du *Cas étrange du docteur Jekyll et Mister Hyde* de Stevenson : la nature humaine est intrinsèquement mauvaise. Regardez (jeu de mots trop simple ?) : il suffit qu'un homme soit invisible pour qu'il essaie d'assouvir tous ses fantasmes et devienne ainsi.... un monstre ! D'où l'hommage appuyé du cinéaste au(x) film(s) *Alien* en deuxième partie de *The Hollow Man*... et les effets spéciaux formidables qui reprennent des hommages à d'autres monstres du cinéma : monstres aquatiques, monstres écorchés, monstres de sang.... Ce film est donc extraordinairement exaltant pour un cinéphile amoureux du cinéma fantastique. Une œuvre cinématographique qui rend vraiment hommage à l'œuvre littéraire de Wells et développe à fond les intentions de l'écrivain...

---

[100] Sfmag N° 10 (été 2000) article de Miroslav Dragan.

Autres films sur *L'homme invisible* (1898) de H.G. Wells :
L'homme invisible de James Whale (1933) – *La Revanche de l'homme invisible* (jamais diffusé en France) – *Le Retour de l'homme invisible* de Joe May (1940) – *The invisible boy* (*Le cerveau infernal*) de Herman Hoffman (1957) avec Robby, le robot de "Planète interdite"... – *Les Aventures d'un homme invisible* de John Carpenter (1992) – La série télévisée *L'homme invisible* (des années cinquante) a complètement transformé le mythe et a fait de l'homme invisible un brave agent secret qui utilise ainsi sa qualité à des fins utiles et nobles...

Apparences de Robert Zemeckis (2000). Ne nous fions pas aux apparences... Un film qui terrorise les adolescents. Mais on connaissait déjà d'autres histoires de fantômes de victimes qui reviennent se venger.... La longueur du début, agaçante, finit par prendre chair sous la forme d'une angoisse lancinante et une véritable terreur à la fin. Celle-ci est, par ailleurs, délicieusement macabre.

The Cell de Tarsem Singh (2000). Bon, on va s'intéresser à cette histoire : une psychiatre va pénétrer dans l'esprit d'un tueur en série schizophrène. Pas mal comme idée. On avait déjà vu un raté avec *La Machine* de François Dupeyron (1994) qui avait choisi le gros Depardieu... On a déjà vu pas mal de films sur les mondes virtuels et même récemment un épisode de la septième saison de X-files... Eh bien on en revient très déçu ! Pas de scénario, ou si peu, le monde intérieur du psychopathe n'arrive pas à la cheville de celui d'Alice aux pays des merveilles. On avait même vu mieux dans ce domaine avec *L'Enfant du Cauchemar* (ou, autrement dit *Freddy 5*) de Stephen Hopkins en 1989. Clive Barker aurait réalisé un véritable bijou de film avec une telle idée ! Une seule scène vraiment époustouflante est celle du souvenir du baptême dans la rivière : un mouvement de caméra assez audacieux. On retrouve aussi l'idée du cheminement dans un site maudit comme dans *Stalker* d'Andreï Tarkovski (1979), film tiré du merveilleux roman (1972) des frères Strougatski : *Pique-nique au bord du chemin*. *The Cell* montre même un extrait du dessin animé *La Planète sauvage* (1973) de René Laloux avec des dessins de Roland Topor, histoire tirée du roman de Stefan Wul *Oms en série* (1972). Ah ! la bonne vieille science-fiction française ! Décidément, ce bon Lewis Carrol, le créateur d'Alice au pays des merveilles, n'a encore jamais pu être égalé... encore que l'écrivain anglais Graham Masterton l'a tenté avec plusieurs de ses romans... sans parler des films de Dario Argento comme *Le Syndrome de Stendhal* (1995). Voilà ce qui déçoit dans ce film : il renvoie à tant d'autres belles histoires, mais en restant très banal, très niais même.

Dune Film TV de John Harrisson (2000). Je ne suis pas très objectif, car je n'ai jamais aimé Dune (pardon !). L'épice est le pétrole du cent unième siècle. Une espèce de bestiole genre chauve-souris s'en sert pour les déplacements intergalactiques. Encore et toujours de l'exotisme et une hypertechnicité dans une société médiévale. Peu d'auteurs de SF ont eu une véritable vision politique de l'avenir. L'épice vient de Dune, planète-désert, comme celui dans lequel Jésus Christ (et d'autres...) s'est retiré. Une épice chrétienne, ou musulmane... Et le film alors ? Comme le livre : on s'ennuie.

L'Élue de Chuck Russel (2000). Chuck Russel a fait ses débuts dans le cinéma d'horreur avec notamment un *Freddy* (le troisième) : *Les griffes du cauchemar* (1987). L'Église catholique est omniprésente dans le cinéma fantastique de cette fin de millénaire. Comme le satanisme. Ceci dit, ce film est très bien tourné : on ne s'ennuie jamais.

Gemini de Shinya Tsukamoto (2000). L'homme et son double, le bien et le mal. Dr Jekyll et Mister Hyde ? On avait déjà vu le thème des jumeaux chez Cronenberg avec *Faux-semblants*. Là c'est différent.

Blair Witch 2 de Joe Berlinger (2000). La dernière phrase prononcée dans le film : « *C'est n'importe quoi !* » s'applique bien au film lui-même... Circulez il n'y a (plus) rien à voir....

Belphégor de Jean-Paul Salomé (2000). Le casting de ce film est très mauvais : Sophie Marceau ne parvient pas à quitter son air prétentieux et le faux cynisme de Michel Serrault est vraiment plaqué. L'actrice ne réussit pas à m'émouvoir et les effets spéciaux sont minimes. Pas de quoi fouetter un chat : on a vu nettement mieux comme histoire de momie...

Planète rouge d'Anthony Hoffman (2000). Les Américains sont spécialistes du doublon en SF : il y a eu *Independence Day* et *Mars Attacks !*, il y a eu *Deep Impact* et *Armageddon*, maintenant il y a ce film après *Mission to Mars* de Brian de Palma... Pas mal du tout contrairement aux critiques qui, décidément, n'aiment pas les films martiens ! Le commandant est une (belle) fille nommée... Bowman (comme le dernier survivant du film *2001 L'odyssée de l'espace*). Techniquement les effets sont parfaits et les images superbes. Une petite nouveauté : une histoire de Terraformation c'est-à-dire le fait de rendre une planète (en l'occurrence, ici, Mars) habitable par l'homme. Deux citations : « *Le jour maudit où l'algèbre pourrait nous sauver la vie* » – « *Si peu de temps à vivre et si longtemps à patienter...* » Une belle histoire de pionnier moderne et d'aventure, pourquoi pas ?

L'ombre du vampire d'Elias Mehrige (2000). Pour qui aime le chef-d'œuvre de Murnau, *Nosferatu*, cet *Ombre du vampire* est une curiosité. En effet, lors de la sortie de *Nosferatu*, le personnage du vampire (c'est-à-dire Dracula, nommé Orlock par Murnau pour ne pas payer les droits à la famille de Bram Stoker...) apparaissait si effrayant que la légende courut que ce rôle était joué par un vrai vampire. C'est le thème de ce film de Mehrige... Le réalisateur insiste également sur le cynisme incroyable de Murnau qui est prêt à tout pour son œuvre.

À l'aube du 6e jour de Roger Spottiswood (2000). Schwarzy se fait cloner. Attention ! Deux Schwarzy ça fait mal !

Donjons et dragons de Courtney Solomon (2000). Le jeu de rôle au cinéma.

Incassable de M. Night Shyamalan (2000). Bruce Willis est incassable ! Le réalisateur ne fait pas dans la facilité : une image constamment sous-exposée, un surcadrage qui utilise tous les interstices de toutes formes, des plans-séquences, des contre-plongée et contre-jour, des travellings très lents, des plongées sur le crâne rasé de Bruce Willis... Il bouge la caméra pour faire entrer ou sortir le personnage du champ ; il ne respecte pas les "règles" et le fait sortir à droite et entrer à gauche... La caméra bouge, non pas pour exprimer le mouvement physique, mais pour montrer l'évolution des sentiments. Il abuse des images à l'envers et inversées... Le son aussi : les dialogues sont de véritables chuchotements. Voilà un cinéaste qui n'a pas peur de sortir des sentiers battus. Un hommage à la BD et aux Comics.

Les Âmes perdues de Janusz Kaminski (2000). Diable ! Je suis sorti de ce film un peu déçu. Pourquoi ? À cause du scénario pas très original sauf la fin. Mais en fin de compte ce film est un très bon film. C'est un hommage à l'expressionnisme. D'ailleurs de plus en plus de cinéastes utilisent une photo qui frise le noir et blanc. Ici cette nouvelle mode réussit bien, alliée aux très gros plans et aux grands travellings. Une nouvelle contradiction ajoutée à celle de l'ombre et de la lumière. « *Satan est le maître de l'entropie* » déclare un prêtre catholique. La scène du Christ qui pivote de sa croix pour tomber tête en bas est saisissante. La scène de l'exorcisme est un hommage direct au *Nosferatu* de Murnau

Le Pacte des loups de Christophe Gans (2000). J'avais adoré *Crying Freeman*. Une nouvelle manière de présenter une fiction au cinéma. J'avais aussi adoré le sketch de Gans dans *Necronomicon*. J'ai aussi adoré *Le Pacte des loups*. Les combats sont toujours aussi érotiques et chorégraphiques : sublimes ! Les paysages encore mieux... J'ai adoré les hommages : à John Woo bien sûr (qu'est-ce qu'on en a à faire de penser que le kung fu n'existait pas en France à cette époque ?), mais aussi aux autres monstres du cinéma, et particulièrement à *Alien 3* avec la scène où la bête ne mange pas la jolie fille, une autre scène du même genre dans *Relic*, d'ailleurs, les évolutions de la bête ressemblent à celles du monstre de *Relic*. J'ai adoré le scénario : plein de surprises finalement. Les effets spéciaux numériques ont quelques faiblesses, mais tout à fait pardonnables. Par contre, les acteurs ! Pas bon Le Bihan ! Pas bon du tout : il récite ! Seules les femmes et Vincent Cassel tiennent la route. Dommage. Ce dernier a dit que Christophe Gans ne dirigeait pas ses acteurs : ça doit être vrai !

Long Time Dead de Marcus Adams (2001). Une histoire de djinn. Ce démon arabe dont on sait peu de choses a été peu utilisé dans la mythologie du cinéma fantastique. On connaît la série des *Wishmaster* (Du 1 au 4) dans lesquels le djinn est un démon qui satisfait vos souhaits, mais pas comme vous l'entendiez, mais comme il l'entend, lui...

Ici ce démon a été appelé lors d'une séance de spiritisme et tue à tour de bras les pauvres participants. Il y a du suspens basé le mécanisme classique des films d'horreur avec tueur en série. Cela fonctionne très bien. Un excellent film.

En ce qui concerne le djinn j'ai lu deux romans qui s'en inspirent et qui valent la lecture : *Le Djinn* de Graham Masterton (1977) et *Les Puissances de l'invisible* de Tim Powers (2001).

Dracula 2001 de Patrick Lussier (2001). Dracula aux États-Unis fréquente les boîtes de nuit... Mais d'où sort-il alors ? Avant de voler un trésor enfermé dans une chambre forte, il faut bien se renseigner sur sa véritable nature !

Kaïro de Kiyoshi Kurosawa (2001). « *Quand il n'y a plus de place en enfer, les morts envahissent la Terre* » ! C'est un dicton vaudou cité dans *Zombie* de Romero. Donc l'idée n'est pas bien neuve. Mais quand Internet s'en mêle...

Éclosion d'Ellory Elkayem (2000). Une histoire assez efficace de cafards qui pondent dans le corps des humains après les avoir paralysés. « *L'invasion est imminente* ».Prix du public 2001 à Gérardmer.

Warlock 3 : the end of Innocence d'Eric Freiser (2001)
La fin de l'innocence ou la rédemption.
Une petite fille disparaît dans la forêt au Moyen Âge.

De nos jours : deux copines rentrent chez elles sous la pluie. Chez l'un d'elles, la lumière ne s'allume pas dans le couloir... Elle se fait agresser par son copain. Mais ça finit par une scène érotique. Pudique d'abord, et ensuite, sado-maso.

Après, il est question d'aller récupérer des vieilleries dans une très vieille maison qui appartenait depuis très longtemps, très, très longtemps à sa famille.

« Tu n'aimeras pas ce que tu découvriras », lui dit un ami.

En effet, la maison tue un ouvrier venu faire des réparations.

Le jeune homme qui a des relations sexuelles avec la fille ne veut pas l'accompagner visiter la maison.

Une dame âgée l'arrête sur la route et lui conseille de ne pas y aller. Cette dame doit être la descendante de la mère perdue... car Warlock a enlevé sa fille...

De nos jours, la jeune fille entre dans la maison. Cette dernière ne la laisse pas repartir, car sa voiture refuse de démarrer. Un orage a éclaté quand elle était rentrée dans la maison.

Une petite fille appelle à l'aide : « Aide-moi ! » Les volets claquent. Elle tente de fuir et... surprise, voilà que ses copains arrivent ! Ça va faire du monde pour les victimes !

Cette maison était occupée au 17e siècle par un monstre pédophile qui a disparu et l'aïeule de notre héroïne avait acheté la maison (se souvenir de la scène du prologue).

Un homme avec la physionomie du monstre arrive dans la maison.

Il a les mêmes mauvaises manières que le monstre. Ce dernier est un sorcier, un Warlock.

Le réalisateur nous offre une scène à la Hellraiser, mais un peu ratée.

Tous ses amis vendent la jeune fille au Warlock !

Intrusion de Rand Ravich (2000). On avait connu terrifiant avec le thème du voyageur de l'espace qui revient "habité" par un monstre extraterrestre. C'était avec le film de La Hammer *Le Monstre* (Val Guest 1955). Ici c'est le même thème, mais la peur n'est pas au rendez-vous...

Intuitions de Sam Raimi (2000). Un film du genre que j'appelle *« fantastique psychologique »*, car, l'histoire et la manière de la filmer sont au service des personnages et de leur psychologie. Cet excellent film noir (avec une fin optimiste) tient également au grand talent des comédiens et particulièrement de Cate Blanchett qui est formidable. On reconnaîtra l'acteur qui joue le shérif diabolique dans la série *American gothic* produite justement par Sam Raimi. Un clin d'œil et une manière de brouiller les pistes auprès de ceux qui se croient initiés...

Christina's house de Gavin Wilding (2000). J'adore les histoires de maisons. Je me suis donc précipité. Hélas, je me suis ennuyé... Il faut attendre la dernière image de fin... Alors, soyez patient.

Anatomie de Stefan Ruzowitzky (2000). Excellent film allemand sur les "docteurs de l'horreur"! La première scène de vivisection avec gros plan sur le visage terrifié du vivisectionné est un summum de l'horreur. Cette histoire est de la science fiction, car le procédé de conservation anatomique des corps utilisé par les docteurs de l'horreur du film existe. Au début des années soixante-dix, le professeur Gunter von Hagens met au point le procédé de la *plastination :* 1) Arrêter le processus de putréfaction.

2) Laisser le corps dans un bain d'acétone à −25°C pendant trois à cinq semaines (les molécules d'acétone prennent en douceur la place des molécules d'eau). 3) On remplace l'acétone par des silicones sous vide. Et voilà. On a pu admirer ces spécimens à Bruxelles en novembre 2001. « *Je dérange l'ordre établi des anatomistes* », déclare le professeur von Hagens dans une interview au Monde daté du 12 novembre 2001. Quant au film, il est excellent ! (À voir également dans la même veine : Le Veilleur de nuit d'Ole Bornedal (1999)...
Une suite : Anatomie 2 par le même réalisateur en 2002. De la vraie science-fiction : comment créer des muscles artificiels ?

L'île des morts de Tim Southam (2000). Excellent film pour la télévision ! Ambiance macabre très bien donnée, avec très peu d'effets spéciaux une grande efficacité. On veut voir une influence de Dario Argento à cause de la petite comptine enfantine d'horreur et... les asticots...

Fréquence interdite de Gregory Hoblit (2000). Hoblit nous avait déjà charmés avec Le témoin du mal et là on ne boude pas son plaisir. Suspense intense, montage qui évoque formidablement la liaison temporelle des événements. Un film formidable de voyage dans le temps. Très inventif.

Souvenirs mortels de Fernandez Armero (2000), de l'école espagnole du fantastique. Comme le fit l'école italienne en son temps, ce film reprend un thème désormais éculé (celui de la vengeance posthume) et en fait une véritable nouveauté pleine de rebondissements. C'est dommage : le cinéaste n'est pas vraiment à la hauteur.

Blood the last vampire de Hiroyuki Kitakubo (2000), est un film d'animation exceptionnel ! On reste scotché devant l'écran face à tant de talent et d'imagination pour l'image et sa mise en mouvement !!! Il y a certainement une allusion politique ou idéologique avec un parallèle entre les démons et le communisme.

Trouble Every Day de Claire Denis (2000). Ce film est terrifiant ! Si vous avez du courage... Le cannibalisme vu comme une maladie qu'il faut savoir assumer...

Avalon de Mamoru Oshii (2000). Excellent film ! Une photo extraordinaire. Une musique fantastique interprétée par l'orchestre philharmonique de Varsovie et des chants par les chœurs de Pologne. On reste jusqu'au bout du générique de fin pour écouter. Des plans extraordinaires, un cadrage formidable, un montage fabuleux... Des ordinateurs envoûtants dont les claviers claquent de contentement. Bien mieux que Matrix et légèrement supérieur à Existenz de Cronenberg. De la SF postmoderne dont Dick fut le précurseur : « Le monde réel existe-t-il ? » Y en aurait-il plusieurs ? Et puis des tas de clins d'œil pour les joueurs... Une ambiance proche du film Stalker de Tarkovski, dans lequel il s'agissait aussi d'une quête au travers d'un jeu. On retrouve les chars russes de l'invasion de Varsovie. La vie et la guerre ne seraient-elles qu'un jeu ? Et surtout l'Histoire ? Avec un grand H. Si on est bon, le paradis nous attend : « *Bienvenue à Avalon !* » Ce film méritait bien plus de salles qu'il n'en a eues... !!!

7 Jours à vivre de Sebastian Niemann (2000). Un générique délicieusement macabre et un suspens qui va crescendo... Une histoire à la Shining dans une maison vraiment très très méchante. Un huis clos stressant à peine interrompu par la visite du voisin policier ou de l'agent littéraire de l'écrivain pour laisser le spectateur souffler. La photo est superbe.

Scary movie de Keenen Yvory Wayans (2000). Un amoncellement de grossièretés pas marrantes sur les films d'horreur... suivies de **Scary movie 2** de Keenen Yvory Wayans (2001) Légèrement mieux... suivi de **Scary movie 3** de David Zucker (2003). Encore amélioré. Un peu plus SF. En guise d'excuse d'avoir commis ce troisième volet, le sous-titre de ce film est tout un programme : « *Les meilleures trilogie sont en 3 épisode* ». (sic) Il me semble qu'ils sont allés jusqu'au No5 !

Bruiser de George A. Romero (2000)
Ce film est le manifeste politique de Romero. Pour lui, ce n'est pas la société qui est à remettre en cause, mais la nature humaine. Donnez le pouvoir à quelqu'un et il deviendra ignoble ! Le héros de ce film nous apprend à ne pas nous laisser faire.
J'ignore pourquoi ce film a eu si peu de salles en France. C'est dommage, car il vaut le coup.

Le Couvent de Mike Mendez (2000)
Un petit film grand guignol avec beaucoup de fluo qui luit dans l'obscurité y compris le sang (il y en a beaucoup...) Il paraît qu'on en a beaucoup parlé au festival du film fantastique à Gérardmer en 2001...
Avec Adrienne Barbeau, grande actrice du film Z.

Hellraiser V : Inferno de Scott Derrickson (2000)
Ce film est le dernier sorti en salle et sorti en DVD quelques semaines après.
Ce n'est plus Clive Barker qui présente, mais Dimension Films. C'est toujours Doug Bradley qui joue Pinhead « tête d'épingles ». Les frères Weinstein sont producteurs.
Ce film est traité sur le mode polar : l'enquête d'un officier de police américain qui va le conduire en enfer. Jusqu'à maintenant, je trouve que c'est le film le plus angoissant de la série, car, s'il apparaît comme s'éloignant du thème originel et orignal de Clive Barker, il le traite en fait très bien, puisqu'il s'agit de la culpabilité du pécheur...
Joseph, officier de police, est appelé parce qu'un massacre a eu lieu, genre « abattoir », comme le dit son coéquipier Tony. Sur place : bougies allumes et restes humains d'un ancien camarade de lycée de Joseph. Ce dernier extrait un livre de la bibliothèque, il y découvre une petite fiole de sang. Il y a le cube (la « boîte ») que Joseph emporte. Il porte deux empreintes de doigts. Dans une scène sentimentale de Joseph et de sa petite fille qui dort, le réalisateur nous offre des plans lovecraftiens...
Il va voir une prostituée, ils se droguent à la coca et, ensuite, il tripote le cube qui se met en marche devant ses yeux exorbités. La porte de l'enfer est ouverte et plus rien ne va plus aller pour Joseph. Ses attitudes, postures, actions, vont constamment l'amener à pécher, à mal se comporter. Ses actions vont aboutir à la mort de son indic, de son coéquipier, de sa famille entière, sa mère, son père sa femme et leur fille... Bien sûr tout cela se dévoile progressivement avec parfois, quelques fausses pistes.
Le psychologue de la police va s'avérer être ce fameux « ingénieur » qui le pourchasse et qui est en réalité Pinhead lui-même, qui dans ce film, joue son vrai rôle, celui qui punit le pécheur. Le pécheur qu'est Joseph. Il va faire des voyages dans le passé, revenir, repartir, tuer pour se défendre, croit-il, car tous ces proches qui sont morts cruellement à cause de lui tentent de le tuer...

Les cénobites pullulent. Il se voit enfant avec les doigts coupés, tous ces doigts d'enfant qu'on retrouvait sur les lieux des crimes atroces étaient les siens. Un cénobite s'arrache le masque et c'est Joseph en dessous. Après avoir tué tout le monde, il se retrouve à chaque fois dans les toilettes de la prostituée. Là où il a déclenché la « boîte »...
« Ta chair a assassiné ton esprit. » Lui dit Pinhead : « Sois le bienvenu en enfer ! »
Il va devoir vivre avec ses démons à jamais.
Hellraiser VI : Hellseeker de Rick Bota (2001)
Une variation de la nouvelle de Lovecraft *Je suis d'ailleurs*, mais aussi du film *Carnival of Soul* de Harold Herk Harvey (1962) et **Venus in Furs** de Jess Franco (1963)
Le retour de Kirsty, un des personnages récurrents de la série.
Un couple dans une voiture, la chaussée est mouillée, ils s'embrassent et ont un accident. La voiture tombe dans une rivière, la femme se noie.
Puis le film évolue, ou plutôt stagne dans les rêves et cauchemars de Trevor. Tous les gens qui l'entourent sont bizarres, le personnel médical dans lequel il se réveille, les passants, la voisine et les voisins de son appartement, la psy qui fait de l'acupuncture, son collègue de travail, sa patronne, les policiers. Tous étranges et inquiétants... Parfois il se voit faire l'amour, parfois il se voit devant des cadavres ensanglantés. Pinhead apparaît peu, la première fois au milieu du film.
Il y a des scènes à la morgue (surtout à la fin) et toujours des décors glauques, des flaques d'eau, des murs sales et des gens malfamés.
Trevor se passe le VHS de son anniversaire de mariage. La caméra continue à présenter un film alors que le VHS a été enlevé. À la télévision, il se voit faisant l'amour avec sa patronne.
Tout son entourage meurt, y compris son collègue qui lui dit qu'il a trahi le marché qu'ils avaient fait : tuer la femme de Trevor, Kristy, et lui voler son argent. Il apprend par la police que sa femme était riche alors qu'il vit dans un sordide HLM... Pinhead lui dit : « Toujours dans l'obscurité totale ? (...) Bientôt vous saurez tout, beaucoup plus que ce que vous auriez souhaité. »
Petit à petit, le spectateur se met à imaginer que la vie de Trevor qui nous est présentée n'est pas sa vraie vie. Le passé de Trevor lui donne mal à la tête.
Trevor va voir la psy qui lui fait de l'acupuncture et la trouve morte un pic à glaces planté dans la tête. Quelqu'un essaie d'entrer, car la clenche bouge... Trevor a peur il arrache le pic à glace et s'apprête à affronter les intrus, cette arme à la main et c'est la police qui entre. Il est arrêté et accusé. C'est le début de la fin et la fin ne sera qu'un autre commencement...
D'ailleurs Pinhead le dira : « Bienvenue dans le pire des cauchemars : la réalité. »
À la fin Trevor, après avoir été presque écorché par les chaînes de Pinhead, revient à son état normal, soulève le drap qui recouvre un corps à la morgue et découvre que c'est lui qui est mort !
Puis, c'est la scène de l'enquête de police auprès de la voiture de Trevor qui a été sortie de l'eau. Il y a le cadavre de Trevor. Et aussi Kirsty, c'est elle qui avait manœuvré tout ce faux semblant grâce à la boîte de cénobites qu'on avait vue dès le début et revue plusieurs fois au cours du film... Là, le policier l'a retrouvée dans la voiture et l'offre en douce à Kirsty qui l'accepte...

Unknown Beyond d'Ivan Zuccon (2001). *Maelstrom : il Figlio Dell'Altrove*,
La suite de *L'Altrove* (2000) du même réalisateur. Un film post apocalyptique. Le monde est dominé par les Anciens. Quelques êtres humains tentent de résister. Certains d'entre eux partent à la recherche du Necronomicon qui doit leur donner la solution pour se débarrasser des Anciens. Ivan Zuccon se donne toujours beaucoup de mal pour tourner ses films. Il ne se laisse pas arrêter par le manque de moyens. Il y va ! Et ses films ne sont jamais nuls. Il a même réalisé de très bons comme *Colour from the Dark* ou *The Shunned House*.
Ici on est vraiment dans l'ambiance lovecraftienne. Avec les noms de personnages des récits de Lovecraft comme Carter ou Pickman, et le personnage de la sorcière Keziah.
L'hommage à Sergio Leone à la fin, au moment du duel au pistolet entre le Bien et le Mal, est mis en avant par quelques notes de la musique d'Ennio Morricone du film *Le Bon, la Brute et le Truand*...
On l'aime bien cet Yvan Zuccon !

Cubbyhouse de Murray Fahay (2001). Un hommage à *Evil Dead* de Sam Raimi avec la cabane dans le jardin, la tronçonneuse et l'entité qui rase les herbes folles... Et aussi à *Poltergeist* avec le lotissement... Comment les démons rendent les enfants méchants. Et seulement eux...

Donnie Brasko de Richard Kelly (2001). Donnie Darko est perturbé, il prend des psychotropes, est somnambule et a un "nouvel ami" (dit-il à son psy). Cet amie, Franck, annonce la fin du monde dans 28 jours, 60 heures, etc. Le compte à rebours commence. Un moteur d'avion tombe sur la maison. Personne ne sait d'où vient ce moteur et il ne faut dire à personne que personne ne sait. Un dialogue sur le sexe des Stroumpfs. Grand-Mère la Mort a cent un ans et fait la même chose tous les jours : elle va ouvrir sa boîte aux lettres dans laquelle il n'y a jamais de courrier. Il est discuté en classes de la nouvelle *Les Destructeurs* de Graham Greene. « *Tu crois aux voyages dans le temps ?* » demande Franck à Donnie. Il y a des élections présidentielles. Un livre : *La philosophie du voyage dans le temps.* C'est Grand-Mère la Mort qui l'a écrit ce livre qui écrit des « *tas de trucs* » que voit Donnie. « *Toute créature vivant sur Terre meurt seule* » avait chuchoté la vieille dame à l'oreille de Donnie. « *J'ai pas envie d'être seul* », répond Darko à sa psy. Une fabuleuse séance de cinéma avec Franck où l'on projette *Evil Dead*. Et il y a aussi *La dernière tentation du Christ*. La prof non conformiste est virée : « *Nous sommes tous en train de les (les enfants) livrer à l'indifférence* » déclare-t-elle. Un moteur d'avion tombe sur la maison de Donnie. Le compte à rebours est terminé. Le plus émouvant film de voyage dans le temps que j'aie jamais vu... Plus émouvant même que *Quelque part dans le temps.*

Resident evil de Paul Anderson (2001). Superbe ! Une mise en scène superbement haletante. Des morts-vivants pas décevants (Pas étonnant avec du Romero sous-jacent...) Un suspens insupportable. Et puis la belle des belles... « *Jamais rien ne changera* » déclare un personnage. Un gore gothique dans un décor high tech ! Fallait le faire... Contrairement à d'autres, j'avais déjà aimé *Event Horizon* d'Anderson. Le réalisateur se confirme donc dans ma cote personnelle.

La Guerre des étoiles : l'attaque des clones de George Lucas (2001). Épisode 2 ! On a déjà vu beaucoup de choses, mais c'est bon pour les fans...
Ginger Snaps de John Fawcett (2001). Excellent film de loup-garou. C'est filmé volontairement de manière légère et au fur et à mesure que la situation s'aggrave on va de surprise en surprise...
Le Roi scorpion de Chuck Russel (2001). Ce qui s'est passé avant l'histoire de *la Momie*... Muscles de l'Heroïc fantasy.
Intacto de Juan Carlos Fresnadillo (2001). Un petit chef-d'œuvre ce film sur la chance, le jeu et le hasard. Un film de vampires aussi, car ce sont bien des vampires ceux qui, comme dans le film, vous sucent votre chance pour augmenter la leur. C'est filmé avec grand art, sobriété et efficacité. Un petit bijou de plans et de montage. Une vraie maestria avec certaines scènes de suspens qui rendraient jaloux Hitchcock lui-même ! Et croyez-moi, le thème n'est pas facile à traiter au cinéma. Les jeux sont imaginés avec une astuce diabolique. Celui dans lequel les joueurs courent les yeux bandés et les mains liées derrière le dos dans une futaie est tout simplement ahurissant. Le choix d'un torero pour l'un des personnages est également très habile. Cela faisait longtemps que je n'avais pas vu un film aussi bon !
Le Retour de la momie de Stephen Sommers (2001). Bon ! Un Indiana Jones de plus ? Finalement c'est bien, faut s'habituer au style du réalisateur : il ne prend rien au sérieux.
Mulholland Drive de David Lynch (2001). La plupart des films de Lynch sont dangereux à regarder quand on est au bord de la dépression nerveuse. Lynch atteint le sommet de son art pour créer une ambiance stressante, déstabilisante avec ses plans, ses contre-plongées, ses sons (le grincement de la fermeture éclair du sac qui n'en finit pas...) et... le jeu des acteurs. Quel jeu ! Quel directeur d'acteur ce Lynch... C'est stupéfiant. Et puis, bien sûr, il y a l'écriture, le scénario et les dialogues. Tout est fait pour être énigmatique tout en excitant la curiosité. Qui est qui ? Qui fait quoi ? Je pense à une des plus grandes œuvres littéraires de fantastique : *Princesse Brambilla* de Hoffmann. « *Il n'y a pas d'orchestre, ceci est une illusion* » – « *On dirait vraiment quelqu'un d'autre !* » Le film bascule au moment de l'audition de l'actrice Betty. Mais on ne le sait pas encore quand on voit cette scène. On le saura plus tard dans le film. Dans ces films schizoïdes de Lynch, il y a toujours un moment où le film bascule... Et voici ce que dit Bob aux acteurs : « *Évitez de jouer en allant trop vite vers eux, attendez et c'est eux qui viendront.* » Bob parle certainement des personnages en parlant d'*eux*, mais Lynch... parle du film, de son film, bien sûr ! Lynch aurait-il fini sa trilogie après *Twin Peaks* et *Lost Highway* ?
<u>Les dix clés de David Lynch</u> : Au moins deux clés sont visibles avant le générique – Un abat-jour rouge apparaît à l'écran – Parvenez-vous à entendre le titre du film pour lequel Adam Kesher auditionne des actrices ? Ce titre est-il mentionné à nouveau ? – Un accident est une chose terrible. Faites attention à l'endroit où se déroule l'accident. – Qui donne la clé et pourquoi ? – Attention à la robe, au cendrier, à la tasse de café – Au club Silencio quelque chose est ressenti, une prise de conscience a lieu, les éléments se rassemblent... mais quoi ? – Camilla n'a-t-elle réussi que grâce à son talent ? – Attention aux détails autour de l'homme derrière Winkies. – Où est tante Ruth ?

A.I. de Steven Spielberg (2001). Contrairement a ce que dit Sfmag je n'ai jamais trouvé que Spielberg était le plus grand des réalisateurs. Je reviens sur ce film que je ne suis pas allé (volontairement) voir à sa sortie. Mes pires craintes étaient fondées. Ce film basé soi-disant sur une idée de Kubrick – mais pourtant tiré d'une histoire de Brian Aldiss – est une mièvrerie qui plagie Pinocchio de manière encore pire que Walt Disney ! Je me suis endormi deux fois devant ma télé. Désolé...

She Creature de Sebastien Gutierrez (2001). Une histoire de sirène. Assez rare pour être signalée. Une des premières productions de *Creature features productions*. Très bien filmée. Excellent jeu des acteurs. Le lieu clos constitué par un bateau à voiles du début du siècle est bien rendu. L'intérêt des films de cette époque, c'est l'éclairage à la lampe à pétrole. Une histoire à l'obscure clarté du grand Lovecraft.

The Breed de Michael Oblowitz (2001). Dans un futur proche, les États-Unis ressemblent à l'ex URSS. D'ailleurs le film est tourné à Budapest. Ainsi le style architectural gothique est remplacé par le style néostalinien... Les bas-reliefs sont en style réalisme socialiste, et les mots d'ordre surréalistes prolétariens. Il y a même des gens (des vampires) qui veulent fuir clandestinement le pays. L'enfer quoi ! Il pleut beaucoup et il y a beaucoup d'orages. Les vampires sont devenus une race reconnue, mais il y a des renégats. Alors on forme une équipe policière avec un Noir et un vampire. Sympas tous les deux. Le nom des personnages est hilarant ; les vampires : Orlock (le nom donné à Dracula par Murnau dans *Nosferatu*), Lucy Westenra (un personnage vampirisé du roman de Bram Stoker) et une victime : Barbara Steel, l'actrice culte qui interpréta le vampire dans *Le Masque du démon* de Mario Bava, et j'en ai sûrement raté ! On a le plaisir de reconnaître une montée d'escalier qui ressemble fortement à celle du *Dracula* de Browning. On ne s'ennuie pas une minute bien que l'image quasiment noir et blanc ne nous permet pas toujours de discerner ce qu'il se passe.

From Hell d'Allen et Albert Hughes (2001). Enfin nous connaissons la vérité ! Nous savions depuis le téléfilm de David Wickes (1989) que Jack l'éventreur devait être le médecin de la reine. Ici on nous dévoile ses mobiles. Le côté social de l'affaire est bien moins mis en avant. Mais le fond politique de ces meurtres atroces est bien éclairé. Magnifiques images et les scènes de meurtre pleines de pudeur sont néanmoins terrifiantes.

Un Jeu d'enfants de Laurent Tuel (2001). Ces films avec des enfants terrifiants jouent sur la culpabilité enfantine du spectateur. Qui n'a jamais ressenti cette culpabilité d'avoir été à un moment ou un autre un enfant méchant ? L'actrice Karin Viard est formidable. Sa bouche, particulièrement sa lèvre supérieure fait un mouvement vers le haut quand elle parle avec la formation de deux petites fossettes charmantes de chaque côté du nez. Le film joue aussi sur le fantasme du livreur ou du plombier qui saute la belle locataire (si possible sur la table de la cuisine...) Le spectateur croit avoir l'explication au milieu du film... d'accord, il l'a, mais, le mystère est-il éclairci pour autant ? Voilà un excellent film après *Promenons-nous dans les bois*. Laurent Tuel : n'écoutez pas les critiques qui n'aiment que les films français où on voit les gens manger à table ! D'ailleurs, ont-ils remarqué ces zouaves que c'est vous-même, Laurent Tuel, qui avez signé la lettre de licenciement du mari ?

Lara Croft Tomb raider de Simon West (2001). Pétard ! Quel bon moment j'ai passé. Ne pas écouter les pisse-vinaigre qui n'ont pas aimé ce film : ils ont perdu leur âme d'enfant et, encore pire, ce sont des machos ! Superbes aventures. Allez les intellos, ne boudez pas votre plaisir, ça fait du bien... Il y a eu une suite : **Lara Croft Tomb Raider Le berceau de la vie** de Jan de Bont (2003)

Évolution d'Ivan Reitman (2001). Ah quelle rigolade ! Une adaptation d'une quantité phénoménale de thèmes des films d'invasion de monstres dans l'histoire du cinéma. Voir en fin de ce livre la liste des films à thèmes *Extraterrestres* : ils y sont quasiment tous, avec en prime, Godzilla, les dragons et la connerie des militaires (qui ne le sont pas tant que ça, mais enfin ça fait rire...)

Jurassic Park 3 de Joe Johnston (2001). Un bon moment pour admirer des bêtes de plus en plus vivantes et réelles.

Final Fantasy *Les créatures de l'esprit* de Hironobu Sakaguchi (2001). Voilà un grand tournant dans l'histoire du cinéma. Avant il y en a eu deux : l'invention du cinéma lui-même et le son. On peut donc faire un film sans acteur... C'est même mieux qu'avec les acteurs, car on ne s'identifie plus à leur personnalité, mais tout simplement au personnage. Et pourquoi donc certains acteurs empochent des sommes faramineuses pour faire le guignol devant une caméra ? Alors que vont faire les acteurs ? On se souviendra que ces derniers, à la naissance du septième art, alors stars du théâtre, refusèrent de jouer au cinéma, nouvel art qui devait détruire leur carrière. Eh bien voilà : ils retourneront au théâtre.

Le film est magnifique ! Une très belle histoire mystique de SF. De très belles images ! Quelques très minimes imperfections : mais que dire devant cette nouvelle forme de cinéma, sinon que pour un coup d'essai c'est un coup de maître !

La Planète des singes de Tim Burton (2001). Comme tous les fans de Tim Burton je me suis précipité, bien que je n'aie jamais été fasciné par les films précédents inspirés du roman de Pierre Boulle. Le générique est très hollywoodien (ce n'est pas une critique...) et... le reste aussi. Il manque cet humour macabre dont Tim Burton s'était fait la spécialité. À noter : des maquillages superbes, ici les hommes parlent, et on insiste sur la supériorité physique des singes. Certains critiques, déçus, massacrent le film. N'exagérons rien. C'est un très bon film.

Les Vampires du désert de JS Cardone (2001). On pourrait presque dire que c'est un très bon remake de l'excellent film *Aux Frontières de l'aube*. Les histoires de vampires nous fascinent pour deux raisons : la vie éternelle avec son prix ; et le fait que le problème a toujours une solution : la lutte contre le monstre. C'est aussi un hommage à *Vampires* de Carpenter, sauf qu'ici les héros ne sont pas des surhommes. En puis c'est tourné comme un western. Et les marginaux ne sont pas seulement les vampires, mais aussi ceux qui les chassent...

Vidocq de Pitof (2001). Superbes images, énorme profondeur de champ, contre-plongées inouïes, découpage insolent... Formidable quoi. Mais on se lasse un peu, car c'est répétitif. Depardieu qui joue dans ce film bourré d'effets spéciaux et de bagarres avait déclaré dans Télérama : « *Aller au cinéma pour voir un défilé d'effets spéciaux et de bagarres, ça m'ennuie profondément* ». Ben voilà : on s'ennuie profondément. Depardieu est de plus en plus gros. On se demande avec toute cette graisse comment il peut être si bagarreur... Heureusement il parle peu. Quant au scénario... Quel scénario ? Même l'idée centrale (assister à sa propre mort violente) a déjà été bien mieux exploitée avec le film *Le Voyeur*.

Petit Poucet d'Olivier Dahan (2001). Pour moi ce conte de Perrault n'est pas, de loin, le meilleur. Dans le domaine du cannibalisme, je préfère nettement *Hansel et Gretel*. Enfin, Olivier Dahan s'y est mis. Cocorico !

Impostor de Gary Fleder (2001), raconte une histoire très Dickienne (inspirée d'une nouvelle de l'auteur : *L'imposteur* 1953) : le héros ne sait jamais qui il est, même si les représentants de la société totalitaire dans laquelle il vit lui disent qu'il n'est pas ce qu'il croit être. Un film convenable. Je regrette un peu qu'une fois de plus, le cinéma n'utilise qu'un thème de l'œuvre de Dick, celui de la schizophrénie.

Ghosts of Mars de John Carpenter (2001). Ce sacré John a fini par réaliser le western dont il rêvait. Y compris les Indiens et le "cheval de fer" s'il vous plaît ! Avec quelques nuances (méprisantes ?) pour le genre : ici la virilité est incarnée par une superbe blonde et la société est matriarcale. On ne s'ennuie pas une seconde. Je suis sorti de la salle épuisé, vanné. Une démonstration politique du colonialisme avec une fin étonnante. Comme d'habitude chez Carpenter ! Cela vous étonne ?

Le Seigneur des anneaux : La communauté de l'anneau de Peter Jackson (2001). Je n'ai jamais été un grand passionné de fantasy, donc de Tolkien. Ceci dit, il n'est pas question de nier l'immense talent et l'immense travail de cet écrivain. Il fallait quelqu'un de sa stature pour adapter son œuvre au cinéma. Et aussi, peut-être surtout, les nouvelles techniques du cinéma. Donc un film d'aventures magnifique. Des images époustouflantes. J'ai interrogé les jeunes enfants qui avaient regardé la séance avec moi :

— Alors les enfants ? C'était bien ?
— Ah oui ! Me répondirent-ils, complètement subjugués.

Voilà donc ce qui m'a ennuyé dans ce grand film : tout a été lissé pour être un film grand public. Les monstres ne font pas peur, les combats sont illisibles (on ne voit rien !) J'en suis convaincu, Tolkien, qui a écrit *Bilbo le Hobbit* pour ses enfants serait d'accord avec ce film. Moi je me suis un peu ennuyé...

Le Seigneur des anneaux : les deux tours de Peter Jackson (2002). Ouahou ! Excellent film. Jubilatoire, lacrymogène et tout...

Je ne crains ni la mort, ni la douleur
Et que craignez-vous alors ?
La cage !

Voilà un dialogue qui sied bien à Tolkien qui aurait voulu que l'espèce humaine se libère de la technologie. C'est tout ce qu'il exprime dans son histoire et qui est fabuleusement bien filmé par Jackson ! Contrairement au premier épisode, dans celui-ci (et le suivant) on a bien plus de plaisir de retrouver tous ces personnages quasiment vivants grâce à la magie du cinéma.

Le Seigneur des anneaux : le retour du roi de Peter Jackson (2002). Sublime, incroyable, phénoménal ! Les mots manquent pour définir un niveau aussi élevé d'enthousiasme. Jamais rien vu de pareil...

The One de James Wong (2001). Après les séries TV James Wong attaque les séries ciné. Les mondes parallèles et l'énergie sera à vous si vous éliminez ceux avec qui vous la partagez : vos doubles des autres univers... Gare !

Les Autres d'Alejandro Amenabar (2001). Ce film utilise un seul effet spécial du cinéma pour effrayer le spectateur : le son ! Il rend ainsi hommage au film *La Maison du diable* de Robert Wise (1963). Les plans et le montage créent en eux-mêmes, par leur construction, alliée au son, une angoisse avec laquelle on a du mal à prendre ses distances. Beaucoup de spectateurs restent scotchés à leur chaise après la fin, certains d'entre eux trouvant refuge dans un rire étonné. Un très bon film, avec la merveilleuse Nicole Kidman. Il prolonge la tradition des histoires de fantômes renouée par d'autres films tout à fait récemment. Dans un autre film daté de 1997, Ouvre les yeux, un peu long, mais formidable, le même réalisateur traite le même thème : quelle est la réalité ? Où est-elle ? Laquelle vivons-nous ? On éprouve le même malaise que dans *Matrix* sans effets spéciaux. Ce film est sorti la même année que *Lost higway* de David Lynch. On ne peut donc pas dire que notre jeune réalisateur espagnol a été influencé par ce dernier. Pourtant les deux films sont de même niveau de qualité ! Et le remake du film *Ouvre les yeux* est réalisé uniquement à la gloire de son producteur, Tom Cruise qui a également produit *Les autres.* Ce remake s'appelle *Vanilla sky* de Cameron Crowe (2001), Tom Cruise, et puis Tom Cruise et, Tom Cruise…. Etc.

13 Fantômes de Steve Beck (2001). Lors d'une interview de Graham Masterton, ce dernier m'avait répondu la chose suivante à propos de son livre *Walhalla* : *La différence entre Walhalla et la plupart des histoires de maisons hantées, est que celle de Jack (*le héros de Walhalla*) a délibérément été construite pour être hantée. Ce* film raconte le même genre d'histoire. On passe un bon moment avec une maison pleine de fantômes et bourrée de pièges. L'idée des lunettes n'est pas mauvaise bien que déjà exploitée dans *Invasion Los Angeles* le film de John Carpenter. D'aucuns disent que ces lunettes rendent hommage au film dont ce *13 Fantômes* est un remake et qui était en 3D et demandait donc au spectateur de porter des lunettes…

Harry Potter à l'école des sorciers de Chris Colombus (2001) et, **Harry Potter et la chambre des secrets du même** (2002). Autant le premier opus m'a enchanté par les mystères, l'horreur et la joie, autant ce deuxième opus m'a complètement ennuyé ! Au fond on a l'impression de revoir toujours la même histoire de tueur en série dans un lycée anglo-saxon… Pas très original. Quant aux monstres : araignées et serpent géants, idem…

Rollerball de J. McTiernan (2002). Pas mal du tout ce film ! Une atmosphère à la Blade Runner (Ridley Scott 1981), la scène de poursuite de nuit dans le désert mongol est surréaliste… Une musique hard rock qui arrache comme je l'aime ! Le peuple saura se défaire des jeux du cirque…

La Machine à explorer le temps de Simon Wells (2002). Ouais.. Bon. Un film d'aventures qui se laisse bien regarder. Réalisé par Wells lui-même !

Le Sang des innocents de Dario Argento (2002). Argento concentre une nouvelle fois toutes ses obsessions : les couleurs vives, et particulièrement le rouge du sang, le meurtre des femmes, la mémoire, la trahison des sens et le traumatisme enfantin exprimé par une lancinante comptine. Vous avez reconnu ? Eh bien oui, vous avez reconnu *Les Frissons de l'angoisse* ! Il y a aussi une maison maudite (comme dans *Inferno*) et diverses armes du crime : un instrument de musique, un stylo à encre, un verre de bière, l'eau d'un lavoir, un mur, et bien sûr les couteaux, toutes sortes de couteaux... D'ailleurs, une fois de plus, le tueur porte de gros gants de cuir noir et traîne même une fille, non pas par la jambe cette fois, mais par le bras... Il filme beaucoup les moyens de transport et la scène de poursuite dans le train est hallucinante. Pas autant d'ailleurs que le long plan-séquence sur le tapis de l'opéra (encore une référence à l'un de ses films : *Le Fantôme de l'opéra*) qui est tout simplement sublime de baroque ! Il nous met sur une piste avec le stylo... mais les apparences sont trompeuses, ne cesse-t-il de nous dire ! Il rend hommage au *Lac des cygnes* et à l'œuvre de George Orwell : *La Ferme des animaux*. Avec la musique des Goblin, c'est tout dire si Argento retourne aux sources !

L'Échine du diable de Guillermo del Toro (2002). Les lendemains ne chanteront pas, mais la lutte reste indispensable ! Quelle atmosphère dans cet orphelinat pour enfants des combattants "rouges" morts à la guerre d'Espagne. Le fantôme de la maladie infantile du communisme prend sa revanche. Ou plutôt n'est-ce pas le spectre du communisme lui-même ? On craint de s'ennuyer, mais on reste scotché ! Le réalisateur (qui est Mexicain et non pas Espagnol comme le film...) dédie ce film à son père. Mais pourquoi la bombe n'a pas explosé ? Le prologue du bombardement est impressionnant. Le réalisateur joue sur le mensonge du cinéma qui réussit à faire croire ce qui n'est pas en montrant que ce qu'il veut. La magie du montage et du plan !

Arachnid de Jack Sholder (2002). Toujours aussi bon ce Jack ! Un très bon film de monstre : une gigantesque araignée ! Ce bon vieux Jack qui, paraît-il n'aime pas le fantastique nous a régalés avec *Hidden, Freddy 2, Wishmaster 2*...On ne s'ennuie pas une minute avec ce film d'araignée géante ! Produit par la toute nouvelle (et prometteuse) maison de production Fantastic Factory de Brian Yuzna.

Bones d'Ernest R. Dickerson (2002). Rien de bien nouveau dans cette maison hantée dans le ghetto noir, sauf qu'elle est hantée par un ancien proxénète qui devient très très méchant après avoir été assassiné. Le chien a du chien...

Emprise de Bill Paxton (2002). Une histoire de tuerie dure à voir, non par les images, mais par les situations vécues par les personnages. Très bien filmée. Une petite faiblesse du scénario : comment un agent endurci du FBI se laisse entraîner la nuit dans un parc public par un psychopathe ?

Apparitions de Tom Shadyac (2002). On s'ennuie ferme bien que certaines scènes soient très prenantes comme celles du "réveil" de l'homme mort cliniquement et qui attend son prélèvement d'organes. Cela commence en Amérique latine, ça se poursuit dans un hôpital et ça se finit en Amérique latine. L'amour est plus fort que la mort. On le savait ! Mais peut-être que cela va mieux en le disant.

Et l'homme créa la femme de Frank Oz (2002). Un remake de *The Stepford Wives* (1975) film de Bryan Forbes adapté d'un roman d'Ira Levin. Ce remake ne va pas casser trois pattes à un canard déjà boiteux... Cette histoire soi disant d'émancipation de la femme, déjà assez fade au départ est transformée ici en une farce de bon ton. Il faut dire qu'Ira Levin n'a jamais pondu des chefs-d'œuvre de littérature de SF... Il a eu le bonheur de voir trois de ses romans adaptés au cinéma dont le célèbre *Rosemary's Baby* à l'histoire assez banale, mais prodigieusement filmée par Polanski et *Ces garçons qui venaient du Brésil*...

Spider-man de Sam Raimi (2002). Très agréable ce film. Les effets spéciaux sont superbes et évoquent volontairement la BD des « Comics » américains. Avec le romantisme qu'il faut, une belle nana et un amour impossible. Raimi filme toujours aussi bien et avec originalité et chante les louanges de la revanche du humble sur le méchant exploiteur. Un régal quoi. Jamais un film de Sam Raimi ne m'a déçu, mais presque toujours il m'a surpris. La suite : Spider-man 2 du même (2004). Toujours les thèmes de la solitude du héros, de la culpabilité qui engendre l'héroïsme et l'amour impossible. Et ça marche très bien dans le plus fabuleux décor gothique du monde : Manhattan ! Bravo Sam Raimi !

Samouraïs de Giordano Gederlini (2002). Un film qui ne tient pas ses promesses : excellent scénario basé sur une très bonne idée, mais les acteurs sont nuls et les personnages caricaturaux. Dommage...

La Reine des damnés de Mychael Rymer (2002). Encore une adaptation cinématographique des vampires « *chochottes* » d'Anne Rice.

Blade 2 de Guillermo del Toro (2002). La suite (voir ci-dessus). Les bagarres sont d'une précision et d'une vitesse inouïes, dignes de bagarres de vrais vampires. Le cinéaste mexicain nous ravit toujours avec son tournage très personnel, mais pas autant que d'habitude because faut faire des entrées... Ils ont quand même inventé un nouveau monstre, une nouvelle espèce de vampire, mélange des morts-vivants de Romero, de Nosferatu et du monstre de Predator. Vraiment terrifiants, mais c'est comme tout : on finit aussi par s'habituer.

Jeepers Creepers le chant du diable de Victor Salva (2002). Excellent ! Cela commence comme dans *La Nuit des morts-vivants* ou *Evil dead* par un voyage en voiture avec de jeunes gens à l'intérieur (et aussi dans *Promenons-nous dans les bois*) ça continue comme dans *Duel*. Autrement dit : il est aujourd'hui TRÈS dangereux de vivre dans les lieux publics comme les routes par exemple. Le monstre me semble inspiré de Clive Barker, de même que la "chapelle Sixtine" avec des cadavres à la place des peintures de Leonardo... Victor Salva expose son homosexualité comme un manifeste. La lutte des jeunes adolescents contre le monstre est, bien sûr, une lutte inégale. Et ces jeunes ont vraiment peur. Ils sont même paralysés par la peur. Un film très pessimiste : mais au fond, la vie est très pessimiste, car la Mort nous attend au bout. Et la Mort est invincible comme dans Jeepers Creepers... On avait vu Victor Salva avec un film à l'eau de rose (*Powder*), mais ici, vous êtes prévenus : ce n'est pas à l'eau de rose. Pas du tout !

Arac Attack ! d'Ellory Elkayem (2002). Ah ! ces sales araignées. Pas mal foutues et bien reproduites. On reconnaît même les différentes espèces... Faut dire que Roland Emmerich et Dean Devlin, producteurs ont mis le paquet sur les effets spéciaux. Un film en hommage aux *Them !* et autres *Tarantula*... Attention ce n'est pas de l'ironie !

Bloody Mallory de Julien Magnat (2002). Un VRAI film de série Z. Oui, tourné comme tel. Pas mal du tout. Une anthologie des histoires fantastiques : le Necronomicon, l'exorciste, le village des damnés. On aperçoit les portraits de quelques grands écrivains de fantastiques dont les grands Lovecraft et Poe. Avec des tas d'hommages à Carpenter : *Vampires*, *Le Village des damnés* et surtout *L'antre de la folie*... Le transexuel me rappelle quelque chose, mais je ne sais plus quoi. Je parierais pour *Dobermannn*...

Men in Black 2 de Barry Sonnenfeld (2002). Sera-t-il aussi hilarant que le « un »? (Question posée le 22 juillet 2002 avant la sortie en France...) Eh bien après l'avoir vu je peux dire : non ! On n'est plus surpris comme dans le premier, alors on s'amuse moins. Sonnenfeld a joué la sécurité.

Jason X de James Isaac (2002). Le masque à trous n'est pas mort, il revient dans l'espace où l'on n'entend pas crier... Un p'tit coup d'Alien pour réanimer un Jason vieillissant donne un résultat pas mauvais. Il fait désormais comme le cénobite plein d'aiguilles[101] : il sévit dans l'espace... Toujours aussi indestructible et tueur de "cons" !

Dog soldiers de Neil Marshall (2002). Excellent film de loups-garous ! Hommage à plein d'autres films de monstres : *La Nuit des morts-vivants,* mais surtout *Le Retour des morts-vivants, 1 et 3* !, formidablement bien tourné, plans serrés qui nous font toujours nous demander ce qu'il y a hors champ, montage très précis par le réalisateur lui-même. Très peu d'effets spéciaux, mais un effet gore et monstre efficace... Une scène de recollage des chairs avec de la colle Uhu assez unique ! Les militaires n'ont toujours pas la cote... Un vrai plaisir ce film !

La Fiancée de Dracula de Jean Rollin (2002). Je me suis tellement ennuyé devant les précédents films de Rollin que je n'ai pas eu le courage d'aller voir celui-ci...

Le Règne du feu de Rob Bowman (2002). Enfin un film sur les dragons qui n'est pas niais ! Ces dragons y sont ce qu'ils sont. Des monstres sans pitié pour l'espèce humaine. Enfin ! Une petite scène qui se moque de Star Wars et des effets spéciaux à couper le souffle. Pas mal ! Comme dit Ornella Mutti à propos de pâtes dans une pub... La salle de cinéma était pleine d'enfants, pourtant c'est un film très violent... Voilà le malentendu sur les dragons...

Fausto 5.0 d'Alex Olle et Isidore Ortiz et Carlos Padrissa (2002). Quel beau film sur la mort et comment la repousser le plus loin possible dans le temps ! Tous les critiques que j'ai lus privilégient le pacte avec le diable. Mais l'ange déchu n'est jamais nommé et même jamais indiqué. Le personnage qui devrait le représenter est bien plus ambigu. Bien que la musique *Métal* renvoie à son image de violence. La mort est présente du début à la fin. Les premières images des équipes qui nettoient le train sont fantasmagoriques et le premier plan montre une libellule écrasée sur un des phares de la locomotive. Puis, à l'arrivée du train, un ouvrier arrache la moitié du corps d'un chien du bouclier protecteur avant de la machine. La scène de l'autopsie dans l'amphi est terrible, car montrée deux fois : par l'image de la caméra qui tourne le film et par le grand écran situé derrière le docteur. C'est un film difficile, car le montage n'est pas linéaire, il est adroitement réalisé pour une narration en spirale... Il y a un poisson dans l'eau des WC... Le docteur hésite devant trois portes des... WC. L'humour est noir, très noir... Et puis il y a ces rues désolées de l'industrie en ruines de Badalona, la banlieue de Barcelone. Ce fantastique gothique, dont le décor n'est plus constitué par les abbayes, mais par les rues sordides de nos pays modernes. Si le « diable » ne lui avait pas montré les plaisirs de la vie il serait mort. Était-ce le diable ou la Mort ?

---

[101] Dans Hellraiser IV Bloodline...

Dagon de Stuart Gordon (2002). Après le *Faust* de Brian Yuzna voici le film de Stuart Gordon de la maison de production que Yuzna a fondée en Espagne. Une adaptation du *Cauchemar d'Innsmouth* de Lovecraft pas spécialement géniale. Dommage ! Les événements se déroulent dans un petit port d'Espagne dénommé « *Innsboca* » un espagnolisme pour « *Innsmouth* »... Les incantations se résument à la seule partie prononçable de celles écrites par Lovecraft : Ïa ! Ïa !... Mais on n'entend pas le tréma...
Cette adaptation reprend plutôt les événements relatés par Auguste Derleth dans une des histoires du recueil *La trace de Cthulhu* qui rassemble cinq nouvelles constituant la suite de celle de Lovecraft citée plus haut. Celle qui inspire particulièrement ce film a pour titre *La Vigie céleste* (*The Watcher from the Sky* – 1945)

Le Bateau des ténèbres de Christian Mc Intire (2001). Un bateau de tourisme ouvre les portes de l'au-delà comme l'Event Horizon en moins cruel. Rien de bien nouveau sur la mer... Les histoires de vaisseaux fantômes sont assez rares pour signaler ce film pour la télévision.

Signes de M. Night Shyamalan (2002). Dieu n'aime pas les extraterrestres ! J'attendais ce film avec impatience et je suis un peu déçu... On n'est pas déçu de la patte du cinéaste toujours aussi géniale, mais l'histoire... Les plans sont toujours très imaginés et travaillés, la lenteur calculée, le montage génial. Shyamalan joue un petit rôle dans son film.

Broceliande de Doug Headline (2002). Doug Headline montre des promesses de talents de réalisateur dans ce premier film ; disons qu'il n'a pas couru beaucoup de risques et s'est contenté d'un bon travail d'artisan (le cumul de gros plans ne fait pas tout)... Sa maîtrise du jeu des acteurs devra encore être peaufinée. Malheureusement le scénario est d'un nul ! M'enfin ! Les aventures de Tintin + Scream (pour les innombrables films de serial killers sur des campus...) + Alien (mais assez raté ici)... Mais tout avec un ou deux crans plus bas. Ce qui est plaisant c'est que ce sont deux filles assez dégourdies qui tuent le monstre. Enfin, c'est peu... Quand je pense que ce pauvre Pelot a trouvé le moyen de faire de ce scénario une novellisation ! *Broceliande* n'est pas le *Pacte des loups* ! À la décharge de Doug Headline (un bon Français qui a voulu prendre un pseudo english...), Christophe Gans a plus de bouteille !

Minority report de Steven Spielberg (2002). Quelle déception ! Ce film est une véritable trahison du monde de Dick. Et ce ne sont pas les allusions éphémères qui le rétabliront comme l'aveugle qui fournit la dope à John Anderton... Le prologue est profondément ennuyeux, les décors d'un pseudo modernisme niais et on se meurt d'ennui avec leurs explications utilisant des termes pseudo scientifiques. Les gants à rayons lumineux qui remplacent la souris de l'ordinateur ne sont pas mieux inspirés. Les trois précognitifs (précogs) dans la nouvelle de Dick sont « *des créatures bafouillantes et gauches (...) véritables légumes ils se contentaient de bredouiller, de sommeiller (...) avec leur tête aux proportions anormales et leur corps au contraire tout ratatiné...* » Rien à voir avec les beaux corps des précogs du film dont l'un d'entre eux devient un véritable personnage ! Pire même, pour rendre ce film acceptable à tous les publics le réalisateur a tout rendu plus acceptable et donc on est loin du sombre monde désespéré de Dick. Ainsi la scène du chirurgien qui se veut la plus dickienne du film est bien téléphonée. Les flics avec des réacteurs au cul sont ridicules. J'ai même noté une erreur de plan : lorsque John discute avec son chef, le plan qui le présente de face est à contre-jour (donc l'éclairage est derrière lui et devrait éclairer son interlocuteur) alors que le plan présentant son chef est dans l'obscurité ! Spielberg a appelé au secours Kubrick et Hitchcock pour ce film. Non, décidément ces deux-là ne méritaient pas ça !

Autres films (bien meilleurs) inspirés de l'œuvre de Philip Kindred Dick : *Blade Runner* de Ridley Scott (Dick a collaboré avec Ridley Scott pour ce chef-d'œuvre) (1981) – *Total Recall* de Paul Verhœven (1990) (Excellent !) – *Planète hurlante* de Christophe Gans (1995) (Très injustement méconnu !!!) – Et un film français tiré d'un roman *mainstream* de Dick : *Confessions d'un Barjo* de Jérôme Boivin (1991) – *Impostor* de Gary Fleder (2001) – *Paycheck* de John Woo (2003) – Et enfin une série télé qui ne casse pas trois pattes à un canard : *Total Recall 2070* (plutôt inspirée de Blade Runner…) (1998 je crois)

Le Vaisseau de l'angoisse de Steve Beck (2002). Le troisième film de la nouvelle société de production Dark Castle (Robert Zemeckis et Jœl Silver) – après La *Maison de l'Horreur* et *13 fantômes* (deux films excellents, si ! si !). Ce film de vaisseau fantôme est aussi excellent que les deux autres ! On ne s'ennuie pas et on est surpris. Et quand on ne l'est pas (par exemple en devinant assez vite qui est le méchant) on est content d'avoir trouvé et, en plus, même en ayant trouvé on est surpris quand même ! Les scènes gore sont tout simplement magnifiques… Ceux qui n'ont pas aimé, n'on qu'à regarder à la télé le film *Le Bateau des ténèbres* (voir ci-dessus).

Marie Céleste bateau maudit.

Oui, les vaisseaux fantômes ont existé. On en trouve les preuves dans « le livre des navires perdus »…

Ce livre (un vrai livre en « chair et en os » si je puis dire…) est celui qui est tenu par la Lloyd's, célèbre compagnie d'assurance créée par Edward Lloyd, qui n'était pas du tout un grand capitaliste, mais un simple tenancier de Pub situé Tower Street à Londres. L'aventure commença en 1688. Ce type est devenu petit à petit, par passion de la mer et des marins, l'informateur et l'entremetteur officiel à propos des navires perdus. Et il ouvre ce fameux livre et engage même un clerc pour le tenir. Cet homme fut donc le premier à avoir eu l'idée de recenser les accidents et les drames de la navigation. Et il finit par créer cette célèbre institution qui existe toujours. Il meurt en 1713.

C'est donc dans ce livre que l'on prend connaissance des aventures de la *Marie Céleste.*

Ce brick-goélette de 282,28 tonneaux, de 31 mètres de long, fut dès le départ un bateau maudit. Un de ces bateaux qui sont, disent les marins, conduits par le capitaine *Davy Jones,* nom dont le diable était affublé par les gens de la mer. D'abord elle s'appela *L'amazone.* Suite à de nombreux accidents, elle finit par échouer sur l'île du Cap-Breton, fut renflouée et rebaptisé « Marie Céleste », en essayant ainsi de conjurer le mauvais sort. Mais le Diable veillait et les malheurs continuaient.

Tout commença par une engueulade entre Briggs, le capitaine de la *Céleste* et son second Hullock. L'harmonium de la femme du cap'tain l'avait écrasée lors d'un roulis particulièrement violent et Briggs accusait son second… La démence de Briggs fut contagieuse, et un tribunal s'improvisa. Ils condamnèrent… l'harmonium à mort et le jetèrent à la mer. Le lendemain il arrive ce que craignent tous les marins : le vaisseau heurta une épave ! L'avarie fut minime et personne n'eut besoin de s'introduire dans les restes, ce qui évita d'y découvrir bien des horreurs qu'on découvre habituellement dans ce genre d'objet maritime. À partir de ce moment, le capitaine Briggs disparut avec sa fille (*une enfant...*) Un dénommé Venholt accusa Hullochk et ce dernier le jeta à la mer ! Ensuite ils ratèrent leur rendez-vous avec *Deo Gracias* qu'ils croisèrent le 4 décembre 1872, quelques jours plus tard. Un navire sans capitaine vaut de l'or pour celui qui le « recueille ». Ce que fit Moorehouse, l'ami de Briggs. Constat d'abandon, car les seuls hommes d'équipage restant étaient ceux prêtés par Moorehouse... et ce dernier prit possession du brick. Il toucha l'assurance (ce qui explique que les détails de l'affaire soient retranscrits dans le fameux livre...)

Le 3 janvier 1885 la *Marie Céleste* entra dans le golfe de Gonave à Haïti. La capitaine Parker choisit le mauvais chenal et emmena volontairement le brick à s'empaler dans le récif de corail nommé *banc du Rochelois*. Puis, il fit arroser le navire échoué avec du pétrole et on y mit le feu. Voilà comment les capitaines courageux et superstitieux terminaient la carrière d'un bateau maudit ! La capitaine fut condamné, un des marins devint fou et un membre de la compagnie se suicida...

Vous pouvez encore aller plonger sur le *banc du Rochelois* vous y verrez les restes calcinés de la *Marie Céleste...*

Abîmes de David Twohy (2002). Encore un film de bateau hanté direz-vous ? Oui, mais encore un très bon film. Excellent ! Ce lieu clos est le siège d'une hantise parfaitement filmée et conduite au niveau du récit. C'est la première fois que l'on filme une histoire de sous-marin hanté. On avait déjà lu une histoire de sous-marin hanté écrite par Mac Cammon : *Le Sous-marin des ténèbres,* mais jamais au cinéma. Un challenge parfaitement gagné par David Twohy qui a toujours fait d'excellents films fantastiques.

Halloween resurrection de Rick Rosenthal (2002). Le scénario est inspiré d'une nouvelle d'Ambrose Bierce (qui a inspiré le film qui inspire celui-ci, je veux parler de *La Maison de l'horreur...* Une petite allusion au film *Le Voyeur* (Michael Powell – 1959) au début, car cet *Halloween* est basé sur le voyeurisme avec plein de références, notamment aussi à *Scream 2*... Tout cela devient un peu monotone.

Wishcraft de Danny Graves (2002). J'ai réussi à survivre sans mourir d'ennui en regardant ce film. On en a un peu marre des tueurs en série dans les lycées américains. Faudrait que le scénariste apprenne l'histoire aussi : le pacte germano-soviétique est de 1939 et non pas de 1938...

Le Cercle – The Ring de Gore Verbinski (2002). Fallait-il faire ce remake de *Ring* (1998), comme a été tourné *Les Sept mercenaires* (remake des *Sept samouraïs...*) ? Je pense que non... Mais maintenant qu'il existe autant le regarder. Et ce n'est pas si mal. La scène du cheval sur le ferry-boat est saisissante... On approfondit un peu plus les raisons par rapport au film de Hideo Nakata, mais enfin cela n'apporte rien...

Dark Water de Hideo Nakata (2002). Bonjour l'angoisse ! Ce film commence avec la vie angoissante d'une femme qui veut conserver la garde de sa fille. Elle emménage dans un nouvel appartement où l'attend une hantise qui va l'obliger à renier sa fille pour mieux la sauver. On est stressé du début à la fin. Ce diable de Nakata réussit à angoisser le spectateur avec un ascenseur, un robinet qui coule et une terrasse d'immeuble. Un vrai petit chef-d'œuvre...

Solaris de Steven Soderbergh (2002). Il fallait oser s'attaquer à ce remake du film de Tarkovski adapté d'un roman du Polonais Stanislas Lem. Un peu plus de cul, une station orbitale plus crédible... Le seul truc de bien c'est le roman de Lem...

Fusion de John Amiel (2002). Un gentil film catastrophe avec de très bons effets spéciaux : on envoie un suppositoire dans « *le trou du cul du monde* » pour rétablir la rotation du noyau de la Terre.

Cypher de Vicenzo Natali (2002). Natali semble aimer les labyrinthes. En voici un autre qu'il fait parcourir au spectateur dans une image très désagréable. Une histoire dickienne qui n'a rien inventé depuis P. K .Dick : un seul homme et différentes personnalités artificielles en couches successives. On s'ennuie un peu. On est un peu étonné à la fin. Il y a peu d'intérêt...

Wishmaster 4 La Prophétie de Chris Angel, que je n'avais pas vu lors de la publication de mon livre (2002)

Eh bien ça commence par une scène de sexe. Diable oblige... Puis c'est une laborieuse histoire de mal vivre dans un couple, car l'homme est paralysé des jambes suite à un accident et le Wishmaster interfère avec ses vœux, ou du moins les vœux de ses victimes qu'il doit exaucer.

La fille n'est pas très jolie, les hommes sont bellâtres. Comme dans tous les films de série B.

Et à la fin le Wishmaster ne peut pas exaucer le troisième vœu qui ouvrirait les portes de l'entre-deux mondes où se trouvent les Djinns...

On finit pas s'ennuyer, le sang coule trop fort, les trucages sont mauvais, et voilà....
Un Wishmaster de trop?

Dracula III Legacy de Patrick Lussier (2002)

Voici le troisième volet de la série des *Dracula* qui avait commencé avec *Dracula 2001* du même réalisateur.

Le prêtre défroqué et son assistant se rendent en Roumanie qui se trouve sous occupation de l'OTAN. Ils pourchassent Dracula. Leur progression est difficile entre vampires et rebelles.

Dracula paie des bandes armées pour lui procurer de la « nourriture ».

Le sang noir gicle contre les murs. Ah ! Que c'est dur d'être un vampire.

Depuis *Dracula 2001*, la série n'a pas progressé. Ici on atteint, je crois, la saturation. C'est pas très bien tourné, avec de faibles moyens, et pas très bien joué. Mais ça se regarde pour se détendre un peu.

Les Enfants d'Abraham de Paco Plaza (2003), encore une histoire de secte inspirée de Ramsay Campbel (comme *La secte sans nom...*)

The Order de Sheldon Lettich (2003). Bon à part ceux qui aiment Jean Claude Van Damme...

28 jours plus tard de Danny Boyle (2003). Un petit remake du *Jour des morts-vivants* de Romero avec une fin plus optimiste... Survivre est le thème central du film. Pour survivre, il faut tuer. Le rythme est très lent, les plans sont très recherchés, fouillés, les couleurs à dominante rouge excitent le spectateur sans qu'il puisse résister. Film assez éprouvant, mais pas autant que la série des *Morts-vivants* de Romero.

Maléfique d'Eric Valette (2003). C'est un livre qui est maléfique. Un livre écrit autrefois par un tueur en série occultiste et qui est resté dans sa cellule après son "départ". Et voilà quatre détenus qui le retrouvent... Ce huis-clos est particulièrement bien maîtrisé par le cinéaste qui nous concocte là un véritable petit bijou constitué par une belle pierre précieuse, le scénario (peut-être pas si original qu'il veut s'en donner l'air, mais si bien construit) enchâssé dans une belle parure en argent ciselé constituée par la mis en scène et le jeu des comédiens. Excellent !

Hellraiser VII : Deader de Rick Bota (2003)

Le générique présente des scènes de l'objet du reportage de la journaliste Amy Klein : les drogués au crack.

Ensuite elle est chargée de mener une enquête à Bucarest sur les « deaders ».

Suite à la réception d'une cassette qui montre l'exécution d'une fille d'une balle dans la tête et sa résurrection après un baiser reçu par un type en imperméable blanc qui s'appelle, je crois, Winter (on le saura plus tard). La cassette a été postée à Bucarest. Son patron y envoie Amy.

Là-bas son enquête la mène dans un immeuble genre celui du film *Inferno* de Dario Argento. Elle s'introduit dans l'appartement de la personne qui a envoyé la cassette, y trouve une jeune femme morte qui s'est visiblement suicidée en se pendant. Elle y trouve aussi des photos de gens qu'elle a vus sur la cassette et une enveloppe contenant une autre cassette. On va de cassette en cassette et en boîte, puisqu'elle trouve aussi dans cet appartement, un cube de cénobites ! Cette deuxième cassette lui montre la femme qui s'est pendue faire part de sa terreur : « Il fera naître des démons et ensuite te demandera de le rejoindre. Et si tu le fais, jamais tu ne pourras revenir en arrière. Mais par-dessus tout, n'ouvre pas le cube. Il te le demandera, mais ne l'ouvre pas. Il n'y a que toi qui puisses arrêter tout ça. Je t'en supplie. » Puis elle lui donne un rendez-vous à la station de métro, dernier wagon. Ensuite, Amy n'écoute surtout pas les recommandations de la pauvre fille et tripote le cube. Il s'ouvre. Ce qui déclenche l'irruption des chaînes et crochets qui l'attrapent. Ça fait mal ! Mais ce n'était qu'un rêve. Pinhead apparaît et lui dit : « Surtout n'oublie pas que tu es toujours en danger. »

Ah ?

Elle va à la station de métro. Elle y voit une femme dans un imper en plastique, assise sur un banc au-dessus d'une mare de sang. Cette scène est importante pour ce qui va suivre.

Elle va à l'endroit que lui a indiqué un dénommé Joe dans le train qui lui conseille de ne pas y aller. C'est à cet endroit que Winter tue et fait renaître... Elle lui montre le cube, il se l'approprie en disant que « c'est un objet de famille en quelque sorte... »

Elle se réveille dans sa baignoire.

Un rêve récurrent est montré : un type viole une petite fille. On saura plus tard que c'est son père et elle.

Du sang coule sur elle, provenant d'elle. Elle a un grand couteau planté dans le dos... Elle réussit à l'enlever en coinçant le manche dans une porte de placard.

Pinhead apparaît, très bavard. Je cite son discours : « Non, tu ne rêves pas ! Un homme t'a recrutée pour être un soldat dans une guerre qui n'est pas la tienne. Une guerre qu'il ne gagnera jamais. Tu as ouvert le cube, maintenant ton âme

m'appartient, tout comme la sienne. Les deaders ont trouvé un passage pour pénétrer dans mon monde, mon domaine. Mais pour atteindre leur but, ils ont besoin de toi. Si tu veux revenir en arrière, tu n'as qu'un seul moyen. Moi ! Je suis ton rédempteur, je suis le seul chemin. »
Elle se rhabille et sort. Elle saigne toujours. Elle doit devenir un deader de son plein gré.
Après d'autres péripéties sanglantes, elle voit la petite fille violée tuer son père avec le grand couteau. Amy meurt en même temps et se retrouve dans le lit de mort/renaissance où officie Winter. Il lui donne un couteau. Au lieu de se tuer, elle lance le cube au loin. Il s'ouvre, Pinhead apparaît avec ses cénobites et les chaînes à crochets sortent des murs et écartèlent Winter qu'ils écorchent et dépècent. Tous les participants sont éventrés. Il ne reste plus qu'Amy. Elle se tue avec le couteau et le cube aspire Pinhead et les cénobites...

Hellraiser VIII : Hellworld de Rick Bota (2003)
Lance Henriksen joue le rôle de Host.
Hellworld est un jeu vidéo basé sur Hellraiser. Les adolescents en sont fous. L'un d'eux, traumatisé par ce jeu infernal, creuse sa tombe dans un hangar, s'asperge d'essence et met le feu. Toutes ses copines et ses copains sont là à ses obsèques. Jack, qui leur reproche d'avoir pratiqué ce jeu qui est la cause de la mort de leur ami et Chelsea, la petite amie du défunt.
Quelqu'un organise une fête basée sur ce jeu, dans une grande maison isolée dans la forêt. Ils y vont tous. Host le meneur de jeu les fait visiter et leur fait un cours sur cette maison appelée Léviathan. Elle fut bâtie par Lemarchand, on y voit son portrait. C'était autrefois un couvent et une nonne, Ursula, fut influencée par le cube. Les 80 nonnes disparurent sans laisser de traces.
Il ne restait que quelques morceaux d'Ursula. Puis la maison fut un asile psychiatrique pour dangereux psychopathes.
On aperçoit quelquefois Pinhead qui punit atrocement tous ces jeunes pécheurs. Et ses cénobites aussi...
Les morts sont terriblement atroces dans la plus pure tradition des Hellraiser. On voit Host creuser des tombes dans le parc. Il y a plusieurs moments de suspense ratés. Le téléphone sonne tout le temps.
Petits hommages aux films genre Scream, où des ados sont horriblement punis de s'adonner au plaisir de la chair.
En fait nous saurons à la fin que tout cela n'est qu'une illusion, seuls les amies et amis du défunt sont présents. Le meneur de jeu, Host, leur a fait boire un alcool drogué pour les hallucinations et utilise d'autres moyens pour ceux qui ne l'ont pas bu. Donc ce n'est pas du tout du Hellraiser. C'est un Hellraiser bidon. Il n'y a que deux survivants parmi les amies et amis du défunt Adam.
À la fin, on voit Host se soûler dans une chambre d'hôtel et il trouve dans ses affaires un cube cénobite. Il le tripote cet idiot et le déclenche. Pinhead apparaît et un cénobite découpe Host en trois morceaux. C'est une fausse fin, car il y a encore une autre fausse fin...

Terminator 3 : le soulèvement des machines de Jonathan Mostow (2003). Cameron n'ayant pas voulu récidiver c'est Mostow qui a pris les manettes de ce Terminator 3. Ce film est surtout une transition pour T4 qui va nous montrer la guerre des machines... C'est bien joué, bien filmé, impressionnant et violent, mais sans plus. De nombreux enfants étaient dans la salle où je suis allé le voir... Les effets spéciaux sont excellents, Schwarzy toujours aussi ironique et les scènes excellemment filmées.

The Eye d'Oxide et Danny Pang (2003). Les Pang brothers sont formidables ! Ils nous ont fait un film de fantômes pas ordinaire. Ils utilisent les techniques ultras classiques du ciné pour parvenir à nous faire peur, terriblement peur, et aussi à nous émouvoir, nous émouvoir profondément : le gros plan, le montage, le flou et le son ! Oxide m'avait déjà impressionné avec *Bangkok Huanted* (voir plus loin) et il confirme la première impression !

Les deux frères Pang ont réalisé une séquelle : The Eye 2 qui n'est pas une suite, qui est même une histoire différente. Il s'agit ici de la réincarnation, ainsi les morts attendent la naissance de nouveau-nés pour s'y réincarner. C'est beaucoup mieux et plus terrifiant qu'*Audrey Rose*...

Nuits de terreur de Jonathan Liebesman (2003). Un excellent film sur les terreurs enfantines. Cette peur de la Nuit est un atavisme : pour l'Homme primitif l'arrivée de la nuit correspondait à l'arrivée des prédateurs, il devenait alors gibier et proie... Cela a très bien été traité dans le film *Pitch Black* de David Twohy et dans *Darkness* (voir ci-dessous). Ici il s'agit des terreurs enfantines et une fois de plus les psychiatres ne comprennent rien, car ils ne voient le monde qu'au travers le petit bout de la lunette de la rationalité. Le réalisateur réussit fort bien à nous terrifier. Qui n'a pas surpris sa mère lorsqu'elle venait poser quelques pièces dans la chambre, la nuit, à l'endroit où on avait posé sa dent de lait perdue dans la journée ?

Darkness de Jaume Balaguero (2003). Superbe ! Un film produit par Brian Yuzna et sa nouvelle maison de production espagnole. On a déjà apprécié ce réalisateur avec *La Secte sans nom* (voir plus haut en 2000). Il amène petit à petit le spectateur dans cette ancestrale peur du noir que nous avons tous connue étant enfant. Et cette obscurité qui règne sous notre lit nous terrifiera peut-être encore après avoir vu ce film...

Détour mortel de Rob Schmidt (2003). Une histoire de cannibales qui vous guettent dans la forêt... Horreur. Un hommage à *Délivrance* qui est d'ailleurs cité par un des personnages et une espèce de remake de *Massacre à la tronçonneuse*. Mais attention ce *Détour mortel* est un chef-d'oeuvre d'horreur extrêmement bien filmé et sans facilités humorisitiques. Le spectateur est tendu du début à la fin et même plus. Bravo !

Pirates des Caraïbes de Gore Verbinski (2003). Excellent film d'aventures avec une petite innovation : les pirates sont des zombies qui marchent sous l'eau. Cette idée avait déjà été exploitée par Lucio Fulci dans *L'Enfer des zombies (1979)*, film dans lequel on voit en prologue un mort-vivant dévorer un requin sous la mer, et surtout par l'écrivain William H. Hodgson dans son roman *Les Pirates fantômes (1909)*. Celui qui fait vraiment tout le film c'est Johnny Depp : il n'y en a pas de meilleur que lui...

Infested de Josh Olson (2002). Pas de quoi trop s'émouvoir. Un film trop bavard, un hommage très appuyé à *La Nuit des morts-vivants*. Une infestation de mouches...

2009 Lost Memories de Si-Myung Lee (2002). Prix du public Gerardmer 2003. Un film coréen. Une uchronie à la Philip K. Dick. En 1909 le gouverneur japonais de la Corée est assassiné. Cela entraîne d'étranges réactions dans l'histoire. Le Japon devient l'allié des États-Unis. La bombe atomique n'est pas larguée sur le Japon, mais

sur Berlin. La Corée a été intégrée au Grand Japon. Elle n'existe plus en tant que pays. Il y a du *Blade Runner* dans ce film, mais aussi du *Maître du haut château*[102] et encore du *Armée des 12 singes* et, pourquoi pas… du *Terminator*.
Un objet archéologique permet les voyages dans le temps : un croissant de lune en pierre. C'est en réalité un couteau de sacrifice. L'âme de la Lune est la clé du temps… Pour retrouver la Corée il faut revenir à 1909… Ce film est très lent, mais très beau. Le bonus DVD est exceptionnel : le réalisateur, interviewé explique pourquoi il n'est pas content de son film ! Unique…

Bangkok Haunted de Pisuth Praesaengaim et Oxide Pang-Shun[103] (2001). Histoires de fantômes thaïlandais. Trois chants macabres et un stabat mater.
1er chant : la légende du tambour. Un objet hanté qui n'aurait pas déplu à Graham Masterton : un tambour.
Plans d'eau, reflets sur l'eau, clairs obscurs, plans quasiment noirs et tableaux à la Rembrandt. On ne reprend jamais un cadeau ! Les réalisateurs ne se sont pas gênés ! Tant mieux.
2e chant : la femme de magie noire. Humour Thaïlandais dans une morgue. Les bougies n'éclairent rien… Le gel du plaisir qu'on se passe sur la peau : terrifiant tableau de la morte dans le lit avec les amants. Nécrophilie et amour éternel.
3e chant : vengeance. Une jeune fille est trouvée pendue dans un entrepôt. Les autopsies sont classiques, mais classique ou pas c'est pas joyeux ! La solution est dans la glace (l'eau congelée, pas le miroir).
Et à la fin trois fantômes au lieu d'un… Un film superbe ! Terrifiant…

À ton image d'Aruna Villiers (2002). Une histoire de clonage qui montre le pauvre clone comme un être terrifiant. Mais serait-ce le cas ?

Memento Mori de Kim Tae-Yong et Min Kyu-Dong (2002). Souviens-toi de la mort. Histoire de revenante coréenne. Le 1er jour une fille est morte la tête vidée : elle s'était peut-être souvenue de la vérité. Le 2e jour une fille est morte les jambes mutilées : elle s'était peut-être rapprochée de la vérité. Le 3e jour une fille est morte les oreilles coupées : elle avait peut-être entendu la vérité. Le 4e jour une fille est morte les yeux arrachés : elle avait peut-être vu la vérité. Le 5e jour une fille est morte la langue coupée : elle avait peut-être dit la vérité. Le 6e jour une fille est morte les mains amputées : elle avait peut-être écrit la vérité. Le 7e jour une fille va mourir.
De si belles petites jeunes filles confrontées à la Mort. Chiante de son vivant cette Hyo-Shin, mais après sa mort encore pire… Je me suis ennuyé…

Dreamcatcher (L'attrape rêves) de Lawrence Kasdan (2002)
C'est un film adapté du roman de Stephen King (voir ma critique ci-dessous).
Si certains l'ont qualifié de "nul" c'est injuste. Ce n'est pas un chef-d'œuvre, mais le film tente de reprendre toute la complexité du livre de Stephen King.
Les scénaristes ont choisi de conserver toute la complexité des quatre personnages impliqués dans une guerre contre des extraterrestres envahisseurs, mais de simplifier la deuxième partie, celle qui raconte ce combat.
D'où un malaise dans la vision de ce film.

---

[102] Roman « uchronique » de Philip K. Dick
[103] Voir le film *The Eye* du même (ci-dessus)

Mais il n'est pas nul du tout, loin de là...
Il ne cherche pas à être honoré par la palme d'or, mais à raconter une bonne histoire comme les bons vieux films de série B que Steve King aime tant...
Le livre :
C'est un roman de Stephen King, donc un pavé. Mais on ne s'en lasse pas. Ce type est sadique : il écrit tellement bien que même quand on s'ennuie dans les longs passages on s'y tient, car une fois entré dans l'histoire on y est entraîné jusqu'au bout...
Les quatre personnages sont en quelque sorte un peu chacun du Stephen King. Le plus kingien me semble être Henry le psychiatre suicidaire. Mais on peut aussi opter pour Jonesy avec sa possession par l'extraterrestre, comme King est possédé par la fiction...
Il y a de toutes les œuvres de King dans ce roman : ça – Shinning – Dead zone – la tempête du siècle, Tomnyknockers, etc...
Il faut dire que ce roman a été écrit juste après le très grave accident de voiture de Stephen King (il a été renversé par un 4x4 alors qu'il se promenait à pied.), juste après avoir frôlé la mort, comme Jonesy dans le livre qui, lui, a connu la mort après un même accident, mais il en est revenu...
Ce que j'aime aussi dans ce livre ce sont toutes les références cinématographiques... Notamment le film *Apocalypse Now*. Les terribles soldats du livre ont pour chef un officier du nom de Kurtz (comme dans le film ou le livre *Au cœur des ténèbres* de Conrad dont il est tiré). Les hélicoptères attaquent à la musique de *Sympathy for the Devil* des Rolling Stones (au lieu de Wagner dans Apocalypse Now...) D'ailleurs, Stephen King fait se poser la question à un de ses personnages, savoir si Kurtz est le vrai nom de cet officier violent et impitoyable, ou s'il l'a emprunté au film... King rappelle aussi les paroles du Kurtz d'Apocalypse Now (interprété par Marlo Brando) : « L'horreur, l'horreur... »
Ce livre est très attachant.
On en a tiré un film que beaucoup ont trouvé "nul", à tort, car bien que ce ne soit pas un chef-d'œuvre il tente de reprendre tous les thèmes du vaste livre de King... Le DVD comporte une très intéressante interview de Stephen King.
Returner de Tokashi Yamasaki (2002), est une compilation de l'histoire d'*ET*, de *Terminator*. Le héros est une petite fille qui revient dans le passé pour sauver le monde, mais pas du tout comme on s'y attendrait... Il y a plusieurs fausses fins et on se demande laquelle sera la bonne... Pas si mal comme film...
Bubba Ho-Tep de Don Coscarelli (2002). Enfin un film de Coscarelli qui a collectionné les réalisations des films « Phantasm » qui ont fait son succès... Ici il nous fabrique un film inclassable très destroy et il nous apporte une explication sur la disparition du « King ». Rien de moins...
La Maison des 1000 morts de Rob Zombie (2002)
Le chanteur du groupe "White zombie", devenu en solo Rob Zombie, devait s'intéresser au cinéma pour avoir donné ce nom à son groupe, car c'est le titre original d'un film de Victor Halperin (1931) avec Bela Lugosi.
Alors Rob Zombie se met au cinéma.

Ce film reprend la classique histoire d'une équipe de jeunes qui tombent entre les mains de dégénérés qui vont les soumettre aux pires tortures. Et quoi qu'espère le spectateur pour sauver quelqu'un, cela n'arrivera pas.

La première partie assez longue semble donner une direction "second degré" au film, mais ensuite les amateurs d'horreur en auront pour leur argent.

Sur le plan cinématographique, l'utilisation du négatif couleur ou même noir et blanc (procédé que Murnau avait le premier utilisé dans *Nosferatu*) ainsi qu'un montage assez lent sur certaines scènes et très rapide sur d'autres, crée un malaise qui sera accentué par les scènes terribles que ce film nous inflige. Ces scènes "trafiquées" créent une illusion passagère que tout cela n'est que du grand guignol, mais c'est pour mieux te manger mon cher spectateur...

Rob Zombie a une grande culture du cinéma de ce genre, et il le montre avec son scénario bourré de références, mais avec en final une certaine originalité, et aussi, quelques extraits de films vus à la télé par quelques personnages.

Rob a réussi ce qu'il voulait faire, un film très dérangeant, comme sa musique...

La suite est encore mieux : **The Devil's Rejects** (2006)

The Shunned House d'Yvan Zuccon (2003)

Ce film italien dont les dialogues sont en anglais est une adaptation des trois nouvelles de Lovecraft mélangées en une seule histoire.

La Musique d'Erich Zann (1922) – La Maison maudite (1924) – La Maison de la sorcière (1933).

Les deux premières sont des œuvres mineures de Lovecraft.

Le film est très lent et un peu ennuyeux. Mais l'ambiance délétère des histoires de Lovecraft est bien rendue. Ça se passe donc dans une maison où les morts violentes se sont succédé tout au long de son histoire (ça c'est *La Maison maudite*) et dans laquelle sévit une sorcière qui entraîne un locataire à sacrifier des nouveau-nés (ça c'est *La Maison de la sorcière*) et il a donc été rajouté une violoniste maudite parmi les locataires (ça c'est *La Musique d'Erich Zann*).

Dommage, ce cocktail rend le film difficile à suivre. Sans doute a-t-il servi d'entraînement au réalisateur pour faire le magnifique *Colour from the Dark* (voir ci-dessus)

Une scène coupée du film reprend pourtant la fin de la nouvelle de Lovecraft *La Maison maudite* quand le personnage verse des bidons d'acide sur l'entité démoniaque.

Final Cut d'Omar Naïm (2003)

Le prologue est assez terrible. Ensuite, c'est assez énigmatique, mais on va comprendre...

Un type (nommé le « monteur ») a un drôle de boulot : il monte un film à la mort de quelqu'un qui a un implant permettant de filmer chaque seconde de sa vie. Un peu tiré par les cheveux non ? Qui accepterait de se faire implanter un tel truc ? Il choisit les extraits à utiliser.

Ce « monteur » en voit donc de toutes les couleurs et pas des belles parfois. Faut être fou pour faire ce boulot. Très stressant. Ça ressemble à celui de psychiatre ou de psychanalyste...

Sa copine lui dit : « Tu es une sorte de croque-mort, ou plutôt un prêtre, un taxidermiste. Tout ça à la fois ! » Quelle philosophe cette fille !

Vous vous imaginez si on vous a mis une puce comme ça dans le cerveau ?
En fait ce type fait le boulot que fait la vie, ou plutôt celui du biographe qui embellit la vie de ceux qui sont morts. Ou celui des historiens au service d'une idéologie comme le communisme ou le nazisme...
Le « monteur » sait beaucoup de choses, bien sûr. C'est un « mangeur de péchés »...
L'appareil de montage est surnommé « la guillotine. »
En visionnant un film pour réaliser une nécrologie, il retrouve dans le « film » quelqu'un qu'il croyait mort. Qu'il croyait avoir laissé mourir étant enfant.
Le prologue n'est pas du tout le pivot du film. Décevant.
Le scénario est cafouilleux, déséquilibré.

Shaun of the Dead d'Edgar Wright (2003), est un film de zombies comique. Très réussi. Il va devenir culte, car c'est un film de zombies qui ne fait pas peur. Il est bourré de références à l'œuvre de Romero. Mais ce n'est pas du copiage, c'est au contraire une vraie adaptation comique de scènes terrifiantes de la trilogie de Romero. On ne s'ennuie pas une minute même si les préliminaires durent un peu trop longtemps. La fin est très destroy ! Elle va en contre-pied du film de Spielberg qui déifie la famille ; ici c'est les copains d'abord !

Dracula 2 ascension de Patrick Lussier (2003)
C'est la suite de *Dracula 2001*, film dans lequel nous apprenions que le vampire n'était ni plus ni moins que Judas lui-même. On l'a compris, dans ce deuxième opus du même réalisateur, il revient à la vie grâce à des étudiants qui recherchent l'immortalité...
Pas très passionnant, mais regardable.

Identity de James Mangold (2003). Il est curieux que sortent deux films qui traitent du même thème à une semaine d'intervalle. L'autre est *Dédales* de Manzor. Je dis de suite que je préfère ce dernier à *Identity* qui est également un très bon film. Les références et fausses pistes y sont nombreuses : *La Nuit des Morts-vivants, 10 petits nègres* (roman d'Agatha Christie), *La Maison de l'horreur* et... *Psychose.* Ce film est excellent, tourné avec maestria en flash back, montage nerveux et alternance de plans larges avec de gros plans, de mouvements de caméra audacieux avec des plans fixes. Cela n'a l'air de rien, mais c'est très difficile à faire. Le montage est excellent !

Le Purificateur de Brian Helgeland (2003). Un thriller théologique et un complot au Vatican. Bien qu'athée j'adore ces histoires. Presque tout le monde a trouvé ce film mauvais, moi je ne sais pas... J'ai assez aimé ces deux prêtres destroy. Comme je n'ai pas compris si le diable est dans le coup je n'ai pas mis ce film dans la filmo du diable.

Willard de Glen Morgan (2003). Willard l'ami des rats... A-t-on encore peur de ces bestioles maintenant que la Peste ne déverse plus ses tombereaux de morts ?

Dédales de René Manzor (2003). « *Dieu est un serial killer* » déclare le (la) serial killer Claude aux psychopathes dans l'asile d'aliénés... Dieu ? Le Père, le Fils et le Saint-Esprit. Ici aussi nous avons affaire à une trilogie, au mystère de la trinité : le malade, le profiler et le psychiatre... Un film très bien construit, très bien filmé, avec une alternance des faits qui perd le spectateur comme dans un labyrinthe pour aboutir à une fin qui laisse sceptique dans un premier temps. Mais il faut rester tout au long du générique de fin pour réfléchir et voir que ce scénario est sans fautes ! Sans fautes ! Chaque image a eu sa signification, chaque personnage a sa place, il n'y a aucune erreur. Un film de serial killer complètement novateur, qui va plus loin dans le fond de la nature humaine que tous les autres qui l'ont précédé. Tous ! Bravo René Manzor ! Bravo...

La Ligue des Gentlemen Extraordinaires de Stephen Norrington (2003). Excellent ! Cette idée qui vient d'Alan Moore de reprendre tous les personnages des grands romans de l'époque victorienne ne peut que ravir tout amateur de SF ! C'est du steampunk des plus élaboré... On ne s'ennuie pas une minute et le décalage systématique de la nature de chacun de ces personnages qui ont obsédé la littérature fantastique et le cinéma est très séduisant.

Voici la liste des personnages :

Sawyer a été rajouté par la production pour qu'il y ait un personnage américain...

Allan Quatermain

C'est le héros du roman homonyme (1887) de Henry Rider Haggard qui a écrit également *Les Mines du roi Salomon* (1885).

Haggard fut avec Kipling un efficace et talentueux propagandiste de l'impérialisme anglais...

Quelques films :

Les Mines du roi Salomon (1937) de Robert Stevenson

Les Mines du roi Salomon (1950) de Compton Bennett

Allan Quatermain et les Mines du roi Salomon (1985) de Jack Lee Thompson

Rodney Skinner

C'est l'homme invisible. Comme la production ne disposait pas des droits sur le personnage de l'homme invisible Griffin. Donc Rodney Skinner a volé la formule d'invisibilité de Griffin.

L'homme invisible (1897) est un des chefs-d'œuvre de H.G. Welles le véritable inventeur de la SF, les autres n'ayant réussi qu'à écrire de belles histoires d'aventures... Wells a fait de Griffin (l'homme invisible) un être humain qui perd petit à petit son humanité et s'enfonce inéluctablement dans une paranoïa terrible. Il reste un peu de ce caractère dans Skinner qui accepte de travailler avec la LXG à condition qu'on trouve le moyen de le rendre visible...

Au cinéma toutes les œuvres de Wells ont trouvé une adaptation. *L'homme invisible* ne fait pas exception.

Voici les films :

L'homme invisible (1933) de James Whale, connu pour ses *Frankenstein*. Whale réalise là un petit chef-d'œuvre expressionniste. La scène de l'arrivée de Griffin à l'auberge dans la neige reste dans ma mémoire !

La Revanche de l'homme invisible (jamais diffusé en France)

Le retour de l'homme invisible (1940) de Joe May.

Le Cerveau infernal (1957) de Herman Hoffman avec Robby le robot de "Planète Interdite".

Les Aventures d'un homme invisible (1992) de John Carpenter qui traite le sujet avec beaucoup d'humour...

Hollow Man (2000) de Paul Verhœven qui a réalisé là un petit chef-d'œuvre qui renoue avec le livre et la première adaptation de Whale (si ! si !)
La série télé *L'homme invisible* retourne le personnage pour en faire un héros positif...
Dr Jekyll et Mr Hyde
C'est le personnage du chef-d'œuvre de R.L. Stevenson *Le Cas étrange du Dr Jekyll et de Mr Hyde* (1886).
C'est le roman de la dualité du bon et du méchant dans chaque homme. Le Dr Jekyll a composé une potion qui, une fois bue, vous transforme en bête humaine : le côté obscur de votre personnalité...
De nombreux films ont été réalisés avec ce personnage.
Der Januskopf (1920) de F.W. Murnau
Dr Jekyll et Mr Hyde (1932) de Robert Mamoulian.
Dr Jekyll et Mr Hyde (1941) de Victor Fleming
Le Testament du docteur Cordelier (1959) de Jean Renoir
Les deux visages du Dr Jekyll (1960) de Terence Fisher
Dr Jekyll et Mr Love (1963) de Jerry Lewis
Dr Jekyll et sister Hyde (1971) de Ward Baker
La Machine (1994) de François Dupeyron
Mary Reilly (1995) de Stephen Frears (l'aventure du point de vue de la bonne du Dr Jekyll...)
Mina Murray
Wilhelmina Murray est le personnage féminin principal du *Dracula* (1897) de Bram Stoker.
Elle attire Dracula à Londres parce qu'elle est le sosie de son ancienne fiancée dont la mort l'a conduit dans l'état de vampire où il se trouve. C'est le fiancé de Mina, Jonathan Harker, employé de l'agent immobilier qui l'envoie en Transylvanie chez Dracula qui veut acheter le vieux château de Carfax à Londres...
Dans le roman Mina ne devient pas vampire, bien que certains lecteurs insistent pour trouver une certaine ambiguïté à la fin...
De nombreux films ont utilisé le personnage de Dracula. Je ne vous donne ici que les films qui reprennent plus ou moins l'histoire de Bram Stoker.
Nosferatu le vampire (1922) de F. W. Murnau. Ce film a une histoire extraordinaire : Florence Stoker, la veuve de Bram a attaqué Murnau en justice, car ce dernier a fait son film en l'adaptant de l'œuvre littéraire sans autorisation ! Elle a gagné et fait détruire les copies !!!! Heureusement il en a été sauvé au moins une...
Dracula (1931) de Tod Browning. Bela Lugosi joue le rôle du vampire. Le code Hays (31 mars 1930) qui impose des tas de choses aux réalisateurs, notamment pas de sang et pas de sexe (même pas d'embrassade sur la bouche...) rend ce film insipide par rapport aux suivants, mais reste un chef-d'œuvre grâce à Browning et à Lugosi...
Le Cauchemar de Dracula (1958) de Terence Fisher qui, lui, n'était pas bridé par le code Hays !
Jonathan (1970) de Hans W. Geissendorfer
Les Nuits de Dracula (1970) de Jess franco

Nosferatu fantôme de la nuit (1979) de Werner Herzog, un remake du *Nosferatu* de Murnau.
Dracula (1979) de John Badham
Dracula (1992) de Francis Ford Coppola
Le Capitaine Nemo
C'est le personnage du livre de Jules Verne *20 000 lieues sous les mers* (1869).
Jules Vernes n'a pas vraiment écrit de la science fiction, mais plutôt des aventures fantastiques. Ici, Nemo est le capitaine d'un sous-marin, ce qui, à l'époque ne pouvait que surprendre le lecteur. Et n'oublions pas le calmar géant qui s'avère exister réellement... Avec son invention Nemo cherche à se couper du monde...
Je connais une adaptation :
20 000 lieues sous les mers *(1954) de Richard Fleischer*
Georges Méliès a fait *20 000 lieues sous les mers ou le cauchemar d'un pêcheur* que je n'ai jamais vu...
Enfin, signalons l'hommage appuyé rendu à cette œuvre de Verne dans le film *Sphere (1997) de Barry Levinson.*
Dorian Gray
Le héros du chef-d'œuvre d'Oscar Wilde *Le portrait de Dorian Gray (1890)*
Un homme accède à l'immortalité grâce à une œuvre picturale : son portrait, qui lui, évolue vers une déchéance inéluctable. Ce bouquin a scandalisé l'Angleterre victorienne. Je n'ai souvenir que de deux films adaptés cette histoire : *Le Portrait de Dorian Gray (1944) d'Albert Lewin et Le Dépravé de Massimo Dellemona (1970)*
Je ne saurais trop insister sur le talent inouï de Lewin qui n'a malheureusement réalisé que peu de films, mais avec *Pandora (1951)* il a réalisé un pur chef-d'œuvre (une adaptation du thème du *Vaisseau fantôme)*

Underworld de Len Wiseman (2003). Romeo et Juliette chez les vampires. Sacré Shakespeare ! Toujours aussi vivant ! Les Capulet et les Montaigu sont les vampires et les loups-garous. Ce nouveau Roméeo et Juliette est excellent. De l'action qui vous tient les nerfs du début à la fin. Un retournement de moralité en milieu de film, les bons deviennent les méchants et vice versa... La fille est etxraordinairement belle. Du vrai gothique, lourd et glauque. Les décors sont délicieusement macabres et décadents.

Freddy contre Jason de Ronny Yu (2003). Oui ! On ne s'ennuie pas du tout contrairement à ce qu'on pouvait craindre... Les rôles sont bien partagés : Jason tue les cons et Freddy les innocents. Délicieusement cruel.

Matrix Reloaded de Larry et Andy Wachowski (2003). Une transition entre *Matrix* et *Revolutions* avec beaucoup de remplissage. Mais la photo de Bill Pope est toujours aussi sublime ! Mr Anderson (Neo) opte pour la soutane et se prend pour Superman. La fête de Sion est chiante, la conversation entre Neo et le conseiller ennuie, les combats n'étonnent plus, la conversation avec l'Oracle est pitoyable, la conversation avec Smith's n'en parlons pas (!), la conversation avec le Français est creuse... Et puis... il y a la course poursuite époustouflante, je répète époustouflante ! Mais même la conversation avec l'architecte est relativement inepte. Et pour finir l'Élu fait un miracle, il ressuscite... Trinity (avec un nom pareil, ça ne m'étonne pas !).

Matrix Revolutions. Le scénario et particulièrement les dialogues de cette trilogie *Matrix* sont écrits comme un manuel d'alchimie. Les dialogues comprennent le verbe « savoir » conjugué à tous les temps et un nombre incalculable de fois. « Le Grand Œuvre est un moyen pour comprendre le monde » écrit Léon Gineste dans *L'alchimie expliquée par son langage.* Le langage est hermétique, exclusivement pour initiés, et le tour de force des frères Wachowski est d'avoir initié un nombre incalculable de spectateurs qui se sentent tous complices de ce Grand Œuvre... (Voir ma critique du premier volet plus haut en 1999...) Cette troisième partie nous offre une longue scène de guerre qui est un hommage aux films de guerre américains des années cinquante (guerre contre le Japon et guerre de Corée particulièrement).

Hulk d'Ang Lee (2003) est un chef-d'oeuvre shakespearien, une vraie histoire de science-fiction et d'horreur, magistralement filmée et jouée. Le metteur en scène présente une mise en page BD sans en abuser, avec plusieurs vignettes à l'écran permettant de voir plusieurs événements à la fois ou plusieurs angles de vue, des changements de cadre et même un plan fixe sur les yeux du père de Bruce. Une dramaturgie oedipienne à la Romeo et Juliette se mêle au mythe de la Belle et la Bête. Superbe !

Ce film est tiré d'une BD de chez Marvel. La télévision a déjà utilisé le personnage dans une série et plusieurs films.

Le Peuple des ténèbres de Robert Harmon (2003). Tout le film se place dans le registre de la suggestion. La scène de la piscine est d'ailleurs un hommage au film de Jacques Tourneur *La Féline* (1942). C'est un peu longuet, mais assez correct. La scène dans le métro me fait penser à la nouvelle de Clive Barker *Le Train de l'abattoir.* D'ailleurs les créatures semblent tout droit sorties de l'imagination de l'écrivain maître de l'horreur. Enfin, le psy est comme d'habitude à côté de la plaque. Les schizophrènes ne sont pas malades : ils voient seulement ce que nous ne voyons pas...

Deux Sœurs de Kim Jee Woon (2003), deux sœurs une marâtre et une hantise. Le cinéma asiatique confirme ici sa grande maîtrise d'un genre qu'on croyait épuisé : les histoires de fantômes, ou plutôt de hantise, dans le sens d'une présence psychique intense dans l'esprit, dans l'intimité psychologique des personnages. Un conte coréen pour un excellent film d'épouvante. Et quelle esthétique ! Le cinéma fantastique asiatique est très productif et intéressant en ce début de nouveau millénaire. Ne pas confondre avec le court-métrage iranien Deux Sœurs de Bijan Mirbagheri (2000) qui est aussi une histoire de fantômes.

Kill Bill volume 1 et volume 2 de Quentin Tarentino (2003) *« La vengeance n'est jamais une ligne droite »,* a déclaré l'armurier japonais à *The Bride*, "la fiancée" jouée par Uma Thurman, toujours aussi sublime ! Une histoire de vengeance donc, comme seuls les westerns, et particulièrement les westerns italiens, ont si bien su en parler, en montrer toutes les facettes. Et là on a affaire à un vrai western, un vrai de vrai avec combats contre des nuées d'assaillants dans le saloon et duel sanglant à la fin dehors, dans un paysage de neige comme dans *Le Grand silence* de Sergio Corbucci (1969). Mais ici ils n'ont pas de revolver, mais des sabres de samouraï. Et, en plus ce n'est pas "ils" mais... "elles" ; oui, quelle révolution ! Ce sont les femmes qui se battent en duel, dirigent les gangs japonais et s'entretuent ! Quel hommage ! Tarentino filme tout cela avec un art à la fois subtil et grandiose. Les plans sont tous déconcertants. Il mélange Japenese Anime, BD, couleur et noir et blanc. Du très grand art ! Le combat passe en noir et blanc et d'un clignement des yeux de The Bride en gros plan on passe à la couleur et quelqu'un coupe le courant, et, hop !; on passe aux ombres chinoises. Le duel qui commence avec Le Flamenco de The Animals est beau à chialer. Et même Ennio Morricone est sollicité avec une musique d'Il était une fois dans l'Ouest, celle de la scène où l'enfant tient sur ses épaules son père qui a la corde au cou, et justement, cette musique accompagne les images ultra violentes d'Animation japonaise au cours desquelles les parents sont massacrés sous les yeux de leur fille... Et justement, ici, la victime ne sera pas du tout la gentille de l'histoire ! Encore de la vengeance, toujours de la vengeance dans l'air... Il y a aussi d'autres musiques de westerns italiens... Hommages à Corbucci et Leone, mais aussi à Lucio Fulci avec la scène de l'œil arraché ! Un film subversif, qui bouscule toutes les règles du cinéma pour en faire quelque chose de vraiment nouveau !!! Un film de cinq heures réparties en deux épisodes...

Daredevil de Mark Steven Johnson (2003). Un autre super héros de comics, mais dans un film pas très réussi. Même en étant aveugle on peut faire régner la justice !

Gothika de Mathieu Kassovitz (2003). Un travail de professionnel très correct, mais on s'ennuie et le scénario est construit avec de gros câbles... C'est une production des studios Dark Castle (dont les films d'habitude sont nettement moins prétentieux...) de Joe Silver (Le producteur des *Matrix*) et Robert Zemeckis, créateurs de la série *Les Contes de la crypte*. Autrement il n'y a pas grand-chose à dire... On ne comprend pas comment une si belle femme, grande psychiatre de surcroît, est mariée avec un vieil obèse qui s'avère être un dangereux psychopathe. Pas douée la psy ! En plus elle tue son mari à coups de hache et elle ne va même pas en prison ! On a vu mieux dans le genre serial killer et le genre hantise, ce film mélangeant les deux. Mais on s'ennuie. Je me répète ? Désolé.

Jeepers Creepers 2 de Victor Salva (2003). Cette fois Victor Salva retrouve un certain optimisme : la lutte est possible contre son terrible croquemitaine. Mais jamais terminée... Cette espèce est représentée par un unique spécimen qui se reproduit en mangeant de jeunes garçons. Il y a donc du rapport sexuel dans cette relation charnelle, le plaisir de la chair se confond avec le plaisir de la chère ! La détermination du père de la première victime est éblouissante et la fin surprenante. Un petit bijou : on ne se lasse pas !

Paycheck de John Woo (2003). Un joli film d'action à partir de la nouvelle homonyme de P. K. Dick. John Woo a réalisé ce film alors qu'il « *n'a jamais lu de roman de K. Dick* » (Interview dans Sfmag N° 42 mars 2004) Il a également déclaré à propos de son film : « *J'avais l'occasion de jouer avec le destin d'un homme, et en plus de lui donner une histoire d'amour qui voyage dans le temps, et qui constitue le seul élément qui ne soit pas perdu* » (Idem)

Mimic 3 Sentinel de J.T. Petty (2003)
Le 3e épisode depuis le film original de Guillermo del Toro (1997)
Un hommage à Hitchcock avec son film *Fenêtre sur cour* (1954).
Le jeune photographe reclus photographie ce qu'il se passe dans la rue et il voit un jeune dealer se faire tuer... Un « Judas » est dans le coin. « Judas » c'est comme ça

qu'ils appellent les cafards géants... Mais ce qu'il a vu avec sa petite sœur, c'est plutôt ombre et lumière...
Un petit junkie, un flic con, une mère à côté de la plaque et une jolie voisine : un film très très noir.
« Cette ville est un véritable abattoir ! »
Lance Herriksen joue un rôle important bien qu'on ne le voie pas longtemps. À lui tout seul, il fait monter la valeur du film.
Superbe film tourné à Budapest.

Beyond the Wal of Sleep de Barrett Klausmann et Thom Maurer (2004)
Il s'agit de l'adaptation fidèle de la nouvelle de Lovecraft « Par-delà le mur du sommeil » qui a inspiré de nombreux films avec son asile psychiatrique dont le fameux ***Aux Portes de l'au-delà*** (1985) de Stuart Gordon, alors que les adaptations de Lovecraft étaient rares au cinéma. Tom Savini joue le shérif dans ce film !
Un homme enfermé dans un asile d'aliénés subit d'étranges expériences. Il fait partie d'une peuplade maléfique. Les rêves que nous faisons nous mettent en contact avec d'autres mondes.
Un mixage de plans alternés en noir et blanc et en couleurs.
Un psychiatre expérimente des décharges électriques sur une patiente. On se demande qui sont les fous : les malades ou les médecins, comme dans la nouvelle de Poe ***Le Système du Docteur Goudron et du professeur Plume*** (1845) où les « fous » prennent le pouvoir dans l'asile et remplacent avantageusement les médecins...
La nouvelle de Lovecraft a été publiée dans Pine Copes en 1919 et dans Weird Tales en 1938. Traduction Jacques Papy et Simone Lamblin. Il y en a peut-être d'autres maintenant, car c'est la mode depuis que les œuvres de Lovecraft sont tombées dans le droit public...

Harry Potter et le prisonnier d'Azkaban d'Alfonso Cuaron (2004). Qu'est-ce qui m'ennuie dans ces films? Eh bien c'est l'histoire. Elle est composée des pires clichés de la littérature : l'enfant orphelin avec des tuteurs odieux qui se réfugie dans le même milieu que ses parents. Tout cela est trempé dans une sauce fantastique, et c'est là tout l'art de l'écrivain, qui rend ainsi ces clichés encore plus crédibles. Cet enfant évidemment est un enfant surdoué, ou plutôt doué de pouvoirs qui le rendent bien plus "valable" que ces odieux tuteurs. Ceci dit le premier film bénéficiait d'une très belle réalisation et possédait les atouts de la surprise produite par les différents mondes de Harry et de sa tribu. Le deuxième nettement moins bien fait fut très décevant ! Vraiment ! on pouvait éviter de nous resservir le match sur les balais volants... Ce troisième est très bien réalisé, mais, une fois de plus comment faire un film d'horreur pour les enfants ? Ici rien ne fait peur. Introduire le loup-garou, – personnage aussi ressassé (et tellement inutile) – dans l'intrigue peut donner à penser à une défaillance de l'imagination de la créatrice. Mais après tout, tout est comme cela dans l'histoire. Car qu'apporte-t-elle de nouveau dans le chaudron de l'imaginaire ? Rien, si ce n'est du rassis et du réchauffé... Mais cette histoire de famille, comme toutes les histoires de famille dans l'histoire de la littérature, plaît énormément ! Moi je m'ennuie...

Les Rivières pourpres 2 d'Olivier Dahan (2004). Luc Besson annoncé au scénario.

Désolé de ne pas avoir chroniqué l'épisode précédent...

J'aime bien ces mouvements de caméra, ces changements de plan. Jolie bagarre genre film de Kung Fu. Trois flics déjantés et un peu cons. Tous les flics sont cons d'ailleurs sauf celui qui est interprété par Jean Reno, toujours aussi excellent. La course-poursuite est ahurissante. Ensuite, on visite la ligne Maginot après avoir vu le Christ mourir à l'hôpital. Enfin, un type qui ressemble au Christ. Il y a des plans en contre-plongée sur le ciel, le soleil et les nuages. Fantastique la ligne Maginot.

« Les sceaux seront brisés pour le jugement dernier. » Apocalypse selon Saint Jean. Des cadavres de corps horriblement mutilés. Des plans vus d'hélicoptère.

Les apôtres, enfin des hommes qui portent leur nom et exercent la même profession, se font descendre un par un.

Christopher Lee est superbe ! Comme le film, il est superbe aussi.

Immortel d'Enki Bilal (2004). Les gens qui n'aiment pas la science fiction ont aimé ce film et Bilal a déclaré qu'il ne faisait pas de la science fiction. Ben voilà : à vous de voir. Moi je ne suis pas emballé...

L'Effet papillon de Jay Mackye Gruver et Eric Bress (2004). Ah ! Ces voyages dans le temps ! Faut se méfier des conséquences...

Les Prisonniers du temps de Richard Donner (2004). On est toujours dans le voyage dans le temps. Ici on va au Moyen Âge et on y reste longtemps.

Monster de Patty Jenkins (2003). Encore un film de serial killer ? Oui, mais là il s'agit d'une femme qui a existé réellement (Aileen Wuornos) et qui est prodigieusement interprétée par Charlize Teron.

Massacre à la tronçonneuse de Marcus Nispel (2004). Excellent remake du film culte de Tobe Hooper. En cette année 2004 nous aurons un autre remake d'un autre film culte : *Zombie le crépuscule des morts-vivants* de Romero (voir ci-dessous)...

Equilibrium de Kurt Wimmer (2003). Des types avec la même soutane que dans Matrix 2... Un message de liberté de la création et des images aux couleurs très symboliques... Il tire plus vite que son ombre, il est meilleur que Blondin dans le *Bon, la brute, le truand*. Une société totalitaire qui interdit tout sentiment et qui drogue le peuple pour l'aider à ne pas en avoir de sentiments. L'ecclésiaste, commissaire politique du « Père » se retournera contre la société et la mettra à bas. Mais que feront-ils de leur révolution ? Excellent film.

Cabin Fever la fièvre noire d'Eli Roth (2002). Je n'ai jamais été attiré par l'horreur de certaines maladies. Là il ne s'agit que de cela...

Undead de Michael et Peter Spierig (2002). Les morts-vivants envahissent de nouveau notre écran : avant ce petit film excellent venu d'Australie, nous avions eu *28 jours plus tard*, et ensuite *L'armée des morts...* (Voir liste de films à thèmes : « Morts-vivants ») Ce film est très bien avec un scénario bien ficelé et les thèmes classiques des morts-vivants et des extraterrestres tout à fait ironiques. Un hommage grinçant à tous les clichés du genre : ce sont toujours les beaufs qui sont les plus terrifiants ! Un petit régal... Un petit film australien qui reprend (volontairement) tous les clichés du genre pour à la fois s'en moquer gentiment et leur rendre hommage. Et à chaque fois également le cliché en question ne donne pas du tout ce qu'il donnait dans les films à qui celui-ci rend hommage... En ce qui concerne les extraterrestres, je ne vous dirai pas ce qu'ils viennent faire ici pour ne pas déflorer le sujet...

L'armée des morts de Zack Snyder (2004). Le remake du *Zombie* de Romero souvent imité et jamais égalé...jusqu'à maintenant ! Ici il y a du nouveau : l'histoire a changé, les morts-vivants courent vite, et le film est excellent. Cela se passe toujours dans un centre commercial. On pouvait craindre le remake d'un tel film, mais cette fois on est autant terrifié qu'avec l'original, mais terrifié d'une autre manière ! Le scénariste a adapté l'histoire à notre époque et le cinéaste montre de réelles qualités. Pour le maquillage des zombies, l'équipe de David LeRoy Anderson a effectué des recherches en utilisant de véritables photos de cadavres obtenues des services de police : « *Nous avons étudié l'apparence des cadavres, l'évolution des traumatismes violents dans le temps. Nous avons ainsi pu définir une échelle d'apparence suivant le temps écoulé depuis le décès. Cela nous a conduits à créer trois types de morts-vivants : le premier type regroupe ceux qui en sont morts que depuis quelques heures. Le corps est raide et la peau pâle, les yeux sont cernés, mais l'apparence et les vêtements sont encore intacts. Le sang est fluide, les éventuelles plaies sont humides. Le second type présente des traces d'altération des tissus, les chairs commencent à se décomposer, la peau est plus sombre, des zones bleutées et verdâtres apparaissent, le sang est plus épais, plus sombre aussi. Le troisième type révèle certaines parties du squelette, les chairs tombent, les vêtements sont en lambeaux, les visages méconnaissables* » Ken Foree, Scott H. Reiniger et Tom Savini (héros du *Zombie* de George A. Romero) font une apparition hommage dans *L'armée des morts*, le premier dans le rôle d'un télévangéliste, le second dans l'uniforme d'un général et le troisième en shérif spécialiste des zombies. Ken Foree reprend l'une de ses répliques du film original : "Quand il n'y a plus de place en enfer, les morts reviennent sur terre" ; Tom Savini, qui fut le maquilleur génial du dernier film de la trilogie, *Le Jour des morts-vivants,* et réalisateur du remake *La Nuit des morts-vivants* (1991) reprend ainsi une scène télévisée vue dans *La Nuit des morts-vivants* en hommage à Romero bien sûr... La scène des deux bus "renforcés" entourés de milliers de zombies filmés du haut du ciel restera comme une anthologie du film d'épouvante, car elle contient toutes les terreurs de l'Homme...

Fenêtre secrète de David Kœpp (2004). Scénario tiré d'une nouvelle de Stephen King, mais vraiment cette histoire de plagiat sonne comme une plaisanterie du deuxième degré, car on a vu exactement le même genre d'histoire de schizophrénie avec *Identity* et *Dédales*... Pour un premier film c'est du bon travail et heureusement qu'il y a Johnny Depp, car sinon on s'ennuierait.

Taking lives, destins violés de D.J. Caruso (2003). La belle Angelina Jolie est profiler et traque un serial killer.

Van Helsing de Stephen Sommers (2004). Excellent film de divertissement. Stephen Sommers a réussi un tour de force avec ce scénario : il reprend tous les grands personnages fondateurs du fantastique moderne et les rassemble dans une seule et même aventure. Une fois fait cela semble aller de soi, mais là je vous assure que c'est très difficile. Le Dr Jekyll (au début seulement... avec donc un hommage à la *Ligue des gentlemen extraordinaires*), Frankenstein, Dracula, le loup-garou.! Il y a aussi de nombreux hommages à d'autres personnages de films plus récents : évidemment Indiana Jones avec l'incroyable scène de la diligence et d'autres choses encore, le Dracula de Coppola avec la rivière au fond du gouffre, et puis même une réplique d'Anna à la fin qui est un hommage flamboyant au film de Sergio Leone *Le Bon, la Brute et le Truand*, les scènes de chevauchées dans la forêt tirées des films de La Hammer et *Aliens* (la scène avec Anna et le loup-garou dans le château et les "œufs" de vampires). Il y a aussi James Bond (la scène dans le labo avec les gadgets) et *Vampires* de Carpenter avec le rôle de l'Église dans l'intrigue. Le prologue en noir et blanc qui rend hommage au *Frankenstein* de James Whale est superbe. Quelques petites scènes qui renvoient au "Nosferatu" de Murnau (tâchez de les découvrir...), au *Bal des vampires* de Polanski (d'ailleurs Dracula ressemble étrangement à Polanski...), et puis sans savoir exactement quoi, bien des choses me font penser au *Masque du démon* de Mario Bava. Enfin bref, je n'ai jamais vu un film qui rassemble autant de références cinématographiques, bien plus que celles de l'Universal... Alors ce film est une pépite pour le grand public et *aussi* pour le cinéphile. Le générique de fin à lui seul est un chef-d'œuvre...

Les effets spéciaux sont superbes et les trois fiancées de Dracula aussi ! D'ailleurs voici ce qu'en dit Stephen Sommers interviewé par Marc Sessego dans Sfmag N° 43 : *« Le problème est qu'il y a très peu de jeunes femmes à la plastique superbe sachant jouer. On* (avec Coppola NDLR) *a vraiment cherché partout, et je suis tombé sur cette cassette d'Elena Anaya et j'ai été tellement impressionné que je me suis dit : c'est elle qu'il me faut. »* Les décors sont somptueux, très suggestifs et très vraisemblables ; la photo est également très belle.

Hypnotic de Nick Willing (2003). Un délicieux petit film vampirique (mais ici le vampire n'a pas l'apparence habituelle...) fort bien tourné avec les gros plans qu'il faut au moment où il faut pour bien mettre le spectateur dans l'ambiance. Le plan-séquence à la grue qui fait passer l'image d'un côté à l'autre du pont sur lequel passe le métro aérien de Londres est tout un programme à lui tout seul : il montre que certaines constructions sont capables de faire passer les personnages dans un autre monde, celui de la terreur. C'est un peu Lovecraftien. C'est une histoire de sang qui apporte l'immortalité.

Ce film est tiré d'un roman *Doctor Sleep* de l'auteur américain Madison Smart Bell. Je n'ai pas lu le livre, mais franchement le scénario du film a l'air de sortir tout droit du cerveau terrifiant de l'auteur anglais Graham Masterton, à tel point que l'on peut penser au plagiat. J'avais posé la question suivante à Graham Masterton (voir ci-dessus) : *« Je pense que l'influence de votre œuvre est très importante dans ces films. Ainsi,* Fantômes contre fantômes *me semble directement inspiré de votre roman* Démences *et* Wishmaster *de votre roman* Le Djinn. *Avez-vous vu ces films ? »* Réponse de Graham : *« Je n'ai regardé ni* Fantômes contre fantômes *ni* Wishmaster*, mais j'ai vu beaucoup de films d'horreur ou de fantaisie qui possédaient apparemment certaines idées de mes ouvrages.* Les Griffes de la nuit[104]*, par exemple, est sorti quelque temps après la publication de mon roman* Les Guerriers de la nuit*, dans lequel des personnes combattent le mal dans leurs rêves. Qui peut dire si Wes Craven a lu ou n'a pas lu ce livre ? Est-ce si important ? Le genre de l'horreur, comme tous les autres, crée ses propres mythes au fur et à mesure. Plusieurs de mes livres*

---

[104] Le premier « Freddy » réalisé par Wes Craven.

s'inspirent librement d'H.P. Lovecraft, simplement parce qu'il faisait partie du peu d'auteurs qui ont créé une mythologie américaine à part entière. Aussi loin que je puisse remonter, je n'ai trouvé aucun film d'horreur qui traitât de la magie et de la mythologie des natifs américains avant Manitou, mais il y en a eu plusieurs depuis, tel que Poltergeist et ce film où Christophe Walken joue l'ange Gabriel et dont je ne me rappelle plus le titre. »

Voilà donc une affaire réglée en ce qui concerne le plagiat ! Il y a aussi un peu de l'histoire de *Rose Mary's baby* dans ce film. *Hypnotic* est un film à voir...

May de Lucky McKee (2004). Excellent film d'horreur : le thème de Frankenstein au goût du jour. Où comment une pauvre fille intravertie reconstitue le corps de son amant idéal constitué par les parties corporelles d'un garçon et d'une fille. Terrifiant et tellement humain !

Le Jour d'après de Roland Emmerich (2004). Voilà un très bon film je le dis d'emblée. Emmerich est un très bon cinéaste, il sait filmer ! Les effets spéciaux sont époustouflants. Le raz de marée sur Manhattan est tout simplement prodigieux de réalisme. Cela c'est le premier point. Ensuite c'est un vrai film de science fiction avec des arguments scientifiques et une véritable prospective, accompagnés d'une bonne histoire, un vrai scénario. C'est aussi un film catastrophe avec les ingrédients habituels : le scientifique qui s'oppose aux politiques et qui finit par avoir raison, des millions de morts et des rescapés pour nous remonter le moral et faire confiance en l'espèce humaine. Enfin c'est un film politique qui condamne les États-Unis de ne pas avoir signé le protocole de Kyoto et qui dit à leurs dirigeants : voilà à quoi il faut s'attendre à cause de votre politique ! Et en plus, Emmerich va plus loin : il montre comment le Mexique accueille les réfugiés de l'Amérique du Nord (comme tous les pays du Sud accueillent les réfugiés des pays du Nord) ce qui fait dire au vice-président des États-Unis, à partir du Consulat américain au Mexique où s'est réfugiée l'administration américaine : « *Ce sont les pays qu'on appelait du Tiers Monde qui nous accueillent aujourd'hui...* » Alors que les pays du Nord fermaient leurs frontières aux pays du Sud. Pas mal vu Emmerich. Enfin, le correspondant à Los Angeles de Sfmag, Marc Sessego a posé la question suivante à Roland Emmerich : « *Pouvez-vous nous parler du casting ? Vos films, excepté pour* Le Patriote *avec Mel Gibson, n'ont aucune star, mais que des acteurs confirmés que tout le monde connaît. ?* » Ce à quoi Roland a répondu : « *Je dois être honnête, il y a – bien sûr – une raison budgétaire. Je veux peut-être avoir Tom Cruise à un moment donné, mais il est trop cher. Et après, cela devient un film de Tom Cruise ! Je pense que les studios produisent mes films, car ils ont d'autres " valeurs" à vendre...* » (Dans www.sfmag.net) Encore bien vu et cette franchise est assez rare pour la souligner....

Saint-Ange de Pascal Laugier (2004). C'est un film sur la culpabilité et sur un phénomène psychanalytique des rêves que Freud avait qualifié de « cristallisation » : il s'agit de transférer sa culpabilité sur un autre personnage du rêve que soi-même. C'est ce que fait Anna et c'est toujours l'explication rationnelle que l'on peut donner aux hantises. Ici, la folle n'est pas celle que l'on croit, mais la folie règne dans la maison elle-même. Le réalisateur ennuie un peu le spectateur, car certaines scènes tirent vraiment trop en longueur. Mais ce cinéaste a de l'avenir. Les deux actrices ne sont vraiment pas convaincantes. Ceci dit, *Saint-Ange* mérite d'être vu... Beaucoup de spectateurs se sont posé bien des questions sur ce film. J'ai d'ailleurs eu des échanges avec des lecteurs par Internet. Voici ce que j'en pense. Le personnage joué par Viginie Ledoyen veut cacher son état (elle est enceinte) : plusieurs scènes la montrent à comprimer son ventre, ce qui soi dit en passant n'est pas très bon pour le bébé. A-t-elle peur de ce qu'en penseront ses "collègues" ? Pas du tout puisque lorsqu'elles découvrent son état elles l'admettent et même s'en réjouissent. La culpabilité vient donc de chez elle... Elle a visiblement été torturée. Peu me chaut de savoir par qui. Comme toute victime (mais a-t-elle été victime ? nous ne le saurons jamais...) elle a une fascination pour son bourreau... Elle cristallise donc sa culpabilité sur l'autre fille et le sadisme dont elle a été "victime" sur la femme d'origine polonaise. Une scène centrale le montre : lorsqu'elle croit que la "folle" (mais l'est-elle vraiment, ou n'est-ce pas plutôt elle qui l'est ?) est montée dans la maison parce qu'elle l'entend et qu'ensuite elle la voit pourtant dehors... et aussi une autre, celle des chatons noyés qui semble montrer la culpabilité de la femme d'origine polonaise. Tout le film fonctionne ainsi comme un rêve, un cauchemar...

L'existence des enfants comme fantômes ?

Si j'avais fait ce film, je n'aurais pas traité cette question comme le scénariste l'a fait. Car lui, il met en scène dès le début l'existence des enfants comme fantômes avec le prélude où le petit garçon et la petite fille vont aux toilettes et que le petit garçon VOIT un fantôme au travers de la glace. Donc selon le film, les enfants sont des fantômes.

Mais je dirais, comme toute hantise, ils représentent une culpabilité et c'est cette culpabilité qui est cristallisée sur les deux autres personnages, l'outil de cette cristallisation étant les fantômes (et non le rêve, car finalement selon le film, la jeune fille ne rêve pas). Elle finit grâce aux fantômes à réaliser ses désirs (car Freud n'a-t-il pas dit que le rêve n'était que la satisfaction d'un désir ?) SON désir : ne pas avoir cet enfant...

Godsend, expérience interdite de Nick Hamm (2004). Le thème de l'enfant mort qu'on veut ressusciter à tout prix a été traité par Stephen King dans son roman *Simetierre* et les deux films homonymes qui lui ont été consacrés. Ici, le scénariste utilise ce thème en l'adaptant au mythe de Frankenstein : comment créer du vivant avec du mort. D'ailleurs le choix de Robert De Niro pour jouer le rôle de l'équivalent du docteur Frankenstein fait évidemment penser au film *Frankenstein* de Kenneth Branagh puisque l'acteur y jouait le rôle du monstre!

Enfin, si le thème combiné ainsi est prometteur, ce n'est pas le cas du film qui est un peu ennuyeux et dont la fin est bâclée, si ce n'est qu'on peut aussi lui reprocher d'avoir modéré l'horreur que l'histoire aurait pu développer... Ce mélange de *Frankenstein* et de *Halloween* a un peu raté son objectif.

I, Robot d'Alex Proyas (2003). Alex Proyas montre ici tout son talent encore que les effets spéciaux manquent d'expression artistique... Ces robots manquent de consistance au point de vue de la matière. Quant à leur style, ils ne m'ont pas convaincu. Cette histoire serait tirée d'une nouvelle d'Asimov : *Le robot qui rêvait*. Je n'ai jamais vraiment été passionné par les histoires de robot d'Asimov, encore moins par cette très courte nouvelle dans laquelle un robot rêve qu'il est un homme et lorsque la vieille Calvin (car chez Asimov il s'agit d'une vieille femme...) l'apprend, elle détruit le robot. Dans le film c'est le contraire, le scénariste fait la nique à Asimov : Susan Calvin est une belle jeune femme et le robot devient quasiment un homme. Et Will Smith ? Fait toujours le même numéro que beaucoup trouvent très bien. Alex Proyas a réalisé *The Crow* (le premier...) et le surprenant chef-d'œuvre *Dark City* (1998).

Beyond Re-animator de Brian Yuzna (2003). Herbert West revient avec ses seringues contenant de la fluorescéine ! Gare aux vivants et plus l'histoire avance plus le chaos s'installe... Du pur Yuzna avec les atrocités habituelles et cette fois de merveilleux (enfin, les images elles sont horribles...) effets spéciaux.

Blueberry, l'expérience secrète de Jan Kounen (2003) Une adaptation de la célèbre BD. Des cow-boys, des Indiens, des paysages, de la poussière et du chamanisme. Jan Kounen exerce parfaitement son art avec un excellent acteur : Vincent Cassel. Une variation originale du thème central du western : la vengeance. Un petit bijou dont il faudra reparler, car la critique a été injuste : le cinéma de Jan Kounen est-il trop révolutionnaire ?

Hellboy de Guillermo del Toro (2004). Je me suis précipité pour aller voir ce film et j'en suis sorti un peu ennuyé. Guillermo del Toro est un grand réalisateur, ce film est très bon, mais l'histoire n'apporte rien de neuf. C'est un mélange de X-men et Men in Black à la sauce Lovecraft... Dommage.

Le Village de M. Night Shyamalan (2004). C'est un thriller philosophique. Je dirais même religieux. Comment et dans quel but mettre en place une superstition qui crée la terreur pour mieux s'isoler d'un monde (le nôtre) encore plus terrifiant. Shyamalan est un mystique et, souvent, les mystiques ont plus d'imagination que les autres. Son scénario est excellent. Le cinéaste utilise les gros plans pour cacher au spectateur ce qu'il doit s'imaginer, car son imagination est bien mieux évocatrice que l'image elle-même. Et ne croyez pas qu'il suffit de faire un gros plan comme ça. Non ! C'est tout un art. Comme la couleur et la photo qui sont également très suggestives et très oniriques. Shyamalan est toujours aussi bon, même dans une histoire aussi rationnelle – en fin de compte –, mais qui renvoie à nos terreurs les plus instinctives, celles de la forêt, par exemple...

Les Chroniques de Riddick de David Twohy (2004). Certains ont osé qualifier ce film de « *sous Star Wars* » ! Moi je le qualifierais plutôt de « *super Star Wars* », bien supérieur... La conception visuelle est exceptionnelle, les inventions du scénario incroyables (notamment la planète Crematoria). L'ambiance est sombre et macabre. Les effets spéciaux exceptionnels. Un petit chef-d'œuvre de dark fantasy comme je l'aime... Bravo David Twohy !

Atomik Circus – Le Retour de James Bataille de Didier et Thierry Poiraud (2004). Ce film n'a pas fait l'unanimité loin de là. C'est vrai qu'il présente quelques défauts. Et alors ? Pour une fois que des Français se lancent dans l'adaptation de la mythologie lovecraftienne, même si c'est parodique...

Catwoman de Pitof (2004). Bravo Pitof ! N'écoutez pas tous ces critiques qui dénigrent votre film...

Un très bon film. Des mouvements de caméra très sophistiqués, des gros plans à grosse signification. Une photo différente quand on filme les scènes avec Patience et quand on filme les scènes avec Catwoman. Cette dernière est vraiment *chatte*, sensuelle et lucide et non pas tortueuse et dingue comme celle de Tim Burton. Un hymne à la liberté. Deux actrices formidables qui jouent comme on leur demande : comme des personnages de BD.

Les Revenants de Robin Campillon (2003), les revenants sont de retour et on ne sait pas quoi en faire. Ils ne font pas peur ils ne sont pas décomposés et on s'ennuie.

Resident evil : apocalypse d'Alexander Witt (2004), deux très belles filles, une blonde et une brune (Milla Jovovich, Sienna Guillory) sacrément efficaces contre les morts-vivants et divers monstres, une action bien menée et des effets spéciaux superbes. Que demander de mieux ? Et un respect absolu du jeu vidéo dans le scénario. Quel plaisir ! Ce film est produit par Paul Anderson, le réalisateur du premier opus.

Alien Vs Predator de Paul Anderson (2004), superbe! On ne s'ennuie pas une minute. Des décors fantastiques, des acteurs à la hauteur servent un scénario très habile qui mêle de la nouveauté et un respect de la "tradition" des deux créatures allant jusqu'à reprendre quelques idées des opus précédents. Un petit hommage au début au "Frankenstein" de James Wahle dont on voit une scène sur l'écran de la télé que regarde un technicien dans une scène du début. Et puis la première scène est stupéfiante (tant pis pour les spectateurs qui discutent au début sans regarde le film), car elle montre un certain angle de vue d'un objet dans l'espace qui représente la reine des aliens et quand l'objet passe devant la caméra il ne s'agit que d'un satellite. Cette illusion due à la magie du cinéma a toute son importance pour la suite... Le film est trop court...

Anacondas, à la poursuite de l'orchidée de sang de Dwight H. Little (2004), les anacondas reviennent en nombre. Ce film renoue avec les films d'aventures dans la jungle dans lesquels une équipe (avec obligatoirement une jolie fille, ici il y en a même deux) cherche un trésor et affronte d'horribles dangers. Voilà à quoi se résume l'ambition de ce film et il atteint parfaitement ses objectifs. Quoi lui demander de plus ?

L'exorciste au commencement de Renny Harlin (2004), raconte les premières expériences de rencontre avec le diable du prêtre exorciste. Il paraît que c'était Paul Schrader (réalisateur du remake assez raté de *La Féline*) qui avait commencé à s'y mettre. Mais comme l'acteur Liam Neeson qui jouait le père Merrin dans le premier *Exorciste* a laissé tomber le film, Schrader s'en est allé avec lui. Harlin a donc pris la relève. Doit-on pour autant massacrer son film ? Pas du tout !

Le scénario reprend tous les ingrédients qui ont fait le succès du premier film (et aussi des suivants qui sont tous excellents) : le lieu maléfique et l'objet maléfique retrouvés grâce à des fouilles archéologiques, la possession, le doute du prêtre devant le diable et ses tentations, l'horreur de la transformation... Il rajoute d'autres ingrédients à la légende de Satan : le cimetière des pestiférés, la terre consacrée, les mouches et la menstruation. Et même une allusion à un cas véritable de "possession" celui de Loudun (mis en film par Ken Russel dans *Les Diables*). Et surtout ce qui fait la substance du lien entre ce genre d'histoire et le spectateur : la culpabilité, qui finit par avoir raison de la foi.

Le prologue est saisissant et stupéfiant. La scène des hyènes éprouvante. La fin surprenante.

C'est un très bon film. (Avec le DVD on a droit aux scènes tournées par Schrader)

Blade Trinity de David Goyer (2004), le réalisateur fut scénariste des deux premiers *Blade* et il faut bien le dire ce type a beaucoup d'imagination. Dans ce troisième opus bien réussi, on jubile devant ces combats filmés avec une musique qui vous donne envie de participer au ballet. Les acteurs sont excellents particulièrement les vampires très bien interprétés surtout par la jolie brune qui porte très bien la dentition vampire et compose une démarche plus que féline.

The Grudge de Takashi Shimizu (2004). Shimizu avait réalisé un *The Grudge* japonais sorti en salles au Japon en 2002 et *The Grudge 2* en 2003. Je n'ai pas eu l'occasion de voir ces films. Pourquoi demander à ce réalisateur japonais de se remettre à l'ouvrage pour une version américaine de son film ? Le producteur est Sam Raimi. Ce *The Grudge* met en scène des Américains à Tokyo (Sam Raimi a tenu à conserver le pays d'origine pour cadre de l'histoire) victimes d'une terrible hantise dans une maison dans laquelle se sont déroulés des meurtres horribles dans une famille. Cette hantise tue et poursuit toute personne qui s'est introduite dans la maison où qu'elle se rende ensuite. C'est assez terrifiant, mais pas tant que cela. On peut aussi en ricaner... Au fond ce film n'apporte rien de nouveau après les films de Hideo Nakata[105] (rappelons que ce dernier adapte également son film *Ring 2* en version américaine...), je dirais même qu'il s'en inspire énormément...
Sarah Michelle Gellar, la petite chasseuse de vampires de la série télévisée *Buffy* joue le rôle principal dans ce film.

La Voix des morts de Geoffrey Sax (2004). Un film sur les fantômes qui traite le sujet à partir d'une appréhension moderne de la hantise et l'utilisation des fréquences radio pour "écouter" les morts. En effet, quand vous avez mal réglé votre antenne télé vous voyez sur votre écran une ombre qui suit chaque personnage. Cette "ombre" est appelée "fantôme". Quand on écoute sur des longueurs d'onde non utilisées, on entend un bruit de fond. Certains croient que dans ce bruit de fond il y a la voix des morts. Le tout est de la décrypter.
Le film commence par une citation d'Edison qui donne un blanc-seing à cette théorie de la voix des morts.
Avec un sujet pareil, on aurait pu espérer passer un bon moment. Hélas... Dès le générique on est assommé par de gros plans sur une enceinte d'un poste radio cassette avec son bruit de friture. Les vingt premières minutes sont ennuyeuses au possible : trop long la vie quotidienne de ces gens heureux. Ensuite on a droit à des ombres sur écran de télé, des sons crachotants. Juste la fin est attrayante et aussi la scène où notre héros sauve un bébé d'une voiture accidentée. On a déjà vu ce genre d'appel avec la série de télévision *Tru Calling* dans laquelle une jeune femme reçoit des avertissements des morts à la morgue où elle travaille. Cette série est bien plus attrayante que ce film.
On aurait pu imaginer une série sur ce sujet avec un détective de l'étrange à la Carnacki (le détective de l'étrange de l'écrivain Hogdson). Mais là notre détective meurt à la fin.

---

[105] Notamment *Ring*, *Ring 2* et *Dark Water*.

Constantine de Francis Lawrence (2004). John Constantine est un chasseur d'hybrides, des créatures mi-hommes mi-démons. Chacun doit rester dans son univers : les anges au ciel, les démons en enfer et les humains sur terre. Comme dans toutes ces histoires, Constantine devra empêcher le fils de Lucifer de venir dans notre univers. Tout commence avec la découverte (par hasard ?) de la lance qui a tué le christ sur la croix. C'est ce que la légende appelle la Lance du destin.
Le cinéaste joue beaucoup sur la plongée et la contre-plongée. Chacune a son symbole. La contre-plongée sur le mégot de cigarette que Constantine laisse tomber au sol par la fenêtre de la voiture est tout un symbole, car on saura plus tard qu'il est condamné par le cancer du poumon, ce qui contribue à montrer au spectateur le côté humain et vulnérable du personnage. La scène de l'exorcisme est très bien faite et originale avec l'emprisonnement du démon dans le miroir. La contre-plongée signifie la mort, comme celle de la chute d'Isabelle. L'eau joue un rôle central dans cette histoire, elle est toujours et partout présente, elle sert à passer en enfer ! D'où les bombonnes d'eau empilées dans le bureau de Constantine... Une très belle contre-plongée sur une goutte d'eau qui tombe et qui reste suspendue en l'air indique le passage en enfer. Et la scène de l'arrosage anti incendie par de l'eau bénite est hallucinante. *L'eau est un conducteur universel* déclare Constantine.
Les effets spéciaux, assez discrets sont parfois surprenants comme la mouche qui sort de l'œil d'un personnage. La vision de l'enfer est également assez sobre.
L'ange Gabriel est le pivot de l'histoire et Lucifer (dit "Lulu"), tout habillé de blanc, nettoie le goudron des poumons de Constantine avec ses mains nues.
Les motivations de l'ange Gabriel ?
Il n'y a que face à l'horreur que vous les humains montrez la noblesse qui est en vous !
J'ai passé un excellent moment avec l'excellent Keanu Reeves.
Elektra de Rob Bowman (2004). On ne peut rien reprocher à ce film. L'héroïne est superbe. Sa tenue est une création haute couture extraordinaire. Le scénario est impeccable avec sa dose nécessaire de mystère. La photographie est superbe. La façon de filmer est parfaite. Bien sûr il n'y a aucune dissertation philosophique, sociale ou politique. C'est un personnage de comics Marvel et donc ce genre de films est traité comme ces comics. Cessons de demander à ces adaptations plus qu'elles n'offrent ! Là on passe un très bon moment... J'adore.
Le Fils de Chucky de Don Mancini (2004). Bof ! Voilà encore un film qui compile les scènes d'autres films sans trop les référencer. Si on ne repère pas ce procédé, il est évident que ce film produit chez le spectateur amateur une jubilation gore. Il commence par Halloween, se poursuit par Psychose et Elephant Man... Il y a d'ailleurs plusieurs scènes de films de David Lynch : Lost Highway et Mullholland Drive. Mais on retrouve aussi *Du Sang pour Dracula* (le démembrement de Chucky) et *Chair pour Frankenstein* (la recherche d'un corps), sans compter la scène dans le studio avec les bidons de faux sang, les statues des monstres et la vraie décapitation... Enfin, comment ne pas penser à *Shining* avec la hache qui casse la porte ? Et puis il y a aussi *Scream*, *Le Père Noël est une ordure*, *La Main qui tue*... Je n'ai pas tout repéré, car souvent je me suis ennuyé...

Les épisodes précédents : Chucky : Jeu d'enfant (1988) de Tom Holland – Chucky la poupée de sang 2 (1990) de John Lafia – Chucky 3 (1991) de Jack Bender – La Fiancée de Chucky de Ronny Yu (1998)....
Seul le film de Ronny Yu mérite vraiment le déplacement.

Mysterious Skin de Gregg Araki (2004). Ce film traite de la pédophilie et de l'homosexualité avec un art de la caméra dite "subjective", et un art du cinéaste qui a su montrer l'horreur sans aucunement porter un jugement moral et sans utiliser le sexe comme moyen d'attirer le regard.

Il y est question d'extraterrestres, car un jeune homme pense avoir été enlevé par des extraterrestres ce qui expliquerait ses malaises qu'il a commencé à prendre alors qu'à l'âge de huit ans il a été retrouvé dans sa cave inconscient et saignant du nez.

Ses rêves associent un autre jeune garçon, Neil, qu'il tente de retrouver et qu'il retrouvera et alors il saura de quelle horreur connue dans son enfance viennent ses malaises et ses problèmes sexuels... Il s'agit bien là d'un film d'horreur, mais à l'esthétique puissante et dont les scènes de sexe sont plus rebutantes qu'attirantes. Une vision très noire du plaisir de la chair.

C'est un film proprement stupéfiant et qu'on n'oublie pas de si tôt...

Araki utilise ici la métaphore de l'extraterrestre pour indiquer quelque chose d'étranger à soi, mais qui nous "visite" régulièrement. L'extraterrestre représente la partie honteuse de nous-mêmes, de notre enfance et de notre adolescence. Araki avait fait le même usage de l'ET dans son film Nowhere (1997)... L'absolu contraire du bêtifiant ET de Spielberg.

Dead and Breakfast de Matthew Leutwyler (2004)

Une parodie sympathique des films d'horreur : Massacre à la tronçonneuse – La Nuit des morts-vivants – Evil Dead etc.

On ne s'ennuie pas une minute avec cette histoire de massacres consécutifs à l'ouverture d'une boîte hantée qui contenait l'esprit d'un nouveau-né... L'héroïne est végétarienne, mais devra tuer, les scènes sont entrecoupées de cartons représentant des vignettes de BD...

L'acteur David Carradine (fils de John) a été sollicité.

La Porte des secrets d'Iain Softley (2004)

On s'ennuie ferme pendant ce long film où il ne se passe pas grand-chose. Une histoire de réincarnation grâce au vaudou. Un film un peu lovecraftien, de la veine de *L'affaire Charles Dexter Ward*. Il vaut la peine d'être vu pour les bayous et les paysages de la Nouvelle-Orléans. L'imagerie fantastique de *la porte secrète* dans le grenier n'est pas du tout approfondie. C'est dommage. En fin de compte c'est le scénario qui laisse à désirer par son laisser-aller...

The Dark de John Fawcett (2004)

Après avoir réalisé le superbe *Ginger Snaps* et quelques séries télé, John Fawcett nous a concocté ce The Dark. Il y a quelques passages ennuyeux, mais le film est excellemment tourné même si l'intrigue est un peu prévisible (le film est tiré du roman *Sheep* de Simon Maginn). Il est vrai que la petite fille est caricaturalement agressive et sa mère caricaturalement angoissée de sa culpabilité d'être une "mauvaise mère". Les paysages du Pays de Galles sont somptueux, Maria Bello est formidable... Le film est assez intéressant.

Une histoire de hantise basée sur des légendes locales... C'est bien !
Creep de Christopher Smith (2004). Oui, les Britanniques sont en train de sauver le film d'horreur ! Ce film est terrifiant. Il semble vaguement inspiré de la nouvelle de Clive Barker "Le Train". Un monstre sanguinaire qui sévit dans le métro londonien traque une belle jeune fille.
Ces films d'horreurs trouvées dans les profondeurs, et particulièrement celui-ci, sont une allégorie assez claire : plus vous allez au fond de l'âme humaine et plus vous y trouverez de l'horreur.
Le générique est plein de couleurs jaune et rouge sang !
Le film commence d'ailleurs par une scène saisissante dans les tripes de la ville: les égouts. Puis on passe sans transition à une réception chic de l'élite londonienne. Et là les yeux du spectateur sont irrémédiablement attirés par une belle blonde habillée d'une jolie robe jaune... Le « giallo » des films d'horreur italiens...
Les plans rapprochés alternent avec des plans éloignés et des scènes d'action (en général de fuite dans les couloirs), les travellings avant pèsent lourd de signification. Les escaliers roulants qui permettent d'atteindre les profondeurs des entrailles de la ville sont somptueusement filmées. La scène de l'ongle cassé est très suggestive : elle permet au spectateur d'atteindre la conscience de la douleur des victimes.
Quelques images et une scène montrant le monstre regardant des fœtus dans un bocal permettent d'envisager une explication rationnelle, mais laquelle ?
La fin est à contre-courant de toutes les fins de films d'horreur...
Un petit chef-d'œuvre. Peut-être même un grand ?
La Maison de cire de Jaume Serra (2004). Une bande de beaux jeunes hommes et filles arrivent dans un village qui a l'air abandonné, mais... un monstre y collectionne les corps pour en faire des statues de cire plus réelles que l'original... Pas terrible.
Sin City de Robert Rodriguez, Frank Miller (2004). Un film très violent inspiré de la BD. Des images et une mise en scène hors norme... Une influence de la BD dans la mise en scène, le montage, les "couleurs" et les plans construits comme des vignettes. Très excitant.
Charlie et la chocolaterie de Tim Burton (2004). Un petit conte pour enfants. Peut-être un peu niais ?... Pas sûr !
Star Wars la revanche des Sith de George Lucas (2004), m'a extrêmement déçu.
Je dois avouer que je n'ai jamais été emballé par cette série, mais je comprends la passion des aficionados.
Sur cet épisode j'ai été meurtri par des invraisemblances scientifiques énormes (il y a des limites à ne pas dépasser) et par une très pauvre dramaturgie.
Invraisemblances scientifiques : il y a toujours le bruit des vaisseaux qu'on entend dans l'espace... Je trouve cela vraiment dément qu'on fasse croire ceci aux jeunes spectateurs. Je ne m'étendrai pas là-dessus. Quand le vaisseau tombe vers la planète tout le monde glisse vers le bas !!!! D'abord à une telle distance de la planète un vaisseau se met en orbite et tourne avant de tomber. Ensuite il n'y a pas de gravité à cette altitude et nous ne sommes pas dans un bateau sur la mer ! D'ailleurs le film utilise le faux cliché des batailles navales : les deux vaisseaux rangés l'un à côté de l'autre et qui se mitraillent à coups de canon ! Vous croyez que c'est une bonne tactique guerrière avec des vaisseaux capables de filer à des vitesses inouïes ?

Les droïdes posés sur l'aile du vaisseau d'Obiwan partent en arrière lorsqu'ils ont été détruits. Or un objet à vitesse constante ne produit aucune gravité et le droïde devrait rester sur l'aile, car il n'y a pas d'air dans l'espace pour l'entraîner. Les deux Jedi (le rouge et le bleu) se battent en flottant sur une mer de métal en fusion ! Ce qui suppose que la température de l'air est d'environ 800 °C ce qui devrait les volatiliser. Vous allez me dire c'est de la SF ! Peut-être, mais pourquoi alors Anakin s'enflamme lui ensuite ? D'ailleurs pour vivre sur une telle planète il faudrait des combinaisons sacrément isolantes!
Faut pas exagérer, il y en a trop !
Pauvreté dramaturgique. Enfin on devait savoir comment Skywalker allait passer du côté obscur. Voilà qui est très excitant sur le plan dramaturgique. Mais quelle déception ! Comment un Jedi peut-il se laisser embobiner par des arguments aussi pauvres ? Se laisser aller à tuer un maître sans se maîtriser ? Quelle solution de facilité de mettre de l'eau au fond du puits pour amortir la chute d'Obiwan ! Et être monté sur une énorme créature bruyante ne garantit pas vraiment une discrétion dans une mission qui en demande tant...
Désolé...

Batman Begins de Christopher Nolan (2004), c'est Christian Bale qui a finalement décroché le rôle de l'homme chauve-souris. Un film superbe avec une photo magnifique. L'histoire est très ben montée ce qui suscite immédiatement l'intérêt sans aucune lassitude pour un film de plus de deux heures. Les acteurs sont excellents, particulièrement Christian Bale qui interprète un Batman dur et désabusé, persévérant et indomptable. Katie Holmes détonne un peu dans cet ensemble sombre et mélancolique, qui effleure la désespérance. Gotham City est créée sur le modèle de la ville de Blade Runner.
Tout le film est construit sur la peur, la manière de la dompter et aussi comment elle peut motiver pour l'action à condition de « *faire peur à ceux qui font peur* »... La morale n'est pas du tout manichéenne. Et comme l'a déclaré Rachel : « *Qui que tu sois au fond de toi-même, tu seras jugé par tes actes !* »

Amityville (The Amityville horror) d'Andrew Douglas (2004), reprend le premier film de la saga avec un contenu un peu plus moderne, dans le sens où la terreur est plus montrée. Ce remake est bien meilleur que le premier film qui ne cassait pas quatre pattes à un canard...

Cursed de Wes Craven (2003), avec Ken Williamson au scénario fallait pas s'attendre à de bien grandes nouveautés pour une histoire de loups-garous. Heureusement que Wes Craven est un très bon artisan. Comme d'habitude avec les films de ce scénariste, le méchant est vite pressenti, puis douté, puis de nouveau pressenti... Sa caractéristique demeure : il est particulièrement con, assez pour se faire tuer à la fin, bien que quasiment invulnérable.

La Guerre des mondes de Steven Spielberg (2004), n'a aucun intérêt. On s'y ennuie ferme. Spielberg enfourche son combat habituel : travail (son héros est docker) famille (grâce aux extraterrestres il redevient le père de ses enfants) et patrie (les USA sont quand même les meilleurs...) Ce film n'apporte rien de nouveau. Les tripodes sont assez réussis. Le train en feu qui défile devant un passage à niveau est un clin d'œil à Mars Attacks !

Mais cela valait-il vraiment l'investissement réalisé ? Spielberg avait-il besoin d'argent ?

Les 4 fantastiques de Tim Story (2004), une adaptation de plus d'un comic book Marvel, est réalisé par un habitué des clips. Ce film m'a ennuyé, avec des longueurs, des maladresses de scénario. Il y avait beaucoup d'enfants dans la salle. Mais enfin le sourire de Jessica Alba vaut le détour…

Le Territoire des morts (Land of the Dead) de George A. Romero (2004). Avec ce film, Romero, vieilli et malade, se remet derrière la caméra pour rénover le film de zombies. Et croyez-moi, c'est un spécialiste pour faire d'un film de zombie une vraie parabole politique !

À la fin de *La Nuit des morts vivants* on se prend de pitié pour les zombies. Ici, Romero développe ce sentiment : il fait de ces créatures des êtres pour lesquels on peut avoir de la compassion. Dans ce film chacun a ses motivations, personne n'est foncièrement méchant. Seuls les actes sont à juger. Et même le plus odieux de tous les personnages juge son propre acte.

On pourrait faire une analyse de classes (au sens marxiste du terme) de ce film : il y a le pouvoir capitaliste (le dictateur « a des parts partout… »), les couches qui profitent des miettes (les habitants de la tour), les parias de la société (les banlieusards) et les moins que rien (les zombies). Chacun joue sa carte dans une incroyable et terrible relation dialectique dans ce monde - somme toute complexe - que nous présente ce cher Romero.

Il rend un hommage appuyé à John Carpenter dans sa manière de filmer l'action (notamment avec les véhicules) et lance quelques clins d'œil de mépris pour l'espèce humaine. Les feux d'artifice hypnotisent les zombies, car cette réaction leur reste du temps où ils étaient humains…

Quelques scènes vont devenir anthologiques : celle de l'émergence des zombies de l'eau, la masse des zombies dévorant les humains derrière la clôture électrifiée.

« J'aimerais trouver un monde sans clôtures » déclare le héros dans le film.

Tom Savini (le génial maquilleur des zombies) joue encore dans ce film (Machete Zombie).

Les acteurs sont excellents et particulièrement Dennis Hopper.

Quelques autres titres à imaginer pour ce film : *Sympathy for the zombie* ou *Zombies revolution…*

« Ils cherchent un endroit où aller. Comme nous… »

The Island de Michael Bay (2004), est un excellent film ! Bien sûr il faut apprécier les scènes d'action avec des poursuites et des chutes invraisemblables chères au réalisateur. L'histoire ressemble étrangement à mon roman « La Compagnie des clones ». Une vraie fable contre l'exploitation de l'homme par l'homme. Michael Bay filme extraordinairement bien et son montage halluciné me plaît.

The Jacket de John Maybury (2005), est un très beau film. Le prétexte : un asile d'aliénés, section « fous dangereux », dans laquelle se trouve un ancien soldat de la guerre du Golfe (accusé de meurtre par erreur) et qui subit un traitement pas très orthodoxe. Cela le fait voyager dans le temps. Peut-être un symbolisme involontaire : c'est le traitement psychiatrique, bien que très violent, qui permet à n notre héros de donner un but à sa vie…

Furtif de Rob Cohen (2005), un avion intelligent se révolte. Dites donc ça risque ! Bien filmé et beaucoup d'action.

Godzilla - Final wars de Ryuhei Kitamura (2004), avec la mite géante Mothra, notre monstre cracheur de flammes est appelé à la rescousse pour lutter contre des envahisseurs. Pour les nostalgiques seulement.

Ma sorcière bien-aimée de Nora Ephron (2005), est un film tiré de la célèbre série de télévision du même nom, dans laquelle la sublime Elisabeth Montgomery jouait le rôle de la sorcière... Ici le rôle est joué par la non moins sublime Nicole Kidmann. Ceci dit, on ne voit pas très bien l'utilité de ce film bien réalisé et bien joué c'est vrai.

Night Watch (Nochnoj dozer) de Timur Bekmambetov (2004). Film fantastique russe ce film tient ses promesses. Une histoire de bien et de mal non théologique, un cinéaste à la caméra audacieuse, un jeu d'acteurs privilégiant la situation plutôt que la psychologie du personnage, cette psychologie n'étant pas absente puisque le spectateur est invité à réfléchir sur elle en fonction de la réaction des personnages. Un excellent film, avec toute une recherche de nouveaux plans, de nouvelles manières de filmer. Cette nouvelle manière de filmer semble se retrouver chez d'autres cinéastes, notamment français, constituant peut-être une nouvelle école ou tendance. J'ai nommé Jan Kounen et Pitof...

The Descent de Neil Marshall (2005). L'horreur revient avec ce cinéaste anglais qui a réalisé le très bon *Dog soldiers*. Ici les monstres sont sous terre et attendent de pied ferme de jolies spéléologues. Attention ça fout la frousse. Bravo!

Serenity : l'ultime rébellion de Joss Whedon (2004) ravit les fans de *Buffy*, *Angel* et *Firefly*, séries télé dont Whedon est le réalisateur. Ce film est une adaptation de *Firefly*.

Les Frères Grimm de Terry Gilliam (2004), n'est pas l'histoire de la vie des frères Grimm. Ce film met en scène les frères Grimm dans le cadre des contes qu'ils ont publiés sous leur nom, mais dont, pour la plupart, ils n'ont pas inventé l'histoire, car ils ont recueilli ces histoires dans les fermes des campagnes et les ont retranscrites.

Flight Plan de Robert Schwentke (2005)

Doom d' Andrzej Bartkowiak (2005) Superbe film d'action ! Les effets spéciaux sont extraordinaires. La partie du film qui reprend la mis en scène du jeu vidéo est extraordinaire, du jamais vu ! On passe un excellent moment.

L'Exorcisme d'Emily Rose de Scott Derrickson (2004) Un grand film. C'est l'opposé de *L'exorciste* de Friedkin. Pourtant la tension est grande. On se prend d'affection pour la victime et pour le prêtre... Le cas de conscience de l'avocate est vraiment très humain. Une étude sociologique et dramatique de phénomènes de "possession" que la justice a beaucoup de mal à traiter...

Van Helsing 2 – Dracula contre les vampires de Sarah Nean Bruce et Eduardo Durao (2005)
Quel navet !
Attention de ne pas se faire avoir par le titre : ce film n'a rien à voir avec une éventuelle suite du film *Van Helsing*, mais rien du tout. D'ailleurs le titre anglais est : *Bram's Stoker Way of the Vampire*. Ils osent aussi se référer à Bram Stoker qui doit se retourner dans sa tombe !

Dommage que l'alphabet s'arrête à « Z », car ce film est plus nul que le pire des films Z !
Nul ! Archi nul !
Tellement nul qu'il n'y a rien d'autre à dire...
Red Shoes de Kim Yong-Gyun (2005)
Un film coréen d'épouvante basé sur la malédiction d'une paire de chaussures.
Il y a très peu de films sur des vêtements maudits. Le sujet est très difficile. Je me souviens de *Robe de sang* (1990) de Tobe Hooper. Il faudra faire une recherche sur ce thème... Il y a le chapeau dans le roman *Le Golem* de Gustav Meyrink... Enfin, bref revenons à notre film...
Une femme trouve une paire de chaussures rouges dans le métro et les malheurs commencent pour elle et son entourage.
C'est un film sur la culpabilité, la hantise qui amène la vengeance cruelle.
Une vengeance aveugle de l'au-delà d'où la profession de l'héroïne : ophtalmologue, et la perte des yeux de certaines victimes...
C'est aussi la terreur d'avoir vu des horreurs...
En fait il est bien question de cinéma !
Après un prologue assez violent, le film semble s'enliser dans une lenteur trompeuse, car petit à petit, sans que l'on s'en aperçoive, l'angoisse s'installe jusqu'aux deux coups de théâtre et une surprise en début de générique (surprise plus classique celle-là)
Un film à découvrir.
Ce film est excellent. Il n'a été diffusé qu'en DVD en 2010 en France.
King Kong de Peter Jackson (2005), à part les effets spéciaux bien meilleurs, of course, que l'original, pas grand-chose à ajouter... Fallait-il vraiment le faire ?
Le Monde de Narnia d'Andrew Adamson (2004) Une petite pépite d'adaptation au cinéma de l'œuvre écrite de C. S. Lewis.
Harry Potter et la coupe de feu de Mike Newell (2005). Daniel Radcliff n'en finit pas d'être enfant... Et la saga Harry Potter finira-t-elle un jour ?
La Crypte de Bruce Hunt (2004) C'est curieux de constater que les Américains sortent toujours les films deux par deux... Cette fois nous avons eu *The Descent* et maintenant cette *Crypte* dont l'histoire ressemble comme deux gouttes d'eau à la précédente...
Aimez-vous Hitchcok ? de Dario Argento (2005). J'ai vu ce film à la télévision. C'est un téléfilm... Pour moi, le fait qu'il soit réalisé par Dario Argento suffit à en parler ici.
Dario Argento rend hommage au grand Hitchcock. Il ne va pas par quatre chemins en le disant dans le titre du film. Il montre également ses attaches cinématographiques avec Alfred Hitchcock, notamment sur un point, celui du voyeurisme, toutes les actions du film sont basées sur l'importance du regard comme elle l'est pour le spectateur lui-même. Ce petit film est donc génial.
Ce film rend également hommage à l'expressionnisme allemand avec des extraits de *Nosferatu* et *Le Golem* (c'est facile, car le héros du film fait des études de... cinéma).
On a aussi *Blue Velvet* de Lynch (où il est également beaucoup question de regards...) et en ce qui concerne Hitchcock, je cite en vrac : *Fenêtre sur cour, L'homme*

qui en savait trop (un petit hommage en passant à Mario Bava...), L'inconnu du Nord-Express, Le Crime était presque parfait, et j'en oublie certainement...

Argento filme comme d'habitude (mais on ne s'en lasse pas...) les mécanismes de serrure et les contacteurs d'ascenseurs... et un gros plan du mur entre deux plans des deux protagonistes du film...

Ah ! j'aime les cours cinématographiques de Dario Argento !

Zathura : une aventure spatiale de John Favreau (2004). Encore une histoire de jeu qui emmène des enfants dans des aventures fantastiques. Ici ils se retrouvent dans leur maison dans l'espace cosmique...

Donjons & dragons, la puissance suprême de Gerry Lively (2004) Encore une adaptation du fameux jeu de rôles.

Aeon Flux de Karyn Kusama (2004) est une adaptation du dessin animé de Peter Chung. Ce film n'a pas plu à la critique et aux téléspectateurs en général. J'ignore pourquoi, les arguments que j'ai lus ne m'ont pas convaincu. Ce film m'a plu, cette vision du futur héritée des films d'animation est très bien rendue. Le béton est splendide. Quant au corps sculptural de Charlize Theron il vaut le déplacement à lui seul. J'adore ces films avec de super héros féminins. Le public et la critique seraient-ils misogynes ?

Marton Csokas (qui joue le rôle principal masculin) qui a été interviewé pour Sfmag a déclaré à propos de l'actrice : « Superbe à regarder ! (...) Elle vient du monde de la danse, elle se pousse à fond dans la gymnastique (...) »

Je vous le dis le film mérite d'être vu rien que pour la prestation de la fille !

Parlons du bruit des armes à feu. Un régal. On entend le claquement métallique de la culasse juste avant le coup de feu... Du pur réalisme.

Natural City de Min Beyond-cheon (2005)

Un film sur un futur apocalyptique, avec un paysage urbain, la ville de Blade Runner, et le thème dérivé de ce film : comment un être humain chasseur de cyborgs lutte pour donner la vie à son cyborg féminin. Les images sont sombres et expressionnistes. Les comédiens ne sont pas terribles. Le récit manque de fluidité et les filles sont superbes. Les humains se révèlent moins humains que les cyborgs, ces derniers ont des capacités physiques stupéfiantes et font des bonds comme dans Matrix. Les dialogues sont si épurés que la plupart du temps inutiles à la compréhension du film. Les sentiments sont montrés par l'image et les mimiques des acteurs (ce qui donne cette impression de jeu bizarre des comédiens). Le son et les images créent l'atmosphère, et il faut se creuser un peu la tête pour comprendre.

Un film étonnant, qui sort de nos habitudes, un film extraordinaire à voir et revoir tellement il est inépuisable... Le DVD propose des bonus excellents avec le réalisateur et comment il a utilisé des décors urbains naturels traités par ordinateur...

Avec le DVD il y a un livret sur la SF asiatique.

Samuraï Commando (Mission 1549) de Tekusa Masaaki (2005)

Une unité de l'armée japonaise de notre époque est envoyée au 16e siècle, à l'époque des samouraïs, et ceci à l'occasion d'une expérience scientifique qui a mal tourné.

Deux ans après, à notre époque, des manifestations étranges et terrifiantes indiquent que des modifications dans le passé mettent en danger l'existence même de notre monde...

Il faut donc renvoyer un commando dans le passé...
On prend grand plaisir à voir ces batailles rangées de samouraïs dans leurs merveilleux costumes, mêlées à des hélicoptères, transports de troupes blindés, fusils mitrailleurs et lance-roquettes. La reconstitution est magnifique.
Le DVD comprend un bataillon d'excellents bonus : reportage historique – gala de fin de tournage – Story Board – Manœuvre à l'école militaire de Fuji – Interviews : la roue des stars ; le réalisateur ; le scénariste raconte le film.

Hostel d'Eli Roth (2005).
Un film gore du réalisateur du déjà gore *Cabin Fever*. Ce dernier film pas très original a dû son succès à l'appui de Peter Jackson et *Hostel* a été produit par Tarentino. Je ne sais pas si le film vaut vraiment le talent de ces supporters...

Underworld 2 evolution de Len Wiseman (2005).
Le second volet de cette histoire de guerre entre les loups-garous (lycans) et les vampires. Certains critiques ont trouvé le scénario compliqué ! Rien de plus simple pourtant : un vieux vampire a vu ses enfants frères jumeaux devenir pour l'un vampire et pour l'autre loup-garou. C'était il ya 600 ans. Aujourd'hui, le petit frère veut relâcher l'horrible loup-garou enfermé pendant tous ces siècles. C'est compliqué ça ?
Le film commence avec une scène stupéfiante de combat entre vampires et loups-garous au Moyen Âge. Ceux qui n'ont pas compris le scénario ont dû arriver après cette scène...
Le film comprend une grande quantité de très jolis plans et des bagarres à couper le souffle. Excellentissime...
Évidemment ce film n'est pas recommandé pour ceux qui aiment les vampires chochottes et les loups-garous petits chienschiens à sa maman...
Ça saigne énormément et c'est très violent. Wiseman rend hommage à Dracula avec sa scène du bateau qui vogue en direction du port et qui ne manque pas de rappeler le Nosferatu de Murnau...
La belle Kate Beckinsale moulée dans son costume en latex vaut à elle seule d'aller voir le film.
Un excellent film : vivement la 3e partie !

The Card Player de Dario Argento (2004).
Le maestro s'amuse en montrant un médecin légiste déjanté, des cadavres très bien imités grâce à l'art de Sergio Stivaletti, responsable des effets spéciaux et réalisateur du très beau film *Le Masque de cire (1996).* Argento sait toujours autant manier l'expressionnisme de couleurs qu'il sait encore accentuer dans les scènes de nuit (bravo au directeur de la photo !) et s'en fiche un peu du scénario (ce qui énerve quelques critiques, mais pas moi...) sauf l'idée centrale. Ici il s'agit de mêler jeu de cartes et internet. Argento a été à l'école de Hitchcock et sait très bien maîtriser le suspens qui est maintenu jusqu'au bout alors qu'il nous laisse rapidement deviner qui pourrait être le coupable... Mais chercher le coupable n'est pas le but du film... Le maestro accumule des tas de petits détails que je vous laisse découvrir ; mais pour y parvenir, il ne faut pas quitter l'écran des yeux. Il filme assez souvent en plongée, à l'inverse de tous les poncifs du genre qui en général filment en contre-plongée.
Enfin, il reste toujours impitoyable avec ses pauvres victimes... C'est quand même lui le précurseur du genre à la suite de Mario Bava.

Cube 0 d'Ernie Barbarash (2004). Un début très énigmatique : deux types surveillent des écrans dans une vaste pièce dont les murs sont couverts de tiroirs. Sur l'écran on voit la mort atroce d'un cobaye humain dans une des pièces du "cube". Ils ne se souviennent pas de la dernière fois où ils étaient "dehors". Puis le plus jeune suit à l'écran un groupe de prisonniers du "cube". Il semblerait qu'on n'a pas intérêt à ne pas croire en Dieu.
Le jeune réussit à entrer dans le cube à la recherche d'une jeune femme. Cela ne plaît pas aux autorités.
Ce film n'est pas mauvais du tout.
Alone in the Dark d'Uwe Boll (2004)
Uwe Boll avait déjà réalisé un autre film adapté d'un jeu : *House of the Dead*, qui n'était pas non plus un si mauvais film que cela...
Vous avez deviné qu'on peut dire la même chose d'**Alone in the Dark**... Ce film a bien sûr de gros défauts : les acteurs ne sont pas très bons, les dialogues sont niais, mais les scènes de combats contre les monstres et les monstres eux-mêmes sont excellents. L'ambiance lovecraftienne est très bien rendue, à partir de la nouvelle *L'horreur dans le musée*, écrite par Hazel Heald et révisée par Lovecraft en 1933. Il faut dire qu'avec un très faible budget les effets spéciaux sont excellents. Ce film traite d'un tas de sujets lovecraftiens : le monde d'ailleurs qui est plein de monstres (il ne faut pas ouvrir la porte...), les hybrides monstres-humains, les expériences sur les enfants pour créer ici les monstres de là-bas, etc.
Les bonus du DVD sont stupéfiants. On nous explique les effets spéciaux réalisés avec les moyens du bord et surtout on nous offre six vidéo-clips de Heavy Metal, avec le sublime *Wish i Had an Angel*, soit 23 minutes de cette musique si violente, mais si belle.
Eternal Sunshine of the Spotless Mind de Michel Gondry (2004)
Une charmante et émouvante histoire d'amour comme seule la science fiction est capable de la raconter.
Une société spécialisée dans l'élimination de souvenirs élimine les souvenirs de deux amoureux sur leur amour. Mais l'amour sera plus fort !
Atomik Circus – Le Retour de James Bataille de Didier et Thierry Poiraud (2004).
Ce film n'a pas fait l'unanimité loin de là. C'est vrai qu'il présente quelques défauts. Et alors ? Pour une fois que des Français se lancent dans l'adaptation de la mythologie lovecraftienne, même si c'est parodique...
Toolbox Murders de Tobe Hooper (2004)
Ce film n'est pas sorti en salles, mais directement en DVD en 2008.
Depuis *Massacre à la tronçonneuse*, Tobe Hopper a bien su nous décevoir... Pas toujours, mais presque.
Un immeuble est en pleins travaux de réfection et nous assistons, pauvres spectateurs, au meurtre d'une jeune femme, meurtre particulièrement horrible à coups de marteau...
D'autre part, on entend tout d'un appartement à l'autre. Et ça se tire en longueur.
Mais une jeune femme trouve une petite boîte contenant des dents humaines... Une autre se fait tuer avec un autre genre d'outil, puis une autre avec une perceuse. Pourquoi dans ces films ils ne tuent que de jeunes femmes ? Ce film vaut pour ses

vingt dernières minutes. Si vous aimez l'horreur gratuite, c'est-à-dire un peu n'importe quoi...

Côté immeuble maudit ça ne vaut pas *Inferno* (1978) de Dario Argento. Pourtant c'est la même histoire...

Un autre film de 1978 avec le même titre (*Toolbox Murders*) et réalisé par Dennis Donnelly raconte le même genre d'histoire avec un assassin qui utilise des outils.

Alien Apocalypse de Josh Becker (2005)

C'est la fin du règne de l'homme depuis que les Termites ont envahi la Terre !

Un pastiche de *La Planète des singes* de Franklin J. Shaffner (1968)

Avec le prodigieux Bruce Campbel (*Evil Dead*...).

Quatre astronautes reviennent sur Terre après 40 ans d'absence en hibernation. La terre est dominée par les Termites, les hommes emprisonnés et bâillonnés.

Ces Termites consomment la cellulose du bois, les télévisions et les doigts humains. Elles me font penser au film *Les Premiers hommes dans la Lune* de Nathan Juran (1964).

Les dialogues sont délirants de stupidité. Le scénario mélange les histoires de plusieurs films post apocalyptiques. Notamment *Independence Day* (1996) à rebours.

Josh Becker est réalisateur dans la série Xena la guerrière.

The Circle de Yuri Seltzer (2005)

Superbe exploit cinématographique ! Un film constitué d'un seul plan-séquence... Encore mieux que *La Corde* d'Hitchcock... Peut-être quatre plans-séquences, mais je n'en suis pas sûr. Même quatre pour un film c'est extraordinaire. Il faut le faire. C'est pourquoi ce film a surpris. Vraiment il ne respecte pas du tout la "grande forme", celle qui fait que pour le spectateur moyen un film est un film, car il se veut un reflet de son expérience personnelle. Ici ce n'est pas le cas.

Les dialogues sont surréalistes. Il y a un changement de plan quand il y a changement de lieu et de temps : la fille raconte. Mais "changement de plan" ne convient pas, car, en fait, c'est un mouvement de caméra qui donne l'impression d'un changement de plan, comme un décor qui tourne au théâtre.

Ainsi ce sont les mouvements de caméra, les changements de lumière qui produisent le même effet que le montage, montage complètement absent du film.

L'histoire est très noire. Une jeune femme se retrouve dans un cercle temporel, mais on ne le sait qu'à la fin où on voit la même scène qu'au début, d'un autre point de vue. Tout cela avec un seul plan-séquence, ce qui veut dire que le cinéaste n'a pas fait de montage, mais que c'est la même caméra qui filme depuis le début sans s'arrêter !!!

Le "cercle" : ce qui se passe après la mort, un éternel recommencement !

Quel film étrange à voir absolument.

La Nonne de Luis de La Madrid (2005)

Une production Fernandez-Yuzna. Une nonne sanglante revient se venger. Le sexe est un péché qu'il faut expier. C'est la leçon de morale de bien des films d'horreur.

Quand vous faites partie de la petite bourgeoisie, cela aggrave votre cas ! C'est aussi l'occasion de mettre en scène de belles (et beaux) adolescentes.

Une jeune fille (prénommée Ève) assiste à l'assassinat de sa mère, égorgée par une nonne. La police ne la croit pas concernant la nonne. Une femme l'aborde lors des

obsèques. Plus tard elle retrouve cette femme les bras coupés dans l'ascenseur après qu'elle a vu la nonne sortir de l'hôtel. Elle prend l'avion pour Barcelone là où sa mère voulait se rendre. Dans l'avion il passe un film de Brian Yuzna... À Barcelone elle va mener l'enquête à partir de documents laissés par sa mère.
Il y a quelques superbes scènes quand la nonne apparaît à partir de l'eau...
Avec trois amis, dont un séminariste rencontré à la bibliothèque (prénommé Gabriel, ça ne s'invente pas), Ève se rend au pensionnat où sa mère avait fait ses études. Là où sœur Ursule, la nonne, avait disparu...
L'histoire ressemble un peu au film de Clouzot *Les Diaboliques* (1955), au moins en ce qui concerne la mise à mort. Clouzot hésite tout au long de son film entre le rationnel et le fantastique. Mais ici, la victime revient se venger cruellement, très cruellement. C'est pour sauver l'âme de ses victimes qu'elle fait tout ça.
Enfin, il y a une révélation sur Ève elle-même.
L'idée originale est de Jaume Balaguero. Producteur exécutif : Brian Yuzna. Que du beau monde !
Excellent film.

Profanations de Mike Mendez (2005)
Après le grandguignolesque *Le Couvent* (2001), Mike Mendez nous revient avec ce *Profanations*.
Le prologue est un peu brutal : une exécution inspirée, semble-t-il, du film de Dario Argento *Suspiria* (1977). Puis ça commence par un enterrement suivi d'une fiesta au cimetière en pleine nuit. Original ? En tous les cas on cache au spectateur ce qu'il s'est vraiment passé cette nuit-là au cimetière. On nous fait plein de signes cinématographiques qu'il s'est passé quelque chose : mais quoi ? Harris en est revenu tout bizarre ; sa présence déclenche plein de phénomènes. Kira, une ancienne liaison avec qui il a passé la nuit dans le cimetière l'appelle et laisse des messages sur son portable...
Ce qu'ils ont fait au cimetière s'appelle « profanation ». Et les morts profanés se vengent. « On aurait dû choisir de meilleures tombes », déclare l'ami qui y était avec Harris et Kira. En effet ils ont profané les tombes de trois psychopathes dangereux !
Avec une histoire somme toute bateau, ce film réussit à faire flipper. L'humour noir parfaitement porté par Tcheky Karyo dans le rôle d'un occultiste pince sans rire, ne détruit pas l'atmosphère de terreur. Les effets spéciaux ne sont pas trop mauvais.
Excellent film sur la haine.

Bloodrayne d'Uwe Boll (2005)
Il est de bon ton de critiquer Uwe Boll, auteur d'*Alone in The Dark* (voir ci-dessus) et *House of the Dead* (2003). Je ne suis pas aussi sévère. Même si ce film a eu plein de prix aux Razzies Award...
Une belle jeune femme, mi vampire, devient chasseuse de vampires. C'est un joli petit film. Très gothique. Rayne (la vampire en question) part à la chasse de reliques qui doivent lui permettre d'approcher Kagan le vampire, son père qu'elle veut tuer, car il a assassiné sa mère. Le scénario ne casse pas des barres, mais ce n'est pas un film pour intellectuels de gôche... Il y a une superbe photo et de superbes images de paysages tournées en Roumanie. Les combats ne sont pas toujours terribles. Lire la chronique de *Bloodrayne 2* plus loin.

C'est une adaptation d'un jeu vidéo.
The Breed de Nicholas Mastandrea (2005)
Si vous avez peur des chiens, ne regardez pas ce film. De jeunes gens en vacances sur une île se font attaquer par des chiens très agressifs et très intelligents. C'est bien joué (avec l'irremplaçable Michelle Rodriguez) et bien filmé.
House of the Dead 2 de Michael Hurst (2005)
La "suite" du numéro un d'Uwe Boll.
Re-animator ? Le docteur West est de retour ?
29 jours plus tard (non ne riez pas...) Une jolie brune dans un monde de brutes de zombies. Elle cherche à faire un prélèvement de sang de zombie pour fabriquer un vaccin contre le zombiisme... Et l'infection zombique se transmet même par les moustiques.
Un délice vous dis-je...
American Haunting de Courtney Solomon (2005)
Une histoire de hantise, de possession, tirée, paraît-il d'une histoire vraie. Avec le grand Donald Sutherland. La jeune fille Betsy est très jolie (Rachel Hurd-Wood) ce qui rend son calvaire encore plus insupportable au spectateur. Il y a le rationaliste qui nie et qui a tort, le spectateur le sait... Mais peut-être que non... Il y a un loup aussi. Noir... On soupçonne la femme qui a eu un différend avec le père Bell et qui a la réputation d'être une sorcière. Les flash-back sont en noir et blanc. Il n'est pas sûr que tout le monde saisira l'explication finale.
Entre deux rives d'Alejandro Agresti (2005)
Inspiré par le film coréen *Il Mare*, *Entre deux* rives explore le "concept" de communication à travers le temps.
Voici ce qu'en dit l'un des producteurs du film : « C'est une histoire d'amour qui ne ressemble pas à ce que nous avons vu avant. Elle est unique et complexe. Ce thème sur le pouvoir de l'amour nous a vraiment touchés. »
En effet, Sandra Bullock et Keanu Reeves s'aiment à trois ans d'intervalle...
Destination finale 3 de James Wong (2005).
La Mort maîtrise le risque. Elle sait réunir les conditions pour tuer accidentellement. James Wong est très bon et le film est prenant. Les adolescentes et adolescents (selon ses goûts) sont mignons et tendres à croquer.
MosquitoMan de Tibor Takacs (2005)
Ah ! Voilà ce bon vieux Tibor Takacs de retour. Celui de *The Gate (La Fissure) 1 et 2*, qui a fait ses armes dans la série *Au-delà du réel*... Il est parti en Bulgarie pour la post production de ce film et pour recruter quelques acteurs. Le film est passé au festival de Gérardmer. Ce film n'est pas sorti en salles.
Une maladie virale sème la mort dans le monde. Elle est transmise par les moustiques. Un labo réalise une mutation chez les moustiques pour remplacer les moustiques infestés par les moustiques mutants non infestés (eux !)
Un prisonnier condamné à mort sur lequel on devait faire quelques expériences s'échappe c'est la fusillade et dans le feu de l'action il subit des radiations et une substance chimique le macule. Vous l'avez deviné : il va se transformer en moustique. (Et la belle chercheuse l'a cherché, car cela lui pend au nez aussi...) Ne dites pas que c'est bête on nous l'avait déjà fait en deux remakes avec *La Mouche* !

Les flics ne savent pas tirer (il y en a même un qui se tire une balle dans le pied...) La première victime du moustique géant est vraiment bête elle est paralysée par la terreur et ne s'enfuit même pas...
Bon ! vous allez dire que je descends ce film ?
Si c'est le cas, je m'arrête, parce que j'adore ce film ! J'ai toujours aimé ce que fait mon ami Tibor même si ce ne sont pas des chefs-d'œuvre. À regarder celui-là, on passe un bon moment avec la belle et la bête ! Pas prétentieux pour un sou le Tibor : un vrai divertissement...

Making Of
« C'est de l'humour noir », déclare Tibor Kakacs.
« Tourné à Sofia de manière à ce qu'on croie que c'est une ville américaine », explique la monteuse.
J'aime bien ces making of de films de séries B qui ne se prennent pas au sérieux, ils dévoilent tous leurs trucages souvent de bric et de broc.
« Les personnages sont proches de la caricature. On rend ainsi hommage aux vieux films d'horreur. Avec un film comme ça, on a fait un clin d'œil au public. Mais on lui donne aussi les frissons qu'il attend d'un film d'horreur. » Déclare Tibor Takacs.
« J'aime les éclairages. C'est l'un de mes films qui a la plus belle image ».
C'est vrai !
Les autres films de cette série : **Morphman** de Tim Cox (la nourriture des bovins crée une mutation chez leur parasite : la douve du foie !) – **Sharkman** de Michael Oblowitz avec l'incroyable Jeffrey Combs dans ce qu'il sait le mieux faire : le savant fou impitoyable... - **Predatorman**, de Tim Cox, une petite resucée d'Aliens 2 – **SkeletonMan** de Johnny Martin – **SnakeMan**... sont pas vraiment terribles !
Il y a eu une série de films sur le thème des mutants, sortis en DVD au début des années 2000 : **MorphMan** *de Tim Cox (la nourriture des bovins crée une mutation chez leur parasite : la douve du foie !) –* **SharkMan** *de Michael Oblowitz avec l'incroyable Jeffrey Combs dans ce qu'il sait le mieux faire : le savant fou impitoyable... -* **PredatorMan**, *de Tim Cox, une petite resucée d'Aliens 2 –* **SkeletonMan** *de Johnny Martin –* **SnakeMan**... *ne sont pas vraiment terribles ! Et ce* **Mosquito-Man** *que j'ai chroniqué au moment de sa sortie et qui a été publié dans mon livre Cinéma fantastique et de SF – Essais et données pour une histoire du cinéma fantastique 1895-2015.*
Ces films ont tous été tournés en Bulgarie. Ils sont produits par NU IMAGE
Voici la chronique de ces films qui vont de la série Z à la série B.

PredatorMan de Tim Cox (2003)
Il y a très longtemps, une météorite est tombée sur la Terre. Elle abrite une pierre dans ses entrailles : l'étoile du matin. C'était l'arme suprême. Mais la pierre disparut. Des archéologues l'ont retrouvée ! Ah ! Ces archéologues qui exhument des horreurs oubliées !
Il s'agit de l'Arche des ténèbres : à l'intérieur la pierre !
Nous, les humains sommes au sommet de la chaîne alimentaire depuis 40 000 ans. Désormais c'est terminé !
Cette créature est féroce, vorace et potentiellement invulnérable.
C'est d'ailleurs une imitation de Predator.

Donc des gens intéressés veulent l'utiliser comme une arme. Mais...
Le monstre s'échappe dans la base où il est étudié et produit.
L'histoire est donc un mélange d'Alien et de Predator, et aussi de The Thing : avec tous les ingrédients, le monstre terrifiant, l'endroit clos duquel on ne peut pas s'échapper (ce qui est valable aussi pour Predator, car les personnages sont coincés dans la jungle...)
Un commando est envoyé pour « nettoyer » le centre de recherches. Plus rien ne doit rester. Le commando est commandé par une femme.
Le film est assez long à démarrer. Les dialogues sont très convenus. Il y a deux survivants quand le commando arrive. Il y a évidemment le savant fou (joué par John Savage) et les contradictions internes au commando qui vont s'avérer mortelles.
La bête a fait des milliers de petits.
Bataille finale entre la Belle et la Bête !
SharkMan de Michael O Blowitz (2004) Avec Jeffrey Combs dans le rôle du docteur de l'horreur. On ne peut pas faire mieux.
(Voir également ci-dessus la chronique du film *Peur Bleue,* sur un requin mutant)
Un jeune couple plonge d'un bateau et se fait dévorer par un requin...
Un requin ???
Le docteur King joué par Jeffrey Combs porte une belle moustache.
Il dirige un laboratoire terrifiant qui soumet des êtres humains à de terribles expériences.
Ailleurs, il est beaucoup question d'argent dans de vastes bureaux avec une jolie biologiste.
Le docteur King a mis au point de drôles de manipulations génétiques dans son île paradisiaque. Cela ne manque pas de me faire penser à *l'île du docteur Moreau* (voir les films en annexe).
Il a créé un métis de requin marteau et d'être humain. Nous saurons plus tard que l'humain était son propre fils condamné par le cancer. On sait (moi je ne le savais pas) que les requins n'ont jamais le cancer. D'où le choix du requin marteau, avec en plus selon King, la vue, la férocité et le phénoménal pouvoir de guérison.
King/Frankenstein tient son journal.
Tous les cobayes humains sont des femmes, car King veut créer la possibilité de procréer les requins/hommes par gestation dans le ventre des femmes... Il est très cruel avec ses cobayes : il ne se préoccupe pas de dépenser de l'anesthésiant et opère une césarienne à vif sur l'une d'elles alors que le bébé n'est pas viable. Ce qui me fait inévitablement penser au film *Le Monstre est vivant* et son remake et ses suites...
Le docteur King a invité ses financeurs à visiter ses installations.
Or il est très dangereux de se baigner dans ces eaux paradisiaques.
SharkMan est amphibie, il sévit aussi sur Terre.
Jeffrey Combs n'est pas très convaincant. Alors c'est peu dire du reste...
On apprend que l'azote serait la solution contre le monstre. Ne me demandez pas pourquoi, moi qui suis chimiste, car je ne sais pas.
« Personne ne contrôle cette chose », se plaint un des sbires de King. On note que, comme toujours dans ces films de série B ou Z, les sbires sont de très mauvais tireurs...

Les massacres se poursuivent et des militaires débarquent d'un hélicoptère. Mais ils sont aussi incapables que les autres. Il y a beaucoup d'action. Le héros est un peu trop grassouillet et à trois ils ont raison d'une armée entière avec les armes volées à l'ennemi. Le scénariste ne se foule pas trop.
Dr King est évidemment indestructible.
Le grassouillet s'en est sorti : va-t-il sauver la fille, la belle brune biologiste dont Paul, le fils de King fut amoureux ?
King déclare : « Maintenant je vais faire évoluer l'espèce humaine ! »
Parce qu'il a l'idée de féconder la fille dont SharkMan est toujours amoureux !
La créature se révolte contre son créateur (Voir *Frankenstein*), bien sûr...
Making Of
« Mon nom est Michael O Blowitz et d'ici la fin du tournage on m'appellera *Ed Wood Junior* ! » (Voir annexes)
Le film a été tourné en Bulgarie alors que la température extérieure était de 5 °C et que l'intrigue se déroule en milieu tropical !
Une interview de Jeffrey Combs...
Superbe making of !
SkeletonMan de Johnny Martin (2004)
J'ai regardé la version anglaise.
Un squelette, à cheval, vêtu d'un vaste manteau noir à capuche sème la terreur parmi un commando chargé de l'éliminer. Un film complètement mal foutu. Mal monté. On se demande parfois ce que certains plans viennent faire dans l'histoire. Les lieux changent soudain brutalement, etc. Il y a de quoi rire ! Vu la carrière du réalisateur, j'imagine que le tournage et le financement de ce film ont dû rencontrer beaucoup de problèmes.
En prologue le SkeletonMan est apparu dans le laboratoire d'un archéologue qu'il a sauvagement exécuté. Soudain SkeletonMan sévit aussi dans une base militaire.
Il y a du monde au départ dans le commando. Un bon gisement de futures victimes. Avec de très jolies filles qui n'ont pas froid aux yeux. Les mises à mort sont faciles. Parfois assez éprouvantes.
On passe brutalement sur une autre scène : dans un camp indien, un sorcier tue beaucoup de monde et endosse la cape noire à capuche avant d'être lui-même tué.
La boussole s'affole et le commando a repéré SkeletonMan et s'apprête à l'assaut. Mais ça va encore durer longtemps.
La forêt est épaisse. Lors d'une scène, on voit flotter des « cotons » de peupliers ce qui suggère une forêt fluviale. Ce ne sera plus le cas ensuite. Donc les tournages ont dû avoir lieu dans des endroits différents. En sachant que tous les films de cette série ont été tournés en Bulgarie.
L'intrigue tourne en rond. Parfois la caméra est subjective : le ,spectateur voit ce que SkeletonMan voit.
Soudain, un des soldats se trouve en milieu plus urbain, vole un camion-citerne (pour quoi faire ?) et SkeletonMan crée un accident. Je n'ai pas compté les morts, mais à 45 minutes de film, il y en a beaucoup.
C'est sans doute pourquoi ils ont ajouté deux autres personnages vite exécutés : des braconniers.

Ah voilà un hélicoptère civil. Mais SkeletonMan a un arc et tue les chasseurs présents dans l'hélicoptère et échappe à ses assaillants. Et... d'un coup de flèche il abat l'hélicoptère ! Nooon ? Siii ! Un blessé grave est soigné. Souvenirs de guerre.
Skeleton chevauche et les soldats tirent sur lui des milliers de balles sans aucun effet.
C'est dur la progression dans cette nature hostile... Le chef du commando découvre le cadavre d'un de ses hommes. Je crois comprendre que c'est le voleur de camion.
Mitraillage, mitraillage, chevauchée de SkeletonMan. On s'ennuie.
Ils ne sont plus que deux : le chef et la blonde. Le paysage et la climat ont changé ! La végétation aussi. Duel entre SkeletonMan et la blonde guerrière. Ils insèrent un plan qui montre un aigle en gros plan qui plane... Ils ont posé des mines qui explosent, mais SkeletonMan est invulnérable.
Un établissement industriel. SkeletonMan y pénètre. Il tue un pauvre ouvrier et continue de massacrer. SkeletonMan fait sauter des parties de l'usine. Le chef du commando récupère la blonde blessée. Il ne reste plus que lui !
La police arrive en force. Mais le chef dit que c'est l'affaire de l'armée des États-Unis d'Amérique ! C'est donc son affaire ! Il demande une arme et pénètre seul dans l'usine dont le sol est jonché de cadavres. SkeletonMan a toujours le dessus, mais le militaire US lui prépare un gros piège avec explosion gigantesque qui aura raison de lui.

MorphMan de Tim Cox (2004)
Deux jeunes ados parient qu'ils vont faire tomber un bœuf en échange d'un strip-tease de leurs deux copines. Mais le bovin semble « habité » par de mystérieux bruits écœurants. Il en sort une bestiole dégoûtante.
Puis on nous montre un jeune vétérinaire qui s'installe. Il rend visite à un éleveur dont les bêtes sont malades. La plupart des fermiers élèvent leurs bêtes avec de la nourriture fournie par l'entreprise qui leur achète les animaux. Eli Rudkus, le véto fait un prélèvement d'excrément de la vache et constate la présence de parasites. Alors qu'il est retourné chez lui, il étudie les bestioles en question, casse un verre et se coupe légèrement. Une goutte de sang tombe sur la table... Une des bestioles s'approche en se tortillant et absorbe la goutte se sang.
Il appelle le service hygiène et leur dit : « Ça ressemble à une douve du foie sans se comporter pareil. J'avais jamais rien vu de semblable. »
On avait vu une vieille dame avec son chien. On la revoit appelant son chien pour le nourrir. Mais il ne vient pas... Il est mort, dévoré de l'intérieur. Soudain, un froissement d'ailes et un animal volant attaque la dame. C'est la nuit.
Il y a un gigantesque barbecue et le réalisateur insiste avec de gros plans de gens qui mangent de la viande. Et filme une bestiole qui se balade sur les steaks hachés.
Un nouveau personnage apparaît : l'avocate de l'entreprise qui fournit la nourriture pour les vaches. Une belle blonde arrogante. Mais ce personnage est juste présent pour le décor.
Autre scène : un type tombe à l'eau et se noie. Au bord de l'eau, il y a un cadavre d'animal duquel sortent des bestioles. Eli l'a vu et craint que la personne qui a failli se noyer soit infectée.

À l'hôpital un homme infecté se présente. Le film montre comment ça se passe à l'intérieur du corps du malade.

Eli, le véto, prend conscience que les parasites proviennent de la nourriture fournie par l'entreprise. Le service vétérinaire 'appelle Eli pour lui dire que l'échantillon de la bestiole qu'il a envoyé était inconnu : cette espèce n'est pas référencée !

Eli organise une réunion d'éleveurs pour leur demander de mettre leurs animaux en quarantaine. Et de ne plus utiliser la nourriture fournie par l'entreprise. Évidemment cela n'est pas accepté par les éleveurs. Le vétérinaire a trouvé un allié en la personne d'un éleveur qui l'appelle pour qu'il consulte une bête malade. Il la trouve éventrée avec un monstre qui lui sort du ventre... Ce « machin » a de grandes ailes de chauve-souris, c'est un vertébré qui dévore tout le monde.

À l'hôpital c'est un malade qui subit le même sort : un monstre lui sort du ventre ! De nombreux cas se multiplient.

Le patron de l'entreprise HTM qui fournit la nourriture aux animaux met Eli en accusation et demande au shérif de l'arrêter.

Le trio véto, éleveur et l'avocate qui a fini par prendre parti pour les éleveurs s'organise dans la guerre aux MorphMen... Il y a beaucoup de victimes, la terreur se répand. Le petit garçon du patron est dévoré par un monstre et le patron voit les choses autrement. Mais trop tard. Un policier « accouche » d'un monstre au poste de police et le shérif prend conscience du problème. Il rejoint le trio.

Les quatre mousquetaires auront raison de l'épidémie de monstres...

Making Of

Histoire inspirée de la maladie de la vache folle.

La mutation génétique mute les parasites de la vache, mais pas la vache.

C'est un hommage aux films des années 70.

Quelques vues du story-board. Utilisation des effets spéciaux numériques.

Tim Cox : « C'est un hommage et pas une parodie. (...) Il ne faut pas être trop sérieux, mais rester sincère... »

SnakeMan d'Allan A. goldstein (2004)

Sous-titre : le prédateur.

Prologue : lors d'une expédition dans la jungle, il est découvert des sculptures. Apparition d'une monstruosité, pas visible, manifestée par le son et une caméra subjective. Vu les dégâts causés aux victimes, cette entité doit être très grande.

Des gens extraient une « espèce de sarcophage » de la rivière. Un « docteur « appelé dit en regardant : « je n'ai jamais rien vu de pareil. » Un Indien grimé, caché, regarde la scène. IIIl a le regard inquiet.

Le docteur demande aux gens d'ouvrir le sarcophage. Les Indiens cachés qui observent la scène bandent leur arc.

Le sarcophage contient un corps en décomposition. Un cri profond et bestial retentit dans la jungle.

New York : un conférencier présente la découverte faite par une importante firme pharmaceutique.Il présente le sarcophage et son contenu : « l'homme de l'Amazonie ».

Voici le docteur Rick Gordon et la doctoresse Susan Anters.

Après analyses, ils ont découvert que l'homme de l'Amazonie avait plus de 300 ans au moment de sa mort !

Il existerait une tribu qui descend de cet homme. Elle vit dans la jungle du Brésil. Une équipe est constituée pour aller chercher cette tribu et étudier son ADN.

Nous voici donc dans la jungle (c'est tourné en Bulgarie, rappelons-le...) : un homme est blessé par une flèche et étouffé par un serpent géant. L'hélicoptère est frappé par un éclair et tombe dans la jungle sous une pluie battante. Une autre équipe est attaquée par un serpent géant. Les membres de l'équipe de l'hélicoptère sont menacés par les Indiens. Mais le pilote calme le jeu et les Indiens vont montrer le chemin.

Une scène avec une énorme araignée et un intermède avec un serpent géant qui croque un singe.

Différentes attaques du serpent géant à plusieurs têtes. Susan est enlevée par les Indiens et emmenée à leur village. Les survivants rencontrent un homme qu'ils croyaient mort, mais qui semble s'être adapté aux us et coutumes des gens du coin. Susan promet au chef de tribu de faire revenir Covab (l'homme de l'Amazonie sorti de la rivière) elle joint son patron à New York par radio. Il lui promet de l'envoyer.

Après bien des pérégrinations, il est dit que le « don » de longévité ne doit pas quitter la tribu.

Mais, au lieu de Covab, le patron envoie un commando armé jusqu'aux dents.

Les deux autres survivants s'évadent, mais l'un est dévoré par le serpent, l'autre s'enfuit. Le chef de tribu emmène Susan dans la caverne de Nagra et l'eau de longue vie. Le serpent apparaît avec plusieurs têtes. Susan doit offrir l'eau de longue vie à Nagra.

Le commando arrive en hélicoptère et doit affronter le serpent géant à plusieurs têtes. Ils seront tous tués.

Le méchant se fera écarteler par quatre des têtes du serpent. Le secret de longue vie sera bien gardé.

Fog de Rupert Wainwright (2005)

Le remake du film de John Carpenter (1979). Mieux vaut s'en tenir à l'original.

Fragile de Jaume Balaguero (2005)

Un hôpital avec des enfants, c'est déjà assez terrible. Mais cet hôpital est hanté... Et le fantôme est sans pitié par amour des enfants... Un amour qui tue.

Le thème paraît assez classique au premier abord, le film est long au début, mais il arrache le cœur jusqu'à la dernière minute.

L'actrice Calista Flockhart (Ally Mc Beal) est sensationnelle.

Le réalisateur est excellent comme à son habitude.

Horribilis (Slither) de James Gunn (2005)

Un petit film très agréable pour les amateurs d'horreur. On ne s'ennuie pas même si le film consiste à accumuler les références aux films de zombies et à toute une série de films avec des bestioles dégueulasses comme les limaces tueuses ou autres - y compris au film de David Cronenberg *Frissons* (1975) -, et, il faut le dire, avec une certaine audace humoristique, mais d'un humour noir et sanglant.

Le réalisateur rend même hommage à son ancienne boîte, « Troma », la légendaire société de production de films Z tellement nuls qu'ils en deviennent des chefs-d'œuvre. Dans *Horribilis* on voit donc à la télé un extrait de *Toxic Avenger*...James

Gunn a aussi fait ses lettres de noblesse en écrivant le fameux *Armée des morts*... Il sait donc de quoi il parle...
Et surtout, restez bien jusqu'à la fin du générique où une surprise vous attend !
V pour Vendetta de James Mc Teigue (2005)
Les frères Wachowski (et le producteur Joe Silver) après nous avoir offert la fabuleuse trilogie *Matrix* nous ont concocté un thriller de politique-fiction : un dictateur s'est imposé au Royaume-Uni et un vengeur masqué va réussir à mobiliser le peuple pour le destituer. L'histoire ne dit pas ce que le peuple fera de cette révolution. J'aimerais que les frères nous le disent dans une suite...
Un film se juge par l'effet qu'il vous fait. Plutôt un double effet : l'effet immédiat et l'effet de ce qu'il laisse en souvenir.
Celui-ci (bien qu'un peu long parfois) nous fait un effet immédiat dû aux relations humaines des personnages principaux. En fin de compte on est plus affecté par la triste histoire d'amour que par la révolution.
Ensuite, l'effet se dissipe assez vite, car au fond, il n'y a pas vraiment grand-chose de nouveau dans cette histoire qui reste simplement une compilation d'un tas de classiques, dont, bien sûr, *Le Comte de Monte Cristo* plusieurs fois cité dans le film...
Ce film est une adaptation d'un comics dont le scénario a été écrit par Alan Moore.
Un très bon film. Sans plus, oserais-je dire....
Silent Hill de Christophe Gans (2005)
Un mauvais rêve, un labyrinthe avec des monstres à chaque coin, des monstres étonnants. Parfois une sirène incendie hurle et le noir total règne : c'est le temps des ténèbres et des monstres qui s'en échappent. Cette sirène est située sur le clocher d'une église perchée sur son glacis. Il y a aussi une chambre cachée.
Je ne connais pas le jeu vidéo, mais le film est angoissant. C'est un film d'épouvante plus qu'un film d'horreur.
Ce que vit l'héroïne c'est comme une dépression : on se perd, on est envahi par l'obscurité, on croit s'en sortir et on plonge encore mieux l'instant d'après. On recherche une issue en évitant la folie, mais c'est dur !
D'autant plus que constamment l'enfer rougeoie sous nos pas, là-bas, tout au fond.
Un petit chef-d'œuvre de fantastique comme on n'en a pas vu depuis très longtemps !
J'attendais Christophe Gans depuis longtemps et je ne suis pas déçu. Bravo !
Les effets spéciaux ont été réalisés par notre ami Tatopoulos qui nous a fait l'honneur de nous accorder deux interviews dans Sfmag. Un petit génie créatif : ses monstres sont de véritables œuvres d'art.
Les actrices sont sublimes particulièrement la deuxième petite fille...
Les femmes sont encore au centre de toute cette histoire, et elles jouent le rôle principal à cinq, les hommes ne sont que des figurants.
J'adore !
Je rappelle que Christophe Gans est un admirateur de John Carpenter, dont il connaît l'œuvre par cœur et qu'il sait analyser en grand cinéphile. Christophe Gans se fait trop rare au cinéma.
Mortuary de Tobe Hooper (2005). Massacre l'été dernier au sous-sol dans la dernière maison du cimetière à gauche de la colline.

Voilà l'annonce du film de Tobe Hooper. Il met donc en avant ses hommages avec ce pot-pourri de titres de films d'horreur.
On y trouve Wes Craven (Le Sous-sol de la peur – La Dernière maison sur la gauche – La Colline a des yeux) et aussi Lucio Fulci (La Maison près du cimetière) et aussi Souviens-toi l'été dernier de Jim Gillespie... Mais dans le film il y a aussi un hommage appuyé à Le Retour des morts-vivants (N°1) de Dan O'Bannon avec son horreur qui se déroule impitoyablement et surtout le très beau Dellamorte Dellamore de Michele Soavi. On voit bien que le cinéaste rend hommage au film d'horreur italien.
Donc pas de problème on est prévenu.
Il y a aussi un magnifique thème lovecraftien (c'est d'ailleurs ce thème qui est l'explication des faits...)
Certains ont cru voir deux parties dans ce film : une première partie sérieuse et une deuxième moins. Il faut bien comprendre que ce film est composé exclusivement d'humour macabre très noir. Certains peut-être n'y verront même pas d'humour...
Donc qui dit humour macabre, dit macabre : et le film commence bien par là ! Et ne cessera de l'être jusqu'à la fin, bien typique de ce genre de cinéma !
Un vrai délice... macabre et lovecraftien.
Comme toujours, Tobe Hooper présente une vision de l'Amérique pas très réjouissante : c'est le moins qu'on puisse dire.

Le Cercle (The Ring 2) de Hideo Nakata (2005). Pas mal du tout ce remake américain du Ring 2 japonais également réalisé par Nakata. Dans ce film américain, il montre tout son talent et malgré quelques longueurs on est sous l'effet du suspens. Sans arriver à ce niveau, le réalisateur utilise les procédés qui ont fait de son film Dark Water un chef-d'œuvre. Le scénario est différent du Ring 2 japonais qui n'est pas terrible il faut le dire. Ici c'est beaucoup mieux et Nakata a les moyens d'exercer son art en toute liberté.

The Call of Cthulhu d'Andrew Leman (DVD édité en 2005)
L'appel de Cthulhu (1928)
Une adaptation très fidèle de l'histoire de Lovecraft.
Filmé en noir et blanc dans la plus grande tradition du cinéma muet. Une espèce d'hommage à Murnau...
Délicieux.

Renaissance de Christian Volckman (2006).
Un dessin animé tout en noir et blanc, très contrasté. Faut s'habituer. C'est comme la première bouffée de cigarette : très raclant et après si on insiste ça peut être bon. Mais pour certains cela ne l'est jamais...
Un polar dans un Paris du futur proche...

X-Men l'affrontement final de Brett Ratner (2006)
Un très bon film d'action avec de bons effets spéciaux et de très bons acteurs. Que demander de plus ?
J'ai toujours été assez agacé par ceux qui sont crispés sur un "livre" quel qu'il soit et même si c'est un comic Marvel...
Ce film noir prend ses distances alors tant mieux non ?
Rester jusqu'à la fin du générique où vous attend une surprise...

Reeker de Dave Payne (2006). Un joli petit film sur la mort. Avec quelques scènes d'humour noir, disons macabre, et plein de clins d'œil sur les films d'horreur de série B. Sans que ça prenne la tête !
Excellent donc.
Une bande de jeunes qui vont à une rave party dans le désert californien... va leur arriver plein de trucs... La fin est assez surprenante, car nous nous sentirons tous concernés par cette mort... J'adore ce genre de scénario et le réalisateur a déclaré à propos de son film :
«Ce qui me manque, dans le cinéma d'horreur actuel, c'est le fun. On a droit à des films de studio hyperléchés, trop sérieux, orientés vers les plus de 13 ans, ou à des produits de série Z, destinés au câble ou au marché-poubelle de la vidéo. Il n'y a quasiment plus rien entre ces deux extrêmes. Mes films d'horreur favoris ont toujours été flippants, sophistiqués et drôles. Avec celui-ci, j'ai simplement tenté de flanquer la trouille aux spectateurs, de les faire rire, de leur raconter une histoire assez substantielle pour qu'ils aient quelque chose à se mettre sous la dent, mais assez légère pour qu'elle ne leur reste pas sur l'estomac.»
 Ben bravo Dave !
Du cinéma américain indépendant : en lisant la liste des gens remerciés à la fin du film, on comprend qu'il a fallu trouver de l'argent.
666 La Malédiction de John Moore (2005)
Un remake scrupuleux du film *La Malédiction.* (Un jeune enfant doit assurer la venue de l'antéchrist)
La saga des films *La Malédiction* :
La Malédiction (The Omen) de Richard Donner (1976)
La Malédiction II (Damien Omen2) de Don Taylor (1978)
La Malédiction finale (The Final conflict) de Graham Baker (1981)
La Malédiction IV : l'éveil (Omen 4 The Awakening) de Jorge Montesi, Dominique Othenin-Girard (1991)
Ultraviolet de Kurt Wimmer (2004)
C'est quoi un vampire ? Un "hémophage" ! C'est comme cela qu'ils les appellent dans ce film inspiré de mangas, avec la sublime Milla Jovovitch. La photo est sublime (aussi), les maquillages et effets spéciaux vous font entrer dans le monde de la bd avec ses cadrages, ses à coups dans l'action, ses différentes entrées dans le champ. Les changements de couleur sont pleins de signifiants et il y a énormément de morts...
On passe un bon moment !
Boogeyman la porte des cauchemars de Stephen T. Kay (2004)
Il n'est pas mal ce film. Une histoire de terreur nocturne, mais centrée sur le "boogeyman", en français le croquemitaine : le monstre qui se cache sous votre lit ou celui des enfants.
Ce n'est pas un film d'horreur, mais un film de terreur qui joue sur le son (beaucoup) et aussi sur les plans et les scènes et surtout sur la superbe photographie. Bravo le directeur de la photo.
Les scénaristes ont rendu un hommage appuyé à Stephen King, le spécialiste de tous les croquemitaines, et celui qui explique bien dans son livre *Anatomie de l'horreur*,

que la terreur vient de ce qu'on craint ce qui est derrière la porte et qu'il faut l'ouvrir cette porte pour VOIR LE MONSTRE....

Ce film est le deuxième de la maison de production de Sam Raimi : Ghost House Pictures après *The Grudge*.

Stay Alive de William Brent Bell (2005)

Ce film a un côté intéressant dans la mesure où il tente de mêler gothique et jeux vidéo.

En effet, un jeu, *Stay Alive,* met en scène la comtesse Erzebeth Bathory qui assassine les joueurs un à un, dans le jeu, mais aussi dans la réalité.

La comtesse (1560-1614) a vraiment existé ; elle faisait enlever d'innocentes jeunes filles pour les vider de leur sang dans sa baignoire et ensuite elle se baignait dans ce liquide biologique pour rester éternellement jeune. Le blason des Bathory comprenait trois dents de loup d'où, dans le film, l'idée de la manière de la détruire... Cette idée, dans le film toujours, est trouvée dans un livre *Le Marteau des sorcières* (*Malleus Maleficatum*) livre qui existe également, car il a été écrit par deux grands inquisiteurs (Henry Institoris et Jacques Sprenger) en reprenant les "aveux" de pauvres femmes accusées de sorcelleries et qui, pour la plupart, préféraient avouer n'importe quoi plutôt que d'être soumises à la torture... Ce livre est d'ailleurs disponible en librairie (Éditions Jerôme Millon). Ceci dit, les personnages du film auraient eu du mal à y découvrir comment tuer la comtesse, car il a été publié en 1486, bien avant sa naissance... Enfin, le scénariste a rajouté la diligence noire telle celle du comte Dracula et, pourquoi pas ? Celle de Jack l'éventreur...

Voilà beaucoup de références plaisantes dans ce film, d'autant plus qu'à ma connaissance, c'est la deuxième fois seulement que la sanglante comtesse Bathory est mise en scène (la première fois ce fut avec *Les Lèvres rouges* (1970) de Harry Kumel avec la splendide Delphine Seyrig).

À part ça il est vrai que le film est un peu plat, mais il mérite quand même d'être vu...

Wolf Creek de Greg Mc Lean (2004)

Encore un film où un sale psychopathe tueur tue et d'autres tentent de lui survivre. Certains appellent ça un "survival". N'est-ce pas un peu trop ?

Il paraît pourtant que ce film est très bien.

Le Labyrinthe de Pan de Guillermo del Toro (2005)

Del Toro a une double carrière : celle des films à grand spectacle comme *Mimic, Blade 2* et *Hellboy*, et celle des films plus profonds et tout aussi fantastiques comme *Cronos, L'échine du diable* et ce *Labyrinthe de Pan*.

Dans ce dernier film, on retrouve les deux ingrédients du premier – *Cronos* - : le sang et l'horloge, l'obsession de l'éternité ; mort ou vif, l'essentiel est de ne pas être oublié... C'est ici l'obsession du père (qui est aussi *beau-père* de l'héroïne, une petite fille qui doit devenir la princesse du monde des fées...) qui bichonne la montre de son propre père, montre que ce dernier avait cassée juste avant le combat où il allait mourir pour fixer l'heure de sa mort dans l'éternité.

Le sang, c'est aussi celui de la guérison grâce à la mandragore placée sous le lit de la mère enceinte et mourante. C'est aussi le sang qui fera reculer la petite princesse...

Le film commence par un court prologue sur la princesse du monde des fées. Il annonce déjà la terrible fin par une image à rebours. Il plante le décor, celui de la forêt où la petite jeune fille redonne un œil à une statue étrange et rencontre une fée sous forme d'un gros et long insecte volant. Del Toro reprend ici le son de ses insectes dans *Mimic*... Cet insecte – une fée je le rappelle..- fera le lien tout au long du film entre le monde réel et le monde des fées (imaginaire : donc, il existe en tant que fruit de l'imagination !).

Le livre que reçoit l'enfant des mains du faune est appelé "Le Livre de la croisée des chemins" et la petite jeune fille devra passer trois épreuves pour être reconnue comme la reine des fées.

En attendant, son beau-père traque les derniers combattants républicains de la guerre civile espagnole (nous sommes en 1944).

Retrouver le monde des fées pour la toute petite jeune fille, c'est alors échapper à ce monde terrifiant et cruel, le vrai monde de l'horreur ! Y parviendra-t-elle ?

Car, comme le dit le beau-père à sa femme, mère de la petite future ex-reine des fées : "Vois où mènent les lectures de ta fille !"

La traduction française du titre (*Le Labyrinthe du faune* en espagnol) reprend le grand dieu Pan de mon cher Arthur Machen. Pan dont le petit peuple enlevait les enfants des humains...

Un petit clin d'œil à Machen et son "successeur" Lovecraft, dont le fantastique de Guillermo del Toro est imprégné par son fantôme ?

Les Ailes du chaos de David Jackson (2005)

Des criquets rendus indestructibles par manipulation génétique.

Bon... Avec une difficulté de scénario comme ça c'est difficile de s'en sortir : la fin sera donc tirée par les cheveux et complétement invraisemblable... Ah ! ces recherches scientifiques, voyez à quoi elles mènent !

Le « méchant » du début va s'avérer indispensable pour gérer la crise de l'invasion des criquets mutants, mais comme il est méchant ils n'en veulent pas.

C'est une catastrophe mondiale, car les insectes détruisent le grenier à céréales du monde : les USA !

La belle va trouver une solution. Je ne sais pas si elle est vraiment efficace. Enfin, c'est un peu n'importe quoi...

La Malédiction des profondeurs (*Beneath Still Waters*) de Brian Yuzna (2005)

Lovecraft n'est pas accrédité au générique, mais la jaquette du DVD y fait référence. En effet, on peut reconnaître dans ce film quelques influences lovecraftiennes. Il est inspiré, nous dit-on au générique, d'un roman de Matthew J. Costello *La Chose des profondeurs* (1991) que j'ai lu chez Pocket dans la collection Terreur. Là également l'inspiration est assez lointaine puisque dans le livre il s'agit de vers vivant dans l'océan en grande profondeur à proximité d'éruptions volcaniques et qui sont, hélas, remontés à la surface. Ce sont des parasites qui dévorent les êtres humains de l'intérieur ou alors manipulent leur cadavre pour créer l'illusion de la vie. Il est vrai que le roman lui-même est très lovecraftien.

Mais revenons au film. Là on n'est pas dans la mer, mais dans un petit village où un homme maléfique fait venir le Mal des mondes extérieurs. Pour le neutraliser, le maire du village fait construire un barrage pour le noyer définitivement. On peut reconnaître la fin de la nouvelle de Lovecraft *La Couleur tombée du ciel*.

Mais le Mal remontera des profondeurs.

La jeune fille, au début sur la plage, lit un livre de C.G. Jung *Rêves et mystères*. Du moins tel est le titre donné dans le film...
Il y a aussi de très gros clins d'œil au film de Spielberg *Les Dents de la mer* (1975) puisque le maire du village veut absolument fêter les 40 ans du barrage et tente par tous les moyens de camoufler les atrocités commises par ceux des profondeurs...
Cette *Malédiction des profondeurs* ne casse pas quatre pattes à un canard.

Road to L. Il mistero de Lovecraft de Federico Greco, Roberto Leggio (2005)
Une équipe part à la recherche des traces de Lovecraft en Italie. Le film mêle les deux langues (anglais et italien) sans aucun sous-titre. C'est un peu grotesque comme histoire. Tourné comme un reportage avec du copié/collé du film *Le Projet Blair Witch*. Tout le monde sait que Lovecraft n'a jamais quitté les USA, mais on a trouvé un manuscrit à Venise. Pensez donc !

Pirates des Caraïbes 2 : le secret du coffre de Gore Verbinski (2005)
Presqu'aussi bien que le premier avec quelques nouveaux personnages et mythes marins inspirés des œuvres de *William Hope Hodgson* et de Lovecraft.
Bibliographie sommaire des œuvres de *W. H. Hogdson* :
L'horreur tropicale (1905)
Les Canots du Glen Carrig (1907)
La Maison au bord du monde (1908 : un chef-d'œuvre !)
Les Pirates fantômes (1909) (Qui a inspiré les films Pirates des Caraïbes)
Carnacki et les fantômes (1910)
Le Pays de la nuit (1912)
La Chose dans les algues (1914 - nouvelle dont un film a été tiré : **Le Peuple des abîmes** de Michael Carreras – 1968)
Il a écrit de nombreuses nouvelles dont toutes n'ont pas été traduites en français.
Hogdson, né le 15 novembre 1877 en Angleterre, s'engage comme mousse dans la marine à l'âge de 14 ans (1891). Il y restera jusqu'en 1899. Sa profonde connaissance de la marine donne à ses histoires de marins un contenu réaliste qui produit d'autant plus puissamment l'effet fantastique souhaité par l'auteur. Il a aussi inventé le détective de l'étrange : Carnacki, et, à mon avis, on n'a jamais fait aussi bien depuis.
Il meurt en 1918 sur le front en Belgique.

Superman Returns de Bryan Singer (2005)
Des effets spéciaux de grand art et de longs passages ennuyeux. Curieux...

The Zombie Diaries (Journal d'un zombie) de Kevin Gates et Michael Bartlett (2006)
Ce film produit en 2006 est distribué en DVD en 2009.
Bien avant les *Cloverfield, REC et Diary of the Dead*, il utilise le procédé de montrer des images comme si elles avaient été filmées par un vidéo amateur. Au début on se demande si on ne va pas être lassés, mais, très vite on rentre dans le film, car ici c'est vraiment réussi. Le fait d'être filmé de cette manière n'ennuie pas le spectateur. C'est si bien fait que l'on s'y croit, on a l'impression de vivre avec tous ces gens au milieu des zombies.

On voit les aventures terribles de trois groupes différents alors qu'une épidémie de virus zombifiant les gens se répand en Angleterre. On verra également que le plus terrible reste encore la cruauté humaine.
Excellent film.
Scary Movie 4 de David Zucker (2006)
Sous-titré: « Le quatrième et dernier volet de la trilogie » et « D'après une histoire absolument pas vraie. »
Avec des satires des films *SAW, La Guerre des mondes, Destination finale, The Grudge, le Village...*
La Jeune fille de l'eau de M Night. Shyamalan (2006)
Tous les films de Shyamalan sont délicieux.
Celui-ci ne déroge pas à la règle.
Shyamalan a foi en l'espèce humaine. Son humanisme, il le présente dans ce film comme un peu niais. Mais ce n'est qu'une apparence. Il est de la même fausse niaiserie que les contes de fées. D'ailleurs, à la fin du film, laissez-vous méditer pendant que vous regardez le générique, car un clin d'œil du réalisateur vous attend à la fin.
Cette histoire est une allégorie sur l'espèce humaine. Elle est représentée par les locataires d'un immeuble doté d'une piscine de laquelle sort un jour la jeune fille de l'eau.
Shyamalan croit aux ressources de l'espèce humaine pour se sauver des périls qu'elle affronte. Le tout est de savoir détecter les signes, de les décrypter afin de déterminer son mode d'action (cette question des "signes" chez Shyamalan a bien sûr été développée dans son film du même nom).
Il y a autre chose aussi dans ce film *La Jeune fille de l'eau* : la Nature. Elle peut être terrifiante, mais on peut la gérer également ; tout est question de signes...
Ce film de Shyamalan est un autre chef-d'œuvre.
La critique l'a descendu, car le réalisateur scénariste n'est pas tendre avec elle dans ce film qui met en scène un critique arrogant et superficiel qui sera le seul personnage exécuté cruellement par Dame Nature dans le film...
Amusant non ?
Altered d'Eduardo Sanchez (2006)
Mal joué, mal filmé, ça ne tient pas vraiment debout.
Mais on s'y fait et on tient le fil du film.
Une bande de cons chassent un E.T. dans la forêt et le capturent.
Mais ses copains rôdent dans le coin. Gare !
Les chasseurs font allusion à des événements passés. Ils amènent l'E.T. chez un ami qui semble être au courant de beaucoup de choses...
Le monstre n'est pas trop mal.
Vous voyez le genre du film ?
Les Fils de l'homme d'Alfonso Cuaron (2006)
Un futur proche avec beaucoup de problèmes.
Severance de Christopher Smith (2006)
Une équipe de cadres vont vivre un week-end atroce, poursuivis et atrocement tués par des soldats psychopathes. Je ne sais pas si c'est de la SF ou du fantastique, en

tout cas c'est de l'horreur et il paraît que c'est à la mode... Dans l'air du temps quoi... Pas aussi bien que *Creep* du même...

Pulse de Jim Sonzero (2006)

Le remake du film asiatique *Kairo* : l'informatique ouvre les portes vers le monde des morts, et vice versa bien sûr ! Pas terrible...

The Host de Bong Joon-Ho (2006)

Ce film coréen est un bijou. Il traite une histoire de monstre de manière originale. Ici, une espèce d'énorme poisson-chat terriblement vorace et dangereux.

Ce monstre est le fruit d'une mutation due au déversement dans le fleuve d'une grande quantité de formol ; déversement exigé par un médecin légiste américain au début du film. Ce film est antiaméricain, mais cet antiaméricanisme est traité disons, par-dessus la jambe. C'est une forme d'ironie envers l'antiaméricanisme des films de monstres japonais. De même, ici le monstre vient du fleuve et non de la mer. Les USA sont à l'origine du monstre donc, mais aussi, ce sont eux qui perturbent complètement la lutte contre cette abomination par leur obsession de l'épidémie virale.

Il est l'occasion de célébrer l'individualisme et l'initiative personnelle face à la bureaucratie de l'État. C'est un peu traité comme un western, mais sans que les héros ne soient des surhommes, au contraire, ils sont parfois bien pitoyables.

Mais attention, en ce qui concerne l'horreur, ce film reste sans concession : rien ne sera épargné à nos héros attendrissants...

A Sound of Thunder de Peter Hyams (2006)

Cette histoire de voyage dans le temps est à dormir debout. Elle est tirée d'une des niaises nouvelles de Ray Bardbury.

Elle est pleine d'invraisemblances et on en a un peu soupé des voyages dans le temps qui changent notre présent... Parce que ce genre d'histoire est aujourd'hui complètement ringarde au regard des développements de la cosmologie et de la physique quantique.

Ceci étant dit, on ne s'ennuie pas trop et on a vite deviné quelle sera l'issue. Les monstres sont pas mal...

Le Concile de Pierre de Guillaume Nicloux (2006)

Adapté d'un roman de Jean Christophe Granger.

Le prologue est bien traité : on entend le son seulement au moment du coup de feu. Ensuite, on se traîne la mine déprimée de Monica Bellucci... et puis après on a le droit à Catherine Deneuve.

La jeune femme (Monica Bellucci hein ! Pas Deneuve !) a adopté un enfant d'origine asiatique. Tous les deux font des cauchemars. L'enfant est hospitalisé après un accident de voiture occasionné par un oiseau de nuit qui s'est jeté sur le pare-brise.

Un Asiatique assassine le médecin de la jeune femme dans le parking de l'hôpital.

« ... accepter l'idée d'une réalité plus vaste que nos certitudes. »

Les meurtres se multiplient, mais on s'ennuie quand même. Le petit garçon est enlevé par Catherine Deneuve. Les histoires dans lesquelles les gens piquent sans difficulté des pièces à conviction dans un commissariat sont horripilantes !

Comme ces histoires de complot calquées sur *Rosemary's Baby*...

Mais dans ce film c'est une histoire à dormir debout.

Tale of Vampires d'Ander Banke (2006). Ce film suédois de 2006 profite de la longue nuit d'hiver au nord de ce pays, nuit qui dure un mois ! Une espèce de paradis pour les vampires : il fallait y penser.

Il reprend le même genre de scénario que *Le Retour des morts-vivants 2 (1984)* de Dan O'Bannon : la maladie se répand et rien ne pourra l'arrêter jusqu'à ce que tout le monde soit infecté... Ici la maladie en question est le vampirisme et, comble de l'ironie, c'est d'un hôpital qu'elle va infecter toute une ville.

C'est un film pas mal du tout. Bien sûr, si on n'aime pas les histoires de vampires et la violence...

Le prologue est excellent et il constitue le message du film : la guerre est à l'origine de tous nos maux, même le vampirisme !

Mais pas de panique : on s'amuse bien en regardant ce film...

(Sur le même thème, adaptation d'une BD, voir le film *30 jours de nuit* plus loin.)

SHROOMS (Un trip d'enfer) de Paddy Breatnach (2006)

Le prologue se veut terrifiant avec des flashs de corps mutilés, flashs entrecoupés de vues d'une fille effrayée qui court dans la forêt. Pas très original.

Une bande de jeunes rigolos va à la cueillette de champignons hallucinogènes.

Ils rencontrent deux dégénérés : « C'est quoi ici ? C'est l'île du docteur Moreau ? »

Un trip d'enfer ? Oui c'est vraiment l'enfer. Dans une forêt de résineux, les plus noires des forêts. La forêt de Blair Witch avec son ruisseau, des restes d'une horreur passée ou des fantômes, ou des trips ?

La fin surprend. Pas mal du tout, la fin sauve un scénario en labyrinthe.

Day Watch de Timur Bekmambetov (2006)

La suite de *Night Watch* toujours aussi déjantée.

À la poursuite de la craie. Si ! si ! Il y a du Jean Cocteau dans ce film. On retrouve les mêmes personnages que le précédent, évidemment !

Qu'est-ce qu'on s'ennuie! Des dialogues ennuyeux avec de temps en temps une scène spectaculaire.

Tout cela à la recherche d'un morceau de craie.

The Wicker Man de Neil Labute (2006)

Le remake du film homonyme de 1973 avec Christopher Lee.

Un motard de la police, une voiture qui perd une poupée, un accident terrifiant, le policier tente d'aider, mais il est assommé par l'explosion.

Une ancienne relation lui écrit pour l'appeler à l'aide, car sa fille a disparu. Il va la rejoindre sur une île perdue au large de Seattle. Il n'y a même pas le téléphone.

Une île inhospitalière, c'est surtout les femmes qui le sont...

Et il y a l'homme d'osier (The Wicker Man).

Rêves et cauchemars.

Nicolas Cage est excellent. C'est un grand acteur quand il le veut et quand on lui en donne l'occasion.

Finalement il se retrouve prisonnier de l'île.

Il y a un grand livre, le Livre des Anciens ».

« Nous avons nos propres croyances et ce sont elles qui dictent les lois ... » lui dit-on.

Curieusement cela résonne dans l'actualité.

Ils de Xavier Palud et David Moreau (2006)
L'histoire se déroule en Roumanie.
Le prologue est très intense, avec un suspense insupportable : la mère et la fille ont un accident de voiture en pleine nuit. C'est terrible !
La maison est reconnaissable, car on la voit dans beaucoup de films...
Une Française qui enseigne le français au lycée de Bucarest rentre chez elle. C'est une jolie brune et son ami à une tête de niais.
Tout commence par un coup de fil incompréhensible reçu par une nuit pluvieuse.
Il n'y a pas d'éclairage public dans la forêt, il y fait nuit noire, on n'y voir rien, on ne peut pas y courir comme ça : on se fiche tout de suite la gueule dans un arbre !
On s'ennuie : c'est long 1 H 13 ! On sait que les ados sont cruels : et que font les éducateurs de protection de l'enfance ?
On avait vu mieux avec Michael Meyers (*Halloween*)

Sunshine de Danny Boyle (2006)
Quand on a mesuré la quantité de neutrinos (des particules élémentaires neutres qui réagissent seulement dans le cadre de l'interaction nucléaire faible) provenant du soleil, on s'est aperçu qu'il y en avait moins que prévu.
Seules trois hypothèses pouvaient expliquer cette catastrophe expérimentale, dont l'une est que les réactions nucléaires à l'intérieur du soleil sont en panne depuis moins d'un million l'année (le temps aux photons de sortir de l'intérieur du soleil. Autant... de temps que ça ? si ! si !)
Eh bien c'est exactement la base de la fiction du film "Sunshine". Nous sommes en 2057, le soleil se meurt et une expédition se rend à sa surface pour y injecter une énorme bombe nucléaire afin de le réveiller un peu...
Danny Boyle ne cache pas ses sources d'inspiration pour ce film : *2001 l'odyssée de l'espace* (1968) de Stanley Kubrick, *Solaris* (1972) d'Andreï Tarkovski et *Alien* (1979) de Ridley Scott. Et son film mérite largement la comparaison !
Les reconstitutions du vaisseau ne souffrent d'aucune invraisemblance. Il en est de même pour les rapports entre les spationautes et leurs responsabilités écrasantes. Les scaphandres, étudiés pour résister à des températures inouïes sont claustrophobiques. La gestion des crises technologiques lors des catastrophes survenues est excellemment traitée. Tout est quasiment parfait dans ce film. Il allie ces performances avec un traitement humain très émouvant.
La leçon de morale : « Va vers la lumière et tu retourneras en poussière ».
C'est exactement ce qui est arrivé aux passagers du vaisseau Icarus 1, celui qui avait disparu corps et bien lors d'une première mission et que va rencontrer le vaisseau Icarus 2 qui fait l'objet de l'histoire de notre film...

Black Sheep de Jonathan King (2006)
Des moutons devenus carnivores. Un gros méchant capitaliste fait des recherches génétiques pour améliorer les moutons. Des connards écolos piquent un spécimen et c'est la catastrophe. Ça se veut du gore rigolo. Mais on s'ennuie...
C'est le pet qui sauvera le monde.

Nos amis les Terriens de Bernard Werber (2006)
Est-ce vraiment intéressant ? C'est un film sur l'éthologie humaine...
L'éthologie ? « Science des comportements des animaux dans leur milieu naturel »...

Une manière comme une autre de faire de l'autodérision.
The Invisible de David S. Goyer (2006)
Des petits jeunes révoltés en manque d'autorité ou qui en subissent trop. Enfin, ceux qui sont en manque de père, qu'ils soient riches ou pauvres... Il y en a un qui est tué et son fantôme reste. Il est présent, assiste à tout, mais personne ne le voit. Il ne traverse pas les murs, ça permet d'économiser les effets spéciaux. Si vous vous ennuyez, tenez le coup une heure, car ensuite ça devient intéressant.
Le scénario est un peu tiré par les cheveux.
Zombies de J.S. Cardone (2006)
1913 ; des enfants travaillant dans une mine ont été sacrifiés à la rentabilité. Aujourd'hui ils hantent la région. Les gens du coin les appellent les zombies. Ils sont vraiment des zombies affamés de chair fraîche.
La Nuit au musée de Shawn Levy (2006)
La nuit tout prend vie dans le Musée d'Histoire Naturelle de New York (ce musée, c'est géant !) et le veilleur de nuit doit veiller à ce que tout soit de nouveau en place au lever du jour. Tout cela avec ses problèmes familiaux, c'est pas évident... Le phénomène est dû à une tablette en or massif. Mais quand le veilleur de nuit veut montrer à son fils le phénomène la tablette a disparu donc le phénomène aussi...
On s'ennuie un peu, mais c'est assez agréable.
Half Light de Graig Rosenberg (2006)
Des gens habitant au bord d'un canal et laissent leur petit garçon sans surveillance (!)
Et ce phare ? Elle se réfugie dans une maison isolée, mais un peu plus loin se trouve une île avec un phare et... un jeune gardien.
Mais la présence est insistante de la culpabilité de la mort de l'enfant... Et la hantise.
Est-ce une fausse histoire de fantôme ? Un coup monté ? Par qui ?
Non ! Il y a vraiment un fantôme !
Déjà vu de Tony Scott (2006)
Un film de voyage dans le temps, un voyage très court de quelques jours dans le passé... Un flic tombe amoureux d'un cadavre et veut revoir la fille vivante.
Hein ? C'est un peu con ?
Ouais... mais c'est tourné par Tony Scott... Et c'est génial.
Le générique est superbe. Gros plans sur les visages des passagers qui embarquent sur le ferry, rayonnants de bonheur, car ils vont à une fête. Ces plans sur les gens sont superbes, sublimes même...
On comprend qu'un drame va survenir...
Cela se passe à la Nouvelle-Orléans... Après le cyclone...
Tout au long du film, Scott va cultiver ces gros plans sur les visages, gros plans combinés à des travellings et panoramiques, à des vues d'une grue ou d'un hélicoptère, afin de montrer une histoire très humaine. L'ensemble de l'oeuvre est superbement filmé avec des mouvements de caméra gracieux, une vraie chorégraphie. Les acteurs sont excellents.
Quelques détails de scénario rendent l'histoire crédible et même passionnante, comme, par exemple, le téléphone portable qui sonne à l'intérieur du sac qui emballe un mort... Il y a aussi les discours scientifiques à base de mécanique quantique avec

des citations de savants du domaine : Bose-Einstein, Wheeler... Lors de ces conversations, ils échafaudent une théorie de voyage dans le passé, mais limité à quatre jours et des poussières. Ils utilisent ce qu'on appelle des « trous de ver », des passages dus à ce qu'on appelle en mécanique quantique, « l'effet tunnel »...

La course-poursuite qui se déroule à la fois dans le présent, mais aussi dans un proche passé (ce qui est assez original) est haletante.

Vous l'avez compris c'est une histoire de voyage dans le temps. Et ici les différents chemins temporels, embranchements du temps, ne sont pas indépendants... Ce qui produit sur le plan du scénario les « trucs » malins des récits de voyage dans le temps, comme les restes d'un passage d'un personnage dans un endroit lors d'un autre embranchement du temps... Un personnage qui sait et l'autre qui ne sait pas, etc.

Et le fait que les héros de cette histoire visualisent sur un grand écran le passé proche est aussi une allégorie sur le voyeurisme du cinéma, car, quand la fille se douche sans savoir qu'elle est « filmée », une autre fille, spectatrice, qui participe à cette expérience proteste en disant que cette « prise de vue » n'apporte rien à l'enquête...

La question philosophique posée par ce film (car il y en a une) est : s'agit-il de la flèche du temps (conception physique du déroulement temporel) ou du destin (conception spirituelle du déroulement du temps) ?

Au spectateur de faire son choix.

eragon de Stefen Fangmeier (2006)

Des épées, des cavaliers, un dragon et un dragonnier.

Cela vous tente ?

Le Pacte du sang de Renny Harlin (2005)

Ce film n'est pas désagréable.

Les jeunes gens sont très beaux et les jeunes filles sont très belles, et jouent très bien (ce qui montre la qualité du réalisateur, car ce sont des débutants).

Une bataille entre sorciers pour le pouvoir, ce pouvoir qu'ils ont, mais qui les détruit physiquement s'ils en abusent. Plus ils l'exercent, plus leur corps vieillit prématurément.

Il y a tous les ingrédients : la forêt - temple de la sorcellerie - la vieille bâtisse et le livre maudit...

On devine assez vite qui est le méchant et le téléphone portable sonne dans la crypte...

On passe un bon moment en compagnie de beaux ados sympas...

The Grudge 2 de Takashi Shimizu (2006)

Pas vu! Désolé. Je vous en parlerai l'année prochaine...

The Fountain de Darren Aronofsky (2006)

C'est un film sur la mort. Mais ce n'est pas un film macabre, c'est un film ultra romantique, sur l'amour et la mort, car c'est dans la mort seule que l'amour est éternel....

Le prologue montre une bataille entre des conquistadors et des Mayas dans un pays de ce qui sera l'Amérique latine. Nous apprendrons plus tard, au détour d'une conversation qu'il s'agit du Guatemala.

Puis on passe à une scène d'anticipation puis on vient à l'époque contemporaine.
En quelques images très belles et très absorbantes, le réalisateur nous présente un résumé du cycle du film.
Mais ne croyez pas être quitte en pensant voir tout vu. Car à ce stade du film on n'a encore rien vu !
Celle qui va mourir nous dit, dans une autre vie : « La Genèse parle bien de deux arbres dans le jardin d'Eden : l'arbre de la connaissance et l'arbre de vie ». C'est la recherche, la quête de ce deuxième arbre que nous raconte le film. La motivation de cette quête sera la mort de la bien-aimée.
Ce film est un chef-d'oeuvre.
Darren Aronofsky s'est donné beaucoup de mal pour créer un film nouveau, avec plein d'inventions artistiques et des plans audacieux.
Voici quelques exemples : gros plans (très gros plans) sur les visages, et même la peau avec la naissance des cheveux – images tête en bas, surprenante pour l'arrivée d'une voiture dans une route nocturne éclairée par des luminaires, mais aussi pour une chevauchée du cavalier qui va vers la reine d'Espagne, puis la caméra pivote et montre le véhicule (ou le cavalier) s'éloigner vers son but (extraordinaire, il fallait y penser et l'oser) – plan plongeant à la verticale sur la reine et le conquistador, qui écrase les personnages sous leur destin – l'ombre sur les escaliers de l'homme qui les gravit, prises également dans un plan plongeant à la verticale (scène à relier avec celle dans laquelle la reine déclare : « Même l'ombre la plus noire est conquise par la lumière du jour... ») – travelling sur le héros avec un son étouffé, pour montrer sa coupure avec le réel et puis l'explosion des sons quand il prend conscience de la réalité – plan rapproché sur la structure du revêtement mural de l'ascenseur qui montre comme une croisée des chemins – fabrication du tatouage en très gros plan avec le sang qui coule - ...
Vous l'avez compris, le récit n'est pas linéaire, c'est vrai, mais le spectateur est guidé par de véritables créations cinématographiques ! Ceux à qui cela a échappé passent à côté du film....
« La Mort est la voie de l'éblouissement ! » annonce le grand prêtre de l'arbre de vie au conquistador. La Mort est un acte de création, déclare-t-on aussi dans le film, et non une maladie comme l'affirme Tommy le docteur...
Pour le comprendre, il suffit de ne pas avoir peur...
La Mort est la création de la vie même, comme cet arbre de vie qui a poussé dans le ventre de l'homme... car « le sang des morts nourrit la Terre »....

Session 9 de Brad Anderson (2006)
Ce film n'a pas eu l'honneur d'être projeté en salles. C'est dommage, car il le mérite bien. Il est passé directement en vente vidéo. Ne le manquez pas.
Un petit bijou de film d'horreur où on montre peu, mais où tout est suggéré, si bien suggéré que le stress vous envahit petit à petit.
Une horreur « intellectuelle » qui vous prend le cerveau comme la bâtisse – un ancien asile d'aliénés – a "pris" le cerveau d'un psychopathe qui s'ignorait.
Ce bâtiment, qu'une équipe est venue désamianter, est un vrai personnage de l'histoire.

"Session 9" est la neuvième séance de psychothérapie d'un ancien malade. L'un des ouvriers a retrouvé les bandes de ces séances et les écoute, et, comme dans "Evil dead" (mais ici c'est très sérieux) les paroles sortant du magnétophone semblent avoir possédé l'un des membres de l'équipe de désamiantage. En réalité c'est un ingénieux dispositif narratif qui permet de la première à la neuvième séance d'attacher le spectateur à l'évolution psychotique du vrai malade tout en ne connaissant pas jusqu'à la fin son identité...

Brad Anderson est également le réalisateur du film Le Machiniste. Avec ce Session 9 qui met également en scène des ouvriers, cela fait le deuxième film du cinéaste qui s'attache à des personnages de la classe ouvrière.

L'illusionniste de Neil Burger (2006)

Décidément les histoires de magiciens (ceux du spectacle) reviennent à la mode...

Ghost Rider de Mark Steven Johnson (2007)

On passe un bon moment avec ce personnage de comics Marvel. Le casting ne m'emballe pas du côté de Nicolas Cage pas vraiment à l'aise dans ce rôle, mais il m'emballe du côté d'Eva Mendes, aussi sexy que l'on peut l'être.

Un motard doué fait un pacte avec le diable pour qu'il guérisse son père malade du cancer. Son père est guéri, mais meurt dans un accident de moto. Le pauvre petit Faust en herbe en est tout déboussolé. Il abandonne sa fiancée et s'en va à l'aventure. Quelques années plus tard, il la retrouve, mais il retrouve aussi le diable qui le charge d'éliminer son fils qui veut faire du mal à tout le monde. L'histoire est tirée par les cheveux, mais on s'en fout, car on s'amuse beaucoup, enfin ceux qui aiment la BD, les mangas, les comics et les histoires à dormir debout. Moi je fais partie de ceux-là !

Mark Steven Johnson avait réalisé Dardevil, pas très réussi, moi je préfère ce Ghost Rider...

Le Jour des morts-vivants 2 d'Ana Clavell (2005). Titre anglais (USA) : Day of the Dead 2 : Contagium.

Ce téléfilm se réfère à la quadrilogie de Romero. Il en reprend toute la substance : l'horreur est en marche, elle se développe et quoi que vous fassiez rien ne l'arrêtera, au contraire à chaque fois que vous intervenez vous ne faites que l'accentuer.

Dans ce film les morts-vivants parlent et sont conscients : comme le dit l'un d'eux, « ils sont une famille »... La voix off disserte sur l'immortalité... Mais le prix de cette immortalité-là est affreux, horrible. Ce téléfilm mérite d'être vu, car il s'inscrit très bien dans la quadrilogie des morts-vivants de Romero.

Zombies Strippers ! de Jay Lee (2007)

Avec deux acteurs emblématiques : Jenna Jameson, la star des stars du porno et Robert Englund le cultissime interprète de Freddy. Rien que pour la réunion de ces deux icônes du ciné bis le film mérite d'être vu. Mais il a bien d'autres qualités !

Dans un futur proche, Bush a été élu pour la quatrième fois et les USA qui sont en guerre partout dans le monde manquent de soldats. L'armée a découvert un virus qui permet de faire renaître les morts.

Ça finit par poser un problème et un commando est sollicité pour nettoyer le centre de recherche des zombies qui l'infestent. L'un d'entre eux est mordu et s'évade. Il arrive dans une boîte de strip-tease. Très amusants les rapports entre les filles. Au milieu il y a Robert Englund qui a peur des filles à cause de l'herpès ! La vedette des strip-teaseuses lit Nietzsche.

Ça commence donc comme un film pour mecs avec un défilé de très belles filles dénudées.

Ensuite... eh bien, le mort-vivant consomme la star qui devient une morte vivante et ainsi de suite. On connaît la musique hein ?

On assiste à une danse de mortes-vivantes bien au-dessus de toutes les danses macabres jamais vues au cinéma. La "belle" morte vivante croque donc les mecs en commençant par la partie de leur anatomie à laquelle ils tiennent le plus... La fille devenue zombie continue de lire Nietzsche et dit : « Maintenant ça a tellement plus de sens ! »

Il y a quelques belles scènes gore et une séance de jet de boules de billard lancées par le vagin !

Ce film irrespectueux est vraiment craquant.

Le Nombre 23 de Joel Schumacher (2007)

Un homme qui travaille à la fourrière se fait mordre par un chien. Il le poursuit et le retrouve au cimetière devant la tombe d'une femme : Laura.

Puis sa femme lui donne un livre qu'elle a trouvé dans une librairie. Son titre : *Le nombre 23*.

Il raconte l'histoire d'un détective privé obsédé par ce nombre et son obsession le conduit à un meurtre...

Cette obsession est contagieuse et se transmet petit à petit à notre héros joué par l'excellent Jim Carrey.

Ce film nous entraîne dans les profondeurs de l'inconscient qui trouve toujours le moyen de remonter à la surface, quels que soient les moyens de refoulement utilisés. Le scénario est très intelligent et la manière lente de filmer de Schumacher est ici parfaite pour cette superbe histoire.

Hellphone de James Huth (2007)

Une histoire de téléphone portable diabolique.

Débile, mal filmé et mal joué. Canal + fait de la nullité son manifeste "artistique".

Les Châtiments de Stephen Hopkins (2007)

L'histoire traite des fléaux de l'apocalypse. Une scientifique, spécialisée dans l'étude des phénomènes paranormaux auxquels elle apporte des explications rationnelles grâce aux sciences, est appelée dans un village de Louisiane en plein milieu des marais (les bayous), car il s'y produit des phénomènes inexpliqués. Le premier est tout simplement l'eau d'une rivière dans le marais qui s'est transformée en sang. Et en sang humain qui plus est !

Cette belle jeune femme (interprétée par Hilary Swank) va être confrontée à une secte satanique et devra affronter des dangers terrifiants. D'autant plus terrifiants pour elle, qu'ils renvoient à ses expériences personnelles passées.

Le film n'est pas mauvais, il se regarde très bien et les effets spéciaux, sans être écrasants, sont très utiles au scénario.

Next de Lee Tamahori (2007)

Tiré d'une nouvelle de Philip Kindred Dick : "*L'homme doré*".

" *L'Homme doré* " ("The Golden Man", le titre du manuscrit de Dick étant "The God Who Runs" daté du 24 juin 1953) a été publié en 1954 in "If"... et en France par J'ai Lu en 1982 dans l'anthologie homonyme.

Voici ce qu'en dit Dick lui-même :

« *En écrivant L'Homme doré, je tenais pour ma part à montrer que 1) le mutant n'est pas forcément bon, du moins pour le reste de l'humanité, nous autres les "ordinaires" ; et 2) qu'il ne se comporte pas forcément en individu responsable, mais peut au contraire nous canarder comme un bandit, plus proche de la bête sauvage, susceptible de nous faire plus de mal que de bien.* »

Le film, lui ne casse pas des barres sauf si on aime Nicolas Cage, ce qui n'est pas mon cas.

« *C'est ça l'avenir. Chaque fois qu'on le regarde, il change. Parce qu'on l'a regardé. Et ça... Ça change tout le reste.* » Ce sont les quasi dernières paroles du film. Elles ressemblent au paradoxe du chat de Schrödinger en mécanique quantique... Philip K. Dick connaissait-il cette expérience de pensée ?

On s'ennuie beaucoup au début avec cette histoire d'amour nunuche. Cris Johnson, alias Frank Cadillac, voit son avenir dans un délai de deux minutes seulement. Le FBI le traque, car il veut utiliser son pouvoir pour déjouer l'action de terroristes qui veulent faire sauter Los Angeles avec une bombe A. Du coup ces terroristes le recherchent aussi. Mais l'amour sera le plus fort...

Spiderman 3 de Sam Raimi (2007)

Troisième opus de l'homme-araignée.

Cette fois il y a quatre méchants, rien de moins que ça... dont l'un d'eux est Spiderman lui-même.

Avec Sam Raimi aux manettes on ne boude pas son plaisir bien que "deux ça va, trois, bonjour les dégâts"...

« D'où ils sortent ? Ça ne s'arrêtera jamais ! » Déclare Spiderman lui-même dans le film...

Mad Zombies de John Kalangis (2007). Deux couples, le père et sa compagne avec leur fille et son compagnon arrivent dans un bled en rase campagne. Une campagne perdue du fin fond des Amériques avec des agriculteurs dégénérés qui mettent plein de produits toxiques dans la nourriture du bétail. Alors, la viande...

Vous vous imaginez l'effet produit sur les clients restaurant après consommation des hamburgers confectionnés avec la viande directement livrée de la ferme du coin. Directement du producteur au consommateur.

Film militant écolo ou végétarien. Amusant !

La Voix des morts : la lumière de Patrick Lussier (2007)

Un film qui se veut la suite du film *La Voix des morts* (Geoffray Sax – 2004), sans l'être en réalité, puisque ce ne sont pas les mêmes personnages ni même le genre d'histoire... Il s'agit encore une fois de la vie après la mort. Ceux qui ont frôlé la mort l'ont vue en face et qui reviennent, ont toujours de super pouvoirs après cette expérience. Ce fut le cas dans le petit chef-d'œuvre de Stephen King, *Dead Zone,* dont David Cronenberg a fait un chef-d'œuvre au cinéma... Ici, le personnage à qui c'est arrivé revient avec le pouvoir de voir le proche futur, enfin de voir que certaines personnes vont mourir bientôt. Quand on croit bien faire à sauver la vie des gens comme ça... il y a un prix à payer. Un lourd tribut. Ce film fait peur, car la mort fait toujours peur...

Patrick Lussier fut le monteur quasi attitré de Wes Craven, notamment pour la série des *Scream* et a réalisé *Dracula 2001*, produit par... Wes Craven.

Isolation de Billy O'Brien (2006)

« Dans la campagne on ne vous entend pas crier. »

Ce film SF d'horreur a obtenu le grand prix du festival Fantastic'arts de Gérardmer en 2006. Et il le mérite bien.

Figure-vous que Billy O'Brien réussit à vous faire peur dans une ferme irlandaise pleine de vaches... Il faut le faire ! Une mutation due à des manipulations génétiques engendrant un monstre.

Les références à *Alien le 8e passager* sont nombreuses et sérieuses. La ferme, lieu clos, mais complexe est claustrophobique et le monstre circule dans les canalisations à purin. Mais ne riez pas et achetez le DVD ou regardez-le quand il passe à la télé : c'est un vrai chef-d'œuvre...

C'est filmé avec grand art, de manière efficace, chaque plan est surprenant et la gestion du silence et de l'attente est formidable pour créer la peur... Ce genre de film est très difficile à faire. En général, pour contourner la difficulté, le réalisateur utilise le comique et le grand guignol, ce qui est assez facile. Mais ici, Billy O'Brien n'a pas choisi la facilité et il a parfaitement réussi.

A Scanner Darkly de Richard Linklater (2006). Ce film est adapté du dernier roman de Philip K. Dick *Substance mort*, consacré à la drogue et aux drogués, sujet que connaissait fort bien Dick. Il est entièrement tourné en images renumérisées,[106] car le thème est la vision trompeuse du monde et des personnages. Cela donne un effet psychédélique tout à fait adapté à l'histoire.

La substance "M" se consomme sous forme de petites gélules rouges. Elle ronge le cerveau de ceux qui en sont dépendants. « Nous vivons dans une culture de la dépendance », déclare un chef de la police. La compagnie New Path désintoxique les drogués... Elle a donc intérêt à ce qu'il en existe pour continuer à travailler... Un flic est un "infiltré" qui porte une tenue dite "brouillée", car cette tenue change constamment l'aspect de celui qui la porte. Cet infiltré, drogué, est chargé de se surveiller... lui-même ! Une histoire très schizophrénique, "une rivalité à l'intérieur du cerveau", c'est ce que crée la substance "M" explique un médecin de la police.

Du pur Philip K. Dick : les apparences sont trompeuses, la réalité n'est pas celle que l'on croit, un complot fantastique. Un film superbe avec une fin terrible.

Il est dommage que ce film n'ait pas eu un nombre de salles suffisant pour assurer son succès.

---

[106] Après avoir été tourné, le film a subi des retouches artistiques, en transformant les images en dessin (rotoscopie). Plusieurs artistes, à l'aide du logiciel Rotoshop, dont Linklater possède les droits, ont redessiné les personnages, les décors pour donner un effet « animation ». Le film a été présenté en 2006 lors de la 59e édition du Festival de Cannes dans la sélection Un Certain Regard et au festival du film américain de Deauville. Pas moins de cinq chansons de Radiohead accompagnent la bande originale du film créée par Graham Reynolds. Il s'agit de Fog, Pulk/Pull Revolving Doors, Skttrbrain (Four Tet Mix), The Amazing Sounds of Orgy, and Arpeggi(même si Pulk/Pull Revolving Doors et Arpeggi ne sont pas créditées). On peut également y entendre le titre Black Swan de Thom Yorke.

Abandonnée de Nacho Cerda (2006). Une superbe histoire de fantômes. Une histoire de famille.

Une femme revient en Russie à la recherche de son passé. Elle n'a pas l'air de bien s'entendre avec sa fille Émilie. Elle vient en Russie pour prendre possession de son héritage : une vieille maison située sur une île au milieu de la rivière. Elle avait été adoptée 41 ans auparavant. Sa mère avait été assassinée. Au début, le film semble s'installer dans les clichés du genre : un village sinistre, des gens bizarres, des regards entendus... Mais ne vous y fiez pas.

En route vers la maison dans le camion d'un drôle de type qui l'abandonne en pleine nuit.

Une ombre passe au tout premier plan et traverse le champ de la caméra alors qu'elle filme plus loin la femme. Dans ce film chaque image compte : ne perdez pas l'écran de vue ne serait-ce qu'une seconde. Elle retrouve son frère jumeau dans des circonstances dramatiques. Ils sont tous les deux dans la maison sous le regard des esprits invisibles. L'atmosphère est étouffante. La rencontre que font les deux jumeaux est terrifiante. Il leur faudra affronter leurs propres démons. Puis c'est la nuit dans la forêt, mais la maison se trouvera de toute façon sur son chemin.

« *On dit que quand on voit son double c'est que ton heure a sonné.* » Déclare le frère.

Le son a beaucoup d'importance dans ce film comme dans *La Maison du diable* (1963) de Robert Wise.

« *Il ne faut pas savoir... Ce qui est encore mieux c'est être abandonnée.* », déclare Émilie...

Pirates des Caraïbes, Jusqu'au bout du monde de Gore Verbinski (2006)
Troisième volet de la saga des pirates de Walt Disney. Cela ne vous fatigue pas ces suites à ne plus en finir ? Moi si ! Surtout qu'on a affaire aux mêmes procédés : humour lourd, jeu emprunté de Johnny Depp, scénario emprunté (je me répète là !) basé sur le jeu de morpion, dialogues bateau (ah ! ah ! ah !). Quant à Keira Knightley elle semble en avoir assez de jouer dans cette série de films interminables (inter... minables ? ah ah ah).

Ils ont même le toupet d'imiter la musique d'Ennio Morricone d'*Il était une fois dans l'ouest* !

C'est beaucoup trop long.

Il paraît qu'il y en a un quatrième ! C'est que le troisième a eu du succès. Hélas...

George le cannibale de Peter Medak (2006)
Basé sur une nouvelle de Peter Medak.

On ne saura pas tout de suite, loin de là, que George Washington était un cannibale ! Tout au long du film, pourtant, les allusions sont précises.

Ainsi, le père de la petite fille, alors qu'ils emménagent dans une nouvelle maison, lui dit pour la rassurer (elle craint la maison) : « Personne n'a l'intention de te manger ! »...

Plus tard une dame âgée (on apprendra ensuite qu'elle est de la secte des cannibales) dit à la même petite fille : « Ma chérie, tu es si jolie qu'on a envie de te croquer. » En fait, les enfants sont convoités par les cannibales, car « tous les Washingtoniens adorent la chair des vierges... » dira l'érudit au père de famille englué dans cette affaire.

À voir absolument !

Mort clinique de Rob Schmidt (2006)

Une histoire de hantise vraiment moderne.

Un accident de voiture. Abby est éjectée. Imbibée d'essence elle prend feu et est hospitalisée dans un coma profond artificiel. Il faut prendre une décision pour arrêter le traitement (donc, la condamner) si on ne trouve pas un donneur de peau... Mais il faut la peau du corps entier... Or son mari venait juste de la tromper. Et c'était lui qui a allumé l'essence pour brûler vive sa femme. Abby, qui l'a vu faire, va hanter son mari. Les images du traitement médical sur Abby sont terrifiantes. Elles le sont d'autant plus qu'elles représentent le réel ! Abby meurt quand elle veut et hante qui elle veut. Ainsi elle va hanter et tuer dans d'atroces souffrances l'avocat de son mari qui lui a parlé très cyniquement croyant qu'elle n'entendait pas dans le coma. Et bien sûr, elle va se faire aussi la maîtresse de son mari qui va fournir la peau nécessaire... Mais Abby ne s'intéresse qu'à une chose : continuer à hanter son salaud de mari...

Croisière sans retour de Norio Tsuruta (2006)

Deux jeunes garçons naviguent sur une barque. Elle chavire et le plus jeune se noie. Son ami survivant vivra toujours une intense culpabilité.

Il retrouve sa maîtresse Yuri (ça se passe au Japon) à l'endroit où il avait rendez-vous avec le mari de celle-ci, Eiji. Ce dernier l'invite sur son bateau.

La croisière ne sera pas de tout repos, entre hantise et vengeance d'Eiji qui était au courant de la liaison de sa femme avec ce collègue... La hantise permettra d'ailleurs à ce dernier d'apprendre qu'Eiji avait tué sa première femme, ce qui n'est pas rassurant sur un bateau de plaisance en pleine mer... Sans oublier le petit noyé du début dont le fantôme assurera la vie sauve au héros de cette histoire de hantises à plusieurs niveaux.

Superbe film.

Pumpkinhead : les condamnés (Ashes to Ashes) de Jake West (2006). C'est le cinquième de la série. Moi je n'ai vu que celui-ci. Le premier est signé Stan Winston, mais je crois qu'il n'est jamais sorti en DVD zone 2...

On appelle au secours Pumpkinhead pour se venger d'un médecin de l'horreur. Ce dernier est incarné par Doug Bradley, l'acteur qui jour Pinhead dans la série des *Hellraiser*. Ça met de suite l'ambiance avec une opération chirurgicale par ledit docteur qui enlève des gens pour un trafic d'organes. Le corps humain constitue en lui-même une ressource : c'est le sens même des films gore.

C'est très sordide. À la manière de *Massacre à la tronçonneuse* jamais égalé. Un type réchappe à la mort bien qu'il ait subi l'ablation du foie. On arrête les membres de l'équipe, mais pas le docteur. Le shérif est un con, alors une jeune maman qui a perdu son enfant appelle Pumpkinhead, et là ça va faire mal. Pour cela elle sollicite une vieille sorcière qui vit au cœur des bayous... Quelle ambiance ! Dans ces films les gentils meurent d'une pichenette et les méchants sont très coriaces. Faut jamais se venger : ça porte malheur ! Avec le grand Lance Heriksen. Dans le générique de fin, ils remercient plein de gens dont Roger Corman.

Harry Potter et l'ordre du Phénix de David Yates (2007). Et voilà le cinquième film du petit sorcier qui est devenu grand.
Quoi de neuf ? Eh bien c'est difficile à dire... Sauf pour les fans, et ils sont nombreux.
Transformers Michael Bay (2006). Ah ! enfin, le voilà ce film tant attendu !
Wohawh ! Superbe ! Jubilatoire !
Une première partie parfaite avec des robots extraordinaires, un récit haletant, la guerre moderne, la haute technologie, et le bruit du métal.
Ah ! les effets spéciaux sont stupéfiants.
On retrouve tout ce qu'il y avait de bien dans *Independence Day* et *Mars Attacks* avec une tonne de références cinématographiques et de BD. Il m'était difficile de croire en ces « transformers » dans la bande dessinée, mais là vraiment j'y crois !
J'ai lu quelque part que quelqu'un trouvait le scénario invraisemblable. Quoi ? Cela ne veut rien dire « invraisemblable » pour ce genre de film. Au contraire, le scénario est excellent et la première heure est si bien construite qu'on s'impatiente en regardant les passages sur la vie quotidienne des ados...
Pour ceux qui aiment la SF, les grosses bagnoles, la guerre technologique et le métal qui hurle : ce film est pour vous !
Un seul regret : ils ont pris Besancenot pour jouer le rôle principal... (rires)
Fido d'Andrew Currie (2007)
« *Il existe une vie après la mort* » déclare l'annonce du film.
Oui, mais quelle vie ?
Après *Shaun of the Dead*, il est assez osé de reprendre ce thème. Ils ont osé, mais le résultat n'est pas vraiment à la hauteur...
Les 4 fantastiques et le surfer d'argent de Tim Story (2007)
Le premier était passable sans plus, celui-ci ne vaut pas mieux... Cette adaptation d'un comics américain ne vaut que par le sourire de Jessica Alba. Ce qui n'est pas rien me direz-vous et vous aurez raison...
Planète terreur (un film Grindhouse) de Robert Rodriguez (2007)
Après *Boulevard de la mort* réalisé par Quentin Tarentino (2007), la saga *Grindhouse* continue avec ce film plus fantastique comme Rodriguez aime les faire (Tarentino a réalisé, lui, un film d'épouvante, mais pas fantastique, du moins à mon avis...). Une histoire de zombies et de fin du monde...
La belle brune en soutien-gorge rouge lève la jambe pour tirer : évidemment puisqu'elle a une mitraillette greffée sur son moignon de jambe amputée... Quel massacre !
Ces hommages au cinéma Bis sans en être vraiment, ces films qui se veulent intellectualiser le cinéma Bis peuvent être fatigants... Avec même les fausses rayures sur la pellicule. Et aussi un cramage de pellicule (comme dans le temps) aux deux tiers du film, et la pellicule qui saute... la bonne vieille pellicule ! (ça me rappelle quand j'étais projectionniste, fallait couper et recoller...)
Ça commence par une danse lascive et un coupage de couilles dans une base militaire et une zombification... une bimbo en panne de voiture... un couple qui se réveille à huit heures... la jeune femme déjeune avec son petit garçon...
Y a-t-il un lien entre tout ça ? Sûrement !

Enfin, ensuite ça tourne au cradingue purulent... Vous savez le pus qui gicle sur la gueule du toubib.

La bimbo se fait bouffer par les zombies... et Palomita (celle de la danse lascive) se fait arracher une jambe par des zombies (mais personne encore dans le film a dit que c'était des zombies). Tous ces gens plus ou moins bouffés par des zombies se retrouvent à l'hôpital avec le médecin qu'on a vu se lever à huit heures (celui qui a reçu le pus sur ses lunettes)...

Bon j'arrête : allez voir le film ! Si vous en avez encore envie. Et si vous y allez, surtout restez jusqu'à la fin du générique : une surprise vous y attend. Évidemment !

Prémonitions de Mennan Yapo (2007)

Sandra Bullock est sublime comme d'habitude dans cette histoire : son mari est mort dans un accident, mais le lendemain il est de nouveau vivant !

Quelles journées dures elle a !

Ça commence avec quelques scènes de la vie quotidienne : le mari, les enfants, la nouvelle maison (superbe). Et puis un message de son mari sur son répondeur, un message interrompu... Puis le shérif vient lui annoncer que son mari est mort dans un accident de voiture. Le lendemain matin, son mari est de retour et ses filles ne lui parlent de rien donc elle pense avoir fait un cauchemar. Le problème c'est que ce cauchemar semble ne pas en être un : ce cycle se reproduit régulièrement... Attention ! Ça ne se passe pas de la même façon à chaque fois. C'est excellemment traité cinématographiquement et le scénariste fait un excellent travail. C'est un vrai drame. Le crescendo dramatique est intense.

Il y a bien des points communs entre ces différentes "phases" vécues.

Un oiseau mort (un "corbeau") à chaque épisode du mari vivant... et un psychiatre assez inquiétant. Une boîte de lithium (le médicament). Les cicatrices sur le visage de sa fille. Une bouteille de vin sur la table de nuit.

Et il faut éviter les jugements rapides.

Et la question posée est la suivante : peut-on, doit-on empêcher, un événement que l'on sait qu'il se produira ? Avec le risque de ne pas obtenir le résultat souhaité.

Un excellent film.

Réincarnation de Takashi Shimizu (2007)

Encore une histoire de tournage d'un film maudit sur les lieux d'un ancien massacre. Enfin, pas tout à fait, le film est tourné en studio, mais toute l'équipe se rend sur les lieux du crime (un hôtel) pour s'imprégner de l'ambiance.

Il y a trois films : celui qu'on voit, celui qui est tourné dans le film qu'on voit et celui qui a été tourné par l'assassin, un peu comme dans *Le Voyeur* (1959) de Michael Powell. Les acteurs sont mauvais, c'est mal filmé...

28 semaines plus tard de Juan Carlos Fresnadillo (2007)

Par le réalisateur de l'excellent *Intacto*. La suite de *28 jours plus tard* de Danny Boyle.

Une accumulation de scènes zombiesques violentes qui se succèdent. Les soldats de l'oncle Sam présentés sous un très mauvais jour... alors qu'ils font ce qu'ils peuvent pour la survie de l'espèce humaine...

Le prologue du film est si violent et réaliste que le spectateur retient son souffle. Il ne fait que rappeler ce qui s'était passé 28 semaines auparavant...

Resident Evil : Extinction de Russell Mulcahy (2007)
Alice au pays des zombies qui sont de plus en plus nombreux et l'espèce humaine menace de s'éteindre. Le troisième volet des films adaptés du jeu vidéo. Mila Jovovich est toujours aussi pimpante ! Et les zombies toujours aussi dégoûtants...
Ce film rend hommage à bien d'autres : tous les films de Romero d'abord avec un pillage appuyé de son dernier *Land of the Dead*, mais aussi *Les Oiseaux* d'Hitchcock, *Mad Max*...
Le méchant docteur Isaacs est encore plus méchant (comment est-ce possible ?) et la scène de la dernière cigarette au milieu des morts-vivants va devenir une scène d'anthologie du cinéma.
Un film excellent à condition d'aimer les morts-vivants et le gore. On ne peut pas reprocher à ce film de les montrer, car c'est le sujet du film !

Invasion d'Oliver Hirschbiegel (2007)
Ce film est une nouvelle adaptation du livre "Body Snatchers" de Jack Finney (1954). Trois films ont adapté ce roman :
L'invasion des Profanateurs de sépulture de Don Siegel (1956)
L'invasion des profanateurs de Philip Kaufman (1978)
Body Snatchers d'Abel Ferrara (1993)
Don Siegel avait plus ou moins détourné les propos de l'écrivain Jack Finney en faisant de l'histoire une allégorie anticommuniste...
"Invasion" est un peu raté. Mais il mérite d'être vu.
Un peu raté parce que bâclé. On sent que quelque chose n'a pas fonctionné dans la fabrication du film.
La première demi-heure est ennuyeuse. Au lieu de montrer des images pour faire monter la tension et apporter des explications au spectateur, le cinéaste montre des dialogues assez conventionnels, on croirait une explication de textes... Et au milieu de tout cela, on nous montre des scènes de la vie quotidienne qui donnent envie de quitter la salle de cinéma comme par deux fois de gros plans sur le feu allumé d'une cuisinière à gaz...
Cette partie du film rend hommage à une nouvelle de Philip K. Dick *"Le Père truqué"*, le même genre d'histoire que "Body Snatchers" de Jack Finney, et je me suis toujours demandé si ce dernier ne s'est pas inspiré de Dick pour écrire son livre, car la nouvelle a été publiée avant le roman...
Nicole Kidman, toujours aussi bonne actrice, est beaucoup trop lisse, beaucoup trop couche moyenne ayant beaucoup à perdre pour rendre crédibles son courage et son obstination.
Contrairement à l'histoire originale, ici (X-files et le complot est passé par là ! quand on sait que Joe Silver a produit ce film...) le gouvernement prend une lourde responsabilité de cacher cette invasion par un virus intelligent extraterrestre. On surfe sur la vague de la grippe aviaire et pour ceux qui n'auraient pas compris on insiste lourdement via des images d'infos à la télé sur l'Institut National de Veille Sanitaire (INVS) dont on parle beaucoup depuis quelque temps dans notre monde réel. Mais en fin de compte, contrairement à ce que dit le producteur, ici aussi nous avons affaire à une allégorie anticommuniste puisque Ben, lorsqu'il a été contaminé déclare : « Notre monde est un monde meilleur »... Autrement dit, ce virus c'est comme une

idéologie... Il y a aussi une critique implicite des traitements psychiatriques (Le personnage joué par Kidman est psychiatre) et un des contaminés ne se prive pas de faire remarquer à la psychiatre que ce qu'ils sont devenus n'est pas autre chose que ses malades traités par des anti psychotiques...

Ici, comme dans les précédents films, nos héros ne doivent pas s'endormir quand ils ont été infectés, mais les "infectés" vous dégueulent dessus pour vous contaminer. C'est pas très élégant.

La manière de filmer est assez décalée puisque souvent (mais selon un rythme inexistant...) on nous montre des scènes anticipées. Cette répétition est déstabilisante.

Halloween de Rob Zombie (2007)

Le chanteur Rob Zombie (qui fut autrefois membre du groupe Heavy Metal *White Zombie*) se met sérieusement au cinéma après *La Maison des 1000 morts* (2001) et sa suite *The Devil's Rejects* (2005)

Ici il retrace l'enfance du tueur muet Michael Meyer, le serial killer au masque que John Carpenter a mis en scène dans le premier film de la saga. Il est vrai qu'il n'était pas facile de suivre les traces du maître.

À voir absolument pour les fans de la saga, même si le film n'est pas extraordinaire. Et pour les autres c'est une bonne entrée dans cette saga.

Les Portes du temps de David Cunningham (2007)

Encore un film fantasy pour les enfants. Adapté du roman *Au-delà des ténèbres* (*The Dark Is Rising*) de Susan Cooper... qui, comme tous les livres de fantasy, fait partie d'une saga interminable.

Si ça vous tente... Il y a des chevaliers, des méchants et un ado élu des dieux... Pour moi c'est encore une superbe niaiserie. Mais peut-être que je me trompe...

Chrysalis de Julien Leclerc (2007). Une enquête policière mâtinée de science fiction. La science-fiction à « la française » ne réussit vraiment pas à convaincre...

L'île des âmes perdues de Nikolaj Arcel (2007)

Ce film danois pour enfants présente peu d'intérêt. Le scénario est tiré par les cheveux : il semble que le fait d'être destiné aux enfants a laissé au scénariste l'impression qu'il pouvait écrire n'importe quoi. Une équipe d'enfants aidée par un chasseur de fantômes lutte contre un nécromancien revenu d'entre les morts.

La légende de Beowulf (Beowulf) de Robert Zemeckis (2007)

Le grand Zemeckis s'est mis aux légendes nordiques. Il n'a pas bâclé son film : quel boulot !

Un traitement des images donne une « saveur » particulière à ce film étonnant.

Pour ceux qui aiment les guerriers nordiques musclés, les dragons, et les monstres sous les traits d'une très belle femme (Angelina Jolie...) il ne faut pas rater ce film.

On appelle cela de l'Heroic fantasy...

Les acteurs en image de synthèse sont un peu dérangeants. Beowulf se propose pour tuer Grendel, le monstre. Pénible ce Grendel, chiant même, à tuer tout le monde en toute impunité. Mais curieusement Beowulf va n'en faire qu'une bouchée et c'est la maman du monstre qui n'est pas contente. Mais pas contente du tout !

Dead Silence de James Wan (2007). Le réalisateur de « Saw » (le premier, pas les suivants...) continue de tracer son sillon dans l'horreur...

Cette fois, il choisit le gothique pour nous faire peur.

Le film démarre fort après un générique explicatif. Livraison d'une marionnette de ventriloque inattendue et une mort atroce de la jeune fille. Une poupée maléfique ? Le jeune fiancé est soupçonné du meurtre. Le meurtrier a coupé la langue de la victime.

Très macabre. Le jeune homme va retrouver son père, désormais sur une chaise roulante. L'entente n'a jamais régné entre le père et le fils. L'ambiance est très lourde, de plus, le film déroule la préparation des funérailles de la jeune femme assassinée. Le village s'appelle Ravens Fair. Une ville maudite par la vengeance de la ventriloque autrefois assassinée.

Le cinéaste utilise la technique des images légèrement saccadées, si légèrement, presque au niveau subliminal, et cela accentue l'ambiance déjà très macabre. La voiture rouge de Jamie, le jeune homme, tranche sur le décor tout en bleus, comme le blues. Comme les fauteuils rouges dans le théâtre en ruines. La femme du vieux croque-mort joue avec une corneille empaillée, elle semble entendre des voix... et elle rappelle au jeune homme cette comptine enfantine qui parle de Mary Shaw qui n'avait que des marionnettes. Elle le met en garde contre cette femme qui tue tout le monde, affirme-t-elle.

Non, ce n'est pas le film sur une marionnette de ventriloque comme on en a déjà vu. C'est un film terrifiant. Pas de cette terreur grossière et écœurante. Non ! une terreur délicieuse.

À la croisée des mondes : la boussole d'or (The Golden Compass) de Chris Weitz (2007)

Encore une aventure « magique » pour enfants. Il paraît que celle-ci est très réussie.

1408 de Mikaël Hafstrom (2007)

Encore une adaptation d'une nouvelle de Stephen King. On n'en finit jamais.

Je suis un admirateur de l'écrivain, néanmoins je trouve que cette accumulation confine à l'indigestion.

À partir de l'œuvre de King, plusieurs chefs-d'oeuvre ont été réalisés par des grands du cinéma, le premier étant "Carrie" de Brian de Palma (1976), suivi de "Dead Zone" de David Cronenberg (1983), "Shining" de Stanley Kubrick (1980, et Stephen King ayant trouvé que Kubrick s'était trop éloigné de son oeuvre, il a fait réaliser un film télé avec le titre "The Shining"), Christine" de John Carpenter (1983), enfin, il y a eu quelques bons ouvrages comme "Misery" de Rob Reiner, "La Ligne Verte" de Franck Darabont (1999)... en espérant ne pas en avoir manqué...

Revenons donc à ce "1408".

L'addition des chiffres du nombre 1408 donne 13. La signification ésotérique des chiffres et des nombres a toujours fasciné le genre.

Dans cette histoire, Stephen King a voulu traiter de la solitude dans une chambre d'hôtel et des terreurs qu'elle peut engendrer.

Ce sujet convient bien à une nouvelle, mais pas à un film d'une durée de presque deux heures. Car en fin de compte on s'ennuie beaucoup à regarder les déboires de ce pauvre écrivain qui rédige des ouvrages démystificateurs de fantômes. L'idée de base semble d'ailleurs être inspirée d'une nouvelle d'Ambrose Bierce (1842 - on ne connaît pas la date exacte de sa mort : il se rendit au Mexique en 1913 où l'on perdit définitivement sa trace, sa dernière lettre datant du 26 décembre de cette année) : "Le Veilleur de mort".

On y retrouve une obsession chez Stephen King : les sentiments de culpabilité suite à la perte d'un membre de sa famille. Car en fait, l'horreur de la chambre 1408 représente le deuil que son locataire n'a pas encore réussi à faire.

L'illusionniste de Neil Burger (2007)
Une très belle histoire d'amour. L'amour triomphe même de la mort !

30 jours de nuit de David Slade (2007)
Enfin de nouveaux vampires. Ceux du comic dont est tiré ce film. Des êtres assoiffés de sang un point c'est tout. Pas de problèmes existentiels. Pas de romantisme. Des monstres. De plus ils ne parlent pas le même langage que les humains.

En Alaska, il y a trente jours dans l'année où le soleil ne se lève plus. C'est les trente jours qu'aiment ces vampires.

Le film est tourné comme un reportage. Ça se passe toujours la nuit et cela est bien rendu, car la nuit elle-même est stressante. La prise de vue aérienne des vampires agissant en nombre dans la rue est stupéfiante. La scène où le héros décapite un ami contaminé est très angoissante. L'incendie de la ville par les vampires est surprenant. Devenir un monstre pour combattre les monstres : la seule solution. Ce film fait réfléchir sur la monstruosité...

Et la fin est terrible.

Excellent film. Je me répète : stupéfiant !

La même histoire (mais en Suède...) est traitée dans le film : *Tale of Vampires* d'Ander Banke (2006). Voir ci-dessus.

Je suis une légende de Francis Lawrence (2007)
Une adaptation du livre homonyme (1955, première édition française) de Richard Matheson.

Avant il y en avait eu deux autres : *Je suis une légende* de S. Salkow et U. Ragona (1964), un excellent petit film joué par le prodigieux Vincent Price, film dont Romero s'est sans doute inspiré pour son *La Nuit des morts-vivants* (ce film de Romero est le fruit de bien des inspirations cinématographiques) et *Le Survivant* de Boris Sagal (1971) qui est très lourd et tout le fantastique a été sorti de cette histoire à dormir debout... Je ne sais pas ce qu'en aurait pensé ce pauvre Richard Matheson...

Dans le film de Lawrence, les effets spéciaux rendent les "vampires" plus effrayants. Une épidémie (ici on donne au début une explication "scientifique" de son origine, ce qui est tout à fait inutile...) transforme tous les humains en vampires assoiffés de sang, sauf quelques-uns qui sont immunisés, comme notre héros. Pour une fois Will Smith ne fait pas le cabotin.

Au-delà de la réalisation plus que correcte, c'est l'histoire elle-même, donc le génie de Matheson, qui donne toute sa puissance à ce film...

The Return d'Asif Kapadia (2007)
Ça se passe au Texas. Une histoire de hantise.

Un démarrage mollasson après un prologue très énigmatique. Ce film vous lance dans de fausses pistes.

Elle croise deux voitures accidentées (il faudra s'en rappeler à la fin). Elle se réveille dans un champ assez loin de son véhicule. C'est une très bonne vendeuse. Un petit

flash-back sur la petite fille du prologue (ce doit être elle...). Elle entend une voix au téléphone par-dessus celle de son interlocutrice. Elle va dans une cabine téléphonique, sort un couteau à cran d'arrêt et se blesse volontairement le bras.
Dans les films, les gens dérangés comme ça ont quand même des amis, alors que dans le monde réel, tout le monde les fuit.
Elle va voir son père (on s'ennuie toujours après 23 minutes)
L'entrevue ne se passe pas très bien. Son père lui déclare qu'à partir de 11 ans elle a commencé à s'automutiler. On comprend qu'elle est retournée dans la ville de son enfance. Et dans ce bar qu'elle voit en rêve. Où elle a rêvé qu'elle s'était automutilée ? Son ex-mec l'agresse dans sa chambre d'hôtel, mais un type qu'elle a vu dans le bar vient à son secours.
Le lendemain elle va voir ce type. Il habite dans une maison isolée. Elle doit donc le connaître.
Il y a des jeux de miroirs, comme dans sa chambre d'hôtel. Et des cris...
Elle rêve qu'elle fait l'amour avec ce type. Elle se réveille dans sa chambre d'hôtel et un intrus y pénètre. Elle se cache sous le lit. Le type qui est entré a les mêmes chaussures que celles du prologue avec la petite fille. Il prononce les mêmes paroles violentes avec un accent vulgaire. Elle réussit à s'en débarrasser. (Ce que c'est long ce film !)
Et puis il y a un hippocampe pour faire le lien entre le passé et le présent.
Comme son dessin d'enfant et le même sur la paroi en planches de la grange où tout va se dénouer.
On finit enfin par SAVOIR...

Dante 01 de Marc Caro (2007)
Je tiens Marc Caro pour un grand cinéaste. Il l'a encore prouvé avec ce film superbe. Pourtant la grande faiblesse de ce film, comme pour *Eden Log*, est dans le scénario écrit par Pierre Bordage, également scénariste d'*Eden Log*. Néanmoins, Caro met tout son art au service de ce film qu'il ne faut pas manquer de regarder en oubliant le scénario et en se concentrant sur les images et leur mise en scène.
"Centre de détention psychiatrique Dante 01". Pourquoi payer très cher un centre de détention sous forme de satellite d'une planète infernale bien nommée "Dante", une station spatiale habitée en forme de croix ? Sept patients seulement y sont internés. C'est un centre d'expérimentation. Un détenu arrive en même temps qu'une psychiatre. Le détenu dégueule sur le spectateur. Pas très en forme. Ce "nouveau" a été trouvé dans un vaisseau spatial à la dérive. Il ne parle pas. Il y a un débat entre la psy nouvellement arrivée et Perséphone, la psy en place depuis longtemps : l'une va expérimenter un traitement par injection de nanomachines, l'autre maintient l'idée de la cure par le verbe.
Le nouveau détenu présente un tatouage sur l'épaule, représentant Saint-Georges tuant le dragon. Ce Saint-Georges, lui, guérit les détenus de tous leurs maux et parvient même à les ressusciter.
Tout le scénario est basé sur une complicité entre le chef de la station et un autre détenu à qui il est fourni matériel informatique et mot de passe ! Cette complicité est tout simplement invraisemblable ! Il est particulièrement gênant de voir une telle in-

vraisemblance, même si Bordage a voulu reproduire le personnage de Judas, comme l'indique clairement un détenu à un moment du film...

Le symbolisme religieux de la fin est très pesant.

Le premier assistant-réalisateur de ce film, Franck Viestel, a réalisé *Eden Log*. Il aurait mieux fait de choisir un autre scénariste que Pierre Bordage.

Voici les intentions de Marc Caro pour ce film : *"C'était de continuer à développer, comme dans Delicatessen et La Cité des Enfants Perdus, la création d'un univers complet et cohérent. Un film, c'est un tout. Et tous les aspects de ce film ont été réalisés dans un esprit artisanal : celui de la précision et de l'amour du travail bien fait. Notamment par un soin porté à l'histoire en abordant nos problématiques contemporaines liées à la technologie et à la déshumanisation, et en jouant sur l'aspect intemporel et universel des mythes. Également par un soin porté au décor, traité comme un véritable personnage lui aussi archétypal, sorte d'incarnation du labyrinthe psychologique des personnages dans un jeu de couloirs, d'écrans et de miroirs sans tain. Et enfin par un soin porté à la lumière, évoquant la tonalité émotionnelle des séquences par le travail sur la couleur, sur le contraste des matières et, sur la densité des ambiances. Ce film est donc comme le vaisseau de l'histoire et pour le mener à bon port avec cette exigence de qualité, je me suis entouré du meilleur équipage en travaillant avec mes complices de toujours, ceux qui m'ont accompagné sur les précédents films."*

Bon... Autant j'ai adoré *Delicatessen* et *La Cité des enfants perdus*, là, je suis un peu perdu !

Cette histoire de détenus grands délinquants psychiatriques dans une station orbitale autour de "Dante" est ennuyeuse. On aimerait penser au *Solaris* (1972) de Tarkovski, mais on s'éloigne vite de cette pensée... Ici le côté fantastique est maniéré par les éléments dont parle Caro ci-dessus.

Mais le film surprend. Peut-être ne faut-il pas se laisser surprendre et regarder ce que Caro nous montre sans vouloir voir ce que montrent les autres films en général...

Un film à voir même si on a peur de s'ennuyer.

Il est vrai également que le thème traité est un thème éculé de la science fiction.

Eden Log de Franck Vestiel (2007)

Tout est dans l'image et la lenteur.

La faiblesse de ce film est dans le scénario assez nul.

Au début l'image clignote. C'est pas bon de faire souffrir ainsi le spectateur...

Un film en noir et blanc ? On ne sait pas, mais on ne voit pas de couleurs. C'est très expressionniste.

Un type se réveille à demi nu dans la boue. Il découvre qu'il se trouve dans un réseau de galeries souterraines. Une image projetée contre un mur lui souhaite bienvenue à Eden Log.

Mais ce type sait-il parler ? Il grogne... Pas content c'est sûr !

Si ! Il parle quand il rencontre un pauvre barbu crucifié sur une paroi au milieu de racines.

Il est donc bien sous terre.

C'est bien un film en couleurs : on en voit à la 25e minute.

Petit à petit notre pauvre naufragé en apprend un peu plus sur l'endroit où il déambule. Mais ce qu'il apprend ne lui apprend pas grand-chose. Il aperçoit des gardes qui semblent le traquer. Mais est-ce bien lui le gibier ? Il y a des monstres et des cris inhumains. Des "mutants" très hideux, méchants et agressifs. Un botaniste lui fait un discours sur la "plante" et les merveilleuses propriétés de sa sève.

Très énigmatique... Bordage (écrivain français de science fiction qui a écrit le scénario adapté par le réalisateur) ne s'est pas foulé : de l'énigmatique trop facile.

La psychologie des personnages ? Il n'y en a pas. C'en est au point de se demander si ce sont vraiment des personnages, des êtres humains.

Quant au message politique : très lourd !

Le fait que le scénario pourrit le film est dommage, car Franck Vestiel filme très bien. Excellent ! Parfois il me fait penser à Tarkovski. Mais ce dernier avait su s'inspirer de chefs-d'œuvre littéraires de science fiction !

Les bonus du dvd : présentation du film par Jan Kounen (très lourd, visiblement il ne sait pas quoi dire. Il se contente d'affirmer : « Eden Log est un OVNI »)

Making of – Interviews de Clovis Cornillac (acteur principal et quasiment le seul, Vimala Pons, Cédric Jimenez (producteur) – Teasers – Photos – dessins – filmographies – partie Rom.

Aliens Vs Predator : Requiem de Colin Strause, Greg Strause (2007)

On se souvient qu'à la fin du film *Aliens vs Predator*, un Predator était reparti mort dans son vaisseau, mais infecté par un Alien.

Ce film commence à ce moment-là : l'Alien naît, c'est un hybride Alien/Predator, donc redoutable. Il tue les passagers du vaisseau qui retombe sur Terre. Dans le vaisseau il y avait des larves d'Alien. Elles sortent et commencent à infecter un chasseur et son fils... Un Predator a été prévenu du drame et se rend sur Terre à la chasse à l'Alien.

Que le massacre commence !

On peut essayer de s'intéresser aux amourettes, bagarres entre jeunes et autres scènes de la vie quotidienne de cette petite ville, mais ce sont les monstres qu'on veut. Bien que la jolie blonde n'est pas désagréable à regarder.

Dans ce film ils n'ont même pas pitié des enfants.

Il fait toujours très sombre et on a du mal à distinguer les monstres.

Quand le jour se lève, on espère y voir un peu plus clair... Mais non... ça se passe dans les égouts. Et quand les monstres sortent des égouts, il fait de nouveau nuit. Pire, Predator bousille la centrale électrique.

Une petite fille a vu un Alien avec les jumelles infra rouge de sa mère (elle est militaire). Elle crie qu'il y a un monstre derrière la fenêtre. « Regarde ! Y a pas de monstre » lui répond son père avant de se faire dévorer par l'Alien.

Et voilà la cavalerie : la Garde Nationale. Mais vous connaissez les Aliens... Qui peut leur résister ? Dans le noir sous la pluie. C'est bizarre comme les gens se laissent tuer : paralysés par la terreur ?

En attendant, les Aliens pénètrent dans la maternité pleine de petites chairs fraîches. Il y a même une femme qui accouche. Lucio Fulci doit se retourner dans sa tombe et surtout D'Amato avec son film *Anthropophagus*. Un peu débordé le Predator.

Les survivants se réfugient dans un blindé de la Garde Nationale (dont les membres sont tous morts, bien sûr). Ça me rappelle quelque chose, mais quoi ?

Et quand une fille dit dans le film : « Un gouvernement ne peut pas mentir ! » tout le monde rit dans la salle... Sont pas bien stressés par le film les spectateurs...

Vous voulez savoir comment ça va finir ?

Allez voir le film.

Si ça vous dit encore... Si vous n'avez pas peur du noir...

The Mist (Brume) (2007) de Frank Darabont

Ce film est une adaptation d'une "nouvelle" de Stephen King, *Brume,* qu'il a écrite en 1976. du moins c'est la date donnée par l'auteur dans les notes du recueil de nouvelles dont elle fait partie, recueil qui s'appelle justement *Brume*. Cette nouvelle fait 193 pages (!) dans l'édition de poche de ma bibliothèque. Stephen King aurait aimé s'appeler La Bruyère et avoir écrit *Les Caractères*. Pour lui, l'horreur n'est qu'un révélateur des hommes et des femmes, leurs qualités et leurs défauts s'exacerbent face à elle. C'est tout à fait l'objectif de cette histoire : un groupe d'hommes et de femmes comme vous et moi enfermés dans un lieu clos (un centre commercial) doivent faire face à l'horreur. Le film maintenant.

Au début on aperçoit le personnage principal (un homme) qui peint des illustrations des livres de Stephen King, *La Tour sombre*. Puis une tempête survient, très violente. Des éclairs, la lumière s'éteint, un arbre s'effondre dans la salle à manger. Une petite famille (l'homme, sa femme et un petit garçon) regarde par la fenêtre. À la fin de la tempête, ils font l'inspection des dégâts ; les illustrations sont détruites. Ils aperçoivent une brume épaisse qui s'est constituée de l'autre côté du lac. Le personnage principal ne semble pas s'entendre avec son voisin. Dans le film ils ont choisi de prendre un acteur Noir. Ils vont aux courses, le père et l'enfant et le voisin. Ils croisent des convois de pompiers, policiers et militaires. Ils font leurs courses au FastHouse alors que dehors on entend encore les sirènes de police et des pompiers. Pendant qu'ils font la queue à la caisse, un homme arrive en hurlant le visage ensanglanté. C'est le signal de l'horreur. La BRUME englobe le magasin. Puis un tremblement de Terre a lieu. N'est-ce pas le signe de l'arrivée du grand Cthulhu ? D'ailleurs les premières manifestations des monstres sembleraient l'indiquer.

Ce film respecte la démarche de Stephen King pour le récit d'horreur, démarche emblématique dans sa nouvelle *Brume* qui se décompose en plusieurs phases : Le signal de l'horreur (comme, matériellement, dans *Le Signaleur* de Dickens par exemple) - l'incrédulité des autres – la preuve de l'horreur – l'affrontement avec l'horreur.

Dans tout ce déroulement, les êtres humains se montrent tels qu'ils sont. Il y a la prêcheuse qui voit dans tout ce qui arrive la punition de Dieu (King n'aime pas le fondamentalisme religieux, il en a même fait le premier livre qui a été adapté au cinéma : *Carrie*), le trouillard, le courageux, le téméraire, etc. *Les Caractères* de La Bruyère vous dis-je ! Scènes de panique – personne piétinée – suicides : tout arrive dans cette petite communauté qui essaie de se défendre contre l'agression extérieure alors que le plus grand danger vient de l'intérieur même du groupe. Du grand Stephen King.

Le pire de l'horreur est pour la fin, Une horreur non pas visuelle, comme dans le courant du film, mais une horreur de situation. C'est là que le film diverge avec la nouvelle. Le dernier mot de cette dernière était "espoir". La fin ici ressemble plutôt au désespoir pour notre héros, mais pas pour l'espèce humaine.

Frank Darabont avait déjà réalisé une adaptation de Stephen King avec *La Ligne verte* (2000), qui fut au départ un feuilleton de Stephen King.

Le réalisateur prépare une adaptation de Ray Bradbury : *Fahrenheit 451*, autrefois (1966) adapté de sa manière mollassonne habituelle par François Truffaut. Darabont produit également une autre adaptation de Ray Bradbury : *The Illustred Man* réalisé par le grand Zack Snyder.

Il y a deux films qui semblent reprendre les thèmes de *Brume* : *Fog* (1979) de John Carpenter et *Zombies* (1979) de George A. Romero (produit par Dario Argento). Dans *Fog* une brume épaisse envahit une île et apporte avec elle les fantômes vengeurs d'anciens marins victimes des naufrageurs de l'île. Dans *Zombies*, un groupe de rescapés essuie un siège enfermé dans un centre commercial attaqué par des morts-vivants. Ce film a d'ailleurs fait l'objet d'un remake, *L'armée des morts* (2004) de Zack Snyder. Comme le monde est petit !

L'étrange histoire de Benjamin Buttom de David Fincher (2008)

David Fincher est un grand cinéaste.

C'est une adaptation d'un roman de Scott Fitzgerald.

En 1918, pour la nouvelle gare, un horloger aveugle dont le fils vient d'être tué à la guerre, a construit une horloge dont les aiguilles tournent à l'envers.

« Ainsi, nos fils morts à la guerre reviendront peut-être... »

Une jeune femme lit à sa mère mourante le journal écrit par un homme.

C'est le journal de Benjamin Buttom. Il commence à sa naissance en 1918...

Il est né avec la constitution physique d'un homme de 80 ans et il est abandonné dans un asile de vieillards.

Ce film raconte sa vie au cours de laquelle son corps rajeunit...

Drôle d'histoire à l'envers à laquelle j'ai eu du mal à croire malgré le talent de David Fincher et de Brad Pitt...

Mais une fois dedans, j'ai fini par y croire...

The Broken de Sean Ellis (2008). Le parti pris de lenteur, les plans surprenants ont pu agacer. Moi ça me plaît. Une très belle histoire de double. Un excellent film avec Lena Headey, l'actrice qui joue Sarah Connor dans la série télé *Terminator Sarah Connor Chronicles*

The House of the Devil de Ti West (2008)

Le rythme est lent avec quelques soubresauts qui font sursauter.

Les plans sont très travaillés. Ils créent l'illusion que tout est normal, car les dialogues sont « normaux », mais suscitent le questionnement.

À la moitié du film, une petite jeune fille se retrouve seule dans une maison isolée et un meurtre a été commis. Elle est censée garder non pas un enfant, mais une personne âgée qui dort au premier étage et qu'elle n'a jamais vue...

Ah ! J'oubliais : il y a une éclipse de Lune ! Propice aux cultes sataniques.

Dans la maison la caméra ne suit pas le personnage d'une pièce à l'autre. La jeune fille entre et sort des pièces comme elle entre et sort du champ de la caméra. Une espèce d'hommage à *Vampyr* de Dreyer ?

Pour la dernière scène qui ne se déroule pas dans la maison, c'est la caméra qui se déplace vers la petite jeune fille et entre dans la chambre.

L'ambiance est celle des années 70/80. Avec un générique style de l'époque. Hommage est rendu aux films d'épouvante par ce qu'on voit à la télévision.

The Unborn de David S. Goyer (2008). Très ennuyeuse cette histoire de fantôme de jumeau qui est mort dans le ventre de sa mère. Enfin ce n'est pas vraiment un fantôme, c'est une entité maléfique.

Cloverfield de Matt Reeves (2008)

Un monstre gigantesque sème la terreur à New York aidé par les parasites de son corps qui se répandent partout. Le réalisateur croit avoir fait une grande découverte en filmant comme l'aurait fait un amateur avec une petite caméra vidéo. Il appelle cela « filmer selon le point de vue d'un habitant de New York ». On appelle cela aussi "caméra subjective", et cela a été fait des milliers de fois au cinéma. Sauf qu'ici je ne sais pas si on a vraiment envie de payer pour regarder un film amateur... Au début on a du mal à prendre le film au sérieux. Comme c'est un film d'amateur on prend ça à la rigolade et on met longtemps avant d'être effrayé. Dommage.

Ce qu'on voit est un « document de l'armée US », une « caméra trouvée sur ce que fut Central Park ».

Rob a un dépit amoureux pendant la fête organisée à l'occasion de son départ. À ce moment, il y a "quelque chose" qui commence à détruire Manhattan. Mais nous, pauvres spectateurs, on n'a pas le droit de voir quoi que ce soit parce que le con qui filme ne filme pas ce "quelque chose" ! Heureusement qu'il y a la télé qui, elle, nous montre un peu quelque chose.

Le caméraman amateur filme les pieds des soldats au lieu de filmer le monstre : en quoi ça peut nous intéresser ? Et les autres de dire : « c'est quoi ce truc ? »

Après il y a une longue scène dans le métro alors que ça se passe en surface.

C'est pas mal l'idée d'entrecouper les scènes d'action avec les images de Beth (le dépit amoureux de Rob...) dans un cadre tranquille du métro en temps de paix, images enregistrées il y a quelque temps puisque ce qu'on voit, ce sont des images filmées par la caméra de Rob (tenue par un ami) sur une cassette contenant des souvenirs de Rob et Beth.

Dans le tunnel du métro, ils subissent une attaque par des créatures issues du monstre pleines de dents et de pattes.

On reste sur sa faim, car on voudrait en savoir plus. Ce n'est pas le monstre la vedette de ce film, mais la caméra numérique amateur !

Jumper de Doug Liman (2008)

Un adolescent a le pouvoir de se téléporter où il veut. Le phénomène se déclenche au moment où il va se noyer. Devinez par quoi il va commencer ? Par cambrioler une banque ! Original non ? Il est poursuivi par un chasseur... Très ennuyeux en fait... Le personnage n'est même pas sympathique, c'est dire... Je préfère encore le chasseur de Jumper.

Benjamin Gates et le livre des secrets de Jon Turteltaub (2008). Chasse au trésor. Phrases énigmatiques à décrypter, palais royal à cambrioler, etc.

Sans grand intérêt.

Starship Troopers 3 Marauder d'Edward Neumeier (2008). La filière anti militariste du premier film *Starship Troopers* en pleine expansion tragi-comique ? Mais peut-être que certains y verront plutôt le contraire.
Rappelons que le roman *Starhip Troopers* de Robert Heinlein était militariste.
La guerre en Irak ? Rien à voir : ce ne sont pas des insectes qu'on combat là-bas. C'est plutôt Fort Alamo. Et puis c'est vraiment contre cette religion qui fait de la politique. « C'est le mauvais dieu ! » s'exclame l'hôtesse croyante. Finalement les événements auront l'air de lui donner raison...
Le film est très bien tourné, l'action très bien filmée. Le dieu des arachnides est très inspiré du grand Chtulhu.
J'adore ce film. Tout à fait l'esprit de Paul Verhoeven : on interprète ce film comme on veut.
Anaconda 3 l'héritier de Don E. Fauntleroy (2008)
Ils ont élevé un anaconda de 18 mètres et sa femelle pour des manipulations génétiques. Les monstres s'évadent et massacrent une bande de nuls qui rateraient une vache dans un couloir.
Film éprouvant par sa nullité. Dommage.
Doomsday de Neil Marshall (2008)
Après le chef-d'oeuvre *The Descent* qui ne met en scène que des filles, Neil Marshall nous invite à un film d'action violent qui est un hommage appuyé au chef-d'œuvre de John Carpenter *New York 1997*. Le même thème : une partie du monde est isolée pour cause de contamination ; dans le film de Carpenter c'était la contamination sociale par la délinquance, ici c'est la contamination biologique par un virus. Le virus est plus à la mode ! L'hommage est si appuyé qu'un personnage du film de Neil Marshall est appelé Carpenter.
Donc, une partie de l'Écosse est isolée du reste du monde suite à la contamination de la région par un virus qui a tué 90 % de la population. Cette région est entourée d'un mur. Un jour, le satellite affecté à la surveillance de cette zone détecte une population. Il y a donc des survivants et l'apparition du virus à Londres incite les autorités à envoyer un agent dur de dur à cuire pour ramener ce qu'il faut pour un vaccin, puisque des gens ont survécu à la maladie. D'autant plus que la peste est apparue au cœur de Londres.
Ici, le dur de dur est une femme, jolie et sculpturale (Rhona Mitra). Neil Marshall est fidèle à son hommage à la gent féminine et cela me plaît beaucoup ! Il rend encore hommage aux films de Carpenter puisque cette femme est... borgne. Mais elle n'a pas un bandeau noir comme le héros d'*Escape Of Los Angeles*, mais un œil de verre ultra sophistiqué. Il y a même le "cheval de fer" et des chevaliers en armure.
Le cinéaste sait filmer, et on ne s'ennuie pas une minute. La morale est-ce qu'elle peut être dans notre monde de brutes, elle est ce que John Carpenter expose dans *New York 1997* et *Escape of Los Angeles* : immorale, aussi bien du côté des délinquants que du côté du pouvoir. Et ne parlons pas de l'agent que ce dernier envoie dans la "zone" : un tueur, ou du moins ici, une tueuse... ni plus ni moins !
Sublime !
Ce film grouille de références, et aussi sur les films de série Z italiens et la *dark fantasy*... À vous de les découvrir...

« Quand on sait mentir, on peut se permettre tout ce qu'on veut. »
« C'est tout ce que c'était pour vous ? Un travail !? »
Et, bien sûr, la bagnole joue un rôle important dans l'histoire ; c'est d'abord un transport de troupes blindé puis c'est les mêmes genres de bagnoles que dans les *Mad Max* (et ses deux suites par George Miller – 1979, 1981, 1985), rouillées, armées jusqu'aux dents et très rapides. Le film se termine par une course-poursuite et c'est la bagnole de la fille qui vaincra !

The Eye de Xavier Palud et David Moreau (2008)
On avait eu la greffe de la main avec la *Main d'Orlac*, ici c'est la greffe de la cornée qui amène l'esprit du donneur à hanter le receveur, en l'occurrence ici une femme. Encore un remake américain d'un film asiatique (Thaïlandais de 2003) des frères Dany et Oxide Pang, remake qui ne vaut pas l'original. Il y a eu un *The Eye 2* : y aura-t-il aussi un remake ? On peut quand même être fier que ce soit deux Français qui l'ont réalisé.

Diary of the Dead de George A. Romero (2008)
Le cinquième film de zombies de Romero. Ici il tente une expérience cinématographique à la mode de nos jours : la caméra objective. On voit un film tourné sur le mode du reportage par de jeunes étudiants de cinéma partis faire un film d'horreur et tombant sur des zombies affamés. Une fois de plus, comme dans les œuvres précédentes de Romero, c'est par la télé que nous apprenons le déclenchement du phénomène zombie. Tout est filmé dans une semi-obscurité. C'est désagréable. De plus la caméra manque de batterie. On aura droit aussi à des plans où on ne voit rien, d'autres complètement flous et des prises de vue de caméras de surveillance : du tout venant quoi. Pendant le premier tiers du film, le spectateur sait qu'il y a des morts-vivants, mais les personnages doutent… Jusqu'à ce que…
« Si ça n'a pas eu lieu devant la caméra, c'est que ça n'a pas vraiment eu lieu, hein ? », déclare la femme du caméraman (Jason) : elle en a marre de le voir filmer. Un autre dit : « ça c'est un journal de la cruauté » en parlant du "reportage" de Jason. Ne peut-on pas dire la même chose du film de Romero ? Une "réflexion" sur les images, sur le voyeurisme. Il y a bien sûr l'inévitable scène très cruelle qui montre un proche des personnages se transformer en zombie, vue combien de fois dans les films de Romero. Il traite des problèmes moraux : ça fait pas quelque chose de tuer ces zombies ? N'était-ce pas des hommes ? « Est-ce qu'on peut attendre ? Peut-être que ça ne lui arrivera pas ? » supplie la compagne d'un membre de l'équipe décédé après une morsure par un zombie. Il y a aussi la scène où on confond un être humain vivant avec un zombie parce qu'il est sourd-muet. Et des connards qui gardent des zombies enfermés chez eux parce qu'ils sont de la famille. Pourtant « eux, c'est nous », dit la jeune fille dans le film. La force des morts-vivants c'est leur nombre : « Combien de divisions ? » demandait Staline à propos du Vatican… Le nombre des zombies augmente de façon exponentielle ; ça en fait des divisions !
Romero nous sert une soupe idéologique à propos de l'immigration. On est cons, dites donc, d'avoir peur des immigrés quand on voit ça ! Le réalisateur se met lui-même en scène dans un tout petit rôle : celui du chef de la police qu'on voit à la télé et qui impute la catastrophe à l'immigration. Les seuls qui "résistent" ce sont des Noirs.

Tout du classique Romero. Rien de neuf.

La télé ment. Alors que le film de Jason mis en ligne sur Internet, lui, montre la vérité ! Mais, comme tout le monde le fait, « plus il y a de voix, plus il y a de versions ». Romero revient à ses premiers amours de *La Nuit de morts-vivants (1968)* qu'il avait déjà tourné comme un reportage. Il déclare qu'il avait encore beaucoup de choses à dire sur les zombies (voir son interview dans sfmag N° 57). Je ne vois pas ce qu'il a dit de nouveau dans ce dernier film.

C'est un bon film, bien sûr, mais peut-être le regarderez-vous comme moi : avec lassitude...

Les autres films de zombies de Romero :
La Nuit des morts-vivants (1968) – Zombie le crépuscule des morts vivants (1978) – Le Jour des morts-vivants (1985) – Land of th Dead (2004) (Le Territoire des morts).

Les remakes :
La Nuit des morts-vivants (1990) de Tom Savini – L'armée des morts(2004) de Zack Snyder – Le Jour des morts-vivants 2 (2005) d'Anna Clavell – Le Jour des morts-vivants (2008) de Steve Miner.

Bien sûr il serait impossible de citer tous les films d'horreur inspirés de ceux de Romero tant il y en a. Je citerai les films de Lucio Fulci : *L'enfer des zombies (Zombi 2) (1979) – Frayeurs (1980) – la Maison près du cimetière (1981) – L'au-delà (1981)*

Enfin, il faut citer la trilogie plus ou moins parodique : *Le Retour des morts-vivants* de Dan O'Bannon (1984) – *Le Retour des morts-vivants 2* de Ken Wiederhorn (1987) – *Le Retour des morts-vivants 3* de Brian Yuzna (1993)

Indiana Jones et le royaume du crâne de cristal de Steven Spielberg (2007)

Le quatrième opus de la saga avec un Harrison Ford quasi-vieillard... Cela surprend. Mais enfin quand on aime on ne compte pas ! On a quand même du mal à croire qu'un tel vieillard soit capable de telles acrobaties. On apprend qu'il y a « du métal dans la poudre des balles » ! Enfin ces cons de Russes le croient...

Tout cela manque beaucoup de fraîcheur... Et que dire de l'utilisation d'un frigo comme abri anti atomique ? Et là on est à la 20ᵉ minute du film ! « Il y a aucun de nous qui a vu le film en entier » déclare Indiana dans le film... C'est pas parce qu'ils ont mis Besancenot comme acteur que ce film sera plus attractif. En plus son personnage déclare : « Est-ce que j'ai l'air d'un facteur ? »

Pourquoi tant d'argent pour tourner ce film ?

Et ça finit avec une soucoupe volante ! Complètement obsédé ce Spielberg.

REC de Jaume Balaguero et Paco Plaza (2008)

Encore une histoire filmée caméra sur l'épaule ? Oui ? Mais à la différence de l'abominable *Cloverfield*, celui-ci est beaucoup mieux travaillé. Il comporte un véritable récit raconté par un vrai procédé cinématographique. Balaguero nous avait offert déjà un petit chef-d'œuvre avec *La Secte sans nom*, qui a donné toutes ses lettres de noblesse au cinéma fantastique espagnol qui le méritait bien. Ici il nous offre une histoire d'horreur pas piquée des vers, une histoire qui ressemble à une histoire de zombies.

Une jeune journaliste accompagnée de son caméraman fait un reportage sur les pompiers la nuit. Elle les suit lors d'une intervention dans un immeuble d'où un appel au secours est arrivé. Ils trouvent une vieille femme couverte de sang à côté d'un cadavre. Cette femme va agresser un policier qui va mourir des suites de ses blessures. Puis, l'immeuble sera mis en quarantaine par les autorités sanitaires pour éviter une épidémie.

Bien que ce film soit génial (si !si !) il est quand même difficile de supporter pendant une heure et demie une succession d'images filmées dans l'action, sans pouvoir souffler un peu.

Ceci dit, on est saisi par l'angoisse et c'est l'effet voulu par les cinéastes. Pire même, les images de la fin sont filmées à la caméra infra rouge, car le projecteur a été cassé par un petit monstre caché dans le grenier. Faut aimer. Mais n'est-il pas toujours « intéressant d'aller voir comment c'est ailleurs » comme le dit le personnage mordu par un zombie dans *Land of the Dead* de Romero ?

Enfin dernière remarque : à quand un *Survival* qui finit par la mort du (des) monstre(s) comme au bon vieux temps ?

Iron Man de Jon Favreau (2008)
Une adaptation d'un comic Marvel.

Super la scène qui montre une roquette qui tombe à côté du milliardaire vendeur d'armes : il voit qu'elle porte son nom (Tony Stark : elle est donc de sa fabrication) juste avant qu'elle n'explose. Ce type est assez déplaisant en fait... Il a l'air con avec son petit bouc...

Enfin bref il est fait prisonnier par des Afghans qui lui demandent de fabriquer son dernier missile. Il s'aperçoit avec consternation que ces ennemis de l'Amérique possèdent les armes qu'il fabrique...Il finit par accepter sous la torture, mais on comprend vite que s'il construit quelque chose ce n'est pas le missile, mais Iron Man lui-même ! Et l'acier fut forgé. Et là ça va chauffer !

Puis, de retour chez lui, il va améliorer le système et abandonner la fabrication d'armes.

Il apprend que ses armes ont été vendues aux insurgés qui les ont utilisées contre des civils. Et cela ne lui plaît pas, alors...

On comprend dès le début qui est le salaud, mais le plaisir n'en est que plus grand, car on se demande ce qu'ils vont inventer pour nous intéresser...

Il n'y a que les comics américains pour inventer des histoires aussi géniales. Le film est excellent aussi...

Rise (Blood Hunter) de Sebastien Gutierrez (2007)
Toutes ces belles jeunes filles promises à la mort, victimes des vampires. Ces derniers n'ont rien des vampires "chochottes" autrefois à la mode avec Anne Rice. *« Votre dieu, il est parti ailleurs faire de bonnes actions. Il n'y a que nous ici... »* "Ici", les victimes ne s'endorment pas hypnotisées avant d'être violentées et tuées. Elles vivent leur mort dans une grande souffrance et dans une mutilation.

La fille d'un flic en a été une victime et Sadie aussi... Son "réveil" dans une case de la morgue est hallucinant. Quand elle en sort, elle se "regarde" dans la glace : elle n'a plus de reflet. Elle a soif de sang aussi. La scène du suicide est stupéfiante.

Sadie renaît avec le cœur d'une tueuse.

Elle se met en chasse contre ceux qui ont fait d'elle un vampire. Dans son sillage : le flic, le père d'une des victimes. Sera-t-il un obstacle involontaire à sa vengeance, ou une aide ?

Enfin un film de vampires flippant !
On n'y croit pas à la fin prévue, et pourtant si ! Ça arrive ! Un film de vampires excellent ! On entend même le sang couler... L'actrice (Lucy Liu) est superbe.

Phénomènes de M. Night Shyamalan (2008)
Les gens se tuent à Central Park. À proximité les ouvriers d'un immeuble en construction se jettent dans le vide. Puis, un prof demande à ses élèves « pourquoi les abeilles disparaissent dans tout le pays ». « Il y a quelques fois des forces qui dépassent notre entendement ! » conclut-il. Voilà donc la philosophie du film ! Et il faut respecter la Nature surtout !
La scène du pistolet qui sert à de multiples suicides est hallucinante... et notre héros est visiblement cocu.
Tout le monde se tue au nord-est des USA. Toxine terroriste ?
Encore un "phénomène" anormal ! « C'est les plantes ! » déclare un personnage. « Le danger c'est le vent ! » se demande notre héros. « Et la taille des groupes... »
Shyamalan ne fait pas ses films comme les autres films. C'est pourquoi une partie de la critique le descend en flammes. Mais ils ont tort. D'abord Shyamalan est un grand cinéaste. Il sait filmer de manière originale. Ensuite il ne traite pas les sujets rebattus de la manière à laquelle on s'y attend. On est toujours surpris. Ce film ressemble à *Signes* : il y a les mêmes traits d'humour et d'autodérision dans une situation dramatique. Dans ces films, les humains sont bons en général. C'est leur agglomération en société qui peut les rendre méchants et ce qu'ils font en société peut se retourner contre eux.

Les Ruines de Carter Smith (2008)
Je suis très heureux qu'on ait donné à un film le même titre que l'un de mes romans ("Ruines")
Ce film tente de mettre en scène une créature absente du cinéma (à ma connaissance) jusqu'à aujourd'hui. Enfin, depuis La Chose d'un autre monde de Christian Nyby (1951).
Les Ruines est adapté d'un roman de Scott B. Smith (publié aux USA) qui en a écrit le scénario. L'introduction est assez flippante, mais ensuite on s'ennuie autour d'une piscine pour touristes. Mais ça ne dure pas longtemps. Enfin... ensuite c'est sur la plage le soir. On est vraiment obligé de nous infliger ce genre de scène ? Non, je ne crois pas. Après c'est à l'hôtel... Bon ils finissent par partir découvrir ces ruines...
Ceci dit, une virée touristique qui tourne au cauchemar c'est assez courant comme histoire. Ils arrivent sur les ruines et une tribu Maya les oblige à monter sur les ruines de la pyramide en tuant un de leur compagnon. Faut toujours regarder où on met les pieds... On imagine déjà que c'est un rituel pour des sacrifices humains, car de nombreux Mayas arrivent et s'installent autour du site.
Nos jeunes héros entendent un téléphone sonner en provenance d'un puits profond. Un des jeunes descend avec une corde qui casse. Une jeune fille descend pour aller à son secours. Elle saute, car la corde est trop courte et elle se blesse. Ça s'enchaîne et plus ça va, plus ça va mal. L'essence même du scénario du film d'horreur. Il y a toujours la niaise qui meurt de trouille et qui accumule les conneries. La niaise en question essaie de demander des secours aux Mayas, elle s'énerve et lance une touffe de plante qui tombe sur un enfant. Les Mayas exécutent l'enfant... Il y a un problème

avec la plante alors ? Peut-être... Alors les Mayas veulent tout simplement éviter une contagion ? Après quarante-trois minutes de film, la plante attaque. Enfin ! Et maintenant ça devient intéressant. On discerne le caractère de chacun, les courageux et les froussards. Les niais(e)s ne sont pas toujours ceux qu'on le croit. Le courage et la douleur. C'est ce qui fait qu'un film est bon ou pas... Et l'horreur se développe, suit son chemin, sans pitié.
Pas mal ce film.
P.S. Le gouvernement mexicain a dû être averti du danger en voyant ce film. J'espère qu'ils vont aller mettre une bonne dose de désherbant sur cette plante !

Les Proies de Gonzalo Lopez-Gallego (2007)
Encore un "survival". Une espèce de remake de *La Chasse du comte Zaroff* (Ernest Beaumont Schoedsack[107] et Irving Pichel – 1932). Des chasseurs prennent pour cible un homme et une femme dans la montagne. Surprenant ? Pas tellement, sauf quand vous ferez connaissance avec les chasseurs...

Wanted de Timur Bekmambetov (2008)
Après *Night Watch* et *Day Watch*, le réalisateur Bekmambetov poursuit dans la même veine. On ne s'en plaindra pas !
Un jeune type se prend pour un minable donc il EST un minable. Son père l'a abandonné quand il avait (je ne me souviens plus) 12 heures je crois... Le jeune en question travaille dans un bureau à Manhattan. Il semblerait que son père, lui, n'est pas du tout un minable, mais un genre tueur à gages invincible. On s'en aperçoit dans une scène ultra déjantée, bien plus que dans *Matrix,* mieux que dans *Matrix*. Manque de pot, le tueur n'est pas invincible : il se fait tuer, piégé semble-t-il par on ne sait pas encore qui, mais on sait qu'on va le savoir.
Le jeune homme est cocu : sa (jolie) femme se fait baiser sur la table de la cuisine par son collègue de travail. Il le sait, mais il ne dit rien. Une seule chose le tracasse : comment soigner son angoisse ?
On n'attend que 13 minutes pour voir Angelina Jolie. La voilà qui accoste le jeune homme (le veinard) et lui dit qu'elle connaît son père qui est mort hier sur le toit d'un building (on le sait aussi, car on l'a vu !)
Puis c'est l'action ! Un montage haché, des plans biscornus, du mouvement hallucinogène (mais non vous ne rêvez pas !), la caméra qui bouge, qui bouge. Des ralentis inopinés, des balles qui ont une trajectoire courbe... Ça c'est du cinéma !!! Ne parlons pas du scénario : complètement incroyable : faut oser et il ose.
Le jeune homme va prendre conscience qu'il a « un lion dans les entrailles »...
L'entraînement du futur tueur est de la même veine que la poursuite. La scène avec la navette du métier à tisser est extraordinaire.
Les cibles du tueur ? Des désordres à éliminer pour assurer la stabilité et elles sont désignées par un métier à tisser appelé "destin". C'est ça la "fraternité", l'organisation dont fait partie désormais notre jeune ami.
Au fait, il s'appelle Wesley Gibson !
À la fin c'est les douze travaux d'Hercule. Si vous croyez avoir tout vu au cinéma, là vous vous trompez : faut encore aller voir ce film !

---

[107] Qui réalisa également le *King Kong* l'année suivante.

Hancock de Peter Berg (2008)
Ça démarre fort. Excellente la scène où Hancock croise un groupe de mouettes en volant. Et ensuite, un avion de ligne. Il casse tout avant d'arriver au but. Qu'est-ce qu'on rigole ! Avant d'arrêter trois gangsters, il a fait pour neuf millions de dollars de dégâts. À Los Angeles, tout le monde en a marre de Hancock. Ce qui est un comble pour un super héros. S'en fout Hancock ; fout le bordel. Tout le monde le déteste. Il boit.
Will Smith est excellent. Enfin un rôle dans lequel il ne cabotine pas.
Il a un gros chagrin Hancock, c'est pour ça qu'il picole.
Hancock en prison on s'ennuie ; vivement qu'il sorte ! Après c'est bougrement intéressant : faut aller voir le film. On découvre que Hancock n'est pas le seul super héros.
Charlize Theron est toujours aussi délicieuse.

Voyage au centre de la Terre d'Eric Brevig (2008)
Bon, il paraît que le roman de Jules Verne raconte une histoire vraie. Il suffit de bien le lire et de comprendre où aller au bon endroit et le tour est joué. Une petite attraction foraine avec quelques effets spéciaux.

L'Incroyable Hulk de Louis Leterrier (2008)
On retrouve notre ami Bruce le scientifique. Toujours le même problème : comment assumer les actions catastrophiques du monstre qu'il devient sans même le vouloir ? Comment contrôler son corps pour que la transformation ne se produise pas ? Comment supprimer les cellules sanguines qui sont responsables de la transformation ? Comment guérir ? Les conséquences incroyables d'une goutte de sang dans une bouteille de soda... En attendant, les militaires le cherchent toujours.
Nous, pauvres spectateurs, il nous faut attendre quarante minutes pour enfin regarder la délicieuse Liv Tyler bouger et parler.
À part ça, Hulk casse tout, comme d'habitude, et rien ne peut l'abattre. « Je ne veux pas le contrôler, déclare Bruce, je veux m'en débarrasser ! »
Les militaires ont-ils réussi à créer un adversaire à la hauteur ?
Ben oui, et alors qu'est-ce qu'ils cassent comme bagnoles en plein Manhattan. La fin ? Une toute petite surprise...
Ce film est un bon divertissement.
Il n'arrive pas à la cheville du *Hulk* d'Ang Lee (2003), qui est un chef-d'oeuvre shakespearien, une vraie histoire de science-fiction et d'horreur, magistralement filmée et jouée. Le metteur en scène présente une mise en page BD sans en abuser, avec plusieurs vignettes à l'écran permettant de voir plusieurs événements à la fois ou plusieurs angles de vue, des changements de cadre et même un plan fixe sur les yeux du père de Bruce. Une dramaturgie oedipienne à la Romeo et Juliette se mêle au mythe de la Belle et la Bête. Superbe !
Ces films sont tirés d'une BD de chez Marvel.
La télévision a déjà utilisé le personnage dans une série et plusieurs films.

X-files Régénération (I Want to Believe) de Chris Carter (2008)
Souvenons-nous du dernier épisode de la saison 9 de la série (dernier épisode d'une durée double) : avec l'aide de toute l'équipe, Mulder et Scully ont fui. Ils ont retrouvé

l'homme à la cigarette qui leur a annoncé l'invasion pour 2012 avant de se faire griller par les hélicos de l'armée.

Dans ce film, on retrouve Scully et Mulder séparés et réunis de nouveau pour une enquête.

Chris Carter est obsédé par sa série *Millennium* qui a été un échec. Il reproduit dans ce film tous les tics (et les TOC) de cette série...

Scully est dans un établissement hospitalier catholique où elle tente de traiter la maladie incurable d'un petit garçon du nom de Christian (ça ne s'invente pas !). Mais que fait Dieu dans ce film ? Elle sert de contact avec Mulder qui est sollicité par le FBI pour retrouver une collègue qui a disparu. Il porte la barbe, mais il va la couper. Plus tard Scully affirmera qu'il y a un traitement pour Christian... avec des cellules souches. On se demande ce que cela fait dans cette histoire. Patience !

Ici, le rôle de Franck Black (le profiler de *Millennium*) est tenu par un prêtre "convaincu" de pédophilie qui a des visions ; il amène le FBI auprès d'un bras d'homme soigneusement amputé à quinze kilomètres du lieu de l'enlèvement de l'agent du FBI. Un moment, Scully lui répond : « Moi je n'ai pas enculé 37 enfants de chœur » quand il a demandé si Dieu n'entend pas les prières de la jeune femme...

Un sale type enlève une délicieuse jeune fille dans la neige. On est en plein *Millennium* vous dis-je. Mais quel plaisir ont ces scénaristes à torturer et assassiner de belles jeunes filles ?

Bon... il est également question de Samantha, la sœur de Mulder. Mais c'est juste pour habiller un peu le scénario.

Il y a même une poursuite, mais chez Carter les méchants ne meurent jamais. Seules les victimes meurent.

Dans le genre "docteur de l'horreur" on a vu mieux, et parfois il ne faut pas se prendre trop au sérieux...

Un très petit film prétentieux.

La Momie : la tombe de l'empereur Dragon de Rob Cohen (2008)

Prélude (voix off...) : on s'ennuie ferme à regarder la vie de l'empereur Dragon. Houlala ! si jamais quelqu'un le réveille un jour quelle catastrophe !

Ensuite quelques "aventures" archéologiques. Ah !? On ne savait pas que ça venait de là les soldats chinois en terre cuite. Il y a aussi une histoire de famille. Faut pas jouer avec les très vieux artefacts qui réveillent les morts. Poursuites échevelées ; il y en a même un qui a le feu aux fesses. Un cheval perd la tête. Pas besoin de jumelles pour voir la nature exacte de la jeune fille chinoise.

Ils vont en avion sur les hauteurs de l'Himalaya pour y arriver avant la momie. Là-haut il y a des fusillades et même des Yetis et une avalanche.

Le dragon à trois têtes, lui, est très réussi ; les morts-vivants ne sont pas terribles.

Indiana Jones 4 nous avait déçus, la Momie 3 aussi.

L'Orphelinat de Juan Antonio Bayona (2008)

Ce film est présenté par Guillermo del Toro. Mais ce n'est pas pour autant qu'on va se laisser influencer...

"Orphelinat du bon berger". On voit quelques scènes d'enfants jouant au jeu : « un deux trois soleil ». Cela c'est du passé. Aujourd'hui, cette belle bâtisse est occupée. Le petit garçon, Simon, a des amis invisibles. Plutôt des amis issus de l'imaginaire

(Peter Pan) qu'il s'est inventés. C'est le fils d'un couple qui ouvre un foyer pour enfants handicapés dans l'ancien orphelinat. Alors que sa mère lui fait visiter une grotte au bord de la plage, elle le surprend parlant avec quelqu'un. Mais il n'y a personne, elle ne voit personne. Cette femme, prénommée Laura, a été pensionnaire dans cet orphelinat à l'époque dont on a vu les événements en début de film. Simon a été adopté. Il est malade. Mais il ne le sait pas. Nous l'apprenons lorsqu'une vieille assistante sociale rend visite à Laura.

On a une petite séance de gore avec un doigt salement écrasé dans la fermeture d'une porte (et une autre plus terrible plus tard...) et... Simon disparaît. Tout cela se passe lors de l'inauguration du foyer d'accueil. Les recherches organisées par la police ne donnent rien. Sa mère ne renonce pas à le chercher.

Comme toujours dans ces histoires il y a le sceptique : Carlos, le mari.

Les événements étranges (et parfois effrayants) se multiplient.

Ce film est un mélange de *La Maison du diable* (Robert Wise 1963) et *Le Sixième sens* (M. Night Shyamalan 1999) : une maison hantée et un enfant qui voit les morts. À la mode espagnole. Une histoire de hantise bien filmée avec quelques petites originalités : le jeu de piste de la chasse au trésor, le phare, et le jeu enfantin « un deux trois soleil »...

La mort des enfants quoi de plus effrayant ? Et leurs fantômes alors ?

The Dark Knight (Le Chevalier noir) de Christopher Nolan (2008)

Un film de gangsters ! Il commence comme un vulgaire film de gangsters. À part que le plus méchant a un drôle de maquillage. Et il a les dents jaunes : c'est normal pour un méchant ! Les autres gangsters sont assez cons pour se laisser prendre à des pièges couillons. Coppola doit se retourner dans sa tombe. Quoi ? Il n'est pas mort Coppola, vous dites. Ah bon !

« Les criminels ne sont pas compliqués... Il suffit de savoir ce qu'ils désirent... », déclare Bruce Wayne (Batman) à son valet Alfred. « Il y a des hommes qui veulent juste observer le monde en train de brûler », lui répond le serviteur. Et Batman a des états d'âme, mon Dieu ! Va-t-il se rendre ? L'attaque par le Joker du convoi de la police qui transporte le procureur est une pantalonnade. Les flics sont les rois des cons ! Encore plus niais que les gangsters. C'est facile pour le Joker de dominer une bande d'imbéciles. Il y a un peu de SF à la fin.

Le film est bien tourné et bien joué. La fin est excellente. Mais quelques minutes excellentes à la fin peuvent-elles racheter un film ? Sous prétexte qu'on adapte une BD doit-on se permettre de telles invraisemblances de scénario (écrit par Christopher Nolan) ???

Spirits (Shutter) de Masayuki Ochiai (2008)

On s'ennuie au début avec le mariage des protagonistes. À quoi ça sert de montrer ça ? On verra plus loin l'utilité de ces scènes... Le mari est photographe. C'est très important pour l'histoire, car un photographe est un voyeur, il DOIT toujours être extérieur à ce qu'il photographie. Il devrait l'être... Le couple a un accident de voiture au Japon : la jeune femme qui conduit écrase une jeune fille qui traverse la route en pleine nuit. Mais après l'accident, le corps a disparu. Ensuite on fait connaissance avec la vie professionnelle du mari, une petite scène d'amour un peu niaise et un cauchemar aussi niais de la jeune femme, une histoire de photos floues et un fauteuil

censé faire peur. Ces photos floues sont des "photos d'esprits". Cela me fait revenir un souvenir d'une expérience personnelle : quand j'étais jeune, avec des copains, on allait dans la forêt la nuit cuire un lapin à la broche et boire des bières. Formidable ! Une nuit nous avons fait une photo de groupe au flash dans le noir quasi absolu de la nuit sur le chemin du retour. Après développement la photo montrait un inconnu avec nous sur la photo ! Ça fait peur hein ?
L'examen de quelques "photos d'esprits" prises par son mari amène la jeune femme à mener l'enquête. Ce qu'elle va trouver ne va pas lui plaire...
C'est une histoire de hantise à la Japonaise, à la *The Grudge* et *The Ring*, dont les producteurs sont également les producteurs de ce film. Un esprit torturé se venge.
Ce film ne fait pas vraiment peur. Il fait frissonner. C'est déjà beaucoup.
C'est un remake de *The Shutter* de Banjong Pisanthanakun et Parkpoom Wongpoom, pas sorti en salles en France, sortie DVD en 2006.

Babylon A.D. de Mathieu Kassovitz (2008)
Adapté d'un roman de Maurice G. Dantec.
Générique avec une chanson de rap. Kassovitz a fait son choix. Ce ne serait pas celui de Dantec, pas du tout.
Cela se passe longtemps après 2017 l'année où le dernier tigre a disparu.
Ils ont été chercher Depardieu pour jouer Gorski le mafieux. Pas terrible l'acteur.
On nous présente un monde en décomposition. C'est bien du Dantec ça ! C'est pas nul, ça pourrait ressembler à l'Ossétie du Sud.
Vin Diesel est un très bon acteur. Il en fait des tonnes. Sauf que Kassovitz le fait parler avec un accent racaille de banlieue. C'était utile ça ?
Notre héros, un mercenaire qui survit dans un pays de l'Est (frontalier avec le Kazakhstan) est payé par un mafieux pour emmener une jeune fille (Aurora) aux USA. La jeune fille est accompagnée d'une religieuse.
Ils prennent le train alors qu'une explosion retentit et qu'Aurora avait prédite.
Puis un sous-marin et des motoneiges pour traverser le détroit de Bering où ils sont attaqués par des drones (dont ils se sont trop facilement débarrassés).
Aurora cite le magicien d'Oz. Aurora est un colis très dangereux.
Voilà l'obsession de Dantec : la Machine qui réunit les hommes en une seule entité alors que Dieu veut créer de nouveaux individus.
Excellent film.
Si ce film vous a également plu et que vous ne connaissez pas l'œuvre de Dantec, lisez le roman dont ce film est inspiré : *Babylon Babies*, et surtout sa suite : *Grande Jonction*.
Ça c'est de la SF et de l'action !

Bloodrayne 2 (Deliverance) d'Uwe Boll (2008)
Ce n'est plus la même actrice que le précédent.
Ça se passe au Far West avec une musique très inspirée de celles d'Ennio Morricone pour les films de Sergio Leone... Le début de l'histoire est même très inspirée du film *Il était une fois dans l'Ouest* : l'arrivée du train dans la petite ville de Deliverance va déchaîner les violences.
Un journaliste arrive à Deliverance pour enquêter sur l'arrivée du train. Une gentille famille de fermiers se fait attaquer par un vampire. Il neige : un hommage au film de

Sergio Corbucci, *Le Grand silence,* dont le scénario a également inspiré Bloodrayne 2. Le vampire s'appelle Billy the Kid, et plusieurs personnages mythiques de la conquête de l'ouest sont présents dans le film ! Pat Garrett donne un coup de main à Rayne pour lutter contre les vampires. Il y a bien sûr le saloon dans lequel la lumière orange des lampes à pétrole est très bien rendue. Une partie de poker et une pendaison, etc. Le grand classique quoi ! Le scénario du *Grand silence* est quasiment repris. Ici les méchants sont des vampires.

C'est assez plaisant comme film, cet hommage au western italien mêlé de vampirisme est une curiosité.

The Spirit de Frank Miller (2008)

« De vrais diams, ils capturent la lumière. »

De la BD cinématographique ou du cinémabdgraphique…

L'histoire ne casse pas des barres, mais les images, les couleurs, les décors, les plans, les scènes, tout ça c'est bien !

La Course à la mort (Death Race) de Paul W.S. Anderson (2008)

« 2012 – l'économie américaine s'est effondrée… le chômage bat des records… le crime prospère… les prisons sont pleines… et voici les nouveaux gladiateurs… »

Le premier film était produit par Roger Corman qui participe également à la production de ce remake.

Ça démarre fort avec une course-poursuite de bagnoles. Si on peut encore appeler ça des bagnoles ! De vrais véhicules de guerre ! Une bagarre à mort.

Puis le générique commence dans une aciérie. Ça me rappelle ma jeunesse quand je bossais dans la sidérurgie pour payer mes études. Il est offert au spectateur une deuxième série d'images stupéfiantes : celles des poches d'acier en fusion qui coule en jetant des gerbes d'étincelles comme des étoiles filantes. C'est dans ce genre d'usine qu'on fabrique le métal avec lequel on construit les bagnoles ! Mais l'usine va fermer ! Plus de boulot. La police intervient violement pour prévenir une révolte des ouvriers. Notre héros rentre chez lui. Il a une jolie femme et un petit bébé. Mais ce jour-là n'est pas son jour. Sa femme se fait assassiner et il est accusé du crime. Il se retrouve en prison.

Le pire est donc à venir dans ce pénitencier situé sur une île : Terminal Island. Avec matons sadiques et tout. La musique rappelle celle de John Carpenter. Notre héros est un ancien pilote de course. Il va renouer avec son ancienne carrière, car la directrice de la prison (pas commode) l'engage pour la course à la mort. Il doit remplacer "Frankenstein", un pilote masqué mort des suites de ses blessures lors de la dernière course. « La liberté, une bonne raison de risquer sa vie ! », car s'il gagne il sera libre.

À ce moment du film, la bagnole devient l'héroïne ! Cambouis, acier, monstres mécaniques. L'ambiance est superbement rendue. Et puis les copilotes sont des filles. Et quelles filles ! Des bagnoles et des filles ! Qui peut rêver mieux ? Et puis cela devient du « carnage automobile »…

De plus, comme le film de 1975 a engendré un jeu vidéo, la course mécanique est organisée de la même manière : il faut rouler sur des emplacements qui donnent alors au compétiteur de nouvelles armes, ou, le contraire s'il n'a pas de chance…

Il y a aussi une histoire policière : est-ce vraiment un hasard si ce pilote exceptionnel se retrouve dans cette prison pour participer à la course contre la mort ?
Excellent film : de l'action, une intrigue. Et excellemment filmé par Paul Anderson.

Hellboy 2 : les légions d'or maudites de Guillermo del Toro (2008)
Ce Hellboy enfant du début du film, avec ses dents de lapin, est ridicule.
Le père de l'enfant lui raconte une histoire qui s'avérera plus tard être vraie.
Il y a une petite collection de monstres et l'histoire tourne vraiment à la Fantasy. Les combats sont carrément ennuyeux.
Ron Perlman en fait dix tonnes.
On voit un extrait du film *La Fiancée de Frankenstein* de James Whale (1935) à la télévison d'Hellboy. Les deux (trois ?) histoires d'amour sont nunuches.
Hellboy va être papa... "Les humains se lasseront de toi » déclare le méchant à Hellboy avant de mourir.
En ce qui me concerne, c'est déjà fait...

Mutants Chronicles de Simon Hunter (2007)
Ce film est tiré d'un jeu de rôle.
Les Machines sont venues sur Terre pour changer les hommes en mutants.
Les scènes de guerre sont époustouflantes, d'une extrême violence comme l'est la guerre réelle. En 2707, ils se battent comme en 1914. La bataille va libérer les machines emprisonnées depuis très longtemps. Et les mutants sont libérés aussi. Et l'horreur de la guerre devient encore pire ! Très éprouvant.
Un moine de la confrérie qui avait enfermé les machines (Joué par Ron Perlman) réunit un commando pour sauver l'humanité.
Le "blindé transport de troupes" est délirant. Du vrai steampunk.
C'est très violent. La bataille contre les mutants juste à la lumière des coups de feu des armes automatiques est hallucinante.
Quel spectacle ce film ! On en sort essoufflé.
À l'heure où j'écris ces lignes (4 juillet 2009) le film n'est toujours pas sorti en France.

Cthulhu de Daniel Gildark (2007)
D'après *Le cauchemar d'Innsmouth*.
Le film commence comme le début du film *La Malédiction des Watheley*, avec une provocation en voiture.
Un très beau film, d'un rythme lent comme la prose de Lovecraft, lent, lancinant et terrifiant.
Plein de mélancolie aussi. Un jeune homme revient près de l'océan pour les funérailles de sa mère. Quand il arrive, il voit une bâtisse avec une pancarte comportant l'inscription : « Esoteric Order of Dagon. Are you ready for the End ? »
On retrouve bien ce passage dans *Le Cauchemar d'Innsmouth*...
De jeunes hommes le doublent dans une position dangereuse et ils ont un accident. Notre héros appelle les secours, car le conducteur est gravement blessé. Plus tard il rêvera que cet homme lui donne une pierre noire avec des inscriptions cunéiformes. En se réveillant, il a cette pierre dans la main...
Il retrouve un ami d'enfance avec qui il obtient un rendez-vous. Il est homosexuel.

Puis on s'ennuie un peu. Heureusement qu'on entend parler de Cthulhu, sinon le scénario pourrait se passer de lui. La fin est impressionnante avec ces plans montrant « ceux des profondeurs » sortant de l'océan.

Return to House on Haunted Hill (Retour à la maison de l'horreur) de Victor Garcia (2007). Ce film est la suite du film *La Maison de l'horreur* de William Malone (1999), lui-même remake du film *La Nuit de tous les mystères* de William Castle (1959), dont le titre anglais est : *House on Haunted Hill*, ce titre ayant été conservé pour le remake...

On se souvient que dans *La Maison de l'horreur*, un docteur de l'horreur faisait des expériences atroces sur ses patients. Toute cette belle équipe continuait à hanter la Maison de l'horreur. Le remake avait choisi une orientation fantastique alors que le film de Castle apportait à la fin une explication rationnelle aux "phénomènes" extraordinaires de la maison.

Le docteur de l'horreur est joué par le sublime Jeffrey Combs qui avait incarné le fameux docteur (de l'horreur également) Herbert West dans la série de films *Re-animator*[108].

Après le même générique terrifiant que celui de *La Maison de l'horreur* on entre dans la niaiserie habituelle, dont on sort, il est vrai, assez vite par le "suicide" de la seule rescapée du film précédent. Sa sœur est bien attristée de cette mort violente.

Puis tout ce beau monde se retrouve dans la Maison de l'horreur : la sœur de la suicidée, son petit ami (enfin il va le devenir) le professeur qui recherche une statuette démoniaque, et les gangsters qui ont enlevé la sœur et qui recherchent également la statuette.

Et... les voilà tous piégés dans la bâtisse maudite. Le massacre commence. C'est supportable quand ce sont des connards qui subissent ces atroces sévices. Jeffrey Combs en tenue de chirurgien est de retour avec son bistouri vengeur. Finalement, la hantise et la corruption des esprits proviendraient de la statuette. Les trois filles sont très sexy comme il se doit dans ce genre de films que certains ne vont voir rien que pour ça... Dommage que l'une a la tête écrasée par un frigo tombé du ciel et le visage d'une autre est tout simplement écorché vif.

Enfin, ne ratez pas la scène finale à la fin du générique.

Mirrors d'Alexandre Aja (2008). Le prologue est atroce : un type s'égorge devant un miroir (donc devant le spectateur) avec un morceau de verre. Aja pense que ce genre de scène donne du piment à ses films... On comprend plus tard que cela s'est passé dans une grande bâtisse en plein New York. Une grande surface commerciale autrefois incendiée et dont il faut assurer la garde pour préserver le gros œuvre. Un ancien flic (Ben) est embauché pour en assurer la garde. Cette bâtisse est très gothique en fait, avec ses grands escaliers, ses nombreux miroirs très propres et ses mannequins qui traînent partout (ceux de l'ancien magasin).

---

[108] Ces films sont adaptés (très librement) d'une série de nouvelles de H.P. Lovecraft intitulées *Herbert West réanimateur*.
Re-animator (1985) de Stuart Gordon - *Re-animator 2 (Bride of Re-animator)* et *Beyond re-animator* (2003) tous deux de Brian Yuzna...

Parfois, ce film fait penser à l'immeuble du film *Inferno* de Dario Argento (1978), également situé en plein New York... « Fait chier ce bâtiment » s'exclame Ben lorsqu'il entend des cris de femme terrifiée...
La contamination des miroirs (leur hantise) atteint également la famille de Ben en dehors de la bâtisse hantée. Sa sœur en mourra atrocement. L'ex-femme de Ben est médecin légiste.
Comme toujours dans ces films il y a le sceptique (le femme de Ben), le psychiatre qui trouve des explications rationnelles. C'est donc un classique du film de hantise. Aja met en scène de l'horreur de manière efficace... En fait, il y a deux scènes terribles dans le film : le prologue et la mort de la sœur de Ben. Cette dernière scène va peut-être entrer dans l'anthologie des scènes d'horreur ! En fait ce qui fait l'originalité de ces scènes c'est qu'elles se déroulent en double dans le réel (de l'histoire du film, bien sûr) et dans le miroir, l'image de ce dernier étant le déclencheur de l'action réelle.
Puis, pendant que Ben mène l'enquête pour élucider l'origine de la hantise, le film perd son rythme : les changements de lieux rompent l'angoisse... On voit là la patte d'Hollywood dont Aja a bien dû tenir compte, contrairement à ce qu'il affirme. C'est dommage.
Bien sûr l'histoire des miroirs "hantés" est un peu éculée. On pense de suite au roman de Graham Masterton *Le Miroir de Satan*, dans lequel l'écrivain rend, bien sûr, hommage à Lewis Carroll et les miroirs que traverse Alice, Lewis Carroll à qui il prête cette phrase : « À l'intérieur des miroirs c'était le domaine des démons, l'antichambre de l'Enfer lui-même... » soi-disant trouvée dans un manuscrit jusque-là inconnu.
Il y a aussi les miroirs dans le film *Orphée* de Jean Cocteau (1950) dans lequel le héros traverse les miroirs à la poursuite de la Mort, second film d'une trilogie avec *Le Sang d'un poète* (1930) et *Le Testament d'Orphée* (1960)

Battlestar Galactica : Razor de Félix Alcalà (2008)
Ce téléfilm est inspiré de la série Battlestar Galactica. Cette série produit ce film après les deux mini séries d'une heure trente chacune produites en 2003. La série en est à la quatrième saison.
"Razor" signifie rasoir. Le titre explique dans quelle mesure un chef de guerre (ici une femme amiral) doit "trancher", prendre de terribles décisions pour ne pas perdre la guerre...
C'est donc un excellent film de guerre qui se déroule dans l'espace, avec de belles batailles spatiales... Ce qui est intéressant, c'est ce qui se passe dans les têtes des soldats, particulièrement des femmes héroïques face aux Cylons, ces "machines" qui se sont révoltées contre l'espèce humaine et ont failli la détruire.
Héroïsme, traîtrise, sacrifice, horreur de la guerre et culpabilité. Tout y est, comme dans d'excellents vieux films de guerre américains.
C'est plein de flash-back et il ne faut pas perdre le fil. Et c'est ce qui fait le charme de ce film...

Mother of Tears (La Troisième mère) de Dario Argento (2007)
Les effets spéciaux sont réalisés par le grand Sergio Stivaletti qui a réalisé un petit chef-d'œuvre d'épouvante : *Le Masque de Cire* (1996), film qui devait être réalisé par

Lucio Fulci, mais ce dernier décédait et Stivaletti a pris la relève. Robert Hossein y joue le rôle principal d'une manière magistrale.

Mother of Tears est le troisième de la trilogie des sorcières. Le premier est *Suspiria* (1977) et le second *Inferno* (1979), deux chefs-d'œuvre du cinéma fantastique. On ne sait pas si Argento avait prévu de faire une trilogie à l'époque de ces deux films, le fait est qu'il l'a fait. Le prologue de ces deux films est une anthologie de l'histoire du cinéma. Les scènes les meilleures qu'on ait tournées dans le genre fantastique expressionniste de couleurs. Je ne suis pas le seul à le penser, John Carpenter a la même opinion qu'il a exprimée dans son interview croisée avec Dario Argento dans la revue *Simulacres* (hiver 2000). À la question : « Si vous deviez choisir chez l'autre une séquence. (...) laquelle choisiriez-vous ? »

Carpenter répond (extraits) :

« Ce serait la séquence aquatique au début d'*Inferno*. Elle m'a énormément marqué. (...) Mais je choisirais juste après la séquence d'ouverture de *Suspiria*, qui, pour moi, est la séquence la plus impressionnante que Dario ait jamais tournée(...) »

Argento est également un fan de Carpenter ! C'est pourquoi avec *Mother of Tears* il rend un hommage appuyé au film *L'Antre de la folie* (1994).

Ainsi, toujours dans la même interview, Dario Argento est amené à parler de ce film de Carpenter. Ce dernier évoque la manière dont le cinéma peut traiter du "réel" : « Nous vivons dans ce qu'on appelle une *réalité naïve,* autrement dit nous croyons que les objets sont en trois dimensions, que nous sommes assis, ici ensemble, à la même table. Tout ceci est physiquement faux et pourtant personne ne le sait. Pourquoi ? »

L'interviewer pose la question : « Le cinéma peut-il capter cela ? »

Carpenter : « Non absolument pas. Et je peux vous dire que j'ai essayé plusieurs fois et je n'y suis jamais arrivé. »

Argento : « (...) je crois au contraire que dans *L'Antre de la folie*, vous y êtes parvenu. »

Enfin, Dario Argento doit sans doute être un lecteur de Graham Masterton dont on retrouve la patte scénaristique dans ce film.

Voilà ! Dario Argento ne tourne pas pour faire plaisir à ce qu'on appelle « la grande forme » au cinéma. Il tourne comme il l'entend lui-même et pas comme l'entendent les critiques ou les « professeurs » de cinéma. Il ne suit pas la mode des "survival", ces films bien léchés, mais qui ne sont que des moignons de films fantastiques. C'est pourquoi son cinéma dérange. Tous ses films ont été méchamment critiqués à leur sortie. Ses anciens films sont entrés dans l'histoire du cinéma. Pourtant cette attitude de la critique continue : ainsi, on ne peut plus nier la qualité de l'artiste, mais on dit maintenant qu'il n'est plus ce qu'il était. Mais tout le monde évolue. Même les grands artistes.

En ce qui concerne ce film, Argento poursuit sa recherche cinématographique. Donc, quand on fait de la recherche, ce qu'on fait n'est pas léché... Mais c'est une œuvre d'art quand même. Argento ne suit pas la mode actuelle du film d'horreur tourné sans aucune poésie, la poésie que Baudelaire a su donner au macabre et à l'horreur... Et ce que certains voient comme des maladresses n'en sont pas, car Argento a encore le sens de l'humour !

Il y a donc trois "mères" : Mater suspirium (mère des soupirs) qui s'est installée à Fribourg (le film *Suspiria*), mater tenebarum (mère de la douleur) qui s'est installée à New York (*Inferno*), et celle de ce film, mater lacrimarum (mère des larmes).

L'histoire : lors de travaux de voirie aux abords d'un cimetière, on découvre un cercueil auquel est enchaînée une urne. L'urne est envoyée par un prêtre chez un archéologue. Argento prépare le spectateur par une belle image d'avertissement quand un autre prêtre prend une photo. Ce genre de scène est la marque de fabrique de Dario Argento.

Lorsque les archéologues ouvrent l'urne, la goutte de sang est un hommage appuyé au film de Mario Bava *Le Masque du démon* (1961) dont le scénario de ce film s'inspire directement. Ensuite, nous assistons à une horrible exécution comme seul Argento sait les tourner. Puis… la violence se déchaîne dans la ville.

Dans la scène de la librairie, on voit un moment en premier plan des couvertures de livre dont l'un a pour titre *Ligeia,* un hommage à Roger Corman et à Edgar Poe…

Comme il le fait toujours, Argento multiplie les moyens d'exécution des victimes : porte des WC du train, boîte d'allumettes, hachette, couteau, lance, fleuve. Même l'endroit du corps par lequel la Mort arrive est varié…

J'adore comment il filme champ contre champ avec de légers mouvements de caméra, l'école de Mario Bava. Le très long plan-séquence de l'entrée de Sarah (jouée par Asia Argento) dans la maison de la sorcière va également entrer dans l'histoire du cinéma. Le cinéaste réalise le tour de force de faire un plan-séquence avec de multiples éclairages, des vues plongeantes, contre plongeantes, des travellings, etc. Stupéfiant ! Plan-séquence interrompu par un événement brutal, mais pas celui auquel on peut s'attendre.

La marque artistique de Dario Argento c'est aussi ce plan bref qui nous fait voir en plongée un vêtement rouge au travers d'une vitre d'un train qui passe. Mais aussi la minuterie du couloir qui se remonte comme une horloge…

Il y a quelques scènes qui font sursauter. Et puis il y a la ville de Rome, un véritable hommage à ce qu'il peut y avoir de meilleur au cinéma, par exemple le film de Mario Bava *La Fille qui en savait trop* (1963).

« Ce que tu vois n'existe pas, ce que tu ne peux pas voir est la vérité », est inscrit au fronton de la maison de la sorcière… Peut-être un message adressé à la critique cinématographique ? (Voir également l'échange avec Carpenter ci-dessus).

Dario Argento nous rappelle aussi que Clive Barker n'a rien inventé.

Max Payne de John Moore (2008)

Adapté d'un jeu vidéo.

Une vengeance. Ici la ville est réelle : c'est New York. La ville qui ne dort jamais.

Le flic Max Payne cherche désespérément les assassins de sa femme Michelle et de son bébé.

Font chier de discuter dans la rue sous une pluie battante ! Pourquoi ils ne rentrent pas à l'intérieur ?

Une belle fille très légèrement vêtue en rouge (ce qui ressort des couleurs presque noires du reste du film, sauf les flashs blacks) tente de draguer Max. Après s'être fait virer, elle se fait assassiner et on trouve le portefeuille du flic à côté de son corps. Son ancien équipier découvre le même tatouage sur la fille en rouge et sur le corps de Michelle, la femme de Max. Il se fera tuer également. Un être surnaturel rôde et tue… Il est question de Walkyries aussi.

J'aime bien comme c'est filmé, les plongées et contre-plongées, les plans à hauteur du ventre, les lumières qui clignotent, les plans bizarres, les mouvements de caméra, l'utilisation des couleurs, la photo, les flash-back excellents (pas les ralentis…) : le contre-pied de "la grande forme" au cinéma !

Un peu d'acide ?

Excellent film !

Undead or Alive de Glasgow Phillips (2007)

Après les vampires au Far West avec *Bloodrayne 2* d'Uwe Boll voici les morts-vivants au Far West !

Le titre parle de lui-même, à contre point des affiches "Recherché mort ou vif" du Far West.

Tout cela semble être la faute de Geronimo.

Le premier mort-vivant (un pauvre fermier qui s'en prend à sa famille) est assez comique. Mais ça reste gore. Le mélange comique et gore se poursuit tout au long du film. Un shérif et son adjoint mort-vivant (tous les deux ripoux) poursuivent nos deux héros alors que le mort-vivant du début est en prison. Nos deux amis se font faire prisonnier par une jolie brune. Le shérif devient aussi mort-vivant et toute l'équipe de poursuivants est également infectée. Parce que les morts-vivants infectent les vivants en les dévorant. Et ils parlent !

À part la fille canon, les héros sont fatigués. Mais comment ça va finir tout ça ? ;-)

Les changements de lieux sont ponctués par le claquement d'un fouet et c'est le plus con des deux et le plus moche qui baise la fille.

Y a tous les clichés des films de morts-vivants. Qu'est-ce qu'on rigole !

La fin est d'un humour noir et macabre. Attention, restez au générique…

Ah quel joli film de série Z…

La jaquette du DVD est un hommage direct au film *Evil Dead* de Sam Raimi (1982).

La Chute de la Maison Usher de Hayley Cloake (2006)

Jill, une jolie petite jeune fille blonde, apprend le décès de sa « meilleure amie » Maddy. Elle se rend à la maison du frère de Maddy, Rick Usher. Elle les avait perdus de vue depuis plusieurs années.

Mais de quoi est morte Maddy ? « Je la voyais perdre la raison », dit son frère Rick. Ses parents sont morts de la même manière. C'est le thème central de l'œuvre de Poe que ce film a adapté : la malédiction. Poe était un écrivain maudit, il reflète et amplifie cette malédiction dans ses œuvres. Il y a la folie aussi, que Poe tourne en dérision dans sa nouvelle *Le Système du docteur Goudron et du professeur Plume*. Et *La Chute de la Maison Usher* est aussi une histoire de hantise et d'inceste.

Quant au film, il est très lent, on pourrait penser que le réalisateur a voulu s'inspirer du film homonyme de Jean Epstein (1928 – 1929 pour la version sonorisée). Les plans sont très travaillés. Les subtils mouvements de caméra aussi. Les plans avec dialogues sont montés comme les cartons intercalaires des films muets. Pour la sobriété des dialogues aussi.

Voici la liste des films adaptés de la nouvelle homonyme d'Edgar Allan Poe :

La Chute de la Maison Usher de James Sibley Watson, Melville Webber (1927)

La Chute de la Maison Usher de Jean Epstein (1928-1929)
La Chute de la Maison Usher d'Ivan Barnett (1948)
La Chute de la Maison Usher de Roger Corman (1960)
La Chute de la Maison Usher Jan Svankmajer (1981)
(Névrose) La Chute de la Maison Usher de Jess Franco (1982)
La Chute de la Maison Usher de Hayley Cloake (2006)

Le Jour où la Terre s'arrêta de Scott Derrickson (2008)
C'est un remake du film homonyme de Robert Wise (1951)
Un extraterrestre nommé Klaatu arrive sur Terre pour expliquer aux humains qu'ils mettent la planète en danger. Dans le film de 1951 il s'agissait du danger atomique, ici il s'agit du danger écologique. Et l'histoire du film ne tient debout que si, comme il l'affirme, l'humanité est bien au bord du gouffre…
Le prologue est très beau. La "soucoupe" est très originale par rapport à celle de 1951 ! Elle atterrit dans Central Park à Manhattan. L'alien est blessé par accident (un coup de feu non contrôlé). Il est emmené et opéré. La scène de l'opération semble être involontairement un pastiche de la fameuse (fausse) autopsie de l'alien de Roswell vue à la télé…
L'histoire est bien adaptée à notre monde technologique actuel. Et au monde politique actuel aussi.
Mais qu'est venu faire cet extraterrestre sur Terre ? La fille réussira-t-elle à le convaincre d'épargner l'espèce humaine ? Il fallait bien une jolie fille pour tenter un coup pareil ! Et le fait que cette fille blanche (une scientifique) est belle-mère d'un petit noir ne fait qu'ajouter à la niaiserie de cette histoire. D'ailleurs l'attitude de cet enfant ne va pas rehausser l'opinion de Klaatu sur l'espèce humaine. Mais heureusement la musique adoucit les mœurs.
Il y a la fameuse scène où Klaatu corrige les équations sur le tableau du prix Nobel.
La scène de l'évasion du robot géant et sa transformation en nuage destructeur est stupéfiante.
Mais les très bons effets spéciaux et la très bonne réalisation n'enlèvent rien à la niaiserie de l'histoire du premier film parfaitement reprise ici.

Pulse 2 Afterlife de Joel Soisson (2008)
Après Pulse de Jim Sonzero (2006), lui-même remake du film japonais Kairo, voici Pulse 2 et 3 de Joel Soisson. L'histoire de Pulse débute quand les morts s'engouffrent dans les réseaux (informatique) pour venir envahir le monde des vivants. Et ils ne sont pas gentils les morts quand ils reviennent, allez savoir pourquoi…
Dans ce Pulse 2, on voit Michelle en quête de sa fille Justine (qu'on reverra dans Pulse 3).
Le film est assez agaçant, car on ennuie le spectateur avec les problèmes de couple de Michelle. Les scènes sont interminables, le réalisateur ne sachant jamais à quel moment les arrêter ! En fin de compte, Steven, le mari, récupère Justine et fuit à la campagne (à l'écart des réseaux…), car il doit fuir aussi le fantôme de Michelle.
Un type tout habillé de rouge (cette couleur est transparente aux revenants) parle de « sauver le monde ». On saura comment dans Pulse 3, patience…
Il y a une scène éprouvante avec une paire de ciseaux. Ça fait toujours peur une paire de ciseaux quand on l'utilise d'une certaine façon…

Pulse 3 de Joel Soisson (2008)
« Gare à celui qui scrute le fond de l'abysse, car l'abysse le scrute à son tour »... Ce sont les paroles de la jeune Égyptienne à travers la Webcam, juste avant qu'elle ne se suicide. C'est une citation de Nietzsche, mais ce n'est pas dit dans le film...
Après le prologue, Pulse 3 commence au camp de réfugiés évoqué à la fin de Pulse 2. Justine est devenue une adolescente. Dans ce camp ils vivent comme au XIXe siècle, pour éviter tout appareil informatique. Mais Justine va découvrir un ordinateur portable caché sous le tableau de bord d'une épave de voiture. Et devinez ce qu'elle va faire ? Allumer l'ordi bien sûr, et ouvrir la porte aux Morts ! Ben non, la Mort n'arrive pas. Justine prend contact avec Adam, le jeune homme du début du film. Il est à Houston. Elle s'appelle Justine... hein Sade ? La jeune fille part le retrouver. Mais c'est pas Adam qu'il aurait dû s'appeler, mais Jésus... ou... Satan ?
Dans ce film le réalisateur semble avoir trouvé enfin le bon rythme. Il se laisse donc regarder agréablement. Bien meilleur que l'opus 2...

Le Jour des morts de Steve Miner (2007)
Ce film est présenté comme le remake du deuxième film de la première trilogie de Romero : *Le Jour des morts-vivants* (1985)
Cette même année 1985, Steve Miner sortait son film *House*, dont le succès engendra plusieurs suites.
Nous avons fait la connaissance de Steve Miner quand il a réalisé deux des films de la série *Vendredi 13* : *Le Tueur de Vendredi* (1981, le deuxième de la série) et *Meurtres en trois dimensions (Le Tueur du vendredi 2)* (1982, le troisième de la série). Pas mal non ?
Puis il a réalisé *Warlock* en 1991 qui a connu aussi des suites.
En 1998 il a réalisé ce qu'on avait cru être l'ultime film de la série Halloween : *Halloween 20 ans après*.. Mais il y en a encore eu un autre après ! Et des remakes !
Il a aussi été réalisateur de quelques séries télé...
En 2007, voilà notre Steve Miner qui s'attaque à ce remake. Il n'a pas été le seul...
Ce film n'est pas placé dans le même contexte que celui de Romero dans lequel la Terre a été complètement envahie par les zombies et il ne reste qu'une équipe de survivants. Ici, c'est le contraire, l'infection règne dans un bled isolé du reste du monde par l'armée.
Les ingrédients du film de Romero sont donc ici : l'armée, l'expérience scientifique et les restes d'humanité des zombies.
La fille s'appelle aussi Sarah et le docteur fou, Logan, comme dans le film de Romero. Le déclenchement de l'épidémie est foudroyant et très bien rendu. Assez terrifiant.
Les zombies sont très rapides, très acrobates, on en voit même un marcher à quatre pattes au plafond ! Difficile d'y échapper !
Ils savent tirer au fusil, enfin plus ou moins, quand ils sont zombifiés le fusil à la main, et ils parlent !
Steve Miner est un très bon artisan. C'est un bon film...

Dorothy d'Agnès Merlet (2008)
« Ce climat océanique est propice aux fantômes. »
Dorothy a failli tuer par sadisme le bébé qu'elle gardait.

Très angoissant. Une adolescente possédée ? Instrument d'une communauté diabolique ? Pourquoi ces « jeunes « veulent-ils chasser la psy nommée par la justice pour expertiser Dorothy ?
Dorothy était l'enfant d'une fille-mère. Elle dit qu'elle ne se souvient de rien des événements avec le bébé.
Nous sommes sur une île qui est sous l'emprise d'un pasteur fondamentaliste, peuplée de dégénérés immoraux.
La psy ne peut plus téléphoner... Il se passe de drôles de choses dans l'église. Mais que faire face à toutes ses personnalités dans une même personne ?
Une des personnalités de Dorothy connaît (comment ?) le malheur intime, la culpabilité profonde de la psy et s'en sert. La folie serait-elle contagieuse ?
Ou la hantise...
Superbe film ! Seule une femme pouvait réussir à mettre en images une telle histoire !

Livre de sang (Book of Blood) de John Harrison (2008)
Adapté des oeuvres de Clive Barker: *The Book of Blood* et *On Jerusalem Street*.
Le livre de sang est écrit sur la peau d'un zombie qu'un tueur à gages s'apprête à écorcher, car son commanditaire lui a commandé la peau de ce type « en un seul morceau ». Le corps écorché est une obsession dans l'œuvre de Clive Barker.
Le tueur à gages est fasciné et demande à sa victime de raconter avant de le tuer...
Un meurtre ignoble avec écorchage du visage est commis dans une maison, et ceci en punition des péchés de cette pauvre jeune fille.
Une prof de paranormal qui boit veut faire une enquête dans cette maison. Un de ses élèves a des dons de prémonition. Elle lui demande de l'aider. Elle a aussi un assistant technique qui est un ami très proche.
Une histoire de hantise, mais à la Barker !
Il est question d'une fontaine de sang, d'un pédophile assassin, de culpabilité... Il y a aussi des libellules !
Une très belle histoire. Un excellent film.
La réalisation et le jeu des acteurs mettent beaucoup de profondeur dans l'univers de Clive Barker.

Necronomicon (Le livre de Satan) de Leigh Scott (2008)
Sortie directe en DVD en octobre 2012.
Ça se passe en Louisiane, sans doute pour faire un peu plus Vaudou, car toutes les histoires de Lovecraft se déroulent dans le Massachusetts.
En effet ce film est une adaptation de la nouvelle *L'abomination de Dunwich* de Lovecraft.
Le sous-titre du film (Le Livre de Satan) n'a rien à voir avec l'histoire où il n'est jamais question de Satan et le commentaire du début (« Les Watheley célébraient le culte de Satan et du Vaudou ») n'a rien à voir avec Lovecraft qui était athée... Mais, ensuite, le film va rester très fidèle à l'esprit de Lovecraft, car il ne sera plus question de Satan et du Vaudou.
Donc, comme tout lecteur de Lovecraft le sait, une femme de la famille des Wathelay, accouche de deux jumeaux dont l'un est monstrueux.

On assiste ensuite à une espèce d'exorcisme qui a lieu dix ans plus tard dans cette même maison, cérémonie dans laquelle intervient un objet en forme de pyramide qui fonctionne comme le cube maléfique de Hellraiser...
Puis on va dans une classe de lycée où il est question de Cthulhu. Enfin !
Le vieil homme qui a procédé à l'exorcisme retrouve le professeur à la fin de la classe, et ils échangent ces mots que tout lovecraftien reconnaît bien :
N'est pas mort ce qui à jamais ne dort
Et au cours des siècles même la mort peut mourir.
Il y a aussi des filles sculpturales (ça ce n'est pas très lovecraftien) dont l'une est enlevée par Wilbur Watheley pour la donner à manger à son frère monstrueux.
Tout le monde cherche la page 751 du Necronomicon qui a disparu de toutes les copies connues. Là on sort complètement de la nouvelle *L'Abomination de Dunwich*, mais on reste chez Lovecraft. Wilbur Watheley est joué par Jeffrey Combs, le seul acteur véritablement et génialement lovecraftien.
Il faut donc retrouver l'original du Necronomicon.
Dommage que le monstre est assez nul. Le réalisateur aurait mieux fait de le suggérer plutôt que de montrer de flasques tentacules et une bouche aux dents pointues au milieu d'un nuage avec quelques tentacules.
Yog Sottoth ! J'aime quand même tous ces films lovecraftiens.

Infectés d'Alex Pastor, David Pastor (2008)
Quoi de meilleur qu'un film post apocalyptique pour traiter de la nature humaine ?
Deux jeunes hommes (des frères) et deux jeunes femmes roulent vers l'océan. Ils tentent de survivre à une épidémie qui ravage l'espère humaine.
Pour y parvenir, il faut être sans pitié. Il faut se mettre en situation : on n'est plus dans le même monde qu'avant. Dans ce monde de l'épidémie, la morale n'est plus la même, les sentiments il faut les laisser dans le monde ancien et peut-être alors le présent pourra exister, mais l'espoir est sans avenir...
Un excellent film, si bien filmé, avec des effets de caméra très étudiés, une photographie extraordinaire.

Thirst, ceci est mon sang de Park Chan-Wook (2008)
Un prêtre se soumet à une expérience au cours de laquelle il meurt, mais revient à la vie grâce à une transfusion sanguine...
Il est devenu un vampire...

Infestation de Kyle Rankin (2008)
Joli petit film de série B avec de très bons effets spéciaux sur ces insectes géants qui ont infesté la terre entière et qui risquent d'anéantir l'espèce humaine. Avec cet humour spécifique à la série B qu'on ne retrouve nulle part ailleurs.

The Wolfman de Joe Johnston (2008)
Une variation du film homonyme de l'Universal. Pas très original, mais regardable.

La Comtesse de Julie Delpy (2008)
L'histoire de la fameuse comtesse sanglante Erzebet Bathory (1560-1614) qui faisait enlever et assassiner de jeunes filles vierges pour se baigner dans leur sang. Elle a contribué, avec le comte Dracula, au développement des légendes sur les vampires.
Ce film présente une vision romantique de la comtesse hongroise.

C'est une histoire d'amour entre elle, veuve d'âge mûr d'un grand guerrier qui avait fait sa gloire contre les Turcs et un jeune homme.
L'histoire est racontée par ce dernier, qui doutera toujours des accusations qui seront portées contre elle.
La comtesse était devenue folle d'amour, elle en avait vraiment perdu la raison. C'est la thèse du film.
L'homme en noir et la sorcière sont bien sûr présents, comme le dit la légende, mais ne sont pour rien dans l'horreur de la dame… Contrairement à la légende populaire…
Après de nombreuses années de meurtres horribles, sur lesquels la monarchie et l'Église avaient fermé les yeux, elle finira par être arrêtée parce cela était favorable aux projets du roi qui devait beaucoup d'argent à la comtesse.
Ce film peut paraître ennuyeux, car il ne correspond pas aux canons du film d'horreur, mais c'est un très bon film.
De plus, il a un côté documentaire sur ce personnage historique.
C'est la réalisatrice, Julie Delpy, qui joue le rôle de la comtesse.

It's Alive (Le Monstre est vivant) de Josef Rusnak (2008)
C'est le remake du film homonyme de Larry Cohen (1973) qui avait tant effrayé.
Ce film est sorti directement en DVD, il n'a pas eu l'honneur des salles de cinéma. Dommage.
Le thème : sales gosses ! Et quoi qu'il arrive, une mère est une mère et défend son bébé envers et contre tout.
Avec une citation de Charles Dickens : « Chaque enfant né dans ce monde est plus joli que le précédent »
Bien que moins terrifiant que l'original, le réalisateur joue ici sur une tension.
La mère, donc, pardonne tout à son enfant qui dévore les gens. Vous y croyez ? Ben justement, c'est tout l'art du film de réussir à nous le faire croire…

Blood Creek de Joel Schumacher (2008)
Un film de Joël Schumacher qui n'est jamais sorti en salles en France!
On sent le manque de moyens quand on constate que ce film est tourné en Roumanie.
Les nazis chassent les pierres runiques pour donner l'immortalité à la race supérieure. Mais à quel prix !
Cette immortalité transforme l'agent nazi en une espèce de zombie vampire qui réveille les morts… Ainsi on aura les zombies classiques, les anciens serviteurs qui ont donné leur sang à ce nazi pour en faire ce qu'il est, et d'autres assez nouveaux, comme un cheval zombie.
Mais ne riez pas : certaines scènes sont très éprouvantes. Ce film est bon.
« Ils sont morts !
Ils ont de la chance : ils sont libres »
Il est toujours fécond le ventre qui engendra la bête immonde !

Giallo de Dario Argento (2008)
Dario Argento a assuré aussi le scénario et son vieux complice, Sergio Stivaletti, a assuré les effets spéciaux, c'est peu dire de la qualité de ceux-ci.
Donc : superbe film, très beau scénario, terrifiant, éprouvant.

Le titre est un hommage au genre cinématographique dont Argento s'est fait la spécialité : le « Giallo », ce mot voulant dire « jaune » en français, de la couleur des collections de livres policiers... Mais la couleur jaune est aussi importante dans le film, car elle permettra de découvrir le coupable.
Comme toujours, Argento offre au spectateur des plans stupéfiants, qui, pourraient apparaître comme banals avec quelqu'un d'autre à la caméra, mais qui sont frappants avec lui, comme, par exemple, le plan de travelling autour de la voiture au début du film, plan qui dramatise la scène somme toute banale d'une belle jeune fille qui monte dans un taxi.
Nous sommes à Turin, haut lieu de la mode, avec plein de belles jeunes filles bonnes à assassiner sous d'horribles tortures. Car Argento est toujours aussi sadique avec les jolies filles. Quelle horreur.
En effet, un sadique enlève de belles femmes et les défigure à petit feu...
Dans les films de ce genre, souvent on ne montre que le résultat, là on vous montre tout le processus.
Le flic est hors norme. Il ressemble à l'assassin qu'il traque, intérieurement... C'est un thème cher à Argento.
On a donc le droit d'avoir une petite analyse psychologique du tueur et du flic.
Ne regardez pas ce film si vous êtes dépressifs...

Les Chroniques de Spiderwick de Mark Waters (2008)
La faune et la flore du Monde Invisible dont parle le fabuleux ouvrage d'Arthur Spiderwick...

Dégel de Mark A. Lewis (2009)
L'écologie comme prétexte d'un film d'horreur.
Ah ce réchauffement climatique, que ça fait peur !
Imaginez-vous que ce changement de climat décongèle un mammouth conservé congelé jusqu'à nos jours. Et devinez : ce cadavre contenait un parasite, qui, lui est resté vivant, et très dangereux...
Pas mal comme idée non ?
Sales petites bestioles. Faut pas qu'elles se répandent sur Terre. Surtout pas !
Mais il y a un écologiste intégriste qui pense que tout simplement, pour préserver la planète il faut en éliminer l'espèce qui la détruit : l'humanité !
Alors gare !
Autrement l'histoire est d'un affligeant classique. Il y a même le con qui ne dit pas qu'il est infecté...

Hidden de Pal Oie (2009)
Un accident horrible avec la présence de deux enfants.
Puis, plus tard (19 ans, on croit le comprendre) un jeune blond revient pour le décès de sa mère, avec qui il avait sans doute eu beaucoup de problèmes. Il se passe des choses bizarres, étranges et inquiétantes dans la maison.
Le rythme est lent. Les plans énigmatiques. Petit à petit on comprend.
Ce film est comme un verre de Vodka : on la verse, on dirait de l'eau, de l'eau c'est fade, insipide, et quand on la boit, c'est chaud et fort, Ça monte à la tête.

Outlander le dernier Viking de Howard Mc Cain (2009). Un vaisseau spatial tombe sur Terre dans un lac nordique. Cela se passe à l'époque des Vikings... Belle idée de rassembler les Vikings et les extraterrestres.
Ce vaisseau contenait un extraterrestre humain et un monstre prédateur quasiment invincible.
L'extraterrestre c'est Kainan et le monstre c'est Moorwen.
Ce dernier va semer la désolation chez les Vikings alors que Kainan, d'abord prisonnier des guerriers nordiques, va devenir un précieux allié pour affronter le monstre qu'il connaît si bien.
Bien construit et bien joué. Très agréable.

Dead Snow de Tommy Wirkola (2009). Un film délirant!
Deux voitures de tourisme roulent vers une destination, semble-t-il, de loisir. Alors là ils cumulent le classique.
Les dialogues des jeunes gens et jeunes filles sont ennuyeux. C'est aussi classique...
Quelques références ciné pour l'ambiance : *Vendredi 13, Evil Dead 1 et 2*, et... *Week End de Terreur*... quoi ? Le gars qui fait de la motoneige s'époussette une fois rentré dans le chalet. Il ferait pas mieux de le faire à l'extérieur ?
« Il y a quelqu'un dehors ! » M..., on se croirait dans *Scream 2*...
Les paysages sont splendides. Tout ce blanc...
Le coup classique de la fille qui se coupe un doigt en coupant des carottes. Des carottes, hein ? Vu les dialogues. La fille qui baise avec le plus moche est la première à se faire tuer !
Les zombies font de la buée avec leur haleine... et ils sont très cons, mais très costauds. Mais pas aussi cons que les humains. Ces zombies sont faciles à tuer, mais ils se réveillent peu après.
En fait, qu'est-ce qu'on rigole ! Je vais aller de ce pas regarder *Dead Snow 2*. Ça c'est de la série B. De la série B-Z même. Toujours regarder jusqu'à la fin du générique.

Repo Men de Miguel Sapochnik (2009)
Le film commence avec une voix off qui raconte l'expérience de pensée du chat de Schrödinger avec une petite erreur : il ne faut pas oublier de préciser qu'il s'agit de désintégration d'un atome dans la boîte où se trouve le chat, et si désintégration il y a, cela fait tomber un marteau sur une fiole de poison qui s'échappe et tue le chat. La désintégration de l'atome est la base de l'expérience de pensée de Schrödinger faite en 1935 pour expliquer l'état de superposition de la mécanique quantique...
Enfin... tel n'est pas en fait l'objet de l'histoire de ce film.
Comment quelque chose peut-il être à la fois vivant et mort ?
Les gens se font implanter des organes artificiels qui coûtent très cher. Et s'il ne paient plus, des agents sont chargés de récupérer ces organes, très violemment...
« Tout est marchandise » comme disait notre vieux pote juif Marx. Et la règle de base du contrat commercial est qu'il faut le faire respecter... Mais quand on est chargé de le faire respecter et qu'on l'a soi-même signé...
Donc, le corps humain est ici considéré comme une marchandise avec pièces de rechange.
C'est toujours très intéressant de changer de camp, d'aller voir en face comment ça se passe...

Il y a aussi une belle histoire d'amitié.
Ce film est adapté du roman The Repossession Mambo d'Eric Garcia qui a signé aussi le scénario.

L'Exorcisme de Manuel Carballo (2009)
Une adolescente est victime d'une crise ressemblant à une crise d'épilepsie. Mais après examens médicaux approfondis, la faculté constate qu'elle n'a rien.
En fait, elle a besoin d'un exorcisme, car elle est possédée. Son oncle est prêtre : elle lui demande de pratiquer sur elle un exorcisme. Mais les parents de la jeune fille refusent d'autant plus que le prêtre a été révoqué, car sa patiente est décédée lors d'un précédent exorcisme.
Le diable fout un de ces bordels ! C'est comme ça qu'il parlerait, le diable…
L'exorcisme est traité ici sous un nouvel angle.

The Hole de Joe Dante (2009)
J'aime la première scène qui filme l'intérieur d'un pot d'échappement! Du Joe Dante pur sucre.
La cave de leur nouvelle maison est superbe. Sur le sol, ils trouvent une trappe fermée avec six cadenas. Ils réussissent à l'ouvrir…
Il y a un jeune garçon et son petit frère et la jeune voisine avec un débardeur moulant. Mais elle changera vite de tenue…
Une fois la trappe ouverte, on s'aperçoit qu'elle cachait un trou noir, très noir, et sans fond !
La mère du jeune homme et de son petit frère est partie travailler.
Et voilà que le trou « engendre » un clown pantin terrifiant, une petite fille à qui il manque une chaussure et qui pleure des larmes de sang…
C'est superbement bien filmé (c'est important ça, non ?). La photo est superbe !
On voit un extrait de Godzilla à la télé (tout a un sens dans les films de Dante…)
Les dessins ont de l'importance aussi, et les ampoules électriques.
Chacun a sa part de mystère, de ténèbres…
« Tu as eu peur toute ta vie » dit le père du jeune homme.
« Plus maintenant ! » Rétorque-t-il.

Lady Blood de Jean-Marc Vincent (2009).
C'est la suite du film Baby Blood d'Alain Robak (1990). L'esprit de baby blood habite toujours sa mère. Il se transpose des uns aux autres pour une goinfrerie cannibale!

Cargo d'Ivan Engler et Ralph Etter (2009)
Ça commence par une fille en blanc qui piétine un champ de blé.
Un long voyage spatial, un passager clandestin.
Mais pourquoi sont-ils allés là-bas ?
Un film inspiré de l'univers de faux-semblants de Dick.

The Box de Richard Kelly (2009)
Film tiré de la nouvelle de Richard Matheson Le Jeu du bouton (Button, Button 1970)
La nouvelle commence ainsi : « Le paquet était déposé sur le seuil de l'appartement… »
Le film ne commence pas comme ça. C'est dommage. Il commence par une explication (c'est un peu lourd, mais…) : un type était mort gravement brûlé et ressuscité et il y a des recherches sur Mars…

Enfin, la boîte est trouvée sur le seuil de la maison à 5 H 45 du matin !
On apprend que la famille a des problèmes (graves) d'argent.
L'homme qui a amené la boîte a laissé un mot disant qu'il viendrait à 17 H C'est un homme défiguré joué par Frank Langella (excellent) qui se présente avec l'alternative suivante : « Si vous appuyez sur le bouton de la boîte, une personne que vous ne connaissez pas mourra, mais vous toucherez un million de dollars... » Curieux non ?
Bien sûr, on comprend (et on en aura la confirmation plus tard) qu'il s'agit de l'homme ressuscité.
Cela a l'air tiré par les cheveux, comme toutes les énigmes de Matheson, mais cela a un sens profond et même plusieurs sens que vous découvrirez en regardant le film.
Le film est émaillé de citations qui vous donneront une idée de la philosophie de l'histoire :
« Alors tu vas appuyer ou pas ? » Demande le mari... C'est aussi ce que le spectateur se demande après 27 minutes de film...
« Les gens, est-ce qu'on les connaît vraiment ? » demande le mari ...
« Toute technologie suffisamment avancée est indiscernable de la magie. » Cité par l'enfant et attribué à Arthur C. Clark dans sa « troisième loi... »
« Libre ou pas libre, à chacun de choisir ! » Jean-Paul Sartre.
Vous noterez que les citations sont toujours celles des hommes. D'ailleurs seules les femmes appuient sur le bouton. Matheson est-il misogyne ?
Puis le spectateur est jeté sur des chemins de traverse : paranoïa ? Complot ? De qui ?
Du pur Matheson.
Mais ce simple geste d'appuyer sur le bouton, c'est l'instant du diable... et l'espèce humaine est en jeu : serait-elle l'espèce du diable ?

Le Territoire des ombres (1) le secret des Valdemar de José Luis Aleman (2009)
DVD sorti en juin 2013
Ce film se réclame de Lovecraft. En fait il est vaguement inspiré de quelques histoires de Lovecraft et surtout il utilise quelques noms de lieu et le *Necronomicon*, sans même le nommer. L'histoire ressemble de loin à *L'affaire Charles Dexter Ward*...
Le générique avec les poupées est superbe.
Le reste du film n'est qu'une introduction à la suite que nous attendons avec impatience...
Un type envoyé pour l'expertise du manoir des Valdemar ne revient jamais. En fait, l'agent immobilier se demande s'il y est vraiment allé.
Ils envoient Luisa.
Le manoir n'est pas accueillant. Mais le cinéaste ne parvient pas vraiment à instiller l'inquiétude dans l'esprit du spectateur.
Luisa disparaît aussi. Le spectateur assiste à son « enlèvement »...
Quelqu'un est recruté pour la retrouver : Nicolas accompagné de Nora, la présidente de la fondation Valdemar, qui lui raconte le passé du manoir. Ce château est surnommé : la maison qu'on évite.
Le couple de l'agence immobilière y va aussi.

Valdemar était photographe et occultiste. Enfin, c'était surtout un illusionniste, il simulait la visite des défunts. Il tenait un orphelinat au sein du château.
Jusqu'à ce qu'il rencontre le « magicien » Crowley...
Enfin, un mélange d'un tas d'histoires d'autres films du courant espagnol de l'horreur aromatisé d'une ambiance vaguement lovecraftienne.
Vivement la deuxième partie !

Le Territoire des Ombres (2) : le Monde interdit de José Luis Aleman (2010)
La suite du premier...
Ah ! Enfin ! Ils citent le nom du livre : le Necronomicon. Et il y a même Lovecraft ! Il veut acheter le Necronomicon.
Cette deuxième partie est aussi longue à démarrer : les différents protagonistes sont enfin réunis après 42 minutes de film.
Cthulhu est bedonnant. Il y a 666 victimes sacrifiées. (le nombre de la bête dans l'Apocalypse de Jean...)
C'est Charles Dexter Ward qui sévit.
Dommage d'avoir esquinté cette belle histoire de Lovecraft.
Cette deuxième partie ne tient pas les promesses de la première.

The Last Lovecraft : Relic of Cthulhu de Henty Saine (2010)
Citation de Lovecraft : « *Le monde est sans doute comique, mais la farce c'est l'humanité.* »
Découverte d'une sculpture maudite en Égypte. Mort atroce de deux plaisanciers sur leur bateau en pleine mer.
Cette relique d'Égypte n'est que la moitié d'un tout. L'autre moitié est entre les mains de vieux érudits qui doivent la remettre au descendant de Lovecraft.
Ce descendant est un jeune homme timide. Lui et son ami se voient donc confier cette moitié de relique. Face au refus du descendant d'HPL de garder la relique, son ami sort un comics (Tales from the Deep) qui raconte l'histoire plus ou moins adaptée de Cthulhu et des Anciens. Ils vont trouver un « spécialiste » de Lovecraft qui les emmène voir quelqu'un de vraiment expérimenté.
Tout est tourné en dérision sur le mode comique. Les créateurs de ce film ont reculé devant les difficultés d'adaptation des œuvres de Lovecraft et les tournent donc en dérision.
Par ailleurs il est beaucoup question de sexe (en parole seulement), d'homosexualité, ce qui est aux antipodes de l'œuvre de Lovecraft.
Ceux des profondeurs... Les Soggoths... et « adorateurs de poissons »... Le rejeton des étoiles... Et ça finit dans les montagnes hallucinées...

Mutants de David Morley (2009)
Un film de zombies de plus?
Si on veut.
Ce petit film français mérite d'être vu. Il recentre l'histoire de zombie sur l'effet de la transformation d'un proche.
C'est sans doute aussi son défaut.
Mais ce n'est pas le seul. Le scénario est un peu faible.
Mis à part ça, il se laisse regarder. À condition d'aimer les films de zombie...

Predators de Nimrod Antal (2009). Un film de série B assez intéressant.

Des humains sont parachutés sur une planète infestée de Predators pour leur servir de gibier. On passe un bon moment. Les Prédators sont bien rendus. Je n'aime pas trop l'acteur Adrian Body dans ce rôle...

Solomon Kane de Michael J. Basset (2009)

Solomon Kane est un personnage créé par Robert E Howard, le créateur de Conan. Howard s'est suicidé à l'âge de 30 ans. Il a laissé des textes inachevés. Les textes de Howard sur Conan ont été développés par Louis Sprague de Camp, Lin Carter et Björn Nyberg. Conan le conquérant est le seul roman de Howard de la série.

Solomon Kane est un personnage différent de Conan. C'est un Ange guerrier qui combat le mal sur Terre représenté par les démons, la sorcellerie, les zombies...

En tous les cas le film montre bien ce monde de Howard, monde terrifiant qui justifie la violence, seul moyen possible à utiliser contre toutes ces créatures diaboliques.

Djinns de Hugues Martin et Sandra Martin (2009). Un très beau film sur la guerre d'Algérie.

Pas manichéen.

En février 1960, une section de l'armée française est envoyée dans le désert algérien à la recherche d'un avion disparu. Les soldats le retrouvent et ramènent une mallette métallique fermée par une serrure à code. Ils sont attaqués par des fellaghas. Ils se réfugient dans une forteresse en plein désert, dans le territoire des djinns.

Les djinns sont des démons de l'air. Ils vous possèdent et vous rendent fou.

Sans abus d'effets spéciaux, le film vous tient en haleine du début jusqu'à la fin.

Il n'y a pas de gentil et de méchant. Tout le monde souffre de la guerre.

La guerre est horrible, cruelle, et les djinns en feront leur alliée...

Un film à voir.

Il est rare qu'un film français s'attaque à ce sujet aussi difficile avec un thème fantastique.

Ici c'est très réussi. Le scénario est très habile et le film très bien réalisé.

Black Death de Christopher Smith (2009)

Un film terrifiant.

Au Moyen Âge, une équipe de mercenaires chrétiens est envoyée par l'évêque dans un village isolé dans un marais parce que dans ce village personne n'a été atteint de la peste qui a tué la moitié de la population du royaume. Il ne peut donc s'agir, selon l'homme d'Église, que de sorcellerie.

Ici on montre la réalité crue et cruelle de cette époque et de la guerre. Et de l'épidémie de peste.

Une succession d'horreurs. Les combats ne sont pas stylisés, ils sont brutaux et sanglants, la chair est arrachée, le sang gicle. La maladie est atroce.

Au nom de la religion, on se rend coupable de toutes les cruautés, et au nom de la foi on fait de terribles erreurs. Mais les athées ne sont pas mieux lotis...

Terrible film qui montre le fond de la nature humaine.

Lord of Light de Brian A. Metcalf (2009). DVD sorti en 2012 chez Condor. Une petite histoire d'aventures genre Fantasy, avec quelques thèmes classiques décalqués et quelques erreurs de plan et de montage.

On y trouve donc le nécromancien avec de grands pouvoirs, la démonologie, les zombies et autres monstres.

Tout cela manque un peu d'imagination, c'est normal c'est un film qui reprend les thèmes classiques.
Quant à la fin, ça n'en est pas une... et ne soyez pas désespérés.
Malgré tout, ce film se regarde.
Survival of the Dead de George A. Romero (2009)
Le troisième opus de la seconde trilogie de Romero qui avait commencé par *Land of the Dead* (très bon film) suivi par *Diary of the Dead* (Pas terrible)...
Donc ce film est en fait la suite du précédent, car une scène se réfère à *Diary of the Dead*.
Cette fois, malgré l'admiration et l'affection que je porte à Romero, ce film ne m'a pas emballé du tout.
On ne sait pas si c'est du lard ou du cochon...
Les maquillages ne sont pas très bons...
C'est la même histoire que celle de la série *Walking Dead*...
Mirrors 2 de Victor Garcia (VI) (2009)
Une séquelle du *Mirrors* d'Alexandre Aja. Cette séquelle n'est pas sortie en salles. Direct en vidéo.
La vengeance, via les miroirs, d'une morte assassinée
Un petit film de série B qui tient la route. On attend en 2011 du même réalisateur : *Hellraiser : Revelations* !
Triangle de Christopher Smith (2009)
"Triangle" c'est le nom du bateau que les personnages du film prennent pour aller en haute mer faire de la voile. C'est aussi le "triangle" des Bermudes...
On voit arriver plusieurs personnes qui embarquent sur un voilier et ils quittent le port à bord.
Puis, ils traversent une tempête aussi soudaine et si violente qu'elle fait chavirer le frêle esquif. Ils sont naufragés et ils croisent un paquebot. Ils montent à bord et c'est un vaisseau fantôme.
La jeune femme qu'on a vue arriver en dernier sur le port finira par comprendre qui sont ces fantômes et comment elle est impliquée dans cette "hantise"
Un excellent scénario, un film original sur un vaisseau fantôme.
Terreur (Dread) d'Anthony DiBlasi (2009)
Basé sur la nouvelle *Dread* de Clive Barker.
Ils jouent bien ces deux petits jeunes (Stephen et Quaid)
« Vivre la terreur d'un autre par procuration » c'est le sujet de thèse de cinéma proposé par Quaid, qui a vu, enfant, ses parents assassinés à coups de hache... Le thésard c'est Stephen. Il aurait mieux fait de ne pas le rencontrer ce Quaid.
« Dévoiler le côté sombre qui est en nous ? » Questionne l'amie de Stephen en riant. Elle finit par témoigner elle aussi (après plein de témoignages barbants) qu'elle a été agressée sexuellement par son père quand elle était petite. Son père travaillait dans un abattoir, lieu de prédilection de Clive Barker.
À chacun son traumatisme, comme cette amie de Stephen qui est affublée d'une énorme tache de vin sur tout le corps.
« Être sexy, c'est un truc unique ! » S'exclame Quaid pour la consoler...
Quaid a d'autres motivations que la thèse...

Ce film est très oppressant. Il est très bien réalisé...
On s'attend à ce qu'il arrive quelque chose d'atroce à tout moment...
Et ça arrive ! et pas qu'une fois ! Il suffit d'un révélateur de l'horreur...
Très tiré par les cheveux, mais insoutenable, écœurant, révoltant, exaspérant...
Un film très dérangeant...

[REC]² de Jaume Balaguero et Paco Plaza (2009)
Et voici le numéro 2 de *REC*.
Nous retournons donc dans l'immeuble infesté par les zombies et isolé du reste du monde par les autorités.
Cette fois on multiplie les caméras pour avoir plusieurs angles de vue. Quatre flics super armés sont chacun équipés d'une caméra. Ils investissent le bâtiment, accompagnés d'un médecin chargé de trouver un remède afin d'éviter l'épidémie. Le suspense est intense. Cette « rage » des « zombies » est très contagieuse. Attention à la morsure. Mais est-ce bien une « rage » ?
Les réalisateurs ne jouent pas le jeu puisqu'au milieu du film tous les gens porteurs d'une caméra sont hors service et une autre caméra prend la relève en reprenant depuis le début. Je trouve que c'est une faiblesse du scénario... D'autant plus qu'on changera encore de caméra en fin de film.
Quand il y a une catastrophe, il y a toujours des connards qui sont là où il ne faut pas être ! Quelle bande de cons ! D'ailleurs ce film est un véritable traité sur la connerie humaine.
Il s'avérera que cette maladie n'en est pas une, mais est quelque chose de surnaturel...

L'Assistant du vampire de Paul Weitz (2009)
Tiré d'un feuilleton. Très inspiré du chef-d'œuvre *Freaks* de Tod Browning (1932). Le fameux mythe de la parade des monstres.
Les vampires ne procèdent pas de la manière habituelle pour se nourrir. Elle est plus propre.
Un petit jeune propre sur lui accepte de devenir un vampire pour sauver son copain.
Il intègre donc le cirque des monstres comme assistant du vampire.
Son copain devient aussi vampire, mais méchant.
Tout cela est bien rendu, les monstres sont parfaitement monstres.
Amusant, rafraîchissant, mais ça saigne aussi (hors champ)

Grace de Paul Solet (2009)
Sortie directe en DVD en 2011
Une jeune femme tombe enceinte. On assiste même à la conception, puis les plans sont entrecoupés et ponctués d'images dégoûtantes. Dans la réalité, la maman reçoit des « signes » : tranche de foie sanguinolente, cadavre de rat amené par le chat, belle-mère autoritaire...
Tout est réuni pour montrer qu'une naissance est... dégoûtante.
Le bébé est mort-né ! Après un accident de la route qui a vu la mort du père, mais pas de la petite maman enceinte.
À la télé aussi il y a des images dégoûtantes.
Mais l'enfant renaît.
Maman d'un monstre ! C'est dur...

Il y a eu beaucoup de films dans lesquels la femme est maman d'un monstre : *Simetierre, Le Monstre est vivant* (et toutes ses séquelles) et son remake *It's Alive, Baby Blood, Wake Wood*, etc.

Les Chroniques de Mars de Mark Atkins (2009)

Alors que le film John Carter sort sur les écrans, il est bon de se souvenir de ce petit film qui reprend le roman de Burroughs *La Princesse de Mars*.

Un très petit film qui a le mérite de ne pas se prendre au sérieux, qui adapte l'intrigue à notre période contemporaine et l'intérêt de cette histoire c'est qu'elle traite de la machine qui fabrique de l'oxygène sur Mars… D'ailleurs, pour la vraisemblance, le scénario situe ce Mars comme une planète d'une étoile lointaine.

Ça passe le temps de regarder ce film…

Against the Dark de Richard Crudo (2009). Épidémie de zombies… des vampires, car ils ne sortent que la nuit.

Steven Segal s'est produit ce film pour lui-même. Tourné en Roumanie comme beaucoup de films de série B.

L'action se déroule dans le dédale des couloirs d'un hôpital (ça ne coûte pas cher en décors).

À l'extérieur, les survivants les plus nombreux sont des militaires, logique.

On nous fait le coup classique du gros méchant général qui veut « stériliser » le secteur…

Underworld 3 Rise of the Lycans de Patrick Tatopoulos (2009)

Le film commence avec une voix off et ensuite il fait tout le temps nuit… On n'y voit pas grand-chose et cette histoire de Romeo et Juliette n'est pas originale. La fin est un peu niaise.

Tatopoulos est un excellent artiste créateur des effets spéciaux, mais il a encore beaucoup à apprendre comme réalisateur.

Watchmen de Zack Snyder (2009)

« Le rêve américain: où est-il passé?

Ouvre un peu les yeux, il est là. »

Un "gardien (Rorschach) recherche le meurtrier de l'un des Watchmen, le Comédien.

Un fond politique, une enquête décalée pleine de flash-back… Nixon, la guerre au Vietnam. Le Dr Manhattan est issu d'une expérience de physique quantique ? Il est amené à jouer un rôle dans la guerre froide. Quelqu'un semble vouloir éliminer les Watchmen l'un après l'autre.

« Tout le monde va mourir !!

Et l'Univers ne se rendra compte de rien. »

On n'a rien sans rien, hein ?

Un superbe film : pas linéaire pour un rond (ah ah ah !)

Il y a des monuments de cinéma dans ce film.

Dans la Brume électrique de Bertrand Tavernier (2009)

Une histoire policière dans les bayous de Louisiane avec une greffe fantastique assez artificielle. L'ambiance est ratée comme le film.

Humains de Jacques-Olivier Molon et Pierre Olivier Thévenin (2009). Un survival dans la montagne sauvage suisse. Un énième dérivé de *Delivrance* de John Boorman, avec ici, comme originalité, le danger représenté par l'autre espèce humaine.

X-men Origins : Wolverine de Gavin Hood (2009)
Un film d'action qui n'apporte pas beaucoup à la mythologie des X-men.
Star Trek de J.J. Abrams (2009)
Superbe film de science fiction, qui, dit-on, ne déçoit pas les Trekkies. Enfin pas tous.
Prédictions d'Alex Proyas (2009). Accidents super bien réalisés. Histoire de fin du monde. La fin n'est toujours qu'un recommencement. Je n'aime pas trop Nicolas Cage comme acteur.
Transformers 2 la revanche de Michael Bay (2009)
La suite donc. J'aime beaucoup Michael Bay, là son talent se confirme avec un vrai film d'action. Mais le film ne m'emballe pas, contrairement au premier.
Twilight – chapitre 1 fascination de Catherine Hardwicke (2008)
Une adaptation de la trilogie bit-lit de Stephenie Meyer. La société a accepté l'existence des vampires qui vivent donc parmi nous. Une jeune fille tombe amoureuse de l'un d'eux.
Ça se laisse regarder, mais il paraît que les ados sont quasiment accrocs à ce film qui va donc voir sortir ses deux suites.
Jusqu'en enfer de Sam Raimi (2009)
Joli petit film d'horreur. Le thème classique de l'objet maudit dont il faut se débarrasser sinon ça sera terrible pour vous. Une jeune femme travaillant dans une banque refuse un prêt à une gitane parce qu'elle veut se faire bien voir par son patron. Elle est victime d'une malédiction de la gitane. Elle va chercher à s'en débarrasser...
Un film excellent.
Terminator 4 renaissance de McG (2009)
Nous voici en 2018 en compagnie de John Connor qui dirige les combats des humains contre les machines. Le film ne tient pas les promesses de la bande-annonce.
Vendredi 13 de Marcus Nispel (2009)
Le film est produit par Sean S. Cunningham le réalisateur du premier *Vendredi 13*
Marcus Nispel a déjà réalisé un remake réussi de *Massacre à la tronçonneuse* (2004). Ici il reprend (avec l'aide des scénaristes) plusieurs éléments de la saga des *Vendredi 13* pour un film somme toute très classique, mais très bien réalisé.
Ça commence classique : il pleut, il tonne, il y a des éclairs et une belle jeune fille court dans la forêt en hurlant de peur. Puis nous assistons au défilé des exécutions qui sont ici bien plus terribles que celles du premier film ; On a presque de la sympathie pour Jason ce nettoyeur de cons. Car on connaît le thème du film : une bande d'imbéciles très jeunes et baiseurs se font massacrer l'un après l'autre par Jason. Ici il trouve son masque de hockeyeur qu'il ne trouvera que dans les épisodes suivants dans la saga d'origine.
Voici donc la saga *Vendredi 13* :
Vendredi 13 (1980) Sean S. Cunnigham. – Le Tueur de vendredi (1981) Steve Miner – Meurtres en trois dimensions (Le tueur du vendredi 2) (1982) Steve Miner – Vendredi 13 chapitre final (1984) Joseph Zito – Vendredi 13 une nouvelle terreur (1985) Danny Steinmann – Jason le mort-vivant (1986) Tom Mc Laughlin – Vendredi 13 chapitre 7 un nouveau défi (1988) John Carl Buechler – Vendredi 13 chapitre 8 Jason conquiert Manhattan (1990) Rob Hedden – Vendredi 13 Jason en enfer (1993) Adam Marcus – Jason X (2002) James Isaac – Freddy contre Jason de Ronny Yu (2003)

Steve Miner a réalisé deux *Vendredi 13* et un *Halloween*.
(D'autres réalisations de Steve Miner dans la même veine : *House (1985) – Warlock (1990) – Lake Placid (1999) (Une petite allusion à Crystal Lake ?)*
Un autre :
Vendredi 13 d'Arthur Lubin (1940). Une histoire de greffe de cerveau.
The Midnight Meat Train de Ryunei Kitamura (2009)
C'est une adaptation de la nouvelle de Clive Barker *Le Train de l'abattoir* du recueil *Le Livre de sang* (1984).
Clive Barker, écrivain anglais, a donné à l'horreur une esthétique particulièrement fascinante. Il a également réalisé quatre films, dont l'un a donné lieu à de nombreuses suites (voir ci-dessous).
Un tueur massacre les gens dans le dernier métro de New York. Un photographe va être amené à le rencontrer. Il l'a repéré grâce à une photo. Avec sa sacoche contenant ses instruments de mort, le tueur fait penser à Jack l'éventreur. Ce tueur travaille dans un abattoir dans lequel plusieurs scènes se déroulent.
Il y a New York aussi : dans la nouvelle c'est le premier personnage dont parle Clive Barker.
Le métro est filmé de manière hallucinatoire. Les meurtres sont traités avec une horreur fidèle au style de l'écrivain qui est un des producteurs du film.
Quand on est mort, on n'est plus que de la viande !
Films de Clive Barker, né en 1952, Grand poète de l'horreur sadomasochiste, il a réalisé quelques perles noires parfois éprouvantes.
Harry Potter et le prince de sang mêlé de David Yates (2009)
Sixième opus des aventures du petit sorcier qui devient grand.
Si on aime, c'est bon, mais si on n'aime pas on s'ennuie. On a encore deux autres opus qui nous attendent...
Le Monde (presque) perdu de Brad Silberling (2009)
Sans grand intérêt si ce n'est les effets spéciaux.
After.Life d'Agnieszka Wojtowicz-Vosloo (2009)
Une jeune femme très fragile semble « malade des nerfs », au point de mal interpréter une annonce que son fiancé allait lui faire. L'interpréter à l'envers même !
Elle le quitte et part en voiture. Elle a un accident et se réveille sur la table de préparation du croque-mort en prévision de ses obsèques.
Elle est morte, mais le nie. Le croque-mort, magnifiquement joué par Liam Neeson, tente de la convaincre.
« Je ne suis pas morte !
Vous dites tous la même chose ! »
« Votre vie valait-elle de s'y accrocher ? »
« Les autres (...) ils ne voient pas ce que nous voyons ; »
Une philosophie de la vie. Un film très macabre, mais très pudique, très sentimental...
On a peur de voir des horreurs comme dans les films d'horreur classiques, mais ce n'est pas le cas. En fait c'est encore pire, car la mise en situation est affreuse...
Dommage qu'on s'attende à cette fin, en fin de compte... Mais pouvait-il en être autrement ?

Destination finale 4 de David R. Ellis (2009). Pas terrible, mais on peut aimer si on a aimé les aventures de la Mort des trois précédents..
Ultimate Game de Mark Neveldine et Brian Taylor (2009)
Pas vu...
District 9 de Neil Blomkamp (2009)
Drôle d'histoire. Ça ne tient pas debout, les combats sont ridicules, une armée moderne qui se contente de tirer à l'arme légère sur un monstre blindé et armé jusqu'aux dents...
Le scénario est faible avec une idée géniale de départ.
Des extraterrestres arrivés on ne sait comment sont parqués dans un bidonville en Afrique du Sud. Ne cherchez pas longtemps l'allusion idéologique...
Le chef de l'opération consistant à les transférer plus loin se transforme par accident en l'un d'entre eux et finit par aider leur "chef" à faire redémarrer le vaisseau mère qui lévitait depuis vingt ans au-dessus de Johannesburg...
La manière de tourner ce film comme des actualités télé est assez agaçante.
Tout le film est agaçant avec ses gros sabots idéologiques.
Pandorum de Christian Alvart (2009)
Dans un vaisseau spatial perdu, plusieurs passagers se réveillent et affrontent des monstres.
On ne voit presque rien, la plupart du temps l'écran est noir.
Un scénario imité de *The Descent*...
Sans intérêt.
Jennifer's Body de Karyn Kusama (2009)
Une jeune fille sacrifiée dans un culte satanique se transforme en démon sanguinaire. Mais ne vous inquiétez pas vous n'aurez pas peur.
Vous allez même vous ennuyer en regardant ce film réalisé uniquement pour l'actrice Megan Fox qui, pour le coup, a raté son coup...
Clones de Jonathan Mostow (2009)
Restons humains. Veillons à le rester et ne pas laisser des machines nous remplacer.
Une vieille philosophie de la SF, un vieil avertissement. Est-il vraiment réel ce danger ?
Je ne sais pas. Mais cette histoire ne m'a pas vraiment convaincu.
Le film est pas mal. Il se laisse bien regarder, particulièrement la poursuite entre le flic humain et sa collègue clone...
Bienvenue à Zombieland de Ruben Fleischer (2009)
Une équipe d'êtres humains tente de survivre dans un monde dominé par les zombies. Ces derniers sont plus dégoûtants qu'effrayants. Il y a de longs passages ennuyeux. On aimerait bien rire, mais on ne peut pas, on aimerait bien avoir peur, mais non...
2012 de Roland Emmerich (2009)
La fin du monde, quelques survivants et un monde nouveau... Fallait tout effacer pour recommencer.
Un film avec d'excellents effets spéciaux. Il vaut le coup pour ça.
Pour le reste...

Paranormal Activity de Oren Peli (2009). Très ennuyeux. Ne tient absolument pas ses promesses... Filmé comme un amateur, en amateur...

The Human Centipede de Tom Six (2009). Un homme est arrêté au bord de la route. Un camion s'arrête derrière lui. Le chauffeur en descend avec du papier toilette dans la main pour faire ses besoins. L'homme de la voiture en descend également, met l'autre homme en joue alors qu'il est occupé à déféquer.

Ensuite, deux jolies jeunes filles sont perdues dans les bois la nuit. Elles crèvent un pneu en roulant. Elles ne savent pas changer la roue. Une voiture survient avec un gros type qui leur dit des cochonneries en allemand. Elles trouvent une maison dans la forêt où se tient le type au fusil du début.

« Ce mec est bizarre ! » S'inquiète l'une d'elles.

Mais quelles sont donc ces expériences que réalise sur les humains ce type diabolique ? Il va l'expliquer de manière claire aux victimes. Il va greffer trois personnes entre elles bouche-anus pour obtenir des triplés siamois avec un seul tube digestif commun... Dit comme ça on n'y croit pas une seconde, mais c'est si bien filmé qu'on y croit !

Le film inflige aux spectateurs quelques scènes d'opérations chirurgicales insoutenables, parfaitement claires et compréhensibles. Pas de hors champ « explicatif » ici. Rien n'est épargné au spectateur...

L'opération réussit entre les deux jeunes filles et un jeune homme.

Quelle abomination ! Ce film est insupportable. Le summum de l'ignominie.

Ensuite, l'espoir naît par l'arrivée de la police... dont les hommes vont finir comme sujets d'expérience eux aussi. Mais le terrible docteur nazi va payer ses crimes.

Ignoble film, noir très noir. Il fallait oser...

Ils ont osé faire plusieurs suites...

Twilight chapitre 2 : tentation de Chris Weitz (2009)

Assez ennuyeux, beaucoup plus que le précédent opus. Les combats entre loups-garous et vampires sont bien faits.

G.I. Joe : Le réveil du Cobra de Stephen Sommers (2009)

J'adore. De l'action, des effets spéciaux, ça donne. On s'ennuie pas. C'est tout ce qu'on demande à ce genre de film, non ?

La Route de John Hillcoat (2009)

Film post apocalyptique. Quand c'est la fin du monde, il faut bien se nourrir et la seule ressource est encore les humains... Comment l'éviter ?

Esther (Orphan) de Jaume Collet-Serra (2009)

Un film assez terrifiant. Le problème c'est que pendant un très long moment on a du mal à y croire. Mais presque à la fin on apprend un fait qui explique tout et qui rend toute l'histoire absolument crédible.

Un couple adopte une petite fille après la perte d'un enfant. Cette fille a déjà 12 ans. Elle va amener l'horreur à la maison.

Ce film utilise avec art les trucs des films fantastiques à suspens, dont le principal consiste à tout montrer au spectateur et à l'énerver en montrant que certains personnages nient l'évidence, particulièrement le personnage souvent le plus stupide dans les films d'horreur : le psychiatre...

La Remplaçante (The Substitute) d'Ole Bornedal (2009). Dans ce film on annonce la couleur au spectateur dès le début : un extraterrestre arrive sur Terre, prend possession du corps d'une jeune femme. Il vient d'une planète qui ne connaît pas l'amour.
Donc cette jeune femme qui élevait des poulets se présente comme professeur dans un lycée et prépare l'enlèvement des élèves pour les emmener sur sa planète.
C'est grand-guignolesque, mais ça n'atteint pas son but. On n'a pas peur du tout, on ne rigole même pas et on s'ennuie à mourir.
Pourtant on sent bien qu'il ne manque pas grand-chose pour que ce soit une réussite : l'actrice est très bonne, les petits acteurs aussi et c'est bien filmé...
Alors qu'est-ce qui fait qu'on s'ennuie ?
Achetez le DVD et regardez-le pour vous faire votre propre opinion...
Daybreakers de Peter & Michael Spierig (2009)
Dans un futur proche, les vampires se sont rendus maîtres du monde. Mais ils ont décimé l'espèce humaine. Il ne reste plus que quelques humains et c'est insuffisant pour les nourrir.
Un chercheur vampire qui tente de découvrir un substitut au sang (comme dans la série *Trueblood*) va s'allier avec les humains encore libres et trouver une autre solution.
Cet excellent film de série B avec le non moins excellent Sam Neill, reprend tous les ingrédients du vampirisme à l'aune de la SF.
Les vampires sont classiques, ils meurent à la lumière du soleil ou quand on leur enfonce un pieu dans le cœur, mais ils vivent dans une société futuriste de haute technologie dont ils sont les maîtres.
Les scènes gore et d'horreur sont parfaitement réussies et nombreux sont les clins d'œil à d'autres films, à d'autres histoires de vampires... À vous de les découvrir.
Avatar de James Cameron (2009)
Encore un film anticolonialiste. C'est *Little Big Man* et *Apocalypse Now.* Les effets spéciaux sont stupéfiants. L'histoire est un peu téléphonée, mais ça ne fait rien, ça ne gâche pas le plaisir d'un spectacle prodigieux. Un peu trop manichéen, mais que voulez-vous, les USA n'en finissent pas de se repentir du génocide des Indiens et de la guerre du Vietnam...
Le Livre d'Eli d'Albert & Allen Hughe (2009)
Une histoire post apocalyptique et un tantinet biblique... La solution est dans le livre. Excellent film.
La Horde de Yannick Dahan & Benjamin Rocher (2009)
Un film de zombies français pas mal du tout. Avec plein d'hommages, de l'action, du gore.
« Ils vont venir nous chercher » se lamente un des personnages, un hommage rendu (bien sûr) au film de zombies de Romero La *Nuit des morts-vivants* (1968) dans lequel au début du film un jeune homme dit à sa sœur alors qu'ils sont dans un cimetière : « Ils vont venir te chercher Barbara ! ». L'utilisation des éléments de cette phrase est devenue courante dans beaucoup de films de zombies.
Le Dernier rite (The Haunting in Connecticut) de Peter Cornwell (2009)
Le cancer, la mort.

Une famille dont le jeune fils a un cancer emménage rapidement dans une maison à côté de l'hôpital où il subit son traitement. Mais cette maison a une particularité qui est cachée au spectateur. Il faut du suspens !

Mais on le saura à la 27e minute. Dans cette jolie petite famille avec des enfants, la hantise s'attaque au jeune cancéreux.

C'est macabre, mortuaire.

Un lieu de nécromancie avec une pratique macabre particulière.

Même scénario que *Poltergeist* de Tobe Hooper. Un peu arrangé.

La fin ? Trop beau pour être vrai !

Il y a une suite (voir plus loin en 2013)

The Presence de Tom Provost (2009)

Sortie DVD décembre 2012

Une fille toute seule dans une cabane en pleine forêt sur une île au milieu d'un lac. Toute seule ? Elle le croit. Mais il y a une présence, un type que nous voyons et qu'elle ne voit pas. Puis arrive le petit ami de la fille.

Tout est lent, ennuyeux peut-être, mais si beau à voir.

Vous savez, à la campagne la nuit, il fait noir. Et puis la « cabane au fond du jardin » est très bruyante. Il y a un mystère avec les hommes de la famille de la fille.

Puis intervient une autre « présence » qui interagit avec la précédente et à la fin, une troisième et même une quatrième qu'on avait pourtant aperçue au début du film sans savoir ce que c'était.

De stupéfiants effets sans effets spéciaux. La magie du cinéma !

La Chute d'Hypérion (Total Eclipse) de Rex Piano (2008)

Ne pas confondre avec le roman homonyme de Dan Simmons (première publication chez Robert Laffont en 1992)

Ici Hypérion est le nom d'une station spatiale qui doit être utilisée pour étudier une chute de météorites. En fait, la station est dans la trajectoire de cet amas d'astéroïdes qui menace Los Angeles. La navette qui y est amarrée est en panne…

Film catastrophe avec complot en arrière-plan. Hélas, les problèmes ne s'arrêtent pas là : Hypérion est alimenté en électricité par une centrale « thermonucléaire » (sic). Et elle va s'écraser sur Los Angeles ! Nous assistons aux habituelles âpres discussions sur la stratégie à adopter, les mesures à prendre, etc.

Le tournage du film manque de moyens. Les scènes en ville sont toujours tournées en très gros plan avec seulement quelques personnages dans le cadre… Malgré cela le film se tient à peu près.

Le journaliste est devenu soudain gentil et fait un discours lénifiant.

Beaucoup de bavardages. On s'ennuie un peu, en fait.

Halloween 2 de Rob Zombie (2009)

Je pense que tout le monde sait que le premier film *Halloween* (1978) était de John Carpenter. C'est devenu un film culte. Il a été suivi de nombreuses suites : *Halloween II* de Rick Rosenthal (1981) – *Halloween III, le sang du sorcier* (qui n'est pas du tout une suite de *Halloween*) de Tommy Lee Wallace (1982) – *Halloween IV* de Dwight H. Little (1988) – *Halloween : vingt ans après, il revient* (1998) de Steve Miner – *Halloween resurrection* de Rick Rosenthal (2002).

J'avais vu l'*Halloween* de Rob Zombie qui racontait l'enfance de Michael, comment il était devenu le tueur fou implacable. Quand ce deuxième opus est sorti, je n'ai pas eu le goût d'aller le voir. Et j'ai eu grand tort, croyez-moi. Ce film est extraordinaire. Il prend les tripes.

Il débute sur d'atroces images de l'opération d'une jeune femme qui semble avoir tué Michael, le tueur fou. Elle est dans un sale état. Le cadavre de Michael avec son masque est emmené à la morgue : le shérif prévient les ambulanciers que n'importe quoi peut arriver. Les deux individus sont de vrais beaufs un peu détraqués, l'un d'eux nous sert même un discours nécrophile. C'est un principe de ces films d'horreur : statistiquement parlant, ce sont essentiellement les beaufs cons qui se font étriper.

Donc Michael se « réveille », c'est une véritable bête à tuer, à tuer cruellement, sadiquement. Les blessures sont très apparentes, filmées en gros plan, on s'y croit ! La décapitation est très réaliste. Les meurtres sont filmés dans les détails, de la chirurgie cinématographique. C'est le principe de base du film de montrer les horreurs et tueries, comme elles seraient réellement dans la réalité.

Michael tue pour se soulager, mais ça ne le soulage pas. Michael, avec son masque horrible, est une machine à tuer, implacable comme le destin. Un cauchemar très bien construit et terrifiant. Avec un peu de hard rock pour pimenter, ça s'impose avec Rob Zombie.

Il tue méchamment, Michael, il tue tout le monde, il n'entre pas dans les détails. Que peut-on faire contre un type de deux mètres de haut qu'on ne peut pas tuer ?

Il y a aussi de très belles images. Et le film nous dit dans le creux de l'oreille : « Allez Michael, tu vas la trouver ta maman ! »

Je ne vais pas vous raconter l'histoire, vous la connaissez. Si vous ne la connaissez pas, vous l'apprendrez en regardant le film. Mais il faut bien suivre.

Conclusion : Rob Zombie sait bien chanter, on l'avait remarqué quand il faisait partie du groupe White Zombie. On sait maintenant aussi qu'il sait bien filmer, très bien !

La filmographie de Rob Zombie : *La Maison des 1000 morts* (2001) – *The Devil's Rejects* (2005) – *Halloween* (2007) – *Halloween 2* (2009) - *The Lords of Salem* (2012)

Il a des projets : à suivre !

Moon de Duncan Jones (2009)

Film sortie directe en DVD. Dommage.

La planète Terre est sauvée du désastre écologique grâce à la fusion nucléaire rendue possible et peu coûteuse avec l'utilisation de l'Hélium 3 (He3) très présent sur la Lune, ce qui est vrai et prouvé à l'heure actuelle.

Un type gère tout seul la base lunaire qui extrait l'He3. Et il le fait pendant trois ans sans interruption en compagnie d'un robot.

Mais... il finit par se trouver seul face à lui-même peu de temps avant la relève. Sous l'œil indifférent du robot de service.

Mais pourquoi se retrouve-t-il face à lui-même ? Qui est l'autre "lui" ?

Superbe scénario, surprenant. Bien filmé, effets spéciaux magnifiques.

Film intellectuel dans le bon sens du terme, à voir absolument.

Petit cours de physique quantique : la fusion nucléaire (celle qui fait brûler le soleil et les étoiles, et qui fait fonctionner la bombe H) est classiquement la fusion de deux atomes d'hydrogène. L'hydrogène possède un proton seulement. Mais il y a des isotopes de l'hydrogène : le deutérium qui possède en plus un neutron, et le tritium qui en possède deux de plus et des isotopes de l'Hélium, comme l'Hélium 3, le chiffre 3 indique que cet hélium possède deux protons et un neutron alors que l'Hélium "normal" possède deux protons et deux neutrons. Ce qui fait que l'Hélium 3 est très réactif sur le plan nucléaire ! La fusion de l'Hélium 3 est très énergétique et absolument propre, elle n'émet qu'un proton, soit le noyau de l'atome d'hydrogène !Si on arrivait à extraire tout l'He3 qui est sur la Lune tous nos besoins en énergie seraient satisfaits et de manière très propre...

Helldriver de Yoshihiro Nishimura (2010)
Insupportable ! Zombies cornus et scènes dégoûtantes décousues. Complexe d'Oedipe zombiesque. Mais un grand problème philosophique est posé : les zombies sont-ils des êtres humains ? Hein Romero ???

Siren d'Andrew Hull (2010)
Ah ! une histoire de sirène ! Rare...
J'aime assez le plan du début : la croisée des chemins...
La mise en scène est un peu bateau (ah ah ah)...
Un couple et un ami partent en bateau. Ils arrivent dans une île d'où vient un naufragé qui meurt et sur laquelle se trouve une jolie fille amnésique.
Quelques très belles images et un scénario en labyrinthe. Le bateau s'appelle le Persephone, bien sûr.
Ah le chant des sirènes...

Husk de Brett Simmons (2010)
Sortie DVD en janvier 2013
Ça démarre après seulement 1 minute 40 de film !
Une maison isolée au milieu d'un immense champ de maïs. Avec des épouvantails qui, comme leur nom l'indique, sont faits pour épouvanter.
Des jeunes sont perdus, car leur voiture est tombée dans le fossé après avoir été heurtée par une nuée de corbeaux (des vrais, mais aussi des corneilles).
Et que diriez-vous si vous deveniez vous-même un épouvantail ?
« L'œil était dans la tombe et regardait Caïen. »
Excellent film.

La Traque d'Antoine Blossier (2010)
Des chasseurs traquent un énorme sanglier qui a tué du gros gibier. Vous imaginez la monstruosité de la bête...
Une famille gère une entreprise chimique qui fabrique des engrais et une exploitation agricole. On est encore dans l'écologie prétexte pour un film d'horreur.
Les scènes de chasse sont très bien filmées. Les personnages sont très bien typés...
Le mystère sur le « monstre » qu'ils traquent est maintenu très longtemps.
Le plan d'eau situé en pleine forêt est pollué. La forêt subit un désastre écologique.
Heureusement qu'il y a des téléphones portables, comme quoi la technique sauve, elle n'est pas seulement polluante...
Pas mal du tout ce film.
Sur une histoire de sanglier monstrueux voir *Razorbak* de Russel Mulcahy (1984)

L'éclair noir d'Alexander Voytinskiy et Dmitri Kiselyov (2010). Une Volga (l'automobile) noire volante ; parodie de superman avec le scénario de Spiderman et autres superhéros... Très nul.

Legion de Scott Stewart (2010)
Tout le monde trouve ce film mauvais.
Pas moi. Il est très agréable à regarder. Il reprend beaucoup de thèmes du genre avec l'originalité de mettre en récit des anges dans un rôle qui est surprenant. Ce n'est pas si mal filmé et c'est dommage qu'il ait eu de si mauvaises critiques parce qu'il ne le mérite pas.

Freddy les griffes de la nuit de Samuel Bayer (2010)
Après *Vendredi 13* (Sean S. Cunningham en 1980 et Marcus Nispel en 2009) et *Halloween* (John Carpenter en 1978 et Rob Zombie en 2007) voici le remake de *Freddy*. Le film de Wes Craven dont c'est le remake s'appelait en français *Les Griffes de la nuit* (1984). Les trois plus célèbres tueurs du cinéma ont désormais leur remake.
Je ne vois pas ce que ce remake aurait de pire que les autres !
L'original ici était un petit chef-d'œuvre alors que certains remakes étaient bien meilleurs que l'original parce que l'original n'était pas très bon comme *Massacre à la tronçonneuse* (Tobe Hooper en 1974 et Marcus Nispel en 2004) voire très nul comme *La Colline a des yeux* du même Wes Craven (1977 et Alexandre Aja en 2006)... Il est facile de faire un bon remake d'un mauvais film...
Ce *Freddy* se laisse bien regarder. Il ne restera pas dans l'histoire du cinéma sauf à être le neuvième *Freddy*...
Et il vaut bien mieux que certains de ses prédécesseurs...
On attend sans doute des suites, car la fin du film le promet.

The Dead de Howard J. et Jonathan Ford (2010)
Un film de zombies dont l'intrigue se déroule en Afrique. Rassurez-vous, on ne vous fatiguera pas avec un discours sur l'anticolonialisme.
Ce film est un hommage (involontaire ?) à Lucio Fulci. On reconnaît ses gros plans, son laissé aller sur l'intrigue et le jeu un peu faux des acteurs.
Pas trop mal...

Monsters de Garet Edwards (2010)
Inspiré du film *Le Monstre* de Val Guest (1955)
Comme dans le film de Val Guest, l'horreur vient de l'espace ? Une sonde de la NASA est tombée au Mexique et a emmené une infestation qui a créé de gigantesques monstres. Cet engin spatial avait « collecté » des germes extraterrestres.
Je ne sais pas pourquoi les scénaristes avaient besoin de ce prétexte « scientifique ». C'est comme ça...
On s'ennuie beaucoup, les monstres sont peu visibles, on les entend parfois. On les verra un peu à la fin... Les plans sont assez désagréables.
En fait, cette histoire de monstres cthulhiens est le prétexte à une histoire d'amour...

Eaters (Zombie Planet) de Luca Boni et Marco Ristori (2010)
Présenté par Uwe Boll, pas moins !
Épidémie de zombies. Il n'y a plus que des hommes qui survivent. Des mâles seulement. Parmi eux, un type fait des expériences sur les zombies. Il y a bien une fille en

cage, mais c'est une zombie. Il la garde au cas où... Il y a des nazis aussi. Et on saura d'où vient l'épidémie !
Les dialogues sont un peu (beaucoup) balourds, mais c'est une série Z regardable.
Quoi ? oui j'aime bien ces films de série Z !
Voir plus loin (en 2013) le film *Zombie Massacre* des mêmes, et aussi présenté par Uwe Boll.

Inception de Christopher Nolan (2010)
Une espèce d'avatar de « Matrix », mais ici ça se passe dans les rêves des gens. C'est assez complexe à suivre, ne vous endormez pas même un instant, car quand vous vous réveillerez, vous ne saurez plus dans quelle tête vous serez !

Prince of Persia de Mike Newell (2010)
Une histoire de voyage dans le temps. Une dague et un sablier du temps. Un complot pour le pouvoir dans l'Empire perse.
Ce film est une gigantesque attraction avec les manèges, les montagnes russes, le labyrinthe des glaces, etc.

Piranha 3D d'Alexandre Aja (2010)
« Sea, sex and... blood » clame l'affiche du film!
Alexandre Aja n'a pas voulu faire un remake du film de Joe Dante de 1978, qui était tout simplement une parodie sanglante des « Dents de la mer » (1975) de Steven Spielberg.
Il a plutôt voulu reprendre l'esprit d'un autre film de Joe Dante : « Gremlins » (1984), où une bande de sales petites bestioles anarchistes foutent un bordel du diable partout où elles passent ! Ben ici c'est une bande de piranhas sanguinaires qui nous offrent quelques scènes gore dans un monde de sexe débridé.
Fastueux ! Époustouflant !
Avec le thème récurrent des films d'horreur des années 80 : attention, pas trop de sexe, soyez sage sinon ce sera l'horrible punition ! Et vous ne vous en sortirez pas comme ça, hein !
Alexandre Aja est un excellent cinéaste, il conduit ce film en main de maître qu'il est.

Higanjima de Kim Tae Kyun (2010)
L'arme du tueur de vampires est assez originale au début. Une bande d'adolescents se mobilise pour aller chasser le vampire sur une île pour éradiquer l'épidémie...
Quel ennui ! C'est mal joué, mal doublé.
Il y a quand même quelques belles bagarres à la fin (au moins les cascadeurs sont bons...)

Resident Evil : Afterlife 3D de Paul W.S. Anderson (2010)
Rien de bien nouveau. Il fait toujours sombre, il y a beaucoup d'action, mais on ne voit pas assez les morts-vivants. La suite pour bientôt, car la fin du film n'est que le commencement du suivant.

Skyline de Colin et Greg Strause (2010)
Une invasion d'extraterrestres. Leurs motivations sont inconnues. Ils sont hideux, terrifiants et sans pitié. Ils vaincront en deux jours toute la puissance de la Terre... Mais...

On ne s'ennuie pas. C'est très bien filmé, un peu mal joué, mais de la SF comme on peut aimer : effets spéciaux simples, mais stupéfiants, suspense, créatures terrifiantes qui vous avalent le cerveau en un rien de temps.
Iron Man 2 de John Favreau (2010)
 Pas terrible ce deuxième opus. Un peu emberlificoté et sans aucune originalité côté scénario. Peut nettement mieux faire !
Au-delà de Clint Eastwood (2010). Un film sur la mort et aussi sur le destin.
Un peu prétentieux tout en restant léger.
Un médium, une femme qui est morte et revenue à la vie, un petit garçon qui perd son jumeau. Tous ces gens vont finir par se rencontrer.
Et grâce à la mort, le film se termine sur une belle histoire d'amour !
Le Dernier exorcisme de Daniel Stamm (2010)
C'est pas si mal.
Le réalisateur utilise la méthode du film reportage, inaugurée par *Le Projet Blairwitch* (1999).
D'ailleurs la fin en ellipse est un hommage à ce dernier film.
Le scénario est assez amusant : un prédicateur a perdu la foi. Il était exorciste. On nous explique que toutes les religions pratiquent l'exorcisme. Moi je croyais que ce n'était que la religion catholique.
Ce prédicateur qui n'y croit plus, pratique encore des exorcismes pour se faire de l'argent, car son fils est malade.
Il est sollicité pour en pratiquer un et emmène une équipe qui filme en reportage son exorcisme... dont il dévoile tous les trucages.
On croyait le sujet épuisé, eh bien voilà une idée nouvelle à traiter.
Regardez bien les dessins que la fille possédée a réalisés et punaisés contre le mur de sa chambre.
On retrouvera les faits décrits plus tard, bien sûr...
Un film à petit budget, aux effets spéciaux sans moyens, mais très habiles.
Le Village des ombres de Fouad Benhammou (2010)
Une bande de jeunes se rend dans la maison familiale de l'un d'eux dans un petit village perdu. Ils vont disparaître les uns après les autres, victimes d'une ancienne malédiction.
Ça aurait pu être bien, mais on s'ennuie, c'est long, c'est sombre, la plupart du temps on n'y voit pas grand-chose.
D'ailleurs cette malédiction autour du chiffre "8" est un peu emberlificotée.
Mais ça se tient.
Die Farbe de Huan Vu (2010)
Adaptation de la nouvelle de Lovecraft *La Couleur tombée du ciel* (1927)
« Die Farbe » signifie « la couleur » en allemand.
Arkham... la bibliothèque... Un jeune homme se rend en Europe (Allemagne) à la recherche de son père. La construction récente d'un barrage entraîne l'inondation d'une vallée (C'est comme ça que se termine la nouvelle de Lovecraft...) Un habitant lui raconte qu'autrefois une météorite étrange était tombée non loin d'une ferme. Les tentatives d'analyser la pierre restèrent lettre morte, car la météorite se dissolvait dans l'air.

L'action nouvelle de Lovecraft est ainsi transférée de la Nouvelle-Angleterre à la forêt de Souabe-Franconie en Bavière. En allemand : « Schwäbisch-Fränkischer Wald »...

Sherlock Holmes jeu d'ombres de Guy Ritchie (2011)

Beaucoup de bavardages qui brouillent les pistes, des bagarres invraisemblables. On est toujours perdu dans le scénario. Très amusant, mais ennuyeux. Contradictoire, mais c'est comme ça.

War of the Dead de Marko Makilaakso (2011).

Film Lithuanian genre *Outpost*...

Herbert West (personnage de Lovecraft qui réanime les morts) est de retour chez les nazis en 1939 dans un bunker russe en Finlande pendant la guerre russo-finlandaise. En effet suite au pacte germano-soviétique les communistes russes se sont senti les mains libres pour envahir la Finlande, mais ils ont échoué.

On se retrouve donc dans la guerre russo-finlandaise.

Une unité de l'armée américaine donne un coup de main aux soldats finlandais pour attaquer le bunker. Mais tout le monde est attaqué par les zombies. Tous ceux qui sont mordus deviennent des zombies.

Il n'y a plus que trois survivants dont un Russe fait prisonnier.

Un Américain, un Finlandais et un Russe. C'est l'union militaire qui préfigure l'avenir de la région !

Est-ce qu'il va faire jour bientôt qu'on y voie un peu plus clair ? On entend bien le claquement métallique de la culasse des armes.

Un film fort comme la Vodka.

Zombies War de David A. Prior (2011). Générique avec des images tordues de zombies pour cacher la pauvreté du maquillage.

Les zombies ont fait prisonnières des filles qui sont libérées par deux jeunes héros. Ces filles constituaient le garde-manger des zombies. Mais pourquoi cinq jolies blondes ? Ces esclaves devaient être rééduquées. Les zombies sont donc organisés.

Les changements de plans sont très balourds, on assiste à de nombreux étripages et il y a une voix off qui apporte des explications superflues...

Ça détend, pas besoin de se chauffer les neurones.

Lovely Molly d'Eduardo Sanchez (2011). J'ai eu une angoisse : le film commence par le tournage en vidéo réalisé par la mariée. J'ai craint la nouvelle mode des films « amateurs »... En fait, on verra que la caméra joue un rôle dans le film...

La jeune mariée, restée seule dans la maison de ses parents décédés, est victime de phénomènes bizarres. Victime, parce que ces phénomènes la terrifient et le shérif fait une allusion à quelque chose du passé concernant son père.

C'est une ancienne droguée, et tout cela l'entraîne vers la tentation de s'y remettre.

« J'ai l'impression se sentir une présence », déclare Molly à sa caméra.

« Personne n'a voulu me croire », ajoute-t-elle.

Les caméras de sécurité ont filmé Molly dans une drôle d'attitude à son boulot.

C'est un peu téléphoné, mais il y aura une surprise.

Molly est victime et le reste même après la mort de son agresseur.

Terrible histoire qui se termine par plein de questions !

Excellent !

L'empire des ombres de Brad Anderson (2011). Presque tous les humains disparaissent et la nuit envahit la Terre. Quelques survivants se rencontrent. Deux hommes d'abord, une femme et un enfant, et puis, plus tard, un autre homme et une petite fille...
On ne peut pas éviter certains débats théologiques et la sempiternelle question de la stratégie à adopter.
C'est terrifiant ces ombres... C'est aussi l'occasion de faire un bilan de sa vie.
Le suspense est intense, on ne s'ennuie pas une minute.
L'avenir appartient aux enfants !

The Pact de Nicholas Mc Carthy (2011)
Son portable s'allume et le GPS indique une adresse.
Deux jeunes femmes disparaissent dans la maison où la mère de l'une d'elles (et la tante de l'autre) est morte. Il reste la sœur et sa petite nièce (quelle histoire de famille !). Un type pleure, torse nu, assis sur un lit.
C'est très surréaliste.
Une enquête dans l'occulte qui aboutit dans le réel.
C'est une histoire d'horreur en fin de compte classique, mais traitée de manière originale. Et l'histoire comporte plusieurs « couches »... Quand on repense au film plus tard, on découvre d'autres choses que nous avons construites inconsciemment...
Le réalisateur est aussi le scénariste...

Exit Humanity de John Geddes (2011)
Un film puissant.
L'idée du journal est excellente pour l'économie du film. Elle permet de représenter certaines scènes avec un grand art pictural.
C'est donc déjà excellent.
Le héros part en solitaire après la perte de sa famille infestée par les zombies. C'est le classique du western (pas les zombies bien sûr !) Le contraste (la contradiction ?) entre les zombies et la magnifique nature est très bien rendu. Les plans sont magnifiques. Certains sont si beaux que j'aurais plaisir à les décrire en détail.
Pour survivre, cet homme perdu se donne un but.
Et il est obligé de tuer son cheval qui a été mordu par des zombies. « Un ami qui était toujours là pour moi, qui ne m'a jamais tourné le dos. Déclare-t-il en guise d'oraison funèbre. On retrouve le Dr Frankenstein du film *Le Jour des morts-vivants* de Romero et on pense à la forêt du film *Le Projet Blair Witch*...
On a l'explication de l'épidémie : « On ne peut pas oublier ceux qu'on aime, ils restent toujours présents sous forme de blessure. »
Autres citations :
« Il n'est jamais trop tard pour guérir son âme. »
« La rage est un bon combustible pour la survie. »
« Un cœur anéanti peut toujours trouver une raison pour se remettre à battre. »
Très beau film.

The Cat de Seung-Wook (2011)
Une espèce d'adaptation de la nouvelle d'Edgar Poe souvent adaptée de près ou de loin au cinéma.
Une jeune fille est toiletteuse dans une animalerie. L'idée est bonne.

Elle fait la toilette d'un chat qu'elle remet à son propriétaire qui meurt dans l'ascenseur en compagnie du chat. La jeune fille est claustrophobe. Elle est amenée à recueillir le chat. Le fantôme décomposé d'une petite fille lui apparaît parfois. Sa psychiatre en conclut qu'elle va mieux (!). Décidément les psychiatres sont mal vus dans les films d'horreur... D'ailleurs le père de la jeune fille est interné dans un hôpital psychiatrique...
Le rythme du film est très lent.
La copine de la jeune fille meurt dans un placard (gare à la claustrophobie).
Le chat devient méchant. La jeune fille le ramène à son propriétaire qui ne le veut pas, car il porte malheur. Elle tente alors de l'abandonner. Les morts atroces se multiplient.
Vengeance d'outre-tombe ? Enterrée vivante ?
Tout cela est très claustrophobique.

Nuits noires de Martin Guigui (2011)
Enterré vivant !
Ces ados sont sympas, c'est assez rare dans ces films d'ados...
Classique : ils ont vu quelque chose chez le croque-mort et décident d'aller visiter sa maison en son absence... Brrrrhhhh...
Mais, en fait, il est bien là grâce à un procédé de scénario assez classique. Et ce type est un psychopathe dangereux.
Enfin... peut-être n'est-ce pas si simple...
Ils sont cons ces gamins de faire tout ce qu'on leur dit de faire !
Bien sûr les flics sont bêtes et font le contraire de ce qu'il faut. Ils se fient à ce qu'on leur dit sans vérifier.
Faiblesse du scénario ?

Le Dernier des templiers de Dominic Sena (2011)
Un templier et son écuyer écœurés par les tueries des croisades faites au nom de Dieu désertent, se font arrêter et regagnent la liberté en acceptant une mission d'un évêque : emmener une sorcière dans une abbaye perdue pour y être jugée. Elle est soupçonnée d'avoir amené la peste qui décime le pays.
Le chemin va être difficile et peu survivront à l'arrivée.
Une petite histoire toute simple de démon et de sorcellerie.
Nicolas Cage est bien trop grassouillet pour être vraisemblable en croisé affamé et Ron Perlman cabotine toujours.
On aurait pu faire un très beau film avec cette histoire somme toute convenue, mais exploitable.
Las ! Ce n'est pas le cas ici.
On peut toujours se référer à un chef-d'œuvre qui raconte un peu la même histoire : *Le 7e sceau* (1956) de Bergman, dont la scène du dialogue avec la sorcière enfermée dans la même cage que dans ce film m'a toujours fascinée et reste gravée dans ma mémoire. L'actrice (pourtant dans un second rôle) a su montrer ce qu'était la peur. Et le cinéaste y est bien sûr pour beaucoup.
Mais ici, ce n'est pas Bergman, mais Sena, et on a beau essayer, on ne retrouve pas l'ambiance du jeu d'échecs avec la Mort.

Dommage, car on a vu aussi récemment un joli petit film avec un thème cousin : *Black Death* (2009) de Christopher Smith.

Wake Wood de David Keating (2011). Sortie directe en DVD en août 2012
Un film de la Hammer ! Comme le veut la tradition de la maison, les couleurs de la photo sont très vives malgré l'absence de soleil.
Une petite fille se fait bouffer par un gros berger allemand.
C'est dramatique pour les parents.
Le père est vétérinaire et la mère pharmacienne.
Ils vont essayer de faire leur deuil en s'installant dans un petit village qui s'appelle Wake Wood.
Le moral est au plus bas.
Les gens du coin ont une « tradition » qui va leur être proposée.
C'est le même thème que *Simetierre* de Stephen King. Mais c'est surtout très lovecraftien.
Les scènes des soins aux animaux sont spectaculaires. Et l'une d'entre elles finit mal.
Le scénario est habilement tourné (mieux que *Simetierre*) pour rendre la chose vraisemblable.
C'est très macabre, il y a même une exhumation la nuit sous la pluie, une profanation plutôt...
Le « protocole » de la renaissance est très gore, très viscéral : le corps du défunt est très maltraité. Tout cela est très impressionnant.
Les éoliennes limitent l'espace de la résurrection : au-delà c'est le retour à la mort.
Ce film est un vrai film d'horreur. Dans toute la tradition du terme.
« Qu'est-ce qu'on a fait pour en arriver là ? » Questionne le père...
La fin surprend. Mais oui !
Tourné en Suède et en Irlande, pays très brumeux...

Scream of the Banshee de Steven C. Miller (2011)
Film TV.
Un démon enfermé dans une boîte au 12e siècle. Plus grande que le cube de Hellraiser.
C'est toujours dangereux d'ouvrir ces boîtes.
Lance Henriksen joue le vieil archéologue à l'origine de tout ça. Toujours présent dans ce genre de film !
Banshee est une créature dont le cri donne la mort.
C'est bien d'inventer des créatures compliquées, mais ensuite, il faut en faire un film, et là c'est plus dur.

Numéro quatre de D.J. Caruso (2011)
Joli petit film pour ados. De beaux jeunes hommes et de belles jeunes filles luttent dans l'ombre pour la survie de l'espèce humaine menacée par les créatures diaboliques qui exterminent les habitants de toutes les planètes où ils passent.
C'est très divertissant.

Hell Driver (Drive Angry) de Patrick Lussier (2011)
Milton est revenu des enfers pour sauver sa petite fille (la fille de sa fille assassinée par un chef de secte satanique)

Il poursuit implacablement les ravisseurs et est lui-même poursuivi par la police. Et par le « comptable », celui à qui on doit rendre des comptes !

C'est assez délirant et donc très plaisant.

Les personnages sont hauts en couleur et parfaitement invraisemblables. Mais c'est si bien tourné qu'on y croit : c'est la magie du cinéma.

La musique hard rock est superbe, et c'est tellement mieux que leur P... de rap à la con (désolé...)

J'adore les transitions entre les plans.

On passe un bon moment en regardant ce film.

On a failli s'ennuyer, car la poursuite en voitures du milieu du film est trop longue, mais ça passe !

Marrant le camping-car ! Ça me fait penser à quelqu'un ! Ah ah ah ah !

X-Men le commencement de Matthew Vaughn (2011)

Pas mal ! On ne s'en lasse pas.

Après les trois opus de X-men proprement dit et *Wolverine* voici le cinquième film sur le sujet.

On ne s'ennuie pas, on découvre comment chaque personnage a pris ses marques et comment les gentils deviennent méchants et vice versa... Une spécialité des comics américains.

Voici les autres films X-Men (tous traités dans mes différents livres) :

X-Men origins: Wolverine de Gavin Hood (2009)

X-Men de Brian Singer (2000)

X-Men 2 de Brian Singer (2003)

X-Men l'affrontement final de Brett Ratner (2005)

X-men les origines : Magneto de David S. Goyer (2013)

Et il y en a encore qui vont suivre...

Le Rite de Mikaël Hafstrom (2011)

Un prêtre n'a plus la foi. Son supérieur croit en lui. Il n'est pas convaincu. Il lui demande, avant de prendre une décision, d'aller à Rome rencontrer un prêtre exorciste. Là, il va rencontrer la Mort et le Diable.

Évidemment un film avec Anthony Hopkins se laisse regarder. Mais le film est bon aussi, pas seulement l'acteur. Le scénario réussit à nous surprendre sur un sujet que l'on croyait éculé.

Mais non !

World Invasion : Battle Los Angeles de Jonathan Liebesman (2011)

Une invasion extraterrestre. L'armée se mobilise à Los Angeles.

Le film montre cette invasion du côté d'une section de Marines américains.

C'est très guerrier, un petit film de guerre contre les Aliens qui remplacent ici les Japonais des films américains sur la guerre du Pacifique. Là aussi soudain, les Japonais avaient attaqué Pearl Harbour ! Et il a fallu faire face ! Ici c'est Los Angeles...

On ne s'ennuie pas une minute. De plus il y a la délicieuse Michelle Rodriguez, actrice spécialisée dans les rôles de soldat sans peur.

Bloodrayne : the Third Reich d'Uwe Boll (2010)

Et voici le troisième!

On avait eu Bloodrayne en Fantasy, Bloodrayne en Western et ici on l'a sous le troisième Reich, entre résistants et nazis qui font des recherches sur le vampirisme.
Pas terrible. Mais regardable.
Dommage qu'ils n'aient pas gardé l'actrice du premier. Ils l'ont changée au deuxième et cette dernière a continué dans ce troisième.
Insidious de James Wan (2010)
Une famille est jetée dans l'horreur qui arrive par une espèce de possession de l'enfant...
Mais ce n'est pas une possession comme on la connaît habituellement, c'est pire !
Il va se révéler que ce problème est héréditaire.
Sera-t-il possible d'en sortir ?
Voilà encore un film lovecraftien.
Two Eyes Staring (Zwart Water) d'Elbert Van Strien (2010)
Une histoire de fantôme d'enfant avec de l'eau noire qui coule du robinet (pas très original).
Le scénario développe les thèmes de la paranoïa et de la maison maléfique.
Il est question de possession, comme dans l'affaire *Charles Dexter Ward* de Lovecraft... Là également je n'ai vu le film qu'après la publication de mon livre *Lovecraft au cinéma*.
Devil de John Erick Dowdle (2010)
Ce film splendide est produit par M. Night Shyamalan qui a voulu adapter son œuvre au cinéma. Le scénariste qui l'a adaptée est Brian Nelson.
Shyamalan a toujours créé des œuvres originales. Si originales parfois qu'elles heurtent le bon sens commun cinématographique. Des œuvres mystiques, de ce mysticisme hors du commun qui n'est pas loin de ce chamanisme véritable, celui qui voit dans la Nature bien des Esprits.
Je ne crois pas du tout en ces choses, mais j'admire la manière dont l'artiste en parle.
Ici il s'agit du diable.
Enfermé dans un ascenseur avec quatre personnes. C'est déjà terrifiant de se retrouver coincé dans un ascenseur, mais en plus avec le diable !
Ce dernier va faire son travail et les connexions vont se faire avec les destinées de plusieurs personnages jusqu'à la fin qui va, paradoxalement, montrer que si le diable existe, c'est que Dieu existe aussi !
Le diable a trouvé son public, ceux qui assistent, impuissants, à ses exécutions sont les agents de sécurité qui voient tout ce qui se passe dans la cabine grâce à la vidéosurveillance...
« L'œil était dans la tombe et regardait Caïen. » (Victor Hugo – La légende des siècles)
Superbe film qui me plaît beaucoup.
N'en déplaise...
Captain America de Joe Johnston (2011)
Un bon vieux superhéros.
C'est bien filmé, c'est amusant, on ne s'ennuie pas (juste un peu au début), il y a de l'action et donc on passe un bon moment.

Ah ! ces « héros » Marvel !
Cold Fusion d'Ivan Mitov (2011). La fusion froide, c'est la bombe H sans radio activité, car il n'est pas nécessaire d'utiliser une bombe nucléaire à fission pour déclencher la fusion nucléaire.
Il paraît (c'est du moins ce qu'il se dit dans ce film) que les extraterrestres utilisent la fusion froide dans leurs engins. On savait que les USA en avaient un dans la zone 51 et là on apprend que les Soviétiques en avaient chopé un aussi en Ukraine...
Deux très belles brunettes au corps sculptural et quasiment invincibles tellement elles savent bien se battre, sont envoyées pour détruire le complexe ukrainien...
Ça se regarde...
The Phantom de Paolo Barzman (2010)
Ce superhéros a été imaginé en 1936 par Lee Falk, également créateur de *Mandrake le magicien*. Il est l'un des premiers superhéros de DC Comics tout comme *Batman* et *Superman*...
Ce film pour la télé est sorti en DVD en 2011.
C'est un joli petit film bien torché qui se regarde bien.
Ce gentil petit étudiant se voit révéler qu'il est le descendant de Phantom le légendaire combattant pour le bien. Et qu'il le veuille ou non, il prendra la relève.
Mais il fera bien ce qu'il voudra quand même !
Cowboys et envahisseurs de John Favreau (2011)
Spielberg, le producteur (avec Favreau) aime les soucoupes volantes et les aliens.
Il se devait donc d'adapter la BD de Platinium Studios, *Cowboys and Aliens* de Scott Mitchell Rosenberg...
Il faut dire que l'histoire est très plaisante.
Du western pur et dur, dans la très bonne tradition, avec les méchants qui finissent par devenir gentils, le saloon, l'or et les chevauchées, les Indiens... Et puis les paysages grandioses !
Et puis des extraterrestres attirés par... l'or !
De gros méchants monstres hideux avec des bras supplémentaires qui leur sortent du ventre.
On s'amuse comme des petits fous avec ce film !
Avec Spielberg on ne pouvait pas éviter Harrison Ford, mais il y a notre "James Bond" Daniel Craig toujours aussi superbe !
Invasion au Far West de K.T. Donaldson (Kristoffer Tabori) (2009)
La même histoire, mais en série Z.
Mal joué, mal filmé, effets spéciaux hilarants, tourné en Roumanie.
On s'amuse bien !
The Silent House (La Casa Muda) de Gustavo Hernandez (2010)
Un non film. Il donne très peu à voir et à entendre.
Presque tout le film est tourné dans le noir avec un éclairage de lampe de poche.
C'est très éprouvant. On a envie de partir, mais on reste...
Il ne se passe pas grand-chose, à part Laura qui pleurniche et qui est terrifiée.
Tout se passe hors champ, puisque la caméra reste fixée à Laura. Mais aurait-on manqué quelque chose ?
L'amour et la mort...

L'amour parfois, en étant le plus fort, donne raison à la mort...
Ne partez pas au générique de fin, il y a une très longue scène après.
Laisse-moi entrer (Let Me in) de Matt Reeves (2010)
Un film de La Hammer.
Le remake de *Morse* de John Ajude Lindquist (2009).
On voit Reagan à la télé en noir et blanc de l'hôpital. On le revoir ensuite en couleurs dans un plan suivant.
C'est très mystérieux, mais on comprend vite.
Une enfant vampire... c'est rare. On avait vu ça dans *Entretien avec un vampire*.
Une histoire d'amour impossible. Une histoire d'adolescence. Une vraie.
L'intrigue se déroule dans un « quartier sensible ».
Ne craignez pas que ce soit à l'eau de rose, pas du tout, c'est très dur !
L'accident de bagnole est super.
Et puis il y a le fait que personne ne veut vous croire quand vous savez.
Ça ne s'arrange pas, l'histoire s'envenime. Le vampire ne peut pas faire autrement que de tuer pour « vivre ».
Et il a besoin d'un assistant.
Une très belle histoire d'amour.
Le film nous offre la fin qu'on attendait, mais par un moyen détourné.
Tron l'héritage de Joseph Kosinski (2010)
Ce film est une attraction, comme dirait Peter Jackson.
Voir pendant presque une heure des chorégraphies de personnages dans des pyjamas avec des bandes fluo est un peu lassant, quand on ne nous inflige pas de longs dialogues d'explications poussives...
Un scénario « gros sabots » qui ne tient pas debout (on ne comprend pas comment ça marche !), un film de samouraïs raté ? De cape et d'épée ? D'Héroïc Fantasy qui ne dit pas son nom ?
Me suis mortellement ennuyé.
Mais en 3D l'attraction vaut le coup d'œil !
Thor de Kenneth Brannagh (2011)
Cette mythologie nordique est fascinante.
Marvel en a fait des personnages de BD.
Ici, le grand Kenneth Branagh en a fait un superbe film qui réussit à nous faire croire à cette histoire avec Odin, Thor et le méchant Loki. Tout cela sur fond de physique quantique et de pluralité des univers... Le Bifrost ne serait qu'un pont d'Einstein-Rosen ou « trous de ver », des passages entre les différents univers. Ce concept scientifique a été utilisé aussi dans le film et les séries « Stargate »...
Source Code de Duncan Jones (2011)
J'aime ces histoires de SF inspirées de la physique quantique (de près ou de loin).
Ici on part de l'idée de Schrödinger dans sa fameuse expérience de pensée « le chat de Schrödinger ». Il s'agit simplement de faire un choix : l'expérimentateur fait ce choix ce qui le conduit dans un univers. S'il en avait fait un autre, cela l'aurait conduit dans un autre univers...
L'univers étant spatiotemporel, qui dit autre univers, dit aussi autre temps.

Ainsi un militaire est envoyé dans le corps d'un homme qui voyage dans un train à destination de Chicago. Il finit par comprendre qu'il est en mission : il a 8 minutes pour découvrir l'auteur de l'attentat qui va détruire ce train et tuer tous ses passagers.

Il sera obligé de retourner plusieurs fois dans ce voyage. Et à l'image du chat de Schrödinger, il s'apercevra qu'il est à la fois mort et vivant !

Mais il comprendra que, de victime de ce code source, il deviendra, s'il le veut, maître de l'espace et du temps...

Superbe histoire, superbe scénario et croyez-moi, ce n'est pas facile d'inventer de si belles histoires !

NB : Schrödinger (1887-1961) est un physicien qui a mis au point l'équation qui porte son nom et qui définit la fonction d'onde d'une « particule » élémentaire.

Pirates des Caraïbes la fontaine de jouvence de Rob Marshall (2011)

Quatrième film des aventures du capitaine Jack Sparrow. Ce dernier joué par Johnny Depp cabotine de plus en plus... Était-il nécessaire d'en faire un quatrième ?

Je n'ai pas utilisé deux heures vingt de mon temps pour regarder ce quatrième film.

Si vous avez aimé les trois précédents, vous aimerez celui-ci, et l'inverse est valable aussi...

Fright Night de Craig Gillespie (2011)

C'est un remake de *Vampire, vous avez dit vampire ?* (Tom Holland 1985), un petit film ringard qui est devenu grand selon certains...

Le numéro 2 est nettement mieux (réalisé par Tommy Lee Vallace 1988)

Ce *Fright Night* ne vaut pas bien mieux. La plupart des scènes importantes se déroulent dans le noir, on ne voit rien, les acteurs sont médiocres, particulièrement celui qui joue le vampire.

Dream House de Jim Sheridan (2010)

Très belle histoire, pas toujours très bien filmée...

Quand on perd des personnes très chères, la mémoire nous les fait continuer à vivre en nous.

Quand, de plus, la culpabilité de leur mort nous ronge, nous oublions cette mort et le souvenir devient vraiment réel.

C'est cela la hantise et la maison hantée...

Dans ce film on nous explique tout sur cette hantise.

On ne peut pas raconter même un fragment de l'histoire, il vaut mieux voir le film.

The Thing de Matthijs Van Heijningen Jr. (2011)

On se souvient que dans *The Thing* de John Carpenter, le film commence par l'arrivée d'un chien poursuivi par un homme en hélicoptère qui vient d'une station polaire norvégienne. Le chien était porteur de la « chose ». Excellent film, et vrai remake de *La Chose d'un autre monde* (1951), car les scientifiques de la station polaire découvrent l'extraterrestre congelé, alors que le film de Carpenter commence après, quand les résidents de la station polaire norvégienne ont déjà été complètement exterminés.

Ce film de Van Heijningen Jr. raconte donc ce qui s'est passé dans cette station polaire norvégienne. Il se veut donc une préquelle du film de Carpenter, mais c'en est quasiment un remake puisque le récit est le même. Tous les êtres humains de la station sont vampirisés par la « chose » jusqu'au chien...

À quand la suite du film de Carpenter qui finit pas une ambiguïté : le spectateur se demande si l'un des survivants n'est pas contaminé par « la chose » ?

La Planète des singes : les origines de Rupert Wyatt (2011)
Excellent film. Le scénario est un peu tiré par les cheveux et le combat entre les singes et quelques policiers sur le pont de San Francisco à la fin est très peu vraisemblable.
Mais passons, on y croit quand même tellement c'est bien filmé et bien joué...
Un scientifique fait des recherches pour trouver un vaccin contre la maladie d'Alzheimer dont est atteint son père. Il fait des essais sur des singes et les effets sont inattendus...
Ces expériences conduiront à la quasi-extinction de l'espèce humaine et à la naissance d'une nouvelle espèce intelligente : les singes.
Superbe film.

Time Out (In Time) d'Andrew Nicoll (2011)
Nicoll m'avait déjà saoulé avec son *Bienvenue à Gattaca* et là il récidive.
Même idéologie niaise, disons, de bonne conscience.
Une histoire à dormir debout, une intrigue sans cul ni tête. Le scénariste (toujours Nicoll) ne sait pas écrire des histoires policières. Son histoire ne tient pas debout.
Il a cru avoir une grande idée(ologie) de départ et du coup il semble ne pas s'être occupé du reste...

Destination finale 5 de Steven Quale (2011)
La Mort toujours à l'œuvre. En 3D ! Une bande de jeunes qui vont faire un week-end séminaire pour le boulot sont victimes d'un très grave accident pendant le voyage.
Mais l'un d'eux a eu une prémonition et sauve ainsi la vie de la moitié d'entre eux.
Mais la Mort ne lâche pas ses proies...
Et donc s'ils lui ont échappé elle va les poursuivre sans pitié...
L'histoire se répète pour la cinquième fois.
Les morts sont atroces et on atteint l'essence même du gore : le mépris complet du corps !

The Ward de John Carpenter (2011)
Ce film est sorti direct en vidéo. Dommage, il aurait mérité de belles projections en salles, surtout qu'il est signé John Carpenter.
Une jeune fille est arrêtée alors qu'elle vient d'incendier une vieille maison. Elle est internée dans un asile d'aliénés dans lequel rôde le fantôme d'une ancienne pensionnaire... Mais ce fantôme créera une grosse surprise à la fin.
John Carpenter abandonne le western, si présent dans ses derniers films d'horreur, particulièrement dans *Vampires* (1998) et *Ghost of Mars* (2001).
D'une part, il revient à ses sources avec le thème de *Halloween* (1978) et surtout il rend hommage à son ami et maître Dario Argento avec ses plans trompeurs et un scénario à labyrinthe, tant pis s'il manque un peu de crédibilité, mais ce manque de crédibilité fait partie du jeu du maestro, et du plaisir du spectateur s'il veut bien jouer le jeu.
Avec ce film on découvre un Carpenter nouveau, mais qui n'a pas eu grâce auprès des distributeurs, il faut dire que ce n'est pas nouveau, c'est juste un peu exagéré pour cette fois.

J'espère que John ne se découragera pas et continuera son œuvre...
Pour cela je lui souhaite une bonne santé !

Playback de Michael A. Nickles (2011)

Un film d'horreur qui se veut dérangeant. Qui réussit à l'être, mais c'est loin d'être parfait.

Les méthodes utilisées sont un peu simples : images défectueuses, des pannes de la caméra, des ruptures d'éclairage.

Un jeune solitaire filme clandestinement des filles dans les vestiaires et vend ses films au shérif. C'est déjà pas ordinaire...

D'autres jeunes tournent un film d'horreur sur une histoire de massacre familial qui s'est déroulée autrefois réellement.

Le jeune solitaire travaille à la télé locale. Il se drogue. C'est assez glauque, c'est vrai. Mais le film manque de fluidité.

Un film qui veut exprimer la force des images, un film sur les films d'horreur, sur le voyeurisme.

Mais ce n'est pas très bon. Il ne réussit pas à déranger, seulement à énerver... Et de manière prétentieuse.

De plus, il y a une fraction d'image à ne pas rater sinon on ne comprend rien...

On est loin de *Videodrome* de Cronenberg ou *Terreur* de DiBlasi (d'après Clive Barker) qui traitent du même sujet...

Eleven (11.11.11) de Darren Lynn Bousman (2011)

Bousman est le réalisateur de trois suites de SAW : II, III et IV qui sont loin d'être des chefs-d'œuvre.

Un écrivain à succès fait un cauchemar qui n'est qu'une réminiscence d'un vrai drame familial : la mort de sa femme et son fils dans un incendie. C'était le 7/11/11.

Ensuite, il y a le 8, le 9, le 10 et... le 11 ! Dieu l'a abandonné !

Beaucoup de discussions, très ennuyeux...

On assiste à une enquête ésotérique sur les démons et il y a un fou qui veut tuer son frère.

« Pourquoi est-ce qu'au bout du compte je veux bien croire plus facilement en Satan qu'en Dieu ? » Se dit-il...

Il passe ainsi du plus profond scepticisme au plus grand mysticisme.

Aucune scène ne trouve d'aboutissement...

Inside (La Cara occulta) d'Andi Baiz (2011)

Je le dis d'emblée : c'est un film misogyne.

Un type noie son chagrin d'amour dans un bar avec une jolie serveuse qui l'héberge chez elle. C'est bien connu, les serveuses ça sert à servir, mais aussi à baiser. Donc le type en question qui est chef d'orchestre a une liaison avec cette serveuse. On s'ennuie pendant 20 minutes avec des scènes de la vie quotidienne émaillées de petits incidents qui mettent la puce à l'oreille. Très téléphoné.

À la 27e minute, on a droit à l'histoire entre le chef d'orchestre et la femme disparue... Ils emménagent à Bogota. Le casting n'est pas bon, c'est mal joué.

Ah ! nous dit le film, voyez où ça peut mener la jalousie, surtout la jalousie féminine... Quelle idée de con de s'enfermer comme ça et d'assister impuissante aux ébats amoureux du mâle avec sa rivale... Mais c'est de sa faute aussi : elle a disparu.

The Whisperer in Darkness (Celui qui chuchotait dans les ténèbres) de Sean Branney (2011). Une adaptation de la nouvelle de Lovecraft "Celui qui chuchotait dans les ténèbres" par "The H.P. Lovecraft Historical Society" (HPHLS) Voir : www.cthulhulives.org
Copyright 2011 by FUNGI LLC. Très amusant.
Excellente adaptation de Lovecraft, en noir et blanc, imitant à la perfection les films des années 50 et les séries TV comme "La quatrième dimension". Ainsi un animateur du débat qui a lieu à la radio s'appelle Bradbury !
Faut-il raconter l'histoire ? Tous les fans de Lovecraft ont lu la nouvelle... Ici les auteurs du film ne prennent aucune distance avec l'œuvre de Lovecraft, bien que les personnages aient été changés et que plusieurs clins d'œil soient lancés aux érudits de l'œuvre du "reclus" de Providence.
"Iä Shub-Niggurath" et "Servir les Mi-Go" !
On ne va pas bouder notre plaisir hein ?

Another Earth de Mike Cahill (2011)
Découverte d'une autre Terre, jumelle de la nôtre et qu'on voit distinctement dans le ciel avec sa Lune. On va souvent la voir ainsi tout au long du film...
Au même moment se produit un accident de la route très grave. Une femme et un enfant sont tués, seul le père est survivant. La responsable de cet accident est une très jeune fille qui conduisait ivre après avoir fêté son admission au MIT. Elle s'appelle Rhoda.
Elle sort de prison et on distingue nettement sur sa table un livre d'Asimov : "Fondation Trilogy"...
Elle projette d'aller sur Terre 2, car un milliardaire prépare un tel voyage. Elle se fait embaucher dans une entreprise de nettoyage.
Elle retrouve l'homme qui a perdu femme et enfant dans l'accident de voiture. Elle veut lui avouer que c'est elle la responsable, mais elle ne peut pas... Elle finit par le revoir régulièrement, car elle s'est fait embaucher pour faire le ménage chez lui...
Et cette Terre 2, que pourrait-elle nous apprendre sur nous-mêmes ?
Ce n'est pas un film d'action, mais il est formidable.
Un film sur la culpabilité et la rédemption.
La fin est en abyme.

La Cabane dans les bois de Drew Goddard (2011)
Produit par Josh Wedon.
Une bande de jeunes vaaachement décontractés vont en week-end dans une cabane dans les bois. L'un d'eux est continuellement shooté et nous saoule avec ses discours métaphysiques. Il n'a pas fini de nous saouler d'ailleurs...
Ils arrivent à une station-service où un vieux type est très inquiétant. Cliché des films d'horreur, le type inquiétant de la station-service.
Arrivée dans la cabane qui ne manque pas de faire penser à la cabane d'"Evil Dead"...
Il y a un miroir sans tain qui fait paroi entre deux chambres. Ce miroir est caché par un tableau terrifiant montrant une scène de chasse très gore.
Tous ces jeunes sont observés, à leur insu, par une équipe de scientifiques dont on se demande la motivation. On le saura à la fin. Ne râlez pas, ce n'est pas un spoiler, à ce niveau le scénariste affiche la couleur.

Ils vont dans la cave, bien sûr. Dans "Evil Dead" ils y trouvent un magnétophone, ici, ils y trouvent un bric-à-brac et... un livre... qu'une jeune fille lit à haute voix ! Quelle idiote !

Et les zombies attaquent !

"Mon dieu, c'est une émission de téléréalité", s'exclame une pauvre victime.

Ce film se voulait peut-être délirant ? Eh bien c'est raté.

Je me demande ce que Sigourney Weaver fait là-dedans...

Lovecraft, oui... à la fin...

Derrière les murs de Pascal Sidet Julien Lacombe (2011)

J'ai vu la maison dans un autre film, mais je ne me souviens plus lequel...

Une belle jeune femme (Laetitia Casta) emménage seule dans une grande maison isolée en pleine campagne. Il faut du courage... Elle est écrivain et souffre du syndrome de la page blanche. La maison lui fait peur...

La dame a perdu sa fille. Elle boit de l'absinthe et du laudanum. Ce qu'elle voit est-il vrai ou est-il dû au delirium tremens ?

Elle adopte la petite nièce d'une voisine. (C'est loi la voisine)

Il y a des enfants disparus, le désir des hommes, etc.

C'est un film sur la culpabilité maternelle avec de grosses ficelles. Casta fait le film à elle toute seule.

Rien à voir avec Lovecraft. À ce compte, tous les films où il y a des rats seraient à mettre à son compte...

Priest de Scott Stewart (2011)

Ce film est inspiré d'une BD de Min-Woo-Hyung. Seuls les scénaristes de BD ont suffisamment d'indépendance d'esprit pour inventer des histoires invraisemblables. Tant mieux si le cinéma en profite !

Ici nous sommes dans un futur lointain où la guerre entre les humains et les vampires s'est soldée par la défaite de ces derniers. Cette victoire est due aux prêtres guerriers de l'Église, courageux, invincibles.

Une voix off raconte tout cela alors que défilent des planches de dessins grossièrement animés. Cela ressemble au prologue du "Dracula" de Francis Ford Coppola.

D'ailleurs la jeune fille enlevée par les vampires se prénomme Lucie, l'un des personnages féminins principaux du "Dracula" de Bram Stoker.

Nous sommes donc dans une société fasciste dominée par l'Église. Le héros de l'histoire est un prêtre guerrier qui va s'opposer à l'Église pour délivrer sa nièce qui a été enlevée par les vampires, qui ne sont pas beaux ! C'est le moins qu'on puisse dire.

Le style est très western, et il y a même un train qui joue le rôle principal dans l'histoire.

Ce film est un mélange des genres du genre : vampires, post apocalyptique, western, manga, etc.

Seulement deux citations :

"Qui ne connaît aucun péché, ne peut connaître le plaisir »... Déclame l'homme-vampire.

"Notre pouvoir ne nous vient pas de l'Église, il nous vient de Dieu" déclare la femme prêtre-guerrier...

De très belles bagarres et de très beaux effets spéciaux.
Transformers 3 Dark of the Moon de Michael Bay (2011)
Superbes entités ces Transformers ! « Des êtres mécaniques dotés d'intelligence ! » La guerre entre les différentes espèces de Transformers fait rage. Un vaisseau fuyard s'écrase sur la Lune.
Sam Witwicky (joué par Shia LaBeouf) est de retour avec ses Autobots (les gentils) contre les Decepticons (les méchants) ; suite à la guerre des Transformers, un vaisseau spatial de chez eux s'écrase sur la face cachée de la Lune... De fait, la guerre de ces créatures machines est transposée sur Terre. On a droit à des scènes sur le site de la centrale nucléaire de Tchernobyl, etc. On voit que la volonté du président Kennedy d'envoyer un homme sur la Lune était motivée essentiellement par la recherche de cette vaste épave de Transformers... La mission Apollo 11 avait donc un tout autre but que celui d'aller seulement sur la Lune. Évidemment.
Un film beaucoup trop foisonnant. On s'y perd. La fiancée de Sam est très très jolie et lui, évidemment, est très très jaloux.
Bien sûr, les effets spéciaux sont bluffants, mais on s'en lasse pour un film bien trop long qui dure 2 H 28 !
Appolo 18 de Gonzalo Lopez-Gallego (2011)
Une mission Appolo est envoyée sur la Lune. Les passagers rencontrent des ennuis et des phénomènes mystérieux. Ils retrouvent même un module russe échoué non loin de là. Ils y trouvent le cadavre d'un cosmonaute. Ils ont des doutes sur le but réel de leur mission. En fait, ils s'apercevront qu'ils ont été envoyés comme appât d'entités extraterrestres qui existent sur la Lune et qui prennent possession des corps des humains. Les cosmonautes américains sont tous contaminés. La question se pose de leur retour : faut-il ramener sur Terre ces entités ?
Hell Baby de Robert Ben Garant et Thomas Lennon (2012)
Ils se sont mis à deux pour réaliser ce Grand-Guignol?
Un couple vit dans une maison hantée. La femme est enceinte et le voisin est intrusif, insupportable même. Deux prêtres exorcistes viennent officier et tout ce beau monde joue un jeu caricatural à l'excès. La femme enceinte est possédée, l'accouchement est diabolique (on en voit pas grand-chose, mais on entend et on voit les réactions sur les visages... Il y a aussi un psy qui est tué de manière atroce. Les repas sont à vomir avec rots, pets et gémissements... Tout est atrocement dégueu...
Un mélange déjanté de *l'Exorciste*, *Rose Mary's Baby* et *Le Monstre est vivant*...
Attack of the 50 FT Cheerleader de Kevin O'Neill (2012)
Ce film n'est pas un chef-d'œuvre, mais il fait partie, en quelque sorte, de l'histoire du cinéma fantastique, d'abord parce qu'il est produit par Roger Corman, et ensuite, c'est une espèce de remake du film culte *Attack of the 50FT Woman* de Nathan Juran (1959), qui fut lui-même suivi d'un premier remake en 1993. Mais j'y reviendrai plus loin.
Cassie, qui travaille dans un laboratoire de biologie, ne se trouve pas belle. Alors elle expérimente un élixir de jeunesse qui vient d'y être mis au point. Enfin, pas tant au point que ça...
D'autant plus que quelques gouttes de ce produit tombent sur une araignée qui passait par là. Quant à la fille, elle devient canon, mais alors vraiment canon, mais... elle

grandit ! Elle ne cesse de grandir. La morale de cette histoire ? Il vaut mieux rester nature !

Le style du film est celui des films d'ados des années 80, un peu amélioré à la sauce de la série des *Scream* de Wes Craven...

Dredd de Pete Travis (2012)

Tiré d'une BD de John Wagner et Carlos Ezquerra. Une première adaptation avait été réalisée par Danny Cannon en 1995 *Judge Dredd*.

Toujours aussi destroy et aussi facho, mais dans une société pareille, comment faire autrement ?

Le juge Dredd est mobilisé pour chaperonner et évaluer une jeune candidate aux pouvoirs psy. Une nouvelle drogue, le Slo-Mo, sévit, elle ralentit le temps jusqu'à 1% ! La méchante est interprétée par l'actrice de la série *Terminator les chroniques de Sarah Connor*, Lena Headey. On a donc droit à plein de scènes au ralenti superbes, notamment les effets des balles sur les corps.

Bon scénario, personnages bien fouillés. Un film de gros durs (et les femmes aussi le sont).

Vampyre Nation de Todor Chapkanov (2012)

Des vampires sont détectés à Bucarest. Désormais, il faudra coexister. Jusqu'au jour où une gargouille dévore vampires et humains.

Le fruit d'une épidémie genre rétrovirus.

On fait donc une alliance humains-vampires.

Histoire visiblement inspirée de *Blade II* : une nouvelle espèce au-dessus des vampires dans la chaîne alimentaire et un traître...

Un film de série B, enfin presque Z...avec quelques moyens en studio.

Mais ça se regarde, tout est simple, c'est ce qui plaît, on ne se prend pas la tête.

(Un des personnages principaux s'appelle Harker.)

Zombie Apocalypse de Nick Lyon (2012)

Un téléfilm de la chaîne SyFy. Je ne traite pas systématiquement les films télé. À l'occasion ça m'arrive, comme pour celui-ci.

Il y a deux espèces de zombies : des lents et des rapides.

Il y en a même qui organisent un piège !

Les scénaristes s'en fichent complètement du script. Les personnages disent qu'il faut récupérer les flèches qui ont tué les zombies, mais ne le font pas. On voit plusieurs fois les mêmes zombies alors qu'ils ont été tués.

Mais on reste accroché au film jusqu'au bout.

Looper de Rian Johnson (2012)

Le tueur doit tuer son alter ego qui est envoyé du futur 30 ans plus tard...

Pas mal le système pour s'envoyer des messages en passant par le futur. Les rencontres ne sont pas fortuites, il y a beaucoup de mystères, ça retient l'attention. La réalité ne correspond pas aux apparences. Un film que n'aurait pas renié Philip K. Dick.

Une chose m'a agacé : Bruce Willis qui tue tout le monde sans une égratignure, ça va !

« Il faut croire que nos actes reviennent nous étrangler ! »

J'adore ces histoires de paradoxes temporels ! Surtout quand c'est bien filmé comme ici.

Possédée d'Ole Bornedal (2012). Ça démarre sur les chapeaux de roue !
Une boîte avec de mystérieuses inscriptions semble obséder une dame âgée qui veut la détruire. Elle n'y réussit pas, au contraire, c'est elle qui s'autodétruit.
Puis, cette boîte, mise en vente dans le vide-grenier de la maison, se retrouve entre les mains d'une petite fille. Elle réussit à l'ouvrir pour constater qu'elle contient de drôles d'objets.
De la violence, des insectes, une enfant possédée…
Cette boîte renferme un démon : Dybbuk en hébreu.
Très angoissant. Puis… terrifiant ! La scène de l'IRM est terrifiante.
Sam Raimi est un des producteurs. Le film ressemble d'ailleurs à *Evil Dead*.

Iron Sky de Timo Vuorensola (2012)
Sortie en DVD le 18 février 2013
Prologue surprenant !
Vous savez que la Lune contient énormément d'Hélium 3, ce très précieux isotope de l'Hélium ? Si on le possédait en suffisamment de quantité (il est quasi inexistant sur Terre) on pourrait envisager une fusion nucléaire propre et sans danger, une ressource d'énergie inépuisable !
Un humour décapant et plein de significations : le président des USA est une femme. Le spationaute US fait prisonnier par les nazis sur la Lune est un Noir. Et le mot d'ordre pour la mission lunaire : « Can ! Yes we can ! » Quelle auto dérision !
Le discours raciste est ridicule (mais c'est justement fait pour rire !)
On a donc affaire avec ce film à du steampunk uchronique parodique. Unique dans l'histoire du cinéma !
Le scénario est plein de rebondissements. Très osé. Très Destroy. Yeeep !
Comme disait le personnage joué par Orson Welles dans *Le Troisième homme* : « Regardez en bas, si loin, les hommes n'ont pas plus d'importance que des fourmis. »
Ce film aurait mérité une sortie en salles. Mais il est trop anar !
C'est aussi un hommage au film *Le Dictateur* de Charlie Chaplin.

Grave Encounter de John Poliquin (2012)
Scénario *The Vicious Brothers*
Des ados racontent le premier film.
Ça débute en caméra « subjective » amateur. Ça craint !
Un ado tourne un film d'horreur débile. Après 32 minutes ennuyeuses, ils sont de retour à l'asile du premier film que je n'ai pas vu. Dieu m'en préserve en regardant ce navet.
Ils sont tellement cons qu'ils méritent de mourir cruellement.
C'est *Blair Witch*, *Supernatural* et la *Maison de l'Horreur* en moins bien.
« Je ne te décevrai pas », déclare le personnage à la fin. Pourtant si, il nous a déçus.
Bon ! Comme d'habitude, il y a une scène à la fin du générique.

UFO de Dominic Burno (2012). Le début est long, car on s'ennuie avec de longues scènes de drague, de baise et de dégueulades. C'est long, donc, et de plus entrecoupé de scènes visiblement d'un autre moment…

Après il ne se passe plus rien pendant un long moment, et on s'ennuie en compagnie de gens pas intéressants.
Après 35 minutes de film, on voit une soucoupe volante.
Mais on n'est pas sauvé : ensuite il y a encore une bagarre, et puis une autre... Et beaucoup de bavardages. Des bagarres genre cour de récréation, vous voyez ?
À 1 H 11'11" du film, je ne comprends toujours pas les scènes genre flash-back avec Jean Claude Van Damme... Ah ! C'est le tonton à Michael...
Finalement la dernière demi-heure est intéressante. Ça vaut donc le coup de rester...

Sinister de Scott Derrickson (2012)
La scène de prologue du film est une des scènes les plus sinistres et terrifiantes du cinéma.
Une petite famille emménage dans une nouvelle maison. L'homme est écrivain. Il écrit des récits de crimes réels et il est venu sur les lieux d'un crime puisqu'on voit, derrière la maison, l'arbre du prologue terrifiant. Voilà du bon cinéma : l'image parle d'elle-même !
Visiblement la scène de ce prologue s'est déroulée peu de temps auparavant. On est donc tout de suite dans l'ambiance. Du bon cinéma je vous dis : pas besoin d'explications sans fin et de voix off ennuyeuse...
L'écrivain met en route un projecteur pour regarder des films amateurs de famille avec des scènes... d'horreur ! Insoutenables.
« Tu es revenu et tu as laissé la boîte. Pourquoi ? » Se demande l'écrivain à propos de la boîte de bobines de film.
Ce personnage mène une enquête terrifiante, une terreur qui progresse lentement mais sûrement.
Une fois de plus un film d'horreur utilise le fameux super 8 de notre enfance, ces mémoires cinématographiques sur pellicule...
Petit à petit l'inquiétude mène le spectateur qui prend conscience que la famille de l'écrivain va être victime de Mr Boogle.
Les images, les films, tout ça peut être très dangereux... Surtout pour les enfants !
Terrifiant !

Werewolf de Louis Morneau (2012)
(The Beast Among Us)
Prologue impressionnant. Ça commence bien !
Un loup-garou sévit dans une région de Transylvanie. Des chasseurs spécialisés partent en chasse. C'est très gore. On voit beaucoup de pièces détachées anatomiques.
La situation est épouvantable. La bête sévit et fait de nombreuses victimes.
C'est un cauchemar. Il y a quelques scènes de véritable boucherie.
Les trois personnages sont réunis : le loup-garou, le méchant wurdalak (vampire) et une belle fille...

The Hobbit de Peter Jackson (2012)
Après un prologue flamboyant montrant l'arrivée du dragon, les Nains se réunissent à l'appel de Gandalf pour lutter contre ce dernier.
On s'ennuie en assistant à l'invasion par les Nains du Trou de Bilbon.
Ils veulent donc lutter contre le dragon.
Ensuite, c'est la quête : superbe !

Toute la mythologie qui sera développée dans *le Seigneur des anneaux*.
Il y a un signe à la fin : un oiseau !
Guillermo del Toro a participé au scénario
À suivre, sans doute une trilogie.
Abraham Lincoln chasseur de vampires de Timur Bekmambetov (2012)
Très originale l'idée ! Très amusant le scénario et le film aussi, bien sûr.
Comment Lincoln est-il devenu chasseur de vampires ? Eh bien en rencontrant un chasseur de vampires of course !
Et il accepte de le devenir pour venger sa mère tuée par un vampire quand il était enfant...
Il se lance dans la politique, y réussit comme on sait, puis les vampires le rattrapent.
Les vampires sont enrôlés par la Confédération pendant la guerre civile.
J'adore ces films dans lesquels les héros réalisent l'impossible. Il faut que ce soit très bien filmé pour être crédible. C'est la magie du cinéma.
Abraham Lincoln est éternel !
Ce film est tiré d'un roman de Sith Grahame-Smith.
Tim Burton est parmi les producteurs.
Tears of Steel d'Ian Hubert (2012)
Court-métrage hollandais de SF. Une histoire de robots pas claire. L'amour pourra-t-il convaincre les robots de ne pas détruire le monde?
Cela dure 12 minutes...
Underworld : Nouvelle ère de Marlind et Stein (2012)
Quatrième opus des films *Underworld* sur la guerre entre les vampires et les lycans.
Très nul. Kate Beckinsale est toujours aussi belle, mais le scénario est indigeste.
Pourtant ils s'y sont mis à quatre pour le rédiger !
La Dame en noir de James Watkins (2012)
Le troisième film de la nouvelle Hammer !
Et on est bien dans cette ambiance !
Je n'ai pas lu le roman duquel est tiré ce film, dont l'auteur est Susan Hill, mais l'histoire est typiquement Hammer. Plutôt Hammer vu du côté féminin, car il s'agit d'enfants. Et jamais la Hammer n'a montré mort d'enfant... Si mes souvenirs sont bons.
Il y a d'abord le voyage, comme dans la plupart des *Dracula* de la Hammer. Le héros quitte ses lieux familiers pour aller dans une terrible demeure, très loin de chez lui.
Dans un pays au bord de l'océan, perdu dans les brumes et dont la population arriérée est sous le joug d'une malédiction. Il y a donc un peu de Lovecraft dans cette histoire.
Le film est excellent. Les explications et autres bavardages sont inutiles au spectateur qui comprend tout grâce à la magie du cinéma : des bons plans, cadrages et montage.
Le son aussi est très important et très bien élaboré, comme dans le magnifique film *La Maison du diable* de Robert Wise (1963).
La maison est hantée, le héros isolé s'apercevra trop tard que lui aussi est concerné...
Scream 4 de Wes Craven (2011). Ghostface est de retour ! Dix ans après ses sévices de *Scream 3* le voici de nouveau à l'œuvre.

On aperçoit un extrait du film *Shaun of the Dead*...
Pour les fans de Scream c'est bien. On retrouve avec plaisir les acteurs, le réalisateur, c'est un bon film, on ne va pas mégoter.
Mais était-ce nécessaire de faire ce quatrième opus ?
Pour les autres *Scream* voir précédemment.

Green Lantern de Martin Campbel (2011)
Une adaptation de DC comics (l'éditeur qui a publié les Superman et les Batman)
Un film très ennuyeux, pas très enthousiasmant, l'histoire est emberlificotée. Je ne sais pas si c'est dû au film ou à la franchise elle-même qui n'a pas l'air de casser des barres...

Le Chaperon rouge de Catherine Hardwicke (2011)
La réalisatrice du premier *Twilight* nous offre sa vision du conte de Perrault.
C'est féerique. Un conte de fées ce n'est pas du néoréalisme italien ou du réalisme socialiste !
Donc la cinéaste a traité cette histoire de loup-garou comme un conte de fées. Et non pas comme un film d'horreur.
Mais qui est donc ce loup-garou qui parle au chaperon rouge ?
« Je te connais bien. » a-t-il dit à la jeune fille.
Mais QUI est-il ?
L'instrument de torture est une chaudière en forme d'éléphant dans laquelle on fait cuire les suppliciés.
Ah ! Ces secrets de famille !
Ce film est superbe !

Appolo 18 de Gonzalo Lopez-Gallego (2011)
Filmé en « immersion », c'est-à-dire comme si on y était. La nouvelle mode du cinéma. Donc c'est un peu ennuyeux, mais ce film mérite un peu d'ennui, car il est excellent.
Cette mission Appolo secrète est envoyée sur la Lune. L'équipage va être confronté à des extraterrestres lunaires qui s'identifient à la roche et qui vont investir leur corps.

Real Steel de Shawn Levy (2011)
Cette histoire de combats de boxe avec des robots ne m'avait pas vraiment attiré. Je m'y suis mis et j'ai trouvé le film excellent !
Il faut dire que l'idée vient de haut. Car ce film est adapté d'une nouvelle de Richard Matheson, pas moins, l'auteur de *Je suis une légende*...
Cette nouvelle datant de 1956, l'âge d'or de la SF, a pour titre *Steel* (*L'indéracinable* en français). Matheson lui-même avait adapté sa propre nouvelle en tant que scénariste de nombreux épisodes de la série télé *La Quatrième dimension*. L'épisode concerné s'appelait *Des nerfs d'acier* et était réalisé par Don Weis (saison 63-64)
Le titre de l'épisode correspond bien au message de notre film : il faut toujours persévérer, ne jamais se décourager, tenir jusqu'au bout. Pour obtenir la victoire, il ne faut pas avoir peur de la défaite...
Ce film est merveilleux d'humanité. En fait les robots ne sont que... des robots, les objets de la volonté humaine de dépasser la nature, de dépasser ses propres forces, de vaincre les obstacles pour vivre des rapports humains extraordinaires, des rapports d'amour et d'amitié.

Hugh Jackman est formidable comme toujours…

Ghost Rider : l'esprit de vengeance de Mark Neveldine et Brian Taylor (2012)

On avait passé un bon moment avec Ghost Rider de Mark Steven Johnson (2007). Donc on nous en offre un autre avec cette suite.

Je n'aime pas trop Nicolas Cage, mais on fait avec.

Le Rider « mange » l'âme des gens qui ont péché…

Il est devenu comme ça après avoir signé un pacte avec le diable pour sauver son père du cancer (dans le premier film…)

Une histoire de diable et d'enfer comme seuls les comics savent les raconter. Batailles rangées, violences et excavateur en flammes. Il y a toujours des flammes, car il s'agit d'enfer n'est-ce pas ?

Il y a des parties en dessins de BD avec une voix off. Parfois l'image s'accélère, saute comme quand on passe d'une vignette à l'autre en « lisant » une BD… Il y a aussi parfois deux plans côte à côte rassemblés sur l'écran.

L'histoire ne tient pas debout, mais tant pis, on passe un bon moment.

Un excellent moment. Comme quand on lit une bonne BD, mais là ça bouge et il y a du son !

Les Immortels de Tarsem Singh Dhandwar (2011)

Les armées du roi Hypérion ravagent la Grèce, détruisant chaque village sur leur passage. Le roi sanguinaire ne laissera personne l'empêcher d'atteindre son but : libérer le pouvoir des Titans endormis afin d'anéantir les dieux de l'Olympe et l'humanité tout entière.

Rien ni personne ne semble pouvoir arrêter la folie destructrice d'Hypérion, jusqu'à ce qu'un jeune tailleur de pierre, Thésée, jure de venger sa mère tuée par ses soldats…

Lorsque le jeune homme rencontre Phèdre, l'oracle, celle-ci est assaillie de troublantes visions. La jeune femme est désormais convaincue que Thésée est le seul qui pourra arrêter la destruction. Avec l'aide de Phèdre, Thésée rassemble une petite troupe de fidèles, et part affronter son destin dans une lutte désespérée pour préserver l'avenir de l'humanité.

Les paysages sont fantastiques, un monde minéral, ce monde ne connaît ni le végétal, ni l'animal, sauf un aigle et quelques oiseaux. Il n'y a que les hommes et les dieux. Des lieux étranges et des combats atroces. Et Phèdre et Thésée…

Superbe !

Contagion de Steven Soderberg (2011)

Ce film raconte le développement d'une pandémie due à un virus mutant porc/chauve-souris. Il prend la forme d'une grippe, puis d'une méningite aiguë et mortelle.

C'est une véritable reconstitution de ce que serait une telle pandémie. Il est d'ailleurs fait référence dans le film à la pandémie de grippe dite « espagnole » de 1918-1919…

On voit les émeutes, la paranoïa (parfois justifiée), la théorie du complot…

Les gauchistes voient des complots capitalistes partout, et parmi eux un vrai salaud qui se fait du fric grâce à son rôle de gauchiste…

Ceci dit, quand ils ne trouvent pas de vaccin, ils mentent, quand ils en trouvent un, il est dangereux...

Les autorités sanitaires recherchent le patient zéro, le premier qui a été infecté et qui a lancé la pandémie. Ils sont lancés sur une fausse piste et cette enquête dévoile un pan de la vie privée des protagonistes.

Au milieu de tout cela, il y a une stupide histoire d'enlèvement.

La leçon de la fin : il suffit de si peu de choses pour lancer une pandémie, il suffit de ne pas se laver les mains !

Ce film est vraiment bien : quasiment un documentaire sur ce que pourrait être une telle pandémie et ses conséquences sociales, politiques, scientifiques, morales, etc. Mais un documentaire vécu en direct, donc une superbe fiction !

2033 Future Apocalypse de Francisco Laresgoiti (2010)

En dvd en 2012 chez Condor.

Cette fois Condor nous offre un film de SF sur l'avenir de nos sociétés occidentales.

Comme toujours, il reprend les thèmes classiques de ce sujet depuis *1984* de Michael Radford (1984) film adapté du roman de George Orwell.

Une société policière et une révolte pas très politisée.

Faut pas déranger les convictions des uns et des autres, mais poser le problème quand même...

Le film manque terriblement de moyens et les acteurs sont très mauvais.

Les Yeux de Julia de Guillermo Morales (2010)

Film espagnol sur le regard. Car c'est grâce (ou à cause) à notre regard que nous sommes épouvantés.

C'est bien un film d'épouvante...

Sarah est aveugle et elle se pend dans la cave... Sa sœur jumelle, Julia, étouffe d'étranglement quand sa sœur meurt...

Julia se rend compte qu'un homme était présent aux côtés de Sarah quand elle s'est pendue. Sarah avait perdu la vue et Julia a la même maladie.

Julia et son mari Isaac partent à « Bellavista » (!) Le serveur est incapable de décrire l'homme qui accompagnait Sarah.

Isaac est le sceptique de l'histoire fantastique (il y en a toujours un). L'homme qui accompagnait Sarah s'avère très dangereux et Julia perd la vue !

Qui ment ? Qui dit la vérité ?

Le spectateur est ballotté comme un aveugle. Il ne sait pas où il va jusqu'à la fin.

Quand il connaît la vérité, ce n'est pas mieux : pire !

Hellraiser IX : revelations de Victor Garcia (2010)

Ça commence mal avec des prises de vues en vidéo amateur. On ne va pas au cinéma pour voir de mauvais films d'amateur...

Ah ! on est sauvé : en fait c'est un film amateur que regarde une fille sur une caméra qu'elle a trouvée dans les affaires de son frère. Dans ce film, Nico, le fiancé de cette fille trouve le « cube » maudit qui ouvre la porte aux enfers des Cénobites.

Les deux garçons sont saouls, Nico, le fiancé est un salaud.

Ce jeune et son ami ont disparu. Pinhead, lui, espionne toute la famille. Dans le sac que fouille la jeune fille, il y a aussi le « cube ». Elle est fascinée par cet objet.

Elle trouve à faire fonctionner le mécanisme et libère ainsi son frère (Steven le copain de Nico) des Cénobites... Enfin, c'est ce que veut faire croire le scénariste au spectateur...

La jeune fille et ses parents, les parents de Nico qui dînaient ensemble, se retrouvent coupés du monde dans leur maison isolée.

Pinhead enfonce des clous dans la tête de Steven écorché...

Le sang ramène à la vie, comme dans le premier film... Nico a besoin de sang pour reconstituer son corps et, pour se terminer, de la peau d'un humain...

Le sado-masochisme homosexuel esthétique et baroque de Barker est ici un peu grand-guignol. Il y a aussi de l'inceste.

L'heure des révélations viendra et chacun devra payer cher ses péchés.

Malgré tout, on frissonne quand même.

Tous ces films « Helleraiser » laissent des traces. On est fasciné malgré la banalité de la réalisation et du jeu des acteurs. C'est l'effet Barker !

Rammbock – Berlin Undead de Marvin Kren (2010)

Alors que Michael arrive à Berlin pour rendre visite à Gabi, son ex-petite amie adorée, un terrible virus – transformant les gens en zombies – se propage rapidement à travers la ville. Michael, s'inquiétant de ne pas trouver Gabi chez elle, fait la rencontre d'Harper, un jeune apprenti plombier qui effectue des travaux dans l'immeuble. Ensemble, ils parviennent à se barricader tandis que des hordes contaminées par le virus envahissent les lieux. Cernés par ces zombies assoiffés, Michael et Harper doivent combattre pour défendre leur vie et il leur faudra user de toute leur ingéniosité pour survivre et retrouver Gabi.

Un film de zombies amusant.

Les « assiégés » découvrent des moyens de se défendre assez originaux : xanax et flash photos pour lutter contre la pandémie zombie. Une fois contaminé, quand on prend du xanax ça ralentit le processus... Comme quoi, les anxiolytiques ont du bon. Et les flashs photo font peur aux zombies.

Ça se veut original, mais c'est devenu difficile d'être original avec les zombies...

Conan (Conan the Barbarian) de Marcus Nispel (2011)

Que diable ! Détendons-nous ! Il n'est pas si mal ce film.

J'aime assez. Il ne se prend pas au sérieux. Gros biceps, pectoraux et sorcellerie.

Ça détend !

L'acteur, Jason Momoa, qui joue un personnage important dans la série Stagate Atlantis, est très bien. Rien à voir avec Schwarzenegger. Et alors ? Tant mieux, car le Conan de ce dernier est inégalable.

World of the Dead (The Zombie Diaries 2) de Michael Bartlett et Kevin Gates (2011)

La suite de *The Zombie Diaries* des mêmes.

On est en direct. Les scènes la nuit sont pénibles.

Le désespoir est absolu.

Il y a des flash-back sur une intervention de l'armée... avec des exécutions sommaires.

La neige fait un joli décor. Insupportable.

Il y a aussi des rebelles ignobles, pires que les zombies. On revient donc sur le thème du premier film : certains de ceux qui sont restés des êtres humains sont pires que les zombies.
Ils sont tous en quête d'un lieu sûr avec des gens sûrs.
Ça se passe dans la forêt ce qui n'est pas sans faire penser au film *Le Projet Blair Witch*.
Une scène dans un cimetière avec un zombie fait penser au prologue de *la Nuit des morts-vivants* de Romero (1968)

The Darkest Hour de Chris Gorak (2011)
Sortie en DVD en mai 2012.
Moscou tombe soudain dans l'obscurité totale.
Des lumières tombent du ciel (comme dans la série de télévision *Invasion*) et elles désintègrent les gens !
Il y a de l'action, on ne s'ennuie pas. Il y a aussi l'ingéniosité humaine pour s'en sortir, comme l'utilisation de la cage de Faraday, toujours facile à construire...
En fait, le thème de ce genre de film est très simple : il faut un nettoyage de l'espèce humaine, un très grand nettoyage et on repart. Seuls les plus malins s'en sortiront... Donc on repartira sur des bases saines...

Livide de Julien Maury et Alexandre Bustillo (2011). Une petite stagiaire accompagne une infirmière à domicile chez ses patients. Ils vont dans une vieille maison dans laquelle se trouve une femme très âgée dans le coma... L'infirmière demande à la stagiaire de l'attendre dans la voiture, mais la jeune fille la suit. Elle découvre donc la patiente en question. Dans la conversation avec l'infirmière, il est question d'un trésor caché...
Donc, la fille accompagnée de deux amis reviendra la nuit pour chercher ce trésor. Mal leur en a pris...
Ce film est superbe. Une horreur macabre. Ici pas de vampires chochottes, mais de véritables monstres, très originaux. La fin est très inattendue !
Un film à ne pas manquer qui n'a pas eu la reconnaissance artistique qu'il mérite.

Babycall de Pal Sletaune (2011)
Film peu bavard. Noomi Rapace est superbe. Les cris dans le « babycall » sont stressants. C'est lent et très angoissant... Qu'est-ce qui est réel ?
En arrière-plan il y a la mort. On se perd entre l'amour et la mort.
C'est vrai qu'on a déjà vu ce genre d'intrigue, ce genre de phénomène de hantise.
Mais ce film est quand même superbe !

The Hunters de Chris Briant (2010)
Super film, pas didactique, on n'explique rien, montre peu, mais on comprend tout.
Ça c'est du cinéma !
L'histoire d'amour est subtilement géniale.
Une histoire de chasseurs... qui ont un gibier très spécial.
Ce film est tourné à Metz et au Luxembourg.

The Divide de Xavier Gens (2011)
Huis clos et divisions.
Des gens se retrouvent isolés dans une cave aménagée alors que dehors c'est l'apocalypse.

On s'ennuie jusqu'à l'arrivée des soldats, à ce moment-là il y a de l'action puis on s'ennuie à nouveau...
Le type le plus sympa est le Noir et celui qui sauve tout le monde, au départ, est une espèce de néonazi... Mais le spectateur s'apercevra que les néonazis ne sont pas ceux qu'on le croit...
Il y a quelques invraisemblances, comme le fait que des soldats lourdement armés et équipés se font avoir par quelques rigolos et on se demande comment il est possible qu'ils aient de l'électricité alors que c'est l'apocalypse à l'extérieur.
Mais enfin, ce n'est pas grave...
Le tournant du film c'est quand le sexe apparaît. Tout dérive... La question se pose alors de qui va être le mâle dominant... Et la réponse est très écœurante, très désespérante ! La folie s'empare des plus faibles qui deviennent alors les plus forts grâce à cette folie.
La jeune femme qui refuse cette situation ne trouvera pas non plus son salut...
Sans espoir.

La Maison des ombres (The Awakening) de Nick Murphy (2011)
Le film commence par une citation tirée du livre dont l'héroïne du film est l'auteur :
« Entre 1914 et 1919 la guerre et la grippe ont fait plus d'un million de morts dans la seule Angleterre. C'est une époque propice aux fantômes. Florence Cathrat 'Voir les fantômes' P.7 »
C'est que Florence est une chasseuse de médiums, de faux fantômes, une sceptique, elle n'y croit pas et dévoile les supercheries. C'est une espèce de Sherlock Homes de la hantise. Elle est très compétente, très efficace et devenue célèbre grâce à son livre... Mais, son scepticisme va être mis à rude épreuve.
Elle est invitée dans un pensionnat où deux enfants sont morts, l'un assassiné il y de longues années et un autre retrouvé mort récemment, victime, dit-on, d'une hantise. Dans un premier temps elle refuse d'y aller et finit par céder.
Un enfant déclare : « J'aime les discussions d'adulte. » Cela paraît étrange, mais moi aussi, quand j'étais enfant j'aimais les discussions d'adultes...
Cette « maison » imposante est donc devenue un pensionnat pour jeunes garçons (des enfants). On la retrouve ici ou là, en miniature avec à l'intérieur de chaque pièce, des figurines qui reproduisent des scènes vécues par Florence. C'est hallucinant.
Les séquelles de la guerre, un lapin en peluche qui chante une comptine... en fait Florence n'est pas là par hasard. On s'en doutait bien sûr, mais la raison de cette présence étonnera le spectateur...
Ce film raconte une très belle histoire, un traumatisme de l'enfance, et le fait que certaines personnes sont nées avec cette maudite étoile qui fait qu'elles vivent plusieurs grands malheurs...
« Les souvenirs ne sont-ils pas un canular finalement ? » Interroge l'amant de Florence ?
Très bien filmé, très bien joué...

Star Cruiser de Jack Moik (2011). Les éditions Condor semblent spécialisées dans l'édition DVD de films qui ne cassent pas trois pattes à un canard, mais qui sont agréables à regarder. Ça fait du bien de regarder ce genre de film pour se détendre.

Ici on a des vaisseaux spatiaux, des batailles spatiales avec un peu des ingrédients des grands classiques de la SF : *Blade Runner* (cyborgs), *Star Wars*, *Starship Troopers*, *Stargate SG1*...
L'originalité de ce film est aussi le côté « normal » du héros, individualiste, mercenaire, mais pas du tout frimeur, au contraire, très banal d'apparence.
Tomorrow when the War began de Stuart Beattle (2011)
Traduction du titre : "Demain quand la guerre a commencé.
Ce film australien raconte comment une bande d'ados résiste à une invasion militaire de leur pays. On ne connaîtra pas l'identité du pays envahisseur.
La randonnée des ados au début traîne trop en longueur (23 minutes !)
L'armée d'occupation est une armée classique avec hélicoptères, blindés, etc.
Ces militaires sont si nuls face à des petits jeunes qu'on se demande comment ils ont fait pour envahir l'Australie.
Mais enfin... c'est pas mal quand même. L'idée est assez originale, non ?
Bitten de Harv Glazer (2011)
Rien d'original dans cette histoire de vampire dans un film fauché. Mais c'est plaisant.
Un jeune ambulancier recueille une jeune fille très chouette couverte de sang. Elle a été mordue et se transforme en vampire.
On s'ennuie un peu devant les longues conversations entre le jeune et son vieux collègue.
Le jeune essaie de trouver du sang à son amie.
« T'es en train de tout foutre en l'air pour une gonzesse ? »
The Intruders de Juan Carlos Fresnadillo (2011). Est-ce qu'on laisse la fenêtre de sa chambre ouverte la nuit quand il y a un échafaudage sur la façade ? Ben... fallait pas ! Ce genre de faiblesse de scénario m'exaspère...
Le croquemitaine sans visage veut voler le visage des enfants.
Bien sûr, personne ne les croit ces pauvres petits, ni les prêtres, ni les psys. Classique.
Mais... le croquemitaine est très original, le film est très beau et l'histoire aussi.
Finalement, les psychiatres avaient peut-être raison, en fait... Enfin, presque !
L'Ombre du mal (The Raven) de James Mc Teigue (2011)
Vous connaissez la musique : « Tous ces films d'horreur inspirent des dingues qui les mettent en application » !
Dans ces films ce sont les nouvelles d'horreur d'E.A. Poe qui sont mises en œuvre par un lecteur fou d'horreur ! Un serial killer.
Poe est présenté d'une drôle de manière : je ne le savais pas aussi con...
« Le souffle de l'enfer est nourriture, consommée dès la naissance en solitude. » Le jeu de piste dans le labyrinthe des œuvres de Poe développe un réel suspense. Le mystère reste entier jusqu'au bout... Enfin presque...
Le générique de fin est extraordinaire.
Ce film est excellent. Dommage qu'ils aient raté le personnage de Poe.
Hypothermia de James Felix McKenney (2011)
Un joli petit film de série B. Réalisé sans moyen : avec 6 acteurs seulement, un seul site de tournage, et le réalisateur est aussi le scénariste et le monteur. Durée du film : 1 H 07 seulement. Pour dire ! Les acteurs jouent bien et c'est très bien filmé.

C'est un hommage au film culte *L'étrange créature du lac noir* de Jack Arnold (1954) qui a eu une suite et quelques remakes (voir ci-dessous)
Il y a de la recherche dans les premiers plans. Il y a de la tension dès le début : le père de famille tombe dans l'eau glacée en rompant la glace du lac gelé.
La question se pose ensuite : qui sera le premier à être bouffé ?
Ah ! De nouveaux personnages arrivent : des gros cons de beaufs pêcheurs. Ce sont eux qui se feront bouffer les premiers ; of course.
Ils se mettent à pêcher et après une très longue attente ils ont une touche genre « monstre du Loch Ness »... Donc ils vont agrandir le trou dans la glace !
Le monstre est peu visible et très caoutchouteux, mais le résultat de ce qu'il fait est très bien rendu...
Délicieux cet hommage à un film culte...
Il y a donc eu :
L'étrange créature du lac noir de Jack Arnold (1954)
La Revanche de la créature de Jack Arnold (1955)
La Créature du Lagon de Jim Wynorski (1989)
La Créature du marais de Wes Craven (1982) tiré d'un comics.

Sucker Punch de Zack Snyder (2011)
Quel superbe film!
"Chacun de nous a un ange, un gardien qui veille sur nous..."
Une petite jeune fille est internée dans un asile d'aliénés, par son beau-père indigne.
En fait, ce n'est pas un asile d'aliénés, mais un bordel !
Ça commence comme un conte de fées, ça se poursuit comme un film de Kung Fu... Jubilatoire !
On sait ce qu'on a, hein ? Mais on ne sait pas ce qu'on aura si on s'évade...
Après le Kung Fu, c'est la guerre de tranchées en 14-18, et d'autres choses encore. Avec des zombies, s'il vous plaît !
« Si vous ne vous dressez pas pour une chose, vous plierez l'échine toute la vie. »
« Ah ! Une dernière chose : travaillez en équipe ! »
« Pour ceux qui se battent, la vie a une saveur que ceux qui se protègent ne goûteront jamais... »
« Vous avez toutes les armes en vous : alors, battez-vous ! »
S'évader pour s'en sortir...
Superbe générique de fin !
Ce film est un chef-d'œuvre !

Super 8 de J.J. Abrams (2011). Des ados tournent un film de zombies en super 8. (maintenant on les fait en numérique...)
Une femme est tuée dans un accident du travail à l'usine. Son fils est le héros de l'histoire.
Ça se passe au moment de l'accident nucléaire de Three Miles Island (23 mars 1979).
Alors qu'ils tournent une scène dans une ancienne gare, un train de marchandises déraille.
Ce déraillement n'est pas naturel, la cargaison du train non plus, et les événements qui suivent encore moins !

Et puis intervient l'armée, l'ARMÉE, vous vous rendez compte ?
Ça c'est encore plus étrange !
La manière de ces jeunes de tourner leur film clandestinement au milieu d'événements réels me rappelle Paul Carpita tournant son film *Le Rendez-vous des quais* (1958). Comme quoi, la réalité dépasse la fiction.
Le film nous montre les problèmes personnels de chacun et les rapports entre les gens.
« La Chose a pris Alice ! » La Chose sort tout droit de X-files et la zone 51.
Son vaisseau spatial, est construit à partir de petits modules comme les répliquant de Stargate SG1. Abrams connaît bien ces deux sujets !
Quel bordel elle fait cette Chose. Pire que les Gremlins.
Ah ! ce Spielberg (producteur) toujours les mêmes obsessions !
J'aime assez le petit film projeté en même temps que le générique de fin : les clichés des films de zombies.

Hide Aways The Last Son d'Agnès Merlet (2011). On hérite de nos parents, on dit que c'est héréditaire.
La rencontre de deux héritiers, bien filmée, bien jouée.
L'un d'entre eux sème la mort autour de lui, sans le vouloir…
C'est fou ce dont est capable l'amour : plus fort que la mort !
Deux négatifs font du positif.

Paranormal Activity 3 d'Henry Joost et Ariel Schulman (2011)
Paranormal Activity 2 de Tod Williams (2010)
Toujours le même principe (très ennuyeux), mais ici la fin est terrifiante.
Le « 2 » est pas terrible non plus il paraît (Je crois l'avoir vu, mais je ne m'en souviens pas !)
Il y a aussi
Paranormal Activity 4 d'Henry Joost et Ariel Schulman (2013)
Paranormal Activity: The Marked Ones de Christopher Landon (2014)
Paranormal Activity: The Ghost Dimension de Gregory Plotkin (2015)
Pas vus. Dommage ou pas ?

Voltage d'Anhubav Sinha (2011)
Une espèce de comédie musicale ennuyeuse à mort.
Un méchant de jeu vidéo prend vie et le joueur, doté de pouvoirs spéciaux, l'affronte…
Très nul.

The Innkeepers de Ti West (2011)
Un hôtel hanté.
Claire et Luke tiennent l'hôtel le dernier week-end avant la fermeture.
Ils cherchent à prouver l'existence du fantôme d'une jeune fiancée qui s'était pendue.
Ils n'ont qu'un vieux magnétophone, et encore, il marche quand il veut…
Nous pauvres spectateurs, après une heure de film on s'ennuie toujours…
Après 1H 15 il semble se passer quelque chose…
À 1 H 23, cette fois ça y est !
Rien compris !
Rythme lent, peu d'événements, tout est dans l'ambiance, mais c'est un peu raté.

SS Troopers (Nazis at the Center of the Earth) de Joseph J. Lawson (2012)
Vieux mythe du roman (et du film) *Ces Enfants qui venaient du Brésil* de Franklin J. Schaffner (1979) dans lequel les nazis font des recherches génétiques.
Ici, c'est pas au Brésil, ni sur la Lune, mais en Antarctique.
Tout est mal foutu, mal joué, mal filmé, mal rythmé...
Expériences médicales des nazis, boucheries mal filmées, docteurs de l'horreur de pacotille...
Et Hitler revient !
Quand on regarde le générique, on est surpris du nombre de gens qu'il a fallu pour réaliser ce navet...

Don't be Afraid of the Dark de Troy Nixey (2010) (Il ne faut pas avoir peur du noir)
Sorti directement en DVD en 2012
Produit par Guillermo del Toro qui est aussi coscénariste.
Dommage que ce prodigieux film n'ait pas eu droit à une sortie en salles en France.
C'est une anthologie des œuvres littéraires d'Algernon Blackwood (1869-1951) et d'Arthur Machen (1863-1947).
Les références sont claires dans le film : un personnage (le propriétaire) s'appelle Blackwood et Arthur Machen est cité.
Cette histoire est directement tirée de l'œuvre de ce dernier écrivain basée sur le « petit peuple », ces êtres invisibles qui vivent dans la nature et qui enlèvent des enfants.
Il faut savoir également que Machen a beaucoup influencé Lovecraft qui lui a voué une grande admiration. Là aussi, une référence existe dans le film, car on lit l'inscription « Providence » sur la voiture de police. Et Providence est la ville natale de Lovecraft.
D'ailleurs, l'œuvre d'Arthur Machen (et aussi celle de Lovecraft) a beaucoup influencé l'œuvre cinématographique de Guillermo del Toro, notamment dans son film Le *Labyrinthe de Pan* (2005), *Le Grand Dieu Pan,* est le titre d'un roman d'Arthur Machen...
Bref, revenons à notre film.
Au début ça tire un peu en longueur après un prologue éprouvant.
Une petite famille aménage dans une maison très ancienne et ils découvrent une cave dans laquelle se sont déroulés ces terribles événements du prologue. Le spectateur le sait, mais les personnages ne le savent pas... La famille est composée d'une petite fille, de son papa et de sa femme (la belle-mère de l'enfant).
La tension monte lentement, mais sûrement, quasiment à l'insu du spectateur.
Bien sûr, personne ne veut croire la petite fille et évidemment on convoque le psychologue...
Un très grand film sur les classiques du fantastique dans la nature, tels que ces écrivains l'ont si bien décrit !

Chronicle de John Trank (2012)
Une histoire d'ados qui chopent des superpouvoirs. Mais ils vont le payer très cher.
Très classique. C'est mal filmé (même si c'est fait exprès, c'est chiant...) et l'histoire a peu d'intérêt... Sans imagination.

John Carter d'Andrew Stanton (2012)

Magnifique adaptation d'un roman du cycle martien d'Edgar Rice Burroughs. Superbes effets spéciaux...

Prometheus de Ridley Scott (2012)

« Je ne sais rien, mais c'est ce que je choisis de croire. »

C'est ce que le père de la petite fille lui a répondu quand elle lui a demandé comment il savait ce qu'il y avait après la mort. Et c'est aussi ce qu'elle a répondu quand on lui a posé la question si elle savait qu'elle foutait en l'air trois siècles de darwinisme.

On voit un extrait du film « Lawrence d'Arabie ».

Donc, des archéologues font le lien entre différentes peintures rupestres qui représentent un géant montrant du doigt une partie du ciel. C'est une « invitation » disent-ils. Une expédition est donc financée par un richissime armateur...

Ils y vont.

Le film est bien construit, il ne s'attarde pas sur les personnages pour mieux se concentrer sur son thème : l'approche scientifique de la vie et de la mort. Et aussi, la punition qui attend ceux qui font cette recherche sans précaution. C'est le thème de l'infection que laisse introduire le robot dans *Alien, le 8ᵉ passager*, et que l'on retrouve ici dans le film. Mais ici, cette introduction se fera par plusieurs méthodes, toujours mises en œuvre par un androïde aux ordres de son créateur. Ce qui vaudra au spectateur une terrible scène d'autoavortement. Ainsi, si la plus forte personnalité de l'équipage du vaisseau restera intraitable face à une tentative visible d'infestation, ce ne sera pas le cas d'une autre tentative, plus pernicieuse. Et à chaque fois c'est le contact avec l'autre, voire même l'amour qu'on lui porte, qui deviendra mortel.

Ce film est très freudien, un personnage n'affirme-t-il pas : « Chacun souhaite la mort de ses parents », et reste très lovecraftien, comme tous les films de la série, avec notamment le monstre de la fin qui n'est pas sans faire penser au grand Chtulhu.

La *Création* est impitoyable !

On découvrira à la fin qui était l'extraterrestre, « *cette créature géante fossilisée au thorax ouvert* » appelée le Space Jokey, qu'on voit dans le film *Alien, le 8ᵉ passager*.

C'est un excellent film.

Hell de Tim Fehlbaum (2011)

Sortie DVD 13 juin 2012

Effet de serre = enfer !

Le soleil a tout brûlé sur Terre. La surface de la planète n'est plus qu'un désert brûlant.

Une femme, une jeune fille (on apprendra plus tard dans le film qu'elles sont sœurs) et un homme ont survécu. On ne sait pas comment, et on ne le saura jamais. Peu importe après tout, la question n'est pas là elle est dans leur capacité à survivre...

L'indépendance c'est quoi dans des conditions de survie pareilles ?

Plus rien ne pousse, il n'y a plus aucun animal de vivant, sauf, quelques êtres humains.

Alors... il faut bien se nourrir.

Le film est excellent. Le suspense est insoutenable.

Le même thème a été développé dans le film *La Route*

Twixt de Francis Ford Coppola (2012)

Que signifie Twixt ?

Réponse de Coppola dans Paris Match : « En français cela veut dire "entre". Le titre original était "Twixt Now and Sunrise", car le récit se déroule entre le rêve et la réalité, entre le succès et l'échec, entre la vie et la mort. »

Ce petit film (petit par le petit budget, mais grand pour l'art) est superbe.

Coppola est revenu à ses vrais amours : réaliser un film comme il le veut sans avoir derrière lui des argentiers qui exigent ceci et cela. Il a commencé sa carrière avec Roger Corman c'est dire !

Revenons au film.

Il y a une petite vampire (enfin, on le saura tard dans le film, désolé...) et un clocher avec sept horloges, clocher qui n'est pas sans rappeler l'église abandonnée de Federal Hill de la nouvelle de Lovecraft *Celui qui hantait les ténèbres* (1935), nouvelle dans laquelle il tuait Robert Blake en réponse à Robert Bloch qui avait tué HPL (avec son autorisation) dans sa nouvelle *Le Visiteur venu des étoiles* (1935) ...

Un écrivain d'histoires fantastiques (il est « spécialiste » des sorcières) arrive dans un petit bled pour dédicacer ses livres dans la quincaillerie. Il rencontre une pâle jeune fille tout de blanc vêtue.

Il y a un vieil hôtel abandonné (mais est-ce bien sûr ?) dans lequel se seraient déroulées des horreurs dont les victimes seraient des enfants...

L'écrivain (joué par le sublime Val Kilmer, qui sait si bien ne pas se prendre au sérieux tout en faisant excellemment son boulot) visite les lieux et le temps en rêve avec Edgar Allan Poe... Cela aussi c'est lovecraftien.

C'est d'un macabre vaporeux, une hantise terrible, un film complexe, une complexité qui peut le rendre ennuyeux. Mais il n'est pas fait pour divertir, mais pour réfléchir.

Un très beau film sur la création littéraire, l'inspiration, la culpabilité et la Mort.

La Mort, toujours tellement présente

Dylan Dog de Kevin Munroe (2010)

Sortie en DVD en juillet 2012.

Un film tiré du comic américain de Tiziano Sclavi.

On verra dans le film qu'un vampire, celui qui tient en main la croix de Belial, s'appelle Sclavi.

Seules les BD, et particulièrement les comics américains et aussi, désormais les Manga, ne craignent pas d'inventer des histoires extravagantes et complètement déjantées. Avant eux le cinéma n'avait jamais osé, ou si peu... Maintenant il les adapte et ça donne des films surréalistes, pleins de candeur et de naïveté. Comme ce *Dylan Dog*.

Un détective de l'étrange, un tantinet bellâtre, est entraîné dans une enquête qu'il avait refusée dans un premier temps.

Classique.

Il est un grand connaisseur du monde occulte des zombies, loups-garous, vampires et autres monstres... Tous ces braves monstres vivant incognito parmi nous. Vous n'en avez jamais vus ?

Classique aussi. Depuis quelques années.

On aperçoit un moment une affiche des Marx Brothers collée sur une porte. Message : « Ne prenez pas ce film trop au sérieux. »

En fait, il s'agit de chasser le « cœur de Belial », vous savez, Belial, le démon, l'ange déchu devenu roi de l'enfer... Ce « cœur » est un bijou en forme de croix avec un peu de sang qu'il suffit d'injecter à un monstre et Belial investira son corps.
Très classique aussi la fin à tiroirs, fausse fin, puis une deuxième fausse fin, etc.
Enfin, ils arrivent quand même à nous surprendre...
On passe un bon moment.

The Dark Knight Rises de Christopher Nolan (2012). Un film au scénario ubuesque, sans aucune originalité, qui ressemble comme deux gouttes d'eau au premier.
La scène du prologue sur l'attaque de l'avion est grotesque. Le réalisateur prend-il le spectateur pour un idiot ?
Marion Cotillard n'est pas convaincante.
C'est long... Bruce Wayne marche avec une canne, il est complètement déglingué, mais il va se refaire !
Sera-t-il capable d'affronter Bane, l'homme au masque (à gaz ?) ? Bien sûr que si !
Les flics sont toujours aussi cons. C'est donc facile !
On s'ennuie, c'est trop prévisible.
La « Bat » est intéressante. La machine compense la faiblesse humaine de Bruce.
Après une heure de film on espère quitter l'ennui.
Mais, en fin de compte, le match de boxe entre Batman et Bane est ridicule.
Batman est donc prisonnier de Bane, et devinez : Bane lui laisse la vie sauve pour mieux le faire souffrir... Incroyable ce qu'il est con !
À 1 H 30 de film : katastrofe !
Et ensuite c'est la Révolution. Et le coup classique du héros déglingué qui se retape grâce à sa volonté là où tous les autres (sauf un enfant) ont échoué.
À 2 H 10 de film ça devient intéressant, ça castagne vrai ! Et, enfin, on voit clair : il y a du soleil.
À 2 H 21, alors que les méchants tiennent Batman, une fois de plus, ils lui laissent la vie sauve !
Bien sûr, c'est si bien filmé, si bien joué, les effets spéciaux sont stupéfiants. C'est dommage de gâcher autant de talent avec un scénario aussi nul...
Comme pour l'opus précédent...

The Secret (The Tall man) de Pascal Laugier (2012)
La scène du sauvetage du nouveau-né filmée à travers la vitre semi-opaque est superbe. Elle aura toute sa signification plus tard...
Ça c'est du cinéma : ça explique tout par de simples images, du son et un léger travelling... Enfin, pas tout, heureusement.
Il y a une épidémie de disparitions d'enfants : « Quelque chose de si menaçant, si terrifiant... » dit la voix off.
Le responsable c'est le Tall man !
J'adore le générique avec les inscriptions sur le sol filmées par hélicoptère.
Jessica Biel est extraordinaire, le film aussi.
Tous les plans ont un sens.
Woahou ! Quel film ! Quelle claque !

MIB (Men in Black) 3 de Barry Sonnenfeld (2012)
Sonnenfeld revient avec ses histoires délirantes d'Aliens tirées du comics américain.

« J » retourne dans le passé pour rejoindre « K » qui y est déjà allé... Scénario insipide. Mais la fin est superbe !
Contradictoire, hein ?
Variation sur les voyages dans le temps...
Tout ce qui était nouveau, surprenant, attachant, séduisant, dans le premier MIB, n'est devenu ici qu'anecdotique.

Blanche-Neige et le chasseur de Rupert Sanders (2012). Enfin on sort des waltdisniaiseries pour entrer dans le véritable monde des contes de fées : un univers d'horreur et de fantastique.
Un excellent film, avec une étude approfondie des personnages et la remise en place de chacun d'eux dans la vraie histoire du conte : les nains, le chasseur et le prince charmant.
Superbe !

Battleship de Peter Berg (2012)
J'adore !
Superbe bataille navale contre des extraterrestres envahisseurs, suite à un contact avec leur planète, une exoplanète découverte...
C'est une remise à jour des films sur les batailles navales américano-japonaises de la Deuxième Guerre mondiale.
Ici, les Japonais et les Américains sont alliés contre les Aliens.
On explose de joie quand ils explosent les vaisseaux aliens.
Et ils sont sauvés par un vieux cuirassier américain alors que les destroyers ultramodernes ont été détruits. Vous saisissez le message ?
Quel pied ! Les personnages sont formidables.
Un vrai film de guerre comme seuls les Ricains savent les faire.
Tiré d'un jeu vidéo.

Devil Seed de Greg A. Sager (2012)
Une histoire de possession pas très originale, mais regardable. Un mélange d'*Exorcisme* et de *Rosemay's Baby*. On s'ennuie un peu à vrai dire.
Ah ! la femme tentatrice !

Lock Out Sécurité maximum de Stephen Saint Léger et James Mather (2012)
Basé sur une idée originale de Luc Besson, écrivent-ils au générique. Comme originalité de l'idée on a vu mieux : une mutinerie dans une prison spatiale... c'est original ça ?
Bon, mais il y a autre chose...
Le déclenchement de l'émeute est très débile et, devinez quoi ? La fille du président est prise en otage. Mais qu'est-ce qu'elle foutait là ?
Ils envoient donc un agent pour libérer la fille.
À part, l'idée « originale », c'est bien joué, bien filmé, bons effets spéciaux...
Il y a du suspens, superbe film. Si ! Si ! Malgré la tarte à la crème de l'idée de départ.
Suffisait de la développer un peu...

[REC3] Genesis de Paco Plaza (2011)
Et voilà le numéro 3 en attendant le 4.

C'est un mariage. Un peu cucul comme beaucoup de mariages. C'est fait pour le scénario : on aime bien voir des gens cucul se faire bouffer par des zombies (enfin, des démons...)

L'oncle explique qu'il a été mordu par un chien mort et qui a ressuscité... On a compris hein ?

Le patient zéro de l'épidémie de zombies...

C'est un peu bête, mais c'est si bien filmé !

$1^{\text{ère}}$ partie : présentation des personnages qui seront zombifiés... filmé en caméra amateur, vous savez, comme les deux REC précédents...

2e partie : le tonton bouffe une grand-mère, etc. Malheureusement on ne voit rien avec leur caméra amateur. Effets spéciaux trop faciles...

3e partie : la caméra amateur est cassée. Ouf ! merci le scénariste. De toute façon, les personnages en avaient marre d'être filmés. On passe donc au film « normal ». Qu'est-ce qu'ils sont cons ces zombies/démons à gueuler la bouche ouverte pleine de sang.

Puis on revient à une caméra infrarouge. Quel calvaire ces caméras...

Comme d'habitude, il y a toujours un petit groupe qui en réchappe. Le scénariste ne sait pas trop l'expliquer, mais c'est comme ça !

On apprend que l'eau bénite fait fuir les zombies. Ce sont donc bien des démons, hein ? Lamberto Bava !

La scène du car est hallucinante. Vue au travers des caméras de vidéosurveillance (!)

Donc au milieu de cet enfer il y a une histoire d'amour : le marié et la mariée se cherchent.

Il pleut... Et le film montre ostensiblement que c'est de la fausse pluie.

Pour tuer un zombie/démon, utiliser : un fusil, un mixer, une masse d'armes, une tronçonneuse, une épée de chevalier.

Donc un petit hommage à Lamberto Bava avec ses deux films *Démons* et à l'œuvre de Romero, surtout pour la fin, très atroce...

Storage 24 de Johannes Roberts (2012)

Sorti direct en DVD ce nanar ne mérite même pas d'être vu. Ça commence très cliché avec vues de la ville et animation radio en son. Et ça continue en cliché.

Un accident d'avion en pleine ville, mais le film a du mal à démarrer. Le casting pas terrible.

Tout se déroule dans un endroit clos... Un vaisseau spatial ? Non, dans un entrepôt garde-meubles dans lequel sévit un monstre en caoutchouc.

Chroniques de Tchernobyl de Brad Parker (2012)

Aïe, ça commence en vidéo amateur. Ça craint ! Ouf ! ça ne dure pas.

L'explication de l'origine de la catastrophe nucléaire est nulle, mais ce n'est pas grave.

Six jeunes en couple vont visiter une ville située à proximité de la centrale nucléaire, ville qui a été évacuée juste après l'accident. La visite ne devait durer que deux heures...

Le thème de la ville abandonnée, thème post apocalyptique par excellence est donc repris ici, mais dans un lieu situé sur notre planète qui vit encore sa vie en dehors de ce lieu...

Au début, les jeunes rigolent et font semblant de se faire peur.
Mais la peur, la vraie, va les gagner. Cet endroit est finalement terrifiant, comme endroit et par ses « habitants »...
Le guide a l'air inquiet... Il trouve des cendres chaudes dans une pièce d'un immeuble abandonné...
Leur voiture a été sabotée, le guide a disparu, un jeune est gravement blessé par des chiens sauvages...
La nuit. Le cinéaste utilise les mêmes procédés que dans le film *Blair Witch*. Et ça marche !
Superbe film ! Il sort de l'ordinaire du genre, c'est sans doute ce qui a dû déplaire à certains.
Effrayant, déprimant.
Une espèce de métaphore sur l'horreur du communisme et sa fin tragique, qui n'en finit pas...
Ce film a été tourné en Serbie et en Hongrie...
L'histoire me fait penser à celle de *Stalker* (1979), film d'Andrei Tarkovski adapté d'un roman soviétique des frères Strougaski, dont le titre d'origine est *Pique-nique au bord du chemin* (1972).

Dark Shadows de Tim Burton (2012)
La voix off qui raconte est un procédé trop facile.
Les effets spéciaux numériques sont exagérés.
Johnny Depp n'est pas très bon en vampire.
Un pauvre type est maudit par une sorcière jalouse. Il est transformé en vampire.
Le pôvre... Il est enterré et déterré en 1972 deux siècles plus tard.
Il y a quelques erreurs, le marbre de Carare n'est pas importé de Florence... Idiot, comme son nom l'indique il est importé de Carare !
Le vampire va retrouver sa famille et, parmi elle, la gouvernante qui ressemble comme deux gouttes d'eau à sa bien-aimée. Of course !
C'était d'ailleurs à cause de cette bien-aimée que la sorcière fut jalouse.
Tout un tas de références au Nosferatu de Murnau... Il y a aussi le bal des vampires...
Tout est téléphoné et très prétentieux.

Outpost de Steve Barker (2007)
Sortie directe en DVD en 2012.
Des mercenaires sont embauchés dans un « pays de l'est » (on pense au Kosovo) en pleine guerre civile par un géologue. Ils se rendent dans un lieu isolé en pleine nature (le temps est gris, sale) où ils trouvent un bunker souterrain.
Les actions de guerre sont très bien filmées.
Ce qu'ils sont venus chercher ? « Le champ unifié de la physique », vous savez ce que Einstein a cherché toute sa vie et n'a jamais trouvé : l'unification de la physique « classique » et de la physique quantique.
Eh bien, les nazis, eux l'avaient trouvé !
Le commando trouve de nombreux corps sans vie qui semblent pourtant revenir à la vie... et aussi des soldats SS en zombies indestructibles.

Il est fait allusion à l'expérience de Philadelphie (voir le film : *The Philadelphia Experiment* de Stewart Raffill (1984) et sa suite), et la possibilité de voyager dans le temps.
Ainsi ils retrouvent la machine qui fait revenir les morts, les soldats SS.
Certaines scènes sont insoutenables.
On entend un moment *Der Fliegender Holländer* de Richard Wagner...
Ce film est aussi une parabole politique. On se souvient de cette citation de Bertolt Brecht : « Il est toujours fécond le ventre qui engendra la bête immonde... » Bertolt Brecht était un dramaturge d'Allemagne de l'Est. Il a su naviguer entre les balles de la censure et créer de belles pièces au sens politique profond malgré la dictature communiste. Et cette citation, si elle met en garde contre le retour du nazisme, elle ne fait aucune allusion politique ou sociale, en fait, c'est la nature humaine qu'elle visait.
Comme dans ce film où elle n'est pas très glorieuse cette nature.
À noter : aucune femme n'apparaît dans ce film. Il n'y a que des hommes.

Outpost : Black Sun de Steve Barker (2012)
La suite du précédent.
Et cette fois ça commence avec une femme que l'on va voir jusqu'à la fin du film.
Puis on assiste à l'extermination du commando de l'OTAN qui a eu lieu dans les dernières minutes du film précédent dans un film tourné par une équipe au service d'un ancien nazi.
La jeune fille mène l'enquête, c'est une chasseuse de nazis criminels de guerre. En fait, elle recherche le nazi qui avait mis au point la « machine » qui permet le voyage dans le temps.
Elle suit donc les traces du premier commando, celui du film précédent.
Au cœur de ce pays de l'est (le Kosovo ?) elle rencontre une connaissance qui lui montre un film où on voit des soldats de l'OTAN massacrés par des SS.
Il explique que les nazis avaient mis au point une « machine » pour fabriquer des soldats invincibles. Désormais la machine fonctionne.
« Black Sun », (soleil noir), est le nom d'une division spéciale nazie qui a construit la machine.
Vous avez vu le film *Le Retour des morts-vivants* de Dan O'Bannon (1984) ? Oui ? Eh bien c'est un peu la même histoire, en plus sérieux : il y a la même solution radicale...
Les deux jeunes gens rencontrent un commando de l'OTAN chargé d'arrêter la machine, car les zombies SS progressent. On a l'explication de la mission du film précédent.
Ils peuvent arrêter la machine avec une autre machine « IEM » à Impulsion électromagnétique. Pour contre carrer le champ de la machine qui fait revenir les zombies SS.
« Unifier les champs, atteindre l'esprit de Dieu ! » Déclare un personnage du film. Comme l'avait dit Albert Einstein.
La suite au numéro 3...

Cockneys Vs Zombies de Mathias Hoene (2012)
À la 20e minute du film je me suis demandé si j'allais continuer à le regarder.

L'infection zombie se répand dans Londres et on suit une maison de retraite assiégée ainsi qu'une bande de jeunes cons qui viennent de braquer une banque...
De l'humour zombiesque d'arrière-garde...
Resident Evil : Retribution par Paul W. Anderson (2012)
C'est le cinquième film de la franchise. Adaptés du jeu vidéo.
Résumé des épisodes précédents par Alice elle-même.
Ensuite des scènes de poursuites par des zombies. Mais c'était un rêve (en fait non... on saura ce qu'il en est plus tard dans le film).
Ça se passe au fond de l'océan où est construit le complexe Umbrella. Dans lequel il y a a partout l'étoile rouge soviétique avec la faucille et la marteau.
Et aussi plein de clones ce qui permet de ressusciter des personnages.
Il y a tout le temps de la castagne, faut donc aimer ça et des monstres assez géniaux.
Et puis des changements de décor : Moscou, New York, Tokyo...
Ils n'ont pas froid comme ça bras nus sur la banquise ?
Costauds les filles ! On voit les blessures internes par radioscopie.
Wouahou ! Quelle bagarre...
« Le commencement de la fin » est-il dit à la fin...
À suivre, alors ?
Total Recall mémoires programmées de Len Wiseman (2012)
Nouvelle adaptation d'une nouvelle de Philip K. Dick.
La première était de Paul Verhoeven (1990) avec Schwarzenegger...
Métro, dodo, boulot... Aïe faut changer ça ! Ya que Rekall pour vous faire de beaux souvenirs... et puis il y a ces cauchemars...Ambiance *Blade Runner*, super technologie, concentrations urbaines surpeuplées...
Avec ses histoires de réel pas réel, Dick rendait l'invraisemblable vraisemblable. Ça c'est bien rendu dans le film. Son côté « lutte des classes » est bien rendu aussi. Mais les lieux ne sont pas suffisamment précisés... La nouvelle de Dick faisait se dérouler l'action sur Mars qui était une colonie... cet aspect « politique » de Dick a été gommé ici pour faire place à l'action complètement invraisemblable...
Kate Beckinsale est superbe en femme d'action. Jessica Biel aussi.
Mais l'action, les poursuites, les combats sont trop invraisemblables.
On est lassé par toutes ces bagarres inouïes, ces sauts dans le vide... Une espèce d'*Underworld 5* !
« Le passé est une construction de l'esprit » entend-on...
Lassant...
Avengers de Joss Whedon (2012)
Un type invincible surgit du « Tesseract » !
C'est Loki d'Asgard... Le méchant Loki (der böse Loki, comme dirait Goethe...)
Première partie : il faut rassembler les troupes (Avengers)
Deuxième partie : Ils se disputent pendant que les autres attaquent. Stark fait un gros boulot de meccano... Il y a même Hulk qui s'y met... Ils trouvent de ces trucs pour s'en sortir : quelle imagination ! Superbes bagarres. Dispersion !
Troisième partie : regroupez-vous ! Et grosse, très grosse bataille... Devant la gare centrale de Manhattan !

Et le film ? Jubilatoire !
Twilight chapitre 3 hésitation de David Slade (2011)
Twilight chapitre 4 Revelation 1ère partie de Bill Condon (2011)
Twilight chapitre 5 Revelation 2ème partie de Bill Condon (2012)
Les trois derniers films de la saga.
Dans le chapitre 4, après avoir hésité dans le chapitre 3, la petite jeune fille amoureuse du vampire est enceinte de lui (!) et meurt pendant l'accouchement. Un seul moyen de s'en sortir la transformer en vampire ce qui est fait. Amusant non ?
Voyons la fin. Le chapitre 5.
Le générique est très ennuyeux. La jeune vampire ne tue pas la biche, mais le méchant lynx qui voulait la manger ! La morale est sauve !
Donc une petite fille est née d'un vampire et d'une humaine. Mais qu'est-ce ?
Ce petit bébé a un lien avec le loup-garou amoureux de sa mère !
Tout cela ne plaît pas à tout le monde bien sûr. Donc voilà les ennuis qui arrivent, et l'ennui reste toujours.
Les enfants immortels sont des vampires incontrôlables. La petite presque nouveau-née n'en est pas un.
Mais, hélas, certains le croient. Ça sera donc la guerre.
Ici on mélange le Bit Lit et X-men. Même la bataille finale est... bidon !
Et le loup-garou, amoureux transi, a son lot de consolation.
Le meilleur des mondes !
The Lords of Salem de Rob Zombie (2012)
"Avec Rob Zombie on est toujours surpris ! » C'est ce que je me suis dit avant de regarder ce film.
Et ce fut le cas.
Ça commence en 1696, avec le juge Jonathan Hawthorn qui rédige ses mémoires à Salem. Ce juge, ancêtre du grand écrivain Nathaniel Hawthorn né en 1804 (*La Lettre écarlate* – *Le Jardin de Rappaccini*) est célèbre pour avoir fait brûler les sorcières de Salem. Enfin, les présumées sorcières.
Le film nous ramène ensuite de nos jours. L'histoire est ponctuée par des indications de jours de la semaine : « lundi, etc. » Les acteurs ne sont pas très bons, mais le film est très bien tourné. Ce qui est amusant, sachant le passé de Rob Zombie comme chanteur du groupe « White Zombie » c'est l'autodérision des groupes de rock Heavy Metal...
Un type écrit un livre sur les sorcières de Salem. L'animatrice de la radio reçoit un disque de musique avec le sigle des sorcières. Elle passe la musique sur les ondes...
Une musique « blasphématoire » des « Seigneurs de Salem ». C'est ainsi que se nomment les fameuses sorcières...
La fille, Heidi, habite dans une maison qui fait penser à la maison de la sorcière de Lovecraft. Ou aussi à l'immeuble du film *Inferno* de Dario Argento.
À plusieurs reprises le réalisateur nous offre des extraits de films en noir et blanc qui passent sur un téléviseur. Heidi a une grande photo tirée de l'affiche de Méliès, vous savez la Lune avec une fusée plantée dans l'œil...
Un film d'horreur ennuyeux. Très ennuyeux...
Silent Hill revelation de Michael J. Bassett (2012)

La suite du très beau film de Gans (2005).
Sharon a été sauvée de Silent Hill, mais elle ne le sait pas. Elle a d'ailleurs changé plusieurs fois de noms.
Cauchemars, cauchemars… la jeune fille en fait de terrifiants.
C'est très gore. Elle a d'ignobles visions.
« Y a-t-il une différence entre rêve et réalité ? »
« Il n'y a aucune différence entre fantasme et réalité ! » Dit la jeune fille.
Sharon est à la fois la sœur et aussi une partie d'Alissa la maudite.
Et les cauchemars deviennent réalité.
« Chacun a un cauchemar à Silent Hill » dit Alessa.
« C'est l'endroit des âmes perdues » dit le père.
Ce film n'est pas mal, mais malgré les monstres effrayants, les situations cauchemardesques, on s'ennuie un peu…

The Amazing Spider-Man de Marc Webb (2012)
Était-il intéressant d'aller voir ce film après les trois versions de Sam Raimi?
Ben oui ! Si on aime Spiderman, ça vaut la coup !
Mais sans plus.
Spiderman se bat contre un lézard géant fruit d'une mutation génétique avec un lézard, comme lui, l'est avec une araignée ; dans le même labo !

Hunger Games de Gary Ross (2012)
Dans un futur post apocalyptique les jeux du cirque ont été rétablis. Ils permettent au pouvoir dictatorial d'amuser les foules et de perpétuer sa domination.
Les gladiateurs sont de jeunes gens choisis par « district », entité administrative. C'est un tribut à payer pour chaque district.
Les héros sont une jeune fille et un jeune homme qui se connaissent bien et qui devront se combattre à mort. Ils sont du District 12, le district de la classe ouvrière qui travaille dans les mines.
C'est donc la lutte des classes transposée dans la forêt où ont lieu les combats entre les « joueurs »…
Une petite faiblesse du scénario, qui peut se transformer un atout (et qui le sera dans les épisodes suivants) : l'héroïne a trop de chance !
Ce premier épisode est bon, mais les suivants sont carrément passionnants !

Hunger Games l'embrasement de Francis Lawrence (2013)
L'histoire d'amour entre les deux chasseurs (gladiateurs) du film précédent était du « cinéma » pour survivre déclare la fille à son amoureux transi. Mais elle doit faire encore publiquement la preuve de cet amour qu'elle n'a pas ! C'est horrible, non ?
C'est une belle allégorie, une histoire que bien des amoureux connaissent…
Cette deuxième partie est très politique… L'enjeu de pouvoir est fort. La lutte des classes devient intense…
« Il y a des survivants, pas des gagnants. » déclare un ancien vainqueur de ces tournois, celui qui fait le manager, le coach des jeunes.
Cette fois c'est le « jeu de l'expiation. » Il faut expier la rébellion. Le « Capitole », c'est comme le destin, on ne sait pas ce qu'il nous réserve…
Il y a de l'imagination dans cette deuxième partie !

(Pensez à faire le compte des flèches : celles qui sont tirées et celles qui restent dans le carcan…)

La suite avec deux films : *La Révolte, partie 1 et La révolte partie 2*… Ils font durer le plaisir.

I, Frankenstein par Stuart Beattie (2013). Par les producteurs d'U*nderworld*. On reconnaît effectivement cet univers de gothique urbain.

Ici c'est même absolument gothique avec l'Ordre des gargouilles ! Cet Ordre est en guerre contre les démons. Les anges et le diable en quelque sorte… Mais que vient faire Frankenstein ici ? Ben, demandez au scénariste.

En fait, c'est parce que Frankenstein est la preuve que Dieu n'est plus le seul créateur de l'humanité !

L'enjeu est aussi le livre de Frankenstein, car il y est écrit comment procéder pour créer un être humain. C'est mieux que la Bible !

En passant ils ont inventé une nouvelle discipline scientifique : l'électrophysiologie…

La Stratégie Ender de Gavin Hood (2013)

C'est l'adaptation d'un roman d'Orson Scott Card qui fut le premier d'un cycle.

Le film est très bien, mais l'adaptation est difficile. Par exemple, le film est très brutal (la guerre c'est brutal), mais le roman de Card est tout en douceur et en finesse. L'horreur de la fin n'en est que plus désespérante. D'ailleurs Card n'a pas une haute opinion de l'espèce humaine.

C'est la guerre contre des extraterrestres qui ont tenté d'envahir la Terre et qui ont échoué, mais leur menace existe toujours ; cela se passe dans un futur lointain imaginé par Card. La guerre est complètement informatisée, virtualisée pour ceux qui la commandent (mais pas pour ceux qui la font…)

Card est obsédé par le génocide. Toute créature est une créature de Dieu, et même l'espèce le plus nuisible ne doit pas être détruite en son entier…

La fin du film est très culcul. C'est un peu (même très) décalé par rapport au reste du film.

Mais c'est bien la fin de Card !

Voici ce que j'écrivais dans mon recueil « Fantastique » (1998) à propos de « La Stratégie Ender » :

La science-fiction dans le cycle d'Ender

Le thème principal de la science-fiction de Card dans le cycle d'Ender est la conquête du cosmos et, donc, la rencontre avec d'autres espèces. De ce thème, en découlent plusieurs autres. Celui de la génétique d'abord, science qui caractérise les différences des espèces entre elles et qui semble le mieux convenir à l'auteur pour illustrer ses théories nietzschéennes. L'écologie ensuite, car qui dit génétique, dit espèces avec leur environnement de vie. Enfin, dans l'infinité du cosmos, il faut pouvoir communiquer entre les hommes, et pour cela, il faut mettre en place des systèmes de communication instantanés et gérer tout cela avec l'informatique mise en réseaux grâce à ce système performant. Les mutations génétiques ont des effets curieux sur le peuple de la planète taoïste de la Voie, puisqu'elles produisent chez eux une maladie : la psychonévrose obsessionnelle qui leur fait croire à l'existence des dieux.

Mais la conquête du cosmos et la rencontre d'autres espèces intelligentes ne vont pas sans conflits et donc, sans guerre. Le premier livre du cycle : « La stratégie d'Ender » raconte par le menu détail l'entraînement militaire d'enfants surdoués afin de vaincre et détruire une espèce concurrente : les doryphores. De nouvelles armes sont inventées, mais nous n'en connaîtrons que le principe : « La science a évolué (...) Nous (...) sommes en mesure de contrôler la pesanteur. De la créer, de la supprimer. » Quant aux doryphores, le pouvoir des humains utilise la peur de leur nouvelle invasion pour maintenir l'espèce humaine mobilisée. C'est que ces insectes avaient voulu envahir la terre avec une véritable armada. Seul Mazer Rakham réussit à les vaincre et il participera à l'entraînement d'Ender, car il est parti voyager dans l'espace à des vitesses proches de la lumière et revenu des siècles plus tard alors qu'il n'avait vieilli que de quelques années. Cette méthode permettra à Ender, dans les deux autres volumes de la trilogie, de vivre trois mille années en ayant à peine la cinquantaine...

Mais revenons aux doryphores. Graff, l'officier qui suit Ender explique : « Les doryphores étaient des êtres qui auraient parfaitement pu apparaître sur Terre, si les choses avaient tourné autrement un milliard d'années auparavant. Au niveau moléculaire, il n'y avait aucune surprise. Le matériel génétique lui-même était identique. Ce n'était pas un hasard si, aux yeux des êtres humains, ils évoquaient des insectes. Bien que leurs organes soient beaucoup plus complexes et spécialisés que ceux des insectes, et possèdent un squelette interne, ayant renoncé presque complètement à leur squelette externe, leur structure physique rappelait toujours leurs ancêtres, qui devaient beaucoup ressembler aux fourmis de la Terre. » La guerre contre les doryphores se justifie ainsi, selon les militaires :

« (...) Il ne s'agit pas seulement de traduire d'une langue dans une autre. Ils (les doryphores) n'ont pas de langue. Nous avons utilisé tous les moyens possibles pour tenter de communiquer avec eux, mais ils ne possèdent même pas de machines qui leur permettraient de voir que nous envoyons des signaux. Et peut-être ont-ils essayé de nous projeter des pensées et ne comprennent-ils pas pourquoi nous ne répondons pas.

— Ainsi, toute cette guerre repose sur le fait que nous ne pouvons pas nous parler ?
— (...)
— Et si nous les laissions tranquilles ?
— Ender, nous ne sommes pas allés chez eux, ils sont venus chez nous.
— (...)
— Les doryphores ne parlent pas. Ils transmettent leurs pensées et c'est instantané, comme l'effet philotique.
— (...)
— (...) Les doryphores sont des insectes. Ils sont comme des fourmis et des abeilles. Une reine, des ouvrières. »

Et Valentine, la sœur d'Ender précisera encore les choses : « Plutôt que d'amplifier les différences entre les individus, le langage pouvait tout aussi bien les adoucir, les minimiser et arrondir les angles pour permettre aux gens de s'entendre même s'ils ne comprenaient pas vraiment. »

 Après avoir détruit les doryphores à la tête des armées humaines, Ender, rongé de remords, retrouvera une reine survivante qui l'attirera sur les lieux de sa cachette en reconstituant une scène du jeu informatique qu'il utilisait lors de son entraînement. Sans l'autorisation de personne, il décidera de l'installer sur Lusitania où elle se reproduira et construira des vaisseaux spatiaux pour retourner vers les étoiles, mais, cette fois, sans esprit de conquête, car, grâce à Ender, la communication a pu être établie entre les deux espèces. Il apprendra encore à mieux les connaître et saura ainsi que les doryphores « voient la chaleur comme nous voyons la lumière. (...) De la peinture thermique » en quelque sorte.

Graff, officier instructeur d'Ender, lui avait parlé d'une grande découverte, la physique philotique qui permet les transmissions instantanées d'un point de l'espace à un autre quelle que soit sa distance. Card n'avait pas encore assez réfléchi à cette physique à ce stade de son œuvre puisqu'il fait dire à son personnage : « Je ne peux pas t'expliquer la physique philotique. De toute manière, personne ne la comprend. Ce qui compte, c'est que nous avons construit l'ansible. Le nom officiel est : Émetteur Instantané à Parallaxe Philotique, mais quelqu'un a exhumé ansible d'un vieux livre... » Explication un peu légère que Card reprendra au début de « Xénocide »... « Les philotes se combinent pour produire une structure durable — un méson, un neutron, un atome (...) — ils s'entrelacent. (...) Les philotes sont les plus petits éléments constitutifs de la matière et de l'énergie. » Mieux encore : « Le philote est l'âme ». Le problème est donc posé de voyager plus vite que la lumière. « Arriver quelque part avant sa propre image. (...) Comme si on traversait un miroir pour rencontrer son double de l'autre côté. » Les humains y parviendront en utilisant les explications de la reine des doryphores. « Quand ils créent une nouvelle reine, ils font venir un genre de créature d'un espace-temps parallèle. » C'est cet espace-temps qu'ils appellent Dehors et qu'ils rejoindront pour créer matériellement leurs désirs. Le royaume de Dieu...

Les êtres humains rencontreront d'autres espèces dans l'univers. Sur la planète Lusitania vivent les Piggies. De petits nains sympathiques à la tête de cochons. Longtemps, les « xénologues » (ceux qui étudient les étrangers) ont cherché quel est le mode de reproduction des Piggies (ou pequeninos). Ils découvriront qu'elle se fait selon un système compliqué de synergie entre l'animal et le végétal. Ces pequeninos, au début gênants, feront frôler la catastrophe à Lusitania, mais, comme, selon Nietzsche, de la catastrophe peut naître la meilleure des choses, ils permettront aux humains de faire une énorme découverte scientifique. En effet, les pequeninos ne vivent et ne se reproduisent que grâce à un virus intelligent, mais mortel pour les humains, la descolada. Cette dernière est « la forme de vie la plus dangereuse de tout l'univers. (...) Elle s'adapte (...) évolue délibérément. Intelligemment.(...) La descolada a été amenée par un vaisseau interstellaire. » Il faudra trouver un virus mutant qui continue à « soutenir » la vie des Piggies, mais qui soit inoffensif pour l'homme. Il suffira d'aller « Dehors » pour le réussir.

Une autre espèce est présente dans ce cycle. Elle a la particularité de n'être représentée que par un seul individu qu'Ender a appelé Jane. « Comme tous les êtres intelligents, elle avait un système de conscience complexe. Deux mille ans auparavant, alors qu'elle n'avait que mille ans, elle avait créé un programme d'autoanalyse. Il mit en évidence une structure très simple comportant approximativement trois cent soixante-dix mille niveaux distincts de conscience. » (!) Le lecteur saura que Jane était née des jeux informatiques d'Ender et de l'imagination extraordinaire du joueur, et qu'elle existe à l'intérieur de son corps. Elle communique instantanément grâce aux ansibles. « Il n'est pas trop absurde que Jane ait été créée par les reines pendant la campagne menée par Ender contre elles. »

Card est extrêmement cohérent avec lui-même : sa science-fiction cadre bien avec sa philosophie et sa vision de la religion. Il met en place un système basé sur certaines connaissances scientifiques pour montrer un univers vivant, véritable création en perpétuel mouvement.

Et voici, en guise de conclusion, comment, à la fin, il fait décrire l'univers par un de ses personnages, univers dont la géométrie ne peut pas être euclidienne (c'est le moins qu'on puisse dire) :

« Représentez-vous l'instant présent comme la surface d'une sphère en expansion, d'un ballon qui se gonfle. D'un côté le chaos. De l'autre la réalité. Ça n'arrête pas de se dilater (...) de faire jaillir de nouveaux univers continuellement. (...) Envisagez-la comme une sphère de rayon infini (dont la) surface serait absolument plane (..) Et (dont) on ne pourrait jamais faire le tour. (...) Et maintenant, en partant du bord, on monte dans un vaisseau spatial et on se dirige vers l'intérieur, vers le centre. Plus on s'éloigne du bord, plus l'univers vieillit. On retraverse tous les anciens univers. »

Donc, l'univers n'a pas de commencement ni de fin.

« La réalité fonctionne comme ça parce que c'est l'essence de la réalité. Tout ce qui fonctionne autrement retombe dans le chaos. Tout ce qui fonctionne de la même manière passe dans la réalité. »

L'ensemble de mon étude sur Orson Scott Card (dans laquelle il est souvent question d'Ender) est disponible dans le recueil : http://www.amazon.fr/dp/1479243159

Star Trek into Darkness de J.J. Abrams (2013)

Abrams nous offre un prologue à la James Bond. Tous ces personnages sont insouciants et désobéissants. Enfin surtout le capitaine Kirk !

Les scènes d'action sont très acrobatiques et surtout invraisemblables. C'est cette invraisemblance qui fait leur charme et pour que cela soit le cas, il faut un sacré talent de cinéaste que possède bien Abrams.

Une nouvelle espèce de surhomme aux super pouvoirs, puissants et invincibles, menace la Terre. L'Enterprise est envoyé sur une planète hostile pour arrêter l'un d'entre eux dont on ne connaît pas encore la nature...

En fait, 72 représentants de cette espèce sont nichés, cachés au cœur même du vaisseau terrien.

Le suspens final est époustouflant, et la fin est gigantesque, titanesque, surprenante !

Enfin, plutôt la triple fin... En fait je n'ai pas compté tant il y en a !

On ne s'ennuie pas...

On pourrait conclure par un dicton populaire : « Il faut toujours se méfier de l'eau qui dort. »

Si vous voulez comprendre pourquoi, allez voir le film !

The Haunting in Connecticut 2 – Ghosts of Georgia de Tom Elkins (2013)

Nécromancie taxidermiste.

Une petite famille (couple avec une petite fille) s'installe dans une maison perdue dans la forêt. La tante arrive...

Il y a quelque chose qui cloche : une apparition qui sort du coin de la chambre de l'ancien appartement et des « visions » de la petite fille dans la nouvelle maison.
La petite fille voit Mr Gordy. Bravo le procédé de la photo qui permet de démontrer que la petite fille voit bien le fantôme.
Une hantise esclavagiste !
Toujours le même principe : le spectateur est agacé par le sceptique de service, ici, c'est la maman de la petite…
Le scénario est très léger. On ne va pas faire la liste des incohérences !

Les Âmes vagabondes d'Andrew Nicoll (2013). Une fille s'enfuit, elle est poursuivie, elle réussit à s'échapper, car il y a juste une piscine en bas de l'immeuble quand elle se jette dans le vide. Quelle chance !
La Traqueuse traque la fille qui résiste à l'invasion de son corps et son esprit par Wonderer qui y a été implanté. Une invasion extraterrestre.
L'histoire d'amour est sirupeuse, mais ça plaît et Niccol le sait…
« Elles ont » un accident de voiture, mais, bien sûr, s'en sortent indemne(s).
Les humains les trouvent, mais, allez savoir pourquoi, ils ne les tuent pas… On comprend pourquoi : le film serait alors fini…
« Pourquoi avoir utilisé un tel corps. Maintenant c'est une menace ! » S'exclame un poursuivant. Bien vu ! Oui, pourquoi ?
Les extraterrestres sont ultras modernes, mais ils ne savent pas faire des hélicoptères silencieux. Faut bien servir le scénario… En plus le pilote de l'hélicoptère n'a pas vu les camions !
Et en plus ils sont bêtes : ils laissent le pilote du camion se suicider sans rien faire…
Que d'incohérences !
La solution ? l'Amour !
Allez ! La fin est très émouvante. Cucul, mais très émouvante.
Ce film est une adaptation d'un roman de Stephenie Meyer (*Twilight*) qui en est aussi le producteur… Ah ! Les incohérences ne m'étonnent plus…

Conjuring : les dossiers Warren (The Conjuring) de James Wan (2013)
James Wan a réalisé *Dead Silence, Insidious, Saw*…
Rhode Island : une gentille petite famille emménage dans une grande maison en pleine campagne. Le chien a peur d'entrer et la petite fille a trouvé une boîte à musique.
James Wan est le spécialiste des grincements et autres bruits, odeurs, portes qui s'ouvrent toutes seules.
« Une fois hanté, c'est comme marcher dans un chewing-gum, vous l'emmenez partout… »
La maison comporte une cave dans laquelle on trouve un magnétophone, comme dans *Evil Dead* (Sam Raimi).
Les époux Warren, un couple de détectives de l'étrange, mènent l'enquête.
Et comme toujours, il y a un espace entre le mur de la chambre et le mur extérieur…

Insidious 2 de James Wan (2013)
Vous vous souvenez d'*Insidious 1* : un enfant est possédé par une entité « d'au-delà de la porte »…

On retrouve la petite famille et, donc, le père de l'enfant qu'on avait quitté possédé à la fin d'*Insidious 1*... L'est-il vraiment ? Le doute ronge sa femme.
La police enquête sur le meurtre de la médium qui s'est déroulé également à la fin du film précédent. Deux jeunes s'introduisent dans la maison où les faits d'étaient produits.
Le thème du film est celui de l'image : la photo prise par la médium à la fin d'*Insidious 1* « insinue » que le père est possédé, mais ne le prouve pas. Il y a aussi beaucoup d'images vidéo tournées pendant l'enquête de la médium.
On retrouve le même hôpital que dans le film de John Carpenter *L'antre de la folie*. On voit une scène de Dracula à la télé... Pratique la télé pour les cinéastes qui veulent faire des citations cinématographiques...
L'intrigue se déroule sur plusieurs plans dans l'espace, le temps et au-delà...
Mais on retrouve bien ses petits.

Riddick de David Twohy (2013)
Le troisième opus de la série lancé par David Twohy.
En fait, la fin du film renvoie au premier (*Pitch Black*) le début aussi, en fait...
Pour être plus fort, il faut juste avoir quelque chose que les adversaires n'ont pas.
« Maintenant on repart à zéro »... déclare Riddick sur la planète qui ne s'appelle pas Furya...

Man of Steel de Zack Snyder (2013)
Fallait-il refaire un film sur Superman?
Ben...oui ! C'est superbe : baston, engins spatiaux superbes, sentiments, cas de conscience.
Un vrai retour aux sources.
On trouve même, dans ce film, de la relativité générale et de la mécanique quantique !
À la fin de l'histoire, il faudra beaucoup de travaux pour la reconstruction.
Le meilleur des Superman au ciné...

Under the Skin de Jonathan Glazer (2013)
Avec la superbe Scarlett Johanson. La naissance nous est montrée, ainsi que la manière de porter la peau d'un autre... Pas une parole pendant tout le (long) début du film...

Gravity d'Alfonso Cuaron (2013)
Deux cosmonautes, un bel homme (George Clooney) et une belle femme (Sandra Bullock), effectuent des travaux dans l'espace sur la station spatiale internationale, quand il leur est annoncé l'arrivée imminente d'un nuage de débris dotés d'une vitesse extraordinaire, et donc, mortels !
Ils n'ont pas le temps de regagner la station et sont désespérément abandonnés à leur sort dans l'espace dans leur combinaison spatiale.
Superbe *survival* dans l'espace. L'espace fait aussi partie de la Nature !

Alien War : Stranded de Roger Christian (2013)
Une base lunaire est frappée par une pluie de météorites qui ne peut plus joindre la Terre.
Les cosmonautes ramènent dans la base un gros caillou, un météorite, pour l'analyser.

Aïe, pas de bol : il y a une femme dans l'équipe. Elle est donc « fécondée » par des spores provenant de la météorite et engendre un monstre.
On avait vu pas mal de films avec le même thème.
Y a de l'ambiance.
La fin peut déplaire, mais on fait ce qu'on peut...
Snowpiercer : le Transperceneige de Bang Jaon Ho (2013)
Les histoires de lutte des classes en SF me fatiguent un peu quand elles sont aussi invraisemblables.
Mantera d'Alyar Aki Kutty (2013)
C'est une moto et son pilote qui font corps ensemble pour donner un gigantesque cyborg. Le film est très emprunté, comme peuvent l'être certains films asiatiques.
The Wolverine (Wolverine: le combat de l'immortel) de James Mangold (2013)
Wolverine au Japon !
Superbe bagarre dans et sur le TGV japonais.
Wolverine ne peut pas s'empêcher de faire le redresseur de tort. Il protège la fille de Yashida qu'il avait sauvé en 1945. Mais pourquoi ? Pour donner un sens à sa vie ? Mais quand on est immortel, a-t-on une vie ?
Faut aimer ce genre de film. Moi j'aime !
Iron Man 3 de Shane Black (2013)
Et voici Tony Stark de retour. Un type très fragile, sujet aux crises d'angoisse, ce Tony Stark.
Mais il a une armure d'acier invincible et redoutable avec sa puissance de feu. Le symbole psychologique est évident.
Alors quand il défie le « Mandarin », l'épreuve commence.
Il se fait pote avec un petit garçon qui n'a pas froid aux yeux. Et ce Mandarin est très costaud, très, très costaud...
C'est la guerre entre Iron Man très affaibli et le Mandarin très arrogant.
Parfois on peut payer très cher, très très cher, une petite connerie qu'on a faite sans même s'en rendre compte.
La scène du sauvetage dans le ciel est stupéfiante.
« Nous créons nos propres démons » ! Citation du film.
Mama d'Andy Muschietti (2013)
Superbe film produit par Guillermo del Toro.
Ça c'est bien filmé ! L'annonce, l'accident, l'intervention de la « créature » (mais qu'est-ce ?) pendant le prologue.
On aperçoit l'affiche du film *Cobra Woman* (le *Signe du cobra* de Robert Siodmak 1944).
Donc, on retrouve deux enfants sauvages, deux petites filles abandonnées par leur père dans une cabane isolée en forêt. Abandonnées ? Le mot ne convient peut-être pas... Plutôt sauvées par une entité qui a éliminé le père qui voulait tuer ses propres enfants.
Cette entité, les filles l'appellent « Mama ». Cette Mama va suivre les enfants qui seront recueillies par leur oncle.
La signature de Mama est le papillon de nuit.

Le personnage du psy est des plus classique : c'est le sceptique. Il a une explication rationnelle, lui. Il ne croit pas aux fantômes !
En fait, il faut « réparer l'erreur qui a été commise. »
Ce psy finira donc par se poser des questions.
Ce film est superbe malgré quelques ressorts éculés des films de hantise.
Mais il est superbe, j'insiste !

Dark Skies de Scott Charles Stewart (2013)
Le marchand de sable passe chaque nuit dans la maison de la petite famille. Mais par où passe-t-il ?
Phénomènes étranges, présence inquiétante. Ça rend fou !
Et comment trouver une explication ?
Des cauchemars aussi. Qui semblent réels puisqu'on en a des traces au réveil.
Le film marche aux signes...
Comme toujours, l'un croit en l'explication, l'autre non.
C'est de pire en pire. La situation ne s'améliore pas, au contraire. Le chaos s'installe petit à petit... C'est terrible.
Mais les caméras installées dans chaque pièce finissent par parler.
Les parents vont voir le spécialiste, celui qui sait, personnage incontournable de ce genre d'histoire.
Un film très original sur les enlèvements d'extraterrestres. Superbe au point de me faire penser au film *Signes* de Shyamalan...
Il est très angoissant, car il montre la destruction d'une famille. Mais la lutte continue !

Hansel et Gretel de Tommy Wirkola (2013)
Hansel et Gretel, après avoir tué la sorcière de la maison en pain d'épices, deviennent chasseurs de sorcières.
Les sorcières sont très typées, redoutables, mais les chasseurs sont beaux, agiles et encore plus redoutables !
Et le décor c'est la forêt. Sublime forêt qui abrite les sorcières. Et il y a même des Trolls !
Et le cercle va se refermer.
Pourquoi les parents de Hansel et Gretel les avaient-ils abandonnés dans les bois ?
Si vous voulez le savoir, il faudra regarder le film jusqu'au bout. Mais rassurez-vous, il est très agréable à regarder ce film.
La bataille finale est classique, avec quelques petites idées cocasses...

Phantom de Todd Robinson (2013)
Sortie directe en DVD.
Le KGB veut déclencher une guerre nucléaire entre la Chine et les USA. L'agent du KGB (David Duchovny) veut utiliser une invention appelée Phantom qui permet de changer la signature du sonar du sous-marin nucléaire soviétique en sous-marin chinois. Comme tout le monde n'est pas d'accord, il y a conflit et mutinerie des agents du KGB embarqués à bord.
J'aime ces histoires de sous-marin, assez rares. Je citerai seulement la série télévisée allemande *Das Boot* de Wolfgang Petersen (1982) sortie en DVD le 19 octobre 2011

sous forme d'un film de 3 H 30... Superbe série qui s'inscrit dans la mémoire du spectateur comme dans le marbre...

Upside Down de Juan Solanas (2013)

Histoire très originale (assez dure à être cohérente vu la difficulté...) et film bien filmé. Mais justement, l'histoire ne tient pas vraiment debout. Faut faire un effort d'indulgence pour croire au phénomène des deux planètes, celle d'en haut et celle d'en bas. Ou vice versa, car l'un est toujours le bas (ou le haut) de l'autre...

Mais le scénariste a fait son choix : il y a le monde du bas, celui des prolétaires, et le monde du haut, celui des capitalistes.

Un petit Ramoneur du Bas est amoureux d'une déesse du Haut...

C'est niais non ?

Non ? Ah bon...

Ne parlons pas trop des dispositions prises par le petit Ramoneur pour aller fréquenter le Haut : c'est bien de porter des chaussures qui tirent en haut, mais le reste du corps, lui, tire en bas...

Ne nous creusons pas la tête, c'est une histoire d'amour plus fort que la gravité même !

Evil Dead de Fede Alvarez (2013)

Le remake du film de Sam Raimi (1981).

Ah ! le livre maléfique... « Seul lui peut défaire ce qu'il a fait » (Lovecraft)

Prologue à rebours : la forêt, une cabane isolée... Maléfique !

On le sait : c'est dans la cave qu'ils trouvent le livre. Et il ne fallait pas prononcer les mots !

« Tout n'arrête pas d'empirer, à chaque seconde » déclare un personnage !

Cela au tiers du film seulement. Le pire est encore à venir...

Dépeçages, possessions, transformations...

Ces histoires de famille !

Superbe générique de fin à regarder jusqu'au bout.

Producteurs : Rob Tapert, Sam Raimi, Bruce Campbell !

Le Dernier exorcisme 2 d'Ed-Gass-Donnelly (2013)

Prologue : résumé de l'épisode précédent.

On a donc affaire à la suite des événements du premier film. Ça se passe à la Nouvelle Orléans. On ajoute un peu de Vaudou en épice dans la soupe du film d'horreur.

La possédée est la seule survivante. Le démon Abalam a toujours les mêmes projets pour elle.

Le Vaudou fera-t-il mieux que le prêtre ?

La fin est intéressante, peut-être même surprenante...

Oblivion de Joseph Kosinski (2013)

La solitude... Le héros a un superbe boulot : seul sur la Terre dévastée à gérer les problèmes, en danger constamment donc, avec l'aide d'une jolie fille là-haut dans le ciel qui surveille ses arrières. Le pied ! Et la mémoire oblitérée...

La Terre a été dévastée par une guerre contre une invasion d'extraterrestres : les Rapaces.

Soudain, fini la solitude : une rencontre !

La Vérité ? Elle finira toujours par sortir du puits.

« Un autre jour au paradis » Déclame chaque matin la fille qui veille sur lui...
Une belle histoire d'amour, un beau scénario futuriste... un bon film.

Dracula 3D de Dario Argento (2013)
Quelle joie de voir un nouveau film de Dario Argento !
D'autant plus que c'est Sergio Stivaletti qui supervise les effets spéciaux !
Argento s'exprime beaucoup dans ses plans, son montage et ses perspectives. Sur ce dernier point, il utilise à fond la 3D.
Il filme le même personnage à l'intérieur, puis à l'extérieur. Là où il est en sécurité et là où il est en danger...
La trame n'est pas la même que dans le roman de Dracula. Mais le cours de l'historien est respecté. Les citations aussi comme cette exclamation de Dracula quand il entend hurler les loups : « Écoutez-les ! Les enfants de la nuit... »
Il y a quelques variantes pour certaines scènes, comme celle du doigt coupé : ce n'est pas Dracula qui suce le sang de ce doigt...
Ce n'est pas non plus Lucy qui est exorcisée par Van Helsing, mais un personnage inventé pour l'occasion.
L'aspect onirique est développé et fabuleusement traité. Les plans sont étudiés pour rendre les perspectives étranges comme dans le cinéma expressionniste. Un hommage direct est rendu au *Nosferatu* de Murnau. Un expressionisme de couleurs...
Ainsi, plusieurs plans de l'escalier en contre-plongée symbolisent (selon moi) le destin comme dans le *Cabinet du Docteur Caligari*... Ou comme dans la *Maison de la sorcière* de Lovecraft... Nouvelle dans laquelle Lovecraft écrit : « On retrouva Gilman sur le plancher de sa vieille mansarde aux angles bizarres... » ou encore : « L'espace étroit au toit pointu illuminé de violet, avec son plancher oblique... »
L'amour est éternel ! 400 ans après, Dracula n'a pas oublié sa bien-aimée.
« La passion est aussi dévastatrice qu'un bûcher ! » S'exclame Van Helsing.
Une fois de plus Argento a su nous surprendre avec un thème pourtant éculé. Il a inventé un nouveau Dracula, une nouvelle histoire, du moins, une nouvelle manière de la raconter. Comme il a toujours su le faire.
Films : *Nosferatu le vampire* de Friedriech Wilhelm Muranu (1922) - *Le Cabinet du Docteur Caligari* de Robert Wiene (1919) - Texte : La Maison de la sorcière de Howard Phillips Lovecraft (1932)

Zombie Massacre de Luca Boni et Marco Ristori (2013)
Présenté par Uwe Boll, encore...
Une explosion dans un centre militaire émet une fumée qui transforme tous les êtres humains en zombies. Ça ne vous dit rien ? Si ? Facile non ?
Ils libèrent un condamné à vie pour une mission d'éradication avec toute une équipe de gros bras...
Facile non ?
C'est tout ? Oui !

Scary Movie 5 de Malcolm D. Lee (2013)
Sous-titré: « The Supernatural is coming. Bring protection ».
Essayez de faire la liste des films avec cette "cabane dans les bois"...
Belle moquerie du dépeçage dans *Evil Dead*.

Générique de fin avec les perles du tournage. Bien regarder jusqu'à la fin du générique.
Pacific Rim de Guillermo del Toro (2013)
Le film commence comme dans *Godzilla* : l'attaque d'un chalutier par un KAIJU, bête géante monstrueuse.
Ils sont arrivés par la brèche au fond de l'océan...
Pour les combattre : la grande industrie, la sidérurgie, la métallurgie lourde et l'informatique.
Superbement tourné ! On y croit !
World War Z de Marc Forster (2013). Épidémie de zombies. Pas des morts-vivants, mais des "enragés". Très contagieux ! Le thème n'est pas du tout celui d'un groupe de survivants, mais celui de la lutte de l'espèce humaine avec ses organisations.
Comme toujours, Brad Pitt est plus malin que les autres... Enfin le personnage qu'il joue !
Il dit plus loin dans le film : « On va tirer le meilleur parti de tout ça. Comme toujours ! »
Il a même récupéré un camping-car pour fuir l'épidémie de zombies.
Et il y a même une carabine dedans.
Il y a des scènes stupéfiantes dues à l'incroyable vélocité des zombies qui ne reculent devant rien comme de sauter dans le vide pour atteindre un hélicoptère. Saisissant !
Le meilleur moyen de s'isoler du monde infecté est de se tenir sur un vaisseau en mer. C'est ce que font les autorités, l'organisation internationale qui lutte contre les zombies.
« Mère nature est une tueuse en série... » Déclare un biologiste.
Toute une partie du film se déroule à Jérusalem qui a réussi à s'isoler du reste du monde à l'abri de l'épidémie... Tout un symbole... Mais les zombies ne se laisseront pas arrêter par le mur édifié par l'État d'Israël... Ils ne se laissent d'ailleurs arrêter par rien du tout ! Ils sont le nombre.
La scène de la fin m'a fait penser à la fin du film de Dario Argento : *The Card Player (Il Cartaio) 2004*...
Snowpiercer (Le Transperceneige) de Bong Joon-Ho (2013)
En 2031, le Monde est retourné à l'âge glaciaire. Toujours la lutte des classes : riches devant, pauvres derrière. Wagon par Wagon les pauvres vont progresse vers l'avant...
Frankenstein's Army de Richard Raaphorst (2013)
Les Nazis ont toujours obsédé le cinéma Bis. Ils en ont fait un grand usage dans les films du genre dit « Naziporn »...
Ces dernières années, les nazis reviennent en force avec plein de films sur le retour des nazis avec les zombies (et même sur la Lune où ils s'étaient installés après la défaite...)
Nous voici donc avec un nouveau film d'horreur sur les nazis. Mais ici ils ne sont pas de retour à notre époque. L'action se déroule pendant la guerre 39-45 contre les Soviétiques.
Nous sommes au moment de la contre-offensive victorieuse de l'armée rouge en compagnie d'une section de reconnaissance soviétique. Le film que nous voyons est

réalisé par un soldat soviétique qui tient la caméra pour le compte de l'armée. Nous comprendrons pourquoi plus loin.
Ils découvrent un étrange squelette : un humain à tête d'animal !
Et puis un soldat allemand zombifié infecte le caméraman. Enfin on le suppose vu ce qui se passe dans les films de zombies...
Ils découvrent le « laboratoire » nazi de Frankenstein.
Les créatures de Frankenstein sont particulièrement osées. Quel superbe Grand Guignol !
Frankenstein a trouvé comment mettre fin à la guerre : greffer ½ cerveau de communiste avec ½ cerveau de nazi et vice versa ! Fallait y penser !

Elysium de Neill Blomkamp (2013)
La lutte des classes toujours...
Sur la Terre c'est l'enfer, et là-haut dans l'espace, en orbite, dans la station Elysium, c'est le paradis pour les plus fortunés.
Un accident du travail est à l'origine de tout. Et on pourra se demander pourquoi il n'a pas fait tout ça avant...

Le Hobbit : la désolation de SMAUG de Peter Jackson (2013)
La suite : la quête du Dragon.
Les Elfes, les Orcs, les Nains et Smaug le dragon...
On retrouve tout le monde et l'anneau tentateur et corrupteur.
Le dragon est superbe et il parle. La suite au prochain épisode si vous n'êtes pas lassé :

Le Hobbit : la Bataille des Cinq Armées du même (2014)

After Earth de Night Shyamalan (2013)
"With Will Smith and son Jaden..."
Dans un futur lointain, les humains ont quitté la Terre pour se réfugier sur une autre planète où ils doivent affronter des monstres aveugles, mais guidés par la peur de leur victime. Pour faire face au danger, il faut « l'effacement ». Une espèce de traitement qui guérit de la peur.
Un général et son fils se rendent sur une autre planète, mais le vaisseau a un accident. Seuls le général et son fils survivent. Mais qu'est devenu le monstre que le vaisseau transportait ?
Les deux naufragés doivent survivre et échapper au monstre.
Il est question aussi dans le film du roman Moby Dick.
Shyamalan est obsédé les « forces de la Nature », les « esprits de la Nature »...
« Fais corps avec le moment présent ! »
Un superbe film !

Dark Touch de Marina De Van (2013)
La réalisatrice est également scénariste.
C'est un film d'horreur sur l'enfance maltraitée.
Il y a des tas de choses dangereuses dans une maison quand elles se mettent à bouger violemment. La télékinésie, système de défense de la petite fille martyr... Elle est donc devenue dangereuse.
Un film... éprouvant. Très angoissant. C'est facile d'angoisser avec des enfants.

Le scénario est impitoyable. Il montre que la maltraitance ne se justifie pas et qu'elle fait des enfants des monstres qui se vengent sur tout le monde.

Mais regardez jusqu'au bout quand même ! Rien ne nous sera épargné !

Her de Spike Jonze (2013)

Le type a un drôle de boulot : il écrit des lettres pour les gens. Un jour, il achète un nouveau « système d'exploitation », une vraie « personne » féminine. Et ça marche bien entre eux. Ça brise sa solitude, car il est en instance de divorce. La voix de cette « fille » est très sexy.

« Je deviens beaucoup plus que ce qu'ils ont programmé », dit-elle.

On assiste aux problèmes sentimentaux des uns et des autres. Tout est axé là-dessus. Une amie à lui est aussi amoureuse d'un « système d'exploitation ». L'amour est une folie !

Ils insistent sur le divorce.

Une belle histoire d'amour.

Le Monde fantastique d'Oz de Sam Raimi (2013)

Le magicien d'Oz (un magicien de foire) se retrouve au pays d'OZ on ne sait comment, par l'intermédiaire d'un voyage en ballon...

Et on s'ennuie à mourir... Ah ! La vie n'est qu'illusion. On appelle bien ça un illusionniste ?

Un film cabotin très ennuyeux...

The Colony de Jeff Renfroe (2013)

Sorti direct en DVD en août 2014

Lors d'une future ère glaciaire, une colonie de survivants reçoit l'appel au secours d'une autre colonie. Une équipe de trois personnes se porte à leur secours. Ils vont trouver l'horreur.

« Comment peuvent-ils en arriver là ? Le désespoir peut pousser les gens à faire des choses horribles pour survivre. »

La barbarie finit toujours par l'emporter. C'est un peu comme le deuxième principe de la thermodynamique : l'entropie ne peut qu'augmenter au fur et à mesure que le temps passe.

Superbe générique de fin.

Un joli film d'horreur.

Oculus de Mike Flanagan (2013)

Un miroir maléfique dans lequel réside une force surnaturelle.

Une jeune femme et son frère dont la famille en a été victime tentent de tuer cette « chose ».

Le spectateur est soumis à des allers et retours entre maintenant (séance de surveillance du miroir) et le passé (11 ans auparavant) quand le drame se produisit.

Il est question de faux souvenirs. Où est la vérité ? Comment discerner le faux du vrai ? Et la paranoïa prend tous ses droits...

Brrrrhhhh...

Leprechaun Origins de Zach Lipovsky (2013)

Deux petits jeunes sont poursuivis par un monstre dans la forêt. Au milieu : une clairière et un monument... C'est en Irlande, là où sévit le Leprechaun.

Quatre petits jeunes se font emmener en camion pour faire du tourisme... et le chauffeur du camion les laisse dans la clairière susvisée. Il refuse d'aller plus loin. Ils feront donc le reste à pied. Au pub du village, on les allèche avec un site archéologique « Les Pierres des dieux ».

Les deux couples sont emmenés dans une cabane au milieu des bois en camion pour qu'ils puissent partir de là vers le site à visiter. Une cabane dans les bois la nuit...

Les autochtones ont offert les deux couples au Leprechaun.

C'est assez gore, ça démarre vite.

Ils fuient d'une cabane à l'autre, de Charybde en Scylla.

Il y a une cave dans la deuxième maison...

Leprechaun aime l'or et... la viande humaine.

Les autochtones reviennent ramasser les restes des touristes. Mais ces derniers ont survécu et se sont échappés ! Il y a donc un affrontement entre les deux camps...

L'horreur se développe. Cela devient de plus en plus gore. Il y a beaucoup de morts atroces.

Ce qui est bien pour le budget de ces films d'horreur c'est que le casting est composé de peu de comédiens. Pourtant ; le générique est très long. Il y a énormément de chauffeurs et d'assistants...

Tourné en Colombie britannique...

Bon, je vous laisse regarder le film ?

Les Dents du Bayou de Griff Furst (2013)

Ce n'est pas *Les Dents de la mer* !

Très amusant. On rigole ! Les crocodiles deviennent mutants suite aux déversements de produits toxiques dans le Bayou. Un film SyFy qui rend hommage aux innombrables films de séries B, voire Z, sur un sujet équivalent. Même Jean Rollin a fait un film sur ce thème des produits toxiques engendrant des monstres...

Et cette mutation est contagieuse ! N'embrassez pas un crocodile mutant, car vous en deviendrez un aussi !

Très mal joué, mais avec empathie ce qui produit de la sympathie chez le spectateur. Effets spéciaux assez nuls, mais on regarde jusqu'au bout !

American Nightmare (The Purge) de James Demonaco (2013)

Avec la superbe Lena Heady, qui a joué le rôle de Sarah Connor dans la série TV "Terminator" et joue dans la série "Game of Thrones"...

En 2022 il n'y a plus de délinquance, car le gouvernement organise une journée par an de purge des mauvais instincts des hommes et des femmes de ce pays. Une nuit par an le crime est légal. Mais, du coup, "Ils ont une nuit pour survivre".

C'est sur ce dernier point que se déroule toute l'intrigue du film.

Les débuts sont très angoissants quand la petite famille se barricade, se confine pour la nuit de la purge. Il y a une tension, car on s'attend à ce que chacun fasse quelque chose, mais on ne sait pas quoi. Et on est très surpris ! Ce que fera chacun aura de lourdes conséquences.

La Purge est révélatrice d'un tas de choses : le racisme (mais aussi ceux qui le combattent), le mensonge (mais aussi ceux qui disent la vérité), et, surtout, elle montre à quel point certains sont prêts à tout pour obtenir ce qu'ils veulent, comment la solidarité peut se retourner contre celui qui l'exerce.... C'est la Purge !

Quand vous regardez le film, vous vous demandez : que ferai-je à la place des protagonistes ?

Superbe film d'horreur, de ceux qui ont en sens et donnent un sens. Dommage que la communication sur ce film soit très creuse, juste basée sur le masque d'un "purgeur", mais ce n'est qu'un aspect minuscule du film...

Il y a deux suites, le No2 et le No3... Cela présage-t-il d'une grande série comme les grands "slashers"

Thor Un monde obscur d'Alan Taylor (2013). Un mélange passionnant de gravité quantique et de mythologie nordique. Quoi d'autre que cela serait susceptible de rendre crédible les merveilles de la mythologie nordqiue.

Effets spéciaux stupéfiants. Nécessaires pour adapter une BD Marvel !

La belle jeune femme (Jane) est possédée par l'Ether, ce qui libère les forces du mal : Malekith va la poursuivre pour prendre possession de l'Ether.

L'Ether chez les physiciens de la fin du 19e siècle était ce qui devait sa "consistance" à l'espace. Car après les équations de Maxwell-Lorentz (1865) il fallait bien une consistance pour supporter les ondes électromagnétiques... Mais tout cela sera éclairci bien plus tard par la théorie de la relativité restreinte (1905) d'Einstein qui a découvert la notion d'espace-temps.

Bref, revenons-en à notre histoire Marvel.

Nous avons vu dans l'épisode précédent que le frère de Thor, "Der böse Loki" comme l'aurait écrit Goethe (ça veut dire "Le méchant Loki"), est en prison dans les geôles d'Odin...

Mais il sera appelé à la rescousse par son frère, mais il est vraiment méchant !

En fait, toujours le même genre d'histoire, qu'on retrouve quand on épluche les atours donnés par les scénaristes, atours qui sont, en fait les plus intéressants ...

Une seule critique : les bagarres durent un peu trop longtemps. Ça finit par lasser.

Pensez à regarder jusqu'à la fin du générique.

Outpost 37 (Alien Outpost) de Jabbar Raisani (2013). En 2022 la Terre est envahie par des extraterrestres, les Heavies. Cette invasion est repoussée, mais des postes d'Heavies subsistent sur Terre. Ces éléments préparent le terrain pour une seconde invasion...

Un commando de jeunes recrues rejoint un poste avancé en territoire ennemi, le poste 37. Il se situe au.... Pakistan, à la frontière entre ce pays et l'Afghanistan... Suivez mon regard.

C'est donc un film de guerre, assez bien filmé, avec des moyens modestes. Donc avec un gros usage de gros plans. Las acteurs sont assez bons. Vous avez compris que le fait que ce soit des extraterrestres l'ennemi permet d'évacuer toute idéologie, et toute empathie avec cet ennemi. Néanmoins, on verra que les Heavies utilisent les gens du coin pour sa guerre contre la Terre, même si c'est contre leur volonté.

Toujours les mêmes thèmes du film de guerre, thèmes de la vraie guerre, en fait : l'héroïsme, désobéir ou obéir...

En fait, c'est vrai, il y a toujours de bons motifs pour faire la guerre (et des mauvais aussi).

Allez jusqu'au bout du générique.

The Last Days on Mars de Ruari Robinson (2013)

Une expédition sur Mars. Elle dure depuis six mois. L'équipe d'exploration est sur le point de repartir. Il reste un peu plus de 19 heures avant le départ.
C'est à ce moment qu'ils détectent "une anomalie microscopique".
"Une division cellulaire !" Le type qui fait la découverte meurt accidentellement.
Autres citations :
"C'est bizarre, je sens un truc à l'intérieur." Se plaint un blessé infecté.
"Vous ne rentrerez jamais ! Affirme-t-il.
"Piégé dans son propre corps, complètement impuissant !
Ça a tout l'air d'un cauchemar."
Ce film est intéressant. Bien sûr quand on le regarde on se dit : tout cela je l'ai déjà vu dans d'autres films.
Effectivement, c'est un hommage à tous ces films qui ont traité ce sujet, très lovecraftien :
"La Chose d'un autre monde" de Christian Nyby (1951). Un extraterrestre retrouvé congelé près d'une base polaire reprend vie et sème la terreur. Ce film est tiré d'une nouvelle de John W. Campbell. Et devinez comment s'appelle le héros de notre film "The Last Days on Mars" ? Campbell justement ! N'est-ce pas là un signe d'hommage ?
"Le Monstre" de Val Guest (1955) : un cosmonaute revient de l'espace seul rescapé. Il a été "infecté" là-haut et se transforme petit à petit en monstre...
Puis il y a eu les deux remakes de "La Chose d'un autre monde" :
"The Thing" de John Carpenter (1982)
"The Thing" de MatthijsVan Heijningen (2011), montre ce qui s'est passé avant l'histoire racontée par le film de Carpenter.
Le thème de l'infection par une entité monstrueuse est bien traité en long en large par la série des quatre "Aliens" (1979 avec Ridley Scott, 1986 avec James Cameron, 1992 avec David Fincher et 1997 avec Jean-Pierre Jeunet), on attend d'ailleurs avec impatience l'opus numéro 5 ! Sigourney Weaver nous l'a promis.
Et donc à l'origine de cette série, on trouve le film de Mario Bava "La Planète des vampires" (1965) qui ressemble le plus à celui qui est chroniqué ici...
Donc, bien sûr, c'est beaucoup du déjà vu dans ce "The Last Days on Mars", mais il tient la route...

R.I.P.D. Brigade Fantôme de Robert Schwentke (2013)
Une imitation de Men in Black, mais ici ce ne sont pas les extraterrestres qui sont chassés, mais les fantômes.
Un flic se fait descendre pendant une opération de Police et ... renaît... Enfin, il est fantôme et membre d'un groupe d'action la "Brigade Fantôme" qui pourchasse les morts qui ont échappé au jugement...
Il découvre des tas de choses sur sa vie privée et va de surprises en surprises...
Tout cela est un peu téléphoné, mais on rigole bien...

The Machine de Caradoy W. James (2013)
Le but ? Réparer les êtres humains abîmés ? Pas vraiment...
Réaliser des prothèses pour les réparer, oui, mais ce ne sont que des expérimentations pour réaliser un robot, identique en tous points à un être humain, mais surdoué physiquement et mentalement.

Du coup, la question est posée : peut-on remplacer un être humain disparu par ce genre de "machine" ?
Pas complètement, mais un peu...
Histoire éculée, donc. Et puis, il ne faut pas jouer avec le feu. Vous ne le saviez pas hein ?
L'intrigue est un peu plus compliquée que cela, car chacun poursuit son but qui n'est pas le même et parfois contradictoire avec celui ou ceux d'autres personnes.
Une scène évoque celle du film "2001, l'odyssée de l'espace" quand l'astronaute débranche l'ordinateur de bord.
Tout cela finit en apothéose guerrière.

Independence Day Saster de W.D. Hogan (2013)
Un téléfilm SyFy.
Une attaque brutale d'extraterrestres. Le vice-président des USA a survécu. On verra plus tard dans le film que le président également.
Les extraterrestres « creusent » et envoient des « bombes ».
Quelques petits jeunes, dont un geek, vont sauver la planète avec l'aide du vice-président. Une petite jeune fille invente un canon à « phonons » qui est efficace alors qu'un gigantesque vaisseau spatial alien, caché derrière la Lune, arrive.
Tout va s'arranger grâce au président, son frère et les jeunes hackers...

Age of Extension de James Kondelik (2014)
Un film de série Z ec de nombreux gros plans pour économiser le décor.
Une invasion d'extraterrestres qui commence avec l'arrivée d'un énorme astéroïde. En fait, les extraterrestres sont arrivés par des « trous de ver » (cf. la relativité générale d'Einstein...)
Des insectes horribles volants. Ils veulent éliminer l'espèce humaine.
Tout est prévisible, téléphoné.
Une expédition envoyée initialement sur l'astéroïde se retrouve sur la planète des insectes où des centaines d'humains sont en captivité. La Terre va gagner grâce à l'arme nucléaire ?
Ces séries Z sont marrantes.

Sharktopus Vs Pteracuda de Kevin O'Neil (2014). La musique du générique nous fait déjà sourire : elle est ironiquement dramatique.
Le démarrage du film est superbe : la pêche au gros avec une belle jeune fille comme appât au bout de l'élastique. En fait ce n'est pas de la pêche puisqu'elle fait du saut à l'élastique et se fait gober par un monstrueux "poisson" quand elle arrive au-dessus de l'eau.
C'est que des monstres sont lâchés dans la nature suite au dysfonctionnement d'un labo clandestin. Un hybride de requin et de pieuvre et un hybride de requin et de ptérodactyle. Sont forts, hein ?
Le sel des océans est fait des larmes des morts : pieuvres, requins y sévissent.
Mais le spectateur est rassuré, ce ne sont que les beaufs et les cons qui se font bouffer. Enfin pas tous.
On finit par s'ennuyer avec des scènes répétitives. Pourquoi n'ont-ils pas appelé l'armée ?

One Shot de John Lyde (2014)

Scènes de guerre : qui sont les méchants et les gentils ?
Ce film a été tourné avec très peu de moyens : peu d'acteurs, peu de figurants, tourné en milieu naturel. Quelques scènes tournées en studio montrant des personnages dans une station spatiale...
Mais il se regarde.
Un sniper sème la désolation dans les armées extraterrestres qui ont envahi cette planète (la Terre ?). Visiblement ces gens ont le mode de vie des hommes et femmes du désert. Une jolie femme extraterrestre est sauvée par le sniper alors qu'elle a été victime d'une tentative de meurtre (légal selon leur coutume) de son « possesseur ». Mais elle n'a été que blessée. Le sniper veut la sauver. Il y a donc plusieurs conflits : entre les deux armées, entre le sniper et le « possesseur » de la fille, entre le sniper et son chef militaire qui apparaît au milieu du film...

I Origins de Mike Cahill (2014)
C'est une sortie DVD de septembre 2016.
On nous annonce un film sur la recherche scientifique. Effectivement, il s'agit d'une recherche scientifique assez spéciale, sur l'iris de l'œil humain. « Chaque être humain de la planète a des yeux uniques. Chaque œil ayant son propre univers. » Déclare le chercheur, personnage principal de l'histoire.
Ce jeune chercheur un peu excentrique, mais genre « bobo », fait connaissance avec une jeune femme dans une boîte de nuit. Cette dernière drôlement accoutrée (le jeune homme dira « une tenue sado-maso » en racontant l'histoire le lendemain) passe immédiatement à l'acte en tirant le garçon dans les chiottes pour le chevaucher. « Ne crains-tu pas de le regretter demain ? » Demande-t-il à la nymphomane... Du coup ça lui coupe la chique et elle s'en va cul nu ! Bien sûr, il va la retrouver en plein Manhattan, une aiguille dans une botte de foin, mais c'est sans doute le destin ! Ils ont donc une liaison. C'est l'amour fou, la passion. C'est quelque chose la passion en amour. Ils décident de se marier. Elle se met immédiatement en robe de mariée et ils prennent l'ascenseur pour aller chez elle, il y a un accident d'ascenseur et elle est tuée !
Attention spoiler ? Pas vraiment...
En fin de compte, le petit jeune homme chercheur devient grand en épousant son assistante qui est amoureuse de lui depuis le début et ils ont un enfant.
Jusque-là c'était l'ennui le plus profond, mais cela devient intéressant puis passionnant.
En effet, le couple poursuit ses recherches sur l'iris humain.
Ils avaient décidé d'analyser l'iris du bébé et de le comparer avec la base de données mondiale sur les iris humains (je ne sais pas si cette base de données existe vraiment...).
Et là ils vont faire une découverte stupéfiante qui va conduire le chercheur en Inde pour trouver l'être humain qui possède l'iris qui va dévoiler une réalité stupéfiante !
Ah ? Vous avez vu : pas spoiler ! Ne vous laissez pas endormir au début (assez long). Ce film est intéressant, original, il raconte une histoire scientifique passionnante, qui a pour cadre une histoire d'amour immortel...

Cell Phone de Tod Williams (2014)
Sortie DVD en 2017

Adaptation du roman **Cellulaire (Cell)** de Stephen King (2006)
Scénario Stephen King et Adam Alleca.
À l'aéroport tout est normal. Scènes de la vie quotidienne. Tout le monde, ou presque, a le téléphone portable vissé à l'oreille. Y compris le personnage principal qui téléphone à la mère de son fils et qui parle à ce dernier ensuite. Mais son téléphone s'arrête : il n'a plus de batterie. Chance pour lui. L'épidémie se déclenche alors. Toutes les personnes qui téléphonent avec leur portable deviennent fous furieux et massacrent les autres, ceux qui ne téléphonaient pas. Quelqu'un appelle les secours... avec son portable et se retrouve aussi contaminé.
C'est l'Apocalypse comme seul Stephen King peut l'inventer !
Une poignée de survivants se réfugie dans le métro et emprunte les tunnels à pieds. Soudains le téléphone portable sonne. Il faut résister au réflexe de répondre et l'étendre.
Notre héros veut partir pour retrouver son fils. Il est accompagné d'une jeune femme et d'un vieillard. Ils rencontreront d'autres rescapés et rencontreront les téléphoneurs (ces espèces de zombies que sont devenus ceux qui téléphonaient...) furieux qui chercheront à les tuer ou à les contaminer. Le voyage ne va pas être facile. Des phénomènes étranges influent sur les téléphoneurs quand le soleil se couche.
« *Peut-être l'humain sur la planète Terre sera un seul organisme géant.* » Il y a une petite discussion sur les écrivains de SF.
Tout est très horrible.
« *Je croyais qu'en vieillissant on ne faisait plus de cauchemars.*
   - *Si ! On en fait toujours, mais ils vieillissent avec nous.* »
« *Orphée est descendu jusqu'aux enfers pour ramener sa bien-aimée sur Terre !* »
Fury de David Ayer (2014)
Un film dur comme la guerre qu'il raconte superbement.
D'incroyables batailles de chars.
« Les idéaux sont pacifiques. L'Histoire est violente ! »
Certaines scènes sont surréalistes (comme la guerre ?). Il en est ainsi du repas dans une maison allemande avec deux filles...
La violence est exacerbée. Les personnages terribles de dureté, mais aussi d'humanité. C'est la guerre.
La dernière bataille, celle du char « Fury » qui a perdu une chenille et qui est assiégé par les SS et la Wehrmacht tient le spectateur en haleine.
« T'es un héros mon vieux ! » déclare un soldat au seul survivant...
Bon... il a l'air de s'en foutre d'être un héros !
Le dernier plan du film en plongée sur les ruines du char « Fury » est tout un symbole...
Brad Pitt est superbe dans ce film... contre la guerre...
Le Labyrinthe de Wess Ball (2014)
De jeunes garçons (puis plus tard, une seule fille) sont envoyés via une « boîte », une espèce d'ascenseur qui vient de sous terre, dans un vaste espace naturel clos par un labyrinthe dans lequel des monstres mènent la garde. Pourquoi sont-ils là ? Ils ne le savent pas...

Non, ce n'est pas une simple histoire de labyrinthe, c'est bien plus compliqué que cela. Vous vous en doutez !

C'est d'abord un « survival », un film qui montre comment une bande d'adolescents tente de survivre, mais des réflexions sur l'enferment, et l'angoisse de l'avenir incertain.

Dilemme : où ils restent bien tranquillement enfermés où ils vont dans le labyrinthe affronter la mort pour savoir pourquoi ils sont là...

Le film est assez intéressant. Le fait que tous les protagonistes sont des adolescents, presque tout au long du film, fait un peu sourire, mais il y a aussi une très bonne raison à cela ! Voir donc les suites *Le Labyrinthe 2 et 3* !

Edge of Tomorrow de Doug Liman (2014)

Un film de guerre dans lequel l'ennemi ne souffre d'aucune ambiguïté, car ce sont des extraterrestres.

Tout l'art de ce scénario est de rendre la maîtrise du temps possible, car c'est une capacité de la "mère" de tous les ennemis, qu'elle transmet involontairement à notre héros...

Du coup le scénariste nous la rejoue "Un jour sans fin" (film de Harold Ramis – 1992) : dès que le personnage principal joué par Tom Cruise meurt, il revit la journée de la veille !

"Quand vous vous réveillerez, venez me voir !", lui lance la fille, superbe guerrière, alors qu'il est en train de mourir sur le champ de bataille ! Ces paroles ne manqueront pas d'intriguer le spectateur. Mais, patience, nous finirons par comprendre !

Il y a plusieurs choses intéressantes dans ce récit : les images et les effets spéciaux superbes, le passage du petit con trouillard tire-au-flanc à l'homme de guerre, les scènes où il montre à quel point il connaît la femme, car il a vécu tant de fois des scènes avec elle, mais dont elle ne se souvient pas... N'est-ce pas comme ça aussi dans la vie quand on connaît quelqu'un mieux qu'il ne se connaît lui-même ?

Ah ! C'est dur ! Il faut se battre contre tout le monde, contre l'ennemi et contre ses supérieurs !

C'est la vie !

The Pyramid (Pyramide) de Gregory Levasseur (2014)

Ce film est sorti en France le 6 mai dans 10 salles.

Gregory Levasseur est un ami d'Alexandre Aja, et aussi son producteur et scénariste. Ils sont tous les deux sur le coup du projet "Cobra" avec Marc Sessego collaborateur de Sfmag !

On est en Égypte et des archéologues ont découvert une pyramide enterrée. Sa particularité est d'avoir trois faces au-dessus de sa base contre quatre pour les autres pyramides égyptiennes. Voilà de quoi exciter la curiosité.

Étant donné les événements politiques, les archéologues ont l'ordre d'évacuer le site de fouilles, bien que situé à 450 km au sud du Caire. Mais le haut de la pyramide a été dégagé et une entrée du tunnel qui y mène sous terre est ouverte. Ils décident d'outrepasser cet ordre et pénètrent dans la pyramide. Comme ils sont accompagnés par une équipe de reporters de la télévision, le film fonctionne plus ou moins en caméra « subjective ». Mais le cinéaste ne fait jamais vraiment ce choix. Il hésite et cela nuit à la cohérence de l'histoire.

Donc il advient ce à quoi le spectateur s'attend : l'équipe est attaquée par des monstres et doit affronter des pièges cruels.
Si vous regardez le film vous verrez ce que les survivants devront affronter à la fin...
Hélas tout cela ne nous impressionne pas trop, mais ne soyons pas trop exigeant.
Qu'Anubis et Osiris nous protègent !

[REC]⁴ Apocalypse de Jaume Balaguero (2014)
Un peu con le soldat qui remonte vers l'enfer pour sauver la fille qui pleurniche, ça va lui coûter très cher. Mais on le saura bien plus tard dans le film... C'est la fille de la télé, celle qui faisait le reportage dans la maison des deux premiers épisodes...
Ensuite tout ce beau monde se retrouve dans un grand paquebot où surgit, au détour d'un couloir... une rescapée du mariage de [RC]³. La jeune fille de la télé subit de nombreux tests par sécurité, pour éviter l'épidémie. Vous savez, comme dans tous ces films, il y a toujours un con qui prend pitié et laisse échapper le patient zéro.
C'est dur de combattre une épidémie de possession "démoniaque".
Donc on est dans un bateau au milieu de l'océan, un lieu clos, qui abrite des gens potentiellement contaminés... Ça craint !
Vous trouvez mon ton un peu trop ironique ? Ben c'est l'ambiance du film tout simplement.
Alors voyons : il y a une équipe représentant les autorités qui évitent à tout prix l'épidémie, et une bande de cons qui font tout pour se tirer... Et qui sont ceux qui ont l'air sympa ? Devinez !
Enfin, je rigole, mais ce film fout drôlement la trouille. C'est pas à mettre devant les yeux de n'importe qui tout ça...
Et puis alors quand le patient zéro s'évade... Je ne vous dis pas ce que c'est le "patient zéro", vous le verrez vous-même. Ce genre de zombie est vraiment dégoûtant.
Ce Lamberto Bava a fait des films nuls "Démons 1 et 2" (1981), mais il a bien inspiré Jaume Balaguero qui a fait 4 chefs-d'œuvre avec Paco Plaza !
Qui sont les gentils ? Qui sont les méchants ? Vous le verrez vous-même... Enfin, vous finirez par le voir.
Avec les Démons on ne sait jamais...

Horns d'Alexandre Aja (2014)
Il y a une voix off, mais Aja, en grand cinéaste, ne l'utilise pas pour raconter l'histoire. Il utilise, pour cela, le film qu'il tourne. Et il raconte une jolie histoire d'amour.
Mais l'enfer est en chacun de nous. Radcliffe est superbe avec ses cornes. Il est devenu le révélateur du Mal. Pour ne pas dire du mâle...
Le thème est difficile, pas à la portée de n'importe quel cinéaste venu. Alexandre Aja a réussi à le traiter avec grand art.
Notre héros (dont le prénom est Ignatius) est révélateur du Mal, donc de la Vérité. Mais avant de la voir sortir du puits, le Malin, qui mérite bien son nom, vous fait faire des tours et des détours, et vous joue bien des tours...
Qui a tué la fiancée du héros ?
Une superbe histoire d'amour.
« La revanche consume tout ! »

La Dame en noir 2 : l'Ange de la Mort de Tom Harper (2014)

La suite ! La Hammer continue à faire des films !
À la ville (Londres) c'est la guerre. Les gens se réfugient dans le métro pour se protéger. À la campagne c'est la Dame en noir...
Difficile de trouver la paix et la sérénité.
Deux femmes et huit enfants partent se réfugier à la campagne pour échapper aux bombardements. Ils vont être hébergés dans la maison des marais, celle-là même où sévit la dame en noir, ces marais où s'est noyé un jeune garçon...
Un film plein de mystères qui réussit à vous faire sursauter à plusieurs reprises...
Il y a cette chambre mystérieuse et effrayante. Un petit garçon rendu muet par la mort de ses parents dans les bombardements...
"Il se passe des choses bizarres dans cette maison !"
"Tu m'as abandonné !"
"Nos pires ennemis sont en nous-mêmes."
Toutes les hantises ont la culpabilité pour base. Ici c'est la culpabilité de l'abandon. La même que dans la "La Maison du diable" de Robert Wise !
C'est le passé qui reste obstinément au présent...

Jupiter : le destin de l'univers d'Andy et Lana Wawhowski (2014)
Jupiter Ascending. Dvd sorti le 24 juin 2015
Elle s'appelle Jupiter. C'est une jolie jeune-fille. C'est son père qui a voulu la prénommer comme cela, car il était passionné d'astronomie et amoureux de la planète. Son père a été tué par des cambrioleurs. Sa mère a donc exaucé ses vœux.
Jupiter n'a pas de spécial que le prénom... ELLE est aussi spéciale !
Et convoitée dans toute la galaxie. L'action se déroule, au début (et à la fin), à Chicago, mais elle est très exotique, très SF !
Tout ce qui arrive paraît invraisemblable... Ben oui, mais si cela ne l'était pas, ce ne serait pas de la SF ! Et c'est de la vraie SF, un peu rigolarde, certes, mais de la SF quand même.
"Des miracles scientifiques", comme le déclare un des personnages.
Ainsi, on apprend comment (et pourquoi) les dinosaures ont été exterminés. Et que la Terre n'est qu'un rouage d'une vaste machinerie... Machination ?
Il y a aussi une bonne description de la bureaucratie. Et que "Plus on s'implique, et plus la vie vous blesse !" parce que "la vie est un acte de consommation..."
Le scénario est légèrement répétitif, mais c'est un film très plaisant, très divertissant.

Predestination de The Spierig Brothers (2014)
Une superbe adaptation de la nouvelle de Robert A. Heinlein "All you Zombies". (Publiée en France en 1962, puis en 1975 dans la collection de SF du Livre de Poche, volume : "Histoires de voyage dans le temps".
Un agent spatiotemporel retourne en 1970 pour sa dernière mission. Mais quel est le genre de ses missions ?
Et le film se poursuit pendant longtemps par l'histoire que raconte un bisexuel au barman qui semble être l'agent en question. D'ailleurs on a du mal à suivre qui est qui ! Mais on va finir par le savoir...
Ne perdez pas patience, car le film semble commencer au milieu du film, mais ce n'est qu'une illusion.

Superbe histoire de paradoxes temporels. Une histoire inouïe de voyages dans le temps que seul un grand comme Heinlein a pu inventer.
"Le serpent se mord éternellement la queue"
"Il n'est jamais trop tard pour être qui on aurait pu"...
Superbe !
Dommage que ce film ne soit pas sorti en salles en France.

Écho (Earth to Echo) de Dave Green (2014)
Trois préados et une petite jeune fille (qui rejoindra le trio plus tard) recueillent un tout petit extraterrestre extravagant et c'est filmé en caméra "subjective", vous voyez ce que je veux dire... Faut s'attendre à des plans inutiles et sans intérêt, et ils sont nombreux dans ce genre de film.
De faux ouvriers d'un chantier sont à la recherche de ce petit ET et de son vaisseau spatial. Autant ces adultes sont inquiétants dès leur apparition, autant ils deviennent ridicules par faiblesse du scénario.
La lutte est ardue ! Quelle aventure, pensez donc...
L'extraterrestre est excellent. Et alors le vaisseau spatial !??!! Mais je vous laisse la surprise. Si vous avez encore envie de regarder le film...
Si c'est le cas, restez jusqu'à la fin du générique...

Extraterrestrial de The Vicious Brothers (2014)
Une jeune femme disparaît en pleine nuit avec la cabine téléphonique dans laquelle elle se trouvait.
Puis deux couples de jeunes gens (encore ?) viennent dans la région dans une cabane au cœur bois (encore ?) et une soucoupe volante se crashe non loin de là...
Les Gris attaquent et enlèvent des gens dans leurs vaisseaux spatiaux.
On se demande si on doit rire, mais on n'a pas trop envie.
De toute façon l'amour triomphe toujours même dans les vaisseaux extraterrestres.
Les Gris sont des exterminateurs d'abrutis. Il y a même l'homme à la cigarette.
Amusant, un mélange d'"Evil Dead" (encore !) et de "X-files"
Qui sont les réalisateurs The Vicious Brothers ? Ce sont deux réalisateurs canadiens : Colin Minihan et Stuart Ortiz. Ils ont réalisé "Grave Encounters" (2011) et "Grave Encounters 2" (2012)

Annabelle de John R. Leonetti (2014)
Une diablerie avec portes qui claquent toutes seules...
Le prologue est un peu con, car il explique la hantise de la poupée.
Puis on se retrouve en compagnie d'un jeune couple qui attend un enfant. Le futur père offre à la future maman une... poupée ! Car elle collectionne les poupées.
Puis, le couple se fait violemment agresser par un couple de dingues. C'est très violent. Et une goutte de sang coule dans l'œil de la poupée. Aïe !
Après l'agression la femme arrache une promesse au mari.
Le cinéaste jour sur les plans fixes qui annoncent un évènement parfois inattendu.
Le même thème central de ce genre d'histoire : la victime de la hantise se heurte au(x) sceptique(s) et d'autres grands classiques de ce genre de films : la bibliothèque, les livres et l'érudit(e).
Mais, si même l'exorciste ne peut rien y faire, où allons-nous ?
"Le sacrifice plaît à Dieu".

La fin est gérée par les époux Warren, enquêteurs de l'étrange. Voir le film de James Wan "The Conjuring" (2013)
Ouïja de Stiles White (2014)
Ce film laisse un bon souvenir.
Une jeune fille se pend dans sa maison et ses ami(e)s veulent lui parler avec le Ouïja...
Ça craint !
Ensuite, on sursaute beaucoup, ce qui veut dire que le film est bien tourné, même si l'histoire est un peu classique, mais le scénario réussit quand même à surprendre.
Pourquoi cette fille s'est-elle suicidée ? Bonne question. Parce qu'il est difficile de briser le lien avec un esprit !
Un joli petit film de fantômes.
Ça ne donne pas envie de jouer au Ouïja, c'est sûr.
Il y a eu deux autres d'Ouïja : "*The Ouïja Experiment*" d'Israël Luna (2011) et "*The Ouïja Experiment : Theatre of the Dead*" et en préparation le suite de "Ouïja" : "*Ouïja 2* " prévu pour 2016...
Transcendence de Wally Pfister (2014)
Johnny Depp joue le rôle principal dans ce film un peu vaseux.
La "Transcendence" c'est migrer l'Intelligence Artificielle (IA) vers une intelligence qui regroupe et surpasse les intelligences de tous les êtres humains depuis qu'ils existent.
Voilà ce que voulait faire le professeur Will Caster. Mais il a été attaqué par un terroriste et empoisonné au polonium. Il est condamné irrémédiablement.
La question que se pose sa femme avec un ami : comment télécharger tout ce que contient le cerveau de ce génie de Will ?
Une histoire de zombie électronique ! Qui devient Big Brother...
Et la solution ? Dans le sacrifice !
Un film très écologiste, ou comment l'IA peut conduire à l'écologie.
Bizarre ? Pourtant si ! Regardez le film...
Autómata de Gabe Ibanez (2014)
Nous sommes en 2004, le monde est dans une situation postapolyptique. Il y a eu d'énormes éruptions solaires et il n'y a plus que 21 millions d'habitants sur Terre.
Et il y a des robots. Ils n'obéissent pas aux trois lois de la robotique d'Asimov, mais à deux protocoles : 1) Ne pas nuire à toute forme de vie 2) Ne pas nuire à lui-même ou à d'autres robots.
Les robots passent au « garage » comme nos voitures quand elles sont en panne.
« Un vrai travail d'orfèvre, d'horloger plus exactement. » déclare une femme chargée de faire ce boulot. Ici les robots ne sont pas stylisés, ce sont de grosses mécaniques avec une intelligence artificielle. On n'est qu'en 2044... Cette femme a récupéré un robot modifié, donc le deuxième protocole a été violé !
Le personnage principal (celui qu'on voit sur l'affiche) est agent de l'assureur de la compagnie ROC qui construit ces robots. Il est las, très fatigué. « Au bout du rouleau », dit-il à son supérieur. Il y a un peu de *Blade Runner* dans ce film.
Quelques citations :
« Survivre ne sert à rien, C'est vivre qui importe ! »

« La vie surgit partout quand elle en a l'occasion. »

On entend même la chanson *La Mer* de Charles Trenet. « La mer qu'on voit danser, le long des golfes clairs, a des reflets d'argent. »

Un très beau film sur l'intelligence artificielle et l'avenir de l'humanité…

D'avoir créé ces robots, même très frustres, l'humanité épuisée n'a-t-elle pas engendré l'espèce qui lui succèdera ?

Monsters Dark Continent de Tom Green (VII) (2014)

Ce film, sorti direct en DVD, est la suite de "Monsters de Gareth Edwards sorti en 2010.

Edwards est allé réaliser le "Godzilla 2014" et a donc chargé Tom Green (le 7ᵉ du nom) de réaliser cette suite tout en restant producteur exécutif.

L'histoire de ce film est devenue classique : des Marines font la guerre à des extra-terrestres sur Terre. Ici ce sont les monstres du premier film qui ont fini par envahir toute la planète.

Son originalité est de le placer dans un contexte d'actualité : la guerre en Irak.

Donc nous voici avec de jeunes recrues dans un pays qui ressemble à l'Irak, zone infestée par les Monstres. Ces créatures Cthulhiennes des sables.

L'armée américaine bombarde les monstres gigantesques, mais il y a des dommages collatéraux et cela développe la haine des habitants contre les "sauveurs" américains. Les GI's (ou la Marines, je ne sais pas) ont donc double charge : combattre les Monstres et les insurgés… Ça leur complique drôlement la vie. En fait, les monstres ne servent que de décor et de prétexte philosophique à la guerre contre les insurgés.

La section où se trouvent nos jeunes héros doit aller chercher quatre soldats en mission et qui ne répondent plus aux appels radio.

En fait, ce film traite surtout de la monstruosité de la guerre…

Transformers âge de l'extinction de Michael Bay (2014). On est désormais habitué à ces drôles de « machines » et que vont-ils donc nous montrer pour nous surprendre ? Parce que c'est quand même le quatrième film « Transformers » !

On regarde et on ne s'en lasse pas ! Faut dire que le réalisateur sait mettre la gomme !

Des types réussissent à fabriquer le métal malléable des Transformers. Mais c'est comme avec Frankenstein, tout n'est pas prévisible.

« Le problème de la fidélité à une cause, c'est que la cause finit toujours par te trahir ! »

Ce film est gigantesque, dantesque ! Spielberg a-t-il mis sa patte avec ces dinosaures ou Godzilla Transformers ?

On ne s'en lasse pas je vous dis !

X-Men : Days of Future Past de Bryan Singer (2014)

Au début on nous inflige un bavardage pseudo philosophique. Et on se dit : « Ils ne peuvent pas mieux éclairer les scènes qu'on voie un peu mieux ? »

Dans un futur proche, les mutants sont décimés par de méchantes créatures. Les X-Men envoient Wolverine en 1973 pour empêcher la création de ces monstres, « les sentinelles ».

Bon... On finit par voir plus clair sur l'écran. Et quel costaud ce Magneto ! Mais ils en font tous un peu trop quand même. Oma Sy dont on a beaucoup parlé pour ce film est quasiment absent, juste visible dans une courte scène...

Divergente de Neil Burger (2014)
Basé sur le roman de Veronica Roth. La suite sortira en 2015. De la SF sociologique.
Une société du futur à Chicago après une guerre. Les êtres humains sont classés dans cinq différentes classes, appelées des « factions » et tout cela pour maintenir la paix.
Chacun passe un test d'aptitude pour le classer dans une faction.
Il y a les sans faction.
Et les Altruistes, Érudits, Audacieux, Fraternels et Sincères. La jeune fille passe le test.
Béatrice, l'héroïne choisit donc les Audacieux et devient Tris... C'est une caste de soldats à l'entraînement très dur. Impitoyable.
Elle passe le test de la peur : stupéfiant ! « La peur te réveille, elle ne te paralyse pas. »
Superbe film ! Vivement la suite.

The Amazin Spider-man 2 de Marc Webb (2014)
Il y a le docteur Kafka dans le film!
Elektro et Harry veulent attraper Spider-man. Oh ! les gros méchants.
Et Spider-Man a des ennuis amoureux.
Ils cassent beaucoup de voitures de police, c'est un peu trop facile, du réchauffé...
Comme je l'ai écrit (je crois) pour le précédent film, si vous aimez Spider-Man, ça vous plaira !

Captain America Le soldat de l'hiver d'Anthony et Joe Russo (2014)
Une organisation secrète, le SHIELD. Complots en tous genres... nazis de retour. Actions superbes. Ça mitraille dur, mais ils passent entre les balles. C'est ça qui est plaisant, car l'action ainsi se poursuit... Belles bagarres. Maîtrise du temps (celui qui passe). Expériences biotechnologiques. Superbe castagne !
Rester jusqu'à la fin du générique !

Gardiens de la galaxie de James Gunn (2014)
Un film MARVEL avec des personnages Marvel et des dialogues très lourds.
Une équipe de bras-cassés disparate va sauver la Galaxie !
Pourtant beaucoup de spectateurs l'ont trouvé bien.
Aventures spatiales abracadabrantes, créatures de même...
Il y a du spectacle, de la baston, de l'acrobatie, c'est sûr. L'histoire est dure à suivre dans tout ça.

Planète des singes : l'affrontement de Matt Reeves (2014)
Le prologue est un peu téléphoné : une épidémie mortelle décime l'espèce humaine. C'est une épidémie de grippe simienne... Le virus a été transmis par les singes.
Le film raconte alors la guerre entre les humains survivants et les singes pour la conquête d'un barrage hydraulique permettant de produire de l'électricité...
Il y a aussi une guerre civile chez les Singes et chez les Humains...
Plein de malentendus. Tous les malheurs des uns et des autres proviennent de malentendus...

On a déjà vu plein de films comme ça : les Cow Boys et les Indiens, les films coloniaux avec Tarzan, le film Zulu... Un film assez faible.

Interstellar de Christopher Nolan (2014)

Ça commence comme dans « Signes » au milieu d'un champ de maïs. Puis on se dirige vers une autre galaxie pour trouver un refuge à l'espèce humaine.

Explorateurs, pionniers : l'essence même de l'Amérique !

Horizon du trou noir, distorsion de l'espace-temps, relativité générale et trou de ver... Il y a même une définition quantique de l'amour !

Les planètes lointaines sont si étranges ? La gravité courbe l'espace-temps... Superbe film de SF

Tout en disant qu'il s'appuie sur les dernières découvertes en physique et cosmologie, mais que personne n'a encore vu de trou noir et encore moins de trou de ver... Ces « trous » sont nés des équations de la relativité d'Eisntein, équations qui ont trouvé bien des applications et qui, donc, semblent correctes, mais sait-on jamais ? La mécanique de Newton s'appliquait bien aussi à tout jusqu'à la relativité générale...

Lucy de Luc Besson (2014)

Lucy c'est le prénom donné à la plus vieille femme du monde, une australopithèque de 3,2 millions d'années dont les restes ont été trouvés en Éthiopie. Sa découverte a révolutionné la paléontologie.

Luc Besson joue aux intellectuels en donnant ce prénom à l'héroïne de son film.

Les premières scènes sont « bateau » où on voit en alternance la fille victime d'une agression et la chasse d'un léopard.

La fille se fait insérer sous la peau du ventre un petit sachet de cristaux bleus. Le sachet éclate et le produit se dissout dans son sang... et en fait une superwoman !

Le film n'a ni cul ni tête. La course en voitures dans Paris à contre sens est insensée. Il y a beaucoup de morts et de voitures cassées...

À éviter.

Dracula Untold de Gary Shore (2014)

Une fois de plus Dracula ne veut pas être un vampire !

Il a voulu l'être un moment pour vaincre les Turcs, mais ensuite il lutte pour ne pas le rester...

« Être ou ne pas être un vampire ? » Vlad se pose la question !

Belles images, beau jeu des acteurs.

Robocop de José Padhila (2014)

Remake du film de Paul Verhoeven.

Il y a un prologue « anti-impérialiste » avec robots policiers à Téhéran (!)

« Qu'y a-t-il de plus important que la sécurité du peuple américain ? » En fait, ce sont des méchants qui invoquent la « sécurité du peuple américain »... Faut être méchant, non, pour dire ça ?

Une multinationale (ah ! ces multinationales impérialistes !) veut proposer des robots pour le maintien de l'ordre. Mais les robots n'ont pas de conscience, donc faisons un être mi-homme mi-robot, il aura une conscience lui ! « On va mettre un homme dans une machine ».

Le scénariste a pris le film de Paul Verhoeven complètement à rebours. Un truc rigolo genre père fouettard est devenu un tract anti-impérialiste...

Qui commande Robocop : l'homme ou la machine ? L'humain cède de plus en plus la place à la machine. Ce n'est qu'une question de réglage...
Gary Oldman est superbe ! Hormis le volet idéologique, c'est un film superbe !
C'est un film gauchiste, mais pourquoi pas ?
Les autres films :
Robocop de Paul Verhoeven (1987)
Robocop 2 d'Irwin Kershner (1990)
Robocop 3 de Fred Dektar (1992)
Et puis il y a eu la série télé!

Extinction de Miguel Angel Vivas (2014)
Sortie DVD en 2016
Des bus de réfugiés. Grosse tension quand le convoi s'arrête brusquement. Puis le bus est envahi par des « infectés ». Les gens se laissent un peu trop facilement mordre le cou. Scènes très stressantes.
Neuf ans plus tard... La vie quotidienne des survivants.
Sur la façade d'un cinéma, il y a affiché « Les Montagnes Hallucinées ».
On s'ennuie un petit peu avec le papa, sa petite fille et le voisin d'en face, de l'autre côté du grillage avec son chien. Et il semble qu'il y a un problème avec le voisin d'en face...
Jusqu'au jour où la petite fille a vu un « monstre » par la fenêtre la nuit. Il y a bien un monstre. Un sale monstre !
Le voisin qui possède une radio amateur lui prête des paroles à son intention. Hallucination ?
Une histoire de conflit de voisinage ultra dramatique !
Patrick, Jack et sa fille Lu.
Émouvant dîner d'anniversaire entre les deux hommes et Lu.
La question est posée : partir pour fuir les créatures ou rester ?
« On ne sait pas ce qu'il y a de l'autre côté. » On apprend qui est le père de Lu, qui est l'amant, qui est le mari.
Une rencontre. Grosse tension dans la maison assiégée.
Très belle histoire d'amour en arrière-plan.
Film superbe !
Film espagnol qui rend hommage à Del Toro avec son allusion aux « Montagnes hallucinées ».
Histoire d'adultère, d'amour et d'amour filial.
À l'encontre de Walking Dead, ici c'est un hommage à l'espèce humaine, aux sentiments, à la solidarité, mais qui rend néanmoins hommage à Walking Dead avec l'infecté aux bras coupés et enchaîné.

Godzilla (Id.) de Gareth Edwards (2014). Monstres antédiluviens, créatures se nourrissant de radioactivité ; pamphlet antinucléaire...
On connaît tout ça et on connaît l'origine de Godzilla : les explosions des bombes atomiques au Japon à la fin de la 2e guerre mondiale.
Je préfère nettement celui de Roland Emmerich (1998), qui, lui, ne se prenait pas au sérieux...

Pompéi de Paul W. Anderson (2014). Le film vaut comme film catastrophe, l'acteur principal étant le Vésuve et son éruption, très spectaculaire.

L'histoire est téléphonée. Un copié/collé de *Conan le barbare*... Une histoire d'amour à la Cendrillon à l'envers.

Le héros est joué par Kit Harington, qui tient le rôle de Jon Snow dans la superbe série *Game of Thrones*. Il a d'ailleurs été interviewé à l'occasion de la sortie de *Pompéi* par Marc Sessego dans le sfmag No 83.

La Belle et la Bête de Christophe Gans (2014)

Le remake du film inégalé de Jean Cocteau (1946).

L'histoire est tirée d'un conte de Gabrielle-Suzanne de Villeneuve, publié en 1740.

Gans, comme tout cinéaste français qui se respecte, veut faire du social dans ce film tout en revenant, dit-il, au conte original...

Aller ! Regardez le Cocteau ! (Et évitez le Disney...)

Maléfique de Robert Stromberg (2014)

Nouvelle adaptation du conte « *La Belle au bois dormant* » par les studios Disney.

Intéressante comme le sont les autres récentes nouvelles adaptations de divers contes :

Alice au pays des merveilles de Tim Burton (2011)
Blanche Neige et le chasseur par Ruppert Sanders (2012)
Le Monde fantastique d'Oz par Sam Raimi (2013)

Dead Snow 2 de Tommy Wirkola (2014)

Ça commence avec une scène de bouche-à-bouche avec un zombie. Donc, c'est vrai ! Les zombies respirent !

Voici donc le numéro 2 avec un résumé de l'épisode précédent.

Ils ont greffé un bras qui s'avérera ne pas être le sien, ce qui va être déterminant dans le scénario... Les nazis zombies de l'Einsatz doivent finir leur travail. Rien n'est épargné au spectateur : viscères, tripes et dégueulis, etc. C'est un peu trop ! Zombies nazis contre zombies soviétiques : tout est outrancier, osé ;

La fin est un comble dans le domaine de l'outrance !

Délivre-nous du mal de Scott Derrickson (2014)

Au début, ça se passe en Irak, comme dans le film *L'Exorciste.* Ici il s'agit de la guerre en Irak, pas de fouilles archéologiques.

Un policier suit le diable à la trace dans New York. Le diable apporté par les trois soldats américains du début.

Pas mal du tout. Terrifiant, même parfois.

Caves pourries, cadavres décomposés, corps sacrifiés, exorcisme...

The Canal d'Ivan Kavanagh (2014)

Prologue sur les fantômes : « vous allez voir des films, tournés entre 1895 et 1905, c'est-à-dire que tous les gens que vous verrez, y compris les enfants, sont morts à ce jour. Donc, en fait, vous verrez des fantômes ! » Une définition originale du cinéma !

Un jeune couple et un petit enfant emménagent dans une jolie maison au bord d'un canal. Oui, je sais vous avez vu le titre du film...

En visionnant le film de 1902, le père voit sa maison dans laquelle un horrible meurtre a été commis. Classique ? Non, car il y a un volet « cinéma » très original.

Le mari est très jaloux. Il suit sa femme et oublie son gosse à l'école. Puis sa femme disparaît. L'a-t-il tuée ?
Le spectateur n'en sait rien, le pense, mais le mari ne semble pas le savoir.
Voilà, c'est le thème du film. Mais il voit un fantôme. On tremble pour le petit garçon.
Un film assez éprouvant.

Dragon Inside Me d'Indar Dzhendubaev (2015)
Une princesse est enlevée par un dragon.
Pourtant la légende disait que le grand-père du fiancé de la jeune-fille l'avait tué…
Et la demoiselle se retrouve sur une île qui n'est, en fait, que le gigantesque squelette d'un dragon. Elle se trouve en compagnie d'un jeune-homme.
Pendant ce temps, le fiancé navigue dans un épais brouillard à la recherche de sa dulcinée.
Ce film est une jolie histoire d'amour entre une jolie petite jeune-fille et un beau dragon. C'est très émouvant.
Le scénario est tiré du roman « The Ritual » de Marina et Sergueï Diatchenko.

Star Wars : le réveil de la Force de J.J. Abrams (2015)
Épisode VII : à la recherche de Luke Skywalker.
Il y a bien longtemps, dans une galaxie lointaine, très lointaine…
Toujours ce mélange de technologie et de fantasy.
Les vaisseaux spatiaux font toujours du bruit dans l'espace (très énervant). Pourtant on savait que « dans l'espace on ne vous entend pas crier. »
Harrison Ford a pris un coup de vieux, comme l'histoire du film aussi.
Ils bricolent le vieux vaisseau tout rouillé et combattent des monstres avec une grosse bouche pleine de dents et des tentacules. Les méchants ne savent pas tirer, sauf le chef, bien sûr. Et ne parlons pas de toutes ces histoires de famille…
Comment faire pour vaincre un tel ennemi ? C'est simple : yakafocon !

Poltergeist de Gil Kenan (2015)
Producteur Sam Raimi.
Le remake du film de Tobe Hooper (1982)
D'habitude les maisons hantées sont de vieilles bâtisses abandonnées, si possible dans la forêt. Le film de Tobe Hooper innove, car il se déroule dans une villa d'une banlieue moderne.
Le remake suit ce chemin et démarre assez fort avec des indices brutaux dont sont témoins les enfants. Et puis, alors… il y a quelque chose… dans le placard de la chambre des enfants. Et on ne peut pas ouvrir ce placard !
Le spectateur est prévenu que la maison est construite sur un ancien cimetière à la 37e minute du film. C'est à ce moment-là que tout se déclenche !
Attention ne quittez pas le film au générique : il y a une scène… au milieu !

Les 4 fantastiques de Josh Trank (2015)
Le film commence comme dans mon enfance : un gamin fait des expériences dans son garage. Comme moi ! Mais c'était dans mon grenier. Mais, quand je suis devenu jeune homme, j'ai fait autre chose. Lui, il a continué, a été recruté et s'est mis à bosser dans un gigantesque labo. Ça m'a rendu envieux.
« Mes parents, c'est une autre longueur d'onde ! » Dit le jeune homme. Le garçon du début est devenu un jeune homme.

Leur expérience, c'est géant. Fan-tas-ti-que !
C'est ainsi qu'est née l'équipe des 4 fantastiques.
J'adore !

Seul sur Mars de Ridley Scott (2015)
Robinson Crusoé sur Mars. Un astronaute se retrouve seul sur Mars après une violente tempête. Le reste de l'équipage a réussi à décoller, le laissant pour mort.
La description du travail de survie avec tous les éléments techniques est passionnante. On s'en fiche s'il y a des incohérences techniques. Le film est une prouesse cinématographique ; Ridley Scott montre, une fois de plus, qu'il est un grand cinéaste.
De plus, certaines scènes sont très émouvantes. Ces gigantesques réalisations techniques et scientifiques sont fascinantes.
Le film intègre aussi les négociations diplomatiques, la collaboration internationale, notamment entre la Chine et les USA. (Petit clin d'œil à *2010 Odyssée 2* ?)

Crimson Peak de Guillermo del Toro (2015). Le fantôme est super bien ! Les plans ; les couleurs, le cadrage, les mouvements de caméra créent une ambiance délicieusement fantastique.
Une jeune et riche Américaine épouse un Anglais mystérieux. Ils emménagent dans un manoir à moitié en ruines. Cette bâtisse vermoulue est isolée dans une plate campagne. Elle est construite sur une carrière d'argile rouge. Couleur du sang !
Un complot sinistre et des fantômes... de génération en génération...
« Les fantômes existent, je le sais ! »
Guillermo qualifie son film de « roman gothique » (Interview dans Sfmag N° 89)

À la poursuite de demain (Tomorrowland) de Brad Bird (2015)
De quoi sera fait demain ? AH ?! Difficile à dire ! Touchez le Pin's magique.
« Où veux-tu aller ? Vers l'arrière ou vers l'avant ? »
Eiffel, Jules Verne, Tesla et Edison, sont à l'origine des voyages dans le temps. Ah ! Ces Français...
C'est de la SF Mickey Mouse.
« Guérir le monde. » Une histoire de tachyons. Il y a des robots aussi, des gentils et des méchants.
« Ça va marcher ?
Il va falloir faire en sorte ! »

Ant-Man de Peyton Reed (2015)
Personnage Marvel.
Comment diminuer la distance énorme qu'il y a entre le noyau atomique et les électrons ? Si on y arrivait dites donc ! Essayez d'imaginer un soldat de la taille d'un insecte, et qui est resté lourd comme quand il était « grand »...
« Tu es un héros pour elle. Deviens ce personnage de légende auquel elle croit. » C'est ce que dit son ex au type qui sort de tôle à propos de leur fille. Le jeune papa vole une combinaison qui rapetisse. Une variation de *L'homme qui rétrécit*.
On a droit à quelques discours (brefs) sur la mécanique quantique, et puis il faut dresser les fourmis pour les utiliser... et mobiliser l'équipe de bras cassés qu'on voit toujours dans ces films. Ça détend...

Il y a juste une grosse invraisemblance : les objets (et les gens) sont devenus tout petits, mais ils ont gardé le même poids (il n'y a pas perte de matière...) Donc le coup du char d'assaut est très nul...
Restez jusqu'à la fin du générique !

Jurassic World de Colin Trevorrow (2015)
Le parc d'attractions montre des dinosaures génétiquement créés. Un hurluberlu pense à en faire une arme de guerre. Mais le T Rex génétiquement modifié s'évade (le malin) dans le parc plein de monde. Un accident technologique majeur, en quelque sorte ! Avec des savants fous, même si ces derniers nient l'être. Comme dans tous les accidents technologiques majeurs, il y a une réaction en chaîne. Ça craint ! Il y a des morts, plein de morts.
Quel spectacle : ça arrache.

Insidious chapitre 3 de Leigh Whannel (2015)
Produit par James Wan qui a fait les deux précédents.
Quelques années avant les apparitions chez les Lambert.
« Si tu appelles un de ceux qui sont morts, tous peuvent t'entendre... » C'est ce que dit la médium à la petite jeune fille qui est venue la voir pour parler à sa mère décédée. Mais la petite ne lui obéit pas. Elle va surtout vivre une expérience involontairement. Et puis c'est dur de combattre une hantise quand on a les deux jambes dans le plâtre.
Évidemment, personne ne la croit.
Une descente aux enfers. La médium ne peut pas l'aider. Rassure-toi, spectateur, tu sauras pourquoi. Rappelons qu'il s'agit de la même médium que dans les eux films précédents.
Ils finissent par appeler « SOS fantômes » Si ! si !
Enfin, bref, ce film se regarde.
Et le générique de fin est superbe.
Ah ! Ces conduits d'aération qui n'amènent pas seulement l'air pour la vie, mais aussi le vent des morts...

Sharknado 3 d'Anthony C. Ferrante (2015)
C'est le troisième opus. Je n'ai pas vu les deux autres.
Encore un film SyFy amusant puisqu'on y assiste à des attaques aériennes de requins apportés par une tornade géante ! Difficile de leur échapper.
Un vrai délire. Désopilant. Trop bien grotesque !
Washington est pratiquement détruit ! Tout est démoli : Maison Blanche, Capitole, etc.
Et les chasseurs de tornades de requins chassent. L'un utilise la tronçonneuse. C'est très gore.
Enfin c'est vraiment le grand guignol avec un chasseur bombardier et la navette spatiale.
Ils n'ont peur de rien les scénaristes ! Tant mieux...

EX Machina d'Alex Garland (2015)
Un jeune geek est embauché sans un centre de recherche sur l'Intelligence Artificielle (IA).

En fait, il s'apercevra qu'il en est le cobaye, car il doit créer et entretenir une relation avec une IA, physiquement, un robot féminin.

Ce centre est complètement isolé au sein d'une nature grandiose et quasiment inaccessible.

Dans ce complexe high-tech, il n'y a que Nathan - le dieu qui a créé le fameux moteur de recherche Blue Book (suivez mon regard) - et une jeune femme d'origine asiatique, muette et qui sert à tout faire... car Nathan la traite comme une esclave.

Le robot est une jeune femme nommée AVA. La relation du jeune geek avec elle est très intéressante.

La question fatidique se pose donc : l'IA est-elle une personne ?

Voilà comment Nathan voit l'espèce humaine : « Des singes debout, vivant dans la poussière, avec un langage et des outils primitifs... »

L'histoire est pleine de rebondissements. C'est aussi un film à suspense. L'ambiance est tendue entre Nathan, dominateur et alcoolique, le jeune geek et Ava...

On ne s'ennuie pas une seconde !

Terminator Genesys d'Alan Taylor (2015). Le 5e opus de la franchise. Patrick Lussier a participé au scénario.

Les dialogues commencent à 57 minutes de film. On peut facilement enlever 21,2 minutes de film sans préjudice.

On voit la machine avec laquelle ils envoient les Terminator dans le passé.

On comprend mieux le premier film. Tout le beau monde de ce dernier se retrouve le 12 mai 1984. Peuvent donc pas se démerder sans John Connor ?

Pas génial ce film. Dommage...

The Avengers Age of Ultron de Joss Whedon (2015)

Les Avengers attaquent la base de Hydra où se trouve le sceptre de Loki. Grâce à lui, ils vont jouer avec le feu et créer le programme Ultron, un programme pour la paix, mais qui ne comprend pas sa mission.

Le combat est difficile, chaque Avenger est confronté à son passé et l'amour est impossible.

Maximoff met chacun d'entre eux en face de lui-même.

Les Avengers se retrouvent livrés à eux-mêmes sans l'aide de la technologie pour affronter Ultron. Ils n'arrêtent pas de jouer avec les allumettes et il y a des retournements de situation à répétition. Qui sont les méchants ? Qui sont les gentils ?

Une nouvelle matière apparaît et de gigantesques bagarres.

C'est le deuxième film de la franchise. Il en est prévu deux autres par Joe et Anthony Ruosso, mais c'est pour 2018 et 2019...

Into the Woods de Rob Marshall (2015)

Sortie DVD le 10 juin 2015

Certains ont peut-être vu au théâtre la comédie musicale dont est tiré ce film.

L'intrigue (si on peut dire) mélange quatre contes de fées : Cendrillon, mais dans le film la fée n'intervient pas, c'est quelqu'un d'autre... (Perrault et les frères Grimm ont écrit deux versions différentes), le petit chaperon rouge (Perrault et les Grimm), Jack et le haricot magique (conte anglais, finalisé par Joseph Jacobs - après plusieurs autres versions) et Raiponce (premier recueil des frères Grimm). Tous ces contes à

l'origine étaient de tradition orale. Ils ont été recueillis et écrits par les auteurs qui les ont publiés...
Bref, revenons à notre film.
C'est une comédie musicale, mais très enjouée, très entraînante et très bien jouée. Le mélange
 de ces quatre contes est sidérant et éblouissant.
Un jeune boulanger qui ne peut pas avoir d'enfant à cause de la malédiction d'une sorcière doit recueillir un objet de chacun des quatre contes (pour celui de Jack, il s'agit d'une vache...) pour annuler cette malédiction...
Et l'aventure commence pleine de rebondissements, bonnes rigolades et aussi des grands sentiments. Tout ce qu'il faut pour charmer les grands enfants que nous sommes restés !

Chappie de Neil Blomkamp (2015)
Le réalisateur est engagé : il défend les immigrés et les ouvriers contre les méchants capitalistes et politiciens. Il l'a largement prouvé dans ses films précédents : "District 9" (2009) et "Elysium" (2013)
Ici il condamne l'exploitation honteuse des robots !
Ça se passe en Afrique du Sud. Le gouvernement utilise des robots pour faire régner l'ordre. Pas très original. Toujours la lutte des classes : voyous des ghettos contre multinationales. Ils ont raison de voler, hein ? Puisqu'ils n'ont rien.
Sigourney Weaver joue le rôle de chef de la multinationale qui construit les robots.
On la voit souvent jouer ce genre de rôle dans de petits films.
Le concepteur de ces machines (un Geek jeune et étourdi, comme il se doit) a trouvé un truc, une IA développée capable d'apprendre pas elle-même et l(implante dans un robot flic désaffecté Scout22. C'est le début de la fin, évidement.
Un concurrent dans son labo a conçu un engin de guerre indestructible (enfin, il le croit), mais dirigé à distance par un être humain. Il n'est pas content, car la police ne veut pas utiliser son engin, les robots vont très bien.
Un peu de tendresse dans un monde de brutes ?
Même les méchants gangsters du début deviennent gentils. Tu parles ! Ce sont de pauvres gosses des ghettos. Tous des salauds, mais ce n'est pas de leur faute, car la vie est dure.
Ensuite ça vire au grand guignol...
« On est des moutons noirs, maman ! »
Ce film énerve, mais réussit à vous faire aimer les robots ! Pas mal, hein ?

Hunger Games 3 partie 1 (The Mockingjay) de Francis Lawrence (2015)
Ah comme j'avais aimé les deux premiers films de cette saga : de l'action, de la politique-fiction intelligente, une héroïne féminine et virile, un courage, une belle histoire d'amour.
Là, d'abord, on s'ennuie...
Puis on se dit : « Mais où est passée la fière guerrière des épisodes précédents ? »
Quelles pleurnicheries tout au long du film !... À se décourager de regarder la dernière partie !

Mad Max Fury Road de George Miller (2015)
Géant! Ce film est géant!

Grosses poursuites et bagarres hyper violentes avec des montures mécaniques de toutes formes et de tous genres. La horde sauvage des méchants trimballe un camion avec un orchestre de Heavy Metal dont la guitare électrique lance des flammes. Une ingéniosité des scénaristes pour ces attaques ! Que ne vont-ils pas chercher comme sophistication dans la violence ?
Un spectacle inouï qui ne laissera personne indifférent.
Tout cela, pour un camion-citerne d'essence subtilisé par Imperator Furiosa, personnage joué par la superbe Charlize Theron. Quant à Mad Max il est interprété par Tom Hardy, qui ne crève pas vraiment l'écran, mais c'est parce que son personnage n'est pas dans la même position que dans les films précédents.
On assiste même à une césarienne en pleine poursuite mécanique...
Un film superbe, je vous dis, avec une petite pensée à la fin que je traduis comme je peux : "*Où devons-nous aller, nous qui parcourons cette Désolation à la recherche du meilleur de nous-même...*" Il y a intérêt à trouver le meilleur de soi-même face à une telle violence.
Un superbe film.
Divergente 2 l'insurrection de Robert Schwentke (2015)
Tris et son ami Four sont en fuite. Ils cherchent à rassembler pour la révolution. Jeanine a besoin de Tris pour ouvrir la *boîte*. Mais Tris est trop altruiste pour une Divergente. C'est son point faible.
« Nous ne sommes pas le problème, mais la solution. »
Cette deuxième partie est un peu touffue. Le scénario est sinueux et répétitif, tiré par les cheveux avec beaucoup trop de remplissage pour atteindre deux heures de film.
Ce deuxième opus est décevant en comparant avec le premier qui était génial. Il est sûr que c'était difficile de faire mieux !
La troisième partie, son titre en anglais *Allegiant* par Robert Schwentke...
Dragon Hearth 3 : la malédiction du sorcier de Colin Teague (2015)
Un mur sépare le nord du sud de la Grande-Bretagne. Ce mur avait été érigé par les Romains. Un astéroïde amène le dragon sur Terre. Le jeune écuyer, qui ne peut pas devenir chevalier parce que trop généreux, va en profiter.
Le dragon est super chouette et un méchant sorcier utilise la malédiction de la Lune pour en faire son esclave.
Il y a beaucoup de méchants, la tâche est difficile.
Penser à regarder le générique jusqu'à la fin.
Les films précédents ce numéro trois : *Cœur de Dragon* de Rob Cohen (1996) – *Cœur de dragon 2 un nouveau départ* de Doug Lefler (2013)
Howl de Paul Hyette (2015)
Un train avec quelques passagers est en panne en plein milieu de la forêt. Le huis clos est dramatique, car le train est assiégé par des loups-garous. Bien sûr l'intrigue s'appuie sur la psychologie des personnages. Mais face aux loups-garous, peu vont survivre. Un film bien léché.
Un hommage appuyé au film de Romero **La Nuit des Morts-Vivants**. On y retrouve les mêmes ingrédients dramatiques :

- Les monstres, humains à l'origine, infectent par la morsure les humains qui deviennent comme eux. Ici ce sont les loups-garous, chez Romero ce sont les zombies.
- Les humains sont assiégés dans un lieu clos. Le train ici et la maison chez Romero.

Le Grand Tout de Nicolas Bazz (2015). Voici ce que déclare le réalisateur sur le site officiel du film : « *(...) aujourd'hui, la simple juxtaposition de science fiction et de cinéma français prête à sourire. Il n'y a pourtant ni contresens ni blasphème à inviter le genre le plus populaire de la planète dans notre pays. Juste quelques préjugés à faire sauter. J'ai donc imaginé l'inévitable rencontre entre nous et notre univers, ce qui reste de nous, ce qui change. Avec la conviction que l'immensité ne nous écrasera pas, que nous lui donnerons du sens, que nous nous adapterons, et que nous mangerons, un jour prochain, une bonne potée entre la Voie Lactée et Andromède...* »

Que le lecteur de cette chronique permette que j'adhère entièrement à cette citation ! Il n'est pas dans les règles de l'art du chroniqueur de se saisir de ce qui dit le créateur sur son œuvre, mais permettez-moi l'exception.

Ce film est formidable. Voilà : formidable ! Comme dans la chanson, répétons-le à l'infini !

Il est d'abord entièrement basé sur la théorie de la relativité et ses développements ultérieurs. Mais n'ayez pas peur (Évangile selon Matthieu chapitre 17, verset 7). Non n'ayez pas peur, tout est à la portée de tout le monde.

Ensuite, les décors sont très sobres. Au début, je me suis dit : « C'est par manque de moyens... » Effectivement, sans doute, mais combien de chefs-d'œuvre du cinéma ne l'ont été que parce qu'ils manquaient de moyens ? Et c'est le cas ici. Cette sobriété est charmante, envoûtante. On est centré sur les personnages qui sont magnifiquement joués par les acteurs. Ces personnages transcendent le contenu scientifique du film, car ils le vivent, que ce soit celui qui y croit, et celui qui n'y croit pas...

Au départ, le psy de l'équipage explique : alors qu'ils vivent un délai de deux semaines de voyage dans le vaisseau, « à l'extérieur » il s'est passé deux ans depuis qu'ils sont partis. « A l'extérieur » n'est pas exact, car l'expression n'a pas de signification, il fallait préciser le référentiel : la Terre, sur la Terre, les gens ont vécu deux ans. Mais c'est mieux de l'avoir dit comme ça : c'est plus simple.

Au début du film, alors que les dialogues sont prégnants, j'ai pensé à du Jean-Luc Godard. Mais rassurez-vous, ce film n'est pas chiant, il est magnifique.

Ils rejoignent un trou noir avec son « horizon des événements ». Mais il y a eu un incident et le paradoxe temporel s'accentue : en trois semaines ils ont parcouru 50 années-lumière !

En fin de compte ils se retrouvent à plus de 10 000 années-lumière.

Mais cela ne les empêche pas (ils sont cinq : deux femmes et trois hommes) de faire chacun leurs petits trucs dans leur coin.

« Nous sommes les cinq représentants d'une espèce disparue ! » S'exclame un personnage.

Ensuite, le débat devient philosophique : « faut-il rentrer ou ne pas rentrer ? » Le conflit s'installe. L'hypothèse avancée par le personnage le plus mystérieux est

simple : y a-t-il une piste, un chemin qui permet de « circuler » dans l'univers, en termes de milliers d'années-lumière, d'un trou noir à l'autre ? Vers un Grand Tout ou un Grand Rien ? Si c'est le cas, ce ne peut pas être un hasard ! « Quelqu'un l'a tracé ! » Et si cela avait la Terre pour origine ?
Ce film est excellent. Très excitant. Je lui souhaite un ÉNORME succès. Contribuez-y en allant le voir. De la superbe SF !

JéruZalem de Doron Paz et Yoav Paz (2016)
Une citation du Talmud en début de film nous apprend que Jérusalem est une des trois portes de l'enfer.
Ça commence par un film amateur qui montre une possession post mortem... Faut aimer les mauvais films, enfin, désolé, je veux dire les films pas professionnels, même s'ils sont réalisés par des professionnels pour faire croire qu'ils ne le sont pas... Ensuite, on continue sur le mode "amateur" avec des lunettes connectées qui filment tout et permettent de surfer sur le web, échanger des messages, etc.
Ces lunettes sont portées par une des deux jeunes filles qui font un voyage en Israël. C'est un peu l'orgie : l'une baise avec un jeune homme rencontré dans l'avion (c'est celle qui porte les lunettes/caméra) et l'autre avec un jeune Arabe qui gère l'auberge de jeunesse où elles sont logées à Jérusalem.
Comme vous l'avez remarqué en lisant ce que j'ai écrit jusqu'ici, ce film m'a agacé. Mais en fait, il n'est pas si mal que cela. Il est juste dérangeant, avec facilité, c'est sûr, mais il reste gravé dans la mémoire. En fait il est très bon, faut sortir de ses schémas traditionnels de la *Grande Forme* du cinéma.
L'action, la vraie, la terreur commencent après 48 minutes de film. Les portes de l'enfer se sont ouvertes et les morts reviennent en zombies (le "Z" de JéruZalem) et ils ont des ailes pour voler. Avec toute la tradition du zombie contagieux, etc.
Pauvre JéruZalem ! On ne peut s'empêcher de penser au film *World War Z* (Marc Foster 2013) qui comporte une scène terrifiante du siège de Jérusalem par les zombies.

Zombeavers de Jordan Rubin (2015)
Deux beaufs discutent dans un camion.
J'utilise toujours ce terme de « beauf » pour des hommes vulgaires et pas futés et pas sympathiques... Ce sont en général les personnages secondaires types des films d'horreur. Mais parfois aussi certains personnages principaux.
Le chauffeur produit un accident en heurtant une biche alors qu'il regarde son téléphone... Un fût de produits toxiques tombe du camion et finit dans une rivière.
Le film ne se prend pas au sérieux. Mélange de plans filmés et de dessins pochés.
Trois petites jeunes filles sont en balade... zéro texto... zéro garçon...
Des plans de mise dans l'ambiance. Tout est téléphoné (ah ah ah) exprès.
Ils n'ont pas de réseau, ils sont donc isolés. Classique aussi.
Laquelle sera dévorée la première ?
Et voici un barrage de castor. « Oh je veux en voir un, c'est trop mignon ! » Un chasseur aux airs inquiétants arrive.
Après dix-huit minutes de film, on commence à s'ennuyer à écouter les dialogues « branchés » des demoiselles.

Soudain on frappe à la porte ! Elles sortent, car il n'y a personne et la porte claque. Elles sont condamnées à rester dehors... En fait, trois garçons arrivent dont deux sont les copains de deux des filles et le troisième un ex de la troisième. Ces jeunes sont très cons, c'est caricatural et classique aussi dans les films d'horreur : le spectateur n'est pas trop touché par les mises à mort de cons...

À 26 minutes de film les castors zombie attaquent !

Le premier castor est vite maté. Mais, bien sûr, ce n'est que reculer pour mieux sauter.

Dans les personnages bien typés, comme toujours, il y a la trouillarde, qui, en fait, a toujours raison. « Quelque-chose ma frôlé les pieds », s'exclame l'une d'elles. Un grand classique aussi. Pour autant, elle ne sort pas de l'eau, ce qui serait la précaution de base. Et le plus naze des ados se fait bouffer le pied dans l'eau !

Le téléphone avec fil ne marche pas. Et pour cause, les castors ont rongé les fils.

Les trois gars et deux filles sont cernés sur un ponton au milieu du lac et Jane est retournée à la maison où un castor l'attaque.

L'un des gars sacrifie le chien pour faire diversion.

Quoi ? Vous me reprochez de raconter tout le film ? Ben oui, je le raconte !

Ils sont tous réfugiés dans la maison. Aurais-je dû écrire : « Elles sont toutes et ils sont tous réfugiés dans la maison ? » Même pour un féministe sincère comme moi, franchement, c'est trop long à écrire.

La nuit tombe ! Une fille, un gars et l'amputé parviennent à entrer dans la voiture avec laquelle les gars sont arrivés. Ils espèrent rejoindre un hôpital. Mais... les castors voient les choses autrement.

Les voisins, un vieux couple, sont inquiets. Ils sont aussi très beaufs et copains avec les castors ! Un classique des films d'horreur aussi.

La route est barrée ! Le gars bien va essayer de chercher des secours, mais il est bouffé par les castors. En fait, il est juste blessé. Mes conclusions étaient hâtives.

Tous ces rescapés repartent avec le mystérieux chasseur se réfugier dans la maison. Même les morceaux de castor qui ont été dépecés dans la bagarre continuent à attaquer. Les gens du camion vont se réfugier dans la maison des voisins, les petits vieux. Mais, où sont-ils ?

La jalousie est un scénario secondaire également classique. Y compris les relations sexuelles des uns et des autres et les uns avec les autres. Bon, j'aurais dû écrire aussi les unes avec les autres, etc.

Une fille se transforme en castor zombie. Le chasseur cautérise la plaie de l'amputé qui se transforme aussi en castor. Donc il y a tous les poncifs des films de zombie, mais avec les castors. La vieille voisine se réveille en castor zombie aussi. Un type se fait émasculer par son ex transformée en castor Z et un de ces derniers incendie la maison en provoquant un court-circuit.

Il n'y a plus que deux survivants encerclés par les castors Z. Et même l'ours du coin s'en mêle, également castorisé.

La voiture en panne encerclée par les castors Z renvoie à la scène du début du film « La Nuit des morts-vivants »...

La fin est super. Elle reprend les deux lourdauds du préambule.

Effets spéciaux rudimentaires, mais ça peut aller...

Et une scène d'après générique avec des abeilles zombies !
Dead Rising : Watchtower de Zach Lipovsky (2015)
Le célèbre jeu vidéo zombiesque enfante des films. Celui-ci est l'un d'eux.
Toujours la même histoire : des gens « sains » réfugiés dans un lieu clos assiégés par des zombies affamés. De méchants zombies. Ah oui, c'est vrai, les zombies ne sont pas méchants, ils n'y sont pour rien c'est ça qui est terrible. Ça ne s'arrange pas, il y en a de plus en plus, malgré le zombex, un médicament qui soigne le zombisme. Cette surdose de scènes de zombie est un peu lassante. Les protagonistes sont toujours couverts de sang de zombie et ne sont pas contaminés... J'ai arrêté de regarder à 36 minutes...
Un autre film : **Dead Rising : Endgame** de Pat Williams (2016)
Don't breathe : la maison des ténèbres de Fede Alvarez (2016)
Fede Alvarez a réalisé le beau remake d'Evil Dead.
Trois jeunes cambriolent une maison luxueuse. L'un d'eux pisse partout.
Répartition classique : une jolie jeune-fille gentille qui fait ça parce qu'elle est dans la M..., un petit jeune homme gentil qui est là parce qu'il est amoureux de la fille et... un con. Ils organisent un cambriolage d'une maison habitée par un vieil aveugle et son chien.
Ils croient que la tâche sera facile. Vous pensez ! Un vieil aveugle. Hélas pour eux, ce ne sera pas le cas. Seule la petite jeune fille survivra et emportera le magot... L'aveugle, lui, a survécu : la jeune fille va le voir à la télévision.
Ils sont immortels ces gens ?
Superbe film !
Les Animaux fantastiques de David Yates (2016)
Scénariste ***J.R. Rowling*** (Harry Potter)
Arrivé à New York, venant d'Angleterre, un magicien intervertit sa valise avec celle d'un boulanger. Original !
Ensuite on fait connaissance avec le bestiaire du magicien. Du Harry Potter. Pas étonnant !
Ce brave Norbert, le magicien, vient récupérer tous ses animaux fantastiques à New York, mais je ne me rappelle plus comment ils sont arrivés là. Il faut dire que le scénario est un peu fouillis.
Mais le film est bien !
Cloverfield Lane de Dan Trachtenberg (2016)
Après 1 H 21 de claustrophobie, enfin quelque chose d'intéressant : une invasion d'extraterrestres...
Avec des monstres, des gaz asphyxiants, et une fille qui détruit un vaisseau des aliens avec une bouteille de whiskies et un briquet. Tout ce qu'il avait dit était vrai !
« Cloverfield » c'est le nom du lieu.
Osiris la 9ᵉ planète de Shane Abbess (2016)
J'aime bien quand les petites filles parlent comme des petites vieilles...
Un papa et sa petite fille sur une planète désertique. Un bagne !
Ce papa, plein de cicatrices, est lieutenant. Une méchante gradée (générale à a fait des bêtises qui mettent en jeu des millions de vies humaines. Un « génocide », dit-elle !

Il y a une prison dans laquelle les « résidents » créaient des monstres à des fins militaires. Mais les monstres se sont échappés. Et la petite fille est sur cette planète.
Ensuite ça se passe dans la prison. Très classique. Bagarres, violences, mutineries et mystérieuses expériences.
Un bar perdu dans le désert...
Retour à la prison... Prisonnier jeté en pâture aux monstres qui sont, en fait, des prisonniers transformés. Mais les monstres sont lâchés ? On ne sait pas comment, mais tant pis.
Puis on retourne deux ans plus tôt et on apprend comment le prisonnier sympa est devenu... prisonnier.
Le réalisateur/scénariste veut se la jouer western italien (avec un peu de Mad Max), mais il n'est pas terriblement efficace.
Les monstres attaquent.
En fait, le projet sur cette planète était une terraformation avec travaux forcés.

La 5e vague de J. Blakeson (2016)
Basé sur le roman de Rick Yancey.
Prologue très instructif d'ambiance...
« Je regrette la Cassie que j'étais avant. » Maintenant elle est la Cassie qui tue...
On passe alors à la Cassie d'avant, et on s'ennuie. J'espère que ça ne va pas durer...
Ah ! Voilà : un vaisseau ET est repéré. Puis c'est l'invasion par « Les Autres ».
« Ils ont envoyé une impulsion électromagnétique qui a grillé tous les circuits de la planète... Fini tout ce qu'on a l'habitude d'avoir... » Dit la voix off de Cassie.
Et puis la 2e vague a frappé. « Toutes les villes côtières, toutes les îles rayées de la carte. »
Pour la 3e vague, Les Autres ont modifié le virus de la grippe aviaire et l'ont répandu sur toute la planète.
Presque tous les humains sont morts. « Pourquoi ils n'en finissent pas tout de suite ? »
Puis nous sommes dans un camp de réfugiés. « La 4e vague a commencé : Les Autres prennent l'apparence des humains »
Le manque de discipline est mortel ! Pas seulement pour soi, mais pour les autres. La même histoire que pour « Marionnettes humaines », le film s'appelle « Les Maîtres du monde », film de Stuart Orme tiré d'un roman de Robert Heinlein (1951)
La fille est sauvée par un joli blond aux yeux clairs. Son frère et son amoureux sont recrutés dans l'armée.
C'est la partie militaire du film.
Il y a des affiches de films dans la chambre du beau blond : *Big Fish* et quelques films d'horreur, ainsi qu'une page de la BD Tintin.
L'intrigue est coupée en deux intrigues parallèles : celle de Cassie et son périple et celle de son ami Ben, et son frère Sam au centre militaire.
Et voilà la voie de chemin de fer dans la forêt qu'on voit dans tous les films.
On voit venir le coup de théâtre avec leurs casques qui permettent de voir « Les Autres »...
Pas de spoiler !
Scènes de guerre. Mais c'est l'amour qui va tout sauver...

Ils vont se croiser par hasard ? Noooon ? Si !

The Jane Doe Identity d'André Ovredal (2016)

Superbe film macabre et de hantise! L'autopsie d'une sorcière.

Une maison, un jardin. La police a investi les lieux. Un cadavre, du sang, un pistolet. Plusieurs cadavres... Du sang sur la paroi de verre. Dans la cave un corps déterré !

« On connaît son identité ? »

« Non, chef ! Elle n'a aucun lien avec Paul et Carole »

« Rien n'a été volé. Pas d'effraction : plutôt... c'est eux qui ont essayé de sortir »...

Salle d'autopsie avec musique rock. Découpage du corps...

« Cause de la mort ? »

« Inhalation de fumée »

Discussion entre le prof et l'élève.

« Il ne respirait plus quand l'incendie s'est déclaré. » Ce qui l'a tué c'est un coup violent.

« Il s'est cogné la tête en tombant... »

En fait, c'est le père et le fils. Le spectateur se familiarise avec l'autopsie. Même s'il est un passionné de X-files...

Après quelques péripéties de mise en place des protagonistes, notamment la fiancée du jeune-homme, la police amène le cadavre de la fille déterrée...

Le père s'en occupe, le fils veut rester, ça l'intéresse, la fille ne veut plus qu'il fasse ce boulot...

Elle quitte les lieux.

Revenons au cadavre de la femme. « Elle est morte depuis plusieurs jours or il n'y a pas de rigidité cadavérique. Poignées et chevilles fracturées, articulations en miettes. Sous les ongles on dirait de la tourbe. Plein les cheveux aussi. Elle aurait été enterrée dans la tourbe, donc pas ici... Langue sectionnée. » Le légiste avait déjà vu ça : un rapport avec la prostitution ? La voilà qui a le nez qui saigne et une mouche sort de la narine.

Le corps continue à saigner lors des incisions ! Et il y a de nombreuses anomalies décelées lors de l'autopsie.

Maintenant ils entendent des bruits, ils voient des ombres et des reflets de personnes.

Après examen de prélèvements au microscope : « Elle est en vie ! Quelque chose la maintient en vie ! » S'exclame le légiste. Ils ont trouvé un tissu dans son estomac. Le jeune-homme déchiffre les inscriptions qui s'y trouvent. 1693, déchiffrent-ils.

« Ce sont des sorcières et le sang retombera sur leur propre tête. »

« Et si jamais ce rituel réalisé sur une innocente avait créé accidentellement la chose qu'ils voulaient détruire ? »

De nombreux phénomènes terribles se produisent. La radio se met en route et on entend : « Tout est à cause du diable ! » Ils essaient d'incinérer le cadavre, mais il reste intact. Ils essaient de fuir, mais tout est fermé, etc.

Elle les garde en vie pour sa vengeance, pour qu'ils souffrent comme elle.

Elle fait subir ses propres tortures au père : cheville et poignets cassés... Ses yeux bleu glauque... Il demande à son fils de le tuer... Jane a retrouvé ses yeux marron. Il le fait. Le fils se tue en tombant d'un escalier en colimaçon... et se tue. Auparavant, le légiste avait tué par erreur la fiancée du jeune-homme.

Le corps de Jane est de nouveau intact et complet. Il est envoyé à l'université de Virginie. Et Jane bouge un orteil...

Jamais vu un film de sorcière aussi flippant et formidablement angoissant.

Bravo !

Insectula de Michael Peterson (2016)

Il en sort encore des films de série Z comme celui-ci. La preuve !

Une planète de monstres envoie un monstre sur la Terre par des moyens naturels. Pas de raison de se casser la tête pour le scénario, avec une voix qui commente les images...

Sur la plage, un vieillard offre un bijou en forme de papillon à une petite jeune fille... qui va se baigner après avoir dit : « Il est positif ». Le vieux en profite pour partir. Le monstre plonge dans l'eau à proximité en arrivant de l'espace. Il dévore la petite jeune fille sous l'eau dont la tête arrachée remonte à la surface.

Le vieillard est revenu et attend désespérément la petite jeune fille. En fait, c'est un policier en civil... Le détective Novak dirige els recherches. Des gamins pêchent la tête humaine déjà dévorée par les vers.

Et voici la pin-up : une (très jolie) laborantine : jupes courtes, décolleté plongeant, qui assiste le médecin légiste autopsiant la tête avec giclées de sang et pleine d'asticots, même des crabes dans le crâne décalotté...

Maintenant c'est le vieux qui dirige l'enquête. En fait, il n'est pas si vieux ! Il s'agit de l'agent del Biando de l'APE (Agence de Protection de l'Environnement, pardi !)

La jolie laborantine le console ; seulement en paroles hein !

Très mal joué, très mal filmé, très mal maquillé avec la fausse moustache de travers. Peut-être que la script-girl du film était bourrée ? Del va se noyer... Son fantôme au cimetière se voit en train d'essayer d'embrasser la belle laborantine (en civil).

Que dites-vous ? C'est décousu ? Ben oui, c'est décousu... Je n'y peux rien !

Pourtant il est bien noyé et rejeté sur la plage. Mais pas mort ! Il se relève.

Le médecin légiste projette des films sur des recherches entomologistes. Car, en fait, j'ai oublié de vous dire que le monstre était un insecte géant... Il est interrompu par un coup de fil, il répond et la projection du film se déroule sans lui et montre en fait désormais des images de voyeur... Ce médecin s'appelle Kempler. Il déclare que le responsable de la tuerie est un extraterrestre.

Une jolie brune se fait bronzer allongée sur une bouée sur le lac et se fait dévorer de l'intérieur.

La jolie blonde assistante s'appelle Brittany.

La brune dévorée s'appelle Yasmin et c'est une copine à Del.

Au labo arrive Banning qui est consulté comme expert.

La caméra n'arrête pas de trembler. Le caméraman doit avoir Parkinson.

Kempler habite une vieille maison genre maison hantée dans les films de fantômes. Il joue du piano. Il est rongé par des souvenirs honteux lorsqu'il enseignait. La victime type des films d'horreur de série B : un personnage mauvais plein de remords, mais qui continue à faire le mal.

Très ennuyeux.

Eleonor pleure dans une autre pièce, les cheveux sur les yeux, et se retourne en ouvrant la bouche pleine d'asticots.

Kempler regrette, s'excuse auprès d'elle après qu'elle a disparu.

Le réalisateur/scénariste tente de se prendre pour David Lynch.

Le réchauffement climatique est responsable de la venue de cette créature. La pollution quoi !

Elle partage 80 % de son ADN avec *Culiseta Longiareolata*, ce qui en langage courant désigne le moustique commun...

En fait, le moustique commun est *Culex Pipiens*... Bon tant pis pour le documentaliste !

Kempler a trouvé un œuf au bord du lac, l'a fait incuber et a produit une larve. Il l'a nommée *Insectula*.

C'est long ce film !

Il veut débarrasser la Terre de ses parasites, c'est-à-dire, les humains.

Del, lui, se paie deux putes. Et il tombe ivre mort avec sa fausse moustache. Il ne veut pas tromper Hanna.

Les deux prostituées traversent les bois, car elles n'ont plus d'argent pour le taxi (je résume). L'une d'elles se fait enlever par Insectula. Enfin, on le devine malgré les « effets spéciaux » minables.

L'autre atterrit chez Frankenstein/Kempler.

Auparavant Del Biando se mutile dans la salle de bain. Mais il cicatrise vite, car on ne voit plus rien dans les prochaines scènes où on le voit. La prostituée survivante se fait doubler par Kempler qui l'emmène dans les bois (le scénariste est débile ou quoi ?) et ils trouvent le nid d'Insectula.

Ils y pénètrent... (Patience encore 53 minutes de film...)

La fille se fait arroser par du « pus » ainsi nommé par Kempler. Les corps des victimes vivent pour créer du pus dont se nourrit Insectula qui arrive et blesse gravement la fille à la jambe. Insectula la poursuit ainsi que Kempler qui fuient.

Insectula coupe la fille en deux d'un coup de mandibules, puis attaque un avion rempli de voyageurs !

Del Biando est relevé de ses fonctions et se fait confisquer ses dossiers par les militaires. Ah ! Il ne manquait plus que ceux-là...

Kempler, de retour dans son labo, appelle un ami au secours.

La secrétaire prend une demi-journée de congé et se rend à la maison hantée (celle de Kempler), toujours avec sa blouse très courte, déboutonnée à la poitrine et une minijupe noire. Elle va dans la cave.

Elle y découvre une Insectula prisonnière. (Ou un Insectula prisonnier, comme vous voulez).

Elle se fait surprendre par Kempler avec de jolies scènes de jeux d'ombre à la Nosferatu.

Une autre scène avec deux militaires hauts gradés, car Insectula est cernée par les militaires. Combat entre un homme avec une hache et Insectula dans une usine. C'est raté.

Chez Kempler, la secrétaire est en slip et soutien-gorge, attachée à une chaise. Elle s'appelle Mlle Sax.

Dialogue surréaliste et mal filmé avec Kempler.
Loba, l'assistant de Frankenstein (enfin Kempler...) arrive. Del Biando surgit et se fait maîtriser par Loba.
Mlle Sax essaie de séduire Loba. L'acteur joue bien le rôle de cette créature de Frankenstein.
Il libère la fille !
Kempler surgit et tue Loba avec son revolver. Il libère le bébé Insectula et l'enferme dans une boîte pour l'emmener vers sa maman. Mlle Sax a remis sa blouse et retrouve sa voiture. Mais elle voit passer Kempler avec son chargement maudit et le suit. Ce film me fait penser à *Plan 9 of Outer Space* !
Insectula tue le bébé apporté par Kempler.
Elle le poursuit dans la forêt hantée par ses victimes. Insectula tue Kempler.
Mlle Sax l'assiste dans son agonie. En fait, il voulait sauver le monde, non ? Un hélicoptère arrive.
Insectula dévore une femme toute crue et sème la terreur dans la ville. Les militaires la poursuivent et font des bavures en lui tirant dessus. Il n'y a que deux militaires. Pas question d'embaucher des figurants.
Insectula est invulnérable aux balles des hélicoptères, aux obus. Les scénaristes ridiculisent l'armée.
La question est posée de l'utilisation de l'arme nucléaire (comme toujours dans ces cas-là).
Del Biando prépare quelque chose dans le labo de Kempler. Il va affronter Insectula avec sa fausse moustache. C'est une opération suicide : il vaut se faire avaler par le monstre et une fois dedans se faire exploser. Ça réussit !
Mlle Sax a mis une robe noire un peu plus longue et va déposer une rose sur la tombe de Del Biando. Un joli papillon bleu se pose et un autre...
Attention, une scène dans le générique : Kempler est ressuscité par un personnage Frankenstein bis... mais juste la tête !

Spectral de Nic Matthieu (2016)
Film Netflix
Un chercheur découvre un rayon micro-ondes qui pourrait servir d'arme. Dans l'est de l'Europe en pleine guerre, on a vu... des choses.
Le chercheur est envoyé là-bas pour enquêter. En Moldavie.
« Ce truc que votre caméra a filmé, ça c'est une autre affaire. »
Le scientifique a créé une caméra frontale pour les combats. Or, en prologue, on avait vu qu'un soldat voyait quelque chose ressemblant à des êtres lumineux, seulement visibles avec la caméra du chercheur. « Des anomalies spectrales ? »
« Vous savez que je suis croyant. Ça c'est le contraire de Dieu ! »
Un commando est envoyé sur place pour examiner la chose. Le combat est dur. Il y a de nombreux morts. Les entités sont invincibles.
« Ce truc a buté 19 de nos hommes et on ne sait pas ce que c'est !
- C'est humain : il m'a fixé dans les yeux... »
Les survivants se réfugient au sommet d'un immeuble en ruines.
Il y a désormais de nombreuses « anomalies spectrales », appelées Aratares par les autochtones.

Ces entités sont « des fantômes coincés entre la vie et la mort ». Les militaires, eux, les appellent les hyper spectres.
Grâce au scientifique, ils bidouillent des moyens de les voir et de les tuer.
« Vous ne pouvez pas leur échapper ! On ne sait même pas ce qu'ils sont. »
Le scientifique a une explication : ces Aratares sont des condensats de Bose-Einstein... Ce truc existe vraiment ! Une explication qui rend ce phénomène plausible.
Très beau film de guerre et de SF avec d'excellents effets spéciaux.

Arrival (Premier Contact) de Denis Villeneuve (2016)
Le décès d'un enfant. Une invasion extraterrestre.
Douze OVNIs atterrissent sur Terre, en plusieurs endroits. Une spécialiste de la traduction des langues est sollicitée pour prendre contact avec eux.
Superbe film avec mouvements de caméra, plans fixes, tout un langage cinématographique qui parle au spectateur.
La délégation des autorités terriennes pénètre dans l'OVNI qui est un énorme œuf de métal. Il flotte et se tient stable à deux mètres du sol.
Ce film est donc consacré à la communication entre deux espèces totalement différentes.
On nous fait un passionnant cours de linguistique. Comment appeler les deux extraterrestres ? Pourquoi pas Abott et Costello ?
La deuxième partie du film est consacrée à l'impact de l'arrivée des aliens sur la société, la politique... Quel rôle va jouer le deuil ?
Les pays « ennemis » travaillent aussi avec leurs extraterrestres. Et ils n'ont pas les mêmes méthodes.
Les problèmes entre les humains interfèrent et les aliens savent-ils les utiliser ?
Certains pays (Chine, Pakistan, Russie) déclarent la guerre aux Aliens.
Ces derniers ont-ils compris que l'humanité n'était pas Une ?
L'interprète arrive à lire l'heptapode... Grâce à HANNAH qui s'écrit de la même manière dans les deux sens.
Il y a une histoire d'amour aussi.
Les heptapodes sont très lovecraftiens...

Resident Evil : Chapitre Final de Paul W. Anderson (2016)
Voici le sixième film !
Au début était le virus T qui devait guérir toutes les maladies. Mais il eut des effets secondaires inattendus (Alicia Marcus fut sauvée !)
C'est l'histoire d'Alice et d'Umbrella Corporation. Le virus s'échappa d'un labo et ce fut la fin du monde.
À chaque début de film, Alice débarque de nulle part ne semblant pas, savoir d'où elle vient, et même qui elle est !
Ici elle sort du sous-sol dans Washington en ruines et est poursuivie par un monstre volant. L'actrice est de plus en plus jolie.
La petite Alice d'Umbrella demande à l'adulte Alice de l'empêcher de détruire ce qui reste de l'humanité. Alice la grande doit aller dans le Hive récupérer l'antivirus élaboré par Umbrella. Il détruirait le virus T.

Voyage, épopée, lutte individuelle pour sauver l'humanité. Avec un compte à rebours. Grosses batailles rangées, multitude de zombies. De la baston, beaucoup de baston. Le feu purifie la tour des zombies.

Toute sa vie « tuer, courir… » Les monstres sont toujours aussi horribles.

Umbrella a organisé l'apocalypse pour purifier la Terre. Isaacs, le méchant, est vraiment très méchant. Les manières de mourir sont très diverses et très atroces. Alice au pays des merveilleuses horreurs. Le docteur Frankenstein lui-même serait terrorisé !

Ah ! Ces femmes, heureusement qu'on les a !

Le générique dure presque aussi longtemps que le film.

Batman V Superman de Zack Snyder (2016)

Au début il faut rassembler les morceaux : Batman, Superman… Mais que se passe-t-il donc ? Tiens, Batman fait des cauchemars ? L'ennemi mortel de Superman est très agaçant. C'est un peu exagéré.

Mais pourquoi Batman ne peut pas blairer Superman ? Superman est un extraterrestre. Ils se creusent bien la tête pour rien ! Mais pourquoi Clark s'attaque à Batman ? Très dur à suivre…

Ah ! La kryptonite, la seule arme efficace contre Superman.

Géniale Batmobile.

Batman et Superman jouent aux billes dans la cour de récréation.

« Le pouvoir n'est pas innocent ! » C'est bien sûr. Qui en douterait, même les enfants dans la cour de récréation le savent et le pratiquent.

« Superman n'est que le rêve d'un fermier du Kansas », déclare Superman.

Les discours de Lex Luthor sont très cons. Ce personnage est insupportable.

Aussi bête que le scénario d'une niaiserie à toute épreuve…

Amis comme toujours, la dernière heure du film est sidérante ! Quelle baston !

Independence Day : Resurgence de Roland Emmerich (2016)

L'histoire semble assez bien construite. Attendons la suite…

Ils vont rouvrir la zone 51.

Un vaisseau spatial qui fait 5000 kilomètres de diamètre ! Rien ne l'atteint. Il détruit tous les systèmes de défense de la Terre. Le prof de la zone 51 a les cheveux longs et se balade à moitié nu, car il vient de sortir du coma…

Tout est géant, mais plaisant. Il y a même une espèce de Godzilla. Les batailles aériennes se succèdent et on ne s'ennuie pas.

Le film ne se prend pas au sérieux. Comme c'est agréable, n'en déplaise aux pisse-vinaigre…

The Void de Jeremy Gillepsie et Steven Stokanski (2016)

Deux types blessent une fille à l'arme à feu, l'aspergent d'essence et allument. Ils la brûlent vivante.

Ensuite, un shérif un peu endormi trouve un gars qui sort en rampant de la forêt et qui semble bien mal en point. Il l'emmène dans le petit hôpital du cin, mal équipé. Une femme tue un patient en lui enfonçant des ciseaux dans l'œil et tente de tuer le shérif alors alors qu'elle s'est arraché la peau du visage. Un ranger survient et explique qu'il y a eu une tuerie dans le voisinage dans laquelle le gars qui vient d'être hospitalisé semble impliqué.

Le téléphone ne marche plus.
Des hommes couverts d'un drap blanc avec un triangle noir peint sur le drap à l'emplacement du visage encerclent l'hôpital.
Il sort des tentacules de la bouche de la femme tuée par le shérif.
Plusieurs personnes se sont enfermées dans l'hôpital assiégé. Ils ont déjà été attaqués par un monstre qui l'est devenu à partir de la femme tuée par le shérif.
Deux nouveaux arrivants vus dans le prologue tuent ce monstre.
Le scénario est un mélange de **The Thing** et **Assaut**, deux films de John Carpenter.
Le héros s'appelle Carter.
Pour compliquer une situation déjà terrifiante. Il y a un accouchement difficile. Quelle bonne idée d'avoir placé l'intrigue dans un hôpital !
Très bien filmé : gros plans, mouvements de caméras, éclairages, alternance de lieux et d'actions, mystère qui s'épaissit, terreurs, tension, suspense, et assaut final !

Alien : Covenant de Ridley Scott (2016)
Un vaisseau transporte une « cargaison » de colons en route vers une planète à coloniser. Il rencontre un « vent solaire » qui endommage ses « voiles de recharge ». L'équipage est réveillé par le robot qui conduit le vaisseau. Pendant la réparation, un message provient d'une planète proche qui semble habitable. Doivent-ils y aller pour éviter de retourner en sommeil artificiel ?
Ils arrivent donc sur une planète inconnue sans prendre la moindre précaution sanitaire ! Même pas un masque à poussière...
L'infection par les spores produit un alien dans le corps à une vitesse record.
Ils retrouvent des traces du Prometheus... Puis ils rencontrent David, le rescapé du Prometheus.
Une fois de plus, c'est le « synthétique » qui est à l'origine de tout. Et à la fin, ce sont les méchants qui gagnent. Le scénariste devait faire une dépression...

Captain America Civil War d'Anthony et Joe Russo (2016)
Toute la bande Marvel de nouveau réunie.
1991 en Russie. Un « soldat » reçoit une mission. Il la réussit et ramène... des petits sachets bleus.
Lagos de nos jours. Très grosse bagarre des Avengers contre le vol (très violent) d'un produit biologique très dangereux. Quelle baston ! Qu'est-ce qu'on aimerait pouvoir en faire autant !
Et puis Stark (Iron Man) a des problèmes de conscience.
Les gouvernements en ont assez des dommages collatéraux des batailles des Avengers. Ces derniers sont alors placés sous la coupe des Nations Unies.
Cleveland : un homme en assomme un autre, défonce un mur pour voler des documents vus au début du film : mission du 16/12/1991...
Puis tante Peggy meurt. Tout le monde signe la soumission aux Nations Unies. Sauf le capitaine Rogers.
Un attentat survient pendant la cérémonie. Faut-il se venger contre le Soldat de l'Hiver, auteur de l'attentat ?
On voyage beaucoup dans ce film, comme dans les James Bond.
Une autre baston, plus ennuyeuse ? Une poursuite en bagnole. Bon... enfin, mixte plutôt : bagnole et à pied... Il y a même un hélicoptère !

Stark/Iron Man est le flic des Nations Unies contre les récalcitrants.
Du coup, la machine à tuer est libérée. Et la lutte contre les soldats d'hiver se complique. Stark enrôle Spider-Man.
Grosse baston avec les Avengers, Spider-Man, Antman, et d'autres…
Le bien le mal ? Ah ! Pas si simple…
Captain America Iron Man Black Widow Winter Soldier Falcon War Machine Hawkeye Black Panther Vision Scarlet Witch Ant-man Sharon Carter Spider-man Zemo Cross bones.
Une scène à la fin du générique avec Spider-Man : « Spider-Man reviendra » disent-ils…

Docteur Strange de Scott Derrickson (2016)
Prologue mystérieux et violent.
Superbe accident de voiture de Docteur Strange : il a les mains bisées ! C'est terrible pour un grand chirurgien.
Un petit voyage au Népal et… l'âme, les multivers, le bien et le mal.
« Le code source qui façonne le réel. »
L'acteur qui joue Docteur Strange est celui qui jour Sherlock Holmes dans l'une des séries.
On s'ennuie avec cet entraînement du Dr Strange.
« Je suis venu guérir mes mains, pas participer à une guerre mystique. »
Il sera pourtant bien obligé !
Tout est bien qui finit bien.
Presque deux heures de bagarres invraisemblables. C'est lassant comme bien de ces films.
Il y a une scène après le générique.
« Il y a trop de sorciers », annonce la suite.

Warcraft : le commencement de Dunean Jones (2016)
Au début, il faut s'habituer aux personnages : de grosses bestioles mi-humaines pleines de muscles, de grosses défenses sortant de la bouche et accoutrés d'un tas de trucs bizarres. Ce sont les Orcs.
Ah ! Enfin des êtres humains ! Enfin… si on peut dire… Ils chevauchent des « chevaux » volants sans s'attacher : ce n'est pas possible ! Les montures sont des Griffons.
Pour expliquer l'invasion des Orcs, ils vont chercher le Gardien. Une jolie forêt avec des arbres magnifiques.
Ils chevauchent des loups sans selle. Ils sont venus par le grand portail pour envahir leur monde.
Les gentils Orcs veulent faire alliance avec les humains pour vaincre le méchant Guldan, qui, grâce à sa magie, détruit le monde où il est.
On s'habitue, et puis quand on s'est habitué, c'est une histoire comme les autres : les Cow-boys et les Indiens. Le Grand Sorcier… Un peu à l'envers, ceci dit…
Il y a le petit Moïse aussi.
Pas mal !

Deadpool de Tim Miller (2016). Déjanté, destroy, un film de connard avec un débile profond, une bombe sexuelle, un méchant britannique, le comique de service, une

ado boudeuse, un personnage en images de synthèse, une brève apparition inutile, produit par des faces de pet, écrit par les vrais héros de l'histoire, réalisé par un con super payé.
Délicieusement délirant. Faut aimer, j'aime.
Il y a Deadpool et les X-Men marrants, enfin, bizarres... J'aime comment ils filment au ralenti les douilles éjectées.
Ensuite, on revient deux ans en arrière et on s'emmerde. (Je reste dans le langage du film...)
Il avait eu un cancer. Plusieurs cancers mêmes puisque ce film est excessif et délirant. Un homme lui propose alors de le transformer en super héros. On fait un va-et-vient entre le présent (où Deadpool dézingue des gangsters et alors que les X-Men interviennent) et le passé (comment il est devenu Deadpool). Comment ? Ben on ne le sait pas encore à ce stade du film.
Le présent est délirant et le passé chiant.
Le traitement consiste à être torturé à mort, poussé au bord de la mort pour devenir super héros, être contrôlé et offert au plus offrant.
« Est-ce que j'ai dit que c'était une histoire d'amour ? Non ! C'est un film d'horreur.
Le coup de l'allumette est un peu gros vu que l'oxygène ne brûle pas, il n'est que le comburant, pour brûler il faut du combustible...
« Je n'avais pas reçu un remède contre le cancer, mais un remède contre le n'importe quoi ! »
« Deadpool ! On dirait le titre d'un film de super héros... »
Bon ! On revient où on en était plus haut : « Nous voilà revenus au présent ! »
Toujours des remarques sexuelles grossières. Les dialogues destroy commencent à lasser, mais le combat final est gigantesque !
Et puis c'est la Belle et la Bête
Une dernière scène à la fin du générique : « Vous êtes encore là ? C'est terminé ! Rentrez chez vous ! etc. »

Rogue One : A Star Wars Story de Gareth Edwards (2016)
Une planète tellurique avec des anneaux (bof...)
C'est compliqué, il y a plein de lieux et de personnages, mais le problème est simple : l'Empire construit une arme pour détruire les planètes, alors les rebelles ont besoin d'une petite jeune fille très brutale pour régler cela...
Des vaisseaux spatiaux en grosse ferraille. Des robots pareils... C'est comme si vous faisiez voler des transports de troupes blindés !
Une espèce de pieuvre géante lit dans les pensées. Original, non ?
Toujours les mêmes goûts pour les déserts, les nomades, les « civilisations » orientales, le mélange des races, la populace dans des rues étroites... La fascination du Tiers Monde... Toujours les mêmes remords : le Vietnam, l'Afghanistan, l'Irak.
Les soldats sont très nuls évidemment (un antimilitarisme caché...). Les scénaristes et responsables des effets spéciaux pourraient faire un effort pour rendre leurs vaisseaux vraisemblables.
La bataille fut giganteeeesque. Ces gros engins sur pattes sont totalement inefficaces et vulnérables.
Un film de guerre, c'est un film de guerre.

Heureusement que les aveugles ont la Force avec eux.
À la fin l'espoir !
Logan de James Mangold (2017)
Wolverine est vieux, fatigué et drogué. Il boite. Drogué ? Non, pas lui, mais Charles !
« Pas un seul mutant n'est né depuis 25 ans », proteste Wolverine/Logan.
« Cette famille n'existe plus ! » Rétorque Logan à Charles.
J'aime bien les dialogues cyniques du trio Logan, Charles et L'Albinos (Caliban).
Logan fait le taxi pour riches. Une Mexicaine, Gabriele, le poursuit pour qu'il l'emmène dans le Dakota du Nord. La fille de la Mexicaine, Laura, est une mutante.
« Enfin, c'est pas sa fille » dit Charles... Charles Xavier.
« Je te l'avais dit Logan : elle est comme toi ! Exactement comme toi ! »
Belle bagarre très ingénieuse !
La compagnie américaine Transigene recherche Laura, la mutante qui s'est échappée.
Extrait d'un western à la télé.
La fille lit des comics X-men ; Charles a 90 ans.
Quelques réflexions sur la vie du futur : camions sans chauffeur, giga moissonneuse de maïs...
Superbe scénario. Très belles idées.
« ils ont tout inventé dans cette BD ! » Déclare Logan à Laura.
Belle, gigantesque, dantesque bataille de fin.
Valérian et la cité des mille planètes de Luc Besson (2017)
Le prologue (le rêve de Valérian) assez cucul et les premières scènes de Valérian et sa coéquipière Lorelin avec grosse drague ne sont pas très originaux. Le rêve de Valérian n'en était pas un, mais était un « message ». Le style jeune étudiant bobo faussement décontracté de Valérian est agaçant. Idem pour Lorelin.
Ils ont des casques de joueur de hockey... les touristes.
Qu'est-ce qu'on s'ennuie.
Alpha : la cité des mille planètes. 1,3 milliard de kilomètres parcourus depuis une orbite terrestre. (Ce n'est rien du tout 1,3 milliard de kilomètres ! Pluton est à 6 milliards de kilomètres du soleil ! 1,3 milliard de kilomètres est la distance entre la Terre et Saturne !)
Une menace (radioactive) grossit à l'intérieur d'Alpha...
Etc.
Tout cela manque beaucoup de maturité. Parfois c'est même consternant...
Transformers The Last Knight de Michael Bay (2017). Prologue moyenâgeux très con. Puis ensuite une pâle imitation de Stalker avec des enfants un peu bébête.
Soudain Megatron réapparaît. C'est très très mal joué. C'est peut-être fait exprès ?
« Y en a toujours un qui dirige les autres », qu'elle dit. Normal, faut bien qu'ils aient un point faible.
Les dialogues se veulent surréalistes.
Tout cela pour en arriver au dernier chevalier de la Table ronde.
Ça se passe dans l'espace, sur Terre, sur mer, sous l'eau, au Moyen Âge, dans le présent, dans le futur...

Le scénario est très simple : il y a des cons qui vont sauver le monde, mais ne le savent pas, d'autres qui font tout pour les en empêcher, mais ne le savent pas non plus, et d'autres encore, méchants qui veulent détruire la Terre.

La dernière demi-heure vaut le coup : gigantesque bataille et effets spéciaux super transformers. Le reste ne vaut pas tripette.

La Momie d'Alex Kurtzman (2017)

L'acteur (Tom Cruise) cabotine un peu trop.

Un sarcophage égyptien est trouvé dans la province de Ninive en Irak, en pleine guerre. Il contient Amameth.

Superbe Scène de l'accident d'avion.

Pendant ce temps à Londres, des travaux souterrains mettent à jour des tombeaux de croisés, dont l'un contient une pierre.

La momie se régénère en transformant les êtres humains en zombies.

Il y a même Dr Jekyll et Mr Hyde.

Un film qui ne se prend pas lui-même au sérieux.

Ghost in the Shell de Rupert Sanders (2017)

Implanter un cerveau humain dans un corps artificiel. Une ville à la Blade Runner et une compagnie, la Hanka Robotic.

Mira est la cyborg. C'est au fond la même histoire que dans Blade Runner, les cyborgs ayant remplacé les répliquants.

Le méchant est mal habillé, a l'air minable et parle pour ne rien dire. C'est un type qu'ils ont raté ! Et qui fait des révélations à Mira « Major ».

Elle découvrira d'où elle vient et qui elle est, grâce à son... « fantôme » !

Pas terrible...

La Planète des singes Suprématie de Matt Reeves (2017)

La scène de guerre du début est excellente. Le réalisateur est excellent. Je n'en dirais pas de même du scénariste... Même si les scénaristes sont deux, dont l'un est le réalisateur.

Cette série est devenue, avec ce troisième film, un film de cowboys et d'Indiens. Les méchants cowboys étant les humains et les gentils Indiens les Singes...

C'est consternant.

Le méchant colonel a tué toute la famille de César, mais a raté ce dernier. Un peu gros non ?

Le commando des trois singes dirigé par César emmène une petite fille après avoir tué son père. Sont gentils non ?

Kong : Skull Island de Jordan Vogt-Roberts (2017)

Une île perdue sous les nuages. Un commando en hélicoptères traverse ces derniers pour l'atteindre. Car sur cette île du Pacifique sud il y a un écosystème inconnu, bizarre.

Au Vietnam, c'est le retrait des troupes US. L'expédition embauche donc un colonel de l'armée.

Au prologue du film, on a vu Kong.

Quand il voit les hélicoptères, il les attaque. Ils ne pensent même pas à s'élever un peu plus pour être hors de portée ?

De plus ce grand singe semble être en acier, invulnérable...

L'agence Monarch traque les Mutants Ultimes d'Origine Inconnue.
Maintenant qu'ils l'ont vu, il faut rentrer pour témoigner de son existence, ce Kong. Mais le colonel veut venger la mort de ces hommes. Ah ! Ces films antimilitaristes...
Une faune étrange : araignée géante, buffle géant... Des ruines. Le monstre du Loch Nest, un poulpe géant, des lézards géants teigneux.
Il y a même un vieil ermite et les autochtones vivent dans une société de communisme primitif. Et Kong est le sauveur, le défenseur, le dieu de ce peuple.
« Les monstres existent. Sous nos lits et parmi nos chefs... » Se lamente un soldat.
Maintenant c'est un film de jungle classique, sauf que les animaux sont plus terribles : un super film de Tarzan !
Et puis il y a la Belle et la Bête... Attention scène à la fin du générique...

Death Note d'Adam Wingard (2017)
Film Netflix
Un livre tombe du ciel pendant un orage. Il est noir. Il s'intitule « Death Note ». Quand on veut que quelqu'un meure, il suffit d'écrire son nom dans le livre en pensant à son visage.
« Et si ça c'est possible, imagine tout ce que tu pourrais faire ! » Ricane le monstre « sorti » du bouquin.
Utiliser ce pouvoir a des conséquences incalculables !
Un super enquêteur va poursuivre le détenteur du livre.
Ce qui est bien c'est qu'on ne sait pas qui sont les gentils et qui sont les méchants...

Seven Sisters de Tommy Wirkola (2017)
Superbe film et superbe actrice (Noomi Rapace) qui joue sept rôles différents ce qui nécessite une mise en scène très soignée et un art de la scène pour la comédienne. Et c'est le cas !
Alors que la loi oblige à ne faire qu'un enfant, une fille-mère en enfante sept ! Sept filles prénommées par le grand-père (la mère est décédée en accouchant) Lundi, Mardi, Mercredi, Jeudi, Vendredi, Samedi et Dimanche !
Et donc arrivée à l'âge adulte, ayant trouvé un boulot, chacune y va chaque jour de son nom en veillant à être maquillée comme la précédente et en essayant de savoir tout ce qu'elle a fait. Cela marche très bien jusqu'à la petite faille qui va déclencher un écroulement de château de cartes. Mais ce n'est pas le jeu de cartes que l'on croit qui va s'écrouler, mais la règle inique de ne faire qu'un enfant par jour ! Superbe film.

Annabelle 2 : la création du mal de David Sandberg (2017)
Cela se passe dans un orphelinat. Deux petites jeunes filles se font hanter par une poupée.
L'orphelinat fut autrefois la maison de l'homme aux poupées, celui qui créait des poupées « vivantes ».M. Mullins, l'homme aux poupées est toujours là... En prologue, sa fille est morte écrasée par une voiture. Elle hante désormais la poupée Annabelle...
Tout le monde meurt sauf les cinq petites jeunes filles et sœur Charlotte.
C'est agréable de voir ces petites jeunes filles se battre comme des lionnes !
Mais Annabelle saura sévir... ailleurs !

Muse de Jaume Balaguero (2017). Une étudiante lit un texte : « ...abandonnez tout espoir vous qui entrez ici... » L'Enfer de Dante.

Générique à effets spéciaux terrifiants sur le corps humain.
Le film est basé sur un roman de Jose Carlos Somoza « La Dama Numero Trece ».
Samuel fait des cauchemars dans lesquels il se voit assassiné par une femme. Là il regarde la télévision et les infos parlent d'un meurtre rituel. La femme assassinée est celle de ses cauchemars ! La victime est une Italienne. Il se rend à sa maison. Elle est fermée. Une fille arrive. Elle aussi elle fait les mêmes rêves que lui. Ils s'introduisent dans la maison pour voir le cercle blanc où a eu lieu le rituel. Dans le grenier il y a un aquarium plein d'eau avec une espèce d'œuf dedans sur lequel se trouve une inscription : une citation de Dante.
Un nombre incroyable de grands écrivains ont été inspirés par sept muses. Une inspiration qui prend l'apparence d'une femme. Des êtres surnaturels d'une inconcevable méchanceté. Des sorcières immortelles qui invoquent la poésie pour jeter des sorts.
« Les gens du cercle blanc s'y sont brûlé les ailes.
Samuel a une visite étrange. Une jeune, très jeune fille. Elle dit qu'il doit rendre l'œuf de l'»aquarium... Elle a tué cruellement le chat et torture Samuel à distance. L'œuf : demain avant minuit, il doit rendre l'imago.
Il retrouve le professeur Rauchen (en allemand ça veut dire « fumer »). Il fait parler son magnétophone à côté d'un poisson mort qui reprend vie alors que les paroles sortent du magnétophone...
« Les muses jouent avec les mots. Ça peut sembler anodin, mais ça tue ceux que j'aime... » Il doit se méfier des muses, leur donner ce qu'elles veulent ! « Impossible je n'ai pas ce qu'elles veulent ! » « Dans ce cas, fuyez... »
Suzanne est possédée : elle tente de se dévorer elle-même. Elle réussira plus tard même s'ils ont réussi à l'en empêcher.
« La poésie fait des choses incroyables ! »
Ou comment la poésie et la littérature ensorcellent.

Bright de David Ayer (2017)
Pas besoin de lunettes pour voir où ils veulent en venir : antiracisme grossier. On peut le dire ? Je ne vais pas me faire convoquer à la PJ pour « incitation à la haine raciale » ?
D'ailleurs la petite fille du policier joué par Will Smith lui dit : « Pourquoi t'es policier papa ? Personne n'aime les policiers. » Je cite de mémoire, car j'en suis à la scène où le flic humain roule dans la bagnole de flic avec son collègue Orque (c'est comme ça que ça s'écrit ?)
Tous les collègues humains du flic humain se moquent de lui parce qu'il se coltine un Orque comme partenaire. Ils appellent cette personne un représentant de la « diversité ». Ça ne vous dit rien ?
Voici comment ils sont nommés : l'Orque c'est Jakoby et Will Smith c'est Ward.
En Fait, ils ont refilé Jakoby à Ward parce que personne ne voulait être avec lui. « Lui » c'est Ward.
Bien sûr, ces sales humains tabassent les Orques pour un oui ou pour un non. La langue des orques s'appelle l'Orquien.
Les Elfes veulent faire revenir le seigneur des Ténèbres. Mais, « le bouclier de lumière sera là pour l'arrêter. Une Bright est arrivée avec une baguette magique. Cette fée s'appelle Tikka.

Les autres flics (les Blancs, euh, non, les humains) veulent liquider Jakoby. Ce sont des genres Ku Klux Klan… Les Elfes, les flics pourris, les gangs : tout le monde cherche la baguette magique. Mais c'est que la baguette ne se laisse pas toucher comme ça ! Cette baguette magique c'est pire que la bombe atomique. Le scénario prend de l'allure !
Survivre ? La seule raison de vivre !
Allons bon, après les Elfes, voilà les Orques. Les Inferni ont éliminé les Illuminati il y a un siècle…
Belle aventure. Belles bagarres.
Quoi ? Comment ? Qu'est-ce que je disais au début ? C'est simple, je n'étais pas convaincu. Maintenant je le suis…
La fin est un peu classique, mais elle est bien.
Excellent film avec l'excellent Will Smith.

It (Ça) d'Andy Muschetti (2017)
D'après le roman de Stephen King qui avait déjà été adapté pour une série à la télévision.
Octobre 1988 : un gosse a peur d'aller dans la cave. Son frère Bill lui a fabriqué un bateau en papier. Le petit garçon va faire voguer le bateau en papier dans le caniveau, car il pleut beaucoup. Le bateau s'engouffre dans une bouchée d'égouts avec le courant. Quand le garçon se penche pour regarder dans la bouche d'égout il y voit un horrible clown qui lui parle et l'appelle par son nom « Georgie ». Et lui dévore le bras ! C'est horrible. Le clown est bien fait : à la fois horrible et attendrissant, quelque part…
Juin 2018. Un jeune garçon black n'ose pas exécuter un mouton dans un élevage. L'adulte (son père ?) lui dit qu'il n'y a pas trois solutions, il n'y en a que deux : être à la place du mouton ou à celle de celui qui l'exécute…
On nous présente les classiques conflits d'ados dans ces films d'horreur. On reconnaît un acteur de Stranger Thinks. Ces conflits sont exagérés. Dans la bande (la « bande de ratés ») il y a le grand-frère de la victime du clown. Ce petit garçon a été porté disparu. Le grand-frère (Bill) bégaie et est le souffre-douleur de la classique bande de jeunes violents. Le fils du rabbin a de terribles visions.
Les gamins qui roulent en vélo, c'est la signature des années 80. Un des jeunes garçons, corpulent et solitaire, reçoit des « messages » du clown. Les autres, en vélo, vont explorer les égouts. Le petit gros est poursuivi par une enfant sans tête ! Dans les égouts, ce n'est pas propre, et il y a le clown, mais aussi des visions atroces…
Un des méchants se fait dévorer par le clown.
Tout est horrible, atroce dans ce film. Il y a même des rapports incestueux, des zombies, de vieilles maisons hantées et toutes mènent au clown… qui attire les filles au travers des tuyaux d'évacuation des lavabos. Les adultes ne voient pas les horreurs qui terrifient les enfants.
La dernière partie du film se déroule dans la maison du clown, une vieille maison carbonisée dans laquelle un des jeunes trouve une affichette sur laquelle il est porté disparu…
Au cinéma de quartier, il y a « Freddy 5 » à l'affiche. Tous ces enfants martyrisés, violés par leurs parents… Ils descendent dans le puits chasser le clown.

Puis les égouts : « On n'a plus peur de toi ! Maintenant c'est toi qui a peur ! » Disent-ils au clown.
Ce film, c'était le chapitre 1. Donc y aura-t-il une suite ?
Les Gardiens de la galaxie 2 de James Gunn (2017)
34 ans après la plantation d'un organisme ET dans la forêt.
Notre équipe de bras cassés affronte un monstre genre étoile de mer géante.
Elle est dure à tuer la bête et c'est long. Sacrée bataille spatiale.
Il n'y a plus de suspense, car tout est impossible ! Et, en fait, trop facile.
Peter a trouvé son père qui s'appelle Ego.
Une taverne mal famée. Et voici du beau monde : Vin Diesel, Sylvester Stallone, Kurt Russel, Rob Zombie, dans les rôles secondaires et de doublage. Dans les rôles principaux, il y a Zoe Saldana !
« C'est particulièrement lourd ! » Ronchonne Peter.
Ce n'est pas moi qui le dis : c'est lui !
Le raton laveur abat à lui tout seul toute une armée.
« C'est lourd ! » a dit Peter.
Toute notre joyeuse équipe se retrouve sur la planète d'Ego qui est d'essence céleste et qui est joué par Kurt Russel sans son bandeau sur l'œil. Le raton laveur est prisonnier dans le vaisseau des méchants.
« Les gens beaux ne peuvent se fier à personne ! » (Oui ! pas mal...)
C'est donc lourd, très lourd, mais plein de spectateurs aiment.
En fait, ce n'est pas mal. Faut rigoler avant que le ciel nous tombe sur la tête !
Superbes chansons : George Harrison, My Sweet Lord.
Attention, gare: il y a des scènes dans le générique! Ne pas les rater.
Leprechaun 4 : lost in space de Brian Trenchard-Smith (2017)
En français "Destination cosmos"
Des militaires dans une station spatiale. Ils ont pour mission d'attaquer Leprechaun sur une planète.
Effets spéciaux limités, décors en carton-pâte.
Leprechaun tient prisonnier une princesse qu'il veut « épouser ».
Monstres en papier mâché. Même les coups de feu sont minables...
Revolt de Joe Miale (2017)
Film Netflix
Invasion extraterrestre (ET) au Kenya. Un soldat US et une femme médecin (Nadia), également militaire, se libèrent, car ils étaient prisonniers des autochtones. Ils décident de rejoindre la base militaire américaine la plus proche, mais néanmoins éloignée.
Un appareil photo va les sauver pour trouver leur chemin.
Mémorable scène dans laquelle ils sont en voiture et poursuivis par une meute de robots tueurs.
Les vaisseaux spatiaux des extraterrestres aspirent les gens. Nadia est aspirée, au grand désespoir de « Bo » qui ne se rappelle plus de son nom. Il est blessé. Il arrive néanmoins à la station de communication américaine. L'antenne parabolique est détruite. D'autres robots ressemblant à des araignées sont présents. Bo va jouer un rôle déterminant, car il est « marqué » par les ET.

« L'Amérique, l'Europe, la Chine : il n'y a plus rien ! Si ça se trouve, on est les seuls qui restent ! » Dit un responsable résistant.
Les robots (qui sont appelés des drones par les humains), le vaisseau spatial et les araignées sont fabuleusement bien réussis.

Rendel de Jesse Haaja (2017)
Joli film finlandais.
Un laboratoire pharmaceutique a mis au point un vaccin. Mais l'Union européenne ne l'a pas autorisé.
Une petite famille (des parents et leur petite fille). Un type se fait torturer à mort. Une fille se fait violer… par l'un des hommes qui fait partie de l'équipe qui torturait le jeune, et qui doit faire une livraison. Bonjour l'ambiance.
Panne de courant. Le justicier masqué (Rendel) tue tous les membres de l'équipe et laisse filer la fille.
Le papa de la petite fille se fait licencier parce qu'il est trop honnête. Sa femme n'est pas contente.
Les deux enfoirés ont été privés de buter Korikka. La jeune fille violée donne des informations à une journaliste.
Un des deux chefs de gang est le fils d'un maffieux ou quelque chose de ce genre. Rendel est accompagné d'une belle blonde, très violente aussi. Elle a l'air de commander… Le papa directeur financier se fait embaucher par l'homme qui l'a fait virer. Il se retrouve avec l'équipe de voyous (voir ci-dessus) qui trafiquent un vaccin. Un liquide qui pétrifie…
Les personnages sont très caricaturaux et on est toujours avec une image obscure…
On se demande pourquoi ce salaud aux cheveux longs en réchappe toujours. Pour le rendre encore plus horrible. Ils vont chercher Radek, un prisonnier qui tue un gardien devant le directeur de la prison qui ne dit rien. Chaque personnage est une brute dans ce film, une brute épaisse. Radek rameute une équipe ultra violente et sans pitié. Le directeur financier fait des découvertes, mais on ne sait pas lesquelles. Il lit des contes de fées à sa fille.
Il y a l'inévitable boîte de nuit de ce genre de film qui me renvoie au film de Jan Kounen *Doberman*…
Rendel est attiré dans un piège, celui de Radek et sa bande. Les femmes qui font partie de la bande de la blonde sont costaudes. Bagarres ultras violentes.
Le méchant barbu est toujours à l'abri avec deux filles et il assiste au spectacle. Deux ordures prennent la petite fille du directeur financier en otage. Ils tuent sa femme et la petite fille ! Ils n'ont peur de rien dans ce film ! Et ils le tuent ensuite. Eh bien non, il n'est pas mort… C'est lui Rendel !
Le montage du film est très complexe et très malin. Le papa du méchant barbu n'est pas content de son fils « qui a deux neurones qui se battent en duel dans son crâne. » Le pauvre quelle humiliation cette vérité.
Il prend six coups de crosse très violents sur le crâne et se relève indemne.
Il y a quelques (rares) passages comiques (à la fin…)
Ah ah et je ne vous dis pas tout !
Une scène au milieu du générique annonce une suite…

Wonder Woman de Patty Jenkins (2017). Super héros de chez DC Comics. Zack Snyder est coproducteur et coscénariste.

Des Amazones ! Et Diana, enfant ! La seule enfant. Sa mère lui raconte la guerre.

Zeus créa les hommes bons. Mais son fils, Arès, les corrompit et engendra la guerre. Les Amazones furent créées pour la paix, mais cela ne dura pas. Alors Zeus créa un lieu où elles purent vivre en paix. Mais Arès est toujours en vie et reviendra un jour pour prendre Diana. Elle découvre ses pouvoirs.

Un avion de guerre tombe du ciel (Guerre de 14-18). Diana sauve le pilote. Un très beau garçon. L'armada n'est pas loin…Ce sont des Allemands. Lui est Américain. La bataille s'engage. Les pertes sont lourdes. Ce pilote est un espion qui a découvert que les Allemands créent de nouvelles armes et font des expériences avec le docteur Isabel Maru (encore une femme).

Il vole les notes du docteur de l'horreur et veut les amener aux alliés. Diana accuse Arès et veut faire gagner la guerre contre les Allemands. Sa maman ne veut pas, mais… c'est qu'elle est costaud la fille ! Elle finit par aller voler l'épée et l'aider à quitter l'île.

Après une séance pré amoureuse sur le bateau, retour chez les Allemands et le docteur de l'horreur… qui fait respirer un « gaz » à l'officier allemand, et cela a de drôles d'effets sur lui ! « Ce qui va se produire sera terrible. » Dit-elle.

Le couple de pré tourtereaux arrive à Londres.

Intermède ennuyeux, Diana essaye des vêtements et confie son épée et son bouclier à la secrétaire du beau jeune-homme.

Petite bagarre au cours de laquelle Diana montre son savoir-faire. Drôle de société où les femmes n'ont pas le droit de vote et ne peuvent pas être présentes au « conseil ».

Le carnet du Dr Maru indique la création d'un gaz de guerre terrible ! Débat « politique » inutile, car le capitaine (le beau jeune homme) saura ce qu'il faut faire et le fera… avec Diana bien sûr !

Il va mobiliser quelques escrocs… dont Samir… et Charlie… Des bras cassés…

Ils vont aller détruire ce qui gêne chez les Allemands. L'état-major de ces derniers ne veut plus attendre quoi que ce soit du gros méchant général et de sa sorcière qui liquide tous ses membres.

Nous voilà sur le champ de bataille. Dans les tranchées.

Diana va devenir Wonder Woman pour affronter les Allemands sur le front. Superbe Wonde Woman !

Scènes d'amour Steve-Diana (Steve est le beau jeune-homme).

Ils pénètrent trop facilement dans la forteresse allemande. Isabel Maru : la chimiste la plus talentueuse de l'armée allemande ! » dit Steve, déguisé en officier allemand qui tente de la séduire. Ludendorf, le gros méchant Allemand tire des obus avec le gaz mortel sur le village libéré.

Ludendorff c'est Arès : il doit être tué. Diana le retrouve dans son centre de recherches et le tue, après un combat difficile.

Mais la guerre continue sans Arès !

« Le monde des hommes ne mérite pas qu'on les aime : » Bon ! Diana va les laisser tomber ?

Mais en fait voici Sir Patrik : c'est lui Arès !

« Je suis pas ton ennemi », lui dit-il. Le combat est très difficile.

La bataille fut gigantesque !

Ah ! Lala ! Ce qu'elle est bien cette Wonder Woman...

Enlèvement de Clay Staub (2017)

Une femme, agent du FBI) est envoyée enquêter sur l'attitude bizarre d'un fermier qui tue un visiteur et cache son corps. Il a enfermé « quelqu'un » dans sa cave...

Quand la femme du FBI lui demande : « Cette chose dans la cave, c'est quoi ? » Il répond : « Le serviteur de la bête, du démon ». Ces « choses » enlèvent des gens qui, parfois, reviennent. Le père du fermier avait fait un arrangement avec les aliens pour que sa terre retrouve la fertilité.

Après bien des péripéties, les policiers sont bernés, et ils ne savent pas que l'invasion va commencer...

The Recall de Mauro Barrelli (2017)

Film Netflix

Encore un film sur l'invasion d'extraterrestres. Des humains sont enlevés pour expériences. Un ancien cosmonaute ayant subi ces expériences vit dans la forêt. Il veut régler ses comptes avec les aliens... La fin : tous ceux qui se sont fait enlever se retrouvent sur Terre en pleine forme. Même les morts sont ressuscités !

Thor : Ragnarok de Taika Waititi (2017). Thor est à la recherche de papa Odin ! Dr Strange lui donne un coup de main. La Mort, fille d'Odin, après la mort de ce dernier, pulvérise le marteau de Thor. Il y a aussi Loki, bien sûr.

Thor se retrouve dans une décharge cosmique et il est enlevé par une femme terrifiante, même si elle est toujours ivre. On tourne au genre Mad Max.

Western, Péplum, SF sur fond de mythologie nordique : tout cela devient un peu ennuyeux. Avec Hulk en gladiateur romain !

Non, c'est du Star Wars avec tout un jargon de relativité générale et de physique quantique des champs... Il y a même l'anus du diable !

Powers Rangers de Dean Israelite (2017)

Une bande de jeunes aux qualités et défauts divers et exacerbés découvrent un gigantesque vaisseau spatial enterré dans une vaste grotte. Après bien des péripéties, c'est là qu'ils vont devenir les Powers Rangers. Le film insiste sur la personnalité de chacun, ses problèmes, etc, avant d'en arriver là.

À la fin il y a une longue scène de bataille contre Rita et ses monstres.

Film agréable. Faut aimer.

Justice League de Zack Snyder (2017)

Tous les super héros de DC Comics se rassemblent. Une histoire de boîte.

Donc description de chaque participant, ce qu'il fait avant la réunion de tous. On se souvient (ou pas ?) que Superman est mort...

Oui, la « boîte mère » s'est réveillée. Elle a « enfanté » un gigantesque homme cornu très violent qui engendre une nuée de guerriers volants...

Tous rassemblés, avec Superman ressuscité, ils vont y arriver ! Ils se retrouvent tous à Tchernobyl.

Les Mauvais esprits d'Olaf De Fleur (2017). Une équipe de jeunes se fait passer pour des « SOS fantômes » et ils prétendent exorciser les maisons hantées. Ils réussissent facilement puisqu'ils ne croient pas aux fantômes. Ils vont être embauchés dans une vraie maison hantée et pas qu'un peu ! Et gare, ça va faire mal, très mal. En fait, c'est leur cliente elle-même la cause de toutes ces horreurs.

Beyond Skyline de Liam O' Donnell (2018)

Film Netflix

Un gigantesque vaisseau spatial aspire les humains.

Ils y sont éviscérés et leur cerveau est transplanté dans des espères de Predator qui deviennent des soldats au service des aliens.

Les humains ne sont que des légumes plantés qu'ils viennent récolter tous les 1000 ans.

Les humains trouvent un « truc scientifique » pour contrer tout cela.

Gigantesque bataille à la fin. De plus en plus fort, de plus en plus gros !

Extinction de Ben Young (2018)

Film Netflix

On croit à une invasion extraterrestre, mais la surprise est grande quand un "Guerrier" extraterrestre est fait prisonnier et qu'on s'aperçoit que c'est un humain ! De fait c'est une guerre humains contre humains synthétiques ! Ce sont ces derniers qui occupent la Terre quand l'attaque des vrais humains a lieu...

Pas mal comme idée.

Le film est bien fait et les scènes de guerre très bien mises en scène bien que très critiquables sur le plan tactique et stratégique...

Titan de Lennart Ruff (2018)

Les ressources de la Terre sont épuisées. Il faut aller ailleurs. Mais les moyens de voyager dans l'espace ne permettent pas de sortir du système solaire avec un vaisseau habité. Les Terriens se tournent alors vers le satellite de Saturne : Titan qui comporte une atmosphère. Mais il faut muter les êtres humains pour qu'ils puissent y vivre. Des militaires volontaires sont regroupés dans un centre de recherche et subissent des transformations biologiques. Il y a de nombreuses difficultés d'ordre scientifique, mais aussi social et psychologique. Un seul sera titanotransformé... Les dernières images du film nous le montrent sur Titan.

Pas mal.

Jurassic World : Fallen Kingdom de J.A. Bayona (2018)

Sur l'île Nublar des dinosaures et autres raptors, le volcan se réveille. Il faut évacuer des échantillons des principales espèces ce qui ne va pas sans mal. La société capitaliste veut se faire de l'argent avec et les gentils scientifiques aiment le Velociraptor nommé Blue et le T-Rex machin... Alors ça bataille dur et finalement... La Terre se voit munie d'espèces nouvelles : il va falloir vivre avec les dinosaures et autres raptors... Effets spéciaux très sophistiqués et superbement efficaces. Le reste je ne saurais quoi dire...

Aucun homme ni dieu de Jeremy Saulnier (2018)

Une femme embauche un chasseur pour tuer le loup qui a enlevé son enfant. Elle n'aime pas les loups. Son mari va rentrer de la guerre. Ça se passe en Alaska (ancienne terre russe). Le plan cinématographique qui « explique » l'enlèvement est superbe.

Le chasseur écrit un livre « Un an parmi eux. » (Il me rappelle un gars que j'ai connu sur le plateau de D8)

« Vous n'avez aucune idée (...) de la noirceur qu'il y a là dehors. »

Elle n'a pas prévenu son mari. D'autres enfants avaient été enlevés par des loups.

Le rythme est lent. De longs silences. Le chasseur est « vieux » ; c'est la femme qui le lui a dit. « Je ne peux pas vous payer. » Lui dit-elle. Il répond : « Ce n'est pas grave. »

La nuit, elle se promène nue avec un masque de loup stylisé. Elle se couche avec le chasseur...

Dehors, un homme observe le petit chalet où ils dorment.

Puis, scène de guerre (en Irak ? Le mari de la femme aux loups ?). Le soldat observe un autre soldat qui viole une femme dans une maison. Il entre et le tue à coups de couteau. Il donne le couteau à la femme violée pour qu'elle finisse le travail. Il prend une balle dans le cou quelque temps plus tard. Il est blessé et rapatrié.

Nous retournons en Alaska. Le chasseur se met en chasse au petit matin dans la nuit noire. Il n'est pas le bienvenu comme le lui dit une femme.

Plus tard il entre dans une caverne, ressort et imite le cri du loup. L'un d'eux lui répond. Il trouve une meute qui dévore un gibier qui est un louveteau sacrifié...

Il tombe et perd son fusil. La meute l'attaque. Il récupère son arme et réussit à les mettre en joue après un moment pénible.

Merveilleux décor naturel. Les loups s'arrêtent, il rentre et arrive au chalet à la nuit tombée complètement frigorifié. La femme n'est plus là. Il descend à la cave où il trouve le corps de l'enfant emballé dans un plastique. Il appelle à l'aide, des gens arrivent.

« Vous le saviez ! » Dit-il à la femme qui lui avait dit de partir.

« Laissez-nous avec nos démons, » répond-elle.

La police arrive. Le père est prévenu. Le policier dit au chasseur : « Vous ne pouvez pas rester ici. Ça va aller pur conduire ? »

Les villageois disent que la mère est possédée par un démon loup.

Le chasseur fait le parallèle entre le louveteau dévoré par la meute et la mère qui a tué son enfant. On voit une scène flash-back où le père (le soldat) est avec son enfant. L'homme qui surveillait la cabane l'attend et lui donne un couteau à son arrivée. Dans l'espace d'attente du poste de police, le chasseur, le père et l'homme attendent. Le père doit reconnaître le corps du petit garçon.

Le père appelle le chasseur : « Eh ! Le loup-garou ! » et lui serre la main.

La mère est accusée de l'assassinat de son fils.

Le père tue les deux policiers et d'autres aussi. Le chasseur et le chef de la police avaient quitté les lieux en voiture. Le père et son compagnon enterrent l'enfant. Son cercueil est marqué du sang de son père.

Le père est devenu un fugitif et son copain « fait son affaire des flics. »

Le soldat rassemble des armes et se rend chez la « vieille sorcière ». Elle lui raconte comment les loups sont venus dévorer le corps des défunts. « Ça, c'est notre affaire à nous ! »

Le chasseur appelle sa fille à son travail. Il lui laisse un message.

Il se recouche et voit la mère lui dire : « Il y a quelque chose qui ne tourne pas rond dans le ciel. » Il tente d'appeler la police pour lui parler de la « vieille femme » à qui il avait parlé.

Le père (Vernon Sloane) est à la recacher d'une mine, d'un tunnel... La population est consternée au vu des morts et par la disparition du corps de l'enfant. Le chasseur va voir la vieille femme : elle est égorgée !

La police arrive avec des citoyens armés.

C'est le massacre : l'acolyte de Vernon est posté en haut d'une grange avec une mitrailleuse et tire sur tout ce qui bouge. Scènes au suspense intense, dramatique.

Vernon roule vers la société Kennebeck et Mc Carthy ; une exploitation minière. Il va à l'auberge où la femme lui dit que sa femme était bien venue il y a deux nuits. Elle voulait voir le chasseur indien qui n'a d'indien que le nom. Vernon va renifler son odeur dans les draps et se rend chez l'Indien...

Sur l'écran, retour au village ; le chasseur, le chef de la police et sa femme enceinte sont réunis et sympathisent.

Pis on repart vers Vernon. L'Indien raconte que Vernon était venu avec son père qui avait dit que son fils était anormal. Vernon est anormal selon son père ! Sa femme est passée par là et est repartie en laissant son masque. Vernon tue l'Indien en lui disant : « Ça te ferait du bien de libérer le loup qui est en toi ! » Il se sauve et l'aubergiste le blesse en lui tirant dessus. Il se réfugie chez une connaissance qui le soigne. Gare !

Nous retournons à Keelut (le village) chez le policier. Discussion sur le pourquoi et le comment.

« Elle a cherché à le sauver de la noirceur qu'elle a en elle, qu'elle a en lui ! »

Le chasseur a été appelé pour qu'elle ait quelqu'un à qui raconter son histoire et être punie.

Le policier demande au chasseur où il a vu la meute de loups.

Souvenirs de Vernon et sa femme dans la grotte qu'a vue le chasseur. Son copain (qu'il n'avait pas encore tué) téléphone aux flics quand il arrive. Il le tue en lui enfonçant le couteau dans le crâne.

Le policier et le chasseur s'envolent en avion. Ils vont pourchasser le tueur.

Ils atterrissent sur un lac gelé. Très bien filmé. Il y a des traces de quatre loups : « 50 kg chacun »... Vernon transperce le cou du policier avec une flèche. Il meurt. Le chasseur est seul. Il retrouve sa grotte. Il trouve la femme (la mère du petit tué), mais est blessé par une flèche de Vernon qui étrangle sa femme, mais ne parvient pas à la tuer. Le chasseur blessé reprend connaissance. Vernon lui fait tirer une bouffée de cigarette et retire la flèche avec précautions. Le couple s'en va. La femme dit au chasseur : « Vous comprenez maintenant pour le ciel maintenant ? N'est-ce pas ? » Le blessé sort de la grotte. Les quatre loups l'ont trouvé. Les secours arrivent : « Ils vous ont épargnés. » Lui dit un des sauveteurs.

Vernon et sa femme creusent un trou dans la glace et tirent le cercueil de leur fils sur un traîneau.

La fille du chasseur vient le voir à l'hôpital.

Le mystère n'est pas assez mystérieux. Le film ne tient pas ses promesses.

En eaux troubles (**The Meg**) de Jon Turteltaub (2018). Très beau film sur l'exploration sous-marine.

Un centre de recherche sous-marin envoie une navette à une profondeur inégalée. Elle perce la thermocline et découvre là-dessous un autre monde ! Mais cet autre monde renferme aussi un Megalodon, un requin géant antédiluvien qui va sévir dans notre monde à nous ! Qui fait 25 mètres de long. Donc, aventures trépidantes, rebondissements à n'en plus finir, et notre héros viendra à bout de cette montagne pleine de dents !

Survol de quelques séries télévisées

La Quatrième dimension. Série culte américaine des années 1959 à 1964 créée par Rod Serling. 151 épisodes. Noir et blanc. L'écrivain de science-fiction Richard Matheson (*Journal d'un monstre*, *L'homme qui rétrécit*, *Je suis une légende*...) a écrit les scénarios de plusieurs épisodes. Des histoires qui faisaient frémir à l'époque et qui, pour beaucoup d'entre elles, n'ont pas vieilli. Je me souviens de *L'auto-stoppeur*, histoire affreuse d'une hantise par un auto-stoppeur à laquelle Michael Gornick a rendu hommage dans le *Creepshow 2* (1987). Les thèmes sont une espèce de miroir de notre société et de nos peurs révélées grâce à un humour grinçant comme dans *Les Envahisseurs* dans lequel une pauvre fermière lutte à mort contre de petits astronautes qu'elle prend pour des envahisseurs et qui s'avéreront être une expédition américaine revenue sur terre en petite dimension. Cette série n'a jamais été égalée.

« Nous sommes transportés dans une autre dimension, une dimension faite non seulement de paysages et de sons, mais surtout... d'esprits. Un voyage dans une contrée sans fin dont les frontières sont... notre imagination. Un voyage au bout des ténèbres où il n'y a qu'une destination : la Quatrième dimension. »

Docteur Who. Série britannique de 695 épisodes (!) En noir et blanc pour les six premières saisons et couleurs ensuite. 1963 à 1981. Vous connaissez les Daleks ? Non ? Ce n'est pas étonnant, car cette série culte en Grande-Bretagne est peu connue en France puisqu'elle n'a fait qu'une brève apparition sur nos petits écrans en 1989. Voyages dans le temps et lutte contre les Daleks, le Mal personnifié... En 1996, Geoffrey Sax a réalisé un film pour la télévision, *Le Seigneur du temps*, qui rend hommage à cette série.

Les Mystères de l'Ouest. Série américaine, d'abord en noir et blanc ensuite en couleurs (le pilote fut en noir et blanc) commençant en 1964. Les deux agents secrets vivent dans un train et vivent des tas d'aventures fantastiques. Un film est sorti en 1999 : *Wild Wild West* de Barry Sonnenfeld qui a déjà réalisé les géniaux *Men in black* et *La Famille Addams*...

Les Envahisseurs. Série américaine des années 1967 – 1968. 43 épisodes de Larry Cohen. Couleurs. Chaque épisode commence avec la scène où l'on voit David Vincent assister à l'atterrissage d'un vaisseau spatial des envahisseurs. Ceux-ci sont comme vous et moi sauf deux différences : ils ont le petit doigt tout raide et partent en fumée après s'être illuminés quand ils meurent. Le pauvre David Vincent se bat seul contre tous car personne ne le croit. Et les envahisseurs le pourchassent. L'acteur Roy Thinnes fut littéralement prisonnier de son rôle de David Vincent. On l'a vu jouer dans un film rare : *Danger planète inconnue* (1969) de Robert Parrish. La télévision a récidivé avec le téléfilm en deux parties : *Le Retour des envahisseurs* (1995) de Paul Shapiro avec Scott Bakula et... Roy Thinnes.

L'homme invisible. Il y eut plusieurs réalisations. La plus connue est la série anglaise de 1959. Elle comporte vingt-six épisodes de Ralph Smart. L'acteur (Tim Turner) qui joue le rôle de l'homme invisible n'est donc jamais visible, car son visage est constamment entouré de bandelettes. Peter Brady devient invisible par accident lors d'une expérience. Chaque épisode commence par un travelling sur un montage de distillation chimique et le plan suivant montre un homme en blouse blanche sans tête. Être invisible, ça peut servir pour faire régner l'ordre et la justice et Peter Brady va désormais passer son temps à cela... Au fait, j'oubliais, cette histoire est inspirée de H. G. Wells. La seconde, américaine, propose 13 épisodes en couleurs de Harve Bennett en 1975. Une troisième, Britannique, propose six épisodes en 1984.

Au-delà du réel. Série américaine en 49 épisodes noir et blanc de 1963 à 1965. Par Leslie Stevens et Ben Brady. Peu connue en France, cette série est, à l'époque, celle qui mêle le mieux fantastique pur, terreur et science-fiction. Chaque générique fait entendre le commentaire suivant : « *Ce n'est pas une défaillance de votre téléviseur, n'essayez donc pas de régler l'image. Nous avons le contrôle total de l'émission, contrôle du balayage horizontal... contrôle du balayage vertical. Nous pouvons aussi bien vous donner une image floue... qu'une image pure comme le cristal. Pour l'heure qui vient, asseyez-vous tranquillement. Nous contrôlerons tout ce que vous verrez et entendrez. Vous allez participer à une grande aventure et faire l'expérience du mystère avec :... AU-DELÀ DU RÉEL* ».
Elle est reprise aujourd'hui avec le titre *Au-delà du réel, l'aventure continue*, de nombreux épisodes couleur. 1994 – 1996. Le même commentaire est repris avec un générique très fantastique plein d'effets spéciaux. Cette série poursuit la tradition d'un mélange d'histoires d'extraterrestres effrayantes et de fantastique. Il y a plusieurs sortes d'extraterrestres. Ceux du film pilote d'abord ; des espèces d'insectes ramenés de Mars par une expédition scientifique, élevés en fraude par un chercheur dans sa grange. Quelle imprudence ! Il y a un sénateur qui découvre des extraterrestres et commence à lutter contre eux avant de s'apercevoir qu'il en est un aussi. Un extraterrestre qui envahit le corps d'une jeune vierge qui absorbe alors ses amants pour nourrir le monstre qui est en elle. Un épisode résume toutes les histoires d'extraterrestres : *La Voix de la raison*. Un autre épisode développe d'une manière originale le thème du robot avec *Valérie 23*. D'autres histoires sont de la terreur pure comme cette histoire de maison hantée dont les murs sont vivants. La science-fiction pure est aussi présente avec un épisode comme *Avenir virtuel* dans lequel une machine à images virtuelles permet de voir l'avenir proche. Beaucoup d'inventions dans les scénarios font de cette série une véritable anthologie.

Belphégor. Feuilleton français en plusieurs épisodes (il fut différemment redécoupé selon la diffusion) de Claude Barma. 1965. Mystère ! Quel est ce mystérieux fantôme qui hante les couloirs du Louvre ? Avec Juliette Gréco, Yves Rénier, Christine Palle (Delaroche), François Chaumette, Sylvie et René Dary.

Le Prisonnier. Série britannique de 17 épisodes en couleurs de Patrick Mac Goohan qui joue également le rôle principal. 1967. Le prisonnier, avant de l'être, était un agent secret. Il décide un jour de démissionner. Las ! Cela n'est pas possible, il connaît beaucoup trop de secrets ! Il est donc enlevé au premier épisode et emmené au « village », une île dont on ne peut s'évader à cause des « Rôdeurs », grosses bulles qui empêchent qui que ce soit de partir, lieu dans lequel les prisonniers ne sont plus que des numéros. Le héros est le N° 6. Presque tous les épisodes comportent des scènes avec un jeu : carnaval, bal costumé, concours de création artistique... Dans le neuvième épisode, intitulé *Échec et mat*, les habitants du village jouent le rôle de pièces d'un énorme jeu d'échec grandeur nature. Comme dans le roman du cycle de Mars d'Edgar Rice Burroughs *Les Pions humains du jeu d'échecs de Mars* (1922), mais sur Mars, chaque pièce est un combattant qui tente de préserver sa vie en tuant les autres. Le dernier épisode est proprement incompréhensible et ne répond à aucune question posée. Tant mieux !

La Famille Addams. Série américaine en 64 épisodes noir et blanc de David Levy. 1964 à 1966. Cette série a fait l'objet de deux films *La Famille Addams* (1991) de Barry Sonnenfeld et *Les Valeurs de la famille Addams* du même. Cette famille est le contraire de la famille américaine. Elle aime le morbide, les araignées et la puanteur. Morticia et son mari Gomez, toute l'horrible famille, le serviteur mort-vivant et *« la chose »*, main coupée vivante et intelligente, hommage au film *La Bête aux cinq doigts* (1947) de Robert Florey, pratiquent un humour noir, macabre et très décapant.

Star Trek. Série télévisée américaine en 79 épisodes couleur créée par Gene Roddenberry. 1966. De grands écrivains ont élaboré les scénarios des épisodes : Robert Bloch, Richard Matheson, Théodore Sturgeon. Gigantesque saga de space opera : le croiseur Enterprise explore le cosmos et rencontre des extraterrestres. Le personnage le plus célèbre de la série est le fameux Spock, le Vulcain. Le succès de cette série est tellement grand que Robert Wise réalise le premier film *Star Trek : le film* (1979), bientôt suivi de suites : *Star Trek 2 – la colère de Khan* (1982) de Nicholas Meyer ; *Star Trek 3 – à la recherche de Spock* (1984) de Leonard Nimoy ; *Star Trek 4 – Retour sur terre* (1987) de Leonard Nimoy ; *Star Trek 5 – The Final Frontier* (1989) de William Shatner ; *Star Trek 6 – terre inconnue* de Nicholas Meyer (1992) – *Star Trek generations* de Deavid Carson (1994) – *Star Trek, premier contact* (1997) – *Star Trek : insurrection* (1998) ces deux derniers réalisés par Jonathan Frakes – *Star Trek : Némésis* de Stuart Baird (2002). Plusieurs films télé et dessins animés. Et la saga continue...

Au Pays des géants d'Irwin Allen (1968)
Diffusée de 1968 à 1970 sur ABC aux USA puis en France sur TMC, RTL, Série Club (1993)
Disponible en DVD (coffret de 5 DVD par saison)
Résumé de l'éditeur :

Lors d'un vol suborbital transatlantique, trois membres d'équipage et quatre passagers sont projetés sur une planète semblable à la Terre, à la différence qu'elle est peuplée d'humains et d'animaux douze fois plus grands qu'eux. Tandis qu'ils tentent de réparer leur vaisseau endommagé afin de regagner la Terre, ils doivent faire face à la menace permanente que représentent les habitants de cette planète.
Excellente série TV très kitsch ! Des effets spéciaux très ingénieux, une petite intrigue à chaque épisode et des personnages très sympathiques comme on savait les mettre en scène à l'époque.
Si vous aimez l'histoire des séries TV, c'est à, ne pas manquer !

L'île aux trente cercueils. Feuilleton français en 12 épisodes en couleurs de Marcel Cravenne. 1979. La jeune Véronique que l'on voit déambuler au travers de l'île aux trente cercueils avec toujours la même jupe longue d'époque et le même chemisier est aux prises avec une machination diabolique dont le maître d'œuvre est son diabolique mari qu'elle croyait pourtant mort... Les trente cercueils de l'île sont les trente récifs qui l'entourent et qui ont causé le naufrage de nombreux navigateurs. À chaque épisode, un mystère résolu en entraîne un autre encore plus épais et le suspens s'aiguise de plus en plus... Du vrai Maurice Leblanc...

Aux Frontières du possible. Série française de 13 épisodes en couleurs. 1971 – 1974. Le fantastique français est tellement rare qu'il mérite d'être signalé. Des agents spéciaux de l'ONU enquêtent sur les phénomènes étranges dans le monde. Cela ressemble un peu à la série culte *Aux Frontières du réel*.

Vendredi 13. Série américaine en 13 épisodes de Frank Mancuso et Larry B. Williams. Deux cousins, un garçon et une fille héritent de leur oncle un magasin d'antiquités. Mais, après un pacte avec le diable passé par l'oncle, les objets sont maléfiques. Il faut donc retrouver les treize objets vendus.

Code quantum. Série américaine de 93 épisodes couleur créée par Donald P. Bellisario. 1989 – 1993. « *Tout a commencé alors que je dirigeais une expérience de voyage dans le temps appelée Code Quantum...* » Déclare le docteur Sam Beckett au début. Effectivement, à la suite d'une expérience ratée, Sam Beckett est transporté dans les corps de différentes personnes (une par épisode) qui prennent sa place. Chaque épisode est donc l'occasion d'une petite histoire morale et sentimentale, miroir de notre société depuis les années cinquante et surtout de la vie américaine. Dans l'épisode pilote, il se retrouve dans la peau d'un pilote d'essai. Bon ! Je ne vais pas faire la liste de tous les personnages. Par contre, il faut souligner l'exploit formidable de l'acteur Scott Bakula qui joue tous ces rôles. Un autre personnage est sympathique et étrange, c'est Al Calavicci, l'amiral, qui n'apparaît que sous forme d'image holographique ce qui donne l'occasion de surprenants effets spéciaux dont on prend vite l'habitude. Il communique avec le poste de commandement, celui que Beckett voudrait bien rejoindre, grâce à une espèce de machine à calculer avec plein de lampes et qui tombe souvent en panne. Quel suspens !

Les Contes de la crypte (ou d'outre-tombe). Série américaine en couleurs. 1989 – 1992. Chaque épisode est présenté avant et commenté après par la « momie ». Grand guignol très moralisateur malgré les apparences, car la morale de la plupart des épisodes d'horreur basés sur une intrigue policière pourrait se résumer à « bien mal acquis ne profite jamais ». Il y a aussi quelques épisodes vraiment fantastiques. *Un Vampire récalcitrant* met en scène une de ces créatures qui refuse son état et qui se console en travaillant comme veilleur de nuit dans un centre de transfusion sanguine ; une jeune employée tombe amoureuse de lui... *La Momie qui ne voulait pas mourir* est une variation sur le thème des momies qui reviennent régulièrement à la recherche de leur amour. *L'amour parfait*, très misogyne, montre l'image de la femme mangeuse d'hommes... *Nuit de Noël pour femme adultère*, réalisé par R. Zemeckis, raconte la nuit sanglante de Noël d'une femme qui vient d'exécuter son mari et qui subit les assauts meurtriers d'un psychopathe évadé de l'asile déguisé en Père Noël. Quant à *Une Punition à la mesure du crime* (titre ironique...), cet épisode décrit un monde judiciaire affreux à la justice radicale et expéditive, monde dans lequel une brillante avocate est condamnée aux Travaux d'intérêt général. Des réalisateurs aujourd'hui connus ont réalisé certains épisodes : Robert Zemeckis, Richard Donner, Jack Sholder, Stephen Hopkins, Joël Silver et même Tom Hanks qui joue d'ailleurs dans l'épisode qu'il a réalisé... D'autres acteurs ont joué quelques rôles secondaires... J'ai détecté également Jan de Bont comme directeur de la photo d'un épisode...

Twin Peaks. Série télévisée américaine surréaliste en couleurs de trente épisodes de Mark Frost et David Lynch. 1990 à 1991. Le pilote et plusieurs épisodes ont été réalisés par David Lynch : le 3 – 9 – 10 – 15 – 30, en comptant le pilote comme premier épisode. Série inclassable, dit-on. Comme toutes les œuvres de David Lynch qui n'a jamais cherché à s'inscrire dans un genre quelconque. Mais, cette série est à inscrire dans le genre fantastique, car elle est truffée d'éléments inattendus et irréels tout en donnant au spectateur des signes qui touchent directement l'inconscient par la perversité qui traverse les rapports des gens entre eux dans le petite ville de Twin Peaks.
David Lynch a réalisé un film après la série *Twin Peaks, les sept derniers jours de Laura Palmer* (1992), dans lequel il a évacué tous les éléments fantastiques, par exemple la possession du père meurtrier, ce qui rend le film encore plus dérangeant, car plus terrible à supporter, donc finalement, encore plus fantastique. Chaque épisode commence par le panneau d'entrée de ville : « *Bienvenue à Twin Peaks – Population 51201* ». Voici ce que dit Stefan Peltier dans *Twin Peaks, une cartographie de l'inconscient* publié chez DLM Editions : « *Il ne peut pas s'empêcher d'imaginer les horreurs qui se cachent sous cette écrasante normalité. Bobby Briggs a tué un homme, Donna Hayward donnerait tout pour devenir Laura Palmer, James Hurley hait sa mère passionnément, Big Ed a crevé l'œil de sa femme lors d'une partie de chasse et le mari de Norma Jennings est en prison pour homicide (in)volontaire. Même le bon docteur Hayward, l'homme le plus décent de cette communauté, finit*

par fracasser le crâne de Ben Horne, dans le dernier épisode. Le format série télévisé permet à Lynch de disséquer la noirceur de Twin Peaks beaucoup plus en détail qu'il ne pouvait le faire avec Lumbertown, dans Blue Velvet. Et il s'en donne à cœur joie. » Sans parler du père de Laura Palmer qui assassine sa fille... David Lynch a utilisé plusieurs nouvelles techniques dans certains épisodes, comme pour la scène du rêve qui a fait beaucoup parler. Il a fait évoluer et parler les acteurs à l'envers pendant le tournage, puis repasser la scène à l'envers pour tout remettre à l'endroit. Cela fait un effet extraordinaire... Dans un entretien avec Alain Carrazé et Philipe Danon, Mark Frost raconte : « J'ai découvert une autre de ses « idées » (à Lynch) quand, en visionnant les rushes, je vis que l'un des personnages tenait du maïs à la crème entre les mains. Je l'ai appelé pour lui demander ce que signifiait cette histoire de maïs qui, en outre, se téléportait d'un bout de la pièce à l'autre. "Eh bien, m'a-t-il répondu, on nous a servi du maïs à la crème au déjeuner et j'ai trouvé cool d'en faire apparaître dans le feuilleton". [...] Aujourd'hui, les téléspectateurs pensent que cette scène renferme une signification particulière. » Un des personnages, Margaret, joué par Catherine Coulson, reçoit des messages d'une bûche. Cette idée vient d'*Eraserhead*, il y a plus de vingt ans, film dans lequel Catherine jouait. David Lynch lui avait dit : « *Un jour tu auras un rôle d'une fille avec une bûche. Je vais faire un feuilleton qui s'appellera " je testerai chaque branche du savoir de ma bûche"* »...
En conclusion, je citerai de nouveau Stefan Peltier : « *On a dit de Lynch qu'il avait un accès direct à son inconscient* ». Avec *Twin Peaks*, il offre à l'Amérique l'occasion d'observer le sien sur un écran de télévision ».

Aux Frontières du réel - X-Files
Série télévisée américaine en couleurs de Chris Carter. 1993 – 1997. 9 saisons ! Les aventures de Fox Mulder et Dana Scully, agents du FBI, en lutte contre les services secrets du gouvernement et les extraterrestres, enquêteurs des phénomènes paranormaux aux États-Unis. Cette série passionnante a plusieurs originalités. D'abord, les deux héros sont des deux sexes. Celui qui croit aux extraterrestres est l'homme, Fox, et celle qui n'y croit pas est la femme, Dana. De nombreuses scènes les montrent en pleine discussion passionnée sur ce sujet, Dana restant intraitable, mais très fidèle. Le téléspectateur sait, lui... Ensuite, la plus qualifiée est la femme, Dana. C'est elle que l'on voit souvent en train de pratiquer une autopsie, scènes qui lui donne une aura de femme de haute formation, d'abord, mais surtout, d'une femme qui n'a peur de rien ! Elle est même enlevée par les extraterrestres, ce qui nous donne un épisode avec Mulder seul, *Les Vampires*. Ce scénario a été rendu obligatoire par le gros ventre de l'actrice qui était enceinte et qui a accouché le temps que Mulder enquête sur les vampires. Ce gros ventre a d'ailleurs servi pour une scène terrifiante d'expérience des extraterrestres sur Scully. Plusieurs scénarios sont directement inspirés de films célèbres. Hommage ou pillage ? Il en est ainsi de *Projet arctique* qui reprend les thèmes de *The Thing* (1982) remake de John Carpenter, jusqu'au chien qui transporte la créature monstrueuse et tueuse. Dans *Faux frères siamois*, le scénariste Darin Morgan rend hommage au chef-d'œuvre de Tod Browning *Freaks – la monstrueuse parade* (1932), mais aussi aux films de David Cronenberg. L'histoire de

Métamorphose ressemble beaucoup au film *Wolfen* (1980) de Michael Wadleigh qui montre les Indiens qui se transforment en loups-garous ; *L'incendiaire* reprend la même idée que *Spontaneous combustion* (1990) de Tobe Hooper ; *Ève* qui raconte l'histoire de petites filles mutantes et meurtrières rappelle *Chromosome 3* (1979) de David Cronenberg... La série s'inspire également de problèmes d'actualité, comme celui de la maladie de Creutzfeld Jacob liée à l'alimentation des animaux de boucherie dans *Le Musée rouge*. D'autre part, les épisodes puisent dans le vaste chaudron des thèmes du fantastique : vampires, monstres, mutants, assassins, possession, hantises, vaudou, pouvoirs paranormaux, et, surtout, extraterrestres malveillants qui enlèvent des êtres humains pour en faire des objets d'expériences, avec, semble-t-il parfois, la complicité du gouvernement, ce qui ne facilite pas la tâche de nos deux agents fédéraux. Deux films ont été réalisés par Chris Carter : *X-Files, le film* (1997) et un autre : *X-Files regenerations* (2008)
Pour une vision complète de cette série avec une chronique par épisode jusqu'à la 10e saison, se reporter à mon ouvrage *Stargate & X-Files le guide*.

Spawn (Dessin animé) – 1997. On a pu voir ce prodigieux dessin animé à la télévision. Une atmosphère noire, un paysage urbain et gothique, des images tout en rouges et noirs instaurent une angoisse réelle, car elles renvoient à une situation de réalité. Al Simmons devenu Spawn après sa mort joue un jeu cruel et sombre entre le diable et son représentant et les politiciens qui collaborent avec la mafia. Cette série est adaptée de la BD de Todd Mac Farlane.

L'Hôpital et ses fantômes de Lars von Trier (1994 – 1997). Cette série déjantée du réalisateur danois comprend onze épisodes. Dans un hôpital (maudit ?) on retrouve à chaque épisode la caméra ultra mobile de Lars von Trier, ses colorations baroques et la lenteur extrême de l'intrigue (c'est si long que l'on se demande toujours s'il y en a une), une direction de l'hôpital dingue, un neurologue méchant et incompétent (il est Suédois, alors...), le fantôme d'une petite fille, un drôle d'ascenseur, une médium abonnée au service neurologique, un jeune amoureux (qui finira par obtenir ce qu'il veut au moment où, hélas ! le ministre visite l'hôpital), une tête coupée, une naissance monstrueuse, un rite vaudou, des archives dangereuses, de l'ectoplasme, des jeunes laveurs de vaisselle souterrains, des couloirs bleus et verts, une terrasse qui domine la ville, une fille mal opérée... Holà ! on arrête ?

Le Caméléon (Steven Long Mitchell et Carig W. Van Sickle) raconte les aventures de Jarod, surdoué capable de faire n'importe quel métier avec compétence et qui est toujours là où on a besoin de lui pour faire justice. On s'ennuie. Il paraît que cela devient intéressant à partir du onzième épisode. Malheureusement, je me suis endormi entre temps...

Dark Skies : l'impossible vérité (Bryce Zabel et Brent Frieman) s'appuie sur le succès de X-Files pour développer une idée pas si inintéressante que cela. Cette série explore les événements historiques et leur donne une explication parfois stupéfiante à la lumière de l'existence d'extraterrestres qui s'introduisent dans le corps des humains (et d'autres extraterrestres d'ailleurs) pour les dominer à l'image des *Marionnettes humaines* (1951) du roman de Robert Heinlein. Cette série a été interrompue faute de spectateurs aux États-Unis. Le pilote a été réalisé par Tobe Hooper[109] qui n'est donc pas veinard, surtout après l'échec de la série *L'homme de nulle part*. Même les « *gris* », comme celui de Roswell en 1947, sont infestés par les « *ganglions* » de la « *ruche* ».

Profiler (Cynthia Saunders) met en scène une extralucide qui voit les crimes à travers les yeux de la victime ou du meurtrier. La pauvre ! Concurrence *Millennium* de Chris Carter (Voir ci-dessous).

Kindred le clan des maudits. Les gens de la mafia ne sont pas des êtres humains comme vous et moi : ce sont des vampires. Il y en a même qui sont chauves avec de grosses lèvres lippues, et devinez de quel clan ils sont ? Du clan des Nosferatu bien sûr... Les vampires sont immortels, sexuellement très performants et ils s'enflamment à la lumière du soleil. Le concept aurait pu être intéressant s'il avait pu se développer. Hélas, l'acteur principal (Mark Frankel qui joue le rôle du chef de clan Julian Luna) s'est tué dans un accident de moto !

Millennium de Chris Carter. France 2 a fini par programmer cette terrible série télévisée, mais n'a pas osé présenter l'éprouvant pilote dans lequel le criminel enterre vivant un homosexuel dont il a cousu la bouche et les yeux ! Un nouveau pas franchi dans l'horreur pour une série télévisée. La règle tacite du genre voulait qu'on évite. Chris Carter a franchi le pas. On retrouve les mêmes réalisateurs que dans *X-Files* et dans la série *Space 2063*. Après le pilote, c'est la déception. Franck Black (c'était normal qu'il s'appelât « Noir » (black) non ?) traîne son corps et son regard las à longueur d'épisodes. On est nous-mêmes lassés de tous ces dingues qui se font finalement assez facilement prendre étant donné la dimension assez courte de chaque épisode. Cette série avait tellement été annoncée et qualifiée de terrible que la déception est à la mesure de l'effet d'annonce. La fin du deuxième millénaire est terrible. « *Dans les années cinquante, mes parents dormaient sans fermer la porte à clés* », déclare Franck Black dans l'épisode *Meurtres sans effraction*. J'aimerais savoir où ils avaient la chance de vivre...

Babylon 5, la cinquième dimension (Jésus S. Trevino). Film TV pilote de la dernière saison de cette série culte. Notons de suite qu'ici aussi on s'en fiche de savoir que dans le vide spatial le son n'est pas transmis et, donc, on n'entend rien. Bon, mais ils ne sont pas les seuls. Le grand Cthulhu est de retour ! Lovecraft n'est pas mort, car il inspire toujours de nombreuses histoires comme celle-ci. « *La porte va s'ouvrir* » déclare la jolie télépathe Lyta... Car, nos amis de Babylon 5 découvrent

---

[109] Le chanceux réalisateur de « Massacre à la tronçonneuse » (1974)

dans l'hyper espace un engin vieux d'un million d'années qui doit ouvrir cette porte. « *Nous leur appartenons* » scandent les pauvres êtres possédés par ces entités de l'au-delà. Le gothique, à la mode, est aussi présent, puisque le plan de l'engin ressemble à celui d'une cathédrale et son intérieur aussi. Les scénarios de séries télévisées sont intéressants à étudier, car ils montrent bien les idées majoritaires dans l'air du temps. Ainsi, le type de scénario suivant est fort répandu en cette année 1998 : un « engin » (un artefact, comme disent les archéologues...) mystérieux est trouvé. Un être humain ambitieux (ou manipulé par l'engin) fait tout pour le mettre en marche et ouvrir les portes de l'enfer. Dans *Sphere* (1997) de Barry Levinson, c'est un vaisseau spatial sous la mer, dans *Event Horizon* (1997) de Paul Anderson, c'est un vaisseau disparu puis réapparu, dans *Wishmaster* (1997) de Robert Kurzman, c'est un bijou qui fera venir le djinn...

Buffy contre les vampires. Un sitcom vampirique qui connaît un grand succès qui s'explique par le fait qu'une frêle jeune fille est capable de tuer les monstres les plus terribles.

Star Trek Deep Space Nine. Star Trek existe depuis de nombreuses années. Dans ce pilote on retrouve le capitaine Picard. La politique galactique est dure à suivre, mais ce qui est important c'est que c'est linéaire. Sauf dans notre tête, bien sûr, à nous les humains. Rappel : on n'entend rien dans l'espace !

Lexx (Ron Olivier) 1996. Science fiction + magie + aventures = sciences fantasy. L'ordre divin des vingt mille planètes et « *Sa Divine Nécrose* » exercent une dictature de l'esprit. Voilà une histoire typiquement américaine dans l'esprit d'Edgar Rice Burroughs modernisé. On est tout simplement époustouflé par les décors et les effets spéciaux lors du premier épisode. Ensuite on s'habitue et on s'ennuie (un peu seulement, ne soyons pas trop exigeants). Magnifiques objets spatiaux (Lexx, le vaisseau le plus insecte de la galaxie !) – magnifiques monstres organiques (les « *voracéphales* ») et mécaniques – décors somptueux et... gothiques. L'humour est très bon.

Les Prédateurs (Tony et Ridley Scott) 1997. Vous connaissez Ridley Scott, le réalisateur d'*Alien le huitième passager* et de *Blade Runner*. Tony est son frère. Il a réalisé *Les Prédateurs* avec Catherine Deneuve et David Bowie. Les deux frères nous ont concocté une série fantastique d'un modernisme qui aimante l'œil. Ces courtes histoires sont presque toutes intéressantes par la manière dont elles sont traitées. Elles parlent des différentes convoitises humaines qui nous mènent parfois à notre propre horreur. Certaines histoires (les meilleures) ont été écrites par le génial Graham Masterton. Notamment, celle sur le *Shi-Tan*, livre occulte de cuisine, histoire dans laquelle l'écrivain anglais traite du cannibalisme avec une élégance rare...

Charmed. Trois sorcières de charme qui affrontent tous les dangers de toutes sortes de démons.

Chambre N° 13 (1999). Une série de très courts métrages français de treize minutes. Chacun est un véritable joyau. Un appel à scénario a été lancé et plus de mille réponses sont parvenues. (Sur 13e Rue)

First Wave de Chris Brancato (1998). Paranoïague, Cade Foster est seul contre tous et les Aliens... Un enfant de David Vincent en quelque sorte... (D. Vincent le héros de la série *Les Envahisseurs*)

Disparition, série télé de Steven Spielberg en dix épisodes. (2002). Une série composée d'épisodes très longs (85 minutes) qui présente une vision très noire de l'espèce humaine. La voix off est vraiment ennuyeuse. C'est le côté moralisateur de Spielberg. À part ça, rien de bien nouveau concernant le thème traité. Le modèle *Rencontre du 3e type*[110] des soucoupes et des E.T. est très présent. Sauf l'excellente réalisation de chaque épisode et le très bon jeu des acteurs on ne voit pas très bien ce que cette série apporte de nouveau sauf à se demander ce que veulent les extraterrestres. Les êtres humains, eux, on sait ce qu'ils veulent (du moins dans cette série) : comprendre les extraterrestres... Nous spectateurs on sait ce qu'ils font (puisqu'on nous le montre), mais on ne sait pas ce qu'ils veulent. Au début il est difficile de s'y retrouver dans les lieux différents et entre les trois familles, puis, la saga se développant de génération en génération, on s'y retrouve et on s'ennuie un peu... Cela commence à devenir intéressant au sixième épisode quand enfin la petite fille de la voix off apparaît dans le scénario.

Dead Zone série télé de Michael Piller et Shawn Piller adaptée du roman de Stephen King. Pilote réalisé par Robert Lieberman (2003). Très bien fait, les scènes de visions prémonitoires sont parfaitement réalisées. L'ambiance « Stephen King » est très bien rendue. L'action se déroule d'ailleurs dans le Maine dans la ville où habite l'écrivain.

Dead like me de Brian Fuller (2003). Y a-t-il une vie après la mort? Oui ! Voici une excellente série qui dépasse tous les tabous sur la Mort. Avec un humour noir délicieusement macabre, mais aussi terriblement humain. La Mort, oui, mais c'est bien de la Vie qu'il est question dans cette série... Hélas elle a été interrompue précocement par la production.

Carnivale. Une fête foraine et ses monstres en 1934, année au cours de laquelle la Crise n'est pas finie, année de la montée du fascisme en Europe et de la gigantesque tempête de sable au centre des États-Unis. La lutte du Bien et du Mal, des gens qui ont des Dons. Tout cela ressemble étrangement au roman de Mac Cammon : *La Marche mystérieuse* (1983)

---

[110] Film de Steven Spielberg (1977)

Kingdom Hospital série en 13 episodes de *Stephen King* (2005). C'est un remake de la série homonyme (*L'hôpital et ses fantômes* en français) de Lars von Trier. La série de von Trier était supportable par l'originalité de l'art de filmer du réalisateur, mais là... On se demande pourquoi les Américains font des remake au lieu de promouvoir l'original...

Battlestar Galactica, la bataille de l'espace : une saison de 24 épisodes (2003), et un téléfilm en deux parties à ne pas manquer. C'est le pilote de la série. La bataille sans merci entre les humains et les Cyclons, droïdes créés par l'homme. Tous les thèmes de la guerre sont traités avec brio : l'honneur, la trahison, l'amour, le sacrifice.
La première série date de 1978, créée par Glen A. Larson.

Afterlife de Stefen Volk (2005)
Avec Andrew Lincoln, l'acteur principal de Walking Dead.
Série télé en deux saisons et 14 épisodes.
Très jolie série. Les revenants rendent la vie impossible à une médium qui n'en peut plus de l'être. Un psychologue tente de lui faire admettre qu'elle n'a pas ce don, mais que c'est une maladie psychologique. Il veut la guérir. Mais elle est régulièrement visitée par l'enfant de ce psychologue, mort dans un accident de voiture.
Chaque épisode traite d'une mort violente : suicide familial, assassinat d'enfant, asile psychiatrique, etc.
Le sujet est traité tout en finesse sans effets spéciaux.

Masters of Horror (2005)
Cette série est un événement cinématographique ! 13 réalisateurs font un film d'une heure environ. Ce qui fait une série inégale, mais aussi inégalée avec de très grands réalisateurs... Elle reprend la grande tradition de séries comme *Les Prédateurs* qui adaptait de très bons textes de grands écrivains de l'horreur. Le chef-d'œuvre de cette série est sans conteste "La Fin absolue du monde" de John Carpenter, suivi par "La Survivante" de Don Coscarelli. Cette série comporte plusieurs histoires d'authentique SF comme "Le Cauchemar de la sorcière" - "Vote ou crève" – "Liaison bestiale" – "La Danse des morts".
La Cave de William Malone
Une jeune adolescente est enlevée et incarcérée dans une cave. Elle y trouve un jeune garçon qui tente de se pendre... Au début j'étais un peu agacé en pensant : "Encore un film d'horreur avec un psychopathe tueur". Mais non c'est bien mieux que cela ! Que ne ferait-on pas pour retrouver son fils vivant après qu'il fut mort noyé...
Le Cauchemar de la sorcière de Stuart Gordon
Une adaptation réussie - comme toutes celles de Gordon - d'une œuvre de Lovecraft
La Maison de la sorcière (*The Dreams in the Witch-House* – 1932)
Un étudiant en physique emménage dans une chambre au dernier étage d'une sombre bâtisse. Il sera hanté par la sorcière qui sévit dans les combles. Cette histoire est une des meilleures de Lovecraft. Il y montre sa connaissance approfondie des

dernières découvertes scientifiques. Gordon continue dans cette veine en faisant expliquer à son personnage les dernières découvertes en mécanique quantique : la théorie des cordes et des branes... Le réalisateur n'a pas pu s'empêcher de placer son habituel asile psychiatrique, mais on a l'habitude !

Chocolat de Mick Garris
Un homme divorcé se voit dans la peau d'une belle femme. Une allégorie sur le narcissisme, mais aussi un petit emprunt au film *Dans la peau de John Malovitch*. L'histoire finit mal, bien sûr, car qui peut justifier le narcissisme ?

Vote ou crève de Joe Dante
Ce qui m'agace dans ce film c'est son côté propagande politique. On aura compris que Joe Dante n'aime pas Bush et les conservateurs, qu'il utilise la très belle idéologie pacifiste pour parvenir à ses fins. Bon ! mais cette histoire de soldats morts qui sortent de leur tombe pour voter n'est pas vraiment intéressante.

La Fin absolue du monde de John Carpenter
Un homme recherche les bobines d'un film maudit qui a pour particularité de vous rendre horrible dans vos actes... Tout cela finira mal, très mal...
Le petit chef-d'œuvre de cette série. On a beaucoup de plaisir à retrouver notre John dans sa meilleure forme cinématographique. C'est un film d'horreur sur le cinéma. Comme peu ont été réussis. On pense bien sûr à "Videodrome" de David Cronenberg... Et John Carpenter, à mon avis, ne manque pas de rendre hommage à ce film qui comporte une scène gore absolument terrifiante comme on n'a peu l'occasion d'en voir.

Les Amants d'outre-tombe de John Mac Maughton, "présenté" par George A. Romero.
Ce film est tiré d'une nouvelle de Clive Barker. À entendre le nom du célèbre écrivain et cinéaste anglais d'horreur, les cheveux risquent de se dresser sur notre tête. Mais ce ne sera pas vraiment le cas en regardant ce film dont le prologue est si long qu'on se demande ce qu'il va se passer dans le si peu de temps qui reste à regarder. Quelques scènes finales de nécrophilie (pas vraiment érotiques, on a vu mieux notamment dans *Dellamore Dellamorte*...) nous font oublier qu'on a failli regretter de regarder ce film...

La Belle est la bête de John Landis
J'adore. Ce film ne se prend pas au sérieux, mais ne fait pas n'importe quoi : le scénario est bien léché, c'est très bien tourné on ne s'ennuie pas une minute et la fille est une belle brune pas du tout désagréable à regarder. Il y a plein d'allusions aux films d'horreur "misogynes", toutes très amusantes et parfois pas faciles à trouver.
Un régal. Bien sûr, on n'a pas vraiment peur puisque le film ne se prend pas au sérieux, mais on est très complices en tant qu'amateurs de ce genre. Très complice.
On reconnaît là la patte du réalisateur du film *Le Loup-garou de Londres* qui avait ouvert la voie à ce genre ironique, mais très sérieux dans l'art cinématographique. Car il y a beaucoup de films qui ne se prennent pas au sérieux, mais sans aucun respect pour le spectateur.

Liaison bestiale de Lucky Mac Kee
Encore une histoire de sale bestiole.

Un insecte plein de pattes, de pinces et de plaques chitineuses, féconde deux lesbiennes. On s'ennuie, c'est pas vraiment excitant comme histoire déjà, mais le traitement cinématographique très grand public déçoit les amateurs du genre.

La Survivante de Don Coscarelli

Ce film est un chef-d'œuvre.

Don Coscarelli est en quelque sorte le réalisateur d'arts et essais du cinéma fantastique. Il n'est pas vraiment connu du grand public, mais adulé par le fandom de l'horreur avec ses films *Phantasm.*

Ici il nous construit un film génial par son scénario excellent et sa réalisation d'une main de maître.

Coscarelli utilise à merveille ce qui fait qu'un film d'horreur est un chef-d'oeuvre : avant tout les gros plans avec l'excitation de l'imagination de ce qui peut bien se passer hors champ, mais aussi la profondeur de champ... avec en arrière-plan un objet, un personnage plein de significations, mais pas toujours compréhensible du premier abord. Justement, le plan du saut du tueur appelé Face de Lune devant la Lune est proprement fantastique.

Sur le fond de l'histoire, c'est un "survival" qui n'a rien de classique avec pourtant tous les ingrédients de ce qui est devenu le classique du film d'horreur depuis *Massacre à la tronçonneuse* : il y a un tueur psychopathe et son antre atrocement macabre avec plein de momies desséchées de ses victimes, le tout dans une forêt perdue comme seule l'Amérique en a encore... Mais ce film va plus loin, il développe un mode d'emploi pour survivre dans ce genre de situation : ne jamais abandonner et frapper fort, plus fort que l'adversaire... ET, surtout, "tant qu'on ne sait pas ce que tu vas faire tu gardes l'avantage". Avec un principe comme celui-là, on ne peut que surprendre le spectateur ! Enfin, on se régale de la vengeance terrible de la victime. Le scénario est plein de rebondissements et on ne s'ennuie pas une minute.

Jenifer de Dario Argento

Moi qui suis un fan quasi inconditionnel de Dario, là j'ai peine à écrire que ce film m'a ennuyé, crispé... L'histoire est nulle ; d'ailleurs il n'y a pas d'histoire, juste un monstre qui baise et qui bouffe les gens. On peut toujours tenter de réfléchir sur la force de l'amour physique (que ne ferait-on pas pour une bonne baise et si la fille a un visage horrible, y a qu'à lui mettre un sac sur la tête...), l'horreur de l'innocence (ben au lieu d'arracher des pattes à une mouche, c'est plus dur de bouffer des gosses)... Bon, je vous le disais, l'histoire est un peu con...

La Danse des morts de Tobe Hooper

Tiré de la nouvelle de Richard Matheson : *Danse Macabre.*

Alors que Matheson avait centré sa courte nouvelle sur une virée d'adolescents dans un monde apocalyptique décadent et sur le spectacle qu'ils sont allés voir (la danse macabre), ici on développe un peu une histoire de famille très sordide. Le film est atroce comme doit l'être un très bon film d'horreur, mais de cette Atrocité qui vous apprend quelque chose.

Serial Autostoppeur de Larry Cohen

Les serials killers sont partout sur cette putain de route : l'autostoppeur, le camionneur et même les ambulanciers. On commence à s'ennuyer au premier quart du film avec toutes ces tueries... ces dialogues cyniques. La dernière image est-elle un hommage au film du réalisateur "L'ambulance"?

La Maison des sévices de Takashi Miike

Le prologue est déjà angoissant et les images sont délicieusement macabres. Une barque vogue dans un marais sombre et vaporeux. Elle arrive au fond de l'image lentement. Au premier plan le cadavre d'un bébé ou une poupée (choisissez selon votre humeur). La barque s'approche et on voit les hommes installés. Ils vont au bordel, un bordel spécial sur une île... Le pilote de la barque qui la conduit avec une perche heurte un cadavre de femme boursouflé. Elle est noyée et enceinte...

Le voyage a un but sexuel évident montré par les dialogues. Il va conduire à l'horreur, au véritable sadisme, non pas un sadisme grotesque, mais subtil et particulièrement violent, mais d'une violence et d'une brutalité pleine de séduction...

La saison 2 :
Les Forces obscures (The Damned Thing) de Tobe Hooper
Une famille recomposée (Family) de John Landis
V comme Vampire (The V Word) d'Ernest R. Dickerson
Un son qui déchire (Sounds Like) de Brad Anderson
Piégée à l'intérieur (Pro-Life) de John Carpenter
J'aurai leur peau (Pelts) de Dario Argento
La Guerre des sexes (The Screwfly Solution) de Joe Dante
La Muse (Valerie On The Stairs) de Mick Garris
Péchés de jeunesse (We All Scream For Ice Cream) de Tom Holland
Le Chat noir (The Black Cat) de Stuart Gordon
George le cannibale (The Washingtonians) de Peter Medak
Mort clinique (Right To Die) de Rob Schmidt
Croisière sans retour (Dream Cruise) de Norio Tsuruta

Il y a une saison 3 aux USA, mais édulcorée par les restes du code Hayes !

Stargate SG1 – Atlantis – Universe

Stargate SG1

Stargate SG1 est un développement du film "Stargate" dans lequel est découvert un artefact en Égypte en forme de cercle et qui permet de se rendre sur une autre planète. Ainsi, les pyramides égyptiennes sont en réalité des systèmes d'atterrissage d'extraterrestres qui ont déporté des humains sur une planète nommée Abydos. Sur cette planète règne Ra, le Dieu égyptien qui s'avère être un extraterrestre aux terribles pouvoirs.

Deux personnages de ce film sont repris dans la série : le colonel Jack O'Neill et le docteur Daniel Jackson. Ils ne sont pas joués par les mêmes acteurs que dans le film. On est un peu gêné au début, mais ensuite on s'habitue. Jack O'Neill est joué par Richard D. Anderson (celui qui avait joué Mike Gyver) et Jackson par Michael Shanks.

Brad Wright et Jonathan Glassner ont développé ce thème pour la télévision et en ont fait une des meilleures séries de SF (pour moi c'est la meilleure).
Ils ont imaginé que des milliers de planètes de la galaxie (puis d'autres galaxies) possèdent une porte des étoiles. Et qu'ainsi on peut voyager dans ces planètes, qui pour beaucoup d'entre elles sont peuplées d'êtres humains venus de la Terre et déportés là par des extraterrestres, les Goa'ulds, qui se font prendre pour des dieux.
L'armée de l'air américaine organise donc des unités spéciales d'exploration de ces planètes nommées SG (pour Star Gate). La plus prestigieuse d'entre elles est SG1.
Elle est composée de quatre personnes : le colonel O'Neill (qui sera promu au grade de général), le capitaine Samantha carter (qui sera promue au grade de lieutenant-colonel), le docteur Daniel Jackson et Teal'c, un extraterrestre Jaffa.
Cette équipe est composée de deux scientifiques : le colonel Samantha Carter - une très grande physicienne capable de se mêler de mécanique quantique et de cosmologie - et le docteur Daniel Jackson - anthropologue, spécialiste des mythologies et des langues anciennes (et modernes d'ailleurs). C'est de la science fiction pure.
Le personnage de Carter est le personnage le plus intéressant de la série. Elle personnifie l'émancipation de la femme (ce qui plaît beaucoup à de jeunes fans féminines de la série) : une femme séduisante (très "sexy" comme aime à le répéter Rodney Mc Kay), mais aussi très guerrière et très savante. Elle joue un rôle décisif dans l'équipe. Carter c'est l'anti Bimbo, mais elle est belle et intelligente. Voici ce que dit Amanda Tapping dans un des bonus du DVd : « Mon personnage est un mélange de Jack O'Neill et Daniel Jackson. Une sorte d'hybride. (…) Le but de cette série est de divertir le public, lui permettre de se poser des questions en l'emmenant ailleurs pour qu'il se demande : "Est-ce possible ?" Oui ! ça l'est. »
Daniel Jackson est un peu caricatural avec son air ahuri (l'acteur n'est pas excellent il faut le dire) et Jack O'Neill aussi avec son humour un peu lourd. Quant à Teal'c il est à l'image de son physique : lourd et renfermé. Il exprime des mots et des formules assez étudiées par les scénaristes afin de montrer ses difficultés à comprendre notre civilisation. Il répète souvent « En effet » pour simplement exprimer on accord et ces deux mots seront les derniers de la série dans le dernier épisode (1020 "Le Temps d'une vie")
Si nous sommes antimilitaristes, ne nous laissons pas rebuter par l'organisation militaire : O'Neill est un indiscipliné chronique et seule carter est très disciplinée, car elle a hérité cela de son père qui était général. D'autre part, il n'est jamais question de défendre l'impérialisme, au contraire, le docteur Jackson (avec souvent un peu de niaiserie) est là pour défendre les intérêts des peuples et des cultures.
Il y a bien sûr de nombreux personnages secondaires que nous retrouverons avec plaisir dans le récite des épisodes ci-dessous : le sergent Siler (qui se balade toujours avec une clé anglaise à réparer quelque chose), le sergent qui ouvre la porte et décline « chevron un enclenché », etc. qui finira par avoir un nom bien tard dans la série…
On peut également être surpris de constater que tous les peuples humains rencontrés parlent la même langue que les explorateurs. C'est une ellipse nécessaire à

cause de la courte durée (42 minutes) d'un épisode. On voit mal consacrer la moitié de chaque épisode à la traduction !

Enfin, la série connaît de nombreuses histoires d'amour. La plus récurrente est celle entre Carter et O'Neill qui, comme c'est toujours le cas dans les séries télé, est un amour impossible. Mais aussi avorté, car, l'acteur Richard D. Anderson qui joue O'Neill a quasiment quitté la série à la saison 8, car il en avait marre d'être éloigné de sa famille, le tournage de la série se déroulant à Vancouver.

Cette série reprend bien des thèmes de la série "Au-delà du réel, l'aventure continue", avec les mêmes réalisateurs pour certains épisodes, comme Mario Azzopardi pour le pilote de SG1 et d'autres épisodes. Les producteurs sont les mêmes pour les deux séries. Elle a été tournée sur les mêmes lieux que X-files et on retrouve souvent dans SG1 et Atlantis des acteurs de X-files, comme Mitch Pileggi (Walter Skinner dans X-files), Robert Patrick (John Doggett dans X-files) et d'autres. Amanda Tapping a joué dans "Au-delà du réel l'aventure continue", saison 4 épisode 13 "Le Raid des Vénusiens", Dans la série Millenium (le X-files bis de Chris Carter) dans l'épisode10 de la saison 3 "Sursis" (elle n'y est pas doublée par la même comédienne française) et dans X-files saison 3 épisode 21 "La Visite", dans lequel elle subit une autopsie par Dana Scully.

De nombreux acteurs de la série "Au-delà du réel, l'aventure continue" jouent dans SG1.

Don S. Davis, qui jour le général Hammond dans SG1 joue le père de Dana Scully dans X-files et Megan Leicht (que l'on voit dans quelques épisodes de SG1) joue le rôle de la sœur de Mulder : Samantha. Nous voyons aussi dans SG1 l'acteur qui joue "L'homme à la cigarette" dans X-files (dans SG1 c'est un prêcheur Ori).

Teryl Rothery qui joue la délicieuse docteur Frasier dans SG1 (jusqu'à l'épisode 718 "Heros 2" où son personnage meurt) joue dans l'épisode 11 de la saison 2 de X-files "Excelsis Dei" (elle joue l'infirmière dans la maison de retraite).

On reconnaît également bien des lieux communs entre les deux séries.

Ce qu'il leur est arrivé !

Nos quatre amis de l'équipe SG1 ont subi bien des vicissitudes tout au long des plus de 200 épisodes de la série...

Ils ont tous été soumis à des transformations (sauf Teal'c je crois). Ils ont eu leur double robotique ou autres et aussi des doubles dans des réalités parallèles : Carter, O'Neill, Jackson, Teal'c.

Carter a été infectée deux fois par un Goa'uld O'Neill une fois (0301).

Les méchants ne le sont jamais complètement, car ils ont leur motivation pour l'être et des excuses (y compris les Goa'ulds, devenus méchants à cause de leur sarcophage de survie)... et les gentils sont parfois devenus méchants. Les gens sont tous gentils (comme Jackson dans le 0205) mais le Mal peut les habiter parfois.

Le thème de la possession par un être extérieur est omniprésent.

Les religions n'ont pas la cote malgré la tolérance de Jackson qui frise parfois la niaiserie. Ce thème sera hypertrophié avec les Oris dans les deux dernières saisons et le film *L'arche de la vérité*.

Enfin quasiment tous les amours sont impossibles, particulièrement ceux de Carter avec O'Neill (surtout dans la saison 4, mais on ne sait pas ce qu'ils font dans les derniers épisodes de la série...), Martouf, Pete avec lequel elle a failli se marier... Mais aussi Jackson avec Sha're et Linea... Même O'Neill connaîtra des amours impossibles ici ou là... Seul Teal'c semble toujours connaître l'amour épanoui...

De Stargate SG1 à Stargate Atlantis et Stargate Universe
À partir des deux derniers épisodes de la saison 7 de Stargate SG1 (21 et 22 : "La Cité perdue") est né le "Spin Off" de Stargate SG1 : Stargate Atlantis. Voir ci-dessous le récit de ces deux épisodes. À partir de la découverte d'une base des Anciens en Antarctique, on découvre que ces derniers viennent d'une autre Galaxie, celle de Pégase et on retrouve leur cité, la cité d'Atlantis. Là-bas est installée une base terrienne internationale sous le commandement du docteur Elizabeth Weir. Cette dernière est jouée dans les épisodes 721 et 722 de SG1 par Jessica Steen une blonde plaisante et par Torri Higginson une brune plaisante dans les épisodes 801 et 802, et ensuite, dans les saisons 1 à 3 de Stargate Atlantis. Elle sera remplacée par Samantha Carter dans la saison 4. cette dernière, occupée par sa nouvelle série "Sanctuary" quitte cette fonction dans la saison 5 remplacée par l'ineffable Woolsey (joué par Robert Picardo) ... Ce personnage, comme beaucoup de personnages de la série, connaît une évolution assez surprenante. L'actrice Torri Higginson (Elizabeth Weir en brune) n'aime pas qu'on lui pose la question sur ce changement de comédienne pour ce rôle. Quand elle a été engagée, elle ne savait pas que le rôle avait été interprété par une autre actrice pendant deux épisodes.
Les hommes et les femmes d'Atlantis connaîtront un ennemi terrifiant : les Wraiths.
Les Wraiths sont des êtres intelligents de la galaxie de Pégase où se trouve Atlantis. Cette race est née d'une symbiose entre des humains et un insecte. Ils ont la particularité atroce de ne pouvoir se nourrir que des êtres humains en leur aspirant leur énergie vitale par un orifice placé sur la paume de leur main droite.
Un "E2PZ" (ZPM en anglais) est une petite machine légère inventée par les Anciens qui permet d'extraire l'énergie du vide. Cette série, aussi bien que Stargate SG1 utilise beaucoup de concepts de la mécanique quantique (aujourd'hui on dit la physique quantique des champs...)
Les Anciens sont la race (aujourd'hui disparue) qui a construit la cité d'Atlantis dans la galaxie de Pégase et qui avait également laissé divers artefacts sur Terre, artefacts qu'on a retrouvés en Alaska. Cette découverte (relatée dans Stargate SG1) a été le début du spin off de Stargate SG1 : Stargate Atlantis.
L'action de "Stargate : Universe" se situe principalement sur le *Destiny*, un vaisseau spatial utilisé autrefois par les Anciens pour une expérience. Elle a eu lieu il y a des millions d'années, mais ne fut jamais aboutie ; elle consistait à voyager dans les contrées les plus reculées de l'univers grâce au neuvième chevron de la Porte des Étoiles et deux appareils : un vaisseau automatique chargé de placer les Portes suivi par un autre chargé proprement dit de l'exploration.
C'est sur ce vaisseau qu'embarqueront les héros de la nouvelle série, qui sera justement centrée sur les explorations et les avancées permises par ce 9ème chevron...

L'action démarre sur les chapeaux de roue avec la sortie très violente de nombreuses personnes d'une porte des étoiles dans un endroit clos. Puis par une série de flash back on apprend petit à petit comment tous ces gens sont arrivés là, sur un vaisseau des Anciens.

La réalisation est excellente. Le scénario très recherché et il s'appuie bien sur toute la mythologie des portes des étoiles. Les fans de Stargate SG1 et Stargate Atlantis n'ont pas été déçus j'en suis sûr.

On prend un grand plaisir à revoir Jack O'Neill (l'acteur a pris un sacré coup de vieux…), Samantha Carter et Daniel Jackson qui jouent un rôle important au début, car la porte des étoiles aux neuf chevrons a été découverte sur la planète des Anciens. Mais elle a été attaquée par des Goa'ulds et il faut fuir, car la planète va exploser. Au lieu de composer les coordonnées de la Terre sur la porte des étoiles, le professeur compose l'adresse avec le neuvième chevron qui emmène toute la colonie dans un vaisseau Ancien antédiluvien.

Il y a de nombreux personnages. La difficulté est de les faire vivre tous. Mais cela fonctionne très bien : chaque personnage prend bien sa place et son caractère bien campé ainsi qu'une esquisse de son histoire personnelle.

Comment la science fiction moderne intègre-t-elle les dernières découvertes de la mécanique quantique ?

De grands auteurs américains de hard science le font avec plus ou moins de bonheur. Au cinéma c'est assez rare; j'ai détecté cette utilisation dans le film "Déjà vu" assez intéressant sur les voyages temporels. L'explication scientifique tient assez la route.

Je suis en train d'étudier les séries "Stargate" (SG1 et Atlantis) et là c'est le summum.

Toute l'intrigue "scientifique" de la série est basée sur la mécanique quantique. Les "discours" scientifiques de Carter semblent incompréhensibles pour le commun des mortels (et surtout pour O'Neill), mais en réalité quand on écoute bien, les fondements scientifiques sont assez solides.

D'autre part, tout le système de base de l'intrigue est axé sur la théorie de la mécanique quantique : les portes des étoiles, l'E2PZ (qui utilise l'énergie du vide...), etc.

Dans un épisode dans lequel Carter fait un exposé scientifique à des étudiants, on voit clairement sur le tableau derrière elle un diagramme de Feynman….

Franchement il y a un vrai effort de réalisé pour rendre crédibles les "inventions" scientifiques de la série à partir de la mécanique quantique (également de la théorie de la relativité, mais cela est moins nouveau…)

Cet "apport" scientifique vient m'a-t-on dit de Brad Wright l'un des deux producteurs exécutifs et scénariste…

Voici ce que dit Amanda Tapping à ce sujet :

« Maintenant, je m'enferme régulièrement dans des bibliothèques scientifiques pour décrypter les dernières trouvailles en astronomie. Ce n'est pas toujours évident à mémoriser, mais c'est indispensable pour mon rôle dans Stargate, car, parfois, je dois enchaîner vingt phrases de bla-bla technique… et j'ai réalisé que tout était plus simple quand on comprenait le script ! »

Quatre styles majeurs d'envahisseurs dans SG1
Animal attack
Cafards voraces venus d'une autre planète via un cercueil (917)
Insectes géants qui transforment leurs victimes en insectes identiques à masses égales (Teal'c est contaminé : 210 "Le Fléau")
Des insectes sont visibles sur Terre à cause de la superposition de deux dimensions (pas dangereux) 613
Maladies / virus
Hathor, une (très jolie) Goa'Uld distille un poison qui rend les hommes totalement soumis à elle (114 "Hathor")
Fléau lancé sur Terre par les Oris
Robotique / bionique
Téléchargement d'une entité informatique dans un hôte, en l'occurrence Samantha Carter . Dans cet épisode l'actrice montre tout son talent de comédienne. (420 "L'entité")
Eau capable de s'infiltrer dans un hôte (701)
Organisme de l'orbe.
Réplicateurs : des organismes "métalliques" intelligents qui se reproduisent à grande vitesse en assimilant toute matière et savent répliquer d'autres créatures, par exemple les humains. Plusieurs épisodes sont consacrés à ces individus peu recommandables et même Carter va se trouver répliquée, et son double "RépliCarter" va être à l'origine d'une tentative d'invasion de la terre via le SGC. On apprend comment sont nés les Réplicateurs dans l'épisode 519 "Invasion".
Cristaux bleus : du coup O'Neill est dédoublé. Une bonne occasion pour présenter le personnage et ses problèmes personnels. (107)
Espèces intelligentes
Les Goa'ulds : ce sont des parasites intelligents qui infectent des hôtes, d'abord les Unas (des espèces de monstres sauvages) qui sont originaires de la même planète que les Goa'Ulds, et ensuite des humains. Ils ont une forme de serpent et pénètrent dans l'organisme de l'hôte pour le dominer complètement. Ce sont eux qui ont utilisé les portes des étoiles (fabriquées par les "Anciens") pour déporter les peuples de la Terre sur d'autres planètes dans notre Galaxie. Les deux épisodes 120 "Dans le nid du serpent" et 201 "La Morsure du serpent" racontent la tentative de destruction de la Terre par Apophis un maître Goa'Uld. Bien d'autres épisodes sont consacrés aux tentatives de divers maîtres Goa'uld d'envahir la Terre. Il y a aussi de gentils Goa'Ulds : les To'Kras. Ils ont organisé la résistance contre les grands maîtres Goa'Ulds. Samantha Carter a été infectée par Jolinar, un To'Kra. Ces To'Kras n'infectent que les hôtes consentants, par exemple le père de Carter qui est mourant et qui, ainsi, pourra guérir de son cancer grâce à son symbiote...
Des Aliens pouvant prendre forme humaine se sont infiltrés au SGC : SG1 se voit remplacé par leurs doubles Aliens (314 "Invasion")
Les Oris apparaissent en fin de la série. En effet, les Goa'ulds étant quasiment éradiqués (il ne reste plus qu'un survivant : Baal, les scénaristes ont dû inventer un nou-

vel adversaire. Les Pris sont une fraction des "Anciens", ces êtres humains ultra évolués qui ont créé les portes des étoiles et qui ont abandonné tout intérêt matériel jusqu'à perdre eux-mêmes leur matérialité par ce qu'ils appellent l'ascension, au cours de laquelle ils se transforment en pure énergie intelligente. Alors que les anciens, fidèles à leur philosophie, se sont interdit d'intervenir dans le monde matériel, les Oris se prennent pour des dieux et imposent leur religion aux humains. Il y a une invasion Ori dans l'épisode 915. On retrouve les Oris dans le film qui a suivi la fin de la dixième saison de SG1 : *Stargate SG1 the Ark of Truth*... (Voir critique ci-dessous)

Les Esprits (211). SG1 rencontre sur une planète un peuple qui développe la même tradition que les Amérindiens, notamment en ce qui concerne leur lien avec dame Nature. Ils font confiance aux Esprits pour régler tous leurs problèmes. En réalité ces Esprits sont des Aliens qui savent prendre la forme des animaux et même des humains. Ils tentent d'envahir le SGC, car ce dernier a fait des erreurs concernant le peuple d'Indiens de cette planète.

"Faux amis" : les Aschens. Deux épisodes sont consacrés à ce peuple qui tente de liquider les Terriens par stérilisation. L'épisode "2010" (416) au cours duquel nous nous trouvons en 2010 alors que la Terre s'est soumise aux Aschens et "2001" "Les Faux amis" (510) au cours duquel, malgré l'avertissement reçu dans l'épisode 416, la Terre prépare un accord avec les Achens, sous la pression de l'ignoble Sénateur Kinsey.

Les Reetous sont des Aliens invisibles persécutés par les Gao'Ulds, et dont une fraction a décidé de liquider l'espèce humaine pour que les Goa'ulds n'aient plus d'hôtes. Ainsi le SGC accueille une maman invisible d'un enfant joué par le même acteur que celui qui joue l'enfant à moitié Alien de X-files.(220) On retrouvera le même thème dans Stargate Atlantis, les Réplicateurs en guerre contre les Wraiths (grâce à une programmation réalisée par Rodney Mac Kay), ont décidé d'exterminer la race humaine, car elle sert de nourriture aux Wraiths.

Les films
Stargate SG1 The Ark of Truth (L'Arche de vérité) (2007)
Réalisateur/scénariste : Robert C. Cooper

Le voilà enfin le film tant attendu après la fin de la dixième et dernière saison de *Stargate SG1* ! Il est vrai qu'on se console assez bien avec le Spin Off *Stargate Atlantis*, d'autant plus que la 4e saison a vu l'arrivée de Samantha Carter. Mais revenons à *The Ark of Truth*.

Le 19e épisode de la 10e saison[111] de Stargate SG1 nous avait laissés sur notre faim: Adria (la fille de Vala, Dieu faite femme par la grâce des Oris) avait fait son ascension et on n'a pas pu savoir si les Oris avaient été détruits. Quant au Goa'Uld Ba'al, le dernier de sa race, on ne sait pas non plus s'il encore vivant. Ce film est donc la suite qui traite des Oris. On verra dans quelques semaines l'autre film qui traite de ce que Ba'al est devenu (*Stargate SG1 : Continuum*)

---

[111] Le 20e épisode raconte comment SG1 est prisonnier d'une faille de l'espace temps...

The Ark of Truth commence sur la planète des Alterans : ces derniers vont quitter la planète après une discussion hautement philosophique et éthique sur l'utilisation ou non de l'Arche contre leurs frères ennemis les Oris. Ce genre de débat philosophique est bien la marque de fabrique de la série. Ils décident de ne pas l'utiliser. Et quittent la planète qui s'appelle Dakara. On passe immédiatement sur un gros plan de Daniel Jackson qui vient de déterrer un artefact qui peut être cette Arche de vérité qui a le pouvoir de faire croire ce qu'elle est programmée à faire croire. Les Oris semblent avoir été détruits, mais ils ont laissé derrière eux leurs armées et leurs prêcheurs complètement endoctrinés. Les Terriens eux n'ont pas les mêmes soucis éthiques : ces armées sont prêtes à emprunter la super porte de leur galaxie pour envahir la terre et l'Arche pourrait servir à "désendoctriner" ce beau monde.

Donc ils ont trouvé cet artefact. Mais il s'avérera que ce n'est pas l'Arche et ils sont attaqués par des soldats Oris dirigés par Tomin, le mari de Vala (oui, pour bien suivre il faut connaître un peu la série[112], mais ce n'est pas nécessaire). Ils mènent une enquête qui les amène à chercher l'Ortus Mallus du livre des Origines, car les Oris voyaient l'Arche comme le Mal incarné, bien sûr. Sur le plan éthique on assiste à une discussion intéressante entre Tomin et Teal'c, autrefois esclaves de dictateurs sanglants, à propos leur culpabilité vis-à-vis des horreurs qu'ils ont alors commises.

Les scénaristes n'aiment pas les politiciens et ils en infligent un autre à SG1, un type chargé de faire un audit sur l'activité de SG1 pour la CIS (commission internationale de surveillance). Ce type va faire dégénérer la mission de SG1 qui a emprunté l'Odyssée pour se rendre sur Dakara. Ils devront affronter divers ennemis, dont les réplicateurs, ces innombrables petits crabes d'acier qui envahissent l'Odyssée.

Quelle action, quel suspens, quel Space Opera ! Quel courage et quelle détermination de Mitchell, Carter[113], Jackson, Teal'c et Vala !

Pour les fans de la série, c'est le fun comme on dit, et pour les autres aussi d'ailleurs. À la fin, Carter offre des macarons à Mitchell, confectionnés selon la recette de la grand-mère de ce dernier. C'est une allusion à la fin de l'épisode 1012 "La Grande Illusion" quand Mitchell lui amène des macarons alors qu'elle se remet d'une terrible blessure.

Stargate Continuum de Martin Wood (2007) Scénario Brad Wright

On est de suite dans l'ambiance au SGC : les quatre de SG1 (dont les deux colonels) marchent dans les couloirs en tenue militaire couleur sable. Ils se rendent vers la porte des étoiles. L'ineffable Vala arrive évidemment en retard. Heureusement, ce personnage va vite disparaître... L'actrice va jouer le rôle du Goa'uld que Vala fut autrefois. SG1 se rend sur la planète To'kra pour assister à l'extraction du parasite Goa'uld de Ba'al. Sur place ils retrouvent Jack O'Neill. La scène des derniers moments de Ba'al est stressante : tout est fait par le réalisateur pour suggérer que ce ne sera pas la fin du Goa'uld ! Il VA se passer quelque chose...

---

[112] Voir le site officiel de la série : http://stargate.mgm.com/. Les sites français : http://www.anneau-des-dieux.com/ et http://www.stargate-fusion.com/
[113] La jolie Amanda Tapping a les cheveux longs et joue un peu plus décontractée.

Puis, alors que Vala et Teal'c disparaissent mystérieusement, on nous emmène en 1939 dans un cargo qui navigue sur l'Atlantique nord. Il transporte une mystérieuse cargaison dont on va deviner la nature en entendant le bruit qu'elle fait soudain.
Tout cela est excellemment filmé.
Il se passe donc de drôles de choses sur la planète To'kra où doit se dérouler l'exécution du parasite Goa'uld de Ba'al : après les disparitions de Vala et Teal'c, Ba'al tue Jack o'Neill avant d'être tué et les trois rescapés (Cameron, Carter et Jackson) reprennent la porte des étoiles pour arriver… sur le bateau dont je viens de vous parler plus haut !
Une de ces histoires de réalités parallèles, de paradoxe temporel, toujours si bien traitées dans la série.
Nos trois amis devront donc régler ce "paradoxe", contre Ba'al et sa compagne (la Vala infectée par son Goa'uld) et contre les autorités de la Terre de cette nouvelle réalité.
Ce deuxième film est à la hauteur de la série et du film précédent. Le scénario reprend tous les thèmes de la série avec une très belle réalisation.

Vampires et Bit lit…

Voici deux séries télé qui se sont engagées résolument dans ce genre qui décrit des intrigues assez violentes dans un monde où les vampires sont à visage découvert ainsi que d'autres « monstres » comme les loups-garous, les métamorphes, les fées, les sorcières, etc.

True Blood d'Alan Ball (créée en 2008) avec Anna Paquin, Stephen Moyer
7 saisons 72 épisodes à l'heure où j'écris ces lignes
Ici les vampires peuvent côtoyer les humains, car on a découvert le moyen de synthétiser le sang, ce liquide merveilleux est appelé « True Blood »…
C'est bien ! Mais évidemment les vampires ne se satisfont pas de cet ersatz… Ils préfèrent le sang chaud qui coule des artères de belles jeunes femmes, et faute de mieux, de n'importe quel humain…
De plus ces vampires sont de chauds lapins. Ça baise beaucoup dans cette série. D'ailleurs selon certains c'est ce cul qui est la base de son succès particulièrement chez les ados…
Moi j'y vois une espèce d'idéologie anti puritaine qui s'exprime clairement dans le générique que je trouve très amusant.
Il y a aussi une nouvelle drogue, le « V », le sang de vampire qui vous donne des effets époustouflants quand vous en prenez…
Il y a beaucoup de morts, le sang coule, les méchants deviennent gentils, et vice versa, parfois on le croit, mais on est trompé par le scénariste…
Le personnage principal est Sookie Stackhouse, une petite jeune blondinette qui lit dans les pensées. Mais cet attribut ne prend que peu d'importance dans les intrigues qui s'imbriquent d'un épisode à l'autre. Elle a l'air angélique, mais ne vous y fiez pas, elle baise beaucoup aussi, et ne parlons pas de son frère Jason…

Toutes ces histoires sont inspirées de l'œuvre de Charlaine Harris : « La communauté du sud » publiée chez Pygmalion...

The Vampire Diaries de Kevin Williamson, Julie Plec (créée en 2009) avec Nina Dobrev, Paul Wesley
5 saisons 111 épisodes à l'heure où j'écris ces lignes
Kevin Williamson s'était spécialisé dans les films d'horreur dont l'intrigue se déroule sur les campus américains. Il développe ici cette aptitude en mettant en scène des vampires qui sont restés à l'âge ado qui vivent sur un campus...
Les vampires ici, sont facilement amoureux, ils peuvent vivre au soleil grâce à une bague et luttent contre leur diabolique nature...
Le passé les hante notamment avec Katrina, le sosie de l'héroïne principale, Elena Gilbert.
Cette dernière est amoureuse des deux frères vampires : Stefan et Damon Salvatore. Ah ! ces Italiens !
Il y a aussi des loups-garous, bien sûr, dont la morsure peut être mortelle pour un vampire.
Je trouve l'intrigue plus souple, plus élégante que dans *True Blood*...

Et aussi
Moonlight de Trevor Munson, Ron Koslow (2007)
Une saison, 16 épisodes
Arrêtée en 2008
Encore un vampire désespéré de sa condition, de son immortalité...
Curieux non ?
Ce vampire est devenu détective et est amoureux d'une jeune femme qu'il avait sauvée, quand elle était enfant, des griffes de sa femme (vampire qui l'avait « transformé » lui).
Assez léger comme histoires...
Being Human, la confrérie de l'étrange de Toby Whithouse (2008)
4 saisons 16 épisodes
Un trio très fantastique : un vampire, un loup-garou et un fantôme (une jeune femme) sont colocataires et ont beaucoup d'états d'âme sur leur condition.
Comment avoir une vise sociale « normale » ?
L'idée n'est pas mauvaise, mais c'est très mal filmé et très mal joué.
Cette série est anglaise et les Américains en ont fait une avec le même thème et les mêmes personnages : **Being Human**, 2 saisons 13 épisodes, toujours en production à l'heure où j'écris ces lignes...

Super-héros

Les 4400 de Scott Peters, René Echevarria (créée en 2004)
4 saisons 45 épisodes
Cette série a été arrêtée en 2007 brutalement, à cause de la grève des scénaristes.

Un jour, 4400 personnes disparues au cours du vingtième siècle, réapparaissent comme par enchantement... Elles ont conservé l'âge qu'elles avaient au moment où elles ont disparu...
Et, cerise sur le gâteau, elles ont des pouvoirs, des dons particuliers...
La série est centrée sur le service policier qui est chargé de suivre cette affaire, et notamment deux policiers du FBI : Tom Baldwin et Diana Skouris.
Cette série est très lovecraftienne !
Voici ce que j'en dis dans mon livre *Lovecraft au cinéma*...
 Les deux premiers épisodes de la 2e saison mettent en avant des œuvres de Lovecraft (*Les Montagnes hallucinées* et *Dans l'abîme du temps*). La "Guest Star" de l'intrigue n'est autre que Jeffrey Combs qui a joué Herbert West dans la série des films *Re-animator* ! Puis tout au long d'épisodes suivants, il se montre toujours avec une seringue pleine d'un liquide fluorescent, comme dans ces films justement !
La série laisse sur sa faim. L'acteur qui joue le rôle de Tom en fait trop. Les derniers épisodes (calqués sur *L'affaire Charles Dexter Ward* de Lovecraft) le voient passer de manière caricaturale d'une personnalité à une autre...

Heroes de Tim Kring (Créée en 2006, arrêtée en 2010)
4 saisons 78 épisodes
Au début on est fasciné par les personnages et la manière dont ils découvrent leur pouvoir.
L'explication de ces pouvoirs tient à l'évolution selon Darwin, l'espèce humaine évolue...
Ces super-héros, souffrent de leurs pouvoirs. Certains en deviennent fous, psychopathes dangereux comme Sylar.
D'autres comme Hiro le Japonais, veulent l'utiliser pour sauver le monde, car il a le pouvoir de changer l'espace-temps...
Puis, les scénaristes emmènent le spectateur dans un labyrinthe duquel il n'arrive plus à sortir. Les personnages sont nombreux et le destin de chacun d'entre eux est découpé en rondelles qui s'intercalent et on est vite perdu.
Il y a un certain sadisme du scénariste qui frise le manque de respect pour le spectateur.
Ces énormes pouvoirs permettent des faits incroyables desquels on ne peut pas s'en sortir. À chaque fois on se dit : « Ah ! là ils sont forts, comment vont-ils s'en sortir ? » Et à chaque fois on est déçu ! C'est trop facile, le méchant change d'avis, ou c'est le gentil qui a le plus de pouvoirs...
Les méchants deviennent gentils et vice versa... On perd tout point de repère.
Sylar meurt je ne sais combien de fois pour renaître à chaque fois. C'est exaspérant, car on n'est pas surpris, après quelques épisodes on sait exactement ce qu'il va se passer !
Le seul personnage intéressant qui est bien travaillé est le seul qui n'est pas un Heroe, c'est Noah Bennet, l'agent de la compagnie qui enlève les Heroes...

La série est émaillée de voix off avec une philosophie de comptoir, utilise les procédés narratifs les plus éculés comme les gens qui écoutent aux portes, les personnages parlent beaucoup trop...

La dernière saison est centrée sur une fête foraine dans laquelle le leader rassemble petit à petit les heroes car leur proximité lui donne un pouvoir très fort. Il s'appelle Samuel.

Le personnage est une caricature. Il ne tient pas debout. La manière dont il manœuvre les gens est grossière. Les scénaristes sont des fainéants, ils ne font aucun effort pour respecter le spectateur...

Évidemment, cette saison, la fête foraine avec ses attractions et ses « monstres » se réfère à Freaks le film de Tod Browning (1932), mais ça ne suffit pas pour en faire aussi un chef-d'œuvre !

Zombies

The Walking Dead de Franck Darabont (2010)
9 saisons – 131 épisodes

L'espèce humaine a quasiment disparu. Une épidémie de zombies a eu raison d'elle. Quelques survivants se regroupent et luttent pour survivre.

La série travaille sur les personnages dont la psychologie est bien cernée. Les rapports humains dans le groupe sont étudiés. Il y a bien une espèce de simplification, d'épuration du caractère de chacun, mais c'est pour mieux le comprendre.

« Le monde a changé ! Déclare l'un d'eux...

Non ! Il n'a pas changé d'un poil, les faibles n'ont aucune chance. »

De plus il ne faut pas se fier aux apparences : les méchants ne sont pas toujours ceux qu'on croit.

Le phénomène zombie est également bien traité. Ils ne disent pas seulement que c'est une maladie, ils le montrent.

« Il n'y a pas d'espoir ! »

Les sentiments sont très présents : « Ce sont des choses qui ne se font pas : entrer tout d'un coup sans prévenir dans la vie de quelqu'un, lui faire éprouver de l'affection et puis filer à l'anglaise ! »

Il y a une scène où le personnage principal voit une zombie qui n'a plus ses jambes. Il l'observe et la suit quand elle se traîne sur la pelouse du parc. Puis il la tue par commisération. Il y a une espèce de voyeurisme dans cette scène, mais aussi, un reste d'humanité...

Cette série est superbe, bien loin de tous les clichés sur les zombies... Mais finit par lasser...

Dead Set de Charlie Brooker (2009)
1 saison 5 épisodes

Dans *Walking Dead*, l'action se déroule dans la campagne et dans les villes. Il est difficile de progresser, car les zombies sont toujours là.

Ici, on joue sur le thème de l'enfermement.

Des candidats d'une émission de téléréalité genre « le Loft » sont coincés dans le studio alors que dehors le monde se zombifie. Ils doivent faire face aux attaques des monstres affamés de chair humaine. De plus ils sont très rapides, très violents et impitoyables !
Moins fouillé, moins travaillé, mais aussi terrifiant !

Autres

Invasion de Shaun Cassidy (2005)
Une saison 22 épisodes
Une tempête, des petites lumières qui tombent du ciel et les gens ne sont pas restés les mêmes. Certains sont même différents.
On ne saura jamais de quoi il s'agit, car la série est arrêtée en 2008.
Extraterrestres lovecraftiens ?
Une histoire qui ressemble au *Cauchemar d'Innsmouth* de Lovecraft, mais très tirée en longueur…
Le doute installé par les scénaristes sur le personnage du shérif est lassant. On a l'impression de tourner en rond. Dans les derniers épisodes, la série prend tournure, mais c'est trop tard : il n'y a plus de téléspectateurs !

Fringe (2008) de J.J. Abrams, Alex Kurtzman, Roberto Orci.
5 saisons 90 épisodes
Cette série se prend des airs de X-files au début, mais assez rapidement elle montre une réelle originalité. Mine de rien, elle est très influencée par l'œuvre de Lovecraft, notamment les mondes parallèles, les doubles identités, les transformations corporelles et mentales. Ouvrir la porte entre les deux mondes c'est très dangereux ! D'ailleurs celui qui l'a fait est maudit à jamais. Il y a aussi, la folie, l'asile de fous, les laboratoires mystérieux, les livres maudits, les phénomènes incroyables. Et puis une petite ambiance gothique…
Les inscriptions qui indiquent les noms de lieu sont composées de lettres en 3D suspendues dans l'espace.
L'action se déroule à Boston, à quelques encablures de Providence, la ville natale de Lovecraft.
L'épisode N°10 de la deuxième saison envoie carrément la couleur !
Un patient de l'asile où Joseph Slater a été clandestinement opéré du cerveau s'appelle… Stuart Gordon ! Quelques secondes plus tard, un plan indique que nous arrivons au « Dunwich Mental Hospital ».
Cet épisode montre cette éternelle quête de la porte pour passer d'un monde à l'autre.

Divine Web série (2011)
J'ai vu six épisodes de 10 à 14 minutes chacun.
Je qualifierais cette série d'eschatologique.
La résurrection d'un mort qui ensuite se flagelle pour se punir de ses péchés.

Divine, le ressuscité, sauve des âmes.
Des monstres, un chauffeur de taxi, un pêcheur qui éviscère des truites… un prêtre… démoniaque ?
Les nouvelles écritures.
« Je n'accepte pas la parole de Dieu de la bouche des hommes. »
Le Bien, le Mal ?

Real Humans de Lars Lundström (2012)
Le titre original est "Äkta Människor", le nom d'un groupe qui lutte contre les robots appelés ici hubots. Les hubots sont des machines utiles pour le ménage et aider les enfants à faire leurs devoirs. Ils savent aussi avoir des rapports sexuels.
Cette série traite des rapports…. humains entre les humains et les hubots et aussi de l'humanité de ces hubots.
Thèmes bien connus de ces histoires de robots. Mais ne vous y trompez pas : cette série approfondit la question, fouille la nature humaine, détaille les problèmes de ce qu'est l'humanité. Les humains sont-ils les seuls à en être ? Les hubots ne sont-ils pas aussi humains ?
La petite fille aime mieux Anita la hubot que sa mère, car cette dernière est "toujours fatiguée" contrairement à Anita. Il se forme même des couples mixtes humains - hubots…
Il y a aussi des hubots dédiés au sexe, comme des sextoys…
Une série très intéressante.

Under the Dome de Brian K Vaughan 2013
Tout cela est, paraît-il, supervisé par Stephen King…
Une adaptation de l'oeuvre de Stephen King (2009) publiée en 2011 chez Albin-Michel sous le titre « Dôme ».
Voici ce que j'écrivais de ce roman dans sfmag N° 72 :
Ouf ! C'est avec soulagement que je suis parvenu à lire les deux volumineux tomes du dernier Stephen King . J'attends toujours avec impatience les nouveaux écrits de mon écrivain préféré.
Si je dis « ouf ! » ce n'est pas par lassitude c'est parce que tout est toujours très long dans Stephen King. Et là on n'a pas moins de 91 personnages !
Lire du Stephen King demande un certain effort, mais cet effort est tellement récompensé.
Si le livre était plus court on ne le quitterait pas jusqu'à la fin tant l'écriture est fluide, les descriptions visuelles, les caractères bien trempés, le récit haletant, l'intrigue affûtée. On ne s'ennuie jamais.
Ce volumineux roman traite du sujet habituel de Stephen King : que ferions-nous, que feraient les « gens » s'ils étaient placés dans telle ou telle situation ?
Ici c'est tout simple : un dôme transparent, mais indestructible recouvre une petite ville américaine. Et alors les passions se déchaînent, le Mal et le Bien s'affrontent violemment, la Loi n'est plus la même pour tout le monde, car ceux qui avaient le pouvoir local avant le dôme l'exercent de manière honteuse.

« Sous le Dôme, toutes sortes de choses devenaient possibles. » Écrit l'auteur en page 615 du Tome 1.
Il va même apporter une explication à l'existence de ce dôme. Une créature l'a créé. La description de cette créature m'a rappelé un vieux roman de SF de 1960 : *Les Cuirs bouillis* de D.A.C. Danio, publié chez Hachette dans la collection *Le Rayon fantastique*.
Malgré tout j'apporterais une petite critique. Ce roman est tellement vaste que Stephen King n'a pas tout à fait maîtrisé l'intrigue. En effet, alors que l'on voit les opposants au deuxième conseiller dictatorial s'organiser pour la lutte, en fait, ils se sont organisés pour rien, car l'auteur propose une issue complètement différente de celle plus qu'amorcée...
On peut aussi le prendre à l'inverse ; il a ainsi réussi une fois de plus à étonner son lecteur...
Mon auteur préféré n'est pas un fainéant ! Non seulement il écrit beaucoup, mais il se documente, il enquête, il veille à ce que tout ce qu'il raconte soit vrai, soit crédible parce que vrai. Pour cela il faut travailler, un énorme travail.
Enfin, bref, ce Stephen King est le plus grand écrivain de notre temps et chacune de ses œuvres apporte un plaisir de lecture assuré.
Je n'en dirais pas autant de la série télé... Pas très bien jouée. Scénario édulcoré. Lissage des personnalités, récit moralisé. Mais ça se regarde. Cette horreur malsaine, cette perversité humaine qui se déchaîne sous le « dôme » est si bien décrite par Stephen King dans son livre que la série télé ne peut pas lui arriver à la cheville.
Et c'est normal !

Black Mirror de Charlie Brooker (2011)
Série télé britannique. Trois saisons de 3 épisodes.
Que deviendrons-nous dans quelques années ? Les nouvelles technologies, mais aussi les mœurs, vont influer sur nos vies. Voici comment l'envisagent les créateurs de *Black Mirror* !
Superbe série télévisée.
Les titres des épisodes sont de la rédaction et non pas des producteurs de la série.
0101 : La truie !
Il y a de l'idée.
Ça paraît tellement plausible. C'est pourtant tellement ignoble. Quelles sont les motivations d'un preneur d'otage ? Quelle bande de cons les « gens » !
0102 : Hot Shot
Un peu comme ça notre vie... Désespérant. On ne peut pas s'en sortir. Toujours prisonniers de la production et de ceux qui la dominent. On bosse, on regarde les écrans et on rebosse et on reregarde les écrans. Et quand on veut s'en sortir on tombe au-delà de l'écran.
0103 Le grain des souvenirs... mortels...
C'est fort ! Très fort et si vrai ! Un petit soupçon né d'une scène vue de manière subreptice. Du subliminal presque... Et si on pouvait grâce à une merveilleuse invention

retracer les souvenirs ???? Mais... en fin de compte, ne vaut-il pas mieux ne pas savoir ?

0201 Ton esprit, ton TOI est sur la Toile !

Même quand tu meurs, tu restes, car presque tout ton TOI est sur la Toile ! Mais la copie ne vaut pas l'original. Ils ont été trop loin, mais qui sait ?

0202 FILME ! (Ours Blanc)

Il faut toujours payer sa dette. Dans la vie courante, la peine n'est jamais équivalente à l'horreur du crime. Mais là...

0203 WALDO...

Ah ! La télé ! Deviendra-t-elle aussi ignoble ? L'avenir des « Guignols de l'info » et du « tous pourris... » Voilà où ça va nous mener...

Helix de Cameron Porsandeh, Ronald D. Moore (2014)

Série américaine. Deux saisons, 13 épisodes pour la première. Diffusée sur SyFy en premier.

Ils n'ont pas inventé la Lune ! Le même thème que *The Thing* : l'infection se répand dans une base polaire isolée de l'Arctique. Mélangé avec les thèmes de l'infection de *Resident Evil*.

Il y a deux sortes de malades : les « infectés » et les « vecteurs ». Ces derniers cherchent à transmettre leur maladie, ce sont en fait des zombies, les autres meurent décomposés... Mais ces zombies restent plus humains que les « vrais » zombies, ce qui a pour but, semble-t-il de les rendre plus terrifiants, mais je ne suis pas sûr que ce soit réussi.

Une équipe des CDC est envoyée pour contrôler et empêcher l'épidémie. Tâche difficile on s'en doute...

Chaque épisode relate les événements d'une journée.

C'est très médical, biotechnologique.

« Le virus n'est pas notre pire problème ! » S'exclame le directeur de l'équipe des CDC.

Tout le monde ou presque est à moitié mort ou en voie de l'être...

C'est très grossier au niveau scénario. Par exemple un soldat reçoit un coup de piolet dans le ventre et est laissé abandonné sans équipement à – 50°C dehors et s'en sort quasiment indemne...

Série plus dégoûtante que passionnante. Ce ne sont pas les histoires d'amour bateau du héros qui vont la rendre plus intéressante.

Game of Thrones (Le Trône de fer) de D.B. Weiss, David Benioff (2011)

D'après la série de roman de George RR Martin

7 saisons de 10 épisodes.

Quelle superbe série TV!

Je n'ai jamais été attiré par ces super sagas d'Héroïc Fantasy. Je croyais que les romans de Georges RR Martin en étaient. Mais c'est beaucoup plus que cela...

Le scénario est puissant. La manière de présenter ce monde le rend tellement crédible. On se prend à croire que cela se passait comme ça à l'époque médiévale, pen-

dant la guerre de Cent Ans.
Le fantastique est bien intégré dans un scénario puissant. Il y paraît aussi naturel que la mer, la forêt et les montagnes enneigées... Le fantastique n'est pas le héros principal de la saga. Ce sont les femmes et les hommes qui le sont. Les caractères sont trempés, la psychologie plausible, les personnages attachants. Certaines scènes de violence sont éprouvantes. Le suspens est haletant. L'intrigue et le scénario sont quelquefois tirés par les cheveux. Mais pour le voir, il faut le regarder avec un oeil très critique, car l'ensemble est si solide que même l'incroyable, on y croit !

Blacklist de Jon Bokenkamp (2013)
À part les problèmes de couple d'Elisabeth qui sont ennuyeux (elle connaîtra la vérité épisode 0117), cette série est superbe.
Une espèce de X-Files avec des assassins hors normes, étranges, avec des réseaux énormes, énormément terribles. Un personnage central énigmatique et tout puissant dont on ne discerne pas les véritables motivations.
C'est comme avec Mulder et Scully, c'est toujours la femme qui fait une connerie.
C'est incroyable le nombre de dingues, de criminels, d'assassins, de détraqués, de complots tordus, etc. qu'on rencontre dans cette série.

Dracula de Cole Haddon et Tony Krantz (2013)
Le prologue du pilote est saisissant !.
Un mélange habile de Dracula et Frankenstein qui ne tient pas ses promesses.
Une histoire très originale de Dracula dans un monde steampunk sur une découverte du champ électrique.
Un mélange de moralité et d'immoralité, d'amour et de haine, toute la dialectique de Dracula.
Tout le monde est guidé par l'amour et le pouvoir.
Dommage, la série a été interrompue, car, comme je l'ai écrit plus haut, elle n'a pas tenu ses promesses.

True Detective de Nic Pizzolatto (2014) Saison 1, 2 et 3 - 8 épisodes chacune.
Les personnages ne sont pas les mêmes à chaque saison. Et l'intrigue ne se déroule pas dans le même lieu. Mais l'unité de la série est profonde.
Un chef-d'œuvre, une série d'horreur très émouvante.
Saison 1
Il y était question de Carcosa ("Le Roi en jaune" de Chambers après Ambros Bierce), de plan infernal, de culte du diable et de sacrifices d'enfants.
Deux flics "dérangés", mais très attachants à la poursuite d'un assassin pédophile très cruel. Les acteurs sont formidables. La chair et le sang...
Les hors-champ sont très angoissants. Il y a une usine... La même que dans la deuxième saison. Pourtant, ici ça se passe en Louisiane et la deuxième saison en Californie.
Dialogue entre les deux flics : "T'as toujours des visions ?

Elles n'ont jamais cessé. Ce qui est arrivé à ma tête a peu de chances de s'arranger… »
Voix off : "Viens mourir avec moi, jeune novice."
Dernier dialogue : "Si tu veux mon avis, la lumière a gagné."
Saison 2
Superbe générique comme toujours. Ambiance plus ludique, mais toujours aussi noire. La musique, faite de rythmes et de percussions, est plus dramatique que celle de la première saison,.
Les séquences sont rythmées par des plans sur une usine (comme dans la première saison). Beaucoup de prises de vues aériennes, en plongée.
On est donc en Californie avec des références cinématographiques : Mulholland Drive, Lost Highway… Suivez mon regard vers David Lynch. Beaucoup d'autoroutes vues du ciel, des plans fixes sur leurs enchevêtrements.
Dans cette saison les flics sont trois : un homme mûr dont la vie a été brisée après l'agression de sa femme, une jeune femme qui a eu une enfance très malheureuse, un jeune homme dont on ne sait encore rien du passé, mais qui a des problèmes sexuels.
Meurtre rituel atroce…
Le deuxième épisode démarre fort : enfermé dans la cave jusqu'à la mort. L'usine pollue. Le maire de Vinci (une ville imaginaire de Californie) est alcoolique et corrompu.
Tout est axé sur les personnages : cadrage, mouvement de caméra, dialogues, situations.
Les paysages, bien que différents de la première saison, sont pourtant aussi étranges…
Passionnant !
Quatrième épisode.
On s'ennuie un peu au début. On est toujours dans le grand banditisme et la corruption des hommes politiques. L'histoire de l'amitié entre le gangster qui a failli se repentir et le flic est lassante. On se demande quel rôle cette relation joue dans l'intrigue. C'est intrigant. Le point commun c'est la victime, celle qui est à l'origine de l'enquête. À la fin : superbe bagarre aux armes à feu ultra violente. Une fois finie, les doigts des flics endurcis tremblaient… Celle du spectateur aussi. Superbe image fixe de fin !
Cinquième épisode.
On était resté à la stupéfiante fusillade de la fin du quatrième épisode.
Le seul personnage "rangé" sur le plan personnel est le gangster. Enfin, celui qui l'était et qui ne voudrait pas le redevenir, mais… Il est marié, mais sa femme ne peut pas avoir d'enfant.
« La souffrance est inépuisable. Il n'y a que les gens qui s'épuisent. »
L'équipe des trois détectives est démantelée après la fusillade où ils se sont comportés en héros. Mais l'enquête continue…
« Le crime est une contingence des désirs. »

Gros plans sur les visages brisés par l'émotion, sur les ombres. Transitions géniales entre les scènes. Une espèce de ponctuation, comme des virgules, des points-virgules et des points dans les textes... Mais aussi des points d'exclamation et d'interrogation, et des pointillés...*
« Il faut qu'on se parle ! »
Sixième épisode.
L'horizon s'éclaircit concernant l'identité du violeur de la femme du flic Velcoro. Pas sûr... Rien n'est sûr dans cette série. Mais la drogue et l'alcool ce n'est pas un bon cocktail.
La femme flic fait de l'infiltration chez les putes. Très gonflés la nana et les mecs...
Le gangster Frank (ou ex gangster, mais là aussi ce n'est pas net !) mène une enquête parallèle.
Petits souvenirs de pédophilie...
Ils vont faire de sacrées découvertes.
Merveilleuse image de fin avec la pleine Lune...
Septième épisode. Très stressant.
« J'essaie seulement d'être un homme bien. » Dit Paul Woodrugh à sa fiancée.
Chacun est obligé d'éloigner ses proches pour les protéger, car ils sont traqués.
Franck Semyon est cerné et doit se soumettre ou réagir.
Ray Velcoro poursuit toujours celui qui a faussement dénoncé un type comme le violeur de sa femme.
Quelle violence ! Quel sadisme.
« Je pense que je suis injuste avec les gens, parfois. » Se justifie Ani Bezzerides.
Eh oui, personne n'est parfait, surtout dans cette série.
Bezzerides et Velcoro se parlent de leur histoire. Enfin, ils essaient. Ils s'y prendront autrement pour le faire.
Dans chaque histoire, il y a le sexe. Le sexe est partout.
« T'es pas un sale type ! » Assure Ani Bezzerides
« Si, je suis un sale type ! » Rétorque Ray Velcoro.
Quant à Paul Woodrugh, ses démons du passé le rattrapent, mais on ne la lui fait pas... Sauf...
Terrible image de fin !
Huitième épisode.
Noir, très noir, plein d'amour et de fureur !
Vive les femmes !

Web Horror Story de Riccardo Cannella (2014)
Minisérie de quatre épisodes de 14 minutes.
Cette série est italienne. Ça change un peu des séries américaines.
Superbement bien filmé, le premier épisode nous montre une fille vampire, une villa abandonnée en bord de mer. Un jeune enquêteur du paranormal y pénètre... Il visite la maison des suicidés !
 Chaque épisode commence avec un prologue d'horreur puis se poursuit avec les investigations du bloggueur (enquêteur) dans la maison.

Cette série est pour les amateurs des films d'horreur énigmatiques, qui donnent du sens au montage, qui font le lien entre différentes scènes ne semblant avoir aucun rapport entre elles, etc.
L'ombre et la lumière s'articulent avec les plans biscornus.
Excellent pour ceux qui aiment.

Penny Dreadful de John Logan (2014)
Série Netflix. Deux saisons.
"Penny Dreadful" c'était des petits bulletins d'histoires d'horreurs vendus un penny pendant l'époque victorienne en Angleterre.
La série poursuit cette tradition en rassemblant tous les monstres de la tradition littéraire : vampires, zombies, éventreur, ainsi que ses personnages : Frankenstein, Dorian Grey, Nina Murray, Jack l'éventreur, Van Helsing, (donc aussi Dracula) et... Buffalo Bill, enfin, une sorte de Buffalo Bill.
Quelques plans de corps dépecés, des monceaux de corps dépecés. Ils font parler les morts aussi. Il y a profusion... Quelques soupçons de vulgarité et du sexe.
Le « monstre » du docteur Frankenstein, qui n'est pas monstrueux, sort se promener. Victor veut vaincre la Mort. La maladie et la mort, c'est dégoûtant. Enfant, il avait commencé par lire un traité d'anatomie humaine.
« Ça » était une abomination.
« Ces machines pleines d'engrenage et de dents. »
Le Grand-Guignol va enseigner le plaisir de l'horreur au « monstre » de Frankenstein.
Nous voilà arrivés à l'
Épisode 5
Le scénario nous ennuie avec un retour au passé de Vanessa Ives et Mina Murray. C'est un peu niais. La différence est trop brutale par rapport aux épisodes précédents. Nous avons droit à un petit cours « d'hystérie psycho... » de l'époque... et son terrible traitement. Van Helsing montre à Frankenstein son exemplaire *Varney le vampire*, un Penny Dreadful de l'époque. Le scénariste se débarrasse du personnage de Van Helsing dont, sans doute, il ne savait que faire...
Épisode 6
Peny Dreadfull : « un penny épouvantable ! »
Épisode 7
Un peu de psychanalyse, mais pourtant elle n'existait pas encore ! Aussi bien que *L'Exorciste.* Un petit paragraphe sur l'immigration. Le scénario s'en sort avec une entourloupe.
Épisode 8
Queue de Poisson
SAISON 2
Épisode 1
Nouvelle démonologie. Lucifer, Memento Mori et puis bientôt Erzebeth Batory ?
Naissance de madame Frankenstein.
Épisode2

Verbis Diablo (langage du diable). La maison de la sorcière. Le Monstre de Frankenstein se fait draguer par toutes les femmes qui passent...
Épisode 3
Les visiteurs de la nuit. Toujours sorcières et diableries.
Épisode 4
Bavardages avec le monstre de Frankenstein. Bavardages entre le cowboy et la sorcière.
Dorian Grey joue au ping-pong avec l'androgyne.
Épisode 5
Les sorcières jouent avec leurs poupées et on s'ennuie. Toutes les filles draguent le monstre de Frankenstein sauf sa « fiancée », la fille de Frankenstein.
Le monstre de Frankenstein et Vanessa déclament des poésies.
Sodomisation, etc.
Les orages ont du bon pour se jeter dans les bras l'un de l'autre.
Épisode 6
Bavardages ennuyeux. Scénario facile avec les colifichets de la sorcière. Tout le monde se retrouve au bal. Que c'est banal !
Fallait être idiote pour aller à ce bal...
Épisode 7
Tête-à-tête de la belle et la bête. Mais n'est pas dangereux celui qu'on croit... Enfin, un épisode intéressant.
Épisode 8
(Memento Mori) Vraiment, la sorcière est un personnage grotesque, nul. Avec ses poupées stupides et ses incantations absurdes. Ne parlons pas des pitreries homosexuelles de Dorian Grey et « sa » compagne Angélique. J'aime beaucoup mieux le « débat » entre les deux créatures de Frankenstein.
Le discours de la sorcière avec Malcom est pédant et naïf. Le casting n'est pas terrible.
Épisode 9
L'intérêt d'être un loup-garou. L'inévitable scène de cul. Très nulles les tentations du démon. Toujours des plans de voiture à cheval pour réaliser l'intermezzo...
Épisode 10
Bon... Frankenstein, un nouveau John Seward. Le monstre de Frankenstein est un intellectuel...

Daredevil de Drew Goddard (2015)
Un personnage Marvel qui a donné lieu aussi à un film homonyme de Mark Steven Johnson (2013)
Ça faisait longtemps que je n'avais pas vu une série aussi envoûtante, violente, pleine de sang et de larmes...
Le générique avec les mêmes qualificatifs.
Daredevil est un justicier, mais aussi un « fouteur de M... », comme le diable !
Un casse-cou, c'est son nom !
Superbe !

Scream de Dan Dworkin, Jay Beattie (2015)
Série Netflix. Wes Craven est producteur exécutif. Il est décédé en cours de diffusion de la série.
Un paquet de belles jeunes filles et de beaux jeunes hommes, du sexe et des meurtres horribles qui semblent venir du passé. Le fantôme d'un monstre ?
En classe les jeunes gens étudient le roman gothique. On sent une érudition du scénariste : *Le Moine, le Château D'Otrante, la Lettre écarlate*…
Comme dans les bons vieux classiques d'horreur, ce sont les connasses qui se font dézinguer, et le sujet est abordé en long en large et en travers.
Le sujet ? La connerie de la victime qui était une « salope ».
Dans les slashers c'est l'imagination pour la mise en scène des mises à mort qui compte. Le film *Scream* c'était avec le téléphone que le tueur attirait sa victime, ici c'est avec les réseaux sociaux…
Le téléphone de Scream provenait directement de Mario Bava avec son film *Les trois vissages de la peur* (1963) dont un sketch se nomme « Le Téléphone »…
Épisode 2
Cette série doit comporter beaucoup de personnages, surtout des filles, car il en meurt une à chaque épisode. La femme : démon tentateur…
Épisode 3
Le tueur fait choisir ses victimes par Emma.
Épisode 4
Ah ! Au fait, il y a du nouveau dans cette série : un des personnages principaux est médecin légiste, c'est une femme, une espèce de Scully…
Épisode 5
Jusque-là les personnages étaient bien campés, mais là ils deviennent caricaturaux.
Épisode 6
Encore l'exploration d'un lieu abandonné avec des lampes de poche. En fait, en général, dans ces films, toutes les victimes sont des salauds. Le scénario prend le spectateur dans un piège grossier. Un peu grotesque ce tueur masqué invincible ?
Épisode 7
Comme dans les films *Scream*, la série démonte les règles du jeu des films d'horreur avec serial killer
Les assassinats ont cessé depuis l'épisode 5 (ou 4 ?)
Quelle connerie ! Trop con la fille. (Willi est assassiné !)
Épisode 8
Mort la plus atroce !
La pièce *Les Sorcières de Salem* est citée. Ils font un parallèle avec le Mac Carthysme. Facile…
Le film *The Faculty* est cité. Un petit hommage à Kevin Williamson, le scénariste des Scream 1, 2 et 4 ?
Épisode 9
Halloween
Épisode 10

J'avais deviné !
Conclusion : je ne sais pas si cela s'est senti dans mes chroniques ci-dessus, mais cette série m'a bien plu. Elle a vraiment actualisé la série des films Scream, elle les a mis au goût du jour. Et ce n'est pas toujours facile !

Et plus récemment

Dracula 2013 de Cole Haddon et Tony Krantz
Le prologue du pilote est saisissant !
Un mélange habile de *Dracula* et *Frankenstein* qui ne tient pas ses promesses.
Une histoire très originale de Dracula dans un monde steampunk sur une découverte du champ électrique.
Un mélange de moralité et d'immoralité, d'amour et de haine, toute la dialectique de *Dracula*.
Tout le monde est guidé par l'amour et le pouvoir.
Dommage, la série a été interrompue, car, comme je l'ai écrit plus haut, elle n'a pas tenu ses promesses.

Supernatural depuis 2005, de Sera Gamble, Jeremy Carver, Eric Kripke (14 saisons à ce jour). Deux frères (Sam et Dean Winchester) consacrent leur vie à la chasse aux monstres pour perpétuer l'action de leur père et venger la mort de leur mère.
Il y a une douzaine d'années, quand j'avais regardé le premier épisode de la première saison, je n'avais pas été emballé. Je n'avais pas ressenti la profondeur de cette série comme elle le mérite pourtant. Les deux protagonistes étaient des gamins et leur activité paraissait beaucoup trop difficile, impossible à réaliser pour de petits jeunes, même s'ils montraient beaucoup de courage face à l'adversité et à l'horreur qui apparaît dès cet épisode pilote.
Pourtant, cet épisode est bien le « pilote » de toute la série. Il sème tous les ingrédients, toutes les graines de l'ensemble de la série.
J'y reviendrai.
C'est, plus tard, quand je me suis remis à regarder cette série que j'y ai vu tout l'intérêt que je lui porte encore aujourd'hui, douze années plus tard.
La première chose que j'ai notée c'est la ressemblance avec deux autres séries qui ont fait l'objet d'une étude de ma part : X-Files et Stargate : même lieu de tournage (Vancouver au Canada, d'ailleurs un épisode de Supernatural affiche la couleur quand Dean Winchester s'exclame : « *elle n'est même pas tournée aux USA !* ». Voilà déjà un indice de la franchise avec laquelle les scénaristes s'adressent aux spectateurs).
C'est un des aspects fondamentaux qui explique son succès et sa longévité. Dans les premières saisons, on retrouve bon nombre de réalisateurs et d'acteurs de ces deux séries, avec bonheur et joie. Un des piliers de la réalisation des débuts est Kim Manners qui, hélas, est décédé en plein développement de la série. Un autre aussi, excellent, Robert Singer, dont les épisodes qu'il réalise sont parmi les meilleurs (il y en a beaucoup d'autres d'excellents), également producteur, il a carrément donné son nom à un personnage essentiel de la série, Bobby Singer, le père adoptif de nos

deux héros Sam et Dean. Cela aussi est très amusant. On détecte déjà, ce que j'ai appelé l'intertextualité. Cette si belle série renvoie à bien d'autres, à des centaines de films, de romans, de mythes et à la vie réelle de tous ceux qui l'ont créée. Je reviendrai également plus loin sur ce que j'ai appelé en sous-titre : « Intertextualité cinématographique ».

Après le premier épisode qui met en place tous les ingrédients que l'on découvrira au fur et à mesure des épisodes qui suivent, la première saison est quasiment entièrement consacrée à l'activité de nos deux frères préférés : la chasse aux démons, à toutes les créatures maléfiques du folklore populaire, des contes et légendes, les sorcières, les anges, les fantômes, loups-garous et vampires, les dragons, les Léviathan, toute la faune du surnaturel, comme l'indique le titre de manière éloquente et puissante, mais aussi bien d'autres inventés et créés de toutes pièces par les scénaristes. Dans les premières saisons, chaque épisode est consacré à une sorte de créature chassée par les frères Winchester, encore que dès le début, Sam rechigne à rejoindre son frère, ce qui est la première des nombreuses contradictions qu'ils vont vivre et qui, au lieu de distendre leur lien familial et d'amour fraternel, ne fera que le resserrer.

Ensuite, cela devient délirant (comme le déclare Sam lui-même dans l'épisode 0822) une bataille sans cesse recommencée chaque saison entre les anges (je ne mets pas de majuscule, même si parfois, les scénaristes la mettent), les démons, et le roi des enfers, Crowley[114] (à qui les scénaristes ont donné le nom d'un célèbre magicien occultiste), dont la mère est une sorcière nommée Rowena, mais aussi Metatron.

La marque de Caïen, qui a fait de lui l'assassin de son frère, est au centre de la saison 10 et la saison 11 a vu Dean se débarrasser d'elle.

Quant à Dieu, ils en parlent, mais on ne le voit jamais, et il semble ne rien faire, ne jamais intervenir dans les affaires des hommes, des anges et des démons. Il apparaît pourtant au 1120, avec Metatron, qui a perdu sa grâce d'ange et qui ne la retrouvera jamais, tout en restant, non plus le scribe de Dieu, mais son éditeur, celui qui conseille l'écrivain que souhaite devenir Dieu qui a choisi de réapparaître sous les traits de Chuck, le prophète de Dieu qui avait écrit tous les épisodes de la série Supernatural à raison d'un volume par épisode.

Il y a Castiel aussi, l'ange rebelle, qui va devenir le meilleur ami des deux frères, en restant toujours dans le même « vaisseau » (l'être humain qu'il a possédé, on l'appelle comme ça pour être élégant, mais ils appellent aussi l'être humain possédé : le véhicule, le pyjama…).

Je n'entre pas dans les détails, bien sûr, je renvoie le lecteur au chapitre plus loin où je détaille les épisodes importants dans le développement de la série ainsi que l'apparition des différents personnages.

Et puis, dans les personnages principaux, n'oublions pas la « caisse », cette merveilleuse Chevrolet 1967 noire Impala, qui va jouer un rôle déterminant dans le 1104 au cours duquel Sam a même perdu son âme ! Elle est immatriculée CNK80Q3. On ne

---

[114] De son nom d'origine (lorsqu'il était humain: Fergus Rodrigue Mc Leod.

la verra plus pendant un moment (7ᵉ saison), car Sam et Dean entrent dans la clandestinité et cachent la « caisse » pour ne pas être repérés. Elle a aussi été détruite, mais réparée et remise à neuf par Dean.
Je disais donc que les derniers épisodes sont délirants : ainsi Amara, dite « les Ténèbres » est la sœur de Dieu, et Lucifer, a été enfermé dans une cage en enfer depuis la nuit des temps, mais en sera libéré grâce à la générosité de Castiel.
Les statuts des personnages et des rapports entre eux évoluent, changent, notamment avec l'entrée en scène régulièrement d'autres personnages, comme Castiel, Crowley, Rowena, Amara, Lucifer, les Hommes de Lettres.
La mort n'arrête pas les scénaristes, puisque Dean meurt plusieurs fois et ressuscite, ainsi que Sam et d'autres. Le fait d'être un fantôme permet de récupérer des personnages décédés comme Bobby, ou l'ami vampire de Dean qui l'avait conduit à la porte de sortie du purgatoire. Et Mary, la maman de Sam et Dean ressuscite à la fin de la saison 11, un cadeau de Dieu ou de sa sœur Amara à Sam et Dean pour le rôle qu'ils ont joué pour sauver (à plusieurs reprises) son œuvre : le monde lui-même !
Pour développer la psychologie des deux personnages principaux, parfois certains épisodes sont bavards, ennuyeux, moraux et philosophiques, donc pas inintéressants.
J'ai consacré un livre entier à cette série, porté sur son « intertextualité cinématogrpahique »..

The Strain (2014) 4 saisons
Déjà en 2006, *The Strain* était un projet de série télévisée qui a eu du mal à démarrer.Devant la difficulté, Guillermo del Toro et Chuck Hogan ont publié une série de trois romans : **La Lignée** (2009), **La Chute** (2010) et **La Nuit éternelle** (2011), (Presses de la cité).
La série télévisée n'a vu le jour qu'en 2014, créée par Guillermo del Toro et Chuck Hogan. Elle est produite par la chaîne américaine FX (FXproduction).
Parmi les nombreux réalisateurs, Guillermo del Toro participe à la tâche... Guillermo del Toro et Chuck Hogan sont producteurs délégués avec quelques autres.
Guillermo del Toro a réalisé de nombreux films fantastiques. Il se distingue par son originalité.
Dans **Blade 2** (2002), il avait déjà inventé une espèce de vampires hors normes, des vampires mangeurs de vampires !
Dans **The Strain**, il s'appuie, bien sûr, sur la tradition, mais il laisse de côté, c'est le moins qu'on puisse dire, le côté romantique du vampire.
Le physique du maître, le vampire supérieur, celui qui domine l'armée de strigoï (je n'accorde pas ce mot d'origine roumaine) à son service, est inspiré du *Nosferatu* (1922) de Murnau : il n'a pas de canines, mais ses deux incisives de devant sont proéminentes et pointues. Il n'a pas de nez, juste deux trous béants, on se demande à quoi ils servent, car on ne sait pas s'il respire.
Lui et ses strigoï sont des monstres, ils ont l'apparence de ce qu'ils sont : des monstres.

Ces monstres sont largement inspirés de la mythologie lovecraftienne. Ils ne mordent pas leur victime, mais ont une espèce de tentacule qui sort de leur bouche, long appendice au bout duquel se trouvent deux autres appendices proéminents pour saisir la partie du corps de la victime visée et un dard qui aspire le sang tout en paralysant l'être humain vampirisé.

Les auteurs de cette histoire ont voulu totalement sortir du mythe du vampire bel homme séducteur d'âge mûr, comme Murnau l'avait fait avant eux avec son film *Nosferatu*. Ils ont créé un être monstrueux avec un mécanisme biologique assez bien décrit, ce qui fait que cette série rejoint la science-fiction.

Ainsi, le fluide corporel du maître donne la vie éternelle et les vers qu'il apporte et transmet transforment le corps humain en strigoï. De nombreuses scènes de la série montrent des expériences biologiques et donnent un vrai contenu scientifique à l'histoire.

Les auteurs ont gardé quelques manifestations habituelles du mythe vampirique : le maître marche contre les murs et résiste (mal) à la lumière du soleil, alors que ses esclaves strigoï meurent rapidement sous l'effet des ultraviolets. Sachant que ce dernier aspect n'est pas vraiment dans le canon du créateur du mythe Bram Stoker, mais s'est développé ensuite avec le film de Murnau.

Le maître repose dans un gigantesque cercueil (la créature mesure trois mètres de haut !) dans de la terre dans laquelle grouillent les vers qui transmettent sa force de transformation et sa domination aux strigoï. Cette terre d'origine du maître joue un rôle important dans sa transmutation vers un autre corps humain qu'il transforme…

Je reviens sur l'influence de l'œuvre de Lovecraft dans cette série. On sait que del Toro est fasciné par l'œuvre de Lovecraft et qu'il a toujours en chantier le projet d'adapter au cinéma le court roman de Lovecraft *Les Montagnes hallucinées* (1931). On retrouve bien la philosophie de Lovecraft dans *The Strain* : l'horreur est une horreur un point c'est tout, l'horreur est terrible, l'espèce humaine est faible face aux démons, aux monstres qui se réveillent et prennent le pouvoir sur Terre. L'espèce humaine est perdue face à un avenir incertain soumis au pouvoir de monstruosités inouïes. On retrouve dans cette série le mépris de Lovecraft pour les humains.

D'autre part, le personnage principal de cette série est New York. On sait que Lovecraft a séjourné quelques années à New York où il ne s'est jamais plu. Pour lui, New York était la ville par où arrivaient les hordes d'immigrés dégénérés. Et dans *The Strain,* c'est par l'aéroport Kennedy que l'épidémie de strigoï arrive, avec un avion qui transporte le coffre qui abrite le maître. L'histoire joue beaucoup aussi sur la relation de la ville avec l'océan qui occupe, comme on le sait, aussi un grand rôle dans l'œuvre de Lovecraft. D'autre part, le quartier général des insurgés contre l'invasion strigoï se trouve dans le quartier de Red Hook qui a fait l'objet d'une nouvelle de Lovecraft : *Horreur à Red Hook* (1925). Enfin, un des personnages principaux, Fet, est un dératiseur, ce qui renvoie à la nouvelle *Les rats dans les murs* (1923). Je pourrais citer bien d'autres références à Lovecraft dans cette série, comme sa nouvelle *La Rue* (1920). Les rats sont aussi présents dans le *Nosferatu* (1922) de Murnau et son remake de Werner Kerzog (1978) et ils amènent l'épidémie de peste. Dans la légende de Dracula (que je décris dans la deuxième partie de ce livre), et dans ces deux films, le vampire apporte l'épidémie de peste avec le navire dans lequel tous les membres d'équipage sont morts, vampirisés. Ici, dans la série *The Strain*, c'est un avion qui amène le vampire et les rats dans la terre où il se cache pendant le voyage. Juste après l'atterrissage, le maître vampirise tous les passagers qui seront les patients zéro de l'épidémie strigoï...

Dans Dracula (qui est, en fait, une histoire d'amour) et dans tous les films qui s'en sont inspirés, l'épidémie vampirique (de strigoï...) a été stoppée par la mort du maître (c'est ainsi que Renfield nomme Dracula dans le roman de Bram Stoker). Ici, dans la série, del Toro envisage le pire : l'épidémie s'étend grâce à la trahison de quelques humains (ce sont des Renfield...) et la puissance de mort et de transmission des vers que possède le maître et tous ceux ensuite qui ont été transformés en strigoï... Le thème des plus grands classiques de l'horreur est développé et surexploité : à chaque initiative des humains, l'horreur progresse, s'étend et s'accentue. Et *The Strain* va jusqu'au bout de l'imaginaire vampirique : la destruction de la civilisation, la mise en esclavage des humains transformés en nourriture, pour les vampires.

D'autres thèmes du roman de Bram Stoker et du livre-enquête du R.P. Dom Augustin Calmet (*Traité sur les apparitions des esprits et sur les vampires...* 1746) sont repris dans la série. Comme celui des proches transformés qui reviennent transformer les personnes qu'ils aiment... Les auteurs de la série ont développé ce thème avec le fils du personnage principal. Puisque j'ai cité le livre de dom Calmet, sur lequel j'apporte des précisions dans le deuxième partie de l'ouvrage, la série parle aussi d'un livre secret qui pourrait donner la solution pour la destruction du maître. Il se nomme l'*Occido Lumen*.

Les auteurs s'inspirent de bien d'autres œuvres classiques sur le vampirisme et sur le fantastique en général. Par exemple, l'origine de la chasse au vampire d'Abraham Setrakian se trouve dans le camp de concentration d'Auschwitz, en Pologne, où l'Arménien a été emprisonné et confronté au SS Eicholst qui va jouer un rôle déterminant dans le retour du maître qui s'abreuvait, là-bas, du sang des déportés. On reconnaît le thème de Dan Simmons dans son roman *L'Échiquier du mal* (1989 publié en quatre volumes chez Denoël) et aussi d'autres traités par le même grand auteur, par exemple, dans *Les Fils des ténèbres* (1992).

Enfin, del Toro utilise aussi les ressorts des zombies : la transformation des humains en strigoï les fait ressembler à ces hordes de zombies qu'on voit dans de nombreux films et séries, zombies qui ont, eux (contrairement à la plupart des films de vampires) été jusqu'au bout de la disparition de la civilisation humaine.

Enfin, pour conclure, avant de passer la revue épisode par épisode des trois premières saisons, je dois insister sur le fait que la série de télévision ne respecte pas du tout le destin des personnages dans le livre et son exacte intrigue.

Trois exemples : le personnage de Nora Martinez meurt à la fin de la deuxième saison alors qu'elle reste bien vivante jusqu'au troisième tome du livre et, dans ce dernier, des passages décrivent la vie dans la station spatiale internationale pendant le développement sur Terre de l'épidémie strigoï, enfin, dans le deuxième tome, *La Chute*, pages 294 à 206, Setrakian meurt dans l'explosion d'une centrale nucléaire après avoir empoisonné le maître avec son sang, et ce dernier, très affaibli va se

transmuter dans le corps de Gabriel Bolivar alors que la station spatiale internationale est détruite par des débris spatiaux...
L'utilisation systématique du mot *strigoï* pour désigner les vampires introduit une sensation d'étrangeté, une sensation qui fait que le danger vient de l'étranger, l'étrange étranger...
Enfin, Guillermo del Toro rend hommage aux films de série B dans les épisodes 4 et 5 de la deuxième saison, jusqu'à créer un personnage qui fut autrefois réalisateur de ce genre de film et qui deviendra ami avec Gus, le délinquant mexicain...
J'ai publié un livre sur cette série.

Grimm (2011–2018) de Jim Kouf, David Greenwalt, série qui traite exactement le thème du bestiaire de tous les êtres fantastiques qui vivent parmi nous, se cachant derrière une apparence humaine et que seuls les « Grimm » peuvent détecter.
Voilà une très belle série inspirée des contes de Grimm, et qui les a considérablement développés et adaptés à notre époque moderne. Excellent.

12 Monkeys de Natalie Chaidez, Travis Fickett, Terry Matalas (2015-2018 – 4 saisons). Un développement du film **L'armée des 12 singes** de Terry Gilliam (1996). James Cole est envoyé du futur pour essayer d'empêcher la catastrophe qui anéantira l'humanité. Au début, on s'y plaît, puis la série se perd dans les méandres du temps...

Les Voyageurs du temps (Travelers) de Brad Wright (depuis 2016 – 3 saisons). Excellente série d'un spécialiste du genre, qui a fait ses preuves avec l'énorme série Stargate SG1 et ses avatars. Le « directeur » dirigeant du futur (une entité numérique intelligente ?) envoie l'esprit des voyageurs posséder le corps de personnes du passé juste avant leur mort pour essayer de changer l'avenir très sombre de l'humanité. Excellente série qui réussit à se maintenir sur la bonne voie, alors que ces histoires de voyages dans le temps ont tendance à se mélanger les pédales quand on n'y prend pas garde.

Ash Vs Evil Dead de Sam Raimi (2015)
Avec Bruce Campbell.
Tous les passionnés de cinéma fantastique se souviennent du film **Evil Dead.** Ce film réalisé par un très jeune Sam Raimi a marqué le genre par son côté destroy et aussi assez effrayant. Sam Raimi avait 23 ans quand son film est sorti ! Très lovecraftien, mais sans vraiment le montrer ouvertement, il a été suivi par deux suites et par un remarquable remake. Sam Raimi a voulu poursuivre son exploitation du genre avec cette série TV.
La série est donc créée par Sam Raimi et aussi Rob Tapert.
Sam Raimi accentue les côtés destroy du film Evil Dead, comme pour dire : « à cette époque-là j'étais encore jeune et je n'osais pas... » Il y a du sexe (mais surtout en paroles sauf au début), et une énorme quantité de sang qui gicle, qui coule, des

boyaux qui s'épandent, des pourritures qui coulent, des yeux blancs, des horreurs et encore des horreurs.
Les épisodes sont assez courts d'environ 30 minutes.
Trop long serait insoutenable ?...
Comme pour pouvoir laisser dire au spectateur : « P...in j'ai regardé *Ash Vs Evil Dead* et j'ai tenu le coup ! » C'est ainsi probablement que parlerait Ash joué par l'incomparable Bruce Campbell, l'acteur du film d'origine...
La série comporte trois saisons de 10 épisodes. La saison trois est passée à la télé.
On n'est pas inquiet comme dans le film : la série abuse des effets gore, c'est vraiment grand guignol.
Tout au long de cette série, il est question du *Necronomicon*, livre inventé par Lovecraft et que d'aucuns (lui le premier) ont tenté de faire croire qu'il était réel... Pour comprendre ce qu'est ce livre, il faudrait lire de nombreuses œuvres de Lovecraft. Mais heureusement, ce dernier a pensé à vous et a écrit un texte qui explique ce que c'est ! Sympa non ?
Cette courte leçon de choses se nomme *Histoire du « Necronomicon »*.
Lovecraft écrit : « Titre original : Al-Azif – Azi étant le nom que les Arabes donnent à ce bruit (émis par des insectes) qu'on entend la nuit et qui est censé être le hurlement des démons. »
Dans les nouvelles de Lovecraft, l'écrivain parle surtout du chant des Engoulevents qui appellent les âmes de morts. Mais ceci est autre chose.
Donc ce Necronomicon a été écrit par Abdul Alhazred vers 700 après Jésus-Christ.
Si vous voulez tout savoir sur le Necronomicon voici une (toute) petite biblio :
- Histoire du Necronomicon, in Lovecraft tome 1 page 597 - Bouquins
- Histoire du Necronomicon in Le Necronomicon, sous la direction de Georges Hay – J'ai Lu – l'aventure mystérieuse. Paru chez Belfond en 1979
- Night Océan, recueil de nouvelles de Lovecraft qui comprend également l'Histoire du Necronomicon ;

Perdus dans l'espace de Zack Estrin, Matt Sazama, Burk Sharpless (2018)
Une gentille famille comme seuls les Américains savent la présenter (très gentille, mais avec quelques contradictions...) se perd sur une planète aux propriétés étranges (elle tourne autour d'un trou noir... nous ne le saurons que tard dans la série, alors mes excuses pour le spoiler...).
Elle est confrontée à des tas de problèmes insurmontables, mais néanmoins surmontés, à des monstres et à un très beau robot qui se lie d'amitié avec le plus jeune enfant de la famille. Nous apprendrons plus tard (spoiler) que le naufrage de la station spatiale est dû au massacre des passagers par ce robot. Aïe !
Une série très agréable, très bien faite, bien structurée, des acteurs excellents, des péripéties haletantes.
Un excellent divertissement !

Et nous avons toujours pu voir : *Star Trek nouvelle génération – American Gothic – Galactica – Le nouvel homme invisible – Buck Rogers – Chapeau melon et bottes de cuir – Loïs et Clark – Highlander – Sliders – Invasion planète Terre – La Belle et la Bête – Contes de l'au-delà – Total Recall 207 – Smalville – Mutant X – Tru Calling* ...

Alors que le fantastique n'était pas pris au sérieux, aujourd'hui, il est présent partout à la télévision, dans les publicités et il apparaît dans de nombreuses séries télévisées, sitcom et autres fictions qui ne s'inscrivent pas dans ce genre.

Œuvres littéraires fantastiques adaptées au cinéma

(Classées par ordre chronologique de publication du livre)
Les titres de film sont portés entre parenthèses.

Les Mille et une Nuits (Le Septième voyage de Sindbad, Le Voleur de Bagdad, etc.)
L'Odyssée (Jason et les Argonautes...)
Les contes du Graal et de la Table Ronde (Perceval le Gallois, Les Aventuriers de l'arche perdue, Excalibur...)
La Tempête. William Shakespeare. 1611—1612. (Planète interdite)
La Belle et la Bête. Marie Leprince de Beaumont. Dix-huitième siècle. (Idem)
Faust. Goethe. 1808—1832. (Idem ; La Beauté du diable ; Marguerite de la nuit ; etc.)
Le Manuscrit trouvé à Saragosse. Jan Potocki (1761 – 1815).. (Idem)
Frankenstein. Mary Shelley 1818 (Idem, La Fiancée de F., La Revanche de F., Chair pour F., etc.)
Vij. Nicolas Gogol. 1835. (Le Masque du démon)
La Vénus d'Ille. Prosper Mérimée. 1837. (Idem)
Double assassinat dans la rue Morgue. E.A. Poe. 1841 (Idem)
Le Corbeau , le Puits et le pendule, la Chute de la Maison Usher, le Masque de la mort rouge, le Chat noir, L'étrange cas de M. Valdemar. E. A. Poe ; 1845. (Idem, Deux yeux maléfiques, Histoires extraordinaires)
Moby Dick. Herman Melville. 1851. (Idem)
La Main enchantée. Gérard de Nerval. 1852. (La Main du diable)
Voyage au centre de la terre. Jules Verne. 1864 (Idem)
Vingt mille lieues sous les mers. Jules Vernes. 1869. (Idem)
Carmilla. John Sheridan Le Fanu. 1871. (Vampyr ; Et mourir de plaisir ; The Vampire lovers ; Les sévices de Dracula)
La porte du sire de Malétroit. Robert Louis Stevenson. 1878. (Le château de la terreur)
Le Pourvoyeur de cadavres. Robert Louis Stevenson. 1884. (Le Récupérateur de cadavres ; L'impasse aux violences)
Les aventures d'Alice au pays des merveilles. Lewis Carrol. 1885. (Idem)
Le Horla. Guy de Maupassant. 1886—1887. (L'étrange histoire du juge Cordier)
Le cas étrange du Dr Jekyll et Mr Hyde. Robert Louis Stevenson. 1886 (Idem, Januskopf, le Testament du Dr Cordelier, Dr Jekyll et Sister Hyde, Deux visages du Dr Jekyll, etc.)
Le Fantôme des Canterville. Oscar Wilde. 1887. (Idem)
Le portrait de Dorian Gray. Oscar Wilde. 1890. (Idem...)
La Machine à explorer le temps. H.G. Wells. 1895. (Idem, C'était demain, etc.)
L'Île du docteur Moreau. H. G. Wells. 1896 (Idem)
Dracula. Bram Stoker. 1897. (Idem, Nosferatu, Cauchemar de Dracula, Dracula prince des ténèbres, etc., etc.)

Œuvres littéraires fantastiques adaptées au cinéma

L'homme invisible. HG Wells. 1898. (Idem, les Aventures d'un homme invisible...)
La Guerre des mondes. H.G. Wells. 1898. (Idem, etc.)
Le Tour d'écrou. Henri James. 1898 (Les Innocents ; Idem)
Le Magicien d'Oz. L. Frank Baum. 1900. (Idem)
La Charrette de la mort. Selma Lagerlöf. 1900 (La Charrette fantôme)
Les Premiers hommes dans la lune. H. G. Wells. 1901. (Idem)
Le Joyau aux sept étoiles. Bram Stoker. 1903. (The Awakening)
Sortilège. Montague R. James. 1905. (Rendez-vous avec la peur)
Ce qui se passa sur le pont d'Owl Creek. Ambrose Bierce. 1909. (La Rivière du hibou)
Le Fantôme de l'Opéra. Gaston Leroux. 1910. (Idem)
Le Repaire du ver blanc. Bram Stoker. 1911. (Idem)
Mandragore. Heinz Hanz Ewers. 1911. (Idem, Alraune en allemand)
La guerre du feu. J.H. Rosny Ainé. 1911. (Idem)
Le Monde perdu. Arthur Conan Doyle. 1912. (Idem)
Tarzan l'homme-singe. Edgar Rice Burroughs. 1912. (Idem et nombreuses variations de titres : on compte environ une cinquantaine de films sur Tarzan...)
L'étudiant de Prague. H. H. Ewers. 1913. (Idem)
Le Procès. Franz Kafka. 1914. (Idem)
La Chose dans les algues. W. H. Hodgson. 1914. (Idem)
Le Golem. Gustav Meyrink. 1915. (Idem)
Le cycle de Pellucidar. Edgar Rice Burroughs. 1914—1944. (Centre terre 7e continent)
La Nuit de Walpurgis. Gustav Meyrink. 1917. (Idem)
Le cycle de Capsak. Edgar Rice Burroughs. 1918. (Le sixième continent et Le continent oublié)
Les Mains d'Orlac. Maurice Renard. 1920. (Idem)
De l'au-delà. Howard. P. Lovecraft. 1920. (Aux Portes de l'au-delà)
Herbert West réanimateur. Howard. P. Lovecraft. 1922 (Re-animator)
Le lot 249. Arthur Conan Doyle. 1922 (Sketch dans les "Contes de la nuit noire")
La bête aux cinq doigts. William Fryer Harvey. 1928. (Idem)
L'affaire Charles Dexter Ward. Howard. P. Lovecraft 1928. (La malédiction d'Arkham)
Le Necronomicon. Howard P. Lovecraft (Idem : film reprenant trois nouvelles de Lovecraft).
Les vierges de Satan. 1934. Dennis Wheatley. (Idem)
L'abomination de Dunwich. H. P. Lovecraft. 1938 (Idem)
Conan... Personnage inventé par Robert E. Howard fin des années 1920 et début des années 1930 (Conan le barbare et Conan le destructeur...)
Rebecca. Daphné Du Maurier. 1938 (Idem)
La Bête d'un autre monde. John W. Campbell. 1938. (La chose d'un autre monde ; The Thing...)
Le Désert des Tartares. Dino Buzzati. 1940. (Idem)
Le Maître et Marguerite. Mikhaïl Afanassevitch Boulgakov. 1940, publié en 1966. (Idem)
Malpertuis. Jean Ray. 1943. (Idem)
1984. George Orwell. 1949. (Idem)

Œuvres littéraires fantastiques adaptées au cinéma

Chroniques martiennes. Ray Bradbury. 1950 (Idem)
La foire de ténèbres. Ray Bradbury. (Idem)
La corne de brume. Ray Bradbury. (Idem)
Le météore. Ray Bradbury. (Le météore de la nuit)
L'homme illustré. Ray Bradbury. 1951. (Idem)
La Sentinelle. Arthur C. Clarke. 1951 (2001, l'Odyssée de l'espace)
Les Triffides. John Wyndham.1951 (La révolte des Triffides)
Fahrenheit 451. Ray Bradbury. 1953 (Idem)
La Mouche. Georges Langelaan. (Idem ; la Mouche noire...)
Les Survivants de l'infini. Raymond F. Jones. 1953. (Idem)
Deuxième variété. Philip K. Dick.1953. (Planète hurlante)
Le seigneur des anneaux. J.R.R. Tolkien. 1954. (Idem : dessin animé)
Les Oiseaux. Daphné Du Maurier. 1954. (Idem)
Je suis une légende. Richard Matheson. 1954. (Idem)
L'Invasion des profanateurs. Jack Finney. 1955. (L'Invasion des profanateurs de sépulture ; Body Snatchers) Ce roman ressemble étrangement à une nouvelle de P. K. Dick : Le père truqué. 1955.
L'Homme qui rétrécit. Richard Matheson. 1956. (Idem)
Les coucous de Midwich John Wyndham 1957 (Le village des Damnés)
Starship Troopers. Robert Heinlein. 1959 (Idem)
Psychose. Robert Bloch. 1959 (Idem)
Solaris. Stanislas Lem. 1961 (Idem)
Orange mécanique. Anthony Burgess. 1962. (Idem)
Maison hantée. Shirley Jackson. 1962. (La Maison du diable – Hantises)
Dune. Frank Herbert. 1965 (Idem)
De Mémoire d'homme. Philip K. Dick. 1966. (Total Recall)
Les Androïdes rêvent-ils de moutons électriques? Philip K. Dick. 1968. (Blade Runner)
Rosemary's Baby. Ira Levin. 1968. (Idem)
La Planète des singes. Pierre Boulle. 1968. (Idem et autres variations...)
La maison des damnés. Richard Matheson. 1971. (Idem)
Le visage de l'autre. Thomas Tryon. 1971. (L'autre)
La fête du maïs. 1973. Thomas Tryon (Idem)
Pique-nique au bord du chemin. Arcadi et Boris Strougatski. 1972 (Stalker)
Crash! Jim G. Ballard. 1973. (Idem)
La semence du démon. Dean R. Koontz. 1973 (Génération Protheus)
La mort en direct. David G. Compton. 1974. (Idem)
Le Jeune homme, la mort et le temps. Richard Matheson. 1975 (Quelque part dans le temps)
Manitou. Graham Masterton. 1975. (Le Faiseur d'épouvante)
Entretien avec un vampire. Ann Rice. 1976 (Idem)
Wolfen. Whitley Strieber. 1978. (Idem)
Les Prédateurs. Whitley Strieber. 1980. (Idem)
2010 Odyssée 2. Arthur C. Clarke. 1982 (Idem)
Phantoms ("Spectres" en français). Dean R. Koontz. 1983 (Idem)
Contact. Carl Sagan. 1985. (Idem)

Œuvres littéraires fantastiques adaptées au cinéma

The Hellbound heart. Clive Barker. 1986. (Hellraiser)
Cabale. Clive Barker. 1988. (Idem)
Faux-semblants. Bari Wood et Jack Geasland (Idem)
Jurassic Park. Michael Crichton. 1990. (Idem)
Vampires. John Steakley 1990 (Idem)
Relic (Superstition). Douglas Preston et Lincoln Child. 1996 (Idem),
Etc.

Listes de films à thèmes

D'abord revenons sur quelques films :

L'exorciste de William Friedkin (1973)
La version intégrale n'apporte pas grand-chose de plus. Cela permet de revoir ce film terrifiant qui a marqué les années soixante-dix et de s'apercevoir que le *son* joue un rôle déterminant dans la montée de la peur.
Il y a eu deux suites : *L'exorciste 2 L'Hérétique(1977)* de John Boorman et *l'exorciste 3 (1990)* et une préséquelle : *Exorcist : the beginning (2004)*
Autres séquelles :
Exorcism de Steven E. DeSouza – *La Maison de l'exorcisme* de Mario Bava (1974) – *Stigmata* de Rupert Wainwright (1999) – *Les Âmes perdues* de Janusz Kaminski (2000)...

Vendredi 13 et ses suites.
L'année 2002 a été celle de la sortie de Jason X au cinéma (voir ci-dessus) et de l'intégrale des Vendredi 13 en DVD. Je n'ai jamais été emballé par cette série. À tort, car elle est plus complexe qu'il n'y paraît.
Elle donne une piètre image de l'Amérique et de ses habitants qui n'auraient que ce qu'ils méritent, Jason le meurtrier n'étant en fin de compte qu'une espèce de justicier.
Jason va en enfer est particulièrement savoureux !
Petit jeu des questions :
À partir de quel épisode Jason porte le masque du hockeyeur ?
Dans quel(s) épisode(s) l'héroïne se défend (mal) avec une tronçonneuse ?
Dans quel(s) épisode(s) on assiste à une exécution dans un chiotte ?
Dans quel(s) épisode voit-on la tête momifiée de la mère de Jason ?
Dans quel(s) épisode(s) Jason renaît grâce à son cœur ?
Combien d'épisodes de Vendredi 13 avez-vous vu ?
Y a-t-il un ou des épisodes en trois dimensions ?
Tous les "Vendredi 13" :
Vendredi 13 (1980) Sean S. Cunnigham. – Le Tueur de vendredi (1981) Steve Miner – Meurtres en trois dimensions (Le tueur du vendredi 2) (1982) Steve Miner – Vendredi 13 chapitre final (1984) Joseph Zito – Vendredi 13 une nouvelle terreur (1985) Danny Steinmann – Jason le mort vivant (1986) Tom Mc Laughlin – Vendredi 13 chapitre 7 un nouveau défi (1988) John Carl Buechler – Vendredi 13 chapitre 8 Jason conquiert Manhattan (1990) Rob Hedden – Vendredi 13 Jason en enfer (1993) Adam Marcus – Jason X (2002) James Isaac – Freddy contre Jason de Ronny Yu (2003) - Vendredi 13 de Marcus Nispel (2009)
teve Miner a réalisé deux *Vendredi 13* et un *Halloween* ;
(D'autres réalisations de Steve Miner dans la même veine : *House (1985)* – *Warlock (1990)* – *Lake Placid (1999) (Une petite allusion à Crystal Lake ?)*

Un autre :
Vendredi 13 d'Arthur Lubin (1940) est une histoire de greffe de cerveau.

Halloween et ses suites.
L'année 2002 a été également celle de la sortie de Halloween resurrection (voir ci-dessus).
Le grand frère de Jason, Michael, beaucoup plus intellectuel, est aussi beaucoup plus freudien. Contrairement à Jason, Michael est beaucoup plus injuste : il représente l'Amérique puritaine qui tue...
L'épisode 3 ne met pas en scène Michael le tueur.
La série des "Halloween" :
La Nuit des masques (Halloween) (1978) John Carpenter – Halloween II (1981) Rick Rosenthal – Halloween III, le sang du sorcier (1982) Tommy Lee Wallace – Halloween IV (1988) Dwight H. Little – Halloween 20 ans après, il revient (1998) Steve Miner – Halloween resurrection (2002) Rick Rosenthal - Halloween de Rob Zombie (2007) – Hallowwen 2 de Rob Zombie (2009)

Hellraiser et ses suites.
Ces films, contrairement aux apparences, sont très puritains : les Cénobites tels les grands inquisiteurs infligent d'atroces souffrances aux pécheurs...
Hellraiser (Clive Barker) 1987 – *Hellraiser II, les écorchés* (Tony Randel) 1988 – *Hellraiser III, enfer sur la terre* (Anthony Hickox) 1993 – *Hellraiser IV, bloodline* (Alan Smithee, c'est le pseudonyme "officiel" d'Hollywood pour les réalisateurs qui ne veulent pas afficher leur nom au générique, en réalité, le réalisateur est Kevin Yagher) 1997 – *Hellraiser inferno* de Scott Derrickson (2000) - Hellraiser: Seeker de Rick Bota (2001) - Hellraiser: Deader de Rick Bota (2003) - Hellraiser : Hellword de Rick Bota (2003) - Hellraiser Revelations de Victor Garcia (2010).

Les listes de films à thèmes qui suivent s'arrêtent en 2004, année de publication de mon livre « *Un siècle de cinéma fantastique et de SF* »
Pour les années suivantes, se reporter à mes ouvrages de taxinomie du cinéma fantastique qui sont, à l'heure où nous mettons sous presse :
Aliens, Mutants et autres monstres – Lovecraft au cinéma – Nature terrifiante et cinéma fantastique – Anges, Démons et Enfer – Zombies et autres revenants – Robots, I.A. & mondes virtuels – Philip K. Dick – Voyages dans le temps – Mondes virtuels...

Cannibales

(Je ne mets pas ici les films de morts-vivants mangeurs de chair humaine que l'on retrouvera dans la liste "morts-vivants")
Les films de cannibales ont connu une forte production dans les années quatre-vingt... avec une certaine renaissance au début du troisième millénaire.

Blood Feast de Herschell Gordon Lewis (1963) – 2000 Maniacs de Herschell Gordon Lewis – Massacre à la tronçonneuse de Tobe Hooper (1974) – La Colline a des yeux 1 et 2 de Wes Craven (1 : 1977 et 2 : 1985) – La Montagne du dieu cannibale de Sergio Martino (1978) – Le Dernier monde cannibale de Ruggero Deodato (1978) – Cannibal holocaust de Ruggero Deodato (1980) – Anthropophagus de Joe D'Amato (1980) – La Terreur des zombis de Franck Martin (1980) – Pulsions cannibales d'Antonio Margheriti (1980) – La Guerre du feu de Jean-Jacques Annaud (1981) – Sexo cannibal de Jesus Franco (1981) – Cannibal ferox d'Umberto Lenzi (1982) – Virus cannibal de Vincent Dawn (1982) – L'île de l'enfer cannibales de Sisworo Gautama et Sam Gardner (1982) – – Massacre à la tronçonneuse 2 de Tobe Hooper – Cannibal Campout de Tom Fisher et John Mc Bride (1988) – Cannibal tours de Denis O'Rourke (1988) – Les Cannibales de Manœl Oliveira (1988) – Un Destin cannibale de Roger Guillot (1989) – Le Silence des agneaux de Jonathan Demme (1990) – Braindead de Peter Jackson (1992) – Vorace de Antonia Bird (1999) – Trouble Every Day de Claire Denis (2001) – Hannibal de Ridley Scott (2001) – Dragon rouge Brett Ratner (2002) – Détour mortel de Rob Schmidt (2003) – Massacre à la tronçonneuse de Marcus Nispel (2004)

Diable

Le manoir du diable et Le cabinet de Mephistophélès de George Méliès (1897) – Häxan (la sorcellerie à travers les âges) de Benjamin Christensen (1921) – Les visiteurs du soir de Marcel Carné (1941) – La main du diable de Maurice Tourneur (1942) – La beauté du diable de René Clair (1949) – Un Pacte avec le diable de John Villiers Farrow (1949) – Marguerite de la nuit de Claude Autant-Lara (1956) – Rendez-vous avec la peur de Jacques Tourneur (1958) – L'œil du diable d'Igmar Bergman (1960) – Les vierges de Satan de Terence Fisher (1967) – Rosemary's Baby de Roman Polanski (1968) – Les Diables de Ken Russel (1970) – Lisa et le diable de Mario Bava (1972) – L'Exorciste de William Friedkin (1973) et sa suite : L'Exorciste II : L'Hérétique de John Boorman (1977) – La Maison de l'exorcisme de Mario Bava (1974) – La sentinelle des maudits de Michael Winner (1976) – La malédiction de Richard Donner (1975) et ses suites : Damien la malédiction II de Don Taylor (1978) – L'Enfant du diable de Peter Medak (1980) – La Malédiction finale de Graham Baker (1981) La Malédiction IV de Jorge Montesi et Dominique Othenin Girard (1991) – Possession d'Andrzej Kulawski (1981) – Les Enfants du maïs de Fritz Kiersh (1984) – Les sorcières d'Eastwick de George Miller (1987) – Angel Heart d'Alan Parker (1987) – Le diable de Susan Seidelman (1989) – Sanctuaire de Michele Soavi (1989) – Mr Frost de Philippe Setbon (1990) –Warlock de Steve Miner (1991) et sa suite : Warlock 2 (The Armageddon) d'Anthony Hickox (1993) – La Secte de Michele Soavi (1991) – Ma vie est un enfer de Josiane Balasko (1991) – Le jour de la bête d'Alex De La Iglesia (1995) – Les couleurs du diable d'Alain Jessua (1997) – Le Témoin du mal de Gregory Hoblit (1997) – Spawn de Mark A.Z. Dippé (1997) – L'associé du diable de Taylord Hackford (1998). – La Neuvième porte de Roman Polanski (1999) –

La Fin des temps de Peter Hyams (1999) – Possesed d'Anders Ronnow-Klarlund (1999) – Les Âmes perdues de Janusz Kaminski (2000) – L'Élue de Chuck Russel (2000) – Faust de Brian Yuzna (2001) – Jeepers Creepers (Le chant du diable) de Victor Salva (2002) – Cubbyhouse de Murray Fahay (2001)– Fausto 5.0 d'Alex Olle et Isidore Ortiz et Carlos Padrissa (2002)

Séries TV :
American gothic (Sam Raimi) 1995 – Poltergeist (1998)

Docteurs de l'horreur !

Voir déjà ci-dessus le célèbre Docteur Jekyll et plus bas le Docteur Frankenstein, et aussi Jack l'éventreur (puisqu'il semblerait qu'il fût le médecin de la reine...)

Le Cabinet du docteur Caligari de Robert Wiene (1920) – Docteur Mabuse (et toute la série notamment le Diabolique Dr Mabuse 1960) de Fritz Lang (1922) – Les Mains d'Orlac de Robert Wiene (1924) – Docteur X de Michael Curtiz (1932 – version couleur) – L'île du Dr Moreau d'Erle C. Kenton (1932) – Les Mains d'Orlac de Karl Freund (1935) – Dr Cyclops d'Ernest B. Schœdsack (1940) –Le Récupérateur de cadavres de Robert Wise (1945) – L'Impasse aux violences de John Gilling (1959) – Les Yeux sans visage de Georges Franju (1959) – Le Moulin des supplices de Giorgio Ferroni (1960) – Le Cirque des horreurs de Sydney Hayers (1960) – Docteur Caligari de Roger Kay (1962) – L'Horrible docteur Orloff de Jésus Franco (1962) – Le Musée des horreurs de Freddie Francis (1963) – L'Horrible cas du Dr X de Roger Corman (1963) – Docteur Folamour de Stanley Kubrick (1964) – Le Diabolique docteur Z de Jesus Franco (1965) – L'abominable Dr Phibes de Robert Fuest (1971) – Le retour de l'abominable Dr Phibes de Robert Fuest (1972) – L'Homme à la tête coupée de Juan (John) Fortuny (1973) – Traitement de choc d'Alain Jessua (1973) – L'île du Dr Moreau de Don Taylor (1977) – La Terreur des zombis de Franck Martin (1980) – Horreur dans la ville de Michael Miller (1982) – Le Jour des morts-vivants de George A. Romero (1985) – Docteur Rictus de Manny Coto (1992) – L'île du Dr Moreau de John Frankenheimer (1996) – Anatomie de Stefan Ruzowitzky (2000) – Terreur point com de William Malone (2002) – Anatomie 2 de Stefan Ruzowitzky (2002) – Qui a tué Bambi ? de Gilles Marchand (2003)

Quelques psychiatres pour compléter :
Obsessions de Brian de Palma (1977) – Nightmare concert de Lucio Fulci (1990) – Cabale de Clive Barker (1990) – Le Silence des agneaux de Jonathan Demme (1990) et Hannibal de Ridley Scott (2000) et... Dragon rouge...

Docteur Jekyll et Mister Hyde

Der Januskopf de Murnau (1920) – Dr Jekyll et Mr Hyde de Rouben Mamoulian (1932) et de Victor Fleming (1941) – Le Testament du docteur Cordelier de Jean Renoir (1959) – Les deux visages du Dr Jekyll de Terence Fisher (1960) – Dr Jerry et Mr Love de Jerry Lewis (1963) – Je suis un monstre de Stephen Weeks (1971) – Dr Jekyll and Sister Hyde de Ward Baker (1971) et, sur le même thème, La Machine de François Dupeyron (1994) – Mary Reilly de Stephen Frears (1995) – Et Dr Jekyll et Mr Hyde de Maurice Phillips (2002) – La Ligue des Gentlemen Extraordinaires de Stephen Norrington (2003) – Van Helsing de Stephen Sommers (2004)

Dragons

(Je ne parlerai pas des dessins animés la plupart très niais !)
Les films de Godzilla (voir à Godzilla)

Le dragon du lac de feu de Matthews Robbins (1981) – Excalibur de John Boorman (1981) – Merlin and the Sword de Clive Donner (1983) – L'histoire sans fin 1 de Wolfgang Petersen (1984) – L'histoire sans fin 2 de George Miller (1989) – L'histoire sans fin 3 de Peter Mc Donald (1995) – Cœur de dragon de Rob Cohen (1996) – Donjons et dragons de Courtney Solomon (2000) – Le Seigneur des anneaux de Peter Jackson (2001) – Evolution d'Ivan Reitman (2001) – Le règne du feu de Rob Bowman (2002)

Enfants terribles

Le village des damnés de Wolf Rilla (1960) – Les innocents de Jack Clayton (1961) – Children of the damned d'Anton M. Leader (1963) – Rosemary's Baby de Roman Polanski (1968) – Le Corrupteur de Michael Winner (1972) – L'autre de Robert Mulligan (1972) – La Malédiction de Richard Donner (1975) – Demain les mômes de Jean Pourtalé (1976) – Damien la malédiction II de Don Taylor (1978) – La Nuit des masques (Halloween) de John Carpenter (1978) – L'Enfant du diable de Peter Medak (1980) – Manhattan baby de Lucio Fulci (1982) – La Malédiction IV de Jorge Montesi et Dominique Othenin Girard (1991) – Le Tour d'écrou de Rusty Lamorande (1992) – Sixième sens de M. Night Shyamalan (1999) – Un jeu d'enfants de Laurent Tuel (2001) – Les Autres d'Alejandro Amenabar (2001) – Cubbyhouse de Murray Fahay (2001) – Godsend, expérience interdite de Nick Hamm (2004)

En téléfilms : Les enfants du maïs 1 et 2 d'après Stephen King

Extraterrestres

Le Voyage dans la Lune de Georges Méliès (1902) – Aelitade J. Protozanov (1924) – La Chose d'un autre monde de Christian Nyby (1951) – Le Jour où la Terre s'arrêta de Robert Wise (1951) – Les Envahisseurs de la planète rouge de William Cameron Menzies (1953) – La Guerre des mondes de Byron Has{in (1953) – Le Météore de la nuit de Jack Arnold (1953) – Les Survivants de l'infini de Joseph Newman (1955) – Le Monstre de Val Guest (1955) – L'Invasion des profanateurs de sépulture de Don Siegel (1956) – Le Satellite mystérieux (Koji Shima) 1956 – Les Soucoupes volantes attaquent de Fred F. Sears (1956) – Prisonnières des Martiens d'Inoshiro Honda (1957) – La Marque de Val Guest (1957) – À des Millions de kilomètres de la Terre de Nathan Juran (1957) – The Blob d'Irvin S. Yeaworth (1958) – Le Village des damnés de Wolf Rilla (1960) – Le Monstre aux yeux verts de Romano Ferrara (1961) – La Planète des hommes perdus d'Antonio Margheriti (1961) – La révolte des Triffides de Steve Sekely et Freddy Francis (1962) – Children of the damned d'Anton M. Leader (1963) – Les Premiers hommes sur la Lune de Nathan Juran (1964) – Le Ciel sur la tête de Yves Ciampi (1964) – La Planète des vampires de Mario Bava (1965) – Les Daleks envahissent la Terre de Gordon Flemyng (1966) – *Invasion planète X* d'Inoshiron Honda (1966) – Les Monstres de l'espace de Roy Ward (1967) – La Nuit de la grande chaleur de Terence Fisher (1967) – Signal une aventure dans l'espace de Gottfried Kolditz (1970) – Solaris d'Andreï Tarkovski (1972) – L'Homme qui venait d'ailleurs de Nicolas Rœg (1976) – Rencontres du troisième type de Steven Spielberg (1977) – La Guerre des étoiles de Georges Lucas (1977) – L'Invasion des profanateurs de Philip Kaufman (1978) – Superman de Rochard Donner (1978) – Stalker d'Andreï Tarkovski (1979) – Alien le huitième passager de Ridley Scott (1979) – Star Trek le film de Robert Wise (1979) – ET l'estraterrestre de Steven Spielberg (1982) – The Thing de John Carpenter (1982) – Xtro de Harry Bromley Davenport (1982) – Les Envahisseurs sont parmi nous de Michael Laughlin (1983) – Cocoon de Ron Howard (1985) – 2010 odyssée 2 de Peter Hyams (1985) – Lifeforce de Tobe Hooper (1985) – Starman de John Carpenter (1985) – L'Invasion vient de Mars de Tobe Hooper (1986) – Enemy de Wolfgang Petersen (1986) – Aliens, le retour de James Cameron (1986) – Predator de John Mac Tiernan (1987) – Creepshow 2 de Geroge A. Romero (1987) – Invasion Los Angeles de John Carpenter (1988) – Le Blob de Chuck Russel (1988) – Hidden de Jack Sholder (1988) – Futur immédiat de Graham Baker (1988) – Abyss de James Cameron (1988) – Dark Angel de Craig R. Baxley (1990) – Simple Mortel de Pierre Jolivet (1991) – Alien ^{3} de David Fincher (1992) – Predator 2 de Stephen Hopkins (1991) – Body Snatchers d'Abel Ferrara (1993) – Les Tommyknockers de John Power (1993) – Time Master de J. Glickenhaus (1944) – Hidden 2 de Seth Pinsker (1994) – Le Village des damnés de John Carpenter (1994) – Les Marrrrtiens de Patrick Johnson (1994) – Stargate de Roland Emerich (1994) – Les Maîtres du monde de Sturat Orme (1995) – La Mutante de Roger Donaldson (1995) – Dark Breed de Pepin Richard (1995) – Annihilator de Michael Chapman (1995) – La Belle verte de Coline Serreau (1996) – The Arrival de David Twohy (1996) – Independence Day de Roland Emerich (1997) – Demain un autre monde de Jorge Montesi (1997) – Mars Attacks ! de Tim Burton (1997) – Progeny de Brian Yuzna (1997) –

Sphere de Barry Levinson (1997) – Men in black de Barry Sonnenfeld (1997) – Alien la résurrection de Jean-Pierre Jeunet (1997) – Le Cinquième élément de Luc Besson (1997) – Starship Troopers de Paul Verhœven (1998) – The Second Arrival de Kevin S. Tennay (1998) – Dark City d'Alex Proyas (1998) –La Mutante 2 de Peter Medac (1998) – The X-files de Rob Bowman (1998) – Perdus dans l'espace de Stephen Hopkins (1998) – Virus de John Bruno (1998) – The Faculty de Robert Rodriguez (1999) – Wing Commander de Chris Roberts (1999) –Mission to Mars de Brian de Palma (1999) – Intrusion de Rand Ravich (2000) – Planète rouge d'Anthony Hoffman (2000) – Pitch Black de David Twohy (2000) – Evolution d' Ivan Reitman (2001) – Men in Black 2 de Barry Sonnenfeld (2002) – Undead de Michael et Peter Spierig (2002) – Alien contre Predator de Paul Anderson (2004)

Mais aussi des films TV comme : Le Monstre évadé de l'espace – Le Seigneur du temps (Geoffroy Sax) – Ils sont parmi nous – Invasion (A. Mastroianni) – etc.

Fantômes

La chute de la maison Usher de Jean Epstein (1928) – Fantômes à vendre de René Clair (1933) – Le fantôme vivant (The Ghoul) de T. Hayes Hunter (1933) – Le Couple invisible de Norman Z. Mac Leod (1937) – Fantômes en croisière de Norman Z. Mac Leod (1939) – La Charrette fantôme de Julien Duvivier (1939) – Le Mystère de la maison Norman d'Elliott Nugent (1939) – Le Mystère du château maudit de George Marshall (1940) – Le Retour de Topper de Roy Del Ruth (1941) —Fantômes en vadrouille d'Arthur Lubin (1941) – Le Fantôme de Canterville de Jules Dassin (1942) – La Falaise mystérieuse de Lewis Allen (1944) – Sylvie et le fantôme de Claude Autant-Lara (1945) – Deux Nigauds dans le manoir hanté de Charles T. Barton (1946) – La Bête aux cinq doigts de Robert Florey (1946) – L'aventure de madame Muir de Joseph L. Mankiewicz (1947) – Les Contes de la lune vague après la pluie de Kenji Mizogushi (1952) – Fais-moi peur de George Marshall (1953) – Le Masque du démon de Mario Bava (1961)— Les Innocents de Jack Clayton (1961) – Le Corps et le fouet de Mario Bava (1962) – L'Empire de la terreur de Roger Corman (1962) – Carnival of souls d'Harold « Herk » Harvey (1962) – La Chute de la maison Usher de Roger Corman (1962) – La Malédiction d'Arkham de Roger Corman (1963) – La Danse macabre d'Antonio Margheriti (1963) – La Maison du diable de Robert Wise (1963) – La Sorcière sanglante d'Antonio Margheriti (1964) – La Tombe de Ligeia de Roger Corman (1964) – Deux mille maniaques de Herschell Gordon Lewis (1964) – Le Manuscrit trouvé à Saragosse de Wojciech Has (1966) – Topper de Charles S. Dubin (1971) – La Maison des damnés de John Hough (1972) – L'Homme des hautes plaines de Clint Eastwood (1972) – Fog de John Carpenter (1979) – Amityville, la maison du diable de Stuart Rosenberg (1979) et ses suites : Amityville 2, le possédé de Damiano Damiani (1982) et Amityville 3 de Richard Fleischer (1983) (Il y a eu aussi « Amityville 4 à la télévision) – Shining de Stanley Kubrick (1980) – Poltergeist de Tobe Hooper (1982) et ses deux suites : Poltergeist II de Brian Gilson (1986) et III de Gary Sherman (1988) – SOS Fantômes d'Ivan Reitman (1982) et sa suite : SOS Fantômes 2 du même – Le Fantôme de Milburn de John Irvin (1982) – Christine de John Carpenter (1983) – House de Steve Miner (1985) et sa suite : House 2 d'Ethan Wiley (1986) Deux autres suites : House 3 et House 4 – Histoires de fantômes chinois de Ching Siu Tung (1987 et ses deux suites (1990 et 1991) – Hello Mary Lou de Bruce Pittman (1987) – Les Fantômes d'Halloween de Frank Laloggia (1988) – Beetlejuice de Tim Burton (1988) – Prison de Renny Harlin (1988) – Ghost de Jerry Zucker (1990) – Le Gardien des esprits de Sam Shepard (1992) – Le Tour d'écrou de Rusty Lemorande (1992) – Candyman de Bernard Rose (1992) et sa suite Candyman 2 par Bill Condon (1995) et aussi Candyman 3 de Turi Meyer (1999) – The Crow d'Alex Proyas (1993) et The Crow la cité des anges de Tim Pope (1997) – Fantôme avec chauffeur (1995) – Haunted de Lewis Gilbert (1995) – Fantômes contre fantômes de Peter Jackson (1997) – Ring de Hideo Nakata (1998) Ring 2 du même et Ring 0 de Norio Tsuruta (2000) – Hantise de Jan De Bont (1999) – Hypnose de David Kœpp (1999) – Sixième sens de M. Hight Shyamalan (2000) – Kaïro de Kiyoshi Kurosawa (2000) —7 Jours à vivre de Sebastian Niemann (2000) – Souvenirs mortels de Fernandez Armero (2000) – Les Autres d'Alejandro Amenabar (2001) – 13 Fantômes de Steve Beck (2001) – Un jeu d'enfants de Laurent Tuel (2001) – L'Échine du diable de Guillermo del Toro (2002) – Apparitions de Tom Shadyac (2002) – Le Cercle (The Ring) de gore Verbinski (2002) – Memento Mori de Kim Tae-Yong et Min Kyu-Dong (2002) – Dark Water de Hideo Nakata (2002) – Rose Red de Graig R. Baxley (2002) d'après Stephen King – Bangkok Haunted de Pisuth Praesaengaim et Oxide Pang-Shun – Deux Sœurs de Kim Jee Woon (2003) – Nuits de terreur de Jonathan Liebesman (2003) – The Eye d'Oxide et Danny Pang (2003) – Le Manoir hanté et les 999 fantômes de Rob Minkoff – Gothika de Mathieu Kassovitz (2003) – Saint-Ange de Pascal Laugier (2004) – The Grudge de Takashi Shimizu (2004) [A noter les films japonais du même réalisateur : The Grudge (2002) et The Grudge 2 (2003)].

Et puis une série TV française (2004) en quatre épisodes de 1 h 35 chacun : Le Miroir de l'eau d'Edwin Baily

On peut aussi citer des Machines hantées :
Duel (Steven Spielberg) 1971, *un camion avec chauffeur* – Enfer mécanique (Elliot Silverstein) 1977, *une voiture noire sans chauffeur* – Christine (John Carpenter) 1983, *une voiture envoûte son propriétaire* – L'ascenseur de Dick Maas (1983) – Maximum Overdrive (Stephen King) 1986, *de méchants camions* – L'ambulance (Larry Cohen) 1989, *on en a peur, mais c'est plutôt de ceux qui l'utilisent qu'il faut avoir peur* – The Refrigerator (Nicholas A. E. Jacobs) *1992, vous avez deviné ce que c'est...* – The Mangler (Tobe Hooper) 1995, *une horrible machine à laver*
Quant aux films sortis seulement en vidéo (Taille-haie, tondeuse à gazon...) ce n'est pas ce qui manque...

Le Fantôme de l'Opéra

Le Fantôme de l'Opéra de Rupert Julian (1925) – Le Fantôme de l'Opéra d'Arthur Lubin (1941) – Le Fantôme de l'Opéra de Terence Fisher (1962) – Phantom of the Paradise de Brian de Palma (1975) – Terreur à l'Opéra de Dario Argento (1987) – Le Fantôme de l'Opéra de Dwight H. Little (1990) – Le Fantôme de l'Opéra de Dario Argento en 1999 – Le Fantôme de l'Opéra de Jœl Schumaker (2004)...

Fées

(Je ne cite pas les films d'animation...)
Peau d'âne (1970) de Jacques Demy – Les aventures de Pinocchio (1972) de Luigi Comencini (on n'a jamais fait mieux ! La fée est jouée par la délicieuse Gina Lollobrigida) – Legend (1985) de Ridley Scott – Sailor et Lula (1990) de David Lynch – Hook (1991) de Steven Spielberg – Pinocchio (1996) de Steve Barron – Forever de Nick Willing (1987) – Le Mystère des fées (Une histoire vraie) de Charles Sturridge (1998) – La Guerre des fées de Michael Ritchie (1998)

Fins du monde

Le Choc des mondes (1951) de Rudolph Mate – La Guerre des mondes (1953) de Byron Haskin – Le Satellite mystérieux (Koji Shima) 1956 – Le Monde, la chair et le diable (1959) de Ronald Mac Dougall – Le Dernier rivage (1959) de Stanley Kramer – Le Jour où la Terre prit feu (1961) de Val Guest – Le Sous-marin de l'apocalypse d'Irwin Allen (1961) – Les Damnés (1961) de Joseph Losey – La révolte des Triffides de Steve Sekely et Freddy Francis (1962) – Les Oiseaux (1963) d'Alfred Hitchcock – Le Seigneur des mouches (1963) de Peter Brook – Docteur Folamour (1963) de Stanley Kubrick – Point limite (1964) Sydney Lumet – La Bombe -1965) de Peter Watkins – Quand la Terre s'entrouvrira (1965) d'Andrew Marton – Le Dernier homme (1968) de Charles Bitsch – La Planète des singes (1968) de Franklin J. Schaffner – Les Fenêtres du temps (1969) de Tamas Fejer – Terre brûlée (1970) de Cornel Wilde – Le Survivant (1971) de Boris Sagal – Les Survivants de l'apocalypse (ou de la fin du monde) (1974) de Jack Smight – New York ne répond plus (1975) de Robert Clouse – Demain les mômes (1976) de Jean Pourtalé – Holocauste 2000 d'Alberto de Martino (1977) – Zombie le crépuscule des morts-vivants (1978) de George A. Romero – L'Enfer des zombies de Lucio Fulci (1979) – Météor (1979) de Ronald Neame – Mad Max (1979) de George Miller et ses deux suites par le même : Mad Max 2 (1981) et Mad Max au-delà du dôme du tonnerre (1985) – Malevil (1981) de Christian de Challonge – Le Dernier combat (1983) de Luc Besson – Terminator (1984) de James Cameron et sa suite par le même : Terminator 2 : le jugement dernier (1991) – Le Dernier survivant (1985) de Geoff Murphy – Le Jour des morts-vivants (1985) de George A. Romero – Le Retour des morts-vivants 2 (1987) de Ken Wiederhorn – Cyborg (1989) d'Albert Pyun – L'armée des 12 singes (1995) de Terry Gilliam – Waterworld (1995) de Kevin Reynolds – Independence Day (1997) de Roland Emmerich – Mars Attacks ! de Tim Burton (1997) – Deep Impact de Mimi Leder (1998) – Armageddon de Michael Ray (1998) – Possessed d'Anders Ronnow-Klarlund (1999) – La Fin des temps de Peter Hyams (1999) – Supernova de Thomas Lee (1999) – Resident evil de Paul Anderson (2001) – Le règne du feu de Rob Bowman (2002) – Terminator3 : le soulèvement des machines de Jonathan Mostow (2003) – 28 jours plus tard de Danny Boyle (2003) – Le Jour d'après de Roland Emmerich (2004) – L'armée des morts de Zack Snyder (2004)

Il faut également citer les films de télévision : Le Fléau (1994) de Mike Garris (D'après le roman de Stephen King) –USS Charleston, dernière chance pour l'humanité (2000) de Russel Mulcahy

Frankenstein

Frankenstein de J. S. Dawley (1910) – Frankenstein de J.Whale (1931) – La Fiancée de Frankenstein de J. Whale (1935) – Le Fils de Frankenstein de Rowland V. Lee (1939) – Frankenstein rencontre le loup-garou de Ray William Ney (1943) – La Maison de Frankenstein d'Erle C. Kenton (1944) – La Maison de Dracula d'Erle C. Kenton (1945)— Dans les années quarante et cinquante, toute une série de films mêlant Frankenstein, Dracula, le Loup-garou, avec Christopher Lee, Lon Chaney Jr, Bela Lugosi et, bien sûr, Boris Karloff – Frankenstein s'est échappé ! de Terence Fisher (1957) – La Femme nue et Satan de Victor Trivas (1958) – La revanche de Frankenstein de Terence Fisher (1958) – Frankenstein 70 de Howard W. Koch (1958)— L'Empreinte de Frankenstein de Freddie Francis (1964) – Frankenstein créa la femme de Terence Fisher 1967 – Le Retour de Frankenstein de Terence Fisher (1969) – Les Horreurs de Frankenstein de Jimmy Sangster (1970) – Frankenstein et le monstre de l'enfer de Terence Fisher (1973) – Frankenstein Junior de Mel Brooks (1974) – Chair pour Frankenstein de Paul Morrissey (1973) – Horreur dans la ville de Michael Miller (1982) – La Promise de Franc Roddam (1985) – La Résurrection de Frankenstein de Roger Corman (1990) – Frankenhooker de Frank Henenlotter (1990) – Frankenstein de Kenneth Branagh (1994) – Van Helsing de Stephen Sommers (2004) – Godsend, expérience interdite de Nick Hamm (2004)

De nombreuses séries télévisées furent consacrées au Monstre, je citerai la meilleure, diffusée sur FR3 en 1976, intitulée simplement en Français « Frankenstein » de Jack Smight (*Frankenstein the True Story*). Très beau téléfilm. On a vu aussi « L'antre de Frankenstein » et « Frankenstein » de David Wickes en 1992..

Freddy, les griffes de la nuit

Les Griffes de la nuit de Wes Craven (1984) – La Revanche de Freddy de Jack Sholder (1985) – Les Griffes du cauchemar de Chuck Russel (1987) – Le Cauchemar de

Freddy de Renny Harlin (1988) – L'Enfant du Cauchemar de Stephen Hopkins (1989) – La Mort de Freddy de Rachel Talalay (1991) – Freddy sort de la nuit de Wes Craven (1994) – Freddy contre Jason de Ronny Yu (2003)
Il y a une série de télévision, intitulée *Freddy, le cauchemar de vos nuits*, avec des téléfilms de Tobe Hooper, Tom Mac Loughlin, Mick Garris et Ken Wiederhorn.

Gloire des USA qui sauvent le monde

Le Monstre des temps perdus d'Eugène Lourie (1953) – Tarantula de Jack Arnold (1955), araignée géante qui fut détruite grâce au... napalm ! – Le Sous-marin de l'apocalypse d'Irwin Allen (1961) : un sous-marin atomique sauve le monde – Stargate de Roland Emmerich (1994) : la bombe atomique anéantit l'extraterrestre qui veut dominer le monde – Independence Day de Roland Emmerich (1996) : la bombe atomique détruit le vaisseau mère des extraterrestres – Starship Troopers de Paul Verhœven (1997) : l'affaire est plutôt tournée en dérision (au deuxième degré...) – Armageddon de Michael Bay (1998) – Godzilla de Roland Emmerich (1998)
Et puis il y a la série de télévision : « Space 2063 ».

Godzilla

Les films d'Inoshiro Honda (1911–1993) :
Godzilla (1954) – King Kong contre Godzilla (1963) – Mothra contre Godzilla (1964) – Godzilla contre la chose (1964) – Invasion planète X (1966) – La Guerre des monstres (1966) – La Revanche de King Kong (1967) – Les Envahisseurs attaquent 1968) – La Revanche de Godzilla (1969) – Mechagodzilla contre attaque (1975)
D'autres :
Le Retour de Godzilla de Motogoshi Udo (1955) – Godzilla, roi des monstres de Terry Morse (1956) – Ebirah contre Godzilla de Jun Fukuda (1966) – Le Fils de Godzilla de Jun Fukuda (1967) –Godzilla contre Hedora de Yoshimitu Banno (1971) – Godzilla contre Gigan de Jun Fukuda (1972) – Godzilla et l'île des monstres de Jun Fukuda (1972) – Godzilla contre le monstre du brouillard de Yoshimitu Banno (1972) – Godzilla contre Megalon de Jun Fukuda (1973) – Godzilla contre le monstre de l'espace de Jun Fukuda (1974) – Godzilla 1985 de Kohji Hashimoto (1985) – Godzilla de Roland Emmerich (1998).

Gothique

Le Golem (Paul Wegener et Carl Bœse) 1920 – Nosferatu (Friedrich Wilhelm Murnau) 1922 – Frankenstein (James Whale) 1931 – Dracula (Tod Browning) 1931 – La Fiancée de Frankenstein (James Whale) 1935 – La Marque du vampire (Tod Browning) 1935 – La Tour de Londres (Rowland W. Lee) 1939 et son remake par Roger Corman en 1962 – Le Récupérateur de cadavres (Robert Wise) 1945 et son remake

« L'Impasse aux violences » (John Gilling) 1960 – Le Mystère du château noir (Nathan Hertz Juran) 1952 – Frankenstein s'est échappé ! (Terence Fisher) 1957 (La plupart des films de Terence Fisher sont gothiques.) – Le Cauchemar de Dracula (Terence Fisher) 1958 – La Revanche de Frankenstein (Terence Fisher) 1958 – Le Masque du démon (Mario Bava) 1960 – Les Maîtresses de Dracula (Terence Fisher) 1960 – La Nuit du loup-garou (Terence Fisher) 1961 – La Chambre des tortures (Roger Corman) 1961 – Terreur (Roger Corman) 1963 (tourné dans le décor du « Corbeau » par le même en 1963) – Le Corps et le fouet (Mario Bava) 1963 – La Sorcière sanglante (Antonio Margheriti sous le pseudonyme d'Anthony Dawson) 1964 – Dracula prince des ténèbres (Terence Fisher) 1965 – Les Vierges de Satan (Terence Fisher) 1967 – Le Retour de Frankenstein (Terence Fisher) 1969 – Frankenstein et le monstre de l'enfer (Terence Fisher) 1973 – Alien le huitième passager (Ridley Scott) 1979 – Gothic (Ken Russel) 1986 – Hellraiser le pacte (Clive Barker) 1987 et ses trois séquelles – Batman (Tim Burton) 1989 – Sanctuaire (Michele Soavi) 1989 – Dracula (Francis Ford Coppola) 1992 – Candyman (Bernard Rose) 1992 et sa suite « Candyman 2 » (Bill Condon) 1995 – Cabale (Clive Barker) 1990 – The Crow (Alex Proyas) 1993 et ses séquelles « The Crow la cité des anges » (Tim Pope) 1997 et « The Crow Salvation » (Bharat Nalluri) 1999 – Batman le défi (Tim Burton) 1993 – Frankenstein (Kenneth Branagh) 1994 – Entretien avec un vampire (Neil Jordan) 1994 – Une Nuit en enfer (Robert Rodriguez) 1995 – Star Trek premier contact (Jonathan Frakes) 1997 – Spawn (Mark A.Z. Dippé) 1997 – Event Horizon, *le vaisseau de l'au-delà* (Paul Anderson) 1997 – Vampires (John Carpenter) 1998 – Sleepy Hollow de Tim Burton (2000)) – Underworld de Len Wiseman (2003) – Hypnotic de Nick Willing (2003) – Van Helsing de Stephen Sommers (2004)

Guerre

Quelques films de guerre
Qui n'ont rien à envier dans le domaine de l'horreur...

Bastogne de William A. Wellman (1949) – La 317e section de Pierre Schœndœrffer (1964) – L' Armée des ombres de Jean Pierre Melville (1969) – Croix de fer de Sam Peckinpah (1977) – Apocalypse Now de Francis Ford Coppola (1979) – Full Metal Jacket de Stanley Kubrick (1987) – Une balle dans la tête de John Woo (1990) – Dien Bien Phu de Pierre Schœndœrffer (1992) – La Ligne rouge de Terrence Malick (1998) – Il faut sauver le soldat Ryan de Steven Spielberg (2000) – Stalingrad de Jean-Jacques Annaud (2001)

Habitations méchantes

La Chute de la maison Usher de Jean Epstein (1928 et 1929 pour la version sonorisée) ; autres version : Yvan Barnett (1948) ; Roger Corman (1961) – La Maison du diable de Robert Wise (1963) – House of damned de Maury Dexter (1963) – La Maison des damnés de John Hough (1972) – Malpertuis de Harry Kumel (1972) – La Maison des damnés de John Hough (1972) – Au rendez-vous de la mort joyeuse de Juan Bunuel (1972) – Lisa et le diable de Mario Bava (1972) – La Maison de l'exorcisme de Mario Bava (1974) – La Maison aux fenêtres qui rient de Pupi Avati (1976) – La sentinelle des maudits de Michael Winner (1976) – Inferno de Dario Argento 1978 – Amityville, la maison du diable de Stuart Rosenberg (1979) et ses suites : Amityville 2, le possédé de Damiano Damiani (1982) et Amityville 3 de Richard Fleischer (1983) (Il y a eu aussi « Amityville 4 et Amityville, la maison des poupées » à la télévision) La Maison près du cimetière de Lucio Fulci (1981) – House de Steve Miner (1985) et ses suites House 2 d'Ethan Wiley (1986) House 3 et House 4 de Lewis Abernathy (1991) – Le Sous-sol de la peur de Wes Craven (1991) – Hantise de Jan de Bont (1999) – Le Projet Blair Witch d'Eduardo Sanchez et Daniel Myrick (1999) – La Maison de l'horreur de William Malone (1999) – Souvenirs mortels de Fernandez Armero (2000) – Blair Witch 2 le livre des ombres de Joe Berlinger (2000) – Christina's house de Gavin Wilding (2000) – 7 Jours à vivre de Sebastian Niemann (2000) – Darkness de Jaume Balaguero (2003) – 13 Fantômes de Steve Beck (2001) – Un jeu d'enfants de Laurent Tuel (2001) – Cubbyhouse de Murray Fahay (2001) – Saint-Ange de Pascal Laugier (2004) – The Grudge de Takashi Shimizu (2004) [A noter les films japonais du même réalisateur : The Grudge (2002) et The Grudge 2 (2003)].

Insectes, araignées et autres...

Des Monstres attaquent la ville (Gordon Douglas) 1953, *des fourmis rendues géantes par les radiations* – Tarantula (Jack Arnold) 1955, *ah ! ces scientifiques avec leurs expériences...* – La Chose surgie des ténèbres (Nathan Juran) 1957, *cette fois la chose décongelée est une mante...* – Les Monstres de l'enfer vert (Keneth Crane) 1957, *d'énormes insectes mutants dans la jungle* – La Mouche noire (Kurt Neuman) 1958, *un homme invente la désintégration des corps et leur reconstitution ; hélas, une mouche s'est introduite dans l'appareil en même temps que le savant...* – Mothra contre Godzilla (Inoshiro Honda) 1964, *une mite géante, puis ses deux « petits » luttent contre Godzilla* – Les Survivants de l'apocalypse (ou de la fin du monde) (1974) de Jack Smight, *scorpions géants et cafards désosseurs suite à l'apocalypse nucléaire* – Invasion des araignées géantes (Bill Rebane) 1975 – Les insectes de feu (Jeannot Szwarc) 1975, *après un tremblement de terre, des insectes incendiaires sortent des crevasses* – L'empire des fourmis géantes (Bert L. Gordon) 1977 – L'Inévitable catastrophe d'Irwin Allen (1978) *abeilles tueuses* – Phenomena (Dario Argento) 1984, *insectes nécrophages* – La Mouche (David Cronenberg) 1988, *remake génial du film de 1958* –Voyage au bout de l'horreur (Terence H. Winkless) 1988, *cafards sanguinaires et désosseurs* – Arachnophobie (Frank Marshall) 1990, *une monstrueuse araignée est importée dans le cercueil de sa victime* – La Secte de Michele Soavi (1991) – La Mouche 2 (Chris Walas) 1992 – Ticks (Tony Randel) 1993, *tiques devenues monstrueuses à cause de trafiquants de drogue* – Phase IV (Saul Bass) 1994, *fourmis tueuses* – Mosquito (Gary Jones) 1994, *moustiques géants* – Men in Black (Barry

Sonnenfeld) 1997, *le méchant du film est un extra-terrestre, énorme cafard géant* – Mimic (Guillermo del Toro) 1997, *insectes géants tueurs prenant notre apparence dans le métro de New York* – Starship Troopers de Paul Verhœven (1998), *guerre contre des insectes extraterrestres !* – Perdus dans l'espace (Stephen Hopkins) 1998, *araignées teigneuses dans un vaisseau abandonné.*– La Momie (Stephen Sommers) 1999, *une nuée de sales cafards dévorent vivants les archéologues* – Planète rouge d'Anthony Hoffman (2000) *de petits insectes vous dévorent tout cru sur Mars* – Éclosion d'Ellory Elkayem 2000 – Arac Attack ! d' Ellory Elkayem (2002) *les araignées sont magnifiques !* – Arachnid de Jack Sholder (2002) – Harry Potter et la chambre des secrets de Chris Colombus (2002) *des araignées géantes tentent (sans succès) de manger Harry* – Infested de Josh Olson (2002) *des mouches mutantes transforment les êtres humains en morts-vivants. On peut même plus compter sur le curé !*

Beaucoup de téléfilms sur les abeilles « tueuses », fourmis et autres frelons... et aussi :

Au Royaume des sables de Stuart Gillard (1995), le pilote de *Au-delà du réel l'aventure continue*. Excellente histoire de sales insectes importés de Mars...Et surtout l'excellent : L' Île des morts de Tim Southam (2000)

Des séquelles : Starship Troopers 2 de Phil Tippett (2003) – Mimic 2 de Jean De Segonsac (2003)

Autres sales petites bestioles :
Squirm de Jeff Lieberman (1976) *il y en des milliards de... vers de terre* – The Stuff de Larry Cohen (1985) *une histoire de parasite pas piquée des vers...* – Slugs de Juan Piquer Simon (1987) *un petit film d'horreur avec des... limaces mutantes carnivores* – Tremors de Ron Underwood (1989) *des vers géants préhistoriques sortent de terre pour dévorer tout ce qui passe* et ses suites : Tremors 2 : les dents de la Terre de S. Wilson (2001) et Tremors 3 : le retour de Brent Madock (2002)

Jack l'éventreur

The Lodger d'Alfred Hitchcock (1926) – Jack l'éventreur (The Lodger) de John Brahm (1946) – Le Tueur de Londres de Hugo Fregonese (1953) – Jack l'éventreur de Robert S. Baker et Monty Berman (1958) –Meurtre par procuration de Freddie Francis (1963) – Sherlock Holmes contre Jack l'eventreur de James Hill (1965) – La Fille de Jack l'éventreur de Peter Sasdy (1971) – Jack l'éventreur de Jésus Franco (1976) – Meurtres par décret de Bob Clark (1978) – C'était demain de Nicholas Meyer (1979) – From Hell d'Allen et Albert Hughes (2001)

Dans les films de télévision :
Le Retour de Jack l'éventreur d'E. W. Swackhamer – La Véritable histoire de Jack l'éventreur de David Wickes (1989). Dans ce dernier film, Wickes, qui en a aussi écrit le scénario, développe l'hypothèse selon laquelle le médecin de la Reine serait Jack l'éventreur... Avec Michael Caine.

King Kong

King Kong d'E.B. Schœdsack et M.C. Cooper (1933) – Le fils de King Kong (1933) d'Ernest B. Schœdsack – Monsieur Joe (1943) d'Ernest B. Schœdsack – King Kong contre Godzilla (quelle idée !) (1963) d'Inoshiro Honda – La Revanche de King Kong (1967) d'Inoshiro Honda – King Kong (1976) de John Guillermin – King Kong revient (1977) de Paul Leder – Le colosse de Hong Kong (1977) de Ho Meng-Hua – King Kong II (1986) de John Guillermin.

Loups-garous

Le Monstre de Londres de Stuart Walker (1935) – Le Loup-garou de George Waggner (1941) – Frankenstein rencontre le loup-garou de Ray William Ney (1943) – Dans les années quarante et cinquante, toute une série de films mêlant Frankenstein, Dracula, le Loup-garou, avec Christopher Lee, Lon Chaney Jr, Bela Lugosi et, bien sûr, Boris Karloff – La Fille du loup-garou d'Henry Levin (1944) – La Nuit du loup-garou de Terence Fisher (1961) – Lycanthropus (Le monstre aux filles) de Richard Benson (pseudo de Paolo Heusch 1961) – Les Crocs de Satan (La terreur des Banshee) de Gordon Hessler (1970) – La Légende du loup-garou de Freddy Francis (1974) – The Beast must die de Paul Annett (1974) – Hurlements de Joe Dante (1980) – Wolfen de Michael Wadleight (1980) – Au-delà du réel de Ken Russel (1981) – Le Loup-garou de Londres (1981) de John Landis – La Compagnie des loups de Neil Jordan (1984) – Hurlements 2 de Philippe Mora (1984) – Teen Wolf de Rod Daniel (1985) – Peur bleue de D. Attis (1985) – Wolf (1994) de Mike Nichols – Le Loup-garou de Paris d'Anthony Waller (1997) – Ginger Snaps de John Fawcett (2001) – Dog soldiers de Neil Marshall (2002) – Underworld de Len Wiseman (2003) – Van Helsing de Stephen Sommers (2004)
Il faut aussi citer les films vidéo : Full Eclipse d'Anthony Hickox (1993) – L'antre de Frankenstein de Peter Werner (1998) – Ginger Snaps de John Fawcett (2001) (excellent !) – Hurlements du N° 3 au N° 7 !

Lovecraft

(Films inspirés de l'œuvre de l'écrivain)

Le Monstre de Val Guest (1955) – La Marque de Val Guest (1957) – La chose d'un autre monde de Christian Nyby (1951) – Caltiki, monstre immortel de Riccardo Freda (et, dit-on, Mario Bava...) (1959) – La Malédiction d'Arkham de Roger Corman (1963) inspiré de « L'affaire Charles Dexter Ward » – House of the End of the World de Daniel Haller (1965) n'est semble-t-il pas tiré du roman de Hogdson, mais de la nouvelle de Lovecraft : « La Couleur tombée du ciel » – La Malédiction des Watheley de David Greene (1966) d'après « La Chambre condamnée » – Necronomicon de Jésus Franco (1967) – Les Monstres de l'espace de Roy Ward (1967) –The Dunwich

Horror de Daniel Haller (1969) produit par Roger Corman – Alien de Ridley Scott (1979) – Evil Dead de Sam Raimi (1982) – Les Entrailles de l'enfer de Philippe Mora (1982) – The Thing de John Carpenter (1982) – Conan le destructeur de Richard Fleischer (1984) Conan est un personnage de l'écrivain Robert E. Howard qui fut un compagnon littéraire de Lovecraft. Il n'est donc pas étonnant qu'on retrouve dans ses histoires quelques monstres ou ambiances lovecraftiens. Ici c'est surtout le monstre... – Re-animator de Stuart Gordon (1985) d'après les nouvelles « Herbert West réanimateur » et sa séquelle « Re-animator 2 » de Brian Yuzna – Aux Portes de l'au-delà de Stuart Gordon (1986) tiré de la nouvelle « De l'au-delà » Prince des ténèbres de John Carpenter (1988) met en scène le grand Cthulhu sans le nommer – The Resurrected de Dan O'Bannon (1991) d'après « L'affaire Charles Dexter Ward » – La Secte de Michele Soavi (1991) – L'antre de la folie de John Carpenter (1994) met en scène le grand Lovecraft lui-même (sous un prête-nom...) et cite plusieurs de ses œuvres dont « Le modèle de Pickman », et, surtout, il y a ses monstres – Necronomicon, trois sketches de Brian Yuzna, Christophe Gans et Shushuke Kaneko (1993) sur trois nouvelles : « Celui qui chuchotait dans les ténèbres », « Air froid » et « Les rats dans les murs » – Castle Freak de Stuart Gordon (1995) – Alien la résurrection de Jean-Pierre Jeunet (1997), où le monstre est le plus lovecraftien... – Un Cri dans l'océan de Stephen Sommers (1997) un monstre qui vient des profondeurs. – She Creature de Sebastien Gutierrez (2001) – Dagon de Stuart Gordon (2002) – Atomik Circus de Didier et Thierry Poiraud (2002) – Hellboy de Guillermo del Toro (2004) –

Film TV amusant : Détective Philip Lovecraft de Martin Campbel (1991)

Momies

La Momie du roi de Gérard Bourgeois (1909) – La Momie de Karl Freund (1932) – La Main de la Momie de Christy Cabanne (1940) – Le Fantôme de la momie de Reginald Le Borg (1943) – La Malediction de la momie de Leslie Goodwins (1944) – Deux Nigauds et la momie de Charles Lamont (1955) – La Malédiction des pharaons de Terence Fisher (1959) – Les Maléfices de la momie de Michael Carreras (1964) – La Vengeance de la momie de René Cardona (1964) – Les Griffes de la momie de John Gilling (1966) – Manhattan Baby de Lucio Fulci (1982) – Waxwork de Anthony Hickox (1988) – Darkside de John Harrison (un sketch adapté d'une nouvelle de Conan Doyle) – La Momie de Gerry O'Hara (1993) – Momie la résurrection de Gerry O'Hara (1993) – La Légende de la Momie (adaptation du roman « Le joyau des sept étoiles » de Bram Stoker) de Ken Larson (1996) – La Momie de Sephen Sommers (1999) – La Malédiction de la momie de Russel Mulcahy (2000) – Le Retour de la momie de Stephen Sommers (2000) – Belphégor de Jean-Paul Salomé (2000)

Mondes virtuels

Tron (Steven Lisberger) 1982, premier film qui raconte les aventures d'un être humain entré dans le circuit informatique d'un jeu – Jusqu'au bout du monde (Wim Wenders) 1991, un savant fou, caché au fin fond de l'australie, invente un système pour voir ses rêves (enfin...) – Le cobaye (Brett Leonard) 1992, un simple d'esprit devient un surdoué grâce à la « réalité virtuelle ». Il se vengera des humiliations subies – Le cobaye 2 cyberspace (Farhad Mann) 1995, Jobe, le surdoué ancien débile, a survécu à l'explosion... – Le tueur du futur (Rachel Talaly) 1993, l'esprit d'un psychotique est transporté dans le réseau informatique et téléphonique des États-Unis... – Brainscan (John Flynn) 1994, un jeu informatique d'horreur devient réalité ! – Strange Days (Kathryn Bigelow) 1995, en 1999, on saura enregistrer les rêves... comme dans le film « Jusqu'au bout du monde » de Wim Wenders. Étonnant, non ? – Johnny Mnemonic (Robert Longo) 1995, ici, au siècle prochain, on utilise le cerveau à la place des disquettes qui ont vraiment une trop faible capacité ! – Rewind de Sergio Gobbi (1997) – Nirvana de Gabriele Salvatores (1997) le virtuel devient réel... – Ouvre les yeux d'Alejandro Amenabar (1997) prolonger la vie virtuellement – eXistenZ de David Cronenberg (1998) un jeu bio-informatique. – Matrix (La Matrice) de Larry et Andy Lwachowski (1999). Ici, c'est le monde tel que nous le vivons qui est virtuel ! – Avalon de Mamoru Oshii (2000) On peut atteindre le paradis à condition d'être très bon.

Morts-vivants

White Zombie, les morts-vivants de Victor Halperin (1932) – Le fantôme vivant (The Ghoul) de T. Hayes Hunter (1933) – Le mort qui marche de Michael Curtis (1936) – Le retour du Docteur X de Vincent Sherman (1939) – L'Invasion des morts-vivants de John Gilling (1965) – La Nuit des Morts-vivants de George A. Romero (1968) – La Révolte des morts-vivants d'Armando d'Ossorio (1971) – Martin de George A. Romero (1977) – Zombie le crépuscule des morts-vivants de George A. Romero (1978) — L'Enfer des zombies (Zombi 2) de Lucio Fulci (1979) – La Terreur des zombis de Franck Martin (1980) – Frayeurs de Lucio Fulci (1980) – Le Lac des morts-vivants de J. Lazer (1980) – Une Vierge chez les morts-vivants de Jess Franco (1981) – La Maison près du cimetière de Lucio Fulci (1981) – L'au-delà de Lucio Fulci (1981) – La Morte-vivante de Jean Rollin (1982) – L'abîme des Zombies de Jess Franco (1983) – Le Retour des morts-vivants de Dan O'Bannon (1984) – Le Jour des morts-vivants de George A. Romero (1985) – L' Emprise des ténèbres de Wes Craven (1987) – Le Retour des morts-vivants 2 de Ken Wiederhorn (1987) – Zombi III de Lucio Fulci (1988) – Zombie academy de David Acomba (1988) – Universal Soldier de Roland Emmerich (1992) – Braindead de Peter Jackson (1992) – Le Retour des morts-vivants 3 de Brian Yuzna (1993) – Dellamorte Dellamore de Michele Soavi (1993) – La Nuit des morts-vivants de Tom Savini (remake en couleurs du film de Romero, produit par lui) en 1990. – Resident evil de Paul Anderson (2001) – Undead de Michael et Peter Spierig (2002) – Pirates des Caraïbes de gore Verbinski (2003) – 28 jours plus tard de Danny Boyle (2003) *en fait je ne sais pas s'il s'agit bien de morts-vivants, mais dans le doute...* – Beyond Re-animator de Brian Yuzna (2003) – L'armée des morts de Zack Snyder (2004)

Film TV excellent : Moi zombie, chronique de la douleur d'Andrew Parkinson (1998)
Et aussi Flic ou zombie de Mark Goldblatt (1988)

Dans la série des Vendredi 13, Jason devient un mort-vivant à partir du numéro 6, intitulé justement Jason le mort-vivant et réalisé par Tom Mac Loughlin (1986)
Voir ci-dessus mon analyse de la série des Vendredi 13 et la liste complète.
Quant à Michael dans la série des Halloween on se demande toujours ce qu'il est...
Freddy Krueger, lui, en est des morts-vivants, sauf que l'on se demande s'il est vivant...
Et puis on trouve des morts-vivants dans Le Loup-garou de Londres et dans La Main qui tue...

Profondeurs aquatiques

Vingt mille lieues sous les mers ou le cauchemar d'un pêcheur (Georges Méliès) 1907 – Vingt mille lieues sous les mers (Richard Fleischer) 1954 – L'étrange créature du lac noir (Jack Arnold) 1954 et sa suite La Revanche de la créature (Jack Arnold) 1955 – Godzilla (Inoshiro Honda) 1954 et toutes ses séquelles – Attack of the crab monsters (Roger Corman) 1957, je ne cite jamais les films qui n'ont pas été diffusés en France, permettez-moi de faire une exception pour R. Corman – Le Monstre des abîmes (Jack Arnold) 1958 – Caltiki monstre immortel (Riccardo Freda) 1959 – Le Peuple des abîmes de Michael Carreras (1968) – Les dents de la mer (Steven Spielberg) 1975 et ses séquelles : Les dents de la mer 2 (Jeannot Szwark) 1978 ; Les dents de la mer 3 (Joe Alves) 1983 ; Les dents de la mer 4 : la revanche (Joseph Sargent) 1987 – Les sept cités d'Atlantis (Kevin Connor) 1978 – M.A.L. (Mutant aquatique en liberté) (Sean Cunningham) 1989, le film qui préfigura les suivants qui ne reconnurent pas cette paternité... – Abyss (James Cameron) 1989 – Leviathan (George Pan Cosmatos) 1989 – Alien la créature des abysses (Antonio Margheriti) 1989 – Waterworld (Kevin Reynolds) 1995 – Un Cri dans l'océan (Stephen Sommers) 1997 – Sphere de Barry Levinson) (1997) – She Creature de Sebastien Gutierrez (2001) – Dagon de Stuart Gordon (2002) – Abîmes de David Twohy (2002)

Robots,
ordinateurs et intelligence artificielle

Du robot de « Metropolis » en passant par l'ordinateur qui se révolte dans *2001 L'odyssée de l'espace* et le robot de *Mondwest*, jusqu'aux « répliquants » de *Blade Runner*, l'homme réfléchit sur l'autonomie que peut (doit) prendre la créature vis-à-vis de son créateur. L'Homme n'est-il pas la créature de Dieu ?

Le Golem (Paul Wegener et Carl Bœse) 1920 – Aelita (Jakov Protazanov) 1924 – Metropolis (Fritz Lang) 1927 – Les Contes d'Hoffmann de Michael Powelll et Émeric Pressburger (1951) – Le Jour où la Terre s'arrêta (Robert Wise) 1951 – Les Survivants de l'infini (Joseph Newman et Jack Arnold, ce dernier est non crédité) 1954 – Planète interdite (Fred M. Wilcox) 1956 – The Invisible boy (Le cerveau infernal) de Herman Hoffman (1957) – Prisonnières des Martiens (Inoshiro Honda) 1957 – Alphaville de Jean Luc Godard – Les Daleks envahissent la Terre de Gordon Flemyng (1966) – 2001 L'odyssée de l'espace (Stanley Kubrick) 1968 – THX 1138 (George Lucas) 1971 – Silent Running (Douglas Trumbull, 1972) – Woody et les robots (Woody Allen) 1973 – Mondwest (Michael Crichton) 1973 – Casanova de Fellini (1976) – Génération Proteus de Donald Cammell (1977) – La Guerre des étoiles (George Lucas) 1977 – *Les deux autres volets de la trilogie :* L'empire contre-attaque (Irvin Kershner) 1980, et Le retour du Jedi (Richard Marquand) 1983, produits par George Lucas – En 1999, Star Wars Épisode 1 la menace fantôme et en 2001 Épisode 2 : la guerre des clones, de George Lucas – Galactica la bataille de l'espace de R.A Colla et A.J. Levi 1979) – Le Trou noir de Gary Nelson 1979 – Alien (Ridley Scott) 1979 – Trois suites à ce jour : « Aliens, le retour » de James Cameron (1986), « Alien 3 » de David Fincher (1992) et « Alien la résurrection » (1997) de Jean-Pierre Jeunet. – Star Trek (Robert Wise) Plusieurs suites bien sûr : « Star Trek II : la colère de Khan » par Nicholas Meyer (1982) et « Star Trek III : à la recherche de Spock » de Leonard Nimoy (1984) – « Star Trek IV : retour sur Terre » de Leonard Limoy (1987) – « Star Trek V : l'ultime frontière » de William Shatner (1989) – « Star Trek VI : Terre inconnue » de Nicholas Meyer (1991) – « Star Trek generations » de David Carson (Picard prend le relais...) (1994) – « Star Trek premier contact » de Jonathan Frakes (1997) et « Star Trek insurrection » de Jonathan Frakes (1998) – Saturn 3 (Stanley Donnen) 1980 – Blade Runner (Ridley Scott) 1982 – Tron (Steven Lisberger) – Tetsuo de Shinya Tsukamoto (1983) – Tetsuo 2 Body Hammer du même – Runaway l'évadé du futur de Michael Crichton (1984) – Terminator (James Cameron) 1984 – La suite, réalisée par le même, est encore mieux : « Terminator 2, le jugement dernier » (1991) et – Terminator 3 : le soulèvement des machines de Jonathan Mostow (2003) – D.A.R.Y.L. de Simon Wincer (1985) – 2010 odyssée 2 (Peter Hyams) 1985 – Robocop (Paul Verhœven) 1987 – Suites : « Robocop 2 » d'Irvin Kershner 1990 – « Robocop 3 » de Fred Dekker 1992., et encore jusqu'au N° 5 je crois... – Cyborg d'Albert Pyun 1989 – Total Recall (Paul Verhœven) 1990 – Edward aux mains d'argent (Tim Burton) 1991 – Ghost in the Shell (Mamoru Oshii) 1995 – Planète hurlante (Christian Duguay) 1996 – Alien la résurrection (Jean-Pierre Jeunet)

1997 – Perdus dans l'espace (Stephen Hopkins) 1998. – Small Soldiers (Joe Dante) 1998 – Virus (John Bruno) 1998 – eXistenZ (David Cronenberg) 1999 – Matrix (La Matrice) (Larry & Andy Wachowski) 1999 et – Matrix Reloaded de Larry et Andy Wachowski (2003) et – Matrix Revolutions – Planète rouge (Anthony Hoffman) 2000 – Final Fantasy (Hironobu Sakaguchi) 2001 Les créatures de l'esprit – A.I. de Steven Spielberg (2001) – I, robot d'Alex Proyas (2003) – Robots (2005) film d'animation
Séries télé avec Robots :
Docteur Who – Star Trek. – Au-delà du réel. – Au-delà du réel, l'aventure continue – L'Homme de l'atlantide – L'Homme qui valait 3 milliards – Robocop – Perdus dans l'espace – X-files –, etc.

Sorcières

Des films qui sont consacrés aux femmes qui ont des pouvoirs surnaturels (qu'on appelle parfois sorcières) :
La Sorcellerie à travers les âges (Häxan) de Benjamin Christensen (1922) – Ma femme est une sorcière de René Clair (1942) – Le Masque du démon de Mario Bava (1960 – Brûle, sorcière brûle de Sydney Hayers (1962) – La Sorcière sanglante d'Antonio Margheriti sous le pseudonyme d'Antony Dawson (1964) – Les Sorcières du lac de Tonino Cervi (1970) – Les Crocs de Satan (La terreur des Banshee) de Gordon Hessler (1970) – La Femme aux bottes rouges de Juan Bunuel (1974) – Suspiria de Dario Argento (1976) – La Sorcière de Marco Bellochio (1987) – Les Sorcières d'Eastwick de George Miller (1987) – Sanctuaire de Michele Soavi (1989) – Les Sorcières de Nicolas Rœg (1990) – Hocus Pocus les trois sorcières de Kenny Ortega (1993) – Blanche Neige de Michael Cohn (1996) – Dangereuse alliance d'Andrew Fleming (1996) – Les ensorceleuses de Griffin Dunne (1998). – Le Projet Blair Witch d'Eduardo Sanchez et Daniel Myrick (1999) – La Neuvième porte de Roman Polanski (1999) – Blair Witch 2 de Joe Berlinguer (2000)

À voir les séries TV comme Ma Sorcière bien-aimée et récemment Charmed...
Un film télé de Wes Craven qui ne casse pas quatre pattes à un canard : L'été de la peur (1978)
Et aussi Season of the witch de George A. Romero film dont je n'ai pas la date.

Tueurs en série

The Lodger (1926) Alfred Hitchcok. – M. le Maudit (1931) Fritz Lang – Masques de cire (1933) Michael Curtiz – L'Ombre d'un doute (1943) Alfred Hitchcock. – Le Locataire : Jack l'eventreur (1944) John Brahm – Le Tueur de Londres (1953) Hugo Fregonese – L'Homme au masque de cire (1953) André de Toth – Sherlock Holmes contre Jack l'eventreur (1955) James Hill – Jack l'eventreur (1958) Robert S. Baker et Monty Berman – Le Voyeur (1959) Michael Powell. – Psychose (1960) Alfred Hitchcock. – Six Femmes pour l'assassin (1964) Mario Bava. – La Fille qui en savait trop

(1962) Mario Bava – Meurtre par procuration (1963) Freddie Francis – Onibaba (Les tueuses) (1964) Kaneto Shindo – L'étrangleur de Boston de Richard Fleischer (1968) – L'Oiseau au plumage de cristal (1969) Dario Argento. – Le Chat à neuf queues (1970) Dario Argento – La Fille de Jack l'eventreur (1971) Peter Sasdy – Quatre mouches de velours gris (1971) Dario Argento – Frenzy (1972) Alfred Hitchcock – Le Monstre est vivant (1973) Larry Cohen – Massacre à la tronçonneuse (1975) Tobe Hooper – Les Frissons de l'angoisse (1975) Dario Argento – Jack l'eventreur (1976) Jess Franco – La Nuit des masques (Halloween) (1978) John Carpenter – Meurtres par décret (1978) Bob Clarck – Les Monstres sont toujours vivants (1978) Larry Cohen – C'Etait demain (1979) Nicholas Meyer – Vendredi 13 (1980) Sean S. Cunnigham. – Pulsions (1981) Brian de Palma. – Halloween 2 (1983) Rick Rosenthal – Le Tueur de vendredi (1981) Steve Miner – Meurtres en trois dimensions (1982) Steve Miner – Ténèbres (1982) Dario Argento. – Massacre à la tronçonneuse 2 (1982) Tobe Hooper – L'Éventreur de New York (1982) Lucio Fulci – Les Griffes de la nuit (1984) Wes Craven. – Vendredi 13 chapitre final (1984) Joseph Zito – Vendredi 13 une nouvelle terreur (1985) Danny Steinmann – La Revanche de Freddy (1985) Jack Sholder – Jason le mort vivant (1986) Tom Mc Loughlin – Henry portrait of a serial killer de John Mac Naughton (1986) – Les Griffes du cauchemar (1987) Chuck Russel – La Vengeance des monstres (1987) Larry Cohen – Le Cauchemar de Freddy (1988) Renny Harlin – Vendredi 13 chapitre 7 un nouveau défi (1988) John Carl Buechler – Halloween 4 (1988) Dwight H. Little – Jeu d'enfant (1988) Tom Holland – L'Enfant du Cauchemar (1989) Stephen Hopkins. – Le Silence des agneaux (1990) Jonathan Demme. – Cabale (1990) Clive Barker. – Chucky la poupée de sang 2 (1990) John Lafia – La Mort de Freddy (1991) Rachel Talalay – Chucky 3 (1991) Jack Bender – L'ambulance (1991) Larry Cohen – Candyman (1992) Bernard Rose – Dr Rictus (1992) Manny Coto – La Part des ténèbres (1993) George Romero. – Vendredi 13 Jason en enfer (1993) Adam Marcus – Trauma (1993) Dario Argento – Freddy sort de la nuit (1994) Wes Craven – Leprechaun à Las Vegas (1995) Brian Trenchard-Smith – Candyman 2 (1995) Bill Condon – Le Syndrome de Stendhal (1996) Dario Argento – Le Masque de cire (1996) Sergio Stivaletti – Scream (1997) Wes Craven – Fantômes contre Fantômes (1997) Peter Jackson – Souviens-toi... L'été dernier (1997) Jim Gillepsie – Wishmaster (1997) Robert Kurtzman – Le Collectionneur (1997) Gary Fleder – Le Dentiste (1998) Brian Yuzna – Urban Legend (1998) Jamie Blanks – Scream 2 (1998) Wes Craven – Souviens-toi... L'été dernier 2 (1998) Danny Cannon – Les Fantômes d'Halloween de Frank Laloggia (1988) – Halloween 20 ans après il revient (1998) Steve Miner – La Fiancée de Chucky (1998) Ronny Yu – Scream 3 (1999) Wes Craven – Le Dentiste 2 (1999) Brian Yuzna – Candyman 3 : le jour des morts (1999) Turi Meyer – Cut (1999) de Kimble Rendall – Fréquence interdite de Gregory Hoblit (2000) – Urban legend 2 de John Ottman (2002) – Bruiser de George Romero (2002) – (j'en saute un ou deux, puis...)– Jason X de James Isaac (2002) – Bones d'Ernest R. Dickerson (2002) – Haute tension d'Alexandre Aja (2003) – Identity de James Mangold (2003) – Freddy contre Jason de Ronny Yu (2003) – Dédales de René Manzor (2003) – Gothika de Mathieu Kassovitz (2003) – Hypnotic de Nick Willing (2003) – Taking lives, destins violés de D.J. Caruso (2003),
Etc., etc. on est envahi !

Il y aurait aussi d'autres tueurs en série à citer, non humains ceux-là : Alien, Dracula et les vampires, mais ce ne sont pas de véritables *serial killer*, car, contrairement à ces derniers, ceux-là ont une motivation pour tuer !

Les films TV sont évidemment très nombreux, mais je voudrais en citer un : Meurtre au 43e étage de... John Carpenter (1978)

Vaisseaux fantômes

Pandora d'Albert Lewin (1951) *met en scène le « Hollandais volant » dans une superbe histoire d'amour* – La Chose d'un autre monde de Christian Nyby (1951) *a fait naufrage autrefois sur Terre. Malheur à ceux qui l'exhumeront de la glace dans laquelle elle dort...* – La Planète des vampires de Mario Bava (1965) attire les astronautes afin que ses habitants puissent utiliser leur corps. Film qui a inspiré « Alien » et « The Thing » *(voir plus loin dans cette rubrique)* – Stalker d'Andreï Tarkovski (1979*), inspiré du roman des frères Strougaski « Pique-nique au bord du chemin » (1972) ne parle pas vraiment d'un vaisseau abandonné, mais plutôt de ce que des extraterrestres ont abandonné sur Terre, comme ce que laissent traîner des pique-niqueur au bord du chemin après leur départ...* – Alien le huitième passager de Ridley Scott (1979). *Les astronautes trouvent un vaisseau abandonné sur une planète désolée. Dedans, il y a des cadavres d'extraterrestres et les œufs d'Alien.* – Le Bateau de la mort d'Alvin Rakoff (1980) *un vieux paquebot hanté par des nazis de deuxième guerre mondiale* – Fog de John Carpenter (1980) *dans lequel des marins vengeurs viennent hanter une petite ville côtière de naufrageurs.* – The Thing de John Carpenter (1982) *est un remake de « La Chose d'un autre monde » mêlée à « La Planète des vampires »* – 2010 odyssée 2 de Peter Hyams (1984). *Ici le vaisseau fantôme est Discovery* – Event Horizon, *le vaisseau de l'au-delà* de Paul Anderson (1997) qui revient de l'enfer ! – Sphere de Barry Levinson (1997). *Un vaisseau spatial venu du futur est retrouvé au fond de la mer.* – Un Cri dans l'océan de Stephen Sommers (1997) *une méchante bestiole lovecraftienne a tué tous les passagers et l'équipage d'un paquebot de luxe. Gare aux pirates qui vont l'investir.* – Perdus dans l'espace de Stephen Hopkins (1998) *le vaisseau « Jupiter 2 » se rencontre lui-même perdu sur une planète désolée et aussi un autre vaisseau abandonné et envahi par de teigneuses et nombreuses araignées...* – Virus de John Bruno (1998) *un vaisseau laboratoire russe est retrouvé abandonné dans l'œil du cyclone par une équipe de marins en perdition. L'équipage a été tué par une entité extraterrestre* – Le Bateau des ténèbres de Christian Mc Intire (2001) *un bateau de tourisme ouvre les portes de l'au-delà comme l'event Horizon en moins cruel* – Abîmes de David Twohy (2002) *un sous-marin hanté qui vous hante...* – Pirates des Caraïbes de gore Verbinski (2003) *un vaisseau fantôme avec des pirates zombies*

Films TV : Triangle maudit de Lewis Teague (2000)

Vampires

Nosferatu le vampire de Friedrich Wilhelm Murnau 1922 – Dracula de Tod Browning (1931) – Vampyr de Carl Th. Dreyer 1932 – La Marque du vampire de Tod Browning 1935 – La Fille de Dracula de Lambert Hillyer 1936 – Le retour du Docteur X de Vincent Sherman (1939) – Son of Dracula de Robert Siodmak (1943) – La Maison de Dracula d'Erle C. Kenton 1945 – The Vampire's ghost de Lesley Selander (1945) – Le Sang du vampire de Henry Cass (1958) – Le Cauchemar de Dracula de Terence Fisher 1958 – Dans les griffes du vampire d'Edward Dein 1959 – Et mourir de plaisir de Roger Vadim 1960 – Les Maîtresses de Dracula de Terence Fisher 1960 – Le Masque du démon de Mario Bava 1961 – Hercule contre les vampires de Mario Bava 1962 – Le Baiser du vampire de Don Sharp 1962 – Les trois visages de la peur de Mario Bava 1963 – Dracula prince des ténèbres de Terence Fisher 1964 – – Je suis une légende de S. Salkow et U. Ragona (1964) – Insomnie de Pierre Etaix 1965 – La Planète des vampires de Mario Bava 1965 – Le Bal des vampires de Roman Polanski 1967 –Vij de K. Ierchova et G. Kropatchava (1967) – Le Viol du vampire de Jean Rollin 1967 – Une messe pour Dracula de Peter Sasdy 1969 – Les Lèvres rouges de Harry Kumel 1970 – Vampyros Lesbos de Jess Franco (1970) – Jonathan de Hans W. Geissendorfer 1970 – Les Cicatrices de Dracula de Ray Ward Baker 1970 – Comtesse Dracula de Peter Sasdy 1970 – Les Nuits de Dracula de Jésus Franco 1970 – Le Frisson des vampires de Jean Rollin 1970 – La Fiancée du vampire de Dan Curtis 1970 – Suceurs de sang de Robert Hartford-Davis (1970) – The Vampire lovers de Roy Ward Baker (1970 – Dracula et les Femmes de Freddie Francis 1971 – La Fille de Dracula de Jésus Franco 1971 – La Révolte des morts-vivants d'Armando De Ossorio 1971 – Dracula prisonnier de Frankenstein de Jésus Franco 1972 – Baron vampire de Mario Bava 1972 – Dracula 73 d'Alan Gibson 1972 – Dracula vit toujours à Londres d'Alan Gibson 1973 –Du Sang pour Dracula de Paul Morrissey 1974 – Dracula et ses femmes vampires de Dan Curtis 1974 – Les Sept vampires d'or de Roy Ward Baker 1975 – Leonor de Juan Bunuel 1975 – Rage de David Cronenberg 1976 – Zoltan le chien sanglant de Dracula d'Albert Band (1977) – Martin de George A. Romero 1978 – Nosferatu fantôme de la nuit de Werner Herzog 1979 – Dracula de John Badham 1979 – Les Prédateurs de Tony Scott 1983 – Lifeforce, l'étoile du mal de Tobe Hooper 1985 – Les Vampires de Salem de Tobe Hooper 1986 – Vampire vous avez dit vampire ?? de Tom Holland 1985 – Génération perdue de Joël Schumacher 1988 – Aux Frontières de l'aube de Kathryn Bigelow 1988 – Vampire vous avez dit vampire ?? 2 de Tommy Lee Wallace (1988) – Dracula de Francis Ford Coppola 1992 – Innocent Blood de John Landis 1992 – Tale of a vampire de Shimako Sato (1992) – Entretien avec un vampire de Neil Jordan 1994 – Nadja de Michael Almereyda 1995 – Un vampire à Brooklyn de Wes Craven 1995 – Une nuit en enfer de Robert Rodriguez 1995 – Dracula mort et heureux de l'être de Mel Brooks 1996 – The Addiction d'Abel Ferrara 1996 – Les Deux orphelines vampires de Jean Rollin 1997 – Vampires de John Carpenter (1997) (Et sa "suite" : Vampires II de Tommy Lee Wallace (2002) – Blade de Stephen Norrington 1998 – Blood the last vampire de Hiroyuki Kitakubo (2000) – Le Petit vampire d'Ulrich Edel (2000) – Trouble Every Day de Claire Denis (2000) – L'Ombre du vampire (Elias Mehrige) 2000 – La Sagesse des crocodiles de Po-Chih-

Leong 2001 – Les Morsures de l'aube d'Antoine de Caunes 2001 – Dracula 2001 de Patrick Lussier – Les Vampires du désert de JS Cardone (2001) ... – The Breed de Michael Oblowitz (2001) – La reine des damnés de Mychael Rymer (2002) – Blade 2 de Guillermo del Toro (2002) – Bloody Mallory de Julien Magnat (2002) – La Fiancée de Dracula de Jean Rollin (2002) – La Ligue des Gentlemen Extraordinaires de Stephen Norrington (2003) – Underworld de Len Wiseman (2003) – Hypnotic de Nick Willing (2003) – Van Helsing de Stephen Sommers (2004) – Blade Trinity de David Goyer (2004)

Allez ! Quelques films pour la télé et la vidéo : Scanner cop II de Steve Barnett – Rencontre avec un vampire de Jœl Bender (1992) – Les Ailes de la nuit de Mark Pavia (1997) d'après Stephen King – Razor Blade Smile de Jake West (1998) – Journal intime d'un vampire de Ted Nicolaou (1998)

Villes fantastiques

Metropolis (1927) de Fritz Lang. *la ville produit la révolte des producteurs qui seront finalement calmés par un robot qui prend l'apparence d'une jolie syndicaliste. Fritz Lang était gêné que son film prônât la collaboration de classes juste avant la prise de pouvoir par les nazis...* – Fellini Roma (1971) de Federico Fellini. *Rome prodigieuse des souvenirs du grand cinéaste. Son histoire est partie en fumée telles ces fresques découvertes lors des travaux du métro et qui s'évaporent dans l'air apporté de l'extérieur...* – La Cité des femmes (1980) de Federico Fellini. *La cité des fantasmes masculins, ceux de Fellini en particulier...* – New York 1997 (1980) de John Carpenter. *Un Manhattan-prison dans lequel le pouvoir est à celui qui est le plus fort pour le saisir. Une violente critique de la société américaine et de ses cités barbares...* – Blade Runner (1982) de Ridley Scott. *Los Angeles du futur, ville-piège dans laquelle on ne sait qui est un homme réel ou un « répliquant »...* – Brazil (1985) de Terry Gilliam. *Ville de pouvoir totalitaire dans laquelle une belle camionneuse se révolte avec un plombier. Il y a un bel hommage au « Cuirassier Potemkine » (1925) d'Eisenstein.* – Batman (1989) de Tim Burton. Et sa suite « Batman le défi » *(1993). Le personnage principal est Gotham City, ville piège, territoire des luttes entre le bien et le mal, lieu de pouvoir convoité par la pègre... (Nous ne parlerons pas des autres « Batman », moins interessants)* – Total Recall (1990) de Paul Verhœven. *Ici nous sommes sur Mars où tout est trompeur dans la ville sous cloche. Celui qui contrôle la fabrication de l'air a le pouvoir...* – Le Jour de la bête (1995) d'Alex de la Iglesia. *Madrid, lieu de prédilection du fascisme qui exécute froidement les rebuts de la société (Dans le film, pas dans la réalité...). Voilà la véritable image du diable, celle de la violence contre les plus faibles et celle de la violence de la télévision à la Berlusconi...* – La Cité des enfants perdus (1995) de Caro et Jeunet. *Dans cette cité, il y a quelqu'un qui ne rêve jamais. Il enlève alors les enfants pour leur piquer leurs rêves. Il y a aussi une puce savante, une institutrice méchante siamoise, six clones, (!) et une jolie petite Miette...* – Los Angeles 2013 (1996) de John Carpenter. *Cette fois c'est la cité du cinéma qui sert de terrain d'action à l'homme au bandeau sur l'œil.*

Après un tremblement de terre qui a tout simplement englouti Hollywood. – Nirvana (1997) de Gabriele Salvatores. *Nous sommes peut-être à Milan, ville devenue tentaculaire, véritable tour de Babel dans laquelle les êtres humains tentent de se comprendre, souvent en se connectant, au sens informatique du terme...* – Phantoms de Joe Chappelle (1998) *un village américain est dévasté par une entité vieille comme le monde...* – Dark City d'Alex Proyas (1998) *une ville qui se reconstruit tous les jours et ses habitants oublient.*

Voyages dans le temps

La Machine à explorer le temps de George Pale (1960) – La Jetée de Chris Marker (1962) – Je t'aime je t'aime d'Alain Resnais (1968) – Abattoir 5 de George Roy Hill (1972) – C'était demain de Nicholas Meyer (1979) – Nimitz, retour vers l'enfer de Don Taylor (1980 – Terminator 1 et 2 de James Cameron (1984 et 1991) – Bandits, bandits de Terry Gilliam (1981) – The Philadelphia experiment de Stewart Raffill (1984) et sa suite The Philadelphia experiment 2 de Stephen Cornwell – Biggles de John Hough (1986) – Retour vers le futur de Robert Zemeckis (1985) et ses deux suites par le même réalisateur : Retour vers le futur 2 et 3 (1989 et 1990) – Freejack de Geoff Murphy (1991) – Les visiteurs de Jean-Marie Poiré (1992) – Un jour sans fin de Harold Ramis (1992) – Star Trek generations de David Carson (1994) – Timecop de Peter Hyams (1994) – Time-Master de James Glickenhaus (1994) – Star Trek premier contact de Jonathan Frakes (1996) – Wishmaster de Robert Kurtzman (1997) – Sphere de Barry Levinson (1997) – Perdus dans l'espace de Stephen Hopkins (1998) – Phantasm IV de Don Coscarelli (1998) – Les Visiteurs 2 de Jean-Marie Poiré (1999) – Peut-être de Klapisch (1999) – Fréquence interdite de Gregory Hoblit (2000) – La machine à explorer le temps de Simon Wells (2002) – 2009 Lost Memories de Si-Myung Lee (2002) – Terminator 3 : le soulèvement des machines de Jonathan Mostow (2003) – Paycheck de John Woo (2003) – L'Effet papillon de Jay Mackye Gruver et Eric Bress (2004) – Les Prisonniers du temps de Richard Donner (2004)

Si beaucoup se souviennent de *La Machine à explorer le temps* (1895), roman de H. G. Wells, peu se souviennent de *La patrouille du temps* (1960) de Poul Anderson, dont l'auteur de la bande dessinée qui inspire le film *Timecop* a dû tirer ses idées...

Bibliographie

L'encyclopédie de la science-fiction. J.P. Piton – A. Schlockoff. J. Grancher. 1996.
Dictionnaire universel des littératures – PUF 1996
Le science fictionnaire de Stan Barets Editions Denoël 1994
Dictionnaire du fantastique. A. Pozzuoli – J.P. Cremer. J. Grancher. 1992.
Dictionnaire des philosophes. D. Huisman; PUF. 1984.
L'encyclopédie visuelle de la science-fiction. Sous la direction de Brian Ash – Albin Michel 1979

LITTERATURE FANTASTIQUE

<u>Le vampire dans la littérarure du XXe siècle – Jean Marigny. Honoré Champion 2004</u>

H.P. Lovecraft le maître de Providence Editions Naturellement 1999
Rumeurs et légendes urbaines. Jean-Bruno Renard. PUF Que sais-je ? 1999
Dracula. Cahiers de L'Herne 1997
Pages noires. Stephen King. Editions du Rocher. 1996.
Panorama de la science-fiction. Jacques Van Herp. Lefrancq 1996
Le roman gothique anglais. Maurice Lévy. Albin Michel. 1995
Anatomie de l'horreur. Stephen King. Editions du Rocher. 1995
Les maîtres du fantastique en littérature. François Raymond – Daniel Compère. Bordas 1994.
Lovecraft et la science-fiction 1 et 2. Michel Meurger. Encrage.1994
L'univers de Lovecraft. P. A. Shreffler. Encrage. 1994.
Le conte populaire français. Michèle Simonsen. PUF. 1994
Sang pour sang. Jean Marigny. Gallimard. 1994.
Le science-fictionnaire. Stan Barets. Denoël. 1994.
Les vampires. Colloque de Cerisy. Albin Michel 1993.
Les maîtres de la science fiction. Lorris Murrail Bordas. 1993.
Loups-garous, vampires... Jean Gœs. CNRS éditions. 1993
Le fantastique. Joël Malrieu. Hachette 1992
Fées, sorcières et loups-garous au Moyen Âge. Claude Lecouteux. Imago 1992.
La science-fiction. Jean Gattégno. PUF. 1992.
Regards sur Philip K. Dick. Hélène Collon. Encrage. 1992.
L'énigme des vampires. Jean Markale. Pygmalion. 1991
H. P. Lovecraft. Michel Houellebecq. Editions Du Rocher. 1991.
Mythologie du fantastique. Francis Lacassin. Editions du Rocher. 1991
La littérature fantastique. Colloque de Cerisy. Albin Michel. 1991
La littérature fantastique. Jean-Luc Steinmetz. PUF. 1990
Clefs pour Lovecraft. S. T. Joshi. Encrage. 1990

Lettres d'Innsmouth. Lovecraft. Encrage. 1989.
La science-fiction avant la science-fiction. Monique Lebailly. L'Instant. 1989.

Sur le rêve. Sigmund Freud. Gallimard. 1988.
La séduction de l'étrange. Louis Vax. PUF. 1987
La folie dans la littérature fantastique. Gwenhaël Ponnau. Editions du CNRS. 1987.
Histoire de la magie. Eliphas Lévi. G. Trédaniel. 1986.
L'imaginaire médiéval. Jacques Legoff. Gallimard. 1985.
Lovecraft. Maurice Lévy. Christian Bourgois. 1985
L'inquiétante étrangeté. Sigmund Freud. Gallimard. 1985.
Histoire de la littérature fantastique en France. M. Schneider. Fayerd. 1985.
Lovecraft. L'Herne. 1984.
Histoire de la science-fiction moderne. Jacques Sadoul. Robert Laffont. 1984.
La fantasmagorie. Max Milner. PUF. 1982.

Panorama de la littérature fantastique de langue française. J. B. Baronian. Stock. 1978.
Psychanalyse des contes de fées. Bruno Bettelheim. Robert Laffont 1976.
Panorama de la science-fiction. Jacques Van Herp. Marabout. 1975
Le rêve et son interprétation. Sigmund Freud. Gallimard. 1974.
Introduction à la littérature fantastique. Tzvetan Todorov. Seuil. 1970.

Épouvante et surnaturel en littérature. H. P. Lovecraft. Christian Bourgois. 1969.

Traité sur les apparitions des esprits et sur les vampires. R. P. Dom Augustin Calmet. 1751.
De masticatione mortuorum in tumulis. Michaël Ranft. 1728.

Revues et anthologies:
Science fiction magazine numéros 9 à 103 et hors séries 2 à 10
PHENIX N° 38 Koontz/Masterton. 1995
PHENIX N° 39 Anne Rice et les vampires.1995
PHENIX N° 40 Fantasy. 1996.
EUROPE N° 589—581. La science-fiction. 1977
EUROPE N° 707. Le fantastique américain. 1988
Les cahiers du GERF.
Anthologie du fantastique. Roger Caillois. Gallimard. 1966
La grande anthologie du fantastique. J. Goimard – R. Stragliati. Omnibus. 1991
La grande anthologie du fantastique. J. Goimard. Pocket 1978— 1981.
Le grande anthologie de la science-fiction. Gérard Klein – Jacques Goimard – Demètre Ioakimidis – E. Herzfeld – D. Martel. Livre de Poche.

CINÉMA et TÉLÉVISION

Corman – Lovecraft Guillaume Foresti Dreamland 2002

Réflexions sur mon métier. Carl Th. Dreyer. Petite bibliothèque des cahiers du cinéma 1997.
Cinéguide d'Eric Leguèbe – Omnibus 1997
Aux frontières du réel 1 et 2. Francis Valery. DLM. 1996.
Dictionnaire du cinéma. Jean Tulard. Robert Laffont. 1995.
Dictionnaire des films. B. Rapp – J. C. Lamy. Larousse. 1995.
Histoire du cinéma américain. Brigitte Gauthier. Hachette. 1995.
Paul Verhœven. J. M. Bouineau. Spartorange. 1995.
Vie des fantômes. Jean-Louis Leutrat. Cahiers du cinéma. 1995.
Twin Peaks (une cartographie de l'inconscient). Stéfan Peltier. DLM. 1995.
Le prisonnier (retour au village). Francis Valery. Car rien n'a d'importance. 1995.
Stanley Kubrick. J. M. Bouineau. Spartorange. 1994.
Histoire du cinéma. Gérard Betton. PUF. 1994.
Mario Bava. Coordonné par J. L. Leutrat. Céfal. 1994
Le cinéma fantastique. Patrick Brion. La Martinière. 1994
Films cultes. Christophe Goffette. Spartorange. 1994.
Le cinéma, une histoire en perspective. J. L. Leutrat. Nathan 1994.
Hitchcock. C. Chabrol – E. Rohmer. Ramsay. 1993.
Roger Corman. Stéphane Bourgoin. Edilig. 1993
Vampyr de Carl. Th. Dreyer. Jacques Aumont. Yellow Now 1993.
Littérature et cinéma. J. M. Clerc. Nathan. 1993.
David Cronenberg. Serge Grünberg. Cahiers du cinéma. 1992.
David Lynch. M. Chion. Cahiers du cinéma. 1992.
Le cinéma. Dominique Auzel. Milan. 1991.
Dictionnaire des cinéastes. Georges Sadoul. Seuil. 1990.
La France de Pétain et son cinéma. Jacques Siclier. Ramsay. 1990.
Histoire du cinéma allemand. Roland Schneider. Cerf. 1990.
Godard par Godard. Flammarion. 1991.
L'horreur intérieure: les films de David Cronenberg. P. Handling – P. Véronneau. Cerf 1990

Les 100 chefs-d'œuvre du film fantastique. J. M. Bouineau – A. Charlot. Marabout. 1989.
Histoires du cinéma fantastique. Gérard Lenne. Seghers. 1989.
Griffith. Jean Mottet. Ramsay. 1989
Murnau. Lotte H. Eisner. Ramsay. 1987.
Roman Polanski. Dominique Avron. Rivages. 1987.
Expressionnisme et cinéma. Rudolf Kurtz PUG. 1987.
De Caligari à Hitler. Siegfried Kracauer. Flammarion. 1987.
Andreï Tartakovski. Études cinématographiques. N° 135/138. Minard. 1986.
Lumière et Méliès. Georges Sadoul. Lherminier. 1985
Cinémas de science-fiction. Yves Aumont – Thierry Saurat. L'atalante. 1985.
L'écran démoniaque. Lotte. H. Eisner. Ramsay. 1985
Terence Fisher. Stephane Bourgoin. Edilig. 1984.
Cinéma expressionniste. Francis Courtade. Henri Veyrier. 1984.

Le cinéma allemand. (1918—1933). Freddy Buache. Hatier. 1984.
Les grands acteurs étrangers contemporains. Jacques Mazeau. PUF. 1984.
Ingmar Bergman. Raymond Lefevre. Edilig. 1983.
Nosferatu. M. Bouvier et J.6L. Leutrat. Cahiers du cinéma – Gallimard. 1981.
.Kubrick. Michel Ciment. Calmann-Levy. 1980.
Introduction à une véritable histoire du cinéma. J. L. Godard. Albatros. 1980.

Le cinéma fantastique. Christian Oddos. Guy Authier. 1977.

Dreyer. Études cinématographiques. N° 53/56. Minard. 1967.

Les revues:
Cinémaction N° 60: histoire des théories du cinéma. 1991.
Cinémaction N° 73: histoire du cinéma. 1994.
Cinémaction N° 74: le cinéma fantastique. 1995.
Avant-scène du cinéma: numéros 295/296 – 313/314 – 335 – 338 – 367/368 – 410 – 427.
La Pensée N° 300: Cinéma, histoire, société. 1994.
Europe. Mars 1980. "Les fantastiques.
Positif – Cahiers du cinéma.
Télérama – Écran fantastique – Mad Movies – Fantastika – Générations séries.
Science fiction magazine

Cette bibliographie date de 2004. Ces ouvrages ont été la base de départ de mon étude, son socle.
Je ne l'ai pas mise à jour.

Index des films cités et des réalisateurs.

Le Kindle n'indexe pas les pages. Avec cet index vous disposez de la liste complète des titres de films et réalisateurs traités dans ce livre. Pour les atteindre à la bonne page, utilisez le moteur de recherche du Kindle. Bonne lecture !

[REC]^2 460
[REC]^4 Apocalypse 531
[REC3] Genesis ... 504
1001 pattes 50
12 Monkeys 613
13 Fantômes 352
1408 423
1984 .... 49, 56, 270
1994 303
20 000 Lieues sous les mers 142, 213
2000 Maniacs 622
2001 l'odyssée de l'espace 409
2001 L'odyssée de l'espace 11, 35, 49, 55, 84, 151, 236, 317, 326, 638
2009 Lost Memories 185, 362
2010 odyssée 2 ..... 161, 272, 625, 638, 641
2012 .... 173, 464
2033 Future Apocalypse 493
2072, les mercenaires du futur 160

24 H chez les Martiens (Rocketship XM) 208
28 jours plus tard 359, 629, 636
28 semaines plus tard 420
30 jours de nuit .. 424
317e section 631
39 marches (Les) .. 202
4 fantastiques (Les) 385, 540
4 fantastiques et le surfer d'argent (Les) 419
42 One Dream Rush 166
4400 (Les) 595
5e vague (La) 550
666 La Malédiction 402
7 Jours à vivre ... 344, 627, 632
A des Millions de kilomètres de la Terre 625
A Game of dead 204
A l'est de Zanzibar 139

A l'ouest rien de nouveau 326
A la croisée des mondes : la boussole d'or (Golden Compass (The)) 423
À la poursuite de demain (Tomorrowland) 541
A la poursuite du diamant vert 170
A l'aube du 6e jour 341
A Scanner Darkly .. 185, 416
A Sound of Thunder 407
A ton image 363
A.I. 167, 349, 639
Abandonnée 417
Abattoir 5 .... 243, 644
Abbess Shane 549
Abîme des zombies (L') 152, 269, 636
Abîmes 358, 637, 641
Abominable Dr Phibes (L') 142, 242, 623

Abraham Lincoln chasseur de vampires............... 490

Abrams J.J. 462, 498, 514, 540, 598

Abyss.. 167, 280, 625, 637

Action mutante.... 290

Adamson Andrew .. 387

Addiction (The) 22, 300, 642

Adler Gilbert 293

Aelita 55, 201, 625, 638

Aeon Flux 388

After Earth............. 522

After.Life................ 463

Afterlife..................... 583

Against the Dark 461

Âge of Extension 527

Agresti Alejandro... 393

Aguirre...................... 258

Aguirre Javier.......... 244

Ailes de la nuit (Les)....................... 319

Ailes du chaos 404

Ailes du désir(Les) 311

Aimez-vous Hitchcok ? 387

Aja Alexandre 443, 471, 531, 640

Alamo..................... 326

Alcalà Félix.............. 444

Aleman Jose Luis... 457

Aleman José Luis... 456

Alice au pays des merveilles......... 173, 539

Alien. 6, 25, 35, 42, 50, 54, 55, 149, 154, 178, 230, 258, 271, 305, 325, 395, 409, 635, 638, 641

Alien : Covenant... 154, 557

Alien 2....................... 322

Alien 3... 31, 42, 178, 259, 268, 342, 625, 638

Alien Apocalypse 391

Alien contre Predator 626

Alien la créature des abysses...... 153, 178, 637

Alien la résurrection 25, 175, 178, 259, 310, 321, 626, 635, 638

Alien le huitième passager .. 581, 625, 631, 641

Alien Vs Predator.. 178, 379

Alien War Stranded.............. 516

Alien, le 8ᵉ passager 230

Aliens Vs Predator : Requiem............ 178, 427

Aliens, le retour..... 167, 178, 259, 625, 638

Allen David............... 282

Allen Irwin................ 575

Allen Irzin................. 632

Allen Woody............. 272

Alone in the Dark 390

Alphaville 231, 638

Alraune...................... 202

Altered 185, 406

Alvarez Fede.... 519, 549

Alvart Christian 464

Alyar Aki Kutty 517

Amante del vampiro (L').......... 218

Amants d'outre-tombe (Les).......... 232

Amants d'outre tombe (Les)............. 144

Amazin Spider-man 2 (The)..................... 536

Amazing Spider-Man (The).............. 510

Ambulance (L')....... 154

Amenabar Alejandro 352

American Gothic 615

American Haunting 393

American Nightmare (The Purge).............. 524

Âmes perdues (Les) 342, 620, 623

Âmes vagabondes (Les) 515

Amie mortelle (L') . 172

Amiel John 359

Amityville (The Amityville horror)
.... 384

Amityville 2 et 3 ... 626, 632

Amityville 4 ...... 626, 632

Amityville, la maison du diable
.... 261, 626, 632

Amour de sorcière (Un) 306

Anaconda 3 l'héritier 431

Anaconda, le prédateur 54, 308

Anacondas, à la poursuite de l'orchidée de sang
.... 379

Anatomie 343, 623

Anderson Brad 412, 474

Anderson Paul 178, 197, 295, 315, 347, 379, 626, 641

Anderson Paul 175

Anderson Paul W. . 508, 539, 555

Anderson Paul W.S.
.... 311, 441, 471

Anfred Morten 321

Angel Chris 321, 359

Angel Heart 622

Angel Heart – Aux Portes de l'enfer 276

Angoisse 32, 275

Anhubav Sinha 499

Animaux fantastiques (Les)
.... 549

Annabelle 533

Annabelle 2 : la création 562

Annaud Jean Jacques
.... 266, 275, 631

Annaud Jean Jacques
.... 622

Annihilator 625

Another Earth 484

Antal Nimrod 457

Anthopophagous 261

Anthropophage (L')
.... 160

Anthropophagous .. 265

Anthropophagus 622

Ant-Man 541

Antre de Frankenstein (L') 634

Antre de la folie (L')
.. 25, 39, 78, 170, 220, 292, 303, 319, 635

Apocalypse dans l'océan rouge 160

Apocalypse Now 147, 303, 326, 631

Apparences 171, 340

Appolo 18 .... 486, 491

Arac Attack ! 354

Arachnid 353, 633

Arachnophobie... 281, 632

Araki Gregg 382

Aranda Vicente 240

Arcel Nikolaj 422

Argento Dario 157, 235, 251, 254, 267, 299, 327, 352, 360, 387, 389, 391, 444, 452, 585

Argento Dqrio 520

Armageddon ... 323, 341, 630

Armée des 12 singes (L') 157, 299, 613, 628

Armée des morts (L')
..... 156, 374, 433, 629, 637

Armée des ombres (L') 631

Armée des ténèbres (L') 268, 319

Armero Fernando 344, 627, 632

Arnold Jack 213, 498, 638

Aronofsky Darren .. 411

Arrival (Premier Contact) 555

Arrival (The) 299, 625
Arsenic et vieille dentelle...... 141
Ascenseur (L')......... 627
Ash Vs Evil Dead 613
Assaut............... 169, 557
Assistant du vampire (L').......... 460
Associé du diable (L')
.... 622
Asylum..................... 243
Atkins Mark............. 461
Atomik Circus.......... 635
Atomik Circus - Le Retour de James Bataille............. 378, 390
Attack of the 50 FT Cheerleader.......... 486
Attack of the 50FT woman............. 217, 219
Attack of the crab monsters........... 148, 637
Attention au Blob... 217
Au cœur des ténèbres
.... 147
Au pays de Milton Lumky..................... 183
Au Pays des géants
.... 575
Au rendez-vous de la mort joyeuse .. 243
Au Royaume des sables..................... 633

Aucun homme ni dieu........................... 569
Au-delà................... 472
Au-delà (L') 26, 156, 160, 266, 433, 636
Au-delà de nos rêves..................... 318
Au-delà du réel.. 26, 55, 266, 574, 634, 639
Au-dessous du volcan
.... 205
Audrey Rose 144, 254
Autant-Lara Claude
.... 214
Autómata............... 534
Autre...................... 199
Autre (L') 243, 624
autre enfer (L')... 266
Autres (Les) 352
Aux Frontières de l'aube. 175, 279, 314, 350, 642
Aux frontières du possible 576
Aux frontières du réel........................... 578
Aux Portes de l'au-delà 25, 39, 165, 275, 372, 635
Avalanche................. 149
Avalon........ 185, 344, 636
Avatar 167, 466
Avati Antonio........... 262

Avati Giuseppe........ 160
Avati Pupi 262
Avengers................... 508
Avengers Age of Ultron (The).......... 543
Aventure de madame Muir (L')..................... 626
Aventure intérieure (L')......................... 170
Aventures d'un homme invisible (Les)
.... 204, 340
Aventures de Jack Burton dans les griffes du mandarin (Les) 169
Aventures de Pinocchio (Les) 628
Aventures du baron de Münchhausen (Les) 33, 157
Aventures d'un homme invisible (Les)
.... 169
Aventures fantastiques de Tarzan (Les) 290
Aventures fantastiques du baron de Münchhausen (Les) 207
Aventuriers de l'arche perdue (Les)...... 57, 167
avion de l'apocalypse (L') 263

Ayer David 529, 563
Baby Blood 280
Babycall 495
Babylon 5, la cinquième dimension 26, 580
Babylon A.D. 440
Badham John .. 257, 269
Baily Edwin 627
Baino Mariano 289
Baiser du tueur (Le) 150, 303
Baiser du vampire (Le) 642
Baiser macabre 160, 262
Baiz Andi 483
Baker Graham 329, 402
Baker Ray Ward 239
Baker Roy Ward 222, 240, 243, 251, 642
Baky Joseph von 207
Bal (Le) 28
Bal des vampires (Le) 36, 153, 235, 300, 642
Balaguero Balaguero 399
Balaguero Jaume .. 362, 433, 460, 531, 562, 632
Balch Anthony 245
Ball Alan 594
Ball Wess 529

Ballade inoubliable (La) 160
Ballaguero Jaume .. 339
Balle dans la tête (Une) 631
Band Charles 276
Bandits, bandits 157, 644
Bang Jaon Ho 517
Bangkok Haunted 363
Banke Ander 408, 424
Baquet de sang (Un) 148
Barbarash Ernie 390
Barbe-Noire le pirate 4
Barker Clive 172, 195, 197, 277, 281, 295, 623
Barker Steve ... 506, 507
Baron de Crac (Le) 221
Baron vampire ... 244, 642
Barrelli Mauro 568
Barry Lindon 28
Bartlett Michael 405, 494
Barzman Paolo 479
Basset Michael J. ... 458
Bassett Michael J. ... 509
Bastogne 631

Bataille de la planète des singes (La) 236
Bateau de la mort (Le) 641
Bateau des ténèbres (Le) 356, 641
Batman 144, 173, 280, 317, 631, 643
Batman Begins 384
Batman et Robin ... 145, 161, 280
Batman forever 161, 280
Batman le défi 173, 280, 631, 643
Batman V Superman 556
Battleship 504
Battlestar Galactica 583
Battlestar Galactica : Razor 444
Batzella Luigi 245
Bava Bava 224
Bava Lamberto ... 160, 255, 262, 272
Bava Mario 177, 220, 223, 224, 228, 230, 234, 239, 243, 244, 255, 622, 632
Bay Michael 323, 385, 419, 462, 486, 535, 560, 630
Bayer Samuel 470

Bayona J.A. 569

Bayona Juan Antonio 438

Bazz Nicolas 546

Beast of Hollow Mountain (The) ... 214

Beattie Stuart 511

Beattle Stuart 497

Beaumont 92

Beauté du diable (La) 46, 207, 622

Beck Steve 352, 357

Becker Josh 391

Beetlejuice .. 36, 48, 173, 279, 303, 627

Being Human 595

Being Human, la confrérie de l'étrange 595

Bekmambetov Timur 386, 408, 436, 490

Bell William Brent .. 403

Belle au bois dormant (La) 539

Belle et la Bête (La) 207, 569

Belle verte (La) 625

Belphégor 341, 574

Ben Garant Robert 486

Benhammou Fouad 472

Benioff David 601

Beowulf 329, 422

Berg Peter 437, 504

Bergman Ingmar ... 214

Berlinger Joe 341

Besson Luc ... 175, 306, 537, 560

Bête aux cinq doigts (La) 48, 141, 207, 306, 328, 626

Beyond Re-animator 378, 637

Beyond the Wal of Sleep 372

Beyond-cheon Min 388

Bienvenue à Gattaca 315

Bienvenue à Zombieland 464

Bierce Ambrose 423

Bigelow Kathryn 175, 279

Biggles 274

Bilal Enki 298, 373

Bird Antonia 622

Bird Brad 541

Bitten 497

Black Death 458

Black Mirror 600

Black Moon 251

Black Shane 517

Black Sheep 409

Black Sleep (The) 17

Blacklist 602

Blade 22, 326, 642

Blade 2 ..... 354, 610, 643

Blade Runner 31, 39, 56, 154, 185, 267, 293, 307, 357, 581, 638, 643

Blade Trinity . 380, 643

Blair Witch 329

Blair Witch 2 341, 632, 639

Blakeson J. 550

Blanche Neige 639

Blanche Neige et le chasseur 539

Blanche-Neige et le chasseur 504

Blob (Le) . 217, 305, 625

Blomkamp Neil 464, 544

Blomkamp Neill 522

Blood Creek 452

Blood Feast 34, 224, 622

Blood the last vampire 344, 642

Bloodrayne 392

Bloodrayne : the Third Reich 477

Bloodrayne 2 (Deliverance) 440

Bloody Bird 160, 276

Bloody Mallory ... 354, 643

Bloody mama 149

Blue holocauste 160

Blue Velvet 43, 166, 275, 330

Blueberry, l'expérience secrète 378

Bocacci Antonio 223

Body Bags 164, 170, 289

Body Snatchers . 40, 50, 231, 290, 421, 625

Bœse Karl 200, 638

Bokenkamp Jon 602

Boll Uwe ... 390, 392, 440, 477

Bombe (La) 628

Bon, la brute et le truand (Le) 72, 82

Bones 353, 640

Bong Joon-Ho 407

Boni Luca 470, 520

Boogeyman 402

Boorman John. 246, 266

Bornedal Ole ... 344, 466, 488

Bossu de la morgue (Le) 244

Bota Bota 346

Bota Rick 360, 361

Boulanger de l'Empereur (Le)-209

Boulevard de la mort 419

Bousman Lynn 483

Bowman Rob 176, 325, 355, 381, 624, 629

Box (The) 455

Boyle Danny ... 359, 409, 629, 637

Brahm John 202

Braindead 280, 622, 636

Brainscan 636

Brambilla Marco 289

Branagh Kenneth ... 291

Brannagh Kenneth 480

Branney 484

Brazil 49, 56, 157, 271, 299, 643

Breatnach Paddy 408

Breed (The) .. 349, 643

Bress Eric 373, 644

Brevig Eric 437

Briant Briant 495

Bright 563

Broceliande 356

Brooker Charlie 600

Brooker Chqrlie 597

Brooks Mel 247, 300

Brothers 532

Browning Tod .. 203, 205

Bruce Sarah Nean . 386

Bruiser 345, 640

Brume 428

Bruno John 327, 639

Bubba Ho-Tep 364

Buck Rogers 615

Buffy contre les vampires 581

Bulle cassée 183

Bunuel Juan 243, 247, 251

Burger Neil 413, 424, 536

Burno Dominic 488

Burr Jeff 248

Burton Tim 173, 279, 280, 282, 305, 335, 350, 383, 506, 539, 638

Bustillo Alexandre . 495

C.H.U.D. 271

C'était demain 633, 644

ça 82

Cabale 27, 48, 78, 162, 172, 197, 281, 623, 631

Cabane dans les bois (La) 484

Cabin Fever la fièvre noire 373

Cabinet de Mephistophélès (Le) 622

Cabinet des figures de cire (Le) 31, 141, 201

Cabinet du docteur Caligari (Le).. 23, 30, 31, 105, 141, 200, 205, 623

Cabinet du Docteur Caligari (Le) 520

Cahill Mike 484, 528

Caiano Mario 232

Call of Cthulhu (The) 401

Caltiki, monstre immortel 24, 159, 634, 637

Cameron James 167, 270, 280, 466, 638

Campbel Martin 491

Campillon Robin 379

Canal (The) 539

Candyman 197, 288, 309, 320, 631

Candyman 1 et 2 et 3 627

Candyman 2 .... 288, 631

Cannella Riccardo .. 604

Cannibal Campout. 622

Cannibal ferox 622

Cannibal holocaust 622

Cannibal tours 622

Cannibales(Les) 622

Cannon Danny 293

Capitaine Kronos contre les vampires 243

Capricorn One 161

Captain America. 478

Captain America Civil War 557

Captain America Le soldat de l'hiver . 536

Carballo Manuel 455

Card 511

Card Player (The) 389

Cardone J.S. 410

Cardone JS 350, 643

Cargo 455

Carné Marcel ... 206, 207

Carnival of souls 223, 335, 626

Caro Marc . 281, 294, 425

Carpenter Humphrey 193

Carpenter John 168, 247, 256, 258, 266, 268, 269, 278, 279, 289, 292, 293, 302, 313, 351, 423, 482, 557, 584, 641, 642

Carradine John.... 142

Carreras Michael ... 227, 236, 637

Carrie 26, 309, 423

Carrie 2 : la haine . 252

Carrie 2 la haine 157

Carrie au bal du diable 157, 252

Carson David 291

Carter Chris 437

Caruso D.J. 374, 476, 640

Casa dalle finestre che ridono (La) 160

Casablanca............... 141

Cass Henry 216

Cassidy Shaun 598

Castle Freak............. 635

Cauchemar d'Innsmouth 356

Cauchemar de Dracula (Le) 18, 142, 143, 215, 228, 300, 631, 642

Cauchemar de Freddy (Le) 271, 630

Cauchemar de la sorcière (Le) 583

Cauchemars et hallucinations 199

Cauchemars naissent la nuit (Les) 152

Cavalier du diable (Le) 293

Caverne de la Rose d'Or (La) 160

Cell (The) 340

Cell Phone............. 528

Centre Terre 7e continent.................... 154

Centre Terre 7e continent.................... 251

Cerchio Fernando .. 235

Cercle (Le) 358, 627

Cercueil vivant (Le) 142

Cerda Nacho 417

Cerveaux de rechange 141

Cervi Tonino 639

Ces Garçons qui venaient du Brésil 255

Cesena Marcello 290

C'est arrivé demain 206

Chaidez Nathalie 613

Chair du diable (La) 143

Chair et le sang (La) 153

Chair pour Frankenstein 10, 152, 247, 629

Chambre des tortures (La) 142, 144, 149, 228, 631

Chaney Lon 139

Chanteur de jazz (Le) 28

Chan-Wook Park 451

Chapeau melon et bottes de cuir. 243, 324, 615

Chaperon rouge (Le) 491

Chapkanov Todor .. 487

Chappelle Joe 316

Chappie 544

Charlie et la chocolaterie 173, 383

Charmed 581, 639

Charretier de la mort 205

Charrette fantôme (La) 48, 205, 626

Chasse à l'homme. 204

Chasse du comte Zaroff (La) .. 32, 204, 436

Chat à neuf queues (Le) 158

Chat noir (Le) 140, 141, 160, 205, 265

Château de la terreur (Le) 141

Château des messes noires (Le) 250

Châtiments (Les) 414

Chechik Jeremiah .. 324

Cheek Douglas 271

Cherstobitov 223

Chevalier noir (Le) 439

Chevaliers du démon (Les) 142

Chien des Baskerville (Le) 142, 143

Children of the damned 219, 625

Chinatown 144, 333

Chiodo Stephen 276

Choc des mondes (Le) 210, 628

Chocolat 584

Chose d'un autre monde 435

Chose d'un autre monde (La) 54, 230, 305, 325, 481, 625, 634, 641

Chose d'un autre monde (La) ... 32, 35, 42, 177, 211

Chose surgie des ténèbres (La) 632

Christensen Benjamin 200

Christian Roger 516

Christina's house 343, 632

Christine ... 169, 269, 423, 627

Chromosome 3 42, 162, 258, 579

Chronicle 500

Chroniques de Mars (Les) 461

Chroniques de Riddick (Les) 378

Chroniques de Spiderwick (Les) 453

Chroniques de Tchernobyl 505

Chrysalis 422

Chucky 3 .... 328, 382

Chucky la poupée de sang 2 .... 328, 382

Chute d'Hypérion (La) 467

Chute de la maison Usher (La) . 41, 142, 149, 152, 202, 626

Chute de la Maison Usher (La) 447

Cicatrices de Dracula (Les) 143, 239, 642

Ciel sur la tête (Le) 625

Cimetière des Morts vivants (Le) 232

Cimetière des morts-vivants (Le) 144

Cinquième élément (Le) 175, 306, 326, 626

Cirque des horreurs (Le) 220, 623

Cité des anges (La) 311

Cité des enfants perdus (La) 175, 294, 317, 643

Cité des femmes (La) 159, 643

Cité des morts (La) 220

Clair René. 205, 206, 207

Clark Greydon 260

Clarke Robert 218

Clavell Ana 413

Clavell Anna..... 156, 433

Clayton Jack 220, 269

Clemens Brian 243

Cloake Hayley . 447, 448

Clones 464

Clouzot Henri Georges 213

Cloverfield 430, 433

Cloverfield Lane . 549

Clowns tueurs venus d'ailleurs (Les)........................ 276

Club des trois (Le) 139

Cobaye1 et 2 (Le) . 636

Cobra Woman 517

Cockneys Vs Zombies.................... 507

Cocoon 272, 625

Cocoon 2, le retour 272

Cocteau Jean... 207, 208

Code quantum 576

Cœur de dragon..... 624

Cœur de Dragon 545

Cœur de dragon 2 un nouveau départ...... 545

Cohen Larry 153, 246, 288, 586, 633

Cohen Rob 386, 438, 545

Cold Fusion............ 479

Collet-Serra jAUME 465

Colline a des yeux (La) 171

Colline a des yeux 1 et 2 (La).................... 622

Colline a des yeux 2 (La) 172

Colombus Chris 352, 633

Colony (The) 523

Colosse de Hong Kong (Le).......... 204, 634

Colosse de Rhodes (Le) 72

Colour from the Dark 198

Combs Jeffrey 394

Commando des morts-vivants (Le) 142, 143, 252

Compagnie des loups (La) 270, 292, 634

Comportements Troublants 328

Comtesse (La)..... 451

Comtesse Dracula . 642

Comtesse noire (La) 152, 270

Comtesse perverse (La) 245

Conan (Conan the Barbarian) 494

Conan le barbare.. 145, 240, 539

Conan le destructeur 145, 240, 635

Concile de Pierre (Le).............................. 407

Condon Bill........ 327, 509

Confessions d'un Barjo...................... 39, 357

Conjuring : les dossiers Warren (The Conjuring)................. 515

Connor Kevin . 154, 246, 251

Conquête de la planète des singes (La)............................... 236

Constantine.............. 381

Contact....................... 171

Contagion................ 492

Contes d'Hoffmann (Les)................... 209, 638

Contes de la crypte (Les)................ 171, 293

Contes de la crypte (ou d'outre-tombe) (Les)............................. 577

Contes de la lune vague après la pluie (Les)............................... 626

Contes immoraux.... 21

Continent oublié (Le)............................... 154, 251

Contronatura........ 237

Cooper Merian C.... 204

Cooper Robert C.... 592

Coppola Francis Ford 285, 501, 631

Corbeau (Le).. 140, 141, 142, 144, 149, 205, 631

Corbucci Sergio . 160, 220

Corman Roger.. 92, 147, 215, 219, 221, 223, 224, 225, 227, 623

Cornwell Peter......... 466

Corps et le fouet (le).............................. 230

Corps et le fouet (Le) 143, 157, 626, 631

Coscarelli Don 256, 364, 585

Cosmic Man (The) 218

Costner Kevin......... 312

Coto Manny...... 288, 623

Couleurs du diable (Les)............................... 622

coup de tonnerre (Un) 161

Couple invisible (Le) 626

Cours après moi, Shérif......................... 87

Course à la mort (La).............................. 441

Course au soleil (La) 204

Cowboys et envahisseurs......... 479

Cox Tim.............. 394, 397

Crâne maléfique (Le) 143

Crash !....... 163, 300, 303

Craven Wes 171, 265, 271, 279, 300, 309, 322, 337, 384, 490, 498, 607, 622, 639

Créature des ténèbres(La)........ 289

Créature du cimetière................. 281

Créature du Lagon (La)...................... 172, 498

Créature du marais (La)...................... 172, 498

Creature from the haunted sea............. 149

Creep................. 198, 383

Creepshow 26, 267

Creepshow 2 .... 26, 267, 573, 625

Cri dans l'océan (Un) 26, 54, 236, 321, 635, 637, 641

Cri de la lavande dans le champ de sauterelles (Le).. 290

Crichton Michael ... 246, 638

Crimson Peak........ 541

Critters..................... 274

Critters II, III et IV 274

Crocodile................... 165

Crocodile de la mort (Le)............................. 164

Crocs de Satan (Cry of the Banshee) (Les)............ 240

Crocs de Satan (Les) 634, 639

Croisière sans retour 418

Croix de fer 631

Cronenberg David .. 92, 161, 247, 252, 258, 261, 267, 269, 274, 279, 300, 329, 423, 639

Cronos............... 197, 288

Crow (The) .. 6, 303, 311, 316, 627, 631

Crow la cité des anges (The) 303, 627, 631

Crow Salvation (The) 304, 631

Crowe Cameron 352

Crudo Richard 461

Crying Freeman 175, 294, 342

Crypte (La) 387

Crypte du vampire (La) 229

Cthulhu 442

Cuaron Alfonso 372, 406, 516

Cubbyhouse.... 347, 623, 624, 632

Cube 321

Cube 0 390

Cuirassier Potemkine 271

Cuirassier Potemkine (Le) 643

Cujo 82, 269

Cunha Richard 216

Cunningham David 422

Cunningham Sean S. 262

Currie Andrew 419

Curse of the demon 120

Curse of the Fly (The) 233

Cursed 384

Curtis Dan 248

Curtiz Michael . 204, 205

Cushing Peter 142

Cyborg 628, 638

D'Amato Joe ... 245, 261, 263, 288, 622

Dagon. 165, 356, 635, 637

Dahan Olivier .. 351, 372

Dahan Yannick 466

Daleks envahissent la Terre (Les) 143, 625, 638

D'Amato Joe 160

Dame en noir (La) 490

Dame en noir 2 : l'Ange de la Mort (La) 531

Damien : la malédiction II.......... 622

Damien la malédiction II 253

Damnés (Les) 220, 628

Danger planète inconnue 238, 573

Dangereuse alliance 87, 301, 639

Daniel Rod 634

Dans la Brume électrique 461

Dans la chaleur de la nuit 85

Dans la Peau de John Malkovitch . 334

Dans les griffes du vampire 642

Danse des morts (La) 585

Danse macabre (La) 144, 152, 626

Dante 01 425

Dante Joe. 170, 256, 262, 270, 326, 455, 584, 639

Darabont Franck ... 423, 597

Darabont Frank 336

Daredevil........... 371, 606

Dark (The) 382

Dark Angel 625

Dark Breed................ 625

Dark City 6, 56, 185, 197, 316, 333, 626, 644

Dark Knight (The) 439

Dark Knight Rises (The) 503

Dark Shadows. 173, 506

Dark Skies 518, 579

Dark Star 169, 247

Dark Touch 522

Dark Water 358

Dark Waters 289

Darkest Hour (The) 495

Darkly Noon 295

Darkman 43, 174, 280

Darkman II et III .. 280

Darkness 362, 632

Dawn Vincent 622

Dawson Anthony... 152, 222, 228, 237

Day of the Dead 2 : Contagium 413

Day Watch 408

Daybreakers 466

de Bont Jean 350

De Bont Jean 333

De Fleur Olaf 568

De La Iglesia Alex 290, 293

De La Madrid Luis .. 391

de Martino Alberto 225

De Martino Alberto 254

De Ossorio Amando 251

De Ossorio Armando 243

de Palma Brian 157, 247, 252, 256, 336, 423, 623

De Sade 149

de Segonsac Jean .. 339

De Segonsac Jean 310, 633

De Van Marina 522

Dead (The) 470

Dead and Breakfast 382

Dead Rising : Endgame 549

Dead Rising : Watchtower 549

Dead Set 597

Dead silence 422

Dead Snow 454

Dead Snow 2 .... *539*

Dead Zone 162, 269, 423

Dead Zone (série télévisée) 269, 582

Deadpool 558

Death Note 562

Death Race 441

DeCoteau David 282

Dédales 366, 640

Deep Impact 318, 323, 341, 629

Dégel 453

Déjà vu 410

Dektar Irwin 538

del Toro Guillermo 403, 442, 521, *541*

Del Toro Guillermo 175, 197, 288, 310, 353, 354, 378, 635, 643

Delicatessen 175, 281

Délivrance 259

Délivre-nous du mal 539

Dellamorte Dellamore 44, 160, 295, 636

Delplanque Lionel .. 337

Delpy Julie 451

Delvaux André 235

Demain les mômes 252, 628

Demain un autre monde 625

Demichelli Tulio 238

Demme Jonathan . 280, 622, 623

Demolition Man .. 289

Demonaco James .. 524

Démons 160

Démons 1 et 2 272

Denis Claire 344, 622, 642

Dentiste 290

Dents de la mer (Les) 54, 167, 251, 308, 405, 637

Dents de la mer 2 (Les) 251, 637

Dents de la mer 3 (Les) 637

Dents de la mer 4 : la revanche (Les) 637

Dents du Bayou (Les) 524

Deodato Ruggero ... 622

Dépravé (Le) ... 207, 369

Dernier avertissement (Le) 202

Dernier combat (Le) 628

Dernier des templiers (Le)- ... 475

Dernier exorcisme 472

Dernier exorcisme 2 (Le) 519

Dernier homme (Le) 628

Dernier monde cannibale (Le) 622

Dernier rite (Le) (The Haunting in Connecticut) 466

Dernier rivage (Le) 218, 628

Dernier survivant (Le) 628

Dernière maison sur la gauche 171

Derrickson Scott ... 196, 277, 345, 448, 489, 539, 558, 621

Derrière les murs 485

Désaxés (Les) 303

Descent (The) 386, 431

Desideria et le prince rebelle 160

Désosseur (Le) 142

Destin cannibale (Un) 622

Destination finale 337

Destination finale 3 393

Destination finale 4 464

Destination finale 5 482

Destination planète Hydra 234

Détour mortel 362, 622

Deux mille maniaques 230, 626

Deux nigauds chez les tueurs 141

Deux nigauds contre Dr Jekyll et Mr Hyde 141

Deux nigauds contre Frankenstein............ 140

Deux Nigauds dans le manoir hanté 626

Deux orphelines vampires (Les) ... 302, 642

Deux Sœurs .. 370, 627

Deux visages du Dr Jekyll (Les) 143, 218, 624

Deux yeux maléfiques 158, 159

Devil 478

Devil Bat 17

Devil Seed 504

Devil's Rejects (The) 365, 422

Dexter Maury 631

Dhandwar Tarsem Singh 492

Diable (Le) 622

Diables (Les) 47, 239, 266, 622

Diabolique docteur Z (Le) 230, 623

Diabolique docteur Z (Le) 151

Diaboliques (Les) 213

Diary of the Dead 432

DiBlasi Anthony 198, 459

Dickerson Ernest 293

Dickerson R. Ernest 353, 640

Die Farbe 472

Die Monster Die .. 233

Dien Bien Phu 631

Dippé Mark A. Z. .. 310, 622

Disparition 582

District 9 .... 464, 544

Divergente 536

Divergente 2 l'insurrection 545

Divide (The) 495

Divine 598

Dixième victime (La) 204

Django 161

Djinn 165

Djinns 458

Dobermann 308

Docteur Caligari 623

Docteur Folamour 151, 224, 301, 623, 628

Docteur Frankenstein 623

Docteur Jekyll 623

Docteur Mabuse 201, 623

Docteur Rictus 623

Docteur Strange . 558

Docteur Who ... 573, 639

Docteur X 139, 623

Dog soldiers .. 355, 634

Dogma 335

Dolls 283

Don Juan 28

Don't be Afraid of the Dark 500

Don't breathe : la maison des ténèbres 549

Donaldson K.T. 479

Donaldson Roger ... 293

Dong Min Kyu 363

Donjons & dragons 388

Donjons et dragons 341, 624

Donnelly Dennis 391

Donnen Stanley 263, 638

Donner Richard 253, 255, 270, 373, 402, 644

Donnie Brasko 347

Doom 386

Doomsday 431

Dorothy 449

Double assassinat dans la rue Morgue 17, 140, 203

Douglas 92

Douglas Andrew 384

Douzième heure (La) 97

Dowdle John Erick . 478

Dr Cyclops 205, 623

Dr Folamour 49, 324

Dr Jekyll and Sister Hyde 218, 624

Dr Jekyll et Mr Hyde ... 17, 85, 96, 218, 294, 624

Dr Jerry et Mr Love 218, 624

Dr Mabuse 31

Dr Rictus 288

Dracula . 5, 16, 18, 19, 21, 32, 35, 76, 113, 120, 140, 144, 203, 210, 257, 285, 291, 300, 309, 349, 602, 630, 642

Dracula 2 ascension 366

Dracula 2001 342

Dracula 2013 608

Dracula 3D *159*, 520

Dracula 73 .... 228, 642

Dracula contre Frankenstein 238

Dracula et les Femmes 642

Dracula et les Femmes.................... 228
Dracula et ses femmes vampires 248, 642
Dracula III 359
Dracula mort et heureux de l'être 36, 300, 642
Dracula père et fils 143, 249
Dracula prince des ténèbres... 143, 216, 228, 631, 642
Dracula prisonnier de Frankenstein........... 642
Dracula Untold 537
Dracula vit toujours à Londres............. 143, 642
Dragon du lac de feu (Le) 624
Dragon Hearth 3 : la malédiction 545
Dragon Inside Me 540
Dragon rouge.......... 622
Dream House 481
Dreamcatcher (L'attrape rêves) 363
Dreyer...................... 232
Dreyer Carl Th......... 203
Drzick Lynn............. 311
Du sang pour Dracula 21, 152

Duel 167, 242
Duguay Christian.. 175, 185, 301, 638
Dune 166, 273, 340
Dunne Griffin... 317, 639
Dunwich Horror (The) 25, 635
Dupeyron François 293
Durao Eduardo 386
Duvivier Julien 205, 206
Dylan Dog 502
Dzhendubaev Indar 540
E. T. 36, 167, 268
Eastman George 265
Eastman GL 280
Eastwood Clint........ 472
Eaters (Zombie Planet) 470
Ebirah contre Godzilla 630
Echevarria René..... 595
Échine du diable (L') 353, 627
Echo (Earth to Echo) 533
éclair noir (L') 470
Éclosion 342
Ed Wood.............. 17, 173
Edel Ulrich 642
Eden Log 426

Edge of Tomorrow 530
Edward aux mains d'argent.... 142, 173, 282, 638
Edwards Garet 470
Edwards Gareth 538
Effet papillon (L') 373, 644
effroyable secret du Docteur Hichcock (L') 221
Effroyable secret du docteur Hichcock (L') 144, 160
Efremov 223
Elektra.................... 381
Elephant man... 43, 144, 166
Eleven (11.11.11) 483
Elkayem Ellory 342, 354, 633
Elkins Tom................ 514
Ellis David................. 464
Ellis Sean 429
Élue (L')............. 340, 623
Elysium 522, 544
Emergence 173
Emmerich Roland . 172, 288, 292, 301, 324, 376, 464, 538, 556, 629, 630
Emmurée vivante (L') 160, 254

Empereur du Boulanger (L') 209

Empire contre-attaque (L') ... 253, 638

Empire de la terreur (L') 142, 149, 223, 626

Empire des fourmis géantes (L') 632

empire des ombres (L') 474

Empreinte de Frankenstein (L') 228, 629

Emprise 353

Emprise des ténèbres (L') 11, 45, 46, 172, 279, 636

En eaux troubles 572

En route vers le sud 144

Enemy 273, 625

Enfant du cauchemar (L') 340

Enfant du cauchemar (L') 271, 630

Enfant du diable (L') 622

Enfants d'Abraham (Les) 359

Enfants de Salem (Les) 154

Enfants du maïs (Les) 622

Enfants qui venaient du Brési (Ces)l **500**

Enfer des zombies (L') 44, 156, 160, 256, 263, 266, 433, 628, 636

Engler Yvan 455

Enlèvement 568

Ensorceleuses (Les) 317, 639

Enterré vivant (L'). 149

Entrailles de l'enfer (Les) 267, 268, 635

Entre deux rives. 393

Entretien avec un vampire 35, 292, 313, 480, 631, 642

Envahisseurs (Les) 573

Envahisseurs attaquent (Les) 630

Envahisseurs de la planète rouge (Les) 212, 625

Envahisseurs sont parmi nous (Les) ... 625

Ephron Nora 386

Epidemic 275

Épouvante sur New York 153

Epstein Jean 202

Equilibrium 373

eragon 411

Eraserhead. 39, 166, 253

Escape of Los Angeles 431

Esther (Orphan) 465

ET l'estraterrestre . 625

Et l'homme créa la femme 353

Et mourir de plaisir 20, 642

Et pour quelques dollars de plus 72

Et vogue le navire. 159

Étau (L') 54

Été de la peur (L') 171, 639

Eternal Sunshine of the Spotless Mind 390

Étrange créature du lac noir (L') 498

Étrange créature du lac noir (L') 26, 213, 214, 637

étrange histoire de Benjamin Buttom (L') 429

Étrange histoire du juge Cordier (L') 223

Étrange visite (L').. 160

Etrangleur de Boston (L') 640

Etter Ralph 455

Étudiant de Prague (L') 40, 141, 199

Évadés de la planète des singes (Les).....236

Event horizon....55, 347

Event Horizon..6, 7, 26, 266, 581

Event Horizon, le vaisseau de l'au-delà 197, 315, 631, 641

Éventreur de New York (L').....................160

Evil Dead......25, 48, 173, 262, 266, 268, 319, 337, 519, 635

*Evil Dead 2*174, 268, 329

Evil Dead 3................174

Evil Dead 4................174

Evolution...........350, 624

EX Machina............542

Excalibur...........266, 624

eXistenZ..329, 636, 639

Existenz.....................344

ExistenZ *163*

Exit Humanity......474

Exorcism...........152, 620

Exorcisme (L').........455

Exorcisme d'Emily Rose (L').................386

Exorciste (L') 47, 78, 84, 246, 620, 622

Exorciste au commencement (L')..............................379

Exorciste II : L'hérétique (L').......622

Exorciste II : l'hérétique (L')........246

Exorciste III.............246

Expérience interdite (L')..............................161

Extinction.......538, 569

Extraterrestrial.......533

Eye (The)........362, 432

Faculty (The) 329, 626

Fahay Murray. 347, 623, 624, 632

Fahrenheit 451 ...234

Fais-moi peur..........626

Falaise mystérieuse (La)..............................626

Famille Addams (La)....281, 328, 573, 575

Fangland 170

Fangmeier Stefen..411

Fantôme avec chauffeur...................627

Fantôme de Canterville (Le).......626

Fantôme de l'Opéra (Le) 16, 139, 159, 205, 221, 327, 628

Fantôme de l'opéra(Le).................*161*

Fantôme de la momie (Le) 142

Fantôme de l'Opéra (Le)............................201

Fantôme de Milburn (Le).....223, 627

Fantôme vivant (Le)............204, 626, 636

Fantômes à louer...154

Fantômes à vendre626

Fantômes contre fantômes...304, 375, 627

Fantômes d'Halloween (Les) 278, 627, 640

Fantômes en croisière 626

Fantômes en vadrouille..................626

Farrow John Villiers 207

Faucon Maltais (Le) 141

Fauntleroy Don E. .431

Faust............ 96, 336, 356

Fausto 5.0 ......355, 623

Faux-semblants41, 163, 279, 341

Favreau Favreau....472

Favreau John...388, 479

Favreau Jon 434

Fawcett Fawcett.....634

Fawcett John ..348, 382, 634

Fehlbaum Tim.........501

Féline (La) ... 32, 40, 120, 206, 267

Fellini Roma 643

Femme aux bottes rouges (La) 247

Fenêtre secrète .. 374

Fenêtres du temps (Les) 628

Ferme de la terreur (La) 172, 265

Ferrante C. Anthony 542

Ferrara Abel 231, 290, 300, 421, 625

Ferroni Georgio 219

Ferry Michel 298

Festin nu (Le) 163

Fiancée de Chucky (La) 328, 382

Fiancée de Dracula (La) 355, 643

Fiancée de Frankenstein (La) . 8, 9, 25, 116, 119, 141, 205, 328, 629, 630

Fiancée du vampire (La) 642

Fickett Travis 613

Fille de Dracula (La) 642

Fille de Jack l'éventreur (La) 633

Fille du loup-garou (La) 207, 634

Fille qui en savait trop (La) 223

Filles disparaissent (Des) 141

Fils de Chucky (Le) 381

Fils de Frankenstein (Le) 140, 141, 205, 629

Fils de Godzilla (Le) 630

Fils de King Kong (Le) 204, 634

Fils de l'homme (Les) 406

Fin absolue du monde (La) 584

Fin des temps (La) 145, *161*, 334

Final Cut 365

Final Fantasy 350, 639

Fincher David 429

Finney Jack 231

Fisher King 157

Fisher Terence 215, 217, 218, 220, 221, 228, 628

Fisher Tom 622

Flanagan Mike 523

Fléau (Le) 629

Fleder Gary 185, 351, 357

Fleischer Richard .. 213, 234, 246, 635, 640

Fleischer Ruben 464

Fleming Andrews ... 301

Flender Rodman 328

Flic ou zombie 637

Flight Plan 386

Flight to Mars 209

Florey Robert .. 203, 207

Floyd Drake 288

Fog 48, 169, 258, 399, 626, 641

Foire des ténèbres (La) 269

Forbes Bryan 353

Ford Howard J. et Jonathan 470

Forever 319, 628

Forster Marc 521

Forteresse noire (La) 269

Fortress 165, 289

Fortuny Juan ... 246, 623

Fountain (The) 411

Fourmiz 50

Fragasso Claudio .. 266, 288

Fragile 399

Frakes Jonathan 306, 327, 575

Francis Freddie 228, 623

Francis Freddy 221, 625, 628

Francisci Pietro 234

Franco Jess .. 151, 220, 225, 226, 237, 240, 244, 245, 267, 269, 270, 278, 298, 346, 636, 642

Franco Jesse 241

Franco Jesus ... 230, 622, 623

Franju Georges 219, 248, 623

Frankenheimer John 259, 303

Frankenhooker 629

Frankenstein 5, 9, 10, 32, 35, 55, 116, 120, 140, 203, 247, 291, 309, 326, 630

Frankenstein 70 ..... 141, 629

Frankenstein créa la femme 143, 629

Frankenstein et le monstre de l'enfer 143, 629, 631

Frankenstein junior 36, 247

Frankenstein Junior 629

Frankenstein rencontre le loup-garou .. 140, 206, 629, 634

Frankenstein s'est échappé ! . 142, 143, 629, 631

Frankenstein the True Story 629

Frankenstein's Army 521

Frayeurs 26, 156, 160, 263, 433, 636

Freaks ... 16, 43, 113, 115, 166, 203, 313, 578

Frears Stephen 294

Freda Riccardo ... 159, 221

Freddy ... 35, 78, 262, 309, 320

Freddy contre Jason 369, 640

Freddy les griffes de la nuit 470

Freddy sort de la nuit 45, 172, 271, 630

Freddy, le cauchemar de vos nuits 271, 630

Freejack 644

Fregonese Hugo 238

Freiser Eric 342

Frenzy 162

Fréquence interdite 344

Frères Grimm (Les 386

Frères Grimm (Les) 157

Fresnadillo Juan Carlos 348, 420, 497

Freund Karl 203, 205, 623

Fric Martin 209

Friedkin William 246, 281, 620

Friedlander Louis ... 205

Friends 326

Fright Night 481

Fringe 598

Frisson des vampires (Le) 239, 642

Frissons 42, 144, 162, 247

Frissons de l'angoisse (les) 40, 159, 235, 251

Frissons d'outre-tombe 40, 154, 246

Frissons sur la peau (Des) 152

From Hell 349

From the Earth to the Moon (De la Terre à la Lune) 216

Fuest Robert 242, 623

Fulci Lucio 156, 160, 254, 256, 263, 265, 266, 283, 284, 433, 636

Full Eclipse 316, 634

Full metal jacket 312

Full Metal Jacket 631

Full metall jacket ... 150

Furie 157, 256

Furst Griff 524

Furtif 386

Fury 529

Fusion 359

Futur immédiat 625

G.I. Joe : Le réveil du Cobra 465

Galactica 615

Galeen Henrik 202

Game of Thrones (Le Trône de fer) 601

Gandus Robert 262

Gang in die Nacht .. 141

Gans Christophe 175, 290, 294, 342, 400, 539

Garcia (VI) Victor .. 459

Garcia Victor ... 196, 197, 443, 493

Gardien des esprits (Le) 627

Gardiens de la galaxie 536

Gardiens de la galaxie 2 (Les) 565

Gardner Sam 622

Garland Alex 542

Garris Mick 584

Garris Mike 338

Gass-Donnelly Ed .. 519

Gas-s-s-s 149

Gates Kenvin 405

Gates Kevin 494

Gautama Sisworo .. 622

Géant de la steppe (Le) 215

Geddes John 474

Gederlini Girodano 354

Geissendorfer Hans W. 238

Gemini 341

*Génération perdue*161, 279, 642

Gens Xavier) 495

Gentilomo Giacomo 220

George le cannibale 417

Ghost 627

Ghost in the Shell 293, 561, 638

Ghost Rider ... 413, 492

Ghost Rider : l'esprit de vengeance 492

Ghosts of Mars 170, 351

Giallo *159*, 452

Gilbert Lewis 294, 627

Gildark Daniel 442

Gillard Stuart 633

Gillepsie Jeremy 556

Gillespie Craig 481

Gilliam Terry ... 156, 271, 299, 386, 613

Gilling John 623

Ginger Snaps 348, 634

Glazer Harver 497

Glazer Jonathan 516

Gobbi Sergio 315

Godard Jean Luc ... 231, 638

Goddard Drew. 484, 606

Godsend, expérience interdite .. 377, 624, 629

Godzilla ... 35, 55, 86, 172, 173, 212, 324, 630, 637

Godzilla - Final wars 386

Godzilla (Id.) 538

Godzilla 1985 630

Godzilla 2014 535

Godzilla contre Gigan 630

Godzilla contre Hedora 630

Godzilla contre la chose 630

Godzilla contre le monstre de l'espace 630

Godzilla contre le monstre du brouillard 630

Godzilla contre Megalon 630

Godzilla et l'île des monstres 630

Godzilla, roi des monstres 630

Gold Jack 256
Goldblatt Mark 637
Golden Compass.... 423
Golem (Le) .. 11, 31, 200, 203, 630, 638
Gondry Michel 390
Gorak Chris 495
Gordon Bert I 214
Gordon Stuart 165, 273, 275, 283, 289, 356, 372, 584, 635, 637
Gothic............. 8, 274, 631
Gothika 371, 627, 640
Goyer David..... 380, 643
Goyer David S. 185, 410, 430
Grace....................... 460
Graine de violence .. 20
Grand silence (Le).. 72, 160
Grand Tout (Le) .. 546
Grande menace (La)........................... 256
Grau Jorge................ 249
Grave Encounter 488
Graves Danny 358
Gravity 516
Greco Federico........ 405
Green (VII) Tom 535
Green Dave............. 533
Green Lantern 491

Greene David 235
Greene Herbert S. .. 218
Gremlins..... 42, 170, 270, 305, 326
Gremlins 2 170, 219, 270
Griffes de la nuit (Les) 45, 46, 172, 271, 319, 375
Griffes du cauchemar (Les) 271, 340, 629
Grimaldi Hugo.......... 233
Grimm 613
Grudge 2 (The) ... 411
Grudge The... 380, 627, 632
Grünewald Allan..... 232
Gruver Jay Mackye 373, 644
Guerre des étoiles (La) 85, 142, 143, 164, 253, 307, 625, 638
Guerre des étoiles (La): l'attaque des clones 348
Guerre des fées (La) 628
Guerre des mondes (La).... 213, 384, 625, 628
Guerre des monstres (La)..... 234, 630
Guerre du feu (La) 266, 622

Guest Christopher 217, 219
Guest Val . 177, 214, 220, 222, 238, 271
Guigui Martin........... 475
Guillot Roger 622
Gunn James.... 399, 536, 565
Gutierrez Sebastien 349, 434, 635
Haaja Jesse............... 566
Haddon Cole 602
Hafstrom Mikaël.... 423, 477
Haggard Piers 242
Half Light................ 410
Halldorsdottir Gudny 279
Haller Daniel.... 233, 238
Halloween 28, 35, 46, 78, 84, 158, 169, 265, 309, 314, 322, 323, 422, 621
Halloween....Erreur ! Ce n'est pas un signet valable dans l'entrée sur la page 256
Halloween....Erreur ! Ce n'est pas un signet valable dans l'entrée sur la page 467
Halloween : 20 ans après........................ 326
Halloween 2.......... 467
Halloween II 256, 467

Halloween III, le sang du sorcier.......... 256, 467

Halloween IV... 256, 467

Halloween resurrection.......... 358

Halloween, la nuit des masques 256

Halluciné (L') 149

Halperin Victor........ 204

Hamm Nick 377, 624, 629

Hampton Robert 221

Hancock...................... 437

Hannibal............ 154, 622

Hansel et Gretel . 518

Hantise 333

Hantises 224, 298, 627

Hardware................... 284

Hardwicke Catherine 462, 491

Hardy Robin............. 245

Harlin Renny... 330, 335, 379, 411

Harmon Robert 198, 370

Harper Tom............... 531

Harrison John.. 198, 450

Harrisson John........ 340

Harry Potter à l'école des sorciers 352

Harry Potter et l'ordre du Phénix 419

Harry Potter et la chambre des secrets 352, 633

Harry Potter et la coupe de feu......... 387

Harry Potter et le prince de sang mêlé........................ 463

Harry Potter et le prisonnier d'Azkaban 372

Harvey Harold Herk 223

Has Wojciech J. 230

Haskin....................... 92

Haskin Byron... 213, 216

Haunted 294, 627

Haunted Summer...... 8

Haunting in Connecticut 2 (The) – Ghosts of Georgia 514

Haute tension.......... 640

Häxan........................ 47

Häxan (la sorcellerie à travers les âges) 622

Hayers Sydney 220, 623

Headline Doug 356

Helix........................ 601

Hell 501

Hell Baby 486

Hell Driver (Drive Angry)...................... 476

Hellboy............... 378, 635

Hellboy 2 : les légions d'or maudites................ 442

Helldriver 469

Hellman Oliver........ 253

Hello Mary Lou ... 275, 627

Hellphone................. 414

Hellraiser.... 27, 172, 197, 266

Hellraiser : revelations 197, 493

Hellraiser II : Hellbound............... 277

Hellraiser II, les écorchés.... 196, 277, 621

Hellraiser III : L'enfer sur Terre 286

Hellraiser III, enfer sur la terre 196, 277, 621

Hellraiser inferno.. 196, 277, 621

Hellraiser IV : Bloodline................ 297

Hellraiser IV, bloodline ... 196, 277, 621

Hellraiser le pacte . 631

Hellraiser Revelations 196

Hellraiser V : Inferno.................... 345

Hellraiser VI : Hellseeker.............. 346

Hellraiser VII : Deader 360
Hellraiser VIII : Hellworld 361
Hemmings David ... 263
Henenlotter Frank . 629
Henson Jim 275
Her 523
Herbert Martin 225
Hercule contre les vampires .. 143, 157, 220, 230, 642
Herek Stephen 274
Hernandez Gustavo 479
Heroes 596
Hertz Nathan ... 217, 219
Herzog Werner 258
Hessler Gordon 240, 634, 639
Hickoks Anthony 286
Hidden 262, 268, 275, 453, 625
Hidden 2 625
Hide Aways The Last Son 499
Hideous Sun Demon 218
Higanjima 471
Highlander 274, 615
Highlander II et III 274
Hill George Roy 243

Hillcoat John 465
Hirschbiegel Oliver 185, 421
Hiruko 281
Histoire de fantômes chinois 277
Histoire de fantômes japonais 218
Histoire sans fin (L') 624
Histoire vraie (Une) 166
Histoires de fantômes chinois 22, 627
Histoires d'outre-tombe 143
Histoires extraordinaires 23, 141, 159
Histoires fantastiques 167, 171
Hitchcock Alfred 201, 219, 224
Hobbit (The) 489
Hobbit : la Bataille des Cinq Armées (Le) du même 522
Hobbit : la désolation de SMAUG (Le) 522
Hoblit Gregory 313, 344, 622
Hocus Pocus 639

Hocus Pocus : les trois sorcières 290
Hoene Mathias 507
Hoffman Anthony . 341, 639
Hogan W.D. 527
Hole (The) 455
Holland Tom 271
Hollow Man 153, 339
Holocauste 2000 254
Hombre 86
Homme à la tête coupée (L') 246, 623
Homme au masque de cire (L') 142, 204
Homme des hautes plaines (L') 303, 626
Homme H (L') . 215, 217
Homme invisible 283
Homme invisible (L') 340
Homme invisible (L') 116, 142, 204, 335, 574
Homme perdu (L'). 142
Homme qui en savait trop (L') 141
Homme qui trompait la mort (L') 143
Homme qui venait d'ailleurs (L') 625
Homme-léopard (L') 207
hommes contre 312

Homunculus............ 199

Honda Inoshiro...... 212, 215, 217, 227, 234, 638

Hood Gavin 462, 511

Hook 167, 281, 628

Hooper Tobe... 164, 247, 267, 271, 274, 289, 390, 400, 622

Hôpital et ses fantômes (L') .. 321, 579

Hopkins Anthony ... 144

Hopkins Stephen .. 326, 414, 639

Horde (La)............ 466

Horde sauvage 170

Horner Harry 211

Horns.......................... 531

Horreurs de Frankenstein (Les) 629

Horribilis (Slither) 399

Horrible...... 160, 261, 263

Horrible cas du Dr X (L')............ 149, 224, 623

Horrible docteur Orloff (L')................ 220

Horrible docteur Orloff (L')........... 151, 623

Horror Hospital... 245

Host (The)............ 407

Hostel..................... 389

Hough John..... 241, 243, 274

House . 262, 273, 463, 620

House 1 et 2............ 627

House 2 .... 273, 322

House of damned .. 631

House of Re-Animator 165

House of the Dead 390

House of the Dead 2................................ 393

House of the Devil (The)........................ 429

House of the End of the World........... 25, 634

Howard Ron............. 272

Howl........................ 545

Huan Vu.................... 472

Hubert Ian................ 490

Hughe Albert &Allen 466

Hughes Allen et Albert 349

Huit et demi............ 144

Huit et Demi............ 159

Hulk............................ 370

Hull Andrew............. 469

Humains................... 461

Human Centipede (The)........................ 465

Humpy dumpy à Oakland................... 183

Hunegr Games l'embrasement.... 510

Hunger Games 510

Hunger Games 3 partie 1 (The Mockingjay).............. 544

Hunt Bruce............... 387

Hunter Hayes T. 204, 626, 636

Hunter Max 231

Hunter Simon.. 330, 442

Hunters (The)....... 495

Hurlements 142, 170, 262, 309, 634

Hurlements 2 270, 634

Hurler de peur 143

Hurst Michael 393

Husk............................ 469

Huth James.............. 414

Hyams Peter... 145, 161, 272, 305, 334, 407, 638

Hyette Paul 545

Hypnose................... 336

Hypnotic.. 375, 631, 643

Hypothermia............ 497

I Origins................. 528

I, Frankenstein... 511

I, Robot.................... 377

Ibanez Gabe............. 534

Identity 366, 640

Il Cartaio................... 159

Il était une fois dans l'Ouest........................ 332

Il était une fois dans l'Ouest 72

Il était une fois en Amérique 72

Il était une fois la Révolution 72

Il faut sauver le soldat Ryan 631

Île au trésor (L') 139

Île aux trente cercueils (L') 576

Île de l'enfer cannibales (L') 622

île des âmes perdues (L') 422

Île des morts (L') .. 141, 344, 633

Île du docteur Moreau (L') 40, 43, 55, 140, 204, 303, 623

illusionniste (L') 424

Ils 409

Immortel 373

Immortels 492

Impasse aux violences (L') 207

Impasse aux violences (L') 9, 142, 623, 631

Impostor ... 185, 351, 357

In the Woods 311

Inassouvies (Les) 237

Incassable 341

Inception 471

Inconnu (L') 113, 139

Independence Day 173, 301, 306, 325, 341, 625, 629, 630

Independence Day : Resurgence 173, 556

Independence Day Saster 527

Indiana Jones et la dernière croisade ... 167

Indiana Jones et le royaume du crâne de cristal 433

Indiana Jones et le temple maudit 167

Inévitable catastrophe 632

Infectés 451

Inferno .. 35, 47, 126, 159, 254, 327, 360, 391

Infestation 451

Infested 362, 633

Innkeepers (The) 499

Innocent Blood 21, 288, 642

Innocents (Les) . 220, 626

Insectes de feu (Les) 632

Insectula 552

Inside (La Cara occulta) 483

Insidious 478

Insidious 2 515

Insidious chapitre 3 542

Insomnie 642

Intacto 348

Interstellar 537

Into the Woods ... 543

Intolérance 113

Intruders (The) .. 497

Intrusion 343

Intuitions 174, 343

Invasion 185, 421, 598

Invasion au Far-West 479

Invasion de Los Angeles 169, 279

Invasion des araignées géantes. 632

Invasion des morts-vivants (L') 636

Invasion des Piranhas (L') 256

invasion des profanateurs (L') 231, 421

Invasion des profanateurs (L') .. 50, 625

invasion des Profanateurs de sépulture (L') 421

Invasion des profanateurs de sépulture (L') 32, 40, 50, 54, 214, 305, 625

Invasion Los Angeles 352, 625

Invasion planète Terre 615

Invasion planète X 625, 630

Invasion secrète (L') 149

Invasion vient de Mars (L') 164, 625

Invisible (The) 185, 410

Iron Man 434

Iron Man 2 472

Iron Man 3 517

Iron Sky 488

Isaac James 262, 355, 621, 640

Island (The) 385

Isolation 416

Israelite Dean 568

It (Ça) 564

It conquered the world 148

It's Alive (Le Monstre est vivant) 452

Jabberwocky 156

Jack l'éventreur..... 623, 633

Jack l'éventreur (The Lodger) 202

Jacket (The) 385

Jackson David 404

Jackson Peter 175, 304, 351, 489, 522, 622, 624

James Caradoy W. 526

Jankel Annabel 289

Januskopf (Der) 17, 96, 141, 218, 624

Jardin du diable (Le) 304

Jason X 355, 640

Jason, le mort-vivant 262

Je suis d'ailleurs..... 346

Je suis un monstre 242, 624

Je suis une légende 230, 242, 424, 642

Je t'aime je t'aime 235, 644

Jeepers Creepers.. 197, 354, 623

Jeepers Creepers 2 371

Jenifer 585

Jenkins Patty ... 373, 567

Jennifer's Body ... 464

JéruZalem................ 547

Jessua Alain 623

Jetée (La) 224, 299, 644

Jeu d'enfant 328, 382

Jeu d'enfants (Un) 349

Jeune fille de l'eau (La) 406

Jeunet Jean Pierre 174, 178, 281, 294, 310, 638

Jewison Norman 251

JJ Abrams 175

Joey 172

John Carter 500

Johnny Mnemonic.. 636

Johnson Mark Steven 371

Johnson Rian 487

Johnson Steven Mark 413, 492

Johnston Joe... 290, 293, 350, 451, 478

Jolivet Pierre............ 282

Jonathan 642

Jonathan le dernier combat contre les vampires 21, 238

Jones Duncan.. 468, 480

Jones Dunean 558

Jones Mark 286

Jonze Spike...... 334, 523

Joon-Ho Bong 521

Joost Henry............. 499

Jordan Neil 292, 328

Jour d'après (Le) .. 173, 376, 629

Jour de la bête (Le) 293, 622, 643

Jour des morts (Le) 449

Jour des morts vivants (Le) 156, 433

Jour des morts vivants 2 (Le) . 156, 433

Jour des morts-vivants (Le) 44, 49, 130, 236, 273, 623, 628

Jour des morts-vivants 2 (Le) 413

Jour où la Terre prit feu (Le) 220, 628

Jour où la Terre s'arrêta (Le) 211, 306, 448, 625, 638

Jour sans fin (Un).. 644

Journal intime d'un vampire 299

Joyner C. Courtney 291

Judge Dredd 293

Julian Rupert 201

Juliette des Esprits 159

Juliette ou la clé des songes 207

Jumanji 37, 293

Jumper 430

Jupiter : le destin de l'univers 532

Juran Nathan .. 211, 217, 219, 228

Jurassic Park 37, 167, 290, 305

Jurassic Park 3 290, 350

Jurassic World 542

Jurassic World : Fallen Kingdom ... 569

Jusqu'au bout du monde 636

Jusqu'en enfer 174, 462

Justice League 568

Kaïro 342

Kalangis John 415

Kalidor, la légende du talisman 145, 240

Kaminski Janusz ... 342, 620, 623

Kaneko 290

Kapadia Asif 424

Karloff Boris 140

Kasdan Lawrence .. 363

Kassovitz Mathieu 371, 440, 627, 640

Kast Pierre 242

Kaufman Philip 231, 421

Kavanagh Ivan 539

Kay Roger 623

Kay Stephen T. 402

Kazanski Gennadi .. 234

Keating David 476

Keith David 274

Kelly Richard ... 347, 455

Kenan Gil *540*

Kenton Erle C. . 204, 206

Kershner Irvin. 253, 638

Kershner Irwin 538

Kill Bill volume 1 et volume 2 370

Killer barbys 152, 298

Kindred le clan des maudits 580

King Dinosaure ... 214

King Jonathan 409

King Kong 17, 32, 43, 86, 204, 308, 387, 436

King Kong contre Godzilla 204, 630, 634

King Kong II 204, 634

King Kong revient. 204, 634

King Stephen.. 281, 338, 363, 583

Kingdom Hospital 583

Kingdom II (The) 321

Kiselyov Dmitri 470

Kitakubo Hiroyuki. 344, 642

Kitamura Ryuhei 386

Kitamura Ryunei ... 198, 463

Klapisch 334

Klausmann Barrett 372

Klushantsen Pavel . 222

Knowles Bernard 207

Kœpp David 336, 374

Kolditz Gottfried 625

Komodo 337

Kondelik James 527

Kong : Skull Island 561

Kosinski Joseph 480, 519

Kounen Jan 308, 378

Kramer Stanley 218

Krantz Tony 602

Kren Marvin 494

Kriminal 233

Kring Tim 596

Kronos 215

Krystie Anthony 223

Kubrick Stanley 150, 224, 243, 262, 423, 623, 631, 638

Kumel Harry 239

Kurosawa Kiyoshi .. 342

Kurtzman Alex 561, 598

KurtzmanRobert 319

Kusama Karyn 388, 464

Kyun Kim Tae 471

L'Arche de vérité 592

L'Herbier Marcel 205

L'histoire sans fin .. 624

L'homme dont les dents étaient toutes exactement semblables 183

l'île du docteur Moreau 395

L'illusionniste 413

La Belle est la bête 584

La Cave 583

La fille aux cheveux noirs 183

La Guerre des mondes 167

La Malédiction céleste 274

La Porte des secrets 382

Labute Neil 408

Labyrinthe 275

Labyrinthe (Le) .. 529

Labyrinthe de Pan (Le) 403

Lac des morts-vivants (Le) .. 263, 636

Lâchez les monstres 142, 240

Lacombe Julien 485

Lady Blood 455

Ladyhawke, la femme de la nuit 270

Laisse-moi entrer (Let Me in) 480

Lake Placid 463, 620

Laloggia Frank 278, 627, 640

Lambert Mary 279

Land of th Dead 156, 433

Land of the Dead ... 434

Landis John 266, 288, 584

Landon Chritopher 499

Lang Fritz. 200, 201, 202, 623, 638

Lantieri Michael 337

Lara Croft Tomb raider 350

Lara Croft Tomb Raider Le berceau de la vie 350

Laresgoiti Francisco 493

Larson Ken 635

Las Vegas parano .. 157

Last Action Hero ... 145, 289

Last Days on Mars (The) 525

Laughton Charles .. 213

Laugier Pascal 376, 503, 627, 632

Lawrence Francis .. 381, 424, 510, 544

Lawson Joseph J. ... 500

Lazer J. 636

Lazer J< 263
Le Borg Reginald ... 223
Le Cercle (The Ring 2) 401
Le Monde fantastique d'Oz 174
Le Système du Docteur Goudron et du professeur Plume 372
Leatherface – massacre à la tronçonneuse 3 248
Leclerc Julien 422
Leder Mimi 318, 629
Lee Ang 370, 437
Lee Christopher .. 143
Lee Jay 413
Lee Malcolm D. 520
Lee Rowland V. 205
Lee Si-Myung .. 185, 362
Lee Thomas 330, 629
Lefler Doug 545
Legend 154, 272, 628
légende de Beowulf (La) 422
Légende de la Momie (de Bram Stoker) (La) ....
Légende des ténèbres (La) 22
Légende du loup-garou (La) 143, 634
Leggio Roberto 405

Legion 470
Leman Andrew 276
Leni Paul 201, 202
Lennon Thomas 486
Lenzi 263
Lenzi Umberto 233, 622
Leonetti Jihn R. 295
Leonetti John R. 533
Leong Po-Chih 339
Leonor 251, 642
Leprechaun 286
Leprechaun 3 295
Leprechaun 4 : lost in space 565
Leprechaun Origins 523
Les Amants d'outre tombe 198, 584
<u>Les Maîtres de l'Horreur</u> 176
Les trois vissages de la peur 607
Leterrier Louis 437
Lettich Sheldon 359
Leutwyler Matthew 382
Levasseur Gregory 530 635
Leviathan 637
Levin Henry 207, 218
Levinson Barry 213, 313, 637, 641, 644

Lèvres rouges (Les) 21, 239, 642
Levy Shawn 410, 491
Lewin Albert 207, 210
Lewis Herschell Gordon 224, 230, 622
Lewis Mark A. 453
Lexx 581
Liaison bestiale 584
Lieberman Jeff 633
Lieberman Robert. 269, 582
Liebesman Jonathan 362, 477, 627
Life Force (L'Étoile du mal) 271
Lifeforce 164, 625, 642
Ligne rouge (La) 631
Ligne Verte (La) 336, 423
Ligue des Gentlemen Extraordinaires (La) 367, 624, 643
Liman Doug 430, 530
Lindquist John Ajude 480
Linklater Richard ... 185, 416
Lipovsky Zach . 523, 549
Lisa et le diable . 243, 622, 632

Lisberger Steven .. 268, 638

Liste de Schindler (La) 10

Litan 267

Little Dwight H. 379

Lively Gerry 388

Livide 495

Livre d'Eli (Le) 466

Livre de sang (Book of Blood) 198, 450

Llosa Luis 308

Locataire (Le) . 153, 252

Lock Out Sécurité maximum 504

Lodger (The) 201

Logan 560

Logan John 605

Loin vers l'est 139

Loïs et Clark 615

Londres après minuit 139

Longue nuit de l'exorcisme (La) 160

Looper 487

Lopez Eguiluz Enrique 236

Lopez-Gallego Gonwqlo 491

Lopez-Gallego Gonzalo 486

Lopez-Gallego Lopez 436

Lord Byron 141

Lord of Light 458

Lords of Salem (The) 509

Lorre Peter 141

Los Angeles 2013 . 170, 302, 304, 643

Losey Joseph 220

Lost Continent 208

Lost highway ... 166, 302

Loup de soie noire (Le) 139

Loup-garou (Le) 140, 205, 335, 634

Loup-garou de Londres (Le) 266, 316, 634

Loup-garou de Paris (Le) 266, 316, 634

Lourie Eugène 212

Lovecraft 92, 193, 346

Lovely Molly 473

Lubin Arthur ... 205, 463, 621

Lucas George ... 92, 163, 253, 333, 348, 383, 638

Lucy 537

Lugosi Bela 139

Luna Bigas 275

LundströmLars 599

Lurking Fear 291

Lussier 342

Lussier Patrick 296, 359, 415, 476

Lussier Patricke 366

Lwachowski Larry et Andy 369, 639

Lycanthropus 634

Lyde John 527

Lynch David 165, 253, 273, 275, 288, 302, 348

Lyon Nick 487

M. le maudit 141

M.A.L. (Mutant aquatique en liberté) 637

Ma Femme est une sorcière 205

Ma femme est une sorcière 639

Ma sorcière bien aimée 386

Ma Sorcière bien aimée 639

Ma vie est un enfer 622

Maas Dick 627

Mac Kee Lucky 584

Mac Maughton John 198, 584

MacDougall Ronald 218

Machine (La) .. 218, 293, 624

Machine (The) 526

Machine à explorer le temps (La) 219, 352, 644

Maciste contre le fantôme 220

Mad Max 163, 628

Mad Max : Fury Road 163

Mad Max 2 .... 163, 628

Mad Max au-delà du dôme du tonnerre 163, 628

Mad Max Fury Road 544

Mad Max The Wasteland 163

Mad Max VI 163

Mad Zombies 415

Magic 144

Magicien d'Oz (Le) . 84, 86, 88

Magie noire 283

Magnat Julien .. 354, 643

Main du diable (La) 33, 46, 207, 622

Main qui tue (La) 328

Mains d'Orlac. (Les) 141, 142, 143, 201, 205, 328, 623

Maison de cire 383

Maison de Dracula (La) 142, 642

Maison de Frankenstein (La) . 141, 142, 629

Maison de l'exorcisme 620

Maison de l'exorcisme (La) 243, 622, 632

Maison de l'horreur (La) 335

Maison de la sorcière (La) 520

Maison de la terreur (La) 160

Maison des 1000 morts (La) 364, 422

Maison des damnés (La) 243, 626, 632

Maison des ombres (The Awakening) (La) 496

Maison des sévices (La) 586

Maison du diable (La) 48, 224, 282, 313, 352, 626

Maison ensorcelée (La) 141, 144, 237

Maison près du cimetière (La) 26, 44, 156, 160, 265, 433, 636

Maître de la terreur (Le) 160

Maître des illusions (Le) 295

Maître et Marguerite 246

Maîtres du monde (Les) 292, 625

Maîtresses de Dracula (Les) 18, 142, 228, 631, 642

Makilaakso Marko .. 473

Malédiction (La) 47, 253, 402, 622

Malédiction d'Arkham. (La) 25, 41, 142, 149, 225, 626, 634

Malédiction de Dunwich (La) 238

Malédiction des hommes-chats (La) 32, 206

Malédiction des pharaons (La) .. 44, 142, 143, 218

Malédiction des profondeurs (La) 404

Malédiction des Watheley (La) .. 25, 235, 634

Malédiction finale (La) 253, 622

Malédiction IV (La) 622, 624

Maléfices de la momie (Les) 227

Maléfique 360, 539

Malevil 628

Malick Terence 631

Malle Louis 251

Malone William 335, 583, 623

Malpertuis 21

Mama 517

Man of Steel 516

Mancini Don 381

Mandragore (La) 202

Manera Franco 151, 240

Mangler (The) 165

Mangold James 366, 517, 560, 640

Manhattan Baby 160

Maniac 34

Manitou 376

Mann Michael 269

Manoir de la terreur (Le) 225

Manoir du diable (Le) 16, 622

Manoir hanté et les 999 fantômes (Le) 627

Manoir maudit (Le) 223

Mantera 517

Manuscrit trouvé à Saragosse (Le) .. 230, 626

Manzor René 176, 306, 366, 640

Marchand Gilles 623

Marghereti Antonion 222

Margheriti Antonio 152, 224, 228, 237, 622, 625

Marguerite de la nuit 214, 622

Mariée sanglante (La) 240

Marker Chris 224

Marlind 490

Marque (La) 24, 55, 214, 222, 625, 634

Marque du vampire (La) 18, 139, 205, 630, 642

Marrrrtiens (Les) ... 625

Mars Attacks ! 173, 301, 305, 324, 328, 341, 625, 629

Marshall Frank 281

Marshall Neil ... 355, 386, 431, 634

Marshall Rob 481, 543

Martin 236, 642

Martin Franck . 622, 623, 636

Martin Johnny 396

Martino Sergio 622

Marton Andrew 227

Mary Reilly 23, 218, 294, 624

Mascheria del demonio (La) 127, 129

Masque de cire (Le) 299, 327, 389

Masque de la mort rouge (Le) . 75, 142, 149, 227

Masque d'or (Le) ... 141

Masque du démon (Le) .. 19, 24, 41, 126, 129, 144, 157, 220, 228, 306, 349, 626, 631, 639, 642

Masques de cire 32, 204

Massaccesi Aristide 245

Massaccessi Aristide 160

Massacre à la tronçonneuse 34, 43, 48, 164, 230, 247, 337, 373, 390, 580, 622

Massacre à la tronçonneuse 2 ..... 164, 248, 622

Massacre des Morts-vivants (Le) 249

Mastandrea Nicholas 393

Masters of Horror 583

Mastrocinque Camillo 229

Matalas Terry 613

Maté Rudolph 210

Mather James 504

Matheson Richard .. 424

Matrix 344, 636

Matrix (La Matrice) 330, 639

Matrix Reloaded 369, 639

Matrix Revolutions 370, 639

Matthieu Nic 554

Maurer Thom 372

Maury Julien 495

Mauvais esprits (Les) 568

Max Payne 446

May 376

Maybury John 385

Mc Bride John 622

Mc Cain Howard 454

Mc Carthy Nicholas 474

Mc Intire Christian 356, 641

Mc Lean Greg 403

Mc Teigue James .. 400, 497

Mc Tiernan John 289

McG 462

McKee Lucky 376

McKenney James Felix 497

McTiernan J. 352

Mechagodzilla contre attaque 630

Medack Peter 324

Médaillon fatal (Le) 207

Medak Peter 417

Meg (The) 572

Mehrige Elias 96, 341, 642

Méliès Georges 199

Melville Jean Pierre 631

Memento Mori 363

Men in black 573, 626

Men in Black ... 185, 309, 632

Men in Black 2 .... 355, 626

Mendez Mike 392

Menzies William Cameron 212, 625

Merlet Agnès ... 449, 499

Mesa William 299

Messe pour Dracula (Une) 228, 642

Metamorphosis 280

Metcalf Brian A. 458

Météore 628

Météore de la nuit (Le) 213, 625

Météore de la nuit II (Le) 213

Metropolis...... 11, 31, 56, 199, 202, 638, 643

Meurtre au 43e étage 641

Meurtre par procuration 633

Meurtres en trois dimensions 262

Meurtres par décret 633

Meurtres sous contrôle 153

Miale Joe 565

MIB (Men in Black) 3 503

Microcosmos 50

Midnight Meat Train (The) 198, 463

Miike Takashi 586

Milius John 240

Mille merveilles de l'univers (Les) 309

Millennium 580

Miller C. Steven 476

Miller Frank 383, 441

Miller George ... 163, 544

Miller Tim 558

Mimic 51, 55, 310, 342, 633

Mimic 2 ...... 310, 339, 633

Mimic 3 Sentinel 371

Miner Steve 156, 273, 281, 326, 433, 449

Minkoff Rob 627

Minority report 167, 185, 356

Mirbagheri Bijan..... 370
Miroir de l'eau (Le) 627
Miroir obscène (Le) 244
Mirrors 443
Mirrors 2............... 459
Misery 423
Missile to the Moon 216
Mission impossible 157
Mission to Mars 157, 336, 341
Mist (The) (Brume) 428
Mitov Ivan 479
Moby Dick................ 143
Mocky Jean-Pierre. 267
Moi zombie.... 318, 637
Moik Jack 496
Molon Jacques Olivier 461
Momie 283
Momie (La).. 32, 44, 141, 203, 561, 633
Momie : la tombe de l'empereur Dragon (La)......... 438
Momie la résurrection 635
Mon royaume pour un mouchoir................... 183
Monde (presque) perdu (Le)............. 463

Monde de Narnia (Le)........................... 387
Monde des morts vivants (Le).......... 251
Monde fantastique d'Oz (Le)......... 523, 539
Monde perdu (Le). 167, 290
Monde, la chair et le diable (Le).. 49, 218, 628
Mondwest ... 11, 246, 638
Monsieur Joe ... 204, 634
Monster 373
Monsters......... 470, 535
Monsters Dark Continent................ 535
Monstre (Le). 24, 33, 41, 55, 177, 214, 222, 343, 625, 634
Monstre aux yeux verts (Le).................. 625
Monstre des abîmes (Le) 637
Monstre des temps perdus (Le)... 212, 630
Monstre est vivant (Le) 153, 246, 328
Monstre Le............. 271
Monstres attaquent la ville (Des)........... 51, 632
Monstres de l'enfer vert (Les).................. 632
Monstres de l'espace (Les) 55, 222

Monstres de l'espace. (Les) 24, 214, 625, 634
Monstres sont toujours vivants (Les) 153, 246
Monstrueuse parade (La) . 16, 43, 113, 115, 166
Montagne du dieu cannibale (La)......... 622
Montefiori Luigi........ 265
Montesi Jorge. 402, 622, 624
Monthy Pithon......... 156
Montreur d'ombres (Le) 31
Moon............................ 468
Moon 44 172
Moonlight................ 595
Moore John 402, 446
Moore Ronald D. 601
Mora Philippe.. 267, 268, 270, 634, 635
Morales Guillermo . 493
Moreau David.......... 409
Morgan Glen............. 366
Morley David 457
Morneau Louis 336, 489
Morphman 394
MorphMan............... 397
Morrissey Paul 247, 248
Morse 480
Mort clinique........ 418

Mort de Freddy (La) 271, 630

Mort de Siegfried (La) 31

Mort en direct (La) 257

Mort ou vif 174

Mort qui marche (Le) 11, 34, 43, 141, 205

Mort vous va si bien (La) 171, 288

Mortal Kombat 295

Mortal Kombat : destruction finale... 295

Morte-vivante (La) 239, 636

Morton Rocky 289

Mortuary 165, 400

Mosquito 632

MosquitoMan 393

Mostow Jonathan... 464

Mostow Jonathant 145, 270, 361, 638

Mother of Tears (La Troisième mère) 444

Mothra contre Godzilla.... 227, 630, 632

Mouche (La).. 43, 51, 56, 163, 274, 632

Mouche 2 (La). 274, 632

Mouche noire (La).. 51, 56, 142, 632

Mouche noire(La) .. 233

Moulin des supplices (Le) 219

Moutier Norbert 268

Moxey John 220

Mr Frost 78, 281, 622

Mr Wong détective 141

Mulcahy Russel...... 270, 274, 291, 421, 629

Mulholland Drive ... 166, 348

Mullholand Drive.... 166

Mulligan Robert 243, 624

Munroe Kevin 502

Murders in the rue Morgue 203

Murnau Friedrich Wilhelm 200

Murphy Nick 496

Muschetti David 564

Muschietti Andy 517

Muse 562

Musée des horreurs (Le) 623

Mutante (La) 293, 625

Mutante 2 (La) ... 324, 626

Mutants 457

Mutants Chronicles 442

Mutiny in outer Space 233

Myrick Daniel 332

Mystère Andromède (Le). 239

Mystère de la maison Norman (Le) 626

Mystère des fées (Le) 319, 628

Mystère du château maudit (Le) 626

Mystère du château noir (Le) 141, 211, 631

Mystères de l'ouest (Les) 332, 573

Mysterious Skin.. 382

Nadja 642

Naïm Omar 365

Nakagawa Nobuo... 218

Nakata Hideo 176, 329, 358, 401

Nalluri Bharat 304

Napoléon 4

Nassour 214

Natali Vincenzo 321

Natural City 388

Nébuleuse d'Andromède (La) . 223

Necronomicon .. 25, 151, 165, 175, 290, 342, 634, 635

Necronomicon (Le livre de Satan) 450

Neil Jordan 270

Neill Roy William 206

Nelson Gary 257

Neumann Kurt 208, 215, 233

Neumeier Edward .. 431

Neuvième porte (La) 153, 332, 622, 639

Neveldine Mark 464, 492

New York 1997 31, 169, 266, 302, 431, 643

New York ne répond plus 628

Newell Mike 387, 471

Newfield Sam 208

Newman Joseph 92, 213, 638

Newton Peter 160

Next 185, 414

Ni Dieux ni Démons 327

Niccol Andrew 315

Nichols Mike 292

Nicholson Jack 143

Nickles Michael A. . 483

Nicloux Guillaume . 407

Nicolaou Ted 299

Nicoll Andrew 482

Nicoll Andrews 515

Niemann Sebastian 344, 627, 632

Nietzsche 513

Night of the living dead 136

Night Watch 386

Nimitz, retour vers l'enfer 644

Nimitz, retour vers l'enfer 262

Ninotchka 140

Nirvana 49, 185, 307, 636, 644

Nishimura Yoshihiro 469

Nispel Marcus . 248, 373, 494, 622

Nispel Nispel 462, 620

Nixey Troy 500

Nolan Christopher 384, 439, 471, 503, 537

Nom de la Rose (Le) 275

Nombre 23 (Le) **161**, 414

Nonne (La) 391

Norrington Stephen 326, 367, 624, 642, 643

Nos amis les Terriens 409

Nosferatu ... 5, 16, 17, 31, 76, 96, 106, 140, 200, 201, 258, 286, 300, 322, 341, 342, 389, 630, 642

Nosferatu fantôme de la nuit 642

Nosferatu le vampire 520

Nosferatu, eine Symphonie des Grauens 97

Nosferatu, Phantom der Nacht 104

Nostro Nick 235

Not of htis Earth 215

Not of this earth 148

Notre Dame de Paris 139

Nouvel homme invisible (Le) 615

Nowhere 382

Nuit au musée (La) 410

Nuit de la grande chaleur (La) 625

Nuit de Noël pour femme adultère 171

Nuit de tous les mystères (La) . 142, 335

Nuit des chauve-souris (La) 336

Nuit des maléfices (La) 242

Nuit des masques (La) 169

Nuit des Morts-Vivants 545

Nuit des morts-vivants (La) .. 11, 22, 34, 37, 44, 72, 76, 81, 130, 131, 136, 156, 236, 319, 326, 336, 424, 433

Nuit du chasseur (La) 31, 213
Nuit du loup-garou (La) 220, 631, 634
Nuit en enfer (Une) 302, 316, 319, 329, 631, 642
Nuit en enfer 2 (Une) : le prix du sang 311
Nuit fantastique (La) 205
Nuit fantastique des morts-vivants (La) 160
Nuits de cauchemar 154
Nuits de Dracula (Les) 152, 241, 642
Nuits de terreur. 362, 627
Nuits noires 475
Nuits rouges 248
Numéro quatre..... 476
Nurse 281
Nutter David 328
Nyby Christian . 92, 177, 211, 634
O Blowitz Michael .. 395
O'Bannon Dan. 156, 433
O'Brien Billy 416
O'Hara Gerry 635
O'Neill Kevin 486
O'Rourke Denis....... 622

Oblivion 519
Oblowitz Michael ... 349, 394, 643
Obsessions 206, 623
Ochiai Masayuki 439
Oculus 523
Œil qui ment (L') 288
Offenbach 209
Ogroff (Mad Mutilator) 268
Oie Pal 453
Oiseau au plumage de cristal (L') 158, 235
Oiseau noir (L') 139
Oiseaux (Les) ... 54, 224, 300, 628
Oliveira Marcel 622
Olivier Ron 581
Olle Alex 355, 623
Olson Josh 362, 633
Ombre du mal (L') 497
Ombre du vampire (L') 341, 642
Ombre et la proie. (L') 308
Ombre et la proie. (L') 54
One (The) 351
One Shot 527
Onibaba (Les Tueuses) 228

Opération peur.... 234
Orange mécanique. 49, 151, 243
Orange Mécanique 328
Orci Roberto 598
Order (The)............ 359
Orfeu Negro 208
orgie des vampires (L') 229
Orme Stuart 292
Orphée 208
Orphelinat (L') 438
Ortega Kenny 290
Ortiz Isidore..... 355, 623
Oshii Mamoru. 185, 293, 344, 636, 638
Osiris la 9ᵉ planète 549
Oswald Richard....... 199
Othenin Girard Dominique 622, 624
Othenin-Girard Dominique 402
Ottman John............ 640
Ouelette Jean-Paul 289
Ouija........................ 534
Outland (Loin de la terre)......................... 161
Outlander le dernier Viking...... 454
Outpost..................... 506

Outpost : Black Sun 507

Outpost 37 (Alien Outpost) 525

Ovredal André 551

Oz Frank 353

Pacific Rim 521

Pacifik park 183

Pacte (Le) 172, 197

Pacte avec le diable (Un) 207, 622

Pacte des loups (Le) 342

Pacte du sang (Le) 411

Padhila José 537

Padrissa Carlos 355, 623

Paganini 141

Pages arrachées au livre de Satan 105

Pale George 219

Palud Xavier 409, 432

Pandora 48, 210, 285, 641

Pandorum 464

Pang Oxide 363

Pang Oxide et Danny 362

Panique sur Florida Beach 170

Paranormal Activity 465

Paranormal Activity 2 499

Paranormal Activity 3 499

Paranormal Activity 4 499

Paranormal Activity: The Ghost Dimension 499

Paranormal Activity: The Marked Ones .. 499

Par-delà le mur du sommeil 277

Parker Alan 276, 622

Parker Brad 505

Parking 208

Parkinson Andrew 318, 637

Parrain 2 (Le) 322

Parrish Robert 238

Part des ténèbres (La) ... 26, 41, 82, 289, 304

Passé Virtuel 333

Passion de Jeanne d'Arc (La) 105

Pastor Alex et David 451

Pavia Mark 319

Paxton Bill 353

Paycheck .. 185, 357, 371, 644

Paycheck - Le voyage gelé 183

Payne Dave 402

Paz 547

Peau d'âne 628

Peckinpah Sam 631

Peli Oren 465

Penalty 139

Pendez-les haut et court 304

Penny Dreadful ... 605

Perdus dans l'espace 51, 55, 326, 614, 626, 639, 641, 644

Peter Pan 87

Peters Scott 595

Petersen Wolfgang 273

Peterson Michael 552

Petit Alain 223, 237

Petit Poucet 351

Petit vampire (Le) . 642

Petite boutique des horreurs (La) .. 144, 149, 219

Petroff Boris 208

Petrovic Aleksandar 246

Petty J.T. 371

Peuple des abîmes (Le) 236, 637

Peuple des ténèbres (Le) 198, 370

Peur bleue 272, 332, 335, 634

Peur Bleue 330

Peut-être 334, 644

Pfister Wally 534

Phantasm 320

Phantasm (et ses suites) 256

Phantasm IV 644

Phantom 96

Phantom (The) ... 479

Phantom of the Paradise 40, 157, 221, 247, 628

Phantoms 316, 644

Phare de l'angoisse (Le) 330

Phase IV 632

Phenomena 159, 632

Phénomènes 435

Philadelphia experiment (The) .. 644

Philip K. Dick - Dick le zappeur des mondes 184

Phillips Glasgow 447

Phillips Maurice 624

Piano Rex 467

Pic de Dante (Le) 57

Pichel irving 204

Piège pour un privé 144

Pinocchio 628

Piranha 2 167

Piranha 3D 471

Piranhas 54, 144, 149, 170, 256

Pirates des Caraïbes 362

Pirates des Caraïbes 2 : le secret du coffre .. 405

Pirates des Caraïbes la fontaine de jouvence 481

Pirates des Caraïbes, Jusqu'au bout du monde 417

Pitch Black 185, 338

Pitof 350

Pittman Bruce 275

Pizzolato Nic 602

Plan 9 from outer space 17, 140

Planète des hommes perdus (La) 222, 625

Planète des singes : l'affrontement 536

Planète des singes : les origines (La) . 482

Planète des singes Suprématie (La) . 561

Planète des singes. (La) 236, 350, 628

Planète des singes. (La) 173

Planète des tempêtes (La) 222

Planète des vampires (La) 50, 55, 177, 230, 625, 641, 642

Planète hurlante 39, 49, 175, 185, 301, 357, 638

Planète interdite 84, 214, 305, 638

Planète Interdite 223

Planète rouge 341, 639

Planète sauvage (La) 340

Planète terreur (un film Grindhouse) 419

Playback 483

Plaza Paco 359, 433, 460, 504

Pleasantville 327

Plec Julie 595

Plotkin Gregory 499

Point limite 628

Poiraud Didier et Thierry 378, 390, 635

Polanski Roman 153, 235, 236, 252, 332

Poliquin John 488

Polselli Renato 218, 229

Poltergeist ... 48, 76, 173, 267, 376, 540

Poltergeist I, II et III 626

Poltergeist II 267
Poltergeist III 267
Pompéi 539
Pope Tim 303
Porsandeh Cameron 601
Porte de l'enfer (La) 160
Portes du temps (Les) 422
Portier de nuit 21
Portrait de Dorian Gray (Le) 40, 207
Posledni Golem 210
Possédée 488
Possessed 336
Possession 266, 622
Postman 312
Poupée diabolique (La) 226
Poupées (Les) . 165, 326
Poupées du diable (Les) 326
Pour une poignée de dollars 72, 83, 87
Poursuite infernale (La) 326
Pourtalé Jean 252
Pourvoyeurs de cadavres (Les) 9
Poutchko Alexandre 246

Powder 300, 354
Powell Michael 209, 218, 638
Powers Rangers . 568
Praesaengaim Pisuth 363
Prédateurs (Les) 21, 269, 581, 642
Prédateurs de la nuit (Les) 152, 278
Predator ... 145, 278, 395, 625
Predator 2 .... 278, 625
Predatorman 394
PredatorMan 394
Predators 457
Predestination 532
Prédictions 462
Premiers hommes sur la Lune (les) 625
Premiers hommes sur la Lune (Les) 228
Prémonitions 57, 328, 420
Presence (The) 198, 467
Pressburger Emeric 209, 638
Prévert Jacques 191
Price Vincent 142, 424
Priest 485
Prince des illusions (Le) 172, 197

Prince des ténèbres 25, 39, 169, 278, 635
Prince of Persia .. 471
Prior David A. 473
Prison 627
Prisonnier (Le) 575
Prisonnières des Martiens .. 215, 625, 638
Prisonniers du temps (Les) .. 373, 644
Profanations 392
Profession reporter 143
Profiler 580
Progeny 625
Proies (Les) 436
Project Moonbase 211
Projet Blair Witch (Le) 332, 337, 632, 639
Promenons-nous dans les bois 337
Prometheus 154, 178
Promise (La) 629
Prophecy 259
Prophecy (The) ... 295
Prophecy 2 (The) 296
Prophecy 3 (The) 296
Prophecy 4 : Uprising (The) 297

Protazanov Jakov . 201, 638

Providence................ 253

Provost Tom 198, 467

Proyas Alex..... 185, 197, 303, 316, 377, 462, 644

Psycho....................... 219

Psychose 41, 219, 247, 309

Psychose II 219

Psychose III............ 219

Ptouchko Alexandre 215

Pulse......................... 407

Pulse 2 Afterlife . 448

Pulse 3 449

Pulsions 157, 281

Pulsions cannibales 622

Pumpkinhead Ashes to Ashes 418

Pupi 160

Pupillo Massimo...... 231

Puppet Master 1 – 2 – 3, etc................... 282

Pyramide 530

Quale Steven........... 482

Quand la Terre s'entrouvrira 227, 628

Quand les dinosaures dominaient le monde 238

Quatermass 24

Quatre mouches de velours gris 126, 158

Quatrième dimension (La) 163, 167, 170, 269, 573

Quelque part dans le temps 262

R.I.P.D. Brigade Fantôme................. 526

Raaphorst Richard. 521

Radford Michael 270

Rage 21, 35, 42, 162, 252, 642

Ragona 424

Ragona U. 230, 642

Raimi Sam 343, 354, 415, 462, 523, 539, 613

Raimi Sam(uel) 173

Raimi Samuel.. 268, 280

Raisani Jabbar 525

Rakoff Alvin............. 641

Rammbock – Berlin Undead................... 494

Randel Tony............. 277

Rankin Kyle.............. 451

Ratner Brett............. 622

Ravich Rand............. 343

Rayon invisible (Le) 140

Rayon invisibleb (Le) 141

Razor Blade smile 318

Razorback... 54, 270, 308

Real Humans........ 599

Real Steel............... 491

Re-animator.... 9, 25, 44, 81, 165, 273, 635

Re-animator 2 116, 273, 635

REC 433

Récupérateur de cadavres (Le) 9, 32, 140, 141, 207, 623, 630

Red Planet Mars . 211

Red Shoes.............. 387

Reed Peyton 541

REEKER..................... 402

Reeves Matt.... 430, 480, 536, 561

Règlement de comptes à O.K. corral 313

Règne du feu (Le) 355, 624, 629

Réincarnation.......... 420

Réincarnations... 263, 335

Reine des damnés (La)............... 354, 643

Reine des neiges (La).......................... 234

Reine des vampires (La).......................... 293

Reiner Rob 423

Reitman Ivan ... 92, 270, 350, 624

Relic 55, 161, 305

Remplaçante (The Substitute) La 466

Renaissance 401

Rencontres du troisième type 167, 253, 625

Rendel 566

Rendez-vous avec la peur 46, 82, 120, 125, 215, 220, 314, 622

Rendez-vous de la mort joyeuse (Au). 247

Renfroe Jeff 523

Renoir Jean 218

Repaire du ver blanc (Le) 278

Repo Men 454

Répulsion 153

Resident evil 347, 629, 636

Resident Evil : Afterlife 3D 471

Resident evil : apocalypse 379

Resident Evil : Chapitre Final 555

Resident Evil : Extinction 421

Resident Evil : Retribution 508

Resnais Alain ... 235, 253

Resurrected (The) .. 25, 635

Retour de Frankenstein (Le) . 143, 629, 631

Retour de Godzilla (Le) 630

Retour de Jack l'éventreur (Le) 633

Retour de Kriminal (Le) 235

Retour de l'abominable docteur Phibes (Le) 142, 242

Retour de l'Homme invisible (Le)... 142, 204, 340

Retour de la momie (Le) 348

Retour de Topper (Le) 626

Retour des anges de l'enfer (Le) 144

Retour des envahisseurs (Le) .. 573

Retour des morts-vivants (1-2 et 3) . 156, 433

Retour des morts-vivants (Le) 44, 130, 305, 636

Retour des morts-vivants 2 (Le) .. 44, 130, 628, 636

Retour des morts-vivants 3 (Le) .. 44, 130, 636

Retour du Jedi (Le) 253, 638

Retour du vampire (Le) 17, 140

Retour vers le futur 171, 273, 644

Retour vers le futur 2 .... 171, 273

Retour vers le futur 2 et 3 644

Retour vers le futur 3 .... 171, 273

Return (The) 424

Return to House on Haunted Hill 443

Returner 364

Revanche de Frankenstein (La) . 142, 217, 629, 631

Revanche de Freddy (La) 271, 629

Revanche de Godzilla (La) 630

Revanche de King Kong (La) .. 204, 630, 634

Revanche de l'Homme invisible (La) 204, 340

Revanche de la créature (La) .. 213, 498, 637

Revenants (Les). 379

Revolt 565

Révolte des morts-vivants (La) . 243, 636, 642

Révolte des Triffides (La) 221, 625, 628

Rewind 315, 636

Reynolds Kevin 294

Rice Anne 434

Riddick 516

Ridley Philip 295

Rilla Wolf 219

Ring 329, 358

Ring 2 329

Rio Bravo 305, 313

Ripert Otto 199

Rise (Blood Hunter) 434

Ristori Marco ... 470, 520

Ritchie Guy 473

Rite (Le) 477

Rivières pourpres 2 (Les) 372

Road to L. Il mistero de Lovecraft 405

Robak Alain 280

Roberts Chris 332

Roberts Johannes .. 505

Robinson Ruari 525

Robocop 86, 153, 277, 537, 638

Robocop 2 538

Robocop 3 538

Rocher Benjamin ... 466

Rodan 215

Rodgers Mic 288

Rodriguez Ismael ... 214

Rodriguez Robert .. 302, 329, 383, 419

Rogue One : A Star Wars Story 559

Roi scorpion (Le) 348

Rollerball 251, 352

Rollin Jean 175, 239, 302, 355, 643

Roma 159

Romero 545

Romero George A. .. 92, 198, 345, 385, 413, 459, 584, 640

Romero George A. A. 236, 256, 267, 273, 289, 623, 639

Romero George Andrew 154

Ronnow-Klarlund Anders 336

Rose Bernard .. 197, 288

Rose pourpre du Caire (La) 85, 272

Rose Red 627

Rosemary's Baby 47, 153, 236, 622

Rosenberg Graig 410

Rosenberg Stuart .. 261

Rosenthal Rick 256, 358, 467

Ross Gary 327, 510

Roth Eli 373, 389

Rouslan et Ludmilla 246

Route (La) 465

Route de Mandalay (La) 139

Roux Jean Michel ... 309

Rowling J.R. 549

Rubin Jordan 547

Ruff Lennart 569

Ruines (Les) 435

Ruiz Raoul 288

Rusnak Joseph 333, 452

Russel Chuck 176, 340, 348, 623

Russel Ken 239, 266, 274, 278

Russo Anthony et Joe 557

Russo Joe et Anthony 536

Ruzowitzky Stefan 343, 623

Rye Stellen 199

Rymer Mychael 354, 643

Saboteur 116, 203

Sadique baron von Klaus (Le) 151, 226

Sagal Boris 242, 424

Sager Greg A. 504

Sagesse des crocodiles (La) 339

Sailor et Lula ... 166, 628

Saine Henry 457

Saint Léger Stephen 504

Saint-Ange 376, 627, 632

Saison italienne (Une) 160

Sakaguchi Ironobu 350, 639

Salem 76

Salkow 424

Salkow S. 230, 642

Salkow Sidney 226

Salomé Jean-Paul .. 341

Salva Victor 197, 300, 354, 371, 623

Salvati Sergio 283

Salvatores Gabriele 185, 307

Samouraïs 354

Samuraï Commando (Mission 1549) 388

Sanchez Eduardo .. 185, 332, 406, 473

Sanctuaire 160, 279, 622, 631, 639

Sandberg David 562

Sanders Rupers 504

Sanders Rupert 561

Sanders Ruppert 539

Sandra et Hugues Martin 458

Sang des innocents (Le) 159, 352

Sang du vampire (Le) 216, 642

Sang d'un poète (Le) 208

Sang pour Dracula (Du) 248, 642

Sapochnik Miguel .. 454

Sarno Joseph W. 250

Satellite mystérieux (Le) 214, 625, 628

Sato Shimako .. 288, 642

Saturn 3 .... 263, 638

Satyricon................... 159

Saulnier Jeremy 569

Savini Tom 156, 433

Scanners 162, 261

Scanners II 175, 262

Scarabée................. 299

Scarface 141

Scary movie 1 et 2 345

Scary movie 3 345

Scary Movie 4 406

Scary Movie 5 520

Sceam 3 172

Schaffner Franklin J. 236, 255

Schmidt Rob ... 362, 418, 622

Schmoeller David .. 282

Schœdsack Ernest B. 204, 205, 623

Schœndœrffer Pierre 631

Schrader Paul.......... 267

Schulman Ariel 499

Schumacher Jœl ... 161, 279

Schumacher Joel .. 414, 452

Schwarzenegger Arnold 145

Schwentke Robert 386, 526, 545

Scott Leigh 450

Scott Ridley 154, 178, 185, 258, 267, 272, 541, 557, 622, 638

Scott Tony 269, 410

Scott Tony et Ridley 581

Scream 172, 309, 322, 323, 330, 337, 361, 607

Scream 2 .... 172, 322

Scream 3 323

Scream 4 .... 172, 490

Scream of the Banshee 476

Sean 484

Season of the witch 639

Second Arrival (The) 299, 626

Secret de la planète des singes (Le) 236

Secte (La) 160, 197, 281, 622, 632, 635

Secte sans nom (La) 339, 433

Sécurité maximum 504

Seigneur des anneaux (Le) 351, 624

Seigneur des anneaux (Le) : les deux tours 351

Seigneur des anneaux Le) le retour du roi 351

Seigneur des mouches (Le) 628

Seigneur du temps 573

Sekely Steve .. 221, 625, 628

Selander Lesley 209

Seltzer Yuri 391

Sena Dominic 475

Sentiers de la gloire (Les) 150, 312

Sentinelle des maudits (La).... 622, 632

Sept cités d'Atlantis (les) 154, 637

Sept mercenaires (Les) 251, 326

Sept samouraïs (Les) 251, 322, 326

Sept vampires d'or (Les) 251, 642

Septième sceau (Le) 47, 214

Septième voyage de Sindbad (Le) .. 217

Serenity : l'ultime rebellion 386

Serial Autostoppeur 585

Serra Jaume 383

Session 9 412

Setbon Philippe 281

Seul sur Mars .. 154, 541

Seven 42, 313

Severance................. 406

Sévices de Dracula 241

Sewell Sewell 237

Sexo cannibal.......... 622

Shadow (The)...... 291

Shadows Realm...... 165

Sharkman................. 394

SharkMan 395

Sharknado 3 542

Sharktopus Vs Pteracuda.............. 527

Sharp Don 233

Shaun of the Dead 366

She Creature 349, 635

Shea Katt.................. 252

Sheridan Jim 481

Sherlock Holmes contre Jack l'éventreur............... 633

Sherman Gary 263

Shima Koji 214, 625, 628

Shimizu Takashi.... 380, 411, 627, 632

Shindo Kaneto 228

Shining.... 26, 49, 84, 144, 151, 262, 286, 423, 626

SHINING 338

Shocker 172

Sholder Jack 176, 275, 321, 353, 633

Shonteff Lindsay 226

Shore Gary................ 537

SHROOMS (Un trip d'enfer)..................... *408*

Shunned House (The) 365

Shyamalan 518

Shyamalan M. Night
.... 334, 341, 356, 378, 406, 435

Shyamalan Night ... 522

Siberling Brad 311

Sidet Pascal 485

Siegel Don 214, 231, 421

Signal une aventure dans l'espace 625

Signe rouge de la folie (Le) 239

Signes 356, 518

Silberling Brad 463

Silence des agneaux (Le) 22, 48, 144, 280, 281, 309, 313, 622, 623

Silent Hill 400

Silent Hill revelation 509

Silent House (La Casa Muda) (The) 479

Simetierre 279

Simetierre 2 279

Simmons Brett 469

Simon Adam 280

Simon J.P. 283

Simon Juan Piquer 633

Simple Mortel 282, 625

Sin City 383

Sindbad le marin ... 217

Singer Brian 405

Singer Bryan 338

Singer Bryqn 535

Singh The 340

Singleton Ralph S. 281

Sinister 489

Siodmak Robert 206

Siren 469

Six femmes pour l'assassin 35, 157

Six Femmes pour l'assassin 228

Six Tom 465

Sixième continent (Le) 154, 251

Sixième sens 334

Skeleton Man 394

SkeletonMan 396

Skyline 471

Slade David 424, 509

Slecna Golem 210

Sleepy Hollow 173, 281, 335

Sletaune Pal 495

Sliders 615

Slugs 633

Small Soldiers 170, 326, 639

Smith Carter 435

Smith Christopher 198, 383, 406, 458, 459

Smith Kevin 335

Smithee Alan 297

SnakeMan 394

Snowpiercer (Le Transperceneige) ... 521

Snowpiercer : le Transperceneige 517

Snyder Zack ... 156, 374, 433, 461, 498, 516, 556, 568, 629, 637

Soavi Michele 160, 197, 276, 279, 281, 295, 622

Soderberg Steven . 492

Soderbergh Steven 359

Softley Iain 382

Soir, un train (Un)
.... 235

Soisson Joel 448, 449

Soisson Joël 297

Solanas Juan 519

Solaris ... 41, 56, 223, 243, 315, 336, 359, 409, 625

Soldier 311

Soleil vert 49, 246

Soleils de l'île de Pâques (Les) 242

Solet Paul 460

Solomon Courtney 341, 393, 624

Solomon Kane 458

Solvay Paolo 245

Sommers Stephen 176, 321, 348, 374, 465, 624, 629, 631, 634, 635, 643

Son of Dracula 206

Sonnenfeld Barry .. 185, 281, 309, 332, 355, 503, 626

Sonzero Jim 407

Sorcellerie à travers les âges (Häxan) (La) 639

Sorcellerie à travers les âges (La) 47, 200

Sorcière (La) 639

Sorcière du glacier (La) 279

Sorcière sanglante (La) 144, 153, 228, 626, 631, 639

Sorcières d'Eastwick (les) 144, 163, 622, 639

Sorcières du lac (Les)- 639

SOS Fantômes ... 35, 36, 270

SOS Fantômes 2 271

SOS Fantômes I et II 626

Soucoupes volantes attaquent (Les) 625

Source Code 480

Sous-marin de l'apocalypse (Le) .. 628, 630

Sous-sol de la peur (Le) 172

Southam Thim 344, 633

Souvenirs mortels 344, 627, 632

Space 2063 ..... 312, 315, 328, 580, 630

Spawn ... 7, 310, 579, 622, 631

Spectral 554

Spectre de Frankenstein (Le) 206

Spectre du docteur Hichcock (Le) .. 144, 160

Spence Greg 296

Sphere 313, 581, 626, 637, 641, 644

Spider *163*

Spider-man 174, 354

Spider-man 2 .. 174, 354

Spiderman 3 415

Spider-man 3 174

Spiegel Scott 311

Spielberg Steven 92, 167, 185, 242, 251, 253, 268, 281, 290, 349, 356, 384, 433, 631, 639

Spierig 532

Spierig Michael et Peter 373, 626, 636

Spierig Peter & Michael 466

Spirit (The) 441

Spirits (Shutter) 439

Spontaneous combustion 164, 579

Spottiswood Roger 341

Squirm 633

SS Troopers (Nazis at the Center of the Earth) 500

Stalingrad 631

Stalker 56, 223, 257, 321, 340, 344, 625, 641

Stamm Daniel 472

Stanley Richard 284

StantonAndrew 500

Star Cruiser 496

Star Trek .. 175, 259, 462, 575, 615, 638, 639

Star Trek : generations 291

Star Trek Deep Space Nine 581

Star Trek generations 259, 638

Star Trek II — la colère de Khan 259, 638

Star Trek III — à la recherche de Spock 259, 638

Star Trek insurrection 259, 327, 638

Star Trek into Darkness 514

Star Trek Into Darkness 175
Star Trek IV : retour sur Terre 259, 638
Star Trek le film 625
Star Trek premier contact 259, 306, 631, 638, 644
Star Trek V : l'ultime frontière 259, 638
Star Trek VI : Terre inconnue 259, 638
Star Wars 55, 56
Star Wars : le réveil de la Force 540
Star Wars Episode 1 : la menace fantôme 333
Star Wars Episode 1 la menace fantôme 164, 638
Star Wars Episode 2 : la guerre des clones 164
Star Wars Episode 3 : la revanche des Sith 164
Star Wars la revanche des Sith 383
Star Wars le réveil de la Force 175
Stargate ... 172, 306, 307, 625, 630
Stargate Atlantis 589
Stargate Continuum 593
Stargate SG1 586
Stargate SG1 The Ark of Truth 592
Stargate, la porte des étoiles 292
Starman 169, 625
Starship Troopers ... 50, 153, 312, 626, 630, 633
Starship Troopers 2 .... 312, 633
Starship Troopers 3 Marauder 431
Staub Clay 568
Stay Alive 403
Steele Barbara 144
Stein 490
Stepford Wives (The) 353
Sterling 92
Stewart Scott .. 470, 485
Stewart Scott Charles 518
Stigmata 335, 620
Stivaletti Sergio 299
Stokanski Steven ... 556
Storage 24 505
Story Tim 385, 419
Strada (la) 159
Strange Days .. 175, 636
Stratégie Ender (La) 511
Strause Colin et Greg 178, 427, 471
Stromberg Robert . 539
Stuck 165
Student von Prag .. 199
SturridgeCharles ... 319, 628
Sucke Punch 498
Sueurs froides 300
Sunshine 409
Super 8 .... 175, 498
Superargo contre Diabolikus 235
Superman 255, 625
Superman Returns 405
Supermariobross 289
Supernatural ... 283, 608
Supernova 330, 629
Survival of the Dead 156, 459
Survivant (Le) 242, 424, 628
Survivant d'un monde parallèle (Le) 263
Survivante (La) 585
Survivants de l'apocalypse (Les) 628, 632
Survivants de l'infini (Les) 625

Survivants de l'infini (Les) .. 213, 638

Suspiria 35, 47, 126, 159, 254, 639

Sylvie et le fantôme 626

Syndrome de Stendhal (Le) . 159, 247, 299

Szwarc Jeannot 262

T 2 322

Tabori Kristoffer) ... 479

Takacs Tibor 393

Taking lives, destins violés 374, 640

Tale of a vampire 288, 642

Tale of Vampires 408, 424

Talion (Le) 113, 139

Talmadge Richard . 211

Tamahori Lee .. 185, 414

Tarantula .. 213, 630, 632

Tarentino Quentin 370, 419

Tarkovski 223

Tarkovski Andreï ... 243, 257

Tarzan X 265

Tatopoulos Patrick . 461

Tavernier Bertrand 257, 461

Taylor 525

Taylor Alan 543

Taylor Alan 525

Taylor Brian 464, 492

Taylor Don 262, 402

Teague Colin 545

Teague Lewis 269

Teague Lezis 641

Tears of Steel 490

Teen Wolf 634

Teenage caveman . 148

Tekusa Masaaki 388

Témoin du mal (Le) 313, 622

Tempête sous la mer 212

Temps sont durs pour les vampires (Les) 143

Ténèbres ... 159, 267, 309

Tentacules 253

Terminator 86, 145, 167, 270, 326, 628, 638

Terminator 1 et 2 .. 644

Terminator 2 ...... 36, 37, 167, 270, 638

Terminator 2 : le jugement dernier... 628

Terminator 3 .. 145, 270, 361, 638

Terminator 4 renaissance 462

Terminator Genesys 543

Terre brûlée 628

Terreur 631

Terreur (Dread) 198, 459

Terreur à l'Opéra .. 221, 628

Terreur des zombis (La) 622, 623, 636

Terreur extra-terrestre 260

Terreur point com . 623

Territoire des morts (Le) 156, 433

Territoire des morts (Le) (Land of the Dead) 385

Territoire des Ombres (2) : le Monde interdit (Le) 457

Territoire des ombres (Le) (1) . 456

Terror (The) 144, 147, 149

Testament d'Orphée (Le) 208

Testament du docteur Cordelier (Le) 218

Testament du docteur Mabuse (Le) 280

Testimony of Randolph Carter (The) 276

The Breed 393

The Broken 429
The Cat 474
The Circle 391
The Evil clergyman 276
The Eye 2 362
The Hole 170
The Jane Doe Identity 551
The Last Lovecraft : Relic of Cthulhu .. 457
The Pact 474
The Recall 568
The Secret (The Tall man) 503
The Strain 610
The Stuff 288, 633
The Void 556
The Ward 170
The Whisperer in Darkness (Celui qui chuchotait dans les ténèbres) 484
Théâtre de sang 142
Thévenin Pierre Olivier 461
Thing (The) . 35, 42, 169, 178, 230, 268, 305, 325, 395, 557, 578, 625, 635, 641
Thing The 178, 481
Thirst, ceci est mon sang 451
Thor 480

Thor : Ragnarok . 568
Thor Un monde obscur 525
THX 1138 .... 164, 638
Ticks 632
Tideland 157
Tiernam Marc 278
Time Master 625
Time Out (In Time) 482
Timecop 161, 644
Time-Master 644
Tippett Phil 312, 633
Titan 569
Titanic 167, 321
Tolkien 186, 189, 192
Tombe de Ligeia (La) 142, 149, 626
Tommyknockers (Les) 82, 625
Tomorrow when the War began 497
Toolbox Murder (The) 165
Toolbox Murders 390
Topper 626
Total Recall 39, 145, 153, 185, 280, 357, 638, 643
Total Recall 2070 ... 357
Total Recall mémoires programmées 508

Tour de Londres (La) 141, 142, 149, 221, 630
Tour d'écrou 220
Tour d'écrou (Le) ... 627
Tourneur Jacques . 206, 215
Tourneur Maurice .. 207
Toxic Avenger 399
Toys 326
Trachtenberg Dan . 549
Train des épouvantes (Le) 143
Train sifflera trois fois (Le) 161, 313
Traitement de choc 623
Trank John 500
Trank Josh 540
Transcendence 534
Transformers 419
Transformers 2 la revanche 462
Transformers 3 Dark of the Moon 486
Transformers âge de l'extinction 535
Transformers The Last Knight 560
Transmutations 172, 197
Trauma 159
Travelers 613
Travis Pete 487

Tremors 1 2 et 3.... 633

Trenchard-Smith Brian 295, 565

Trevorrow Colin...... 542

Triangle 459

Triangle maudit...... 641

Trip.(The) 149

Trois lumières (Les) 31, 200

Trois visages d'Eve (Les) 85

Trois visages de la peur (Les) 141, 157, 224, 329, 642

Troisième mère (La) 159

Troll 2 288

Tron 268, 636, 638

Tron l'héritage 480

Trou noir (Le) 257

Trouble Every Day 344, 622, 642

True Blood................ 594

True Detective..... 602

True Lies 167

Truffaut François ... 234

Tryon Thomas......... 243

Tsukamoto Shinya 281, 341

Tsuruta Norio 418

Tuel Laurent 349

Tueur de Londres (Le) 633

Tueur du futur (Le) 636

Tueur du vendredi (Le) 262

Tung Ching Siu 277

Turteltaub Jon. 430, 572

Twice-Told Tales 226

Twilight – chapitre 1 fascination......... 462

Twilight chapitre 2 : tentation.......... 465

Twilight chapitre 3 hésitation 509

Twilight chapitre 4 Revelation 1ère partie 509

Twilight chapitre 5 Revelation 2ème partie 509

Twin Peaks 39, 166, 309, 314

Twin Peaks (série TV) 577

Twin Peaks, les 7 derniers jours de Laura Palmer........ 288

Twister................ 57, 324

Twixt........................ 501

Two Eyes Staring (Zwart Water)......... 478

Two Lost Worlds 208

Twohy David 175, 185, 299, 338, 358, 378, 516, 637, 641

Tykho Moon 298

UFO........................... 488

Ulmer Edgar G........ 205

Ultimate Game 464

Ultime razzia 150

Ultraviolet............. 402

Unanamable (The) 289

Unborn (The) 430

Undead 148, 373, 626, 636

Undead or Alive.. 447

Under the Dome. 599

Under the Skin 516

Underworld...... 369, 631, 634, 643

Underworld : Nouvelle ère 490

Underworld 2 evolution................ 389

Underworld 3 Rise of the Lycans........ 461

Universal Soldier... 172, 288, 636

Universal Soldier : le combat absolu 288

Universal Soldier 2 288

Unknown Beyond... 347

Upside Down 519

Urban legend 2....... 640

USS Charleston, dernière chance pour l'humanité 629

V pour Vendetta . 400

Vaisseau de l'angoisse (Le) 357

Valérian et la cité des mille planètes 560

Valette Eric 360

Valeurs de la famille Addams 281

Vampire (The) 16

Vampire à Brooklyn (Un) 300, 642

Vampire Lovers 20

Vampire lovers (The) 240, 642

Vampire vous avez dit vampire ? 22, 271, 642

Vampire vous avez dit vampire ? 2 ... 271, 642

Vampires .. 8, 20, 22, 170, 313, 319, 350, 631, 642

Vampires (Les) . 16, 159

Vampires de Salem (Les) 22, 164, 274, 642

Vampires Diaries (The) 595

Vampires du désert (Les) 350, 643

Vampires du Dr Dracula (Les) 236

Vampires II 642

Vampyr 17, 19, 20, 22, 30, 45, 104, 106, 112, 152, 201, 203, 232, 240, 300, 642

Vampyr, Der Traum un Allan Grey 106

Vampyre Nation . 487

Vampyros Lesbos . 151, 240, 642

Van Den Berg Rudolf 281

Van Heijningen Jr Matthijs 178, 481

Van Helsing .. 374, 624, 629, 631, 634, 643

Van Helsing 2 – Dracula contre les vampires 386

Van Strien Elbert ... 478

Vanilla sky 352

Vas-y fonce 144

Vaudou ... 11, 32, 46, 120, 206

Vaughan Brian K. .. 599

Vaughn Matthew 477

Veidt Conrad 141

Veilleur de mort (Le) 424

Veilleur de nuit (Le) 344

Vendredi 13 .. 35, 46, 78, 141, 158, 262, 309, 320, 323, 462, 463, 620, 621

Vendredi 13 (série TV) 576

Vendredi 13, chapitre 7, un nouveau défi 262

Vendredi 13, chapitre final 262

Vendredi 13, Jason en enfer 262

Vendredi 13, une nouvelle terreur 262

Vengeance de Kriemhild (La) 31

Vengeance des monstres (La) 153, 154, 246

Vénus d'Ille (La) ... 160, 255

Venus in Furs 225, 346

Verbinski Gore 358, 362, 405, 417, 627

Verhœven Paul 153, 185, 277, 280, 312, 339, 638

Verhoeven Paul 538

Véritable histoire de Jack l'éventreur (La) 633

Vertigo 300

Vestiel Franck 426

Vicious Brothers (The) 488, 533

Videodrome 162, 267, 329

Vidocq 350

Vierge chez les morts-vivants (Une) 152, 267, 636

Vierge de Nuremberg (La) 143, 153

Vierges de la pleine lune (Les) 245

Vierges de Satan (Les) 143, 622, 631

Vierges pour le bourreau 231

Viking women an the sea serpent 148

Village (Le) 378

Village des damnés (Le) 35, 43, 170, 219, 293, 625

Village des ombres (Le) 472

Ville qui redoutait le crépuscule (La) 309

Villeneuve Denis 555

Villiers Aruna 363

Vincent Jean-Marc. 455

Vingt mille lieues sous les mers 637

Vingt mille lieues sous les mers ou le cauchemar d'un pêcheur 637

Viol du vampire (Le) 642

Virus .. 236, 327, 626, 639, 641

Virus cannibal 622

Visiteurs (Les) 644

Visiteurs 2 (Les) 644

Visiteurs du soir (Les) 33, 206, 622

Vivas Miguel Angel 538

Vogt-Roberts Jordan 561

Voix des morts : la lumière (La) 415

Voix profondes 284

Vol au-dessus d'un nid de coucou ... 43, 143, 203

Volcano 57

Volckman Christian 401

Volonté du mort (La) 202

Voltage 499

Volte-Face 302

von Trier Lars. 275, 321, 579

Vorace 622

Vote ou crève 584

Voyage au bout de l'horreur 632

Voyage au centre de la Terre 86, 218

Voyage dans la Lune 55

Voyage dans la lune (Le) 29, 199

Voyage dans la Lune (Le) 625

Voyage de la peur (Le) 142

Voyage fantastique (Le) 234

Voyageurs du temps (Les) 613

Voyeur (le) 77

Voyeur (Le) 126, 218, 351

Voytinskiy Alexander 470

Vuorensola Timo 488

Wachowski Larry & Andy 330, 639

Wadleigh Michael ... 263

Waggner George 205

Wainwright Rupert 335, 399

Waititi Taika 568

Wake Wood 476

Walking Dead 538

Walking Dead (The) 597

Wallace Tommy Lee 271, 642

Waller Anthony 316, 634

Wan James 422, 478, 515

Wanted 436

War games 269

War of the Dead . 473

War of the satelltes 148

Warcraft : le commencement .. 558

Ward (The) 482

Ward Vincent 318

Warlock 281, 463, 620, 622

Warlock 2 281

Warlock 2 (The Armageddon) 622

Warlock 3 : the end of Innocence 342

Wasp woman.(The) 148

Watchmen 461

Waters Mark 453

Waterworld .. 294, 629, 637

Watkins James 490

Wawhowski Andy et Lana 532

Wayans Keenen Yvory 349

Web Horror Story 604

Webb Marc 510, 536

Webb Robert D. 212

Weeks Stephen 242, 624

Wegener Paul .. 200, 638

Weiss D.B. 601

Weitz Chris 423, 465

Weitz Paul 460

Wellman William A. 631

Wells Simon 352

Wenders Wim 311

Werber Bernard 409

Werewolf 489

West Jake 318, 418

West Simon 350

West Ti 429, **499**

Whale James .. 203, 204, 205

Whannel Leigh 542

Whedon Joss .. 386, 508, 543

White Stiles 534

White Zombie .. 46, 130, 140, 204, 304, 636

Wicker Man 245

Wicker Man (The) 408

Wiskes David 349

Widen Gregory 295

Wiederhorn Ken 156, 252, 433

Wiene Robert . 200, 201, 623

Wilcox Fred M. 214, 223, 638

Wild Wild West .. 332, 573

Wilding Gavin .. 343, 632

Willard 366

Williams Pat 549

Williams Tod 499, 528

Williamson Kevin ... 595

Willing Nick 319, 375, 631, 643

Willow 279

Wimmer Kurt ... 373, 402

Wing Commander 332, 626

Wingard Adam 562

Wirkola Tommy 454, 518, *539*

Wise Robert 207, 211, 224, 239, 254, 259, 282, 623, 638

Wiseman Len .. 369, 389, 508, 631, 634, 643

Wishcraft 358

Wishmaster .. 319, 320, 375, 581, 644

Wishmaster 2 321

Wishmaster 3 321

Wishmaster 4 La Prophétie 359

Witt Alexander 379

Wojtowicz-Vosloo Agnieszka 463

Wolf 35, 144, 292, 634

Wolf Creek 403

Wolfen 263, 579, 634

Wolfman (The) ... 451

Wolverine 5The- 517

Wolverine: le combat de l'immortel 517

Wonder Woman 567

Wong James 337, 351, 393

Woo John 185, 302, 371, 631, 644

Wood Martin 593

Wook Seung 474

Woolnought Jeff 288

Woon Kim Jee 370, 627

World Invasion : Battle Los Angeles 477

World of the Dead (The Zombie Diaries 2) 494

World War Z 521

Wright Brad 613

Wright Edgar 366

Wyatt Rupert 482

Wynorski Jim 172, 498

Xangadix 281

X-Files 325, 326, 328, 580, 626

X-files Régénération (I Want to Believe) 437

X-Men 338, 477

X-Men : Days of Future Past 535

X-Men 2 339, 477

X-Men l'affrontement final 477

X-Men le commencement 477

X-men les origines : Magneto 477

X-men Origins : Wolverine 462

X-Men origins: Wolverine 477

Xtro 625

Yagher Kevin 297

Yamasaki Tokashi 364

Yapo Mennan 420

Yates David 419, 463, 549

Yeaworth Jr Irvin S. 217

Yeux de Julia (Les) 493

Yeux sans visage (Les) 219, 623

Yoav et Doron 547

Yong Kim Tae 363

Yong-Gyun Kim 387

Young Ben 569

Yu Ronny 262, 271, 328, 369, 382, 640

Yuzna Brian 156, 175, 283, 290, 336, 353, 378, 404, 433, 637

Zardoz 49, 246

Zathura 388

Zeman Karel 221

Zemeckis Robert 170, 273, 288, 340

Zero Theorem 157

Zombeavers 547

Zombi 2 156, 433, 636

Zombi III 160, 256, 636

Zombie. 34, 130, 256, 273

Zombie academy 636

Zombie Apocalypse 487

Zombie Diaries (Journal d'un zombie) (The) 405

Zombie le crépuscule des morts vivants. 156, 433

Zombie le crépuscule des morts-vivants 11, 44, 158, 236, 628

Zombie Massacre 520

Zombie Rob 364, 422, 467, 509, 621

Zombies 410

Zombies Strippers ! 413

Zombies War 473

Zuccon Yvan 365

Zuccon Yvon 198

Zucker David 345, 406

Zucker Ralph 232

Zulawski Andrzej 266

Table des matières

CHAPITRE 1 3

LE FANTASTIQUE ET LA SCIENCE FICTION AU CINÉMA 3

Essais en laboratoire : les adaptations cinématographiques des chefs-d'œuvre littéraires 4
- Le gothique 6
- La Chose sans nom de Mary Shelley 8
- Dracula et les vampires 11
- Le monstre de Stevenson 22
- Howard Philip Lovecraft, Edgar Allan Poe : 23
- Stephen King, Clive Barker et d'autres ouvrent la porte… 26

Pour une histoire du cinéma fantastique 27
Terreur expressionniste (1918 – 1929) 30
Terreur fantastique et bavarde ou la victoire d'Hollywood (1930 – 1955) 31
Terreur fantastique en couleur (1950-1970) 33
Terreur horrifique (1960 à nos jours) 34
Terreur humoristique (1960 à nos jours) 35
Terreur des effets spéciaux (jeu vidéo, mangas et comics au cinéma) (1980 à nos jours) ... 36
Essai de typologie des thèmes du cinéma fantastique 37
Le fantastique dans le cinéma de science-fiction 49
Terreur, nature et SF 50
Les quatre grands principes qui rendent la SF fantastique au cinéma 55
- 1) Le Cosmos 55
- 2) Créatures 55
- 3) Mondes extérieurs 56

Thèmes adaptés au cinéma 58
- Docteurs de l'horreur ! 58
- Le premier scientifique de la mort : le docteur Frankenstein… 59
- Le professeur Quatermass, et la terreur venue du cosmos 60
- D'autres scientifiques de la mort… 61
- Docteurs de la vie 62
- Assassins en série sur grand écran 63
- L'effet de serre et la science-fiction 66
- Nouvelles planètes et vision de l'univers 67

CHAPITRE 2 69

LES ORIGINES DU FANTASTIQUE 69

- Les tentatives de définition du fantastique 74
- Le fantastique et la peur 80
- Le cinéma dans les œuvres littéraires 82
- Les citations cinématographiques 84
- Tanith Lee, Robert Mac Cammon, Graham Masterton 91
- Dean Koontz 93

CHAPITRE 3 95

ZOOM SUR HUIT CHEFS-D'ŒUVRE DU CINÉMA FANTASTIQUE 95
    Nosferatu 96
    Vampyr 104
    La Monstrueuse parade (1932) 113
    La Fiancée de Frankenstein (1935) 116
    Rendez-vous avec la peur 120
    Le Masque du démon (1960) 126
    La Nuit des morts-vivants (1969) 130
    Solaris ! 136

CHAPITRE 4 139

DES ACTEURS FANTASTIQUES 139

CHAPITRE 5 147

FANTASTIQUEURS 147

CHAPITRE 6 177

ÉTUDES THÉMATIQUES 177
    Aliens : généalogie cinématographique 177
    Philip K. Dick et la schizophrénie 178
    Tolkien et l'idéologie 186
    Tolkien et l'écologie 189
    Tolkien et la psychanalyse 192
    Clive Barker au cinéma 195

CHAPITRE 7 199

FILMS FANTASTIQUES ET DE SCIENCE FICTION (CHRONIQUES) 199

SURVOL DE QUELQUES SÉRIES TÉLÉVISÉES 573

ŒUVRES LITTÉRAIRES FANTASTIQUES ADAPTÉES AU CINÉMA 616

LISTES DE FILMS À THÈMES 620
    L'exorciste 620
    Vendredi 13 620

Halloween 621
Hellraiser 621
Cannibales 621
Diable 622
Docteurs de l'horreur ! 623
Docteur Jekyll et Mister Hyde 624
Dragons 624
Enfants terribles 624
Extraterrestres 625
Fantômes 626
Le Fantôme de l'Opéra 628
Fées 628
Fins du monde 628
Frankenstein 629
Freddy, les griffes de la nuit 629
Gloire des USA qui sauvent le monde 630
Godzilla 630
Gothique 630
Guerre 631
Habitations méchantes 631
Insectes, araignées et autres... 632
Jack l'éventreur 633
King Kong 634
Loups-garous 634
Lovecraft 634
Momies 635
Mondes virtuels 636
Morts-vivants 636
Profondeurs aquatiques 637
Robots, ... 638
Sorcières 639
Tueurs en série 639
Vaisseaux fantômes 641
Vampires 642
Villes fantastiques 643
Voyages dans le temps 644

BIBLIOGRAPHIE 645

INDEX 649